행·변시기 2026대비

진도별 행시·변시·사시 기출
행정법 사례연습

류준세 편저

2025년판 머리말

2025년 개정판에서는 2025년 제14회 변호사시험, 2024년도 5급공채(행시)시험과 2024년에 시행된 총 3회의 법학전문대학원협의회 모의시험에 출제된 사례형 기출문제를 반영했습니다. 출제된 사례 중 기존의 사례와 중복되는 것은 분량 문제로 새로 수록하지 않습니다. 기존 서술의 오탈자나 내용상 미흡한 것들도 일부 수정하였습니다.

분량 문제 때문에 기존의 사례들 일부를 삭제했습니다. 그럼에도 불구하고 아주 약간의 증면은 불가피했습니다.

행정법 사례는 논점을 제대로 잡는 것이 매우 중요합니다. 동일한 논점이라도 어떤 스타일로 묻느냐에 따라서 논점을 간과할 가능성이 많기 때문에 다양한 사례들을 접할 필요성이 있습니다. 본서의 유제가 그러한 문제를 해결해 줄 수 있습니다. 평소 학습할 때에는 유제까지 학습해서 다양한 출제유형을 익히고, 시험이 다가오는 시점에서는 메인 사례에 집중하면 됩니다. 유제를 제외하고 메인 사례만 집중해서 학습한다면 학습 부담도 한결 줄어들 것입니다. 다만 학습시간을 확보하기 어려운 경우에는 유제보다는 메인 사례에 집중하기 바랍니다.

수록된 사례는 기본적인 사례와 특이한 사례로 구분할 수 있는데 기본적인 사례를 우선 정확히 서술할 수 있도록 준비하고, 특이한 사례에 대한 대비를 하는 것이 좋습니다. 실전에서는 어려운 문제를 못 쓰는 것보다 쉬운 문제를 잘 쓰지 못하는 것이 훨씬 치명적이기 때문입니다.

진도별 쟁점별로 사례를 접하면서 사례풀이의 기본 틀을 익힌 후 저자의 또 다른 수험서인 행정법 워크북의 기출사례나 레인보우 기출사례집을 통해서 종합사례를 풀어보는 것도 괜찮은 학습 방법입니다. 처음부터 종합사례를 접하는 것보다는 진도별로 쟁점에 대한 사례를 확실히 익힌 후 종합사례를 접하면 입체적으로 문제를 해결할 수 있는 능력을 향상시킬 수 있을 것입니다.

이번 개정작업에도 많은 도움을 주신 도서출판 학연의 대표이신 이인규 박사님과 전희주 편집인께 깊이 감사드립니다. 그리고 독자들의 행복과 합격을 기원합니다.

2025. 2. 10
편저자 류준세

2017년 초판 머리말

　도서출판 학연의 진도별 변시·사시 기출시리즈 중 마지막 과목인 행정법을 드디어 선보입니다. 2016년에 별칭 "변사기 시리즈"로 이미 다른 법학과목들이 모두 출간되었지만 행정법만 지연되고 있었습니다. 이번에 행시(5급공채) 기출문제까지 추가하여『진도별 행시·변시·사시 행정법 사례연습』을 출간합니다.

　2000년대 이후의 행시·변시·사시 기출문제와 법학전문대학원협의회에서 로스쿨학생들을 대상으로 실시한 모의시험 문제들의 대부분을 수록했습니다. 일부 2000년 이전의 사례도 있고, 2000년 이후의 사례도 불필요하거나, 출제오류가 있거나, 과거의 출제경향에 부합하는 문제이거나, 진도별 사례에 적합하지 않은 사례는 소개되지 않은 것도 있습니다.

　본서는 기출문제를 분해하여 교과서 진도에 맞추어 설문을 배치한 진도별 기출사례집입니다. 진도 범위에 딱 맞는 사례연습을 할 수 있도록 한 교재입니다. 진도에 맞추어서 관련사례를 학습하기에 최적화된 사례집입니다. 쟁점을 파악하면서 출제빈도와 출제경향을 가늠할 수 있을 것입니다. 1단계로 진도별 사례연습을 통해서 쟁점별로 확실한 이해와 정리를 하고, 2단계로 전범위에 걸쳐 출제되는 종합사례를 통해 논점간 관련성을 학습하는 입체적 학습을 하면 더 좋을 것입니다. 편저자의『행정법워크북』,『행정법워크북』또는『Rainbow 변시기출 공법사례형』이나 다른 분들의 사례집을 통한 학습을 권장합니다.

　독자들에게 당초 약속했던 출간시기인 연초를 훌쩍 넘겨 출간하게 되었습니다. 출판사로 계속 전화하면서 기다렸던 독자들을 비롯하여 출간지연으로 실망한 분들에게 진심으로 사과드립니다. 더는 지연되면 안 된다는 부담감과 강의일정에 맞추어서 출간해야 하는 조급함이 본서의 완성도를 해치지 않았나 하는 걱정이 듭니다. 부족한 부분은 개정판을 통해서 보완할 것을 약속드리겠습니다.

　본서의 출간에 이르기까지 정동혁님과 김수빈님의 큰 도움이 있었습니다. 깊은 감사의 마음을 전합니다. 금년에 각각 변호사로서, 사무관으로서 새로운 길을 걸어갈 이들에게 큰 영광이 있기를 기원합니다. 아울러 도서출판 학연의 이인규 대표님 이하 직원분들의 노고에도 감사드립니다.

　독자들의 행정법 실력향상에 본서가 큰 도움이 되기를 소망합니다. 독자들의 행복과 합격을 기원합니다.

2017. 3. 25

편저자 류준세

교재활용 가이드

1. 본문사례와 유제
   - 사례는 본문사례와 유제사례로 구분되어 있습니다. 본문사례는 완결된 목차 하에서 해설이 되어 있고, 유제사례는 결론을 중심으로 간략해설만 했습니다. 분량상 부득이했습니다. 시간이 부족할 때는 1단계로 본문사례를 중심으로 쟁점을 파악하고 내용을 정리하고 2단계로 여유가 있을 때 유제를 보는 방법을 택해도 됩니다. 시간적 여유가 있을 때에는 본문사례와 유제사례를 비교하면서 학습하는 것이 좋을 것입니다.

2. 반복되는 서술
   - 내용서술이 반복되는 경우 목차만 소개하고 분량문제 때문에 내용은 생략하는 것을 원칙으로 합니다. 다만 같은 내용이라고 하더라도 배점의 차이가 커서 서술을 달리해야 하는 경우는 배점에 맞게 서술을 하기도 합니다. 또한 한참 뒤에 다시 나와서 내용을 앞에서 찾기 어려운 경우에도 완전한 서술을 하기도 합니다. 독자들은 일반이론은 한 군데에서 정리하고 다음부터는 사례포섭에 집중하면 됩니다.

3. 밑줄
   - 일부 사례는 밑줄이 그어져 있습니다.

4. 각주의 감수의견
   - 『레인보우 공법 사례형』에서 정하중 교수님이 감수의견을 주신 것을 소개한 것입니다.

5. 배점
   - 행시와 사시는 1시간 50점이지만 변시와 법전협 모의시험은 1시간 100점입니다. 배점 안배할 때 고려하세요

6. 설문 표시
   - 실제 기출문제의 문항을 그대로 표시합니다. 예컨대 기출문제의 설문(3)이었으면 설문(3)을 그대로 소개합니다.

목 차

사례 001 공법관계와 사법관계의 구별[법전협 2014-3] ·· 1
사례 002 자기구속의 원칙, 평등의 원칙, 비례의 원칙[변시 2014] ······································ 3
사례 003 신뢰보호원칙, 실권의 법리, 신의성실의 원칙, 비례의 원칙[행시 2016] ················ 7
사례 004 법령의 소급적용, 신뢰보호원칙[변시 2019] ·· 13
사례 005 행정개입청구권, 소송상 권리구제[사시 1997] ·· 16
사례 006 행정개입청구권, 심판법상 구제수단[행시 2018] ·· 19
사례 007 공법상 부당이득반환청구소송[행시 2024] ·· 22
사례 008 사인의 공법행위[행시(일반행정) 2012] ·· 24
사례 009 건축신고[사시 2012] ·· 27
사례 010 수리를 요하는 신고 - 주민등록전입신고[법전협 2018-3] ······························ 32
사례 011 지위승계신고, 제재처분사유의 승계[행시(일행) 2009] ···································· 37
사례 012 법규명령 형식의 행정규칙(1)[변시 2014] ·· 45
사례 013 법규명령 형식의 행정규칙(2)[사시 2006] ·· 49
사례 014 법령보충적 규칙(1)[변시 2015] ·· 54
사례 015 법령보충적규칙에 대한 통제[법전협 2024-3] ·· 61
사례 016 처분적 고시의 법적 성질 및 통제[법전협 2015-3] ·· 63
사례 017 법령보충적규칙과 재량준칙의 구별[행시(재경) 2012] ···································· 65
사례 018 행정계획(1)[법전협 2016-1] ·· 67
사례 019 행정계획(2)[사시 2009] ·· 72
사례 020 계획변경신청권[변시 2013] ·· 76
사례 021 판단여지와 재량행위(1)[행시 2004] ·· 83
사례 022 판단여지와 재량행위(2), 행정규칙에 따른 처분의 위법성[변시 2024] ············ 86
사례 023 판단여지와 재량행위(3)[행시 2019] ·· 95
사례 024 강학상 하명[변시 2021] ··· 97
사례 025 신청시와 처분시 사이에 사정변경시 위법판단기준시[행시(재경) 2009] ·········· 98
사례 026 강학상 허가 - 폐기물처리업허가의 법적 성질[법전협 2024-2] ···················· 100
사례 027 예외적 승인 - 교육환경보호구역 내 금지행위의 해제[변시 2025] ················ 103

사례 028 특허 – 공유수면 매립목적변경승인[법전협 2015-1] ·· 108
사례 029 시내버스운송사업 면허, 요금인상인가[법전협 2012-2] ··································· 112
사례 030 부관의 종류, 부관의 위법성, 독립쟁송가능성[변시 2012] ································ 116
사례 031 민사소송과 선결문제[사시 2002] ·· 124
사례 032 형사소송과 선결문제[변시 2016] ·· 130
사례 033 행정행위의 외부적 성립[법전협 2021-2] ·· 133
사례 034 무효와 취소의 구별(1), 일반조항에 의한 재위임[변시 2017] ························· 135
사례 035 무효와 취소의 구별(2)[법전협 2014-1] ·· 140
사례 036 무효와 취소의 구별(3)[사시 2015] ·· 144
사례 037 부담금 납부 후 위헌결정시 행정소송상 반환수단[행시(재경) 2013] ············ 149
사례 038 위헌법률에 근거한 처분의 하자, 집행력[사시 2014] ····································· 155
사례 039 하자의 승계[사시 2015] ·· 159
사례 040 하자의 치유[변시 2014] ·· 165
사례 041 재량권의 불행사, 불가쟁력이 발생한 후의 직권취소[변시 2023] ················· 169
사례 042 직권취소의 한계[사시 2011] ··· 174
사례 043 강학상 철회[행시(일행) 2008] ··· 178
사례 044 철회의 법적근거[변시 2016] ··· 180
사례 045 일부철회의 가능성[법전협 2022-3] ·· 183
사례 046 사전결정 – 부적합통보[법전협 2019-3] ·· 185
사례 047 행정지도, 하자의 승계[법전협 2013-1] ·· 188
사례 048 공법상 계약[사시 2017] ·· 194
사례 049 행정조사[사시 2014] ·· 197
사례 050 행정조사와 실력행사[사시 2015] ·· 202
사례 051 대집행 – 대체적 작위의무[사시 2010] ·· 205
사례 052 계고의 성격. 반복된 계고, 대집행에 대한 구제[행시(일행) 2012] ················ 209
사례 053 대집행에 대한 실력행사가능성[행시(재경) 2005] ·· 214
사례 054 대집행, 이행강제금[법전협 2013-2] ··· 215
사례 055 이행강제금 납부독촉행위의 처분성[행시 2016] ·· 221
사례 056 직접강제[법전협 2018-1] ··· 223
사례 057 행정상 즉시강제[법전협 2014-2] ·· 226
사례 058 과징금[사시 2006] ··· 233
사례 059 행정조사, 위반사실의 공표[법전협 2015-3] ··· 235

사례 060 법위반사실의 공표와 형사처벌의 병과 가능성[법전협 2021-1] ··· 241
사례 061 사전통지·의견제출(1)[법전협 2011-1] ·· 243
사례 062 사전통지·의견제출(2)[법전협 2014-3] ·· 247
사례 063 사전통지·의견제출(3) – 사법상계약 해지 시 적용 여부[변시 2021] ··································· 249
사례 064 거부처분에 대한 사전통지[변시 2013] ·· 250
사례 065 지위승계신고수리처분과 사전통지[변시 2014] ·· 255
사례 066 이유제시의 하자[행시(재경) 2012] ·· 258
사례 067 청문절차를 결여한 하자[법전협 2020-3] ·· 261
사례 068 행정절차법 적용제외대상, 문서주의[법전협 2021-2] ·· 265
사례 069 인·허가 의제(1) – 실체집중효[법전협 2020-3] ·· 267
사례 070 인·허가 의제(2)-부분 인·허가의제, 의제되는 행위의 실재[행시 2021] ························· 273
사례 071 인·허가 의제(3) – 절차집중효, 조건, 신뢰보호원칙[법전협 2024-3] ·································· 276
사례 072 정보공개청구 – 비공개사유(1)[법전협 2013-2] ·· 282
사례 073 교육관련기관의 정보공개청구, 비공개사유(2), 부분공개[행시(일행) 2009] ······················ 288
사례 074 외국인의 정보공개청구권, 비공개사유(3)[법전협 2022-3] ·· 290
사례 075 공공기관의 정보공개방법에 대한 선택권[행시 2015] ·· 293
사례 076 제3자의 비공개요청, 비공개사유(4)[법전협 2016-2] ·· 294
사례 077 정보공개거부에 대한 행정심판[법전협 2017-1] ·· 298
사례 078 가해공무원의 대외적 책임[사시 2016] ·· 301
사례 079 공공단체의 손해배상책임[행시 2024] ·· 305
사례 080 국가배상책임 요건 – 법령위반, 고의·과실[법전협 2018-1] ·· 307
사례 081 국가배상 – 기판력(1)[변시 2015] ·· 311
사례 082 국가배상 – 기판력(2)[변시 2023] ·· 314
사례 083 위법한 재판작용과 국가배상책임[법전협 2023-2] ·· 316
사례 084 국가배상 – 부작위[법전협 2013-1] ·· 318
사례 085 국가배상 – 조리상 작위의무, 과실[사시 2009] ·· 323
사례 086 영조물책임, 비용부담자[사시 2010] ·· 326
사례 087 영조물책임, 기능적 하자, 비용부담자[행시 2019] ·· 329
사례 088 이중배상금지[변시 2019] ·· 333
사례 089 공공필요, 보상에 대한 불복[법전협 2012-3] ·· 338
사례 090 공공필요, 의무이행심판, 수용에 대한 불복[사시 2007] ·· 344
사례 091 간접손실보상[사시 2006] ·· 351

사례 092 희생보상청구권[변시 2021] ·· 353
사례 093 거부처분에 대한 행정심판의 종류 및 가구제[법전협 2016-3] ············· 355
사례 094 이의신청과 행정심판의 구별[법전협 2023-1] ·· 359
사례 095 행정심판청구인적격, 행정심판청구기간[법전협 2024-2] ······················· 362
사례 096 행정심판에서 적극적 변경[법전협 2015-3] ·· 366
사례 097 형성재결의 효력[사시 2013] ·· 368
사례 098 소청심사위원회의 법적지위, 처분명령재결[사시 2009] ························ 370
사례 099 고지의무 위반[행시 2022] ·· 372
사례 100 예방적 부작위청구소송[변시 2012] ·· 374
사례 101 입주변경계약 해지의 처분성 및 다투기 위한 소송유형[법전협 2022-2] ········· 378
사례 102 원처분 중심주의[행시 2015] ·· 381
사례 103 원처분중심주의(기각재결), 피고적격[법전협 2013] ································ 383
사례 104 원처분중심주의(인용재결)[사시 2011] ·· 386
사례 105 원처분중심주의(수정재결)[사시 2013] ·· 387
사례 106 원처분중심주의(이행재결)[변시 2017] ·· 389
사례 107 재임용거부처분에 대한 권리구제[사시 2008] ·· 392
사례 108 개발행위허가취소신청 거부에 대한 구제[사시 2013] ·························· 401
사례 109 문화재지정처분 해제 불가회신 및 문화재보호구역 해제거부[변시 2020] ········· 408
사례 110 협의거부의 처분성,위법판단기준시기,부당결부금지원칙[법전협 2022-2] ········· 411
사례 111 새로운 신청에 대한 재거부처분(1)[변시 2021] ······································ 416
사례 112 새로운 신청에 대한 재거부처분(2)[법전협 2021-3] ······························ 418
사례 113 인인소송의 원고적격[사시 2015] ·· 421
사례 114 경업자소송의 원고적격[변시 2012] ·· 425
사례 115 경원자소송의 원고적격, 제3자의 참가·재심[사시 2011] ····················· 427
사례 116 총학생회의 원고적격[행시 2019] ·· 433
사례 117 실효된 처분과 협의의 소의 이익[변시 2015] ·· 436
사례 118 임원취임승인취소, 임시이사선임처분과 협의의 소의 이익[행시 2017] ········· 443
사례 119 제명의결의 처분성과 협의의 소의 이익[행시(재경) 2009] ·················· 447
사례 120 소의 이익 – 거부처분 취소소송[법전협 2017-3] ···································· 449
사례 121 피고적격, 내부위임[법전협 2015-2] ·· 450
사례 122 대상적격, 원고적격, 피고적격[법전협 2016-3] ·· 453
사례 123 대상적격, 원고적격(단체소송), 제소기간[변시 2019] ···························· 458

사례 124 집행정지, 협의의 소의 이익, 제소기간[법전협 2016-2] ············· 464
사례 125 행정심판 전치주의[변시 2023] ············· 469
사례 126 거부처분에 대한 집행정지 · 가처분[법전협 2013-1] ············· 471
사례 127 소의 종류의 변경[변시 2013] ············· 478
사례 128 직권심리주의[법전협 2016-3] ············· 480
사례 129 위법판단 기준시기[변시 2020] ············· 483
사례 130 처분사유의 추가 · 변경(1)[법전협 2014-3] ············· 485
사례 131 처분사유의 추가 · 변경(2)[사시 2008] ············· 490
사례 132 취소소송의 소송요건, 처분사유 추가 · 변경, 기속력[사시 2012] ············· 493
사례 133 일부취소판결(1)[변시 2014] ············· 498
사례 134 일부취소판결(2)[법전협 2017-2] ············· 504
사례 135 사정판결[법전협 2015-1] ············· 507
사례 136 기속력(1)[법전협 2012-2] ············· 510
사례 137 기속력(2)[사시 2009] ············· 516
사례 138 기속력, 간접강제[변시 2013] ············· 519
사례 139 무효확인소송, 고지, 국가배상[법무부 2011] ············· 522
사례 140 부작위에 대한 쟁송상 구제수단[법전협 2012-3] ············· 529
사례 141 당사자소송과 가처분[행시 2023] ············· 533
사례 142 행정기관의 내부적 행위[행시(일행) 2006] ············· 535
사례 143 주민의 의미[법전협 2024-1] ············· 538
사례 144 주민의 감사청구권, 주민소송제기권[행시(일행) 2012] ············· 540
사례 145 조례제정 개폐청구[변시 2022] ············· 544
사례 146 부작위위법확인소송 · 주민소송[행시 2016] ············· 546
사례 147 지방자치단체의 구역결정[법전협 2015-1] ············· 550
사례 148 조례제정의 한계(1), 조례에 대한 주민의 통제[사시 2010] ············· 551
사례 149 조례제정의 한계(2)[변시 2015] ············· 554
사례 150 조례제정의 한계(3)[행시(재경) 2012] ············· 556
사례 151 조례제정의 한계(4) - 위임의 한계 및 신뢰보호[법전협 2020-3] ············· 559
사례 152 감독기관의 통제[변시 2018] ············· 564
사례 153 조례에 대한 단체장과 감독기관의 통제[행시(일행) 2008] ············· 568
사례 154 자치법 제188조 시정명령과 불복수단[행시(재경) 2007] ············· 572
사례 155 승진임용처분에 대한 취소권 행사[행시(재경) 2010] ············· 575

사례 156 생활기록부 기재 사무의 성격, 시정명령에 대한 제소[법전협 2019-2] ········· 580
사례 157 직무이행명령[행시 2019] ········· 583
사례 158 결격사유 있는 공무원 임명, 퇴직연금청구[변시 2013] ········· 586
사례 159 결격사유 있는 공무원 임명, 퇴직발령통지, 퇴직연금청구[사시 2011] ········· 588
사례 160 결격사유 있는 시보임용의 효력[행시 2018] ········· 590
사례 161 직위해제[법전협 2020-1] ········· 592
사례 162 법령의 개정에 따른 연금지급 거부에 대한 구제[변시 2024] ········· 600
사례 163 징계의결 요구, 필요적 전치주의[행시 2016] ········· 603
사례 164 불문경고의 법적성질과 권리구제수단[행시(일행) 2009] ········· 606
사례 165 공물의 소멸, 시효취득, 특별사용, 변상금[법전협 2013-3] ········· 609
사례 166 공물의 성립과 소멸[행시(재경) 2008] ········· 614
사례 167 공물의 소멸, 특별사용[사시 2012] ········· 616
사례 168 공물사용의 특허, 공물관리권[사시 2008] ········· 619
사례 169 공물의 특허사용 – 도로점용허가[변시 2016] ········· 622
사례 170 행정재산의 목적외 사용관계(1)[법전협 2020-2] ········· 625
사례 171 행정재산의 목적외 사용관계(2), 내부위임[사시 2007] ········· 629
사례 172 행정재산 사용허가의 철회와 강제수단[행시(일행) 2011] ········· 631
사례 173 협의취득의 법적 성질, 잔여지에 대한 보상·수용청구[행시 2015] ········· 632
사례 174 환매권, 공익사업의 변환[사시 2017] ········· 636
사례 175 공용환권 – 조합설립인가(1)[행시 2017] ········· 639
사례 176 공용환권 – 조합설립인가(2)[법전협 2018-2] ········· 642
사례 177 공용환권 – 조합설립인가(3)[법전협 2017-1] ········· 646
사례 178 관리처분계획에 대한 인가[행시 2022] ········· 648
사례 179 경찰권발동의 근거, 경찰공공의 원칙[행시 2006] ········· 651
사례 180 경찰공공의 원칙·경찰비례의 원칙[행시 2008] ········· 655
사례 181 경찰책임의 원칙[행시(일행) 2010] ········· 658
사례 182 경찰책임의 원칙 – 행정기관의 경찰책임[행시(일행) 2013] ········· 661
사례 183 환경영향평가의 하자[사시 2015] ········· 664
사례 184 조세환급거부에 대한 불복[사시 2014] ········· 666

사례 001 공법관계와 사법관계의 구별   [법전협 2014-3][1][2]

건설업을 운영하는 甲주식회사는 '국가를 당사자로 하는 계약에 관한 법률'에 근거하여 국가와 건설도급계약을 체결하고 건축물 신축공사를 시행하였다. 위 신축공사는 乙지방조달청장(이하 '乙청장'이라고 한다)이 관할하고 있다. 그런데 甲주식회사의 현장감독 A는 담당 공무원 B에게 원활하게 공사가 진행되도록 해달라고 부탁하면서 금품을 교부하였다. 그러나 B는 이를 거절하고 乙청장과 수사기관에 이러한 사실을 알렸다. A는 뇌물공여죄로 유죄의 확정판결을 받았고, 乙청장은 甲주식회사에 대하여 건설도급계약을 해지하겠다는 뜻을 표시하였다. 甲주식회사는 해지의 효력을 다투며 계속하여 공사를 진행하고자 하였으나, 乙청장은 적법하게 해지되었다고 하면서 甲주식회사 직원들의 공사현장 출입을 막았다. 그리고 乙청장은 甲주식회사에 대하여 1년의 기간을 정하여 입찰참가자격 제한처분을 하였다.

1. 국가와 甲주식회사 사이에 체결된 건설도급계약의 법적 성격은? (20점)

I. 문제의 소재

국가와 甲주식회사 사이에 체결된 건설도급계약의 법적 성격이 공법상계약인지 사법상계약인지 문제된다. 공법관계와 사법관계의 구별기준에 대해서 검토한 후 살펴보겠다.

II. 공법관계와 사법관계의 구별실익

행정주체가 법률관계의 당사자가 되는 경우에도 공법관계와 사법관계로 구분되는데 양자는 ① 공법관계는 공법 및 법치행정 등 공법원리가 적용되지만 사법관계는 사법 및 사적자치의 원칙 등이 적용되어 적용법규 및 적용법원리가 다르며, ② 소송형태에 있어 공법관계는 행정소송으로 사법관계는 민사소송으로 제기해야 하며, ③ 공법관계에서는 경우에 따라 자력집행이 가능하며 ④ 손해배상청구도 공법관계는 국가배상청구를 하여야 하지만 사법관계는 민법상의 손해배상청구를 해야 한다는 점에서 구별의 의의가 있다.

III. 공법관계와 사법관계의 구별기준

1. 학 설

법률관계의 한쪽 당사자가 국가 등이면 공법관계라는 주체설, 공권력의 담당자로서의 국가 등에게만 권리의무가 귀속되면 공법관계라는 신주체설, 공익·사익 추구 여부에 의해 판단하는 이익설 및 지배복종관계인지 대등관계인지에 따라 구별하는 성질설 등이 대립하나 이들 학설을 종합하여 관련법령의 규정을 해석함으로써 개별적으로 판단한다는 견해(복수기준설)가 학설의 일반적 견해이다.

2. 판 례

판례는 국가 등 행정주체가 사법상 재산권의 주체로써 상대방과 대등한 지위에서 행위하는 경우 사법관계로, 공권력을 가진 우월적 지위에서 행위하는 경우에는 항고소송의 대상이 되는 행정처분으로 판단한다.

---

1) 법전협 2014-3은 법학전문대학원협의회에서 실시한 2014년 3회 모의시험을 의미한다.
2) 행시·사시는 1시간에 50점 배점이지만 변호사시험은 1시간에 100점 배점이다. 변시기출 및 법전협 모의시험은 행시기준 배점보다 두 배임을 주의.

3. 검토

생각건대, 복수기준설에 입각하여 구체적인 법률관계를 판단함에 있어서는 근거법률 규정들을 대상으로 위 학설들을 상호보완적으로 적용하여 합리적인 결론을 도출하여야 한다. 근거법규가 행정주체에게 우월한 법적 지위를 부여하고 있는 경우 공법관계 중에서 권력관계로, 공익의 보호가 고려되고 있는 경우 공법관계로, 공공성이 없는 경우에는 사법관계로 보는 것이 타당하다.

Ⅳ. 사안의 해결

국가를 당사자로 하는 계약에 관한 법률에 근거하여 甲주식회사가 국가와 체결한 건설도급계약의 법적은 입찰을 실시하여 낙찰자로 결정된 甲주식회사와 계약을 체결한 것으로 소위 입찰계약이라고 한다.[1] 입찰계약의 법적 성격에 대해서는 국가가 비권력적 작용으로서 행하는 것이라는 공법상계약설, 입찰공고는 청약의 유인으로 입찰신청은 청약으로 낙찰자결정은 승낙으로 보는 사법상계약설, 낙찰자결정은 공법관계로서 처분에 해당하고 입찰계약은 사법상계약이라는 2단계설의 학설대립이 있다.

생각건대, 甲주식회사가 국가와 체결한 건설도급계약은 국가가 일방당사자이고 공정한 입찰은 공익과 관련이 있다고 할 수도 있지만, 국가는 공권력의 주체로서 우월한 지위에서 계약을 체결한 것이 아니라 甲주식회사와 대등한 당사자로서 체결한 것으로서 그 본질적인 내용은 사인 간의 계약과 다를 바 없으므로 사법상 계약에 해당한다. 따라서 법령에 특별한 정함이 있는 경우를 제외하고는 사적자치와 계약자유의 원칙 등 사법의 원리가 그대로 적용된다.

유제 [행시 2021]

건설업을 운영하는 甲 주식회사는 「국가를 당사자로 하는 계약에 관한 법률」에 근거하여 국방부장관이 주관하는 전투지휘훈련센터 시설공사의 기본설계 기술제안 도급계약을 체결한 후 기본설계를 진행하였다. 그 과정에서 甲의 직원인 乙은 입찰 관련 서류를 입찰에 유리하도록 변조하여 제출하였고, 이후 乙은 이와 같은 사실로 인하여 법원에서 사문서변조죄의 유죄판결을 선고받아 이 판결은 그대로 확정되었다. 국방부장관은 즉시 그 계약을 해지하는 한편 甲에게 입찰 관련 서류를 변조하였다는 사유로 「국가를 당사자로 하는 계약에 관한 법률」, 같은 법 시행령·시행규칙에 근거하여 1년간 입찰참가자격을 제한하는 부정당업자 제재통보를 하였다. (총 25점)

1) 국가와 甲 사이에 체결된 도급계약의 법적 성격을 검토하시오. (10점)

---

[1] 설문에서 입찰을 실시했다는 언급은 없지만 건설도급계약은 입찰을 통해서 낙찰자를 결정하고 낙찰자와 계약을 체결하는 것이 통상적이므로 입찰계약을 체결한 것으로 보고 해설을 했다.

사례 002　자기구속의 원칙, 평등의 원칙, 비례의 원칙　　[변시 2014]

甲은 2013. 3. 15. 전 영업주인 乙로부터 등록 대상 석유판매업인 주유소의 사업 일체를 양수받고 잔금 지급액에 다소 이견이 있는 상태에서, 2013. 3. 28. 석유 및 석유대체연료 사업법 (이하 '법'이라 함) 제10조 제3항에 따라 관할 행정청인 A시장에게 성명, 주소 및 대표자 등의 변경등록을 한 후 2013. 4. 5.부터 '유정주유소'라는 상호로 석유판매업을 영위하고 있다.

그런데 A시장이 2013. 5. 7. 관할구역 내 주유소의 휘발유 시료를 채취하여 한국석유관리원에 위탁하여 검사한 결과 '유정주유소'와 인근 '상원주유소'에서 취급하는 휘발유에 경유가 1% 정도 혼합된 것으로 밝혀졌다.

한편, A시장은 취임과 동시에 "A시 관할구역 내에서 유사석유를 판매하다가 단속되는 주유소는 예외 없이 등록을 취소하여 주민들이 믿고 주유소를 이용하도록 만들겠다."라고 공개적으로 밝힌 바 있다. 이에 A시장은 2013. 6. 7. 甲에 대하여 청문 절차를 거치지 아니한 채 법 제13조 제3항 제12호에 따라 석유판매업 등록을 취소하는 처분(이하 '당초처분'이라 함)을 하였고, 甲은 그 다음 날 처분이 있음을 알게 되었다.

甲은 당초처분에 불복하여 2013. 8. 23. 행정심판을 청구하였으며, 행정심판위원회는 2013. 10. 4. 당초처분이 재량권의 범위를 일탈하거나 남용한 것이라는 이유로 당초처분을 사업정지 3개월로 변경하라는 내용의 변경명령재결을 하였고, 그 재결서는 그날 甲에게 송달되었다. 그렇게 되자, A시장은 청문 절차를 실시한 후 2013. 10. 25. 당초처분을 사업정지 3개월로 변경한다는 내용의 처분(이하 '변경처분'이라 함)을 하였고, 그 처분서는 다음날 甲에게 직접 송달되었다.

그런데 甲은 "유정주유소는 X정유사로부터 직접 석유제품을 공급받고, 공급받은 석유제품을 그대로 판매하였으며, 상원주유소도 자신과 마찬가지로 X정유사로부터 직접 석유제품을 구입하여 판매하였는데 그 규모와 판매량이 유사한데다가 甲과 동일하게 1회 위반임에도 상원주유소에 대하여는 사업정지 15일에 그치는 처분을 내렸다. 또한 2013. 5. 초순경에 주유소 지하에 있는 휘발유 저장탱크를 청소하면서 휘발유보다 값이 싼 경유를 사용하여 청소를 하였는데 그때 부주의하여 경유를 모두 제거하지 못하였고, 그러한 상태에서 휘발유를 공급받다 보니 휘발유에 경유가 조금 섞이게 된 것으로, 개업한 후 처음 겪는 일이고 위반의 정도가 경미하다."라고 주장하면서 행정소송을 제기하여 다투려고 한다.

한편, 법 제13조 제4항은 "위반행위별 처분기준은 산업통상자원부령으로 정한다."라고 되어 있고, 법 시행규칙 [별표 1] 행정처분의 기준 중 개별 기준 2. 다목은 "제29조 제1항 제1호를 위반하여 가짜석유제품을 제조·수입·저장·운송·보관 또는 판매한 경우"에 해당하면 '1회 위반 시 사업정지 1개월, 2회 위반 시 사업정지 3개월, 3회 위반 시 등록취소 또는 영업장 폐쇄'로 규정되어 있다고 가정한다.

4. 위 사안에서 밑줄 친 甲의 주장이 사실이라고 전제할 때, 甲이 본안에서 승소할 수 있는지 여부를 검토하시오.
(다만, 위 산업통상자원부령 [별표 1] 행정처분의 기준의 법적 성질에 관하여는 대법원 판례의 입장을 따르되, 절차적 위법성 및 소송요건의 구비 여부의 검토는 생략한다.) (30점)

[참조조문]
* 석유 및 석유대체연료 사업법
제13조(등록의 취소 등) ① - ② <생략>

> ③ 산업통상자원부장관, 시·도지사 또는 시장·군수·구청장은 석유판매업자가 다음 각 호의 어느 하나에 해당하면 그 석유판매업의 등록을 취소하거나 그 석유판매업자에게 영업장 폐쇄 또는 6개월 이내의 기간을 정하여 그 사업의 전부 또는 일부의 정지를 명할 수 있다. 다만, 제1호, 제4호부터 제6호까지 및 제9호의 어느 하나에 해당하는 경우에는 그 등록을 취소하거나 영업장 폐쇄를 명하여야 한다.
>   1. - 11. <생략>
>   12. 제29조 제1항 제1호를 위반하여 가짜석유제품을 제조·수입·저장·운송·보관 또는 판매한 경우
> ④ 제1항부터 제3항까지의 규정에 따른 위반행위별 처분기준은 산업통상자원부령으로 정한다.
> 제29조(가짜석유제품 제조 등의 금지) ① 누구든지 다음 각 호의 가짜석유제품 제조 등의 행위를 하여서는 아니 된다.
>   1. 가짜석유제품을 제조·수입·저장·운송·보관 또는 판매하는 행위
>   2. - 3. <생략>

I. 문제의 소재

사안의 경우 [별표1]의 제재처분기준에 반하여 행한 3개월 사업정지처분의 하자가 문제되는데 3개월 사업정지처분이 재량행위인지, 재량의 일탈·남용 사유와 관련하여서는 상원주유소에 대해 사업정지 15일 처분을 한 반면, 甲에게는 3개월 사업정지처분을 한 것이 자기구속원칙 내지는 평등의 원칙을 위반한 것은 아닌지, 경미한 최초의 위반행위라는 점에서 비례의 원칙을 위반한 것인지 문제된다.

II. 사업정지처분의 법적성질 - 재량행위

기속행위는 행정작용의 근거가 되는 행정법규가 요건에 따른 행위의 내용을 일의적, 확정적으로 규정하고 있어서, 행정청이 단순히 기계적으로 법규를 집행하는데 그치는 행정행위를 말하며, 재량행위는 법규의 해석상 행정청에게 행위 여부나 행위 내용에 관한 선택의 가능성을 부여하고 있어서 여러 행위 중 하나를 선택할 수 있는 자유가 인정되는 행정행위를 말한다.
양자의 구별은 ① 당해 행위의 근거가 된 법규의 체재·형식과 그 문언, ② 당해 행위가 속하는 행정 분야의 주된 목적과 특성, ③ 당해 행위 자체의 개별적 성질과 유형 등을 모두 고려하여 판단하여야 한다.[1]
석유 및 석유대체연료 사업법 제13조 3항은 '가짜 석유제품 판매 등의 사유가 있는 경우 석유판매업의 등록을 취소하거나 영업장 폐쇄 또는 6개월 이내의 기간을 정하여 사업의 전부 또는 일부 정지를 명할 수 있다.'고 규정하고 있어 법문언상 재량행위에 해당한다. 석유 및 석유대체연료 사업법 시행규칙 [별표1]의 처분기준의 법적 성격이 법규명령이라면 하위법령에 의해서 재량이 기속될 수 있으나, 판례의 입장에 따라 행정규칙으로 전제한다면 법률에 의해 주어진 재량이 여전히 인정된다.

III. 재량행위에 대한 사법심사

판례는 재량행위에 대한 사법심사는 행정청의 재량에 기한 공익판단의 여지를 감안하여 법원은 독자의 결론을 도출함이 없이 당해 행위에 재량권의 일탈·남용이 있는지 여부만을 심사하고, 재량권의 일탈·남용 여부에 대한 심사는 사실오인, 비례·평등의 원칙 위배, 당해 행위의 목적 위반이나 동기의 부정 유무 등을 그 판단 대상으로 한다고 한다.[2]

---

[1] 대판 2001.2.9. 98두17593
[2] 기속행위에 대한 사법심사는 법규에 대한 원칙적인 기속성으로 인하여 법원이 사실인정과 관련 법규의 해석·적용을 통하여 일정한 결론을 도출한 후 그 결론에 비추어 행정청이 한 판단의 적법 여부를 독자의 입장에서 판정하는 방식에 의하게 된다 (대판 2001.2.9. 98두17593).

Ⅳ. 자기구속 원칙 내지는 평등의 원칙 위반 여부

1. 자기구속 원칙 위반 여부

(1) 의 의

행정의 자기구속의 법리라 함은 행정청이 상대방에 대하여 동종사안에서 제3자에게 행한 결정과 동일한 결정을 하도록 스스로 구속당하는 것으로 헌법상 평등원칙이 재량영역에서 구체화된 법리이다. 자기구속의 법리의 인정근거로 신뢰보호의 원칙에서 구하는 견해와 평등의 원칙에서 구하는 견해가 있으나, 평등의 원칙에서 구하는 견해가 일반적이다. 판례는 평등의 원칙과 신뢰보호의 원칙에 근거하여 인정하고 있다. 행정기본법은 평등의 원칙을 명문화하고 있다(제9조).

(2) 요 건

① 재량영역이어야 한다. 기속행위에는 행정이 스스로 행위준칙을 정할 여지가 없고, 재량영역이라도 재량권이 영으로 수축되어 실제로 재량의 여지가 없어진 경우에는 자기구속의 법리가 적용될 여지가 없다.

② 동종사안이어야 한다. 동일한 법적용의 요청은 동종의 상황에서만 가능한 것이기 때문에 상대방에 대한 상황과 제3자에게 행했던 행정선례의 상황이 법적인 의미와 목적에서 같은 종류로 취급할 수 있는 것이어야 한다.

③ 동종사안에 비교의 대상이 되는 행정선례가 존재해야 한다. 행정선례에 대해서는 ㉠ 계속적인 행정선례가 필요하다는 행정관행설, ㉡ 1회의 행정실무가 행해졌으면 비교의 기준이 정립된 것이라는 1회 선례 충분설, ㉢ 재량준칙이 존재하는 경우 재량준칙의 존재만으로 자기구속을 인정할 수 있다는 예기관행설(선례불요설)이 대립한다. 판례는 재량준칙이 되풀이 시행되어 행정관행이 있을 것을 요구하여 행정관행설의 입장이다.
생각건대 1회 선례 충분설은 행정을 경직화시킬 수 있으며, 예기관행설은 행정규칙을 실질적으로 법규로 보는 결과가 되므로 행정관행설이 타당하다.

④ 선례는 적법해야 한다. 판례[3])는 "위법한 행정처분이 수차례 걸쳐 반복적으로 행해졌다 하더라도 그러한 행정처분이 위법한 것인 때에는 행정청에 대하여 자기구속력을 갖지 않는다."고 한다.

(3) 사안의 경우

사업정지처분은 재량영역이다. 예기관행설에 의하면 행정규칙(재량준칙)에 해당하는 산업통상자원부령의 [별표1]의 처분기준의 존재만으로 자기구속을 인정할 수 있고 행정관행설에 의하면 행정관행이 필요한데 설문에서 그동안 관행이 형성되었다는 사정은 보이지 않지만 [별표1]의 처분기준에 따라 1회 위반시 사업정지 1개월 처분이 그동안 행해졌고 관행이 되었다면 자기구속 원칙 위반이라고 할 수 있다.[4])
한편 [별표1]의 처분기준을 행정규칙에 불과한 것으로 보더라도 판례는 특별한 사정이 없이 제재처분기준을 초과하는 과도한 처분을 하는 것을 재량의 일탈·남용이 있는 것으로 판시하고 있는데, 甲에게 [별표1]의 처분기준인 1회 위반시 1개월을 초과하여 3개월 사업정지처분을 해야 할 특별한 사정을 인정할 수도 없다.

---

3) 대판 2009.6.25. 2008두13132
4) 설문에 제시된 것만으로는 관행을 인정할 수 없다. 그러나 실제로 재량준칙이 존재하는 경우에는 재량준칙에 따라 처분을 하는 것이 보통임을 감안하여 행정관행을 인정한 것이다. 물론 관행이 존재하지 않음을 이유로 자기구속원칙 위반을 부정하고, 그렇지만 평등의 원칙 위반으로 포섭해도 무방하다.

2. 평등의 원칙 위반 여부

행정의 자기구속의 법리는 평등의 원칙의 구체적인 적용례에 해당하는데, [별표1]에 따른 행정관행이 존재하지 않는 경우에는 평등의 원칙 위반을 검토할 수도 있다.

헌법 제11조에 근거한 평등의 원칙은 행정청이 행정작용을 함에 있어서 동일한 사안에서 합리적인 사유가 없는 한 달리 취급해서는 안된다는 원칙이다.

甲 운영의 유정주유소와 인근의 상원주유소를 비교하면 ① X정유사로부터 직접 석유제품을 공급받은 점은 동일하고 ② 규모와 판매량이 유사하고 ③ 동일하게 1회 위반했음에도 상원주유소는 사업정지 15일 처분을 하고, 甲에게는 사업정지 3개월 처분을 한 것이다. 따라서 합리적 차별사유가 없는데도 달리 취급한 것으로 평등원칙 위반에 해당한다.

V. 비례의 원칙 위반 여부

1. 의의 및 근거

비례의 원칙이란 행정작용에 있어서 행정목적과 행정수단 사이에는 합리적인 비례관계가 있어야 한다는 원칙을 말한다. 비례원칙은 헌법상의 기본권 보장규정, 헌법 제37조 제2항 및 법치국가원칙으로부터 도출되는 법원칙이다. 그러므로 비례의 원칙은 헌법적 효력을 가지기 때문에 비례의 원칙에 반하는 행정권 행사는 위법하고 비례의 원칙에 반하는 법령은 위헌·무효가 된다.

2. 내용

① 적합성의 원칙은 행정은 추구하는 행정목적의 달성에 적합한 수단을 선택하여야 한다는 원칙을 말한다. ② 필요성의 원칙은 적합한 수단이 여러 가지인 경우에 국민의 권리를 최소한으로 침해하는 수단을 선택하여야 한다는 원칙이다. ③ 협의의 비례원칙(상당성의 원칙)은 행정조치를 취함에 따른 불이익이 그것에 의해 달성되는 이익보다 심히 큰 경우에는 그 행정조치를 취해서는 안 된다는 원칙을 말한다. 행정조치로 인하여 달성되는 공익과 사익을 한쪽으로 하고 그로 인하여 침해되는 공익과 사익을 다른 한쪽으로 하여 이익형량을 하여야 한다. 행정기본법도 비례의 원칙의 요건에 대해 규정하고 있다(제10조).

3. 검토

사안의 경우 적합성의 원칙에는 부합하나, 甲의 위반행위는 1회에 불과함에도 정유사로부터 직접 석유제품을 공급받아 판매하였을 뿐이고 최근 경유를 사용하여 휘발유 저장탱크를 청소한 사정을 감안하고 면 3개월 사업정지가 아니라 인근 상원주유소와 동일한 15일의 영업정지처분으로도 목적을 달성할 수 있다는 점에서 필요성의 원칙에 반하고, 3개월 사업정지처분을 통해서 달성하려는 공익보다 침해되는 사익이 더 크므로 상당성의 원칙에도 반한다. 비례의 원칙 위반에 해당한다.

VI. 사안의 해결

사업정지 3개월 처분은 재량행위인데 자기구속의 원칙 내지는 평등원칙 위반이며, 비례의 원칙 위반으로 재량의 일탈·남용이 있는 위법한 처분에 해당한다.

사례 003 신뢰보호원칙, 실권의 법리, 신의성실의 원칙, 비례의 원칙 [행시 2016]

甲은 2001. 1. A광역시장으로부터 여객자동차 운수사업법 상 개인택시운송사업면허를 취득하여 영업을 하던 중 2010. 5. 음주운전을 한 사실이 적발되어 관할 지방경찰청장으로부터 2010. 6. 도로교통법 상 운전면허의 취소처분을 받았다. 그러나 위 운전면허취소의 사실이 A광역시장에게는 통지되지 않아 개인택시운송사업면허의 취소나 정지는 별도로 없었다. 甲은 2011. 7. 운전면허를 다시 취득하여 영업을 하다가 2014. 8. 乙에게 개인택시운송사업을 양도하는 계약을 체결하였고, 이에 대해 2014. 9. A광역시장의 인가처분이 있었다.

A광역시장은 인가 심사 당시에는 위 운전면허취소의 사실을 모르고 있다가 2016. 5. 관할 지방경찰청장으로부터 통지를 받아 알게 되었고, 2016. 6. 乙에게 위 운전면허취소의 사실을 이유로 개인택시운송사업면허의 취소처분을 하였다(이하 '이 사건 처분'이라 한다). 乙은 이 사건 처분에 대해서 취소소송을 제기하였다. 다음 물음에 답하시오.

2) 乙은 개인택시운송사업면허 취소사유가 발생한 날로부터 6년이나 경과한 시점에서 그 취소를 처분하는 것은 신뢰에 반하는 점, A광역시장으로서는 인가심사 당시에 음주운전으로 운전면허가 취소된 사실이 있는지 여부를 조사해서 그 사실이 확인되었을 때에는 인가처분을 해서는 안 되는 것인데 이를 게을리 한 잘못이 있는 점, 甲이 개인택시운송사업면허를 취득하여 그 사업을 양도하기까지 약 15년 동안 당해 음주운전을 제외하고는 교통 법규를 위반한 적 없는 점까지 종합적으로 고려한다면 이 사건 처분은 위법하다고 주장한다. 그 주장의 당부에 관하여 설명하시오. (20점)

[참조조문](현행 법령을 사례해결에 적합하도록 수정하였음)
* 여객자동차 운수사업법
제4조(면허 등) ① 개인택시운송사업을 경영하려는 자는 사업계획을 작성하여 국토교통부령으로 정하는 바에 따라 특별시장·광역시장·특별자치시장·도지사·특별자치도지사(이하 "시·도지사"라 한다)의 면허를 받아야 한다.
② 시·도지사는 제1항에 따라 면허하는 경우에 필요하다고 인정하면 국토교통부령으로 정하는 바에 따라 운송할 여객 등에 관한 업무의 범위나 기간을 한정하여 면허를 하거나 여객자동차운송사업의 질서를 확립하기 위하여 필요한 조건을 붙일 수 있다.
제14조(사업의 양도·양수 등) ① 개인택시운송사업은 사업구역별로 사업면허의수요·공급 등을 고려하여 관할 지방자치단체의 조례에서 정하는 바에 따라 시·도지사의 인가를 받아 양도할 수 있다.
② 제1항에 따른 인가를 받은 경우 개인택시운송사업을 양수한 자는 양도한 자의 운송사업자로서의 지위를 승계한다.
제85조(면허취소 등) ① 시·도지사는 개인택시운송사업자가 다음 각 호의 어느 하나에 해당하면 면허를 취소하거나 6개월 이내의 기간을 정하여 사업의 전부 또는 일부를 정지하도록 명할 수 있다.
　1.~36. (생략)
　37. 개인택시운송사업자의 운전면허가 취소된 경우
* 여객자동차 운수사업법 시행령
제43조(사업면허·등록취소 및 사업정지의 처분기준 및 그 적용) ① 처분관할관청은 법 제85조에 따른 개인택시운송사업자에 대한 면허취소 등의 처분을 다음 각 호의 구분에 따라 별표 3의 기준에 의하여 하여야 한다.
　1. 사업면허취소: 사업면허의 취소
[별표 3] 사업면허취소·사업등록취소 및 사업정지 등의 처분기준(제43조제1항 관련)
1. 일반기준

가. 처분관할관청은 다음의 어느 하나에 해당하는 경우에는 제2호의 개별기준에 따른처분을 가중하거나 감경할 수 있다.
  1) 감경 사유
    가) 위반 행위자가 처음 해당 위반행위를 한 경우로서, 5년 이상 여객자동차운수사업을 모범적으로 해 온 사실이 인정되는 경우
나. 처분관할관청은 가목에 따라 처분을 가중 또는 감경하는 경우에는 다음의 구분에 따른다.
  1) 개인택시운송사업자의 사업면허취소를 감경하는 경우에는 90일 이상의 사업정지로 한다.
2. 개별기준
  가. 여객자동차운송사업 및 자동차대여사업

위반내용	근거법조문	처분내용		
		1차 위반	2차 위반	3차 이상 위반
35. 개인택시운송사업자의 운전면허가 취소된 경우	법 제85조 제1항 제37호	사업면허 취소		

* 여객자동차 운수사업법 시행규칙
제35조(사업의 양도·양수신고 등) ① 관할관청은 개인택시운송사업의 양도·양수인가신청을 받으면 관계기관에 양도자 및 양수자의 운전면허의 효력 유무를 조회·확인하여야 한다.
② 관할관청은 제1항에 따른 조회·확인 결과 양도자 및 양수자가 음주운전 등 도로교통법 위반으로 운전면허가 취소되었거나 취소사유가 있는 것으로 확인되었을 때에는 양도·양수인가를 하여서는 아니 된다.

I. 문제의 소재

A광역시장의 개인택시운송사업면허취소처분의 위법사유로 乙이 주장하는 사유와 관련하여 개인택시면허취소사유가 발생한 날로부터 6년후에 취소한 것이 신뢰보호원칙 및 실권의 법리에 반하는지 문제되고, 개인택시운송사업 양도인가시 조사를 게을리한 잘못이 있다는 점에서 신의성실의 원칙에 반하는지가 문제되고, 15년동안 교통법규를 위반한 적이 없다는 점에서 비례의 원칙에 반하는지가 문제된다.

II. 개인택시운송사업면허취소의 법적 성격

개인택시면허는 수익적 행정행위이고, 운전면허취소를 이유로 한 개인택시면허취소는 처분 당시에는 하자가 없었으나 후발적 사정을 이유로 하는 것이어서 수익적 행정행위의 철회에 해당한다.
개인택시면허가 재량행위인지 기속행위인지 여부는 ① 당해 행위의 근거가 된 법규의 체재·형식과 그 문언, ② 당해 행위가 속하는 행정 분야의 주된 목적과 특성, ③ 당해 행위 자체의 개별적 성질과 유형 등을 모두 고려하여 판단하여야 한다. 여객자동차 운수사업법 제85조의 문언상 개인택시운송사업면허취소는 재량행위에 해당한다.
시행령 제43조 [별표3]의 법적 성격은 법규명령 형식의 행정규칙에 해당하는데 수권여부기준설에 의하면 법률의 수권이 있는 경우에만 법규명령으로 보게 된다.
사안은 대통령령 형식이지만 법률의 수권규정이 없으므로 행정규칙에 해당한다.[1] 따라서 개인택시면허취소처분의 위법성은 [별표3]에 부합했는지를 판단하는 것이 아니라 여객자동차 운수사업법의 목적과 취지에 비추어 재량의 일탈·남용이 있는지 여부를 판단해야 한다.

---

1) 실제로는 수권규정이 존재하나, 주어진 참조조문상으로는 수권규정이 존재하지 않아 없는 것으로 전제하고 풀이한다. 법규명령설에 의하여 법규명령으로 보더라도 사안은 일반기준에서 감경규정이 있어 그 범위에서 재량이 존재한다.

III. 6년이 경과한 시점의 면허취소는 신뢰에 반한다는 주장

1. 신뢰보호원칙 위반 여부

(1) 신뢰보호원칙 의의 및 요건
국민이 행정기관의 어떤 결정의 정당성 또는 존속성에 대하여 신뢰한 경우 그 신뢰가 보호가치가 있는 한, 그 신뢰를 보호해주어야 한다는 원칙으로 이론적근거는 법치국가원리 특히 법적안정성의 원칙에서 찾는 것이 일반적이다. 행정기본법도 신뢰보호원칙과 실권의 법리를 명문으로 규정하고 있다(제12조).

(2) 신뢰보호의 요건
신뢰보호원칙이 적용되기 위한 요건으로는 ① 행정기관의 선행조치 ② 선행조치에 대한 보호가치 있는 신뢰의 형성 ③ 신뢰에 기초한 관계자의 처리의 존재 ④ 인과관계 있는 신뢰 ⑤ 선행조치에 반하는 행정기관의 조치 등의 요건이 충족되어야 한다. 판례도 이와 동일한 입장인데 판례는 선행조치와 관련하여 공적인 견해표명을 요구하여 학설보다는 엄격한 경향에 있다.

(3) 신뢰보호의 한계
신뢰보호의 요건을 충족한다고 하더라도 신뢰보호의 원칙은 무조건 적용되는 것은 아니고, 법률적합성의 원칙과 충돌되는 경우, 사정변경, 공익상의 필요가 있는 경우 이러한 가치와 상대방의 신뢰 내지 기득권 보호, 법적안정성의 유지 등 제 이익을 비교형량하여야 한다는 한계가 존재한다.

(4) 사안의 경우
사안의 양도양수인가처분은 선행조치에 해당하고, 乙에게 귀책사유가 없으므로 보호가치 있는 신뢰가 있고, 乙은 개인택시면허를 양도받아 운송사업을 영위하고 있으므로 처리도 존재하고, 인과관계도 인정되나 신뢰에 반하는 운송사업면허취소처분이 있으므로 신뢰보호원칙 요건은 충족한다.[2] 그리고 개인택시면허를 취소해야 할 공익과 양도인가처분 후 택시영업을 해 온 乙의 신뢰이익을 형량하건대, 인가 후 이미 2년여가 지났다는 점과 양도인 甲이 양도 전에 다시 면허를 취득하여 영업을 하고 있다는 점 등을 고려할 때 침해되는 乙의 이익이 크므로 신뢰보호원칙 위반에 해당한다.

2. 실권의 법리 위반 여부

(1) 실권의 법리의 의의 및 요건
행정청이 위법상태를 장기간에 걸쳐 방치함으로써 사인이 그 상태를 신뢰한 경우 행정청이 사후에 위법성을 주장할 수 없는 법리이다. 독일행정절차법은 행정청이 직권취소와 철회권 행사 시 그 사유를 안 날로부터 1년 내에만 취소를 허용하여 명문으로 인정하고 있으며, 우리는 과거 명문의 근거가 없었으나 대법원은 신의성실의 원칙에 바탕을 둔 파생원칙으로 공법관계 중에서 관리관계는 물론 권력관계도 적용된다고 하여 인정하였고, 행정기본법은 실권의 법리를 명문화하고 있다(제23조).

실권의 법리가 적용되기 위한 요건은 ① 행정청이 권한행사를 할 수 있는 가능성이 있었을 것 ② 비교적 장기간 위법한 상태를 방치 ③ 특별한 사정에 의해 상대방이 위법상태에 반하는 행정청의 권한 불행사를 신뢰할만한 특별한 사정이 있어야 한다.

---

[2] 갑에 대한 운전면허재발급을 선행조치를 보아서 갑의 신뢰이익이 침해되었다는 것으로 포섭하는 것도 생각해 볼 수 있다.

행정기본법도 행정청은 권한 행사의 기회가 있음에도 불구하고 장기간 권한을 행사하지 아니하여 국민이 그 권한이 행사되지 아니할 것으로 믿을 만한 정당한 사유가 있는 경우에는 그 권한을 행사해서는 아니 된다. 다만, 공익 또는 제3자의 이익을 현저히 해칠 우려가 있는 경우는 예외로 한다고 규정하고 있다(제12조2항).

(2) 사안의 경우

운전면허취소권자는 지방경찰청장이고 개인택시면허취소권자는 A광역시장으로 일치하지 아니하고 A광역시장이 지방경찰청장으로부터 운전면허취소에 대한 통지를 못 받은 사정이 있으나, A광역시장이 개인택시면허를 취소할 가능성이 전혀 없다고 할 수는 없다. 그럼에도 불구하고 2010. 6 이후 개인택시면허취소가 방치되어 있었고 또한 甲은 운전면허를 다시 취득하여 영업을 하였다는 점에서 운송사업면허가 취소되지 않을 것을 신뢰할만한 특별한 사정이 있다고 할 수 있다. 그런데 6년이 경과한 후에 양수인 乙에게 개인택시면허를 취소한 것이므로 제재처분사유의 승계를 긍정한다고 하더라도 실권의 법리에 반한다고 할 수 있다.

또한 행정청은 위반행위가 종료된 날부터 5년이 지나면 제재처분을 할 수 없다는 행정기본법 제23조에도 반하여 위법하다.

Ⅳ. 음주운전 여부 조사를 게을리 한 잘못이 있다는 주장

1. 신의성실원칙의 의의 및 내용

신의성실의 원칙이란 <u>법률관계의 당사자는 상대방의 이익을 배려하여 형평에 어긋나거나 신뢰를 저버리는 내용 또는 방법으로 권리를 행사하거나 의무를 이행하여서는 아니된다</u>는 원칙으로서 <u>공·사법을 불문하고 인정되는 법원칙이다</u>(민법 제2조, 행정기본법 제11조). 신의성실의 원칙에 위배된다는 이유로 그 권리의 행사를 부정하기 위하여는 ① <u>상대방에게 신의를 공여하였다</u>거나, ② <u>객관적으로 보아 상대방이 신의를 가짐이 정당한 상태에 있어야</u> 하고, ③ 이러한 <u>상대방의 신의에 반하여 권리를 행사하는 것이 정의관념에 비추어 용인될 수 없는 정도의 상태</u>에 이르러야 한다.

2. 사안의 경우

여객자동차 운수사업법 시행규칙 제35조에 의해서 운전면허의 조회·확인 의무가 있는 A광역시장이 조회의무를 충실히 이행했다면 운전면허를 재취득한 甲이라 하더라도 개인택시면허를 취소할 수 있었을 텐데, 조회의무를 게을리하여 오히려 개인택시운송사업 양도양수인가처분을 한 것은 甲에게 개인택시면허가 취소되지 않을 것이라는 신의를 공여한 것이라거나, 객관적으로 보아 甲이 신의를 가짐이 정당한 상태를 만든 것이라고 할 수 있어 이러한 신뢰에 기초하여 양도받은 양수인 乙에게 개인택시면허를 취소한 것은 신의성실의 원칙에 반하는 행위라고 할 수 있다.[3]

---

[3] 첫 번째 주장인 6년이 경과한 시점의 면허취소는 신뢰에 반한다는 주장과 두 번째 주장인 음주운전 여부 조사를 게을리 한 잘못이 있다는 주장이 전자는 신뢰보호원칙, 후자는 신의성실의 원칙으로 명확하게 구별되는 것은 아닐 것이다. 실제로 실무에서도 신뢰보호원칙과 신의성실의 원칙이 뚜렷이 구별되지 않는다. 포섭에 따라서는 신뢰보호원칙과 신의성실의 원칙에 반하지 않는다고 포섭할 수도 있다. 인가처분을 하였다는 것이 개인택시면허를 취소하지 않겠다는 공적견해표명이 있는 것으로 볼 수 없다고 포섭할 수도 있고, 음주운전 여부 조사를 게을리 했다는 사정만으로 추후 개인택시면허를 취소하는 것이 신의성실의 원칙에 반하는 것이라고 볼 수 없다는 포섭도 가능하다.

V. 15년 동안 교통법규를 위반한 적이 없다는 주장

1. 비례의 원칙의 의의 및 근거[4]

2. 내 용

3. 사안의 경우

사안의 개인택시운송사업면허취소처분은 여객자동차 운수사업법 제85조 1항 37호에 따른 처분으로 적합성의 원칙에 반하지 않는다. 그러나 시행령 [별표3]에 의하면 일반기준에 의해 90일 이상 사업정지로 감경할 수도 있으므로 사업정지로 목적이 달성되는 경우라면 필요성의 원칙에 반한다고 할 수 있다.[5] 또한 15년 동안 교통법규 위반이 없었고, 음주운전으로 특별히 사고를 야기한 사정도 없고, 甲이 그동안 개인택시를 생계의 수단으로 삼고 있었다는 점 등을 고려할 때 甲에게 과도한 조치로서 甲에게 면허취소 사유가 있다고 하더라도 면허취소는 상당성의 원칙에도 반하므로 비례의 원칙 위반에 해당한다.

VI. 사안의 해결

을에 대한 개인택시운송사업면허취소처분은 신뢰보호원칙, 실권의 법리 · 비례의 원칙 위반으로 위법하게 된다.

유제 [행시 2022]

甲은 X 시의 시장 乙에게 X 시에 소재한 자신의 토지에 공동주택의 건설사업을 위한 개발행위허가 신청을 하였다. 乙은 "甲의 신청지는 X 시 도시기본계획상 도시의 자연환경 및 경관을 보호하기 위하여 도시자연공원구역으로 지정이 예정되어 있어 전체적인 개발계획이 수립되지 않은 상태에서 개별적인 공동주택 입지를 위한 개발행위허가는 불합리하다."라는 이유로, 2020. 10. 9. 甲의 신청을 거부하였다(이하 '제1차 거부처분'). 이에 甲은 乙을 상대로 제1차 거부처분의 취소를 구하는 소를 제기하였고, 법원은 제1차 거부처분이 구체적이고 합리적인 근거 없이 甲의 신청을 불허한 것으로 재량권의 일탈 · 남용이라고 보아 甲의 청구를 인용하는 판결을 하였다. 이 취소판결은 확정되었고, 사실심 변론종결일은 2021. 11. 16.이다. 甲은 위 판결 확정 이후인 2021. 12. 17. 乙에게 위 확정판결에 따른 후속조치의 이행을 촉구하는 내용의 민원을 제기하였는데, 당시 X 시의 담당과장은 민원을 접수하면서 甲에게 "법적으로 가능하다면 개발행위를 허가해 주겠다."라고 구두로 답변하였다. 그러나 乙은 2021. 12. 28. 甲에게 "甲이 신청한 토지는 국토교통부에서 확정 발표한 도시자연공원 확대사업이 반영된 대상지로서 우리 시에서는 체계적인 도시개발 및 난개발 방지를 위해 「국토의 계획 및 이용에 관한 법률」에 따라 2021. 10. 26. 개발행위허가 제한지역으로 고시하여 현재 신규 개발행위허가는 불가능하다."라는 사유로 甲의 개발행위를 불허하는 통지를 하였다(이하 '제2차 거부처분'). 다음 물음에 답하시오. (총 50점)

2) 甲은 X 시의 담당과장이 "법적으로 가능하다면 개발행위를 허가해 주겠다."라고 답변한 것을 들어, 제2차 거부처분이 위법하다고 주장한다. 甲의 주장이 타당한지 검토하시오. (10점)

[참조조문] 현행 법령을 사례해결에 적합하도록 수정하였음

* 국토의 계획 및 이용에 관한 법률

제56조(개발행위의 허가) ① 다음 각 호의 어느 하나에 해당하는 행위로서 대통령령으로 정하는 행위(이하 "개발

---

[4] 중복되는 내용은 반복하지 않고 목차만 소개하는 경우가 많다.
[5] 반하지 않는다는 견해도 있다.

행위"라 한다)를 하려는 자는 특별시장·광역시장·특별자치시장·특별자치도지사·시장 또는 군수의 허가(이하 "개발행위허가"라 한다)를 받아야 한다.
  1. 건축물의 건축 또는 공작물의 설치
제58조(개발행위허가의 기준) ① 특별시장·광역시장·특별자치시장·특별자치도지사·시장 또는 군수는 개발행위허가의 신청 내용이 다음 각 호의 기준에 맞는 경우에만 개발행위허가 또는 변경허가를 하여야 한다.
  1. 용도지역별 특성을 고려하여 대통령령으로 정하는 개발행위의 규모에 적합할 것
  2. 도시·군관리계획 및 성장관리계획의 내용에 어긋나지 아니할 것
  3. 도시·군계획사업의 시행에 지장이 없을 것
  4. 주변지역의 토지이용실태 또는 토지이용계획, 건축물의 높이, 토지의 경사도, 수목의 상태, 물의 배수, 하천·호소·습지의 배수 등 주변환경이나 경관과 조화를 이룰 것
  5. 해당 개발행위에 따른 기반시설의 설치나 그에 필요한 용지의 확보계획이 적절할 것
제63조(개발행위허가의 제한) ① 국토교통부장관, 시·도지사, 시장 또는 군수는 다음 각 호의 어느 하나에 해당되는 지역으로서 도시·군관리계획상 특히 필요하다고 인정되는 지역에 대해서는 대통령령으로 정하는 바에 따라 중앙도시계획위원회나 지방도시계획위원회의 심의를 거쳐 한 차례만 3년 이내의 기간 동안 개발행위허가를 제한할 수 있다.
  3. 도시·군기본계획이나 도시·군관리계획을 수립하고 있는 지역으로서 그 도시·군기본계획이나 도시·군관리계획이 결정될 경우 용도지역·용도지구 또는 용도구역의 변경이 예상되고 그에 따라 개발행위허가의 기준이 크게 달라질 것으로 예상되는 지역
② 국토교통부장관, 시·도지사, 시장 또는 군수는 제1항에 따라 개발행위허가를 제한하려면 대통령령으로 정하는 바에 따라 제한지역·제한사유·제한대상행위 및 제한기간을 미리 고시하여야 한다.

해설

X시 담당과장이 허가가 가능하다고 한 답변에 반하여 乙이 제2차 거부처분을 한 것이 신뢰보호의 원칙에 반하는지 문제된다. 보조기관의 언동도 공적견해표명에 해당될 수는 있으나 X시 담당과장의 답변은 법적으로 가능하다면 허가가 가능하다는 것일 뿐, 甲에 대하여 법적인 문제가 없으므로 반드시 개발행위허가를 해주겠다는 취지의 공적견해표명을 한 것이라 볼 수 없어 신뢰보호원칙의 요건을 충족하지 않는다. 甲의 주장은 타당하지 않다.

사례 004　법령의 소급적용, 신뢰보호원칙　　　　　　　　　　[변시 2019]

　　2017. 12. 20. 보건복지부령 제377호로 개정된 「국민건강보험 요양급여의 기준에 관한 규칙」(이하 '요양급여규칙' 이라 함)은 비용대비 효과가 우수한 것으로 인정된 약제에 대해서만 보험급여를 인정해서 보험재정의 안정을 꾀하고 의약품의 적정한 사용을 유도하고자 기존의 보험 적용 약제 중 청구실적이 없는 미청구약제에 대한 삭제제도를 도입하였다. 개정 전의 요양급여규칙은 품목허가를 받은 모든 약제에 대하여 보험급여를 인정하였으나, 개정된 요양급여규칙에 따르면 최근 2년간 보험급여 청구 실적이 없는 약제에 대하여 요양급여대상 여부에 대한 조정을 할 수 있다.

　　보건복지부장관은 위와 같이 개정된 요양급여규칙의 위임에 따라 사단법인 대한제약회사협회 등 의약관련 단체의 의견을 받아 보건복지부 고시인 '약제급여목록 및 급여상한금액표'를 개정하여 2018. 9. 23. 고시하면서, 기존에 요양급여대상으로 등재되어 있던 제약회사 甲(이하 '甲'이라 함)의 A약품(1998. 2. 1. 등재)이 2016. 1. 1.부터 2017. 12. 31.까지의 2년간 보험급여 청구실적이 없는 약제에 해당한다는 이유로 위 고시 별지4 '약제급여목록 및 급여상한금액표 중 삭제품목' 란(이하 '이 사건 고시'라 함)에 아래와 같이 A약품을 등재하였다. 요양급여대상에서 삭제되면 국민건강보험의 요양급여를 받을 수 없어 해당 약제를 구입할 경우 전액 자기부담으로 구입하여야 하고 해당 약제에 대해 요양급여를 청구하여도 요양급여청구가 거부되므로 해당 약제의 판매 저하가 우려된다.

보건복지부 고시 제 2018-○○호(2018. 9. 23.)
　　　　　　　　　　　약제급여목록 및 급여상한금액표
제1조 (목적) 이 표는 국민건강보험법 …… 및 국민건강보험요양급여의 기준에 관한 규칙 ……의 규정에 의하여
　　　　　약제의 요양급여대상기준 및 상한금액을 정함을 목적으로 한다.
제2조 (약제급여목록 및 상한금액 등) 약제급여목록 및 상한금액은 [별표1]과 같다.

[별표1]
별지4 삭제품목
연번 17. 제조사 甲, 품목 A약품, 상한액 120원/1정

제약회사들을 회원으로 하여 설립된 사단법인 대한제약회사협회와 甲은 이 사건 고시가 있은지 1개월 후에야 고시가 있었음을 알았다고 주장하며 이 사건 고시가 있은 날로부터 94일째인 2018. 12. 26. 이 사건 고시에 대한 취소소송을 제기하였다.

4. 甲은 "개정 전 요양급여규칙이 아니라 개정된 요양급여규칙에 따라 A약품을 요양급여대상에서 삭제한 것은 위법하다."라고 주장한다. 이러한 甲의 주장을 검토하시오. (30점)

I. 문제의 소재

보건복지부 장관은 개정된 요양급여규칙에 따라 A약품을 요양급여대상에서 삭제하였는 바, 최근 2년간 보험급여 청구 실적이 없는 약제에 대하여 요양급여대상 여부에 대한 조정이 가능하도록 개정된 요양급여규칙을 적용한 것이 금지되는 소급적용에 해당하는지, 개정된 요양급여규칙에 따라 A약품을 삭제한 것이 신뢰보호원칙에 반하는지 문제된다.

II. 개정된 요양급여규칙의 적용 가능성

1. 법령의 소급적용

행정처분은 근거 법령이 개정된 경우에도 경과규정에서 달리 정함이 없는 한 처분 당시 시행되는 법령과 그에 정한 기준에 의하는 것이 원칙이다.

관계인의 기득권보호와 법적 안정성의 요청 때문에 새로운 법령 등은 법령 등에 특별한 규정이 있는 경우를 제외하고는 법령 등의 효력 발생 전에 완성되거나 종결된 사실관계 또는 법률관계에는 적용되지 않는다(진정소급효의 금지, 행정기본법 제14조1항). 그러나 그러한 사실 또는 법률관계가 개정 법령이 시행되기 이전에 이미 완성 또는 종결된 것이 아니라면 개정 법령을 적용하는 것이 헌법상 금지되는 소급입법에 의한 재산권 침해라고 할 수는 없다(부진정소급효의 허용). 법령불소급의 원칙은 법령의 효력발생 전에 완성된 요건 사실에 대하여 당해 법령을 적용할 수 없다는 의미일 뿐, 계속 중인 사실이나 그 이후에 발생한 요건 사실에 대한 법령적용까지를 제한하는 것은 아니다.

부진정소급적용이 가능하더라도 개정 전 법령의 존속에 대한 국민의 신뢰가 개정 법령의 적용에 관한 공익상의 요구보다 더 보호가치가 있다고 인정되는 경우에 그러한 국민의 신뢰를 보호하기 위하여 적용이 제한될 수 있는 여지가 있을 따름이다. 즉 법령의 개정에 있어서 구 법령의 존속에 대한 당사자의 신뢰가 합리적이고도 정당하며, 법령의 개정으로 야기되는 당사자의 손해가 극심하여 새로운 법령으로 달성하고자 하는 공익적 목적이 그러한 신뢰의 파괴를 정당화할 수 없다면, 입법자는 경과규정을 두는 등 당사자의 신뢰를 보호할 적절한 조치를 하여야 하며, 이와 같은 적절한 조치 없이 새 법령을 그대로 시행하거나 적용하는 것은 허용될 수 없는 바, 이는 헌법의 기본원리인 법치주의 원리에서 도출되는 신뢰보호의 원칙에 위배되기 때문이다. 이러한 신뢰보호 원칙의 위배 여부를 판단하기 위해서는 침해받은 이익의 보호가치, 침해의 중한 정도, 신뢰가 손상된 정도, 신뢰침해의 방법 등과 다른 한편으로는 새 법령을 통해 실현하고자 하는 공익적 목적을 종합적으로 비교·형량하여야 한다.

2. 사안의 경우

개정 전의 요양급여규칙은 품목허가를 받은 모든 약제에 대하여 보험급여를 인정하였으나, 개정된 요양급여규칙 제13조4항에 따르면 최근 2년간 보험급여 청구 실적이 없는 약제에 대하여 요양급여대상 여부에 대한 조정을 할 수 있도록 규정하고 있다.

2017.12.20.「국민건강보험 요양급여의 기준에 관한 규칙」이 개정되고, 2018. 9. 23. 개정 요양규칙에 근거하여 A약품을 요양급여대상에서 제외하였는데, 이는 법령이 시행되기 전의 종결된 사실 또는 법률관계에 대해 소급하여 적용하는 것이라고 할 수 없다. 따라서 개정요양규칙을 적용할 수 있다. 개정하면서 기존에 요양급여대상으로 지정된 약제에 대한 경과규정 등을 두지 않았다고 하더라도 개정 전 고시의 존속에 대한 국민의 신뢰가 개정 고시의 적용에 관한 공익상의 요구보다 더 보호가치가 있다고 인정되는 경우라고 볼 수도 없다.

Ⅲ. 고시의 신뢰보호원칙 위반여부

1. 신뢰보호원칙

신뢰보호원칙은 국민이 행정기관의 어떤 결정의 정당성 또는 존속성에 대하여 신뢰한 경우 그 신뢰가 보호가치가 있는 한, 그 신뢰를 보호해주어야 한다는 원칙으로 이론적 근거는 법치국가원리 특히 법적안정성의 원칙에서 찾는 것이 일반적이며, 실정법적 근거는 행정절차법 제4조2항 및 국세기본법 제18조3항 등에 있다. 행정기본법도 신뢰보호원칙과 실권의 법리를 명문으로 규정하고 있다(제12조).

신뢰보호원칙이 적용되기 위한 요건으로는 ① 행정기관의 선행조치 ② 선행조치에 대한 보호가치 있는 신뢰의 형성 ③ 신뢰에 기초한 관계자의 처리 ④ 선행조치와 처리 사이에 인과관계가 존재 ⑤ 선행조치에 반하는 행정작용 등의 요건이 충족되어야 한다. 판례는 선행조치와 관련하여 공적인 견해표명을 요구하여 학설보다는 엄격한 경향에 있다.

신뢰보호의 요건을 충족한다고 하더라도, 법률적합성의 원칙과 충돌되는 경우, 사정변경, 공익상의 필요가 있는 경우 이러한 가치와 상대방의 신뢰 내지 기득권보호, 법적안정성의 유지 등 제이익을 비교형량하여야 한다는 한계가 존재한다.

2. 사안의 경우

개정 전 고시에서 甲회사의 A약제를 요양급여대상으로 인정한 것을 A약제를 영구적으로 요양급여대상으로 인정하겠다는 공적견해표명을 한 것으로 볼 수 없으며, 甲회사에게 보호가치 있는 신뢰가 형성되었다고 볼 수 없다.

또한 甲과 같은 제약회사들이 개정 전 고시의 존속에 대하여 신뢰를 가졌다 하더라도, 개정 고시가 비용 대비 효과가 우수한 것으로 인정된 약제에 대해서만 보험급여를 인정해서 보험재정의 안정을 꾀하고 의약품의 적정한 사용을 유도하고자 하는 목적으로 행해진 점 등에 비추어 볼 때, 甲의 신뢰가 개정된 고시의 적용에 관한 공익상의 요구와 비교·형량하여 더 보호가치가 있는 것이라고 할 수 없으므로 개정 고시가 신뢰보호의 원칙에 위배된다고 할 수 없다.

Ⅳ. 사안의 해결

결국 개정 전 요양급여규칙이 아니라 개정된 요양급여규칙에 따라 A약품을 요양급여대상에서 삭제한 것은 위법하다는 甲의 주장은 타당하지 않다.

사례 005　행정개입청구권, 소송상 권리구제　　　　　　　　　　　　　　　　　[사시 1997]

대기환경보전법 제16조는 「환경부장관은 제14조의 규정에 의한 신고를 한 후 조업중인 배출시설에서 배출되는 오염물질의 정도가 제8조 또는 제13조 제4항의 규정에 의한 배출허용기준을 초과한다고 인정하는 때에는 대통령령이 정하는 바에 의하여 기간을 정하여 사업자에게 그 오염물질의 정도가 배출허용기준 이하로 내려가도록 필요한 조치를 취할 것을 명할 수 있다」라고 규정하고 있다. 그런데 공해배출업체 乙은 배출허용기준을 초과하여 오염물질을 배출하였음에도 환경부장관 丙은 아무런 개선명령을 발하지 않았다. (50점)

(1) 이에 의하여 피해를 입은 인근주민 甲은 환경부장관 丙에 대하여 어떠한 조치를 청구할 수 있는가?
(2) 만약 그 청구권이 인정된다면 소송법상 어떠한 권리구제를 받을 수 있는가?

[설문 1] 甲의 개선명령발동청구권의 인정 여부

I. 문제의 소재

공해배출업체 乙은 배출허용기준을 초과하였으므로 환경부장관 丙은 필요한 조치를 취할 것을 명할 수 있다. 그런데 필요한 조치의 발동 여부는 대기환경보전 제16조의 문언상 환경부장관의 재량[1])에 속하는 바, 제3자인 인근주민 甲이 자신의 이익을 위하여 대기환경보전법 제16조를 원용하여 환경부장관에게 필요한 조치의 발동을 청구할 수 있는지, 즉 행정개입청구권이 인정되는지 여부가 문제된다.

II. 행정개입청구권의 의의 및 인정 범위

행정개입청구권이란 행정청에 행정권 발동의무가 부과되어 있는 경우 그에 대응하여 사인이 행정청에 그 발동을 요구할 수 있는 권리를 의미한다. 주로 경찰행정의 분야에서 인정되나, 이론적으로는 모든 행정영역에서 인정될 수 있다.

III. 행정개입청구권의 성립요건

행정개입청구권도 공권의 일종이므로 공권의 성립요건인 강행법규성과 사익보호성이 요구된다.
강행법규성에 있어서 행정청의 개입의무의 발생여부가 문제되는데 기속행위이거나 재량이 0으로 수축되는 경우 개입의무를 인정한다. 재량이 0으로 수축되는 경우란 일반적으로 ① 사인의 생명·신체·재산 등에 중대하고 급박한 위험이 존재하고, ② 그러한 위험이 행정권의 발동에 의해 제거될 수 있는 것이며,

---

1) 요건은 "배출허용기준이 초과한다고 인정"할 경우이고, 효과가 "명할 수 있다"로 되어 있어서 문언상으로는 바로 재량행위라고 접근할 가능성이 많으나, 김동희 교수님은 이 경우에도 재량행위로 해석하는 것은 동법의 목적에 배치하고, 환경권을 기본권의 하나로 규정하고 있는 헌법의 취지에도 반하는 것이므로 재량행위로 보지 않고 권한의 소재에 관한 규정이라고 주장하고 있는데. 김동희 교수님에 의하면 배출허용기준을 초과하면 환경부장관은 개선명령을 내려야만 하는 기속행위가 된다.
반면, 김연태 교수님은 대기환경보전법상 환경부장관의 다른 처분(19조의 배출부과금부과,21조의 위법시설에 대한 폐쇄조치)이 기속행위로 규정되어 있는 것에 비추어 봤을 때 입법자의 의사는 환경상 위해를 가하는 업체에 대해서 배출부과금, 위법시설 폐쇄조치는 반드시 개입하도록 하고, 배출허용기준 이하로 내려가도록 하는 필요한 조치는 환경부장관의 재량에 맡기는 것이라고 해석하여 재량행위 보고 있다.
김동희 교수님 견해도, 국가의 기본권보호의무, 헌법상 환경권 규정 등을 고려하면 설득력 있는 논리이지만 재량으로 보는 것이 무난하고, 행정개입청구권의 논의까지 풍부하게 쓰기 위해서도 재량행위라고 검토하는 것이 좋다. 재량행위에서 "재량이 0으로 수축"논의는 재량행위인 경우에만 쓸 수 있기 때문이다.

③ 피해자의 개인적인 노력으로는 권익침해의 방지가 충분하게 이루어질 수 없다고 인정되는 경우를 말한다.

Ⅳ. 사안의 해결

사안의 경우 乙이 배출허용기준을 초과하여 오염물질을 배출함으로써 인근주민인 甲의 생명 또는 건강상 위험을 발생시키는 경우이므로 재량권이 0으로 수축되어 丙에게 개선명령발동의무를 인정해야 하고 대기환경보전법 제16조가 명시적으로 규정하고 있지는 않으나 동법 제1조와 헌법 제35조 규정 취지에 비추어 사익보호성을 인정함이 타당하다. 甲은 환경부장관 丙에 대하여 개선명령등 필요한 조치를 취할 것을 청구할 수 있는 권리가 있다.

[설문 2] 행정개입청구권에 대한 소송법상 권리구제수단

Ⅰ. 문제의 소재

甲에게 만약 행정개입청구권이 인정된다면 甲은 이러한 청구권을 관철하기 위하여 소송법상 어떠한 권리구제수단을 강구할 수 있는지 문제된다. 甲의 개선명령의 청구에 대해 환경부장관이 거부를 한 경우와 부작위로 방치한 경우로 나누어 검토해본다.[2]

Ⅱ. 거부처분에 대한 소송법상 구제수단

1. 의무이행소송

의무이행소송이란, 행정청의 위법한 거부처분이나 부작위에 대하여 처분을 하도록 하는 소송을 의미한다. 현행 행정소송법은 우회적인 구제수단인 거부처분의 취소소송과 부작위위법확인소송만을 인정하고 있는데 무명항고소송으로서 의무이행소송의 인정여부에 대해 견해대립이 있다.

학설은 행정소송법 제4조를 예시적 규정으로 보는 긍정설도 있으나, 현행 행정소송법이 의무이행소송을 받아들이지 않고 우회적인 부작위위법확인소송을 제도화하면서 그 실효성확보를 위한 간접강제제도를 규정한 점에 비추어 긍정설은 입법자의 의사에 반하는 해석이다. 해석론으로는 부정설이 타당하다. 판례도 행정청의 부작위에 대한 의무이행소송은 현행법상 허용되지 않는다고 하여 부정설이다. 실효적인 권리구제를 위해서 도입이 필요하며 행정소송법개정안은 도입하고 있다. 甲은 환경부장관의 거부에 대해 의무이행소송을 제기할 수는 없다.

2. 거부처분 취소소송 및 무효확인소송

갑은 환경부장관의 거부처분에 대하여 취소소송을 제기할 수 있다. 거부처분을 취소하는 판결이 확정되면 행정소송법 제30조2항에 의해 환경부장관에게는 판결의 취지에 따라서 재처분을 해야 하는 의무가 생긴다. 환경부장관이 재처분의무를 이행하지 않으면 행정소송법 제34조에 의해 갑은 간접강제신청을 하여 실효성을 확보할 수 있다.

---

[2] "개선명령을 발하지 않았다"는 것을 부작위로 포섭하면 부작위에 대해서만 검토하면 되지만 부작위인지 거부인지 명확하지 않은 것으로 보고 부작위와 거부인 경우를 나누어서 검토한 것이다.

만약 거부처분의 위법성의 정도가 무효라면 무효확인소송을 제기할 수 있다. 무효확인판결이 있는 경우에도 재처분의무는 인정된다(행정소송법 제38조1항, 30조). 그러나 무효확인소송에서 간접강제는 인정되고 있지 않은데 입법의 불비다. 판례는 무효확인소송에서 간접강제를 인정하지 않는다.

3. 국가배상청구소송[3]

국가배상청구소송은 학설은 당사자소송이라고 주장하나 판례는 민사소송으로 처리하고 있다. 甲에게 환경부장관의 부작위로 손해가 발생했고 상당인과관계가 인정이 된다면 국가배상청구를 할 수도 있을 것이다.

III. 행정청의 부작위에 대한 소송법상 구제수단

1. 의무이행소송

거부처분의 경우와 마찬가지로 의무이행소송의 대상이 될 수 있는지 문제되나 판례는 부정하고 있다.

2. 부작위위법확인소송

부작위위법확인소송은 행정청의 부작위가 위법하다는 것을 확인하는 소송을 말한다(행정소송법 제4조 3호). 부작위위법확인판결이 확정되면 행정청의 처분의무가 발생하고(동법 제38조 2항, 30조 2항) 처분의무를 이행하지 않으면 간접강제가 가능하다(동법 제34조).

부작위위법확인소송의 심리범위와 관련해서 신청의 실체적 내용이 이유 있는 것인지도 심리하여, 그에 대한 적정한 처리방향에 관한 법률적 판단을 하여야 한다는 실체적 심리설이 있으나 판례[4]는 부작위위법확인소송은 부작위의 위법을 확인함으로써 행정청의 응답을 신속하게 하여 부작위 내지 무응답이라고 하는 소극적인 위법상태를 제거하는 것을 목적으로 하는 것이라고 하여 부작위의 위법 여부만을 심사하는 절차적 심리설의 입장이다. 판례에 의하면 원고는 부작위위법확인판결을 받은 후 행정청이 다시 거부처분을 하여도 기속력에 반하는 것이 아니고 원고로서는 거부처분 취소소송을 다시 제기해야 하므로 권리구제에 한계가 있게 된다.

---

[3] 김연태 교수님은 소송법상 권리구제 수단에 대해서 검토할 경우 국가배상까지 검토한다. 소송법상 또는 쟁송법상 권리구제 수단을 물을 때에는 국가배상을 검토하지 않는 분들도 있다. 간단히 처리하면 족할 것이다. 설문이 단순히 권리구제수단을 물었다면 국가배상은 반드시 검토해야 할 것이다.
[4] 대판 1990.9.25. 89누4758

사례 006   행정개입청구권, 심판법상 구제수단   [행시 2018]

A시에서 농사를 짓고 있는 甲 등 주민들은 최근 들어 하천에서 악취가 나고 그 하천수를 농업용수로 사용하는 경작지 작물들이 생육이 늦어지거나 고사하는 문제를 발견하였다. 이에 甲 등 주민들이 인근 대학교에 의뢰하여 해당 하천의 수질을 검사한 결과 「물환경보전법」상 배출허용기준을 초과하는 오염물질이 다량 검출되었다. 현재 甲 등 주민 다수에게는 심각한 소화기계통의 질환과 회복할 수 없는 후유증이 발생하였다. 오염물질이 검출된 곳으로부터 2km 상류 지점에는 큰 규모의 제련소가 위치하고 있다. 甲은 물환경보전법령에 따라 개선명령 권한을 위임받은 A시장 乙에게 위 제련소에 대한 개선명령을 요청하였다. 乙이 위 제련소에 대한 정밀조사를 실시한 결과, 위 제련소가 오염물질의 배출원으로 밝혀졌다. 그러나 乙은 그 제련소가 지역경제에서 차지하는 비중을 고려하여 상당한 기간 동안 별다른 조치를 하지 않고 있다. 甲이 취할 수 있는 「행정심판법」상의 구제수단을 검토하시오(30점).

[참조조문]
* 물환경보전법

제1조(목적) 이 법은 수질오염으로 인한 국민건강 및 환경상의 위해(危害)를 예방하고 하천·호소(湖沼) 등 공공수역의 물환경을 적정하게 관리·보전함으로써 국민이 그 혜택을 널리 향유할 수 있도록 함과 동시에 미래의 세대에게 물려줄 수 있도록 함을 목적으로 한다.

제3조(책무) ① 국가와 지방자치단체는 물환경의 오염이나 훼손을 사전에 억제하고 오염되거나 훼손된 물환경을 적정하게 보전할 수 있는 시책을 마련하여 하천·호소 등 공공수역의 물환경을 적정하게 관리·보전함으로써 모든 국민이 건강하고 쾌적한 환경에서 생활할 수 있도록 하여야 한다.

② 모든 국민은 일상생활이나 사업활동에서 수질오염물질의 발생을 줄이고, 국가 또는 지방자치단체가 추진하는 물환경 보전을 위한 시책에 적극 참여하고 협력하여야 한다.

제39조(배출허용기준을 초과한 사업자에 대한 개선명령) 환경부장관은 제37조제1항에 따른 신고를 한 후 조업 중인 배출시설(폐수무방류배출시설은 제외한다)에서 배출되는 수질오염물질의 정도가 제32조에 따른 배출허용기준을 초과한다고 인정할 때에는 대통령령으로 정하는 바에 따라 기간을 정하여 사업자(제35조제5항에 따른 공동방지시설 운영기구의 대표자를 포함한다)에게 그 수질오염물질의 정도가 배출허용기준 이하로 내려가도록 필요한 조치를 할 것(이하 "개선명령"이라 한다)을 명할 수 있다.

I. 문제의 소재

A시장의 개선명령 발동권한은 재량이 있는데 甲에게 개선명령발령청구권 즉 행정개입청구권이 있는지 문제되며, 乙의 부작위에 대한 심판법상 구제수단으로 의무이행심판, 임시처분등을 검토한다.

II. 甲의 개선명령발령청구권 인정 여부

1. 행정개입청구권의 의의 및 성립요건

2. 사안의 경우

물환경보전법 제39조의 개선명령은 문언상 재량행위이다. 그러나 주민 다수에게 심각한 소화기계통의 질환과 회복할 수 없는 후유증이 발생한 상황으로 을의 재량권이 0으로 수축되어 개선명령발령의무가 인정된다. 물환경보전법 제39조가 명시적으로 규정하고 있지는 않지만 제3조의 국가와 지방자치단체의 책무규정과 헌법 제35조 규정의 취지에 비추어서 이러한 의무는 제련소 인근에 거주하는 甲등의 환경상 이익을 보호하는 규범에 해당한다고 볼 수 있다. 甲에게는 개선명령발령청구권이 인정된다.

III. 乙의 부작위에 대한 행정심판법상 구제수단

1. 의무이행심판 (심판법 제5조, 제43조5항)

(1) 의무이행심판

부작위에 대한 행정심판은 의무이행심판이다. 의무이행심판은 당사자의 신청에 대한 행정청의 위법 또는 부당한 "거부처분"이나 "부작위"에 대하여 일정한 처분을 하도록 하는 행정심판을 말한다(행정심판법 제5조 3호).

의무이행심판의 인용재결에는 신청에 따른 처분재결(형성재결)과 신청에 따른 처분을 명령하는 재결(이행재결)이 있다(제43조 5항). 처분명령 재결이 있으면 피청구인은 재결의 취지에 따른 처분의무가 발생하며(제49조 2항) 만약 처분의무를 이행하지 않는 경우 행정심판위원회가 직접 처분을 할 수 있다(제50조 1항). 직접처분이 가능하므로 취소심판보다 권리구제에 효과적인 수단이다. 개정 행정심판법은 의무이행심판에서도 간접강제를 인정하고 있다(제50조의2).

(2) 사안의 경우 - 부작위의 성립 여부 검토(신청권 인정)

만약 甲이 乙에게 개선명령 등의 조치를 요구했음에도 불구하고 乙이 상당한 기간 동안 별다른 조치를 하지 않고 있다면 행정심판법상 부작위가 존재한다. 甲은 부작위에 대해서 의무이행심판을 청구할 수 있다. 乙시장의 개입의무가 인정되므로 甲의 청구는 인용될 것이다. 행정심판위원회는 甲의 신청에 따른 처분재결 또는 처분명령재결을 할 수 있지만 개선명령의 내용은 다양한데 乙시장이 구체적인 사정을 고려하여 개선명령을 발령하는 것이 바람직하므로 처분명령재결을 하는 것이 바람직하다. 처분명령재결을 하였음에도 을이 개선명령을 발동하지 않는 경우 간접강제가 가능하다. 이 경우에도 성질상 직접처분보다는 간접강제를 활용하는 것이 바람직하다.

2. 임시처분

(1) 의 의

임시처분이란 행정청의 처분이나 부작위 때문에 발생할 수 있는 당사자의 불이익이나 급박한 위험을 막기 위해 당사자에게 임시의 지위를 부여하는 행정심판위원회의 결정을 말한다(제31조).

종래 행정심판법은 가구제 수단으로 소극적인 집행정지제도만을 규정했는데 집행정지결정은 침해적 활동에 대한 보전처분으로서의 기능을 할 뿐, 행정청의 부작위나 거부처분으로 인해 침해될 우려가 있는 청구인의 권익 보호를 위해 행정청에게 적극적으로 수익 처분을 행할 것을 명하는 기능을 수행하지 못해서 한계가 있었다. 이를 보완하기 위해 2010년 개정시 임시처분이 도입되었다.

(2) 요건

적극적 요건으로 ① 처분 또는 부작위가 <u>위법하다고 상당히 의심되는</u> 경우이어야 하며, ② <u>행정심판청구가 계속 중이어야 하며,</u>[1] ③ 처분 또는 부작위 때문에 당사자가 받을 우려가 있는 중대한 불이익이나 당사자에게 생길 급박한 위험이 존재하여야 하며, ④ 이를 막기 위하여 <u>임시의 지위를 정하여야 할 필요</u>가 있어야 한다.

소극적 요건으로는 ① <u>공공복리에 중대한 영향을 미칠 우려가 없으며</u>(제31조2항, 제30조3항), ② <u>집행정지로는 목적을 달성할 수 없어야</u> 한다(제31조3항).

(3) 사안의 경우

A시장인 乙이 甲의 신청에 불응하고 있으므로 물환경보전법 제3조1항 및 제39조 위반이 상당히 의심되며, 제련소의 오염수배출로 경작지 작물들의 생육지연 및 고사현상이 있고, 甲등 주민에게 심각한 소화기 계통 질환과 회복할 수 없는 후유증이 발생하고 있으므로 당사자들에게 중대한 불이익이 생길 급박한 위험이 존재하며, 이를 막기 위해 임시의 지위를 정할 필요가 있어 적극적 요건을 충족한다. 오염방지를 위한 시정명령이 공공복리에 중대한 영향을 미칠 우려가 있다고 할 수 없을 뿐더러 부작위에 대한 집행정지도 인정되고 있지 않으므로 소극적 요건도 충족한다. 甲은 의무이행심판을 제기하고 임시처분을 신청할 수 있다. 행정심판위원회는 임시적으로 시정을 명하는 처분을 할 수도 있다.

---

[1] 임시처분의 성질상 의무이행심판에만 허용되고 취소심판에는 허용되지 않는다는 논리도 가능하나, 행정심판법 문언은 의무이행심판에만 한정하고 있지는 않다. 또한 실무에서 거부처분에 대해서도 의무이행심판보다는 취소심판으로 다수 제기되고 있는 점에 비추어 보면 의무이행심판에 제한하는 것보다는 취소심판에서도 인정하는 것이 국민의 권리구제 측면에서 바람직하다고 생각한다.

사례 007　공법상 부당이득반환청구소송　[행시 2024]

甲은 「국유재산법」 제6조에 따른 행정재산인 A토지를 사용허가를 받지 아니한 채 무단으로 점유하여 사용하고 있다. 이에 A토지의 관리청 X는 甲에게 A토지를 무단점유하였음을 이유로 「국유재산법」 제72조제1항에 따른 변상금을 부과하는 처분을 하였으나, 甲은 부과받은 변상금을 납부하지 않았다.
이 경우 변상금 부과와는 별도로 甲에게 부당이득의 반환을 청구할 수 있는가? 만약 부당이득반환청구가 가능하다면 부당이득의 반환을 구하는 소송형식은? (20점).

I. 문제의 소재

관리청 X는 무담점용을 한 甲에게 변상금 부과처분을 할 수 있는데 이와 별도로 부당이득반환청구소송을 제기할 수 있는지[1]가 변상금징수권과 부당이득반환청구권의 법적 성질과 관련하여 문제된다. 또한 부당이득반환청구소송이 가능하다면 민사소송인지 당사자소송인도 문제된다. 공법상 부당이득반환청구권의 법적 성질이 사권인지 공권인지와 관련된다.

II. 국유재산법상 변상금

변상금이란 사용허가나 대부계약 없이 국유재산을 사용·수익하거나 점유한 자(사용허가나 대부계약 기간이 끝난 후 다시 사용허가나 대부계약 없이 국유재산을 계속 사용·수익하거나 점유한 자를 포함한다. 이하 "무단점유자"라 한다)에게 부과하는 금액을 말한다(국유재산법 제2조 제9호) 국유재산의 관리청인 중앙관서의 장등은 무담점유자에 대하여 대통령령으로 정하는 바에 따라 그 재산에 대한 사용료나 대부료의 100분의 120에 상당하는 변상금을 징수하도록 되어 있다.

변상금부과처분은 공물관리권에 기하여 행정법상의 의무위반에 대한 제재로서 과하여지는 급부하명에 해당한다고 할 수 있다.

III. 공법상 부당이득

부당이득이란 법률상 원인 없이 타인의 재산 또는 노무로 인하여 이익을 얻고 이로 인하여 타인에게 손해를 가하는 것을 말한다. 부당이득은 반환하여야 한다는 것을 부당이득반환의 법리라고 한다(민법 제741조). 민법상의 법률관계뿐만 아니라 행정법관계에서도 요구되는데 행정법관계에서 성립하는 부당이득반환청구권을 특히 공법상 부당이득반환청구권이라고 한다.

IV. 변상금부과와 별도로 부당이득반환청구 가능성

1. 긍정설

변상금징수권과 부당이득반환청구권은 법적 성질을 달리하는 별개의 권리로서 변상금부과를 할 수 있는 경우라고 하더라도 부당이득반환청구소송을 제기할 수 있다고 한다.

---

[1] 변상금 체납시 체납액의 지급청구소송을 제기할 수 있는지를 묻는 것과 별개의 문제이다. 체납시에는 강제징수 규정이 있으므로 그 경우 지급청구소송은 소의 이익이 부정될 것이다. 설문은 변상금부과 대신에 부당이득반환청구가 가능한지를 묻는 것이다.

긍정설은 ① 변상금은 부당이득 산정의 기초가 되는 대부료나 사용료의 120%에 상당하는 금액으로서 부당이득금과 액수가 다르고, ② 할증된 금액의 변상금을 부과·징수하는 목적은 국유재산의 사용·수익으로 인한 이익의 환수를 넘어 국유재산의 효율적인 보존·관리라는 공익을 실현하는 데 있으며, ③ 대부 또는 사용·수익허가 없이 국유재산을 점유하거나 사용·수익하였지만 변상금 부과처분은 할 수 없는 때에도 민사상 부당이득반환청구권은 성립하는 경우가 있으므로, 변상금 부과·징수의 요건과 민사상 부당이득반환청구권의 성립 요건이 일치하는 것도 아니라는 점을 논거로 들고 있다. 대법원 전원합의체 판례의 다수의견의 입장이다.

2. 부정설

부정설은 변상금 부과·징수권은 공법상의 권리이고 민사상 부당이득반환청구권은 사법상의 채권이기는 하지만, 양자 모두 국유재산의 무단점유자로부터 법률상 원인 없는 이익을 환수하는 것을 본질로 하므로, 변상금 부과·징수는 행정재산의 무단점유자에 대한 부당이득반환청구를 공법적인 형태로 규율하는 것으로 볼 수 있으므로 변상금 부과·징수권과 민사상 부당이득반환청구권은 본질이 다르지 아니하다고 한다. 따라서 행정주체가 효율적으로 권리를 행사·확보할 수 있도록 관련 법령에서 간이하고 경제적인 권리구제 절차를 특별히 마련해 놓고 있는 경우에는, 행정주체로서는 그러한 절차에 의해서만 권리를 실현할 수 있고 그와 별도로 민사소송의 방법으로 권리를 행사하거나 권리의 만족을 구하는 것은 허용될 수 없다고 한다. 대법원 전원합의체 판례의 반대의견의 입장이다.

3. 검토

국·공유재산의 무단점유자에 대한 변상금 부과는 공권력을 가진 우월적 지위에서 행하는 행정처분이고, 그 부과처분에 의한 변상금 징수권은 공법상의 권리인 반면, 민사상 부당이득반환청구권은 국유재산의 소유자로서 가지는 채권에 해당하므로 권리의 본질이 같다고 할 수 없다. 또한 변상금부과의 요건에 해당하지는 않지만 부당이득은 존재하는 경우에 부당이득반환청구의 실익도 있으므로 긍정설이 타당하다.

Ⅳ. 부당이득반환을 구하는 소송형식

공법상 부당이득반환청구소송의 성질에 대하여 ① 부당이득은 오로지 경제적인 관점에서 이해관계의 조정을 위해서 인정되는 것으로 사법상 부당이득과 구별할 이유가 없다는 민사소송설과 ② 공법상 부당이득은 행정법관계에서의 공법적 원인에 의해 발생하므로 민법상의 부당이득반환청구권과는 달리 행정주체와 사인 간에 재산적 이익을 조정하는 독자적인 성격을 갖는 제도로 이해하는 당사자소송설의 견해 대립이 있다.

판례는 부당이득으로서의 과오납금 반환에 관한 법률관계는 단순한 민사 관계에 불과한 것이고 행정소송 절차에 따라야 하는 관계로 볼 수 없다고 하여 민사소송설이다.

생각건대, 우리 실정법상 법체계가 공사법 이원적 체계를 유지하고 있으므로 당사자소송설이 타당하다. 행정소송법 개정안도 당사자소송의 대상을 확대하면서 부당이득반환청구소송을 예로 들고 있다

Ⅴ. 사안의 해결

관리청 X는 甲에게 변상금 부과와는 별도로 甲에게 부당이득의 반환을 청구할 수 있다. 甲이 변상금을 납부하지 않는 경우 부당이득반환청구소송을 제기할 수도 있다. 이 경우 부당이득의 반환을 구하는 소송형식은 판례에 의하면 민사소송의 형식이 될 것이나, 당사자소송의 형태로 제기되는 것이 타당하다.

사례 008   사인의 공법행위   [행시(일반행정) 2012]

甲은 단기복무부사관으로서 복무기간만료시점이 다가옴에 따라 복무기간연장을 신청하고자 한다. 그러나 복무기간연장을 위한 지원자심사에서 탈락하는 경우에 대비하여 전역지원서를 아울러 제출하도록 한 육군참모총장 乙의 방침에 따라 甲도 복무연장지원서와 전역지원서를 함께 제출하였다. 그런데 乙은 군인사법시행령 제4조에 근거하여, 甲의 전역지원서를 수리하여 전역처분을 하였다. 이에 대하여, 甲은 자신이 제출한 전역신청서는 乙이 복무연장신청과 동시에 제출하게 한 서류로서 복무연장의 의사를 명백히 한 의사와 모순되어 전역신청으로서의 효력이 없는 것이므로 전역처분은 위법하다고 주장한다. 甲의 주장의 당부를 검토하시오. (단, 강박에 의한 의사표시의 쟁점은 논외로 한다) (20점)

[참조조문]
* 군인사법
제6조 (복무의 구분) ⑧ 단기복무부사관으로서 장기복무를 원하거나 복무기간을 연장하려는 사람은 대통령령으로 정하는 바에 따라 전형을 거쳐야 한다.
제44조 (신분보장) ② 군인은 이 법에 따른 경우 외에는 그 의사에 반하여 휴직되거나 현역에서 전역되거나 제적되지 아니한다.

* 군인사법 시행령
제3조 (장기복무장교등의 전형) ① 법 제6조제4항·제6항 및 제8항에 따라 단기복무장교 또는 단기복무부사관으로서 장기복무 또는 복무기간연장을 원하는 사람은 장기복무지원서 또는 복무기간연장지원서를 제출하고 정해진 전형을 거쳐야 한다. 이 경우 단기복무자의 복무연장기간은 의무복무기간의 만료일을 기준으로 하여 1년 단위로 정할 수 있다.
제4조 (단기복무장교의 복무등) 제3조에 따른 전형에 합격하지 못한 단기복무장교 및 단기복무부사관은 의무복무기간을 초과하여 복무할 수 없다.

* 군인사법 시행규칙
제2조 (장기복무 및 복무기간연장지원) ① 단기복무장교 또는 단기복무부사관으로서 장기복무를 지원하는 자 (이하 "장기복무지원자"라 한다) 및 복무기간연장을 지원하는 자(이하 "복무기간연장지원자"라 한다)는 별지 제1호서식의 장기복무·복무기간연장지원서를 소속 부대장을 거쳐 각군 참모총장(이하 "참모총장"이라 한다)에게 제출하여야 한다.

* 민 법
제107조 (진의 아닌 의사표시) ① 의사표시는 표의자가 진의아님을 알고 한 것이라도 그 효력이 있다. 그러나 상대방이 표의자의 진의 아님을 알았거나 이를 알 수 있었을 경우에는 무효로 한다.

I. 문제의 소재

甲의 전역신청은 사인의 공법행위에 해당한다. 사인의 공법행위에 하자가 있는 경우 행정행위에 어떠한 영향을 주는지 문제가 되고 있다. 甲의 주장의 당부를 甲의 전역신청에 하자가 있는 것인지, 甲의 의사에 반하는 전역처분이 위법한지와 관련하여 검토한다.

II. 사인의 공법행위

1. 의 의

사인의 공법행위는 행정법관계에서 사인의 행위로서 공법적 효과를 발생시키는 일체의 행위를 의미하며 오늘날 행정기능이 확대되고 행정이 민주화됨에 따라 중요한 의미를 갖게 되었다. 사인의 공법행위에는 구속력, 공정력, 존속력 등의 효력이 없다는 점에서 행정행위와 구별되며, 사적 이해관계를 규율하는 것이 아니라 행정목적의 실현을 목적으로 하는 점에서 사인의 사법행위와도 구별된다.

2. 종 류

사인의 공법행위는 법적 효과에 따라서 행위 자체만으로 일정한 법적 효과를 가져오는 자기완결적(자체완성적) 공법행위와 사인의 행위가 행정청의 특정한 행정행위의 전제요건을 구성하는 행정요건적 공법행위로 구분할 수 있다. 사안의 전역신청은 사인의 공법행위로서 행정요건적 공법행위에 해당한다.

3. 민법의 의사표시에 관한 규정의 적용

사인의 공법행위에 대한 적용법규는 일반적·통칙적 규정이 없으나 사인의 공법행위의 특수한 성격에 어긋나지 않는 범위 안에서 민법상의 법률행위에 관한 규정이나 법원칙이 적용된다는 것이 일반적인 견해이다. 그러나 판례는 민법의 법률행위에 관한 규정은 대등한 당사자간의 거래를 대상으로 하여 서로의 이해를 조정함을 목적으로 하는 규정이므로 형식적 확실성을 중히 여기며, 행위의 격식화를 특색으로 하는 공법행위에 당연히 타당하다고 할 수는 없다고 하며, 민법 제107조 제1항 단서의 비진의의사표시의 무효에 관한 법리는 적용되지 않는다고 한다.

III. 사인의 공법행위의 하자와 행정행위의 효력

1. 문제점

사인의 공법행위에 하자가 있는 경우에 그에 관한 행정행위에 어떠한 영향을 미치는지의 문제이다. 자기완결적 공법행위는 이러한 문제가 발생하지 않고 행정요건적 공법행위에서 문제된다.

2. 학 설

학설은 ① 사인의 공법행위가 행정행위의 전제요건(신청, 동의)인 경우에는 하자의 정도에 따라 사인의 공법행위에 무효사유가 존재하는 경우에는 행정행위도 전제요건을 결여하게 되어 무효이며, 그 밖의 경우에는 행정행위는 원칙적으로 유효하다는 견해(무효·취소 구별설) ② 사인의 공법행위가 행정행위의 효력을 좌우하는 것은 행정행위의 속성과 합치되지 않으므로 법적 안정성의 관점에서 취소사유가 원칙이며, 다만 동의나 신청이 명백히 결여된 경우에는 행정행위도 무효가 된다는 견해가 대립한다(원칙상 취소설).

3. 판 례

판례는 일반적인 입장을 판시한 바는 없으며 개별적으로 판단하고 있다. 허가신청이 없음에도 불구하고 내린 허가는 무효이며, 강박에 의한 사직원 제출에 따른 면직처분은 위법하다고 하였고, 수리대상인 사업양도·양수가 존재하지 아니하거나 무효인 때에는 수리를 하였다 하더라도 그 수리는 유효한 대상이 없는 것으로서 당연히 무효라고 판시한 바 있다.

4. 검 토

생각건대, 사인의 권리보호와 행정법관계 안정을 조화시킨 무효·취소 구별설이 타당하다.

IV. 사안의 해결

사안의 전역신청은 비진의의사표시에 해당될 수 있는데 민법의 비진의의사표시에 관한 규정을 적용한다면 사안은 민법 제107조 단서에 따라 무효로 볼 수 있고 따라서 전역처분도 위법하며 무효·취소 구별설에 의하면 무효에 해당할 것이다(원칙상 취소설을 취하는 견해에 의하면 취소사유에 해당). 그러나 비진의의사표시의 무효에 관한 규정은 사인의 공법행위에 적용될 수 없다는 것이 판례에 의하면 전역신청이 무효라고 볼 수는 없고 강박에 의한 의사표시의 쟁점은 논외로 하면 甲의 전역신청에 달리 하자가 있다고 볼 수 없으므로 전역처분은 적법하다.[1]

유제 [행시 2022]

A 도(道) B 시(市) 인사과장 乙은 신임 시장의 취임 직후 B 시에 소속된 모든 4급 이상 공무원에게 사직서 제출을 요청하였다. 다음 물음에 답하시오.

1) B 시 4급 공무원 甲은 사직서를 제출하면서 자신은 사직 의사가 전혀 없다는 점을 乙에게 분명히 전달하였으나 사직서가 수리되어 의원면직(依願免職)되었다. 甲에 대한 의원면직처분이 적법한지 검토하시오. (10점)

[참조조문]
* 민법 제107조(진의 아닌 의사표시) ① 의사표시는 표의자가 진의 아님을 알고 한 것이라도 그 효력이 있다. 그러나 상대방이 표의자의 진의 아님을 알았거나 이를 알 수 있었을 경우에는 무효로 한다.

[해 설]

甲의 사직서 제출은 비진의의사표시에 해당한다. 비진의의사표시의 무효에 관한 규정(민법 제107조 단서)은 사인의 공법행위에 적용할 수 없다는 판례에 의하면 甲의 사직서 제출은 유효하고 하자가 있다고 볼 수 없고 이에 기한 의원면직처분은 적법하다. 비진의의사표시의 무효에 관한 규정을 적용하는 것으로 해석한다면 사직서 제출은 효력이 없고 의원면직처분도 위법 무효라고 할 수 있다.

---

[1] 사인의 공법행위에 대한 교과서상의 서술에 기초한다면 제107조의 무효에 관한 규정이 적용되지 않으므로 유효하다고 해야 하고, 다만 강박이 있는지는 별개로 검토하여 취소사유가 있는지를 검토할 수 있을 것이다. 그러나 설문에서는 강박에 대한 쟁점은 논외로 한다고 했으므로 전역신청의 의사표시의 하자를 찾을 수 없고 그렇다면 전역처분 역시 적법하다고 결론을 내릴 수밖에 없다. 판례의 입장에 따라 결론을 내려도 무방하고 출제교수님의 의도가 꼭 제107조가 적용될 수 없다는 대법원 판례에 입각해서 풀이하라는 것을 요구하는 것은 아닐 것이므로 자신의 입장을 논리적으로 서술하면 족할 것이다. 기출사례와 같은 사안에서 하급심 판례는 사안의 경우 전역신청의 의사가 있었다고 볼 수 없다고 하여 전역처분도 위법하다고 한 반면(서울고법 1993.3.24. 92구22253), 대법원은 비진의의사표시의 무효에 관한 법리는 적용되지 않는다고 하였다.
(대법원판례) 군인사정책상 필요에 의하여 복무연장지원서와 전역(여군의 경우 면역임)지원서를 동시에 제출하게 한 피고측의 방침에 따라 위 양 지원서를 함께 제출한 이상, 그 취지는 복무연장지원의 의사표시를 우선으로 하되, 그것이 받아들여지지 아니하는 경우에 대비하여 원에 의하여 전역하겠다는 조건부 의사표시를 한 것이므로 그 전역지원의 의사표시도 유효한 것으로 보아야 하고 / 가사 전역지원의 의사표시가 진의 아닌 의사표시라고 하더라도 그 무효에 관한 법리를 선언한 민법 제107조1항 단서의 규정은 그 성질상 사인의 공법행위에는 적용되지 않는다 할 것이므로 그 표시된 대로 유효한 것으로 보아야 할 것이다 (대판 1994.1.11. 93누10057).

| 사례 009 | 건축신고 | [사시 2012] |

A는 甲시에 소재하는 「국토의 계획 및 이용에 관한 법률」에 따른 관리지역 내 110㎡ 토지(이하 '이 사건 토지'라 한다) 위에 연면적 29.15㎡인 2층 건축물을 건축하기 위한 신고를 관할 X행정청에 하였다. 그런데 이 건물을 신축하면 이 사건 토지에 위치하고 있는 관정(管井)이 폐쇄됨으로써 인근주민의 유일한 식수원 사용관계에 중대한 위해가 있게 된다. 따라서 관할 X행정청은 A가 신청한 건축물이 건축될 경우 보건상 위해의 염려가 있음을 이유로 당해 건축신고의 수리를 거부하였다.

1. A가 행한 건축신고의 법적 성질은 무엇이며, 건축허가와는 어떻게 다른가?(15점)
2. X행정청이 건축법상 명문의 규정이 없음에도 불구하고 인근주민의 식수사용관계 등 보건상 위해를 이유로 한 건축신고 수리거부는 적법한가? (15점)

[참조조문]
* 건축법
제11조 (건축허가)
① 건축물을 건축하거나 대수선하려는 자는 특별자치도지사 또는 시장·군수·구청장의 허가를 받아야 한다. 다만, 21층 이상의 건축물 등 대통령령으로 정하는 용도 및 규모의 건축물을 특별시나 광역시에 건축하려면 특별시장이나 광역시장의 허가를 받아야 한다.
⑤ 제1항에 따른 건축허가를 받으면 다음 각 호의 허가 등을 받거나 신고를 한 것으로 보며, 공장건축물의 경우에는 「산업집적활성화 및 공장설립에 관한 법률」 제13조의2와 제14조에 따라 관련 법률의 인·허가등이나 허가등을 받은 것으로 본다.
   3. 「국토의 계획 및 이용에 관한 법률」 제56조에 따른 개발행위허가
제14조 (건축신고)
① 제11조에 해당하는 허가 대상 건축물이라 하더라도 다음 각 호의 어느 하나에 해당하는 경우에는 미리 특별자치도지사 또는 시장·군수·구청장에게 국토해양부령으로 정하는 바에 따라 신고를 하면 건축허가를 받은 것으로 본다.
   2. 「국토의 계획 및 이용에 관한 법률」에 따른 관리지역, 농림지역 또는 자연환경보전지역에서 연면적이 200제곱미터 미만이고 3층 미만인 건축물의 건축. 다만, 「국토의 계획 및 이용에 관한 법률」 제51조 제3항에 따른 지구단위계획구역에서의 건축은 제외한다.
② 제1항에 따른 건축신고에 관하여는 제11조 제5항을 준용한다.

[설문 1] 건축신고의 법적 성질 및 건축신고와 건축허가의 차이점 (15점)

I. 문제의 소재

A가 행한 건축하고자 하는 건축물은 건축법 제14조 제1항 제2호에서 정한 국토의 계획 및 이용에 관한 법률 (이하 '국토계획법'이라 한다)에 따른 관리지역 내에서 연면적이 $29.15m^2$ 미만인 2층 건축물이므로 건축법 제14조의 건축신고의 대상이 된다. 한편 동조 제2항에서는 건축법 제11조 제5항을 준용하여 건축신고가 있는 경우 국토계획법상의 개발행위허가가 의제되므로 A가 행한 건축신고는 국토계획법 제56조에 따른 개발행위허가가 수반되는 건축신고에 해당한다. 이하 건축신고의 법적 성질을 검토하고 보다 구체적으로 건축허가와의 차이점을 살펴본다.

II. 신고제

1. 신고의 의의 및 종류

신고는 사인의 공법행위의 하나로서 사인이 행정청에 대하여 일정한 사항을 통지하는 행위를 말한다. 신고의 효과에 따라 자기완결적 공법행위로서의 신고(자체완성적 신고라고도 함)와 행정요건적 공법행위로서의 신고로 구분된다. 행정절차법 제40조는 전형적인 자기완결적 신고(수리를 요하지 않는 신고)에 관하여, 행정기본법 제34조는 행정요건적 신고(수리를 요하는 신고)에 대하여 규정하고 있다.

양자의 구별은 당해 법령의 목적과 관련 조문에 대한 합리적이고 유기적인 해석을 통해서 구분하는데, 일반적으로 행정편의적 목적에서 신고요건의 내용이 형식적 요건(시설기준, 첨부서류)만인 경우에는 자기완결적 공법행위로서의 신고이고, 법령에서 수리를 요하는 것으로 규정하고 있거나 신고요건이 형식적 요건 이외에 실질적 요건도 포함하는 경우에는 행정요건적 공법행위로서의 신고로 보아야할 것이다. 관련 법률에 신고와 등록이 동시에 규정된 경우에는 신고는 수리를 요하지 않는 신고로, 등록은 수리를 요하는 신고로 보아야 할 것이다. 구별이 불분명한 경우에는 자기완결적 신고로 보는 것이 국민의 권익구제에 유리하다.

2. 신고의 효력 및 수리의 법적성질

자기완결적 공법행위인 수리를 요하지 않는 신고는 적법한 요건을 갖춘 신고만 하면 신고의 효력이 발생하며 행정청의 수리처분 등 특단의 조치를 기다릴 필요는 없다. 신고는 그 자체로서 법적절차가 완료되는 것으로 수리가 있더라도 수리는 사실상의 행위에 불과하여 항고소송의 대상인 처분이 아니다. 따라서 종래 판례는 수리를 요하지 않는 신고에서의 수리거부는 처분이 아니라고 하였다. 그러나 신고인의 법적 지위를 보호 및 분쟁의 일회적 해결 차원에서 최근 대법원 판례는 건축신고의 수리거부와 건축물착공신고의 반려에 대한 처분성을 긍정하여 입장을 변경하였다.

반면 행정요건적 공법행위인 수리를 요하는 신고는 신고의 수리로써 신고의 대상이 되는 행위에 대한 금지가 해제되는 구체적인 법적 효과가 발생한다. 따라서 수리는 처분에 해당하며 수리거부도 처분에 해당한다.

III. 건축신고의 법적성질[1]

1. 건축신고에 대한 판례의 태도

건축법 제11조에 규정되어 있는 건축허가와 별도로 제14조에서 신고제를 규정하고 있으며 신고에 대한

---

[1] 출제 당시의 법령에 따라서 해설을 작성한 것이다. 2017년 신고제도의 합리화 정비사업의 일환으로 신고에 관한 다수의 법률이 정비되었다. 수리를 요하는 신고의 경우 행정청에게 신고를 받은 날부터 일정 기간 내에 수리 여부를 통지하도록 의무화하였고, 수리를 요하지 않는 신고의 경우에 일부 법률에서는 기재사항 및 첨부서류에 하자가 없고 법령 등에 규정된 형식상의 요건을 충족하는 경우 신고서가 접수기관에 도달된 때에 효력을 발생함을 명시적으로 밝히고 있다. 정비사업 진행작업에서 건축신고(건축법 제14조2항), 체육시설업의 신고(체육시설의 설치이용에 관한 법률 제20조3항), 건축착공신고(건축법 제21조3항) 등 종래 자기완결적 신고로 이해되었던 상당수의 신고에 통지의무가 도입되었고, 건축착공신고, 체육시설업의 신고 등의 경우에는 수리간주제도까지 도입되었다.

이와 관련하여 ① 이들 신고는 수리를 요하는 신고로 전환되었다는 견해(정하중), ② 수리통보 및 수리간주를 규정한 신고를 일률적으로 수리가 필요한 신고로 보는 것은 타당하지 않다는 견해(박균성), ③ 체육시설업의 신고는 개정법률의 취지가 민원의 투명하고 신속한 처리와 일선 행정기관의 적극행정을 유도하기 위한 것이며, 체육시설의 설치이용에 관한 법률상의 신고와 등록은 구분되어야 한다는 점을 고려할 때 개정된 내용은 사실로서의 절차로서 통지를 규정하는 것으로 볼 것이라는 견해 (홍정선) 등이 제시되고 있다. 아직 판례가 나온 것이 아니고 대다수 교과서에서도 종래의 논의처럼 건축신고를 소개하고 있다. 일단은 종래 시각에 입각하여 해설을 그대로 유지한다. 앞으로 판례의 입장을 주목해봐야 할 것이다.

행정청의 수리의무를 정한 규정도 없는 점을 고려할 때 자기완결적 공법행위로서 수리를 요하지 않는 신고에 해당된다는 것이 일반적인 견해이다. 종래 판례는 행정청의 수리거부가 있다고 하더라도 이는 사실상의 행위에 불과하여 아무런 법적효과가 발생하지 않으므로 처분에 해당하지 않는다고 보았다. 그러나 최근 건축신고에 대한 수리거부에 대해 종래의 입장을 변경하여 수리거부에도 불구하고 건축을 개시하면 시정명령, 이행강제금, 벌금의 대상이 되거나 당해 건축물을 사용하여 행할 행위의 허가가 거부될 우려가 있어 불안정한 지위에 놓이게 되므로 법적 불안을 해소시키고 위법한 건축물의 양산과 철거를 둘러싼 분쟁을 조기에 근본적으로 해결하기 위하여 처분성을 긍정하였다.

더 나아가 통상의 건축신고는 수리를 요하지 않는 자기완결적 신고이지만, 인·허가 효과가 의제되는 건축신고는 의제되는 인·허가 요건의 상당수는 공익에 관한 것으로서 행정청의 실질적 심사가 요구되는데 건축신고만으로 일체의 요건심사가 배제되면 중대한 공익상의 침해나 이해관계인의 피해를 야기할 수 있다는 점에서 의제되는 인허가의 요건도 심사할 수 있도록 하는 것이 타당하므로 수리를 요하는 신고로 보고 있다.

2. 사안의 경우

사안의 건축신고는 건축법 제14조 제2항에 따라 제11조 제5항을 준용하며 따라서 국토계획법 제56조에 따른 개발행위허가가 수반되는 건축신고에 해당하여 인·허가 의제효가 수반되는 경우이므로 수리를 요하는 신고에 해당한다. 따라서 수리 및 수리거부는 모두 처분에 해당한다.

Ⅳ. 건축신고와 건축허가의 차이점

전통적으로 건축신고는 건축규제와 관련하여 예방적 금지를 해제하기 위한 조치인 점에서는 동일하다. 그러나 건축신고는 수리를 요하지 않는 신고로서 형식적 요건만 구비하면 되고 행정청의 수리가 없더라도 건축행위를 할 수 있는 반면, 건축허가는 실질적 요건까지 심사해야 하며 건축허가가 있어야 건축행위가 가능하다는 점에서 구별되었다.

그러나 최근 판례의 다수의견이 건축신고도 인·허가 의제효가 수반되는 경우는 수리를 요하는 신고로 보므로 건축신고와 건축허가의 차이는 결국 수리를 요하는 건축신고와 건축허가의 차이로 귀결된다. 통상 수리를 요하는 신고는 허가와 비교하여 요건이 완화되어 완화된 허가제라고도 하는데, 수리를 요하는 신고를 등록으로 보면서 허가는 실질적 심사를 하지만 수리를 요하는 신고는 형식적 심사만 하기 때문에 구별된다는 견해, 실질적으로 허가제로 보는 견해, 수리를 요하지 않는 신고와 허가의 중간적인 규제수단으로 보는 견해 등의 대립이 있다.

사안의 경우 허가의 요건을 완화하여 신고제로 규정한 경우는 아니고 개발행위허가가 의제되어 인·허가 의제효가 수반되어 수리를 요하는 신고로 보는 특수성이 있다. 대법원의 다수의견의 해석에 의하면 허가와 수리를 요하지 않는 신고의 중간적인 규제수단이라기보다는 의제되는 개발행위허가의 실질적 요건도 심사하게 되어 실질적으로 허가의 성질을 가지게 된다.

Ⅴ. 결 론

사안의 건축신고는 인허가 의제효과가 수반되는 신고로서 수리를 요하는 신고에 해당하며 실질적으로 허가의 성질을 가지게 된다.

[설문 2] 인근주민의 보건상 위해를 이유로 한 수리거부의 적법성 (15점)

I. 문제의 소재

건축법상 신고요건에 대한 심사 외에 인근주민에게 보건상 위해를 끼치는지 여부도 심사하여 이를 이유로 X행정청이 건축신고에 대한 수리거부를 할 수 있는지 문제된다. 이는 인근주민의 보건상 위해가 건축신고에 의해서 의제되는 행위인 개발행위허가의 거부사유인지와 관련된다.

II. 인·허가 의제와 집중효의 정도

1. 인·허가 의제제도의 의의

하나의 인·허가를 받으면 다른 허가, 인가, 특허, 신고 또는 등록을 받은 것으로 보는 제도를 말한다. 행정기관의 절차를 간소화하여 당해 사업의 수행을 촉진한다는 점에서는 행정계획의 집중효와 그 취지를 같이 한다. 행정기본법은 인·허가 의제의 기준, 협의절차, 효과 사후관리 등에 대해 명문으로 규정을 두고 있다(제24조~제26조).

2. 의제되는 행위의 실체적 요건에 대한 집중효의 정도

주무행정청이 집중효의 대상이 되는 의제되는 인·허가의 실체적 요건에 합치되는지 여부도 심사하여야 하는지 문제된다. 주무행정청의 의제되는 인·허가 요건의 심리범위와 관련한 문제이다.

학설은 의제되는 인·허가의 실체적 요건에 엄밀히 구속되지 않으며, 단지 이익형량의 요소로 종합적으로 고려하면 족하다는 제한적 실체집중설과 의제되는 인·허가의 요건에 엄격히 기속되어 의제되는 인·허가의 요건이 모두 충족되어야 주된 인·허가를 할 수 있다는 실체집중부정설이 대립한다.

판례는 의제되는 행위인 공유수면점용허가의 거부사유를 들어 주된 인·허가인 채광계획인가를 거부할 수 있다고 하여 실체집중부정설의 입장이다.

인·허가 의제 제도의 취지가 절차간소화에 있다 하더라도 의제되는 인·허가의 요건에 관한 일체의 심사를 배제하려는 것은 아니므로 법치행정의 원칙상 의제되는 인·허가의 실체집중부정설이 타당하다.

III. 개발행위허가의 법적성질

개발행위허가의 법적 성질에 대하여 재량행위설, 기속재량설, 요건에 판단여지가 인정된다고 보는 기속행위설 등이 대립한다. 판례는 토지형질변경허가의 금지요건이 불확정개념으로 규정되어 있으므로 금지요건에 해당하는지 여부를 판단함에 있어 행정청에 재량이 인정된다고 하여 재량행위설의 입장이다.

IV. 건축신고 수리 시 심사범위

사안의 경우 구체적인 개발행위허가의 요건은 제시되어 있지 않으므로 가정적으로 판단할 필요가 있는 바, 보건상 위해 발생 여부의 고려가 개발행위허가의 요건이라면 실체적 요건은 건축신고의 심사범위에도 포함되므로 X행정청은 이를 이유로 수리거부를 할 수 있다. 한편, 보건상 위해 발생 여부의 고려가 개발행위허가의 요건이 아니라 하더라도 개발행위허가를 재량행위로 본다면 보건상 위해를 이유로 개발행위허가를 거부할 수 있고 이를 이유로 건축신고 수리도 거부할 수 있다. 만약 개발행위허가를 기속재량행위로 볼 경우 원칙적으로는 수리를 거부할 수 없지만 보건상 위해라는 중대한 공익을 이유로 수리를 거부할 수 있다.

V. 결론

인근주민의 보건상 위해를 이유로 수리를 거부할 수 있다.

유제   [행시(재경) 2011]

갑은 자신의 5번째 자녀(女)의 이름을 첫째에서 넷째 자녀의 돌림자인 '자(子)'자를 넣어, '말자(末子)'라고 지어 출생신고를 하였다. 가족관계의 등록 등에 관한 규칙 [별표1]에 의하면 '末'자와 '子'는 이름으로 사용할 수 있는 한자이다. 그러나 갑의 출생신고서를 접수한 공무원 을은 '末子'라는 이름이 개명(改名)신청이 잦은 이름이라는 이유로 출생신고서의 수리를 거부하였다. (총30점)

1) 을의 수리거부행위가 항고소송의 대상이 되는지 검토하시오.(15점)

[참조조문]
* 가족관계의 등록 등에 관한 법률
제44조 (출생신고의 기재사항) ① 출생의 신고는 출생 후 1개월 이내에 하여야 한다.
  ② 신고서에는 다음 사항을 기재하여야 한다.
    1. 자녀의 성명·본·성별 및 등록기준지
    2. 자녀의 혼인 중 또는 혼인 외의 출생자의 구별
    3. 출생의 연월일시 및 장소
    4. 부모의 성명·본·등록기준지 및 주민등록번호(부 또는 모가 외국인인 때에는 그 성명·출생연월일·국적 및 외국인등록번호)
    5. 민법 제781조 제1항 단서에 따른 협의가 있는 경우 그 사실
    6. 자녀가 복수국적자인 경우 그 사실 및 취득한 외국 국적
  ③ 자녀의 이름에는 한글 또는 통상 사용되는 한자를 사용하여야 한다. 통상 사용되는 한자의 범위는 대법원규칙으로 정한다.
  ④ 출생신고서에는 의사·조산사 그 밖에 분만에 관여한 사람이 작성한 출생증명서를 첨부하여야 한다. 다만, 부득이한 사유가 있는 경우에는 그러하지 아니하다.
* 가족관계의 등록 등에 관한 규칙
제37조 (인명용 한자의 범위) ① 법 제44조 제3항에 따른 한자의 범위는 다음과 같이 한다.
    1. 교육과학기술부가 정한 한문교육용 기초한자
    2. 별표 1에 기재된 한자. 다만, 제1호의 기초한자가 변경된 경우에, 그 기초한자에서 제외된 한자는 별표 1에 추가된 것으로 보고, 그 기초한자에 새로 편입된 한자 중 별표 1의 한자와 중복되는 한자는 별표 1에서 삭제된 것으로 본다.
  ② 제1항의 한자에 대한 동자·속자·약자는 별표 2에 기재된 것만 사용할 수 있다.
  ③ 출생자의 이름에 사용된 한자 중 제1항과 제2항의 범위에 속하지 않는 한자가 포함된 경우에는 등록부에 출생자의 이름을 한글로 기록한다.

해설

출생신고의 법적성격에 대해 수리를 요하지 않는 자기완결적 신고라는 견해와 수리를 요하는 신고라는 견해가 대립한다. 가족관계의 등록등에 관한 법률 44조 1항은 실질적 심사에 대한 규정이 없으며, 담당공무원의 출생신고 수리 여부에 따라 출생여부가 좌우되는 것은 타당하지 않으므로 수리를 요하지 않는 자기완결적 신고로 보는 것이 타당하다.

자기완결적 신고의 수리거부는 처분성을 부정한 것이 종래의 다수설과 판례이다. 최근 판례는 수리거부로 인하여 법적 불안이 있는 경우 자기완결적 신고라 하더라도 수리거부의 처분성을 긍정하고 있다. 출생신고의 수리거부가 있는 경우 출생한 자는 성명권 행사에 제한을 받는 등 자연인으로서의 권리와 의무를 행사하는데에 제한을 받는다는 점을 고려하면 처분성을 긍정하여야 한다. 출생신고의 수리거부는 항고소송의 대상이 된다.

사례 010   수리를 요하는 신고 – 주민등록전입신고   [법전협 2018-3]

2013. 9. 7. 결혼식을 한 동성(同性) 커플인 甲과 乙은 같은 해 12. 10. A시 B구청에 혼인신고서를 접수하였으나, 수리가 거부되었다. B구청장은 "우리나라에서 동성 간의 혼인은 민법상 보호되지 않기 때문에 이들의 혼인신고를 받아들이지 않기로 했다."라며 수리거부사유를 밝혔다. 甲과 乙은 "헌법과 민법 어디에도 동성끼리는 결혼할 수 없다는 조항이 없다. 국가가 남녀 간의 혼인이 아니라는 이유로 혼인신고를 거부하는 것은 위헌·위법이다."라고 주장하면서, 그 지역을 관할하는 A가정법원에 불복신청을 제기하였다.

A가정법원은 2016. 5. 25. "헌법과 민법 등 관련법에서 명문으로 혼인이 남녀 간의 결합이라고 규정하지는 않았지만 구체적으로 성(性) 구별적인 용어(남편과 아내, 父母 등)를 사용해 혼인이 남녀 간의 결합이라는 점을 당연한 전제로 놓고 있으며, 대법원도 민법상 혼인의 개념을 남녀 간의 결합으로 해석하고 있다."라는 이유로 甲과 乙의 불복신청을 각하하였다. 甲과 乙은 이에 불복하여 항고하였다. 항고심 계속중 甲과 乙은 민법 제807조, 「가족관계의 등록 등에 관한 법률」(이하 '가족관계등록법'이라 한다) 제71조 중 "혼인"을 남녀 간의 결합으로 해석하는 한 위헌이라고 주장하면서 위헌제청신청을 하였으나, 항고심법원은 2017. 4. 3. 이를 기각하였다. 이에 甲과 乙은 2017. 4. 6. 기각결정을 송달받고, 헌법소원심판을 청구하기 위하여 2017. 5. 8. 헌법재판소에 국선대리인 선임신청을 하였다. 헌법재판소는 2017. 5. 16. 변호사 丙을 국선대리인으로 선정하는 결정을 하였고, 丙은 위 법률조항들에 대한 헌법소원심판청구서를 2017. 5. 30. 헌법재판소에 제출하였다.

4. 甲과 乙은 함께 거주할 목적으로 A시 B구 소재 공동 명의의 신혼집을 마련하여 2013. 9. 10. 구청장에게 주민등록 전입신고를 하였다. 그러나 담당 공무원은 유명 연예인 동성커플인 甲과 乙이 B구에 전입하는 경우 사회적 논란을 일으키는 등 지역사회에 부정적인 영향을 가져온다는 이유로 전입신고의 수리를 거부하였다. 이에 甲과 乙은 2013. 9. 17. 전입신고거부를 다투는 취소소송을 서울행정법원에 제기하였다.
   가. 위 주민등록전입신고의 법적 성질은? (10점)
   나. 위 취소소송에서 甲과 乙은 승소할 수 있는가? (10점)

[참조조문]
■ 「주민등록법」
제1조(목적) 이 법은 시(특별시·광역시는 제외하고, 특별자치도는 포함한다. 이하 같다)·군 또는 구(자치구를 말한다. 이하 같다)의 주민을 등록하게 함으로써 주민의 거주관계 등 인구의 동태(動態)를 항상 명확하게 파악하여 주민생활의 편익을 증진시키고 행정사무를 적정하게 처리하도록 하는 것을 목적으로 한다.
제6조(대상자) ① 시장·군수 또는 구청장은 30일 이상 거주할 목적으로 그 관할 구역에 주소나 거소(이하 "거주지"라 한다)를 가진 다음 각 호의 사람(이하 "주민"이라 한다)을 이 법의 규정에 따라 등록하여야 한다. 다만, 외국인은 예외로 한다.
  1. 거주자: 거주지가 분명한 사람(제3호의 재외국민은 제외한다)
  2. 거주불명자: 제20조제6항에 따라 거주불명으로 등록된 사람
  3. 재외국민: 「재외동포의 출입국과 법적 지위에 관한 법률」 제2조제1호에 따른 국민으로서 「해외이주법」 제12조에 따른 영주귀국의 신고를 하지 아니한 사람 중 다음 각 목의 어느 하나의 경우
    가. 주민등록이 말소되었던 사람이 귀국 후 재등록 신고를 하는 경우
    나. 주민등록이 없었던 사람이 귀국 후 최초로 주민등록 신고를 하는 경우
  ② (생략)
제8조(등록의 신고주의 원칙) 주민의 등록 또는 그 등록사항의 정정, 말소 또는 거주불명 등록은 주민의 신고에 따라 한다. 다만, 이 법에 특별한 규정이 있으면 예외로 한다.

제10조(신고사항) ① 주민(재외국민은 제외한다) 다음 각 호의 사항을 해당 거주자를 관할하는 시장·군수 또는 구청장에게 신고하여야 한다. (각 호 생략)
② 누구든지 제1항의 신고를 이중으로 할 수 없다.
제14조의2(다른 법령에 의한 신고와의 관계) 주민의 거주지이동에 따른 주민등록의 전입신고가 있는 때에는 「병역법」·「민방위기본법」·「인감증명법」·「국민기초생활 보장법」·「국민건강보험법」 및 「장애인복지법」에 의한 거주지이동의 전출신고와 전입신고를 한 것으로 본다.
제17조의2(사실조사와 직권조치) ① 시장·군수 또는 구청장은 신고의무자가 이 법에 규정된 기간내에 제10조에 규정된 사항을 신고하지 아니한 때와 부실하게 신고하거나 신고된 내용이 사실과 다르다고 인정할 만한 상당한 이유가 있는 때에는 그 사실을 조사할 수 있다.
② 시장·군수 또는 구청장은 제1항의 규정에 의한 사실조사 등을 통하여 신고의무자가 신고할 사항을 신고하지 아니하였거나 신고된 내용이 사실과 다른 것을 확인한 때에는 일정한 기간을 정하여 신고의무자에게 사실대로 신고할 것을 최고하여야 한다. 제13조의3제2항의 규정에 의한 통보를 받은 때에도 또한 같다.
③ 시장·군수 또는 구청장은 신고의무자에게 최고를 할 수 없는 때에는 대통령령이 정하는 바에 의하여 일정한 기간을 정하여 신고할 것을 공고하여야 한다.
④ 제2항 또는 제3항의 최고나 공고를 함에 있어서는 정하여진 기간내에 신고를 하지 아니한 경우 시장·군수 또는 구청장이 주민등록을 하거나 등록사항을 정정 또는 말소할 수 있다는 내용이 포함되어야 한다.
⑤ 신고의무자가 제2항 또는 제3항의 규정에 의하여 정하여진 기간 내에 신고를 하지 아니한 때에는 시장·군수 또는 구청장은 제1항의 규정에 의한 사실조사, 공부상의 근거 또는 통·이장의 확인에 의하여 주민등록을 하거나 등록사항을 정정 또는 말소하여야 한다.
⑥ 시장·군수 또는 구청장이 제5항의 규정에 의하여 공부상의 근거 또는 통·이장의 확인의 방법으로 직권조치를 한 때에는 14일 이내에 그 사실을 신고의무자에게 통지하고, 통지할 수 없는 때에는 대통령령이 정하는 바에 의하여 공고하여야 한다.
⑦ 관계공무원은 제1항의 규정에 의한 조사를 함에 있어서 그 권한을 증명하는 증표를 관계인에게 내보여야 한다.
제17조의7(주민등록자의 지위등) ① 다른 법률에 특별한 규정이 없는 한 이 법에 의한 주민등록지를 공법관계에 있어서의 주소로 한다.

[설문 개] 주민등록 전입신고의 법적 성질 (10점)

I. 신고제

II. 사안의 경우

주민등록법은 신고에 대한 수리 여부에 대해 명문으로 규정하고 있지 않으나, 주민의 신고에 따라 주민의 등록을 하도록 하고 있고(제8조), 부실하게 신고하거나 신고된 내용에 대한 사실조사를 할 수 있도록 하고 있으며(제17조의2), 주민등록이 있을 때 주민등록지를 공법관계에서의 주소로 보는 효과가 발생한다는 점(제17조의7)을 고려하면 주민등록의 신고는 행정청에 도달하기만 하면 신고로서의 효력이 발생하는 것이 아니라 행정청이 수리한 경우에 비로소 신고의 효력이 발생한다.[1]

주민등록은 단순히 주민의 거주관계를 파악하고 인구의 동태를 명확히 하는 것 외에도 주민등록에 따라 공법관계상의 여러 가지 법률상 효과가 나타나게 되는 것으로서, 주민등록 전입신고는 행정요건적 공법행위로서 수리를 요하는 신고에 해당한다.

---
1) 대판 2009.1.30. 2006다17850

[설문 내] 甲과 乙의 승소가능성 (10점)

I. 문제의 소재

수리거부에 대한 취소소송에서 갑과 을이 승소하기 위해서는 소제기가 적법해야 하고 거부처분이 위법해야 한다.

II. 소제기의 적법성

판례는 국민의 적극적 행위 신청에 대하여 행정청이 거부한 행위가 항고소송의 대상이 되는 행정처분에 해당하려면, ① 그 신청한 행위가 공권력의 행사 또는 이에 준하는 행정작용이어야 하고 ② 그 거부행위가 신청인의 법률관계에 어떤 변동을 일으키는 것이어야 하며 ③ 그 국민에게 그 행위발동을 요구할 법규상 또는 조리상 신청권이 있어야 한다고 한다.

판례의 입장에 대해서 원고적격과 대상적격을 혼동하고 있다고 비판하거나 신청권은 본안의 문제라고 비판하는 견해가 있으나 판례는 신청권은 구체적 사건에서 신청인이 누구인가를 고려하지 않고 일반국민에게 인정하고 있는가를 살펴 추상적으로 결정하는 것이고 단순한 응답을 받을 권리를 넘어서 신청의 인용이라는 만족적 결과를 얻을 권리는 아니라고 하고 있다. 신청권을 형식상의 단순한 응답요구권의 의미로 이해한다면 처분성의 문제로 보는 대법원의 입장은 타당하다.

甲과 乙이 신청한 행위는 신고수리로서 공권력의 행사에 해당하고 수리거부가 있는 경우 주민등록에 따른 공법관계의 법률효과가 나타나지 않으며, 甲과 乙에게는 주민등록법에 의한 법규상 신청권이 인정되므로 주민등록전입신고 수리거부는 거부처분에 해당한다. 나머지 소송요건은 특별히 문제될 것이 없으므로 소송요건은 구비되었다고 전제한다.

III. 거부처분의 위법성

주민등록법상 전입신고는 수리를 요하는 신고이나 헌법 제14조는 모든 국민이 거주·이전의 자유를 가지고 있음을 규정하고 있고, 헌법 제37조 제2항은 그러한 자유를 국가안전보장·질서유지 또는 공공복리를 위하여 필요한 경우에 한하여 법률로써 제한할 수 있으나 그 경우에도 자유의 본질적 내용을 침해할 수는 없다고 규정하고 있다. 이러한 헌법 규정들의 취지에 비추어 보면, 비록 주민들의 거주지 이동에 따른 주민등록전입신고에 대하여 행정청이 이를 심사하여 그 수리를 거부할 수는 있다고 하더라도, 그러한 행위는 자칫 헌법상 보장된 국민의 거주·이전의 자유를 침해하는 결과를 초래할 수도 있으므로, 시장 등의 주민등록전입신고 수리 여부에 대한 심사는 주민등록법의 입법 목적의 범위 내에서 제한적으로 이루어져야 할 것이다. 한편 주민등록법은 시(특별시·광역시는 제외한다)·군 또는 구(자치구를 말한다)의 주민을 등록하게 함으로써 주민의 거주관계 등 인구의 동태를 상시로 명확히 파악하여 주민생활의 편익을 증진시키고 행정사무의 적정한 처리를 도모하는 데에 그 목적이 있고(제1조), 시장 등은 30일 이상 거주할 목적으로 그 관할 구역에 주소나 거소(이하 '거주지'라 한다)를 가진 자를 등록하여야 한다(제6조)고 규정하고 있다. 이러한 점들을 고려해 보면, 전입신고를 받은 시장 등의 심사 대상은 전입신고자가 30일 이상 생활의 근거로서 거주할 목적으로 거주지를 옮기는지 여부만으로 제한된다고 보아야 할 것이다. 따라서 전입신고자가 거주의 목적 이외에 다른 이해관계에 관한 의도를 가지고 있는지 여부, 무허가건축물의 관리, 전입신고를 수리함으로써 당해 지방자치단체에 미치는 영향 등과 같은 사유는 주민등록법이 아닌 다른 법률에 의하여 규율되어야 할 것이고, 주민등록전입신고의 수리 여부를 심사하는 단계에서는 고려 대상이 될 수 없다.[2]

사안의 경우 담당 공무원은 유명 연예인 동성커플인 甲과 乙이 B구에 전입하는 경우 사회적 물의를 일으키는 등 지역사회에 부정적인 영향을 가져온다는 이유로 전입신고의 수리를 거부하였는데 거주 목적 외에 이와 같은 사유를 들어 전입신고 수리를 거부한 것은 위법하다. 甲과 乙은 승소할 수 있다.

유제   [법무부 2011]

A(종교단체로서 사단법인임)는 그 소유의 토지 위에 종교집회장 건물을 신축하였고, 그 건물 지하에 납골당 설치를 위한 납골시설 설치신고를 관할구청에 하였다. 위 납골시설로부터 200m 이내의 거리에는 중학교, 초등학교, 유치원이 각 1개씩 있다.

관할 구청장인 B는 행정절차법령에 따른 학교, 교육청 및 인근 주민으로부터의 의견수렴결과를 토대로 공익적 차원에서 종합적으로 검토한 결과 성당 내 납골시설 설치는 불가하다는 이유로 A에 대하여 위 납골시설 설치신고를 반려하였다.

A는 이에 불복하여 관할법원에 위 반려행위의 취소를 구하는 소를 제기하였고, 관할법원은 A의 청구를 받아들여 이를 취소하였다. B의 항소 및 상고는 모두 기각되었다.

위 소송 계속 중이던 2005. 12. 7. 법률 제7700호로 '학교보건법'이 개정되었다.

위 상고가 기각된 후 B는 A에게 개정된 '학교보건법'에 따라 학교 부근에 납골시설의 설치가 금지되었다는 이유로 위 납골시설 설치신고를 다시 반려하였다.

1. A는 관할법원에 위 납골시설 설치신고를 다시 반려한 행위에 대한 취소의 소를 제기하였고, A는 그 소송에서 다음과 같이 주장하였다. B는 A의 주장에 대하여 어떻게 대응할 수 있는지 논거를 제시하시오.
   (1) 납골시설 설치신고는 수리를 요하지 아니하는 신고이고, 선행 반려행위의 취소소송에서 위 납골시설 설치신고가 적법요건을 갖추었음이 확인되었다. 따라서 위 설치신고가 적법한데도 다시 반려한 것은 위법하다. (설문(2) 기속력 문제와 합하여 50점으로 출제됨)

[참조법령]
* 구 장사 등에 관한 법률 (2007. 5. 25. 법률 제8489호로 개정되기 전의 것)
제1조 (목적)
　이 법은 매장·화장 및 개장에 관한 사항과 묘지·화장장·납골시설 및 장례식장의 설치·관리 등에 관한 사항을 규정함으로써 보건위생상의 위해를 방지하고, 국토의 효율적 이용 및 공공복리의 증진에 이바지함을 목적으로 한다.
제2조 (정의)
　이 법에서 사용하는 용어의 정의는 다음과 같다.
　8. "납골시설"이라 함은 납골묘·납골당·납골탑 등 유골을 안치(매장을 제외한다)하기 위한 시설을 말한다.
제14조 (사설화장장 등의 설치)
　① 시·도지사 또는 시장·군수·구청장이 아닌 자가 화장장(이하 "사설화장장"이라 한다) 또는 납골시설(이하 "사설납골시설"이라 한다)을 설치·관리하고자 하는 때에는 보건복지부령이 정하는 바에 따라 당해 사설화장장 또는 사설납골시설을 관리하는 시장·군수·구청장에게 신고하여야 한다. 신고한 사항 중 대통령령이 정하는 사항을 변경하고자 하는 경우에도 또한 같다.
제15조 (묘지의 등의 설치제한)
　다음 각호의 1에 해당하는 지역에는 묘지·화장장 또는 납골시설을 설치할 수 없다.
　1. 도시계획법 제32조 제1항 제4조의 규정에 의한 녹지지역 중 대통령령이 정하는 지역
　2. 수도법 제5조 제1항의 규정에 의한 상수원보호지역. 다만, 기존의 사원 경내에 설치하는 납골시설 또는 개인, 가족 및 종중·문중의 납골시설의 경우에는 그러하지 아니하다.

---
2) 대판(전) 2009.6.18. 2008두10997

    3. 문화재보호법 제8조 및 제55조의 규정에 의한 문화재보호구역
    4. 기타 대통령령이 정하는 지역
제26조 (사설묘지 설치자 등에 대한 처분)
    시장·군수·구청장은 사설묘지·사설화장장 및 사설납골시설의 연고자 또는 설치자가 다음 각호의 1에 해당하는 때에는 보건복지부령이 정하는 바에 따라 당해 연고자 또는 설치자에 대하여 묘지의 이전·개수, 허가의 취소, 시설의 폐쇄, 시설의 전부·일부의 사용금지 또는 6월의 범위 내의 업무의 정지를 명할 수 있다.
    2. 제14조 또는 제15조의 규정에 위반하여 사설화장장 또는 사설납골시설을 설치한 때

* 구 학교보건법(2007. 12. 14. 법률 제8678호로 개정되기 전의 것)
제1조 (목적)
    이 법은 학교의 보건관리와 환경위생정화에 필요한 사항을 규정하여 학생 및 교직원의 건강을 보호·증진하게 함을 목적으로 한다.
제2조 (정의)
    2. "학교"라 함은 「유아교육법」 제2조 제2호, 「초·중등교육법」 제2조 및 「고등교육법」 제2조에 따른 각 학교를 말한다.
제5조 (학교환경위생정화구역의 설정)
    ① 학교의 보건·위생 및 학습환경을 보호하기 위하여 교육감은 대통령령이 정하는 바에 따라 학교환경위생정화구역을 설정·고시하여야 한다. 이 경우 학교환경위생정화구역은 학교경계선이나 학교설립예정지 경계선으로부터 200미터를 초과할 수 없다.
제6조 (정화구역 안에서의 금지행위 등)
    ① 누구든지 학교환경위생정화구역 안에서는 다음 각호의 1에 해당하는 행위 및 시설을 하여서는 아니된다. 다만, 대통령령이 정하는 구역 안에서는 제2호, 제2호의2, 제4호, 제8호, 제10호 내지 제13호 및 제15호에 규정한 행위 및 시설 중 교육감 또는 교육감이 위임한 자가 학교환경위생정화위원회의 심의를 거쳐 학습과 학교보건위생에 나쁜 영향을 주지 않는다고 인정하는 행위 및 시설은 제외한다.
    제1호로부터 2호의2 생략
    3. 도축장, 화장장 또는 납골시설
    제4호 이하 생략

* 고등교육법
제2조 (학교의 종류)
    1. 대학
    2. 산업대학
    3. 교육대학
    4. 전문대학
이하 각호 생략

해설

납골당 설치에 관한 구 장사 등에 관한 법률에는 납골시설 설치신고에 대한 수리 규정은 없다. 그러나 동법 제15조는 납골시설 설치제한지역을 규정하고 있고, 동법 제26조는 동법 제15조 규정을 위반하여 납골시설을 설치한 경우 시설 설치자에 대하여 허가의 취소나 시설 폐쇄 등을 명할 수 있다고 규정하고 있는 바, 납골시설 설치신고시 실질적 요건에 대한 행정청의 심사를 전제로 하고 있다. 따라서 납골당 설치신고는 수리를 요하는 신고에 해당한다. 수리를 요하지 않는 신고에 해당한다는 A의 주장은 타당하지 않고, 선행 취소소송에서 설치신고 적법요건이 구비되었음이 확인되었다고 하더라도 확인되어서 기속력이 생겨도 기속력에 반하지 않으면 재차 거부할 수도 있는 것이므로 다시 반려한 것이 무조건 위법한 것은 아니다. 이 점에서도 A의 주장은 타당하지 않다. (기속력 위반 여부는 설문(2)에서 별개로 물었음)

사례 011　지위승계신고, 제재처분사유의 승계　　[행시(일행) 2009]

　　甲은 식품위생법상의 식품접객업영업허가를 받아 유흥주점을 영위하여 오다가 17세의 가출 여학생을 고용하던 중, 식품위생법 제44조 제2항 제1호의 "청소년을 유흥접객원으로 고용하여 유흥행위를 하게 하는 행위"를 한 것으로 적발되었다. 관할행정청이 제재처분을 하기에 앞서 甲은 乙에게 영업관리권만을 위임하였는데 乙은 甲의 인장과 관계서류를 위조하여 관할 행정청에 영업자지위승계 신고를 하였고, 그 신고가 수리되었다. (총 40점)

1) 영업자지위승계신고 및 수리의 법적 성질을 검토하시오. (10점)
2) 甲은 관할 행정청의 영업자지위승계신고의 수리에 대하여 무효확인소송을 제기할 수 있는지 검토하시오. (15점)
3) 만약 甲과 乙간의 영업양도가 유효하고 영업자지위승계신고의 수리가 적법하게 이루어졌다고 가정할 경우, 관할 행정청이 甲의 위반행위를 이유로 乙에게 3개월의 영업정지 처분을 하였다면, 그 처분은 적법한지 검토하시오. (15점)

[설문 1] 영업자지위승계신고 및 수리의 법적성질 (10점)

Ⅰ. 문제의 소재

　　사안에서 乙이 영업자지위승계 신고를 하고 이에 대해 수리가 발령된바 지위승계신고 및 수리의 법적 성질이 문제된다. 지위승계신고가 수리를 요하는 신고에 해당한다면 수리의 처분성이 긍정되므로 甲이 이에 대해 항고소송으로 다툴 수 있다는 점에서 논의의 실익이 있다.

Ⅱ. 신고의 의의 및 종류

Ⅲ. 지위승계신고의 법적성질

　　법률에 따라서는 영업 양도의 경우 양수인이 신고하도록 하는 규정을 두는 경우(변경등록을 하도록 하는 경우도 마찬가지)가 있는데, 이 경우 지위승계신고의 법적 성질에 대해 판례는 수리를 요하는 신고로 보고 신고수리 및 수리거부의 처분성을 긍정하고 있다. 최근 양도대상이 되는 영업의 종류에 따라서 달리 판단되어야 한다는 견해도 유력한데 유력설은 허가영업의 양도에 있어서의 지위승계신고는 허가신청의 실질이 있고, 수리를 요하는 신고업의 영업양도에 있어서의 지위승계신고는 행정요건적 공법행위로서 신고에 해당하며, 수리를 요하지 않는 신고업의 영업양도에 있어서의 지위승계신고는 자기완결적 공법행위로서의 신고에 해당한다고 주장한다.[1]

---

1) 정하중, 홍정선 교수님의 견해이다. 그러나 판례는 수리를 요하지 않는 신고의 경우에도 수리를 처분으로 보아 처분성 여부에 있어서는 영업의 종류에 따른 구별을 하지 않는 것으로 보인다.
　- 2011두29144판례는 관광진흥법에 의한 지위승계신고 뿐만 아니라 일반적으로 수리를 요하지 않는 신고로 소개되는 체육시설의 설치 이용에 관한 법률에 의한 영업양수신고도 같이 한 사안인데, 판례는 체육시설의 설치 이용에 관한 법률에 의한 영업양수신고에 대한 수리도 마찬가지로 처분으로 보았다.
　"구 체육시설의 설치·이용에 관한 법률(2010. 3. 31. 법률 제10219호로 개정되기 전의 것, 이하 '체육시설법'이라 한다) 제20조, 제27조의 각 규정 등에 의하면, 체육시설업자로부터 영업을 양수하거나 문화체육관광부령으로 정하는 체육시설업의 시설 기준에 따른 필수시설을 인수한 자가 관계 행정청에 이를 신고하여 행정청이 이를 수리하는 경우에는 종전의 체육시설업자는 적법한 신고를 마친 체육시설업자로서의 지위를 부인당할 불안정한 상태에 놓이게 되므로, 그로 하여금 이러한 수리행위의 적법성을 다투어 그 법적 불안을 해소할 수 있도록 하는 것이 법치행정의 원리에 부합한다"(대법원 2012.12.13. 2011두29144).

생각건대, 수리를 요하지 않는 신고영업의 지위승계신고라고 하더라도 이에 대한 수리는 단순히 양수인의 영업이 허용되는 것에 그치지 않고 양도인의 영업자로서의 지위가 소멸되는 효과도 수반되므로 지위승계신고는 그 실질에 상관 없이 수리를 요하는 것으로 보는 것이 타당하다.[2]

Ⅳ. 지위승계신고에 대한 수리의 법적성질

수리를 요하는 신고의 경우 수리로 금지대상이 되는 행위에 대한 금지가 해제되는 법적 효과가 발생하는 바 수리는 준법률행위적 행정행위로서 수리로, 처분성이 긍정되며 그 거부 또한 처분이다.

판례도 지위승계신고를 수리하는 허가관청의 행위는 단순히 양도, 양수자 사이에 발생한 사법상의 사업양도의 법률효과에 의하여 양수자가 사업을 승계하였다는 사실의 신고를 접수하는 행위에 그치는 것이 아니라 실질에 있어서 양도자의 사업허가를 취소함과 아울러 양수자에게 적법히 사업을 할 수 있는 법규상 권리를 설정하여 주는 행위로서 사업허가자의 변경이라는 법률효과를 발생시키는 행위이므로 허가관청이 사업양수에 의한 지위승계신고를 수리하는 행위는 행정처분에 해당한다고 한다.[3]

Ⅴ. 사안의 해결

사안의 경우 식품접객업영업허가의 영업자지위승계신고는 행정요건적 공법행위로서 수리를 요하는 신고에 해당한다. 乙의 영업자지위승계신고에 따른 수리가 있으면 甲에서 乙로 영업허가자의 변경(양도인에 대한 영업허가 철회와 양수인에 대한 강학상 허가)이라는 법적효과가 발생하므로 관할행정청의 수리는 처분에 해당한다.

[설문 2] 甲의 무효소송제기 가능성 (15점)

Ⅰ. 문제의 소재

乙은 甲의 인장과 관계서류를 위조하여 영업자지위승계 신고를 한 것으로 영업양도 자체가 존재하지 아니하여 수리는 유효한 대상이 없는 것으로 무효이다. 甲은 乙의 영업자지위승계신고의 수리에 대해서 무효확인소송을 제기하려고 하는 바, 관할행정청의 수리는 처분에 해당하며 나머지 소송요건은 별 문제가 없으며, 甲이 수리처분의 무효확인을 구할 법률상 이익이 있는지 문제된다.

Ⅱ. 사인의 공법행위의 하자와 행정행위의 효력

1. 문제점

2. 학 설

3. 판 례

4. 검 토

---

[2] "생각건대~"이하 부분은 강사의 생각이다. 이 부분에 대한 명확한 교과서상의 서술은 보이지 않는다.
[3] 대판 1993.6.8. 91누11544

5. 사안의 경우

乙이 영업관리권만을 위임받았는데도 불구하고 인장과 관계서류를 위조하여 영업자지위승계신고를 한 바 동 신고 수리의 위법성 정도가 문제된다. 생각건대, 乙이 영업관리권만을 위임받았으며 영업양도를 하지 않은 점을 고려할 때 甲이 인장과 관계서류를 위조하여 지위승계신고를 한 것에 대한 수리는 하자 있는 신고에 기하여 이루어진 수리처분으로서 무효사유에 해당한다.

III. 甲이 무효확인을 구할 법률상 이익이 있는지 여부

판례는 사업양도·양수에 따른 허가관청의 지위승계신고의 수리는 적법한 사업의 양도·양수가 있었음을 전제로 하는 것이므로 그 수리대상인 사업양도·양수가 존재하지 아니하거나 무효인 때에는 수리를 하였다 하더라도 그 수리는 유효한 대상이 없는 것으로서 당연히 무효라 할 것이고, 사업의 양도행위가 무효라고 주장하는 양도자는 민사쟁송으로 양도·양수행위의 무효를 구함이 없이 막바로 허가관청을 상대로 하여 행정소송으로 위 신고수리처분의 무효확인을 구할 법률상 이익이 있다고 판시하였다. 따라서 甲에게도 무효확인을 구할 법률상 이익이 인정된다(행정소송법 제35조).

IV. 소 결

甲은 관할 행정청의 영업자지위승계신고에 대하여 무효확인소송제기가 가능하다.

[설문 3] 乙에 대한 3개월 영업정지처분의 적법성 (15점)

I. 문제의 소재

식품위생법 제39조 제1항에 의하면 영업허가를 받은 자가 영업을 양도할 경우 양수인이 양도인의 지위를 승계하도록 되어있는데 양도인에 대한 제재처분사유도 승계의 범위에 포함되는지가 문제된다. 만약 승계가 가능하다고 한다면 3개월의 영업정지처분이 적법한지 여부를 검토한다.

한편 식품위생법 제78조는 명문으로 양도인에 대한 절차가 진행 중인 경우에는 제재적처분사유의 승계를 규정하고 있지만 설문상 양도인에게 절차가 진행 중인 사정은 보이지 않으므로 제78조의 적용은 없는 것으로 전제하고 논의를 전개한다.

II. 양도인 甲에 대한 제재사유의 乙로의 승계여부

1. 학 설

학설은 ① 긍정설은 양도된 허가의 성질이 일신전속적인 것이 아닌 한 지위승계규정으로 양도인의 법적 지위가 양수인에게 승계된다고 한다. 양도인의 의도적인 책임회피수단으로의 악용할 가능성을 방지할 필요성이 있고, 선의의 양수인의 피해는 양도인과의 관계에서 조절될 수 있음을 근거로 든다. ② 부정설은 지위승계규정이 제재처분사유의 승계까지 포함한다고 해석할 수 없으며, 법령위반 등 귀책사유는 항상 일신전속적이기에 승계될 수 없고, 선의의 양수인의 신뢰보호 관점에서도 승계를 인정할 수 없다고 한다.

2. 판례

판례는 석유판매업허가는 대물적 허가의 성질을 가지는 것이어서 양도가능하고, 이 경우 양수인은 양도인의 지위를 승계하게 됨에 따라 양도인의 허가에 따른 권리·의무가 양수인에게 이전되는 것이고 양도인의 귀책사유는 양수인에게 효력이 미친다고 하여 양도인의 제재처분사유가 양수인에게 승계됨을 긍정한다. 판례는 지위승계규정을 근거로 하여 제재처분사유의 승계를 긍정하고 있다. 최근 판례는 양도양수 당시에 양도인에 대한 제재처분사유가 현실적으로 발생하지 않은 경우라도 그 원인되는 사실이 이미 존재한 경우에는 양도 후에 제재처분사유가 발생한 경우라도 양수인을 상대로 제재처분이 가능하다고 한다.

한편 회사분할의 경우는 신설회사에 제재사유를 승계시키는 규정이 있는 경우에는 승계를 긍정하고 있으나 승계규정이 없는 경우에는 승계를 부정하고 있다.[4]

3. 검토

제재처분은 침익적 행위로서 법률유보의 원칙에 충실해야 하므로, 제재처분사유의 승계에 관한 명문의 규정이 존재하는 경우가 아닌 한 지위승계규정이 제재처분사유의 승계까지 포함하고 있는 것으로 해석해서는 곤란하므로 승계 부정설이 타당하다. 승계를 인정하는 명문의 규정이 존재하더라도 선의의 양수인은 보호하는 면책규정을 두는 것이 바람직하며, 규정이 없는 경우라도 선의의 양수인은 면책된다고 해석하는 것이 타당하다.

4. 사안의 경우

사안의 경우 甲이 청소년을 고용하여 유흥행위를 하게 한 것은 일신전속적 행위책임이고 식품위생법 제39조 1항의 지위승계규정을 乙에 대한 3개월의 영업정지처분의 근거로 삼을 수 없다. 따라서 乙에 대한 영업정지처분은 위법하다.

III. 승계가 가능하다면 3개월 영업정지처분의 위법성 여부

만약 승계긍정설에 따라 제재처분사유의 승계가 가능하다면 甲의 위반행위를 이유로 乙에 대해 영업정지처분을 할 수 있다. 그러나 식품위생법 제75조의 영업정지처분은 재량행위이므로 재량의 일탈·남용이 있어 위법한 것은 아닌지 검토해야 한다. 비례의 원칙 위반 여부가 문제되는데 설문에 주어진 사정으로는 비례의 원칙에 위반한다거나 달리 재량의 일탈·남용 사유는 보이지 않으므로 승계긍정설에 의하면 영업정지처분은 적법하다.

IV. 소 결

제재처분사유의 승계를 부정하면 乙에 대한 영업정지처분은 위법하다. 그러나 판례의 입장에 따라 제재사유의 승계를 긍정하면 재량의 일탈 남용이 있다는 사정이 보이지 않는바 영업정지처분은 적법하다.

---

[4] 대판 2023.6.15. 2021두55159

유제 1 [행시 2016]

甲은 2001. 1. A광역시장으로부터 여객자동차 운수사업법 상 개인택시운송사업면허를 취득하여 영업을 하던 중 2010. 5. 음주운전을 한 사실이 적발되어 관할 지방경찰청장으로부터 2010. 6. 도로교통법 상 운전면허의 취소처분을 받았다. 그러나 위 운전면허취소의 사실이 A광역시장에게는 통지되지 않아 개인택시운송사업면허의 취소나 정지는 별도로 없었다. 甲은 2011. 7. 운전면허를 다시 취득하여 영업을 하다가 2014. 8. 乙에게 개인택시운송사업을 양도하는 계약을 체결하였고, 이에 대해 2014. 9. A광역시장의 인가처분이 있었다. A광역시장은 인가 심사 당시에는 위 운전면허취소의 사실을 모르고 있다가 2016. 5. 관할 지방경찰청장으로부터 통지를 받아 알게 되었고, 2016. 6. 乙에게 위 운전면허취소의 사실을 이유로 개인택시운송사업면허의 취소처분을 하였다(이하 '이 사건 처분'이라 한다). 乙은 이 사건 처분에 대해서 취소소송을 제기하였다. 다음 물음에 답하시오.

1) 乙은 양도·양수 계약 당시에 甲의 운전면허취소 사실을 전혀 알지 못하였으므로 이 사건 처분은 위법이라고 주장한다. 그 주장의 당부에 관하여 설명하시오. (10점)

[참조조문](현행 법령을 사례해결에 적합하도록 수정하였음)

* 여객자동차 운수사업법

제4조(면허 등) ① 개인택시운송사업을 경영하려는 자는 사업계획을 작성하여 국토교통부령으로 정하는 바에 따라 특별시장·광역시장·특별자치시장·도지사·특별자치도지사(이하 "시·도지사"라 한다)의 면허를 받아야 한다.
② 시·도지사는 제1항에 따라 면허하는 경우에 필요하다고 인정하면 국토교통부령으로 정하는 바에 따라 운송할 여객 등에 관한 업무의 범위나 기간을 한정하여 면허를 하거나 여객자동차운송사업의 질서를 확립하기 위하여 필요한 조건을 붙일 수 있다.

제14조(사업의 양도·양수 등) ① 개인택시운송사업은 사업구역별로 사업면허의수요·공급 등을 고려하여 관할 지방자치단체의 조례에서 정하는 바에 따라 시·도지사의 인가를 받아 양도할 수 있다.
② 제1항에 따른 인가를 받은 경우 개인택시운송사업을 양수한 자는 양도한 자의 운송사업자로서의 지위를 승계한다.

제85조(면허취소 등) ① 시·도지사는 개인택시운송사업자가 다음 각 호의 어느 하나에 해당하면 면허를 취소하거나 6개월 이내의 기간을 정하여 사업의 전부 또는 일부를 정지하도록 명할 수 있다.
   1.~36. (생략)
   37. 개인택시운송사업자의 운전면허가 취소된 경우

해설

여객자동차 운수사업법 제14조 제1항 및 제2항에 따라 2014. 9. A광역시장의 인가처분으로 인하여 乙은 甲의 운송사업자로서의 지위를 승계하게 된다. 이에 대하여 판례[5]의 입장인 승계 긍정설에 따르게 되면 운송사업을 양수한 乙은 양도인 甲의 운송사업자로서의 지위를 승계하는 것이므로, 관할 관청은 개인택시 운송사업의 양도·양수에 대한 인가를 한 후에도 그 양도·양수 이전에 있었던 양도인에 대한 운송사업면허 취소사유를 들어 양수인의 사업면허를 취소할 수 있게 되므로 乙의 주장은 타당성이 없게 된다.

그러나 앞서 검토한 승계 부정설에 따르게 될 경우 법률유보의 원칙에 따라 여객자동차 운수사업법상 제재사유의 승계에 관한 명문의 규정 없이 이를 양수인 乙에게 승계시키는 것은 허용되지 않으며, 가사 제재사유의 승계를 긍정하는 규정이 존재한다고 하더라도 甲의 제재사유를 근거로 선의인 乙에게 면허취소를 하는 것은 위법하게 된다. 따라서 乙의 주장은 타당하다고 판단된다.

---

[5] 판례는 더 나아가서 양도·양수 당시에는 양도인에 대한 운송사업면허 취소사유(운전면허취소)가 현실적으로 발생하지 않은 경우라도 그 원인되는 사실(음주운전)이 이미 존재하였다면, 관할관청으로서는 양도·양수 후에 발생한 운송사업면허 취소사유에 기하여 양수인의 사업면허를 취소할 수 있다고까지 판시하고 있다(대판 2010.4.8. 2009두17018).

유제 2 [사시 2017]

A도 B군의 군수 乙은 대형마트를 유치하기 위하여 대규모점포를 개설등록하면 법률상 재량을 행사하여 일체의 영업시간 제한이나 의무휴업일 지정을 하지 않겠다고 甲에게 약속하였다. 이 말을 믿은 甲은 乙에게 대규모점포의 개설등록을 신청하였고, 개설등록이 되었다. 그런데 개설등록 이후 乙은 오전 0시부터 오전 8시까지 영업시간을 제한하고 매월 둘째 주와 넷째 주 일요일을 의무휴업일로 지정하는 내용의 처분(이하 '제1차 처분'이라 한다)을 하였다. 이에 甲은 이 처분에 대해 취소소송을 제기하였다. 그런데 취소소송의 계속 중에 乙이 영업제한시간을 오전 0시부터 오전 10시까지로 변경하되, 의무휴업일은 종전과 동일하게 유지하는 것을 내용으로 하는 처분(이하 '제2차 처분'이라 한다)을 하였다.

1. 「유통산업발전법」상 대규모점포 개설등록의 법적 성격을 검토하시오. (10점)
2. 乙이 사전약속을 위반하였으므로 제1차 처분이 위법하다는 甲 주장의 당부를 검토하시오. (15점)
4. 甲은 2017. 5. 3. 영업제한시간을 위반하고, 의무휴업일인 2017. 5. 14. 영업을 한 후, 이런 위반사실을 숨긴 채 2017. 5. 30. 해당 대규모점포를 丙에게 양도하였다. 이런 사실을 모르는 丙이 의무휴업일인 2017. 6. 11. 영업을 한 이후, 乙이 丙에게 10일의 영업정지처분을 하였다. 자신은 한 차례만 위반하였음을 들어 영업정지처분이 위법하다는 丙 주장의 당부를 검토하시오. (15점)

[참조조문] (가상의 법률임)
* 유통산업발전법

제8조(대규모점포의 개설등록 및 변경등록) ① 대규모점포를 개설하려는 자는 영업을 시작하기 전에 산업통상자원부령으로 정하는 바에 따라 상권영향평가서 및 지역협력계획서를 첨부하여 특별자치시장·시장·군수·구청장에게 등록하여야 한다.
제13조(대규모점포개설자의 지위승계) ① 다음 각 호의 어느 하나에 해당하는 자는 종전의 대규모점포개설자의 지위를 승계한다.
  1. 대규모점포개설자가 대규모점포를 양도한 경우 그 양수인
제13조의4(영업정지) 특별자치시장·시장·군수·구청장은 다음 각 호의 어느 하나에 해당하는 경우에는 1개월 이내의 기간을 정하여 영업의 정지를 명할 수 있다.
  1. 영업시간제한명령을 1년 이내에 3회 이상 위반하여 영업제한시간에 영업을 한 자 또는 의무휴업명령을 1년 이내에 3회 이상 위반하여 의무휴업일에 영업을 한 자. 이 경우 영업시간제한명령 위반과 의무휴업명령 위반의 횟수는 합산한다.

해설

1. 설문 1

등록은 행정법상 일정한 법률사실 또는 법률관계를 행정청 등 특정한 등록기관에 비치된 장부에 기재하는 일을 의미한다.

등록을 신고와 구별되는 독자적인 행위형식으로 보는 견해도 있고, 등록을 수리를 요하는 신고로 보는 견해도 있다. 실정법상 등록으로 표현되어 있더라도 실질에 비추어서 개별적으로 판단해야 한다. 판례도 부가가치세법에 의한 사업자등록은 단순한 사업사실의 신고로서 수리를 요하지 않는다[6]고 한 반면, 대규모점포의 개설등록은 '수리를 요하는 신고'에 해당한다고 한다.

---

[6] (판례) 부가가치세법상의 사업자등록은 과세관청으로 하여금 부가가치세의 납세의무자를 파악하고 그 과세자료를 확보하게 하려는 데 제도의 취지가 있는바, 이는 단순한 사업사실의 신고로서 사업자가 관할세무서장에게 소정의 사업자등록신청서를 제출함으로써 성립하는 것이고, 사업자등록증의 교부는 이와 같은 등록사실을 증명하는 증서의 교부행위에 불과한 것이다. 나아가 구 부가가치세법(2006. 12. 30. 법률 제8142호로 개정되기 전의 것) 제5조 제5항에 의한 과세관청의 사업자등록 직권말소행위도 폐업사실의 기재일 뿐 그에 의하여 사업자로서의 지위에 변동을 가져오는 것이 아니라는 점에서 항고소송의 대상이 되는 행정처분으로 볼 수 없다(대판 2011.1.27. 2008두2200).

일반점포와 달리 대규모점포의 개설에 등록시 상권영향평가서 및 지역협력계획서를 첨부하도록 한 입법취지는 영세상인의 보호 등을 고려한 것으로 이에 대한 실질적 심사가 필요하다. 행정청의 수리 없이 영업활동이 가능하다고 보는 것은 타당하지 않으므로 수리를 요하는 신고에 해당한다.

甲의 등록신청이 있으면 군수 乙은 지역 상권에 미치는 영향 등을 고려하여 등록여부를 판단할 수 있으므로 등록은 재량행위에 해당한다.

2. 설문 2

대규모점포를 개설등록하면 법률상 재량을 행사하여 일체의 영업시간 제한이나 의무휴업일 지정을 하지 않겠다고 甲에게 약속한 것이 강학상 확약인지 문제되며, 이러한 언동에 반하는 처분이 신뢰보호원칙에 반하는지 문제된다.

군수 乙이 약속한 것은 장차 일정한 행정행위를 행하지 않겠다는 자기구속의 의사표시를 한 것으로 강학상 확약에 해당한다. 군수 乙은 확약의 내용을 이행해야 할 자기구속을 받는다.

군수 乙의 약속은 선행조치에 해당하고, 甲에게 귀책사유가 없으므로 보호가치 있는 신뢰가 있고, 甲은 개설등록을 거쳐 영업을 하고 있으므로 처리도 존재하고, 인과관계도 인정되며, 신뢰에 반하는 영업시간 제한 및 의무휴업일지정처분이 있으므로 신뢰보호원칙 요건은 충족한다. 그러나 영업시간 제한 및 의무휴업일지정처분을 통해 달성하고자 하는 공익과 甲의 신뢰이익을 형량하면, 대형마트의 시장지배와 경제력 남용을 방지하고 중소사업자들의 피해를 막기 위한 공익이 甲이 영업시간 제한을 받음으로써 받은 이익보다 크므로 신뢰보호원칙 위반에 해당하지 않는다. 甲의 주장은 타당하지 않다.

3. 설문 4

甲에게 영업정지처분사유가 있는 상황에서 丙에게 영업양도를 한 경우 甲에 대한 제재처분사유를 근거로 양수인 丙에게 영업정지처분을 할 수 있는지 문제된다.

제재처분사유의 승계부정설에 의하면 유통산업발전법 제13조의 지위승계 규정에 의하여 승계를 인정할 수는 없으므로 丙의 주장은 타당하다. 승계긍정설에 의하더라도 선의의 양수인 丙에게는 승계되지 않는다.

그러나 판례는 승계긍정설의 입장이므로 판례에 의하면 甲에 대한 제재처분사유를 근거로 양수인 丙에게 영업정지처분을 할 수 있다.

유제 3
[행시 2020]

甲과 乙은 각각 「여객자동차 운수사업법」상 운송사업등록을 하여 전세버스운송사업에 종사하는 자이다. 관할 도지사 A는 甲과 乙에게 2020. 3. 2. 같은 법 제23조제1항제5호에 따라 자동차에 대한 개선명령을 발령하여 그 처분서가 다음 날 송달되었으나, 甲과 乙은 이를 이행하지 아니하였다. 도지사 A는 이를 이유로 같은 법 제85조제1항 및 제88조제1항에 따라 2020. 7. 10. 甲과 乙에게 사업정지에 갈음하는 과징금부과처분을 각각 행하였다. 한편, 乙은 아직 과징금을 납부하지 않은 상태에서 丙에게 자신의 전세버스운송사업을 양도하였고, 관련 지위승계신고가 수리되었다.

3) 丙이 乙에게 부과된 과징금을 납부하여야 할 의무가 있는지를 검토하시오. (10점)

해설

乙의 법위반사유를 이유로 丙에게 과징금을 부과할 수 있는지의 문제인 제재처분사유의 승계와는 달리 乙에 대한 과징금부과처분의 효과가 丙에게 승계될 수 있는지, 즉 제재처분효과가 승계되는지 문제된다. 공의무의 승계의 문제라고 할 수 있다.

긍정설은 제재처분이 내려진 경우 제재처분의 효과는 이미 양도의 대상이 된 영업의 물적 상태가 되어 영업자의 지위에 포함된 것이므로 당연히 이전되며, 선의의 양수인은 양도인에게 민사책임을 물을 수 있을 뿐이라고 한다. 반면 부정설은 제재처분에 의하여 부과되는 개인적 공의무는 전형적인 일신전속적인 의무로서 원칙적으로 승계의 대상이 되지 않으며, 제재처분의 효과를 그와 무관한 양수인에게 승계시키는 것은 헌법상의 비례의 원칙에 위배된다고 한다.

실정법 중에서는 석유 및 석유대체 연료사업법이나 식품위생법 등에서 명문으로 제재처분효과의 승계를 긍정하고 있는 경우도 있어 이러한 경우는 승계를 긍정할 수 있을 것이다. 이 경우에도 선의의 양수인에게는 승계되지 않는다고 규정하는 것이 일반적이다.

명문의 규정이 없는 경우가 문제인데, 양도인의 부담하는 의무의 성질이 일신전속적이라면 승계되지 않을 것이며, 일신전속적이지 않은 경우라면 승계는 가능하다. 다만 법률유보의 관점에서 승계의 근거가 있어야 할 것이다. 판례는 지위승계규정을 근거로 양도인의 제재사유를 가지고 양수인에게 제재처분을 할 수 있다는 입장인데, 이러한 입장에서는 제재처분사유가 아닌 제재처분효과 역시 승계되는 지위에 포함된다고 할 수 있을 것이다. 반면 지위승계규정만으로 법적 근거를 인정하는 것은 곤란하며 별도의 근거가 필요하다는 입장에서는 승계를 부정할 것이다. 법률유보원칙에 충실한 관점에서는 부정설이 타당하나, 제재처분사유의 승계와 달리 제재처분효과의 승계는 이미 구체화된 양도인의 의무의 승계가 문제되는 것이므로 지위승계규정에 의하여 승계된다고 보는 것이 타당하다.

사안에서는 제재처분효과의 승계에 관한 명문의 규정이 여객자동차운수사업법에는 없다. 과징금납부의무는 일신전속적인 의무가 아니므로 승계 가능하며, 여객자동차운수사업법에 만약 지위승계규정이 있다면 판례에 의하면 승계 가능하므로 丙은 乙에게 부과된 과징금을 납부하여야 할 의무가 있다.

사례 012 법규명령 형식의 행정규칙(1) [변시 2014]

甲은 2013. 3. 15. 전 영업주인 乙로부터 등록 대상 석유판매업인 주유소의 사업 일체를 양수받고 잔금지급액에 다소 이견이 있는 상태에서, 2013. 3. 28. 석유 및 석유대체연료 사업법(이하 '법'이라 함) 제10조 제3항에 따라 관할 행정청인 A시장에게 성명, 주소 및 대표자 등의 변경등록을 한 후 2013. 4. 5.부터 '유정주유소'라는 상호로 석유판매업을 영위하고 있다.

그런데 A시장이 2013. 5. 7. 관할구역 내 주유소의 휘발유 시료를 채취하여 한국석유관리원에 위탁하여 검사한 결과 '유정주유소'와 인근 '상원주유소'에서 취급하는 휘발유에 경유가 1% 정도 혼합된 것으로 밝혀졌다.

한편, A시장은 취임과 동시에 "A시 관할구역 내에서 유사석유를 판매하다가 단속되는 주유소는 예외 없이 등록을 취소하여 주민들이 믿고 주유소를 이용하도록 만들겠다."라고 공개적으로 밝힌 바 있다. 이에 A시장은 2013. 6. 7. 甲에 대하여 청문 절차를 거치지 아니한 채 법 제13조 제3항 제12호에 따라 석유판매업등록을 취소하는 처분(이하 '당초처분'이라 함)을 하였고, 甲은 그 다음 날 처분이 있음을 알게 되었다.

甲은 당초처분에 불복하여 2013. 8. 23. 행정심판을 청구하였으며, 행정심판위원회는 2013. 10. 4. 당초처분이 재량권의 범위를 일탈하거나 남용한 것이라는 이유로 당초처분을 사업정지 3개월로 변경하라는 내용의 변경명령재결을 하였고, 그 재결서는 그날 甲에게 송달되었다. 그렇게 되자, A시장은 청문 절차를 실시한 후 2013. 10. 25. 당초처분을 사업정지 3개월로 변경한다는 내용의 처분(이하 '변경처분'이라 함)을 하였고, 그 처분서는 다음날 甲에게 직접 송달되었다.

그런데 甲은 "유정주유소는 X정유사로부터 직접 석유제품을 공급받고, 공급받은 석유제품을 그대로 판매하였으며, 상원주유소도 자신과 마찬가지로 X정유사로부터 직접 석유제품을 구입하여 판매하였는데 그 규모와 판매량이 유사한데다가 甲과 동일하게 1회 위반임에도 상원주유소에 대하여는 사업정지 15일에 그치는 처분을 내렸다. 또한 2013. 5. 초순경에 주유소 지하에 있는 휘발유 저장탱크를 청소하면서 휘발유보다 값이 싼 경유를 사용하여 청소를 하였는데 그때 부주의하여 경유를 모두 제거하지 못하였고, 그러한 상태에서 휘발유를 공급받다 보니 휘발유에 경유가 조금 섞이게 된 것으로, 개업한 후 처음 겪는 일이고 위반의 정도가 경미하다."라고 주장하면서 행정소송을 제기하여 다투려고 한다.

한편, 법 제13조 제4항은 "위반행위별 처분기준은 산업통상자원부령으로 정한다."라고 되어 있고, 법 시행규칙 [별표 1] 행정처분의 기준 중 개별 기준 2. 다목은 "제29조 제1항 제1호를 위반하여 가짜석유제품을 제조·수입·저장·운송·보관 또는 판매한 경우"에 해당하면 '1회 위반 시 사업정지 1개월, 2회 위반 시 사업정지 3개월, 3회 위반 시 등록취소 또는 영업장 폐쇄'로 규정되어 있다고 가정한다.

1. 위 산업통상자원부령 [별표 1] 행정처분의 기준에 대한 법원의 사법적 통제 방법은? (25점)

[참조조문]
* 석유 및 석유대체연료 사업법
제13조(등록의 취소 등) ① - ② <생략>
③ 산업통상자원부장관, 시·도지사 또는 시장·군수·구청장은 석유판매업자가 다음 각 호의 어느 하나에 해당하면 그 석유판매업의 등록을 취소하거나 그 석유판매업자에게 영업장 폐쇄 또는 6개월 이내의 기간을 정하여 그 사업의 전부 또는 일부의 정지를 명할 수 있다. 다만, 제1호, 제4호부터 제6호까지 및 제9호의 어느 하나에 해당하는 경우에는 그 등록을 취소하거나 영업장 폐쇄를 명하여야 한다.
   1. - 11. <생략>

> 12. 제29조 제1항 제1호를 위반하여 가짜석유제품을 제조·수입·저장·운송·보관 또는 판매한 경우
> ④ 제1항부터 제3항까지의 규정에 따른 위반행위별 처분기준은 산업통상자원부령으로 정한다.
> **제29조(가짜석유제품 제조 등의 금지)** ① 누구든지 다음 각 호의 가짜석유제품 제조 등의 행위를 하여서는 아니 된다.
>   1. 가짜석유제품을 제조·수입·저장·운송·보관 또는 판매하는 행위
>   2. - 3. <생략>

I. 문제의 소재

산업통상자원부령 [별표 1] 행정처분의 기준은 법규명령 형식이나 제재처분의 기준인 재량준칙의 실질을 갖고 있는 법규명령 형식의 행정규칙에 해당한다. 이러한 '형식의 과잉'에 의한 규정의 법적 성질을 행정규칙으로 볼 것인지 법규명령으로 볼 것인지 논란이 있다. 법적 성질에 따라서 사법적 통제방법이 달라지게 될 것이다.

II. 법규명령과 행정규칙

법규명령은 법률의 위임에 의하여 또는 법률을 집행하기 위하여 행정권에 의하여 제정되는 일반적·추상적 규율로서 대외적 구속력이 인정되는 법규범을 말한다. 행정규칙은 상급행정기관이 하급행정기관을 수범자로 하여 그의 임무수행과 조직에 관하여 발하는 일반적·추상적 규율로서 대외적으로 국민이나 법원을 기속하는 효력이 없다.

III. 법규명령 형식의 행정규칙의 법적성질

1. 학 설

① 법규형식을 존중하고 법적안정성을 강조하는 법규명령설(형식설), ② 행정규칙으로서의 실질이 변하지 않으며 그것이 구체적 타당성의 확보측면에서도 바람직하다는 행정규칙설(실질설), ③ 법률의 수권이 있는 경우에는 법규명령으로, 수권이 없는 경우에는 행정규칙으로 보는 절충설(수권여부기준설), ④ 재량준칙은 법규명령도 행정규칙도 아닌 제3의 법형식이라는 독자적법형식설이 대립한다.

2. 판 례

판례는 부령 형식의 경우는 일관되게 행정청 내의 사무처리기준을 규정한 것에 불과하다고 하여 행정규칙으로 본다. 대통령령의 경우 규정형식의 차이를 이유로 법규명령으로 보면서도, 청소년보호법 시행령상의 과징금부과기준은 법규명령이지만 그 과징금수액은 정액이 아니라 최고한도액으로 보아 재량권 행사의 여지를 인정한 바도 있다.

3. 검 토

생각건대, 행정입법 실무에 있어서 행정청이 선택하는 행정입법형식은 규율내용에 따른 것이 아니라, 실무상 편의에 의하여 선택되고 있으며, 대통령은 민주적 정당성을 가지며 대통령령이 국무회의 심의를 요한다는 제정절차상의 차이점이 대통령령과 부령을 구별하여 효력을 달리하여야 할 논거는 되지 못한다는 점에서 판례의 입장은 타당하지 않다. 한편 행정규칙설은 법규명령의 입법형식을 무시한다는 점에서 문제가 있다. 법규명령은 절차적 정당성이 부여되어있고, 국민에게 예측가능성도 부여한다는 점에서 일응

법규명령설이 타당하다. 그러나 법령의 수권규정에 근거하여 제정되는 것을 법규명령으로 이해하는 한 수권여부에 불문하고 대통령령, 부령형식이라고 하여 법규명령으로 이해하는 것은 문제가 있으므로 수권 여부에 따라 구분하는 절충설이 타당하다.

4. 사안의 경우

산업통상자원부령인 석유 및 석유대체연료 사업법 시행규칙 [별표1]은 형식은 법규명령인 부령 형식인데, 등록취소·영업장 폐쇄 또는 영업정지처분과 같은 제재처분의 기준을 정한 것으로 실질은 재량준칙에 해당된다. 석유 및 석유대체연료 사업법 제13조 4항은 부령에 위임하고 있는 바, 수권도 있으므로 법규명령에 해당하며 대외적 구속력이 있다. 그러나 판례에 의하면 부령 형식이므로 행정명령에 불과하여 대외적 구속력이 없다.

IV. [별표1]에 대한 사법적 통제

1. 법규명령으로 볼 경우

(1) 법규명령에 대한 통제

헌법 제107조 2항은 부수적 규범통제를 취함에 따라 법규명령의 효력을 직접 소송을 통하여 다투는 것은 허용되지 않는다. 법규명령의 위헌·위법여부가 구체적인 재판의 전제가 된 경우에 한하여 그 사건의 심판을 위한 선결문제로서 심사할 수 있을 뿐이다(구체적 규범통제). 이 경우에도 당해 사건에 적용을 거부할 수 있을 뿐 명령의 무효를 선언할 수는 없다. 법규명령에 대한 심사권은 각급법원이 가지며 대법원이 최종적인 심사권한을 가진다.

그러나 예외적으로 법규명령이 실질적으로 처분의 성질을 가지는 처분적 법규명령은 항고소송의 대상이 된다. 판례도 일반적·추상적인 법령 그 자체로서 국민의 구체적인 권리의무에 직접적인 변동을 초래하는 것이 아닌 것은 행정소송의 대상이 될 수 없지만[1] 다른 행정행위를 기다릴 것 없이 직접적이고 현실적으로 그 자체로서 국민의 권리훼손 기타 이익침해의 효과를 발생케 하는 성질의 것이라면 처분이라고 하여 처분적 명령을 처분으로 보고 있다.[2]

또한 법규명령이 그 자체에 의하여 기본권이 침해된 경우 직접 헌법재판소에 헌법소원을 제기할 수 있는지에 대하여 헌법 제107조 2항은 명령·규칙의 위헌·위법심사권을 법원에 부여하고 있다는 보정설과 헌법 제107조2항은 '재판의 전제'가 된 경우에 한하여 법원의 심사권을 인정하는 것이라는 긍정설이 대립한다. 헌법재판소는 법무사법시행규칙 헌법소원 사건 등에서 직접적으로 구체적인 국민의 기본권을 침해하는 경우 긍정하고 있다.

(2) 사안의 경우

산업통상자원부령 [별표1]은 일반적, 추상적 규율에 해당하며 제재처분을 매개로 하여 국민의 권리의무에 영향을 미치므로 처분적 법규명령은 아니다. 또한 법규명령에 의해서 직접 기본권이 침해되는 경우도 아니므로 헌법소원도 허용되지 않는다. 甲은 자신에 대한 처분에 대해서 취소소송을 제기한 후 선결문제로서 [별표1]의 위헌·위법을 주장할 수 있다. 법원은 [별표1]의 위헌·위법 여부에 따라서 사업정지처분의 위법성을 판단하게 된다.

---

[1] 대판 1987.3.24. 86누656
[2] 대판 1954.8.19. 4286행상37

2. 행정규칙으로 볼 경우

(1) 행정규칙에 대한 통제

행정규칙은 대외적 구속력이 없으므로 법원의 재판규범이 되지 않는다. 법원은 행정규칙에 적합한 것인가의 여부에 따라 처분의 적법성을 판단하지 않는다. 단지 행정규칙에 위배되었다는 이유로 위법하다고 판단할 수 없다. 그러나 판례는 재량준칙이 객관적으로 합리적이 아니라거나 타당하지 않다고 볼 만한 특별한 사정이 없음에도 재량준칙을 따르지 않고 특정인에게 과도하게 기준을 초과하는 처분을 한 경우는 재량권을 일탈한 위법한 처분으로 보고 있으며[3], 또한 재량준칙이 현저히 부당하다고 인정할 만한 합리적인 이유가 없는 한 섣불리 처분기준에 따른 처분이 재량권의 범위를 일탈하였거나 재량권을 남용한 것이라고 판단해서는 안된다고 하여[4] 재량준칙을 존중하는 해석을 하고 있다. 또한 재량준칙에 따라 일정한 행정관행이 성립된 경우 행정관행에 위반하여 내린 처분은 행정의 자기구속의 법리에 따라 위법성이 인정될 것이다.

(2) 사안의 경우

판례에 의하면 [별표1]의 제재처분기준은 행정규칙이므로 법원은 [별표1]의 기준에 구속받지 않는다. 그러나 [별표1]의 기준이 특별히 타당하지 않다는 사정이 없는 한 처분기준에 따른 처분은 적법하다고 할 것이며, 처분기준을 따르지 않고 특정인에게 과도한 처분을 한 경우는 위법하다고 할 것이다. [별표1]의 기준에 따라 행정관행이 성립한 경우라면 자기구속을 받는다.

사안의 경우 [별표1]의 기준에 의하면 1회 위반시 1개월 사업정지처분을 하여야 하는데 등록취소를 하였는 바 甲에게 과도한 처분을 한 것으로 등록취소처분은 자기구속의 법리에 반하여 재량의 일탈·남용이 있는 위법한 처분이다.

유제 [행시(일행) 2006]

식품위생법 제58조는 유해식품을 판매한 자에 대해서는 영업허가를 취소하거나 6월이내의 기간을 정하여 그 영업의 전부 또는 일부를 정지하거나 영업소의 폐쇄를 명할 수 있다고 규정하고 있다. 그런데 각 지역간 제재처분의 불균형이 문제되자 보건복지부는 보건복지부령으로 제재처분의 기준을 정하였다. 보건복지부령이 정하고 있는 제재처분기준에는 유해식품 판매금지 1회 위반에 대해서는 1월의 영업정지로 규정되어 있다. 그런데 A시의 시장 甲은 유해식품을 판매하다 처음 적발된 乙에 대하여 3월의 영업정지처분을 내렸다.

(1) 위 보건복지부령에 대한 사법적 통제에 대하여 설명하시오. (20점)

---

[3] 대판 1993.6.29. 93누5653
[4] 대판 2007.9.20. 2007누6946

사례 013 　법규명령 형식의 행정규칙(2)　　　　[사시 2006]

　　甲은 영리를 목적으로 2006.5.10. 22:00경 청소년인 남녀 2인을 혼숙하게 하였는데, 이에 대하여 관할 행정청은 청소년보호법 위반을 이유로 500만원의 과징금부과처분을 하였다. 그러자 甲은 적법한 제소요건을 갖추어 관할 법원에 위 부과처분이 위법하다고 주장하면서 과징금부과처분 취소소송을 제기하였다.
　　그런데 청소년보호법시행령 제40조 제2항 [별표7] 위반행위의 종별에 따른 과징금 부과기준 제9호는 "법 제26조의 2 제8호의 규정에 위반하여 청소년에 대하여 이성혼숙을 하게 하는 등 풍기를 문란하게 하는 영업행위를 하거나 그를 목적으로 장소를 제공하는 행위를 한 때"에 대한 과징금액을 '위반 횟수마다 300만원'으로 규정하고 있다.
(2) 위 과징금부과처분은 위법한가?(15점)

* 청소년보호법
제26조의2(청소년유해행위의 금지) 누구든지 다음 각호의 1에 해당하는 행위를 하여서는 아니된다.
　　8. 청소년에 대하여 이성혼숙을 하게 하는 등 풍기를 문란하게 하는 영업행위를 하거나 그를 목적으로 장소를 제공하는 행위
제49조(과징금) ② 시장·군수 또는 구청장은 제50조 또는 제51조 각호의 1에 해당하는 행위로 인하여 이익을 취득한 자에 대하여 대통령령이 정하는 바에 의하여 1천만원 이하의 과징금을 부과·징수할 수 있다. 다만, 다른 법률의 규정에 의한 영업허가취소·영업소폐쇄·영업정지 또는 과징금부과 등 행정처분의 대상으로서 행정처분이 이루어진 경우 또는 행정처분이 가능한 경우에는 그러하지 아니하다.
제50조(벌칙) 다음 각호의 1에 해당하는 자는 3년 이하의 징역 또는 2천만원 이하의 벌금에 처한다.
　　4. 제26조의2 제7호 내지 제9호의 규정을 위반한 자

* 청소년보호법시행령
제40조(과징금 부과기준) ② 법 제49조제2항의 규정에 의한 과징금을 부과하는 위반행위의 종별에 따른 과징금의 금액은 별표7과 같다.
　③ 청소년위원회 또는 시장·군수·구청장은 위반행위의 내용·정도·기간, 위반행위로 인하여 얻은 이익 등을 참작하여 제1항 또는 제2항의 규정에 의한 과징금의 금액의 2분의 1의 범위 안에서 이를 감경할 수 있다.

Ⅰ. 문제의 소재

　　청소년 보호법 시행령의 과징금부과기준을 초과하여 부과한 과징금부과처분의 위법 여부가 문제된다. 청소년 보호법 시행령 [별표7]의 과징금부과기준의 법적 성격이 법규명령인지 행정규칙인지 문제되며, 이에 근거한 과징금부과처분이 재량행위인지 재량행위라면 재량의 일탈·남용이 있는지 검토한다.

Ⅱ. 과징금부과처분의 법적 성격

　　과징금부과처분은 급부하명으로서 강학상 행정행위에 해당한다. 기속행위와 재량행위의 구별은 당해 행위의 근거가 된 법규의 체재·형식과 그 문언, 당해 행위가 속하는 행정 분야의 주된 목적과 특성, 당해 행위 자체의 개별적 성질과 유형 등을 모두 고려하여 판단하여야 하는데, 청소년 보호법 제49조 2항의 문언상 재량행위에 해당한다. 그러나 후술하는 법규명령 형식의 행정규칙의 법적 성격에 따라서 재량행위가 기속행위화 될 여지가 있다.

III. 청소년보호법 시행령 [별표 7]의 법적 성질

1. 문제점
청소년보호법 시행령 [별표 7]의 과징금부과기준은 법규명령인 대통령령의 형식이나 제재처분의 기준인 재량준칙의 실질을 갖고 있는 법규명령 형식의 행정규칙에 해당한다. 이러한 '형식의 과잉'에 의한 규정의 법적 성질을 행정규칙으로 볼 것인지 법규명령으로 볼 것인지 논란이 있다. 법적 성질에 따라서 사법적 통제방법이 달라지게 될 것이다.

2. 학설

3. 판례

4. 검토(절충설)

5. 사안의 경우
청소년보호법 시행령 [별표7]의 과징금 부과기준은 형식은 법규명령인 대통령령의 형식인데, 과징금의 부과기준을 정한 것으로 실질은 재량준칙에 해당한다. 청소년 보호법 제49조 2항에 위임의 근거도 있으므로 법규명령에 해당하며 대외적 구속력이 있다.

IV. 과징금부과처분의 위법성

1. 행정행위의 적법요건
행정행위가 적법하기 위해서는 주체, 형식, 절차, 내용면에서 적법요건을 구비해야 한다. 행정행위는 정당한 권한 있는 행정기관의 행위여야 하고, 관계법 및 행정절차법 등의 형식과 절차에 관한 규정을 준수해야 하며, 내용적으로는 법률유보, 법률우위 원칙 및 행정법상의 일반원칙을 준수하여야 하고 또한 그 내용이 명확하고 법률상 사실상으로 실현가능해야 한다.

사안에서는 과징금부과처분의 내용상 하자와 관련하여 청소년 보호법 시행령의 과징금부과기준을 초과하여 부과한 과징금부과처분의 위법 여부가 문제된다.

2. 재량의 일탈 · 남용 여부
청소년 보호법 시행령 [별표7]의 과징금부과기준을 법규명령으로 보아 일의적인 처분을 하게 되면 법률이 재량으로 규정한 것을 하위법령에서 재량을 기속하여 재량행위가 기속행위화됨으로써 구체적 타당성을 도모할 수 없는 문제가 생긴다. 이러한 문제를 해결하기 위하여 판례는 청소년 보호법 시행령의 과징금 부과기준을 법규명령으로 보더라도 그 액수를 정액이 아니라 최고한도액이라고 한 바가 있다.

사안은 청소년 보호법 시행령 제40조 3항은 위반행위의 내용·정도·기간, 위반행위로 인하여 얻은 이익 등을 참작하여 2분의 1의 범위 안에서 이를 감경할 수 있도록 하고 있다.[1] 시행령의 과징금부과기준을 법규명령으로 보더라도 甲에게 일률적으로 300만원을 부과할 것이 아니라 위반행위의 내용·정도·기간, 위반행위로 인하여 얻은 이익 등을 참작하여 150만원의 범위 안에서 감경할 수 있으므로 여전히 재량이 존재하는 것이다. 관할 행정청은 150만원에서 300만원 사이의 범위에서 구체적 사정을 고려하여 과징금을 부과할 수 있다.

---

[1] 판례 당시에는 감경규정이 없었으나 후에 신설되었다.

법원은 과징금부과기준의 위법성을 판단할 때에는 행정청의 재량에 기한 공익판단의 여지를 감안하여 독자의 결론을 도출함이 없이 재량권의 일탈·남용이 있는지 여부만을 심사하여야 한다.

사안은 과징금을 300만원까지 부과할 수 있는데 초과하여 500만원을 부과한 것으로서 재량의 외적 한계를 벗어난 재량의 일탈이 있는 경우다. 갑에 대한 과징금부과처분은 재량의 일탈·남용이 있어 위법하다.

유제 1 [행시(일행) 2005]

A행정청은 법위반행위에 대한 제재처분기준과 관련하여 '제재금 산정방법 및 부과기준'을 부령으로 작성하여 이를 관보 및 인터넷 상에 공표하였다. 그 후에 당해 행정청은 위 기준에 의거하여 甲에게 500만원의 제재금을 부과하였다. 그런데 당해 행정청은 동일하게 법위반을 한 乙에 대해서는 위 제재금 산정기준에도 불구하고 근거법률에서 정한 범위에서 800만원의 제재금을 부과하였다. 이런 사정을 알게 된 乙이 자신에 대한 제재금 부과처분의 위법성을 주장하고자 한다.

(1) 乙의 주장에 대해서 법원이 어떤 판단을 내릴 것이라 예상하는가? (30점)
(2) 만약 위의 '제재금 산정방법 및 부과기준'을 대통령령으로 정하였다면 어떻게 되겠는가? (20점)

해설

1. 설문 (1)

판례는 제재처분기준이 부령에 규정된 경우 행정규칙으로 본다. 을의 주장은 제재금 산정기준이 법규명령이고 이를 위반한 것은 위법이라고 주장하고자 하나, 법원은 제재금 산정기준을 위반했다는 이유만으로 위법이라고 판단하지는 않는다. 법원은 모법의 목적과 취지에 비추어 재량의 일탈·남용 여부를 판단할 것이다. 500만원의 제재금 산정기준에 따라 그동안 제재금을 부과한 행정관행이 있었고 자기구속의 법리가 인정된다면 자기구속원칙에 반하는 경우나 800만원의 부과가 근거법률에서 정한 범위에서 행한 것이라도 비례의 원칙에 반하는 경우라면 제재금 부과처분이 위법하다는 판단을 할 것이다.

2. 설문 (2)

대통령령으로 정한 경우는 판례는 법규명령으로 본다. 따라서 법규명령에 위반한 800만원의 제재금 부과는 위법하다고 판단할 것이다.

유제 2
[행시(일행) 2013]

일반음식점을 운영하는 업주 甲은 2012. 12. 25. 2명의 청소년에게 주류를 제공한 사실이 경찰의 연말연시 일제단속에 적발되어 2013. 2. 15. 관할 구청장 乙로부터 영업정지 2개월의 처분을 통지 받았다.

甲은 자신의 업소가 대학가에 소재하고 있어서 주된 고객이 대학생인데, 고등학생이 오는 경우도 있어 신분증으로 나이를 확인하고 출입을 시키도록 종업원 A에게 철저히 교육을 하였다. 그런데 종업원 A는 사건 당일은 성탄절이라 점포 내 많은 손님들로 북적거려서 신분증을 일일이 확인하는 것은 어렵겠다고 판단하여 간헐적으로 신분증 확인을 하였고, 경찰의 단속에서 청소년이 발견된 것이다.

한편 甲은 평소 청소년 선도활동을 활발히 한 유공으로 표창을 받았을 뿐 아니라 지금까지 관계 법령 위반으로 인한 영업정지 등 행정처분과 행정벌을 받은 바가 전혀 없으며, 간암으로 투병중인 남편과 초등학생인 자식 2명을 부양하고 있다.

1) 남편에 대한 간병과 영업정지처분의 충격으로 경황이 없던 甲은 2013. 4. 25. 위 영업정지처분에 대한 취소소송을 제기하였다. 甲의 소송상 청구의 인용가능성을 설명하시오. (25점)

[참조조문]
* 식품위생법

제44조(영업자 등의 준수사항) ② 식품접객영업자는 청소년 보호법 제2조에 따른 청소년(이하 이 항에서 "청소년"이라 한다)에게 다음 각 호의 어느 하나에 해당하는 행위를 하여서는 아니 된다.
  4. 청소년에게 주류(酒類)를 제공하는 행위

제75조(허가취소 등) ① 식품의약품안전처장 또는 특별자치도지사·시장·군수·구청장은 영업자가 다음 각 호의 어느 하나에 해당하는 경우에는 대통령령으로 정하는 바에 따라 영업허가 또는 등록을 취소하거나 6개월 이내의 기간을 정하여 그 영업의 전부 또는 일부를 정지하거나 영업소 폐쇄(제37조제4항에 따라 신고한 영업만 해당한다. 이하 이 조에서 같다)를 명할 수 있다.
  13. 제44조제1항·제2항 및 제4항을 위반한 경우

* 식품위생법 시행규칙

제89조(행정처분의 기준) 법 제71조, 법 제72조, 법 제74조부터 법 제76조까지 및 법 제80조에 따른 행정처분의 기준은 별표 23과 같다.

〈별표 23〉
Ⅰ. 일반기준
  15. 다음 각 목의 어느 하나에 해당하는 경우에는 행정처분의 기준이, 영업정지 또는 품목·품목류 제조정지인 경우에는 정지처분 기간의 2분의 1 이하의 범위에서, 영업허가 취소 또는 영업장 폐쇄인 경우에는 영업정지 3개월 이상의 범위에서 각각 그 처분을 경감할 수 있다.
    마. 위반사항 중 그 위반의 정도가 경미하거나 고의성이 없는 사소한 부주의로 인한 것인 경우
Ⅱ. 개별기준
  3. 식품접객업

위반사항	근거법령	행정처분기준		
		1차 위반	2차 위반	3차 위반
11. 법 제44조 제2항을 위반한 경우 라. 청소년에게 주류를 제공하는 행위 (출입하여 주류를 제공한 경우 포함)를 한 경우	법 제75조	영업정지 2개월	영업정지 3개월	영업허가등록 취소 또는 영업소 폐쇄

> 해설

甲의 청구가 인용되기 위해서는 소송요건이 구비되어야 하고 갑의 청구가 이유 있어야 한다.

소송요건을 검토하면, 영업정지처분은 부작위하명으로서 처분에 해당하고, 갑은 불이익처분의 직접상대방으로서 원고적격이 있으며, 2013.2.15로부터 90일 이내에 소를 제기하였고, 필요적 전치가 적용되는 사안도 아니므로 심판전치는 문제되지 않는다. 협의의 소의 이익이 문제되는데 식품위생법 시행규칙 [별표23]에 의해서 실효된 제재처분이 가중적 제재처분의 요건이 되는 경우인데, 처분기준이 총리령에 규정된 경우 소의 이익의 인정여부에 대하여 견해대립이 있다. 법규명령으로 보면서 소의 이익을 긍정하는 것이 타당하다. 소송요건은 구비되었다.

본안판단과 관련하여 영업정지처분이 적법하기 위해서는 주체, 내용, 절차, 형식면에서 적법요건을 구비해야 하는데, 사안은 주체, 절차, 형식의 하자는 보이지 않고, 내용상 하자와 관련하여 시행규칙 [별표23]의 개별기준만 따르고 일반기준을 따르지 않은 것이 재량의 일탈·남용이 없는지 문제된다. 시행규칙 [별표23]의 제재처분기준의 법적성격을 법규명령으로 보더라도 일반기준에 의해 1/2 범위 내에서 감경의 여지가 있으므로 여전히 재량이 있다.

사안에서는 비례의 원칙 위반 여부가 문제된다. 성탄절이라 많은 손님들이 북적거리는 상황에서 갑의 위반의 정도가 경미하거나 고의성이 없는 사소한 부주의로 인한 것이라고 볼 여지가 있으므로 일반기준에 의해 2분의 1 범위 내에서 감경할 여지가 있는데 구청장 을이 전혀 감경하지 않은 것은 비례의 원칙 위반이라고 볼 수 있다. 또한 2개월보다 경미한 정지처분을 할 수도 있고, 갑의 부양가족을 고려하건대 2개월 정지처분으로 달성하는 공익보다는 침해되는 사익이 훨씬 크다고 할 수 있으므로 결국 갑의 청구는 인용될 것이다.

사례 014　법령보충적 규칙(1)　　　　　　　　　　[변시 2015]

　　甲은 'X가든'이라는 상호로 일반음식점을 운영하는 자로서, 식품의약품안전처 고시인「식품 등의 표시기준」에 따른 표시사항의 전부가 기재되지 아니한 'Y참기름'을 업소 내에서 보관·사용한 사실이 적발되었다. 관할 구청장 乙은「식품위생법」및「동법 시행규칙」에 근거하여 甲에게 영업정지 1개월과 해당제품의 폐기를 명하였다.
　　甲은 표시사항의 전부가 기재되지 않은 제품을 보관·사용한 것은 사실이나, 표시사항이 전부 기재되지 아니한 것은 납품업체의 기계작동 상의 오류에 의한 것으로서 자신은 그 사실을 알지 못하였고, 이전에 납품받은 제품에는 위 고시에 따른 표시사항이 전부 기재되어 있었던 점, 인근 일반음식점에 대한 동일한 적발사례에서는 15일 영업정지처분과 폐기명령이 내려진 점 등을 고려할 때, 위 처분은 지나치게 과중하다고 주장하면서, 관할 구청장 乙을 상대로 영업정지 1개월과 해당제품 폐기명령의 취소를 구하는 소송을 제기하였다.

1. 가. 위 식품의약품안전처 고시인「식품 등의 표시기준」의 법적 성질은? (10점)
　　나.「식품위생법」제10조 제1항에서 '판매를 목적으로 하는 식품 또는 식품첨가물의 표시'(같은 항 제1호)에 관한 기준을 고시로 정하도록 위임하는 것은 헌법상 허용되는가? (10점)

[참조조문]
* 식품위생법
제10조(표시기준) ① 식품의약품안전처장은 국민보건을 위하여 필요하면 다음 각 호의 어느 하나에 해당하는 표시에 관한 기준을 정하여 고시할 수 있다.
　　1. 판매를 목적으로 하는 식품 또는 식품첨가물의 표시
② 제1항에 따라 표시에 관한 기준이 정하여진 식품등은 그 기준에 맞는 표시가 없으면 판매하거나 판매할 목적으로 수입·진열·운반하거나 영업에 사용하여서는 아니 된다.

*「식품등의 표시기준」(식품의약품안전처 고시)
제1조(목적) 이 고시는 식품위생법 제10조의 규정에 따라 식품, 식품첨가물, 기구 또는 용기·포장(이하 "식품등"이라 한다)의 표시기준에 관한 사항 및 같은 법 제11조제1항의 규정에 따른 영양성분 표시대상 식품에 대한 영양표시에 관한 필요한 사항을 규정함으로써 식품등의 위생적인 취급을 도모하고 소비자에게 정확한 정보를 제공하며 공정한 거래의 확보를 목적으로 한다.
제3조(표시대상) 표시대상 식품등은 다음과 같다.
　　1. 식품 또는 식품첨가물
제4조(표시사항) 식품등의 표시사항은 다음과 같다.
　　1. 제품명(기구 또는 용기·포장은 제외한다)
　　2. 식품의 유형(따로 정하는 제품에 한한다)
　　3.~8. (생략)
　　9. 성분명 및 함량(성분표시를 하고자 하는 식품 및 성분명을 제품명 또는 제품명의 일부로 사용하는 경우에 한한다)
　　10. 영양성분(따로 정하는 제품에 한한다)
　　11. 기타 식품등의 세부표시기준에서 정하는 사항

[설문 1-개] 「식품 등의 표시기준」의 법적 성질 (10점)

I. 문제의 소재

고시는 행정청이 결정한 사항 기타 일정한 사항을 일반에게 알리는 통지행위의 성질을 가지는 것이 보통이다. 그러나 고시는 그 성질을 일률적으로 판단할 것이 아니라 고시에 담겨진 내용에 따라 달리 보아야 한다. 판례도 고시가 일반적·추상적 성격을 가질 때에는 법규명령 또는 행정규칙에 해당할 것이지만, 다른 집행행위의 매개 없이 그 자체로서 직접 국민의 구체적인 권리의무나 법률관계를 규율하는 성격을 가질 때에는 항고소송의 대상이 되는 처분에 해당된다고 한다.

식품의약품안전처 고시인 식품 등의 표시기준은 일반적, 추상적 성격을 가진다. 그 형식은 행정규칙이나 내용의 실질이 식품 등의 표시기준에 관한 사항을 규정한 것으로서 법령보충적 규칙에 해당한다. 법령보충적 규칙의 법적 성질에 대하여 견해가 대립한다.

II. 법령보충적 규칙의 법적 성질

1. 문제점

법령보충적 규칙은 법률의 내용이 일반적이어서 구체화가 필요하여 법령의 위임을 받아 구체적인 내용을 훈령·고시 등의 행정규칙의 형식으로 정하는 경우를 말한다. 법규와 같은 효력을 인정할 것인지 문제된다.

2. 학 설

① 헌법이 인정하는 법규명령은 예시적이며, 구체적·개별적 위임에 따라 법규를 보충하는 기능을 한다는 법규명령설, ② 행정입법은 국회입법원칙에 대한 예외이며 예외적 입법형식은 헌법에 근거를 요하는데 헌법규정은 열거적이라는 행정규칙설, ③ 통상적인 행정규칙과 달리 그 자체로서 국민에 대한 구속력이 인정된다는 규범구체화행정규칙설, ④ 새로운 입법형식으로 국회입법 원칙에 대한 예외인데 헌법에 규정에 없으므로 위헌무효라는 위헌무효설[1], ⑤ 법규와 같은 효력(구속력)을 인정하더라도 행정규칙의 형식이므로 법규명령의 효력을 갖는 행정규칙설[2] 등이 대립한다.

3. 판 례

대법원은 재산제세사무처리규정(국세청훈령)등의 사건에서 위임법령의 위임의 한계를 벗어나지 아니하는 한 상위법령과 결합하여 대외적인 구속력이 있는 법규명령으로서의 효력을 인정하고 있으며, 헌법재판소도 헌법이 인정하고 있는 위임입법의 형식은 예시적인 것으로 보면서 제정형식은 고시, 훈령, 예규 등과 같은 행정규칙이더라도 상위법령과 결합하여 대외적인 구속력을 갖는 법규명령으로서 기능한다고 한다.

4. 검 토

생각건대, 위임을 받아 법규사항을 정하는 행정규칙이 위임을 한 명령을 보충하는 구체적인 사항을 정하는 경우 국회입법원칙에 반하는 것은 아니며, 전문적·기술적인 사항 또는 빈번히 개정되어야 할 구체적

---

1) 위헌무효설과 행정규칙설은 논거는 유사한데 행정규칙설은 행정규칙으로 보겠다는 것이고, 위헌무효설은 무효로 보겠다는 정도의 차이가 있는 것으로 보인다.
2) 박균성 교수님이 주장하는 견해이다. 판례가 법규명령이다고 단정하지 않고 "법규명령으로서의 효력을 갖는다" "법규명령으로 기능을 한다"고 설시하고 있는 것을 착안한 견해로 생각된다. 사례해결에 있어서는 법규명령설과 동일하다.

사항에 대하여 법규명령보다 탄력성 있는 행정규칙의 형식으로 제정할 필요도 있고, 행정규제기본법 제4조 2항 단서가 고시 등으로 규제에 관한 사항을 정할 수 있다고 규정하고 있을 뿐만 아니라 행정기본법도 법령 등의 정의규정에 법령보충적 규칙을 포함(제2조1호)하고 있는 점에 비추어 법규명령설이 타당하다.[3]

III. 사안의 해결

식품위생법 제10조1항은 국민보건을 위하여 필요한 식품 또는 식품첨가물의 표시기준에 대해 식품의약품안전처장이 고시할 수 있도록 위임하였고, 이에 근거하여 식품의약품안전처장은 식품 등의 표시기준을 고시하였는 바, 동 고시는 법령보충적규칙으로서 고시 그 자체의 효력으로서가 아니라 법률의 일부가 되어 법률과 결합하여 대외적 구속력을 가진다. 식품 등의 표시기준은 법규명령의 성질을 갖는다.

[설문 1-나] 행정규칙에 대한 위임의 가능성 (10점)

I. 행정규칙에 대한 위임입법의 허용성

헌법재판소는 행정입법을 허용하게 된 동기가 기능적 권력분립론에 있으므로 국회입법에 의한 수권이 입법기관이 아닌 제2의 국가기관인 행정기관에게 법률 등으로 구체적인 범위를 정하여 위임한 사항에 관하여 법정립의 권한을 갖게 되고, 입법자가 규율의 형식을 선택할 수도 있다고 하며, 따라서 헌법이 인정하고 있는 위임입법의 형식은 예시적인 것으로 보아야 하고, 법률이 행정규칙에 위임하더라도 그 행정규칙은 위임된 사항만을 규율할 수 있으므로 국회입법의 원칙과 상치되지도 않는다고 한다. 다만, 헌법재판소도 형식의 선택에 있어서 규율의 밀도와 규율영역의 특성이 개별적으로 고찰되어야 한다고 하면서 입법자에게 상세한 규율이 불가능한 것으로 보이는 영역이라면 행정부에게 필요한 보충을 할 책임이 인정되고 극히 전문적인 식견에 좌우되는 영역에서는 행정기관에 의한 구체화의 우위가 불가피하게 있을 수 있으며 그러한 영역에서 행정규칙에 대한 위임입법이 제한적으로 인정될 수 있다고 한다. 그러나 헌법재판소는 기본권을 제한하는 작용을 하는 법률이 입법위임을 할 때에는 '대통령령', '총리령', '부령' 등 법규명령에 위임함이 바람직하고, 고시와 같은 형식으로 입법위임을 할 때에는 적어도 행정규제기본법 제4조 2항 단서에서 정한 바와 같이 법령이 전문적·기술적 사항이나 경미한 사항으로서 업무의 성질상 위임이 불가피한 사항에 한정된다 할 것이고, 그러한 사항이라 하더라도 포괄위임금지의 원칙상 법률의 위임은 반드시 구체적·개별적으로 한정된 사항에 대하여 행하여져야 한다고 한다.

II. 사안의 해결

사안에서 '표시대상 식품과 식품등의 표시사항'이라는 것은 그 대상이 매우 다양하고, 세부적·기술적·가변적 사항으로서 어떠한 식품을 대상으로 하고 어떠한 내용을 식품등의 표시사항으로 정할지는 전문적·기술적 영역에 해당하며, 그 판단을 위해서는 고도의 전문지식이 필요하다는 점에서 이러한 내용을 법규명령에 위임하지 아니하고 식품의약품안전처 고시에 위임하는 것은 허용된다.

---

[3] 정하중 교수님의 감수의견(레인보우 공법 기출사례집): ① 위헌무효설은 법규명령으로 볼 경우에는 헌법규정에 반하기 때문에 행정규칙으로 보아야 한다는 행정규칙설과 실질적으로 차이가 없다는 관점에서, ② 법규명령의 효력을 갖는 행정규칙설은 행정규칙의 외부적 효력을 인정하는 규범구체화행정규칙설과 실질적으로 차이가 없다는 관점에서 비판을 받고 있다.

유제 1 [법전협 2017-2]

정부는 종합과학단지의 육성과 발전을 위하여 A대학교 주변 지역을 개발하여 세계적인 종합과학 연구단지로 발전시키는 것을 내용으로 하는 종합과학 연구단지 조성 및 지원 사업을 추진하기로 결정하였다. 이에 국회는, 교육부장관에게 연구단지 분양신청자에 대한 분양결정권을 부여하고 교육부장관이 연구단지에 토지를 분양받는 자에게 연구단지 개발부담금(이하 '부담금')을 부과·징수할 수 있도록 하는 내용의「종합과학 연구단지 조성 및 지원에 관한 특별법」을 제정하였고, 동법은 2016. 1. 1. 시행되었다. 교육부장관은 동 법률 및 동 법률의 위임을 받은「종합과학 연구단지 조성 및 지원에 관한 지침」(교육부 고시)에 따라 분양신청자인 甲, 乙, 丙, 丁에 대하여 연구단지에 토지를 분양하고, 2016. 8. 1. 각각에 대하여 부담금 부과처분을 하였으며 그 처분서는 당일 각자에게 송달되었다.

1. 「종합과학 연구단지 조성 및 지원에 관한 지침」의 법적 성격을 설명하고, 「종합과학 연구단지 조성 및 지원에 관한 특별법」제11조 제2항의 위임 형식이 헌법상 허용되는지 검토하시오. (20점)
2. 「종합과학 연구단지 조성 및 지원에 관한 지침」에 대한 법원의 통제방법과 위 지침이 헌법재판소법 제68조 제1항에 의한 헌법소원심판의 대상이 될 수 있는지 여부에 관하여 검토하시오. (20점)

〈참고법령〉

「종합과학 연구단지 조성 및 지원에 관한 특별법」
제10조(부담금의 부과·징수) 교육부장관은 연구단지에 토지를 분양받은 사람에 대하여 연구단지 개발부담금을 부과·징수하여야 한다.
제11조(부담금 산정 기준) ① 연구단지 개발부담금은 분양토지의 가격에 부담률을 곱한 금액으로 한다.
② 제1항의 규정에 의한 분양토지의 가격 및 부담률은 분양토지의 면적 등을 고려하여 교육부장관이 매년 이를 고시한다.
③ 교육부장관은 제10조에 따른 부담금 납부의무자가 부담금을 내지 아니할 때에는 국세 체납처분의 예에 따라 강제징수할 수 있다.

종합과학 연구단지 조성 및 지원에 관한 지침(교육부 고시)
제1조(목적) 이 규정은「종합과학 연구단지 조성 및 지원에 관한 특별법」에서 정하는 부담금에 관한 교육부장관의 소관사항의 시행에 필요한 사항을 정함을 목적으로 한다.
제7조(부담금 산정기준) ①「종합과학 연구단지 조성 및 지원에 관한 특별법」제11조에 따른 분양토지의 가격은「부동산 가격공시 및 감정평가에 관한 법률」에 의하여 매년 고시하는 개별공시지가 중 분양결정시와 가장 가까운 시점에 공시한 지가를 기준으로 한다.
②「종합과학 연구단지 조성 및 지원에 관한 특별법」제11조에 따른 부담률은 [별표 1]과 같다.

[별표 1] 부담률 산정기준

분양토지 면적	부담률
10,000㎡ 미만	0.005
10,000㎡ 이상 20,000㎡ 미만	0.01
20,000㎡ 이상 30,000㎡ 미만	0.02
30,000㎡ 이상 40,000㎡ 미만	0.03
40,000㎡ 이상 50,000㎡ 미만	0.04
이하 생략	이하 생략

해설

1. 설문 1

종합과학 연구단지 조성 및 지원에 관한 특별법(이하 '특별법'이라 함) 제11조2항이 교육부장관에게 가격 및 부담률에 대해 위임을 하였고 교육부장관이 이에 근거하여 부담금 산정기준에 관한 지침을 제정하여 고시하였는 바, 동 고시는 법령보충적규칙으로서 고시 그 자체의 효력으로서가 아니라 법률의 일부가 되어 법률과 결합하여 대외적 구속력을 가진다. 지침은 법규명령의 성질을 갖는다. 헌법의 위임명령은 예시적이므로 이러한 위임도 헌법상 허용된다.

2. 설문 2

법령보충적 행정규칙으로서 법규명령의 성격을 갖는 '지침'은 분양토지의 가격기준과 부담률 산정기준을 정하고 있는 일반적·추상적인 법규명령으로서 구체적인 가격의 결정이나 부담금 부과처분과 같은 집행행위를 매개로 하여 토지를 분양받은 사람들의 권리의무에 영향을 미칠 뿐이다. 그렇다면 토지를 분양받은 사람들은 토지의 가격결정이나 부담금 부과처분에 대해 취소소송 등을 제기한 후 당해사건 담당 법원에서 처분의 근거인 '지침'의 위헌·위법 여부를 다룰 수 있다.

'지침'은 다른 집행행위의 매개 없이 직접 분양토지의 가격이나 부담금액을 확정하는 것이 아니므로 항고소송의 대상이 되는 행정처분에 해당하지 않는다.

'지침'은 토지를 분양받는 사람들의 법적 지위를 불리하게 변화시키는 내용을 담고 있으므로 공권력의 행사로서의 실질은 인정된다. 그러나 부담금 부과처분과 같은 집행행위를 매개로 하여 국민의 기본권에 영향을 미지므로 헌법소원의 요건 중 직접성이 인정되지 않는다.

유제 2 [변시 2022]

甲은 A군 소재 농지에서 농업경영을 하던 중 양돈업을 시작하고자 한다. A군의 군수 乙은 2021. 5.경 「가축분뇨의 관리 및 이용에 관한 법률」 제8조 제1항 및 「A군 가축사육 제한에 관한 조례」(이하 '이 사건 조례'라 한다) 제3조 제2항에 의거하여 「A군 가축사육 제한구역 지정 고시」(이하 '이 사건 고시'라 한다)를 발령하였다. 이 사건 고시 제4조 제3호에 의하면, "도로(고속국도, 일반국도, 지방도, 군도)나 철도, 농어촌도로 경계선으로부터 가축 사육 시설 건축물 외벽까지 직선거리 200m 이내 지역"을 가축사육 제한구역의 하나로 정하고 있다.

축사 예정지로 삼고 있는 甲의 토지는 주거 밀집지역인 농가에서 1km 이상 벗어나 있는데 甲이 짓고자 하는 축사의 외벽은 지방도 경계선으로부터 직선거리 200m 이내에 소재하고 있어 가축사육 제한구역에 편입되게 되었다.

甲은 2021. 11. 30. 돼지를 사육하려고 乙에게 축사 건축허가를 신청하였다. 그러나 乙은 2021. 12. 15. 이 사건 조례 제3조 및 이 사건 고시 제4조 제3호에 의거하면 축사 예정지가 가축사육 제한구역에 해당하여 여기에 축사를 건축할 수 없다는 이유로 허가를 거부하는 처분(이하 '이 사건 처분'이라고 한다)을 하였다.

乙은 이 사건 처분을 함에 있어서 「행정절차법」에 따른 사전통지를 하지 않았고, 「행정심판법」상 처분의 상대방에게 알려야 하는 행정심판 청구가능성, 그 절차 및 청구기간도 알리지 않았다.

1. 甲은 이 사건 고시 제4조 제3호가 법령의 위임한계를 벗어났다고 주장한다. 이와 관련하여 이 사건 고시의 법적 성격을 논하시오. (단, 고시의 처분성 논의는 제외함) (25점)

[참조조문]
※ 유의 사항 – 아래 법령은 가상의 것으로, 이와 다른 내용의 현행 법령이 있다면 제시된 법령이 현행 법령에 우선하는 것으로 할 것

* **가축분뇨의 관리 및 이용에 관한 법률**

제1조(목적) 이 법은 가축분뇨를 자원화하거나 적정하게 처리하여 환경오염을 방지함으로써 환경과 조화되는 지속가능한 축산업의 발전 및 국민건강의 향상에 이바지함을 목적으로 한다.

제8조(가축사육의 제한 등) ① 시장·군수·구청장은 지역주민의 생활환경보전 또는 상수원의 수질보전을 위하여 다음 각 호의 어느 하나에 해당하는 지역 중 가축사육의 제한이 필요하다고 인정되는 지역에 대하여는 해당 지방자치단체의 조례로 정하는 바에 따라 일정한 구역을 지정·고시하여 가축의 사육을 제한할 수 있다. 다만, 지방자치단체 간 경계지역에서 인접 지방자치단체의 요청이 있으면 환경부령으로 정하는 바에 따라 해당 지방자치단체와 협의를 거쳐 일정한 구역을 지정·고시하여 가축의 사육을 제한할 수 있다.
 1. 주거 밀집지역으로 생활환경의 보호가 필요한 지역
 2. 「수도법」 제7조에 따른 상수원보호구역, 「환경정책기본법」 제38조에 따른 특별대책지역, 그밖에 이에 준하는 수질환경보전이 필요한 지역
 3. 「한강수계 상수원수질개선 및 주민지원 등에 관한 법률」 제4조제1항, 「낙동강수계 물관리 및 주민지원 등에 관한 법률」 제4조제1항, 「금강수계 물관리 및 주민지원 등에 관한 법률」 제4조제1항, 「영산강·섬진강수계 물관리 및 주민지원 등에 관한 법률」 제4조제1항에 따라 지정·고시된 수변구역
 4. 「환경정책기본법」 제12조에 따른 환경기준을 초과한 지역

***A군 가축사육 제한에 관한 조례**

제1조(목적) 이 조례는 「가축분뇨의 관리 및 이용에 관한 법률」 제8조에 따라 일정한 지역 안에서 가축 사육을 제한함으로써 주민의 생활환경보전과 상수원의 수질보전에 기여함을 목적으로 한다.

제2조(정의) 이 조례에서 사용하는 용어의 뜻은 다음과 같다.
 1. "가축"이란 「가축 분뇨의 관리 및 이용에 관한 법률」 (이하 "법"이라 한다) 제2조제1호에 따른 소·젖소·돼지·말·양(염소 등 산양을 포함한다)·사슴·개·닭·오리·메추리를 말한다.
 2. "가축사육 제한구역"이란 가축사육의 일부 또는 전부를 제한하는 구역을 말한다.
 3. "주거 밀집지역"이란 주택과 주택 사이 직선거리가 50미터 이내로 10가구 이상 모여 있는 지역을 말한다.

제3조(가축사육의 제한 등) ① 법 제8조에 따른 가축사육 제한구역은 다음 각 호와 같다.
 1. 「국토의 계획 및 이용에 관한 법률」에 따른 도시지역의 주거지역, 상업지역, 공업지역, 녹지지역 안의 취락지구
 2. 「수도법」에 따른 상수원 보호구역
 3. 「환경정책기본법」에 따른 환경기준을 초과한 지역
 4. 「수산자원관리법」에 따른 수산자원 보호구역
 5. 「교육환경 보호에 관한 법률」에 따른 교육환경 보호구역
 6. 주거 밀집지역 최근접 인가 부지경계에서 가축을 사육하는 부지경계까지 직선거리로 개는 1,000미터 이내, 닭·오리·메추리·돼지는 600미터 이내, 말·양(염소 등 산양을 포함한다)·사슴은 300미터 이내, 젖소·소는 200미터 이내의 지역
② 군수는 가축사육 제한구역을 지정할 경우에 이를 고시하여야 한다.

* **A군 가축사육 제한구역 지정 고시**

제4조 (가축사육 제한구역)
 3. 도로(고속국도, 일반국도, 지방도, 군도)나 철도, 농어촌도로 경계선으로부터 가축사육시설 건축물 외벽까지 직선거리 200미터 이내 지역

> [해설]

가축분뇨의 관리 및 이용에 관한 법률(이하 '가축분뇨법'이라 한다) 제8조1항이 지역주민의 생활환경보전 또는 상수원의 수질보전을 위하여 주거 밀집지역으로 생활환경의 보호가 필요한 지역 등 가축사육의 제한이 필요하다고 인정되는 지역에 대하여는 해당 지방자치단체의 조례로 정하는 바에 따라 일정한 구역을 지정·고시하여 가축의 사육을 제한할 수 있도록 위임하고 있다. A군 가축사육 제한에 관한 조례 제3조는 법 제8조에 따른 가축사육 제한구역을 열거하면서 군수가 가축사육 제한구역을 지정할 경우에는 이를 고시하도록 하고 있다.

이 사건 고시는 가축분뇨법의 위임조항 및 이 사건 조례 조항의 위임에 따라 제정된 것으로 가축사육 제한구역의 실질적 기준을 정한 행정규칙이므로 법령보충적 규칙에 해당한다. 법령보충적 규칙의 법적 성질에 대해 견해대립이 있으나 다수설, 판례는 상위법령의 위임한계를 벗어나지 않는 한도 내에서만 그 법령의 규정과 결합하여 대외적인 구속력이 있는 법규명령으로서의 효력을 갖는다고 한다.

이 사건 고시의 근거인 가축분뇨법과 A군 가축사육 제한에 관한 조례는 도로를 기준으로 제한하는 규정이 없는데 이 사건 고시 제4조 제3호는 도로나 철도로부터 가축사육시설 건축물 외 벽까지 직선거리 200미터 이내 지역을 가축사육 제한구역으로 지정하고 있어 위임의 한계를 벗어났다.

이 사건 고시는 법령보충적 규칙으로서 위임의 한계를 벗어나지 않는 한 법규명령의 성질을 가지지만 고시 제4조 제3호는 위임의 한계를 벗어났으므로 법규명령으로서의 효력이 없다.

사례 015 법령보충적규칙에 대한 통제 [법전협 2024-3]

甲은 자원의 재활용품 관련 사업, 폐기목 및 원목을 이용한 톱밥 제조·판매업 등을 목적으로 하여 설립된 회사이다. 甲은 전남 순천시 소재 임야 지상에 폐 원목을 이용한 톱밥 제조·생산 공장을 설립하기 위하여 2023. 6. 9. 순천시장에게 「중소기업창업 지원법」 등 관련법령에 따라 중소기업창업지원 사업계획승인 신청(개발행위허가, 산지전용허가 등이 의제되는 복합민원 형태)을 하였다.

순천시장은 2023. 10. 4. 甲에게 「중소기업창업 지원법」 제35조에 따라 산지전용허가 등이 의제되는 사업계획승인처분을 하면서 산지전용허가와 관련하여 재해방지 등 명령을 이행하지 아니한 경우 산지전용허가를 취소할 수 있다는 조건을 첨부하였다.

2. 사업계획의 승인을 얻은 甲이 공장설립 완료신고를 하기 전에 사업계획변경승인을 요청하였으나 순천시장은 「창업사업계획의 승인에 관한 통합업무처리지침」 제18조 제1항 제3호의 변경승인요건에 해당하지 않는다는 이유로 이를 거부하였다. 「창업사업계획의 승인에 관한 통합업무처리지침」 제18조의 법규성 여부를 논하고, 甲이 이 지침을 직접 대상으로 하여 행정소송으로 다툴 수 있는지 논하시오. (20점)

[참조조문]
* 중소기업창업 지원법
제33조(사업계획의 승인) ① 제조업(「통계법」 제22조제1항에 따라 통계청장이 작성·고시하는 한국표준산업분류상의 제조업을 말한다)을 영위하고자 하는 창업자는 대통령령으로 정하는 바에 따라 사업계획을 작성하고, 이에 대한 시장·군수 또는 구청장(자치구의 구청장만을 말한다. 이하 같다)의 승인을 받아 사업을 할 수 있다. 사업자 또는 공장용지의 면적 등 대통령령으로 정하는 중요 사항을 변경하려는 경우에도 또한 같다.
　④ 중소기업청장은 창업에 따른 절차를 간소화하기 위하여 제1항에 따른 사업계획 승인에 관한 업무를 처리할 때 필요한 지침을 작성하여 고시할 수 있다.
* 창업사업계획의 승인에 관한 통합업무처리지침 (중소벤처기업부 고시)
제1조(목적) 본 지침은 「중소기업창업 지원법」(이하 "법"이라 한다) 제33조제4항의 규정에 의한 사업계획(이하 "창업사업계획"이라 한다)의 승인에 관한 업무처리절차와 법 제35조의 규정에 의한 허가·인가·면허·승인·지정·결정·신고·해제 또는 용도폐지 등의 기준(이하 "인·허가기준"이라 한다)에 관한 사항을 통합 규정하여 창업사업계획승인 업무를 원활히 함으로써 창업자가 신속하게 공장설립을 할 수 있도록 하는 것을 목적으로 한다.
제15조(일부승인) ① 시장·군수·구청장은 사업계획승인신청내용의 일부를 변경하거나 관계행정기관과 협의가 이루어지지 않은 관련 인·허가사항을 제외하고 사업계획을 승인할 필요가 있다고 판단되는 경우에는 신청인의 의견을 들어 사업계획승인 신청사항 중 일부만을 승인할 수 있다.
　② 이 경우 시장·군수·구청장은 일부승인이 다른 법령에 저촉되지 않도록 유의하고, 승인되지 않은 사항은 이를 명기하여야 한다.
제18조(변경 승인) ① 사업계획의 승인을 얻은 창업자가 공장설립 완료신고를 하기 전에 다음 각호 중 어느 하나에 해당하는 경우에는 시장·군수·구청장에게 사업계획변경승인을 얻어야 하며, 시장·군수·구청장은 사업자가 사업계획의 변경승인을 신청할 때에는 사업계획승인에 준하여 이를 처리하여야 한다.
　　3. 공장부지면적의 변경(사업계획승인 시 의제처리 된 인·허가 사항 중 해당 법률이 정한 변경허가대상에 해당되지 않는 범위 내에서의 변경은 제외한다.)
　② 사업계획승인 시 의제처리 된 인·허가 사항 중 개별법이 정한 요건에 의하여 변경허가를 받아야 하는 경우 사업계획변경승인 신청으로 처리할 수 있다.

I. 문제의 소재

창업사업계획의 승인에 관한 통합업무처리지침(이하 "지침"이라 함) 제18조는 중소기업창업 지원법 제33조4항의 위임에 따라 제정된 것인데 고시라는 행정규칙의 형식으로 제정되었으나 내용이 실질적으로 법규명령에 해당하는 것이어서 이른바 법령보충적 규칙으로서 법규성이 인정되는지 문제된다. 또한 지침이 행정소송법상 처분에 해당되어 직접 항고소송의 대상이 될 수 있는지도 문제된다.

II. 통합업무처리지침 제18조의 법규성

1. 법규명령과 행정규칙

2. 법령보충적 규칙

III. 지침에 대한 직접적인 행정소송

1. 법규명령에 대한 행정소송

현행 행정소송법상 법규명령에 대해 직접 효력유무를 다투는 규범통제소송은 인정되고 있지 않다. 항고소송은 처분등과 부작위에 대해 제기할 수 있는데 법규명령은 일반적·추상적 규율로서 행정소송법상 처분에 해당되지 않으므로 항고소송의 대상이 될 수 없다. 판례도 일반적·추상적인 법령 그 자체로서 국민의 구체적인 권리의무에 직접적인 변동을 초래하는 것이 아닌 것은 행정소송의 대상이 될 수 없다고 한다. 법규명령이 재판의 전제가 된 경우에 위헌위법 여부가 부수적으로 다투어질 수 밖에 없어 구체적 규범통제인 위헌위법 명령심사의 대상이 될 뿐이다(헌법 제107조2항).

그러나 예외적으로 법규명령이 실질적으로 처분의 성질을 가지는 경우인 처분적 법규명령은 항고소송의 대상이 된다. 판례는 조례가 집행행위의 개입 없이도 그 자체로서 직접 국민의 구체적인 권리의무나 법적 이익에 영향을 미치는 등의 법률상 효과를 발생하는 경우 행정처분에 해당한다고 하면서 두밀분교폐지조례의 처분성을 긍정한 바 있다.

2. 사안의 경우

지침이 법령보충적규칙으로서 법규성이 인정되지만 지침의 규정은 일반적 추상적인 것으로서 처분이 아니므로 직접 항고소송의 대상이 될 수 없다. 지침이 집행행위의 개입 없이도 그 자체로서 직접 국민의 구체적인 권리의무나 법적 이익에 영향을 미치는 등의 법률상 효과를 발생하는 경우라면 처분성이 인정될 수 있으나 사안은 이에 해당되지 않는다. 지침은 구체적 규범통제의 대상이 되므로 지침 제18조에 근거하여 처분이 이루어진 경우 처분에 대한 취소소송에서 지침 제18조가 재판의 전제가 된 경우에 선결문제로서 위헌 위법 여부를 법원이 심리할 수는 있다.

IV. 사안의 해결

지침은 법령보충적 규칙으로서 법규성이 인정되며, 처분적 명령에 해당하지 않으므로 직접 항고소송의 대상이 될 수는 없으며 구체적 규범통제의 대상이 될 뿐이다.

사례 016 　처분적 고시의 법적 성질 및 통제　[법전협 2015-3]

　　甲은 A군에서 S의원을 경영하고 있다. S의원이 담당하고 있는 진료과목과 동일한 과목을 진료하는 의료기관은 A군 내에는 달리 없는 실정이다. 보건복지부 소속 공무원 乙은 2015. 5. 13. 사전통지 없이 S의원을 현장조사하고, 그 결과 甲이 B 바이오회사의 C 치료재료에 대해 국민건강보험공단에 청구한 금액이 「치료재료 급여·비급여목록 및 급여상한금액표」(보건복지부 고시 제2015-00호, 2015. 3. 12. 이하 "고시"라 한다)에 따른 급여금액보다 5,000만원을 상회하였음을 적발하였다. 이 조사결과에 기초하여 보건복지부장관은 2015. 6. 30. S의원 대표 甲에게 「국민건강보험법」 제98조에 따라 90일 업무정지처분을 하고, 동법 제100조에 의거하여 그 위반사실을 공표하였다. 보건복지부장관은 업무정지처분에 대하여는 사전통지절차를 거쳤으나 위반사실공표에 대하여는 사전통지를 하지 아니하였다.

1. 甲은 처치에 사용하기 위하여 필요한 재료의 구입금액보다 급여상한금액을 현저히 저렴하게 책정한 "고시"에 대하여 다투고자 한다.
　(1) "고시"의 법적 성질을 논하시오. (10점)
　(2) "고시"에 대한 행정소송에 의한 통제방법에 대해 논하시오. (10점)

[참조조문]
* 국민건강보험법
제46조(약제·치료재료에 대한 요양급여비용의 산정) 약제·치료재료(이하 "약제·치료재료"라 한다)에 대한 요양급여비용은 요양기관의 약제·치료재료 구입금액 등을 고려하여 대통령령으로 정하는 바에 따라 달리 산정할 수 있다.
* 국민건강보험법 시행령
제22조(약제·치료재료의 요양급여비용) ② 약제 및 치료재료에 대한 요양급여비용의 결정 기준·절차, 그 밖에 필요한 사항은 보건복지부장관이 정하여 고시한다.
* 국민건강보험법 시행규칙
제8조(요양급여의 범위 등) ② 보건복지부장관은 요양급여대상을 급여목록표로 정하여 고시하되, 법 제41조 제1항 각호에 규정된 요양급여행위(이하 "행위"라 한다), 약제 및 치료재료로 구분하여 고시한다.

[설문 1-(1)] "고시"의 법적 성질 (10점)

Ⅰ. 고시의 법적 성질

　　고시는 행정청이 결정한 사항 기타 일정한 사항을 일반에게 알리는 통지행위의 성질을 가지는 것이 보통이다. 그러나 고시는 그 성질을 일률적으로 판단할 것이 아니라 고시에 담겨진 내용에 따라 달리 보아야 할 것이다. 판례도 고시가 일반적·추상적 성격을 가질 때에는 법규명령 또는 행정규칙에 해당할 것이지만, 다른 집행행위의 매개 없이 그 자체로서 직접 국민의 구체적인 권리의무나 법률관계를 규율하는 성격을 가질 때에는 항고소송의 대상이 되는 처분에 해당된다고 한다.

II. 사안의 해결

사안의 고시는 국민건강보험법 제46조, 동법 시행령 제22조, 동법 시행규칙 제8조의 위임에 따라 제정된 것인데 행정규칙의 형식에도 불구하고 상위법령과 결합하여 상위법령을 보충하는 기능을 하는 법령보충적 규칙에 해당하여 법규명령으로서의 효력을 가진다고 할 수 있다.

한편 사안의 고시는 ① 특정 제약회사의 특정 약제에 대하여 국민건강보험가입자 또는 국민건강보험공단이 지급하여야 하거나 요양기관이 상환받을 수 있는 치료재료비용의 구체적 한도액을 특정하여 설정하고 있는 점, ② 치료재료의 지급과 비용의 청구행위가 있기만 하면 달리 행정청의 특별한 집행행위의 개입 없이 고시가 적용되는 점, ③ 특정 치료재료의 상한금액의 변동은 곧바로 국민건강보험가입자 또는 국민건강보험공단이 지급하여야 하거나 요양기관이 상환받을 수 있는 치료재료비용을 변동시킬 수 있다는 점 등에 비추어 보면, 다른 집행행위의 매개 없이 그 자체로서 국민건강보험가입자, 국민건강보험공단, 요양기관 등의 법률관계를 직접 규율하는 성격을 가지므로 처분적 명령으로서 항고소송의 대상이 되는 행정처분에 해당한다.[1]

[설문 1-(2)] "고시"에 대한 행정소송상 통제방법 (10점)

I. 고시에 대한 통제

고시가 법규명령이라면 구체적 규범통제로서 법규명령의 위법여부가 구체적인 재판의 전제가 된 경우에 한하여 그 사건의 심판을 위한 선결문제로서 심사할 수 있다(헌법 제107조 2항). 또한 법규명령에 의하여 직접 기본권이 침해된 경우 법규명령을 대상으로 직접 헌법재판소에 헌법소원을 제기할 수도 있다는 것이 다수설과 헌법재판소의 입장이다. 고시가 처분적 명령에 해당할 때에는 처분성이 인정되므로 항고소송의 대상이 된다.

II. 사안의 해결

사안의 고시는 위에서 살펴본 바와 같이 처분에 해당하므로 항고소송의 대상이 된다. 처분의 위법성의 정도가 취소사유라면 甲은 취소소송을 제기하면 된다. 고시를 한 보건복지부장관을 피고로 하여(행정소송법(이하 법명 생략)제13조), 취소소송의 제소기간인 처분이 있음을 안 날로부터 90일 이내에 취소소송을 제기하여야 하는데(제20조1항) 고시등에 의한 처분은 처분에 이해관계를 갖는 자가 고시가 있었다는 사실을 현실적으로 알았는지 여부와 관계없이 고시가 효력을 발생하는 날 처분이 있음을 안 것으로 의제된다.[2] 만약 무효사유라면 무효확인소송을 제기하면 되며 무효확인소송은 제소기간의 제한이 없다.

---

[1] 대판 2006.9.22. 2005두2506. 판례는 치료재료가 아니라 약제급여·비급여목록 및 급여상한금액표(고시)에 대한 것이었는데 이와 같은 이유로 처분이라고 판시하였다. 판례는 법령보충적 규칙인데 처분적 명령이라고 판시하지는 않았고 단순히 처분이라고만 판시하였다.

[2] 대판 2007.6.14. 2004두619. 행정소송법 제20조 2항은 처분이 있은 날부터 1년의 제소기간이 규정되어 있지만 고시의 효력 발생일에 안 것으로 의제되어 1항의 90일이 경과하면 2항의 적용은 문제되지 않는다. 1항이든 2항이든 어느 하나의 기간이 경과하면 제소기간은 경과하게 된다.

사례 017 법령보충적규칙과 재량준칙의 구별   [행시(재경) 2012]

甲은 위치정보의 보호 및 이용 등에 관한 법률에 의한 위치정보사업을 하기 위하여 위치정보사업 허가신청서에 관련 서류를 첨부하여 방송통신위원회에 허가신청을 하였다. 방송통신위원회는 甲의 위치정보사업 관련 계획의 타당성 및 설비규모의 적정성 등을 종합 심사한 후에 허가기준에 미달되었음을 이유로 이를 거부하였다.

1) 방송통신위원회가 설정·공표한 위 사업의 허가기준에 적합함에도 불구하고 甲의 허가신청이 거부되었다면 이에 대하여 甲은 어떠한 주장을 할 수 있겠는가? (15점)

I. 문제의 소재

甲이 허가기준에 적합함에도 허가신청 거부의 위법성을 주장하기 위해서 방송통신위원회가 설정·공표한 허가기준이 법령보충적규칙으로서 대외적 구속력이 있다는 주장을 하는 것과 허가기준이 재량권 행사의 기준인 재량준칙에 해당되나 자기구속의 법리에 의하여 대외적 구속력이 인정된다는 주장을 할 수 있을 것이다. 이러한 주장의 타당성을 검토한다. 그 전제로서 위치정보사업 허가가 재량행위인지 여부도 검토한다.

II. 위치정보사업 허가의 법적성질

기속행위와 재량행위의 구별은 ① 당해 행위의 근거가 된 법규의 체재·형식과 그 문언, ② 당해 행위가 속하는 행정 분야의 주된 목적과 특성, ③ 당해 행위 자체의 개별적 성질과 유형 등을 모두 고려하여 판단하여야 한다. 위치정보사업 허가는 당해 사업을 할 수 있는 권리를 설정하여 주는 강학상 특허로서 상대방에게 수익적인 처분이라는 점을 고려할 때 재량행위에 해당한다.

III. 방송통신위원회가 설정공표한 허가기준의 법적성질

1. 문제점

방송통신위원회가 설정·공표한 허가기준은 행정절차법 제20조에 의한 처분기준의 설정·공표에 해당한다. 다만 이에 대한 구체적 참조조문이 제시되지 않아 그 성질이 명확하지 않은바 허가기준의 법적 성질을 가정적으로 검토하기로 한다.

2. 법령보충규칙으로 볼 수 있는 경우

위치정보의 보호 및 이용 등에 관한 법률에서 허가기준을 방송통신위원회가 정하도록 위임하였고 이에 근거하여 방송통신위원회가 기준을 정한 것이라면 이 사건 허가기준은 법령보충규칙에 해당한다고 볼 수 있다. 이러한 법령보충규칙의 법적 성질을 둘러싸고 견해의 대립이 있으나, 판례는 위임의 한계를 벗어나지 아니하는 한 상위 수권법령과 결합하여 대외적인 구속력이 있는 법규명령의 효력을 갖는다고 보는 입장이다. 이러한 입장에 따를 때 허가기준은 대외적 구속력을 갖는 법규명령의 효력을 갖는다.

3. 행정규칙으로 볼 수 있는 경우

위치정보의 보호 및 이용 등에 관한 법률에서는 구체적인 허가기준에 대해서 규정하고 있지 않고, 달리 위임도 없는 상황에서 방송통신위원회가 허가기준을 마련한 것이라면 허가기준은 내부의 사무처리준칙을 정한 행정규칙으로서 재량준칙에 해당한다. 재량준칙은 일반적으로 행정조직 내부에서만 효력을 가질 뿐 대외적인 구속력을 갖는 것은 아니므로 행정처분이 이를 위반하였다고 하여 그러한 사정만으로 곧바로 위법하게 되는 것은 아니고, 다만 그 재량준칙이 정한 바에 따라 되풀이 시행되어 행정관행이 이루어지게 되면 평등의 원칙이나 신뢰보호의 원칙에 따라 행정기관은 상대방에 대한 관계에서 그 규칙에 따라야 할 자기구속을 받게 되므로, 이러한 경우에는 특별한 사정이 없는 한 그에 반하는 처분은 평등의 원칙이나 신뢰보호의 원칙에 어긋나 재량권을 일탈·남용한 위법한 처분이 된다.

4. 甲이 주장할 수 있는 위법사유

갑은 허가기준이 법령보충규칙에 해당하여 대외적 구속력을 가지므로 거부처분은 허가기준에 반하여 위법하다고 주장할 수 있다.

또한 허가기준을 재량준칙으로 보더라도 거부처분이 당해 허가기준에 반하여 위법함을 주장할 수는 없으나 재량의 일탈·남용이 있음을 주장하여 그 위법성을 다툴 수 있다. 허가기준이 불합리하다는 특별한 사정이 없으며, 재량준칙을 따르지 않을만한 특별한 사정이 없음에도 재량준칙을 따르지 않은 거부처분은 재량권의 한계를 일탈한 것이라고 주장할 수 있다. 자기구속의 법리는 그동안 행정관행이 성립하였다는 사정이 보이지 않고 방송통신위원회가 위치정보사업 허가를 위해 만든 것으로 보이므로 원용하기는 어렵다.

생각건대 사안과 같은 경우의 허가기준은 재량준칙의 성격을 가진 것이라기보다는 법률에 규정되어야 할 입법사항이 법률의 위임에 의하여 방송통신위원회가 제정한 것이라고 보는 것이 실제에 부합하는 해석이라 할 것이다.

사례 018 행정계획(1)   [법전협 2016-1]

A광역시 X구의 구청장 乙은 공동주택단지와 단독주택 및 연립주택이 혼재되어 있는 X구 소재 P5구역에 대하여 「도시 및 주거환경정비법」에 의한 재건축 정비계획을 수립하고 A광역시장 甲에게 정비구역 지정을 신청하였다. 乙의 정비구역지정신청을 검토한 甲은 P5구역에 대해 정비구역지정결정을 하고 그 내용을 법령에 따라 고시하였다. P5구역에 단독주택을 소유하고 있는 丙은 甲의 정비구역의 지정은 아파트 단지를 희망하는 주민들의 의사만을 반영한 것으로 주민의 의견이 충분히 수렴되지 아니하였고, 도시를 획일적으로 재구성하는 것이어서 위법하다고 판단하고 있다.

1. 丙은 甲의 정비구역 지정행위를 소의 대상으로 삼아 「행정소송법」상 취소소송을 제기할 수 있는가? (20점)
2. 丙은 乙이 정비계획을 수립하면서 P5구역 내 주민 중 공동주택단지 주민들의 의견만을 수렴하여 정비계획을 수립한 점과 이 계획에 따라 정비사업이 시행될 경우 P5구역에 대한 녹지 비율이 축소되어 주민의 환경적 이익을 침해하게 되는 점 및 계속 그 지역에서 살고자 하는 단독주택단지 주민의 주거권 및 재산권을 침해하게 되는 점을 근거로 乙의 정비계획수립에 하자가 있다고 주장한다. 이러한 병의 주장의 타당성에 대하여 검토하시오. (30점)

[참조조문]
* 도시 및 주거환경정비법
제4조(정비계획의 수립 및 정비구역의 지정) ① 시장, 군수 또는 구청장(자치구의 구청장을 말한다. 이하 같다.)은 기본계획에 적합한 범위에서 노후·불량건축물이 밀집하는 등 대통령령으로 정하는 요건에 해당하는 구역에 대하여 다음 각 호의 사항이 포함된 정비계획을 수립하여 이를 주민에게 서면으로 통보한 후 주민설명회를 하고 30일 이상 주민에게 공람하며 지방의회의 의견을 들은 후(이 경우 지방의회는 시장, 군수 또는 구청장이 정비계획을 통지한 날부터 60일 이내에 의견을 제시하여야 하며, 의견제시 없이 60일이 지난 경우 이의가 없는 것으로 본다) 이를 첨부하여 특별시장·광역시장·도지사에게 정비구역지정을 신청하여야 하고, 정비계획의 내용을 변경할 필요가 있을 때에는 같은 절차를 거쳐 변경지정을 신청하여야 한다. 다만, 대통령령으로 정하는 경미한 사항을 변경하는 경우에는 주민에 대한 서면통보, 주민설명회, 주민공람 및 지방의회의 의견청취 절차를 거치지 아니할 수 있다.
  1. 정비사업의 명칭
  2. 정비구역 및 그 면적
  3. 「국토의 계획 및 이용에 관한 법률」 제2조 제7호에 따른 도시·군계획시설(이하 "도시·군계획시설"이라 한다)의 설치에 관한 계획
  4. 공동이용시설 설치계획
  5. 건축물의 주용도·건폐율·용적률·높이에 관한 계획
  6. 환경보전 및 재난방지에 관한 계획
  6의2. 정비구역 주변의 교육환경 보호에 관한 계획
  6의3. 세입자 주거대책
  7. 정비사업시행 예정시기
⑥ 시·도지사 또는 대도시의 시장은 제2항 또는 제5항에 따라 정비구역을 지정 또는 변경지정한 경우에는 당해 정비계획을 포함한 지정 또는 변경지정 내용을 당해 지방자치단체의 공보에 고시하고 국토교통부령이 정하는 방법 및 절차에 따라 국토교통부장관에게 그 지정내용 또는 변경지정내용을 보고하여야 하며, 관계서류를 일반인이 열람할 수 있도록 하여야 한다.

[설문 1] 정비구역 지정행위의 처분성 (20점)

I. 문제의 소재

甲의 정비구역 지정행위가 취소소송의 대상인 처분에 해당되는지 문제된다. 정비구역이 지정되면 정비계획이 확정되므로 정비구역 지정은 정비계획이라는 행정계획에 해당하기도 하는데 행정계획의 법적 성격과도 관련된다.

II. 취소소송의 대상

행정소송법(이하 법명 생략) 제19조에서 취소소송은 처분등을 대상으로 한다고 규정하고 있고, 제2조 1항 1호에 의하면, 처분은 행정청이 행하는 구체적 사실에 관한 법집행으로서의 공권력의 행사 또는 그 거부와 그 밖에 이에 준하는 행정작용으로 규정하고 있다. 처분개념을 해석하면 ① 행정청의 행위이어야 하고 ② 구체적 사실에 관한 집행행위이어야 하며 ③ 공권력적 행위이고 ④ 외부에 대한 법적행위로서 국민의 권리·의무에 직접적 영향을 미치는 것이어야 한다. 그 밖에 이에 준하는 행정작용의 해석과 관련하여 처분과 행정행위와의 관계에 대해서 처분은 행정행위에 한정된다는 실체법상 처분개념설과 행정행위보다 더 넓게 보는 쟁송법상 처분개념설의 대립이 있다.

판례는 그동안 처분을 "행정청의 공법상의 행위로서 특정 사항에 대하여 법규에 의한 권리의 설정 또는 의무의 부담을 명하고 기타 법률상의 효과를 발생케 하는 등 국민의 권리의무에 직접적 변동을 초래하는 행위를 가리키는 것으로서 행정권 내부에서의 행위나 사실상의 통지 등과 같이 상대방 또는 기타 관계자들의 법률상 지위에 직접적인 법률적 변동을 일으키지 아니하는 행위는 항고소송의 대상이 될 수 없다."고 하여 기본적으로 실체법상 처분개념설을 취하면서도, 어떤 행위가 행정처분과 같은 외형을 갖추고 있고, 상대방이 행정처분으로 인식할 정도라면 그로 인하여 파생되는 국민의 불이익을 제거시켜 주기 위한 구제수단이 필요한 점에 비추어 행정청의 행위로 인하여 그 상대방이 입는 불이익 내지 불안이 있는지 여부도 그 당시에 있어서의 법치행정의 정도와 국민의 권리의식 수준 등은 물론 행위에 관련한 당해 행정청의 태도 등도 고려하여 판단해야 한다고 하여 쟁송법상 처분개념설로 평가될만한 판시를 하기도 했었다. 최근 판례는 실체법적 처분과 쟁송법적 처분이라는 개념을 사용하면서 내용·형식·절차의 측면에서 단순히 조기의 권리구제를 가능하게 하기 위하여 행정소송법상 처분으로 인정되는 소위 '쟁송법적 처분'을 인정할 수 있다는 취지로 판시하여 쟁송법적 처분을 명시적으로 인정하고 있다.[1] 생각건대 행정소송법상 처분의 정의규정이나 입법취지에 비추어 볼 때 쟁송법상 처분개념설이 타당하다. 사실행위에 대한 권리구제제도가 미비한 현재의 상황에서 처분개념을 확대하여 국민의 권리구제를 확대할 필요가 있기 때문이다.

III. 행정계획의 법적 성격

1. 행정계획의 의의

행정계획이란 행정주체가 일정한 행정활동을 행함에 있어서 일정한 목표를 설정하고 설정한 목표의 실현을 위하여 행정수단의 선택, 조정, 종합화의 과정을 통하여 장래의 일정한 질서의 실현을 목적으로 하는 활동기준 또는 활동기준의 설정행위를 말한다.

---

[1] 대판 2020.4.9. 2019두61137

2. 행정계획의 법적 성격

행정계획의 법적 성격은 획일적으로 결정될 수 없으며 매우 다양한 형식으로 존재하고 있다. 모든 행정계획에 하나의 법적 성격을 부여하는 것은 불가능하며 계획마다 근거법과 관련하여 개별적으로 검토해야 한다. 법률과 행정입법의 형식의 의한 행정계획도 있고, 행정행위의 형식에 의한 행정계획도 있고, 사실행위의 형식에 의한 행정계획도 있다. 법적성격에 대한 규명은 사법통제수단과 밀접한 관련이 있다. 사안의 경우 정비구역 지정행위가 행정행위에 의한 것으로서 취소소송의 대상인 처분인지 문제된다.

IV. 사안의 해결

A광역시장 甲은 행정청에 해당하며 정비구역 지정은 공권력적 행위에 해당한다. 또한 X구 소재 P5구역을 정비구역으로 지정한 것은 구체적 사실에 관한 법집행행위라고 할 수 있고 정비구역 지정행위가 특정인을 상대로 한 것은 아니지만 일반적·구체적 규율로써 처분에 해당된다. 정비구역이 지정되면 도시 및 주거환경정비법(이하 '도시정비법'이라 함)이 정하는 바에 따라서 정비계획의 내용이 확정되며(제4조 1항) 이에 따라서 정비구역 내의 토지 및 건물 소유자들의 권리의무에 영향을 미치므로 외부에 대한 법적 행위로서 국민의 권리·의무에 직접적 영향을 미친다. 따라서 丙은 정비구역 지정행위를 소의 대상으로 삼아 취소소송을 제기할 수 있다.

[설문 2] 정비계획의 위법성 (30점)

I. 문제의 소재

행정청은 정비사업을 시행하기에 앞서 정비계획을 수립하고 이를 토대로 정비구역 지정을 하게 되는데, 정비계획은 도시환경을 개선하고 주거생활의 질을 높인다는 행정목적을 실현하기 위하여 필요한 활동기준을 설정하는 행정계획에 해당한다.

구청장 乙이 재건축 정비계획을 수립함에 있어 도시정비법은 지방의회의 의견을 듣도록 한 것 외에는 별다른 통제수단을 두고 있지는 않는데 사안의 경우 행정계획에 대한 통제법리인 형량명령을 준수하였는지 문제된다.

II. 계획재량

계획청에게는 행정계획을 수립함에 있어서 계획목표의 설정과 수단의 선택에 있어서 행정청에게 광범위한 형성의 자유가 부여되어 있는데, 이를 계획재량이라고 한다.

계획재량이 통상적인 재량행위와 구별되는지에 관하여 규범구조적 측면에서 목적규정과 수단규정의 형식으로 되어있는 점, 형량명령이라는 특유의 하자이론이 존재한다는 점에서 재량행위와 질적으로 구별된다고 하는 견해가 있으나, 형량명령은 비례원칙의 계획재량에의 적용일 뿐이며 양자 모두 행정청에게 선택의 자유를 인정하고 있다는 점에서 양적인 차이가 있음에 불과하다는 견해가 타당하다.

III. 형량명령 및 형량하자

계획재량은 매우 폭넓은 재량이 인정되어 계획재량의 통제가 중요한 과제로 대두되고 있다. 일반행정재량에 대한 통제의 법리와 달리 위법성 판단의 척도로서 형량명령이론이 특별히 문제되는데, 계획재량의 행사에 있어서 절차적 과정에 있어서 공익과 사익의 정당한 형량을 중심으로 위법성 여부를 판단하게 된다. 즉 계획수립절차에 있어서 공익과 사익을 포함한 관련 제이익의 정당한 형량을 행정청의 의무로 하고 있고 이러한 형량의무에 위배된 행정주체의 계획활동에 대해 위법성을 부여하고 있다. 최근 개정된 행정절차법은 행정계획을 수립하거나 변경·폐지할 때 이익형량 하여야 함을 규정하고 있다(제40조의4).
판례는 "행정주체는 구체적인 행정계획을 입안·결정함에 있어서 비교적 광범위한 형성의 자유를 가진다고 할 것이지만, 행정주체가 가지는 이와 같은 형성의 자유는 무제한적인 것이 아니라 그 행정계획에 관련되는 자들의 이익을 공익과 사익 사이에서는 물론이고 공익 상호간과 사익 상호간에도 정당하게 비교교량하여야 한다는 제한이 있는 것이고, 따라서 행정주체가 행정계획을 입안·결정함에 있어서 이익형량을 전혀 행하지 아니하거나(형량의 해태) 이익형량의 고려 대상에 마땅히 포함시켜야 할 사항을 누락한 경우(형량의 흠결) 또는 이익형량을 하였으나 정당성·객관성이 결여된 경우(오형량)에는 행정계획결정은 형량하자가 있어 위법하다."라고 판시함으로서 형량명령의 원칙을 받아들이고 있다. 종래에는 재량권을 일탈·남용 문제로 판시하였으나 최근 형량하자가 있다고 하여 계획재량의 독자성을 인정하는 경향에 있다고 볼 수 있다.

Ⅳ. 사안의 해결

우선 丙이 주장한 바는 아니지만 乙이 정비계획을 수립함에 있어 거쳐야 하는 주민에 대한 서면통보, 주민설명회, 주민공람 및 지방의회의 의견청취 등의 절차(도시정비법 제4조 제1항)를 거쳤다는 점이 발견되지 않으므로 형량 그 자체를 실시하기 위한 절차에 있어서도 흠결이 의심된다.
정비계획이 아파트 건설로 수립되는 경우 단독주택 소유자들의 주거형태에 중대한 변경이 초래되므로 단독주택 소유자들은 정비계획상 중요한 이해관계를 갖게 되는데도 乙은 공동주택단지 주민들의 의견만을 수렴하였으므로 형량의 흠결이 인정될 것이다.
乙이 정비계획을 수립할 때, 정비계획의 목적은 도시환경을 개선하고 주거생활의 질을 높이는 데에 있는데 사업시행으로 인해 녹지 비율이 축소된다면 주민의 환경적 이익이 침해되어 오히려 주거생활의 질이 낮아질 수 있으므로 도시환경개선과 노후불량건축물개량을 통해 얻어지는 이익과 녹지비율유지를 통해 얻어지는 이익을 형량하여 그 비례성을 확보해야 한다. 또한 정비계획에 따라 아파트와 같은 공동주택이 건설되면 사업시행 전의 공동주택소유자들은 주거형태의 변동 없이 주거환경이 개선되는 이익을 얻는 반면 단독주택소유자들의 주거형태는 크게 변경되어 주거권이 침해될 수밖에 없으므로 이에 대해서도 형량이 필요하다. 그리고 계획적 정비를 통해 얻어지는 효율성과 주택소유자의 재산권 침해로 발생하는 불이익도 형량을 해야 한다. 설문에서 이러한 형량이 제대로 이루어졌는지에 대한 판단자료가 부족하나, 만약 형량이 제대로 이루어지지 않았다면 형량하자가 있어 위법하며 丙의 주장이 타당하다고 할 수 있다.

유제 [법전협 2021-3]

A광역시장은 A광역시의 심각한 주택난 해소를 목적으로, 「택지개발촉진법」에 따라 택지개발사업(이하 '이 사건 사업')을 시행하기 위해 2019. 7. 1. 같은 법 제3조 및 제8조에 따라 P지구를 택지개발지구로 지정·고시하면서(관계 법령상 필요한 절차는 모두 거쳤다). 같은 법 제7조에 따라 한국토지주택공사(이하 'LH공사')를 사업시행자로 지정하였다. ~~(생략)~~ 甲은 P지구 내에 주택을 소유하고 있는 자로서 ~~(생략)~~.

1. 甲이 A광역시장의 택지개발지구 지정에 대하여 항고소송으로 다투는 경우, A광역시장의 택지개발지구 지정의 법적 성격을 검토하고 이에 대한 법원의 심사방법을 설명하시오. (20점)

* 택지개발촉진법
제2조(용어의 정의) 이 법에서 사용하는 용어의 정의는 다음과 같다
   3. "택지개발지구"란 택지개발사업을 시행하기 위하여 「국토의 계획 및 이용에 관한 법률」에 따른 도시지역과 그 주변지역 중 제3조에 따라 국토교통부장관 또는 특별시장·광역시장·도지사·특별자치도지사(이하 "지정권자"라 한다)가 도시·군관리계획으로 지정·고시하는 지구를 말한다.
   4. "택지개발사업"이란 일단(一團)의 토지를 활용하여 주택건설 및 주거생활이 가능한 택지를 조성하는 사업을 말한다.
제3조(택지개발지구의 지정 등) ① 특별시장·광역시장·도지사 또는 특별자치도지사(이하 "시·도지사"라 한다)는 「주거기본법」 제5조에 따른 주거종합계획 중 주택·택지의 수요·공급 및 관리에 관한 사항(이하 "택지수급계획"이라 한다)에서 정하는 바에 따라 택지를 집단적으로 개발하기 위하여 필요한 지역을 택지개발지구로 지정(지정한 택지개발지구를 변경하는 경우를 포함한다. 이하 같다)할 수 있다.
제7조(택지개발사업의 시행자 등) ① 택지개발사업은 다음 각 호의 자 중에서 지정권자가 지정하는 자(이하 "시행자"라 한다)가 시행한다.
   2. 「한국토지주택공사법」에 따른 한국토지주택공사(이하 "한국토지주택공사"라 한다)
제8조(택지개발계획의 수립 등) ① 지정권자는 택지개발지구를 지정하려면 다음 각 호의 사항이 포함된 택지개발계획(이하 "개발계획"이라 한다)을 수립하여야 한다.
   1. 개발계획의 개요
   2. 개발기간
   3. 토지이용에 관한 계획 및 주요 기반시설의 설치계획
   4. 수용할 토지 등의 소재지, 지번(地番) 및 지목(地目), 면적, 소유권 및 소유권 외의 권리의 명세와 그 소유자 및 권리자의 성명·주소
   5. 주거난 해소 등을 비롯하여 해당지역 및 도시의 건전한 발전을 도모할 수 있는지 여부
   6. 그 밖에 대통령령으로 정하는 사항
제12조(토지수용) ① 시행자는 택지개발지구에서 택지개발사업을 시행하기 위하여 필요할 때에는 「공익사업을 위한 토지 등의 취득 및 보상에 관한 법률」 제3조에서 정하는 토지·물건 또는 권리(이하 "토지등"이라 한다)를 수용하거나 사용(이하 "수용"이라 한다)할 수 있다.
   ④ 제1항에 따른 토지등의 수용에 관하여는 이 법에 특별한 규정이 있는 경우를 제외하고는 「공익사업을 위한 토지 등의 취득 및 보상에 관한 법률」을 준용한다.

해설

A광역시장의 택지개발지구 지정은 행정계획 중에서 도시·군관리계획에 해당(택지개발촉진법 제2조3호)된다. 도시·군관리계획의 법적성질에 대해 다수설, 판례는 처분으로 본다. 택지개발지주 지정이 있으면 토지소유자의 토지가 수용 또는 사용의 대상이 되는 등 당사자의 권리행사에 일정한 제한(동법 제12조)을 가져오는 바 항고소송의 대상인 처분성이 인정된다. 계획청에게 계획의 수립·변경 등에 있어서 계획재량이 있지만 일정한 한계(형량명령)가 있으며, 법원은 형량하자가 있는지 여부를 심사해서 택지개발지구 지정의 위법성을 판단해야 한다.

사례 019 행정계획(2) [사시 2009]

행정청 乙의 관할 구역 내에 있는 A도시공원을 찾는 등산객이 증가하고 있다. 등산객들이 공원입구를 주차장처럼 이용하여 공원의 경관과 이미지를 훼손하고 있다. 이에 관할 행정청 乙은 이곳에 휴게 광장을 조성하여 주민들에게 만남의 장소를 제공하고, 도시 경관을 향상시키기 위해 甲의 토지를 포함한 일단의 지역에 대해서 광장의 설치를 목적으로 하는 도시관리계획을 입안·결정하였다. 그런데 행정청 乙은 지역 발전에 대한 의욕이 앞선 나머지 인구, 교통, 환경, 토지이용 등에 대한 기초조사를 하지 않고 도시관리계획을 입안·결정하였다. 甲은 자신의 토지전부를 광장에 포함시키는 乙의 도시관리계획 입안·결정이 법적으로 문제가 있다고 보고, 위 도시관리계획결정의 취소를 구하는 소송을 제기하였다.

1. 위 취소소송에서 甲의 청구는 인용될 수 있는가? (30점)

[참조조문]
* 국토의 계획 및 이용에 관한 법률
제13조(광역도시계획의 수립을 위한 기초조사)
  ① 국토해양부장관, 시·도지사, 시장 또는 군수는 광역도시계획을 수립하거나 변경하려면 미리 인구, 경제, 사회, 문화, 토지 이용, 환경, 교통, 주택, 그 밖에 대통령령으로 정하는 사항 중 그 광역도시계획의 수립 또는 변경에 필요한 사항을 대통령령으로 정하는 바에 따라 조사하거나 측량하여야 한다.
  ②~③생략
제27조(도시관리계획의 입안을 위한 기초조사 등)
  ① 도시관리계획을 입안하는 경우에는 제13조를 준용한다. <단서 생략>
  ②~④생략

I. 문제의 소재

甲의 청구가 인용되기 위해서는 소제기가 적법하고 甲의 청구가 이유 있어야 하는 바, 소송요건에서는 특히 乙의 도시관리계획의 처분성이 문제되며, 청구의 이유유무와 관련해서는 도시관리계획의 절차상 및 내용상 형량하자의 존부가 문제된다. 도시관리계획의 하자가 존재하여 위법하다면 위법성의 정도까지 고려하여 甲의 청구의 인용가능성을 검토한다.

II. 소송요건 구비 여부

1. 소송요건 일반론

취소소송을 적법하게 제기하기 위하여는 ① 乙의 도시관리계획이 처분에 해당하여야 하고(행정소송법 제19조), ② 甲이 취소를 구할 법률상 이익이 있어야 하고(제12조) ③ 甲이 제기한 소송이 협의의 소의 이익이 있어야 하며 (제12조2문), ④ 처분을 행한 행정청인 乙을 피고로 하여(제13조) ⑤ 제소기간 내에 (제20조), ⑥ 필요적 전치인 경우 심판을 거친 후에 (제18조) ⑦ 관할법원(제9조)에 소송을 제기하여야 한다.

사안의 경우 甲은 자신의 토지가 도시관리계획 부지(광장)에 포함되면 자신의 재산권에 제약을 당하게 되므로 도시관리계획결정의 취소를 구할 직접적, 구체적이고 현실적 이익이 있는 자에 해당하므로 원고적격이 인정된다. 乙은 처분을 행한 행정청으로 피고적격이 인정되며 관할법원, 제소기간, 심판전치 등에 대해서는 설문상 별다른 문제가 보이지 않는다. 이하 乙이 행한 도시관리계획이 취소소송의 대상인 처분에 해당하는지 검토한다.

2. 도시관리계획의 처분성

(1) 행정계획의 의의

행정계획이란 행정에 관한 전문적·기술적 판단을 기초로 하여 도시의 건설·정비·개량 등과 같은 특정한 행정목표를 달성하기 위하여 서로 관련되는 행정수단을 종합·조정함으로써 장래의 일정한 시점에 있어서 일정한 질서를 실현하기 위한 활동기준으로 설정된 것을 의미한다. 모든 행정계획에 하나의 법적 성격을 부여하는 것은 불가능하며 계획마다 근거법과 관련하여 개별적으로 검토해야 한다.

(2) 도시관리계획의 법적성질

1) 문제점

'국토의 계획 및 이용에 관한 법률'(이하 '국토계획법'이라 한다)에서 정하고 있는 도시관리계획은 도시의 개발 정비 및 보전을 위하여 수립하는 계획으로, 국민에 대하여 구속력을 갖는 구속적 행정계획에 해당한다. 법적 성질에 대해 견해대립이 있다.

2) 학 설

① 일반적 추상적인 규율에 해당한다는 입법행위설 ② 개인의 권리 내지 법률상 이익에 개별적 구체적 직접적으로 영향을 주는 행위라는 행정행위설 ③ 규범도 아니고 행정행위도 아닌 독자적 성질의 것으로서 행정행위에 준하여 구속력을 가진다는 독자성설 ④ 도시관리계획도 성질을 달리 하는 여러 계획이 있으므로 각 계획마다 분리하여 개별적으로 검토해야 한다는 개별검토설이 대립한다.

3) 판 례

구 도시계획법상 도시계획결정(현행 국토계획법상 도시관리계획)에 대하여 고등법원은 이를 일반적·추상적 결정으로 보아 처분성을 부인했으나, 대법원은 원심을 파기하고 특정 개인의 권리 내지 법률상의 이익을 개별적이고 구체적으로 규제하는 효과를 가져 온다고 보아 처분성을 긍정하였다.[1]

4) 검 토

도시·군 관리계획결정은 그 내용에 따라 국민의 권리의무에 구체적·개별적 영향을 미치며, 그 계획에 근거한 처분이 있은 후에 처분에 대해 다투도록 하는 것보다는 도시관리계획의 처분성을 인정함으로써 조기에 권리구제를 해줄 필요도 있으므로, 행정행위로 보아 처분성을 인정하는 것이 타당하다.

(3) 사안의 경우

휴게 광장을 설치할 목적으로 乙이 도시관리계획결정을 하게 되면, 별다른 집행행위의 개입 없이 甲은 도시관리계획구역 안의 토지나 건물에 대한 권리행사에 일정한 제안을 받게 되는 점에 비추어, 甲에게 개별적 직접적 구체적 영향을 미치는 행위이므로 乙의 도시관리계획결정은 처분에 해당한다.

---

[1] 반면 판례는 도시기본계획은 도시개발의 일반적인 방향이 제시되지만, 그 계획은 도시계획입안의 지침이 되는 것에 불과하여 일반 국민에 대한 직접적인 구속력은 없는 것이라고 하여 처분성을 부정한다(대판 2002.10.11. 2000두8226).

3. 소 결

乙의 도시관리계획결정은 처분에 해당하여 취소소송의 대상이 될 수 있으며 (행정소송법 제19조) 기타 소송요건도 모두 충족되었으므로 甲이 제기한 소제기는 적법하다.

Ⅲ. 甲의 청구의 이유 유무

1. 문제점 – 행정계획의 적법요건 구비 여부

乙이 행한 도시관리계획결정도 행정작용으로서 법치행정의 원리에 부합해야 하며, 행정계획의 주체, 형식, 절차, 내용상 적법요건을 구비해야 한다. 계획수립권자인 乙이 계획을 수립하였으므로 주체에는 문제가 없으며 형식의 하자도 없으나, 도시관리계획입안에 대해 기초조사가 결여되어 있다는 점에서 계획수립의 절차하자가 문제된다. 또한 내용상 하자와 관련하여 계획규범은 일반 행정행위의 규범구조와 다른 구조를 가지고 있으며 계획수립에 광범위한 재량이 인정된다는 점에서 일반적인 재량통제의 법리가 위법성 판단의 척도로 기능할 수 있는지 문제된다.

2. 절차적 요건

(1) 기초조사 결여의 위법성 여부

행정계획의 특질상 행정계획의 내용에 대한 사법적 통제가 어려우므로 절차적 통제는 중요한 의미를 가진다. 행정계획수립 시에는 도시계획위원회의 심의, 행정기관상호간의 의견조정, 주민의 의견수렴 등의 절차가 필요하나 설문에서는 이러한 절차하자는 발견되지 않으며, 乙이 기초조사를 하지 않고 도시관리계획을 입안 결정한 것이 위법한지 문제된다.

국토계획법 제27조는 도시관리계획을 입안하는 경우 도시관리계획수립권자가 미리 인구, 경제, 사회, 문화, 토지이용, 환경, 교통, 주택 등의 사항 등 도시계획의 수립에 필요한 사항을 조사하거나 측량하여야 한다고 규정하고 있는데 이러한 기초조사를 하게 한 취지는 다수 이해관계인들의 이해대립을 합리적으로 조정하여 국민의 자유와 권리에 대한 부당한 침해를 방지하고 행정의 민주화 및 신뢰를 확보함과 아울러 자의적인 도시계획을 배제하고 타당한 도시계획이 되도록 하려는 데 있다. 이러한 취지에 비추어 볼 때 기초조사를 결여한 도시관리계획결정에는 절차적 하자가 존재하여 위법하다고 볼 수 있다.

(2) 사안의 경우

乙이 도시관리계획을 입안 결정함에 있어서 휴게광장을 추가적으로 조성할 필요성이 있는지에 대한 검토를 위한 기초조사를 실시하지 않은 것은 도시관리계획수립과정에 절차하자가 존재함을 의미한다. 실체적 하자가 없는 경우에도 절차하자만으로 독자적 위법성을 인정할 수 있는지에 대해 견해대립이 있으나 통설·판례는 긍정하고 있다. 행정소송법 제30조 제3항도 절차하자의 독자적 위법성을 긍정하고 있다. 乙이 행한 도시관리계획결정은 후술하는 실체적인 형량하자의 존재 여부와 관계 없이 기초조사를 결여한 것을 이유로 독자적인 위법사유에 해당한다고 볼 수 있다.

3. 내용상 요건

(1) 계획재량

(2) 형량명령 및 형량하자

(3) 사안의 경우

최근 A도시공원을 찾는 등산객들이 공원입구를 무단으로 주차장화 하여 공원의 경관과 이미지를 훼손함에 따라 휴게광장을 조성하여 주민들에게 만남의 장소를 제공하고 도시경관을 향상시키고자 하는 목적에서 입안된 도시계획사업은 그 필요성이 인정되며, 乙은 이러한 행정목적을 달성하기 위하여 도시계획사업을 입안·결정함에 있어서 비교적 광범위한 형성의 자유를 가지고 있다.

그러나 도시계획을 입안함에 있어서는 미리 인구·교통·환경·토지이용 등에 대한 기초조사를 거쳐 추가적인 도시계획시설의 필요성 및 수요를 파악하여 시설의 규모와 편입대상 토지의 범위 등에 대한 검토가 이루어져야 함에도, 행정청 乙은 이러한 기초조사도 하지 않은 상태에서 도시관리계획을 입안하였다. 이러한 상태에서 乙이 甲의 토지가 포함한 일단의 지역에 대하여 도시관리계획결정을 하면서 甲의 토지 전부를 사업부지로 편입한 것은 공익과 사익에 관한 이익형량을 전혀 하지 않은 형량의 해태에 해당하는 형량의 하자가 있어 위법하다고 할 수 있다.

4. 위법성의 정도

(1) 무효와 취소의 구별기준

무효와 취소의 구별기준에 관련하여 학설은 중대설, 중대명백설, 명백성보충요건설, 조사의무설 등이 대립하나, 통설 및 대법원 판례는 하자가 법규의 중요한 부분을 위반한 중대한 것으로서 객관적으로 명백한 것인 경우 무효사유에 해당한다고 보는 중대명백설의 입장이다.

(2) 사안의 경우

중대명백설에 의하면 도시관리계획 결정을 함에 있어서 국토계획법 제27조의 기초조사 절차를 적법하게 거치지 아니한 하자가 있었더라도 그러한 절차상의 하자는 도시계획결정의 취소사유는 될지언정 당연 무효의 사유라고는 보여지지 않으며, 기초조사를 하지 않은 것에 근거한 형량의 해태 역시 취소사유에 불과하다고 볼 수 있다.

Ⅳ. 결론 - 법원의 판결

乙의 도시관리계획 입안·결정이 법적으로 문제가 있다는 甲의 주장은 이유가 있다. 도시계획은 취소사유 있는 위법이 있다고 하더라도 사정판결의 가능성(행정소송법 제28조)이 존재하지만 설문에서는 공사 등의 완료로 기성사실이 발생하는 등의 사정은 보이지 않아 사정판결의 가능성은 없다. 법원은 취소판결을 내려야 한다.

사례 020 계획변경신청권   [변시 2013]

A광역시의 시장 乙은 세수증대, 고용창출 등 지역발전을 위해 폐기물처리업의 관내 유치를 결심하고 甲이 제출한 폐기물처리사업계획서를 검토하여 그에 대한 적합통보를 하였다. 이에 따라 甲은 폐기물처리업 허가를 받기 위해 먼저 도시·군관리계획변경을 신청하였고, 乙은 관계 법령이 정하는 바에 따라 해당 폐기물처리업체가 입지할 토지에 대한 용도지역을 폐기물처리업의 운영이 가능한 용도지역으로 변경하는 것을 내용으로 하는 도시·군관리계획변경안을 입안하여 열람을 위한 공고를 하였다. 그러나 乙의 임기 만료 후 새로 취임한 시장 丙은 폐기물처리업에 대한 인근 주민의 반대가 극심하여 실질적으로 폐기물사업 유치가 어려울 뿐만 아니라, 자신의 선거공약인 '생태중심, 자연친화적 A광역시 건설'의 실현 차원에서 용도지역 변경을 승인할 수 없다는 계획변경승인거부처분을 함과 동시에 해당 지역을 생태학습체험장 조성지역으로 결정하였다. 폐기물처리사업계획 적합통보에 따라 사업 착수를 위한 제반 준비를 거의 마친 甲은 丙을 피고로 하여 관할 법원에 계획변경승인거부처분 취소소송을 제기하였다.

1. 甲이 제기한 취소소송은 적법한가? (단, 제소기간은 준수하였음) (35점)

[참조조문]
* 폐기물관리법
제25조(폐기물처리업)
① 폐기물의 수집·운반, 재활용 또는 처분을 업(이하 "폐기물처리업"이라 한다)으로 하려는 자(음식물류 폐기물을 제외한 생활폐기물을 재활용하려는 자와 폐기물처리 신고자는 제외한다)는 환경부령으로 정하는 바에 따라 지정폐기물을 대상으로 하는 경우에는 폐기물처리사업계획서를 환경부장관에게 제출하고, 그 밖의 폐기물을 대상으로 하는 경우에는 시·도지사에게 제출하여야 한다. 환경부령으로 정하는 중요 사항을 변경하려는 때에도 또한 같다.
② 환경부장관이나 시·도지사는 제1항에 따라 제출된 폐기물처리사업계획서를 다음 각 호의 사항에 관하여 검토한 후 그 적합 여부를 폐기물처리사업계획서를 제출한 자에게 통보하여야 한다.
  1.~4. <생략>
③ 제2항에 따라 적합통보를 받은 자는 그 통보를 받은 날부터 2년(제5항 제1호에 따른 폐기물 수집·운반업의 경우에는 6개월, 폐기물처리업 중 소각시설과 매립시설의 설치가 필요한 경우에는 3년) 이내에 환경부령으로 정하는 기준에 따른 시설·장비 및 기술능력을 갖추어 업종, 영업대상 폐기물 및 처리분야별로 지정폐기물을 대상으로 하는 경우에는 환경부장관의, 그 밖의 폐기물을 대상으로 하는 경우에는 시·도지사의 허가를 받아야 한다. 이 경우 환경부장관 또는 시·도지사는 제2항에 따라 적합통보를 받은 자가 그 적합통보를 받은 사업계획에 따라 시설·장비 및 기술인력 등의 요건을 갖추어 허가신청을 한 때에는 지체 없이 허가하여야 한다.

Ⅰ. 문제의 소재

甲이 제기한 취소소송의 소제기가 적법하려면 취소소송의 소송요건이 구비되어야 한다. ① 丙이 행한 계획변경승인거부가 처분에 해당되어야 하며(행정소송법 제19조), ② 甲이 취소를 구할 법률상이익(제12조) 및 협의의 소의 이익인 권리보호의 필요(제12조2문)가 있어야 하며, ③ 처분을 한 행정청을 상대로 (제13조) ④ 처분이 있음을 안 날로부터 90일 이내에(제20조) ⑤ 행정청의 소재지를 관할하는 행정법원에 제기하여야 한다(제9조).

시장 丙을 피고로 하여 제기되었고 제소기간을 준수하였으며 관할이나 협의의 소의 이익 등 기타 소송요건은 문제되지 않는다. 사안의 경우 계획변경신청권이 인정되어 계획변경승인거부가 거부처분에 해당되며 甲에게 원고적격이 인정되는지 문제된다.

II. 대상적격 – 계획변경승인거부의 처분성

1. 행정청의 거부행위가 거부처분이 되기 위한 요건

판례는 국민의 적극적 행위 신청에 대하여 행정청이 거부한 행위가 항고소송의 대상이 되는 행정처분에 해당하려면, ① 그 신청한 행위가 공권력의 행사 또는 이에 준하는 행정작용이어야 하고, ② 그 거부행위가 신청인의 법률관계에 어떤 변동을 일으키는 것이어야 하며, ③ 그 국민에게 그 행위발동을 요구할 법규상 또는 조리상 신청권이 있어야 한다고 한다. 이 때 '신청인의 법률관계에 어떤 변동을 일으키는 것'의 의미는 권리를 행사함에 중대한 지장을 초래하는 것도 포함한다고 한다.

판례의 입장에 대해서 원고적격과 대상적격을 혼동하고 있다고 비판하거나, 신청권은 본안의 문제라고 비판하는 견해가 있으나 판례는 신청권은 구체적 사건에서 신청인이 누구인가를 고려하지 않고 일반국민에게 인정하고 있는가를 살펴 추상적으로 결정하는 것이고 단순한 응답을 받을 권리를 넘어서 신청의 인용이라는 만족적 결과를 얻을 권리는 아니라고 하고 있다. 신청권을 형식상의 단순한 응답요구권의 의미로 이해한다면 처분성의 문제로 보는 대법원의 입장은 타당하다.[1]

2. 계획변경신청권에 관한 판례[2]

대법원은 도시계획변경신청을 거부한 처분에 대하여 "도시계획과 같이 장기성, 종합성이 요구되는 행정계획에 있어서는 계획이 일단 확정된 후에 사정변경이 있다 하여 지역주민에게 일일이 계획의 변경 또는 폐지를 청구할 권리를 인정해 줄 수 없다."고 하여 계획변경신청권을 원칙적으로 부정하면서 계획변경신청을 거부한 행위는 거부처분이라고 볼 수 없다고 한다. 그러나 예외적으로 ① 계획변경신청을 거부하는 것이 실질적으로 다른 행정처분 자체를 거부하는 결과가 되는 경우 ② 문화재보호구역 내 토지소유자의 해제신청을 거부한 경우 ③ 주민의 도시·군관리계획 입안제안에 대한 거부 ④ 장기 미집행 도시계획시설 등의 해제신청에 대한 거부 등에는 계획변경신청권을 인정하고 있다.

3. 사안의 경우

甲이 신청한 행위인 도시·군 관리계획 변경의 법적 성질에 대해서 행정행위설, 행정입법설, 독자성설, 개별검토설 등의 견해대립이 있다. 판례는 도시·군 관리계획결정은 특정 개인의 권리 내지는 법률상의 이익을 개별적이고 구체적으로 규제하는 효과를 가져오는 처분이라고 한다. 따라서 도시·군 관리계획변경은 공권력의 행사에 해당하고, 甲의 토지의 이용관계에 변화를 가져오므로 신청인의 법률관계에 변동을 가져온다.

甲은 폐기물처리사업계획의 적합통보를 받은 자로서 장래 일정한 기간 내에 관계법령이 규정하는 시설

---

[1] 판례의 입장대로 논리를 전개하기 위해서 판례가 타당하다고 서술한 것이다. 만약 판례를 비판하면서 원고적격설로 검토하려면 "생각건대, 현행 행정소송법은 거부처분의 요소로서 신청권을 별도로 요구하고 있지 않으며, 신청권의 문제를 소송대상의 문제로 보면 처분개념을 부당하게 제한하여 국민의 권리구제의 길을 부당히 축소시킨다는 점을 고려할 때 이는 원고적격의 문제로 보는 것이 타당하다."라고 서술하면 된다.
[2] 계획변경신청권에 관한 판례를 별도의 목차로 잡지 않는게 일반적이지만 이에 관한 판례를 많이 알고 있다는 것을 현출하기 위해서 별도의 목차로 잡아본 것이다.

등을 갖추어 폐기물처리업 허가신청을 할 수 있는 법률상 지위에 있으며, 甲의 계획변경신청을 거부하는 것은 실질적으로 폐기물처리업 허가신청을 거부하는 것이 되므로 甲은 丙에게 계획변경을 신청할 법규상 또는 조리상 신청권이 있다고 보아야 한다. 따라서 丙의 계획변경 승인거부는 거부처분에 해당한다.

Ⅲ. 원고적격

원고적격은 구체적 소송에서 원고로서 소송을 수행하여 본안판결을 받을 수 있는 자격을 말한다. 행정소송법 제12조 전단은 원고적격에 대해서 "취소소송은 처분 등의 취소를 구할 법률상의 이익이 있는 자가 제기할 수 있다."고 규정하고 있다. 법률상 이익의 의미에 대해서 견해대립이 있지만 통설은 법률이 개인을 위하여 보호하고 있는 이익을 침해당한 자도 처분을 다툴 수 있다는 법률상보호이익구제설의 입장이다.

판례도 당해 처분의 근거법규 및 관련법규에 의하여 보호되는 개별적·직접적·구체적 이익이 있는 경우에 법률상이익을 인정하고, 다만 공익보호의 결과로 국민 일반이 공통적으로 가지는 일반적·간접적·추상적 이익과 같이 사실적·경제적 이해관계를 가지는데 불과한 경우는 인정하지 않고 있어 법률상보호이익설의 입장이다. 판례는 행정처분의 직접 상대방이 아닌 제3자 하더라도 당해 행정처분으로 인하여 법률상 보호되는 이익을 침해당한 경우에는 원고적격을 인정한다.

거부처분의 경우 판례는 법규상·조리상 신청권을 거부처분의 요소로 요구하고 신청권이 있는 경우에만 거부처분으로 인정한다. 판례는 신청권은 구체적 사건에서 신청인이 누구인가를 고려하지 않고 일반 국민에게 인정하고 있는가를 살펴 추상적으로 결정하는 것이라고 하여 원고적격과 구분되는 것으로 보면서도 신청권이 인정되는 사안에서는 별도로 원고적격의 구비여부를 검토하지 않고 원고적격을 인정하고 있다. 응답받을 권리인 형식적 신청권의 문제와 원고적격은 개념상 구분되는 문제이지만 신청권이 인정되나 원고적격이 부정되는 사안은 현실적으로 상정하기 어려울 것이므로 신청인이 거부처분의 상대방이면 원고적격은 인정될 것이다. 사안에서 甲에게 용도지역변경과 관련한 계획변경신청권이 인정된 경우이므로 甲에게도 원고적격이 인정될 것이다.[3][4]

Ⅳ. 사안의 해결

甲은 폐기물처리사업계획 적합통보를 받은 자로서 용도지역 변경에 관한 계획변경신청권이 인정되므로 丙의 계획변경승인거부는 거부처분에 해당한다. 따라서 甲은 원고적격도 인정되고, 처분청인 丙을 피고로 하였으므로 피고적격도 인정되고[5], 제소기간도 준수하였고, 기타 소송요건도 구비된 것으로 봐야 하므로 甲이 제기한 취소소송은 적법하다.

---

3) 이렇게 서술하는 방식은 생소할 것이다. 대부분의 교재는 판례의 입장이 타당하다고 하면서 거부처분에 대해서만 검토하거나, 판례를 비판하면서 원고적격설의 입장을 취하면서 법률상 이익을 논하고 있다. 만약 원고적격설로 검토하려면 원고적격 일반론을 위에서 서술한 것보다 상세히 서술한 후 처분의 근거법규 및 관련법규에서 개별적, 직접적, 구체적 이익을 도출해야 할 것이다. 사안은 (무하자재량행사청구권의 성격을 가지는) 계획변경청구권(원고적격설을 취했으면 계획변경신청권이라 표현하지 말고)의 인정 여부를 검토해주면 된다.
4) 감수의견 : 거부처분의 대상적격 부분에서 신청권의 존부 여부를 검토하고 별도로 원고적격을 검토하지 않는 판례의 입장을 언급한 후에, 판례에 대하여 비판적인 학설의 입장에 따라 행소법 12조의 법률상 이익의 개념을 기술하는 것이 좋겠다. ① 권리구제설, ② 법률상 이익구제설, ③ 이익구제설, ④ 적법성 보장설 등 견해의 대립을 언급한 후 판례와 다수설인 법률상 이익구제설에 따라 도로법 제40조, 동법 시행령 제24조의 사익보호성을 인정하는 것이 좋을 것이다.
5) 피고적격도 별도의 목차로 잡아서 행정주체가 아니라 소송수행의 편의상 처분을 행한 행정청이 피고라는 점을 언급해 주어도 무방하다.

유제 1 [변시 2025]

A도 B시의 시장 X는 「산업입지 및 개발에 관한 법률」(이하 '산업입지법'이라 한다)에 따라 관내 토지 10만여㎡에 도시첨단산업단지를 개발하기 위하여 A도 도지사 Y에게 산업단지개발계획서를 첨부하여 도시첨단산업단지의 지정을 신청하였다. Y는 관계 법령의 절차에 따라 산업단지의 위치 및 면적, 수용·사용할 토지·건축물의 세부 목록 등이 포함된 산업단지개발계획을 수립하여 위 대상 토지를 도시첨단산업단지로 지정·고시하였다. 산업입지법상 도시첨단산업단지는 「환경영향평가법」상 환경영향평가의 대상이다.

1. 甲은 B시에 소재한 자신 소유 토지의 90%가 도시첨단산업단지의 범위에 포함되어 수용대상이 되자 자신의 토지를 도시첨단산업단지 사업구역에서 제외해 달라는 내용으로 산업단지개발계획의 변경을 신청하고자 한다. 한편 B시에서 위 도시첨단산업단지 개발사업으로 인한 환경상 피해에 대한 우려가 제기되자, B시에 주소를 두고 있는 乙수도원은 도시첨단산업단지 지정·고시의 취소를 구하고자 한다.

   (1) 위 도시첨단산업단지 개발과 관련하여 산업단지개발계획의 법적 성질을 설명하고, 甲에게 당해 계획의 변경을 요청할 수 있는 청구권이 인정되는지를 검토하시오. (10점)

[참조조문]

※ 아래 법령은 가상의 것으로, 이와 다른 내용의 현행 법령이 있다면 제시된 법령이 현행 법령에 우선함

* 산업입지 및 개발에 관한 법률

제7조의2(도시첨단산업단지의 지정) ① 도시첨단산업단지는 국토교통부장관, 시·도지사 또는 대도시시장이 지정하며, 시·도지사가 지정하는 경우에는 시장·군수 또는 구청장의 신청을 받아 지정한다. 다만, 대통령령으로 정하는 면적 미만인 경우에는 시장·군수 또는 구청장이 직접 지정할 수 있다.

③ 시장·군수 또는 구청장은 제1항 본문에 따라 시·도지사에게 도시첨단산업단지의 지정을 신청하려는 경우에는 산업단지개발계획을 작성하여 제출하여야 한다.

④ 제1항에 따른 도시첨단산업단지의 지정권자는 도시첨단산업단지를 지정하려는 경우에는 산업단지개발계획에 대하여 관계 행정기관의 장과 협의하여야 한다. 산업단지개발계획을 변경하려는 경우에도 또한 같다.

제7조의4(산업단지 지정의 고시 등) ① 산업단지지정권자는 산업단지를 지정할 때에는 대통령령으로 정하는 사항을 관보 또는 공보에 고시하여야 하며, 산업단지를 지정하는 국토교통부장관 또는 시·도지사는 관계 서류의 사본을 관할 시장·군수 또는 구청장에게 보내야 한다.

제10조(산업단지개발계획 입안 등의 제안) ① 주민(이해관계자를 포함한다)은 산업단지지정권자에게 산업단지개발계획의 입안 및 변경을 제안할 수 있다.

제22조(토지수용) ① 사업시행자는 산업단지개발사업에 필요한 토지·건물 또는 토지에 정착한 물건과 이에 관한 소유권 외의 권리, 광업권, 어업권, 양식업권, 물의 사용에 관한 권리(이하 "토지등"이라 한다)를 수용하거나 사용할 수 있다.

② 제1항을 적용할 때 제7조의4 제1항에 따른 산업단지의 지정·고시가 있는 때에는 「공익사업을 위한 토지 등의 취득 및 보상에 관한 법률」 제20조 제1항 및 같은 법 제22조에 따른 사업인정 및 사업인정의 고시가 있는 것으로 본다.

③ 국토교통부장관이 지정한 산업단지의 토지등에 대한 재결은 중앙토지수용위원회가 관장하고, 국토교통부장관 외의 자가 지정한 산업단지의 토지등에 대한 재결은 지방토지수용위원회가 관장하되, 재결의 신청은 「공익사업을 위한 토지 등의 취득 및 보상에 관한 법률」 제23조 제1항 및 같은 법 제28조 제1항에도 불구하고 산업단지개발계획에서 정하는 사업기간 내에 할 수 있다.

⑤ 제1항에 따른 수용 또는 사용에 관하여는 이 법에 특별한 규정이 있는 경우를 제외하고는 「공익사업을 위한 토지 등의 취득 및 보상에 관한 법률」을 준용한다.

* 산업입지 및 개발에 관한 법률 시행령
  제9조(산업단지지정 또는 개발계획의 고시 등) ② 산업단지지정권자는 법 제6조 제3항, 법 제7조 제2항 또는 법 제7조의2 제4항에 따른 산업단지개발계획을 변경한 경우에는 제1항 제1호 내지 제4호와 그 변경된 사항을 고시하여야 한다.

해 설

1. 산업단지개발계획의 법적 성질

시장 X가 작성한 산업단지개발계획은 도지사 Y의 도시첨단산업단지 지정·고시를 통해서 확정되는 행정계획에 해당하며, 산업단지개발계획은 도시첨단산업단지 지정처분의 일부를 이루는 것으로서 처분의 일부에 해당한다.

2. 계획변경청구권의 인정 여부

甲이 소유한 토지의 90%가 도시첨단산업단지의 범위에 포함되어 수용대상이 되자 甲이 산업단지개발계획의 변경을 신청한 것인데 산업입지 및 개발에 관한 법률 제10조는 주민(이해관계자를 포함한다)은 산업단지지정권자에게 산업단지개발계획의 입안 및 변경을 제안할 수 있도록 규정하고 있고 동법 시행령 제9조는 산업단지개발계획을 변경한 경우에는 변경된 사항을 고시하여야 한다고 규정하고 있는 점에 비추어 甲에게는 산업단지개발계획의 변경을 요구할 수 있는 권리가 인정된다. 이 경우의 계획변경청구권은 무하자재량행사청구권의 실질을 가진다. 판례는 계획변경신청에 대한 거부의 처분성을 판단하면서 계획변경신청권의 문제로 접근하는데 산업단지 안의 토지 소유자로서 산업단지개발계획에 적합한 시설을 설치하여 입주하려는 자에게 산업단지개발계획의 변경신청권을 인정한 바 있다.

유제 2   [법전협 2021-1]

A주식회사는 「국토의 계획 및 이용에 관한 법률(이하 "국토계획법"이라 한다)」에 따라 자신의 토지 및 甲 소유의 토지가 포함된 乙광역시 B구 소재 토지에 체육시설(대중골프장)을 조성하는 내용의 사업을 계획하여 乙광역시장에게 도시관리계획결정의 입안을 제안하였다. 乙광역시장은 관계 행정기관의 장과의 협의 및 도시계획위원회 심의를 거쳐 2017. 10. 5. 위 토지가 포함된 乙광역시 B구 일원 717,000㎡에 대중골프장을 설치하는 도시관리계획(이하 "도시계획시설결정"이라고도 한다) 및 그 지형도면을 고시하였다. 이어 乙광역시장은 위 도시계획시설결정에 따른 도시계획시설사업시행자로 A주식회사를 지정하였으며, 위 사업에 관한 실시계획인가를 하고 이를 고시하였다. 이에 대중골프장 설치에 반대하는 甲은 위 도시계획시설결정을 폐지해 달라고 신청하였으나 乙광역시장은 2017. 12. 5. 이를 거부하였다.

더 나아가 甲은 A주식회사가 도시계획시설사업시행자로 지정받으려면 국토계획법 시행령 제96조 제5항에 따라 다른 법령에 의한 면허·허가·인가 등의 사실을 증명하는 서류의 사본을 지정신청서에 첨부하여야 하는데, 그러한 서류 사본들 가운데 일부를 누락하여 신청서를 제출한 A주식회사가 사업시행자로 지정된 것은 위법하다고 주장하고 있다.

그런데 이후 위 도시계획시설사업의 추진에 대한 찬반이 지역 사회에서 중요한 환경적 쟁점으로 부각되었고, 도시관리계획의 고시 때와 비교하여 여론이 위 도시계획시설사업의 추진에 반대하는 쪽으로 의미 있는 변화가 있게 되었다. 특히 乙광역시의회는 위 도시계획시설부지 인근에 소재하는 B산(山)의 자연자원과 자연생태계를 보호하기 위한 목적으로 「乙광역시 B산 보호조례」(안)의 제정을 준비하고 있으며, 국토교통부는 2019. 11. 1. 「도시계획시설의 결정·구조 및 설치기준에 관한 규칙(국토교통부령)」을 개정하여 국토계획법상 체육시설의 범위를 국가 또는 지방자치단체 등 공공부문에서 설치하는 체육시설 등으로 한정함으로써 민간 사업시행자가 설치하는 대중골프장은 도시계획시설결정의 대상으로부터 배제하였다. 이처럼 위 도시계획시설사업의 추진에 부정적인 여론이 강해지자 乙광역시장은 위 도시관리계획(체육시설)을 폐지할 것을 내부적으로 검토하고 있다.

1. 甲의 도시계획시설결정 폐지신청에 대한 乙광역시장의 2017. 12. 5.자 거부행위는 취소소송의 대상이 되는지 여부를 검토하시오. (15점)
3. 乙광역시장은 A주식회사의 이해를 반영하고자 A주식회사 임직원과 4개월에 걸쳐 10여 차례 협의 및 면담을 실시하는 등 관련 절차를 거치고 나서 2020. 4. 30. 위 도시관리계획을 결국 폐지하였다. 이에 대해 A주식회사는 도시관리계획이 폐지되는 과정에서 자신의 이익이 과소평가되었고 결국 도시관리계획이 폐지됨으로 말미암아 그 간 대중골프장 설치사업이 안정적으로 추진될 것으로 믿고 지출한 막대한 비용이 무위로 돌아가게 되었으며 그 결과 심각한 경영난에 봉착하는 등, 도시관리계획폐지가 자신의 신뢰이익을 반영하지 않고 이루어져 위법하다고 주장하고 있다. A주식회사의 주장의 타당성을 검토하시오. (25점)

[참조조문]
* 국토의 계획 및 이용에 관한 법률
제26조(도시·군관리계획 입안의 제안) ① 주민(이해관계자를 포함한다. 이하 같다)은 다음 각 호의 사항에 대하여 제24조에 따라 도시·군관리계획을 입안할 수 있는 자에게 도시·군관리계획의 입안을 제안할 수 있다. 이 경우 제안서에는 도시·군관리계획도서와 계획설명서를 첨부하여야 한다.
   1. 기반시설의 설치·정비 또는 개량에 관한 사항
   2. - 3. 생략
   ② 제1항에 따라 도시·군관리계획의 입안을 제안받은 자는 그 처리 결과를 제안자에게 알려야 한다.
제30조(도시·군관리계획의 결정) ① 시·도지사는 도시·군관리계획을 결정하려면 관계 행정기관의 장과 미리 협의하여야 하며, 국토교통부장관이 도시·군관리계획을 결정하려면 관계 중앙행정기관의 장과 미리 협의하여야 한다. 이 경우 협의 요청을 받은 기관의 장은 특별한 사유가 없으면 그 요청을 받은 날부터 30일 이내에 의견을 제시하여야 한다.
   ③ 국토교통부장관은 도시·군관리계획을 결정하려면 중앙도시계획위원회의 심의를 거쳐야 하며, 시·도지사가 도시·군관리계획을 결정하려면 시·도도시계획위원회의 심의를 거쳐야 한다.
   ⑤ 결정된 도시·군관리계획을 변경하려는 경우에는 제1항부터 제4항까지의 규정을 준용한다.
제86조(도시·군계획시설사업의 시행자) ① 특별시장·광역시장·특별자치시장·특별자치도지사·시장 또는 군수는 이 법 또는 다른 법률에 특별한 규정이 있는 경우 외에는 관할 구역의 도시·군계획시설사업을 시행한다.
   ⑤ 제1항부터 제4항까지의 규정에 따라 시행자가 될 수 있는 자 외의 자는 대통령령으로 정하는 바에 따라 국토교통부장관, 시·도지사, 시장 또는 군수로부터 시행자로 지정을 받아 도시·군계획시설사업을 시행할 수 있다.
   ⑥ 국토교통부장관, 시·도지사, 시장 또는 군수는 제2항·제3항 또는 제5항에 따라 도시·군계획시설사업의 시행자를 지정한 경우에는 국토교통부령으로 정하는 바에 따라 그 지정 내용을 고시하여야 한다.
제88조(실시계획의 작성 및 인가 등) ① 도시·군계획시설사업의 시행자는 대통령령으로 정하는 바에 따라 그 도시·군계획시설사업에 관한 실시계획(이하 "실시계획"이라 한다)을 작성하여야 한다.
   ② 도시·군계획시설사업의 시행자(국토교통부장관, 시·도지사와 대도시 시장은 제외한다. 이하 제3항에서 같다)는 제1항에 따라 실시계획을 작성하면 대통령령으로 정하는 바에 따라 국토교통부장관, 시·도지사 또는 대도시 시장의 인가를 받아야 한다.

해 설

1. 설문(1)
   행정계획의 변경을 신청한 사안으로서 신청의 대상인 도시계획시설폐지결정은 국토의 이용 및 관리에 관한 법률상 도시군관리계획에 해당하는 것으로서 처분에 해당하며, 폐지신청을 거부할 경우 甲의 토지가 골프장

부지에 포함되어 甲의 토지소유권이 변동될 수 있는 상황이므로 甲의 권리의무에 변동을 일으키는 경우에 해당된다.

국토의 계획 및 이용에 관한 법률에 의하면 주민은 기반시설에 관한 도시·군 관리계획의 입안을 제안할 수 있으며, 제안받은 자는 처리 결과를 제안자에게 알려야 한다(제26조1항, 2항). 이들 규정에 헌법상 개인의 재산권 보장의 취지를 고려하면, 도시계획구역 내 토지 등을 소유하고 있는 사람과 같이 당해 도시계획시설결정에 이해관계가 있는 주민은 도시계획시설결정에 이해관계 있는 자로서 도시계획시설결정의 변경·폐지를 요구할 법규상 또는 조리상 신청권을 인정해야 한다.

乙광역시 B구에 대중골프장을 설치하는 도시계획구역 내에 토지를 소유하고 있는 甲은 도시계획시설결정에 이해관계가 있는 주민으로서 乙에게 도시계획시설결정 폐지를 요구할 수 있는 법규상 또는 조리상의 신청권이 있으며, 이러한 신청에 대한 거부행위는 항고소송의 대상이 되는 행정처분에 해당한다.

2. 설문 3

乙광역시장은 A주식회사의 이해를 반영하고자 A주식회사 임직원과 4개월에 걸쳐 10여 차례 협의 및 면담을 실시하는 등 관련 절차를 거치고 나서 2020. 4. 30. 도시관리계획을 폐지한 것으로 이익형량을 전혀 행하지 아니하거나 고려 대상에 마땅히 포함시켜야 할 사항을 누락한 경우라고 보기는 어렵다. 또한 도시계획시설결정의 폐지로 달성하고자 하는 공익과 A주식회사의 침해되는 이익을 비교형량하면, 도시계획시설부지 인근의 자연자원과 자연생태계 보호라는 공익이 기존 도시계획시설결정의 존속에 대한 A주식회사의 기대이익의 침해 등 A주식회사가 입게 되는 불이익을 정당화할만큼 강하다고 할 수 있어 오형량도 없으므로 乙광역시장의 폐지결정에 형량하자가 있다고 보기는 어렵다.

한편, 신뢰보호원칙 위반과 관련하여 乙광역시장이 2017. 10. 5. 대중골프장을 설치하는 도시계획시설결정을 고시한 것이나 A주식회사를 사업시행자로 지정한 처분을 대중골프장 도시계획시설결정을 폐지하지 않겠다는 공적견해표명을 한 것으로 보기는 어렵다. 계획청이 특정 도시계획시설결정을 하였다고 해서 도시계획시설결정을 유지하거나 변경하지 않겠다는 취지의 공적인 견해표명을 한 것으로 보기는 어렵다. 사업시행자지정 처분도 도시계획시설결정을 전제로 하는 것이어서 도시계획시설결정을 폐지하지 않겠다는 공적견해표명에 해당한다고 볼 수 없다. A주식회사로서도 계획의 변경가능성을 예상할 수 있다는 점에서 보호가치 있는 신뢰가 형성되어 있다고 보기 어려우며, 가사 보호가치 있는 이익을 인정한다고 하더라도 폐지결정으로 달성하고자 하는 공익이 침해되는 A주식회사의 이익보다 크므로 신뢰보호원칙 위반이라고 할 수는 없다. A주식회사의 주장은 타당하지 않다.[6]

---

[6] A주식회사의 이익을 과소평가하여 형량하자가 있고, 폐지로 인하여 받게 되는 불이익이 공익보다 더 크므로 신뢰보호원칙 위반이라고 포섭할 수도 있다.

사례 021   판단여지와 재량행위(1)   [행시 2004]

아래의 판결을 공정거래위원회의 입장에서 비판적으로 논평[1]하시오(각 취소소송의 소송요건은 모두 구비되었음).
"공정거래위원회는 甲회사가 乙회사 및 丙회사의 전체 주식을 취득한 것이 독점규제 및 공정거래에 관한 법률(약칭 '공정거래법') 제7조 제1항 소정의 기업결합에 해당하고 또한 그 기업결합의 폐단을 시정하는 방법으로서는 그 취득 주식의 전부를 매각하도록 하는 방법 밖에 없다고 판단하여, 동법 제16조 제1항 제2호에 의거하여 甲회사에 대하여 위 취득 주식의 전부를 처분할 것을 명하였다. 그런데 甲회사가 제기한 취소소송에서 법원은 甲회사가 乙회사의 주식을 취득한 것이 공정거래법상 금지되는 기업결합에 해당되지 않는다는 이유로 甲회사가 丙회사의 주식을 취득한 것은 기업결합에 해당되긴 하지만, 예컨대 동법 제16조 제1항 제7호에 따라 경쟁제한의 폐해를 방지할 수 있도록 영업방식이나 영업범위를 제한하는 것이 타당한 방법이기 때문에 그 취득 주식 전부의 처분을 명한 것은 과도한 조치라는 이유로, 공정거래위원회의 위 처분을 취소하는 판결을 선고하였다." (25점)

[참조조문]
* 독점규제 및 공정거래에 관한 법률
제7조(기업결합의 제한)
① 누구든지 직접 또는 대통령령이 정하는 특수한 관계에 있는 자(이하 '특수관계인'이라 한다)를 통하여 다음 각 호의 1에 해당하는 행위(이하 '기업결합'이라 한다)로서 일정한 거래분야에서 경쟁을 실질적으로 제한하는 행위를 하여서는 아니된다.
   1. 다른 회사의 주식의 취득 또는 소유
   2- 5 (생략)
제16조(시정조치)
① 공정거래위원회는 제7조(기업결합의 제한)제1항····의 규정에 위반하거나 위반할 우려가 있는 행위가 있는 때에는 당해사업자····또는 위반행위자에 대하여 다음 각호의 1의 시정조치를 명할 수 있다(이하 생략).
   1. 당해행위의 중지
   2. 주식의 전부 또는 일부의 처분
   3. - 6 (생략)
   7. 기업결합에 따른 경쟁제한의 폐해를 방지할 수 있는 영업방식 또는 영업범위의 제한
   8. 기타 법위반상태를 시정하기 위하여 필요한 조치

I. 문제의 소재

행정의 자율성과 행정소송의 통제밀도에 관한 문제이다. 공정위는 주식전부처분명령의 요건에 판단여지가 인정되고 효과에 재량이 인정됨을 주장하면서 적법성을 주장할 것이다. 乙회사의 주식취득과 관련해서는 판단여지가, 丙회사의 주식취득과 관련해서는 재량이 문제된다. 이의 타당성을 검토한다.

---

[1] 단순히 일반론을 묻는 것이 아니라 공정거래위원회의 입장에서 비판적으로 판례를 논평하라고 한 것임을 유념

II. 판단여지 (乙회사와 관련)

1. 문제점
공정거래위원회가 주식전부처분명령을 하기 위해서는 甲회사가 독점규제 및 공정거래에 관한 법률(이하 '독점규제법'이라 함) 제7조1항에서 정하는 금지되는 기업결합행위(다른 회사의 주식을 취득하여 일정한 거래분야에서 경쟁을 실질적으로 제한하는 행위)를 하여야 한다. 주식전부처분명령을 하기 위한 요건으로 '경쟁을 실질적으로 제한'한다는 불확정개념이 존재하고 甲회사의 주식취득행위가 경쟁을 실질적으로 제한하는 행위에 해당하는지 여부를 판단할 때 공정거래위원회의 재량이 존재하는지, 판단여지가 인정되는지 문제된다.

2. 판단여지의 의의 및 재량행위와 구별
판단여지란 요건규정에 불확정개념이 규정된 경우에도 이를 법개념으로 보아 하나의 판단만이 적법하다고 보면서도 행정청의 결정이 일정한 한계 내에서 이루어진 경우 법원은 이를 존중하여야 한다는 개념이다. 판단여지가 인정되는 한도에서 재판통제가 미치지 않는다는 점에서 재량행위와 구별을 부정하는 견해도 있지만 요건부분의 인정은 법인식의 문제이므로 구별하는 견해가 타당하다.[2]

3. 판단여지의 인정영역 및 한계
판단여지는 법원의 판단으로 행정청의 판단을 대체하는 것이 타당하지 않은 예외적인 경우, 즉 고도의 전문적·기술적 판단이나 고도의 정책적 판단에 속하는 경우에 한하여 인정되어야 할 것이다. 판단여지가 인정되는 영역으로는 비대체적 결정(공무원근무평가), 구속적 가치평가(독립한 합의제기관의 판단), 예측결정(미래예측적 성질의 결정), 형성적 결정(도시계획행정) 등이 있다.

판단여지가 인정되는 경우에도 ① 합의제 행정기관의 구성이 적정하게 이루어지지 않은 경우, ② 법에서 규정한 절차가 제대로 준수되지 않은 경우, ③ 행정청의 결정이 정확한 사실관계에 기초하지 않은 경우, ④ 일반적으로 인정된 평가기준이 준수되지 않은 경우, ⑤ 행정청의 판단에 있어 자의가 개입되어 있는 경우에는 판단여지의 한계를 넘어 위법하게 된다.

4. 사안의 경우
공정거래위원회가 甲의 행위가 경쟁을 실질적으로 제한하는 행위에 해당하는지 포섭하는 것이 미래예측적 결정에 해당되어 판단여지를 인정한다면 법원은 공정거래위원회가 乙회사의 주식취득이 금지되는 기업결합에 해당된다고 판단한 것을 존중해야 한다. 판단여지의 한계를 벗어난 사정이 사안에서는 보이지 않으므로 공정거래위원회가 주식처분명령의 위법성에 대해 판단하면서 乙회사의 주식취득이 기업결합에 해당되지 않는다는 이유로 위법하다고 판시한 부분은 잘못되었다.

III. 재량 (丙회사와 관련)

1. 문제점
독점규제법 제16조1항에 의한 공정거래위원회의 시정조치는 법문언상 재량행위에 해당한다. 금지되는 기업결합에 해당하는 행위를 하였다고 하더라도 당해행위의 중지, 주식의 전부 또는 일부의 처분 등의

---

[2] 출제의도가 판단여지와 재량을 구분하라는 의도로 보여서 다음 21번,23번 사례와는 달리 판단여지와 재량을 구분하는 입장으로 검토했다. 이론적으로는 구별 의의가 있으나 사례풀이 시 21번 사례처럼 판례의 입장처럼 구분하지 않고 재량행위로 검토하는 것도 무방하다. 구별부정설에 의할 때에는 "재량이나 판단여지는 법적 효과나 사법심사의 배제라는 측면에서 구별 실익은 없다"고 논거를 제시하면 된다.

행위 여부 및 수단의 선택에 관한 재량이 존재한다. 공정거래위원회가 취할 수 있는 수단 중에서 주식의 전부처분을 명한 것인데, 법원은 과도한 조치로 위법하다고 판단한 것이다. 재량행위가 사법심사의 대상이 되어 법원이 취소할 수 있는지가 문제된다.

2. 재량행위에 대한 사법심사

행정청의 재량행사가 재량의 한계 내에서 행사되는 경우 당·부당의 문제가 되며 행정심판의 대상이 될 수는 있으나 행정소송의 심사대상은 되지 못한다. 그러나 재량도 일정한 한계 내에서 행사되어야 하며 이러한 한계를 벗어나는 경우에는 위법한 재량행사가 되어 행정소송의 심사대상이 된다. 행정소송법 제27조도 재량에 속하는 처분이라도 재량권의 한계를 넘거나 남용이 있는 때에는 법원은 이를 취소할 수 있다고 하여 재량행위에 대한 사법심사 가능성을 인정하고 있다.

그러나 재량행위에 대한 사법심사 방식은 기속행위와 다르다. 기속행위의 경우 법규에 대한 원칙적인 기속성으로 인하여 법원이 사실인정과 관련 법규의 해석·적용을 통하여 일정한 결론을 도출한 후 그 결론에 비추어 행정청이 한 판단의 적법 여부를 독자의 입장에서 판정하는 방식에 의하게 되나, 재량행위의 경우 행정청의 재량에 기한 공익판단의 여지를 감안하여 법원은 독자의 결론을 도출함이 없이 당해 행위에 재량권의 일탈·남용이 있는지 여부만을 심사하게 된다.[3]

3. 재량의 일탈 · 남용

재량권의 행사는 일정한 법적 한계가 있으며 이러한 법적 한계를 넘은 재량권 행사는 위법한 것이 되어 사법심사의 대상이 된다. 외적 한계를 일탈한 경우를 재량의 일탈(유월)이라고 하고, 재량의 내적 한계를 지키지 못한 경우를 재량의 남용이라고 하는데 판례는 엄밀히 구분하지 않고 재량의 일탈·남용으로 판시하고 있다. 행정기본법도 행정청은 재량이 있는 처분을 할 때에는 관련 이익을 정당하게 형량하여야 하며, 그 재량권의 범위를 넘어서는 아니 된다고 규정하고 있다(제21조).

재량의 일탈·남용 사유로는 일의적으로 명확한 법규정의 위반, 사실오인, 평등원칙 위반·비례원칙 위반 등 행정법의 일반원칙 위반, 재량권의 불행사 또는 해태, 목적위반·동기부정 등이 있다. 이러한 경우 재량행위라도 재량권의 법적 한계를 넘어서 위법한 것이 된다.

4. 사안의 경우

공정거래위원회의 시정조치는 재량행위에 해당한다. 재량권행사의 한계 내에서 행사된다면 사법심사의 대상이 되지 않는다. 법원은 丙에 대한 주식취득과 관련하여 공정거래위원회가 甲에게 주식전부처분명령을 한 것이 과도한 조치라고 취소판결을 한 것은 비례의 원칙에 위반하여 재량의 한계를 벗어난 것으로 위법한 것이라고 보았다는 것이다.

공정거래위원회의 입장에서는 경쟁을 실질적으로 제한하는 甲회사와 丙회사의 기업결합을 영업방식이나 영업범위를 제한하는 방법으로는 막을 수 없으므로 주식전부처분명령을 할 수 밖에 없으며 따라서 과도한 조치가 아니므로 비례의 원칙에 위반되지 않는다는 주장을 할 수 있을 것이다. 이러한 입장에서는 주식전부처분명령에 대한 법원의 판결은 타당하지 않다고 할 것이다.

---

[3] 대판 2001.2.9. 98두17593

사례 022 판단여지와 재량행위(2), 행정규칙에 따른 처분의 위법성 [변시 2024]

　　甲은 A도 B군에 있는 자기 소유 임야(이하 '이 사건 사업부지'라 한다)에 태양광 발전시설을 설치하기 위하여 B군수에게 「국토의 계획 및 이용에 관한 법률」(이하 '국토계획법'이라 한다)에 따른 개발행위(토지형질변경) 허가를 신청하였다. 이 사건 사업부지는 B군을 지나는 고속국도(왕복 2차로 이상의 포장된 도로임)로부터 100m 이내에 입지하고 있다.

　　국토교통부장관이 정한 「개발행위허가 운영지침」(국토교통부 훈령)은 "허가권자가 국토계획법령 및 이 지침에서 정한 범위 안에서 별도의 지침을 마련하여 개발행위허가제를 운영할 수 있고, 개발행위허가기준을 적용함에 있어 지역 특성을 감안하여 지방도시계획위원회의 자문을 거쳐 높이·거리·배치·범위 등에 관한 구체적인 기준을 정할 수 있다."라고 규정하고 있다. 이에 따라 B군수가 정한 「B군 개발행위허가 운영지침」(B군 예규)에는 태양광 발전시설의 세부허가기준으로 "왕복 2차로 이상의 포장된 도로로부터 100m 이내에 입지하지 아니할 것"을 규정하고 있다.

　　B군수는 "1. 토지형질변경을 허가할 경우 주변 환경이나 경관과 조화를 이루지 못하기 때문에 개발행위허가 기준을 충족하지 못한다(이하 '제1거부사유'라 한다).", "2. 이 사건 사업부지가 왕복 2차로 이상의 포장된 도로로부터 100m 이내에 입지하여 「B군 개발행위허가 운영지침」에 저촉된다(이하 '제2거부사유'라 한다)."라는 이유로 거부처분(이하 '이 사건 거부처분'이라 한다)을 하였다. 이에 甲은 이 사건 거부처분을 다투는 취소소송(이하 '이 사건 소송'이라 한다)을 제기하였다.

1. 이 사건 거부처분의 제1거부사유에 대한 법원의 사법심사 방식과 그 한계에 관하여 설명하시오. (20점)
2. 이 사건 거부처분의 제2거부사유의 당부에 관하여 검토하시오. (20점)

[참조조문]　※ 유의사항
　　아래 법령은 가상의 것으로, 이와 다른 내용의 현행 법령이 있다면 제시된 법령이 현행 법령에 우선하는 것으로 할 것

*「국토의 계획 및 이용에 관한 법률」
제56조(개발행위의 허가) ① 다음 각 호의 어느 하나에 해당하는 행위로서 대통령령으로 정하는 행위(이하 "개발행위"라 한다)를 하려는 자는 특별시장·광역시장·특별자치시장·특별자치도지사·시장 또는 군수의 허가(이하 "개발행위허가"라 한다)를 받아야 한다.
　　1. 건축물의 건축 또는 공작물의 설치
　　2. 토지의 형질 변경
④ 다음 각 호의 어느 하나에 해당하는 행위는 제1항에도 불구하고 개발행위허가를 받지 아니하고 할 수 있다. 다만, 제1호의 응급조치를 한 경우에는 1개월 이내에 특별시장·광역시장·특별자치시장·특별자치도지사·시장 또는 군수에게 신고하여야 한다.
　　1. 재해복구나 재난수습을 위한 응급조치
　　2. 「건축법」에 따라 신고하고 설치할 수 있는 건축물의 개축·증축 또는 재축과 이에 필요한 범위에서의 토지의 형질 변경(도시·군계획시설사업이 시행되지 아니하고 있는 도시·군계획시설의 부지인 경우만 가능하다)
　　3. 그 밖에 대통령령으로 정하는 경미한 행위
제58조(개발행위허가의 기준) ① 특별시장·광역시장·특별자치시장·특별자치도지사·시장 또는 군수는 개발행위 허가의 신청 내용이 다음 각 호의 기준에 맞는 경우에만 개발행위허가 또는 변경허가를 하여야 한다.
　　4. 주변지역의 토지이용실태 또는 토지이용계획, 건축물의 높이, 토지의 경사도, 수목의 상태, 물의 배수, 하천·호소·습지의 배수 등 주변환경이나 경관과 조화를 이룰 것

③ 제1항에 따라 허가할 수 있는 경우 그 허가의 기준은 지역의 특성, 지역의 개발상황, 기반시설의 현황 등을 고려하여 대통령령으로 정한다.

* 「국토의 계획 및 이용에 관한 법률 시행령」

제51조(개발행위허가의 대상) ① 법 제56조제1항에 따라 개발행위허가를 받아야 하는 행위는 다음 각 호와 같다.
  1. 건축물의 건축 : 「건축법」 제2조제1항제2호에 따른 건축물의 건축
  2. 공작물의 설치 : 인공을 가하여 제작한 시설물(「건축법」 제2조제1항제2호에 따른 건축물을 제외한다)의 설치
  3. 토지의 형질변경 : 절토(땅깎기)·성토(흙쌓기)·정지(땅고르기)·포장 등의 방법으로 토지의 형상을 변경하는 행위와 공유수면의 매립(경작을 위한 토지의 형질변경을 제외한다)

제53조(허가를 받지 아니하여도 되는 경미한 행위) 법 제56조제4항제3호에서 "대통령령으로 정하는 경미한 행위"란 다음 각 호의 행위를 말한다. 다만, 다음 각 호에 규정된 범위에서 특별시·광역시·특별자치시·특별자치도·시 또는 군의 도시·군계획조례로 따로 정하는 경우에는 그에 따른다.
  3. 토지의 형질변경
    가. 높이 50센티미터 이내 또는 깊이 50센티미터 이내의 절토·성토·정지 등(포장을 제외하며, 주거지역·상업지역 및 공업지역외의 지역에서는 지목변경을 수반하지 아니하는 경우에 한한다)
    나. 도시지역·자연환경보전지역 및 지구단위계획구역 외의 지역에서 면적이 660제곱미터 이하인 토지에 대한 지목변경을 수반하지 아니하는 절토·성토·정지·포장 등(토지의 형질변경 면적은 형질변경이 이루어지는 당해 필지의 총면적을 말한다. 이하 같다)
    다. 조성이 완료된 기존 대지에 건축물이나 그 밖의 공작물을 설치하기 위한 토지의 형질변경(절토 및 성토는 제외한다)
    라. 국가 또는 지방자치단체가 공익상의 필요에 의하여 직접 시행하는 사업을 위한 토지의 형질변경

제56조(개발행위허가의 기준) ① 법 제58조제3항에 따른 개발행위허가의 기준은 별표 1의2와 같다.
  ④ 국토교통부장관은 제1항의 개발행위허가기준에 대한 세부적인 검토기준을 정할 수 있다.
  <별표 1의2> 생략

[설문 1] 개발행위허가 거부처분에 대한 법원의 사법심사 방식과 한계 (20점)

I. 문제의 소재

B군수가 국토의 계획 및 이용에 관한 법률(이하 "국토계획법"이라 한다) 제58조1항4호의 개발행위허가 기준을 충족하지 않는다는 것을 제1거부사유로 제시하였다. 제4호의 기준은 "토지의 이용실태 등 주변환경이나 경관과 조화를 이룰 것"이라는 불확정개념을 사용하고 있는 바, 불확정개념에 해당되는지 여부를 판단함에 있어서 판단여지가 인정되는지 재량이 인정되는지 문제된다. 판단여지의 한계 내지는 재량권 행사의 한계가 문제된다.

II. 개발행위허가의 법적 성질

1. 강학상 허가

(1) 허가와 특허의 구별

허가는 법령에 의한 일반적, 상대적 금지를 일정한 경우에 한하여 해제하여 적법하게 일정한 행위를 할 수 있게 하는 행정청의 행위를 말하며, 특허는 특정인을 위하여 새로운 권리, 능력, 포괄적 법률관계를 설정하는 행위를 말한다.

허가는 질서유지를 위하여 제한한 금지를 해제하는 소극적 위해방지작용이며, 주로 개인적·영리적 사업을 대상으로 하고 허가의 효과는 언제나 공법적인데 반하여, 특허는 공익사업을 통하여 공공복리를 달성하려는 행정작용이며 그 효과는 공법적인 것도 있고 사법적인 것도 있다. 허가와 특허의 구별은 상대화되어가고 있지만 기본적으로 특허는 상대방에게 새로운 권리를 부여하거나 권리를 확대한다는 점에서 자연적 자유의 회복 및 헌법상의 기본권을 적법하게 행사할 수 있는 법적지위의 설정행위인 허가와 구별된다.

(2) 사안의 경우
B군수의 개발행위허가는 국토계획법 제56조에 의한 것으로 개발행위자에게 자연적인 자유의 회복 및 헌법상의 기본권을 적법하게 행사할 수 있도록 하는 강학상 허가에 해당한다.

2. 재량행위

(1) 기속행위와 재량행위의 구별기준
기속행위와 재량행위의 구별기준에 대하여 판례는 ① 당해 행위의 근거가 된 법규의 체재·형식과 그 문언, ② 당해 행위가 속하는 행정 분야의 주된 목적과 특성, ③ 당해 행위 자체의 개별적 성질과 유형 등을 모두 고려하여 판단하여야 한다고 한다. 재량행위인가 기속행위인가는 기본적으로 입법자에 의해 결정되는 것이므로 허가와 특허가 구별에 결정적인 기준이 되는 것은 아니며 법문의 표현이 불명확한 경우에는 허가의 경우 기본권 보장의 이념이 우선시되어 기속행위로 판단하여야 하는 경우가 많을 것이며, 특허라면 공익실현의 이념이 우선시되어 재량행위로 보아야 하는 경우가 많을 것이다.

(2) 판단여지와 재량의 구별
판단여지란 요건규정에 불확정개념이 규정된 경우에도 이를 법개념으로 보아 하나의 판단만이 적법하다고 보면서도 행정청의 결정이 일정한 한계 내에서 이루어진 경우 법원은 이를 존중하여야 한다는 개념이다. 요건부분의 인정은 법인식의 문제이므로 구별하는 견해가 타당하지만 판단여지가 인정되는 한도에서 재판통제가 미치지 않는다는 점에서 재량행위와 구별실익은 없다. 판례의 입장에 따라서 재량행위의 문제로 판단하겠다.

(3) 사안의 경우
국토계획법 제56조는 개발행위를 하고자 하는 자는 개발행위허가를 받아야 한다고 규정하고 있어 문언상 기속, 재량은 불분명하다.
개발행위허가는 강학상 허가에 해당하지만 요건에 불확정개념이 있어 재량행위 여부가 문제된다. 판단여지와 재량을 구별하는 견해에 의하면 개발행위허가의 요건으로 "토지의 이용실태 등 주변환경이나 경관과 조화를 이룰 것"이라는 불확정개념이 있어 요건에 판단여지가 존재하며 효과는 기속행위라고 볼 것이다. 판단여지와 재량을 구별하지 않는 견해에 의하면 개발행위허가는 재량행위에 해당한다고 볼 것이다. 기속재량행위라는 견해도 있다.
판례는 개발행위허가는 금지요건이 불확정개념으로 되어 있어 그 금지요건에 해당하는지 여부를 판단함에 있어서 행정청에게 재량권이 부여되어 있다고 한다. B군수의 개발행위허가는 재량행위에 해당한다.

III. 재량행위에 대한 사법심사방식과 한계

1. 기속행위와 재량행위에 대한 사법심사

행정청의 재량행사가 재량의 한계 내에서 행사되는 경우 당·부당의 문제가 되며 행정심판의 대상이 될 수는 있으나 행정소송의 심사대상은 되지 못한다. 그러나 재량도 일정한 한계 내에서 행사되어야 하며 이러한 한계를 벗어나는 경우에는 위법한 재량행사가 되어 행정소송의 심사대상이 된다. 행정소송법 제27조도 재량에 속하는 처분이라도 재량권의 한계를 넘거나 남용이 있는 때에는 법원은 이를 취소할 수 있다고 하여 재량행위에 대한 사법심사 가능성을 인정하고 있다.

재량행위에 대한 사법심사 방식은 기속행위와 다르다. 기속행위의 경우 법규에 대한 원칙적인 기속성으로 인하여 법원이 사실인정과 관련 법규의 해석·적용을 통하여 일정한 결론을 도출한 후 그 결론에 비추어 행정청이 한 판단의 적법 여부를 독자의 입장에서 판정하는 방식에 의하게 되나, 재량행위의 경우 행정청의 재량에 기한 공익판단의 여지를 감안하여 법원은 독자의 결론을 도출함이 없이 당해 행위에 재량권의 일탈·남용이 있는지 여부만을 심사하게 된다.[1]

외적 한계를 일탈한 경우를 재량의 일탈(유월)이라고 하고, 재량의 내적 한계를 지키지 못한 경우를 재량의 남용이라고 하는데 판례는 엄밀히 구분하지 않고 재량의 일탈·남용으로 판시하고 있다. 행정기본법도 행정청은 재량이 있는 처분을 할 때에는 관련 이익을 정당하게 형량하여야 하며, 그 재량권의 범위를 넘어서는 아니 된다고 규정하고 있다(제21조).

재량의 일탈·남용 사유로는 일의적으로 명확한 법규정의 위반, 사실오인, 평등원칙 위반·비례원칙 위반 등 행정법의 일반원칙 위반, 재량권의 불행사 또는 해태, 목적위반·동기부정 등이 있다. 이러한 경우 재량행위라도 재량권의 법적 한계를 넘어서 위법한 것이 된다.

2. 사안의 경우

B군수의 개발행위허가는 재량행위이므로 법원은 B군수가 제1거부사유로 거부처분을 한 것에 대해서 재량의 일탈·남용이 있는지 여부만을 심사할 수 있으며 재량의 일탈·남용을 이유로 거부처분을 취소할 수 있을 뿐이며 개발행위허가처분을 직접 하거나 행정청에게 개발행위허가처분을 할 것을 명령할 수는 없다.

국토계획법 제56조 제1항에 의한 개발행위허가는 허가기준 및 금지요건이 불확정개념으로 규정된 부분이 많아 그 요건에 해당하는지 여부는 행정청의 재량판단의 영역에 속한다. 특히 환경의 훼손이나 오염을 발생시킬 우려가 있는 개발행위에 대한 행정청의 허가와 관련하여 재량권의 일탈·남용 여부를 심사할 때에는, 해당 지역 주민들의 토지이용실태와 생활환경 등 구체적 지역 상황과 상반되는 이익을 가진 이해관계자들 사이의 권익 균형 및 환경권의 보호에 관한 각종 규정의 입법 취지 등을 종합하여 신중하게 판단하여야 한다. '환경오염 발생 우려'와 같이 장래에 발생할 불확실한 상황과 파급효과에 대한 예측이 필요한 요건에 관한 행정청의 재량적 판단은 그 내용이 현저히 합리성을 결여하였다거나 상반되는 이익이나 가치를 대비해 볼 때 형평이나 비례의 원칙에 뚜렷하게 배치되는 등의 사정이 없는 한 법원은 이를 존중하는 것이 바람직하다.[2]

---

1) 대판 2001.2.9. 98두17593
2) 대판 2020.8.27. 2019두60776.

Ⅳ. 사안의 해결

개발행위허가는 강학상 허가이지만 재량행위에 해당한다. 재량행위는 법원이 하나의 정당한 결론을 도출할 수 없으며 재량의 일탈·남용 여부만 심사할 수 있을 뿐이다.

[설문 2] 군수가 제시한 제2거부사유의 당부 (20점)

Ⅰ. 문제의 소재

B군 예규인 「B군 개발행위허가 운영지침」에 의하면 도로로부터 100m 이내에는 태양광발전시설의 입지가 제한되므로 B군수는 개발행위허가를 거부한 것이므로 제2거부사유의 당부는 B군 예규인 「개발행위허가 운영지침」의 법적 성격과 관계된다. 운영지침이 행정규칙인지 대외적 구속력이 인정되는지가 문제된다. 운영지침은 국토교통부훈령인 「개발행위허가 운영지침」에 의하여 제정된 것으로서 국토교통부 훈령의 법적 성격도 검토한다.

Ⅱ. 국토교통부장관과 B군수가 제정한 개발행위허가 운영지침의 법적 성격

1. 법규명령과 행정규칙

법규명령은 법률의 위임에 의하여 또는 법률을 집행하기 위하여 행정권에 의하여 제정되는 일반적·추상적 규율로서 대외적 구속력이 인정되는 법규범을 말한다. 행정규칙은 상급행정기관이 하급행정기관을 수범자로 하여 그의 임무수행과 조직에 관하여 발하는 일반적·추상적 규율로서 대외적으로 국민이나 법원을 기속하는 효력이 없다.

2. 국토교통부장관 훈령인 「개발행위허가 운영지침」의 법적 성격

국토계획법 제58조3항은 허가기준을 대통령령으로 구체화하라고 위임했고, 동법 시행령 제56조는 구체적인 기준을 별표1의2로 정하면서 국토교통부장관이 개발행위허가기준에 대한 세부적인 검토기준을 정할 수 있다고 하여 장관에게 허가기준을 만들 수 있는 재량을 부여하고 있다. 이에 따라 장관은 훈령으로 「개발행위허가 운영지침」을 제정하였다.

시행령 제56조는 법률의 위임을 받아 제정한 법규명령으로 대외적 구속력이 있지만, 국토교통부장관이 제정한 훈령은 상위법령의 위임을 받아 제정한 법령보충적 규칙에 해당하는 것이 아니라 개발행위허가기준(판례는 판단재량을 인정)에 대한 세부적인 검토기준을 정한 것으로 재량준칙의 성격을 가지는 행정규칙에 해당한다. 시행령은 개발행위허가기준의 판단에 있어서 지역별로 세부적인 검토기준을 정할 수 있다는 재량을 인정한 것 뿐이다.[3]

3. B군 예규인 「개발행위허가 운영지침」의 법적 성격

국토교통부장관 훈령인 「개발행위허가 운영지침」에서 허가권자인 지방자치단체장이 별도의 지침을 마련하여 개발행위허가제를 운영할 수 있도록 하였고, 구체적인 지역특성을 감안하여 구체적인 기준을 정할 수 있다고 하여 B군수는 B군 예규로 「개발행위허가 운영지침」을 제정한 것이다.

---

3) 대판 2020.8.27. 2019두60776.

B군수가 정한 B군 「개발행위허가 운영지침」 역시 관계 법령과 국토교통부 훈령인 「개발행위허가 운영지침」의 범위 안에서 개발행위허가제를 운영하기 위하여 B군의 특성에 맞도록 별도로 마련한 개발행위허가에 관한 세부적인 검토기준으로, 그 형식 및 내용에 비추어 B군 내부의 사무처리준칙 또는 재량준칙에 불과하므로 일반 국민이나 법원을 구속하는 대외적 구속력은 없다.[4]

Ⅲ. 제2거부사유의 당부

1. 행정규칙의 대외적 구속력

행정규칙은 대외적 구속력이 없으므로 법원의 재판규범이 되지 않는다. 법원은 행정규칙에 적합한 것인가의 여부에 따라 처분의 적법성을 판단하지 않는다. 단지 행정규칙에 위배되었다는 이유로 위법하다고 판단할 수 없다. 처분의 적법 여부는 행정규칙에 적합한지 여부가 아니라 상위법령의 규정과 입법 목적 등에 적합한지 여부에 따라 판단해야 한다.

그러나 판례는 재량준칙이 객관적으로 합리적이 아니라거나 타당하지 않다고 볼 만한 특별한 사정이 없음에도 재량준칙을 따르지 않고 특정인에게 과도하게 기준을 초과하는 처분을 한 경우는 재량권을 일탈한 위법한 처분으로 보고 있으며[5], 또한 재량준칙이 현저히 부당하다고 인정할 만한 합리적인 이유가 없는 한 섣불리 처분기준에 따른 처분이 재량권의 범위를 일탈하였거나 재량권을 남용한 것이라고 판단해서는 안된다고 하여[6] 재량준칙을 존중하는 해석을 하고 있다. 또한 재량준칙에 따라 일정한 행정관행이 성립된 경우 행정관행에 위반하여 내린 처분은 행정의 자기구속의 법리에 따라 위법성이 인정될 것이다.

2. 사안의 경우

B군 「개발행위허가 운영지침」은 행정규칙에 불과하므로 대외적 구속력이 없다. 사안은 B군수가 지침에 따른 처분을 한 경우로서 자기구속원칙 위반이 문제되는 경우는 아니다.

지침은 재판규범이 되지 않으므로 지침 조항에 따랐다고 제2거부사유가 적법하다고 단정할 수 없다. 그러나 행정규칙이 이를 정한 행정기관의 재량에 속하는 사항에 관한 것인 때에는 그 규정 내용이 객관적 합리성을 결여하였다는 등의 특별한 사정이 없는 한 법원은 이를 존중하는 것이 바람직하다는 것이 판례임을 감안하면 도로로부터 100m 이내에는 태양광발전시설의 입지가 제한한다는 지침의 내용이 객관적 합리성을 결여한 것인지에 따라 판단해야 할 것이다. 객관적 합리성을 결여한 것이라면 지침에 저촉된다는 제2거부사유는 위법하다. 그러나 객관적 합리성을 결여한 것이 아니라면 지침을 존중하는 해석이 필요하며 지침에 따라 거부한 것만으로 위법하다고 볼 수 없다.

Ⅳ. 사안의 해결

국토교통부장관 훈령인 「개발행위허가 운영지침」과 B군 예규인 「개발행위허가 운영지침」은 행정규칙으로서 재량준칙에 해당한다. 제2거부사유는 행정규칙에 따른 것으로서 재량준칙이 객관적 합리성을 결여한 것이 아니라면 존중하는 해석이 필요하므로 위법하다고 할 수 없지만, 객관적 합리성이 결여된 것이라면 제2거부사유는 위법하다.

---

[4] 대판 2020.8.27. 2019두60776.
[5] 대판 1993.6.29. 93누5653
[6] 대판 2007.9.20. 2007누6946

유제 1　　　　　　　　　　　　　　　　　　　　　　　　　　　　　　　　　[행시 2023]

甲은 X 토지에 액화석유가스 충전시설을 설치하기 위하여 2023. 1. 5. A군 군수에게 「국토의 계획 및 이용에 관한 법률」에 따른 개발행위허가를 신청하였다. A군 군수는 2023. 2. 9. 甲에게 "X 토지 대부분이 마을로부터 100m 이내에 위치하여 「A군 개발행위허가 운영지침」(이하 '이 사건 지침'이라 한다) 제6조 제1항 제1호에 저촉된다"는 이유로 거부처분을 하였다. 이 사건 지침 제6조 제1항 제1호는 액화석유가스 충전시설의 세부허가기준으로 "마을로부터 100m 이내에 입지하지 아니할 것"을 규정하고 있다. 甲은 2023. 4. 12. A군 군수의 거부처분이 위법하다고 주장하며 그 취소를 구하는 소송을 제기하였다. (총 25점)

2) A군 군수는 위 소송에서 "이 사건 지침 조항에 따라 거부처분을 한 것이므로 적법하다"고 주장한다. 그 주장의 당부에 관하여 검토하시오. (15점)
(단, 제시된 참조조문 외 다른 법령을 고려하지 말 것)

[참조조문] 현행 법령을 사례해결에 적합하도록 수정하였음(국토의 계획 및 이용에 관한 법률 제58조1항,3항과 동법 시행령 제56조4항도 인용되었으나 본문사례와 동일하여 생략함 - 본문사례 참조)

* 「개발행위허가 운영지침」(국토교통부훈령 제1017호)

제1장 총칙
　제1절 개발행위허가지침의 목적
　　1-1-1. 이 지침은 「국토의 계획 및 이용에 관한 법률 시행령」 제56조 제4항에 따라 개발행위허가의 대상·절차·기준 등에 대한 시항을 제시하여 개발행위허가제의 원활한 운영을 도모함을 목적으로 한다.
　제2절 개발행위허가의 의의 및 운영원칙
　　1-2-2. 특별시장·광역시장·특별자치시장·특별자치도지사·시장 또는 군수(이하 '허가권자'라 한다)는 「국토의 계획 및 이용에 관한 법률」, 「국토의 계획 및 이용에 관한 법률 시행령」에서 위임하거나 정한 범위 안에서 도시·군계획조례를 마련하거나 법령 및 이 지침에서 정한 범위 안에서 별도의 지침을 마련하여 개발행위허가제를 운영할 수 있다.

제3장 개발행위허가기준
　제2절 분야별 검토사항
　　3-2-6. 그 밖의 사항
　　(3) 허가권자는 제3장 및 제4장의 개발행위허가기준을 적용함에 있어 지역특성을 감안하여 지방도시계획위원회의 자문을 거쳐 높이·거리·배치·범위 등에 관한 구체적인 기준을 정할 수 있다.

해 설

A군 군수는 지침에 배치된다는 이유로 개발행위허가를 거부하였는바, 개발행위허가의 법적 성질이 문제되고 아울러 지침의 법적성질이 문제된다. 지침이 상위법령의 위임을 받은 법령보충적 규칙으로서 대외적 구속력이 인정되는지, 재량준칙의 성질을 가지고 있는지 검토되어야 한다.

개발행위허가는 재량행위에 해당한다. A군 개발행위허가 운영지침은 행정규칙에 불과하므로 대외적 구속력은 없다. 사안은 지침에 따른 처분을 한 경우로서 자기구속원칙 위반이 문제되는 경우는 아니므로 간접적으로 대외적 구속력이 인정될 수도 없다. 개발행위허가 운영지침이 재판규범이 되지 않으므로 지침 조항에 따랐다고 적법하다고 단정할 수 없다.

개발행위허가의 위법성은 국토계획법령에서 정한 개발행위허가기준과 비례·평등원칙과 같은 법의 일반원칙에 적합한지 여부에 따라 판단해야 하므로 A군수의 주장은 타당하지 않다. 다만, 판례는 재량준칙을 존중하는 해석을 하고 있는 바, 재량준칙이 객관적 합리성을 결여한 것이 아니라면 이를 존중하여 거부처분이 위법하다고 할 수 없지만, 객관적 합리성이 결여된 것이라면 위법하다고 할 것이다.

유제 2 [행시 2018]

가구제조업을 운영하는 甲은 사업상 필요에 의해 자신이 소유하는 산림 50,000 ㎡ 일대에서 입목을 벌채하고자 「산림자원의 조성 및 관리에 관한 법률」 제36조 및 같은 법 시행규칙 제44조의 규정에 따라 관할 행정청 乙시장에게 입목벌채허가를 신청하였다. 이에 대해서 인근 A사찰의 신도들은 해당 산림의 입목벌채로 인하여 사찰의 고적하고 엄숙한 분위기가 저해될 것을 우려하여 乙시장에게 당해 허가를 내주지 말라는 민원을 강력히 제기하였다. 그러나 乙시장은 甲의 입목벌채허가신청이 관계 법령이 정하는 허가요건을 모두 갖추었음을 이유로 입목벌채허가를 하였다. 다음 물음에 답하시오. (각 문항들은 상호 독립적임)

3) 만약, 위 사례에서 乙시장이 A사찰 신도들의 민원을 이유로 甲에 대한 입목벌채허가를 거부하였다면, 乙시장의 불허가처분은 적법한가? (20점)

[참조조문] (현행 법령을 사례해결에 적합하도록 단순화하였음.)
* 산림자원의 조성 및 관리에 관한 법률
제36조(입목벌채등의 허가 및 신고 등) ① 산림 안에서 입목의 벌채, 임산물의 굴취·채취를 하려는 자는 농림축산식품부령으로 정하는 바에 따라 특별자치시장·특별자치도지사·시장·군수·구청장이나 지방산림청장의 허가를 받아야 한다.
② 특별자치시장·특별자치도지사·시장·군수·구청장이나 지방산림청장은 국토와 자연의 보전, 문화재와 국가 중요 시설의 보호, 그 밖의 공익을 위하여 산림의 보호가 필요한 지역으로서 대통령령으로 정하는 지역에서는 제1항에 따른 입목벌채등의 허가를 하여서는 아니 된다. 다만, 병해충의 예방·구제 등 대통령령으로 정하는 사유로 입목벌채등을 하려는 경우에는 이를 허가할 수 있다.
③ 특별자치시장·특별자치도지사·시장·군수·구청장이나 지방산림청장은 제1항에 따른 입목벌채등의 허가 신청을 받은 경우 벌채 목적과 벌채 대상의 적정성 등 농림축산식품부령으로 정하는 사항을 고려하여 그 타당성이 인정되면 입목벌채등을 허가하여야 한다.

* 산림자원의 조성 및 관리에 관한 법률 시행규칙
제44조(입목벌채의 허가) ② 특별자치시장·특별자치도지사·시장·군수·구청장 또는 지방산림청국유림관리소장은 제1항에 따른 신청을 받은 경우에는 다음 각 호의 사항을 조사·확인하여 허가를 하는 것이 타당하다고 인정되는 때에는 별지 제35호서식에 따른 허가증을 발급하여야 한다.
  1. 벌채구역의 경계표시의 적정성 여부
  2. 대상목의 선정 및 표시의 적정성 여부
  3. 잔존시킬 입목의 선정 및 표시의 적정성 여부(모수작업만 해당한다)
  4. 별표 3에 따른 기준벌기령, 벌채·굴취기준 및 임도 등의 설치기준에 적합한지 여부

해 설

입목벌채허가의 법적 성격이 문제되며, A사찰의 고적하고 엄숙한 분위기를 저해하지 않을 것이 입목벌채허가의 요건에 해당하는지, 해당하지 않는다면 요건 외의 사유로 허가를 거부하는 것이 가능한지 문제된다.
입목벌채허가는 강학상 특허라는 견해도 있을 수 있으나 자신이 소유하는 산림의 입목을 벌목하는 것은 자연적 자유로서 일반적으로 금지되어 있다가 입목벌채허가를 통해서 금지가 해제되는 것으로 보는 것이 타당하다. 입목벌채허가는 강학상 허가의 성격을 가진다.
입목벌채허가가 강학상 허가라는 점을 고려하면 요건이 구비되면 반드시 허가를 해주는 것으로 해석하는 것이 바람직하다. 그러나 입목벌채허가요건에 불확정개념이 존재하며 불확정개념 해당 여부에 판단여지가 인정되는지 판단재량이 존재하는지 문제가 된다.

판단여지와 재량을 구별하는 견해에 의하면 요건에 판단여지가 존재하며 효과는 기속행위라고 볼 것이다. 판단여지와 재량을 구별하지 않는 견해에 의하면 입목벌채허가는 재량행위에 해당한다고 볼 것이다.

판례는 산림훼손허가[7]가 문제된 사안 등에서 법규에서 정한 제한사유 외에 중대한 공익을 이유로 거부할 수 있다고 판시한 바 있다. 이러한 판례에 의하면 사안의 허가는 결국 재량행위의 성격을 갖게 된다. 이러한 판례에 대해서 판례의 입장은 법치행정의 원리에 반한다고 비판하면서 중대한 공익을 사정판결의 방식으로 해결해야 한다는 비판도 있고 판례가 기속재량을 인정한 것이라고 평가하는 견해도 있다.

판례에 따라서 재량행위로 전제하고 풀이한다.

A사찰 신도들의 민원은 해당 산림의 입목벌채로 인하여 사찰의 고적하고 엄숙한 분위기가 저해될 것을 우려하여 乙시장에게 당해 허가를 내주지 말라는 것이고, 乙시장이 이러한 사유로 거부한 것이라면 사찰의 고적하고 엄숙한 분위기가 저해된다는 것이 산림자원의 조성 및 관리에 관한 법률 제36조 2항의 "국토와 자연의 보전, 문화재아 국가 중요 시설의 보호, 그 밖이 공익을 위하여 산림의 보호가 필요"한 것에 해당되는지 문제된다.

판단여지를 인정하는 견해나 재량행위라고 보는 견해나 사찰의 고적하고 엄숙한 분위기가 저해될 우려가 있다는 것이 산림자원의 조성 및 관리에 관한 법률 제36조2항의 허가거부사유에 해당된다고 보기는 어렵다. 또한 판례의 입장에 의하면 법규에서 정한 제한사유 외에 중대한 공익을 이유로 거부할 수도 있지만 민원의 내용이 중대한 공익에 해당한다고 보기도 어렵다고 보아야 한다. 결국 재량이 인정되더라도 사안의 사찰 신도들의 민원은 입목벌채허가에 재량을 부여한 목적에 부합하지 않고 재량행사시 고려할 요소가 아니므로 乙시장의 불허가처분은 위법하다. 위법성의 정도는 중대명백설에 의할 때 취소사유에 해당한다.

---

[7] 대판 2002.10.25. 2002두6651.

사례 023 　 판단여지와 재량행위(3) 　 [행시 2019]

甲은 국립 K대학교의 교수로 재직 중이다. K대학교는 「교육공무원법」 제24조 등 관계 법령 및 「K대학교 학칙」에 근거한 「K대학교 총장임용후보자 선정에 관한 규정」에 따라 총장임용후보자 선정관리위원회 구성, 총장임용후보자 공모, 정책토론회 등의 절차를 거쳐 총장임용추천위원회 투표 결과 가장 많은 득표를 한 甲을 1순위 총장임용후보자로, 그 다음으로 많은 득표를 한 乙을 2순위로 선정하였다. 이에 따라 K대학교는 교육부장관에게 총장임용후보자로 甲을 1순위, 乙을 2순위로 추천하였는데, 장관은 대통령에게 乙만을 총장임용후보자로 제청하였다. 甲은 1순위 임용후보자인 자신이 아닌 2순위 후보자인 乙을 총장으로 임용하는 것은 위법하다고 주장한다. (총 50점)

2) 대통령은 교육부장관의 임용 제청에 따라 乙을 K대학교 총장으로 임용하였다. 대통령의 임용행위의 위법 여부를 검토하시오. (단, 절차적 하자는 제외함) (20점)

[참조조문]
* 교육공무원법
제24조(대학의 장의 임용) ① 대학(「고등교육법」 제2조 각 호의 학교를 말하되, 공립대학은 제외한다)의 장은 해당 대학의 추천을 받아 교육부장관의 제청으로 대통령이 임용한다.
② 제1항 본문에 따른 대학의 장의 임용추천을 위하여 대학에 대학의 장 임용추천위원회(이하 "추천위원회"라 한다)를 둔다.
③ 추천위원회는 해당 대학에서 정하는 바에 따라 다음 각 호의 어느 하나의 방법에 따라 대학의 장 후보자를 선정하여야 한다.
　1. 추천위원회에서의 선정
④ 대학의 장 후보자는 대학의 장으로서 요구되는 학식과 덕망을 갖추고 통솔력과 행정능력을 고루 갖춘 사람으로 다음 각 호의 자격을 모두 충족하여야 한다.
　1. 법 제10조의4 각 호의 교육공무원 결격 사유가 없는 사람
⑤ 추천위원회의 구성·운영 등에 필요한 사항은 대통령령으로 정한다.

* 교육공무원임용령
제12조의2(대학의 장의 추천) 대학은 법 제24조제1항 또는 제55조제1항의 규정에 의하여 대학의 장의 임용추천을 할 때에는 2인 이상의 후보자를 대학의 장의 임기만료일 30일전까지 교육부장관에게 추천하여야 한다.
제12조의3(대학의 장 임용추천위원회의 구성 및 운영) ① 법 제24조제2항에 따른 대학의 장 임용추천위원회(이하 "추천위원회"라 한다)는 다음 각 호의 사람 중에서 해당 대학의 학칙으로 정하는 바에 따라 10명 이상 50명 이하의 위원으로 구성한다.
　3. 해당 대학의 재학생
② 추천위원회의 위원에는 제1항 각 호에 해당하는 위원이 각 1명 이상 포함되어야 한다.
③ 추천위원회의 운영 등에 필요한 세부사항은 해당 대학의 학칙으로 정한다.

I. 문제의 소재

대통령의 임용행위의 위법성을 판단하기 위해서는 행정행위의 적법요건에 대한 검토가 필요하다. 행정행위는 주체·내용·절차·형식 면에서 적법요건을 구비해야 한다. 대통령은 정당한 임용권자이므로 주체요건은 문제가 없고, 절차나 형식 요건도 특별히 문제되는 사정은 없다. 내용상 하자와 관련하여 교육부

장관이 추천위원회가 2순위자로 추천한 乙을 임용제청하고 1순위자를 제청제외하는 처분을 했는데 이에 기초한 대통령의 임용행위가 정당한지 문제된다. 판단여지와 재량의 구별도 문제된다.

II. 임용행위의 법적 성질

1. 판단여지와 재량행위

2. 사안의 경우

대통령이 국립대학교 총장을 임명하는 행위는 교육공무원법 제24조의 문언상 기속행위인지 재량행위인지는 불분명하다. 동법 제24조4항은 총장임용추천위원회에서 후보자를 선정할 때 후보자가 "대학의 장으로서 요구되는 학식과 덕망을 갖추고 통솔력과 행정능력을 고루 갖춘 사람"으로서 결격사유가 없는 사람일 것을 요구하고 있는데 요건에 불확정개념이 존재한다. 학식과 덕망을 갖추고 통솔력과 행정능력을 고루 갖춘 사람인지 해당 여부를 포섭하는 데에 있어서 판단여지가 문제될 수 있는데 판례는 판단여지를 재량과 구분하지 않고 재량이 있다고 한다.

추천위원회가 후보자를 추천한 경우라고 하더라도 다시 교육부장관의 제청으로 대통령이 이 중에 다시 임명하도록 되어 있는데 대통령이 추천위원회의 추천이나 교육부장간의 제청에 구속되는 것으로 볼 수 없으므로 결국 대통령의 총장임명행위는 재량행위에 해당한다.

III. 재량행위에 대한 사법심사

IV. 사안의 해결

사안에서는 교육부장관이 추천위원회에서 2순위로 추천한 乙만을 총장임용후보자로 제청한 것이 문제된다. 교육공무원법령은 대학이 대학의 장 후보자를 복수로 추천하도록 정하고 있을 뿐이고, 교육부장관이나 대통령이 대학이 정한 순위에 구속된다고 볼 만한 규정을 두고 있지 않다. 대학이 복수의 후보자에 대하여 순위를 정하여 추천한 경우 교육부장관이 후순위 후보자를 임용제청하더라도 단순히 그것만으로 헌법과 법률이 보장하는 대학의 자율성이 제한된다고 볼 수는 없다. 대학 총장 임용에 관해서는 임용권자에게 일반 국민에 대한 행정처분이나 공무원에 대한 징계처분에 비하여 광범위한 재량이 주어져 있다고 볼 수 있다. 따라서 대학에서 추천한 후보자를 총장 임용제청이나 총장 임용에서 제외하는 결정이 대학의 장에 관한 자격을 정한 관련 법령 규정에 어긋나지 않고 사회통념에 비추어 불합리하다고 볼 수 없다면 쉽사리 위법하다고 판단해서는 안 된다.[1]

행정청의 전문적인 정성적 평가 결과는 그 판단의 기초가 된 사실인정에 중대한 오류가 있거나 그 판단이 사회통념상 현저하게 타당성을 잃어 객관적으로 불합리하다는 등의 특별한 사정이 없는 한 법원이 그 당부를 심사하기에는 적절하지 않으므로 가급적 존중되어야 한다. 여기에 재량권을 일탈·남용한 특별한 사정이 있다는 점은 증명책임분배의 일반원칙에 따라 이를 주장하는 자가 증명하여야 한다. 甲은 교육부장관이 자신을 총장 임용 부적격사유가 있다고 밝혔다면, 그러한 판단에 사실오인 등의 잘못이 있음을 주장·증명함과 아울러, 임용제청되었거나 임용된 다른 후보자인 乙에게 총장 임용 부적격사유가 있다는 등의 특별한 사정까지 주장·증명한다면 대통령이 乙을 임용한 행위는 위법하다고 볼 수 있으나 그러한 사유를 주장·증명하지 못한다면 대통령의 임용행위는 적법하다.

---

[1] 대판 2018.6.15. 2016두57564

사례 024 강학상 하명 [변시 2021]

질병관리청장 B는 A시에 제1급감염병이 급속하게 확산되자 이를 저지하기 위한 조치의 일환으로 감염병의 예방 및 관리에 관한 법률」(이하 '감염병예방법') 제46조 제2호에 근거하여 감염병 발생지역에 출입하는 사람으로서 감염병에 감염되었을 것으로 의심되는 사람이라는 이유로 丁에게 감염병 예방에 필요한 건강진단과 예방접종을 받도록 명하였다. 그러나 丁은 예방접종으로 인한 부작용을 우려하여 건강진단과 예방접종을 받기를 거부하고 있다. 이에 대하여 B는 일부 부작용이 있을 수도 있으나, 관계 법률이 정하는 절차에 따라 효과가 검증된 예방접종을 행하는 것은 감염병 확산을 막기 위하여 반드시 필요하며, 건강진단을 거부할 경우 감염병예방법에 의하여 형사처벌을 받을 수 있다고 하면서 그 불가피성을 주장한다.
丁은 B의 건강진단 및 예방접종명령에 대해서 취소소송을 제기하고 소송 중에 건강진단 및 예방접종명령의 근거가 되는 감염병예방법 제46조와 처벌규정인 제81조 각 해당 조항에 대하여 위헌법률심판제청을 신청하고자 한다.

(1) B가 丁에게 행한 건강진단 및 예방접종명령의 법적 성질을 검토하시오. (10점)
※ 감염병예방법의 관련 규정은 배부된 법전을 참조할 것 (변시 법전에는 수록, 행시 법전에는 없음)

I. 문제의 소재

건강진단 및 예방접종명령이 강학상 하명으로서 행정소송법상 처분인지 검토한다.

II. 강학상 하명

강학상 하명은 명령적 행정행위 중의 하나로서 의무를 명하는 행정행위를 의미한다. 하명은 대부분 개별적·구체적 규율로서 행하여지나 일반처분으로 행하여지기도 한다. 하명은 부담적 행정행위에 속하며 법령의 근거를 요한다. 하명은 과하여지는 의무의 내용에 따라 작위하명, 부작위하명, 수인하명, 급부하명으로 구별되며, 사람의 주관적 사정에 착안하는 대인적 하명과 물건의 객관적 사정에 착안하는 대물적 하명으로 구분되기도 한다.
하명이 유효하게 행하여진 때에는 상대방에게 내용에 따른 의무를 부과시킨다. 하명의 상대방이 의무를 이행하지 않는 경우에는 행정상의 강제집행 또는 행정벌의 대상이 된다. 그러나 하명을 위반한 행위의 법률효과는 법률에 별도의 규정이 있는 경우를 제외하고는 그 효력이 부인되지 않음이 원칙이다.

III. 사안의 해결

질병관리청장 B가 丁에게 감염병 예방에 필요한 건강진단과 예방접종을 받도록 명한 행위는 丁에게 일정한 행위를 적극적으로 하여야 할 의무를 부과하는 작위하명에 해당하며 丁이 감염병 발생지역에 출입하는 사람으로서 감염병에 감염되었을 것으로 의심된다는 이유로 발령된 것으로 대인적 하명에 해당한다. 丁이 의무를 불이행하는 경우 행정상의 강제집행 및 행정벌의 대상이 되지만 이는 법률유보의 원칙상 별도의 근거를 요한다. 감염병예방법은 건강진단을 거부하는 경우 200만원 이하의 벌금을 부과할 수 있도록 하고 있다.
B의 건강진단과 예방접종을 받도록 명한 행위는 강학상 하명으로, 행정청이 행하는 구체적 사실에 관한 법집행으로서의 공권력의 행사에 해당되어 취소소송의 대상이 되는 처분에 해당된다.

사례 025　신청시와 처분시 사이에 사정변경시 위법판단기준시　[행시(재경) 2009]

甲은 A군 관내에 있는 자신의 토지에 가옥을 건축하기 위하여 건축관계 법령상의 건축허가요건을 갖추어 A군의 군수에게 건축허가를 신청하였다. 그러나 A군의 공무원 정기인사로 인하여 업무의 공백이 발생하여 건축허가절차가 지연되면서 그 사이에 건축관계 법령이 개정·시행되었으며, 개정된 법령에 의하면 건축허가 요건을 갖추지 못하게 되었다. 이 경우 A군의 군수는 개정된 법령에 따라 건축허가를 거부할 수 있는가? (20점)

I. 문제의 소재

甲이 건축허가 요건을 모두 구비하여 건축허가 신청을 하였으나 공무원 정기인사로 인하여 건축허가 절차가 지연되는 사이에 건축관련 법령이 개정 및 시행되어 강화된 건축허가 요건은 구비하지 못 하게 된 경우, A군의 군수는 개정된 법률에 따라 건축허가를 거부할 수 있는지, 아니면 개정 전 법률에 따라 건축허가를 해주어야 하는지 문제된다.

II. 건축허가의 법적성질

사안의 건축허가는 건축법 제11조1항의 건축허가에 해당한다고 할 수 있다. 제11조 제1항의 규정만으로는 기속 재량 여부가 불분명하나 원칙적으로 기속행위로 해석하는 것이 통설, 판례의 태도이다. 그 이유는 건축행위는 자연적 자유에 속하지만 경찰상 목적을 위하여 일반적, 상대적으로 금지하고 건축법상의 요건 및 관련법령상 제한사유가 없는 한 금지를 해제하여 자연적 자유를 회복시켜주어야 하기 때문이다. 건축허가가 기속행위이므로 甲이 허가요건을 구비하여 신청하면 A군의 군수는 원칙적으로 건축허가를 해주어야 한다.

III. 허가신청후 법령개정으로 인한 거부처분시 위법판단기준시기

1. 신청시와 처분시 사이에 사정변경시 위법판단 기준시기

당사자의 신청에 따른 처분은 법령등에 특별한 규정이 있거나 처분 당시의 법령등을 적용하기 곤란한 특별한 사정이 있는 경우를 제외하고는 처분 당시의 법령등에 따른다(행정기본법 제14조2항). 허가신청시와 처분시 사이에 법령 등의 개정으로 사정변경이 있어 신청시를 기준으로 하면 요건을 구비하였으나 처분시를 기준으로 하면 요건을 구비하지 못한 경우에 신청시를 기준으로 한다면 처분당시의 법령에 비추어 법률적합성의 원칙에 반하게 되며, 반면 처분시의 법령을 기준으로 한다면 당사자의 신뢰를 보호할 수 없는 문제가 생기게 된다. 법령 개정시 경과규정을 두어 이미 허가신청을 한 자의 이익을 보호하고 있다면 문제가 될 것이 없으나 경과규정을 두지 않은 경우에 문제가 된다.
판례는 투전기업허가신청후 허가요건이 강화된 사안에서 행정행위는 처분 당시에 시행중인 법령 및 허가기준에 의하여 하는 것이 원칙이고, 인·허가신청 후 처분 전에 관계 법령이 개정 시행된 경우 신법령 부칙에서 신법령 시행 전에 이미 허가신청이 있는 때에는 종전의 규정에 의한다는 취지의 경과규정을 두지 아니한 이상 당연히 허가신청 당시의 법령에 의하여 허가 여부를 판단하여야 하는 것은 아니며, 소관 행정청이 허가신청을 수리하고도 정당한 이유 없이 처리를 늦추어 그 사이에 법령 및 허가기준이 변경된 것이 아닌 한 새로운 법령 및 허가기준에 따라서 한 불허가처분은 적법하다고 판시하고 있다.

생각건대 허가신청 후 법령이 변경되었다고 하더라도 처분시의 법령을 기준으로 허가여부를 결정하는 것이 원칙이다. 다만, 신법령상 허가요건을 강화시킨 공익적 요청과 구법령의 존속에 대한 신뢰 등 상대방의 사익적 요청을 비교형량하여 판단하여야 할 것이다.

2. 사안의 경우

사안의 경우 甲이 건축허가신청시 법령상의 건축허가요건을 구비했고 건축허가는 기속행위이므로 A군의 군수는 건축허가를 해주어야 한다. 그런데 공무원정기인사로 인하여 업무공백이 발생하여 건축허가절차가 지연되면서 건축관계법령이 개정되어 처분시의 법령을 기준으로 건축허가를 거부한 것이다. 공무원정기인사로 인한 업무공백이 허가신청에 대한 처리를 늦출 수 있는 정당한 이유에 해당되는지 문제되는데, 정당한 이유의 판단시 건축허가거부로 인한 甲의 불이익과 개정법령으로 달성하고자 하는 공익을 이익형량하여야 할 것이다.

생각건대 공무원 정기인사가 발령되었다 하더라도 공무원 간의 인수인계가 이루어진다는 점, 인수인계를 통해서 업무상 공백이 원칙적으로 없어야 한다는 점을 고려하면 정기인사로 인한 업무공백은 신청에 대한 처리를 늦출 수 있는 정당한 이유에 해당한다고 볼 수 없다.[1] A군의 군수는 기존의 법령에 따라 甲에게 건축허가를 해주어야 한다.

IV. 개정법령적용에 있어서 신뢰보호원칙이 적용될 수 있는지

건축허가요건에 관한 관계법령규정이 개정된 경우 경과규정에서 달리 정함이 없는 한 처분당시에 시행되는 개정법령에서 정한 기준에 의해 건축허가여부를 결정하는 것이 원칙이다. 그러나 개정 전 법령의 존속에 대한 국민신뢰가 개정법령적용에 관한 공익상 요구보다 더 보호가치 있다고 인정되는 경우에 국민의 신뢰를 보호하기 위해 적용을 제한할 여지가 있다.

사안의 경우 甲이 건축관계법령의 존속에 대한 신뢰가 개정법령적용에 관한 공익상 요구보다 더 보호가치 있다고 인정되므로 A군의 군수는 개정 법령에 따라 건축허가를 거부할 수 없다.

V. 사안의 해결

정기인사로 인한 업무공백은 신청에 대한 처리를 늦출 수 있는 정당한 이유에 해당한다고 볼 수 없으므로 A군의 군수는 기존의 법령에 따라 甲에게 건축허가를 해주어야 한다. 한편 개정법령의 적용에 신뢰보호원칙이 적용되어 제한된다는 법리에 의해서도 A군의 군수는 건축허가를 거부할 수 없다.

---

1) 반대의 포섭 또한 가능하다.

사례 026 강학상 허가 – 폐기물처리업허가의 법적 성질 [법전협 2024-2]

甲은 경기도 여주시에서 폐기물처리 사업을 하고자 「폐기물관리법」 제25조에 따른 허가기준을 갖추고 관계기관의 안전성 검토를 거쳐, 여주시장에게 폐기물처리 사업허가를 신청하여 2023. 3. 15. 허가를 받았다.

1. 「폐기물관리법」 제25조 제2항 및 제3항에 따른 폐기물처리업 허가의 법적 성격을 검토하시오. (15점).

[참조조문]
* 폐기물관리법
제25조(폐기물처리업) ① 폐기물의 수집·운반, 재활용 또는 처분을 업(이하 "폐기물처리업"이라 한다)으로 하려는 자(음식물류 폐기물을 제외한 생활폐기물을 재활용하려는 자와 폐기물처리 신고자는 제외한다)는 환경부령으로 정하는 바에 따라 지정폐기물을 대상으로 하는 경우에는 폐기물 처리 사업계획서를 환경부장관에게 제출하고, 그 밖의 폐기물을 대상으로 하는 경우에는 관할 지방자치단체장에게 제출하여야 한다. 환경부령으로 정하는 중요 사항을 변경하려는 때에도 또한 같다.
② 환경부장관이나 관할 지방자치단체장은 제1항에 따라 제출된 폐기물 처리사업계획서를 다음 각 호의 사항에 관하여 검토한 후 그 적합 여부를 폐기물처리사업계획서를 제출한 자에게 통보하여야 한다.
　1. 폐기물처리업 허가를 받으려는 자(법인의 경우에는 임원을 포함한다)가 제26조에 따른 결격사유에 해당하는지 여부
　2. 폐기물처리시설의 입지 등이 다른 법률에 저촉되는지 여부
　3. 폐기물처리사업계획서상의 시설·장비와 기술능력이 제3항에 따른 허가기준에 맞는지 여부
　4. 폐기물처리시설의 설치·운영으로 「수도법」 제7조에 따른 상수원보호구역의 수질이 악화되거나 「환경정책기본법」 제12조에 따른 환경기준의 유지가 곤란하게 되는 등 사람의 생명, 건강이나 주변 환경에 영향을 미치는지 여부
③ 제2항에 따라 적합통보를 받은 자는 그 통보를 받은 날부터 2년 이내에 환경부령으로 정하는 기준에 따른 시설·장비 및 기술능력을 갖추어 업종, 영업대상 폐기물 및 처리분야별로 지정폐기물을 대상으로 하는 경우에는 환경부장관의 그 밖의 폐기물을 대상으로 하는 경우에는 관할 지방자치단체장의 허가를 받아야 한다. 이 경우 환경부장관 또는 관할 지방자치단체장은 제2항에 따라 적합통보를 받은 자가 그 적합통보를 받은 사업계획에 따라 시설·장비 및 기술인력 등의 요건을 갖추어 허가신청을 한 때에는 지체 없이 허가하여야 한다.
④ 제2항 제1호, 제3호, 제4호의 요건에 관한 기타 세부적인 사항은 해당 지방자치단체의 조례로 정한다.
제26조(결격 사유) 다음 각 호의 어느 하나에 해당하는 자는 폐기물처리업의 허가를 받거나 전용용기 제조업의 등록을 할 수 없다.
　1. 미성년자, 피성년후견인 또는 피한정후견인
　2. 파산선고를 받고 복권되지 아니한 자
　3. 이 법을 위반하여 금고 이상의 실형을 선고받고 그 형의 집행이 끝나거나 집행을 받지 아니하기로 확정된 후 10년이 지나지 아니한 자
　4. 이 법을 위반하여 대통령령으로 정하는 벌금형 이상을 선고받고 그 형이 확정된 날부터 5년이 지나지 아니한 자
　5. 제27조에 따라 폐기물처리업의 허가가 취소되거나 제27조의2에 따라 전용용기 제조업의 등록이 취소된 자로서 그 허가 또는 등록이 취소된 날부터 10년이 지나지 아니한 자

* 경기도 폐기물처리사업 인허가 조례
제6조(인허가 요건) 경기도 관할 지역내에서 폐기물처리처리업을 영위하고자 하는 자는 다음 요건을 모두 충족하여야 한다.
　1. 폐기물 처리시설은 마을과 상수원 등으로부터 800미터 이상 떨어진 곳에 위치하여야 한다.
　2. 폐기물 처리시설이 위치한 해당 기초지방자치단체 주민 2/3 이상의 동의를 얻어야 한다.
　3. (생략)

I. 문제의 소재

「폐기물관리법」에 따른 폐기물처리업 허가의 법적 성격이 행정행위로서 특허인지 허가인지 여부가 문제되고 또한 재량행위인지 기속행위인지 여부가 문제된다.

II. 강학상 허가

1. 허가와 특허의 구별

허가는 법령에 의한 일반적, 상대적 금지를 일정한 경우에 한하여 해제하여 적법하게 일정한 행위를 할 수 있게 하는 행정청의 행위를 말하며, 특허는 특정인을 위하여 새로운 권리, 능력, 포괄적 법률관계를 설정하는 행위를 말한다.

허가는 질서유지를 위하여 제한한 금지를 해제하는 소극적 위해방지작용이며, 주로 개인적·영리적 사업을 대상으로 하고 허가의 효과는 언제나 공법적인데 반하여, 특허는 공익사업을 통하여 공공복리를 달성하려는 행정작용이며 그 효과는 공법적인 것도 있고 사법적인 것도 있다. 허가와 특허의 구별은 상대화되어가고 있지만 기본적으로 특허는 상대방에게 새로운 권리를 부여하거나 권리를 확대한다는 점에서 자연적 자유의 회복 및 헌법상의 기본권을 적법하게 행사할 수 있는 법적지위의 설정행위[1]인 허가와 구별된다.

2. 사안의 경우

폐기물처리업 허가는 독점적 경영권을 설정해 주는 강학상 특허라기보다는 폐기물처리업을 영위하고자 하는 자의 무허가 행위를 금지했다가 폐기물관리법이 요구하는 요건을 구비한 경우 금지를 해제하는 강학상 허가에 해당한다. 폐기물처리를 위한 시설·장비 및 기술능력 등 객관적 요소를 주된 대상으로 하는 대물적 허가 내지는 대물적 요소가 강한 혼합적 허가(대인적 요소로는, 법 제27조에서 법에 위반하여 형을 받거나 폐기물중간처리업의 허가가 취소된 후 2년이 경과되지 아니한 자 등에 대하여 허가를 금하고 있는 것 등을 들 수 있다)에 해당[2]한다.

III. 재량행위

1. 기속행위와 재량행위의 구별

기속행위와 재량행위의 구별기준에 대하여 판례는 ① 당해 행위의 근거가 된 법규의 체재·형식과 그 문언,

---

[1] 허가와 특허의 상대화 이론에 입각한 서술이다. 종래 허가는 자연적자유의 회복을 가져오는 명령적 행위, 특허는 형성적 행위라고 하였으나, 최근은 허가도 기본권을 적법하게 행사할 수 있는 법적지위의 설정이라는 점에서 형성적 행위로서의 성질도 가지고 있다고 하는 것이 일반적인 서술이다. 다만 형성의 내용이 허가는 기본권을 행사할 수 있는 법적지위인 점에서 새로운 권리의 설정이라는 특허와 구별된다.
[2] 대판 2008.4.11. 2007두17113

② 당해 행위가 속하는 행정 분야의 주된 목적과 특성, ③ 당해 행위 자체의 개별적 성질과 유형 등을 모두 고려하여 판단하여야 한다고 한다. 재량행위인가 기속행위인가는 기본적으로 입법자에 의해 결정되는 것이므로 허가와 특허가 구별에 결정적인 기준이 되는 것은 아니며 법문의 표현이 불명확한 경우에는 허가의 경우 기본권 보장의 이념이 우선시되어 기속행위로 판단하여야 하는 경우가 많을 것이며, 특허라면 공익실현의 이념이 우선시되어 재량행위로 보아야 하는 경우가 많을 것이다.

2. 사안의 경우

폐기물관리법 제25조 4항에 의하면 폐기물처리업을 하려는 자는 관할 지방자치단체장의 허가를 받아야 한다고 규정하고 있어 규정 형식만으로는 기속행위인지 재량행위인지 여부가 불분명하다. 그러나 폐기물처리사업계획서에 폐기물처리시설의 설치·운영으로 「수도법」 제7조에 따른 상수원보호구역의 수질이 악화되거나 「환경정책기본법」 제12조에 따른 환경기준의 유지가 곤란하게 되는 등 사람의 생명, 건강이나 주변 환경에 영향을 미치는지 여부를 검토하도록 하고 있는 바, 불확정개념에 해당 여부를 판단할 때 행정청의 전문·기술적 판단 및 인근 주민의 건강, 환경 등 공익적, 가치적 판단 등이 요구되므로 판단여지 및 판단재량이 인정된다. 판례에 의,하면 판단여지를 인정하지 않고 판단재량을 인정하므로 폐기물처리업허가는 강학상 허가임에도 재량행위에 해당한다.[3]

Ⅳ. 사안의 해결

폐기물처리업허가는 강학상 허가이며 재량행위에 해당한다.

---

3) 법 제25조2항의 불확정개념은 사업계획서 적합 통보의 요건이고 적합통보를 받은 자가 허가신청을 한 경우에 나머지 허가요건이 구비되면 허가를 해야 하는 것이므로 적합통보는 재량행위이지만 허가여부는 기속행위라고 논리전개하는 것도 무방하다.

사례 027　예외적 승인 – 교육환경보호구역 내 금지행위의 해제　　[변시 2025]

　　속칭 '인형뽑기방'이 청소년들에게 인기 있는 놀이장소가 되면서 그 놀이문화로 인한 부작용이 사회문제화되고 규제의 필요성도 대두되고 있다. 그런데 '놀이형 인형뽑기'가 「게임산업진흥에 관한 법률」(이하 '게임산업법'이라 한다)에 따른 게임물로 규정되어 있고, 동시에 「관광진흥법」에 따른 '안전성검사 대상이 아닌 유기시설 또는 유기기구'의 하나로도 규정되어 있어, 관할 관청들이 게임산업법에 따른 게임제공업과 「관광진흥법」에 따른 기타유원시설업 중 어느 업종으로 관리해야 하는지에 대해 혼선이 계속되어 왔다. 인형뽑기방이 게임산업법상의 업종이 되면 영업시간 제한이나 청소년 보호와 관련된 준수사항 이행 등 엄격한 규제를 받게 된다. 그러한 이유로 대부분의 놀이형 인형뽑기 영업자들은 주된 고객이 청소년임에도 불구하고, 게임산업법에 따른 엄격한 규제를 회피하기 위하여 「관광진흥법」상의 기타유원시설업으로 영업을 해왔다. 그 와중에 영업시간 및 청소년 출입시간 등의 제한 없는 영업행태, 확률 조작에 따른 사행성 조장, 게임과몰입 및 중독성으로 인한 청소년의 피해 등 다양한 문제들이 발생하게 되었다. 이에 대한 해결책으로 문화체육관광부는 2024. 9. 26. 「관광진흥법 시행규칙」을 개정하였다. 개정 시행규칙은 놀이형 인형뽑기를 '안전성검사 대상이 아닌 유기시설 또는 유기기구'에서 삭제하고, 놀이형 인형뽑기를 설치·운영하는 유원시설업자에 대하여 2024. 12. 31.까지 게임산업법 제26조에 따른 게임제공업 등의 허가 등을 받거나 해당 기구를 폐쇄하도록 규정하고 있다.

　　甲은 2018. 1. 1.부터 A시 내 초·중·고등학교 밀집지역에서 놀이형 인형뽑기 기구 총 50대가 설치된 '왕짱뽑기방'을 운영하며 고수익을 얻고 있다. 그러던 중 甲은 2024. 10. 1. 위 개정 시행규칙의 시행을 알게 되었는데, 이로 인하여 자신의 사업이 더 엄격한 게임산업법의 규율을 받게 되었을 뿐만 아니라 경과조치 기간도 짧아서 자신의 기본권이 침해되었다고 생각하였다.

3. 「교육환경보호에 관한 법률」(이하 '교육환경법'이라 한다)은 교육환경보호구역 내에서 게임산업법에 따른 게임제공업에 해당하는 행위 및 시설을 하는 것을 원칙적으로 금지하되, 학교경계 등으로부터 직선거리로 200m 내인 상대보호구역에서는 예외를 인정하고 있다. 甲의 인형뽑기방은 A시 소재 꿈나무초등학교 경계로부터 직선거리로 약 100m 떨어진 상대보호구역에 자리잡고 있다. 이에 甲은 헌법소원심판청구 이후 교육환경법에 따라 교육소관청에 금지행위 및 시설의 해제를 구하는 신청을 하였다.
   (1) 교육소관청은 지역위원회의 심의를 거쳐 甲의 인형뽑기방이 꿈나무초등학교 학생들의 주된 통학로가 아닌 장소에 위치하고 있어 교육환경에 나쁜 영향을 줄 가능성이 크지 않다는 이유로 금지행위 및 시설 해제결정을 하였다. 교육소관청의 해제결정의 법적 성질을 검토하시오. (10점)

[참조조문]
* 게임산업진흥에 관한 법률」(법률 제221호, 2017. 2. 21. 일부개정)
제2조(정의) 이 법에서 사용하는 용어의 정의는 다음과 같다.
　1. "게임물"이라 함은 컴퓨터프로그램 등 정보처리 기술이나 기계장치를 이용하여 오락을 할 수 있게 하거나 이에 부수하여 여가선용, 학습 및 운동효과 등을 높일 수 있도록 제작된 기기 및 장치를 말한다. 다만, 다음 각 목의 어느 하나에 해당하는 것을 제외한다.
　　나. 「관광진흥법」 제3조의 규정에 의한 관광사업의 규율대상이 되는 것. 다만, 게임물의 성격이 섞여 있는 유기시설 또는 유기기구는 제외한다.
　2. "게임제공업"이라 함은 공중이 게임물을 이용할 수 있도록 이를 제공하는 영업을 말한다.
제26조(게임제공업 등의 허가 등) ② 게임제공업을 영위하고자 하는 자는 문화체육관광부령이 정하는 시설을 갖추어 특별자치도지사·시장·군수·구청장의 허가를 받아 영업을 할 수 있다. 다만, 지방자치단체는 청소년 보호를 위하여 게임물 설치 장소의 제한에 관하여 시·도 조례로 정할 수 있다.

*「B시 인형뽑기 기구 설치 금지 조례」(B시 조례 제1126호, 2024. 12. 24. 제정)
제3조(설치의 제한) 인형뽑기 기구는 B시 전지역에 설치할 수 없다.
부칙
제2조(경과조치) 이 조례의 시행 전에 설치된 인형뽑기 기구는 시행일로부터 6개월 이내에 폐쇄하여야 한다.

* 교육환경보호에 관한 법률
제8조(교육환경보호구역의 설정 등) ① 교육감은 학교경계 또는 학교설립예정지 경계(이하 "학교경계등"이라 한다)로부터 직선거리 200미터의 범위 안의 지역을 다음 각 호의 구분에 따라 교육환경보호구역으로 설정·고시하여야 한다.
  1. 절대보호구역: 학교출입문으로부터 직선거리로 50미터까지인 지역(학교설립예정지의 경우 학교경계로부터 직선거리 50미터까지인 지역)
  2. 상대보호구역: 학교경계등으로부터 직선거리로 200미터까지인 지역 중 절대보호구역을 제외한 지역
제9조(교육환경보호구역에서의 금지행위 등) 누구든지 학생의 보건·위생, 안전, 학습과 교육환경 보호를 위하여 교육환경보호구역에서는 다음 각 호의 어느 하나에 해당하는 행위 및 시설을 하여서는 아니 된다. 다만, 상대보호구역에서는 제14호부터 제27호까지 및 제29호부터 제32호까지에 규정된 행위 및 시설 중 교육감이나 교육감이 위임한 자가 지역위원회의 심의를 거쳐 학습과 교육환경에 나쁜 영향을 주지 아니한다고 인정하는 행위 및 시설은 제외한다.
  19. 「게임산업진흥에 관한 법률」제2조 제2호, 제7호 또는 제8호에 따른 게임제공업, 인터넷컴퓨터게임시설제공업 및 복합유통게임제공업

I. 문제의 소재

교육소관청의 해제결정이 강학상 예외적 승인에 해당되며 재량행위인지 여부가 문제된다.

II. 예외적 승인

1. 허가와 예외적 승인

허가는 일반적 금지를 특정한 경우에 해제하여 자유를 적법하게 행사할 수 있도록 회복하여 주는 행정행위를 가리킨다. 한편 예외적 승인은 유해하거나 사회적으로 바람직하지 않은 것으로 법령상 원칙적으로 금지되고 있으나 예외적인 경우 금지를 해제하여 당해 행위를 적법하게 할 수 있도록 하여주는 행위를 의미한다.

2. 사안의 경우

교육환경보호에 관한 법률 제9조 제19호는 누구든지 학생의 보건·위생, 안전, 학습과 교육환경 보호를 위하여 교육환경보호구역에서는 「게임산업진흥에 관한 법률」제2조 제2호, 제7호 또는 제8호에 따른 게임제공업, 인터넷컴퓨터게임시설제공업 및 복합유통게임제공업에 해당하는 행위 및 시설을 하여서는 아니 된다고 하여 원칙적으로 금지하고 단서에서 상대보호구역에서는 교육감이나 교육감이 위임한 자가 지역위원회의 심의를 거쳐 학습과 교육환경에 나쁜 영향을 주지 아니한다고 인정하는 행위 및 시설은 제외한다고 하여 예외적으로 일정한 행위를 허용하고 있다. 따라서 교육소관청의 해제결정은 예외적 승인에 해당한다.

Ⅲ. 재량행위

기속행위는 행정작용의 근거가 되는 행정법규가 요건에 따른 행위의 내용을 일의적, 확정적으로 규정하고 있어서, 행정청이 단순히 기계적으로 법규를 집행하는데 그치는 행정행위를 말하며, 재량행위는 법규의 해석상 행정청에게 행위 여부나 행위 내용에 관한 선택의 가능성을 부여하고 있어서 여러 행위 중 하나를 선택할 수 있는 자유가 인정되는 행정행위를 말한다.

기속행위와 재량행위의 구별은 ① 당해 행위의 근거가 된 법규의 체재·형식과 그 문언, ② 당해 행위가 속하는 행정 분야의 주된 목적과 특성, ③ 당해 행위 자체의 개별적 성질과 유형 등을 모두 고려하여 판단하여야 한다.

예외적 승인은 사회적으로 바람직하지 않은 행위를 공익상 원칙적으로 금지하고 금지목적을 해하지 않는 한도 내에서 예외적으로 허용하는 것이어서 공익 보호의 필요가 크므로 원칙적으로 재량행위이다.

교육소관청의 해제결정은 게임제공업, 인터넷컴퓨터게임시설제공업 및 복합유통게임제공업에 해당하는 행위 및 시설이 학습과 교육환경에 나쁜 영향을 주지 아니한다고 인정되는 경우에 행해지므로 교육소관청의 공익적 판단이 필요하므로 재량행위에 해당한다.

Ⅳ. 사안의 해결

교육소관청의 해제결정은 예외적 승인으로서 재량행위에 해당한다.

유제 [법전협 2017-3]

A광역시 B구청장은 2017. 4. 3. 관내 개발제한구역 내에 소재한 간선도로 변에 주유소 1개소를 추가로 설치할 수 있도록 'B구 개발제한구역 내 주유소 배치계획 변경고시'를 공고하였고, 같은 날 위 변경고시에 따라 아래 [참조]의 내용으로 '주유소 운영사업자 모집공고'를 하였다.

4. 乙이 B구청장에게 「개발제한구역의 지정 및 관리에 관한 특별조치법」 제12조 제1항에 따라 주유소 건축허가를 신청하자, B구청장은 인근 주민 丙의 민원을 이유로 그 허가를 거부하였다. 이에 대해 乙은 '위 건축허가는 기속행위이므로 허가권자는 건축허가신청이 「건축법」 등 관계 법규에서 정하는 어떠한 제한에 배치되지 않는 이상 당연히 건축허가를 하여야 하고, 요건을 갖춘 자에 대한 허가를 관계 법령에서 정하는 제한사유 이외의 사유를 들어 거부할 수는 없다'고 주장한다. 이러한 주장은 타당한가? (20점)

[참조조문]
「개발제한구역의 지정 및 관리에 관한 특별조치법」
제12조(개발제한구역에서의 행위제한) ① 개발제한구역에서는 건축물의 건축 및 용도변경, 공작물의 설치, 토지의 형질변경, 죽목(죽목)의 벌채, 토지의 분할, 물건을 쌓아놓는 행위 또는 「국토의 계획 및 이용에 관한 법률」 제2조제11호에 따른 도시·군계획사업(이하 "도시·군계획사업"이라 한다)의 시행을 할 수 없다. 다만, 다음 각 호의 어느 하나에 해당하는 행위를 하려는 자는 특별자치시장·특별자치도지사·시장·군수 또는 구청장(이하 "시장·군수·구청장"이라 한다)의 허가를 받아 그 행위를 할 수 있다.
  1. 다음 각 목의 어느 하나에 해당하는 건축물이나 공작물로서 대통령령으로 정하는 건축물의 건축 또는 공작물의 설치와 이에 따르는 토지의 형질변경
    가.~라. : 생략
    마. 개발제한구역 주민의 주거·생활편익·생업을 위한 시설

「개발제한구역의 지정 및 관리에 관한 특별조치법 시행령」
제13조(허가 대상 건축물 또는 공작물의 종류 등) ① 법 제12조 제1항 제1호에 따른 건축물 또는 공작물의 종류, 건축 또는 설치의 범위는 별표 1과 같다.

[별표 1] 건축물 또는 공작물의 종류, 건축 또는 설치의 범위(제13조제1항 관련)

시설의 종류	건축 또는 설치의 범위

1.~4. 생략
5. 개발제한구역 주민의 주거·생활편익 및 생업을 위한 시설
  가.~라. 생략
  마. 주민 공동이용시설	

1)~9) 생략	
10) 휴게소(고속국도에 설치하는 휴게소는 제외한다), 주유소(「석유 및 석유대체연료 사업법 시행령」 제2조 제9호에 따른 석유대체연료 주유소를 포함한다. 이하 같다) 및 자동차용 액화석유가스 충전소	가) 시장·군수·구청장이 수립하는 배치계획에 따라 시장·군수·구청장 또는 지정 당시 거주자가 국도·지방도 등 간선도로변에 설치하는 경우만 해당한다. 다만, 도심의 자동차용 액화석유가스 충전소(자동차용 액화석유가스 충전소 외의 액화석유가스 충전소를 겸업하는 경우를 포함한다. 이하 같다)를 이전하여 설치하는 경우에는 해당 사업자만 설치할 수 있다.

해 설

I. 문제의 소재

乙의 주장은 개발제한구역 내에서의 건축허가가 기속행위라면 타당할 것이다. 개발제한구역 내에서의 건축허가가 통상적인 허가인지 예외적 승인에 해당하는지를 검토하고 기속행위인지 재량행위인지를 검토한다.

II. 개발제한구역 내의 건축허가의 법적 성격

1. 예외적 승인

(1) 허가와 예외적 승인

(2) 사안의 경우

통상적인 건축허가는 건축법 제11조에 의한 것으로 건축을 하고자 하는 자에게 자연적인 자유의 회복 및 헌법상의 기본권을 적법하게 행사할 수 있도록 하는 강학상 허가에 해당한다.

그러나 "개발제한구역의 지정 및 관리에 관한 특별조치법"(이하 "특별조치법"이라 한다) 제12조에서는 개발제한구역 내에서는 개발행위를 법령상 원칙적으로 금지하고 있다. 다만 동조 단서조항에서 규정하고 있듯이 예외적인 경우에는 개발제한구역 내에서도 건축행위를 허가를 받아 적법하게 할 수 있도록 하고 있다. 도시의 무질서한 확산을 방지하고 도시주변의 자연환경을 보전하여 도시민의 건전한 생활환경을 확보하기 위하여 지정되는 개발제한구역 내에서는 구역 지정의 목적상 건축물의 건축은 원칙적으로 금지되고, 다만 구체적인 경우에 구역 지정의 목적에 위배되지 아니할 경우 예외적으로 허가에 의하여 그러한 행위를 할 수 있으므로 개발제한구역 내에서의 건축허가는 예외적 승인에 해당한다.

2. 재량행위

(1) 기속행위와 재량행위의 구별

(2) 사안의 경우

건축법상의 건축허가는 <u>원칙적으로 기속행위</u>로 해석하는 것이 통설, 판례이다. 그 이유는 <u>건축행위는</u> 자연적 자유에 속하지만 경찰상 목적을 위하여 일반적, 상대적으로 금지하고 건축법상의 요건 및 관련법령상 제한사유가 없는 한 금지를 해제하여 자연적 자유를 회복시켜주어야 하기 때문이다.

그러나 건축허가라도 <u>건축법 제11조 4항</u>은 "위락시설 또는 숙박시설이 주거환경 또는 교육환경 등 주변환경을 감안할 때 부적합하다고 인정하는 경우에는 건축허가를 하지 아니할 수 있다"고 규정하고 있어 이 경우는 법문언상 재량행위이며, 건축법 제11조 5항에 의해서 <u>의제되는 인·허가가 재량행위인 경우에도</u> 그 한도 내에서는 건축허가도 재량행위로 보아야 한다.

또한 사안의 같은 <u>개발제한구역 안에서의 건축허가는 예외적 승인으로 재량행위</u>라는 것이 일반적이다. 개발제한구역 내에서의 건축의 금지 또는 제한을 통해 보호하고자 하는 개발제한구역의 공익을 개인의 건축의 자유보다 더 중요하게 고려하여야 하기 때문이다.

III. 사안의 해결

<u>B구청장의 주유소 건축허가는 예외적 승인으로서 재량행위에 해당하므로 건축법 등 관계 법규에서 정하는 어떠한 제한에 배치되지 않는다고 하더라도 다른 공익적 요소를 고려하여 거부할 수 있는 것이다. 인근 주민 丙의 민원이 공익에 부합하는 것이라면 이를 이유로 거부할 수 있다. 주유소 건축허가가 기속행위이므로 관계법령의 제한사유 외의 사유를 들어 거부할 수 없다는 乙의 주장은 타당하지 않다.</u>

사례 028　특허 - 공유수면 매립목적변경승인　　[법전협 2015-1]

　　甲은 「공유수면관리 및 매립에 관한 법률」(이하 '공유수면매립법'이라고 한다) 제28조 제1항 제3호에 근거하여 A도지사로부터 매립장소 및 면적을 지정받고 매립목적을 택지조성으로 하는 공유수면 매립면허를 부여받았다. 이후 甲은 당초의 매립목적과 달리 조선(造船)시설용지지역으로 이 사건 매립지를 이용하고자 A도지사에게 공유수면매립목적 변경신청을 하였고, A도지사는 공유수면매립법 제49조 제1항 제3호에 따라 甲의 변경신청을 승인하는 처분(이하 '이 사건 처분'이라 한다)을 하였다.
　　그런데 이 사건 매립예정지의 인근에는 딸기잼을 만들어 판매하고 있는 S수녀원(재단법인)이 있고, S수녀원은 딸기잼 판매 수익으로 불우 이웃을 돕고 있었다. 한편, 이 딸기잼은 청정지역에서 재배되는 딸기로 만들어 소비자에게 인기가 있었다. 이에 S수녀원은 이 사건 처분으로 인하여 매립지에 조선시설이 조성되면 청정지역의 딸기잼이라는 기존의 이미지에 타격을 받게 되어 딸기잼의 판매수입이 떨어짐은 물론 수녀들의 환경상 이익을 침해하게 된다고 하면서 A도지사를 상대로 이 사건 처분의 취소를 구하는 행정소송을 제기하였다.

1. 위 사안에서 공유수면 매립목적변경승인의 법적 성질은?(10점)

[참조조문]
* 공유수면관리 및 매립에 관한 법률
제28조(매립면허) ① 공유수면을 매립하려는 자는 대통령령으로 정하는 바에 따라 매립목적을 구체적으로 밝혀 다음 각 호의 구분에 따라 해양수산부장관, 시·도지사 또는 특별자치도지사(이하 "매립면허관청"이라 한다)로부터 공유수면 매립면허(이하 "매립면허"라 한다)를 받아야 한다.
　　1. 「항만법」 제3조 제1항 각 호에 따른 항만구역의 공유수면 매립: 해양수산부장관
　　2. 면적이 10만 제곱미터 이상인 공유수면 매립: 해양수산부장관
　　3. 제1호 및 제2호에 따른 공유수면을 제외한 공유수면 매립: 시·도지사 또는 특별자치도지사
② 매립예정지가 제1항 제1호에 따른 공유수면과 같은 항 제3호에 따른 공유수면에 걸쳐 있으면 해양수산부장관의 매립면허를 받아야 한다.
③ 제1항 제3호에 따른 공유수면의 매립으로서 매립예정지가 둘 이상의 특별시·광역시·도·특별자치도의 관할 지역에 걸쳐 있으면 관계 시·도지사 또는 특별자치도지사의 협의에 의하여 결정되는 시·도지사 또는 특별자치도지사의 면허를 받아야 한다. 다만, 협의가 성립되지 아니할 때에는 해양수산부장관이 지정하는 시·도지사 또는 특별자치도지사의 매립면허를 받아야 한다.
제30조(매립면허의 기준) ① 매립면허관청은 매립예정지 공유수면 및 매립으로 피해가 예상되는 매립예정지 인근의 구역에 관하여 권리를 가진 자(이하 "공유수면매립 관련 권리자"라 한다)가 있으면 다음 각 호의 어느 하나에 해당하는 경우를 제외하고는 매립면허를 할 수 없다.
　　1. 공유수면매립 관련 권리자가 매립에 동의하고, 매립이 환경과 생태계의 변화를 충분히 고려한 것으로 인정되는 경우
　　2. 매립으로 생기는 이익이 그 손실을 현저히 초과하는 경우
　　3. 법령에 따라 토지를 수용하거나 사용할 수 있는 사업을 위하여 매립이 필요한 경우
　　4. 그 밖에 국방 또는 재해예방 등 공익을 위하여 필요한 경우로서 대통령령으로 정하는 경우
② 제1항에 따른 매립으로 피해가 예상되는 매립예정지 인근 구역의 범위는 대통령령으로 정한다.
제48조(매립목적 변경의 제한) ① 매립면허취득자, 매립지의 소유권을 취득한 자와 그 승계인은 면허를 받은 매립예정지와 매립지 또는 준공검사를 받은 매립지에 대하여 준공검사 전이나 준공검사일부터 10년 이내

에는 매립목적을 변경하여 사용할 수 없다. 다만, 대통령령으로 정하는 매립목적의 경미한 변경인 경우에는 그러하지 아니하다.

제49조(매립목적 변경제한의 예외) ① 매립면허취득자, 매립지의 소유권을 취득한 자와 그 승계인은 제48조 제1항 본문에도 불구하고 면허를 받은 매립예정지와 매립지 또는 준공검사를 받은 매립지가 다음 각 호의 어느 하나에 해당하는 경우에는 대통령령으로 정하는 바에 따라 매립면허관청의 승인을 받아 매립목적을 변경할 수 있다.
　1. 매립지의 일부를 공용 또는 공공용으로 변경함으로써 나머지 매립지를 매립목적에 맞게 사용할 수 없게 된 경우
　2. 관련 법령에 따른 국가계획이 변경되어 매립지를 매립목적에 맞게 사용할 수 없게 된 경우
　3. 산업의 발전, 그 밖에 주변여건의 변화 등으로 매립목적을 변경할 수밖에 없는 경우

I. 강학상 특허 여부

1. 허가와 특허의 구별

허가는 법령에 의한 일반적, 상대적 금지를 일정한 경우에 한하여 해제하여 적법하게 일정한 행위를 할 수 있게 하는 행정청의 행위를 말하며, 특허는 특정인을 위하여 새로운 권리, 능력, 포괄적 법률관계를 설정하는 행위를 말한다.

허가는 질서유지를 위하여 제한한 금지를 해제하는 소극적 위해방지작용이며, 주로 개인적·영리적 사업을 대상으로 하고 허가의 효과는 언제나 공법적인데 반하여, 특허는 공익사업을 통하여 공공복리를 달성하려는 행정작용이며 그 효과는 공법적인 것도 있고 사법적인 것도 있다. 허가와 특허의 구별은 상대화되어가고 있지만 기본적으로 특허는 상대방에게 새로운 권리를 부여하거나 권리를 확대한다는 점에서 자연적 자유의 회복 및 헌법상의 기본권을 적법하게 행사할 수 있는 법적지위의 설정행위[1]인 허가와 구별된다.

2. 사안의 경우

공유수면관리 및 매립에 관한 법률(이하 '동법'이라 함)은 공유수면 매립면허의 기준으로 환경과 생태계의 변화 고려, 공익사업의 목적 달성, 국방 또는 재해예방 등 공익적 요소를 제시하고 있으며(동법 제30조 1항), 공유수면 매립면허에 의해서 공유수면의 매립을 할 수 있는 권리가 부여되는 형성적 행위의 성질을 지닌다는 점을 고려할 때 공유수면 매립면허는 강학상 특허에 해당된다. 사안에서 문제된 공유수면 매립목적 변경승인은 이러한 특허의 내용을 변경하는 실질을 갖는 것으로서 특허의 범주에서 이해할 수 있으므로 강학상 특허에 해당한다.

II. 재량행위 여부

1. 기속행위와 재량행위의 구별

---

[1] 허가와 특허의 상대화 이론에 입각한 서술이다. 종래 허가는 자연적자유의 회복을 가져오는 명령적 행위, 특허는 형성적 행위라고 하였으나, 최근은 허가도 기본권을 적법하게 행사할 수 있는 법적지위의 설정이라는 점에서 형성적 행위로서의 성질도 가지고 있다고 하는 것이 일반적인 서술이다. 다만 형성의 내용이 허가는 기본권을 행사할 수 있는 법적지위인 점에서 새로운 권리의 설정이라는 특허와 구별된다.

2. 사안의 경우

동법 제49조는 매립면허취득자가 매립면허관청의 승인을 받아 매립목적을 변경할 수 있다고만 규정되어 있어 공유수면 매립목적 변경승인이 재량행위인지 기속행위인지 문언상 명확하지 않다. 그러나 공유수면 매립목적 변경승인의 법적성질이 특허라는 점, 동법이 매립목적 변경승인의 기준으로 산업의 발전, 그 밖의 주변여건의 변화 등도 고려하도록 하고 있는 점(동법 제49조1항3호) 등에 비추어 볼 때 재량행위로 보아야 한다. 판례도 매립목적 변경 승인은 원래의 공유수면매립 승인을 한 행정청이 매립지의 상황, 매립사업의 내용과 진행 정도, 변경되는 매립목적의 내용, 매립목적 변경의 필요성 및 효과, 매립목적 변경으로 인한 주변 환경의 변화, 공익에 미치는 영향 등 여러 사정을 참작하여 승인을 할 것인지 결정하는 재량행위라고 판시하고 있다.[2]

유제 [법전협 2018-3]

외국인 甲은 단기방문을 목적으로 대한민국에 체류하던 중 乙회사에서 기술 분야에 종사하고자 「출입국관리법」 제24조 제1항 및 동법 시행령 제12조에 따라 관할 행정청 A에게 단기방문(C-3)에서 기업투자(D-8)로 체류자격 변경허가를 신청하였다. 이에 A는 "乙회사는 외국인이 투자하기 직전에 대한민국 법인 내지 대한민국 국민이 경영하는 기업이 아니어서 「외국인투자 촉진법」에 따른 '외국인투자기업'에 해당하지 아니한다."는 것을 이유로 甲의 체류자격 변경신청에 대해 거부처분(이하 '제1차 거부처분'이라 함)을 하였다.

1. 체류자격 변경허가의 법적 성질은? (10점)

[관련 법령]

■ 「출입국관리법」

제1조(목적) 이 법은 대한민국에 입국하거나 대한민국에서 출국하는 모든 국민 및 외국인의 출입국관리를 통한 안전한 국경관리와 대한민국에 체류하는 외국인의 체류관리 및 난민(難民)의 인정절차 등에 관한 사항을 규정함을 목적으로 한다.

제10조(체류자격) ① 입국하려는 외국인은 대통령령으로 정하는 체류자격을 가져야 한다.
② 1회에 부여할 수 있는 체류자격별 체류기간의 상한은 법무부령으로 정한다.

제20조(체류자격 외 활동) 대한민국에 체류하는 외국인이 그 체류자격에 해당하는 활동과 함께 다른 체류자격에 해당하는 활동을 하려면 미리 법무부장관의 체류자격 외 활동허가를 받아야 한다.

제23조(체류자격 부여) 대한민국에서 출생하여 제10조에 따른 체류자격을 가지지 못하고 체류하게 되는 외국인은 그가 출생한 날부터 90일 이내에, 대한민국에서 체류 중 대한민국의 국적을 상실하거나 이탈하는 등 그 밖의 사유로 제10조에 따른 체류자격을 가지지 못하고 체류하게 되는 외국인은 그 사유가 발생한 날부터 30일 이내에 대통령령으로 정하는 바에 따라 체류자격을 받아야 한다.

제24조(체류자격 변경허가) ① 대한민국에 체류하는 외국인이 그 체류자격과 다른 체류자격에 해당하는 활동을 하려면 미리 법무부장관의 체류자격 변경허가를 받아야 한다.

제25조(체류기간 연장허가) 외국인이 체류기간을 초과하여 계속 체류하려면 대통령령으로 정하는 바에 따라 체류기간이 끝나기 전에 법무부장관의 체류기간 연장허가를 받아야 한다.

■ 「출입국관리법 시행령」

제12조(체류자격의 구분) 법 제10조제1항에 따른 외국인의 체류자격은 별표 1과 같다.

---

[2] 대법원 2012.6.28. 선고 2010두2005

[별표1]

외국인의 체류자격(제12조관련)

체류자격 (기호)	체류자격에 해당하는 사람 또는 활동범위
….	….
8. 단기방문(C-3)	시장조사, 업무 연락, 상담, 계약 등의 상용활동과 관광, 통과, 요양, 친지 방문, 친선 경기, 각종 행사나 회의 참가 또는 참관, 문화예술, 일반연수, 강습, 종교의식 참석, 학술자료 수집, 그 밖에 이와 유사한 목적으로 90일을 넘지 않는 기간 동안 체류하려는 사람(영리를 목적으로 하는 사람은 제외한다)
….	….
17. 기업투자(D-8)	가. 「외국인투자 촉진법」에 따른 외국인투자기업의 경영·관리 또는 생산·기술 분야에 종사하려는 필수 전문인력(국내에서 채용하는 사람은 제외한다) (이하 생략)

> [해 설]

1. 강학상 특허

출입국관리법 제10조는, 외국인으로서 입국하려는 자는 대통령령으로 정하는 체류자격을 가져야 한다고 규정하고(제1항), 1회에 부여할 수 있는 체류자격별 체류기간의 상한은 법무부령으로 정하도록 규정하고 있다(제2항). 그리고 같은 법 제24조 제1항은, 대한민국에 체류하는 외국인이 그 체류자격과 다른 체류자격에 해당하는 활동을 하려면 미리 법무부장관의 체류자격 변경허가를 받도록 규정하고 있다. 또한 출입국관리법 시행령 제12조 [별표 1]은, 외국인의 체류자격 중 단기방문(C-3)과 기업투자(D-8)에 관하여 정하고 있다.

관련 법령의 문언, 내용 및 형식, 체계 등에 비추어 보면, 체류자격 변경허가는 문언상 허가로 되어 있지만 자연적 자유를 회복시켜 주는 강학상 허가가 아니라 신청인에게 당초의 체류자격과 다른 체류자격에 해당하는 활동을 할 수 있는 권한을 부여하는 일종의 설권적 처분의 성격을 가진다. 즉 강학상 특허에 해당한다.

2. 재량행위

출입국관리법 제24조1항은 체류하는 외국인이 체류자격 변경허가를 받아야 한다(제24조 제1항)고 되어 있어 법문언상으로는 기속행위인지 재량행위인지 불분명하다.

체류자격 변경허가가 강학상 특허에 해당된다는 점을 고려하면 체류자격 변경허가권자는 신청인이 관계 법령에서 정한 요건을 충족하였다고 하더라도, 신청인의 적격성, 체류 목적, 공익상의 영향 등을 참작하여 허가 여부를 결정할 수 있는 재량행위라고 보아야 한다.

사례 029 시내버스운송사업 면허, 요금인상인가 [법전협 2012-2]

甲회사는 A광역시에서 5년 전부터 시내 남쪽을 시점으로 하고 북쪽을 종점으로 하는 일반 시내버스운송사업을 경영하고 있다. 그런데 乙회사가 위 甲회사의 노선 구간과 상당부분 겹치는 신규 일반 시내버스운송사업을 목적으로 「여객자동차 운수사업법」에 따라 국토해양부장관에게 동 사업의 면허를 신청하여 면허를 받았다. 甲회사는 乙회사에 대한 면허처분에 대하여 불만이 많다. 그러던 중 유가와 인건비의 지속적인 상승 등을 이유로 한 경제적 적자와 업계의 누적된 불만을 해소한다는 차원에서 甲, 乙 등 시내버스 운송사업자는 「여객자동차 운수사업법」 제8조 제1항에 따라 요금을 정하여 국토해양부장관에게 버스요금변경(인상)에 관한 신청서를 접수하였다. 국토해양부장관은 그 내용을 검토하여 「여객자동차 운수사업법」, 같은 법 시행령 및 시행규칙에 의거한 "기준과 요율에 따른 운임 및 요금"에 비추어 적합하다는 판단에서 甲, 乙 회사에 대해 요금인상을 인가하여 주었다.

아래 참조조문을 전제로 다음 질문에 대하여 답하시오.

1. 위 사안에서 국토해양부장관의 乙회사에 대한 시내버스운송사업 면허의 법적 성질을 검토하시오. (20점)
4. (1) 위 사안에서 국토해양부장관의 甲, 乙 회사에 대한 시내버스 요금인상 인가의 성질을 검토하시오. (10점)
   (2) 이 경우 요금인상에 대하여 소송상 다툴 수 있는 방법은? (10점)

[참조조문]
* 여객자동차 운수사업법
제1조(목적) 이 법은 여객자동차 운수사업에 관한 질서를 확립하고 여객의 원활한 운송과 여객자동차 운수사업의 종합적인 발달을 도모하여 공공복리를 증진하는 것을 목적으로 한다.
제4조(면허 등) ① 여객자동차운송사업을 경영하려는 자는 사업계획을 작성하여 국토해양부령으로 정하는 바에 따라 국토해양부장관의 면허를 받아야 한다. 다만, 대통령령으로 정하는 여객자동차운송사업을 경영하려는 자는 사업계획을 작성하여 국토해양부령으로 정하는 바에 따라 특별시장·광역시장·도지사·특별자치도지사(이하 "시·도지사"라 한다)의 면허를 받거나 시·도지사에게 등록하여야 한다.
   ② 제1항에 따른 면허나 등록을 하는 경우에는 제3조에 따른 여객자동차운송사업의 종류별로 노선이나 사업구역을 정하여야 한다.
제5조(면허 등의 기준) ① 여객자동차운송사업의 면허기준은 다음 각 호와 같다.
   1. 사업계획이 해당 노선이나 사업구역의 수송 수요와 수송력 공급에 적합할 것
   2. 최저 면허기준 대수(臺數), 보유 차고 면적, 부대시설, 그밖에 국토해양부령으로 정하는 기준에 적합할 것
   3. 대통령령으로 정하는 여객자동차운송사업인 경우에는 운전 경력, 교통사고 유무, 거주지 등 국토해양부령으로 정하는 기준에 적합할 것
제8조(운임·요금의 인가 등) ① 제4조제1항에 따라 여객자동차운송사업의 면허를 받은 자는 국토해양부장관 또는 시·도지사가 정하는 기준과 요율의 범위에서 운임이나 요금을 정하여 국토해양부장관 또는 시·도지사의 인가를 받아야 한다.

[설문 1] 시내버스운송사업 면허의 법적 성질 (20점)[1]

Ⅰ. 문제의 소재

시내버스운송사업 면허는 행정청이 행한 구체적 사실에 관한 법집행행위로서의 공권력의 행사이므로 행정행위로서 처분에 해당한다(행정소송법(이하 법명 생략)제2조 1항 1호). 사안의 경우 여객자동차운수사업법의 규정의 해석을 통해 시내버스운송사업 면허의 법적성질이 특허인지 허가인지, 재량행위인지 기속행위인지를 검토한다.

Ⅱ. 강학상 특허

1. 허가와 특허의 구별

2. 사안의 경우

여객자동차운수사업법(이하 '운수사업법'이라 함)은 여객자동차 운수사업에 관한 질서를 확립하고 여객의 원활한 운송과 여객자동차 운수사업의 종합적인 발달을 도모하여 공공복리를 증진하는 것을 목적으로 하고 있다는 점(제1조), 운수사업법이 여객자동차운수사업면허의 기준으로 해당 노선이나 사업구역의 수송수요와 수송력 공급에 적합할 것이라는 공익적 요소를 제시하고 있다는 점(제5조 1항 1호), 사업면허에 의해 해당 노선이나 사업구역에 관하여 여객자동차운수사업을 할 수 있는 권리가 부여되는 형성적 행위의 성질을 지닌다는 점 등을 고려할 때 시내버스운송사업 면허는 강학상 특허에 해당된다.

Ⅲ. 재량행위

1. 기속행위와 재량행위의 구별

2. 사안의 경우

운수사업법 제4조 1항은 "면허를 받아야 한다."라고만 규정되어 있어 행정청에 재량을 부여하고 있는지 명확하지 않지만 여객자동차운송사업면허의 법적성질이 특허로서 乙회사에 수익적 행위라는 점, 운수사업이 공공복리의 증진을 추구하면서(제1조) 면허의 발급여부를 수송수요와 공급의 적합성이라는 공익적 기준을 심사하여 결정하도록 하고 있는 점(제5조 1항 1호) 등에 비추어 볼 때 재량행위로 보아야 할 것이다. 판례도 "시내버스운송사업 면허는 특정인에게 권리나 이익을 부여하는 수익적 행정행위로서 법령에 특별한 규정이 없는 한 재량행위"[2]라고 판시하고 있다.

Ⅳ. 사안의 해결

국토해양부장관의 乙회사에 대한 시내버스운송사업 면허는 강학상 특허이며 재량행위에 해당한다.

---

1) 법전협 2022년 3차 모의시험에서는 개인택시운송사업면허의 법적성질이 10점 배점으로 출제되었음.
2) 대판 2007.3.15. 2006두15783

[설문 4-(1)] 국토해양부장관의 시내버스 요금인상 인가의 법적 성질 (10점)

I. 문제의 소재

국토해양부장관의 甲·乙 회사에 대한 시내버스 요금인상 인가는 시내버스 요금인상이라는 사인의 행위에 대한 것으로서 강학상 인가에 해당되는지 문제되고 기속행위인지 재량행위인지 여부도 문제된다.

II. 강학상 인가

강학상 인가는 행정청이 타인이 한 법률행위를 보충하여 그 효력을 완성시켜 주는 행정행위를 말한다. 원래 사인간의 법률관계는 행정청의 관여 없이도 효력이 발생하는 것이 원칙이지만, 사인간의 법률관계가 공익과 중요한 관련이 있는 경우 법률적 효력의 완전한 발생에 행정청이 관여함으로써 공익을 실현하도록 하기 위한 제도이다.

인가에 의해 기본행위인 법률행위의 효과가 발생하며(효력요건), 인가는 사법상 법률행위를 대상으로 하는 경우가 많지만 재개발조합의 사업시행계획에 대한 인가처럼 인가가 공법상 행위를 대상으로 하는 경우도 있다.

사안의 경우 운수사업법 제8조 1항에 근거하여 행해진 국토해양부 장관의 요금인상 인가는 甲·乙회사의 요금인상 행위를 보충하여 법률상 효력을 완성시켜주는 보충적인 행정행위로서 강학상 인가에 해당한다.

III. 재량행위

강학상 인가의 기속성에 대하여 원칙적으로 기속행위로 보는 견해도 있으나, 일률적으로 판단할 수 없으며 기속행위와 재량행위에 관한 구별기준에 따라 판단해야 할 것이다. 판례는 당해 행위의 근거가 된 법규의 체재·형식과 그 문언, 당해 행위가 속하는 행정 분야의 주된 목적과 특성, 당해 행위 자체의 개별적 성질과 유형 등을 모두 고려하여 판단한다.

운수사업법 제8조1항은 "시·도지사의 인가를 받아야 한다."라고만 규정하고 있어 문언상 불분명하나 버스요금은 서민생활에 밀접한 영향을 끼치는 공익과 관련된 문제이므로 재량행위로 해석하는 것이 타당하다.

IV. 사안의 해결

甲·乙 회사에 대한 시내버스 요금인상 인가는 강학상 인가로서 재량행위에 해당한다.

[설문 4-(2)] 요금인상에 대하여 소송상 다툴 수 있는 방법 (10점)

I. 문제의 소재

甲·乙회사에 대한 요금인상에 불만이 있는 자는 기본행위인 甲·乙회사의 요금인상행위에 대해 다투는 방법과 국토해양부장관의 요금인상 인가처분에 대해 다투는 방법을 생각해 볼 수 있다. 사안의 경우 인가가 보충적인 행정행위라는 점을 고려하여 기본행위와 인가와의 관계 및 소송방법을 검토한다.

II. 기본행위와 인가

1. 기본행위와 인가의 관계

인가는 기본행위의 효력을 완성시켜주는 보충적인 행정행위에 불과하다. 기본행위는 적법하나 인가에 하자가 있는 경우 인가가 무효이면 기본행위는 효력이 발생하지 않고, 인가에 취소사유가 있으면 인가를 취소할 때까지는 유인가행위가 된다. 기본행위가 불성립 또는 무효인 경우에는 인가가 있더라도 유효하게 되지 않으며 적법·유효한 기본행위가 사후에 실효되면 인가도 당연히 효력을 상실한다.

2. 소의 이익

소송과 관련하여 기본행위에 하자가 있는 경우 기본행위를 다투어야 하며 기본행위의 하자를 이유로 인가행위를 다투는 것은 소의 이익이 결여되어 허용되지 않는다는 것이 판례이다. 기본행위가 사법상 법률행위인 경우에는 기본행위를 민사소송으로 다투어야 하며, 기본행위가 공법행위인 경우에는 행정소송의 대상이 될 것이다. 만일 기본행위는 적법·유효하나 인가행위에만 하자가 있는 경우에는 인가의 취소나 무효확인을 구할 수 있다.

III. 사안의 해결

기본행위인 甲·乙회사의 요금인상행위가 하자 있음을 이유로 다투는 것이라면 민사소송으로 무효확인을 구할 수 있다. 그러나 국토해양부 장관의 인가처분에 고유한 하자가 있음을 이유로 다투는 경우에는 인가처분에 대한 소의 이익이 인정되나 甲·乙회사의 요금인상행위가 하자 있음을 이유로 국토해양부 장관의 인가처분에 대해 다투는 것은 소의 이익이 없다.

유제 [법전협 2014-1]

「인천광역시 교육감 소관 행정권한의 위임에 관한 규칙(이하 '권한위임규칙'이라 함)」에 의하면 교육감의 권한 중 「사립학교법」 제20조 제2항에 의한 이사취임승인과 동법 제20조의2에 의한 이사취임승인취소에 관한 권한이 교육장에게 위임되어 있다. 인천광역시에 있는 학교법인 A는 이사 1인이 사임함에 따라 이사회를 개최하여 甲을 신규 이사로 선임하였고, 인천광역시 동부 교육장 B는 이를 승인하였다. 신규 이사의 취임에 반대하는 기존 이사인 乙은 이사회 의결에 필요한 정족수가 미달되었다는 이유로 교육장 B를 상대로 이사취임승인의 취소를 구하는 행정소송을 제기하였다.

1. 이사취임승인의 법적 성질을 밝히고, 乙이 제기한 행정소송의 적법성을 검토하시오. (20점)

해설

이사취임승인의 법적 성질은 강학상 인가에 해당한다. 이사 乙이 이사회 의결에 필요한 정족수가 미달되었다는 이유로 교육장 B를 상대로 이사취임승인의 취소를 구하는 행정소송을 제기한 것은 기본행위인 학교법인의 선임행위(이사회 의결)의 하자를 이유로 이사취임승인을 다투는 것으로 분쟁해결의 유효적절한 수단이라 할 수 없어 소의 이익이 없다. 乙이 제기한 취소소송은 부적법하다.

판례는 "기본행위인 사법상의 임원선임행위에 하자가 있다는 이유로 그 선임행위의 효력에 관하여 다툼이 있는 경우에는 민사쟁송으로 그 선임행위의 무효확인을 구하는 등의 방법으로 분쟁을 해결할 것이지 보충적 행위로서 그 자체만으로는 아무런 효력이 없는 승인처분만의 취소 또는 무효확인을 구하는 것은 특단의 사정이 없는 한 분쟁해결의 유효적절한 수단이라 할 수 없어 소구할 법률상의 이익이 없다.[3]"고 판시한 바 있다.

---

3) 대판 2005.12.23. 2005두4823

사례 030   부관의 종류, 부관의 위법성, 독립쟁송가능성   [변시 2012]

A주식회사는 2000. 3.경 안동시장으로부터 분뇨수집·운반업 허가를 받은 다음 그 무렵 안동시장과 사이에 분뇨수집·운반 대행계약을 맺은 후 통상 3년 단위로 계약을 연장해 왔는데 2009. 3. 18. 계약기간을 그 다음 날부터 2012. 3. 18.까지로 다시 연장하였다.

B주식회사는 안동시에서 분뇨수집·운반업을 영위하기 위하여 하수도법 및 같은 법 시행령 소정의 시설, 장비 등을 구비하고 2011. 11. 10. 안동시장에게 분뇨수집·운반업 허가를 신청하여 같은 해 12. 1. 허가처분 (이하 '이 사건 처분'이라 한다)을 받았다.

3. 안동시장은 이 사건 처분을 함에 있어 분뇨수집·운반업 허가에 필요한 조건을 붙일 수 있다는 하수도법 제45조 제5항에 따라 B주식회사에게 안동시립박물관 건립기금 5억 원의 납부를 조건으로 부가하였다.
  (1) 위 조건의 법적 성질은? (7점)
  (2) 위 조건은 위법한가? (15점)
  (3) B주식회사는 위 조건만의 취소 또는 무효확인을 구하는 행정소송을 제기할 수 있는가? (8점)

[참고조문]
* 하수도법
제1조(목적) 이 법은 하수도의 설치 및 관리의 기준 등을 정함으로써 하수와 분뇨를 적정하게 처리하여 지역사회의 건전한 발전과 공중위생의 향상에 기여하고 공공수역의 수질을 보전함을 목적으로 한다.
제2조(정의) 이 법에서 사용하는 용어의 정의는 다음과 같다.
  2. "분뇨"라 함은 수거식 화장실에서 수거되는 액체성 또는 고체성의 오염물질(개인하수처리시설의 청소 과정에서 발생하는 찌꺼기를 포함한다)을 말한다.
  10. "분뇨처리시설"이라 함은 분뇨를 침전·분해 등의 방법으로 처리하는 시설을 말한다.
제3조(국가 및 지방자치단체의 책무) ① 국가는 하수도의 설치·관리 및 관련 기술개발 등에 관한 기본정책을 수립하고, 지방자치단체가 제2항의 규정에 따른 책무를 성실하게 수행할 수 있도록 필요한 기술적·재정적 지원을 할 책무를 진다.
② 지방자치단체의 장은 공공하수도의 설치·관리를 통하여 관할구역 안에서 발생하는 하수 및 분뇨를 적정하게 처리하여야 할 책무를 진다.
제41조(분뇨처리 의무) ① 특별자치도지사·시장·군수·구청장은 관할구역 안에서 발생하는 분뇨를 수집·운반 및 처리하여야 한다. 이 경우 특별자치도지사·시장·군수·구청장은 당해 지방자치단체의 조례가 정하는 바에 따라 제45조의 규정에 따른 분뇨수집·운반업자로 하여금 그 수집·운반을 대행하게 할 수 있다.
제45조(분뇨수집·운반업) ① 분뇨를 수집(개인하수처리시설의 내부청소를 포함한다)·운반하는 영업(이하 "분뇨수집·운반업"이라 한다)을 하고자 하는 자는 대통령령이 정하는 기준에 따른 시설·장비 및 기술인력 등의 요건을 갖추어 특별자치도지사·시장·군수·구청장의 허가를 받아야 하며, 허가받은 사항 중 환경부령이 정하는 중요한 사항을 변경하고자 하는 때에는 특별자치도지사·시장·군수·구청장에게 변경신고를 하여야 한다.
⑤ 특별자치도지사·시장·군수·구청장은 관할구역 안에서 발생하는 분뇨를 효율적으로 수집·운반하기 위하여 필요한 때에는 제1항에 따른 허가를 함에 있어 관할 구역의 분뇨 발생량, 분뇨처리시설의 처리용량, 분뇨수집·운반업자의 지역적 분포 및 장비보유 현황, 분뇨를 발생시키는 발생원의 지역적 분포 및 수집·운반의 난이도 등을 고려하여 영업구역을 정하거나 필요한 조건을 붙일 수 있다.
부칙 이 법은 2000. 1. 1.부터 시행한다.
※ 위 하수도법의 일부 조항은 가상의 것이며 현재 시행 중임을 전제로 할 것

[설문 1] 조건의 법적성질 (7점)

I. 행정행위의 부관

안동시장은 분뇨수집·운반업 허가처분을 하면서 하수도법 제45조 제5항에 따라 B주식회사에게 안동시립박물관 건립기금 5억 원의 납부를 조건으로 부가하였는데, 이러한 조건은 행정행위의 효력을 제한하거나 보충하기 위하여 주된 행정행위에 부가된 종된 규율을 의미하는 강학상 부관에 해당한다.

II. 강학상 부담

부관의 종류로는 강학상 조건, 기한, 부담, 철회권의 유보, 법률효과의 일부배제 등이 있는데, 안동시장이 부가한 부관은 정지조건인지 부담인지가 문제된다. 실정법상 조건으로 표현하고 있는 경우가 많아 조건과 부담의 구별이 쉽지는 않다. 조건은 행정행위의 효력의 발생 또는 소멸을 발생이 불확실한 장래의 사실에 의존하게 하는 부관이며, 부담은 주된 행정행위에 부수하여 상대방에게 작위·부작위·수인·급부 의무를 부과하는 부관이다. 부담은 의무의 이행과 관계 없이 처음부터 행정행위의 효과가 완전하게 발생한다는 점에서, 행정행위의 효과를 직접 제한하며 일정한 경우 당연히 행정행위의 효과가 발생하는 정지조건과 구별된다.

부관의 준수가 매우 중요하거나 행정행위의 요건과 밀접한 관련이 있는 경우에는 조건으로 보고 그렇지 않는 경우에는 부담으로 보는 것이 타당하다. 구별이 명확하지 않은 경우에는 부담으로 추정하는 것이 비례의 원칙상 상대방의 이익 보호 및 법적 안정성 측면에서 바람직하다.

III. 사안의 해결

건립기금 5억원의 납부조건은 하수도법 제45조 5항에 근거한 것이다. 사안에서 조건이라고 되어 있고, 하수도법 제45조 5항도 조건이라고 규정하고 있으나, 사안의 조건은 박물관건립기금과 분뇨수집업 허가 요건 사이에 밀접한 관계가 보이지 않으며, 하수도법 제45조 1항에 규정된 허가요건 외에 추가적인 의무를 부과한 것으로서 강학상 부담에 해당한다. B주식회사가 5억원의 건립기금을 납부한 것과 무관하게 B주식회사에 대한 분뇨수집·운반업 허가처분의 효력은 발생한다. 다만 B주식회사가 납부의무를 이행하지 않는 경우에 안동시장은 허가를 철회할 수 있다.

[설문 2] 조건의 위법성 (15점)

I. 부관의 성립상 한계(부관의 가능성)[1]

어떠한 행정행위에 부관을 부가할 수 있는지의 문제이다. 전통적 견해는 법률행위적 행정행위와 재량행위에는 부가할 수 있으나, 법률이 일정한 법적 효과를 결부시키는 준법률행위적 행정행위와 행정청이 법규에 엄격히 구속되는 기속행위는 부관은 부가할 수 없다고 하였다. 판례도 기속행위인 건축허가에 부가한 기부채납부관은 무효라고 판시한 바 있다.

---

[1] 만약 답안 작성시 시간이 부족할 경우 설문에서 "필요한 조건을 붙일 수 있다는 하수도법 제45조 5항에 따라"라는 부분이 있음을 감안하면, 부관의 성립상 한계인 부관의 가능성은 하수도법에 명문으로 조건을 부가할 수 있다고 규정하고 있으므로 문제되지 않는다."라는 정도로 가볍게 서술하고 넘어가도 무방하다.

그러나 최근의 일반적 견해는 법률행위적 행정행위나 재량행위라도 부관을 붙이기가 적당치 않은 것이 있는가 하면(귀화허가는 부관과 친숙하지 않음), 준법률행위적 행정행위에도 부관을 붙일 수 있는 것이 있으며(확인, 공증에는 기한, 특히 종기가 부가되는 경우가 많음), 한편 기속행위도 명문의 규정이 있거나 장래에 있어서의 법률요건의 충족을 확보할 필요가 있다고 판단되는 때에는 법률요건충족적 부관은 가능하다고 한다. 행정기본법은 행정청은 처분에 재량이 있는 경우에는 부관을 붙일 수 있지만 재량이 없는 경우에는 법률에 근거가 있는 경우에 붙일 수 있다고 하여 기속행위에 대한 부관은 명문의 규정이 없는 한 인정하지 않는다(제17조1,2항). 사안의 분뇨수집·운반업 허가는 법문언상 불분명하나 공익과 관련된 것으로서 재량행위에 해당되며, 하수도법 제45조 5항에 명문의 근거가 있으므로 부관의 가능성은 문제되지 않는다.

II. 부관의 내용상 한계

1. 부관의 내용상 한계

부관의 부가가 가능하다고 하더라도 어느 정도까지 부가할 수 있는지의 문제이다. 부관은 법령에 위반되지 않아야 하며, 부관의 내용이 명확하고 이행가능해야 하며, 주된 행정행위의 목적에 반해서는 안 되며, 평등원칙·비례의 원칙등 행정법의 일반원칙에 반해서는 안 된다는 내용적 한계를 충족해야 한다. 판례도 부관의 내용은 적법하고 이행가능하여야 하며 비례의 원칙 및 평등의 원칙에 적합하고 행정처분의 본질적 효력을 해하지 아니하는 한도의 것이어야 한다고 판시하고 있다.

행정기본법은 처분의 목적에 위배되지 아니할 것, 처분과 실질적인 관련이 있을 것, 처분의 목적을 달성하기 위하여 필요한 최소한의 범위일 것을 요구하고 있다(제17조4항).

2. 부당결부금지원칙 위반 여부

(1) 의 의

부당결부금지원칙은 행정권 행사에 있어 실질적 관련성이 없는 반대급부를 결부시켜서는 안 된다는 원칙으로서 자의적인 권한행사를 통제하고 국민의 권리를 보호하는 기능을 수행한다. 행정기본법은 부당결부금지원칙을 명문화하고 있다(제13조).

(2) 적용 요건

부당결부금지원칙 위반으로 판단하기 위해서는 ① 행정청의 일정한 행정작용이 있을 것, ② 행정작용이 상대방에게 부과하는 반대급부와 결부될 것, ③ 행정작용과 반대급부 사이에 실질적 관련성이 없을 것이 요구된다. 실질적 관련성이 인정되기 위해서는 원인적 관련성과 목적적 관련성이 있어야 한다. ㉠ 원인적 관련성이란 주된 행정행위와 반대급부 사이에 직접적 인과관계가 있을 것 즉 수익적 내용의 행정행위를 발령하기 때문에 부관을 부과하는 것이 가능하게 되는 관계를 말한다. ㉡ 목적적 관련성이란 주된 행정행위의 근거법률 및 당해 행정분야가 추구하는 목적을 위해서만 부관이 부과되어야 한다는 것을 말한다.

(3) 사안의 경우

박물관 건립기금을 납부하라는 조건과 분뇨수집·운반업 허가 사이에는 직접적인 인과관계가 없으므로 원인적 관련성이 없으며, 박물관 건립이 분뇨수집·운반업 허가가 추구하는 목적을 위한 것도 아니므로 목적적 관련성도 없다. 따라서 안동시장이 부가한 부담은 실질적 관련성이 없으므로 부당결부금지원칙에 반해서 위법하다.

3. 비례의 원칙 위반 여부

비례의 원칙(과잉금지의 원칙)이란 어떤 행정목적을 달성하기 위한 수단은 그 목적달성에 유효·적절하고 (적합성의 원칙) 또한 가능한 한 최소침해를 가져오는 것이어야 하며(필요성의 원칙) 아울러 그 수단의 도입으로 인한 침해가 의도하는 공익을 능가하여서는 아니된다(상당성의 원칙)는 헌법상의 원칙을 말하는 것 행정기본법도 비례의 원칙의 요건을 명문으로 규정하고 있다(제10조).

사안의 경우 박물관 건립기금을 납부하라고 하는 것은 하수와 분뇨의 적정한 처리에 적합한 수단이 되지 못하므로 적합성의 원칙에 반하며, 필요성의 원칙 및 상당성의 원칙에도 반한다고 할 수 있어 비례의 원칙에도 위반된다.

4. 사안의 해결

안동시장이 분뇨수집·운반업 허가처분을 하면서 부관을 부가할 수는 있다. 그러나 안동시립박물관 건립기금 5억 원의 납부를 명하는 부관은 부당결부금지원칙 및 비례의 원칙에 반하여 위법하다.

[설문 3] 부관의 독립쟁송가능성 (15점)

I. 문제점

부관부 행정행위에서 부관에만 불복하고자 하는 자가 본체인 행정행위와 분리하여 위법한 부관만을 행정쟁송의 대상으로 할 수 있는지, 부관부 행정행위 전체를 쟁송의 대상으로 삼아야 하는지 문제된다.

II. 학 설

① 부담만의 독립쟁송가능성설은 부담은 그 자체로서 특정한 의무를 명하는 행정처분의 성질을 가지나, 그 밖의 부관은 독자적인 처분성을 갖지 못하고 주된 행정행위의 한 부분으로서의 성격을 갖는 부관이므로 부담만이 독립쟁송가능하다고 한다. 쟁송형태는 부담은 진정 일부취소쟁송의 형태로, 기타부관은 부관부 행정행위 전체를 쟁송대상으로 하여 부관부분만의 취소를 구하는 부진정 일부취소쟁송이 된다고 한다. 행정심판법 제5조 1호 및 행정소송법 제4조 1호는 일부취소를 포함하므로 부진정 일부취소쟁송이 가능하다고 한다. ② 모든 부관에 대해 인정하는 견해는 부담을 포함하여 모든 부관은 주된 행정행위와 분리가능하므로, 소의 이익이 있다면 모든 부관에 대하여 쟁송가능하다고 본다. 쟁송형태는 부관의 성질상 모두 부진정 일부취소소송의 형태를 취하게 된다고 한다. ③ 분리가능성이 있는 부관만이 가능하다는 견해는 부관의 독립쟁송가능성은 부관의 독자적인 취소가능성 문제의 전제조건으로서의 성격을 가진다고 보아, 주된 행정행위와 분리가능성이 인정되는 부관은 독자적으로 다툴 수 있다고 본다. 쟁송형태는 분리가능성이 인정되는 처분성을 갖는 부담은 진정 일부취소소송으로, 처분성이 인정되지 않는 기타 부관은 부진정 일부취소소송으로 다투어야 한다고 한다.

III. 판 례

부담은 행정행위의 불가분적 요소가 아니어서 부담 그 자체로 항고소송의 대상이 된다고 하면서 진정 일부취소소송을 인정하지만, 부담 이외의 부관에 대해서는 독립쟁송을 인정하지 않고 부진정일부취소소송을 부정하는 입장이라고 할 수 있다. 따라서 판례에 의하면 부담 이외의 부관으로 인해 권리를 침해받은 자는 부관부 행정행위 전체의 취소를 청구하든지, 아니면 행정청에 부관이 없는 처분으로의 변경을 청구한 다음 그것이 거부된 경우에 거부처분취소소송을 제기하여야 한다는 것이다.

Ⅳ. 검 토

생각건대, 모든 부관에 대해 인정하는 견해는 부담 이외의 다른 부관에 대해서는 행정소송으로서의 처분성이 인정되지 아니한 점을 간과하고 있다는 문제점이 있으며, 분리가능성을 기준으로 해결하는 입장은 분리가능성의 문제는 본안심사 부분임에도 소송요건에서 검토한다는 문제가 있다. 따라서 처분성이 인정되는 부담만 독립쟁송 가능하다는 견해가 타당하다. 판례는 기타 부관에 대한 부진정일부취소소송을 인정하지 않고 대신 부관 없는 또는 부관의 내용을 변경하여 달라는 신청에 대한 거부처분의 취소소송은 인정하는데 권리구제가 우회적이라는 문제가 있다. 따라서 부진정일부취소소송도 인정하는 것이 타당하다. 결국 부담은 진정일부취소소송으로 독립쟁송가능하고, 기타 부관은 독립쟁송가능하지는 않더라도 부관부행정행위 전체를 대상으로 쟁송을 제기하여 부관만을 취소해달라는 부진정일부취소소송의 제기가 가능하다.

Ⅴ. 사안의 해결

분뇨수집·운반업 허가시 부가한 안동시립박물관 건립기금 5억원의 납부조건은 강학상 부담에 해당하므로 다수설·판례에 의하면 독립쟁송이 가능하다. B주식회사는 부가조건만을 대상으로 조건의 취소를 구하는 취소소송을 제기할 수 있다(진정일부취소소송).

유제 1 [행시 2001]

乙시장은 도심도로에서의 무질서한 상행위를 근절시키기 위하여 무허가 노점상을 전면 금지함과 동시에 예외적으로 몇 개소를 지정하여 신청자를 상대로 노점시장사용허가를 해 주기로 하였다. 甲은 노점시장 사용허가를 신청하였는바, 乙시장은 甲에게 사용허가를 해 주면서

1) 행정청은 공익상 필요에 의하여 언제든지 노점시설 사용허가를 철회할 수 있다.
2) 노점시설 영업을 타인에게 양도할 때에는 시장의 인가를 얻어야 한다.
3) 제세 및 공과금 이외에 영업소득의 20%를 시에 납부하여 도로정비 목적으로 사용하도록 한다.
4) 계약기간은 1년으로 한다.
5) 위 사항을 위반할 때에는 언제든지 노점시설 사용허가처분을 취소할 수 있다고 하는 내용의 조건을 부가하였다.

이에 甲은 위 조건의 내용이 너무 과중하다고 생각하여 소송으로 다투려고 한다. 그 방법과 승소가능성에 대하여 논하시오. (50점)

해 설

노점시설 사용허가는 공물의 사용특허로서 특허행위에 해당하고 재량행위에 해당하므로 위 부관은 명문의 법적 근거가 없는 경우에도 허용된다.
1) 철회권의 유보에 해당하는데 노점시장사용허가의 철회보다 침해가 경미한 노점시장사용허가의 일시중지의 가능성을 배제하는 것이고 동시에 공익과 사익간의 형량을 배제하는 것으로 비례원칙에 반하는 부관에 해당한다. 부담만의 독립쟁송가능성을 인정하는 판례의 의할 때 부관만의 취소를 구하는 소송은 인정되지 않는다.

부관부행정행위 전부에 대해 취소소송을 제기하여야 한다.
2) 부담에 해당하는데 노점시장사용허가의 효과가 당연히 양수인에게 이전되는 것은 아니며, 乙시장은 사인간의 영업양도를 불문하고 도로관리에 책임을 부담하므로 부관은 도로관리상 불가피한 것으로서 적법하다.
3) 부담에 해당하는데 영업소득의 20%의 납부가 도로점용료의 납부인지 또는 도로점용료 외의 추가부담인지 불분명하나 표현상 도로점용료 외의 추가부담으로 보이며, 법적 근거 없이 도로점용료 외의 추가 부담을 징수하는 것은 위법하나 만약 도로점용료의 납부라면 도로법 43조가 정하는 금액일 경우에만 적법하다. 따라서 판례에 따를 때 위법한 부담에 해당한다면 부담에 대하여만 진정 일부취소소송을 제기할 수 있고 승소판결을 받을 것이다.
4) 기한에 해당하는데 도로법 시행령 24조 점용기간은 10년 내에서 허용하고 있으므로 적법하다.
5) 철회권의 유보에 해당하는데 적법한 부관을 준수하지 않았음을 이유로 사용허가처분을 취소할 수 있다는 철회권 유보의 부관은 적법하다.

유제 2 [행시(일행) 2013]

A시장은 B에 대하여 도로점용허가를 함에 있어서 점용기간을 1년으로 하고 월 10만원의 점용료를 납부할 것을 부관으로 붙였다. 이에 관한 다음 물음에 답하시오. (총30점)
1) B는 도로점용허가에 붙여진 부관부분에 대해 다투고자 하는 경우에 부관만을 독립하여 행정소송의 대상으로 할 수 있는가? (10점)
2) 부관을 다투는 소송에서 본안심리의 결과 부관이 위법하다고 인정되는 경우에 법원은 독립하여 부관만을 취소하는 판결을 내릴 수 있는가? (10점)
3) A시장은 B에 대하여 위 부관부 도로점용허가를 한 후에 추가로 도로점용시간을 16시부터 22시까지로 제한하는 부관을 붙일 수 있는가? (10점)

해설

1. 설문 1) : 부관에 대한 독립쟁송가능성

사안의 점용기간은 기한(종기)에 해당하며 월 10만원 점용료 납부 부분은 부담에 해당한다. 점용료 납부 부관만 독립하여 쟁송의 대상이 되어 진정일부취소소송으로 제기할 수 있다. 점용기간은 부진정일부취소소송의 형식으로 부관부행정행위 전부를 대상으로 부관의 취소를 구할 수 밖에 없다. 판례에 의하면 부진정일부취소소송도 불가능하다.

2. 설문 2) : 부관의 독립취소가능성

월 10만원 점용료 납부를 명하는 부관은 도로점용허가에 중요한 요소가 아니므로 독립취소가 가능하고 점용허가기간 1년은 기한으로서 도로점용허가에 중요한 요소이므로 부관만 취소할 수 없다.

3. 설문 3) : 사후부관의 가능성

사후부관의 가능성에 대해 부정설, 부담긍정설, 제한적긍정설이 대립한다. 판례는 행정처분에 이미 부담이 부가되어 있는 상태에서 그 의무의 범위 또는 내용 등을 변경하는 부관의 사후변경은 법률에 명문의 규정이 있거나 그 변경이 미리 유보되어 있는 경우 또는 상대방의 동의가 있는 경우에 한하여 허용되는 것이 원칙이지만, 사정변경으로 인하여 당초에 부담을 부가한 목적을 달성할 수 없게 된 경우에도 그 목적달성에 필요한 범위 내에서 예외적으로 허용된다고 한다.

판례에 의할 때 ① 법령에 사후부관을 인정하는 명문의 규정이 있다고 보이지 아니하며, ② 행정처분을 함에 있어 사후부관을 유보하지도 않았으며, ③ B의 동의가 있다는 사정도 보이지 않으며, ④ 당초의 부관으로 목적 달성이 어렵다는 사정변경 또한 보이지 않으므로 추가로 도로점용시간을 16시부터 22시까지로 제한하는 부관은 붙일 수 없다.

유제 3 [변시 2016]

甲은 서울에서 주유소를 운영하는 자로, 기존 주유소 진입도로 외에 주유소 인근 구미대교 남단 도로(이하 '이 사건 본선도로'라 한다.)에 인접한 도로부지(이하 '이 사건 도로'라 한다.)를 주유소 진·출입을 위한 가·감속차로 용도로 사용하고자 관할구청장 乙에게 도로점용허가를 신청하였다. 이 사건 본선도로는 편도 6차로 도로이고, 주행제한속도는 시속 70km이며, 이 사건 도로는 이 사건 본선도로의 바깥쪽을 포함하는 부분으로 완만한 곡선구간의 중간 부분에 해당한다. 이 사건 본선도로 중 1, 2, 3차로는 구미대교 방향으로 가는 차량이, 4, 5차로는 월드컵대로 방향으로 가는 차량이 이용하도록 되어 있다. 4, 5차로를 이용하던 차량이 이 사건 본선도로 중 6차로 및 이 사건 도로부분을 가·감속차로로 하여 주유소에 진입하였다가 월드컵대로로 진입하는 데 별다른 어려움은 없다.

한편, 丙은 이 사건 도로상에서 적법한 도로점용허가를 받지 않고 수년 전부터 포장마차를 설치하여 영업을 하고 있었다.

(이 사안과 장소는 모두 가상이며, 아래 지문은 각각 독립적이다.)

3. 乙은 법령에 명시적인 근거가 없음에도 "甲은 丙이 이 사건 도로 지상에 설치한 지상물 철거를 위한 비용을 부담한다."라는 조건을 붙여 甲에게 도로점용기간을 3년으로 하여 도로점용허가를 하였다.

   가. 위 조건의 법적 성질 및 적법성 여부를 논하시오. (15점)

   나. 乙이 아무런 조건 없이 도로점용허가를 하였다가 3개월 후 위와 같은 조건을 부가한 경우, 이러한 조건 부가 행위가 적법한지 여부에 대하여 논하시오. (5점)

[참조조문]
* 도로법
제40조(도로의 점용) ① 도로의 구역안에서 공작물·물건 기타의 시설을 신설·개축·변경 또는 제거하거나 기타의 목적으로 도로를 점용하고자 하는 자는 관리청의 허가를 받아야 한다.
② 제1항의 규정에 따라 허가를 받을 수 있는 공작물·물건 그 밖의 시설의 종류와 도로점용허가의 기준 등에 관하여 필요한 사항은 대통령령으로 정한다.

[해설]

1. 3-가.

도로법에는 철거 비용 부담 조건의 근거는 없다. 사안에서 조건이라고 되어 있기는 하나, 당해 조건은 지상물 철거와 도로점용허가요건 사이에 밀접한 관계가 보이지 않으며, 도로법 상의 도로점용허가 요건 외에 추가적인 의무를 부과한 것으로서 강학상 부담에 해당한다. 따라서 甲이 지상물 철거 비용을 부담하는 것과 무관하게 甲에 대한 도로점용허가의 효력은 발생한다. 다만 甲이 비용부담 의무를 이행하지 않는 경우에 乙은 도로점용허가를 철회할 수 있다.

사안의 경우 구청장 乙의 도로점용허가가 있으므로 행정작용이 존재하며, 철거 비용을 부담하라는 조건을 부과하였으므로 반대급부와도 결부되었다. 그러나 도로점용허가를 발령하기 때문에 철거 비용 부담 조건의 부과가 가능하게 되었고, 비용 부담 조건은 도로점용허가가 추구하는 목적을 위해서 부가한 것이라고 볼 수 있으므로 실질적 관련성은 있다고 보아야 하므로 조건을 부과한 것이 부당결부라고 할 수는 없다. 부당결부금지원칙 위반은 아니므로 철거비용을 부담하라는 조건은 적법하다.

2. 3-나.

구청장 乙은 도로점용허가 발령 3개월 후에 부관을 부가한 것인데, 도로법에 명문의 근거는 없고 도로점용허가를 하면서 미리 유보한 사정도 없으며, 상대방이 동의한 바도 없다. 판례에 의하면 사정변경이 문제될 수 있는데, 도로점용허가 당시 이미 지상물의 철거 필요성이 존재했다는 점을 고려하면 사정변경도 인정할 수 없다. 따라서 구청장 乙이 3개월 후에 행한 조건 부가행위는 위법하다.

유제 4 [법전협 2017-1]

甲, 乙, 丙 등은 A시 B동 지역에 토지를 소유하고 있다. B동 지역 주민들은 도시 및 주거환경정비법령에 따라 조합을 설립하여 주택재건축사업을 추진하기로 하였다. 이후 같은 법령에 따라 적법하게 조합설립추진위원회가 구성되었고, 이 조합설립추진위원회는 「도시 및 주거환경정비법」 제16조에 따라 토지 또는 건축물의 소유자의 동의를 얻어 조합설립을 의결하고 관할 A시장에게 조합설립인가를 신청하였는바, 甲은 재건축에 동의하였으나, 乙은 동의하지 않았다.

위 주택재건축사업이 추진되는 B동 지역 일대는 주택단지가 아닌 지역이 포함되어 있어 주택재건축사업을 추진하려면 「도시 및 주거환경정비법」 제16조 제3항에 따라 주택단지가 아닌 지역 안의 '토지 또는 건축물 소유자의 4분의 3이상'의 동의를 얻어야 하는 바, 위 조합설립추진위원회가 신청한 조합설립인가는 같은 조항에서 요구하는 동의자 수에 미달한 것으로 조합설립결의에 하자가 있는 것이었다. 그럼에도 불구하고, 관할 A시장은 위 동의요건을 '토지 소유자의 4분의 3 이상' 또는 '건축물 소유자의 4분의 3 이상' 중 어느 하나의 요건만 충족하면 되는 것으로 잘못 해석하여, 동의요건을 충족하지 못한 위 조합설립추진위원회의 조합설립인가신청에 대하여 B동 재건축정비사업조합(이하 'B조합') 설립인가처분을 하였고, 이에 기하여 B조합은 같은 법 제18조에 따른 조합설립등기를 마쳤다.

2. 만약 위 조합설립인가 신청을 받은 관할 A시장이 동의요건에 하자가 있음을 발견하고 1개월 내에 동의요건을 충족하여 다시 동의서를 제출할 것을 부관으로 하여 조합설립인가처분을 하였다면, 그러한 부관의 가능성과 B조합이 부관에 대해서만 다툴 수 있는지 검토하시오. (30점)

[해 설]

재건축조합에 대한 조합설립인가처분이 재량행위인지 여부는 도시 및 주거환경정비법 제16조의 법문언상으로는 불분명하다. 그러나 주택재건축을 통한 주거생활의 안정을 도모한다는 재건축의 목적, 조합설립인가를 통해 조합에 행정주체로서의 지위를 부여하는 점, 공익을 실현하여야 하는 행정의 합목적성을 고려할 때 재량행위라고 보아야 한다. 조합설립인가를 신청한 재건축조합의 사업내용이 관계 법령의 규정에 위배되거나 사회질서를 해칠 우려가 있음이 명백한 때에는 인가를 거부할 수 있다고 보아야 하고 그 경우에 법규에 명문의 근거가 없더라도 거부처분을 할 수 있는 것으로 보아야 한다.

조합설립인가는 재량행위에 해당하므로 A시장은 도시 및 주거환경정비법에 조합설립인가시 부관을 부가할 수 있다는 명문의 규정이 없더라도 조합설립인가를 하면서 동의요건을 충족하여 다시 동의서를 제출할 것을 부관으로 부가할 수 있다.

A시장이 동의요건을 충족하여 다시 동의서를 제출할 것을 부관으로 부가하였는바, 동 부관은 조합설립인가처분의 동의요건을 보완하기 위한 것으로 법률요건충족적 부관에 해당한다. 동 부관이 조건인지 부담인지 문제되는데, 일단 조합설립인가처분의 효력이 발생하고 동의서제출의무를 부여한 것으로 볼 수는 없다. 동의요건이 결여되었으므로 처분의 효력을 인정할 수는 없기 때문이다. 동 부관은 동의서를 다시 제출할 경우 조합설립인가처분의 효력이 발생하는 정지조건으로 보아야 한다. 부담이 아닌 경우 부관에 대한 독립쟁송가능성은 부정되므로 B조합은 부관에 대해서만 다툴 수는 없다.

사례 031 민사소송과 선결문제 [사시 2002]

甲이 국세를 체납하자 관할 세무서장은 甲 소유가옥에 대한 공매절차를 진행하여 그에 따라 낙찰자 乙에게 소유권이전등기가 경료되었다. 그런데 甲은 그로부터 1년이 지난 후에야 위 공매처분에 하자가 있음을 발견하였다.
(1) 甲이 공매처분의 하자를 이유로 乙을 상대로 하여 소유권이전등기의 말소등기절차의 이행을 구하는 민사소송을 바로 제기한 경우, 법원은 원고승소판결을 할 수 있는가?
(2) 甲이 가옥의 소유권을 상실하는 손해를 입었음을 이유로 바로 국가를 상대로 한 손해배상청구소송을 제기한 경우, 법원은 공매처분의 위법성을 심사할 수 있는가? (50점)

[설문 1] 소유권이전등기 말소청구소송의 인용가능성

I. 문제의 소재

소유권이전등기말소청구소송이 인용되기 위해서는 공매처분의 효력이 부인되어야 한다. 소유권이전등기말소청구소송은 갑에게 여전히 소유권이 있음을 전제로 하여 갑이 민법214조에 의한 소유물방해제거청구권에 의하여 이루어진 것이고, 갑에게 여전히 소유권이 있다고 하기 위해서는 공매처분의 효력이 부인되어야 하기 때문이다. 이와 같이 행정행위의 효력과 관련한 선결문제의 문제는 종래 주로 과세처분의 위법성을 이유로 하여 이미 납부한 조세에 대한 부당이득반환청구소송과 관련하여 논의가 전개되어 왔다. 공정력 내지는 구성요건적 효력과 선결문제로서 논의되고 있다.

II. 공매처분의 법적성질 및 하자

공매는 국세의 체납처분절차인 재산압류, 매각, 청산 등의 절차 중의 하나의 방법이다. 공매의 성질에 대해서는 체납자와 매수인 사이에 체결되는 사법상계약으로 보는 견해도 있으나, 체납자의 압류재산을 금전으로 환가하기 위하여 강제적으로 소유권을 이전하게 하는 행정행위로 보는 것이 다수의 견해이다. 행정행위의 종류 중에 공법상 대리에 해당한다. 판례도 과세관청이 체납처분으로서 행하는 공매는 우월한 공권력의 행사로서 행정소송의 대상이 되는 행정처분이라고 판시하고 있다.
설문에서는 하자가 존재한다고만 하였으므로 무효사유인지 취소사유인지 판단 곤란하다. 무효와 취소사유인 경우를 나누어서 검토한다.

III. 공정력 및 구성요건적 효력

1. 공정력

공정력이란 행정행위에 하자가 있는 경우에도 당연무효가 아닌 한 권한 있는 기관(처분청, 행정심판기관, 취소소송의 수소법원)에 의해 취소될 때까지는 일응 구속력이 있는 것으로 유효하게 통용되는 힘을 말한다. 법적 안정성 및 행정의 효율적 수행이라는 정책적 이유에서 인정되고 있다. 종래 직접적인 명문의 근거는 없었고 공정력을 전제로 한 간접적인 근거들(직권취소, 쟁송취소에 관한 규정)만 있었으나 행정기본법은 명문으로 규정하고 있다(제15조). 무효인 행위에는 공정력이 인정되지 않는다. 공정력과 입증책임은

무관하다는 것이 일반적 견해이며, 입증책임은 민사소송법상의 입증책임 분배원칙인 법률요건분류설을 원칙으로 하여 판단하여야 한다.

2. 구성요건적 효력

구성요건적 효력은 유효한 행정행위가 존재하는 이상, 비록 하자 있는 행위일지라도 모든 행정기관과 법원은 그 행위의 존재와 법적 효과를 존중하며 스스로의 판단의 기초 내지는 구성요건으로 삼아야 하는 구속력을 말한다. 국가기관 상호간의 권한존중 및 행정권과 사법권의 권력분립에서 근거하여 인정된다. 학설 중 일부는 행정행위의 상대방에 대한 구속력을 공정력이라 하고 다른 국가기관 또는 수소법원 외의 법원에 대한 구속력을 구성요건적 효력이라고 구분하는 견해도 있으나 공정력은 행정행위가 잠정적으로 유효성을 인정받는 힘이고, 구속력은 이러한 유효성에서 나오는 효력인데 구속력 중에서 처분청 및 수소법원 외의 다른 행정기관 및 법원에 대한 구속력을 구성요건적 효력이라고 하는 것이 타당하다. 이러한 입장에서는 민사소송, 형사소송과 선결문제의 논의는 구성요건적 효력의 문제로 파악하게 된다. 반면 판례는 공정력과 선결문제의 논의로 접근하고 있다.

IV. 공정력 및 구성요건적 효력과 선결문제

1. 의 의

특정사건의 재판에서 본안판단에 앞서서 행정행위의 효력 유무·존재 여부 또는 위법 여부가 먼저 해결되어야 하는 경우의 문제를 선결문제라고 한다. 행정행위의 효력 유무·위법 여부가 민사소송이나 형사소송에서 선결문제로 되는 경우에, 민사소송이나 형사소송의 수소법원이 이를 선결(先決)문제로서 심리·판단하는 것이 공정력에 반하는지의 문제를 공정력과 선결문제라고 한다. 공정력과 구성요건적 효력을 구분하는 견해에 의하면 구성요건적 효력과 선결문제라고 한다. 공정력과 구성요건적 효력을 구분하는 견해가 타당하므로 이하 구성요건적 효력의 문제로 검토한다.

2. 부당이득반환청구소송과 선결문제(효력을 부인해야 하는 경우)

(1) 문제점

공법상 부당이득반환청구소송은 당사자소송의 대상이 되어야 한다는 것이 학설이지만 판례는 민사소송으로 보고 있다. 부당이득반환청구소송에서 민사법원의 처분의 효력을 부인할 수 있는지 문제가 된다.

(2) 학 설

학설은 처분의 하자가 중대하고 명백하여 무효인 경우에는 권한 있는 기관의 취소 없이도 누구나 효력을 부인할 수 있으므로 민사법원은 처분의 효력을 부인하고 이를 전제로 판결할 수 있다고 한다. 무효인 처분에는 구성요건적 효력이 존재하지 않으므로 민사법원의 그와 같은 판결은 구성요건적 효력에 반한다고 할 수 없다.

반면, 취소사유인 경우 민사법원이 행정행위의 효력을 부인하면 구성요건적 효력에 반할 뿐만 아니라 취소소송의 배타적 관할권 규정에도 위반되기 때문에 행정행위의 효력을 부인할 수 없다고 한다. 행정행위의 효력을 부인할 수 있는 기관은 처분청 및 취소쟁송을 제기 받은 행정심판위원회 또는 법원 뿐이기 때문이다.

(3) 판 례

판례도 행정행위는 공정력과 불가쟁력의 효력이 있어 설혹 행정행위에 하자가 있는 경우에도 그 하자가 중대하고 명백하여 당연무효로 보아야 할 사유가 있는 경우 이외에는 그 행정행위가 행정소송이나 다른 행정행위[1])에 의하여 적법히 취소될 때까지는 단순히 취소할 수 있는 사유가 있는 것만으로는 누구나 그 효력을 부인할 수 없고 법령에 의한 불복기간이 경과한 경우에는 당사자는 행정처분의 효력을 다툴 수 없다고 판시하고 있다.

(4) 검 토

민사법원이 효력을 부인하는 것은 구성요건적 효력에 반하므로 당연무효의 경우를 제외하고는 민사법원이 효력을 부인할 수 없다. 이 경우 원인행위인 처분에 대해 취소소송을 제기하고 부당이득반환청구소송을 관련청구소송으로 병합하여 제기하는 것은 가능하다(행정소송법 제10조2항).

3. 사안의 해결

甲이 공매처분의 하자를 이유로 乙을 상대로 하여 소유권이전등기의 말소등기절차의 이행을 구하는 민사소송을 제기한 것은 실질적으로 소유권에 대한 부당이득반환청구소송을 제기한 것인데 민사법원이 인용판결을 하기 위해서는 소유권이전등기가 부당이득의 요건인 법률상 원인 없이 행해진 것인지를 판단해야 한다. 즉 민사법원이 공매처분의 효력을 부인할 수 있어야 한다. 민사법원이 공매처분의 효력을 부인하는 것이 구성요건적 효력에 반하는 것이 아닌지 문제되는 것이다.

사안의 경우 공매처분의 하자를 무효사유로 볼 경우 법원은 공매처분이 무효임을 전제로 소유권이전등기말소청구를 인용하는 원고승소판결을 할 수 있다.

공매처분의 하자를 취소사유로 볼 경우 법원은 공매처분의 효력을 부인할 수 없으므로 소유권이전등기 말소청구를 인용하는 원고승소판결을 할 수 없다. 공매처분이 있은 날로부터 1년이 경과하여 취소소송의 제소기간이 경과하였으므로 취소소송도 부적법 각하될 것이므로 관련청구소송의 병합도 부적법하다.

[설문 2] 국가배상청구소송에서 공매처분의 위법성 심사

I. 문제의 소재

甲이 국가를 상대로 한 손해배상청구소송에서 법원이 공매처분의 위법성을 심사할 수 있는지가 역시 구성요건적 효력과 선결문제로 논의되고 있다. 그 전제로 국가배상청구소송이 민사소송인지 당사자소송인지를 검토한다.

II. 국가배상청구소송의 법적 성격

국가배상청구소송의 법적 성격에 대해 민사소송설과 당사자소송설이 대립한다. 민사소송설은 국가배상법은 민법의 특별법이고 국가배상책임은 일반불법행위책임의 한 유형이라고 하면서 국가배상청구소송은 민사소송에 의해야 한다고 한다. 판례도 민사상 손해배상책임을 특별법인 국가배상법이 정한데 불과

---

1) 직권취소를 의미함.

하다고 하여 민사소송설의 입장이다. 반면 당사자소송설은 국가배상법은 공행정작용에서 발생한 배상책임에 관하여 규정하고 있으며 우리의 법체계가 공법과 사법의 이원적 체계를 인정하고 있는 이상 당사자소송의 대상이 되어야 한다고 한다. 행정소송법개정안은 당사자소송의 대상이라고 명시하고 있다.

판례의 입장에 따르면 민사법원에 국가배상청구소송을 제기하여야 할 것이고 민사소송과 선결문제의 논의가 된다. 이하 판례의 입장에 의해 민사소송과 선결문제로 논의한다.

Ⅲ. 국가배상청구소송과 선결문제(위법성 확인 국면)

1. 문제점

행정행위의 위법 여부가 민사소송에서 선결문제로 되는 경우에 민사소송의 수소법원이 이를 심리 판단하는 것이 구성요건적 효력에 반하는지 문제된다. 위법 여부가 선결문제가 된다는 것은 선결문제의 위법 여부에 대하여 수소법원이 판단할 수 있어야 수소법원이 본안판단을 할 수 있다는 것을 의미한다.

2. 학설

학설은 ① 국가배상청구소송의 수소법원인 민사법원이 처분의 위법성을 심사하는 것은 취소소송의 배타적 관할원칙, 행정소송법 제11조 제1항의 문언, 및 구성요건적 효력에 반한다는 부정설, ② 국가배상청구를 인정하면 당해 행정행위의 목적이 방해되는 경우에만 부정하는 절충설, ③ 행정소송법 제11조 제1항은 예시적 규정에 불과하며 민사법원이 위법성 판단의 국면에서는 선결문제로서 심리 판단하더라도 구성요건적 효력에 반하지 않는다는 긍정설 등이 대립한다.

3. 판례

판례는 행정처분의 취소판결이 있어야만 행정처분의 위법임을 이유로 한 손해배상 청구를 할 수 있는 것은 아니라고 하여 긍정설의 입장이다.

4. 검토

생각건대 하자있는 처분이 공정력에 의해 처분의 효력이 인정되고 구속력의 내용으로서 구성요건적 효력이 인정되더라도 처분의 적법성이 추정되는 것은 아니며 위법한 처분이 취소되기까지 잠정적으로 유효하게 통용되는 것에 불과하다. 행정행위의 위법을 이유로 한 국가배상청구소송의 경우에는 행정행위의 효력이 문제 되는 것이 아니라 단순히 위법성 심사에 그치는 것이므로, 국가배상청구소송의 수소법원인 관할 민사법원은 그 전제가 처분의 위법성을 심리할 수 있다. 긍정설이 타당하다. 사안에서 법원은 공매처분의 위법성을 심사할 수 있다.

Ⅳ. 불가쟁력이 발생한 경우의 국가배상청구가능성[2]

1. 문제점

처분에 대해 취소소송을 제기할 수 있는 제소기간이 도과한 뒤에 국가배상청구를 한 경우에도 수소법원이 선결문제로서 처분의 위법여부를 심리할 수 있는가 하는 문제가 추가로 제기된다. 불가쟁력이 발생한 처분에 대해 취소소송의 제한을 잠탈·회피하기 위해 국가배상을 악용할 우려가 있어서 논의되고 있다.

---

[2] 불가쟁력이 발생한 경우의 국가배상청구소송에서 선결문제의 논의는 별도로 언급하지 않는 교수님들도 있다. 이 문제를 논점으로 잡아야 한다고 하는 교수님들도 있으니 답안에 현출하는 것이 좋다. 다만 실전에서는 해설의 양보다 간단히 처리해도 족하다.

2. 학설

① 부정설은 이차적 권리보호(국가배상)에 대한 일차적 권리보호(행정쟁송)의 우선의 관점에서 국가배상청구를 배제시키고 있는 독일의 법제를 원용하면서 특히 금전급부의무를 부과하는 행정처분의 경우 국가배상청구를 허용하면 불가쟁력이 발생한 처분에 대한 취소소송을 인정하는 결과가 된다고 한다. ② 긍정설은 처분의 효력을 다투는 취소소송과 피해의 배상을 구하는 국가배상은 제도의 취지를 달리하므로 취소판결이 없이도 국가배상청구가 가능하다고 한다.

3. 판례

판례는 물품세 과세처분에 대해서 제소기간이 경과하여 불가쟁력이 발생한 사안에서도 과세처분이 취소되지 않았다고 하더라도 국가의 손해배상책임을 인정한 바가 있다. 긍정설의 입장이다.

4. 검토

우리의 경우 일차적 권리보호를 우선하는 법제가 아니며, 위법한 처분으로 인한 손해에 대한 배상을 구하는 것은 정의에 부합하는 것이므로 긍정설이 타당하다.

V. 사안의 해결

하자 있는 공매처분으로 가옥의 소유권말소가 된 경우에 국가배상청구소송의 수소법원은 그 전제가 된 공매처분의 위법성을 심리할 수 있다. 처분이 무효인 경우 뿐만 아니라 취소사유인 경우에도 선결문제로 심리하는 것이 구성요건적 효력에 반하는 것이 아니다. 공매처분의 효력을 부인하지 않고 단지 위법성을 확인하는 것에 그치기 때문이다. 국가배상청구의 다른 요건들이 충족되었다면 갑의 청구는 인용될 수 있다.

사안은 공매처분이 있은 날로부터 1년이 지난 후에 국가배상을 청구한 것이므로 공매처분에 대해 불가쟁력이 발생한 상황이지만 이러한 경우에는 민사법원은 공매처분의 위법성을 선결문제로 심리할 수 있다고 보아야 한다.

유제 1 [사시 2010]

A시는 택지개발사업을 위해 관련 법령에 따른 절차를 거쳐 甲 소유의 토지 등을 취득하고자 甲과 보상에 관하여 협의하였으나 협의가 성립되지 않았다. 이에 A시는 관할 토지수용위원회에 재결을 신청하여 "A시는 甲의 토지를 수용하고, 甲은 그 지상 공작물을 이전한다. A시는 甲에게 보상금으로 1억원을 지급한다"라는 취지의 재결을 받았다. 그러나 甲은 보상금이 너무 적다는 이유로 보상금 수령을 거절하였다. 그러자 A시는 보상금을 공탁하였고, A시장은 甲에게 보상절차가 완료되었음을 이유로 위 토지 상의 공작물을 이전하고 토지를 인도하라고 명하였다.

3. 만약 A 시장이 대집행했을 때, 甲이 "위법한 명령에 기초한 대집행으로 말미암아 손해를 입었다."라고 주장하면서 관할 민사법원에 국가배상청구소송을 제기한다면 민사법원은 위 명령의 위법성을 스스로 심사할 수 있는가? (12점)

해설

행정행위의 위법을 이유로 한 국가배상청구소송의 경우에는 행정행위의 효력이 문제 되는 것이 아니라 단순히 위법성 심사에 그치는 것이므로, 국가배상청구소송의 수소법원인 관할 민사법원은 그 전제가 된 공작물이전 및 토지인도명령의 위법성을 심리할 수 있다. 국가배상청구의 다른 요건들이 충족되었다면 甲의 청구는 인용될 수 있다.

유제 2   [행시 2014]

A하천 유역에서 농기계공장을 경영하는 甲은 「수질 및 수생태계 보전에 관한 법률」 제4조의5에 의한 오염부하량을 할당받은 자이다. 甲의 공장 인근에서 대규모 민물어류양식장을 운영하는 乙의 양식어류 절반가량이 갑자기 폐사하였고, 乙은 그 원인을 추적한 결과 甲의 공장에서 유출된 할당오염부하량을 초과하는 오염물질에 의한 것이라는 강한 의심을 가지게 되었다. 甲의 공장으로부터 오염물질의 배출이 계속되어 나머지 어류의 폐사도 우려되는 상황에서 乙은 동법 제4조의6을 근거로 甲에 대한 수질오염방지시설의 개선 등 필요한 조치를 명할 것을 관할 행정청 丙에게 요구하였다. 그러나 丙은 甲의 공장으로부터의 배출량이 할당오염부하량을 초과하는지 여부가 명백하지 않다는 이유로 이를 거부하였고, 乙은 동 거부처분에 대한 취소소송을 제소기간 내에 관할법원에 제기하였다. 다음 물음에 답하시오.

(3) 한편 甲이 할당오염부하량을 초과하여 오염물질을 배출하였음을 이유로 관할 행정청은 동법 제4조의7에 근거하여 오염총량초과부과금을 부과하였고 甲은 이를 납부하였다. 그런데 甲에게 부과된 부과금처분은 관련 법령상 요구되는 의견청취절차를 거치지 아니한 것이었고, 甲이 이를 이유로 이미 납부한 부과금을 반환받고자 하는 경우, 부당이득반환청구소송을 통해 구제받을 수 있는가? (10점)

해 설

오염총량초과부과금부과처분의 절차상 하자는 취소사유에 불과하므로 공정력 내지는 구성요건적 효력이 존재한다. 부당이득반환청구소송의 수소법원은 부과금처분의 효력을 부정할 수 없으므로 甲은 부당이득반환청구소송을 통해 구제받을 수 없다. 다만 甲은 취소소송의 제소기간 충족을 전제로 부담금부과처분에 대한 취소소송을 우선 제기하여 취소판결을 받거나, 취소소송과 부당이득반환청구소송을 병합(행정소송법 제10조 제2항)하여 소를 제기함으로써 구제받을 수 있다.

유제 3   [변시 2025]

A도 B시의 시장 X는 「산업입지 및 개발에 관한 법률」(이하 '산업입지법'이라 한다)에 따라 관내 토지 10만여㎡에 도시첨단산업단지를 개발하기 위하여 A도 도지사 Y에게 산업단지개발계획서를 첨부하여 도시첨단산업단지의 지정을 신청하였다. Y는 관계 법령의 절차에 따라 산업단지의 위치 및 면적, 수용·사용할 토지·건축물의 세부 목록 등이 포함된 산업단지개발계획을 수립하여 위 대상 토지를 도시첨단산업단지로 지정·고시하였다.

2. B시는 도시첨단산업단지 지정·고시에 따라 甲 소유의 토지를 취득하기 위하여 甲과 협의하였으나 협의의 성립에 이르지 못하자, 관할 지방토지수용위원회에 재결을 신청하여 금 10억 원을 보상금액으로 하는 수용재결이 이루어졌다. B시는 수용재결에 따라 甲 소유 토지에 대한 소유권을 취득한 후 소유권이전등기를 마쳤다. 甲은 수용재결이 있은 지 1년이 경과한 후 당해 수용재결에 취소사유에 해당하는 하자가 있음을 알게 되었다.
甲이 자신의 토지에 대한 소유권을 회복하기 위하여 소유권이전등기말소등기청구소송을 제기할 경우, 수소법원이 수용재결의 하자에 대해서 심리·판단할 수 있는지 검토하시오. (25점)

해 설

수용재결이라는 처분에 취소사유가 있는 하자가 있더라도 권한 있는 기관이 취소할 때까지는 유효하게 통용되므로 처분을 직접 취소할 수 있는 권한이 없는 수소법원인 민사법원은 수용재결의 효력을 부인할 수 없고 수용재결의 유효를 전제로 B시에게 소유권이 있다고 판단할 수 밖에 없다. 수소법원은 수용재결의 위법성을 확인하는 국면이 아니라 효력을 부인해야 하는 국면이므로 선결문제로 심리할 수 없다. 수소법원은 수용재결의 효력을 부인할 수는 없다.

사례 032　형사소송과 선결문제　[변시 2016]

　　PC방 영업을 하는 丙은 청소년 출입시간을 준수하지 않았다는 이유로 관할 시장으로부터 영업정지 1월의 처분을 받았다. 그런데 관할 시장은 이 처분을 하기 전에 丙에게 처분의 원인이 되는 사실과 의견제출의 방법 등에 관한「행정절차법」상 사전통지를 하지 아니하였다. 이에 丙은 사전통지 없는 영업정지처분이 위법하다고 주장하며 영업정지명령에 불응하여 계속하여 영업을 하였고, 관할 시장은「게임산업진흥에 관한 법률」상 영업정지명령 위반을 이유로 丙을 고발하였다. 이 사건을 심리하는 형사 법원은 丙에 대해 유죄 판결을 할 수 있겠는가? (20점)

[참조조문]
※ 아래 법령은 각 처분당시 적용된 것으로 가상의 것이다.
* 게임산업진흥에 관한 법률
제28조(게임물 관련사업자의 준수사항) 게임물 관련사업자는 다음 각 호의 사항을 지켜야 한다.
　　7. 대통령령이 정하는 영업시간 및 청소년의 출입시간을 준수할 것
제35조(허가취소 등) ② 시장·군수·구청장은 제26조의 규정에 의하여 게임제공업·인터넷컴퓨터게임시설제공업 또는 복합유통게임제공업의 허가를 받거나 등록 또는 신고를 한 자가 다음 각 호의 어느 하나에 해당하는 때에는 6월 이내의 기간을 정하여 영업정지를 명하거나 허가·등록취소 또는 영업폐쇄를 명할 수 있다.
　　5. 제28조의 규정에 따른 준수사항을 위반한 때
제45조(벌칙) 다음 각호의 어느 하나에 해당하는 자는 2년 이하의 징역 또는 2천만 원 이하의 벌금에 처한다.
　　9. 제35조 제2항 제2호의 규정에 의한 영업정지명령을 위반하여 영업한 자
* 게임산업진흥에 관한 법률 시행령
제16조(영업시간 및 청소년 출입시간제한 등) 법 제28조 제7호에 따른 영업시간 및 청소년의 출입시간은 다음 각 호와 같다.
　　2. 청소년의 출입시간
　　　가. 청소년게임제공업자, 복합유통게임제공업자(「청소년 보호법 시행령」제5조제1항제2호 단서에 따라 청소년의 출입이 허용되는 경우만 해당한다.), 인터넷컴퓨터게임시설제공업자의 청소년 출입시간은 오전 9시부터 오후 10시까지로 한다. 다만, 청소년이 친권자·후견인·교사 또는 직장의 감독자 그 밖에 당해 청소년을 보호·감독할 만한 실질적인 지위에 있는 자를 동반한 경우에는 청소년 출입시간 외의 시간에도 청소년을 출입시킬 수 있다.

I. 문제의 소재

위법한 영업정지명령을 따르지 않아 형사기소된 경우 형사법원이 무죄판결을 하는 것이 공정력 내지는 구성요건적 효력에 반하는지 문제된다. 그 전제로서 관할 시장이 丙에게 사전통지를 하지 아니하고 영업정지처분을 한 것이 절차하자가 있어 위법한지도 검토한다.

II. 丙에 대한 영업정지명령의 위법성

1. 사전통지

사전통지는 행정처분 등을 하기 전에 상대방 또는 이해관계인에게 처분의 내용과 청문의 일시·장소 등을 알리는 행위로서, 앞으로 있을 의견청취절차에서 권리주장, 증거 및 자료제출 등을 미리 준비할 수 있도록

하기 위하여 인정되는 의견진술의 전치절차이다. 행정절차법은 의무를 과하거나 권익을 제한하는 처분(불이익처분)을 하는 경우에 사전통지를 의무로 규정하면서 일정한 경우의 예외사유 등에 대하여 규정하고 있다(행정절차법 제21조).

2. 사안의 경우

丙에 대한 영업정지명령은 1개월간 丙의 PC방 영업을 제약하는 것으로서 불이익처분에 해당하므로 예외사유에 해당하지 않는 한 사전통지를 의무적으로 해야 한다. 사안은 특별한 예외사유도 보이지 않고 사전통지를 결여한 영업정지명령은 절차상 하자가 있다. 절차 하자의 독자적 위법성 인정 여부에 대하여 긍정설, 부정설, 절충설 등의 견해대립이 있으나 긍정설이 다수설·판례이므로 丙에 대한 영업정지명령은 위법하다. 위법성의 정도는 판례에 따르면 청문등을 결여한 처분은 취소사유에 해당한다.

III. 공정력과 선결문제

1. 공정력과 구성요건적 효력
2. 형사소송과 선결문제

  (1) 문제점

  형사법원이 범죄구성요건의 충족 여부를 판단할 때 행정행위의 위법성 판단이 선결문제가 되는 경우 형사법원이 처분의 위법성을 심사할 수 있는지 문제된다.

  (2) 학 설

  ① 부정설은 민사소송에서와 같은 논리로, 즉 행정소송법 제11조가 열거적이며, 선결문제로 심사하는 것은 구성요건적 효력에 반하고 취소소송의 배타적 관할에도 반한다고 한다. ② 긍정설은 행정소송법 제11조는 예시적이며, 구성요건적 효력과 위법성판단은 상호 관련성이 없다는 이유로 형사법원은 선결문제로 처분의 위법성을 심사할 수 있다고 한다.

  (3) 판 례

  판례는 각종 시정명령 위반죄로 처벌하기 위하여는 시정명령이 적법한 것이어야 하고 당연무효가 아니더라도 위법한 처분으로 인정되는 한 시정명령 불이행죄로 처벌할 수 없다고 하여 긍정설이다.

  (4) 검 토

  위법한 행정행위의 이행을 확보하기 위하여 국민에게 형벌에 의한 제재를 가한다는 것은 행정편의주의에 치우치는 것이어서 헌법상 적법절차 원칙에 위반되므로 긍정설이 타당하다. 따라서 형사법원이 위법성을 심사하여 처분이 위법한 경우 무죄판결을 하여야 한다.

IV. 사안의 경우

형사법원이 丙을 「게임산업진흥에 관한 법률」 제45조 9호의 영업정지명령 위반죄로 처벌하기 위해서는 범죄구성요건의 충족 여부를 판단하면서 영업정지명령의 위법성을 심사할 수 있어야 한다. 따라서 형사법원은 관할시장의 영업정지명령이 사전통지 절차를 결여한 위법한 처분이어서 범죄구성요건이 충족되지 않았음을 이유로 丙에게 무죄판결을 하여야 하고 유죄판결을 할 수는 없다.

유제 [행시 2021]

A군의 군수(이하 'A 군수')는 甲 주식회사에게 「중소기업창업 지원법」 제33조 및 제35조에 따라 관할행정청과의 협의를 거쳐 산지전용허가 등이 의제되는 사업계획을 승인하였다. 산지전용허가가 의제되는 부지 인근에 거주하고 있는 주민 乙은 해당 사업이 실시될 경우 산에서 내려오는 물의 흐름이 막혀 지반이 약한 부분에서 토사유출 및 산사태 위험이 있다며 해당 산지전용허가에 반대하고 있다. 관할행정청은 이후 「산지관리법」 제37조에 따라 재해위험지역 일제점검을 하던 중 甲의 시설공사장에서 토사유출로 인한 산사태 위험을 확인하고, 甲에게 시설물철거 등 재해의 방지에 필요한 조치를 할 것을 명하였다. 다만, 甲에게 통지된 관할행정청의 처분서에는 甲이 충분히 알 수 있도록 처분의 사유와 근거가 구체적으로 명시되지는 않았다. (총 50점)

3) 甲은 관할행정청의 조치명령을 이행하지 아니하여 「산지관리법」 위반으로 형사법원에 기소되었으나 해당 조치명령이 위법하므로 자신이 무죄라고 주장한다. 甲의 주장이 타당한지를 검토하시오. (25점)

[참조조문]
* 산지관리법

제37조(재해의 방지 등) ① 산림청장등은 다음 각 호의 어느 하나에 해당하는 허가 등에 따라 산지전용, 산지일시사용, 토석채취 또는 복구를 하고 있는 산지에 대하여 대통령령으로 정하는 바에 따라 토사유출, 산사태 또는 인근지역의 피해 등 재해 방지나 산지경관 유지 등에 필요한 조사·점검·검사 등을 할 수 있다.
 1. 제14조에 따른 산지전용허가
 8. 다른 법률에 따라 제1호부터 제5호까지의 허가 또는 신고가 의제되거나 배제되는 행정처분
⑥ 산림청장등은 제1항 및 제2항에 따른 조사·점검·검사 등을 한 결과에 따라 필요하다고 인정하면 대통령령으로 정하는 바에 따라 제1항 각 호의 어느 하나에 해당하는 허가 등의 처분을 받거나 신고 등을 한 자에게 다음 각 호 중 필요한 조치를 하도록 명령할 수 있다.
 1. 산지전용, 산지일시사용, 토석채취 또는 복구의 일시중단
 2. 산지전용지, 산지일시사용지, 토석채취지, 복구지에 대한 녹화피복(綠化被覆) 등 토사유출 방지조치
 3. 시설물 설치, 조림(造林), 사방(砂防) 등 재해의 방지에 필요한 조치
 4. 그 밖에 산지경관 유지에 필요한 조치

제55조(벌칙) 보전산지에 대하여 다음 각 호의 어느 하나에 해당하는 자는 2년 이하의 징역 또는 2천만원 이하의 벌금에 처하고, 보전산지 외의 산지에 대하여 다음 각 호의 어느 하나에 해당하는 자는 1년 이하의 징역 또는 1천만원 이하의 벌금에 처한다.
 7. 제37조제6항 각 호에 따른 조치명령을 위반한 자

해설

처분을 할 때 처분의 사유와 근거를 제시하여야 하는데(행정절차법 제23조) A군수의 조치명령은 甲이 충분히 알 수 있도록 처분의 사유와 근거가 구체적으로 명시되지 않았으므로 하자가 있다. 이유제시를 결한 하자의 위법성의 정도는 판례에 의하면 취소사유에 해당한다.

조치명령에 취소사유 있는 하자가 있더라도 처분이며 형사법원은 조치명령위반죄의 유무를 판단할 때 선결문제로서 조치명령의 위법여부를 판단할 수 있으며, 위법한 처분을 따르지 않은 甲에게 무죄판결을 내릴 수 있다는 것이 통설,판례이다. 무죄라는 甲의 주장은 타당하다.

사례 033　행정행위의 외부적 성립　　[법전협 2021-2]

A는 1980. 11. 10. 대한민국에서 출생하여 거주하다가 2006. 1. 18. 미국 시민권을 취득한 후 대한민국 국적을 상실한 재외동포이고, B는 주LA총영사관 총영사로서 법무부장관으로부터 사증발급권한을 위임받은 재외공관장이다.

병무청장은 2006. 1. 28. 법무부장관에게 "A는 공연을 위하여 병무청장의 국외여행허가를 받고 출국한 후 미국 시민권을 취득함으로써 사실상 병역의무를 면탈하였는데, A가 재외동포의 자격으로 입국하여 방송활동, 음반 출반, 공연 등 연예활동을 할 경우 국군 장병들의 사기가 저하되고 청소년들이 병역의무를 경시하게 되며 외국국적 취득을 병역 면탈의 수단으로 악용하는 사례가 빈번히 발생할 것으로 예상되므로 A가 재외동포 자격으로 재입국하고자 하는 경우 국내에서 취업, 가수활동 등 영리활동을 할 수 없도록 하고, 불가능할 경우 입국 자체를 금지해 달라."고 요청하였다.

법무부장관은 2006. 2. 1.「출입국관리법」제11조 제1항 제3호, 제4호, 제8호에 따라 A의 입국을 금지하는 결정을 하고, 같은 날 그 내용을 법무부 내부전산망인 '출입국관리정보시스템'에 입력하였으나, A에게 통보를 하지는 않았다.

1. 법무부장관의 2006. 2. 1.자 입국금지결정과 관련해서 행정처분의 외부적 성립요건을 갖추었는지 여부에 대해서 검토하시오. (10점)

Ⅰ. 문제의 소재

법무부장관의 2006. 2. 1.자 입국금지결정은 A에게 통보된 것이 아니라 법무부 내부전산망인 출입국관리정보시스템에 입력되어 있는 상태에 있는데 행정처분의 외부적 성립요건을 구비하였는지 문제된다. 입국금지결정은 강학상 행정행위에 해당하며 쟁송법상 행정처분에 해당한다.

Ⅱ. 행정처분의 성립요건

행정행위가 적법하게 성립하려면 <u>내부적 성립요건(적법요건)</u>과 <u>외부적 성립요건</u>을 구비해야 한다.

행정처분의 적법요건은 행정의 법률적합성의 원칙에 따라 법질서가 행정행위에 요구하는 주체·내용·절차·형식 요건을 말하는데 행정행위는 <u>정당한 권한을 가진 행정청이 행한 것이어야</u> 하며, <u>올바른 절차와 형식에 의하여 발하여져야 하며, 내용에 하자가 없어야</u> 한다.

행정행위는 행정결정의 외부에 대한 표시행위이므로 행정내부의 결정이 있는 것만으로는 아직 행정행위가 성립하였다고 할 수 없고 <u>외부에 표시되어야 비로소</u> 성립한다. 행정행위의 외부적 성립은 행정의사가 외부에 표시되어 행정청이 자유롭게 취소·철회할 수 없는 구속을 받게 되는 시점, 그리고 상대방이 쟁송을 제기하여 다툴 수 있는 기간의 시점을 정하는 의미를 가지므로, 어떠한 처분의 <u>외부적 성립 여부는 행정청에 의하여 당해 처분에 관한 행정의사가 법령 등에서 정하는 공식적인 방법으로 외부에 표시되었는지를 기준으로 판단하여야 한다</u>는 것이 판례이다.

<u>행정절차법은 처분은 문서에 의하여야 한다고 하면서 통지와 관련하여 송달 및 공고를 규정하고 있다.</u> 송달은 우편송달, 교부송달, 정보통신망을 이용한 송달에 대해 규정하고 있고, 한편 송달받을 자의 주소 등을 알 수 없거나 송달이 불가능한 경우에는 공고를 하도록 하고 있다(제14조).

Ⅲ. 사안의 해결

법무부장관이 A를 입국금지하겠다는 행정의사를 외부에 표시하여 자유롭게 취소·철회할 수 없는 구속을 받기 전에는 '처분'이 성립하지 않으므로, 법무부장관이 입국금지결정을 했다고 해서 '처분'이 성립한다고 볼 수는 없다. 입국금지결정은 법무부장관의 의사가 공식적인 방법으로 외부에 표시된 것이 아니라 단지 그 정보를 내부전산망인 '출입국관리정보시스템'에 입력하여 관리한 것에 지나지 않으므로 행정처분의 외부적 성립요건을 갖추지 못하였다.

판례도 설문과 같은 사안에서 법무부장관이 입국금지결정을 했다고 해서 '처분'이 성립한다고 볼 수는 없고 입국금지결정은 항고소송의 대상이 될 수 있는 처분에 해당하지 않는다고 판시한 바 있다.

사례 034   무효와 취소의 구별(1), 일반조항에 의한 재위임 [변시 2017]

「석유 및 석유대체연료 사업법」상 석유정제업에 대한 등록 및 등록취소 등의 권한은 산업통상자원부장관의 권한이나, 산업통상자원부장관은 같은 법 제43조 및 같은 법 시행령 제45조에 의해 위 권한을 시·도지사에게 위임하였다. 석유정제업 등록 및 등록취소 등의 권한을 위임받은 A도지사는 위임받은 권한 중 석유정제업의 사업정지에 관한 권한을 A도 조례에 의하여 군수에게 위임하였다.

사업정지권한을 위임받은 B군수는, A도 내 B군에서 석유정제업에 종사하는 甲이 같은 법 제27조를 위반하였다는 이유로 같은 법 제13조 제1항 제11호에 따라 6개월의 사업정지처분을 하였다.

1. B군수에 대한 A도지사의 권한 재위임은 적법한가? (30점)
2. B군수가 甲에 대하여 한 사업정지처분의 효력에 대하여 검토하시오. (30점)

[참조조문]
* 석유 및 석유대체연료 사업법
제5조(석유정제업의 등록 등) ① 석유정제업을 하려는 자는 산업통상자원부령으로 정하는 바에 따라 산업통상자원부장관에게 등록하여야 한다.
제11조의2(석유사업 등록 등의 제한) 제5조, 제9조 및 제10조에 따라 다음 각 호의 석유사업의 등록 또는 신고를 하려는 자는 해당 호의 각 목의 사유가 있은 후 2년이 지나기 전에는 그 영업에 사용하였던 시설의 전부 또는 대통령령으로 정하는 중요 시설을 이용하여 해당 호의 석유사업에 대한 등록 또는 신고를 할 수 없다.
　　1. 석유정제업
　　　나. 제13조 제5항에 해당하여 석유정제업의 등록이 취소되거나 그 영업장이 폐쇄된 경우
제13조(등록의 취소 등) ① 산업통산자원부장관은 석유정제업자가 다음 각 호의 어느 하나에 해당하면 그 석유정제업자의 등록을 취소하거나 그 석유정제업자에게 영업장 폐쇄(신고한 사업자에 한한다. 이하 이 조에서 같다) 또는 6개월 이내의 기간을 정하여 그 사업의 전부 또는 일부의 정지를 명할 수 있다. 다만, 제1호 또는 제3호부터 제5호까지의 어느 하나에 해당하는 경우에는 그 등록을 취소하거나 영업장 폐쇄를 명하여야 한다.
　　11. 제 27조에 따른 품질기준에 맞지 아니한 석유제품의 판매금지 등을 위반한 경우
　⑤ 산업통상자원부장관은 제1항부터 제3항까지의 규정에 따라 사업의 정지명령을 받은 자가 그 정지기간 중 사업을 계속하는 경우에는 그 석유정제업·석유수출입업 또는 석유판매업의 등록을 취소하거나 영업장 폐쇄를 명하여야한다.
제27조(품질기준에 맞지 아니한 석유제품의 판매 금지 등) 석유정제업자들은 제24조 제1항의 품질기준에 맞지 아니한 석유제품 또는 제25조 제1항·제2항에 따른 품질검사 결과 불합격 판정을 받은 석유제품(품질보정행위에 의하여 품질기준에 맞게 된 제품은 제외한다)을 판매 또는 인도하거나 판매 또는 인도할 목적으로 저장·운송 또는 보관하여서는 아니 된다.
제43조(권한의 위임·위탁) ① 산업통상자원부장관은 이 법에 따른 권한의 일부를 대통령령으로 정하는 바에 따라 시·도지사 또는 시장·군수·구청장에게 위임할 수 있다.

* 석유 및 석유대체연료 사업법 시행령
제45조(권한의 위임·위탁) ① 산업통상자원부장관은 법 제43조 제1항에 따라 석유정제업자등에 관한 다음의 각 호의 권한을 시·도지사에게 위임한다.
　　1. 법 제 13조 제1항 및 제5항의 규정에 의한 석유정제업 등록취소, 영업장폐쇄 또는 사업정지

* 행정권한의 위임 및 위탁에 관한 규정
제4조(재위임) 특별시장·광역시장·특별자치시장·도지사 또는 특별자치도지사(특별시·광역시·특별자치시·도 또는 특별자치도의 교육감을 포함한다. 이하 같다)나 시장·군수 또는 구청장(자치구의 구청장을 말한다. 이와 같다)은 행정 능률향상과 주민의 편의를 위하여 필요하다고 인정될 때는 수임사무의 일부를 그 위임기관의 장의 승인을 받아 규칙으로 정하는 바에 따라 시장·군수·구청장(교육장을 포함한다) 또는 읍·면·동장, 그 밖의 소속 기관의 장에게 다시 위임할 수 있다.
※ 이상의 법령 조항은 현행법과 불일치할 수 있으며 현재 시행 중임을 전제로 할 것

[설문 1] B군수에 대한 A도지사의 권한 재위임의 적법성 (30점)

I. 문제의 소재

산업통상자원부장관으로부터 기관위임된 권한을 A도지사가 B군수에게 별도의 법적 근거가 없더라도 재위임할 수 있는지, 재위임이 가능하더라도 조례로서 재위임할 수 있는지가 문제된다. A도지사가 처리하는 석유정제업 등록 및 등록취소 사무의 법적 성격과도 관련된다.

II. 권한의 위임 및 재위임

권한의 위임은 법령이 정한 행정기관의 권한이 다른 행정기관에게 이전하여 권한의 법적 귀속을 변경시키는 것이다. 권한의 위임은 법적 권한의 소재를 변경시키므로 반드시 법적 근거가 필요하다. 수임기관이 재위임을 할 경우에도 법적 근거가 필요하다. 국가사무를 위임받은 광역자치단체장은 위임기관의 승인을 얻어서 재위임할 수 있다(행정권한의 위임 및 위탁에 관한 규정 제4조).

III. 일반적 근거에 의한 재위임의 가능성

1. 문제점

산업통상자원부장관의 권한을 석유 및 석유대체연료사업법 제43조 및 동법 시행령 제45조에 근거하여 A도지사에게 위임하였다. 위임에 대한 개별법의 근거는 존재한다. 그러나 동법은 재위임에 대한 규정은 없는 바, 개별법에 재위임에 관한 규정이 없는 경우, 정부조직법 제6조 제1항 후단과 행정권한의 위임 및 위탁에 관한 규정(이하 '위임위탁규정'이라 한다) 제4조에 의하여 재위임이 가능한지, 즉 일반조항에 의한 재위임이 가능한지 문제된다.

2. 학 설

긍정설은 위임 및 재위임의 현실적인 필요성과 행정능률의 향상과 행정사무의 간소화를 이유로 일반조항에 의하여 위임이 가능하다고 한다. 반면 부정설은 정부조직법 등은 위임의 일반적 원칙만 선언한 것으로서 포괄적 위임을 인정하면 개별법의 위임규정은 무의미하게 되며, 행정권한 법정주의에 배치된다고 한다.

3. 판 례

판례는 국가사무를 시도지사에게 위임한 경우 위임기관의 승인을 얻어 기초자치단체장에게 재위임을 한 경우 정부조직법과 위임위탁규정에 의하여 재위임할 수 있다고 하여, 정부조직법과 행정권한의 위임위탁규정을 권한의 위임 등에 관한 대강을 정한 것에 불과한 것이 아니라 위임 및 재위임의 근거규정으로 보고 있다.

4. 검토 및 사안의 경우

행정의 능률적 수행과 행정권한의 지방분산을 위해서는 현실적으로 위임이 필요하므로 긍정설이 타당하다. 사안은 A도지사의 재위임에 대해 석유 및 석유대체연료사업법에 명문의 규정이 없다고 하더라도 정부조직법 제6조와 위임위탁규정 제4조에 의하여 A도지사는 산업통상자원부장관의 승인을 받아 규칙으로 재위임할 수 있다.

Ⅳ. 권한 재위임의 방식

석유정제업 등록 및 등록취소 사무에 관한 사무가 국가사무로서 A도지사에게 기관위임된 것이라면, 석유 및 석유대체 연료사업법에는 명시적인 재위임의 근거가 없지만, 위임위탁규정 제4조에 의거하여 A도지사는 B군수에게 재위임을 할 수 있을 것이고 A도지사가 제정한 규칙이 정하는 바에 따라야 할 것이다. 반면에 A도지사가 A도의 자치사무를 위임하는 경우라면 A도의 조례가 정하는 바에 따라 B군수에게 위임하여야 한다(지방자치법 제117조 2항).

Ⅴ. 사안의 해결

석유정제업 등록취소등사무는 국가사무가 A도지사에게 기관위임된 것이다. A도지사는 산업통상자원부장관의 승인을 얻었다면 정부조직법 및 위임위탁규정에 의하여 A도지사가 제정한 규칙으로 정하는 바에 따라 사업정지권한을 B군수에게 다시 재위임할 수 있다. 그런데 사안은 A도 조례에 의하여 군수에게 재위임을 한 것이므로 A도지사의 권한 재위임은 위법하다.

[설문 2] B군수가 행한 사업정지처분의 효력 (30점)

Ⅰ. 문제의 소재

A도지사가 석유정제업 등록 및 등록취소 등의 권한을 조례에 의하여 재위임하였는바, 조례의 하자에 대해 검토하고, 하자 있는 조례에 근거한 사업정지처분의 하자 및 효력에 대해서 검토한다.

Ⅱ. A도 조례의 하자

지방자치단체는 자치사무와 단체위임사무에 관하여 조례를 제정할 수 있다(지방자치법 제28조, 제13조). 기관위임사무는 개별법령에서 특별히 위임하고 있을 경우에 그 위임의 범위 내에서 이른바 위임조례를 제정할 수 있을 뿐이다.

사안의 경우 석유정제업 등록 및 등록취소사무는 산업통상자원부장관이 처리하는 국가사무로서 A도지사에게 위임된 것이므로 기관위임사무에 해당한다. 석유 및 석유대체연료사업법에서 재위임에 대해 특별히 규정하고 있지 않으므로 조례로 제정할 수 없다. 따라서 재위임에 관한 A도의 조례는 하자가 있다. 조례의 하자에 대해서는 취소설, 무효설, 무효·취소설 등의 견해가 대립[1]하나 조례는 공정력이 없으므로 무효설이 타당하다. A도의 조례는 무효에 해당한다.

---

[1] 법규명령의 하자에 관한 견해대립은 조례에 대해서도 마찬가지로 적용된다.

III. B군수가 행한 사업정지처분의 하자

1. 문제점
B군수의 사업정지처분은 무효인 조례에 근거한 처분으로서 하자가 있다. 이 경우 위법성의 정도가 무효사유인지 취소사유인지 문제된다. 무효와 취소의 구별기준에 대하여 독일연방행정절차법과 같이 무효사유에 대해서 규정하고 있지 않는 우리나라에서는 국가공무원법 제13조와 제81조3항(소청심사위원회와 징계위원회에서 관계인의 진술권을 부여하지 않은 경우 무효로 규정)과 같은 규정이 없는 한 학설과 판례에 의해서 해결할 수 밖에 없다.

2. 무효와 취소의 구별기준

(1) 학 설
학설은 강행규정에 위반되는 중대한 하자가 있으면 무효라는 중대설, 하자가 중요한 법률요건에 위반하여 하자가 내용적으로 중대하고 일반인을 기준으로 외관상 객관적으로 명백하면 무효라는 중대명백설, 명백성은 요건은 행정의 법적안정성이나 제3자의 신뢰보호의 요청이 있는 경우에만 요구된다는 명백성보충요건설, 명백성의 판단을 공무원을 기준으로 하여 완화하는 조사의무설, 구체적인 사안마다 권리구제의 요청과 법적안정성의 요청 및 제3자의 이익 사이의 구체적 개별적인 비교형량에 의하여 결정한다는 구체적가치형량설 등의 대립이 있다.[2]

(2) 판 례
대법원 전합판례의 다수의견은 중대명백설의 입장이며 중대명백성의 판단은 법규의 목적, 의미, 기능 등을 목적론적으로 고찰함과 동시에 구체적 사안 자체의 특수성에 관하여도 합리적으로 고찰함을 요한다고 한다. 전합판례의 반대의견은 명백성보충요건설의 입장이다. 헌법재판소는 원칙적으로 중대명백설을 따르면서도 법적안정성의 요구에 비하여 권리구제의 필요성이 큰 경우에는 중대명백설의 예외를 인정하고 있다.

(3) 검 토
생각건대, 무효·취소의 구별기준에 관한 논의는 궁극적으로 법적안정성, 행정의 원활한 수행 및 실질적 정의(국민의 권리구제)의 요청을 조화시키는 것인바, 중대명백설이 이러한 요청을 적절히 조화시키는 이론으로 타당하다.

3. 사안의 경우
사업정지처분은 무효인 조례에 근거한 처분으로 위법하다. 위법성의 정도는 기관위임사무에 대해 조례로 규율한 것은 위법하고 위법한 조례에 의해 B군수가 행한 사업정지처분은 결과적으로 적법한 위임 없이 권한 없는 자에 의하여 행하여진 것과 마찬가지가 되어 하자가 중대하나, 조례와 규칙은 조례가 보다 상위규범이라고 할 수 있고 규칙의 개념이 경우에 따라서는 상이하게 해석되는 점에 비추어 처분의 위임과정에 관한 하자가 객관적으로 반드시 명백하다고 할 수 없어 취소사유에 해당한다.[3]

---

[2] 시간적 여유가 없으면 중대명백설과 명백성보충요건설 정도만 언급해도 무방하다.
[3] 판례의 반대의견은 명백성보충요건설을 취하면서 건설업영업정지처분은 소극적으로 허가된 행위를 할 수 없도록 금지 내지 정지함에 그치고 있어 처분의 존재를 신뢰하는 제3자의 보호나 행정법질서에 대한 공공의 신뢰를 고려할 필요가 크지 않다고 하면서 하자의 중대성에 비추어 외관상 명백하지 않더라도 무효라고 한다.

Ⅳ. 취소사유 있는 사업정지처분의 효력

사업정지처분은 강학상 행정행위에 해당하는데 행정행위는 하자가 있는 경우에도, 그것이 당연무효가 아닌 한 권한을 가진 기관(처분청, 행정심판기관, 취소소송의 수소법원)에 의해 취소될 때까지는 유효한 것으로 통용되는 힘인 공정력이 있다. 따라서 권한 있는 기관에 의해 취소되기까지는 사업정지처분의 상대방인 甲은 사업을 정지해야 하는 의무가 있다. 甲이 이러한 구속으로부터 벗어나기 위해서는 취소심판 또는 취소소송을 통하여 다투어야 한다.

Ⅴ. 사안의 해결

A도의 재위임에 관한 조례는 기관위임사무에 대해서 규율한 것이므로 조례제정의 한계를 벗어나서 무효에 해당한다. 이러한 조례에 근거한 B군수의 사업정지처분은 무효인 조례에 근거한 처분인데 위법성의 정도는 중대명백설에 의할 때 취소사유에 해당한다. 취소사유 있는 행정행위는 하자가 있더라도 공정력에 의해서 유효하게 통용된다. 甲은 처분의 효력을 부인할 수 없고 취소심판 또는 취소소송을 통해서 불복해야 한다.

유제 [행시 2003]

도지사 A는 환경개선비용부담법 제9조 제1항의 규정에 의한 환경개선부담금 부과징수권한을 같은 법 제22조 및 같은 법 시행령 제28조 제1항 제1호에 의해 환경부장관으로부터 위임받았다. 그런데 A는 이 권한을 직접 행사하지 않고, 재위임에 관하여 법에 아무런 규정이 없기 때문에 행정권한을 도 조례에 의해 군수에게 재위임하였는바, 군수 B는 이에 의거하여 甲에게 환경개선부담금을 부과하였다.
1) 이에 대하여 甲은 무효확인소송을 제기하였다. 甲의 권리구제의 가능성을 논하시오. (30점)
2) 이 경우 일반적인 재위임의 법적 근거와 문제점을 논하시오. (20점)

해설

1. 설문 1)

규칙으로 재위임하여야 하는데 조례로 재위임한 것이므로 조례에 하자가 있고 하자 있는 조례에 근거한 환경개선부담금 부과처분은 위법하나 재위임과정의 하자가 명백한 것이 아니므로 취소사유에 해당한다. 무효확인소송에서 무효확인판결은 불가하나 甲이 제기한 무효확인청구에는 명시적인 반대의사표시가 없는 한 취소청구도 당연히 포함되어 있다. 갑이 제기한 무효확인소송이 취소소의 제기요건을 갖추지 못한 경우라면 기각판결을 하여야 하고, 취소소송제기요건을 갖춘 경우라면 법원은 석명권을 행사하여 취소소송으로 소변경한 후에 취소판결을 해야 한다(소변경 없이 취소판결을 할 수 있다는 견해도 있음).

2. 설문 2)

일반규정에 의한 재위임의 법적 근거는 정부조직법 제6조와 대통령령인 행정권한의 위임 및 위탁에 관한 규정이다. 일반규정에 의해 재위임이 가능하다고 보면 행정권한법정주의 원칙에 비추어 문제가 있으며, 행정권한에 관한 개별적 규정을 무력화시키며, 권한의 소재가 명백함으로 인하여 국민이 갖는 이익을 고려하지 못하는 문제가 있다.

사례 035 | 무효와 취소의 구별(2)   [법전협 2014-1]

「인천광역시 교육감 소관 행정권한의 위임에 관한 규칙(이하 '권한위임규칙'이라 함)」에 의하면 교육감의 권한 중 「사립학교법」 제20조 제2항에 의한 이사취임승인과 동법 제20조의2에 의한 이사취임승인취소에 관한 권한이 교육장에게 위임되어 있다. 인천광역시에 있는 학교법인 A는 이사 1인이 사임함에 따라 이사회를 개최하여 甲을 신규 이사로 선임하였고, 인천광역시 동부 교육장 B는 이를 승인하였다. 신규 이사의 취임에 반대하는 기존 이사인 乙은 이사회 의결에 필요한 정족수가 미달되었다는 이유로 교육장 B를 상대로 이사취임승인의 취소를 구하는 행정소송을 제기하였다.

2. 이러한 행정소송이 진행되는 과정에서 교육장 B는 「사립학교법」 제20조의2와 권한위임규칙에 따라 이사취임승인을 취소하였다. 이에 甲은 교육감의 권한을 조례가 아닌 권한위임규칙에 의하여 위임한 것은 위법하므로 교육장 B에게는 이사취임승인취소에 관한 권한이 없다는 이유로 이사취임승인취소처분을 항고소송으로 다투고자 한다. 단, 이사취임승인 자체는 적법한 것으로 본다.

   (1) 이사취임승인 및 이의 취소에 관한 사무의 법적 성질을 밝히고, 이를 토대로 교육감의 권한을 교육장 B에게 위임하기 위한 규범형식에 대해 설명하시오. (15점)

   (2) 만일 甲의 주장과 같이 교육장 B에 대한 권한위임이 위법하다면 이사취임승인취소처분의 하자의 법적 효과를 검토하시오. (15점)

[참조조문](이하의 법령은 사례를 위해 가공하였음)

* 사립학교법

제4조(관할청) ① 다음 각 호의 1에 해당하는 자는 그 주소지를 관할하는 특별시·광역시·도(이하 "시·도"라 한다) 교육감의 지도·감독을 받는다.
  1. 사립의 초등학교·중학교·고등학교·고등기술학교·공민학교·고등공민학교·특수학교·유치원 및 이들에 준하는 각종학교
  2. 제1호에 규정한 사립학교를 설치·경영하는 학교법인 또는 사립학교경영자

제20조(임원의 선임과 임기) ② 임원은 관할청의 승인을 얻어 취임한다. 이 경우 교육부장관이 정하는 바에 따라 인적사항을 공개하여야 한다.

제20조의2(임원취임의 승인취소) ① 임원이 다음 각 호의 1에 해당하는 행위를 하였을 때에는 관할청은 그 취임승인을 취소할 수 있다.
  1. 이 법, 「초·중등교육법」 또는 「고등교육법」의 규정을 위반하거나 이에 의한 명령을 이행하지 아니한 때

제71조(권한의 위임) 이 법에 의한 교육부장관의 권한은 그 일부를 대통령령이 정하는 바에 의하여 시·도교육감에게 위임할 수 있다.

* 지방교육자치에 관한 법률

제1조(목적) 이 법은 교육의 자주성 및 전문성과 지방교육의 특수성을 살리기 위하여 지방자치단체의 교육·과학·기술·체육 그 밖의 학예에 관한 사무를 관장하는 기관의 설치와 그 조직 및 운영 등에 관한 사항을 규정함으로써 지방교육의 발전에 이바지함을 목적으로 한다.

제36조(사무의 위임·위탁등) ① 교육감은 조례가 정하는 바에 의하여 그 권한에 속하는 사무의 일부를 보조기관·소속교육기관에 위임하거나 법인에 위탁할 수 있다. 이 경우 법인에 위탁하는 사무가 주민의 권리·의무와 직접 관계되는 때에는 법령의 근거가 있어야 한다.

제44조(교육장의 분장사무) 교육장은 시·도의 교육·학예에 관한 사무중 다음 각 호의 사무를 위임받아 분장한다.
1. 공·사립의 초등학교·중학교·기술학교·공민학교·고등공민학교 및 유치원과 이에 준하는 각종학교의 운영·관리에 관한 지도·감독
2. 기타 시·도의 조례로 정하는 사무

* 행정권한의 위임 및 위탁에 관한 규정
제4조(재위임) 서울특별시장·광역시장 또는 도지사(서울특별시·광역시·특별자치시·도교육위원회의 교육감을 포함한다)는 행정의 능률향상과 주민의 편의를 위하여 필요하다고 인정할 때에는 수임사무의 일부를 그 위임기관의 장의 승인을 얻어 규칙이 정하는 바에 따라 구청장·시장·군수(교육장을 포함한다) 기타 소속기관의 장에게 다시 위임할 수 있다.

[설문 2-(1)] 이사취임승인 및 이의 취소에 관한 사무의 법적 성질, 권한위임의 규범형식 (15점)

I. 문제의 소재

교육감의 이사취임승인 및 승인취소에 관한 사무가 자치사무인지 국가사무가 기관위임된 것인지 문제되고, 교육감이 교육장 B에게 위임하기 위한 규범형식이 조례의 형식이어야 하는지, 교육감이 제정한 규칙이어야 하는지 문제된다.

II. 이사취임승인 및 이의 취소에 관한 사무의 법적 성질

1. 사무의 구별

법령상 지방자치단체의 장이 처리하도록 규정하고 있는 사무가 자치사무인지 아니면 위임사무인지를 판단함에 있어서는 그에 관한 법령의 규정 형식과 취지를 우선 고려하여야 하지만 그 외에도 그 사무의 성질이 전국적으로 통일적인 처리가 요구되는 사무인지 여부나 그에 관한 경비부담과 최종적인 책임귀속의 주체 등도 아울러 고려하여야 한다.

권한규정이 불분명한 경우, 주로 지역적 이익에 관한 사무이며 지역의 특성에 따라 다르게 처리되는 것이 타당한 사무인 경우에는 자치사무로, 국가적 이익에 관한 사무이고 국가적으로 통일적으로 처리될 사무이면 국가사무라고 보아야 한다.

2. 사안의 경우

사립학교법 제4조 1항, 제20조의2 1항에 규정된 교육감의 학교법인 임원취임의 승인취소권은 교육감이 지방자치단체의 교육·학예에 관한 사무의 특별집행기관으로서 가지는 권한이고 정부조직법상의 국가행정기관의 일부로서 가지는 권한이라고 할 수 없다.[1] 자치사무에 해당한다.

III. 권한의 위임

행정권한의 위임은 법률에서 정한 권한 분배가 대외적으로 변경되고 수임자로 하여금 새로운 책임과 의무를 부담시키므로, 법률의 근거를 필요로 한다. 개별법에 근거규정 없는 경우 정부조직법 6조 1항과 행정권한의 위임 및 위탁에 관한 규정(대통령령) 제4조와 같은 일반 조항에 의해서도 위임·재위임이 가능한지 견해대립이 있으나 판례는 정부조직법과 이에 기한 행정권한의 위임 및 위탁에 관한 규정을 위임 및 재위임에 관한 일반규정으로 보면서 개별법에 근거가 없는 경우에도 위임과 재위임을 허용하고 있다.

---

[1] 대판(전) 1997.6.19. 95누8669

Ⅳ. 권한의 위임방식

만약 이사취임승인 및 승인취소에 관한 사무가 국가사무로서 교육감에 기관위임된 것이라면, 사립학교법에는 명시적인 재위임의 근거가 없지만, 행정권한의 위임 및 위탁에 관한 규정 제4조에 의거하여 교육감은 교육장 B에게 재위임을 할 수 있을 것이고 동 규정 제4조에서 규칙이 정하는 바에 따라야 할 것이다. 그러나 이미 서술한 바와 같이 교육감의 학교법인 임원취임의 승인취소권은 지방자치단체의 자치사무에 해당한다. 따라서 교육감은 지방교육자치에 관한 법률 제36조 제1항에 근거하여 조례가 정하는 바에 의하여 그 권한에 속하는 사무의 일부를 보조기관·소속교육기관에 위임하거나 법인에 위탁할 수 있고 교육장은 동법 제44조 제4호 규정에 의해 조례로 정하는 사무를 위임받아 분장할 수 있으므로 교육감은 조례의 형식으로 교육장에게 자신의 사무의 일부를 위임할 수 있다.

Ⅴ. 사안의 해결

이사취임승인 및 승인취소에 관한 사무는 자치사무에 해당하며, 교육감의 권한을 교육장 B에게 위임하기 위한 규범형식은 조례이다.

[설문 2-(2)] 권한위임의 규범형식이 위법할 경우 이사취임승인취소처분의 하자의 법적 효과 (15점)

Ⅰ. 문제의 소재

조례로 위임해야 할 것을 규칙으로 한 경우 규칙은 하자가 있는 것이다. 규칙의 경우 공정력이 없으므로 하자의 효과는 무효라고 보아야 한다. 사안의 경우 무효인 규칙에 근거한 이사취임승인취소처분도 하자가 있는 것인데, 위법성의 정도가 무효인지 취소사유인지 문제된다.

Ⅱ. 행정행위의 하자

행정행위의 하자는 무효와 취소사유로 나누어진다. 무효인 행정행위는 행정행위로서 외관은 존재하나 효력이 전혀 없는 경우를 말하고, 취소할 수 있는 행정행위는 하자가 있음에도 불구하고 권한 있는 기관이 취소할 때까지는 효력을 지속하는 행정행위를 말한다.

Ⅲ. 무효와 취소의 구별

1. 문제점
2. 학설
3. 판례
4. 검토

Ⅳ. 사안의 해결

교육감이 제정한 권한위임규칙 중 교육감의 학교법인 임원취임의 승인취소권을 피고에게 위임한 부분은 조례로 규정하여야 할 사항을 규칙으로 규정한 것이어서 무효이고, 따라서 위 규칙에 근거하여 한 교육장

B의 甲에 대한 이사취임승인취소처분은 결과적으로 적법한 위임 없이 권한 없는 자에 의하여 행하여진 것과 마찬가지가 되어 하자가 중대하나, ① 현행법상 교육감은 지방자치단체의 교육·학예에 관한 사무의 특별집행기관임과 동시에 국가의 기관위임사무를 처리하는 범위 내에서 국가행정기관으로서의 지위를 아울러 가지고 지방자치단체의 사무와 기관위임사무를 함께 관장하고 있어 행위의 외관상 양자의 구분이 쉽지 않은 점, ② 사립학교법 제4조에는 사립학교를 설치·운영하는 학교법인 등에 대한 관할청으로서 교육부장관이 교육감과 함께 규정되어 있을 뿐만 아니라 학교법인 임원취임의 승인 및 그 취소권은 교육감의 관장사무를 규정한 지방교육자치에 관한 법률에 규정되어 있지 않고 사립학교법 제20조, 제20조의2에서 '관할청'의 권한으로 규정되어 있는 관계로 교육감의 학교법인 임원취임의 승인 및 그 취소권은 본래 교육부장관의 권한으로 교육감에게 기관위임된 것으로 오인할 여지가 있는 점, ③ 헌법 제107조 제2항의 '규칙'에는 지방자치단체의 조례와 규칙이 모두 포함되는 등 이른바 규칙의 개념이 경우에 따라 상이하게 해석되는 점 등에 비추어 보면, 이사취임승인취소처분에 관한 권한위임 과정의 하자가 객관적으로 명백하다고 할 수는 없으므로 결국 사안의 경우 당연무효 사유는 아니며 취소사유에 그친다.

사례 036 무효와 취소의 구별(3) [사시 2015]

행정청 A는 미성년자에게 주류를 판매한 업주 甲에게 영업정지처분에 갈음하여 과징금부과처분을 하였고, 甲은 부과된 과징금을 납부하였다. 그러나 甲은 이후 과징금부과처분에 하자가 있음을 알게 되었다(아래 각 문제는 독립된 것임).

1. A가 권한 없이 과징금부과처분을 한 경우, 甲이 이미 납부한 과징금을 반환 받기 위해 제기할 수 있는 소송 유형들을 검토하시오.(20점)
2. A가 처분의 이유를 제시하지 아니한 채 과징금부과처분을 하였고, 甲은 이미 납부한 과징금을 반환 받기 위해 과징금부과처분을 다투고자 한다. 甲이 제기할 수 있는 소송을 설명하시오.(10점)

[설문 1] 과징금부과처분에 무효사유가 있는 경우 과징금을 반환 받기 위해 제기할 수 있는 소송 (20점)

I. 문제의 소재

A가 권한 없는 주체로서 과징금부과처분을 내린 경우 무권한자가 행한 처분의 하자가 무효사유인지 문제된다. 무효사유에 해당할 경우 이미 납부한 과징금을 반환받기 위한 소송으로 부당이득반환청구소송, 항고소송으로서 무효확인소송이 가능한지를 주로 검토하며, 추가적으로 당사자소송으로서 과징금납부의무부존재확인소송 및 국가배상청구소송이 가능한지도 검토한다.

II. 권한 없는 자가 행한 과징금부과처분의 하자

A가 권한 없이 과징금부과처분을 한 것은 무권한자가 행한 행위로 행정행위의 적법요건 중 주체 요건에 하자가 있는 경우에 해당한다. 취소사유와 무효사유를 구분하는 기준에 대해 통설 판례는 중대명백설에 따른다. 대법원 전원합의체 판결의 다수의견은 "하자있는 행정처분이 당연무효이기 위해서는 그 하자가 법규의 중요한 부분을 위반한 중대한 것으로서 객관적으로 명백한 것이어야 하며 하자가 중대하고 명백한지 여부의 판결은 그 법규의 목적, 의미, 기능 등을 목적론적으로 고찰함과 동시에 구체적 사안 자체의 특수성에 관하여도 합리적으로 고찰함을 요한다"고 하는 바, 이에 따르면 무권한자의 처분은 법규의 중대한 부분을 위반하고 객관적으로 명백하므로 무효사유에 해당한다.

III. 부당이득반환청구소송

공법상 부당이득반환청구소송의 성질에 대하여 ① 부당이득은 오로지 경제적인 관점에서 이해관계의 조정을 위해서 인정되는 것으로 사법상 부당이득과 구별할 이유가 없다는 민사소송설과 ② 공법상 부당이득은 행정법관계에서의 공법적 원인에 의해 발생하므로 민법상의 부당이득반환청구권과는 달리 행정주체와 사인 간에 재산적 이익을 조정하는 독자적인 성격을 갖는 제도로 이해하는 당사자소송설의 견해 대립이 있다. 판례는 부당이득으로서의 과오납금 반환에 관한 법률관계는 단순한 민사 관계에 불과한 것이고 행정소송 절차에 따라야 하는 관계로 볼 수 없다[1]고 하여 민사소송설이다. 우리 실정법상 법체계가 공사법 이원적 체계를 유지하고 있으므로 당사자소송설이 타당하다. 행정소송법 개정안도 당사자소송의 대상을 확대하면서 부당이득반환청구소송을 예로 들고 있다.

---
1) 대판 1995.12.22. 94다51253

甲이 납부한 과징금을 반환받기 위해서는 과징금부과처분이 무효사유에 해당하여 A가 법률상 원인없이 재산상 이득을 취하였어야 한다. 설문의 경우에서와 같이 과징금부과처분이 무효사유일 경우 처분에 공정력이 존재하지 않기 때문에 부당이득반환청구소송의 수소법원이 선결문제로 심사하고 부당이득반환을 명할 수 있으므로 부당이득반환청구소송은 유효한 권리구제수단이 된다.

IV. 과징금부과처분 무효확인소송

무효확인소송을 적법하게 제기하기 위해서는 처분 등을 대상으로(행정소송법 제38조 제1항, 제19조), 처분 등의 효력의 확인을 구할 법률상 이익이 있는 자가(동법 제35조) 처분을 행한 행정청을 피고로 삼아(동법 제38조 제1항, 제13조) 적법한 관할법원에 소를 제기하면 된다.

설문의 경우 과징금부과행위는 처분에 해당하고, 甲은 처분이 무효임을 확인받음으로써 자신이 납부한 과징금을 반환받을 수 있는 이익이 있는 자에 해당하며, A는 과징금부과처분을 행한 행정청에 해당하여 피고적격이 있는바 기타 소송요건은 문제되지 않는다.

한편 부당이득반환청구소송이 가능한 경우에도 항고소송으로 과징금부과처분 무효확인소송을 제기할 수 있는지가 무효확인소송의 보충성 문제로 논의되고 있다. 학설은 보충성 필요설과 불요설이 대립하며 판례는 종래 필요설의 입장이었으나 최근 전원합의체 판례를 통하여 행정소송은 민사소송과는 목적, 취지, 기능을 달리하고 확정판결의 기속력에 의해 무효확인 판결 자체만으로도 실효성을 확보할 수 있다는 점에서 불요설로 변경하였다. 생각건대 무효확인소송은 민사소송과 성질이 다르고 판결의 기속력에 따라 행정청에게 원상회복의무가 생기므로 무효확인소송 역시 유효적절한 구제수단이 될 수 있다는 점에서 불요설이 타당할 것이다.

무효확인판결이 있으면 기속력이 발생하고 행정청 A는 결과제거의무에 의해 甲에게 납부한 과징금을 반환해야 할 의무가 있으므로, 보충성 불요설에 의할 때 부당이득반환청구소송이 가능하더라도 과징금부과처분 무효확인소송도 유효한 권리구제수단이 된다. 또한 무효확인소송의 소 제기가 적법하다면 부당이득반환청구소송과 무효확인소송은 관련청구소송으로 병합 제기도 가능하다(행정소송법 제38조1항, 제10조2항).

V. 당사자소송으로서 과징금납부의무부존재확인소송

행정소송규칙은 납세의무 존부의 확인소송을 당사자소송으로 열거하고 있는 바(제19조 2호 가목), 甲은 당사자소송으로 과징금납부의무가 존재하지 않는다는 확인소송을 제기할 수 있으나, 당사자소송으로 확인소송을 제기할 경우 민사소송과 마찬가지로 확인의 이익이 필요한바 이에 대한 검토가 필요하다. 당사자소송의 경우에는 항고소송과 달리 확인소송의 보충성을 요구되므로, 설문과 같이 부당이득반환청구소송이라는 이행소송이 가능한 경우에는 확인의 이익이 없어 당사자소송의 소의 이익이 결여된다. 따라서 甲은 과징금납부의무부존재확인소송을 통하여 과징금을 돌려받을 수 없다.

VI. 국가배상청구소송

甲이 국가배상청구소송에서 승소하려면 공무원의 위법한 직무활동으로 인한 국가배상책임에 대해 규정하고 있는 국가배상법 제2조의 요건이 구비되어야 한다. 즉, ① 공무원이 ② 직무를 집행하면서 ③ 고의 또는 과실로 ④ 법령을 위반하여 ⑤ 타인에게 손해를 발생케 하고 가해행위와 손해발생 사이에 인과관계가 있어야 한다.

사안의 경우 A는 ① 공무원에 해당하고 ② 甲에게 과징금을 부과하는 직무를 집행하는 중이며 ③ 과징금 부과시 甲에게 손해가 발생하게 된다는 것에 대해 고의 또는 과실이 인정된다면(사안은 분명하지는 않다) ④ 처분에 무효사유에 해당하는 하자가 있으므로 처분의 위법성을 선결문제로 심리 가능하며 ⑤ 이로 인해 甲은 재산상 손해를 입게 되었으므로 국가배상책임이 인정된다. 따라서 甲은 이를 통해 과징금을 손해배상의 형식으로 반환받을 수도 있을 것이다. 다만, 국가배상책임은 행정청 A의 고의·과실을 요구하고 甲이 이를 입증해야 하므로 부당이득반환청구소송을 제기하는 것이 보다 효과적인 구제수단이 될 것이다.

한편 국가배상청구소송이 당사자소송인지 민사소송인지 견해가 대립하나 판례는 민사소송설의 입장이다. 판례의 견해에 따르면 甲은 민사법원에 국가배상청구소송을 제기할 수 있다.

VII. 결 론

과징금부과처분에 무효사유에 해당하는 하자가 있으므로 甲은 부당이득반환청구소송, 과징금부과처분무효확인소송을 통해서 권리를 구제받을 수 있을 것이다. A에게 고의·과실이 인정된다면 국가배상청구를 통해서도 과징금 상당액을 배상받을 수 있을 것이다.

[설문 2] 과징금부과처분에 취소사유가 있는 경우 과징금을 반환받기 위해 제기할 수 있는 소송 (10점)

I. 문제의 소재

사안의 경우 이유제시를 결여한 처분의 하자가 취소사유에 해당하는지 문제되며, 이 때 甲이 납부한 과징금을 반환받기 위해서 과징금부과처분취소소송 및 부당이득반환청구소송이 가능한지를 검토하고, 추가적으로 당사자소송으로서의 과징금납부의무부존재확인소송 및 국가배상청구소송 가능성도 검토한다.

II. 이유제시를 결여한 과징금부과처분의 하자

이유제시란 행정청이 처분을 함에 있어 처분의 근거와 이유를 제시해야 하는 것으로 행정절차법 제23조에 규정되어 있다. 모든 처분은 이유제시의 대상이 되어야 하며 처분사유를 이해할 수 있을 정도로 구체적으로 하여야 하는 바, 사안의 경우와 같이 처분의 이유를 제시하지 아니한 채 행한 과징금부과처분에는 절차적 하자가 존재한다. 행정소송법 제30조 제3항에 근거하여 절차하자의 독자적 위법성을 인정한다면 이유제시를 결여한 사유만으로 과징금부과처분은 위법하게 되며, 중대명백설에 따를 때 위법성의 정도는 취소사유에 해당한다.

III. 취소소송

과징금부과처분에 대해 취소소송을 제기할 경우 소송요건이 모두 만족된다면 처분의 절차적 하자에 기한 위법성이 인정되므로 甲은 취소판결을 받을 수 있다. 이때 취소판결의 기속력 중 결과제거의무에 따라 행정청 A는 甲이 납부한 과징금을 반환하여야 할 의무가 있으므로 취소소송은 유효한 권리구제수단이 된다.

Ⅳ. 부당이득반환청구소송

1. 공정력과 선결문제

공정력이란 행정행위가 당연무효가 아닌 한 권한 있는 기관에 의해 취소될 때까지는 일응 구속력이 있는 것으로 유효하게 통용되는 힘(행정기본법 제15조)으로서, 과징금부과처분의 위법성이 취소사유에 불과한 경우에는 공정력이 존재한다. 이 경우 부당이득반환청구소송의 수소법원인 민사법원이 선결문제로서 처분의 효력을 부인할 수 있는지 공정력과 선결문제로 논의되고 있다.

2. 부당이득반환청구소송 제기 가능성

사안의 경우 과징금부과처분에 근거하여 납부한 과징금이 부당이득임을 주장하며 이를 반환받기 위해서는 부당이득반환청구소송의 수소법원이 과징금부과처분의 효력을 부인할 수 있어야 하나, 이는 효력부인 국면에 해당하므로 선결문제로 처분의 효력을 부인할 수 없다. 따라서 공정력이 존재하는 이상 과징금부과처분이 유효하므로 과징금은 부당이득에 해당하지 않게 되므로 부당이득반환청구소송을 통해서는 과징금을 반환받을 수 없다.

다만 행정소송법 제10조 제2항에 따라 부당이득반환청구소송을 취소소송과 관련청구소송으로 병합하여 제기할 수는 있다. 판례는 병합청구된 부당이득반환청구가 인용되기 위해서는 그 소송절차에서 판결에 의해 당해 처분이 취소되면 충분하고 그 처분의 취소가 확정되어야 하는 것은 아니라고 판시한 바 있다.

Ⅴ. 과징금납부의무 부존재확인소송

당사자소송으로서의 과징금납부의무부존재확인소송은 확인의 이익이 없을 뿐만, 당사자소송의 수소법원이 공정력이 있는 과징금부과처분의 효력을 부인할 수도 없으므로 이는 유효적절한 소송수단이 될 수 없다.

Ⅵ. 국가배상청구소송

앞서 살펴본 부당이득반환청구소송과는 달리, 국가배상청구소송에서 승소하기 위해서는 과징금부과처분이 위법함을 확인만 하면 되는데 통설·판례에 의하면 국가배상청구소송의 수소법원은 위법성을 선결문제로 심사할 수 있다. 따라서 이유제시를 결여한 과징금부과처분의 위법성 조건은 충족되었다고 볼 수 있다. 그러나 국가배상책임이 인정될 수 있기 위해서는 고의·과실이 요구된다는 점에서 다소 우회적인 권리구제방법이라고 할 수 있다.

Ⅶ. 결 론

이유제시를 결여한 절차적 하자가 있는 과징금부과처분에 따라 납부한 과징금을 반환받기 위해서 甲은 과징금부과처분 취소소송을 제기할 수 있다. A에게 고의·과실이 인정된다면 국가배상청구도 가능할 것이다.

유제 [사시 2016]

甲은 A시 시청 민원실 주차장 부지 일부와 그에 붙어 있는 A시 소유의 유휴 토지 위에 창고건물을 건축하여 사용하고 있다. A시 소속 재산 관리 담당 공무원은 A시 공유재산에 대한 정기 실태조사를 하는 과정에서 甲이 사용하고 있는 주차장 부지 일부 및 유휴 토지(이하 '이 사건 토지'라 한다)에 관하여 대부계약 등 어떠한 甲의 사용권원도 발견하지 못하자 甲이 이 사건 토지를 정당한 권원 없이 점유하고 있다고 판단하여 관리청인 A시 시장 乙에게 이러한 사실을 보고하였다. 이에 乙은 무단점유자인 甲에 대하여 ①「공유재산 및 물품 관리법」 제81조 제1항에 따라 변상금을 부과하였고(이하 '변상금 부과 조치'라 한다), ② 같은 법 제83조 제1항에 따라 이 사건 토지 위의 건물을 철거하고 이 사건 토지를 반환할 것을 명령하였다(이하 '건물 철거 및 토지 반환 명령'이라 한다).

3. 甲이 이미 변상금을 납부하였으나, 乙의 변상금 부과 조치에 하자가 있어 변상금을 돌려받으려 한다. 甲은 어떠한 소송을 제기하여야 하는가? (25점)

[참조조문]
* 공유재산 및 물품 관리법
제81조(변상금의 징수) ① 지방자치단체의 장은 사용·수익허가나 대부계약 없이 공유재산 또는 물품을 사용·수익하거나 점유(사용·수익허가나 대부계약 기간이 끝난 후 다시 사용·수익허가나 대부계약 없이 공유재산 또는 물품을 계속 사용·수익하거나 점유하는 경우를 포함하며, 이하 "무단점유"라 한다)를 한 자에 대하여 대통령령으로 정하는 바에 따라 공유재산 또는 물품에 대한 사용료 또는 대부료의 100분의 120에 해당하는 금액(이하 "변상금"이라 한다)을 징수한다. 다만, 다음 각 호의 어느 하나에 해당하는 경우에는 변상금을 징수하지 아니한다(각 호 생략).

해설

변상금부과처분의 하자가 무효사유에 해당하는지 취소사유에 해당하는지 불분명하다.
변상금부과처분의 하자가 무효사유에 해당하는 경우 甲은 부당이득반환청구소송, 변상금부과처분 무효확인소송을 통해서 권리를 구제받을 수 있을 것이다. 담당공무원의 고의·과실이 인정된다면 국가배상청구를 통해서도 변상금 상당액을 배상받을 수도 있을 것이다.
변상금부과처분의 하자가 취소사유에 해당하는 경우 甲은 과징금부과처분 취소소송을 제기할 수 있다. 취소소송과 부당이득반환청구소송을 관련청구소송으로 병합하여 제기할 수도 있다. 담당 공무원에게 고의·과실이 인정된다면 국가배상청구도 가능할 것이다.

사례 037   부담금 납부 후 위헌결정시 행정소송상 반환수단   [행시(재경) 2013]

정부는 문화한국의 기치를 내걸고 전국에 문화시설을 확충하기로 하였다. 이에 부응하여 국회는 새로 개발되는 지역에는 반드시 일정규모의 문화시설을 갖추도록 하고 문화시설의 용지 확보를 위하여 개발사업지역에서 단독주택 건축을 위한 토지 또는 공동주택 등을 분양받는 자에게 부담금을 부과·징수할 수 있도록 하는 것을 골자로 하는 문화시설용지 확보에 관한 특례법(가상의 법률임. 이하 '특례법'이라 한다)을 제정·공포하였고, 특례법은 2012. 1. 1.부터 시행되었다.

이에 A도(道)의 B군수는 A도로부터 A도 조례가 정하는 바에 의하여 권한을 위임받아 도시 및 주거환경정비법에 따른 개발사업을 실시하였다. 이에 따라 건축된 관내 C아파트를 분양받은 甲에 대하여 2012. 2. 26.특례법 제3조 제1항에 따라 문화시설용지부담금을 부과하는 처분을 하였다. 이에 甲은 위 처분에 따라 부과된 부담금을 납부했다. 그 후 헌법재판소는 2013. 3. 31. "특례법 제3조 제1항 중 같은 법 제2조 제2호가 정한 도시 및 주거환경정비법에 의하여 시행하는 개발사업지역에서 공동주택을 분양받은 자에게 문화시설용지 확보를 위하여 부담금을 부과·징수할 수 있다는 부분은 헌법에 위반된다."는 결정을 하였다. 이에 甲은 자신이 이미 납부한 문화시설용지부담금을 되돌려 받고자 한다. 甲이 취할 수 있는 행정소송법상 수단과 그 승소 가능성은? (40점)

[참조조문]
* 문화시설용지 확보에 관한 특례법(가상의 법률임)
제2조 (정의) 이 법에서 사용하는 용어의 정의는 다음과 같다.
    2. "개발사업"이라 함은 도시 및 주거환경정비법에 의하여 시행하는 사업 중 300세대 규모 이상의 주택건설용 토지를 조성·개발하는 사업을 말한다.
제3조 (부담금의 부과·징수) ① 시·도지사는 문화시설용지의 확보를 위하여 개발사업지역에서 단독주택 건축을 위한 토지(공익사업을 위한 토지 등의 취득 및 보상에 관한 법률에 의한 이주용 택지로 분양받은 토지를 제외한다) 또는 공동주택(임대주택을 제외한다)등을 분양받는 자에게 부담금을 부과·징수할 수 있다.
제8조 (권한의 위임) ① 시·도지사는 당해 시·도의 조례가 정하는 바에 의하여 제3조의 규정에 의한 부담금의 부과·징수에 관한 업무를 시장·군수·구청장(자치구의 구청장을 말한다)에게 위임할 수 있다.

I. 쟁점의 정리

甲이 납부한 용지시설부담금을 반환받기 위한 행정소송법상 소송으로서 취소소송, 무효확인소송, 공법상 부당이득반환청구소송으로서 당사자소송, 국가배상청구소송을 고려할 수 있다. 각 소송이 승소하기 위해서는 당해 소제기가 적법하며, 원고 주장이 이유 있는 것이어야 하는바, 이하에서는 위헌결정의 소급효의 인정여부 및 위헌인 법률에 근거한 처분의 효력에 대한 검토를 바탕으로 각 소의 승소가능성을 검토하도록 한다.

II. 위헌결정의 효력

1. 위헌결정의 소급효

구 국세기본법 제39조 제1항 제2호에 근거한 법인세 부과처분의 하자가 인정되기 위해서는 위헌결정의 소급효가 인정되어야한다. 소급효가 인정되면 위헌법률에 근거한 처분으로서 하자가 인정될 수 있다.

헌법재판소법 제47조 2항은 위헌결정의 장래효를 규정하고 있지만 대법원과 헌법재판소는 국민의 권리구제를 위하여 일정한 경우에 위헌결정의 소급효를 인정하고 있다.

대법원은 헌법재판소의 위헌결정의 효력은 ① 위헌제청을 한 당해사건 ② 위헌결정이 있기 전에 이와 동종의 위헌 여부에 관하여 헌법재판소에 위헌제청을 하였거나 법원에 위헌제청신청을 한 사건과 ③ 따로 위헌제청신청은 아니하였지만 당해 법률 또는 법률 조항이 재판의 전제가 되어 법원에 계속중인 사건뿐만 아니라 ④ 위헌결정 이후에 위와 같은 이유로 제소된 일반사건에도 미친다고 하고 있다.

헌법재판소는 위 ①②③의 사유에 더해서, 당사자의 권리구제를 위한 구체적 타당성의 요청이 현저한 반면에 소급효를 인정하여도 법적 안정성을 침해할 우려가 없고 나아가 구 법에 의하여 형성된 기득권자의 이득이 해쳐질 사안이 아닌 경우로서 소급효의 부인이 오히려 정의와 형평 등 헌법적 이념에 심히 배치되는 때에도 소급효를 인정할 수 있다고 한다.

한편, 위헌결정의 효력은 그 미치는 범위가 무한정일 수는 없고 다른 법리에 의하여 그 소급효를 제한하는 것까지 부정되는 것은 아니며 법적 안정성의 유지나 당사자의 신뢰보호를 위하여 불가피한 경우에 위헌결정의 소급효를 제한하는 것은 오히려 법치주의의 원칙상 요청되는 바이다.[1]

2. 위헌법률에 근거한 처분의 효력

위법성의 정도에 대한 판단기준으로서 다수설과 판례는 중대명백설을 취하고 있다. 판례는 하자 있는 행정처분이 당연무효가 되기 위하여는 그 하자가 법규의 중요한 부분을 위반한 중대한 것으로서 객관적으로 명백한 것이어야 하며 하자가 중대하고 명백한 것인지 여부를 판별함에 있어서는 그 법규의 목적, 의미, 기능 등을 목적론적으로 고찰함과 동시에 구체적 사안 자체의 특수성에 관하여도 합리적으로 고찰함을 요한다고 한다.

대법원은 법률에 근거하여 행정처분이 발하여진 후에 헌법재판소가 그 행정처분의 근거가 된 법률을 위헌으로 결정하였다면 결과적으로 행정처분은 법률의 근거가 없이 행하여진 것과 마찬가지가 되어 하자가 있는 것이 되나, 하자 있는 행정처분이 당연무효가 되기 위하여는 그 하자가 중대할 뿐만 아니라 명백한 것이어야 하는데, 일반적으로 법률이 헌법에 위반된다는 사정이 헌법재판소의 위헌결정이 있기 전에는 객관적으로 명백한 것이라고 할 수는 없으므로 헌법재판소의 위헌결정 전에 행정처분의 근거되는 당해 법률이 헌법에 위반된다는 사유는 특별한 사정이 없는 한 그 행정처분의 취소소송의 전제가 될 수 있을 뿐 당연무효사유는 아니라고 봄이 상당하다.

3. 사안의 경우

사안의 경우 부담금부과처분은 2012.2.26. 행해진 것이고, 헌법재판소는 2013. 3. 31. 위헌결정을 하였고, 그 이후에 甲이 소를 제기하고자 하는 경우이므로 일반사건에 해당한다고 할 수 있으나 취소소송의 제소기간을 경과하여 확정력이 발생한 부담금부과처분에는 위헌결정의 소급효가 미치지 않는다. 또한 일반사건의 경우에도 구법에 의해 형성된 신뢰이익을 고려하여 예외적으로 소급효를 긍정하는 헌법재판소의 견해에 따르더라도, 문화시설 용지부담금을 납부한 것에 불과한 甲의 신뢰이익이 법적 안정성의 요청보다 현저히 크다고 보기 어려우므로 소급효가 미친다고 보기 어렵다.

---

[1] 대판 2006.6.15. 2005두10569

III. 항고소송

1. 취소소송

취소소송에서 취소판결을 받으면 취소판결의 기속력(결과제거의무)에 의하여 반환받을 수 있으나, 설문은 부담금부과처분일인 2012. 2. 26.로부터 90일이 지나 제소기간을 도과하였는바, 취소소송의 제소기간이 경과하여 각하될 것이다. 위헌결정의 소급효가 미치는 일반사건에 해당하지 않는다.

2. 무효확인소송

(1) 무효확인소송의 보충성 요부

1) 문제점

행정소송법 제35조가 무효확인소송의 원고적격에 관하여 제12조의 취소소송의 원고적격과 동일하게 법률상이익이 있는 자가 제기할 수 있도록 규정되어 있는데, 그럼에도 불구하고 민사소송의 확인소송에서 요구되는 확인소송의 보충성의 법리가 항고소송으로서 무효확인소송에서도 필요한지가 소의 이익과 관련하여 논의되고 있다.

2) 학 설

보충성 필요설은 실질적으로 확인소송의 성질이 있으므로 남소가능성을 방지하기 위하여 민사소송과 마찬가지로 확인소송에서의 일반적 소송요건인 확인의 이익이 요구되므로 다른 구제수단에 의하여 분쟁이 해결되지 않는 경우에 한하여 무효확인소송을 보충적으로 인정한다. 이행소송등이 가능하면 무효확인소송은 불가하다는 입장이다.

반면 보충성 불요설은 무효·취소사유 구분이 용이하지 않으며, 무효는 예외적 현상이므로 보충성을 배제해도 남소가능성이 큰 것은 아니며, 남소한다면 법원은 권리보호의 필요의 요건의 해석을 통해 제한을 가할 수 있으므로 무효확인소송의 보충성은 필요 없다고 한다.

3) 판 례

종래 판례는 제35조의 '무효확인을 구할 법률상 이익'은 그 대상인 현재의 권리 또는 법률관계에 관하여 당사자 사이에 분쟁이 있고 그로 인하여 원고의 권리 또는 법률상의 지위에 불안·위험이 있어 판결로써 그 법률관계의 존부를 확정하는 것이 불안·위험을 제거하는데 필요하고도 적절한 경우에 인정된다고 제한적으로 해석하여 필요설의 입장이었으나, 최근에는 행정소송은 민사소송과는 목적, 취지 및 기능 등을 달리하고, 제4조에서는 무효확인소송을 항고소송의 일종으로 규정하고 있고, 확정판결의 기속력에 의해 무효확인판결 자체만으로도 실효성을 확보할 수 있으며, 보충성을 규정하고 있는 외국의 일부 입법례(일본)와는 달리 우리나라 행정소송법에는 명문의 규정이 없으며, 행정에 대한 사법통제, 권익구제의 확대와 같은 행정소송의 기능 등을 종합하여 보면, 행정처분의 근거 법률에 의하여 보호되는 직접적이고 구체적인 이익이 있는 경우에는 제35조에 규정된 '무효확인을 구할 법률상 이익'이 있다고 하여 불요설로 변경하였다.

4) 검 토

처분의 무효는 흔히 있는 현상이 아니기 때문에 보충성을 요구하지 않더라도 남소 가능성이 크다고 단정하기 어려울 뿐만 아니라 분쟁의 유형에 따라서는 처분에 대한 무효확인소송이 보다 적절한 구제수단이 될 수도 있다. 상대방에게 소송형태에 관한 선택권을 부여하여 부당이득반환청구의 소 등의 제기 가능성 여부와 관계없이 행정처분에 관한 무효확인소송을 바로 제기할 수 있도록 함으로써 양 소송의 병존가능성을 인정하는 것이 국민의 권익구제 강화라는 측면에서도 타당하므로 불요설이 타당하다.

(2) 사안의 경우

부당이득반환청구소송과의 관계에서 무효확인소송의 보충성은 판례가 더 이상 요구하지 않으므로 소의 이익과 관련한 소송요건의 문제는 없다. 본안에서 부담금부과처분이 무효인지 여부가 문제되는데 사안은 위헌결정의 소급효가 미치지 않을 뿐더러, 미친다고 하더라도 취소사유에 불과하므로 무효확인소송을 제기할 경우 기각될 것이다.

Ⅳ. 부당이득반환청구소송

1. 문제점

갑이 납부한 부담금이 부당이득에 해당한다고 주장하면서 부당이득반환청구소송을 제기하여 인용판결을 받으면 문화시설 용지부담금을 되돌려받을 수 있을 것이다. 부당이득반환청구소송의 법적성질에 대해 견해대립이 있는데 당사자소송으로 본다면 행정소송법상 구제수단이 될 것이다.

2. 부당이득반환청구소송의 법적성질

(1) 학 설

공법상 부당이득반환청구소송이 민사소송인지 당사자소송인지에 대하여, ① 부당이득은 오로지 경제적인 관점에서 이해관계의 조정을 위해서 인정되는 것으로 사법상 부당이득과 구별할 이유가 없다는 민사소송설과 ② 공법상 부당이득은 행정법관계에서의 공법적 원인에 의해 발생하므로 민법상의 부당이득반환청구권과는 달리 행정주체와 사인간에 재산적 이익을 조정하는 독자적인 성격을 갖는 제도로 이해하는 당사자소송설의 견해 대립이 있다.

(2) 판 례

판례는 부당이득으로서의 과오납금 반환에 관한 법률관계는 단순한 민사 관계에 불과한 것이고 행정소송 절차에 따라야 하는 관계로 볼 수 없다[2]고 하여 민사소송설이다. 판례가 종래 부가가치세 환급세액의 반환청구소송은 민사소송의 대상이라고 보았으나 최근 전원합의체 판결을 통하여 납세의무자에 대한 국가의 부가가치세 환급세액 지급의무는 부가가치세법령의 규정에 의하여 직접 발생하는 것으로서, 법적 성질은 정의와 공평의 관념에서 수익자와 손실자 사이의 재산상태 조정을 위해 인정되는 부당이득반환의무가 아니라 부가가치세법령에 의하여 그 존부나 범위가 구체적으로 확정되고 조세 정책적 관점에서 특별히 인정되는 공법상 의무이며, 국가에 대한 납세의무자의 부가가치세 환급세액 지급청구는 민사소송이 아니라 행정소송법 제3조 제2호에 규정된 당사자소송의 절차에 따라야 한다고 변경한 바 있다. 다만 동판례는 부가가치세법상 환급의무에 국한된 것으로서 과오납금환급청구소송에 대해 일반화할 수는 없다.

(3) 검 토

우리 실정법상 법체계가 공사법 이원적 체계를 유지하고 있으므로 공권설이 타당하다.

---

[2] 대판 1995.12.22. 94다51253

3. 사안의 경우

부담금부과처분에 근거하여 납부한 부담금이 부당이득에 해당하기 위해서는 법률상 원인 없이 재산상 이동이 있어야 하는데, 그럴려면 수소법원이 부담금부과처분의 효력을 부인할 수 있어야 한다. 부담금부과처분이 <u>무효사유라면 수소법원은 선결문제로 심사하고 부당이득반환을 명할 수 있다</u>. 그러나 위헌법률에 근거한 처분은 취소사유에 불과하며 또한 甲에 대한 부담금부과처분은 불가쟁력이 발생하여 위헌결정의 소급효가 미치는 경우도 아니어서 부담금부과처분이 취소될 수 없는 상황이다. 따라서 부담금납부처분이 유효하며 공정력 내지는 구성요건적 효력 때문에 당사자소송의 수소법원이 부담금부과처분의 효력을 부인하여 부당이득이라고 판단할 수는 없다. 甲의 부당이득반환청구소송은 기각될 것이다.

V. 국가배상청구소송

국가배상청구소송에서 인용판결을 받아 손해배상금을 받는다면 납부한 부담금을 직접 되돌려 받는 것은 아니지만 납부한 부담금에 상당하는 금액을 손해배상의 형태로 되돌려 받는 수단이 될 것이다.

국가배상청구소송의 법적 성격에 대해 민사소송설과 당사자소송설이 대립하나 판례는 민사소송설의 입장으로, 판례의 입장에 따르면 민사법원에 국가배상청구소송을 제기하여야 하므로 甲이 취할 수 있는 행정소송법상의 수단이 되지 못한다. 반면 학설에 따라 당사자소송설을 취하면 행정소송법상의 수단이 된다.

부당이득반환청구소송과는 달리, 국가배상청구소송에서 승소하기 위해서는 문화시설용지부담금을 부과하는 처분이 위법함을 확인만 하면 되는데 통설·판례에 의하면 국가배상청구소송의 수소법원은 위법성을 선결문제로 심사할 수 있다. 그러나 甲에 대한 처분은 위헌결정의 소급효가 미치지 않으므로 위헌법률에 근거한 처분이라 할 수 없으므로 위법하다고 할 수 없으며, 또한 소급효가 미치는 경우라 하더라도 법률을 적용하여 부담금부과처분을 한 공무원에게 법률의 위헌여부에 대한 판단권이 없다는 점을 고려할 때 고의·과실을 인정하기 곤란하다. 따라서 국가배상청구소송도 기각될 것이다.

VI. 결 론

성실하게 부담금을 납부한 甲은 현행법상으로는 적극적인 행정소송법상 구제수단을 강구하기 어렵다. 취소소송은 각하, 무효확인소송, 부당이득반환청구소송, 국가배상청구소송은 모두 기각될 것으로 판단된다. 과세처분이나 부담금 부과처분을 납부한 후 불가쟁력이 발생한 상황에서 처분의 근거법률이 위헌으로 결정된 경우 납부자의 구제를 위해 원행정처분에 대한 헌법소원을 예외적으로 인정하자는 견해, 입법상 과실을 인정하여 국가배상을 인정하자는 견해, 재심사청구를 인정하고 직권취소를 통해 해결하자는 견해 등이 제시되고 있다.

유제 [변시 2018]

법무법인 甲, 乙 및 丙은 2015. 3. 3. 정기세무조사의 대상이 되어 2014 사업연도의 법인세 신고 및 납부내역에 대한 세무조사를 받았다. 정기세무조사는 매년 무작위로 대상자를 추출하여 조사하는 것으로 세무조사로 인한 부담을 덜어주기 위하여 동일한 과세기간에 대해서는 원칙적으로 재조사를 금지하고 있다. 그러나 관할 세무서장은 甲, 乙 및 丙의 같은 세목 및 같은 과세기간에 대하여 재조사 결정 및 이에 따른 통지 후 2016. 5. 20. 재조사를 실시하면서, 재조사 이유에 대해 과거 위 각 법인에서 근무하던 직원들의 제보를 받아 법인세 탈루혐의를 입증할 자료가 확보되었기 때문이라고 밝혔다. 관할 세무서장은 재조사 결과 甲, 乙 및 丙의 법인세 탈루사실이 인정된다고 보아 甲과 乙에 대해서는 2017. 1. 10., 丙에 대해서는 2017. 11. 3. 증액경정된 조세부과처분을 각각 발령하였다. 한편, 甲, 乙 및 丙은 세무조사로서의 재조사에 대하여 제소기간 내에 취소소송을 제기하였다.

3. 위 乙의 취소소송 계속 중, 乙은 재조사의 법적 근거인 「국세기본법」 제81조의4 제2항 제1호가 '조세탈루의 혐의가 인정되거나 의심되는 자료가 있는 경우'라고만 규정하여, 위법하게 수집된 자료 또는 명백히 혐의를 인정하기 부족한 자료가 있는 경우에도 재조사를 허용하는 것은 위헌이라고 주장하며 위헌법률심판제청을 신청하였다. 이에 헌법재판소는 2017. 12. 29. 동 조항에 대하여 위헌결정을 내렸다. 甲은 위 헌법재판소의 위헌결정의 효력을 자신의 취소소송에서 주장할 수 있는가?(20점)

5. 丙은 위 조세부과처분에 따라 부과금액을 납부하였다. 丙이 재조사의 근거 조항에 대한 헌법재판소의 2017. 12. 29. 위헌결정 이후 이미 납부한 금액을 돌려받기 위하여 제기할 수 있는 소송에 관하여 논하시오. (단, 제소시점은 2018. 1. 4.로 하며, 국가배상청구소송과 헌법소송은 제외함)(25점)

해설

1. 설문 3

   甲의 사건은 헌법재판소의 위헌결정이 있던 당시 법원에 계속 중인 사건(병행사건)으로서 위헌결정의 소급효가 인정되는 사건에 해당한다. 甲은 자신의 취소소송에서 위헌결정의 효력을 주장할 수 있다.

2. 설문 5

   丙은 부당이득반환청구소송의 제기만을 통해서는 반환받을 수는 없으며, 취소소송을 우선 제기하거나 취소소송과 부당이득반환청구소송을 관련청구소송으로 병합하여 제기하여야 한다. 취소소송이 아니라 무효확인소송을 제기한 경우에도 취소소송으로의 소변경을 통해서 구제받을 수 있다.

사례 038 위헌법률에 근거한 처분의 하자, 집행력 [사시 2014]

A 세무서장은 甲 주식회사에 대하여 1996년 사업연도 귀속 법인세 8억원을 부과하였다. 甲 회사가 이를 체납하고 甲 회사 재산으로는 위 법인세 충당에 부족하자 A 세무서장은 1997. 10. 22. 甲 회사의 최대주주인 乙의 아들 丙에 대하여 과점주주이자 乙과 생계를 같이하는 직계비속인 이유로 구 국세기본법 제39조 제1항 제2호 다.목상 제2차 납세의무자로 지정하고, 위 법인세를 납부하도록 통지하였다. 그 후 위 丙에 대한 법인세부과처분이 확정되자 A 세무서장은 2005. 10. 11. 丙이 체납 중이던 체납액 10억원(가산세 포함)을 징수하기 위하여 丙 명의의 부동산을 압류하였다. 한편, 1998. 5. 28. 헌법재판소는 위 구 국세기본법 제39조 제1항 제2호에 대하여 위헌결정을 하였다. (30점)

1. 丙에 대한 위 법인세부과처분의 효력은 어떻게 되는가?(단, 각 처분과 관련된 시효 및 제척기간은 도과되지 않았다고 간주함) (17점)
2. A 세무서장의 丙에 대한 압류처분의 효력은 어떻게 되는가? (13점)

[참조조문]
* 구 「국세기본법」 [시행 1993.12.31.] [법률 제4672호, 1993.12.31. 일부개정]
제39조 (출자자의 제2차 납세의무) ① 법인의 재산으로 그 법인에게 부과되거나 그 법인이 납부할 국세·가산금과 체납처분비에 충당하여도 부족한 경우에는 그 국세의 납세의무의 성립일 현재 다음 각호의 1에 해당하는 자는 그 부족액에 대하여 제2차 납세의무를 진다.
　　2. 과점주주 중 다음 각목의 1에 해당하는 자
　　　가. 주식을 가장 많이 소유하거나 출자를 가장 많이 한 자
　　　다. 가목 및 나목에 규정하는 자와 생계를 함께 하는 자
* 구 「국세징수법」 [시행 2003.1.1.] [법률 제6805호, 2002.12.26. 일부개정]
제24조 (압류의 요건) ① 세무공무원은 다음 각호의 1에 해당하는 경우에는 납세자의 재산을 압류한다.
　　1. 납세자가 독촉장을 받고 지정된 기한까지 국세와 가산금을 완납하지 아니한 때
　　2. 제14조 제1항의 규정에 의하여 납세자가 납기전에 납부의 고지를 받고 지정된 기한까지 완납하지 아니한 때

[설문 1] 丙에 대한 법인세 부과처분의 효력 (17점)

I. 문제의 소재

丙에 대한 법인세 부과처분에 불가쟁력이 발생하여 제소를 할 수 없는 상황에서 헌법재판소의 위헌결정이 있는 바, 위헌결정의 효력이 소급해서 丙에게 효력을 미치는지, 위헌법률에 근거한 법인세 부과처분의 위법성이 인정될 수 있는지 문제된다.

II. 위헌결정의 소급효

III. 위헌법률에 근거한 처분의 하자

IV. 사안의 해결

丙에 대한 법인세 부과처분은 ① 위헌제청을 한 사건도 아니고 ② 위헌결정이 있기 전 위헌제청 또는 위헌제청신청을 한 동종사건도 아니며 ③ 1997.10.22. 법인세 부과처분이 통지된 이후 제소기간 내에

취소소송을 제기하지도 않았으므로 위헌결정 당시 당해 법률 조항을 재판의 전제로 삼아 법원에 계속중인 사건으로도 볼 수 없고 ④ 위헌결정 이후에 제소된 일반사건에도 해당되지 않는다. 위헌 결정의 소급효가 적용되는 사안이 아니다.

헌법재판소의 견해를 따르더라도 소급효를 인정할 경우 오히려 동일한 법률 조항에 근거하여 법인세를 부과받아 성실하게 납세한 국민과의 형평성 문제가 제기되어 법적 안정성을 침해하는 사안에 해당되므로 소급효를 인정할 수 없다. 따라서 丙에 대한 법인세 부과처분은 확정된 처분으로 유효하다.

[설문 2] A세무서장의 丙에 대한 압류처분의 효력 (13점)

Ⅰ. 문제의 소재

확정된 법인세 부과처분에 기한 압류처분(2005.10.11.)이 위헌결정(1998.5.28.) 이후에 있는 바, 압류처분이 위헌결정의 기속력에 반하는 것은 아닌지 문제된다.

Ⅱ. 위헌법률에 근거한 처분의 집행력 인정 여부

1. 문제점

집행력의 근거가 되는 과세처분의 근거법률이 위헌이 된 경우 위헌인 법률에 근거한 처분에 의해 부과된 의무의 이행을 강제하는 것이 가능한가의 문제이다.

2. 학 설

학설은 ① 위헌인 법률에 근거한 과세처분은 취소사유에 불과하므로 제소기간이 경과한 경우에는 더 이상 다툴 수 없고, 당해 과세처분은 공정력에 의하여 유효한 것이므로 후행처분인 체납처분도 적법한 것이 되며, 과세처분과 체납처분 사이에는 각각 별개의 법률효과를 발생하는 것이므로 하자가 승계되지 아니하기 때문에 체납처분을 다툴 수 없다는 집행력 긍정설과, ② 위헌인 법률에 근거한 과세처분을 위헌결정 이후에도 유효한 것으로 보아 계속 집행력을 부여하게 되면 위헌결정의 기속력에 반하게 되므로, 행정청은 과세처분 이후의 체납처분절차를 진행할 수 없다는 집행력 부정설이 대립한다.

3. 판 례

대법원의 소수의견은 과거에 이루어진 과세처분에 대하여 위헌결정의 소급효가 제한되어 그 효력이 미치지 않는다고 보는 경우, 해당 과세처분은 유효하고 위헌이 아니라고 할 것이므로, 그 과세처분에 기초한 체납처분 역시 위헌은 아니며 위헌결정의 기속력에 위배되지 않는다고 하여 집행력을 긍정한다. 그러나 대법원 다수의견은 집행력을 인정하면 위헌결정의 기속력에 반하며, 국세징수법 제53조 제1항 제1호의 압류의 필요적 해제사유는 예시규정으로서 '기타의 사유'에는 위헌결정도 포함된다고 본다. 대법원은 헌법재판소법 제47조 제1항의 위헌결정의 기속력과 헌법을 최고규범으로 하는 법질서의 체계적 요청에 비추어 국가기관 및 지방자치단체는 위헌으로 선언된 법률규정에 근거하여 새로운 행정처분을 할 수 없음은 물론이고, 위헌결정 전에 이미 형성된 법률관계에 기한 후속처분이라도 그것이 새로운 위헌적 법률관계를 생성·확대하는 경우라면 이를 허용할 수 없다고 하면서 위헌결정 이후에 조세채권의 집행을 위한 새로운 체납처분에 착수하거나 이를 속행하는 것은 허용되지 않는다고 한다. 나아가 이러한 위헌결정의 효력에 위배하여 이루어진 체납처분은 그 사유만으로 하자가 중대하고 객관적으로 명백하여 당연무효라고 본다.

4. 검토
위헌결정 이후에도 유효한 것으로 보아 계속 집행력을 부여하게 되면 위헌결정의 기속력에 반하게 되므로, 집행력 부정설이 타당하다.
사안의 경우 A세무서장의 압류처분은 위헌결정의 기속력에 반하는 위법한 처분이 된다. 비록 법인세부과처분이 제소기간의 도과로 조세채권이 확정되었고, 체납처분의 근거에 대해 위헌결정이 내려진 바가 없더라도 조세채권의 집행을 위한 새로운 체납처분에 착수하거나 속행하는 것은 위헌결정의 기속력에 위반된다.

III. 丙에 대한 압류처분의 효력
판례의 다수의견인 중대명백설에 의할 때에도 위헌결정의 기속력에 반하는 처분은 그 하자가 법규의 중요한 부분을 위반한 중대한 것이고 객관적으로 명백한 것으로 무효사유에 해당한다. 따라서 A세무서장의 丙에 대한 압류처분은 무효사유가 있는 처분이다. 반면 위헌결정의 기속력에 반하지 않는다는 판례의 반대의견에 따르면 압류처분을 당연무효로 볼 수 없을 것이다.

IV. 결론
판례의 다수의견에 따르면 위헌법률에 근거한 처분의 집행력이 부정되므로 위헌결정 이후의 압류처분은 무효인 처분으로 효력이 없다.

유제 [법전협 2017-2]

정부는 종합과학단지의 육성과 발전을 위하여 A대학교 주변 지역을 개발하여 세계적인 종합과학 연구단지로 발전시키는 것을 내용으로 하는 종합과학 연구단지 조성 및 지원 사업을 추진하기로 결정하였다. 이에 국회는, 교육부장관에게 연구단지 분양신청자에 대한 분양결정권을 부여하고 교육부장관이 연구단지에 토지를 분양받는 자에게 연구단지 개발부담금(이하 '부담금')을 부과·징수할 수 있도록 하는 내용의 「종합과학 연구단지 조성 및 지원에 관한 특별법」을 제정하였고, 동법은 2016. 1. 1. 시행되었다. 교육부장관은 동 법률 및 동 법률의 위임을 받은 「종합과학 연구단지 조성 및 지원에 관한 지침」(교육부 고시)에 따라 분양신청자인 甲, 乙, 丙, 丁에 대하여 연구단지에 토지를 분양하고, 2016. 8. 1. 각각에 대하여 부담금 부과처분을 하였으며 그 처분서는 당일 각자에게 송달되었다. 처분 내역은 아래의 표와 같다.
위의 사실관계를 기초로 아래의 각 설문에 답하되, 각 설문별로 사실관계는 독립적으로 판단하시오.

〈부담금부과처분 내역〉

	분양토지 면적	분양토지 가격	부담금 부과액
甲	10,000㎡	1억원	1백만원
乙	20,000㎡	2억원	6백만원
丙	30,000㎡	3억원	9백만원
丁	40,000㎡	4억원	16백만원

4. 丁은 교육부장관의 부담금부과처분에 대한 취소소송을 제기하였고, 수소법원은 처분의 근거가 된 「종합과학 연구단지 조성 및 지원에 관한 특별법」 제10조에 대하여 위헌법률심판제청을 하여 헌법재판소는 2016. 12. 5. 동 조항에 대하여 위헌결정을 하였다.

   (1) 乙은 부담금을 모두 납부한 후, 2016. 9. 1. 부담금부과처분에 대한 무효확인소송을 제기하여 계속 중이다. 다만, 법원에 위헌법률심판제청신청은 하지 않았다. 한편, 丙은 2016. 8. 10. 행정심판을 제기하면서 이미 부담금을 모두 납부하였고, 2016. 9. 10. 기각재결서를 송달받고 2016. 12. 7. 취소소송을 제기하였다. 乙과 丙의 청구는 인용될 수 있는가? (25점)
   (2) 甲이 2016. 12. 5. 현재 아직 부담금을 납부하지 않은 상태라고 한다면, 교육부장관은 甲에 대하여 부담금채권의 집행을 위한 체납처분을 할 수 있는가? (15점)

〈참고법령〉
「종합과학 연구단지 조성 및 지원에 관한 특별법」
제10조(부담금의 부과·징수) 교육부장관은 연구단지에 토지를 분양받은 사람에 대하여 연구단지 개발부담금을 부과·징수하여야 한다.

해 설

1. 설문 4-(1)

   (1) 乙은 부당이득반환청구소송의 제기 여부와 무관하게 무효확인소송을 제기할 수 있다. 乙이 제기한 부담금부과처분 무효확인소송은 따로 위헌제청신청은 아니하였지만 특별법 조항이 재판의 전제가 되어 법원에 계속중인 사건에 해당하여 위헌결정의 소급효를 받는다. 그러나 위헌결정의 소급효가 미친다고 하더라도 위헌법률에 근거한 처분의 하자는 취소사유에 불과하다. 따라서 무효확인판결을 할 수는 없다.
   乙이 무효확인소송을 처분일인 2016.8.1.로부터 90일 이내인 2016.9.1. 제기하였으므로 취소소송의 제소기간 내에 제기한 상황이다. 무효확인의 청구는 원고가 취소를 구하지 아니한다고 명백히 하지 아니하는 한 당연무효가 아니라면 취소의 청구가 포함되어 있다고 할 수 있다. 따라서 법원으로서는 취소소송의 소송요건을 구비하였다면 법원이 취소소송으로 소변경을 석명(행정소송규칙 제16조)하여 소변경 후 취소판결을 할 수 있다.

   (2) 丙이 제기한 소송은 소송요건에서는 제소기간이 도과한 것은 아닌지 문제된다. 丙은 행정심판을 청구하여 기각재결을 받은 후에 취소소송을 제기한 경우이므로 행정소송법 제20조 단서의 심판을 거친 경우의 제소기간의 특례가 적용된다. 2016.9.10. 기각재결서를 송달받은 날부터 기산하므로 90일 내인 2016.12.7. 제소한 것이므로 제소기간은 준수하였다.
   丙에 대한 처분에 대한 취소소송은 위헌결정일인 2016.12.5. 이후에 제소한 사건으로 일반사건에 해당한다. 따라서 丙의 사건은 위헌결정의 소급효가 미치며 丙에 대한 부담금부과처분은 위헌법률에 근거한 처분으로 하자가 있다. 위법성의 정도는 취소사유이며 丙은 인용(취소)판결을 받을 수 있다. 甲은 취소소송을 제기하면서 부당이득반환청구소송을 관련청구소송으로 병합하여 제기할 수도 있다(행정소송법 제10조2항).

2. 설문 4-(2)

   체납처분의 근거법률에 대해 위헌결정이 내려진 바가 없더라도 부담금부과채권의 집행을 위한 새로운 체납처분에 착수하는 것은 위헌결정의 기속력에 위반된다. 교육부장관은 甲에 대하여 부담금채권의 집행을 위한 체납처분을 할 수 없다.

사례 039 하자의 승계 [사시 2015]

甲은 乙로부터 2014. 10. 7. A시 B구 소재 이용원 영업을 양도받고 관할 행정청인 B구 구청장 X에게 영업자 지위승계신고를 하였다. 그런데 甲은 위 영업소를 운영하던 중, 2014. 12. 16. C경찰서 소속 경찰관에 의해 「성매매알선 등 행위의 처벌에 관한 법률」 위반으로 적발되었다. 구청장 X는 2014. 12. 19. 甲에 대하여 3월의 영업정지처분을 하였다. 한편, 乙은 이미 같은 법 위반으로 2014년 7월부터 9월까지 2월의 영업정지처분을 받은 바 있었다. 그 후 2015. 5. 6. B구청 소속 공무원들은 위생관리실태를 검사하기 위하여 위 영업소에 들어갔다가 甲이 여전히 손님에게 성매매알선 등의 행위를 하는 것을 적발하였다. 이에 구청장 X는 이미 乙이 제1차 영업정지처분을 받았고 甲이 제2차 영업정지처분을 받았음을 이유로, 2015. 5. 6.에 적발된 위법행위에 대하여 甲에게 「공중위생관리법」 제11조 제1항 및 제2항, 같은 법 시행규칙 제19조 [별표 7] 행정처분기준에 따라 적법한 절차를 거쳐서 가중된 제재처분인 영업소 폐쇄명령을 내렸다.

1. 甲은 구청장 X의 영업소 폐쇄명령에 대한 취소소송을 제기하면서, 자신에 대한 제2차 영업정지처분의 위법성을 폐쇄명령의 취소사유로 주장하고 있다. 甲에 대한 제2차 영업정지처분 시에 의견청취절차를 거치지 않았으나, 이를 다투지 않은 채 제소기간이 도과하였다. 이러한 甲의 주장이 타당한지를 검토하시오. (25점)

I. 문제의 소재

설문의 상황은 양도인 乙이 2개월 영업정지처분을 받은 상태에서 양수인 甲이 양도 이후에 2014.12.19에 3월의 영업정지처분을 받은 상황에서 2015.5.6.에 공중위생관리법 시행규칙 [별표7]에 의거하여 甲에게 가중된 제재처분인 영업소폐쇄명령으로 가중처분을 받은 상황이다.

제소기간이 경과하여 불가쟁력이 발생한 2차 영업정지처분의 절차하자를 영업소폐쇄명령에 대한 취소소송에서 주장할 수 있는지가 하자의 승계 문제로서 논의되고 있다.

II. 하자의 승계의 의의

행정행위의 하자 또는 효력은 당해 행정행위별로 판단되는 것이 원칙이며 행정법관계의 안정성과 행정의 실효성을 보장하기 위하여 불가쟁력이 발생한 선행행정행위의 위법을 후행행정행위를 다투면서 주장할 수 없는 것이 원칙이다. 그러나 불가쟁력을 그대로 관철했을 때 개인의 권익보호에 중대한 흠결이 발생하는 경우 불가쟁력의 예외를 인정하여 개인의 권리구제를 도모함이 타당하다는 점에서 일정한 행정목적을 위하여 두 개 이상의 행정행위가 단계적으로 연속하여 행하여지는 경우 선행행위의 하자를 후행행위의 위법사유로 주장할 수 있어야 한다는 논의가 하자의 승계이다.

III. 하자의 승계의 논의의 전제

1. 논의의 전제

하자의 승계논의는 ① 선행행위와 후행행위는 모두 처분이며 ② 선행행위에 무효사유가 아닌 취소사유에 해당하는 하자가 존재하는 경우로서 ③ 선행행위에 불가쟁력이 발생하였고 ④ 후행행위 자체의 고유한 하자를 주장하는 것이 아니어야 한다.

사안의 경우 ① 영업정지처분과 영업소폐쇄명령은 처분에 해당하고, ② 영업정지처분에 취소사유가 있어야 하고 ③ 영업정지처분에 불가쟁력이 발생했고 ④ 후행처분의 고유한 하자를 주장하는 경우가 아니어야 하는 바, 사안에서는 ② 영업정지처분에 취소사유에 해당하는 하자가 존재하는지 문제된다.

2. 의견청취절차를 거치지 않은 2차 영업정지처분의 하자

(1) 절차적 하자의 존재 여부

처분이 적법하기 위하여는 주체, 절차, 형식, 내용 측면에서 하자가 없어야 하는 바, 설문에서는 의견청취절차를 거치지 아니한 채 2차 영업정지처분을 내린 행위가 절차적 하자에 해당하는지 문제된다.

참조조문으로 제시되어 있지는 않으나 공중위생관리법 제12조는 청문을 필수적 절차로 규정하고 있고, 공중위생관리법을 고려하지 않더라도 행정절차법 제21조 제1항 및 제22조 제3항에 근거하여 볼 때 영업정지처분은 행정절차법상 의무를 부과하거나 권익을 제한하는 처분에 해당되므로 사전통지 및 의견제출의 기회를 주어야 한다. 그러나 사안에서는 그러한 절차를 결여했으므로 절차하자가 존재한다.

(2) 절차적 하자의 위법성의 정도

절차하자의 독자적 위법성 인정여부에 대해 견해가 대립하나, 통설 판례는 행정소송법 제30조 3항에 근거하여 이를 긍정한다. 따라서 별도의 기타 하자가 보이지 않더라도 의견청취절차를 거치지 않은 영업정지처분은 위법하다.

한편 의견청취절차를 거치지 아니한 처분의 하자는 객관적으로 명백하나 법규의 중요한 부분을 위반한 중대한 것으로 보기 어려운 바, 취소사유에 해당한다. 논의의 전제 중 두 번째 조건도 만족된다. 2015. 12.16 처분이 있었고 처분이 있음을 안 날로부터 90일도 경과한 상황이므로 불가쟁력도 발생하며, 폐쇄명령의 고유한 위법을 주장하는 경우도 아니므로 사안은 하자의 승계의 전제를 모두 갖추었다.

Ⅳ. 하자의 승계 여부

1. 학 설

학설은 ① 하자의 승계론(전통적 견해)은 선행행위와 후행행위가 결합하여 동일한 법적 효과의 발생을 목적으로 하는 경우에만 하자의 승계를 긍정하고 서로 독립하여 별개의 효과를 목적으로 하는 것인 때에는 부정한다. ② 구속력(규준력)이론은 판결의 기판력이론을 유추해석하여 하자의 승계를 불가쟁력이 발생한 행정행위의 후행행위에 대한 구속력의 문제로 파악하여, 원칙적으로는 선행행위의 하자를 이유로 후행행위를 다툴 수는 없다고 본다. 따라서 사물적 한계(규율대상 내지는 법적 효과에 있어서 일치성), 대인적 한계(수범자의 일치), 시간적 한계(선행행위의 기초를 이루는 사실 및 법상태의 유지) 및 추가적 한계(예측가능, 수인가능한 범위 내일 것) 내의 범위에서 구속력이 미친다. 반면 이러한 한계를 넘는 경우에는 선행행위의 구속력이 미치지 않는다고 한다.

2. 판 례

판례는 전통적인 견해와 마찬가지로 선, 후의 행정행위가 결합하여 하나의 법적 효과를 달성시키는가, 아니면 독립하여 별개의 법적 효과를 발생시키는가를 구분하여 전자의 경우에 하자의 승계를 인정한다. 다만 판례는 하자승계론을 원칙으로 하면서도, 선행행정행위와 후행행정행위가 서로 독립하여 "별개"의 효과를 목적으로 하는 경우에도 선행행정행위의 불가쟁력이나 구속력이 그로 인하여 불이익을 입게 되는 자에게 수인한도를 넘은 가혹함을 가져오고, 그 결과가 당사자에게 예측가능한 것이 아닌 경우에는 국민의 재판을 받을 권리를 보장하고 있는 헌법 이념에 비추어 선행행위의 위법을 후행행위에 대한 취소소송에서 주장할 수 있는 경우가 있다고 판시하여 예측가능성,수인가능성을 보충적 기준으로 활용하고 있다.

3. 검토

생각건대, 구속력 이론은 행정행위가 판결과 구조적인 차이가 있음에도 불구하고 기판력과 유사한 효력을 인정하는 점에서 문제가 있고, 이는 선행행위와 후행행위 사이에 하자의 승계를 원칙적으로 인정하지 않는 이론임을 감안할 때 국민의 권리주장의식이 높은 것을 전제로 하여 성립된 독일의 구속력이론을 그대로 도입하는 것은 국민의 권리구제라는 관점에서 아직 시기상조라는 점에서 다수설·판례가 타당하다. 다만 동일·별개의 법적 효과라는 형식적인 기준에 의해 개별적인 사안에 따라 불합리한 결과가 도출될 수도 있으나, 판례가 언급하고 있는 예측가능성·수인한도의 법리를 보충적으로 활용하면 구체적 타당성을 도모할 수 있을 것이다.

V. 사안의 경우

사안의 경우 구청장의 2차 영업정지처분과 영업소 폐쇄명령은 후행처분이 선행처분을 전제로 하는 것이기는 하나, 처분 사유가 다르고 동일한 법적 효과의 발생을 목적으로 하는 것으로 볼 수 없으며 선행처분인 영업정지처분의 하자를 다투기 어려운 사정도 특별히 보이지 않으므로 하자의 승계가 부정된다. 따라서 비록 2차 영업정지처분에 절차적 하자가 존재하여 취소사유에 해당하는 하자가 있더라도 甲은 후행행위인 영업소 폐쇄명령을 대상으로 2차 영업정지처분의 하자를 다툴 수는 없다. 甲의 주장은 타당하지 않다.

유제 1 [변시 2017]

석유 및 석유대체연료 사업법」상 석유정제업에 대한 등록 및 등록취소 등의 권한은 산업통상자원부장관의 권한이나, 산업통상자원부장관은 같은 법 제43조 및 같은 법 시행령 제45조에 의해 위 권한을 시·도지사에게 위임하였다. 석유정제업 등록 및 등록취소 등의 권한을 위임받은 A도지사는 위임받은 권한 중 석유정제업의 사업정지에 관한 권한을 A도 조례에 의하여 군수에게 위임하였다.

사업정지권한을 위임받은 B군수는, A도 내 B군에서 석유정제업에 종사하는 甲이 같은 법 제27조를 위반하였다는 이유로 같은 법 제13조 제1항 제11호에 따라 6개월의 사업정지처분을 하였다.

甲은 위 사업정지처분에 대해 따로 불복하지 않은 채, 사업정지처분서를 송달받은 후 4개월이 넘도록 위 정지기간 중 석유정제업을 계속하였다. 이에 A도지사는 같은 법 제13조 제5항에 따라 甲의 석유정제업 등록을 취소하였다.

3. 사업정지처분에 대하여 다투지 않은 甲은, A도지사가 한 석유정제업 등록취소처분에 대하여 항고소송을 통해 권리구제를 받을 수 있는가? (20점)[1]

해 설

사업정지처분과 등록취소처분은 처분에 해당하고, 사업정지처분의 하자는 취소사유에 해당(정지권한을 조례에 의해 재위임한 것으로 위임과정의 하자가 있음)하고, 4개월이 넘도록 다투지 않았으므로 제소기간도 경과하여 불가쟁력이 발생했으며 업무정지처분의 고유한 하자를 주장하는 것이 아니므로 논의의 전제는 충족한다.

---

[1] 사업정지처분의 하자가 취소사유에 해당된다는 것은 설문2에서 이미 검토해야 하는 문제라 설문3에서는 하자의 승계만 검토하면 되는 문제이다.

업무정지처분은 甲이 석유정제업자임을 전제로 하여 일정기간 석유정제업을 금지시키는 하명에 해당하는 반면, 석유정제업 등록취소처분은 甲의 석유정제업자로서의 지위를 박탈하여 궁극적으로 석유정제업을 금지하고자 하는 목적을 가진 것으로서 서로 독립하여 별개의 법적 효과의 발생을 목적으로 하고 있다. 업무정지처분에 대해서 달리 다투지 못할 만한 사정이 보이지도 않으므로 제소기간 도과의 불이익이 수인한도를 넘는 가혹함을 가져오지도 않으므로 하자의 승계는 부정된다. 甲은 석유정제업 등록취소처분 대한 취소소송에서 권리구제를 받을 수 없다.

유제 2 [행시 2015]

A주식회사는 Y도지사에게 「산업입지 및 개발에 관한 법률」 제11조에 의하여 X시 관내 토지 3,261,281㎡에 대하여 '산업단지지정요청서'를 제출하였고, 해당지역을 관할하는 X시장은 요청서에 대한 사전검토 의견서를 Y도지사에게 제출하였다. 이에 Y도지사는 A주식회사를 사업시행자로 하여 위 토지를 'OO 제2일반지방산업단지'(이하 "산업단지"라고 한다)로 지정·고시한 후, A주식회사의 산업단지개발실시계획을 승인하였다. 그러나 Y도지사는 위 산업단지를 지정하면서, 주민 및 관계 전문가 등의 의견을 청취하지 않았다. 한편, 甲은 X시 관내에 있는 토지소유자로서 甲의 일단의 토지 중 90%가 위 산업단지의 지정·고시에 의해 수용의 대상이 되었다. A주식회사는 甲소유 토지의 취득 등에 대하여 甲과 협의하였으나 협의가 성립되지 아니하였다. 이에 A주식회사는 Y도(道) 지방토지수용위원회에 재결을 신청하였고, 동 위원회는 금 10억원을 보상금액으로 하여 수용재결을 하였다. 다음 물음에 답하시오. (총 50점)

2) 甲은 Y도 지방도지수용위원회의 수용재결에 대하여 취소소송을 제기하면서 Y도지사의 산업단지 지정에 하자가 있다고 주장한다. 산업단지 지정에 대한 취소소송의 제소기간이 도과한 경우에 甲의 주장은 인용될 수 있는가? (단, 소의 적법요건은 충족하였다고 가정한다) (20점)

* 산업입지 및 개발에 관한 법률
제7조(일반산업단지의 지정) ① 일반산업단지는 시·도지사 또는 대통령령으로 정하는 시장이 지정한다.<단서생략>
제7조의4(산업단지 지정의 고시 등) ① 국토교통부장관, 시·도지사 또는 시장·군수·구청장은 제6조·제7조·제7조의2 또는 제7조의3에 따라 산업단지를 지정할 때에는 대통령령으로 정하는 사항을 관보 또는 공보에 고시하여야 하며, 산업단지를 지정하는 국토교통부장관 또는 시·도지사(특별자치도지사는 제외한다)는 관계 서류의 사본을 관할 시장·군수 또는 구청장에게 보내야 한다.
제10조(주민 등의 의견청취) ① 산업단지지정권자는 제6조, 제7조, 제7조의2부터 제7조의4까지 및 제8조에 따라 산업단지를 지정하거나 대통령령으로 정하는 중요 사항을 변경하려는 경우에는 이를 공고하여 주민 및 관계 전문가 등의 의견을 들어야 하고, 그 의견이 타당하다고 인정할 때에는 이를 반영하여야 한다. <단서 생략>
제22조(토지수용) ① 사업시행자(제16조제1항제6호에 따른 사업시행자는 제외한다. 이하 이 조에서 같다)는 산업단지개발사업에 필요한 토지·건물 또는 토지에 정착한 물건과 이에 관한 소유권 외의 권리, 광업권, 어업권, 물의 사용에 관한 권리(이하 "토지등"이라 한다)를 수용하거나 사용할 수 있다.
② 제1항을 적용할 때 제7조의4제1항에 따른 산업단지의 지정·고시가 있는 때(제6조제5항 각 호 외의 부분 단서 또는 제7조제6항 및 제7조의2제5항에 따라 사업시행자와 수용·사용할 토지등의 세부 목록을 산업단지가 지정된 후에 산업단지개발계획에 포함시키는 경우에는 이의 고시가 있는 때를 말한다) 또는 제19조의2에 따른 농공단지 실시계획의 승인·고시가 있는 때에는 이를 「공익사업을 위한 토지 등의 취득 및 보상에 관한 법률」 제20조 제1항 및 같은 법 제22조에 따른 사업인정 및 사업인정의 고시가 있는 것으로 본다.

해설

산업단지지정은 수용권과 사용권을 설정하는 사업인정이 의제되는 행정행위이고, 수용재결은 사업시행자로 하여금 토지의 소유권 또는 사용권을 취득하도록 하고 사업시행자가 지급하여야 할 보상액을 정하는 결정으로서 행정행위에 해당한다.

산업단지 지정처분을 하면서 주민 및 관계 전문가 등의 의견을 청취하지 않은 절차하자가 있으며 취소사유가 존재한다. 그러나 산업단지 지정처분에 대해 제소기간 내에 소송을 제기하지 않아 불가쟁력이 발생한 상황에서 후행처분인 수용재결을 대상으로 다투면서 선행처분의 하자를 주장하는 것이므로 논의의 전제는 충족한다. 판례는 사업인정과 수용재결 사이에서 법적 효과가 상이하다고 보아 하자 승계를 부정한다. 이에 대해 수용재결은 사업인정이 있음을 전제로 하고 이와 결합하여 구체적인 법적 효과를 발생시키므로 하자의 승계를 긍정해야 한다는 비판이 있다. 실무상 사업인정단계에서는 이해관계인의 적극적 참여절차가 결여되어 있고, 이해관계인은 현실적으로 관심이 없다는 점을 고려하면 하자의 승계를 긍정하는 것이 타당하다.

유제 3 [법전협 2021-1]

A주식회사는 「국토의 계획 및 이용에 관한 법률(이하 "국토계획법"이라 한다)」에 따라 자신의 토지 및 甲 소유의 토지가 포함된 乙광역시 B구 소재 토지에 체육시설(대중골프장)을 조성하는 내용의 사업을 계획하여 乙광역시장에게 도시관리계획결정의 입안을 제안하였다. 乙광역시장은 관계 행정기관의 장과의 협의 및 도시계획위원회 심의를 거쳐 2017. 10. 5. 위 토지가 포함된 乙광역시 B구 일원 717,000㎡에 대중골프장을 설치하는 도시관리계획(이하 "도시계획시설결정"이라고도 한다) 및 그 지형도면을 고시하였다. 이어 乙광역시장은 위 도시계획시설결정에 따른 도시계획시설사업 시행자로 A주식회사를 지정하였으며, 위 사업에 관한 실시계획인가를 하고 이를 고시하였다. 이에 대중골프장 설치에 반대하는 甲은 위 도시계획시설결정을 폐지해 달라고 신청하였으나 乙광역시장은 2017. 12. 5. 이를 거부하였다.

더 나아가 甲은 A주식회사가 도시계획시설사업시행자로 지정받으려면 국토계획법 시행령 제96조 제5항에 따라 다른 법령에 의한 면허·허가·인가 등의 사실을 증명하는 서류의 사본을 지정신청서에 첨부하여야 하는데, 그러한 서류사본들 가운데 일부를 누락하여 신청서를 제출한 A주식회사가 사업시행자로 지정된 것은 위법하다고 주장하고 있다.

2. 甲은 실시계획인가에 대하여 항고소송을 제기하면서 사업시행자 지정처분이 위법하므로 실시계획인가가 취소되어야 한다고 주장한다. 甲의 주장의 타당성을 검토하시오. (단, 사업시행자 지정처분의 제소기간은 도과하였다) (20점)

해설

하자의 승계의 논의의 전제를 살펴보면 ① 선행행위인 사업시행자 지정처분과 후행처분인 실시계획인가는 독립된 행정처분에 해당한다. ② 사업시행자 지정처분에 대한 제소기간은 경과하여 불가쟁력이 발생하였다. ③ 사업시행자 지정처분시 다른 법령에 의한 면허·허가·인가 등의 사실을 증명하는 서류의 사본 중 일부를 누락하여 신청하였다는 것은 실제로 면허등을 취득하였다면 일부가 누락된 점을 고려할 때 취소사유에 해당한다. ④ 실시계획인가의 고유한 하자를 주장하는 경우는 아니며 사업시행자 지정처분의 하자를 주장하고 있으므로 하자의 승계의 논의의 전제는 충족한다.

사업시행자 지정에 관한 국토의 계획 및 이용에 관한 법률상 도시계획시설사업에서 사업시행자 지정은 특정인에게 도시계획시설사업을 시행할 수 있는 권한을 부여하는 처분이고, 도시계획시설사업의 시행자가 작성한 실시계획을 인가하는 처분은 도시계획시설사업 시행자에게 도시계획시설사업의 공사를 허가하고 수용권을 부여하는 처분으로서 선행처분과 후행처분이 서로 독립하여 별개의 법률효과를 목적으로 하는 경우이므로 사업시행자 지정처분이 당연무효가 아닌 한 하자가 승계되지 않는다. 甲의 주장은 타당하지 않다.

유제 4 [행시 2023]

A시는 A시에 소재한 甲 소유 임야 10,620㎡(이하 '이 사건 토지'라 한다)가 포함된 일대의 토지에 대해 「공익사업을 위한 토지 등의 취득 및 보상에 관한 법률」(이하 '토지보상법'이라 한다)상 공익사업인 공원조성사업을 시행하기로 하였다. 공원조성사업의 시행자인 A시의 시장은 甲과의 협의가 성립되지 아니하자 관할 X 지방토지수용위원회에 수용재결을 신청하였고, X 지방토지수용위원회는 이 사건 토지를 토지보상법에 따라 금 7억원의 보상금으로 수용하는 재결(이하 '수용재결'이라 한다)을 하였다. 그러나 甲은 "이 사건 토지는 공원용지로서 부적합하며, 인접 토지와의 사이에 경계, 위치, 면적, 형상 등을 확정할 수 없어 정당한 보상액의 산정은 물론 수용대상 토지 자체의 특정이 어려워 토지수용 자체가 불가능하므로 수용재결이 위법하다"는 이유로 토지보상법 제83조에 따라 X 지방토지수용위원회를 거쳐 중앙토지수용위원회에 이의를 신청하였다. 이에 중앙토지수용위원회는 이 사건 토지에 대한 수용 자체는 적법하다고 인정하면서 이 사건 토지에 대한 보상금을 금 8억원으로 하는 재결(이하 '이의재결'이라 한다)을 하였다.

3) 甲은 보상금 산정의 전제가 된 표준지공시지가결정의 비교표준지 선정에 오류가 있고, 평가액 산정의 평가요인별 참작 내용의 정도 등이 불명확하여 적정성과 객관성이 담보되지 않았다는 이유로 표준지공시지가결정이 위법하다고 주장한다. 甲이 보상금증액청구소송에서 이를 주장할 수 있는지 검토하시오. (단, 표준지공시지가결정에 대해서는 제소기간이 도과하였음) (15점)

해설

표준지공시지가의 하자가 있는 경우 그 하자가 무효사유가 아닌 한 원칙적으로 제소기간 내에 취소소송을 제기하여 다투어야 한다. 그러나 제소기간이 도과하여 불가쟁력이 발생한 경우에도 비교표준지공시지가의 결정의 하자를 보상금증액청구소송에서 주장할 수 있는지가 하자의 승계와 관련되어 문제된다.

보상금증액청구소송은 형식적 당사자소송으로 실질적으로는 수용재결에 대해 불복하는 항고소송의 성질을 갖는다. 따라서 보상금증액청구소송에서 심판의 대상은 보상금에 관한 법률관계이지만 그 전제로서 수용재결에서 보상금 부분의 위법성을 심리하는 것이기 때문에 수용재결의 위법성을 심리하면서 표준지공시지가의 하자를 주장할 수 있는지가 문제되는 것이다.

표준지공시지가결정은 거래의 지표, 감정평가의 기준, 보상액산정의 기준 등의 목적으로 하며 수용재결은 협의가 성립하지 않는 경우 강제수용절차의 일환으로서 수용의 규모, 시기, 보상액 등을 결정하는 것을 목적으로 하고 있어 양자는 독립하여 별개의 법률효과를 목적으로 한다. 그러나 표준지공시지가는 개별적인 통지가 있는 것이 아니어서 甲이 표준지공시지가결정 내용을 알고 있었다고 전제하기가 곤란하며, 더욱이 장차 어떠한 수용재결 등 구체적인 불이익이 현실적으로 나타나게 되었을 경우에 비로소 권리구제의 길을 찾는 것이 우리 국민의 권리의식임을 감안하여 볼 때, 甲으로 하여금 표준지공시지가결정이 잘못된 경우 정해진 시정절차를 통하여 이를 시정하도록 요구하는 것은 부당하게 높은 주의의무를 지우는 것으로, 수용재결 등 후행 행정처분에서 표준지공시지가결정의 위법을 주장할 수 없도록 하는 것은 수인한도를 넘는 불이익을 강요하는 것이므로 표준지공시지가의 하자를 보상금증액청구소송에서 주장할 수 있다는 것이 판례의 입장이다.

甲은 보상금증액청구소송에서도 불가쟁력이 발생한 표준지공시지가결정의 위법을 독립한 사유로 주장할 수 있다.

사례 040　하자의 치유　　　　　　　　　　　　　　　　　　　　　　　　[변시 2014]

甲은 2013. 3. 15. 전 영업주인 乙로부터 등록 대상 석유판매업인 주유소의 사업 일체를 양수받고 잔금지급액에 다소 이견이 있는 상태에서, 2013. 3. 28. 석유 및 석유대체연료 사업법(이하 '법'이라 함) 제10조 제3항에 따라 관할 행정청인 A시장에게 성명, 주소 및 대표자 등의 변경등록을 한 후 2013. 4. 5.부터 '유정주유소'라는 상호로 석유판매업을 영위하고 있다.

그런데 A시장이 2013. 5. 7. 관할구역 내 주유소의 휘발유 시료를 채취하여 한국석유관리원에 위탁하여 검사한 결과 '유정주유소'와 인근 '상원주유소'에서 취급하는 휘발유에 경유가 1% 정도 혼합된 것으로 밝혀졌다.

한편, A시장은 취임과 동시에 "A시 관할구역 내에서 유사석유를 판매하다가 단속되는 주유소는 예외 없이 등록을 취소하여 주민들이 믿고 주유소를 이용하도록 만들겠다."라고 공개적으로 밝힌 바 있다. 이에 A시장은 2013. 6. 7. 甲에 대하여 청문 절차를 거치지 아니한 채 법 제13조 제3항 제12호에 따라 석유판매업등록을 취소하는 처분(이하 '당초처분'이라 함)을 하였고, 甲은 그 다음 날 처분이 있음을 알게 되었다.

甲은 당초처분에 불복하여 2013. 8. 23. 행정심판을 청구하였으며, 행정심판위원회는 2013. 10. 4. 당초처분이 재량권의 범위를 일탈하거나 남용한 것이라는 이유로 당초처분을 사업정지 3개월로 변경하라는 내용의 변경명령재결을 하였고, 그 재결서는 그날 甲에게 송달되었다. 그렇게 되자, A시장은 청문 절차를 실시한 후 2013. 10. 25. 당초처분을 사업정지 3개월로 변경한다는 내용의 처분(이하 '변경처분'이라 함)을 하였고, 그 처분서는 다음날 甲에게 직접 송달되었다.

그런데 甲은 "유정주유소는 X정유사로부터 직접 석유제품을 공급받고, 공급받은 석유제품을 그대로 판매하였으며, 상원주유소도 자신과 마찬가지로 X정유사로부터 직접 석유제품을 구입하여 판매하였는데 그 규모와 판매량이 유사한데다가 甲과 동일하게 1회 위반임에도 상원주유소에 대하여는 사업정지 15일에 그치는 처분을 내렸다. 또한 2013. 5. 초순경에 주유소 지하에 있는 휘발유 저장탱크를 청소하면서 휘발유보다 값이 싼 경유를 사용하여 청소를 하였는데 그때 부주의하여 경유를 모두 제거하지 못하였고, 그러한 상태에서 휘발유를 공급받다 보니 휘발유에 경유가 조금 섞이게 된 것으로, 개업한 후 처음 겪는 일이고 위반의 정도가 경미하다."라고 주장하면서 행정소송을 제기하여 다투려고 한다.

한편, 법 제13조 제4항은 "위반행위별 처분기준은 산업통상자원부령으로 정한다."라고 되어 있고, 법 시행규칙 [별표 1] 행정처분의 기준 중 개별 기준 2. 다목은 "제29조 제1항 제1호를 위반하여 가짜석유제품을 제조·수입·저장·운송·보관 또는 판매한 경우"에 해당하면 '1회 위반 시 사업정지 1개월, 2회 위반 시 사업정지 3개월, 3회 위반 시 등록취소 또는 영업장 폐쇄'로 규정되어 있다고 가정한다.

2. 위 사안에서 청문 절차의 하자가 치유되었는가? (10점)

[참조조문]
* 석유 및 석유대체연료 사업법
제7조(석유정제업자의 지위 승계) ① 다음 각 호의 어느 하나에 해당하는 자는 석유정제업자의 지위를 승계한다.
　　1. 석유정제업자가 그 사업의 전부를 양도한 경우 그 양수인
　　2. 석유정제업자가 사망한 경우 그 상속인
　　3. 법인인 석유정제업자가 합병한 경우 합병 후 존속하는 법인이나 합병으로 설립되는 법인
　② <생략>
제13조(등록의 취소 등) ① - ② <생략>

③ 산업통상자원부장관, 시·도지사 또는 시장·군수·구청장은 석유판매업자가 다음 각 호의 어느 하나에 해당하면 그 석유판매업의 등록을 취소하거나 그 석유판매업자에게 영업장 폐쇄 또는 6개월 이내의 기간을 정하여 그 사업의 전부 또는 일부의 정지를 명할 수 있다. 다만, 제1호, 제4호부터 제6호까지 및 제9호의 어느 하나에 해당하는 경우에는 그 등록을 취소하거나 영업장 폐쇄를 명하여야 한다.
   1. - 11. <생략>
   12. 제29조 제1항 제1호를 위반하여 가짜석유제품을 제조·수입·저장·운송·보관 또는 판매한 경우
④ 제1항부터 제3항까지의 규정에 따른 위반행위별 처분기준은 산업통상자원부령으로 정한다.

제29조(가짜석유제품 제조 등의 금지) ① 누구든지 다음 각 호의 가짜석유제품 제조 등의 행위를 하여서는 아니 된다.
   1. 가짜석유제품을 제조·수입·저장·운송·보관 또는 판매하는 행위
   2. - 3. <생략>

제40조(청문) 산업통상자원부장관, 시·도지사 또는 시장·군수·구청장은 다음 각 호의 어느 하나에 해당하는 처분을 하려는 경우에는 청문을 하여야 한다.
   1. 제13조 제1항부터 제3항까지, 같은 조 제5항 또는 제34조에 따른 등록 취소 또는 영업장 폐쇄
   2. <생략>
※ 일부 조항은 현행법과 불일치 할 수 있으며 현재 시행 중임을 전제로 할 것

I. 문제의 소재

석유 및 석유대체연료 사업법 제40조 1호는 등록취소 시 청문을 필수적인 절차로 규정하고 있는데 A시장이 청문 절차를 거치지 아니한 채 등록취소처분을 한 것이므로 사안은 절차상 하자가 존재한다. 그러나 행정심판위원회가 등록취소를 3개월 사업정지처분으로 변경명령하는 재결을 한 이후에 A시장이 청문을 실시하였으므로 절차상 하자가 치유된 것인지 문제된다.

II. 하자의 치유의 의의

하자의 치유라 함은 성립당시에 적법요건을 결한 하자 있는 행정행위라 하더라도 사후에 그 하자의 원인이 된 적법요건을 보완하거나 그 하자가 취소사유가 되지 않을 정도로 경미해진 경우에 그 성립 당시의 하자에도 불구하고 하자 없는 적법한 행위로 그 효력을 그대로 유지시키는 것을 말한다.

III. 하자의 치유의 인정 여부

인정 여부에 대해 견해대립이 있으나 제한적으로 긍정하는 것이 일반적이다. 판례도 하자있는 행정행위의 치유는 행정행위의 성질이나 법치주의의 관점에서 볼 때 원칙적으로 허용될 수 없는 것이지만, 행정행위의 무용한 반복을 피하고 당사자의 법적 안정성을 위해 이를 허용하는 때에도 국민의 권리와 이익을 침해하지 않는 범위에서 구체적 사정에 따라 합목적적으로 인정해야 한다고 하여 제한적 긍정설의 입장이다.[1]

IV. 하자의 치유의 시간적 한계

하자의 치유가 가능하더라도 어느 시점까지 가능한지에 대해 ① 분쟁의 일회적 해결과 소송경제의 관점에서 소송절차종결 전까지 가능하다는 견해, ② 행정심판절차는 넓은 의미의 행정절차에 해당하므로 행정심판절차까지 가능하다는 견해, ③ 쟁송제기전까지 가능하다는 견해가 대립한다.

---

[1] 배점이 10점인 관계상 학설 논의는 생략했다.

판례는 과세처분에 대한 불복여부의 결정 및 불복신청에 편의를 줄 수 있는 상당한 기간내에 보정행위를 하여야 하자가 치유된다고 하여 쟁송제기전까지 가능하다는 입장이다.

생각건대, 행정심판은 준사법적 성격이 강하며, 소송도중에도 인정하는 것은 행정의 효율성 및 소송경제를 일방적으로 강조하여 행정절차가 갖고 있는 법치국가적인 사전권리구제의 기능을 본질적으로 훼손시키는 결과가 되므로 쟁송제기 전까지 가능하다는 견해가 타당하다.

V. 사안의 해결

등록취소처분시 청문절차를 결여한 경우 다른 자의 권리를 침해하지 않는 한 하자의 치유가 가능하다. 쟁송제기 전까지 가능하다는 입장에 의하면 A시장은 행정심판의 재결이 있을 때까지 청문절차를 거치지 않았으므로 등록취소처분의 하자는 치유되었다고 볼 수 없다. 그러나 심판에서 변경명령재결을 통해서 3개월 정지처분으로 변경처분이 행해졌고 원처분중심주의 하에서 심판을 거쳐서 유리하게 변경된 경우 변경된 원처분이 취소소송의 대상이라는 것이 다수설·판례인데, 변경된 원처분에 대해 취소소송을 제기한다면 변경처분의 경우 청문절차를 거쳤으므로 절차하자가 존재하지 아니한다고 보아야 할 것이다. 변경된 처분이 당초 처분시부터 존재한다는 보아야 하기 때문이다.

유제 1 [행시 1999]

甲은 음주운전을 하다가 적발되어 운전면허정지처분 100일을 받고 그 기간 중에 다시 운전을 하다가 적발되었으며, 지방경찰청장은 도로교통법 제78조 제1항 제11호와 시행규칙 제53조(별표 16)에 의하여 면허취소처분을 내렸다. 운전면허정지처분에 대한 불복기간은 이미 경과하였다.

(2) 도로교통법과 동법시행규칙에 의하면 운전면허정지처분의 고지는 서면에 의하여야 하는데 지방경찰청장은 구두로 통보하였다.
① 甲이 불복절차[2]를 밟고 있는 중에 지방경찰청장이 서면으로 통보하였다면 그 하자가 치유될 수 있는가?(10점)

* 구 도로교통법시행규칙 제53조 (면허의 취소·정지등)
① 법 제78조의 규정에 의하여 운전면허를 취소 또는 정지시킬 수 있는 기준과 법 제81조제1항의 규정에 의하여 자동차등의 운전을 금지시킬 수 있는 기준은 별표 16과 같다.
② 영 제53조 제1항의 규정에 의한 운전면허의 취소 또는 정지의 통지는 별지 제52호서식의 자동차운전면허 취소·정지통지서에 의하되, 정지처분의 경우에는 처분집행예정일 7일전까지 처분대상자에게 이를 발송하여야 한다.

해설

하자의 치유는 다수설, 판례는 취소할 수 있는 행위에만 인정한다.

도로교통법시행규칙 53조 2항 및 행정절차법 24조 1항은 면허정지처분을 문서로 할 것을 규정하고 있다. 구두통지에 의한 처분은 위법하며 중대명백설에 의할 때 무효사유에 해당한다. 따라서 사후에 경찰청장의 통보로 하자는 치유되지 않는다.[3] 또한 불복절차를 밟고 있는 중이므로 하자의 치유의 시간적 한계도 충족하지 못한다.

---

2) 정지처분에 대해 불복기간이 이미 경과했다고 하면서 설문(2)①에서 불복절차를 밟고 있는 중이라고 해 상황이 명확하지 않다. 면허취소처분에 대해 불복절차를 밟고 있는 것으로 선해하고 풀이한다.
3) 만약 취소할 수 있는 행위라면 치유의 대상이 되며, 이 경우에는 치유시한(시간적 한계)을 추가적인 논의로 서술해야 한다.

유제 2 [행시(재경) 2008]

甲은 LPG충전사업허가를 신청하였다. 이에 대하여 乙 시장은 인근 주민들의 반대여론이 있고 甲의 사업장이 교통량이 많은 대로변에 있어서 교통사고시 위험이 초래될 수 있다는 이유로 사업허가를 거부하였다. 한편 乙 시장은 丙이 신청한 LPG충전사업에 대하여 허가를 하였다. 관련법령에 의하면 乙 시장의 관할구역에는 1개소의 LPG충전사업만이 가능하고 충전소의 외벽으로부터 100m이내에 있는 건물주의 동의를 받도록 되어 있다. 그런데 丙은 이에 해당하는 건물주로부터 동의를 얻지 아니한 채 위의 허가신청을 하였다.
만약 丙이 처분이 내려진 후에 인근주민의 동의를 받았다면 위의 허가처분에 대한 하자는 치유되는 것인가? (20점)

해 설

하자의 치유는 법치주의 관점에서 볼 때 원칙적 불허, 다만 국민의 권익을 침해하지 않는 범위 내에서 행정행위의 무용한 반복을 피하기 위해 예외적으로 허용한다.

사안에서 관련법령에 의하면 LPG충전사업허가를 받기 위해서는 충전소의 외벽으로 부터 100미터이내에 있는 건물주의 동의를 받도록 되어 있음에도 이를 받지 아니하고 허가처분을 받은 후 동의를 받은 것은 하자가 존재한다. 사안에서 甲과 丙은 경원자관계로서 丙에 대한 위법한 수익적 행정행위에 대해 치유를 인정한다면 원고인 甲에게 불이익하게 되므로 하자의 치유를 허용할 수 없다.[4]

---

4) **(관련판례)** 원심판결에 의하면 원심은, 참가인들이 허가신청한 충전소설치예정지로부터 100미터 이내에 상수도시설 및 농협창고가 위치하고 있어 위 고시의 규정에 따라 그 건물주의 동의를 받아야 하는 것임에도 그 동의가 없으니 그 신청은 허가요건을 갖추지 아니한 것으로써 이를 받아들인 이 사건 처분은 위법하다고 한 다음, 이 사건 처분 후 위 각 건물주로부터 동의를 받았으니 이 사건 처분의 하자는 치유되었다는 주장에 대하여는, 하자 있는 행정행위의 치유는 행정행위의 성질이나 법치주의의 관점에서 볼 때 원칙적으로 허용될 수 없는 것이고 예외적으로 행정행위의 무용한 반복을 피하고 당사자의 법적 안정성을 위해 이를 허용하는 때에도 국민의 권리나 이익을 침해하지 않는 범위에서 구체적 사정에 따라 합목적적으로 인정하여야 할 것인데 이 사건에 있어서는 원고의 적법한 허가신청이 참가인들의 신청과 경합되어 있어 이 사건 처분의 치유를 허용한다면 원고에게 불이익하게 되므로 이를 허용할 수 없다고 판시하였다. 원심의 위와 같은 사실인정과 판단은 정당하고 이에 사실오인이나 법리오해의 위법이 있다고 할 수 없다(대판 1992.5.8, 91누13274).

사례 041 재량권의 불행사, 불가쟁력이 발생한 후의 직권취소 [변시 2023]

甲은 30년간의 공직생활을 마치고 정년퇴직을 한 뒤, 노후자금 및 대출금을 모아 A시에서「공중위생관리법」에 의한 목욕장업을 시작하였다. 甲은 영업을 시작한 지 며칠 되지 않아 야간에 음주로 의심되는 손님 丙을 입장시켰는데 丙은 목욕장 내 발한실에서 심장마비로 사망하였다. 丙은 입장 당시 약간의 술 냄새를 풍기기는 하였으나 입장료를 지불하고 목욕용품을 구입하였으며 입장 과정에서도 정상적으로 보행을 하고 거스름돈을 확인하는 등 우려할 만한 특별한 문제점을 보이지 않았다. 丙은 무연고자로 판명되었으며, 부검 결과 사망 당일 소주 1병 상당의 음주를 한 것으로 확인되었다.

丙이 甲의 목욕장에서 사망한 사고가 다수의 언론에 보도되자 A시장은 甲에게「공중위생관리법」제4조 제1항, 제7항 및 같은 법 시행규칙 제7조 [별표 4] 제2호 라목의 (1) (다) 위반을 이유로, 같은 법 제11조 제1항 및 같은 법 시행규칙 제19조 [별표 7] Ⅱ. 제2호 라목의 라)에서 정하는 기준(이하'이 사건 규정들'이라 한다)에 따라 2021. 1. 11. 영업정지 1월(2021. 1. 18.~2021. 2. 16.)의 제재처분(이하'이 사건 처분'이라 한다)을 하였고, 같은 날 甲은 이를 통지받았다. 甲은 음주로 의심되는 丙을 입장시킨 점은 인정하나, 丙이 같은 법 시행규칙 제7조 [별표 4]의 '음주 등으로 목욕장의 정상적인 이용이 곤란하다고 인정되는 사람'으로 보이지는 않아 입장을 허용한 것이므로 이 사건 처분은 위법·부당하다고 생각한다. 이와 관련하여 아래 각 질문에 답하시오(단, 아래 각 문제는 독립적임).

1. 甲은 이 사건 처분에 대한 취소소송을 제기하였다. 甲은 A시장이 이 사건 처분을 할 때 이 사건 규정들 중 시행규칙 제19조 [별표 7]에서 정하고 있는 감경사유를 전혀 고려하지 않고 처분을 한 것은 위법하다고 주장하고 있다. (1) 甲의 주장은 타당한가? (2) 만약 이 취소소송이 기각되어 판결이 확정되었다면, 이후 A시장은 자신의 처분이 부당하였음을 이유로 이 사건 처분을 직권취소할 수 있는가? (30점)

[참조조문] ※ 아래 법령은 가상의 것으로, 이와 다른 내용의 현행 법령이 있다면 제시된 법령이 현행 법령에 우선하는 것으로 할 것
* 공중위생관리법
제2조(정의) ① 이 법에서 사용하는 용어의 정의는 다음과 같다.
  1. "공중위생영업"이라 함은 다수인을 대상으로 위생관리서비스를 제공하는 영업으로서 숙박업·목욕장업·이용업·미용업·세탁업·건물위생관리업을 말한다.
  3. "목욕장업"이라 함은 다음 각목의 어느 하나에 해당하는 서비스를 손님에게 제공하는 영업을 말한다.
    가. 물로 목욕을 할 수 있는 시설 및 설비 등의 서비스
    나. 맥반석·황토·옥 등을 직접 또는 간접 가열하여 발생되는 열기 또는 원적외선 등을 이용하여 땀을 낼 수 있는 시설 및 설비 등의 서비스
제4조(공중위생영업자의 위생관리의무 등) ① 공중위생영업자는 그 이용자에게 건강상 위해요인이 발생하지 아니하도록 영업관련 시설 및 설비를 위생적이고 안전하게 관리하여야 한다.
  ⑦ 제1항 내지 제6항의 규정에 의하여 공중위생영업자가 준수하여야 할 위생관리기준 기타 위생관리서비스의 제공에 관하여 필요한 사항으로서 그 각항에 규정된 사항외의 사항 및 출입시켜서는 아니되는 자의 범위와 목욕장내에 둘 수 있는 종사자의 범위 등 건전한 영업질서유지를 위하여 영업자가 준수하여야 할 사항은 보건복지부령으로 정한다.
제11조(공중위생영업소의 폐쇄 등) ① 시장·군수·구청장은 공중위생영업자가 다음 각 호의 어느 하나에 해당하면 6월 이내의 기간을 정하여 영업의 정지 또는 일부 시설의 사용중지를 명하거나 영업소폐쇄등을 명할 수 있다.

4. 제4조에 따른 공중위생영업자의 위생관리의무 등을 지키지 아니한 경우

* **공중위생관리법 시행규칙**(보건복지부령)

제7조(공중위생영업자가 준수하여야 하는 위생관리기준 등) 법 제4조제7항의 규정에 의하여 공중위생영업자가 건전한 영업질서유지를 위하여 준수하여야 하는 위생관리기준 등은 〔별표 4〕와 같다.

제19조(행정처분기준) 법 제11조제1항의 규정에 따른 행정처분의 기준은 〔별표 7〕과 같다.

〔별표 4〕공중위생영업자가 준수하여야 하는 위생관리기준 등(제7조관련)
  2. 목욕장업자
    라. 그 밖의 준수사항
      (1) 다음에 해당되는 자를 출입시켜서는 아니된다.
        (다) 음주 등으로 목욕장의 정상적인 이용이 곤란하다고 인정되는 사람

[별표 7] 행정처분기준(제19조관련)
Ⅰ. 일반기준
  3. 위반행위의 차수에 따른 행정처분기준은 최근 1년간 같은 위반행위로 행정처분을 받은 경우에 이를 적용한다. 이 경우 기간의 계산은 위반행위에 대하여 행정처분을 받은 날과 그 처분 후 다시 같은 위반행위를 하여 적발된 날을 기준으로 한다.
  5. 행정처분권자는 위반사항의 내용으로 보아 그 위반정도가 경미하거나 해당위반사항에 관하여 검사로부터 기소유예의 처분을 받거나 법원으로부터 선고유예의 판결을 받은 때에는 Ⅱ. 개별기준에 불구하고 그 처분기준을 다음을 고려하여 경감할 수 있다.
    가. 위반행위가 고의나 중대한 과실이 아닌 사소한 부주의나 오류로 인한 것으로 인정되는 경우
    나. 위반 행위자가 처음 해당 위반행위를 한 경우로서, 관련법령상 기타 의무위반을 한 전력이 없는 경우
Ⅱ. 개별기준
  2. 목욕장업

위반행위	근거 법조문	행정처분기준			
		1차 위반	2차 위반	3차 위반	4차 이상 위반
라. 법 제4조에 따른 공중위생영업자의 위생관리의무등을 지키지 않은 경우	법 제11조제1항제4호				
라) 음주 등으로 목욕장의 정상적인 이용이 곤란하다고 인정되는 사람을 출입시킨 경우		영업정지 1월	영업정지 2월	영업정지 3월	영업장 폐쇄명령

Ⅰ. 문제의 소재

甲의 주장의 타당성은 영업정지 1월의 제재처분이 재량행위인지, 재량이 있다면 재량권을 불행사하여 위법한 것인지와 관련하여 문제된다. 법규명령 형식의 행정규칙의 법적 성질과도 관련된다. 만약 甲이 제기한 영업정지처분 취소소송에서 기각 판결이 확정된 후에 A시장이 직권취소할 수 있는지는 기각판결 확정 후 불가변력이 발생하는지와 관련하여 문제된다.

II. 甲의 재량권 불행사 주장의 타당성

1. 영업정지처분의 법적 성격

영업정지처분이 재량행위인지 여부가 문제된다. 재량행위인지 기속행위인지 여부는 ① 당해 행위의 근거가 된 법규의 체재·형식과 그 문언, ② 당해 행위가 속하는 행정 분야의 주된 목적과 특성, ③ 당해 행위 자체의 개별적 성질과 유형 등을 모두 고려하여 판단하여야 한다.

공중위생관리법 제11조의 문언상 영업정지처분은 재량행위에 해당한다. 그러나 동법 시행규칙 제19조 [별표7]이 다시 음주 등으로 목욕장의 정상적인 이용이 곤란하다고 인정되는 사람을 출입시킨 경우에 영업정지 1개월을 한다고 일의적으로 규정하고 있으므로 [별표7]의 법적 성격과 관련하여 영업정지처분이 재량행위인지 검토해야 한다.

[별표7] 행정처분기준의 법적 성격은 부령 형식이지만 재량준칙의 실질을 가지고 있어 법규명령 형식의 행정규칙에 해당하는데 법적 성격에 대해 견해대립이 있다. 형식을 강조하는 법규명령설, 구체적 타당성을 고려해야 하므로 실질을 강조하는 행정규칙설, 법률의 수권이 있으면 법규명령으로 보는 수권여부기준설, 재량준칙은 법규명령도 행정규칙도 아닌 독자적 법형식설 등이 대립한다. 판례는 대통령령 형식은 법규명령으로 부령 형식은 행정규칙으로 본다.

사안은 판례의 의하면 부령 형식이므로 행정규칙에 해당한다.[1] 다수설인 수권여부기준설에 의하더라도 설문에서는 수권 규정은 보이지 않으므로 행정규칙에 해당한다.[2] 따라서 영업정지처분의 위법성은 [별표7]에 부합했는지를 판단하는 것이 아니라 공중위생관리법의 목적과 취지에 비추어 재량의 일탈·남용이 있는지 여부를 판단해야 한다. 다만 행정규칙도 대내적 구속력은 있으므로 처분청은 [별표7]의 개별기준에 따라 처분을 하되, 일반기준에 의한 감경사유를 고려하여 재량처분을 하여야 한다. 판례도 재량준칙을 정하는 것 역시 행정청의 재량에 속하므로 그 기준이 객관적으로 보아 합리적이 아니라든가 타당하지 아니하여 재량권을 남용한 것이라고 인정되지 않는 이상 행정청의 의사는 가능한 한 존중되어야 한다고 하면서 재량준칙에 부합한다고 하여 곧바로 당해 처분이 적법한 것이라고 할 수는 없지만, 기준 자체로 헌법 또는 법률에 합치되지 않거나 이를 적용한 결과가 처분사유의 내용 및 관계 법령의 규정과 취지에 비추어 현저히 부당하다고 인정할 만한 합리적인 이유가 없는 한, 섣불리 위 기준에 따른 처분이 재량권의 범위를 일탈하였거나 재량권을 남용한 것이라고 판단해서는 안 된다고 한다고 판시하고 있다.

2. 재량행위에 대한 사법심사

재량권의 행사는 일정한 법적 한계가 있으며 이러한 법적 한계를 넘은 재량권 행사는 위법한 것이 되어 사법심사의 대상이 된다. 기속행위의 경우 법규에 대한 원칙적인 기속성으로 인하여 법원이 사실인정과 관련 법규의 해석·적용을 통하여 일정한 결론을 도출한 후 그 결론에 비추어 행정청이 한 판단의 적법 여부를 독자의 입장에서 판정하는 방식에 의하게 되나, 재량행위의 경우 행정청의 재량에 기한 공익판단의 여지를 감안하여 법원은 독자의 결론을 도출함이 없이 당해 행위에 재량권의 일탈·남용이 있는지 여부만을 심사하게 된다.[3]

---

1) 실제로는 수권규정이 존재하나, 주어진 참조조문상으로는 수권규정이 존재하지 않아 없는 것으로 전제하고 풀이한다. 법규명령설에 의하여 법규명령으로 보더라도 사안은 일반기준에서 감경규정이 있어 그 범위에서 재량이 존재한다.
2) 실제로는 법률 제19조④항이 "제1항에 따른 행정처분의 세부기준은 그 위반행위의 유형과 위반 정도 등을 고려하여 보건복지부령으로 정한다"고 규정하고 있어 수권규정이 있다. 참조조문으로 제시되어 있지 않으므로 수권규정이 없다고 포섭해도 되고, 제19조4항을 언급하면서 수권규정이 있다고 포섭해도 된다. 그러나 판례는 수권규정 불문하고 행정규칙으로 본다.
3) 대판 2001.2.9. 98두17593

외적 한계를 일탈한 경우를 재량의 일탈(유월)이라고 하고, 재량의 내적 한계를 지키지 못한 경우를 재량의 남용이라고 하는데 판례는 엄밀히 구분하지 않고 재량의 일탈·남용으로 판시하고 있다. 행정기본법도 행정청은 재량이 있는 처분을 할 때에는 관련 이익을 정당하게 형량하여야 하며, 그 재량권의 범위를 넘어서는 아니 된다고 규정하고 있다(제21조).

재량의 일탈·남용 사유로는 일의적으로 명확한 법규정의 위반, 사실오인, 평등원칙 위반·비례원칙 위반 등 행정법의 일반원칙 위반, 재량권의 불행사 또는 해태, 목적위반·동기부정 등이 있다.

특히 사안과 같이 재량권의 불행사가 문제되는 경우에 처분의 근거 법령이 행정청에 처분의 요건과 효과 판단에 일정한 재량을 부여하였는데도, 행정청이 자신에게 재량권이 없다고 오인한 나머지 처분으로 달성하려는 공익과 그로써 처분상대방이 입게 되는 불이익의 내용과 정도를 전혀 비교형량 하지 않은 채 처분을 하였다면, 이는 재량권 불행사로서 그 자체로 재량권 일탈·남용으로 해당 처분을 취소하여야 할 위법사유가 된다.

3. 사안의 경우

공중위생관리법 시행규칙 제19조 [별표7] 개별기준에 의하면 음주 등으로 목욕장의 정상적인 이용이 곤란하다고 인정되는 사람을 출입시킨 경우 영업정지1월의 처분을 하도록 되어 있고, 일반기준에 의하면 위반사항의 내용으로 보아 그 위반정도가 경미하거나 해당위반사항에 관하여 검사로부터 기소유예의 처분을 받거나 법원으로부터 선고유예의 판결을 받은 자가 ① 위반행위가 고의나 중대한 과실이 아닌 사소한 부주의나 오류로 인한 것으로 인정되는 경우 ② 위반 행위자가 처음 해당 위반행위를 한 경우로서, 관련법령상 기타 의무위반을 한 전력이 없는 경우에는 개별기준의 처분기준에도 불구하고 경감할 수 있도록 하고 있다. 영업정지처분은 재량행위이며 감경 여부에 대해서도 재량이 인정된다.

처분상대방에게 법령에서 정한 임의적 감경사유가 있는 경우에, 행정청이 감경사유까지 고려하고도 감경하지 않은 채 개별처분기준에서 정한 상한으로 처분을 한 경우에는 재량권을 일탈·남용하였다고 단정할 수는 없으나, 행정청이 감경사유를 전혀 고려하지 않았거나 감경사유에 해당하지 않는다고 오인하여 개별처분기준에서 정한 상한으로 처분을 한 경우에는 마땅히 고려대상에 포함하여야 할 사항을 누락하였거나 고려대상에 관한 사실을 오인한 경우에 해당하여 재량권을 일탈·남용한 것이라고 보아야 한다. 만약 A시장이 감경사유를 전혀 고려하지 않고 처분을 한 것이라면 재량권을 불행사한 것으로서 재량의 일탈·남용이 있어 위법하다. 甲의 주장은 타당하다.

Ⅲ. 직권취소의 가능성

1. 행정행위의 직권취소

행정행위의 직권취소는 일단 유효하게 발령된 행정행위를, 처분청이나 감독청이 그 행위시에 위법 또는 부당한 하자가 있음을 이유로 하여 직권으로 그 효력을 소멸시키는 것을 말한다. 행정행위의 철회는 하자 없이 적법하게 성립된 행정행위의 효력을 그 성립 후에 발생한 사정에 의하여 더 이상 존속시킬 수 없는 경우, 장래에 향하여 그 효력의 전부 또는 일부를 소멸시키는 독립한 행정행위이다. 직권취소나 철회 모두 유효한 행정행위의 효력을 사후에 소멸시키는 것이나 원시적 하자를 이유로 하자의 시정을 주목적으로 하는 직권취소는 후발적 사정을 이유로 변화된 사실 및 법률상태에 대한 적응을 목적으로하는 철회와 구별된다. 직권취소와 철회를 합하여 행정행위의 폐지라고도 한다. 행정기본법은 위법 또는 부당한 처분의 직권취소와 적법한 처분의 철회에 대해 규정하고 있다(제18조1항, 제19조1항).

2. 확정된 기각판결의 효력

직권취소에서 기각판결이 확정되면 선고법원도 스스로 변경할 수 없는 불가변력(자박력), 형식적 확정력인 불가쟁력, 실질적 확정력인 기판력이 발생한다. 불가변력은 선고법원에게 미치는 것이고 처분청인 A시장에게 미치는 것이 아니다. 불가쟁력이 발생해도 더 이상 불복할 수 없다는 의미에 불과하고 행정청이 처분을 취소할 수 없는 것은 아니다. 기판력이 발생해도 당사자는 후소에서 모순되는 주장을 할 수 없는 것 뿐이지 행정청이 처분을 취소할 수 없는 것은 아니다. 기속력은 취소판결이 확정된 경우에만 생기며 기각판결이 확정된 경우에는 발생하지 않는다.

3. 행정행위의 불가변력

불가변력이란 처분청 또는 감독청이 직권으로 행정행위를 자유로이 취소, 변경, 철회할 수 없는 효력이다. 다수설은 행정행위의 실질적 존속력을 불가변력으로 이해하고 한다. 불가변력은 모든 행정행위에 인정되는 것이 아니라 행정심판의 재결과 같이 준사법적 행위와 같이 일정한 행정행위에만 인정된다. 영업정지처분은 준사법적 행위라고 할 수 없어 불가변력이 인정되지 않는다. 일부견해는 수익적 행정행위의 직권취소나 철회도 불가변력에 의해서 제한된다고 보나 이는 신뢰보호원칙 등에 의해서 직권취소나 철회가 제한되는 것으로 보아야 하므로 불가변력의 문제는 아니다.

4. 사안의 경우

A시장이 자신의 처분이 부당하였음을 이유로 한 것이므로 직권취소에 해당한다. 직권취소는 위법 뿐만 아니라 부당을 이유로도 가능하다. 영업정지처분 취소소송에서 기각판결이 확정되었다고 하더라도 행정청을 기속하는 것은 아니며, 영업정지처분에는 불가변력이 발생하는 것이 아니므로 A시장은 처분에 대해 불가쟁력이 발생하였다고 하더라도 얼마든지 취소·철회·변경할 수 있다. 따라서 A시장의 부당을 이유로 한 직권취소는 가능하다.

Ⅳ. 사안의 해결

시행규칙 제19조 [별표 7]에서 정하고 있는 감경사유를 전혀 고려하지 않고 처분을 한 것은 위법하다는 甲의 주장은 타당하다. 만약 취소소송이 기각되어 판결이 확정되었더라도, 이후 A시장은 자신의 처분이 부당하였음을 이유로 영업정지처분을 직권취소할 수 있다.

사례 042 직권취소의 한계 [사시 2011]

X시장은 개발제한구역의 지정 및 관리에 관한 특별조치법 제12조 제1항 제1호 마목과 동법 시행령 및 동법 시행규칙의 관련 규정에 의거하여, 개발제한구역 내의 간선도로 중 특정 구간에 고시된 선정 기준에 따라 사업자 1인을 선정하여 자동차용 액화석유가스충전소(이하 '가스충전소'라고 한다) 건축을 허가하기로 하는 가스충전소의 배치 계획을 고시하였다. 이에 A와 B는 각자 자신이 고시된 선정 기준에 따른 우선순위자임을 주장하며 가스충전소의 건축을 허가해 줄 것을 신청하였다. 이에 X시장은 각 신청 서류를 검토한 결과 B가 고시된 선정 기준에 따른 우선순위자라고 인정하여 B에 대한 가스충전소 건축을 허가하였다.

4. X시장이 B에게 가스충전소 건축허가를 한 후 B가 허위, 기타 부정한 방법으로 건축허가 신청을 하였다는 것을 발견하고 건축허가를 취소하였다. 이에, B는 X시장의 허가를 신뢰하여 가스충전소 신축공사계약 체결을 비롯한 새로운 법률관계를 형성하였기 때문에 취소할 수 없다고 주장한다. B의 주장은 타당성이 있는가? (10점)

I. 문제의 소재

X시장이 B의 건축허가를 취소한 행위가 강학상 직권취소에 해당하는지 검토하고, 해당하면 직권취소 제한의 사유 중 하나인 신뢰보호원칙에 반하지는 않는지 문제된다.

II. X시장의 건축허가취소의 법적성질

1. 직권취소

2. 사안의 경우

사안은 당초의 허가가 B의 부정한 방법에 의해 이루어진 것이어서, 원시적 하자를 이유로 하는 것이므로 X시장의 건축허가취소는 수익적 행정행위의 직권취소에 해당한다.

III. 직권취소의 제한사유로서 신뢰보호의 원칙

1. 직권취소 제한의 법리

원시적 하자가 존재함에도 불구하고 행정청이 이를 제대로 인지하지 못하여 수익적 행정행위를 발급한 경우 사후에 이를 발견하여 직권취소하면 수익적 행정행위의 상대방은 여러 가지 불측의 피해를 입을 수 있으므로 수익적 행정행위의 직권취소에는 일정한 제한이 있다. 직권취소는 신뢰보호원칙, 비례의 원칙, 실권의 법리 등에 반하지 않아야 한다는 제한을 받는다. 행정기본법은 수익적 처분을 취소하려는 경우 비교·형량을 하여야 한다고 규정하면서도 거짓이나 부정한 방법으로 처분을 받은 경우, 당사자가 처분의 위법성을 알고 있었거나 중대한 과실로 알지 못한 경우에는 취소권의 행사가 제한되지 않음을 규정하고 있다(제18조). 판례는 귀책사유의 유무는 상대방과 그로부터 신청행위를 위임받은 수임인 등 관계자 모두를 기준으로 판단하고 있다.[1]

---

1) 대판 2002.11.8. 2001두1512

2. 신뢰보호원칙 위반 여부

신뢰보호원칙이란 국민이 행정기관의 어떤 결정의 정당성 또는 존속성에 대하여 신뢰한 경우 그 신뢰가 보호가치가 있는 한, 그 신뢰를 보호해주어야 한다는 원칙으로 이론적근거는 법치국가원리 특히 법적 안정성의 원칙에서 찾는 것이 일반적이다. 행정기본법도 신뢰보호원칙과 실권의 법리를 명문으로 규정하고 있다(제12조).

신뢰보호원칙이 적용되기 위한 요건으로는 ① 행정기관의 선행조치 ② 선행조치에 대한 보호가치 있는 신뢰의 형성 ③ 신뢰에 기초한 관계자의 처리의 존재 ④ 인과관계 있는 신뢰 ⑤ 선행조치에 반하는 행정기관의 조치 등의 요건이 충족되어야 한다. 판례도 이와 동일한 입장인데 선행조치와 관련하여 공적인 견해표명을 요구하여 학설보다는 엄격한 입장을 취하고 있다.

신뢰보호의 요건을 충족한다고 하더라도 신뢰보호의 원칙은 무조건 적용되는 것은 아니고, 법률적합성의 원칙과 충돌되는 경우, 사정변경, 공익상의 필요가 있는 경우 이러한 가치와 상대방의 신뢰 내지 기득권 보호, 법적안정성의 유지 등 제 이익을 비교형량하여야 한다는 한계가 존재한다.

판례도 수익적 처분을 취소할 때에는 이를 취소하여야 할 공익상의 필요와 그 취소로 인하여 당사자가 입게 될 기득권과 신뢰보호 및 법률생활 안정의 침해 등 불이익을 비교·교량한 후 공익상의 필요가 당사자가 입을 불이익을 정당화할 만큼 강한 경우에 한하여 취소할 수 있다고 하면서도 수익적 행정처분의 하자가 당사자의 사실은폐나 기타 사위의 방법에 의한 신청행위에 기인한 것이라면, 당사자는 처분에 의한 이익을 위법하게 취득하였음을 알아 취소가능성도 예상하고 있으므로, 상대방은 처분에 관한 신뢰이익을 원용할 수 없음은 물론, 행정청이 이를 고려하지 아니하였다고 하여도 재량권의 남용이 되지 않는다고 판시하고 있다.

III. 사안의 해결

사안에서 B는 허가를 신뢰하여 가스충전소 신축공사계약 체결을 비롯한 새로운 법률관계를 형성하였기 때문에 가스충전소 건축허가취소로 인하여 기득권을 침해받는다. 그러나 부정하게 발급된 가스충전소 건축허가를 시정해야 할 공익상 필요성도 이에 못지 않게 크며 B의 재산권 보호보다 공익이 우선한다고 볼 수 있다. 더군다나 B는 허위, 기타 부정한 방법으로 건축허가를 신청하였으므로 신뢰보호원칙 요건 중에서 보호가치 있는 신뢰가 존재하지 않는다. B로서는 허가의 취소가능성도 충분히 예상할 수 있었다. 따라서 건축허가를 취소할 수 없다는 B의 주장은 타당하지 않다.

유제 1 [법전협 2023-3]

甲은 A도 B군에 위치한 「국토의 계획 및 이용에 관한 법률」(이하 '국토계획법'이라 함)에 따라 농림지역으로 지정된 지목이 '답'인 자신의 토지 일부에 돼지 축사 10개 동을 건축하기 위하여 관할 B군의 군수(이하 'B군수'라 함)에게 「건축법」에 따라 건축허가를 신청하였다. 관련법령상 지목이 '답'인 토지에 축사를 건축하기 위해서는 「건축법」상 건축허가 외에도 국토계획법 제56조에 따른 개발행위(토지형질변경) 허가를 받아야 하며, 「건축법」상 건축허가에는 개발행위 허가가 의제된다.

그럼에도 甲의 의뢰에 따라 축사를 설계한 건축사 乙은 '건축허가조사 및 검사조서'에 축사 건축을 위해 따로 토지형질변경이 필요 없다는 취지로 기재하여 건축허가를 신청하였다. 이에 B군수는 甲의 신청대로 토지형질변경허가 요건에 대한 심사 없이 「건축법」과 국토계획법에 따른 건축허가를 발급하였다.

3. 甲은 건축허가를 받은 후 토지형질변경 절차의 이행에 대한 담당공무원의 안내에도 불구하고 상당 기간 토지형질변경 절차를 이행하지 않았다. 이에 B군수는 甲이 토지형질변경허가를 따로 받지 않음으로써 축사의 '부지 확보' 요건을 충족하지 못하였음을 이유로 甲에 대한 건축허가를 직권으로 취소하였다. 甲에 대한 B군수의 건축허가의 취소는 적법한가? (총 30점)

해 설

건축허가의 과정에서 형질변경에 관한 심사가 일체 이루어지지 않았고, 건축허가 후에 토지형질변경 절차의 이행에 대한 담당공무원의 안내에도 불구하고 상당 기간 토지형질변경 절차를 이행하지 않고 있으므로 건축부지에 대하여 국토계획법상 개발행위(토지형질변경) 허가를 발급할 가능성도 없으므로 B군수는 건축주의 '부지 확보' 요건을 충족하지 못하였음을 이유로 건축허가를 직권취소할 수 있다.

취소사유가 있더라도 신뢰보호원칙에 의해 제한될 수 있다. 그러나 사안은 甲의 의뢰에 따라 축사를 설계한 건축사 乙이 '건축허가조사 및 검사조서'에 축사 건축을 위해 따로 토지형질변경이 필요 없다는 취지로 기재하여 건축허가를 신청하여 B군수가 형질변경에 대한 심사를 결여한 경우로 甲에게 귀책사유가 있는 경우이므로 건축허가의 존속에 대한 甲의 신뢰는 보호가치가 없다. B군수의 취소는 적법하다.

유제 2 [행시 2014]

A市 시장은 지역문화발전을 도모하는 비영리적 전통문화육성·개발사업을 지원하기 위하여 제정된 「A市 전통문화육성·개발사업지원에 관한 조례」에 따라 보조금을 받고자 하는 사업자를 공모하였다. 비영리법인 甲은 A市의 전통문화상품인 모시를 재료로 한 의복을 개발하기로 하고 A市의 공모에 응하였다. 한편 주식회사 乙은 전통시장의 현대화사업을 추진하려는 목적으로 위 공모에 응하였다. A市 시장은 甲을 사업자로 선정하고 보조금을 지급하기로 결정하였다. 乙은 응모사업이 영리성이 강하고 보조금예산이 한정되어 있으며 평가점수가 甲보다 낮음을 이유로 사업자로 선정되지 못하였다. 다음 물음에 답하시오. (총 30점)

(1) 당초 甲이 제출한 서류의 내용과 달리 甲의 사업은 A市의 모시를 이용하지도 않고, 영리적 목적만 가질 뿐 A市의 지역문화발전과는 무관하다는 이유로 A市 시장이 보조금지급결정을 취소하고자 하는 경우, 그 법적 가능성은? (15점)

해 설

甲이 제출한 서류의 내용과 달리 A市의 전통문화상품인 모시를 이용하지도 않음과 동시에 영리적 사업을 진행하였는바, 이 사건 취소는 보조금 지급결정의 근거가 되는 서류의 허위성이라는 지급결정 당시의 원시적 하자가 있음을 이유로 하는 것이므로 수익적 행정행위의 직권취소에 해당한다.[2]

직권취소는 법적 근거가 필요 없다는 것이 통설, 판례이므로 법적 근거 없이도 보조금지급결정취소가 가능하다. 원시적 하자가 존재함에도 불구하고 행정청이 이를 제대로 인지하지 못하여 수익적 행정행위를 발급한 경우 사후에 이를 발견하여 직권취소하면 수익적 행정행위의 상대방은 여러 가지 불측의 피해를 입을 수 있으므로 수익적 행정행위의 직권취소에는 일정한 제한사유가 있다. 직권취소는 신뢰보호원칙, 비례의 원칙, 실권의 법리 등에 반하지 않아야 한다는 제한을 받는다. 사안에서는 신뢰보호원칙이 문제된다. 甲의 허위서류 제출이라는 당사자의 귀책사유에 기인한 것으로 갑의 보호가치 있는 신뢰가 결여되었으므로 신뢰보호원칙에 반하지 않는다. 또한 보조금지급결정을 취소함으로써 얻을 수 있는 A市 전통문화 육성에 대한 공익상의 필요가 허위 서류 제출로서 취소가능성을 예상할 수 있는 당사자 甲의 불이익을 정당화할 만큼 크다고 판단되므로 이 사건 보조금지급결정취소가 재량권을 남용한 것으로서 그 취소가 제한된다고 볼 수 없다.

---

2) 설문상 원시적 하자인지 후발적 사정인지 명확하지는 않다. 甲의 사업이 A市의 모시를 이용하지도 않고, 영리적 목적만 가질 뿐이라는 것이 당초부터 영리사업을 의도하면서 허위서류를 제출한 것이라면 보조금지급결정은 원시적 하자가 있는 것으로서 직권취소에 해당하겠지만 당초는 전통문화상품인 모시를 사용한 사업을 의도하였으나 보조금지급 후에 지급목적에 반하는 용도로 사용하게 된 것이라면 후발적 사정을 이유로 하는 것이므로 강학상 철회에 해당될 것이다. 사안포섭을 어떻게 하느냐에 따라서는 철회로 포섭해도 무방하다고 생각한다. 직권취소로 보든 철회로 보든 법적근거가 필요한지, 신뢰보호원칙에 의한 제한의 법리 등이 문제되는 것은 동일하다.

사례 043　강학상 철회　　　　　　　　　　　　　　　　　　　　　　　　[행시(일행) 2008]

　　甲은 A구 구청장인 乙에게 임야로 되어 있는 자신의 토지위에 건축을 하기 위해 토지형질변경행위허가를 신청하였다. 이에 乙은 당해 토지의 일부를 대지로 변경하고 그 나머지를 도로로 기부채납하는 것을 조건으로 토지형질변경행위를 허가하였다.
　　이에 따라 甲은 건물을 신축하였는데 신축건물이 기부채납 토지부분을 침범하게 되자 乙은 토지형질변경행위허가를 취소하고 그 대신에 기부채납토지부분을 감축하여 주면서 감축된 토지에 대한 감정가액을 납부하도록 하는 내용의 토지형질변경행위의 변경허가를 하였다.

1. 乙의 토지형질변경행위허가 취소의 법적 성질에 대하여 설명하시오 (10점)

Ⅰ. 문제의 소재

乙의 토지형질변경행위허가 취소의 법적 성질이 수익적 행정행위의 직권취소에 해당하는지, 철회에 해당하는지 문제되고 또한 기속행위인지 재량행위인지 문제된다. 토지형질변경행위허가의 성격을 우선 검토한다.

Ⅱ. 토지형질변경행위허가의 법적 성격

토지형질변경행위는 절토(切土), 성토(盛土) 등의 방법으로 토지의 형상을 변경하는 행위를 말한다. 이러한 형질변경행위는 국토의 계획 및 이용에 관한 법률 제56조에 2호의 개발행위에 해당되어 개발행위허가를 받아야 한다. 토지형질변경허가를 비롯한 개발행위허가의 법적 성격에 대해서 강학상 허가설, 강학상 특허설, 예외적 승인설 등의 견해대립이 있으나 형질변경 등의 개발행위를 하고자 하는 경우에 제한되어 있던 개발행위를 해제하여 적법하게 할 수 있도록 하기 위한 금지의 해제로서 명령적 행위인 강학상 허가에 해당한다. 당사자는 형질변경으로 인해 개발이익 등 일정한 이익을 얻을 수 있으므로 수익적 행정행위라 할 수 있다.

Ⅲ. 토지형질변경허가취소의 법적 성질

1. 강학상 철회

(1) 철회와 직권취소

행정행위는 철회는 하자 없이 적법하게 성립된 행정행위의 효력을 그 성립 후에 발생한 사정에 의하여 더 이상 존속시킬 수 없는 경우, 장래에 향하여 그 효력의 전부 또는 일부를 소멸시키는 독립한 행정행위를 말한다. 행정행위의 직권취소는 일단 유효하게 발령된 행정행위를, 처분청이나 감독청이 그 행위시에 위법 또는 부당한 하자가 있음을 이유로 하여 직권으로 그 효력을 소멸시키는 것을 말한다. 철회나 직권취소 모두 유효한 행정행위의 효력을 사후에 소멸시키는 것이나 후발적 사정을 이유로 변화된 사실 및 법률상태에 대한 적응을 목적으로하는 철회는 원시적 하자를 이유로 하자의 시정을 주목적으로 하는 직권취소와 구별된다. 행정기본법은 위법 또는 부당한 처분의 직권취소와 적법한 처분의 철회에 대해 규정하고 있다(제18조1항, 제19조1항).

(2) 사안의 경우

사안의 형질변경행위허가취소는 문언상으로는 취소라고 표현되어 있으나 甲의 신축건물이 기부채납 토지부분을 침범하게 된 것을 사유로 하는 것이어서 후발적 사정을 이유로 토지형질변경행위허가의 효력을 소멸시키는 행위라는 점에 강학상 철회에 해당한다.

2. 재량행위

기속행위와 재량행위의 구별기준에 대하여 현재 통설과 판례는 ① 당해 행위의 근거가 된 법규의 체재·형식과 그 문언, ② 당해 행위가 속하는 행정 분야의 주된 목적과 특성, ③ 당해 행위 자체의 개별적 성질과 유형 등을 모두 고려하여 판단하여야 한다고 한다.

사안의 경우 관련법령이 언급되어 있지 않으므로 판단이 곤란한 측면이 있지만 의무위반에 대한 제재적 행정처분의 성질을 갖는 철회는 철회사유가 발생하였다고 하더라도 개별적으로 구체적 타당성을 고려할 필요가 있으므로 재량행위로 봄이 타당하다. 대부분의 법률도 강학상 철회를 재량행위로 규정하고 있는 것이 입법현실이다.

사례 044 철회의 법적근거   [변시 2016]

甲은 서울에서 주유소를 운영하는 자로, 기존 주유소 진입도로 외에 주유소 인근 구미대교 남단 도로(이하 '이 사건 본선도로'라 한다.)에 인접한 도로부지(이하 '이 사건 도로'라 한다.)를 주유소 진·출입을 위한 가·감속 차로 용도로 사용하고자 관할구청장 乙에게 도로점용허가를 신청하였다. 이 사건 본선도로는 편도 6차로 도로이고, 주행제한속도는 시속 70km이며, 이 사건 도로는 이 사건 본선도로의 바깥쪽을 포함하는 부분으로 완만한 곡선구간의 중간 부분에 해당한다. 이 사건 본선도로 중 1, 2, 3차로는 구미대교 방향으로 가는 차량이, 4, 5차로는 월드컵대로 방향으로 가는 차량이 이용하도록 되어 있다. 4, 5차로를 이용하던 차량이 이 사건 본선도로 중 6차로 및 이 사건 도로부분을 가·감속차로로 하여 주유소에 진입하였다가 월드컵대로로 진입하는 데 별다른 어려움은 없다.

한편, 丙은 이 사건 도로상에서 적법한 도로점용허가를 받지 않고 수년 전부터 포장마차를 설치하여 영업을 하고 있었다. (이 사안과 장소는 모두 가상이며, 아래 지문은 각각 독립적이다.)

3. 乙은 법령에 명시적인 근거가 없음에도 "甲은 丙이 이 사건 도로 지상에 설치한 지상물 철거를 위한 비용을 부담한다."라는 조건을 붙여 甲에게 도로점용기간을 3년으로 하여 도로점용허가를 하였다.

다. 乙이 도로점용허가 당시 "민원이 심각할 경우 위 허가를 취소할 수 있다."는 내용의 조건을 부가하였다가, 교통정체 및 교통사고 발생위험성 등을 이유로 한 이 사건 본선도로 이용자들의 민원이 다수 제기되자, 1년 후 甲에 대한 이 사건 도로점용허가를 취소하였다. 甲이 도로점용허가 취소처분의 취소소송을 제기한 경우 그 인용가능성에 대해 논하시오. (10점)

[참조조문] ※아래 법령은 각 처분당시 적용된 것으로 가상의 것.
* 도로법
제1조(목적) 이 법은 도로망의 계획수립, 도로 노선의 지정, 도로공사의 시행과 도로의 시설 기준, 도로의 관리·보전 및 비용 부담 등에 관한 사항을 규정하여 국민이 안전하고 편리하게 이용할 수 있는 도로의 건설과 공공복리의 향상에 이바지함을 목적으로 한다.
제2조(정의) 이 법에서 사용하는 용어의 뜻은 다음과 같다.
  1. "도로"란 차도, 보도, 자전거도로, 측도, 터널, 교량, 육교 등 대통령령으로 정하는 시설로 구성된 것으로서 제10조에 열거된 것을 말하며, 도로의 부속물을 포함한다.
제40조(도로의 점용) ① 도로의 구역안에서 공작물·물건 기타의 시설을 신설·개축·변경 또는 제거하거나 기타의 목적으로 도로를 점용하고자 하는 자는 관리청의 허가를 받아야 한다.
  ② 제1항의 규정에 따라 허가를 받을 수 있는 공작물·물건 그 밖의 시설의 종류와 도로점용허가의 기준 등에 관하여 필요한 사항은 대통령령으로 정한다.

* 도로법 시행령
제24조(점용의 허가신청) ⑤ 법 제40조 제2항의 규정에 의하여 도로의 점용허가(법 제8조의 규정에 의하여 다른 국가사업에 관계되는 점용인 경우에는 협의 또는 승인을 말한다)를 받을 수 있는 공작물·물건 기타의 시설의 종류는 다음 각호와 같다.
  4. 주유소·주차장·여객자동차터미널·화물터미널·자동차수리소·휴게소 기타 이와 유사한 것
  11. 제1호 내지 제10호 외에 관리청이 도로구조의 안전과 교통에 지장이 없다고 인정한 공작물·물건(식물을 포함한다) 및 시설로서 건설교통부령 또는 당해 관리청의 조례로 정한 것

> * 서울특별시 보도상 영업시설물 관리 등에 관한 조례
> 제3조(점용허가) ② 시장은 점용허가를 받은 운영자에게 별지 제2호 서식에 의한 도로점용허가증을 교부한다. 이 경우 점용허가기간은 1년 이내로 한다.
> ④ 도로점용 허가기한이 만료되는 운영자는 본인 및 배우자 소유의 부동산,「국민기초생활보호법 시행규칙」제3조 제1항 제1호 다목의 규정에 의한 임차보증금 및 같은 조 같은 항 제2호 규정에 의한 금융재산을 합하여 2억 원 미만인 자에 한하여 1년의 범위 안에서 2회에 한하여 갱신 허가하되, 이 경우 제3항에 의한 위원회를 거치지 아니한다.
> 제12조(사무의 위임) 이 조례에 의한 다음 각 호에 해당하는 시장의 사무는 시설물이 위치하는 지역을 관할하는 구청장에게 위임한다.
> 1. 제3조의 규정에 의한 도로점용허가

I. 문제의 소재

도로점용허가취소는 교통정체 및 교통사고 발생위험성 등을 이유로 한 본선도로 이용자들의 민원을 사유로 한 것으로서 강학상 철회에 해당한다. 철회는 하자 없이 적법하게 성립된 행정행위의 효력을 그 성립 후에 발생한 사정에 의하여 더 이상 존속시킬 수 없는 경우, 장래에 향하여 그 효력의 전부 또는 일부를 소멸시키는 독립한 행정행위를 말한다. 사안의 경우 도로점용허가 취소처분 취소소송에서 소송요건은 문제되지 않으나 본안에서 법적 근거 없이 도로점용허가 취소처분을 한 것이 위법한지, 철회사유를 인정할 수 있는지, 철회권 행사의 한계를 벗어난 것은 아닌지 문제된다.[1]

II. 철회의 법적 근거

철회권 행사시 반드시 법적 근거가 필요한지 견해대립이 있다. 수익적 행정행위의 철회는 침익적이므로 법적 근거가 필요하다는 견해도 있으나 다수설은 행정은 공익에 적합하고 변화에 적응할 필요가 있고 행정법규가 완벽하지 않은 상태에서 일일이 법적 근거를 요한다고 하면 중대한 공익상 요청이 있는 경우에도 철회가 불가하다는 이유로 불요설의 입장이다. 판례도 별도의 법적 근거가 없다 하더라도 원래의 처분을 그대로 존속시킬 필요가 없게 된 사정변경이 생겼거나 또는 중대한 공익상 필요가 발생한 경우에는 가능하다고 한다.

행정기본법도 ① 법률에서 정한 철회 사유에 해당하게 된 경우, ② 법령등의 변경이나 사정변경으로 처분을 더 이상 존속시킬 필요가 없게 된 경우, ③ 중대한 공익을 위하여 필요한 경우에는 처분의 전부 또는 일부를 장래를 향하여 철회할 수 있다고 하여 개별법에 명문의 근거가 없는 경우에도 철회를 인정하고 있다(제19조①).

사안의 경우 도로법에는 법적 근거가 없다.[2] 다수설·판례에 의하면 개별법에 별도의 법적 근거가 없더라도 구청장 乙은 도로점용허가취소를 할 수 있다.

---

1) 본안에서 판단할 때 도로점용허가취소처분은 재량행위라고 할 수 있고 재량의 일탈·남용을 검토하는 식으로 논리를 전개하면서 철회의 쟁점들을 서술해도 무방하다. 교수님들은 철회가 사례로 나올 경우 대체적으로 철회의 법리에 포커스를 두고 목차를 잡는 경향이 있다.
2) 실제 도로법 제97조는 도로의 구조나 교통의 안전에 대한 위해를 제거하거나 줄이기 위하여 필요한 경우 등 공익을 위하여 철회권을 행사할 수 있는 사유를 규정하고 있다. 변시 시험장용 법전에는 도로법이 수록되어 있지 않고(행시용에는 수록됨), 설문에서 주어진 참조조문에는 제97조가 없으므로 법적 근거가 없는 것으로 답안을 작성할 수 밖에 없을 것이다.

III. 철회의 사유

법적 근거가 필요 없다고 하더라도 철회사유가 무제한으로 인정되는 것은 아니다. 철회사유가 법령에 규정되어 있는 경우는 물론 그 밖에 철회권을 유보한 경우 유보사유의 발생, 부담의 불이행, 사실관계의 변화, 법적 상황의 변화, 중대한 공익상 필요등을 이유로 철회권을 행사할 수 있다. 행정기본법도 일반적인 철회사유를 규정하고 있다(제19조1항).

사안의 경우 도로점용허가 당시 "민원이 심각할 경우 위 허가를 취소할 수 있다."는 내용의 철회권을 유보했는데, 교통정체 및 교통사고 발생위험성 등을 이유로 본선도로 이용자들의 민원이 다수 제기된 것은 유보한 사유가 발생한 것에 해당하므로 철회사유가 존재한다.

IV. 철회의 한계

철회사유가 있더라도 비례의 원칙, 신뢰보호의 원칙, 실권의 법리 등에 의해서 철회권 행사는 제한을 받는다. 판례는 수익적 행정처분을 철회하는 경우에는 이미 부여된 그 국민의 기득권을 침해하는 것이 되므로, 비록 철회사유가 있다고 하더라도 철회권의 행사는 기득권의 침해를 정당화 할 만한 중대한 공익상의 필요 또는 제3자의 이익보호의 필요가 있는 때에 한하여 상대방이 받는 불이익과 비교교량하여 결정하여야 하고, 처분으로 인하여 공익상의 필요보다 상대방이 받게 되는 불이익 등이 막대한 경우에는 재량권의 한계를 일탈한 것으로서 그 자체가 위법하다고 한다. 행정기본법도 철회로 인하여 당사자가 입게 될 불이익을 철회로 달성되는 공익과 비교·형량하여야 한다고 규정하고 있다(제19조2항).

교통정체 및 교통사고 발생위험을 방지하기 위한 공익과 도로점용 허가취소로 인하여 甲이 입게 되는 영업상 이익의 감소를 비교하면, 도로점용허가 이전에 이미 주유소 진입도로가 존재하고 있다는 점을 고려할 때 공익이 더 크다고 할 수 있으므로 비례의 원칙 위반은 아니다.

사안은 도로점용허가시 철회권을 유보한 경우이므로 상대방은 사전에 철회가능성을 충분히 예견할 수 있으므로 신뢰보호원칙이 적용되지 않으며 달리 실권의 법리가 문제되는 상황도 아니다. 따라서 철회권 행사의 한계를 벗어나지 않았다.

V. 사안의 해결

사안에서 소송요건은 특별히 문제되지 않는다. 구청장 乙은 법적 근거 없이 도로점용허가를 취소할 수 있으며, 민원이 다수 제기된 것은 유보된 철회사유가 발생한 것이며, 비례의 원칙·신뢰보호 원칙에 반하는 사정도 존재하지 않는다. 따라서 구청장 乙의 도로점용허가취소처분은 적법하며 甲이 취소소송을 제기하면 기각판결을 받을 것이다.

사례 045 일부철회의 가능성 [법전협 2022-3]

甲과 乙은 '면허의 기본자격을 갖춘 자 중에서 개인택시 면허기준 우선순위에 따라 면허를 발급'한다는 내용의 'A광역시 개인택시운송사업면허 모집공고'에 따라서 개인택시운송사업면허를 신청하였다. A광역시장은 「A광역시 개인택시운송사업면허 사무처리규정」(이하 '이 사건 규정')에 따라서 甲에게는 개인택시운송사업면허 처분을 발급한 반면, 乙에 대해서는 우선순위가 뒤에 있음을 이유로 개인택시운송사업면허제외처분을 하였다.

甲은 개인택시운송사업면허를 발급받기 이전에 제1종 보통면허, 제1종 특수면허 및 제2종 원동기장치자전거면허를 취득하였다. 그런데 甲은 개인택시운송사업에 종사하던 중 휴무일에 혈중알코올농도 0.1%의 술에 취한 상태에서 그 소유의 개인택시를 운전하다가 교통사고를 일으켰고, 이를 이유로 취득한 운전면허 전부에 대한 취소처분을 받았다.

2. 甲은 음주운전을 이유로 자신이 소지하고 있는 제1종 보통면허 이외에 제1종 특수면허와 제2종 원동기장치자전거면허까지 모두 취소한 것은 경찰청장이 「도로교통법」상 운전면허의 취소에 대한 재량권을 일탈·남용한 것으로서 위법하다고 주장한다. 이 주장의 당부를 검토하시오. (15점)

[※ 도로교통법 및 동법 시행규칙 [별표 18]의 운전할 수 있는 차의 종류(제53조 관련)에 따르면,
  1. 운전면허의 종별에 따른 사업용자동차의 운전제한은 없음
  2. 제1종 특수면허 소지자는 제2종 보통면허로 운전할 수 있는 차량(승용자동차 포함)을 운전할 수 있음
  3. 제2종 보통면허로 '원동기장치 자전거'를 운전할 수 있음]

I. 문제의 소재

甲에 대한 3개의 면허를 모두 취소하는 것이 재량의 일탈남용에 해당하는지, 일부취소가 가능한지 여부가 문제된다.

II. 처분의 일부취소

처분이 위법 또는 부당한 경우 행정청은 직권취소할 수 있는데 이 경우 반드시 전부취소하여야만 하는 것은 아니고 일부취소의 요건을 구비하면 일부취소할 수도 있다. 처분이 적법한 경우 처분의 성립 후에 발생한 사정에 의하여 철회를 하는 경우에도 마찬가지이다. 행정기본법도 처분의 일부취소와 일부철회를 인정하고 있다(제18조1항 및 제19조1항). 철회도 실정법에서 취소라고 표현하는 경우가 많으며 도로교통법은 음주운전을 이유로 운전면허를 취소하는 것으로 규정하고 있다. 강학상 철회에 해당하지만 이하 실정법상의 '취소'라는 용어를 사용한다.

일부취소의 가능성은 일부취소의 대상이 되는 부분의 분리취소가능성에 따라 판단된다. 외형상 하나의 처분이라도 가분성이 있거나 처분대상의 일부가 특정될 수 있으면 일부만의 취소도 가능하며 일부의 취소는 당해 취소부분에만 효력이 생긴다.

III. 운전면허의 일부취소

일부취소의 판단기준은 한 사람이 여러 종류의 자동차 운전면허를 취득한 경우 그 각 운전면허를 취소하거나 그 운전면허의 효력을 정지함에 있어서도 마찬가지이다. 한 개의 운전면허증을 발급하고 통합

관리하더라도 여러 종류의 면허를 별개로 취급할 수 없는 것은 아니며 개별적인 취소 또는 정지를 분리하여 집행할 수 있는 것이 원칙이다. 따라서 취소사유가 특정의 면허에 관한 것이라면 복수의 운전면허 중 일부만의 취소도 가능하다. 그러나 취소사유가 특정의 면허에 관한 것이 아니고 다른 면허와 공통된 것이거나 운전면허를 받은 사람에 관한 것일 경우에는 여러 면허를 전부 취소할 수도 있다.

Ⅳ. 사안의 해결

甲이 운전한 택시는 승용자동차로서 제1종 보통면허와 제2종 보통면허로 운전할 수 있는 차량이고[1], 제1종 특수면허 소지자도 승용자동차를 운전할 수 있으므로 제1종 특수면허로 운전할 수 있는 차량의 한 종류에도 해당한다. 한편 제1종 보통 면허 및 제1종 특수면허 소지자는 원동기장치자전거까지 운전할 수 있다(도로교통법 시행규칙 [별표 18]).

택시의 운전은 甲이 제1종 보통면허 및 특수면허 모두로 운전한 것이 되므로, 택시의 음주 운전을 이유로 두 가지 운전면허를 모두 취소할 수 있으며, 제1종 보통·특수면허의 취소에는 당연히 원동기장치자전거의 운전까지 금지 하는 취지가 포함되어 있으므로 이는 서로 관련된 것이어서, 제1종 보통면허나 제1종 특수면허로 운전할 수 있는 차량을 음주운전한 경우에 이와 관련된 면허인 제2종 원동기장치자전거면허까지 취소할 수 있다. 경찰청장이 「도로교통법」상 운전면허의 취소에 대한 재량권을 일탈·남용한 것으로서 위법하다는 甲의 주장은 타당하지 않다.

---

[1] 제1종 보통면허와 제2종 보통면허로 운전할 수 있는 차량까지 별표의 내용을 소개해 주었어야 했는데 출제시 참조 조문에 제시되지 않았다.

사례 046 사전결정 – 부적합통보   [법전협 2019-3]

甲은 폐기물처리업 등을 목적으로 하는 회사로서 「폐기물관리법」 제25조에 따라 환경부장관(이하 'A')에게 영업대상 폐기물을 '지정폐기물'로, 영업구역을 '전국'으로 하는 내용의 폐기물처리사업계획서(이하 '사업계획서')를 제출하였다. 그러나 사업계획서에 명시된 사업부지는 甲소유의 토지로서 ○○국가산업단지(이하 '이 사건 산업단지') 내에 위치하고 있고 이 사건 산업단지 개발계획상 '녹지용지'로 지정되어 있다. 甲은 A로부터 위 사업계획서에 대한 적합 통보를 받기 위하여 이 사건 산업단지 개발계획변경권한을 적법하게 위임받은 B광역시장(이하 'B')에게 위 사업부지의 용도를 '녹지용지'에서 '폐기물처리시설용지'로 변경하여 달라는 내용의 산업단지 개발계획변경신청을 하였다. 그 무렵 A는 甲의 위 사업계획서의 적합 여부를 판단하기 위하여 B에게 甲의 위 사업계획서가 다른 법률에 저촉되는지 여부에 관한 의견을 조회하였다.

B는 2018. 04. 10. 甲에게 "이 사건 산업단지 개발계획상 토지이용계획에는 녹지용지로 되어 있어 폐기물매립장 입지가 불가하며, 녹지용지를 폐기물처리시설용지로 개발계획 변경하는 것도 불가합니다."라는 이유로 위 산업단지개발계획변경신청에 대한 반려회신을 하였다. B는 또한 A에게도 그와 동일한 내용의 검토의견을 회신하였고, A는 「폐기물관리법」 제25조 제2항 각호의 사항들을 구체적으로 고려함이 없이 B의 검토의견을 문구 그대로 하여 2018. 04. 23. 甲에게 위 사업계획서에 대한 부적합 통보를 하였다.

1. 위 폐기물처리사업계획서에 대한 A의 부적합 통보의 처분성 및 적법 여부를 검토하시오. (25점)

[참조조문]
※ 이하는 위 사안의 해결을 위해 가상으로 적용되는 법령임을 전제함.

* 폐기물관리법
제25조(폐기물처리업) ① 폐기물의 수집·운반, 재활용 또는 처분을 업(이하 "폐기물처리업"이라 한다)으로 하려는 자는 환경부령으로 정하는 바에 따라 지정폐기물을 대상으로 하는 경우에는 폐기물처리사업계획서를 환경부장관에게 제출하고, 그 밖의 폐기물을 대상으로 하는 경우에는 시·도지사에게 제출하여야 한다.
② 환경부장관이나 시·도지사는 제1항에 따라 제출된 폐기물처리사업계획서를 다음 각 호의 사항에 관하여 검토한 후 그 적합 여부를 폐기물처리사업계획서를 제출한 자에게 통보하여야 한다.
  1. 폐기물처리업 허가를 받으려는 자(법인의 경우에는 임원을 포함한다)가 결격사유에 해당하는지 여부
  2. 폐기물처리시설의 입지 등이 다른 법률에 저촉되는지 여부
  3. 폐기물처리사업계획서상의 시설·장비와 기술능력이 제3항에 따른 허가기준에 맞는지 여부
  4. 폐기물처리시설의 설치·운영으로 상수원보호구역의 수질이 악화되거나 환경기준의 유지가 곤란하게 되는 등 사람의 건강이나 주변 환경에 영향을 미치는지 여부
③ 제2항에 따라 적합통보를 받은 자는 그 통보를 받은 날부터 2년 이내에 환경부령으로 정하는 기준에 따른 시설·장비 및 기술능력을 갖추어 업종, 영업대상 폐기물 및 처리분야별로 지정폐기물을 대상으로 하는 경우에는 환경부장관의, 그 밖의 폐기물을 대상으로 하는 경우에는 시·도지사의 허가를 받아야 한다.

* 폐기물관리법 시행규칙
제28조(폐기물처리업의 허가) ① 법 제25조제1항에 따라 폐기물처리업을 하려는 자는 별지 제17호서식의 폐기물처리 사업계획서에 다음 각 호의 구분에 따른 서류를 첨부하여 폐기물 중간처분시설 및 최종처분시설 또는 재활용시설 설치예정지를 관할하는 시·도지사 또는 환경부장관에게 제출하여야 한다.
  1. 폐기물 수집·운반업 : 수집·운반대상 폐기물의 수집·운반계획서(시설 설치, 장비 및 기술능력의 확보계획을 포함한다)
  2.~3. (생략)

I. 문제의 소재

환경부장관 A가 행한 부적합 통보의 법적 성질이 사전결정으로서 행정소송법상 처분에 해당하는지 문제되며, 부적합통보가 재량행위인지, 재량의 일탈·남용이 있는지 여부가 문제된다.

II. 부적합 통보의 법적성질

1. 행정소송법상 처분

(1) 행정소송법상 처분

(2) 사전결정

사전결정은 다단계행정결정의 하나로서 최종적인 행정행위를 하기 전에 종국적인 행정행위의 요건 중 일부에 대한 종국적인 판단으로서 내려지는 결정을 말한다. 다단계로 진행되는 대규모사업의 경우 사업자의 투자위험을 감경할 필요가 있어 도입된 제도이다. 사전결정이 있으면 후행결정에 대한 구속력이 있으므로 정당한 사유 없이 사전결정에 반하는 후행결정을 하면 위법하게 되며, 사전결정에서 정해진 부분에만 제한적인 효력을 갖지만 그 자체가 하나의 확인적 행정행위의 성격을 갖는다.

(3) 사안의 경우

폐기물관리법에 의하면 폐기물처리업의 허가를 받기 위하여는 먼저 사업계획서를 제출하여야 하며(제25조 1항) 허가권자는 적합 여부를 폐기물처리사업계획서를 제출한 자에게 통보하여야 하며(제25조2항), 적합통보를 받은 자만이 일정기간 내에 시설, 장비, 기술능력, 자본금을 갖추어 허가신청을 할 수 있도록 되어 있다(제25조3항).

적합, 부적합 통보 제도는 폐기물처리업을 하고자 하는 자가 스스로 시설 등을 설치하여 허가신청을 하였다가 허가단계에서 그 사업계획이 부적정하다고 판명되어 불허가되면 허가신청인이 막대한 경제적·시간적 손실을 입게 되므로, 이를 방지하는 동시에 허가관청으로 하여금 미리 사업계획서를 심사하여 그 적정·부적정통보 처분을 하도록 하고, 나중에 허가단계에서는 나머지 허가요건만을 심사하여 신속하게 허가업무를 처리하는데 그 취지가 있으며,[1] 강학상 사전결정(예비결정)에 해당한다.

부적합통보가 있으면 甲은 허가신청 자체가 제한하는 등 개인의 권리 내지 법률상의 이익을 개별적이고 구체적으로 규제받게 되므로 A의 부적합통보는 행정처분에 해당한다.[2]

2. 재량행위

(1) 재량행위의 의의 및 구별기준

(2) 사안의 경우

부적합통보의 근거인 폐기물관리법 제25조 제1항, 제2항의 체제 또는 문언을 살펴보면 환경부장관이나 시·도지사가 폐기물처리사업계획서의 적합 여부를 통보하여야 한다고 하여 통보의무를 규정하고 있지만 요건충족시 반드시 적합통보를 해야 하는 것으로 규정하고 있지는 않다. 이들 규정들은 폐기물처리업 허가를 받기 위한 전제로서 적합통보를 받기 위한 최소한도의 요건을 규정해 두고는 있으나 사업계획

---

[1] 대판 1998.4.28. 97누21086
[2] 대판 1998.4.28. 97누21086

적합 여부에 대하여는 일률적으로 확정하여 규정하는 형식을 취하지 아니하여 그 사업의 적합 여부에 대하여 재량의 여지를 남겨 두고 있다. 부적합통보는 재량행위에 해당한다.

III. 부적합 통보의 적법성

1. 재량행위에 대한 사법심사

행정청의 재량행사가 재량의 한계 내에서 행사되는 경우 당·부당의 문제가 되며 행정심판의 대상이 될 수는 있으나 행정소송의 심사대상은 되지 못한다. 그러나 재량도 일정한 한계 내에서 행사되어야 하며 이러한 한계를 벗어나는 경우에는 위법한 재량행사가 되어 행정소송의 심사대상이 된다. 행정소송법 제27조도 재량에 속하는 처분이라도 재량권의 한계를 넘거나 남용이 있는 때에는 법원은 이를 취소할 수 있다고 하여 재량행위에 대한 사법심사 가능성을 인정하고 있다.

그러나 재량행위에 대한 사법심사 방식은 기속행위와 다르다. 기속행위의 경우 법규에 대한 원칙적인 기속성으로 인하여 법원이 사실인정과 관련 법규의 해석·적용을 통하여 일정한 결론을 도출한 후 그 결론에 비추어 행정청이 한 판단의 적법 여부를 독자의 입장에서 판정하는 방식에 의하게 되나, 재량행위의 경우 행정청의 재량에 기한 공익판단의 여지를 감안하여 법원은 독자의 결론을 도출함이 없이 당해 행위에 재량권의 일탈·남용이 있는지 여부만을 심사하게 된다.

2. 재량의 일탈·남용

재량권의 행사도 일정한 법적 한계가 있으며 이러한 법적 한계를 넘은 재량권 행사는 위법한 것이 되어 사법심사의 대상이 된다. 외적 한계를 일탈한 경우를 재량의 일탈(유월)이라고 하고, 재량의 내적 한계를 지키지 못한 경우를 재량의 남용이라고 하는데 판례는 엄밀히 구분하지 않고 재량의 일탈·남용으로 판시하고 있다.

재량의 일탈·남용 사유로는 일의적으로 명확한 법규정의 위반, 사실오인, 평등원칙 위반·비례원칙 위반 등 행정법의 일반원칙 위반, 재량권의 불행사 또는 해태, 목적위반·동기부정 등이 있다. 이러한 경우 재량행위라도 재량권의 법적 한계를 넘어서 위법한 것이 된다.

3. 사안의 경우

환경부장관 A는 폐기물관리법 제25조 2항 각호의 사항들을 구체적으로 고려함이 없이 B광역시장의 검토의견 회신에 따라 일률적으로 부적합 의견을 통보하였다. 부적합 통보를 하면서 실질적으로 이유제시라고 볼 수도 없는 B광역시장의 회신내용을 그대로 내용으로 삼아 「폐기물관리법」 제25조 제2항 각호의 사항들을 구체적으로 고려함이 없이 B의 검토의견을 문구 그대로 하여 부적합 통보를 했다는 점에서 적합 또는 부적합 판단과 관련하여 마땅히 고려하여야 할 사항이 누락되는 등 재량권의 불행사 또는 해태로 볼 수 있는 위법사유가 존재한다. A의 부적합 통보는 재량의 일탈·남용이 있어 위법하다.

IV. 사안의 해결

부적합 통보는 처분성이 있고 재량행위에 해당하나, A의 부적합 통보는 재량권의 불행사 또는 해태의 위법이 있어 위법하다.

사례 047　행정지도, 하자의 승계　　　　　　　　　　　　　　　　　[법전협 2013-1]

2008년 세계적 금융위기 이후 한국 정부는 금융시장의 안정화를 중요 정책목표로 설정하였다. 2012년에 접어들면서 금융시장의 불안정성이 높아지자, 금융위원회는 A은행('은행법'에 따라 설립된 은행임)의 '위험가중자산에 대한 자기자본비율'이 100분의 8미만으로 떨어졌다고 판단하여, '금융산업의 구조개선에 관한 법률'(이하 '금산법'이라 함) 제10조 제1항 제2호, 동조 제2항 및 '은행감독규정'(금융위원회 고시) 제3조 제1항 제1호, 동조 제2항 제5호에 의하여 2012년 7월 1일 A은행에 대해 부실자산을 처분하라는 '경영개선권고'를 하였다.

이에 A은행은 위 권고에 따라 경영개선계획을 세우고 이를 이행하였다. 그럼에도 불구하고 A은행의 경영상태가 호전되지 않자 금융위원회는 A은행이 경영개선계획을 성실히 이행하지 않았다고 보아, 금산법 제10조 제1항 제2호, 동조 제2항 및 '은행업감독규정' 제4조 제1항 제2호, 동조 제2항 제1호에 의하여 2012년 10월 15일 A은행에 대해 권역별 영업소를 통폐합하라는 '경영개선요구'를 하였다.

※ 사례의 구성을 위해 '은행업감독규정'의 내용은 수정하였음.

2. 2012년 11월 1일에 이루어진 금융위원회에 대한 국회의 국정감사결과, 2012년 10월 15일 시점에서 A은행이 경영개선계획을 성실히 이행한 것은 아니지만, A은행의 '위험가중자산 대비 자기자본비율'이 100분의 8미만이었다는 금융위원회의 최초 판단은 잘못되었음이 판명되었다.

　(1) A은행은 '경영개선권고'를 취소소송을 통해 다툴 수 있는가? (제소기간은 문제 삼지 않음) (10점)

　(2) A은행이 '경영개선권고'에 대하여 취소소송으로 다투지 않고 제소기간을 도과한 후 '경영개선요구'를 대상으로 취소소송을 제기한 경우, 그 소송에서 '경영개선권고'의 위법성을 다툴 수 있는가? ('경영개선요구'와 관련한 제소기간은 문제 삼지 않음) (20점)

[참조조문]
* 금융산업의 구조개선에 관한 법률
제1조(목적) 이 법은 금융기관의 합병·전환 또는 정리 등 금융산업의 구조개선을 지원하여 금융기관 간의 건전한 경쟁을 촉진하고, 시장상황의 급격한 변동에 따라 금융기관의 일시적인 유동성의 부족 등으로 금융의 중개기능이 원활하지 못한 경우에 금융기관의 자본 확충 등을 위하여 신속하게 자금지원을 하여 금융업무의 효율성을 높임으로써 금융산업의 균형 있는 발전과 금융시장의 안정에 이바지함을 목적으로 한다.
제2조(정의) 이 법에서 사용하는 용어의 뜻은 다음과 같다.
　1. "금융기관"이란 다음 각 목의 어느 하나에 해당하는 것을 말한다.
　　가. 「은행법」에 따라 설립된 은행
(이하 생략)
제10조(적기시정조치) ① 금융위원회는 금융기관의 자기자본비율이 일정 수준에 미달하는 등 재무상태가 제2항에 따른 기준에 미달하거나 거액의 금융사고 또는 부실채권의 발생으로 금융기관의 재무상태가 제2항에 따른 기준에 미달하게 될 것이 명백하다고 판단되면 금융기관의 부실화를 예방하고 건전한 경영을 유도하기 위하여 해당 금융기관이나 그 임원에 대하여 다음 각 호의 사항을 권고·요구 또는 명령하거나 그 이행계획을 제출할 것을 명하여야 한다.
　1. 금융기관 및 임직원에 대한 주의·경고·견책(譴責) 또는 감봉
　2. 자본증가 또는 자본감소, 보유자산의 처분이나 점포·조직의 축소
　3. 채무불이행 또는 가격변동 등의 위험이 높은 자산의 취득금지 또는 비정상적으로 높은 금리에 의한 수신(受信)의 제한

     4. 임원의 직무정지나 임원의 직무를 대행하는 관리인의 선임
     5. 주식의 소각 또는 병합
     6. 영업의 전부 또는 일부 정지
     7. 합병 또는 제3자에 의한 해당 금융기관의 인수(引受)
     8. 영업의 양도나 예금·대출 등 금융거래와 관련된 계약의 이전(이하 "계약이전"이라 한다)
     9. 그 밖에 제1호부터 제8호까지의 규정에 준하는 조치로서 금융기관의 재무건전성을 높이기 위하여 필요하다고 인정되는 조치
   ② 금융위원회는 제1항에 따른 조치(이하 "적기시정조치"라 한다)를 하려면 미리 그 기준 및 내용을 정하여 고시(告示)하여야 한다.
제14조(행정처분) ① 금융위원회는 금융기관이 다음 각 호의 어느 하나에 해당하는 경우에는 금융감독원장의 건의에 따라 그 금융기관 임원의 업무집행정지를 명하고, 그 임원의 업무를 대행할 관리인을 선임하거나 주주총회에 그 임원의 해임을 권고할 수 있다.
     1. 제10조 제1항에 따른 요구 또는 명령을 위반하거나 이를 이행하지 아니한 경우
   (이하 생략)
제27조(벌칙) 금융기관의 임원, 관리인 또는 청산인(이하 "금융기관의 임원등"이라 한다)이 다음 각 호의 어느 하나에 해당하는 행위를 한 경우에는 1년 이하의 징역 또는 1천만원 이하의 벌금에 처한다.
     1. 제10조 제1항에 따른 명령을 이행하기 위한 절차·조치를 이행하지 아니한 경우
        (이하 생략)
제28조(과태료) ① 금융기관이 다음 각 호의 어느 하나에 해당하는 행위를 한 경우에는 2천만원 이하의 과태료를 부과한다.
     1.~5. (생략)
     6. 제10조 제1항에 따른 요구 또는 명령을 이행하지 아니하거나 위반한 경우
   (이하 생략)

* 은행업감독규정(금융위원회 고시)
제1조(목적) 이 규정은 '금융산업의 구조개선에 관한 법률' 및 같은 법 시행령과 기타 관계 법령에서 정하는 은행 감독에 관한 금융위원회(이한 "금융위"라 한다)의 소관사항의 시행에 필요한 사항을 정함을 목적으로 한다.
제2조(경영지도비율) ① 은행은 자기자본을 충실하게 하고 적정한 유동성을 유지하는 등 경영의 건전성을 확보하기 위하여 다음 각호에서 정하는 경영지도비율을 유지하여야 한다.
     1. 위험가중자산에 대한 자기자본비율: 100분의 8이상
   (이하 생략)
   ② 제1항에서 정하는 비율의 구체적인 산정기준은 금융감독원장이 정한다. 다만, 제1항 제1호의 비율은 은행 연결대차대조표를 기준으로 하되 연결대차대조표의 작성방식, 자기자본 및 위험가중자산의 계상방법 등은 국제결제은행이 제시한 기준에 따라 정한다.
제3조(경영개선권고) ① 금융위는 은행이 다음 각호의 어느 하나에 해당되는 경우에는 해당은행에 대하여 필요한 조치를 이행하도록 권고하여야 한다.
     1. 제2조에서 정하는 위험가중자산에 대한 자기자본비율이 100분의 8미만인 경우
   (이하 생략)
   ② 제1항에서 정하는 필요한 조치라 함은 다음 각호의 일부 또는 전부에 해당하는 조치를 말한다.
     1. 인력 및 조직운영의 개선
     2. 경비절감
     3. 영업소 관리의 효율화
     4. 고정자산투자, 신규업무영역에의 진출 및 신규출자의 제한
     5. 부실자산의 처분

		6. 자본금의 증액 또는 감액
		7. 이익배당의 제한
		8. 특별대손충당금등의 설정
제4조(경영개선요구) ① 금융위는 은행이 다음 각호의 어느 하나에 해당하는 경우에는 해당은행에 대하여 필요한 조치를 이행하도록 요구하여야 한다.
		1. 제2조에서 정하는 위험가중자산에 대한 자기자본비율이 100분의 6 미만인 경우
		2. 제3조 제1항의 규정에 의해 경영개선권고를 받은 은행이 경영개선계획을 성실히 이행하지 아니하는 경우
	② 제1항에서 정하는 필요한 조치라 함은 다음 각호의 일부 또는 전부에 해당하는 조치를 말한다.
		1. 영업소의 폐쇄·또는 신설제한
		2. 조직의 축소
		3. 위험자산보유 제한 및 자산의 처분
		4. 예금금리수준의 제한
		5. 자회사 정리
		6. 임원진 교체 요구
		7. 영업의 일부정지
		8. 제4조 제2항에서 정하는 사항

[설문 2-(1)] 경영개선권고의 처분성 (10점)

I. 문제의 소재

취소소송의 소송요건으로 제소기간을 비롯한 나머지 소송요건은 문제되지 않으며, 경영개선권고가 행정소송법상(이하 법명 생략) 처분에 해당되는지 문제된다. 처분에 해당한다면 A은행은 취소소송을 통해 다툴 수 있을 것이다. 경영개선권고와 같은 행정지도의 법적 성질과 관련되는 논의이다.

II. 취소소송의 대상

취소소송은 처분과 재결을 대상으로 한다(제19조). 처분은 행정청이 행하는 구체적 사실에 관한 법집행으로서의 공권력의 행사 또는 그 거부와 그밖에 이에 준하는 행정작용(제2조 1항 1호)으로 규정하고 있다. 처분개념을 해석하면 ① 행정청의 행위이어야 하고 ② 구체적 사실에 관한 집행행위이어야 하며 ③ 공권력적 행위이고 ④ 외부에 대한 법적행위로서 국민의 권리·의무에 직접적 영향을 미치는 것이어야 한다. 그 밖에 이에 준하는 행정작용의 해석과 관련하여 처분과 행정행위와의 관계에 대해서 처분은 행정행위에 한정된다는 실체법상 처분개념설과 행정행위보다 더 넓게 보는 쟁송법상 처분개념설의 대립이 있다. 판례는 그동안 처분을 "행정청의 공법상의 행위로서 특정 사항에 대하여 법규에 의한 권리의 설정 또는 의무의 부담을 명하고 기타 법률상의 효과를 발생케 하는 등 국민의 권리의무에 직접적 변동을 초래하는 행위를 가리키는 것으로서 행정권 내부에서의 행위나 사실상의 통지 등과 같이 상대방 또는 기타 관계자들의 법률상 지위에 직접적인 법률적 변동을 일으키지 아니하는 행위는 항고소송의 대상이 될 수 없다."고 하여 기본적으로 실체법상 처분개념설을 취하면서도, 어떤 행위가 행정처분과 같은 외형을 갖추고 있고, 상대방이 행정처분으로 인식할 정도라면 그로 인하여 파생되는 국민의 불이익을 제거시켜 주기 위한 구제수단이 필요한 점에 비추어 행정청의 행위로 인하여 그 상대방이 입는 불이익 내지 불안이 있는지 여부도 그 당시에 있어서의 법치행정의 정도와 국민의 권리의식 수준 등은 물론 행위에 관련한

당해 행정청의 태도 등도 고려하여 판단해야 한다고 하여 쟁송법상 처분개념설로 평가될만한 판시를 하기도 했었다. 최근 판례는 실체법적 처분과 쟁송법적 처분이라는 개념을 사용하면서 내용·형식·절차의 측면에서 단순히 조기의 권리구제를 가능하게 하기 위하여 행정소송법상 처분으로 인정되는 소위 '쟁송법적 처분'을 인정할 수 있다는 취지로 판시하여 쟁송법적 처분을 명시적으로 인정하고 있다.[1] 생각건대, 처분 정의규정의 문언이나 입법취지에 비추어 쟁송법상 처분개념설이 타당하다.

Ⅲ. 행정지도의 법적 성질

1. 행정지도의 의의

일정한 행정목적을 실현하기 위하여 상대방의 임의적 협력을 기대하며 행하는 지도·권고·조언 등의 행정작용을 말한다(행정절차법 제2조3호).[2] 비권력적 사실행위로서 여타의 비권력적 사실행위와는 달리 상대방의 동의·협력을 요한다는 특성이 있다. 행정의 효율과 탄력성을 도모하고 국민에 대한 정보제공이라는 측면에서 필요성이 있으나, 사실상의 강제적 효과를 발생하고 남용의 위험성도 있어 행정구제수단의 확보 필요성이 크다. 행정지도의 종류에는 조정적 행정지도, 조성적 행정지도, 규제적 행정지도 등이 있으며 행정절차법은 행정지도의 한계에 대해 규정하고 있다(제48조).

2. 행정지도의 처분성

상대방의 임의적 협력을 전제로 하는 비권력적 사실행위이므로 법률상 지위에 직접적인 법률적 변동을 일으키지 않는 것이므로 처분성을 부정하는 견해가 다수설·판례이다. 이에 대해서 규제적 행정지도는 실질적으로 권력적 사실행위와 다르지 않은 경우도 적지 않은 점을 고려하여 규제적·조정적 행정지도 및 행정행위 대체적인 행정지도에 대하여는 처분성을 긍정하는 견해가 있다.

생각건대 위법한 행정지도에 의하여 영업상의 이익 또는 명예, 신용 등의 침해를 당한 자에게는 행정지도의 위법성을 공적으로 선언하고 불리한 사실상의 효과를 제거하기 위하여 취소소송 등을 제기할 필요성이 있으므로 일정한 경우에는 처분성을 긍정하는 것이 타당하다.

Ⅳ. 사안의 해결

부실자산 처분을 내용으로 하는 경영개선권고는 금융산업의 구조개선에 관한 법률(이하 '금산법'이라 함) 제10조 및 금융위원회 고시인 은행업감독규정 제3조에 근거한 것인데, 권고 자체가 A은행에게 구체적인 의무를 부과하는 것은 아니며 권고 위반이나 불이행에 대한 아무런 제재규정을 두고 있지 않으므로 권고 그 자체는 상대방의 임의적 협력을 전제하는 행정지도에 해당하여 비권력적 사실행위라고 할 수 있다. 그러나 경영개선권고를 받은 은행이 성실히 이행하지 않는 경우 금융위원회는 경영개선요구를 하여야 하며(감독규정 제4조 1항 2호), 경영개선요구를 불이행한 경우 은행 임원의 업무정지처분 및 해임권고를 할 수 있다(금산법 제14조). 따라서 경영개선권고는 불이행시 경영개선요구라는 효과를 수반한다는 점에서 처분 개념 중 공권력의 행사에 준하는 행정작용에 해당한다고 할 수 있으므로 A은행은 경영개선권고에 대해 취소소송을 통해 다툴 수 있다.

---

[1] 대판 2020.4.9, 2019두61137
[2] 행정절차법은 "행정기관이 그 소관사무의 범위 안에서 일정한 행정목적을 실현하기 위하여 특정인에게 일정한 행위를 하거나 하지 아니하도록 지도·권고·조언 등을 하는 행정작용을 말한다"고 정의.

[설문 2-(2)] 경영개선권고와 경영개선요구 사이의 하자의 승계 (20점)

I. 문제의 소재

경영개선권고에 대해 제소기간이 경과하여 불가쟁력이 발생하면 그 하자에 대해 더 이상 주장할 수 없게 된다. 그런데 경영개선요구를 대상으로 취소소송을 제기하여 불가쟁력이 발생한 경영개선권고의 하자를 주장할 수 있는지가 하자의 승계의 문제로서 논의된다.

II. 하자의 승계[3]

III. 사안의 해결

금융위원회의 경영개선권고와 경영개선요구는 서로 결합하여 금융산업의 구조개선으로 금융기관 간의 건전한 경쟁을 촉진이라는 동일한 법적 효과를 목적으로 하고 있으므로 하자의 승계를 긍정할 수 있다. 따라서 A은행은 경영개선요구를 대상으로 한 취소소송에서 경영개선권고의 위법성을 다툴 수 있다. 판례는 근로복지공단이 사업종류 변경결정을 하면서 실질적으로 행정절차법에서 정한 처분절차를 준수하지 않아 사업주에게 방어권행사 및 불복의 기회가 보장되지 않은 경우에는 이를 항고소송의 대상인 처분으로 인정하는 것은 사업주에게 조기의 권리구제기회를 보장하기 위한 것일 뿐이므로, 이 경우에는 사업주가 사업종류 변경결정에 대해 제소기간 내에 취소소송을 제기하지 않았다고 하더라도 후행처분인 각각의 산재보험료 부과처분에 대한 쟁송절차에서 비로소 선행처분인 사업종류 변경결정의 위법성을 다투는 것이 허용되어야 한다고 하여 쟁송법적 처분인 선행처분의 하자를 후행처분을 다투면서 주장할 수 있다고 판시한 바 있다.[4] 판례에 의할 때에도 경영개선권고는 쟁송법적 처분에 해당하므로 제소기간 내에 다투지 않았다고 하더라도 경영개선요구조치에 대해 다투면서 경영개선권고의 하자를 다툴 수 있다고 보아야 한다.

구속력 이론에 의하면 양 행위가 규율대상이 동일하고, 수범자도 일치하고, 경영개선권고의 사실 및 법 상태가 경영개선요구시에도 유지되고 있다. 그러나 은행의 입장에서는 후속하는 경영개선요구 또는 경영개선명령 등 불이익조치를 받을 우려 때문에 경영개선권고에 대해 제소기간 내에 불복하는 것을 기대하기는 어려우므로 구속력을 인정하는 것은 A은행에게 수인한도를 넘는 가혹함을 가져오고, 그 결과가 A은행에게 예측가능한 것이라고 할 수도 없다. 따라서 구속력 이론에 의하더라도 다수견해와 마찬가지로 경영개선요구를 대상으로 경영개선권고의 위법성을 주장할 수 있다.

---

[3] 일반론은 38번 사례 참조.
[4] 대판 2020.4.9, 2019두61137

유제 [행시 2018]

가구제조업을 운영하는 甲은 사업상 필요에 의해 자신이 소유하는 산림 50,000 ㎡ 일대에서 입목을 벌채하고자 「산림자원의 조성 및 관리에 관한 법률」 제36조 및 같은 법 시행규칙 제44조의 규정에 따라 관할 행정청 乙시장에게 입목벌채허가를 신청하였다. 이에 대해서 인근 A사찰의 신도들은 해당 산림의 입목벌채로 인하여 사찰의 고적하고 엄숙한 분위기가 저해될 것을 우려하여 乙시장에게 당해 허가를 내주지 말라는 민원을 강력히 제기하였다. 그러나 乙시장은 甲의 입목벌채허가신청이 관계 법령이 정하는 허가요건을 모두 갖추었음을 이유로 입목벌채허가를 하였다. 다음 물음에 답하시오. (각 문항들은 상호 독립적임)

1) 乙시장은 A사찰 신도들의 민원이 계속되자 甲에게 벌채허가구역 중 A사찰의 반대쪽 사면(斜面)에서만 벌채를 하도록 서면으로 권고하였다. 乙시장의 이러한 권고에 상당한 압박감을 느낀 甲은 乙시장의 서면권고행위의 취소를 구하는 소를 제기하였다. 이 소는 적법한가? (15점)

해설

행정지도의 처분성을 부정하는 견해에 의하면 서면권고행위는 처분이 아니다. 일부 행정지도의 처분성을 긍정하는 견해를 취한다고 하더라도 사안의 서면권고는 그 자체로서 이행을 강제하고 있지 않으며 권고 불응시 허가취소로 이어진다고 단정할 수 없는 점을 고려할 때 처분성을 인정하기는 곤란하다.[5] 甲이 제기한 소는 부적법하다.

---

[5] 쟁송법상 처분개념설의 입장에서 처분성을 긍정하는 포섭을 해도 무방하고, 실체법상 처분개념설을 취하고 처분성을 부정하는 것도 무방하다. 해설은 쟁송법상 처분개념설의 입장을 취하면서도 사안의 권고는 처분성을 부정하는 것으로 포섭한 것이다.

사례 048 공법상 계약 [사시 2017]

앱 개발회사 甲과 중소기업정보진흥원장 乙은 "乙은 甲에게 정보화 지원금을 지원하고, 甲이 '사업실패' 평가를 받으면 乙은 협약해지·지원금환수·사업참여제한을 할 수 있다."라는 내용의 협약(이하 '이 사건 협약'이라 한다)을 체결하였다. 甲이 지원금을 받아 사업진행 중 '사업실패' 평가를 받자, 乙은 이 사건 협약을 해지하면서 甲에게 '지원금환수 및 3년간 정보화 지원사업 참여자격 제한' 통보(이하 '이 사건 통보'라 한다)를 하였다. 한편, 「중소기업 기술혁신 촉진법」은 법 제18조의 사업에 관한 협약해지·지원금환수·사업참여제한 등은 규정하지 않았다.

1. 이 사건 협약의 법적 성격을 검토하고, 이 사건 협약과 같은 형식과 내용으로 '중소기업 정보화 지원사업'을 수행하는 것이 허용될 수 있는지 설명하시오. (20점)
2. 乙의 이 사건 통보가 취소소송의 대상적격이 있는지 검토하시오. (10점)

[참조조문](가상의 법률임)
* 중소기업 기술혁신 촉진법
제18조(중소기업 정보화 지원사업) 중소기업청장은 중소기업 정보화 지원사업을 추진할 수 있고, 중소기업의 신청이 있는 경우 기술능력 등을 고려하여 지원금 지급여부를 결정할 수 있다.
제31조(지원사업 참여제한 및 출연금 환수 등) 중소기업청장은 제10조의 기술혁신사업, 제11조의 산학협력사업에 참여한 중소기업자가 사업실패로 평가된 경우 5년의 범위에서 기술혁신 촉진 지원사업 참여제한을 할 수 있고, 이미 출연한 사업비를 환수할 수 있다.
제45조(권한의 위탁) 이 법 제18조 및 제31조에 따른 중소기업청장의 권한은 중소기업정보진흥원장에게 위탁한다.

[설문 1] 협약의 법적 성격 및 공법상계약의 가능성 (20점)

1. 문제의 소재

甲과 중소기업정보진흥원장 乙사이에 체결된 정보화지원금지원에 관한 협약이 공법상계약에 해당하는지 문제되고, 보조금지급결정이라는 행정행위의 형식 대신 공법상 계약을 활용할 수 있는지 문제된다.

2. 협약의 법적 성격

(1) 공법상계약

공법상의 계약은 공법적 법률효과의 발생을 목적으로 하는 복수의 대등한 당사자 사이의 반대방향의 의사표시의 합치에 의하여 성립되는 공법행위를 말한다. 비권력행정이 행정작용에서 차지하는 비중이 높아지면서 비권력적 행정의 대표적인 형식인 공법상 계약에 대한 활용이 증대되고 있다. 민주적 법치국가 시대에 적합한 행위형식이다.

공법상의 계약은 당사자 사이의 의사의 합치라는 점에서는 사법상의 계약과 동일하지만 공법적 효과발생을 목적으로 하는 공공적 성격을 가진 것이라는 점에서 사인간의 이해조정을 위한 사법적 효과발생을 목적으로 체결되는 사법상 계약과 다르다.

(2) 사안의 경우

중소기업 정보화지원사업에 따른 지원금 출연을 위하여 중소기업정보진흥원장이 체결하는 협약은 중소기업 정보화지원사업을 촉진할 공익목적으로 지원금을 지급하고 甲은 정보화지원사업을 실시하여야 하며, 사업실패 평가를 받는 경우 협약해지·지원금환수·사업참여제한을 받기로 하는 반대방향의 의사의 합치가 있다. 협약은 대등한 당사자 사이의 의사표시의 합치로 성립하는 공법상 계약에 해당한다.

3. 공법상 계약의 가능성

행정의 행위형식으로서 공법상 계약의 가능성에 관하여 법률우위의 원칙이 전적으로 적용된다. 행정주체는 법령이나 행정법의 일반원칙에 반하지 않는 한도에서 체결할 수 있다. 다른 한편 법률유보의 원칙의 적용과 관련하여 공법상 계약은 당사자의 합의에 의하여 체결되므로 법률의 근거가 필요 없다는 것이 일반적인 견해이다. 행정기본법도 행정청은 법령 등을 위반하지 아니하는 범위에서 행정목적을 달성하기 위하여 필요한 경우에는 공법상 법률관계에 관한 계약을 체결할 수 있다고 규정하야 별도의 법적 근거를 요구하고 있지 않다(제27조).

4. 공법상 계약과 행정행위의 대체가능성

(1) 보조금 지급결정의 법적 성격

중소기업 기술혁신 촉진법(이하 '촉진법'이라 함) 제18조에 의한 지원금지급결정은 보조금지급결정에 해당한다. 보조금지급결정의 법적 성격에 대해 견해대립이 있으나 협력을 요하는 행정행위(쌍방적 행정행위)라는 것이 통설, 판례이다.

(2) 공법상 계약과 행정행위의 대체가능성

행정행위에 갈음하는 공법상 계약을 법률의 수권 없이 체결할 수 있는지 문제된다. 행정행위에 갈음하는 계약을 체결하기 위해서는 법적 근거가 필요하다는 부정설이 있으나 법률이 행정행위에 의해서만 집행되어야 한다고 명시적으로 규정하지 않는 한 법률의 집행에 있어서 행정행위를 수단으로 할 것인지 공법상 계약을 수단으로 할 것인지 법의 강제를 받는 것은 아니므로 긍정설이 타당하다.
그러나 경찰행정이나 조세행정과 같이 협의에 의한 행정이 타당하지 않으며 공권력에 의해 일방적으로 규율되어야 하는 분야에서는 행정행위를 대체할 수 없고 법률에 근거가 있는 경우에만 가능하다.

(3) 사안의 경우

중소기업 정보화 지원사업을 위한 지원금 지급결정은 중소기업정보진흥원장이 甲의 신청을 받아 일방적으로 결정하였다면 행정행위의 성격을 갖지만, 중소기업 기술혁신 촉진법이 공법상 계약의 체결가능성을 배제하고 있지 않고 반드시 행정행위의 형식으로 지원해야 한다고 규정하고 있지 않으므로 행정행위에 갈음하는 공법상 계약을 체결하여 지원금 지급을 할 수 있다.

5. 사안의 해결

甲과 乙사이의 협약은 공법상 계약에 해당한다. 협약은 법적 근거 없이도 체결할 수 있다. 지원금 지급은 지원금지급결정이라는 행정행위의 형식을 통하여 할 수도 있지만 협약의 체결을 통하여 지급할 수도 있다.

[설문 2] 협약해지 및 지원금환수 및 3년간 정보화 지원사업 참여자격 제한 통보의 처분성 (10점)

1. 문제의 소재

중소기업정보진흥원장 乙은 甲에게 일방적으로 협약을 해지하면서 '지원금환수 및 3년간 정보화 지원사업 참여자격 제한'을 통보하였는데 이러한 일방적인 통보가 취소소송의 대상이 되는 처분에 해당하는지, 공법상계약의 해지에 해당하는지 문제된다.

2. 취소소송의 대상

3. 법률관계의 일방적인 종료 의사표시가 처분인지 판단기준

행정청이 자신과 상대방 사이의 법률관계를 일방적인 의사표시로 종료시켰다고 하더라도 곧바로 의사표시가 행정청으로서 공권력을 행사하여 행하는 행정처분이라고 단정할 수는 없고, 관계 법령이 상대방의 법률관계에 관하여 구체적으로 어떻게 규정하고 있는지에 따라 의사표시가 항고소송의 대상이 되는 행정처분에 해당하는지 아니면 공법상 계약관계의 일방 당사자로서 대등한 지위에서 행하는 의사표시인지를 개별적으로 판단하여야 한다.

4. 사안의 해결

① 중소기업 정보화지원사업에 따른 지원금 출연을 위하여 중소기업정보진흥원장이 체결하는 협약은 공법상 대등한 당사자 사이의 의사표시의 합치로 성립하는 공법상 계약에 해당하며, ② 촉진법 제31조 제1항은 법 제10조가 정한 기술혁신사업과 제11조가 정한 산학협력 지원사업에 관하여 출연한 사업비의 환수에 적용될 수 있을 뿐, 이와 근거 규정을 달리하는 중소기업 정보화지원사업에 관하여 출연한 지원금에 대하여는 적용될 수 없고 달리 그 지원금 환수에 관한 구체적인 법령상 근거가 없다는 점, ③ 중소기업 정보화지원사업을 위한 협약에서 해지에 관한 사항을 정하고 있고 이에 따라 협약 해지를 통보한 경우, 그 효과는 전적으로 협약이 정한 바에 따라 정해질 뿐, 달리 협약 해지의 효과 또는 이에 수반되는 행정상 제재 등에 관하여 관련 법령에 아무런 규정을 두고 있지 아니한 점 등을 종합하면, 협약의 해지 및 그에 따른 환수통보 및 참여자격제한통보는 공법상 계약에 따라 행정청이 대등한 당사자의 지위에서 하는 의사표시로 봄이 타당하고, 이를 행정청이 우월한 지위에서 행하는 공권력의 행사로서 행정처분에 해당한다고 볼 수는 없다. 乙의 통보는 취소소송의 대상이 되지 않으며 당사자소송의 대상이 될 것이다.

사례 049 행정조사 [사시 2014]

甲은 A시에서 개인 변호사 사무실을 운영하는 변호사로서 관할 세무서장 乙에게 2010년부터 2012년까지 3년간의 부가가치세 및 종합소득세를 자진신고 납부한 바 있다. 丙은 甲의 변호사 사무실에서 사무장으로 근무하다가 2013년 3월경 사무장 직을 그만두면서 사무실의 형사약정서 복사본과 민사사건 접수부를 가지고 나와 이를 근거로 乙에게 甲의 세금탈루사실을 제보하였다.

이에 따라 乙은 2013년 6월 甲에 대하여 세무조사를 하기로 결정하고, 甲에게 조사를 시작하기 10일 전에 조사대상 세목, 조사기간 및 조사 사유, 그 밖에 대통령령으로 정하는 사항을 통지하였다. 그런데 통지를 받은 甲은 장기출장으로 인하여 세무조사를 받기 어렵다는 이유로 乙에게 조사를 연기해 줄 것을 신청하였으나 乙은 이를 거부하였다. (50점)

1. 위 사례에서 세무조사와 세무조사결정의 법적 성질은? (10점)
3. 乙은 세무조사를 하면서 당초 사전통지된 기간보다 조사기간을 연장하였으나 이를 甲에게 통지하지 아니하였다. 이 경우 이 세무조사에 근거하여 甲에게 부과된 소득세부과처분은 위법한가?(10점)

[참조조문]
* 구 「국세기본법」 [시행 2013.1.1.] [법률 제11604호, 2013.1.1. 일부개정]
제81조의6(세무조사 대상자 선정) ② 세무공무원은 제1항에 따른 정기선정에 의한 조사 외에 다음 각 호의 어느 하나에 해당하는 경우에는 세무조사를 할 수 있다.
   3. 납세자에 대한 구체적인 탈세 제보가 있는 경우
제81조의7(세무조사의 사전통지와 연기신청) ① 세무공무원은 세무조사(「조세범 처벌절차법」에 따른 조세범칙조사는 제외한다)를 하는 경우에는 조사를 받을 납세자(납세자가 제82조에 따라 납세관리인을 정하여 관할 세무서장에게 신고한 경우에는 납세관리인을 말한다. 이하 이 조에서 같다)에게 조사를 시작하기 10일 전에 조사대상 세목, 조사기간 및 조사 사유, 그 밖에 대통령령으로 정하는 사항을 통지하여야 한다. 다만, 사전에 통지하면 증거인멸 등으로 조사 목적을 달성할 수 없다고 인정되는 경우에는 그러하지 아니하다.
② 제1항에 따른 통지를 받은 납세자가 천재지변이나 그 밖에 대통령령으로 정하는 사유로 조사를 받기 곤란한 경우에는 대통령령으로 정하는 바에 따라 관할 세무관서의 장에게 조사를 연기해 줄 것을 신청할 수 있다.
③ 제2항에 따라 연기신청을 받은 관할 세무관서의 장은 연기신청 승인 여부를 결정하고 그 결과를 조사개시 전까지 통지하여야 한다.
제81조의8(세무조사 기간) ⑥ 세무공무원은 제1항 단서에 따라 세무조사 기간을 연장하는 경우에는 그 사유와 기간을 납세자에게 문서로 통지하여야 하고, 제4항 및 제5항에 따라 세무조사를 중지 또는 재개하는 경우에는 그 사유를 문서로 통지하여야 한다.
* 구 「국세기본법」 시행령 [시행 2013.3.23.] [대통령령 제24441호, 2013.3.23. 타법개정]
제63조의7(세무조사의 연기신청) ① 법 제81조의7 제2항에서 "대통령령으로 정하는 사유"란 다음 각 호의 어느 하나에 해당하는 사유를 말한다.
   2. 납세자 또는 납세관리인의 질병, 장기출장 등으로 세무조사가 곤란하다고 판단될 때

[설문 1] 세무조사와 세무조사결정의 법적 성질 (10점)

I. 세무조사의 법적성질

1. 행정조사

행정조사는 행정기관이 사인으로부터 행정상 필요한 자료나 정보를 수집하기 위하여 행하는 일체의 행정작용을 말한다. 행정조사는 행정작용의 준비작용이며 권력적·비권력적 작용 모두 가능하다는 점에서, 행정상 필요한 상태의 실현을 위한 작용이며 권력적 작용인 행정상 즉시강제와 구별된다. 행정조사기본법이 제정되어 행정조사의 근거, 한계, 절차 등에 대하여 규율하고 있다.

2. 세무조사의 법적 성질

세무조사는 세무공무원이 각 세법에 규정되어 있는 질문검사권 내지 질문조사권을 행사하여 납세의무자 등에게 직무상의 필요에 따라 질문을 하고 또 관계서류·장부 기타 물건을 조사하거나 그 제출을 명하는 행위를 의미한다. 세무조사는 강제조사로서의 행정조사에 해당한다. 세무조사 그 자체는 사실행위에 해당하며, 그 중에서도 세무공무원이 세법에 규정되어 있는 질문검사권 및 질문조사권을 행사하여 납세의무자 등에게 필요한 질문을 하고 관련 자료를 조사하는 세무조사는 권력적 사실행위에 해당한다.

II. 세무조사결정의 법적성질

1. 문제점

설문은 세무조사를 바로 실시한 것이 아니라 세무조사결정통지를 한 사안이다. 이 경우 세무조사결정의 처분성이 문제된다.

2. 취소소송의 대상 – 처분

행정소송법 제2조 제1항 제1호에서는 처분을 "행정청이 행하는 구체적 사실에 관한 법집행으로서의 공권력의 행사 그 거부 및 이에 준하는 행정작용"으로 정의하고 있으며 판례는 행정청의 공법상의 행위로서 특정 사항에 대하여 법규에 의한 권리의 설정 또는 의무의 부담을 명하거나 기타 법률상 효과를 발생하게 하는 등 국민의 권리의무에 직접 관계가 있는 행위를 가리키는 것이라고 판시하고 있다.

3. 세무조사결정의 처분성 인정 여부

고등법원은 세무조사결정은 국민의 권리와 의무에 직접 제한을 가하는 행정행위가 아니라 세무조사를 개시하기 전에 그와 같은 세무조사를 개시하겠다는 세무관서의 내부적인 방침을 미리 납세자에게 예고하는 것에 불과하며, 세무조사 결정 자체에는 구체적인 수인 의무를 부과하는 내용이 전혀 포함되지 않으므로 처분이 아니라고 판시하였다.
그러나 대법원은 세무조사결정이 있는 경우 납세의무자는 세무공무원의 과세자료 수집을 위한 질문에 대답하고 검사를 수인하여야 할 법적 의무를 부담하게 되고, 납세의무자로 하여금 개개의 과태료 처분에 대하여 불복하거나 조사 종료 후의 과세처분에 대하여만 다툴 수 있도록 하는 것보다는 그에 앞서 세무조사결정에 대하여 다툼으로써 분쟁을 조기에 근본적으로 해결할 수 있도록 하는 점을 근거로 처분성을 긍정하고 있다.

세무조사결정 통지 없이 세무조사가 이루어졌다면 세무조사는 권력적 사실행위라고 할 수 있으나, 사전에 세무조사결정 통지가 있는 경우라면 세무조사결정은 행정처분에 해당하고 후에 이루어지는 세무조사의 실시는 집행행위로서 사실행위에 해당한다고 보는 것이 타당할 것이다.

[설문 3] 위법한 세무조사에 기초한 소득세부과처분의 위법성 (10점)

I. 문제의 소재

세무조사연장사유와 기간을 문서로 통지하지 않은 것이 세무조사의 절차적 하자에 해당하는지를 검토한 후, 세무조사의 위법사유가 이에 기초한 소득세 부과처분도 위법하게 만드는지 검토한다.

II. 세무조사의 하자

구 국세기본법 제81조의8 제6항에서는 세무공무원이 세무조사기간을 연장하는 경우에는 그 사유와 기간을 납세자에게 문서로 통지하여야 한다고 규정하고 있다. 이러한 통지 의무조항은 납세자에게 적법한 절차를 갖춘 세무조사를 받을 권리를 보장해주기 위해 제정된 것으로 볼 수 있다. 따라서 이러한 통지 절차를 결여한 세무조사는 절차적 하자가 있다고 볼 수 있다.

III. 위법한 행정조사가 행정처분에 미치는 영향

행정조사의 위법이 당해 조사를 근거로 한 행정결정에 승계되어 행정행위도 위법한지가 문제된다. 학설은 ① 적법절차의 관점에서 행정행위도 위법하다는 적극설, ② 양자는 별개의 것이므로 행정처분의 하자에 영향을 미치지 않는다는 소극설, ③ 행정조사가 필수적인 절차로 규정되고 있는 경우에는 하자있는 결정으로 보아야 한다는 절충설 등이 대립한다.

판례는 "중복세무조사에 기초한 과세처분을 중복세무조사금지원칙에 반하여 위법하다."[1]고 판시하였고, "국세기본법 제81조의5가 정한 세무조사대상 선정사유가 없음에도 세무조사대상으로 선정하여 과세자료를 수집하고 그에 기하여 과세처분을 하는 것은 적법절차의 원칙을 어기고 국세기본법을 위반한 것으로서 특별한 사정이 없는 한 과세처분은 위법하다."[2]고 판시한 바 적극설의 입장이다.

생각건대, 행정조사에 의해 수집된 정보가 행정결정의 기초가 된 경우 이는 행정결정을 하기 위한 절차라고 볼 수 있으며, 절차의 하자의 문제가 되므로 적법절차의 관점에서 적극설이 타당하다.

IV. 사안의 경우

을이 세무조사 기간을 연장하는 경우 사유와 기간을 문서로 통지하여야 하는데(제81조의8 제6항) 연장통지를 하지 않은 것은 위법하다. 갑에게 부과된 소득세 부과처분은 위법한 세무조사에 기초한 것으로서 위법하다.

---

[1] 대판 2006.6.2. 2004두12070
[2] 대판 2014.6.26. 2012두911

유제 1 [변시 2018]

법무법인 甲, 乙 및 丙은 2015. 3. 3. 정기세무조사의 대상이 되어 2014 사업연도의 법인세 신고 및 납부내역에 대한 세무조사를 받았다. 정기세무조사는 매년 무작위로 대상자를 추출하여 조사하는 것으로 세무조사로 인한 부담을 덜어주기 위하여 동일한 과세기간에 대해서는 원칙적으로 재조사를 금지하고 있다. 그러나 관할 세무서장은 甲, 乙 및 丙의 같은 세목 및 같은 과세기간에 대하여 재조사 결정 및 이에 따른 통지 후 2016. 5. 20. 재조사를 실시하면서, 재조사 이유에 대해 과거 위 각 법인에서 근무하던 직원들의 제보를 받아 법인세 탈루혐의를 입증할 자료가 확보되었기 때문이라고 밝혔다. 관할 세무서장은 재조사 결과 甲, 乙 및 丙의 법인세 탈루사실이 인정된다고 보아 甲과 乙에 대해서는 2017. 1. 10., 丙에 대해서는 2017. 11. 3. 증액경정된 조세부과처분을 각각 발령하였다. 한편, 甲, 乙 및 丙은 세무조사로서의 재조사에 대하여 제소기간 내에 취소소송을 제기하였다.

1. 甲의 취소소송의 대상적격은 인정되는가?(15점)
4. 위 재조사에 근거하여 발령된 甲에 대한 2017. 1. 10.자 조세부과처분은 적법한가? (단, 하자승계 논의는 제외함)(20점)

[참조조문]
※ 아래의 법령은 가상의 것임을 전제로 하며, 헌법재판소에서 해당 조항의 위헌 여부에 대하여 판단한 바 없다.
「국세기본법」
제81조의4(세무조사권 남용 금지)
① 세무공무원은 적정하고 공평한 과세를 실현하기 위하여 필요한 최소한의 범위에서 세무조사를 하여야 하며, 다른 목적 등을 위하여 조사권을 남용해서는 아니 된다.
② 세무공무원은 다음 각 호의 어느 하나에 해당하는 경우가 아니면 같은 세목 및 같은 과세기간에 대하여 재조사를 할 수 없다.
  1. 조세탈루의 혐의가 인정되거나 의심되는 자료가 있는 경우
  2. ~ 6. <생략>
  7. 그 밖에 제1호부터 제6호까지와 유사한 경우로서 대통령령으로 정하는 경우
제81조의7(세무조사의 통지와 연기신청)
② 사전통지를 받은 납세자가 천재지변이나 그 밖에 대통령령으로 정하는 사유로 조사를 받기 곤란한 경우에는 대통령령으로 정하는 바에 따라 관할 세무관서의 장에게 조사를 연기해 줄 것을 신청할 수 있다.
제81조의17(납세자의 협력의무) 납세자는 세무공무원의 적법한 질문·조사, 제출명령에 대하여 성실하게 협력하여야 한다.
「조세범 처벌법」
제17조(명령사항위반 등에 대한 과태료 부과) 관할 세무서장은 다음 각 호의 어느 하나에 해당하는 자에게는 2,000만원 이하의 과태료를 부과한다.
  1. ~ 4. <생략>
  5. 「소득세법」·「법인세법」 등 세법의 질문·조사권 규정에 따른 세무공무원의 질문에 대하여 거짓으로 진술을 하거나 그 직무집행을 거부 또는 기피한 자

해설

1. 설문 1

세무조사결정 통지 없이 세무조사가 이루어졌다면 세무조사는 권력적 사실행위라고 할 수 있으나, 사전에 세무조사결정 통지가 있는 경우라면 세무조사결정은 행정처분에 해당하고 후에 이루어지는 세무조사의 실시는 집행행위로서 사실행위에 해당한다고 보는 것이 타당할 것이다.
따라서 甲이 세무조사결정에 대해 취소소송을 제기했다면 甲의 취소소송의 대상적격은 인정된다.

2. 설문 4

甲에 대한 재조사는 위헌법률에 근거한 것으로서 위법하고 이에 기초한 2017.1.10.자 증액경정처분도 중복세무조사금지원칙에 반하는 위법한 조사에 근거한 것으로서 위법하다.

유제 2 [변시 2022]

혼인하여 3자녀를 둔 5인 가구의 세대주인 甲은 현재 독점적으로 전기를 공급하고 있는 전기판매사업자 S와 전기공급계약을 체결하고 전기를 공급받는 전기사용자이다. S는 甲에게 2016. 7. 3.부터 같은 해 8. 2.까지 甲 가구가 사용한 525kWh의 전기에 대해 131,682원의 전기요금을 부과하였다. 甲은 위 기간 동안 특별히 전기를 많이 사용하지 않았음에도 불구하고 전월에 비해 전기요금이 2배 이상으로 부과된 것이 새로 도입한 누진요금제 때문이라는 것을 알게 되었다. 이에 甲은 S의 전기공급약관 중 누진요금에 관한 부분이「전기사업법」제16조 제1항,「전기사업법 시행령」제7조 제1항을 위반하고 甲의 계약의 자유를 침해하여 무효라고 주장하면서, 2016. 11. 16. 전주지방법원 군산지원에 S를 상대로 甲이 납부한 131,682원과 누진요금제 시행 이전 기준으로 산정한 55,500원(S의 전기공급약관 개정 전 [별표 1] 기준)의 차액 상당을 구하는 부당이득반환 청구소송을 제기하였다.

~~(중략)~~

4. 한편 S가 비용을 자의적으로 분류하여 전기요금을 부당하게 산정하였음이 판명되었다. 이에 허가권자는 전기위원회 소속 공무원 丙으로 하여금 그 확인을 위하여 필요한 조사를 지시하였고, 丙은 사실조사를 통해 부당한 전기요금 산정을 확인하였다. 이에 허가권자는 전기사업법령이 정하는 바에 따라 S의 매출액의 100분의 4에 해당하는 금액의 과징금부과처분을 하였다.
   (1) 허가권자가 조사 일시·이유·내용 등의 조사계획을 조사대상자에게 전혀 알리지 않은 채 기습적으로 위 사실조사가 행하여진 경우, 위 과징금부과처분의 적법 여부를 검토하시오. (10점)

[참조조문] ※ 유의 사항 - 아래 조문들의 일부는 가상의 것임
* 전기사업법 (2013. 3. 23. 법률 제11690호로 개정된 것)
제7조(전기사업의 허가) ① 전기사업을 하려는 자는 대통령령으로 정하는 바에 따라 전기사업의 종류별 또는 규모별로 산업통상자원부장관 또는 시·도지사(이하 "허가권자"라 한다)의 허가를 받아야 한다. 허가받은 사항 중 산업통상자원부령으로 정하는 중요 사항을 변경하려는 경우에도 또한 같다.
제22조(사실조사 등) ① 허가권자는 공공의 이익을 보호하기 위하여 필요하다고 인정되거나 전기사업자등이 제21조제1항에 따른 금지행위를 한 것으로 인정되는 경우에는 전기위원회 소속 공무원으로 하여금 이를 확인하기 위하여 필요한 조사를 하게 할 수 있다.
② 허가권자는 제1항에 따른 조사를 하는 경우에는 조사 7일 전까지 조사 일시, 조사 이유 및 조사 내용 등을 포함한 조사계획을 조사대상자에게 알려야 한다.
제24조(금지행위에 대한 과징금의 부과·징수) ① 허가권자는 전기사업자등이 제21조제1항에 따른 금지행위를 한 경우에는 전기위원회의 심의를 거쳐 대통령령으로 정하는 바에 따라 그 전기사업자등의 매출액의 100분의 5의 범위에서 과징금을 부과·징수할 수 있다.
② 제1항에 따른 위반행위별 유형, 과징금의 부과기준, 그 밖에 필요한 사항은 대통령령으로 정한다.

해설

행정조사의 위법이 당해 조사를 근거로 한 행정결정에 승계되어 행정행위도 위법한지가 견해대립이 있으나 다수설,판례는 적극설의 입장이다. 허가권자가 조사 일시·이유·내용 등의 조사계획을 조사대상자에게 전혀 알리지 않은 채 기습적으로 위 사실조사가 행하여진 경우 조사 자체가 위법하며 이에 기초한 과징금부과처분 역시 위법하다.

사례 050　행정조사와 실력행사　　　　　[사시 2015]

甲은 乙로부터 2014. 10. 7. A시 B구 소재 이용원 영업을 양도받고 관할 행정청인 B구 구청장 X에게 영업자지위승계신고를 하였다. 그런데 甲은 위 영업소를 운영하던 중, 2014. 12. 16. C경찰서 소속 경찰관에 의해 「성매매알선 등 행위의 처벌에 관한 법률」 위반으로 적발되었다. 구청장 X는 2014. 12. 19. 甲에 대하여 3월의 영업정지처분을 하였다. 한편, 乙은 이미 같은 법 위반으로 2014년 7월부터 9월까지 2월의 영업정지처분을 받은 바 있었다. 그 후 2015. 5. 6. B구청 소속 공무원들은 위생관리실태를 검사하기 위하여 위 영업소에 들어갔다가 甲이 여전히 손님에게 성매매알선 등의 행위를 하는 것을 적발하였다. 이에 구청장 X는 이미 乙이 제1차 영업정지처분을 받았고 甲이 제2차 영업정지처분을 받았음을 이유로, 2015. 5. 6.에 적발된 위법행위에 대하여 甲에게 「공중위생관리법」 제11조 제1항 및 제2항, 같은 법 시행규칙 제19조 [별표 7] 행정처분기준에 따라 적법한 절차를 거쳐서 가중된 제재처분인 영업소 폐쇄명령을 내렸다.

3. 만일 甲이 영업소 안에서 문을 잠그고 B구청 소속 공무원들의 영업소 진입에 불응하여, 위 공무원들이 잠금장치와 문을 부수고 강제로 진입하여 위생관리실태를 조사하였다면, 甲이 그에 대하여 취할 수 있는 권리구제수단에 관하여 설명하시오. (15점)

[참조조문]
* 공중위생관리법
제9조(보고 및 출입 · 검사)
① 특별시장·광역시장·도지사(이하 "시·도지사"라 한다) 또는 시장·군수·구청장은 공중위생관리상 필요하다고 인정하는 때에는 공중위생영업자 및 공중이용시설의 소유자등에 대하여 필요한 보고를 하게 하거나 소속공무원으로 하여금 영업소·사무소·공중이용시설 등에 출입하여 공중위생영업자의 위생관리의무이행 및 공중이용시설의 위생관리실태 등에 대하여 검사하게 하거나 필요에 따라 공중위생영업장부나 서류를 열람하게 할 수 있다.

I. 문제의 소재

B구청 소속 공무원들이 잠금장치와 문을 부수고 강제로 진입하여 위생관리 실태를 조사한 것이 강제조사에 해당되는지 그 법적 성격이 문제되며, 조사대상자가 저항할 경우 강제로 실력행사를 할 수 있는지 여부를 확인하여, 실태조사가 위법한 경우 甲의 권리구제수단을 살펴본다.

II. 위생관리 실태조사의 법적 성질

행정조사란 행정기관이 사인으로부터 행정상 필요한 자료나 정보를 수집하기 위하여 행하는 일체의 행정작용을 말한다. 설문의 경우 공중위생관리법 제9조 제1항에 따라 영업소에 출입하여 공중위생영업자의 위생관리실태 등에 대하여 서류 및 장부를 열람할 수 있는 바, B구청 소속 공무원들은 영업소의 위생관리실태에 관련된 필요한 정보를 수집하기 위하여 강제로 영업소에 들어갔으므로 위생관리실태조사는 행정조사이자 강제조사에 해당한다. 강제로 권력을 행사한 행정조사는 권력적 조사로서 그 법적 성질은 권력적 사실행위에 해당한다.

권력적 사실행위의 처분성에 대하여 쟁송법상 처분개념설은 인정하며, 실체법상 처분개념설도 이를 수인하명과 사실행위의 결합행위로 보아 처분성을 긍정한다.

III. 상대방이 조사를 거부하는 경우 실력행사가능성

1. 학설

상대방이 조사를 거부하는 경우에도 실력행사가 가능한지에 대해 ① 조사를 거부하면 벌칙규정을 통해 실효성을 확보해야 한다는 부정설과 ② 강제조사의 방해를 배제하는 것은 강제조사의 범위 안에 들어간다는 긍정설이 대립한다. 생각건대 조사를 위한 영업소의 출입은 그 자체가 상대방의 의사여부에 불문하여 행해지는 것이므로 비례의 원칙에 반하지 않는 한 실력행사는 불가피한 바, 긍정설이 타당하다. 따라서 상대방이 조사 거부 시 강제로 실력을 행사하는 것이 비례의 원칙에 반하는지 검토한다.[1]

2. 사안의 경우

비례의 원칙이란 행정작용에 있어서 행정목적과 행정수단 사이에는 합리적인 비례관계가 있어야 한다는 원칙을 말한다.

비례의 원칙에 반하지 않기 위해서는 행정작용에 있어 행정목적과 행정수단 사이에 합리적 비례관계가 있어야 하며 국민에 대한 권리침해가 최소화되어야 하고, 행정조치를 취함에 따른 불이익은 그것에 의해 달성되는 이익보다 심히 커서는 안 된다.

사안의 경우 甲이 문을 잠그고 공무원들의 진입을 막았다는 이유만으로 甲의 잠금장치와 문을 부수고 강제로 진입한 것은 공중위생관리법 제9조에서 의도하는 영업소 위생관리실태 확인과 합리적 비례관계가 있다고 보기 어려운 바, 비례원칙에 반할 소지가 높다. 따라서 비례원칙 위반으로 이는 위법한 행정조사에 해당한다.

IV. 위법한 조사에 대한 구제수단

1. 행정쟁송

행정조사에 대해 행정소송을 제기하기 위해서 먼저 취소소송을 생각할 수 있는 바, 취소소송이 적법하기 위해서는 행정조사가 처분에 해당되어야 하고 (행정소송법 제19조), 甲에게 행정조사의 취소를 구할 법률상 이익 및 권리보호의 필요가 인정되어야 하며(동법 제12조), 처분을 행한 B구청장을 피고로(동법 제13조), 처분이 있음을 안 날로부터 90일 이내에(동법 제20조), 적법한 관할법원에 (동법 제9조) 소송을 제기하여야 한다.

위생관리 실태조사는 권력적 사실행위로서 처분에 해당하며 甲은 자신의 재산권이 침해된바 행정조사의 취소를 구할 법률상 이익이 인정되며 B구청장은 피고적격이 있고 기타 소송요건은 문제되지 않는다. 다만 사실행위의 경우 쟁송의 대상이 된다고 하더라도 집행이 이미 종료된 경우 여전히 권리보호의 필요가 있는지 문제된다.

사안에서 위생관리실태조사가 이미 종료되었다면 권리보호필요가 부정되나 조사가 계속 진행 중이라면 긍정할 수 있다. 권리보호의 필요가 있다면 甲은 취소소송 및 취소심판을 제기하고 가구제 수단으로 집행정지를 신청할 수 있을 것이다. 그러나 현실적으로 설문의 사정으로는 집행이 종료되었다고 봄이 타당하므로 행정쟁송으로 권리구제를 도모하기 어려울 것이다.

---

[1] 만약 부정설로 검토한다면 사안은 실력행사에 대한 법적 근거가 없으므로 바로 실력을 행사한 조사가 바로 위법한 조사에 해당한다고 포섭하면 된다.

2. 국가배상

위에서 살펴본 바와 같이 위생관리실태조사에 대한 쟁송에서 권리보호의 필요가 부정된다면 국가배상이 위법한 조사에 대해 실효적인 구제수단이 될 것이다.

국가배상법 제2조에 따른 국가배상책임이 인정되기 위하여는 ① 공무원이 ② 직무를 집행하면서 ③ 고의 또는 과실로 ④ 법령을 위반하여 ⑤ 타인에게 손해를 입혀야 한다. 사안의 경우 ① B 구청 공무원들이 ② 위생관리실태조사라는 직무를 집행하는 도중 ③ 甲이 문을 열지 않자 강제적으로 실력을 행사하는 것에 의해 일정한 결과가 발생할 수 있음을 인식하고 그 결과의 발생을 용인하고 행동했다는 점에서 고의성이 인정된다. 아울러 ④ 설문에서는 甲이 조사를 거부했을 때 강제적으로 실행한 조사가 비례의 원칙에 위반되므로 위법성이 인정되며, ⑤ 공무원들이 잠금장치와 문을 부순 결과 甲이 재산상 손실을 입게 되었으므로 모든 요건을 충족시킨다. 甲은 국가배상청구소송을 제기함으로써 권리구제를 도모할 수 있다.

한편 국가배상청구소송의 법적 성격에 대해 민사소송설과 당사자소송설이 대립하나 판례는 민사소송설의 입장으로, 판례의 입장에 따르면 민사법원에 국가배상청구소송을 제기하여야 할 것이다. 행정소송법 개정안은 당사자소송의 대상이 됨을 명시하고 있다.

3. 결과제거청구소송

만약 위법한 위생관리실태조사로 인한 위법한 상태가 계속되고 있다면 결과제거청구소송을 제기함으로써 이러한 위법한 결과를 제거해 줄 것을 청구할 수 있을 것이다. 공법상 결과제거청구권에 대해 아직 판례가 명시적으로 인정한 바는 없으나 이 소송은 당사자소송으로 제기함이 타당하다.

V. 결 론

甲이 거부를 했음에도 B구청 공무원들이 비례의 원칙에 위반하여 강제적으로 행정조사를 실시한 경우 조사의 위법성이 인정된다. 이 때 甲은 행정소송을 제기할 수 있으나 집행이 종료되면 권리보호의 이익이 인정되기 어려울 것이다. 대신 甲은 국가배상청구소송을 제기하고, 위법한 상태가 지속될 경우 당사자소송으로 결과제거청구소송을 제기할 수 있다.

사례 051 대집행 - 대체적 작위의무   [사시 2010]

> A시는 택지개발사업을 위해 관련 법령에 따른 절차를 거쳐 甲 소유의 토지 등을 취득하고자 甲과 보상에 관하여 협의하였으나 협의가 성립되지 않았다. 이에 A시는 관할 토지수용위원회에 재결을 신청하여 "A시는 甲의 토지를 수용하고, 甲은 그 지상 공작물을 이전한다. A시는 甲에게 보상금으로 1억원을 지급한다"라는 취지의 재결을 받았다. 그러나 甲은 보상금이 너무 적다는 이유로 보상금 수령을 거절하였다. 그러자 A시는 보상금을 공탁하였고, A시장은 甲에게 보상 절차가 완료되었음을 이유로 위 토지 상의 공작물을 이전하고 토지를 인도하라고 명하였다.
>
> 2. 甲이 공작물이전명령 및 토지인도명령에 응하지 않을 경우 A시장은 이를 대집행할 수 있는가? (8점)

I. 문제의 소재

A시장이 대집행할 수 있는지는 대집행의 요건 구비여부와 관련되는데, 공작물이전명령 및 토지인도명령에 불응한 것이 대체적 작위의무의 위반인지 문제된다.

II. 행정대집행

1. 대집행의 의의

대집행이란 대체적 작위의무의 불이행이 있는 경우 당해 행정청이 불이행된 의무를 스스로 행하거나 제3자로 하여금 이행하게 하고, 그 비용을 의무자로부터 징수하는 것을 말한다(행정대집행법 제2조, 행정기본법 제30조1항1호).

2. 대집행의 요건

대집행은 계고, 대집행영장에 의한 통지, 대집행의 실행, 비용의 징수라는 일련의 과정으로 이루어진다. 대집행은 ① 법령에 의해 직접 또는 행정청의 처분에 의해 부과된 공법상 의무의 불이행이 있고, ② 불이행된 의무는 대체적 작위의무이어야 하고, ③ 다른 수단으로 이행확보가 곤란하고, ④ 의무의 불이행을 방치하는 것이 심히 공익을 해한다고 인정되는 경우에 허용된다(동법 제2조 1항).

3. 사안의 경우

사안의 경우 A시장이 공익사업법에 의거하여 甲에게 보상 절차가 완료되었음을 이유로 토지상의 공작물을 이전하고 토지를 인도하라고 명하였으므로 법령에 의거한 행정청의 명령에 의한 공법상 의무는 존재한다. 수단의 보충성 요건 및 공익성 요건 역시 특별한 문제가 되어 보이지 않으나, 설문에서는 공작물 이전 및 토지인도의무가 대체적 작위의무에 해당되어서 대체적 작위의무의 불이행이 있는지가 문제된다. 이하 대집행 가능성을 검토한다.

III. 대집행의 가능성

1. 공작물 이전 및 토지인도의무가 대체적 작위의무에 해당되는지 여부

공작물 이전 및 토지인도의무가 대체적 작위의무에 해당되는지에 대하여 다수설 및 판례는 "도시공원시설인 매점의 관리청이 그 공동점유자 중의 1인에 대하여 소정의 기간 내에 위 매점으로부터 퇴거하고 이에 부수하여 그 판매 시설물 및 상품을 반출하지 아니할 때에는 이를 대집행하겠다는 내용의 계고처분은 그 <u>주된 목적이 매점의 원형을 보존하기 위하여 점유자가 설치한 불법 시설물을 철거하고자 하는 것이 아니라, 매점에 대한 점유자의 점유를 배제하고 그 점유이전을 받는 데 있다고 할 것인데, 이러한 의무는 그것을 강제적으로 실현함에 있어 직접적인 실력행사가 필요한 것이지 대체적 작위의무에 해당하는 것은 아니어서 직접강제의 방법에 의하는 것은 별론으로 하고 행정대집행법에 의한 대집행의 대상이 되는 것은 아니다</u>"고 판시하여 부정한다. 공작물 내에 존치된 물건의 이전의무는 대체적 작위의무라고 볼 여지도 있으나, 이는 공작물의 인도의무의 이행에 수반되는 부수적인 행위이며 그 자체가 독립적인 의무의 내용을 이루는 것으로 보기는 어려우므로 부정설이 타당하다.

A시장이 甲에게 보상 절차가 완료되었음을 이유로 토지상의 공작물을 이전하고 토지를 인도하라고 명한 것은 그 <u>주된 목적이 갑이 설치한 공작물 자체의 이전이 아니라, 토지에 대한 점유자의 점유를 배제하고 그 점유이전을 받는 데 있다. 직접강제의 방법에 의하는 것은 별론</u>으로 하고 행정대집행법에 의한 <u>대집행의 대상이 되지 않는다.</u> A시장은 행정대집행법에 의한 대집행을 할 수 없다.

2. 공익사업을 위한 토지 등의 취득 및 보상에 관한 법률상의 대집행의 가능성

공익사업을 위한 토지 등의 취득 및 보상에 관한 법률(이하 '공익사업법'이라 함) <u>제89조</u>는 공익사업법 또는 동법에 의한 처분으로 인한 의무를 이행하여야 할 자가 그 정하여진 기간 이내에 의무를 이행하지 아니하는 경우 행정대집행법이 정하는 바에 따라 <u>대집행을 할 수 있도록 규정</u>하고 있으므로 토지 및 건물의 인도 의무는 대체적 작위의무가 아니라는 일반적인 이론에도 불구하고 대집행이 가능한 것은 아닌지 문제된다.

이에 대하여 <u>공익사업법이 명문으로 대집행을 인정한 점에 비추어 대집행이 가능하다고 보는 견해</u>도 있으나 공익사업법의 규정은 대집행에 관한 개별적인 근거 규정을 마련함과 동시에 <u>행정대집행법상의 대집행 요건 및 절차에 관한 일부 규정만을 준용한다는 취지에 그치는 것이고, 그것이 대체적 작위의무에 속하지 아니하여 원칙적으로 대집행의 대상이 될 수 없는 다른 종류의 의무에 대하여서까지 강제집행을 허용하는 취지는 아니라고 보는 것이 타당</u>하므로 공익사업법 상으로도 대집행은 불가능하다.

IV. 결론

기타 대집행 요건은 문제되지 않으나 甲의 공작물 이전 및 토지인도의무가 대체적 작위의무에 해당된다고 볼 수 없으므로 甲의 의무불이행에 대한 대집행은 불가하다.

유제 1　　[행시(재경) 2012]

甲은 乙로부터 면적 300㎡인 토지에 건축면적 100㎡인 가옥과 담장을 1980.12.31일자로 매수하여 등기한 후 소유하고 있었다. 甲은 그 동안 해당 부동산에 대한 세금을 성실히 납부하였다. 그러나 토지가 소재하고 있는 지방자치단체 A市는 2012.6.1일자로 甲에게 도로를 침범하고 있는 담장을 철거하라는 통지서를 발부하였다. 철거통지서에는 甲이 점유하고 있는 토지의 30㎡는 A市 소유의 도로로 현재 甲은 이를 불법점유하고 있으므로 2012.7.31일까지 위 담장을 철거하라고 기재되어 있었다.
(2) A市는 담장의 철거를 강제집행할 수 있겠는가? (10점)

해 설

담장철거의무는 타인에 의하여도 의무자 스스로 행한 것과 동일한 철거의 결과를 실현할 수 있는 대체적 작위의무에 해당한다. 또한 甲의 불법 점유가 이어지고 있는 상황에서 다른 수단으로 당해 의무의 이행 확보가 어렵다고 판단되며, 그 불이행의 방치로 정당한 권원 없이 도로가 점유되어 일반 공중의 도로 이용이라는 공익 침해가 발생하고 있으므로 대집행의 요건을 충족한다. 따라서 A市는 대집행 절차를 따라 담장의 철거를 강제집행할 수 있다.

유제 2　　[법전협 2019-3]

甲은 의료재단과 약사 등을 구성사업자로 하여 설립된 결합체로서「독점규제 및 공정거래에 관한 법률」제2조 제4호의 규정에 의한 사업자단체이다. 보건복지부가 의료기관의 조제실에서 조제업무에 종사하는 약사는 처방전이 교부된 환자에게 의약품을 조제해서는 안 된다는 내용으로「약사법」제21조 제8항(이하 '이 사건 약사법조항'이라고 한다)을 개정한다고 입법예고하자, 甲은 구성사업자들에게 휴업을 하고 대회에 참석하도록 독려하면서 2018. 07. 16. 서울 소재 장충체육관에서 제1차 약사대회를 개최하고, 이어서 2018. 08. 06. 서울 광화문광장에서 제2차 약사대회를 개최하였다.

공정거래위원회는 甲의 위 행위가 구성사업자의 사업내용 또는 활동을 부당하게 제한하는 행위로서「독점규제 및 공정거래에 관한 법률」제26조 제1항 제3호에 해당한다는 이유로 2018. 08. 24. 같은 법 제27조(이하 '이 사건 공정거래법조항'이라고 한다)에 근거하여 甲에게 동 행위를 금지함과 동시에 4대 중앙일간지에 동 법위반사실을 공표하도록 하는 시정조치를 명함과 아울러 甲을 검찰에 고발하였다.

4. 甲이 위 시정조치명령에도 불구하고 금지된 행위를 중단하지 아니하고 동 처분에 따른 법위반사실 공표를 이행하고 있지 않다면, 공정거래위원회는「행정대집행법」을 적용하여 대집행을 할 수 있는지 여부를 검토하시오. (20점)

해 설

공정거래위원회는 甲에게 의무를 부과한 당해 행정청이며 甲에게 부과된 의무는 독점규제 및 공정거래에 관한 법률에 근거한 공정거래위원회의 처분에 의해 부과된 공법상 의무에 해당한다. 그러나 甲이 부담하는 금지의무(구성사업자의 사업내용 또는 활동을 부당하게 제한하지 말아야 하는 것을 내용으로 함)는 부작위 의무로서 대체적 작위의무에 해당하지 않으므로 대집행의 대상이 되지 않는다. 또한 甲이 부담하는 법위반사실 공표의무는 비대체적 작위의무로서 대체적 작위의무에 해당하지 않으므로 대집행의 대상이 되지 않는다. 공정거래위원회는 행정대집행법을 적용하여 대집행을 할 수 없다.

유제 3   [법전협 2020-2]

甲은 2011년 9월 교내시설에 대한 적법한 사용허가권한을 가진 국립대학교 총장 乙로부터 행정재산인 대학 내 학생문화시설 일부 공간에 대하여 사용기간을 5년(2011년 9월 - 2016년 8월)으로 하는 사용허가를 받은 후 2016년 8월 그 사용기간을 다시 연장(2016년 9월 - 2020년 8월)하는 갱신허가(이하 사용허가와 갱신허가를 합쳐 '이 사건 사용허가'라 한다)를 받아 교직원 및 외부 방문객들이 주로 이용하는 이탈리안 레스토랑을 운영하여 왔다.

이후, 乙은 학생 수가 증가하여 강의시설이 부족하게 되자 위 레스토랑을 강의시설로 사용하기로 결정하고, 2018년 8월 적법한 절차를 거쳐 레스토랑에 대한 사용허가 취소공문을 발송하여 소정의 기간 내에 위 레스토랑이 있는 학생문화시설 부지에서 퇴거하고 이에 부수하여 그 영업 시설을 반출하라는 내용의 통지를 하였다. 甲은 지난 7년여간 레스토랑을 운영하여 왔으며, 이 사건 사용허가 기간이 아직 2년 정도 남아있는 상황에서의 위 통지는 지나치게 가혹한 처분이라고 주장하고 있다.

乙은 이탈리안 레스토랑으로 활용되는 학생문화시설 공간을 반환받기 위하여 대집행을 할 수 있는가? (20점)

* 국유재산법
제36조(사용허가의 취소와 철회) ① 중앙관서의 장은 행정재산의 사용허가를 받은 자가 다음 각 호의 어느 하나에 해당하면 그 허가를 취소하거나 철회할 수 있다.
   3. 해당 재산의 보존을 게을리하였거나 그 사용목적을 위배한 경우
   5. 중앙관서의 장의 승인 없이 사용허가를 받은 재산의 원래 상태를 변경한 경우
② 중앙관서의 장은 사용허가한 행정재산을 국가나 지방자치단체가 직접 공용이나 공공용으로 사용하기 위하여 필요하게 된 경우에는 그 허가를 철회할 수 있다
③ 제2항의 경우에 그 철회로 인하여 해당 사용허가를 받은 자에게 손실이 발생하면 그 재산을 사용할 기관은 대통령령으로 정하는 바에 따라 보상한다.
제74조(불법시설물의 철거) 정당한 사유 없이 국유재산을 점유하거나 이에 시설물을 설치한 경우에는 중앙관서의 장등은 「행정대집행법」을 준용하여 철거하거나 그 밖에 필요한 조치를 할 수 있다.

해설

乙은 甲에게 학생문화시설 부지에서 퇴거하고 영업시설 반출 명령을 한 바 甲은 행정청의 처분에 의한 공법상 의무를 부담하고 있지만 이를 불이행하고 있다. 다른 수단으로 甲의 의무이행의 확보가 가능하다는 사정은 보이지 않고, 甲의 의무 불이행을 방치하는 것은 강의실 부족으로 국립대학교 본연의 기능을 다하지 못할 수 있으므로 심히 공익을 해한다고 인정된다고 할 수도 있다.

문제는 甲의 퇴거 및 시설반출 의무가 대체적 작위의무로서 대집행이 가능한지 여부이다. 甲이 영업 시설을 반출해야 하는 의무는 대체적 작위의무이지만 乙이 부과한 처분의 주된 목적은 영업 시설의 반출이 아니라 레스토랑에 대한 甲의 점유를 배제하고 점유이전을 받는 데 있는 것이어서 甲의 의무는 대체적 작위의무가 아니므로 직접강제는 별론으로 하고 대집행의 대상이 되지 못한다.

국유재산법 제74조가 정당한 사유 없이 국유재산을 점유하거나 이에 시설물을 설치한 경우에는 중앙관서의 장등은 「행정대집행법」을 준용하여 철거하거나 그 밖에 필요한 조치를 할 수 있다고 규정하여 사안의 경우 대집행이 가능한 것으로 생각될 수도 있으나 동 규정은 대집행에 관한 개별적인 근거 규정을 마련한 것에 불과하고, 대체적 작위의무에 속하지 아니하여 원칙적으로 대집행의 대상이 될 수 없는 다른 종류의 의무에 대하여서까지 강제집행을 허용하는 취지는 아니라고 보는 것이 타당하다.

乙은 이탈리안 레스토랑으로 활용되는 학생문화시설 공간을 반환받기 위하여 대집행을 할 수 없다.

사례 052 | 계고의 성격, 반복된 계고, 대집행에 대한 구제 [행시(일행) 2012]

A시의 시장은 건물 소유자인 甲에게 건축법 제79조 및 행정대집행법 제3조에 따라 동 건물이 무허가건물이라는 이유로 일정기간까지 철거할 것을 명함과 아울러 불이행할 때에는 대집행한다는 내용의 계고를 하였다. 그 후 甲이 이에 불응하자 다시 2차계고서를 발송하여 일정기간까지 자진철거를 촉구하고 불이행하면 대집행한다는 내용을 고지하였다. 그러나 甲은 동 건물이 무허가건물이 아니라고 다투고 있다. (단, 대집행 요건의 구비여부에 대하여는 아래 각 질문사항에 따라서만 검토하기로 한다) (총 50점)

(1) 甲은 위 계고에 대하여 취소소송을 제기하려고 한다. 계고의 법적 성질을 논하고, 소송의 대상이 되는 계고가 어느 것인지를 검토하시오. (15점)
(2) 철거명령과 함께 이루어진 1차 계고는 적법한가? (10점)
(3) 철거명령의 위법을 이유로 계고의 위법을 다툴 수 있는가? (10점)
(4) 위 사안에서 대집행에 대한 甲의 구제방안에 대하여 설명하시오. (15점)

[설문 1] 계고의 성질 및 소송의 대상

Ⅰ. 대집행 계고의 의의 및 법적성질

1. 대집행의 의의

대집행이란 대체적 작위의무의 불이행이 있는 경우 당해 행정청이 불이행된 의무를 스스로 행하거나 제3자로 하여금 이행하게 하고, 그 비용을 의무자로부터 징수하는 것을 말한다(행정대집행법 제2조, 행정기본법 제30조1항1호).

2. 대집행 계고의 의의

대집행은 계고, 대집행영장에 의한 통지, 대집행의 실행, 비용의 징수라는 일련의 과정으로 이루어지는데, 대집행 계고는 대집행의 절차로서 상당한 기간내에 의무의 이행을 하지 않으면 대집행을 한다는 의사를 사전에 통지하는 행위이다(행정대집행법 제3조1항). 대집행을 하려면 상당한 이행기간을 정하여 그 기한까지 이행하지 아니할 때에는 대집행을 한다는 뜻을 문서로 계고하여야 한다. 계고는 대집행이 행하여지는 것을 미리 상대방에게 통지하여 의무이행을 독촉하는 동시에, 대집행에 대한 예측가능성을 부여하는 기능을 수행한다.

3. 계고의 법적성질 - 준법률행위적 행정행위

계고의 법적 성질에 대해 준법률행위적 행정행위 개념 해체론을 주장하는 관점에서 대집행계고통지는 준법률행위적 행정행위가 아니라 그 효과적인 측면을 중시하여 작위의무를 부과하는 하명으로 보는 견해도 있으나, 준법률행위적 행정행위로서 통지에 해당한다는 것이 통설이다.
준법률행위적 행정행위는 법률행위적 행정행위와는 달리 의사표시를 요소로 하는 것이 아니라 의사표시 이외의 정신작용을 구성요소로 하고 법적효과가 행위자의 의사와는 무관하게 법규범에 의하여 부여되는 행위를 말한다. 준법률행위적 행정행위는 확인, 공증, 통지, 수리로 세분되는데 이 중 통지는 특정인 또는 불특정다수인에 대하여 특정한 사실 또는 행정청의 의사를 알리는 행정행위를 말한다. 대집행 계고는 행정청의 의사를 알리는 행위에 해당한다.

II. 반복된 계고의 경우 소송의 대상

대집행계고를 처분으로 보아 취소소송을 제기하려면 대집행계고가 행정소송법상 처분에 해당되어야 한다. 계고의 효력은 최초의 계고시에 발생한다. 2차, 3차 계고가 행해졌다고 하더라도 반복된 계고통지는 상대방의 의무이행을 촉구하는 것이며 대집행기한의 연기통지에 불과하므로 처분에 해당되지 않는다. 따라서 최초의 계고만이 취소소송의 대상이 된다.

판례도 철거대집행계고처분을 고지한 후 이에 불응하자 다시 제2차, 제3차 계고서를 발송하여 일정기간까지의 자진철거를 촉구하고 불이행하면 대집행을 한다는 뜻을 고지하였다면 행정대집행법상의 건물철거의무는 제1차 철거명령 및 계고처분으로서 발생하였고, 새로운 철거의무를 부과하는 것은 아니고 다만 대집행기한의 연기통지에 불과하므로 행정처분이 아니다라고 판시하고 있다.

[설문 2] 철거명령과 계고의 결합가능성

I. 문제의 소재

무허가건물이라는 이유로 일정기간까지 철거할 것을 명함과 아울러 불이행할 때에는 대집행한다는 내용의 계고를 동시에 하였다. 철거명령과 계고의 결합가능성이 문제된다.

II. 대집행 계고 요건

대집행계고는 ① 대집행의 요건이 충족된 경우에, ② 의무의 내용을 구체적으로 특정하여, ③ 문서로, ④ 상당한 이행기간을 정해서 하여야 한다(행정대집행법 제3조1항). 대집행요건은 대집행 계고시에 이미 충족되어야 한다. 따라서 무허가건물에 대한 철거명령이
선행되고 건물 소유자 甲의 철거의무 불이행이 있을 때 대집행계고를 할 수 있는 것이 원칙이다. 따라서 철거명령과 대집행계고처분을 동시에 결합하는 것은 원칙적으로 인정될 수 없다.

III. 철거명령과 계고의 결합가능성

판례는 계고서라는 명칭의 1장의 문서로서 일정기간 내에 위법건축물의 자진철거를 명함과 동시에 그 소정기한 내에 자진철거를 하지 아니할 때에는 대집행할 뜻을 미리 계고하는 것을 긍정한다. 이 경우에도 건축법에 의한 철거명령과 행정대집행법에 의한 계고처분은 독립하여 있는 것으로서 각 그 요건이 충족되었다고 볼 것이고, 철거명령에서 주어진 일정기간이 자진철거에 필요한 상당한 기간이라면 그 기간 속에는 계고시에 필요한 '상당한 이행기간'도 포함되어 있다고 하여 결합가능성을 긍정한다.

이러한 판례의 입장에 대하여 의무자에게 주어진 추가적인 이행기간을 박탈하게 됨으로써 실질적으로 기한의 이익을 상실하게 하고 다른 한편 계고의 요건인 '상당한 기간'의 부여에 하자가 있는 것이라고 하여 비판하는 견해도 있다.

생각건대, 철거명령과 계고는 원칙적으로는 단계적으로 별도로 행해져야 하나 의무불이행이 예견되고 의무불이행을 제거해야 할 긴급한 필요가 인정되는 경우에 결합가능성을 긍정할 필요가 있다는 점을 고려하면 결합가능성을 무조건 부정할 것은 아니다. 행정대집행법 제3조3항은 비상시 또는 위험이 절박한 경우에 대집행 계고통지 및 영장통지 절차를 생략할 수 있는 경우를 인정하고 있으므로 예외적으로 긴급한 필요가 있고 상당한 자진이행기한을 주고 있는 경우에 한하여 결합가능성을 긍정하는 것이 타당하다.

Ⅳ. 사안의 경우

사안에서 긴급한 필요성 및 어느 정도의 기한을 부여했는지는 제시되어 있지 않다. 긴급한 필요성이 있고 상당한 이행기한을 부여했다는 전제 하에 A시장은 하나의 문서로서 무허가건물이라는 이유로 일정기간까지 철거할 것을 명함과 아울러 불이행할 때에는 대집행한다는 내용의 계고를 동시에 할 수 있다.

[설문 3] 하자의 승계[1]

Ⅰ. 문제의 소재

후행처분인 계고를 다투면서 선행처분인 철거명령의 하자를 주장할 수 있는지가 문제된다. 소위 하자의 승계의 문제로 논의되고 있다.

Ⅱ. 하자의 승계

1. 의 의

2. 논의의 전제

철거명령과 계고는 처분에 해당한다. 철거명령의 하자가 취소사유에 해당하고 제소기간이 경과하여 불가쟁력이 발생하였고 계고처분의 고유한 하자를 주장하는 것이 아니라면 하자의 승계의 논의의 전제는 충족한다.

3. 인정 여부에 대한 견해 대립

Ⅲ. 사안의 경우

철거명령은 건축법에 의해 발령되는 것으로 철거의무를 부과하는 하명에 해당한다. 반면 대집행계고처분은 행정대집행법에 의한 것으로 철거의무 불이행시 강제집행을 목적으로 하는 것으로 별개의 법률효과의 발생을 목적으로 하고 있다. 선행처분의 하자가 무효라면 철거명령의 위법을 이유로 계고의 위법을 다툴 수 있으나 철거명령이 취소사유라면 불가쟁력이 발생한 경우에 철거명령의 하자를 이유로 계고의 위법을 다툴 수는 없다. 예측가능성·수인가능성의 법리를 보충적으로 활용하더라도 철거명령에 대해 다투는 것이 예측가능하지 않거나 불가쟁력이 발생하여 다툴 수 없게 하는 것이 수인가능하지 않은 사정도 보이지 않는다.

구속력 이론에 의하더라도 철거명령의 구속력은 대집행계고처분에도 미치므로 계고처분을 다투면서 철거명령의 하자를 주장할 수는 없다. 다수설과 동일한 결론에 도달할 것이다.

---

[1] 설문은 철거명령과 계고를 동시에 한 것이므로 계고를 다투면서 철거명령의 하자를 주장하는 하자의 승계가 문제될 수는 없다. 그러나 설문의 괄호에서 대집행요건의 구비 여부는 아래 질문사항에 따라서만 검토하라고 한 점을 고려하여 하자의 승계로 해설을 작성했다. 명확하지 않은 문제로 출제오류가 있는 것으로 생각된다.

[설문 4] 대집행에 대한 권리구제방안

Ⅰ. 행정쟁송

1. 행정소송

(1) 대집행 실행 완료 전

대집행 실행 전에 대집행에 대해 불복이 있는 甲은 대집행계고 통지에 대해서 취소소송을 제기할 수 있다. 무효인 경우라면 무효확인소송을 제기할 수도 있으나 취소사유의 하자가 있음을 전제로 권리구제를 논하겠다. 대집행 계고 처분 단계를 지나서 후속절차인 대집행 영장통지, 대집행 실행에 대해서도 취소소송을 제기할 수 있다. 대집행영장통지는 계고통지와 마찬가지로 준법률행위적 행정행위로서 통지에 해당하므로 처분에 해당한다. 대집행 실행은 권력적 사실행위로서 처분에 해당한다. 행정행위와 처분과의 관계에 관한 쟁송법상 처분개념설은 물론이고 실체법상 처분개념설에서도 권력적 사실행위는 수인하명과 집행행위라는 사실행위의 합성행위로서 수인하명이 소송의 대상이 된다고 한다.

甲은 대집행의 상대방이므로 불이익처분의 상대방으로서 원고적격 역시 인정된다. 대집행이 실행 전에는 협의의 소의 이익도 인정될 것이다.

(2) 대집행 실행 완료 후

대집행 실행이 종료되는 경우에는 대집행 계고처분, 영장통지, 대집행 실행에 대해 취소소송을 제기하는 것은 협의의 소의 이익이 없게 된다. 다만 대집행 실행의 취소로 회복되는 법률상 이익이 있는 경우에는 소의 이익을 인정할 수 있다(행정소송법 제12조2문). 비용납부명령이 있는 경우 비용납부명령은 급부하명으로서 취소소송의 대상이 되고 대집행비용 산정의 위법을 이유로 다툴 수는 있다.

대집행이 단기간에 실행이 완료되는 것을 방지하기 위해 甲은 취소소송을 제기하면서 집행정지를 신청하여 잠정적인 권리구제를 받을 수도 있다. 한편 위법한 대집행 실행을 저지하기 위해 예방적 부작위청구소송을 제기하는 것도 고려해 볼 수 있으나 현행법상 예방적 부작위 청구소송이 인정되고 있지 않으며 다수설, 판례는 무명항고소송으로 인정하는 것을 부정하고 있으므로 곤란하다.

(3) 하자의 승계

대집행 계고통지, 대집행 영장통지, 실행, 비용납부명령 등 대집행 절차 중 선행하는 처분이 위법하면 후속하는 처분도 위법하게 된다. 문제는 선행하는 처분에 불가쟁력이 발생한 경우 후행처분을 다투면서 선행처분의 하자를 주장할 수 있는지 하자의 승계가 문제된다.

판례와 다수설은 대집행 계고처분, 영장통지, 대집행 실행, 비용납부명령은 서로 결합하여 대체적 작위의무의 강제집행이라는 동일한 목적을 향한 일련의 절차라고 보아 하자의 승계를 긍정한다.

2. 행정심판

甲은 행정심판으로 취소심판을 청구할 수도 있다. 취소소송을 제기하기 전에 취소심판을 필수적으로 거칠 필요는 없다(임의적 전치주의). 행정심판청구요건으로 대상적격, 심판청구인적격, 심판청구의 이익은 취소소송과 마찬가지로 판단하면 된다.

II. 국가배상

甲이 위법한 대집행으로 손해를 입었다면 A시를 상대로 국가배상을 청구할 수도 있다. 대집행계고처분 단계에서는 손해를 상정하기 어려우나 대집행이 실행된 경우에는 현실적으로 손해가 발생할 것이다. 국가배상청구소송에서 민사법원이 처분의 위법성을 선결문제로 심사할 수 있는지에 대해 견해대립이 있으나 통설, 판례는 긍정설이다. 따라서 민사법원은 대집행과 관련한 처분의 취소가 없더라도 손해배상책임을 인정할 수 있다. 특히 대집행이 실행된 후에 국가배상은 유효적절한 구제수단이 될 것이다.

유제 [법전협 2023-2]

서울특별시 □□구에 소재한 ○○아파트는 준공 후 40년이 지나 재건축이 필요한 시점에 안전진단이 통과되었고 정비구역이 지정되었다. 그 이후 ○○아파트에 거주하는 주민들은 「도시 및 주거환경정비법」에 따라 조합설립추진위원회를 구성하여 구청장(甲)의 승인을 받았고, 조합설립에 필요한 주민의 동의를 얻어 ○○아파트 주택재건축정비사업조합(이하 '재건축조합'이라고 함) 설립인가를 甲에게 받았다. 설립인가를 받은 재건축조합 A는 사업시행계획서 등을 작성해 사업시행인가를 甲에게 신청하였고, 甲은 사업시행인가를 하였다. A는 사업시행인가를 받기 전에 ○○아파트 부지가 「교육환경 보호에 관한 법률」에 따라 교육환경보호구역으로 설정·고시되어 있기에 교육환경영향평가에 대한 서울특별시 교육감(乙)의 승인을 별도로 받아 두었다(乙의 승인은 인허가의제 대상이 아님).

3. 위 사례에서 절차를 거쳐 주택재건축사업이 완료되었고, A의 조합원 丙은 ○○아파트 상가 소유주로서 재건축된 상가에 다시 입주하여 사업을 운영하다가 상가공간이 부족하게 되자 자신의 상가건물(이하 '이 사건 건축물'이라 함)을 무단으로 증축하였다. 이에 甲은 丙에게 철거명령을 일정 기간을 두고 2회 발령하였고, 불이행하자 「건축법」 제80조에 따라 이행강제금 부과계고를 거쳐 2백만 원의 이행강제금을 부과하였다. 그럼에도 丙이 시정하지 않자 甲은 "(1) 丙은 대집행계고장 수령 후 2개월 내에 이 사건 건축물 중 불법으로 증축된 부분으로부터 퇴거하고 그 내부 시설 및 상품을 반출하라. (2) 丙은 대집행계고장 수령 후 3개월 내에 이 사건 건축물의 불법 증축된 부분을 철거하라. (3) 이상을 이행하지 아니할 때에는 대집행할 것임을 알림."이라는 내용의 대집행계고장을 발송하여 丙이 이를 수령하였다. 甲의 丙에 대한 대집행 계고에서 시정명령과 대집행계고를 함께 발령하는 것이 가능한지 여부와 위 계고장에 의한 퇴거의무에 대한 대집행이 가능한지 여부를 논하라. (20점)

해설

사안에서 내부시설 및 상품반출 명령은 계고처분시에 비로소 결합된 것이고, 불법 증축 부분 철거명령은 계고처분 이전에 이미 2차례 철거명령을 하였으므로 불이행시 계고처분을 할 수 있는 것이고 3개월은 상당한 이행기한을 부여하여 계고처분을 한 것으로 볼 수 있으므로 결합가능성이 문제되지 않는다.

불법증축 부분으로부터 퇴거하고 내부 시설 및 상품 반출과 불법 증축 부분의 철거를 명하는 시정명령과 대집행계고처분은 결합가능성이 문제되는데 결합가능하므로 甲은 시정명령과 대집행계고를 함께 발령할 수 있다. 계고의 내용 중 (1) 부분에 의해서 丙이 부담하는 의무는 주된 목적은 丙이 설치한 불법 시설물을 철거하고자 하는 것이 아니라, 丙의 점유를 배제하고 그 점유이전을 받는 데 있으며 이러한 의무는 대체적 작위의무가 아니므로 대집행을 할 수 없다. 그러나 (2) 부분에 의해서 丙이 부담하는 의무는 불법증축부분 철거의무로서 대체적 작위의무에 해당하므로 甲은 별도로 퇴거를 명하는 집행권원을 받을 필요가 없으며 대집행을 실시할 수 있다. 甲은 (2)부분에 대해서는 계고장에 의한 퇴거의무에 대한 대집행이 가능하다.[2]

---

[2] 계고를 한 후 2개월이 지났으나 3개월이 되지 않은 경우에 실익이 있을 것이다. 그 사이에는 대집행이 불가능하다. 3개월이 지난 경우는 대집행이 가능하다.

사례 053 대집행에 대한 실력행사가능성 [행시(재경) 2005]

A시장이 택지개발지구로 지정된 구역 내의 무허가 건축물에 대하여 소유자 甲에게 철거명령을 내렸는데 甲은 이를 이행하지 않고 있다. 이에 A 시장은 의무불이행 그 자체만을 염두에 두고서 곧바로 행정대집행을 실행하였다.
2) 만약 甲이 철거반의 접근을 실력으로 방해할 경우에 A시장은 어떻게 대처할 수 있는가?(15점)

I. 문제의 소재

甲은 대집행실행에 대한 수인의무가 있는데도 불구하고 대집행 실행에 저항하는 경우 실력으로 甲의 저항을 배제하는 것이 허용되는지 문제된다. 명문의 규정이 없어 허용 여부에 대해 견해대립이 있다.

II. 학 설

부정설은 독일의 행정집행법은 명문의 규정을 두고 있으나 우리의 경우 명문규정이 없으므로 실력에 의한 저항배제를 행정대집행의 일부로 보기 힘들며, 신체에 대한 물리력행사는 <u>직접강제의 대상일 뿐</u> 대집행 절차에서는 인정되지 않는다고 한다. 반면 긍정설은 필요한 한도 내에서 <u>부득이한 최소한의 실력행사</u>는 대집행에 수반되는 기능이라고 한다.

III. 판례

판례는 행정청이 <u>행정대집행의 방법으로 건물철거의무의 이행을 실현할 수 있는 경우</u>에는 건물철거 대집행 과정에서 부수적으로 건물의 점유자들에 대한 퇴거 조치를 할 수 있고, <u>점유자들이 적법한 행정대집행을 위력을 행사하여 방해하는 경우 형법상 공무집행방해죄가 성립하므로, 필요한 경우에는 '경찰관직무집행법'에 근거한 위험발생 방지조치 또는 형법상 공무집행방해죄의 범행방지 내지 현행범체포의 차원에서 경찰의 도움을 받을 수도 있다</u>고 한다. 부정설과 같은 취지라고 할 수 있다.

IV. 검 토

실무에서는 <u>형법상 공무집행방해죄의 구성요건에 해당하고, 경찰관직무집행법 제5조의 위험발생의 방지를 위한 경찰권발동요건에 해당된다면 그에 따라 처리하는 경향이 있다. 생각건대, 의무자의 저항을 실력으로 배제하는 것을 인정할 필요가 있지만, 그것의 인정을 위하여는 <u>별도의 법률상 근거가 있어야</u> 하므로 <u>부정설이 타당</u>하다. 독일의 행정집행법처럼 명문으로 법적 근거를 마련하는 것이 <u>법치국가원리</u>에 부합한다.

V. 사안의 해결

A시장으로서는 대집행 절차에서 실력행사를 통해 甲의 저항을 배제할 수는 없다. A시장은 <u>경찰기관의 협조를 얻어 경찰관직무집행법상 경찰권 발동으로 해결하거나 공무집행방해죄로 형사고발</u>을 하는 등의 수단을 강구하여 간접적으로 해결할 수 밖에 없다.

사례 054　대집행, 이행강제금　　[법전협 2013-2]

　　甲은 A시(市)로부터 도시공원 내에 있는 A시 소유의 시설물에 대하여 '공유재산 및 물품관리법'(이하 '공유재산법'이라 한다.) 제20조 제1항에 근거하여 공유재산 사용허가를 받아 그 시설물에서 매점을 운영하고 있다. 그런데 위 도시공원을 이용하는 시민들의 수가 증가하면서 매점의 공간이 부족하게 되자 甲은 위 허가받은 시설물(이한 '이 사건 건축물'이라 한다)의 외부형태를 무단으로 대폭적으로 변경하였다.

　　이에 A시장은 甲에게 "2013. 5. 14. 내에 이 사건 건축물의 변경된 부분을 철거하라, 이를 이행하지 아니할 때에는 건축법 제80조에 따라 1,000,000원의 이행강제금을 부과할 예정이다."라는 내용의 '시정명령 및 이행강제금 부과계고' 문서를 송달한 다음, 2013. 5. 15. 甲에게 1,000,000원의 이행강제금을 부과하였다. 그럼에도 甲이 여전히 시정하지 아니 하자 A시장은 '사용허가를 받은 행정재산의 원상을 A시장의 승인 없이 변경하였다'는 이유로 甲에 대하여 공유재산법 제25조 제1항 제3호를 근거로 하여 사전통지 및 서면에 의한 의견제출 절차를 거쳐 위 사용허가를 취소하였다. 이어서 A시장은 "(1) 2013. 6. 30. 내에 도시공원 내에 있는 A시 소유의 시설물(이 사건 건축물)로부터 퇴거하고 그 내부 시설 및 상품을 반출하라, (2) 2013. 7. 31. 내에 이 사건 건축물의 변경된 부분을 철거하라, (3) 이상을 이행하지 아니할 때에는 대집행할 것임을 알림."이라는 내용의 계고장을 발송하여 2013. 6. 18. 甲이 이를 수령하였다.

1. 이행강제금 부과처분과 관련하여,
   (1) A시장이 甲의 이 사건 건축물의 변경된 부분에 대한 철거의무를 이행시키기 위하여 행정대집행의 방법에 의하지 않고 이행강제금을 부과한 것은 적법한가? (10점)
   (2) A시장이 하나의 문서에서 시정명령과 이행강제금 부과계고를 같이 한 것은 적법한가? (10점)
3. 대집행 계고와 관련하여, A시장의 甲에 대한 대집행 계고는 적법한가? (20점)

[참고조문]
* 건축법
제2조(정의) ① 이 법에서 사용하는 용어의 뜻은 다음과 같다.
　　1.~7. (생략)
　　8. "건축"이란 건축물을 신축·증축·개축·재축(再築)하거나 건축물을 이전하는 것을 말한다.
　　9. "대수선"이란 건축물의 기둥, 보, 내력벽, 주계단 등의 구조나 외부 형태를 수선·변경하거나 증설하는 것으로서 대통령령으로 정하는 것을 말한다.
　　10. "리모델링"이란 건축물의 노후화를 억제하거나 기능 향상 등을 위하여 대수선하거나 일부 증축하는 행위를 말한다.
　　11.~19. (생략)
② (생략)
제11조(건축허가) ① 건축물을 건축하거나 대수선하려는 자는 특별자치도지사 또는 시장·군수·구청장의 허가를 받아야 한다. 다만, 21층 이상의 건축물 등 대통령령으로 정하는 용도 및 규모의 건축물을 특별시나 광역시에 건축하려면 특별시장이나 광역시장의 허가를 받아야 한다.
②~⑩ (생략)
제79조(위반 건축물 등에 대한 조치 등) ① 허가권자는 대지나 건축물이 이 법 또는 이 법에 따른 명령이나 처분에 위반되면 이 법에 따른 허가 또는 승인을 취소하거나 그 건축물의 건축주·공사시공자·현장관리인·소유자·

관리자 또는 점유자(이하 "건축주등"이라 한다)에게 공사의 중지를 명하거나 상당한 기간을 정하여 그 건축물의 철거·개축·증축·수선·용도변경·사용금지·사용제한, 그 밖에 필요한 조치를 명할 수 있다.
② 허가권자는 제1항에 따라 허가나 승인이 취소된 건축물 또는 제1항에 따른 시정명령을 받고 이행하지 아니한 건축물에 대하여는 다른 법령에 따른 영업이나 그 밖의 행위를 허가하지 아니하도록 요청할 수 있다. 다만, 허가권자가 기간을 정하여 그 사용 또는 영업, 그 밖의 행위를 허용한 주택과 대통령령으로 정하는 경우에는 그러하지 아니하다.
③ 제2항에 따른 요청을 받은 자는 특별한 이유가 없으면 요청에 따라야 한다.

제80조(이행강제금) ① 허가권자는 제79조 제1항에 따라 시정명령을 받은 후 시정기간 내에 시정명령을 이행하지 아니한 건축주등에 대하여는 그 시정명령의 이행에 필요한 상당한 이행기한을 정하여 그 기한까지 시정명령을 이행하지 아니하면 다음 각 호의 이행강제금을 부과한다. (단서 생략)
　　1. 건축물이 제55조와 제56조에 따른 건폐율이나 용적률을 초과하여 건축된 경우 또는 허가를 받지 아니하거나 신고를 하지 아니하고 건축된 경우에는 「지방세법」에 따라 해당 건축물에 적용되는 1제곱미터의 시가표준액의 100분의 50에 해당하는 금액에 위반면적을 곱한 금액 이하
　　2. 건축물이 제1호 외의 위반 건축물에 해당하는 경우에는 「지방세법」에 따라 그 건축물에 적용되는 시가표준액에 해당하는 금액의 100분의 10의 범위에서 위반내용에 따라 대통령령으로 정하는 금액
② 허가권자는 제1항에 따른 이행강제금을 부과하기 전에 제1항에 따른 이행강제금을 부과·징수한다는 뜻을 미리 문서로써 계고(戒告)하여야 한다.
③ 허가권자는 제1항에 따른 이행강제금을 부과하는 경우 금액, 부과 사유, 납부기한, 수납기관, 이의제기 방법 및 이의제기 기관 등을 구체적으로 밝힌 문서로 하여야 한다.
④ 허가권자는 최초의 시정명령이 있었던 날을 기준으로 하여 1년에 2회 이내의 범위에서 그 시정명령이 이행될 때까지 반복하여 제1항에 따른 이행강제금을 부과·징수할 수 있다. 다만, 제1항 각 호 외의 부분 단서에 해당하면 총 부과 횟수가 5회를 넘지 아니하는 범위에서 해당 지방자치단체의 조례로 부과 횟수를 따로 정할 수 있다.
⑤ 허가권자는 제79조 제1항에 따라 시정명령을 받은 자가 이를 이행하면 새로운 이행강제금의 부과를 즉시 중지하되, 이미 부과된 이행강제금은 징수하여야 한다.
⑥ 허가권자는 제3항에 따라 이행강제금 부과처분을 받은 자가 이행강제금을 납부기한까지 내지 아니하면 지방세 체납처분의 예에 따라 징수한다.

[설문 1-(1)] 대집행과 이행강제금의 선택가능성 (10점)

I. 문제의 소재

건축물의 변경된 부분에 대한 철거의무는 대체적작위의무로서 불이행시 강제집행수단으로 대집행의 활용이 가능하다. 이와 같이 대집행이 가능한 경우인데 이행강제금을 부과한 것이 적법한지 문제된다.

II. 위법 건축물에 대한 이행강제수단 – 대집행과 이행강제금

대집행은 대체적 작위의무의 불이행이 있는 경우 당해 행정청이 불이행된 의무를 스스로 행하거나 제3자로 하여금 이행하게 하고, 그 비용을 의무자로부터 징수하는 것을 말한다. 이행강제금은 작위의무, 부작위의무 또는 수인의무를 이행하지 않는 경우에, 그 이행을 강제하기 위한 수단으로서 부과하는 금전적 부담으로 간접적, 심리적 강제를 가하는 것이다. 장래의 의무이행을 확보하기 위하여 과해진다는 점에서 과거의 의무위반에 대한 제재인 행정벌과 구별된다.

양자 모두 침익적 행정작용으로 법적 근거가 필요한데 대집행은 행정대집행법 제2조 및 행정기본법 제30조 1항1호의 문언을 고려하건대, 개별법에 근거가 없어도 일반법인 행정대집행법에 의해서 가능하다. 이에 반해 이행강제금은 개별법에 법적 근거가 필요한데 사안의 경우 건축법 제80조에 근거가 있다.

III. 대집행과 이행강제금의 선택가능성

대체적 작위의무에 대하여는 대집행이 가능하므로 이행강제금을 인정할 필요가 없다는 견해도 있지만, 대집행에 소요되는 비용문제 및 의무자와의 마찰 등 대집행이 부적절한 경우 효과적인 권리구제수단이 될 수 있으므로 대체적 작위의무에 대해서도 인정하는 것이 타당하다.

헌법재판소는 전통적으로 행정대집행은 대체적 작위의무에 대한 강제집행수단으로 이행강제금은 부작위의무나 비대체적 작위의무에 대한 강제집행수단으로 이해되어 왔으나 이는 이행강제금제도의 본질에서 오는 제약은 아니라고 한다. 또한 대집행과 이행강제금은 각각의 장단점이 있으므로 행정청은 선택적으로 활용할 수 있으며 중첩적인 제재에 해당한다고 할 수 없다고 하면서 대집행이 가능함에도 건축법상 이행강제금 제도를 둔 것에 대해 합헌이라고 판시한 바 있다.[1]

IV. 사안의 해결

A시장이 甲에 대하여 철거명령을 부과하고 불이행시 대집행이 가능함에도 이행강제금을 부과한 것은 적법하다.

[설문 1-(2)] 시정명령과 이행강제금 부과계고의 결합가능성 (10점)

I. 문제의 소재

원래 시정명령을 부과하고 불이행시 이행강제금 부과절차에 들어가야 하는데, 사안은 시정명령과 이행강제금이 하나의 문서로서 동시에 부과되었다. 시정명령과 이행강제금의 결합가능성이 문제된다.

II. 이행강제금 부과절차

건축허가권자는 건축법 제79조 1항에 따라 시정명령을 받은 후 시정기간 내에 시정명령을 이행하지 아니한 건축주등에 대하여는 그 시정명령의 이행에 필요한 상당한 이행기한을 정하여 그 기한까지 시정명령을 이행하지 아니하면 이행강제금을 부과한다(건축법 제80조 1항). 그리고 허가권자는 이행강제금을 부과하기 전에 이행강제금을 부과·징수한다는 뜻을 미리 문서로써 계고하여야 한다(동법 제80조 3항).

III. 시정명령과 이행강제금계고의 결합가능성

원래 A시장은 철거를 명하는 시정명령을 하고, 불이행시 상당한 이행기한을 정하여 문서로 이행강제금 부과계고를 하고, 그 기한까지 이행하지 아니하면 이행강제금 부과처분을 해야 한다. 즉 두 차례 시정의 기회를 부여해야 한다. 그런데 시정명령과 이행강제금 부과계고가 하나의 문서로 행해져서 한 번의 이행기한만이 부여된 것은 의무자에게 주어진 추가적인 이행기간을 박탈하는 것으로 건축법의 입법취지에 어긋난다.

---

[1] 헌재 2004.2.26, 2001헌바80

판례도 건축허가권자는 먼저 건축주 등에 대하여 상당한 기간을 정하여 시정명령을 하고, 건축주 등이 그 시정기간 내에 시정명령을 이행하지 아니하면, 다시 그 시정명령의 이행에 필요한 상당한 이행기한을 정하여 그 기한까지 시정명령을 이행할 수 있는 기회를 준 후가 아니면 이행강제금을 부과할 수 없다고 하여 결합가능성을 부정하고 있다.[2] 시정명령과 대집행계고 간에는 결합가능성을 긍정하는 입장과 대비된다.[3]

Ⅳ. 사안의 해결

A시장은 철거명령을 발령하고 불이행시 또 다시 상당한 이행기한을 정하여 이행강제금 부과계고처분을 하고 그럼에도 불이행한 경우에 甲에게 1,000,000원의 이행강제금을 부과하여야 한다. 따라서 A시장이 "2013. 5. 14. 내에 이 사건 건축물의 변경된 부분을 철거하라, 이를 이행하지 아니할 때에는 건축법 제80조에 따라 1,000,000원의 이행강제금을 부과할 예정이다."라는 내용의 '시정명령 및 이행강제금 부과계고' 문서를 송달한 것은 한 번의 이행기한만을 부여한 것으로 위법하다.

[설문 3] A시장의 甲에 대한 대집행 계고의 적법성 (20점)

Ⅰ. 문제의 소재

대집행 계고가 적법하기 위해서는 계고의 적법요건을 구비해야 한다. 사안은 명도대집행 계고와 철거대집행 계고라는 두 개의 계고처분이 결합된 것인데 계고요건과 관련하여 상당한 이행기한을 부여했는지 문제된다. 또한 계고시 대집행의 요건이 구비되어야 하는데 명도대집행 계고와 관련해서는 명도의무를 불이행한 것이 대체적 작위의무의 불이행에 해당되는지 문제되고, 철거대집행 계고와 관련해서는 이행강제금 부과행위가 있는데 철거대집행을 하는 것도 다른 수단으로 의무의 이행확보가 곤란한 경우에 해당되는지 문제된다.[4]

Ⅱ. 대집행

1. 의의
2. 요건

Ⅲ. 대집행 계고

1. 의의
2. 요건

대집행 계고는 ① 대집행의 요건이 충족된 경우에, ② 의무의 내용을 구체적으로 특정하여, ③ 문서로, ④ 상당한 이행기간을 정해서 하여야 한다(동법 제3조 1항).

---

[2] 대판 2010.6.24. 2010두3978
[3] 후술하는 각주6) 참조.
[4] 명도의무와 철거의무를 분리해여 이해하여야 하는 사례이다.

Ⅳ. 사안의 해결

1. 계고의 형식적 요건

A시장은 "(1) 2013. 6. 30. 내에 도시공원 내에 있는 A시 소유의 시설물(이 사건 건축물)로부터 퇴거하고 그 내부 시설 및 상품을 반출하라, (2) 2013. 7. 31. 내에 이 사건 건축물의 변경된 부분을 철거하라, (3) 이상을 이행하지 아니할 때에는 대집행할 것임을 알림"이라는 내용의 계고장을 발송하였으므로 의무의 내용을 문서로서 구체적으로 특정했다고 볼 수 있다.

2. 상당한 이행기간의 부여

상당한 이행기간은 사회통념에 비추어 개별적으로 판단해야 한다. 甲이 2013.6.18. 계고장을 수령했는데 6.30.까지 도시공원 내 시설물로부터 퇴거하고 내부시설 및 상품을 반출하라고 한 것은 반출에 소요되는 시간 및 반출 후 이전장소 준비 등을 고려할 때 상당한 이행기간을 부여한 것이라고 할 수 없다. 그러나 7.31.까지 건축물의 변경된 부분을 철거하라는 것은 이미 시정명령 및 이행강제금 부과를 통해서 甲에게 철거의무가 부과된 상태임을 고려하면 약 40일 이상의 기간을 부여한 것으로 상당한 이행기간을 부여한 것에 해당한다.

3. 대집행 요건

(1) 명도대집행 계고와 관련

명도의무가 대체적 작위의무인지 문제된다. 대집행은 대체적 작위의무의 불이행의 경우 행해지는데 甲이 사용허가취소로 인하여 시설물로부터 퇴거하고 내부 시설 및 상품을 반출해야 하는 의무는 매점에 대한 점유자의 점유를 배제하고 점유이전을 해야 하는 것으로 이러한 의무는 강제적으로 실현함에 있어 직접적인 실력행사가 필요한 것이지 대체적 작위의무에 해당하는 것은 아니어서 직접강제의 방법에 의하는 것은 별론으로 하고 행정대집행법에 의한 대집행의 대상이 되지 않는다. 따라서 명도대집행 계고는 대집행의 요건을 구비하지 못한 것이다.

(2) 철거대집행 계고와 관련

건축물의 무단변경 부분을 철거해야 하는 의무는 대체적 작위의무에 해당하므로 문제가 없으나, 이행강제금 부과가 있는 경우이므로 다른 수단으로 의무이행확보가 가능하다는 요건의 충족여부가 문제된다. 이행강제금을 이미 선택하여 부과한 경우에는 대집행이 불가능하다는 견해도 가능하나, 이행강제금을 부과하더라도 의무자가 의무를 이행하지 않고 있는 경우에는 대집행이 필요한 경우도 있으므로 이행강제금 부과가 다른 수단으로 의무이행확보가 가능한 경우[5]라고 볼 수는 없다. 이미 甲에게 이행강제금을 부과하였다고 하더라도 甲이 의무를 이행하지 않고 있으며, 甲이 스스로 그 의무를 이행할 것을 기대할 수 있는 사정이 보이지 않아 다시 이행강제금을 부과하는 방법으로는 그 이행을 확보하기 곤란하다고 볼 수 있다. 또한 사안의 건축물은 많은 시민들이 사용하는 도시공원 내에 존재하여 그 불이행을 방치함이 심히 공익을 해하는 것으로 볼 수 있는 상태이므로, A시장이 甲의 철거의무이행을 확보하기 위한 수단으로써 합리적인 재량에 의해 다시 대집행의 방법을 사용하는 것은 가능하다. 따라서 철거대집행 계고는 대집행의 요건을 구비하였다.

---

[5] 다른 수단이 있는지 의문이라는 입장(하명호)도 있고, 의무자가 자발적 이행을 다른 수단의 예로 들기도 한다(박균성). 박균성 교수님은 의무자가 자발적 이행을 약속하며 대집행의 연기를 진지하게 요청하였음에도 대집행을 강행하는 것은 위법하다고 한다.

4. 의무를 부과하는 처분과 대집행 계고의 결합가능성

본래 퇴거명령 내지는 철거명령이 있고, 불이행시 대집행계고처분을 하여야 하는 것인데, 사안은 대집행 계고를 하기 전에 의무를 부과하는 처분이 별도로 존재하지 않는다. 이러한 경우 의무를 부과하는 처분이 선행되지 않는 계고가 위법한지 문제된다.

판례는 계고서라는 명칭의 1장의 문서로서 일정기간 내에 위법건축물의 자진철거를 명함과 동시에 그 소정기한 내에 자진철거를 하지 아니할 때에는 대집행할 뜻을 미리 계고하는 것을 긍정한다.

그런데 사안에서 허가받은 시설의 명도의무는 A시장의 처분에 의해서 부과되는 것이 아니라 공유재산 및 물품 관리법 제20조 5항6)에 의해서 직접 부과되는 것이므로 별도로 의무를 부과하는 처분이 없어도 된다. 또한 무단변형 부분의 철거의무는 이미 이행강제금 부과 등을 통하여 철거의무가 부과되었으므로 대집행 계고 처분 이전에 별도로 철거명령을 반드시 부과해야만 의무가 발생하는 것은 아니다. 사안은 판례에서 문제되는 상황과는 다른 경우이고7), 대집행 계고 전에 명도·철거명령이 별도로 없어도 계고는 가능하다.

---

6) 공유재산 및 물품관리법 제20조5항이 참조조문으로 제시되어 있지 않아 인용은 곤란할 것이다.
   * 공유재산 및 물품관리법 제20조(사용·수익허가) ⑤ 제1항에 따라 사용·수익의 허가를 받은 자는 허가기간이 끝나거나 제25조에 따라 사용·수익허가가 취소된 경우에는 그 행정재산을 원상대로 반환하여야 한다. 다만, 지방자치단체의 장이 미리 원상의 변경을 승인한 경우에는 변경된 상태로 반환할 수 있다.
7) 판례는 계고서라는 명칭의 1장의 문서로서 일정기간 내에 위법건축물의 자진철거를 명함과 동시에 그 소정기한 내에 자진철거를 하지 아니할 때에는 대집행할 뜻을 미리 계고한 경우라도 건축법에 의한 철거명령과 행정대집행법에 의한 계고처분은 독립하여 있는 것으로서 각 그 요건이 충족되었다고 볼 것이고, 이 경우, 철거명령에서 주어진 일정기간이 자진철거에 필요한 상당한 기간이라면 그 기간 속에는 계고시에 필요한 '상당한 이행기간'도 포함되어 있다(대판 1992.6.12, 91누13564)고 하여 결합가능성을 긍정한다. 판례사안은 철거명령에 의해서 철거의무가 부과되는 상황이다. 설문과는 차이가 있음을 유의해야 한다.

사례 055 이행강제금 납부독촉행위의 처분성 [행시 2016]

甲은 B광역시장의 허가를 받지 아니하고 B광역시에 공장 건물을 증축하여 사용하고 있다. 이에 B광역시장은 甲에 대하여 증축한 부분을 철거하라는 시정명령을 내렸으나 甲은 이를 이행하지 아니하고 있다. 다음 물음에 답하시오.

2) B광역시장이 甲에 대하여 일정기간까지 이행강제금을 납부할 것을 명하였으나, 甲은 이에 불응하였다. B광역시장은 지방세외수입금의 징수 등에 관한 법률 제8조에 따라 다시 甲에게 일정기간까지 위 이행강제금을 납부할 것을 독촉하였다. 위 독촉행위는 항고소송의 대상이 되는가? (10점)

[참조조문]
* 건축법
제80조(이행강제금) ① 허가권자는 제79조제1항에 따라 시정명령을 받은 후 시정기간 내에 시정명령을 이행하지 아니한 건축주등에 대하여는 그 시정명령의 이행에 필요한 상당한 이행기한을 정하여 그 기한까지 시정명령을 이행하지 아니하면 다음 각 호의 이행강제금을 부과한다.
    1.~2. (생략)
⑦ 허가권자는 제4항에 따라 이행강제금 부과처분을 받은 자가 이행강제금을 납부기한까지 내지 아니하면 지방세외수입금의 징수 등에 관한 법률 에 따라 징수한다.

* 지방세외수입금의 징수 등에 관한 법률
제2조(정의) 이 법에서 사용하는 용어의 뜻은 다음과 같다.
    1. "지방세외수입금"이란 지방자치단체의 장이 행정목적을 달성하기 위하여 법률에 따라 부과·징수하는 조세 외의 금전으로서 과징금, 이행강제금, 부담금 등 대통령령으로 정하는 것을 말한다.
제8조(독촉) ① 납부의무자가 지방세외수입금을 납부기한까지 완납하지 아니한 경우 에는 지방자치단체의 장은 납부기한이 지난 날부터 50일 이내에 독촉장을 발급하여야 한다.
② 제1항에 따라 독촉장을 발급할 때에는 납부기한을 발급일부터 10일 이내로 한다.
제9조(압류의 요건 등) ① 지방자치단체의 장은 체납자가 제8조에 따라 독촉장을 받고 지정된 기한까지 지방세외수입금과 가산금을 완납하지 아니한 경우에는 체납자의 재산을 압류한다.

I. 문제의 소재

B광역시장의 납부 독촉행위가 항고소송의 대상이 되는지 문제된다. 독촉이 단순한 권고적 성격의 행위로서 사실행위에 불과한지 일정한 법적 효과를 수반하는 것으로서 처분에 해당하는지 문제된다.

II. 항고소송의 대상 - 처분

항고소송의 대상은 처분등과 부작위이다(행정소송법 제3조1호). 사안은 부작위가 문제되는 경우가 아니므로 처분등에 해당하는지가 문제된다. 취소소송 및 무효확인소송은 처분등을 대상으로 한다(행정소송법 제19조, 제38조1항). 처분등은 행정청이 행하는 구체적 사실에 관한 법집행으로서의 공권력의 행사 또는 그 거부와 그 밖에 이에 준하는 행정작용 및 행정심판에 대한 재결(제2조 1항 1호)인데 사안은 재결이 아니라 처분이 문제되는 경우이다.

행정소송법의 처분개념을 해석하면 ① 행정청의 행위이어야 하고 ② 구체적 사실에 관한 집행행위이어야 하며 ③ 공권력적 행위이고 ④ 외부에 대한 법적행위로서 국민의 권리·의무에 직접적 영향을 미치는 것이어야 한다. 그 밖에 이에 준하는 행정작용의 해석과 관련하여 처분과 행정행위와의 관계에 대해서 처분은 행정행위에 한정된다는 실체법상 처분개념설과 행정행위보다 더 넓게 보는 쟁송법상 처분개념설의 대립이 있다.

판례는 그동안 처분을 "행정청의 공법상의 행위로서 특정 사항에 대하여 법규에 의한 권리의 설정 또는 의무의 부담을 명하고 기타 법률상의 효과를 발생케 하는 등 국민의 권리의무에 직접적 변동을 초래하는 행위를 가리키는 것으로서 행정권 내부에서의 행위나 사실상의 통지 등과 같이 상대방 또는 기타 관계자들의 법률상 지위에 직접적인 법률적 변동을 일으키지 아니하는 행위는 항고소송의 대상이 될 수 없다."고 하여 기본적으로 실체법상 처분개념설을 취하면서도, 어떤 행위가 행정처분과 같은 외형을 갖추고 있고, 상대방이 행정처분으로 인식할 정도라면 그로 인하여 파생되는 국민의 불이익을 제거시켜 주기 위한 구제수단이 필요한 점에 비추어 행정청의 행위로 인하여 그 상대방이 입는 불이익 내지 불안이 있는지 여부도 그 당시에 있어서의 법치행정의 정도와 국민의 권리의식 수준 등은 물론 행위에 관련한 당해 행정청의 태도 등도 고려하여 판단해야 한다고 하여 쟁송법상 처분개념설로 평가될만한 판시를 하기도 했었다. 최근 판례는 실체법적 처분과 쟁송법적 처분이라는 개념을 사용하면서 내용·형식·절차의 측면에서 단순히 조기의 권리구제를 가능하게 하기 위하여 행정소송법상 처분으로 인정되는 소위 '쟁송법적 처분'을 인정할 수 있다는 취지로 판시하여 쟁송법적 처분을 명시적으로 인정하고 있다.[1] 생각건대, 처분 정의규정의 문언이나 입법취지에 비추어 쟁송법상 처분개념설이 타당하다.

III. 준법률행위적 행정행위로서 통지

준법률행위적 행정행위는 법률행위적 행정행위와는 달리 의사표시를 요소로 하는 것이 아니라 의사표시 이외의 정신작용을 구성요소로 하고 법적효과가 행위자의 의사와는 무관하게 법규범에 의하여 부여되는 행위를 말한다. 준법률행위적 행정행위는 확인, 공증, 통지, 수리로 세분되는데 이 중 통지는 특정인 또는 불특정다수인에 대하여 특정한 사실 또는 행정청의 의사를 알리는 행정행위를 말한다. 행정행위의 효력발생요건으로서의 통지 및 단순한 사실의 통지와 구별된다.

IV. 사안의 해결

B광역시장의 이행강제금 납부 명령에도 불구하고 甲이 지정된 기한까지 납부하지 아니하면 건축법 제80조7항이 준용하는 지방세외수입금의 징수 등에 관한 법률에 따라 강제징수를 하게 되며 이행강제금 납부 독촉을 하게 된다(동법 제8조 1항). 납부 독촉에도 불구하고 갑이 지정된 기한까지 납부하지 아니하면 B광역시장은 갑의 재산을 압류하게 된다(동법 제9조). 이행강제금 납부 독촉은 체납자에게 독촉장에 지정된 기한까지 납부하지 아니하면 압류 등의 절차를 거쳐 강제징수하겠다는 행정청의 의사를 알리는 행위로서 갑의 권리의무에 영향을 미치게 된다. 준법률행위적 행정행위로서 통지에 해당하며 처분에 해당한다. 판례도 건축법상 이행강제금 부과처분을 받은 자에 대한 이행강제금 납부의 최초 독촉 행위에 대하여 처분이라고 판시한 바가 있다.

---

[1] 대판 2020.4.9, 2019두61137

사례 056 직접강제 [법전협 2018-1]

　B시설관리공단(이하 'B공단')은 국유재산인 복지시설의 관리청으로서 동 시설 내 건물 일부에 대하여 乙에게 사용·수익허가를 하였다. 乙은 해당 장소에서 「축산물위생관리법」 제24조에 따른 축산물판매업 신고를 하고 정육점을 운영하고 있었으나, 구제역 파동 등으로 영업실적이 부진하자 휴업신고를 한 채 영업을 중단하고 있고, B공단에 대한 사용료도 납부하지 않고 있다. 이에 B공단은 사용료 체납을 이유로 乙에 대한 사용·수익허가를 취소하였고, 동 건물에 대한 경쟁입찰에 참여한 甲에 대하여 다시 사용·수익허가를 하였다.

　B공단으로부터 해당 장소를 인도받은 甲은 다시 정육점 영업을 하고자 「축산물위생관리법」 제21조, 같은법 시행규칙 제29조 및 [별표 10]에 따른 시설기준을 갖추어 관할 A시장에게 축산물 판매업 신고를 하였다.

　A시 담당공무원 丙은 법령상 명시적 규정은 없지만 그간에도 같은 장소에서 사업자를 달리하는 축산물판매업 중복신고는 수리하지 않는 것으로 관련 법령을 해석·적용하여 왔고, 이 건 甲의 영업신고에 대하여 관할 도 및 농림축산식품부 등 관련 행정관청에 문의한 결과 위의 해석과 동일한 취지의 답변을 받아 이를 시장에게 보고하였다.

　이에 A시의 시장은 '같은 장소에서 영업신고를 한 乙이 휴업신고만 한 채 폐업신고를 하지 아니한 상태이기 때문에 같은 장소에 대한 甲의 영업신고를 수리할 수 없다'는 이유로 甲의 신고를 반려하였다.

　그럼에도 불구하고 甲은 영업준비를 계속하여 정육점 영업을 개시하였고, A시의 시장은 丙으로 하여금 미신고영업임을 이유로 같은 법 제38조에 따라 영업소 폐쇄조치의 일환으로 甲의 업소 간판을 제거하는 조치를 하게 하였다.

2. 甲은 위 간판제거조치에 대하여 취소소송을 통하여 다투고자 한다. 이 경우 간판제거조치가 소의 대상이 되는지 여부와 협의의 소의 이익이 있는지 여부를 검토하시오. (20점)

[참조조문]
■ 「축산물위생관리법」
제21조(영업의 종류 및 시설기준) ① 다음 각 호의 어느 하나에 해당하는 영업을 하려는 자는 총리령으로 정하는 기준에 적합한 시설을 갖추어야 한다.
　1. 도축업
　…
　7. 축산물판매업
제24조(영업의 신고) ① 제21조제1항제6호, 제7호, 제7호의2, 제8호에 따른 영업을 하려는 자는 총리령으로 정하는 바에 따라 제21조제1항에 따른 시설을 갖추고 특별자치도지사·시장·군수·구청장에게 신고하여야 한다.
② 제1항에 따라 신고를 한 자가 그 영업을 휴업, 재개업 또는 폐업하거나 신고한 내용을 변경하려는 경우에는 총리령으로 정하는 바에 따라 식품의약품안전처장 또는 특별자치도지사·시장·군수·구청장에게 신고하여야 한다.
③ 다음 각 호의 어느 하나에 해당하는 경우에는 제1항에 따른 영업신고를 할 수 없다.
　…
　3. 제27조제1항에 따라 영업정지처분을 받고 그 정지 기간이 지나기 전에 같은 장소에서 같은 종류의 영업을 하려는 경우
　4. 제27조제1항에 따라 영업정지처분을 받고 그 정지 기간이 지나지 아니한 자(법인인 경우에 그 대표자를 포함한다)가 정지된 영업과 같은 종류의 영업을 하려는 경우

제38조(폐쇄조치) ① 식품의약품안전처장, 시·도지사 또는 시장·군수·구청장은 다음 각 호의 어느 하나에 해당하는 자에 대하여 관계 공무원에게 해당 영업소를 폐쇄하도록 할 수 있다.
  1. 제22조제1항 및 제2항을 위반하여 허가를 받지 아니하거나 제24조제1항을 위반하여 신고를 하지 아니하고 영업을 하는 자
 ② 식품의약품안전처장, 시·도지사 또는 시장·군수·구청장은 제1항의 폐쇄조치를 위하여 관계 공무원에게 다음 각 호의 조치를 하게 할 수 있다.
  1. 해당 영업소의 간판 등 영업 표지물의 제거나 삭제

I. 문제의 소재

간판제거조치가 사실행위라는 점에서 취소소송의 대상이 되는지 문제되며, 소송의 대상이 된다고 하더라도 간판제거조치가 실행되었다는 점에서 협의의 소의 이익이 있는지가 문제된다. 권력적 사실행위의 처분성과 협의의 소의 이익을 검토한다.

II. 간판제거조치의 처분성

1. 취소소송의 대상

2. 간판제거조치의 법적 성질

갑의 업소의 간판을 제거한 조치는 갑의 영업이 미신고영업임을 이유로 한 폐쇄조치로서 행정상 강제집행의 하나인 직접강제에 해당한다. 직접강제는 의무자가 행정상 의무를 이행하지 아니하는 경우 행정청이 의무자의 신체나 재산에 실력을 행사하여 행정상 의무의 이행이 있었던 것과 같은 상태를 실현하는 것을 말하는데(행정기본법 제30조1항3호) 권력적 사실행위에 해당한다. 직접강제는 구체적인 의무부과를 전제로 이의 불이행이 있어야만 실력행사가 가능하다는 점에서 의무의 불이행이 전제되지 않고 실력행사가 이루어지는 행정상 즉시강제와 구별된다.

3. 권력적 사실행위의 처분성

권력적 사실행위는 항고소송의 대상이 되는 처분에 해당한다는 것이 일반적인 견해이다. 행정행위와 처분과의 관계에 관한 쟁송법상 처분개념설은 처분 개념 중 그 밖의 이에 준하는 행정작용에 해당되어 처분성을 긍정하며, 실체법상 처분개념설도 수인하명과 집행행위라는 사실행위와 결합된 합성행위로 파악하여 수인하명이 취소소송의 대상이 된다고 한다.

판례는 권력적 사실행위의 예에 해당하는 단수처분, 교도소재소자이송조치에 대해서는 처분성을 긍정한 바가 있다. 최근 판례[1] 중에는 교도소장이 수형자에 대하여 교도관참여대상자로 지정한 행위에 대한 취소소송에서 계속성을 갖는 공권력적 사실행위를 취소할 경우 장래에 이루어질지도 모르는 기본권의 침해로부터 수형자들의 기본적 권리를 구제할 실익이 있다고 판시하여 권력적 사실행위가 취소소송의 대상이 됨을 긍정하고 있다.

---

[1] 대판 2014.2.13, 2013두20899.

III. 갑이 제기한 취소소송의 협의의 소의 이익

1. 협의의 소의 이익

협의의 소익(소의 이익)이란 원고의 재판청구에 대하여 본안판결을 구하는 것을 정당화시킬 수 있는 현실적 이익 내지 필요성을 말하며, '소의 객관적 이익' 또는 '권리보호의 필요'라고도 한다. 행정소송법은 협의의 소의 이익에 관한 일반적인 규정은 없으나, 행정소송법 제12조 후문은 처분의 효력이 소멸한 경우의 소의 이익에 대해서 규정하고 있다. 동 규정에 대해 원고적격에 관한 규정이라는 견해가 있으나 협의의 소익에 관한 규정이라는 견해가 다수설·판례이다.

제12조 후문의 '법률상 이익'의 의미에 대해서는 전통적인 견해는 취소소송에서의 권리보호의 필요에 관한 규정으로 보고 있으나, 유력한 견해는 독일법상의 계속적 확인소송에 상응하는 소송으로서 위법확인소송에 있어서의 권리보호의 필요에 관한 규정이라고 하면서 '위법확인의 정당한 이익'을 의미한다고 한다. 이에는 법으로 보호하는 이익뿐만 아니라 경제적 이익은 물론 보호가치가 있는 정신적 이익을 포함한다고 한다.

판례는 제12조의 '법률상 이익'은 전문과 후문을 구별하지 않고, 당해 처분의 근거 법률에 의하여 보호되는 직접적이고 구체적인 이익이 있는 경우를 말하고 간접적이거나 사실적·경제적 이해관계를 가지는데 불과한 경우는 여기에 해당하지 않는다고 한다.

2. 권력적 사실행위와 협의의 소의 이익

권력적 사실행위의 처분성을 긍정하더라도 사실행위의 집행이 완료된 경우에는 협의의 소의 이익이 인정되지 않을 것이다. 다만 계속적인 성격을 갖는 권력적 사실행위의 경우에는 소의 이익을 인정할 수 있다. 취소판결이 있는 경우 기속력의 내용으로서 결과제거의무(원상회복의무)를 통해 위법상태를 배제할 수 있을 것이다.

IV. 사안의 해결

A시장의 간판제거조치는 직접강제로서 권력적 사실행위에 해당하며 처분에 해당한다. 간판이 제거된 효과는 계속되고 있으며 취소판결이 있는 경우 A시장은 기속력의 내용으로서 결과제거의무를 지게 되며 간판을 재부착해야 하는 의무가 생기므로 협의의 소의 이익도 인정된다.

사례 057 　행정상 즉시강제　　　　　　　　　　　　　　　　　[법전협 2014-2]

2014년 1월 C도 K군에서 발생한 제1종 가축전염병인 AI(고병원성 조류 인플루엔자)로 인해 동년 3월 30일까지 전국적으로 약 1,200만 마리의 가금(家禽)류가 가축전염병예방법 제20조에 근거하여 살처분되었다. 이 중 실제로 AI에 감염된 가금류는 28마리에 불과하였다. 이렇게 대규모로 살처분이 이루어진 이유는 AI가 발생한 농장은 물론 발생농가로부터 반경 3km 이내는 가축전염병이 퍼지거나 퍼질 것으로 우려되는 지역으로 보아 살처분을 실시하였기 때문이다. 이 사안을 기본으로 하여 다음 질문에 답하시오.

2. 乙은 공장식 축산에 반대하면서 닭들을 자유롭게 방사하는 동물복지농장을 운영하고 있다. 그러나 乙의 농장도 AI 발병 농가로부터 반경 3km 이내이기 때문에 K군수는 가축전염병예방법 제20조 제1항 단서에 의거 乙이 사육중인 닭 1만 마리 전부에 대한 살처분 명령을 내렸다.

 (2) 사안을 달리하여, K군수는 가축전염병예방법 제20조 제2항 제3호에 의거, 가축방역관으로 하여금 乙의 농장 내 닭 1만 마리를 모두 살처분하도록 했다.

  1) 이러한 K군수의 살처분은 적법한지를 검토하시오(절차적 하자는 논하지 않음). (20점)

  2) 가축방역관이 살처분에 착수하였고, 乙은 살처분이 위법하다고 생각하여 이에 불복하려고 한다. 乙이 취할 수 있는 행정소송법상 수단을 논하시오. (20점)

[참고조문]
* 가축전염병 예방법

제3조(국가와 지방자치단체의 책무) ② 시장·군수·자치구의 구청장은 제22조제2항 본문, 제23조 제1항 및 제3항에 따른 가축의 사체 또는 물건의 매몰에 대비하여 농림축산식품부령으로 정하는 기준에 적합한 매몰후보지를 미리 선정하여 관리하여야 한다.

제20조(살처분 명령) ① 시장·군수·구청장은 제1종 가축전염병이 퍼지는 것을 막기 위하여 필요하다고 인정하면 가축전염병에 걸렸거나 걸렸다고 믿을 만한 역학조사·정밀검사 결과나 임상증상이 있는 가축의 소유자에게 그 가축의 살처분(殺處分)을 명하여야 한다. 다만, 우역, 우폐역, 구제역, 돼지열병, 아프리카돼지열병 또는 고병원성 조류인플루엔자에 걸렸거나 걸렸다고 믿을 만한 역학조사·정밀검사 결과나 임상증상이 있는 경우에는 그 가축이 있거나 있었던 장소를 중심으로 그 가축전염병이 퍼지거나 퍼질 것으로 우려되는 지역에 있는 가축의 소유자에게 지체 없이 살처분을 명할 수 있다.
  ② 시장·군수·구청장은 다음 각 호의 어느 하나에 해당하는 경우에는 가축방역관에게 지체 없이 해당 가축을 살처분하게 하여야 한다.
   3. 가축전염병이 퍼지는 것을 막기 위하여 긴급히 살처분하여야 하는 경우

제22조(사체의 처분제한) ② 가축전염병에 걸렸거나 걸렸다고 믿을 만한 역학조사·정밀검사 결과나 임상증상이 있는 가축 사체의 소유자등이나 제20조제2항에 따라 가축을 살처분한 가축방역관은 농림축산식품부령으로 정하는 바에 따라 지체 없이 해당 사체를 소각하거나 매몰하여야 한다.

제23조(오염물건의 소각 등) ① 가축전염병의 병원체에 의하여 오염되었거나 오염되었다고 믿을 만한 역학조사·정밀검사 결과나 임상증상이 있는 물건의 소유자등은 농림축산식품부령으로 정하는 바에 따라 가축방역관의 지시에 따라 그 물건을 소각·매몰 또는 소독하여야 한다.
  ③ 가축방역관은 가축전염병이 퍼지는 것을 막기 위하여 긴급한 경우 또는 소유자등이 제1항의 지시에 따르지 아니할 경우에는 제1항의 물건을 직접 소각·매몰 또는 소독할 수 있다.

* **가축전염병예방법 시행규칙**

제3조의2(매몰 후보지의 선정) 법 제3조 제2항에 따른 매몰 후보지에 관한 기준은 별표 5 제2호 가목에 따른 매몰 장소에 관한 기준과 같다.

제25조(사체 등의 매몰기준) 법 제22조 제2항, 법 제23조 제1항에 따른 매몰기준은 별표5와 같다.

[별표 5] 소각 또는 매몰기준(제25조 관련)

2. 매몰기준

　가. 매몰 장소의 선택

　　1) 농장 부지 등 매몰 대상 가축 등이 발생한 해당 장소에 매몰하는 것을 원칙으로 한다. 다만, 해당 농장 부지 등이 매몰 장소로 적합하지 않거나, 매몰 장소로 활용할 수 없는 경우 등에 해당할 때에는 국·공유지 등을 활용할 수 있다.

　　3) 매몰 장소로 적합한 장소는 다음과 같다.

　　　가) 하천, 수원지, 도로와 30m이상 떨어진 곳
　　　나) 음용 지하수 관정(管井)과 75m 이상 떨어진 곳
　　　다) 주민이 집단적으로 거주하는 지역에 인접하지 않은 곳으로 사람이나 가축의 접근을 제한할 수 있는 곳
　　　라) 다음의 어느 하나에 해당하지 않는 곳
　　　　(1) 「수도법」 제7조에 따른 상수원보호구역
　　　　(2) 「먹는물관리법」에 따른 염지하수 관리구역 및 샘물보전구역
　　　　(3) 「지하수법」 제12조에 따른 지하수보전구역
　　　　(4) 그밖에 (1)부터 (3)까지의 규정에 따른 구역에 준하는 지역으로서 수질환경보전이 필요한 지역

[설문 2-(2)-1] K군수의 살처분의 위법성 (절차적 하자는 논하지 않음) (20점)

I. 문제의 소재

K군수의 살처분이 행정상 즉시강제에 해당되는지 검토하고, 즉시강제의 한계로서 비례의 원칙 위반 여부는 없는지 검토한다.

II. K군수의 살처분조치의 법적성질

1. 행정상 즉시강제

살처분 조치는 행정상 즉시강제에 해당한다. 행정상 즉시강제는 현재의 급박한 행정상의 장해를 제거하기 위한 경우로서 행정청이 미리 행정상 의무 이행을 명할 시간적 여유가 없거나 성질상 행정상 의무의 이행을 명하는 것만으로는 행정목적 달성이 곤란한 경우에 행정청이 곧바로 국민의 신체 또는 재산에 실력을 행사하여 행정목적을 달성하는 것을 말한다(행정기본법 제30조5호).

행정상 강제집행은 구체적인 의무부과를 전제로 이의 불이행이 있어야만 실력행사가 가능하지만 행정상 즉시강제는 의무의 불이행이 전제되지 않고 실력행사가 이루어진다는 점에 차이가 있다.

2. 권력적 사실행위

행정상 즉시강제는 권력적 사실행위에 해당한다. 권력적 사실행위에 대해서 행정행위와 처분과의 관계에 관한 쟁송법상 처분개념설은 처분 개념 중 그 밖의 이에 준하는 행정작용에 해당되어 처분성을 긍정하며,

실체법상 처분개념설도 수인하명과 집행행위라는 사실행위와 결합된 합성행위로 파악하여 수인하명이 취소소송의 대상이 된다고 한다.

III. 행정상 즉시강제의 한계[1]

행정강제는 행정상 강제집행을 원칙으로 하며, 법치국가적 요청인 예측가능성과 법적 안정성에 반하고, 기본권 침해의 소지가 큰 권력작용인 행정상 즉시강제는 어디까지나 예외적인 강제수단이라고 할 것이며 일정한 한계가 존재한다.

이러한 행정상 즉시강제는 엄격한 실정법상의 근거를 필요로 할 뿐만 아니라, 그 발동에 있어서는 법규의 범위 안에서도 다시 행정상의 장해가 목전에 급박하고, 다른 수단으로는 행정목적을 달성할 수 없는 경우이어야 하며, 이러한 경우에도 그 행사는 필요 최소한도에 그쳐야 함을 내용으로 하는 조리상의 한계에 기속된다.[2] 행정기본법도 즉시강제는 다른 수단으로는 행정목적을 달성할 수 없는 경우에만 허용되며, 이 경우에도 최소한으로만 실시하여야 한다고 한계를 규정하고 있다(제33조1항).

IV. 사안의 해결

동법 제20조 제2항은 시장·군수·구청장에게 살처분조치를 할 수 있는 권한을 인정하고 있으므로 법률유보원칙은 충족하였다. 또한 K군에서 발생한 제1종 가축전염병인 AI(고병원성 조류 인플루엔자)로 인해 AI가 발생한 농장은 물론 발생농가 주변지역도 가축전염병이 퍼질 것을 방지하기 위해서 인근 3킬로미터 내의 조류에 대해서도 살처분을 할 필요성은 존재하며 전염병을 고려할 때 장해가 목전에 급박한 상황이다. 그러나 2014년에 전국적으로 1200만마리의 가금류가 살처분 되었으나 그 중에 실제로 감염된 가금류는 28마리에 불과한 것을 감안하면, 과연 가축살처분이 유일한 예방적 조치인지 의문이 들 수 있다. 또한 살처분 외에는 대안이 없기 때문에 살처분이 필요하다고 하더라도 공장식 축산을 반대하면서 자유롭게 방사하는 방식으로 운영하는 甲의 경우 만 마리의 닭을 모두 즉각 살처분하라고 하는 것은 비례의 원칙에 반한다고 할 수 있다. 따라서 K군수의 살처분은 위법하다.[3]

[설문 2-(2)-2] 살처분에 대해 乙이 취할 수 있는 행정소송법상 수단 (20점)

I. 문제의 소재

사안의 경우 취소소송 등 항고소송을 제기와 관련하여 권력적 사실행위인 살처분이 처분인지, 처분에 해당되더라도 협의의 소의 이익이 인정될 수 있는지 문제되며 집행 종료를 막기 위해 집행정지가 가능한지가 문제된다.

II. 살처분의 처분성

1. 행정행위와 처분과의 관계[4]

---

[1] 즉시강제의 경우 영장주의와 관련하여 절차법상 한계도 논의되고 있으나 사안은 영장주의가 문제되는 경우는 아니다.
[2] 헌재 2002.10.31. 2000헌가12
[3] 가축전염병이 퍼질 위험성 때문에 부득이한 것이라고 비례의 원칙에 위반되지 않는다고 포섭해도 무방하다.
[4] 쟁송법상 처분개념설과 실체법상 처분개념설에 따라서 처분성 인정 여부에 차이가 있을 수 있어 행정행위와 처분과의 관계에 대해 비중 있게 서술했다. 만약 그러한 경우가 아니라면 처분의 일반론을 서술하면서 간단히 언급만 하면 족할 것이다.

(1) 문제점
취소소송의 대상은 처분과 재결이며(행정소송법 제19조) 처분은 행정청이 행하는 구체적 사실에 관한 법집행으로서의 공권력의 행사 또는 그 거부와 그밖에 이에 준하는 행정작용을 말한다(제2조). 그 밖에 이에 준하는 행정작용과 관련하여 행정행위와 처분과의 관계에 대해 견해대립이 있다.

(2) 학 설
① 쟁송법상 처분개념설
취소소송중심주의 하에서 사실행위에 대한 실효적인 권익구제를 위해서 사실행위도 항고소송의 대상이 되며, 쟁송법상의 취소는 민법상의 취소와는 달리 위법상태를 제거하는 의미 또는 위법확인의 의미를 갖는다고 하면서 권력적 사실행위 등에 대해서 처분성을 긍정하고 있다.

② 실체법상 처분개념설
사실행위에 대해서는 취소를 생각할 수 없으며 행정의 행위형식에 상응하는 권리구제수단이 마련되어야 하므로 사실행위에 대해서는 당사자소송을 제기해야 한다고 한다. 이 견해는 사실행위에 대한 처분성을 원칙적으로 부정하지만, 권력적 사실행위는 수인하명과 집행행위의 합성행위이며 수인하명이 취소소송의 대상이 된다고 본다. 권력적 사실행위의 처분성을 부정하는 견해도 있다.

(3) 판 례
판례는 그동안 처분을 "행정청의 공법상의 행위로서 특정 사항에 대하여 법규에 의한 권리의 설정 또는 의무의 부담을 명하고 기타 법률상의 효과를 발생케 하는 등 국민의 권리의무에 직접적 변동을 초래하는 행위를 가리키는 것으로서 행정권 내부에서의 행위나 사실상의 통지 등과 같이 상대방 또는 기타 관계자들의 법률상 지위에 직접적인 법률적 변동을 일으키지 아니하는 행위는 항고소송의 대상이 될 수 없다."고 하여 기본적으로 실체법상 처분개념설을 취하면서도, 어떤 행위가 행정처분과 같은 외형을 갖추고 있고, 상대방이 행정처분으로 인식할 정도라면 그로 인하여 파생되는 국민의 불이익을 제거시켜 주기 위한 구제수단이 필요한 점에 비추어 행정청의 행위로 인하여 그 상대방이 입는 불이익 내지 불안이 있는지 여부도 그 당시에 있어서의 법치행정의 정도와 국민의 권리의식 수준 등은 물론 행위에 관련한 당해 행정청의 태도 등도 고려하여 판단해야 한다고 하여 쟁송법상 처분개념설로 평가될만한 판시를 하기도 했었다. 최근 판례는 실체법적 처분과 쟁송법적 처분이라는 개념을 사용하면서 내용·형식·절차의 측면에서 단순히 조기의 권리구제를 가능하게 하기 위하여 행정소송법상 처분으로 인정되는 소위 '쟁송법적 처분'을 인정할 수 있다는 취지로 판시하여 쟁송법적 처분을 명시적으로 인정하고 있다.[5] 생각건대, 처분정의규정의 문언이나 입법취지에 비추어 쟁송법상 처분개념설이 타당하다.

판례는 권력적 사실행위의 예에 해당하는 단수처분, 교도소재소자 이송조치에 대해서는 처분성을 긍정한 바가 있다. 최근 판례[6] 중에는 교도소장이 수형자에 대하여 교도관참여대상자로 지정한 행위에 대한 취소소송에서 계속성을 갖는 공권력적 사실행위를 취소할 경우 장래에 이루어질지도 모르는 기본권의 침해로부터 수형자들의 기본적 권리를 구제할 실익이 있다고 판시하여 권력적 사실행위가 취소소송의 대상이 됨을 긍정하고 있다.

---

[5] 대판 2020.4.9, 2019두61137
[6] 대판 2014.2.13, 2013두20899.

(4) 검 토

당사자소송으로 사실행위에 대한 금지소송이나 이행소송이 인정되고 있지 않는 현행법하에서 실효적인 권리구제를 위해서 일정한 사실행위에 대해 처분성을 긍정하는 것이 타당하다. 대집행실행과 같은 권력적 사실행위도 공권력의 행사로 보아 처분으로 보는 것이 타당하다.

2. 사안의 경우

위의 문 1의 (1)에서 검토한 바와 같이 살처분은 행정상 즉시강제로서 권력적 사실행위에 해당하므로 처분에 해당한다.[7]

III. 협의의 소의 이익

1. 의 의

협의의 소익(소의 이익)이란 원고의 재판청구에 대하여 본안판결을 구하는 것을 정당화시킬 수 있는 현실적 이익 내지 필요성을 말하며, '소의 객관적 이익' 또는 '권리보호의 필요'라고도 한다. 행정소송법은 협의의 소의 이익에 관한 일반적인 규정은 없으나, 행정소송법 제12조 후문은 처분의 효력이 소멸한 경우의 소의 이익에 대해서 규정하고 있다. 동 규정에 대해 원고적격에 관한 규정이라는 견해가 있으나 협의의 소익에 관한 규정이라는 견해가 다수설·판례이다.

제12조 후문의 '법률상 이익'의 의미에 대해서는 전통적인 견해는 취소소송에서의 권리보호의 필요에 관한 규정으로 보고 있으나, 유력한 견해는 독일법상의 계속적 확인소송에 상응하는 소송으로서 위법확인소송에 있어서의 권리보호의 필요에 관한 규정이라고 하면서 '위법확인의 정당한 이익'을 의미한다고 한다. 이에는 법으로 보호하는 이익뿐만 아니라 경제적 이익은 물론 보호가치가 있는 정신적 이익을 포함한다고 한다.

판례는 제12조의 '법률상 이익'은 전문과 후문을 구별하지 않고, 당해 처분의 근거 법률에 의하여 보호되는 직접적이고 구체적인 이익이 있는 경우를 말하고 간접적이거나 사실적·경제적 이해관계를 가지는데 불과한 경우는 여기에 해당하지 않는다고 한다.

2. 사안의 경우

사실행위의 경우 처분성이 인정되는 경우라도 대부분 비교적 단시간에 집행이 완료되어 협의의 소의 이익이 부정되는 경우가 많을 것이다. 그러나 물건의 영치, 전염병환자의 격리, 강제송환을 위한 수용 등 계속적인 성격을 갖는 권력적 사실행위의 경우 소의 이익이 긍정된다.

사안의 경우 乙이 취소소송을 제기한 경우 가축방역관이 살처분에 착수하였다 하더라도 집행이 종료되지 않았으면 협의의 소의 이익은 인정될 것이다. 행정소송법 제12조 후문의 법률상 이익을 "위법확인의 정당한 이익"으로 보는 유력한 견해를 따른다면 살처분이 종료된 경우라 하더라도 乙이 취소소송을 제기하여 그 동안 기울였던 시간·비용상의 노력과 취소판결의 기판력이 이후의 국가배상청구소송에 갖는 의미를 고려하여 협의의 소의 이익을 인정할 수도 있다.[8]

---

7) 당사자소송으로 사실행위에 대한 금지소송이나 이행소송이 행정소송법상 명문으로 규정되어 있지 않아 실무에서 활성화되지 않는 점을 감안하면 실효적인 권리구제를 위해서 일정한 사실행위에 대해 처분성을 긍정하는 것이 타당하다.
8) 행정소송법 제12조 후문의 법률상 이익을 "위법확인의 정당한 이익"으로 보는 정하중 교수님의 감수의견을 반영하여 포섭한 것이다.

Ⅳ. 집행정지 신청

1. 의 의
살처분이 완료되지 않은 경우에 집행정지 신청을 고려할 수 있다. 행정소송법 제23조 1항은 "취소소송의 제기는 처분 등의 효력이나 그 집행 또는 절차의 속행에 영향을 주지 않는다."고 규정하여 집행부정지 원칙을 천명하고 있다. 따라서 소송에서 승소한다 하더라도 권리구제의 실효성이 없게 되는 경우가 있는데, 이 때문에 제23조 2항은 예외적으로 집행정지를 인정하고 있다.

집행정지의 내용에는 ① 처분의 효력을 존재하지 않는 상태로 놓는 처분의 효력정지 ② 대집행의 정지와 같이 처분의 집행을 정지하는 처분의 집행정지 ③ 여러 단계의 절차를 통하여 행정 목적이 달성되는 경우 절차의 속행을 정지하는 절차속행의 정지 등 3종류가 있다. 처분의 효력정지는 처분 등의 집행 또는 절차의 속행을 정지함으로써 목적을 달성할 수 있는 경우에는 허용되지 않는다.

2. 집행정지의 요건
적극적 요건으로 ① 처분등이 존재하고 ② 본안소송이 계속중이어야 하고 ③ 회복하기 어려운 손해발생의 가능성이 있고 ④ 긴급한 필요가 있어야 한다. 소극적 요건으로 ① 본안에서 패소가능성이 명백하지 아니하여야 하고 ② 공공복리에 중대한 영향을 미칠 우려가 없어야 한다.

3. 사안의 경우
살처분이 완료되면 협의의 소의 이익이 소멸되므로 완료되기 이전에 미리 집행정지를 신청할 필요성이 있다. 그러나 회복하기 어려운 손해를 판례는 특별한 사정이 없는 한 금전으로 보상할 수 없는 손해로서 금전보상이 불능인 경우 내지는 금전보상으로는 사회관념상 행정처분을 받은 당사자가 참고 견딜 수 없거나 또는 참고 견디기가 현저히 곤란한 경우의 유형·무형의 손해라고 하는데, 위법한 살처분으로 甲에게 발생한 손해는 재산상 손해이고 금전으로 보상이 가능하다는 점에서 회복하기 어려운 손해발생에 해당한다고 볼 수 없다. 또한 집행정지결정은 가축전염병의 전파를 가져올 수도 있어 집행정지결정이 현저히 공공복리에 중대한 영향을 미칠 우려가 있다고 볼 수도 있어 乙의 집행정지신청이 인용될 가능성은 높지 않을 것이다.[9]

Ⅴ. 사안의 해결
살처분은 권력적 사실행위로서 처분이며, 가축검역관의 집행이 종료되지 않는 한 협의의 소의 이익은 인정된다. 위법확인의 정당한 이익설에 의하면 집행이 종료되더라도 협의의 소의 이익을 인정할 수 있다.

살처분에 대한 집행정지는 살처분이 완료되기 전이라면 집행정지가 가능하나 인용가능성은 높지 않다.

---

[9] 이와 달리 살처분은 단기간에 종료되어 본안판결을 기다려서는 실효적인 권리구제가 어려우므로 인용된다고 포섭해도 무방하다.

유제 1 [사시 2016]

甲과 乙은 丙 소유의 집에 동거 중이다. 甲은 乙의 외도를 의심하여 식칼로 乙을 수차례 위협하였다. 이를 말리던 乙의 모(母) 丁이 112에 긴급신고함에 따라 출동한 경찰관 X는 신고현장에 진입하고자 대문개방을 요구하였다. 甲이 대문개방을 거절하자 경찰관 X가 시건장치를 강제적으로 해제하고 집 안으로 진입하였고, 그 순간에 甲은 乙의 왼팔을 칼로 찔러 경미한 상처를 입혔다. 경찰관 X는 현행범으로 체포된 甲이 경찰관 X의 요구에 순순히 응하였기 때문에, 甲에게 수갑을 채우지 않았고 신체나 소지품에 대한 수색도 제대로 하지 않은 채 지구대로 연행하였다. 그 후 乙이 피해자 진술을 하기 위해 지구대에 도착하자마자 甲은 경찰관 X의 감시소홀을 틈타 가지고 있던 접이식 칼로 乙의 가슴 부위를 찔러 사망하게 하였다. ※ 丙은 甲, 乙과 가족관계에 있지 않음

1. 경찰관 X의 강제적 시건장치 해제의 법적 성격은 무엇인가? 또한 대문의 파손에 대한 丙의 행정법상 권익구제방법은 무엇인가? (10점)

해 설

乙이 甲에 의해 식칼로 위협받는 경찰상 장해가 존재하는 상황에서 甲이 대문개방을 거절하고 있어 대문을 개방하라는 의무를 명해서는 경찰상 위험 방지라는 공행정목적을 달성할 수 없는 바, 강제적 시건장치 해제는 경찰관이 직접 재산에 실력을 가하는 경찰상 즉시강제에 해당한다. 경찰상 즉시강제란 경찰상 장해가 존재하거나 장해의 발생이 목전에 급박한 경우에 성질상 개인에게 의무를 명해서는 공행정목적을 달성할 수 없거나 또는 미리 의무를 명할 시간적 여유가 없는 경우에 행정기관이 직접 개인의 신체나 재산에 실력을 가해 경찰상 필요한 상태를 실현하는 경찰작용을 의미한다. 즉시강제는 실력행사라는 사실행위와 수인의무부과가 결합된 권력적 사실행위에 해당한다.

병은 재산권이 침해되었으므로 원고적격이 인정되고 시건장치해제는 권력적 사실행위에 해당하여 대상적격이 인정되나 시건장치 해제의 취소를 구할 권리보호의 필요가 없으므로 항고소송 및 행정심판청구를 제기할 수 없다. 시건장치의 강제적 해제는 적법한 행위에 해당하므로 결과제거청구소송도 인정되지 않는다. 丙이 특별희생을 받은 경우로 해당하므로 경찰관직무집행법 제11조의2에 의한 보상청구가 가능하다.

유제 2 [법전협 2024-2]

甲은 서울 중구 소재 A교회 담임목사이고, 乙은 A교회에 다니는 신도로서 시각장애인이다.

甲은 2023. 12. 24. 교회 예배에 참석한 신도 20여 명 앞에서 "제22대 국회의원선거는 중요한 선거입니다. 특별히 좋은 당이 만들어졌습니다. 하나님의 뜻을 실천하는 B당을 찍으세요. 우리 교회 장로님이 후보자로 나옵니다."라는 내용의 발언을 하였고, 이후 예배에서도 같은 취지의 발언을 하였다.

4. 한편, 甲은 B당 홍보를 위해 교회 건물에 "하나님 뜻을 실천하는 B당, B당만이 우리나라의 희망"이라는 대형 현수막을 걸어 게시하였고, 교회 신도의 고발로 관할 선거관리위원회는 위 조치가 선거관리위원회에 신고하지 않은 미신고 불법홍보물임을 이유로 「공직선거법」 제271조 제1항에 근거하여 위 현수막을 수거하는 조치를 하였다. 이에 甲은 위 현수막 수거조치에 대하여 취소소송을 통하여 다투고자 한다. 이 경우 수거조치가 소의 대상이 되는지 여부와 협의의 소의 이익이 있는지 여부를 검토하시오. (20점)

해 설

현수막 수거조치는 권력적 사실행위로서 항고소송의 대상이 되는 처분에 해당하므로 취소소송의 대상이 되며, 취소판결을 있으면 현수막의 회수 및 재부착이 가능하게 되므로 협의의 소의 이익도 인정된다.

사례 058 과징금 [사시 2006]

甲은 영리를 목적으로 2006.5.10. 22:00경 청소년인 남녀 2인을 혼숙하게 하였는데, 이에 대하여 관할 행정청은 청소년보호법 위반을 이유로 500만원의 과징금부과처분을 하였다. 그러자 甲은 적법한 제소요건을 갖추어 관할 법원에 위 부과처분이 위법하다고 주장하면서 과징금부과처분 취소소송을 제기하였다.

그런데 청소년보호법시행령 제40조 제2항 [별표7] 위반행위의 종별에 따른 과징금 부과기준 제9호는 "법 제26조의2 제8호의 규정에 위반하여 청소년에 대하여 이성혼숙을 하게 하는 등 풍기를 문란하게 하는 영업행위를 하거나 그를 목적으로 장소를 제공하는 행위를 한 때"에 대한 과징금액을 '위반 횟수마다 300만원'으로 규정하고 있다.

(1) 위 과징금의 성격은? (5점)

[참조조문]
* 청소년보호법
제26조의2(청소년유해행위의 금지) 누구든지 다음 각호의 1에 해당하는 행위를 하여서는 아니된다.
　8. 청소년에 대하여 이성혼숙을 하게 하는 등 풍기를 문란하게 하는 영업행위를 하거나 그를 목적으로 장소를 제공하는 행위
제49조(과징금) ② 시장·군수 또는 구청장은 제50조 또는 제51조 각호의 1에 해당하는 행위로 인하여 이익을 취득한 자에 대하여 대통령령이 정하는 바에 의하여 1천만원 이하의 과징금을 부과·징수할 수 있다. 다만, 다른 법률의 규정에 의한 영업허가취소·영업소폐쇄·영업정지 또는 과징금부과 등 행정처분의 대상으로서 행정처분이 이루어진 경우 또는 행정처분이 가능한 경우에는 그러하지 아니하다.
제50조(벌칙) 다음 각호의 1에 해당하는 자는 3년 이하의 징역 또는 2천만원 이하의 벌금에 처한다.
　4. 제26조의2 제7호 내지 제9호의 규정을 위반한 자

I. 본래적 의미의 과징금

1. 과징금의 의의 및 유형

과징금이란 새로운 의무이행확보수단의 하나로서 행정청이 일정한 행정법상의 의무위반에 대한 제재로서 국민에게 부과·징수하는 금전부담을 말한다. 과징금에는 '독점규제 및 공정거래에 관한 법률'에 의한 시정조치에 응하지 아니한 때 부과하는 경우와 같이 의무위반자에게 경제적 이익이 발생한 경우에 그 이익을 박탈하여 간접적으로 의무이행을 확보하는 본래적 의미의 과징금과 다수국민이 이용하는 사업이나 국가사회에 중대한 영향을 미치는 사업을 행하는 자가 행정법상 의무위반시 인허가의 정지에 갈음하여 부과하는 변형된 의미의 과징금이 있다. 행정기본법은 과징금의 기준과 납부기한 연기 및 분할 납부에 관하여 규정하고 있다(제28조, 제29조).

2. 사안의 경우

청소년 보호법상의 과징금은 甲이 청소년에 대하여 이성혼숙을 하게 하는 등 풍기를 문란하게 하는 영업행위를 하거나 그를 목적으로 장소를 제공하는 행위를 하지 말아야 할 청소년보호법상 의무위반에 대한 제재로서의 의미도 갖고 아울러 청소년보호법의 위반행위로 얻은 경제적 이익을 박탈하는 의미도 가진다. 본래적 의미의 과징금에 해당한다.

II. 재량행위

과징금부과처분은 행정상 의무를 명한 행정청이 부과하는 급부하명의 행정행위로서 행정쟁송의 대상이 되는 처분에 해당한다. 일반적으로 과징금을 부과할 수 있는 근거규정은 과징금을 부과할지의 여부 및 과징금을 부과하는 경우의 구체적인 금액 등 그 요건의 판단과 효과의 선택과 결정에 행정청의 재량이 있는 것이 보통이다. 청소년보호법 제49조의 과징금도 법문언상 재량이 인정되므로 재량행위에 해당한다.

사례 059　행정조사, 위반사실의 공표　　　[법전협 2015-3]

甲은 A군에서 S의원을 경영하고 있다. S의원이 담당하고 있는 진료과목과 동일한 과목을 진료하는 의료기관은 A군 내에는 달리 없는 실정이다. 보건복지부 소속 공무원 乙은 2015. 5. 13. 사전통지 없이 S의원을 현장조사하고, 그 결과 甲이 B 바이오회사의 C 치료재료에 대해 국민건강보험공단에 청구한 금액이「치료재료 급여·비급여목록 및 급여상한금액표」(보건복지부 고시 제2015-00호, 2015. 3. 12. 이하 "고시"라 한다)에 따른 급여금액보다 5,000만원을 상회하였음을 적발하였다. 이 조사결과에 기초하여 보건복지부장관은 2015. 6. 30. S의원 대표 甲에게「국민건강보험법」제98조에 따라 90일 업무정지처분을 하고, 동법 제100조에 의거하여 그 위반사실을 공표하였다. 보건복지부장관은 업무정지처분에 대하여는 사전통지절차를 거쳤으나 위반사실공표에 대하여는 사전통지를 하지 아니하였다.

2. 甲은 보건복지부장관이 행한 2015. 5. 13. 갑작스레 행한 현장조사에 기초한 업무정지처분에 대해 다투고자 한다.
   (1) 업무정지처분의 위법 여부를 논하시오. (10점)
3. 甲은 위반사실 공표에 대하여 다투고자 한다.
   (1) 甲은 보건복지부장관이 위반사실공표를 하면서「행정절차법」에 따른 처분의 사전통지절차를 거치지 않아 위법하다고 주장한다. 이 주장의 타당성에 대해 논하시오. (10점)
   (2) 甲은 보건복지부장관이 위반사실공표를 결정할 때에는 그 위반행위의 동기, 정도, 횟수 및 결과 등을 고려하여야 함에도 이를 고려치 않아 위법하다고 주장한다. 이 경우 甲이 제기할 수 있는 행정법적 구제방법에 대해 논하시오. (20점)

[참조조문]
* 국민건강보험법
제98조(업무정지) ① 보건복지부장관은 요양기관이 다음 각 호의 어느 하나에 해당하면 그 요양기관에 대하여 1년의 범위에서 기간을 정하여 업무정지를 명할 수 있다.
　　1. 속임수나 그 밖의 부당한 방법으로 보험자·가입자 및 피부양자에게 요양급여비용을 부담하게 한 경우
제99조(과징금) ① 보건복지부장관은 요양기관이 제98조제1항제1호에 해당하여 업무정지 처분을 하여야 하는 경우로서 그 업무정지 처분이 해당 요양기관을 이용하는 사람에게 심한 불편을 주거나 보건복지부장관이 정하는 특별한 사유가 있다고 인정되면 업무정지 처분을 갈음하여 속임수나 그 밖의 부당한 방법으로 부담하게 한 금액의 5배 이하의 금액을 과징금으로 부과·징수할 수 있다. 이하 생략
제100조(위반사실의 공표) ① 보건복지부장관은 관련 서류의 위조·변조로 요양급여비용을 거짓으로 청구하여 제98조 또는 제99조에 따른 행정처분을 받은 요양기관이 다음 각 호의 어느 하나에 해당하면 그 위반 행위, 처분 내용, 해당 요양기관의 명칭·주소 및 대표자 성명, 그 밖에 다른 요양기관과의 구별에 필요한 사항으로서 대통령령으로 정하는 사항을 공표할 수 있다. 이 경우 공표 여부를 결정할 때에는 그 위반행위의 동기, 정도, 횟수 및 결과 등을 고려하여야 한다.
　　1. 거짓으로 청구한 금액이 1천 500만원 이상인 경우

* 국민건강보험법 시행령
제22조(약제·치료재료의 요양급여비용) ② 약제 및 치료재료에 대한 요양급여비용의 결정 기준·절차, 그 밖에 필요한 사항은 보건복지부장관이 정하여 고시한다.

> 제72조(공표 사항) 법 제100조제1항 각 호 외의 부분 전단에서 "대통령령으로 정하는 사항"이란 다음 각 호의 사항을 말한다.
> 1. 해당 요양기관의 종류와 그 요양기관 대표자의 면허번호·성별
> 2. 의료기관의 개설자가 법인인 경우에는 의료기관의 장의 성명
> 3. 그 밖에 다른 요양기관과의 구별을 위하여 법 제100조제2항에 따른 건강보험공표심의위원회(이하 "공표심의위원회"라 한다)가 필요하다고 인정하는 사항
>
> * 국민건강보험법 시행규칙
> 제8조(요양급여의 범위 등) ② 보건복지부장관은 요양급여대상을 급여목록표로 정하여 고시하되, 법 제41조 제1항 각호에 규정된 요양급여행위(이하 "행위"라 한다), 약제 및 치료재료로 구분하여 고시한다.
>
> * 행정조사기본법
> 제3조(적용범위) ① 행정조사에 관하여 다른 법률에 특별한 규정이 있는 경우를 제외하고는 이 법으로 정하는 바에 따른다.
> 제17조(조사의 사전통지) ① 행정조사를 실시하고자 하는 행정기관의 장은 현장출입조사서를 조사개시 7일 전까지 조사대상자에게 서면으로 통지하여야 한다. 다만, 다음 각 호의 어느 하나에 해당하는 경우에는 행정 조사의 개시와 동시에 출석요구서등을 조사대상자에게 제시하거나 행정조사의 목적 등을 조사대상자에게 구두로 통지할 수 있다.
> 1. 행정조사를 실시하기 전에 관련 사항을 미리 통지하는 때에는 증거인멸 등으로 행정조사의 목적을 달성할 수 없다고 판단되는 경우

[설문 2-(1)] 위법한 행정조사에 기초한 업무정지처분의 위법성 (10점)

I. 문제의 소재

업무정지처분은 국민건강보험법 제98조 1항 1호에 근거한 것으로서 동법의 위반사항은 보이지 않는다. 다만 보건복지부 소속 공무원 乙이 사전통지 없이 현장조사를 하였고 현장조사에 근거하여 甲에게 90일 업무정지처분을 하였는데 사안의 경우 현장조사는 행정조사에 해당하므로 위법한 행정조사가 행정행위에 미치는 영향이 문제된다.

II. 행정조사의 의의

행정조사는 행정기관이 사인으로부터 행정상 필요한 자료나 정보를 수집하기 위하여 행하는 일체의 행정 작용을 말한다. 행정조사는 행정작용의 준비작용이며 권력적·비권력적 작용 모두 가능하다는 점에서, 행정 상 필요한 상태의 실현을 위한 작용이며 권력적 작용인 행정상 즉시강제와 구별된다. 행정조사기본법이 제정되어 행정조사의 근거, 한계, 절차 등에 대하여 규율하고 있다.

III. 위법한 행정조사가 행정처분에 미치는 영향

행정조사의 위법이 당해 조사를 근거로 한 행정결정에 승계되어 행정행위도 위법한지가 문제된다. 학설은 ① 적법절차의 관점에서 행정행위도 위법하다는 적극설, ② 양자는 별개의 것이므로 행정처분의 하자에 영향을 미치지 않는다는 소극설, ③ 행정조사가 필수적인 절차로 규정되고 있는 경우에는 하자있는 결정으로 보아야 한다는 절충설 등이 대립한다.

판례는 "중복세무조사에 기초한 과세처분을 중복세무조사금지원칙에 반하여 위법하다."[1]고 판시하였고,

---

1) 대판 2006.6.2. 2004두12070

"국세기본법 제81조의5가 정한 세무조사대상 선정사유가 없음에도 세무조사대상으로 선정하여 과세자료를 수집하고 그에 기하여 과세처분을 하는 것은 적법절차의 원칙을 어기고 국세기본법을 위반한 것으로서 특별한 사정이 없는 한 과세처분은 위법하다."[2]고 판시한 바 적극설의 입장이다.

생각건대, 행정조사에 의해 수집된 정보가 행정결정의 기초가 된 경우 이는 행정결정을 하기 위한 절차라고 볼 수 있으며, 절차의 하자의 문제가 되므로 적법절차의 관점에서 적극설이 타당하다.

IV. 사안의 해결

국민건강보험법이 현장조사에 대해 규율하고 있지는 않지만 행정조사기본법 제17조 본문은 행정조사를 실시하기 전에 사전통지를 해야 한다고 규정하고 있어 사안의 현장조사는 제17조 본문을 위반한 것이다. 다만 행정조사기본법 제17조 단서는 행정조사를 실시하기 전에 관련 사항을 미리 통지하는 때에는 증거인멸 등으로 행정조사의 목적을 달성할 수 없다고 판단되는 경우 행정조사의 개시와 동시에 통지할 수 있는 예외가 있는데 사전통지를 할 경우 증거인멸 등의 우려가 있기는 하나, 행정조사기본법의 사전통지 규정의 제정취지는 적법절차원리를 도입하기 위한 것임을 고려할 때 예외는 엄격하게 해석해야 한다. 사안의 경우 업무정지처분사유가 건강보험공단에 청구한 금액이 급여금액보다 5천만원을 상회하였다는 것인데 사전통지를 한다고 해서 증거가 인멸될 우려가 명백한 것은 아니다. 따라서 공무원 乙의 현장조사는 사전통지를 결여하여 위법하고 이에 기초한 업무정지처분 역시 위법하다.

[설문 3-(1)] 「행정절차법」상 사전통지절차를 거치지 않은 위반사실공표의 위법성 (10점)

I. 문제의 소재

보건복지부장관의 위반사실공표는 행정의 실효성확보수단으로서 명단공표(법위반사실의 공표)에 해당한다. 사안의 경우 업무정지처분에 대하여는 사전통지절차를 거쳤으나 위반사실공표에 대하여는 사전통지를 하지 아니하였는데, 위반사실공표가 행정절차법상 사전통지의 대상이 되는 불이익처분에 해당하는지가 문제된다.

II. 위반사실 공표의 의의

법위반사실의 공표는 행정법상 의무위반 또는 의무불이행이 있는 경우에 그 의무위반자 또는 불이행자의 명단과 그 위반 또는 불이행한 사실을 공중이 알 수 있도록 공표함으로써 그에 따르는 사회적 비난이라는 간접적, 심리적 강제에 의하여 그 의무이행을 확보하려는 제도이다. 새로운 의무이행확보수단이며 국민의 알권리를 실현하는 수단으로서의 기능도 한다.

공표 자체가 새로운 의무를 부과하는 것은 아니지만 관계자의 명예, 신용 또는 프라이버시를 침해하거나 사실상 심각한 불이익을 초래할 수 있으므로 법적 근거를 요한다. 개정 행정절차법은 행정청은 법령에 따른 의무를 위반한 자의 성명·법인명, 위반사실, 의무 위반을 이유로 한 처분사실 등을 법률로 정하는 바에 따라 일반에게 공표할 수 있다고 규정하고 있다(제40조의3). 개별법으로 국세기본법, 독점규제 및 공정거래에 관한 법률, 아동 청소년의 성보호에 관한 법률 등에 근거가 있다. 사안은 국민건강보험법 제100조에 고용의무위반 사실의 공표에 대한 근거가 있다.

---

[2] 대판 2014.6.26. 2012두911

III. 위반사실 공표의 법적 성질

1. 행정소송법상 처분개념

2. 위반사실 공표의 처분성

① 실체법상 처분개념설을 전제로 공표를 비권력적 사실행위로 보아 처분성을 부정하는 견해 ② 쟁송법상 처분개념설을 주장하면서 비권력적 사실행위라도 처분성을 긍정하는 견해 ③ 권력적사실행위로서 처분에 해당된다는 견해 ④ 공표에 앞서 공표결정이 당사자에게 통보되지 않는 경우 공표행위는 권력적 사실행위로 보아 처분성을 긍정하고 공표결정이 통보되는 경우는 공표결정통보행위를 행정행위로 보아 처분성을 인정하는 견해 등이 대립한다.

최근 판례는 병무청장이 병역의무 기피자의 인적사항 등을 인터넷 홈페이지에 게시하는 등의 방법으로 공개한 것을 병역법에 근거하여 이루어지는 공권력의 행사에 해당한다고 하면서, 인적사항 등 공개조치에는 특정인을 병역의무 기피자로 판단하여 그에게 불이익을 가한다는 행정결정이 전제되어 있고, 공개라는 사실행위는 행정결정의 집행행위라고 보았다. 한편 병무청장이 공개결정을 공개 대상자에게 미리 통보하지 않았다거나 처분서를 작성·교부하지 않았다는 점만으로 항고소송의 대상적격을 부정하여서는 아니 된다고 하여 공표결정 자체의 처분성을 긍정하되 당사자에 대한 통보 여부는 고려하지 않고 있는 것으로 보인다.

생각건대, 공공기관의 정보공개에 관한 법률에 있어서 정보공개 여부의 결정은 행정처분의 성격을 갖고 정보공개 자체는 사실행위의 성격을 갖는 점을 고려할 때 공표결정통보 여부를 기준으로 하는 견해가 타당하다. 입법론상 사실행위인 명단공표를 사전에 금지하는 것을 가능하게 하는 예방적부작위소송을 도입할 필요가 있다. 사안의 경우 공표결정이 통보된 경우가 아니므로 권력적 사실행위로서 처분에 해당한다.[3]

III. 위반사실공표와 사전통지[4]

1. 사전통지

사전통지는 행정처분 등을 하기 전에 상대방 또는 이해관계인에게 처분의 내용과 청문의 일시·장소 등을 알리는 행위로서, 앞으로 있을 의견청취절차에서 권리주장, 증거 및 자료제출 등을 미리 준비할 수 있도록 하기 위하여 인정되는 의견진술의 전치절차이다. 행정절차법은 의무를 과하거나 권익을 제한하는 처분(불이익처분)을 하는 경우에 사전통지를 의무로 규정하면서 일정한 경우의 예외사유 등에 대하여 규정하고 있다(행정절차법 제21조). 행정절차법은 위반사실 등의 공표 시 사전통지에 대해 특별규정을 두고 있다(제40조의3 제3항).

2. 위반사실 공표시 사전통지 절차

행정청은 위반사실등의 공표를 할 때에는 미리 당사자에게 그 사실을 통지하고 의견제출의 기회를 주어야 한다. 다만 ① 공공의 안전 또는 복리를 위하여 긴급히 공표를 할 필요가 있는 경우, ② 해당 공표의 성질상 의견청취가 현저히 곤란하거나 명백히 불필요하다고 인정될 만한 타당한 이유가 있는 경우, ③

---

[3] 공표의 처분성을 부정하는 견해에 입각해서 서술해도 무방하다. 후술하는 설문3의 (2)와 관련해서는 처분성을 긍정하는 것이 좀 더 자연스러울 것 같아서 처분성을 긍정하였다.
[4] 공표의 처분성을 부정하는 견해에 의하면 원천적으로 사전통지의 대상이 되지 않는다.

당사자가 의견진술의 기회를 포기한다는 뜻을 명백히 밝힌 경우에는 생략할 수 있다(행정절차법 제40조의3 제3항).

사안의 공표가 일반국민을 상대로 하는 것이지만, 위반행위를 한 甲의 명예나 신용을 훼손할 수 있으므로 보건복지부장관은 甲에게 미리 통지하여야 한다.[5] 적법절차의 원칙에 비추어 예외사유는 엄격하게 해석해야 하므로 행정절차법 제40조의3 3항 단서의 예외사유에 해당된다고 볼 수도 없다.

Ⅳ. 사안의 해결

보건복지부장관이 위반사실공표를 하면서 행정절차법에 따른 처분의 사전통지절차를 거치지 않아 위법하다는 甲의 주장은 타당하다.

[설문 3-(2)] 위반사실공표에 대한 행정법적 구제방법 (20점)

Ⅰ. 문제의 소재

보건복지부장관이 위반사실공표를 결정할 때에는 그 위반행위의 동기, 정도, 횟수 및 결과 등을 고려하여야 함에도 이를 고려치 않아 위법하다고 할 경우 甲이 제기할 수 있는 행정법적 구제방법은 쟁송, 국가배상, 결과제거청구권의 행사 등을 고려해 볼 수 있겠다.

Ⅱ. 항고쟁송

공표행위를 처분으로 볼 경우, 위반사실공표를 결정할 때에는 그 위반행위의 동기, 정도, 횟수 및 결과 등을 고려하여야 함에도 이를 고려치 않아 위법하다는 사정은 중대명백설에 의할 때 하자가 명백하다고 볼 수는 없으므로 취소사유에 해당한다. 따라서 甲은 공표행위로 인하여 명예·신용·프라이버시권 등을 침해당하기 때문에 취소심판의 청구인적격 및 취소소송의 원고적격이 인정되므로 위법한 공표행위에 대하여 취소심판 또는 취소소송을 제기할 수 있고 동시에 집행정지를 신청할 수도 있다.[6]

쟁송법상 처분개념설에서는 취소의 의미를 협의의 취소와는 달리 사실행위의 폐지·철폐의 의미도 포함되어 있는 것으로 파악하고 있는 바 공표행위가 취소될 경우 보건복지부장관은 판결 및 재결의 기속력에 의해 공표행위를 철폐해야 할 법적 의무를 지게 될 것이다.

Ⅲ. 결과제거청구소송(당사자소송)

공법상 결과제거청구권은 위법한 공행정작용으로 인해 권리가 침해되거나 위법한 상태가 계속되는 경우 행정주체에게 침해 이전의 상태로 회복시켜 줄 것을 요구할 수 있는 청구권이다. 甲은 공법상 결과제거를

---

[5] 사전통지는 당사자 등에게 하는 것인데 당사자 등은 행정청의 처분에 대하여 직접 그 상대가 되는 당사자와 행정청이 직접 또는 신청에 의하여 행정절차에 참여하게 한 이해관계인을 말한다(행정절차법 제2조 4호). 공표의 처분성을 긍정하더라도 공표가 일반 국민을 대상으로 하는 것을 고려하면 갑은 공표의 직접 상대가 되는 자가 아니며, 행정청이 절차에 참여하게 한 사정도 보이지 않으므로 갑은 사전통지의 대상이 아니라는 논증도 가능하다. 그러나 영업양도에 있어 지위승계신고 수리시 양도인도 불이익처분의 직접 상대가 되는 자라는 판례(대판 2003.2.14. 2001두7015)의 법리에 비추어 보면 위반행위를 한 甲도 사전통지의 직접 상대가 되는 자라는 논리 또한 가능하다. 사례는 이에 입각하여 풀이한 것이다.

[6] 처분성을 부정하는 실체법상 처분개념설을 취할 경우에는 항고소송은 제기할 수 없고 甲은 보건복지부장관의 위법한 공표행위의 중지를 요구하는 당사자소송의 제기도 고려할 수 있는데 당사자소송은 행정주체인 국가를 피고로 제기해야 한다(행정소송법 제39조).

청구하는 당사자소송을 제기할 수도 있다. 당사자소송은 행정청의 처분등을 원인으로 하는 법률관계에 관한 소송 그 밖에 공법상의 법률관계에 관한 소송으로서 그 법률관계의 한쪽 당사자를 피고로 하는 소송이다(제3조 2호).

공표행위가 취소사유인 경우에는 이러한 당사자소송에서 승소하기 위해서는 공표행위에 대한 취소쟁송이 선행되어야 한다. 행정행위의 공정력으로 인하여 위법상태가 정당화될 수 있기 때문이다.[7]

Ⅳ. 국가배상

甲은 국가배상법에 근거하여 국가를 상대로 국가배상청구소송을 제기할 수 있는데 공무원의 위법한 직무행위로 인한 손해배상이 인정되기 위해서는 공무원이 직무를 집행하면서 고의 또는 과실로 법령에 위반하여 타인에게 손해를 입히는 경우에 해당해야 한다(국가배상법 제2조 1항).

① 보건복지부장관은 공무원에 해당하고, ② 직무의 범위는 권력작용 뿐만 아니라 비권력적 행정작용까지 포함(광의설)하는 것으로 해석하는데, 공표의 법적 성질을 처분으로 보는 견해에 의하는 경우는 물론, 처분으로 보지 않는 견해에 의하더라도 직무에 해당한다. ③ 위반사실공표를 결정할 때에는 그 위반행위의 동기, 정도, 횟수 및 결과 등을 고려하여야 함에도 이를 고려치 않은 점이 위법하므로 고의·과실을 인정할 수 있을 것이다. 판례[8]는 행정상 공표의 위법성 판단에 있어서 사인의 명예훼손의 경우에 비해 훨씬 더 엄격한 기준을 요구하고 있다. 사안의 경우 甲은 자신이 입은 명예, 신용 등의 피해에 대해서 국가배상청구를 할 수 있을 것이다.

---

[7] 만약 공표행위의 처분성을 부정하는 경우에는 이런 논리는 필요 없다. 공정력은 행정행위에만 인정되는 효력이기 때문이다.
[8] 대판 1998.5.22. 97다57689.

사례 060　법위반사실의 공표와 형사처벌의 병과 가능성　　[법전협 2021-1]

　　최근 고용노동부가 발표한 보고서에 따르면, 청년실업이 경제에 중대한 위험 요인으로 작용하여 재정경제상의 위기가 현실화된 것으로 나타났다. 2019년 12월 청년실업률은 25%, 취업준비생과 구직포기자 등을 포함한 청년 체감실업률은 50%로 지표 작성 이래 최고 수준이었다. 또한 20대 청년의 평균 부채 규모는 2019년 5,085만 원으로 10년 전에 비해 194%가 증가된 것으로 나타났다. 최악의 실업난에서 어렵게 구한 일자리도 저임금 비정규직이 대부분이며, 많은 청년들은 사회에 진출하기 전부터 학자금 대출을 포함한 각종 부채에 시달리는 등 극심한 절망감에 빠져 있다.

　　이와 같은 위기상황에도 불구하고 2020. 9. 1. 제21대 첫 정기 국회가 개원하였으나, 상임위원회 위원장 선출과 개별 상임위원회 위원 배정 문제를 두고 정당 간의 극단적인 대립이 반복되는 등 민생관련 입법이 전혀 이루어지고 있지 않다. 이에 대통령은 현재의 국회 상황에서 통상적인 입법절차로는 극심한 청년실업 문제를 해결할 수 없다고 판단하여, 당면한 재정경제상의 위기를 극복하기 위한 긴급조치로서 2020. 11. 1. 「청년고용촉진을 위한 긴급재정경제명령」(이하 '긴급재정경제명령'이라 한다. 구체적 내용은 참조조문을 볼 것)을 발하였다.

4. 고용노동부장관은 주식회사 甲의 긴급재정경제명령 제5조에 따른 청년고용의무의 불이행을 확인하고, 동 명령 제15조 벌칙규정에 따른 형사고발과 함께 동 명령 제10조에 근거하여 甲의 법위반사실 및 대표자 丁의 인적 사항을 공표하기로 결정하고 이를 고용노동부 홈페이지에 게시하였다.
　1) 행정의 실효성확보수단인 공표를 형사처벌과 병과하는 것이 허용되는지 여부, 2) 丁이 고용노동부장관의 공표에 대하여 취소소송을 제기하는 경우 그 공표가 취소소송의 대상이 되는지를 검토하시오. (20점)

[참조조문]
* 「청년고용촉진에 관한 긴급재정경제명령」(2020. 11. 1. 대통령 긴급재정경제명령 제37호)
제2조(정의) 이 명령에서 사용하는 용어의 뜻은 다음과 같다.
　1. "청년"이란 취업을 원하는 사람으로서 15세 이상 34세 이하인 사람을 말한다.
제5조(공공기관 등의 청년 미취업자 고용 의무) ① 「공공기관의 운영에 관한 법률」에 따른 공공기관과 「지방공기업법」에 따른 지방공기업, 자산 2조원 이상이거나 사원수 5천 명 이상의 기업은 매년 전체 사원의 100분의 10 이상씩 청년 미취업자를 고용하여야 한다.
제10조(고용의무위반 사실의 공표) ① 고용노동부장관은 제5조의 고용의무를 이행하지 않은 법인의 대표자의 성명 등 인적 사항, 의무위반사실, 해당 법인의 명칭을 공표할 수 있다.
　② 제1항에 따라 공표하는 의무위반행위 등의 공표 여부를 심의하기 위하여 고용노동부에 고용의무위반 심의위원회(이하 "위원회"라 한다)를 둔다.
　③ 고용노동부장관은 위원회의 심의를 거친 잠정 공표대상자에게 제1항에 따른 의무위반 등의 공표 대상자임을 통지하여 소명 기회를 주어야 하며, 통지일부터 6개월이 지난 후 위원회로 하여금 잠정 공표 대상자의 고용의무 이행 상황을 고려하여 공표 여부를 재심의하게 한 후 공표 대상자를 결정한다.
　④ 제1항부터 제3항까지의 규정에 따른 공표 사항, 공표 방법, 공표 절차 및 위원회의 구성·운영에 필요한 사항은 고용노동부령으로 정한다.
제15조(벌칙) 제5조의 고용의무를 이행하지 않은 법인의 대표자는 2년 이하의 징역이나 1억원 이하의 벌금에 처한다.
부칙 제1조 이 명령은 2022. 6. 30.까지 효력을 가진다.

I. 문제의 소재

甲의 법위반사실 및 대표자 丁의 인적 사항을 공표하는 것은 행정의 실효성확보수단으로서 행해지는 것인데 의무자에게 심리적 압박을 가하여 의무이행을 확보한다는 측면에서 행정형벌과 유사하므로 이중처벌에 해당되어 병과가 허용되는지 문제되며, '공표'의 법적 성질과 관련하여 '공표'가 취소소송의 대상이 되는 처분에 해당되는지 문제된다.

II. 법위반사실의 공표와 형사처벌의 병과 가능성

1. 법위반사실의 공표

2. 행정형벌

행정벌은 행정법상 의무위반에 대한 제재로써 국가의 일반통치권에 의하여 과하는 벌을 말하는데 처벌내용에 따라 형법상의 형을 과하는 행정벌인 행정형벌과 과태료가 과해지는 행정질서벌이 있다. 행정벌은 직접적으로는 과거의 의무위반에 대한 제재로서의 의미를 가지며, 간접적으로는 의무자에게 심리적인 압박을 가함으로써 의무이행을 촉진시키는 수단으로서의 의미를 갖는다.

행정형벌은 죄형법정주의가 적용되며 사안은 긴급재정경제명령 제15조에 고용의무를 불이행한 법인의 대표자에 대한 처벌의 근거가 있다.

3. 병과 가능성

법위반사실의 공표와 행정형벌 모두 행정의 실효성확보수단에 해당하고, 심리적 압박에 의한 간접적인 수단이라는 점에서는 공통되며, 공표의 명예형적 성격을 고려하면 이중처벌에 해당된다고 볼 여지도 있다. 그러나 행정벌은 기본적으로 과거의 의무위반에 대하여 가하는 제재로서의 성격이 있음에 반하여 공표는 제재로서의 성격보다는 의무이행을 강제하기 위한 수단이라는 측면이 강하므로 법적 성질과 목적이 다르다. 병과를 긍정하는 것이 타당하다.

이에 대한 직접적인 판례는 없지만 대법원은 과징금과 형사처벌의 병과, 행정형벌과 행정질서벌의 병과, 영업정지처분과 과징금부과처분등의 병과를 긍정하고 있는데 판례의 태도에 비추어 볼 때 공표와 행정형벌의 병과도 긍정할 것으로 전망된다.

III. 법위반사실 공표의 처분성

1. 취소소송의 대상 - 처분등

2. 공표의 처분성

3. 사안의 경우

사안의 경우 고용노동부장관이 甲의 법위반사실 및 대표자 丁의 인적사항을 공표하기로 결정하고 홈페이지에 게시한 것인데 甲이나 丁에게 통보하지 않은 채 공표한 것이다. 권력적 사실행위로서 처분에 해당된다고 보는 것이 타당하다. 다만 판례에 의하면 통보 여부와 무관하게 공표결정을 처분으로 보게 될 것이다.

IV. 사안의 해결

공표와 형사처벌은 병과 가능하며, 공표결정은 취소소송의 대상이 된다.

사례 061 사전통지 · 의견제출(1) [법전협 2011-1]

건설업자 甲은 국가로부터 건축공사를 도급받아 공사를 수행하던 중 담당공무원에게 공사대금의 조기 지급 등 편의를 봐 달라고 부탁을 하면서 200만원을 주었다. 위 사실이 수사기관에 적발되어 甲은 뇌물공여 혐의로 기소유예처분을 받았다. 관할 행정청은 사전통지와 의견제출 기회부여를 하지 아니하고 「국가를 당사자로 하는 계약에 관한 법률」 제27조 제1항 및 동법 시행령 제76조 제1항 제10호에 의거하여 甲에 대하여 6월의 입찰참가자격 제한을 하였다. 이에 甲은 서울행정법원에 절차상 하자를 이유로 위 입찰참가자격 제한을 다투는 취소소송을 제기하였다.

1. 서울행정법원은 甲이 제기한 취소소송에 대하여, 甲은 수사과정에서 이미 뇌물공여 사실에 관하여 충분히 해명할 기회를 받았을 뿐만 아니라, 검사가 뇌물공여 사실을 인정하여 기소유예처분을 하였으므로 처분의 원인이 되는 사실이 객관적으로 증명되었기 때문에 사전통지 및 의견제출 기회부여의 필요성이 없어 위 입찰참가자격 제한이 적법하다는 이유로 기각판결을 하였다. 사전통지 및 의견제출 기회부여의 필요성과 관련하여 이 판결의 타당성 여부를 검토하시오. (30점)

[참조조문]
* 국가를 당사자로 하는 계약에 관한 법률
제27조(부정당업자의 입찰참가자격 제한)
    ① 각 중앙관서의 장은 경쟁의 공정한 집행 또는 계약의 적정한 이행을 해칠 염려가 있거나 기타 입찰에 참가시키는 것이 부적합하다고 인정되는 자에 대하여서는 2년 이내의 범위에서 대통령령이 정하는 바에 따라 입찰참가자격을 제한하여야 하며, 이를 즉시 다른 중앙관서의 장에게 통보하여야 한다. 이 경우 통보를 받은 다른 중앙관서의 장은 대통령령이 정하는 바에 의하여 해당자의 입찰참가자격을 제한하여야 한다.
    ② ~ ③ (생략)
    ※ 입찰참가자격 제한의 경우 청문 및 공청회에 관한 규정은 없음.

* 국가를 당사자로 하는 계약에 관한 법률 시행령
제76조 (부정당업자의 입찰참가자격 제한)
    ① 각 중앙관서의 장은 계약상대자, 입찰자 또는 제30조 제2항에 따라 지정정보처리장치를 이용하여 견적서를 제출하는 자(이하 이 항에서 "계약상대자등"이라 한다) 또는 계약상대자등의 대리인·지배인, 그 밖의 사용인이 다음 각 호의 어느 하나에 해당하는 경우에는 법 제27조에 따라 해당 사실이 있은 후 지체 없이 1개월 이상 2년 이하의 범위에서 계약상대자등의 입찰참가자격을 제한하여야 한다. 다만, 계약상대자등의 사용인의 행위로 인하여 입찰참가자격의 제한사유가 발생한 경우로서 계약상대자등이 그 사용인의 행위를 방지하기 위하여 상당한 주의와 감독을 게을리 하지 아니한 경우에는 그러하지 아니하다.
        1. ~ 9. (생략)
        10. 입찰·낙찰 또는 계약의 체결·이행과 관련하여 관계공무원(법 제29조 제1항에 따른 국제계약분쟁조정위원회, 이 영 제42조 제7항에 따른 입찰금액적정성심사위원회, 제43조 제8항에 따른 제안서평가위원회, 제94조 제1항에 따른 계약심의위원회, 건설기술관리법에 의한 중앙건설기술심의위원회·특별건설기술심의위원회 및 설계자문위원회의 위원을 포함한다)에게 뇌물을 준 자
        11. ~ 18. (생략)
    ② ~ ⑪ (생략)

I. 문제의 소재

서울행정법원이 甲에 대한 입찰참가자격 제한조치에 대해 행정절차법상(이하 법명 생략) 사전통지와 의견제출 절차를 거칠 필요가 없다고 판단하였는 바, 甲에 대한 입찰참가자격 제한조치가 사전통지 및 의견제출 절차의 대상인지, 대상이 된다 하더라도 사안이 예외적으로 사전통지와 의견제출절차를 생략할 수 있는 경우에 해당하는지가 문제된다.

II. 사전통지 및 의견제출 절차의 하자

1. 사전통지

행정절차법상 사전통지는 행정처분 등을 하기 전에 상대방 또는 이해관계인에게 처분의 내용과 청문의 일시·장소 등을 알리는 행위로서, 앞으로 있을 의견청취절차에서 권리주장, 증거 및 자료제출 등을 미리 준비할 수 있도록 하기 위하여 인정되는 의견진술의 전치절차이다. 행정절차법은 의무를 과하거나 권익을 제한하는 처분(불이익처분)을 하는 경우에 사전통지를 의무로 규정하면서도(제21조), ① 공공의 안전 또는 복리를 위하여 긴급히 처분을 할 필요가 있는 경우 ② 법령등에서 요구된 자격이 없거나 없어지게 되면 반드시 일정한 처분을 하여야 하는 경우에 그 자격이 없거나 없어지게 된 사실이 법원의 재판 등에 의하여 객관적으로 증명된 경우 ③ 해당 처분의 성질상 의견청취가 현저히 곤란하거나 명백히 불필요하다고 인정될 만한 상당한 이유가 있는 경우에는 사전통지를 생략할 수 있도록 하고 있다(제21조 4항). 사전 통지를 하지 아니할 수 있는 구체적인 사항은 대통령령에 위임하고 있다(제21조 5항).

2. 의견제출

의견제출 절차는 행정청이 어떠한 행정작용을 하기에 앞서 당사자 등이 의견을 제시하는 절차로서 청문이나 공청회에 해당하지 아니하는 절차이다(제2조 7호). 행정절차법은 의견청취절차(넓은 의미의 청문절차)를 청문·공청회·의견제출 절차로 구분하면서, 의무를 과하거나 권익을 제한하는 불이익처분에 대해 청문이나 공청회를 실시하는 경우를 제외하고는 필수적으로 의견제출의 기회를 부여하도록 하면서(제22조 3항) 사전통지의 예외사유(제21조 4항) 및 당사자가 의견진술의 기회를 포기한다는 뜻을 명백히 표시한 경우에는 의견청취를 하지 아니할 수 있도록 규정하고 있다(제22조 4항).

3. 사안의 경우

입찰참가자격 제한조치는 甲의 권익을 제한하는 불이익처분에 해당하므로 행정청이 입찰참가자격 제한조치를 하면서 甲에게 사전통지를 하지 않거나 의견제출의 기회를 주지 아니하였다면 사전통지나 의견제출 절차를 생략해도 되는 예외적인 경우에 해당하지 아니하는 한 위법하다. 사안이 예외사유에 해당하는지가 문제된다.

사안이 행정절차법 제21조 4항 1호의 긴급한 처분을 할 필요가 있는 경우는 아니다. 수사과정에서 해명기회를 받았다는 점은 제21조 4항 3호의 의견청취가 명백히 불필요하다고 인정될 만한 상당한 이유가 있는지가 문제된다. 수사절차는 행정절차와 별개이며 수사절차에서 제출하지 못하였던 주장이나 증거를 행정절차에서도 제출할 수 있으므로 甲이 수사과정에서 충분히 해명기회를 받았다고 하더라도 의견청취 절차는 여전히 필요하다. 판례도 수사과정 및 징계과정에서 자신의 비위행위에 대한 해명기회를 가졌다는 사정만으로 이 사건 처분이 행정절차법 제21조 4항 3호, 제22조 4항에 따라 원고에게 사전통지를 하지

않거나 의견제출의 기회를 주지 아니하여도 되는 예외적인 경우에 해당한다고 할 수 없다고 한다.[1]
甲에 대해서 뇌물공여사실을 인정하여 기소유예처분을 했다는 사정이 처분의 원인이 되는 사실이 객관적으로 증명된 경우에 해당하여 제21조 4항 2호의 예외사유에 해당되는지 여부가 문제된다.
행정절차법 제21조5항은 처분의 전제가 되는 사실이 법원의 재판 등에 의하여 객관적으로 증명된 경우 등 제4항에 따른 사전 통지를 하지 아니할 수 있는 구체적인 사항은 대통령령으로 정하도록 하고 있고, 시행령 제13조 2호[2])는 행정절차법 제21조 4항 2호의 내용을 '법원의 재판 또는 준사법적 절차를 거치는 행정기관의 결정 등에 따라 처분의 전제가 되는 사실이 객관적으로 증명되어 처분에 따른 의견청취가 불필요하다고 인정되는 경우'라고 구체화하고 있다.
검사의 기소유예처분을 법원의 재판 또는 준사법적 절차를 거치는 행정기관의 결정이라고 할 수는 없다. 또한 검사가 기소유예처분을 하더라도 헌법소원에 의한 불복등의 절차가 있는 것을 감안하면 기소유예처분이 있다고 해서 의견청취가 명백히 불필요할 상당한 이유가 있다고 볼 수도 없으므로 3호의 예외사유에 해당되지도 않는다. 사안은 사전통지 및 의견제출절차를 결여한 하자가 있다.

Ⅲ. 절차하자의 독자적 위법성

행정행위에 실체상의 하자는 없고 절차상의 하자가 있는 경우 개별법에 그 효과에 관한 규정을 둔 경우(국가공무원법 제13조 2항)도 있지만 이러한 규정이 없을 때 절차상의 하자가 독자적 위법사유가 되는지 문제된다.
학설은 ① 행정경제 및 소송경제를 강조하는 소극설, ② 절차하자를 시정하여 다시 처분을 하면 반드시 동일한 결론에 도달하는 것은 아니므로 독자적 위법성을 긍정해야 한다는 적극설. ③ 절차의 하자가 행정청의 실체적 결정에 영향을 미칠 수 있는 경우에 한하여 독립의 위법사유가 된다는 절충설이 대립한다.[3])
판례는 재량·기속행위를 불문하고 절차적 요건을 제대로 준수하지 않은 경우에는 위법하다고 보아 적극설의 입장이다.
생각건대, 소극설은 절차적 규제가 유명무실해질 우려가 있고, 행정소송법 제30조3항은 "신청에 따른 처분이 절차의 위법을 이유로 취소되는 경우"를 규정하고 있다는 점을 고려할 때 적극설이 타당하다.[4])

Ⅳ. 사안의 해결

사전통지 및 의견제출 절차를 결여한 입찰참가자격제한조치는 위법하다. 절차하자의 독자적 위법성이 인정되며 위법성의 정도는 판례는 사전통지를 결여한 하자를 취소사유로 보고 있다. 법원은 취소판결을 하여야 하므로 사전통지 및 의견제출 절차가 필요 없다는 취지의 법원의 기각 판결은 타당하지 않다.

---

1) 대판 2007.9.21. 2006두20631
2) 시행령이 참조조문으로 제시되지 않아 답안에 현출하기는 현실적으로 어려울 것이다. 행정절차법 문언의 "재판등"에 해당되지 않는다는 점을 부각하면 될 것이다.
3) 감수의견(정하중) : 학설의 소개를 ① 소극설을 기속행위든 재량행위든 적법한 절차를 다시 거친다고 하더라도 동일한 결정이 나올 수 밖에 없는 경우 한하여 절차상의 하자를 이유로 처분을 취소할 수 없다는 견해로, ② 절충설은 기속행위와 재량행위로 구분하여 적법한 절차를 거친다고 하더라도 동일한 결정이 나오는 기속행위의 경우에는 취소할 수 없다는 견해로, ③ 긍정설은 현재 판례와 다수설의 입장이라고 소개하는 것이 타당하다.
4) 절차하자의 독자적 위법성의 문제는 배점에 따라서 때로는 별도의 목차로 잡아야 하는 경우도 있고, 때로는 별도의 목차 없이 사안의 포섭에서 몇 줄 언급하고 넘어가면 족한 경우도 있습니다. 일반적으로 절차하자가 문제되고 처분의 위법성을 물을 때에는 어떤 방식이든 반드시 절차하자의 독자적 위법성 논의까지 검토해야 할 것이다.

유제 1 [법전협 2015-2]

甲은 경기도 안양시 동안구에 소재한 지상 2층, 높이 14m인 건물(이하 '이 사건 건물'이라 한다)의 소유자이다. 건물이 낡고 비좁게 되자 현재의 부지 위에 지상 5층, 높이 22.05m로 건물을 증축하고자 한다. 그런데 이 사건 건물의 부지는 관악산에 소재한 경기도 지정 유형문화재 안양사의 보존을 위해 설정된 역사문화환경보존지역 내에 위치하고 있다. 甲은 위와 같이 증축하기 위해 안양시장에게 '문화재 현상변경 등 허가 신청'을 하였고, 안양시장은 문화재위원회의 심의를 거쳐 '문화재 현상변경 등 허가'(이하 '이 사건 처분'이라 한다)를 하였다. 이 사건 건물 부지는 '안양사에 대한 현상변경 등 허용기준' 4구역에 해당한다.

이 사건 건물 부지에 인접하여 15층 아파트 12개동 650세대로 구성된 A아파트 단지가 있다. A아파트 입주자들은 甲이 기존 건물을 증축할 경우, 층고가 높아져 아파트에서 안양사와 관악산을 바라보는 조망을 일부 가리게 될 것이고 아파트 주변의 교통혼잡이 가중되어 아파트의 쾌적한 주거환경이 침해될 것을 우려하고 있다.

3. A아파트 입주자들은 안양시장이 이 사건 처분을 함에 있어 이해관계인인 자신들에게 처분의 사전통지 및 의견제출 기회를 부여하지 않은 점을 들어 이 사건 처분이 위법하다고 주장하고 있다. 위 주장의 타당성을 검토하시오. (20점)

해설

A아파트 입주자들은 현상변경 허가처분의 직접 상대가 되는 당사자는 아니다. 또한 안양시장이 직권으로 절차에 A아파트 입주자들을 참여시킨 바도 없고, 입주자들이 신청을 통해 절차에 참여한 바도 없다. 따라서 A아파트 입주자들은 사전통지 및 의견제출절차의 상대방이 되지 않으므로 안양시장이 이러한 절차를 거치지 않고 처분을 하더라도 절차하자는 없는 것이다. 사안의 경우 A아파트 입주자들의 주장은 타당하지 않다.

유제 2 [행시 2020]

甲과 乙은 각각 「여객자동차 운수사업법」상 운송사업등록을 하여 전세버스운송사업에 종사하는 자이다. 관할 도지사 A는 甲과 乙에게 2020. 3. 2. 같은 법 제23조제1항제5호에 따라 자동차에 대한 개선명령을 발령하여 그 처분서가 다음 날 송달되었으나, 甲과 乙은 이를 이행하지 아니하였다. 도지사 A는 이를 이유로 같은 법 제85조제1항 및 제88조제1항에 따라 2020. 7. 10. 甲과 乙에게 사업정지에 갈음하는 과징금부과처분을 각각 행하였다. 한편, 乙은 아직 과징금을 납부하지 않은 상태에서 丙에게 자신의 전세버스운송사업을 양도하였고, 관련 지위승계신고가 수리되었다.

1) 甲은 과징금부과처분에 대해 취소소송을 제기하고자 한다. 도지사 A의 甲에 대한 개선명령에 「행정절차법」상 요구되는 의견제출절차를 거치지 않은 위법이 있는 경우 甲이 과징금부과처분취소소송에서 승소할 수 있는지를 검토하시오. (20점)

해설

甲에 대한 개선명령은 甲에게 의무를 부과하는 처분으로 행정절차법상 사전통지 및 의견제출 절차를 거쳐야 한다. 의견제출절차를 거치지 않은 경우 절차하자가 존재하고 위법성의 정도는 취소사유에 해당한다. 개선명령에 대해 취소소송을 제기할 수 있는 제소기간이 경과한 후에 과징금부과처분 취소소송에서 개선명령의 하자를 주장하는 것은 하자의 승계의 문제인데, 개선명령과 과징금부과처분은 별개의 법적 효과의 발생을 목적으로 하는 것이므로 하자가 승계되지 않는다. 甲이 개선명령이 의견제출절차를 거치지 않은 위법이 있다는 점을 주장하면서 과징금부과처분취소소송에서 승소할 수는 없다.

사례 062 사전통지·의견제출(2) [법전협 2014-3]

건설업을 운영하는 甲주식회사는 '국가를 당사자로 하는 계약에 관한 법률'에 근거하여 국가와 건설도급계약을 체결하고 건축물 신축공사를 시행하였다. 위 신축공사는 乙지방조달청장(이하 '乙청장'이라고 한다)이 관할하고 있다. 그런데 甲주식회사의 현장감독 A는 담당 공무원 B에게 원활하게 공사가 진행되도록 해달라고 부탁하면서 금품을 교부하였다. 그러나 B는 이를 거절하고 乙청장과 수사기관에 이러한 사실을 알렸다. A는 뇌물공여죄로 유죄의 확정판결을 받았고, 乙청장은 甲주식회사에 대하여 건설도급계약을 해지하겠다는 뜻을 표시하였다. 甲주식회사는 해지의 효력을 다투며 계속하여 공사를 진행하고자 하였으나, 乙청장은 적법하게 해지되었다고 하면서 甲주식회사 직원들의 공사현장 출입을 막았다. 그리고 乙청장은 甲주식회사에 대하여 1년의 기간을 정하여 입찰참가자격 제한처분을 하였다.

2. 乙청장은 A의 뇌물공여죄에 대하여 유죄의 확정판결이 있었던 이상 행정절차법에 따른 사전통지와 의견제출의 기회를 부여할 필요는 없다고 판단하여 사전통지와 의견제출의 기회를 부여하지 않고 위 입찰참가자격 제한처분을 하였다. 이는 적법한가? (20점)

[참고조문]
* 행정절차법
제21조 ⑤ 처분의 전제가 되는 사실이 법원의 재판 등에 의하여 객관적으로 증명된 경우 등 제4항에 따른 사전 통지를 하지 아니할 수 있는 구체적인 사항은 대통령령으로 정한다.
   ※ 위 법률조항은 2014. 1. 28. 신설된 조항임. 행정절차법의 나머지 조항은 기존의 법전을 참조할 것.

* 행정절차법 시행령
제13조(사전통지의 예외사유) 법 제21조제5항에 따라 사전통지를 하지 아니할 수 있는 구체적 사항이라 함은 다음 각호의 1에 해당하는 경우를 포함하는 것으로 본다.
   2. 법원의 재판 또는 준사법적 절차를 거치는 다른 국가기관의 결정등에 따라 처분의 전제가 되는 사실이 객관적으로 증명되어 처분에 따른 의견청취가 불필요하다고 판단되는 경우

* 국가를 당사자로 하는 계약에 관한 법률
제27조(부정당업자의 입찰 참가자격 제한) ① 각 중앙관서의 장은 경쟁의 공정한 집행이나 계약의 적정한 이행을 해칠 염려가 있거나 그 밖에 입찰에 참가시키는 것이 적합하지 아니하다고 인정되는 자(이하 "부정당업자"라 한다)에게는 2년 이내의 범위에서 대통령령으로 정하는 바에 따라 입찰 참가자격을 제한하여야 하며, 그 제한사실을 즉시 다른 중앙관서의 장에게 통보하여야 한다. 이 경우 통보를 받은 다른 중앙관서의 장은 대통령령으로 정하는 바에 따라 해당 부정당업자의 입찰 참가자격을 제한하여야 한다.

* 국가를 당사자로 하는 계약에 관한 법률 시행령
제76조(부정당업자의 입찰참가자격 제한) ① 각 중앙관서의 장은 계약상대자, 입찰자 또는 제30조제2항에 따라 전자조달시스템을 이용하여 견적서를 제출하는 자(이하 이 항에서 "계약상대자등"이라 한다)나 계약상대자등의 대리인, 지배인 또는 그 밖의 사용인이 다음 각 호의 어느 하나에 해당하는 경우에는 법 제27조제1항에 따른 부정당업자(이하 "부정당업자"라 한다)인 해당 계약상대자등에게 제27조제1항에 따라 즉시 1개월 이상 2년 이하의 범위에서 입찰참가자격을 제한하여야 한다.
   ......
   6. 정당한 이유없이 계약을 체결 또는 이행(……)하지 아니한 자
   10. 입찰·낙찰 또는 계약의 체결·이행과 관련하여 관계공무원(……)에게 뇌물을 준 자

Ⅰ. 문제의 소재

행정절차법(이하 법명 생략)은 의무를 부과하거나 권익을 제한하는 처분을 할 때에는 반드시 사전통지 및 의견제출절차를 거치도록 하고 있다(제21조 1항 및 제22조 3항). 사안에서 입찰참가자격 제한조치가 사전통지등의 대상이 되는 불이익처분인지 문제되고 불이익처분에 해당하더라도 사전통지 등의 절차를 생략할 수 있는 예외적인 경우에 해당되는지 문제된다.

Ⅱ. 사전통지 및 의견제출 절차

Ⅲ. 사안의 해결

입찰참가자격 제한조치는 甲의 권익을 제한하는 불이익처분에 해당하므로 행정청이 입찰참가자격 제한 조치를 하면서 甲에게 사전통지를 하지 않거나 의견제출의 기회를 주지 아니하였다면 사전통지나 의견 제출 절차를 생략해도 되는 예외적인 경우에 해당하지 아니하는 한 위법하다.

행정절차법은 처분의 전제가 되는 사실이 법원의 재판 등에 의하여 객관적으로 증명된 경우 등 동법 제21조 4항에 따른 사전 통지를 하지 아니할 수 있는 구체적인 사항을 대통령령으로 정하도록 위임하고 있고(제21조 5항). 이에 따라 동법 시행령 제13조는 구체적인 예외사유를 규정하고 있는데, 시행령 제13조 2호는 법원의 재판 또는 준사법적 절차를 거치는 행정기관의 결정 등에 따라 처분의 전제가 되는 사실이 객관적으로 증명되어 처분에 따른 의견청취가 불필요하다고 인정되는 경우를 규정하고 있다. 사안은 甲주식 회사 현장감독 A가 담당공무원 B에게 금품을 교부한 것으로 유죄의 확정판결을 받았는 바, 이것이 위의 사유에 해당되는지가 문제된다.

국가를 당사자로 하는 계약에 관한 법률 시행령 제76조 1항 10호에 의하면 계약상대자등의 사용인이 관계공무원에게 뇌물을 준 경우 계약상대자의 입찰참가자격을 제한하도록 되어 있는데, A의 유죄판결 이 확정되었으므로 일응 법원의 재판에 의해 처분의 전제가 되는 사실이 객관적으로 증명된 경우라고 할 수 있다. 그러나 동법 시행령의 경우 2년 이하의 범위 내에서 입찰참가자격제한조치를 하도록 하여 제한기간의 선택에 있어 재량이 존재하는데 甲은 제한기간의 결정 등에 있어서 유리한 사정을 제출할 필요가 있으므로 의견청취가 불필요한 경우에 해당된다고 단정할 수 없다. 따라서 사안은 사전통지를 생략할 수 있는 예외적인 경우에 해당하지 않으므로 사전통지등을 결여한 절차의 하자가 존재한다.

행정행위에 실체상의 하자는 없고 절차상의 하자만 있는 경우 절차상의 하자가 독자적 위법사유가 되는 지에 관하여 통설·판례는 긍정설의 입장이므로 사전통지와 의견제출의 기회를 부여하지 않고 입찰참가 자격 제한처분을 한 것은 위법하다.

유제 [행시 2021]

건설업을 운영하는 甲 주식회사는 「국가를 당사자로 하는 계약에 관한 법률」에 근거하여 국방부장관이 주관하는 전투지휘훈련센터 시설공사의 기본설계 기술제안 도급계약을 체결한 후 기본설계를 진행하였다. 그 과정에서 甲의 직원인 乙은 입찰 관련 서류를 입찰에 유리하도록 변조하여 제출하였고, 이후 乙은 이와 같은 사실로 인하여 법원에서 사문서변조죄의 유죄판결을 선고받아 이 판결은 그대로 확정되었다. 국방부장관은 즉시 그 계약을 해지하는 한편 甲에게 입찰 관련 서류를 변조하였다는 사유로 「국가를 당사자로 하는 계약에 관한 법률」, 같은 법 시행령·시행규칙에 근거하여 1년간 입찰참가자격을 제한하는 부정당업자 제재통보를 하였다. (총25점)

2) 국방부장관은 甲의 직원 乙의 사문서변조죄에 대하여 유죄의 확정판결이 있었다는 이유로 사전통지와 의견제출의 기회를 부여하지 않고 입찰참가자격 제한을 하였다. 그 적법 여부를 검토하시오. (10점)

사례 063 사전통지·의견제출(3) – 사법상계약 해지 시 적용 여부 [변시 2021]

> 甲은 A시 보건소에서 의사 乙로부터 폐렴구균 예방접종을 받았는데, 예방접종을 받은 당일 저녁부터 발열 증상과 함께 안면부의 마비증상을 느껴 병원에서 입원 치료를 받았다. ~~(중략)~~
>
> 한편 A시 보건소는 丙회사로부터 폐렴예방접종에 사용되는 의약품을 조달받아 왔다. 그런데 A시장은 丙회사가 위 의약품을 관리·조달하면서 조달계약을 부실하게 이행하였음을 이유로 丙회사에 의약품조달계약 해지를 통보하였다.
>
> 3. 丙회사는 A시장이 의약품조달계약을 해지하면서 「행정절차법」상의 사전 통지 및 의견청취를 하지 않았음을 이유로 당해 통보가 위법하다고 주장한다. 丙회사 주장의 타당성을 검토하시오. (20점)

I. 문제의 소재

행절절차법상 사전통지 및 의견제출 절차는 의무를 부과하거나 권익을 제한하는 불이익처분을 대상으로 한다. 의약품조달계약해지의 법적 성격이 불이익처분에 해당되는지를 검토한다.

II. 행정절차법상 사전통지 및 의견청취절차

III. 조달계약해지의 법적 성격

행정청이 자신과 상대방 사이의 법률관계를 일방적인 의사표시로 종료시켰다고 하더라도 곧바로 그 의사표시가 행정청으로서 공권력을 행사하여 행하는 행정처분이라고 단정할 수는 없고, 관계 법령이 상대방의 근무관계에 관하여 구체적으로 어떻게 규정하고 있는지에 따라 그 의사표시가 항고소송의 대상이 되는 행정처분에 해당하는 것인지 아니면 공법상 계약관계의 일방 당사자로서 대등한 지위에서 행하는 의사표시인지 여부를 개별적으로 판단하여야 한다.

조달계약 해지는 조달계약의 법적 성격과 관련된다. 국가나 지방자치단체가 당사자가 되는 조달계약의 법적 성격은 국가나 지방자치단체가 일방당사자이고 공정한 입찰은 공익과 관련이 있다고 할 수도 있지만, 국가나 지방자치단체는 공권력의 주체로서 우월한 지위에서 계약을 체결한 것이 아니라 사인과 대등한 당사자로서 체결한 것으로서 그 본질적인 내용은 사인 간의 계약과 다를 바가 없으므로 사법상 계약에 해당한다. 판례도 조달계약을 사법상 계약으로 보고 있다. 법령에 특별한 정함이 있는 경우를 제외하고는 사적자치와 계약자유의 원칙 등 사법의 원리가 그대로 적용된다. 따라서 조달계약 해지는 사법상 계약의 해지에 해당한다.

IV. 사안의 해결

행정절차법은 행정주체의 모든 행위를 대상으로 적용되는 것은 아니다. 행정절차법은 처분, 신고, 확약, 위반사실 등의 공표, 행정계획, 행정상 입법예고, 행정예고 및 행정지도의 절차에만 적용된다(제3조). 공법상 계약이나 사법상 계약은 행정절차법의 적용대상이 아니다. 사전통지 및 의견제출 절차는 의무를 부과하거나 권익을 제한하는 불이익처분의 절차에서만 요구된다. 조달계약해지는 사법상계약의 해지에 해당되어 행정절차법이 적용되지 않으므로 A시장이 의약품조달계약을 해지하면서 「행정절차법」상의 사전통지 및 의견청취를 하지 않았음을 이유로 당해 통보가 위법하다는 丙회사의 주장은 타당하지 않다.

사례 064 거부처분에 대한 사전통지 [변시 2013]

A광역시의 시장 乙은 세수증대, 고용창출 등 지역발전을 위해 폐기물처리업의 관내 유치를 결심하고 甲이 제출한 폐기물처리사업계획서를 검토하여 그에 대한 적합통보를 하였다. 이에 따라 甲은 폐기물처리업 허가를 받기 위해 먼저 도시·군관리계획변경을 신청하였고, 乙은 관계 법령이 정하는 바에 따라 해당 폐기물처리업체가 입지할 토지에 대한 용도지역을 폐기물처리업의 운영이 가능한 용도지역으로 변경하는 것을 내용으로 하는 도시·군관리계획변경안을 입안하여 열람을 위한 공고를 하였다. 그러나 乙의 임기 만료 후 새로 취임한 시장 丙은 폐기물처리업에 대한 인근 주민의 반대가 극심하여 실질적으로 폐기물사업 유치가 어려울 뿐만 아니라, 자신의 선거공약인 '생태중심, 자연친화적 A광역시 건설'의 실현 차원에서 용도지역 변경을 승인할 수 없다는 계획변경승인거부처분을 함과 동시에 해당 지역을 생태학습체험장 조성지역으로 결정하였다. 폐기물처리사업계획 적합통보에 따라 사업 착수를 위한 제반 준비를 거의 마친 甲은 丙을 피고로 하여 관할 법원에 계획변경승인거부처분 취소소송을 제기하였다.

3. 甲은 위 취소소송의 청구이유로서 계획변경승인거부처분에 앞서 丙이 처분의 내용, 처분의 법적 근거와 사실상의 이유, 의견청취절차 관련 사항 등을 미리 알려주지 않았으므로 위 거부처분이 위법하여 취소되어야 한다고 주장하였다. 甲의 주장은 타당한가? (15점)

I. 문제의 소재

수익적 처분의 신청에 대한 거부처분을 하는 경우에도 행정절차법 제21조의 사전통지를 반드시 거쳐야 하는지, 필수적 절차라고 하더라도 절차상 하자만을 이유로 처분을 취소할 수 있는지, 즉 절차상 하자의 독자적 위법성의 문제가 제기된다.

II. 사전통지

사전통지는 행정처분 등을 하기 전에 상대방 또는 이해관계인에게 처분의 내용과 청문의 일시·장소 등을 알리는 행위로서, 앞으로 있을 의견청취절차에서 권리주장, 증거 및 자료제출 등을 미리 준비할 수 있도록 하기 위하여 인정되는 의견진술의 전치절차이다. 행정절차법은 의무를 과하거나 권익을 제한하는 처분(불이익처분)을 하는 경우에 사전통지를 의무로 규정하면서 일정한 경우의 예외사유 등에 대하여 규정하고 있다(행정절차법 제21조).

III. 거부처분의 사전통지 대상 여부

(1) 문제점

수익적 처분의 신청에 대한 거부처분이 당사자에게 의무를 과하거나 권익을 제한하는 경우에 해당하여 사전통지의 대상이 되는지 문제된다.

(2) 학 설

① 부정설은 당사자에게 아직 권익이 부여되지 아니하였으므로 권익을 제한하는 처분이 아니며, 거부처분은 신청에 의한 것이므로 성질상 이미 의견진술의 기회를 준 것으로 보아 사전통지를 요하지 않는다고 본다. ② 긍정설은 당사자는 신청에 따라 긍정적인 처분이 이루어질 것을 기대하며, 행정절차법은 사전

통지 대상으로 적극적 침익처분과 거부처분을 구별하고 있지 않고, 당사자가 알지 못하는 사실을 근거로 거부처분시 의견진술 기회를 부여하였다고 할 수 없다는 점을 근거로 한다. ③ 제한적 긍정설은 원칙적으로 부정설을 취하면서 갱신허가거부의 경우는 권익을 제한하는 처분으로 보아 사전통지의 대상이 된다는 견해이다.

(3) 판 례
판례는 신청에 따른 처분이 이루어지지 아니한 경우에는 아직 당사자에게 권익이 부과되지 아니하였으므로 신청에 대한 거부처분은 당사자의 권익을 제한하는 처분이라 볼 수 없다고 하여 부정설의 입장이다.

(4) 검토 및 사안의 경우
생각건대, 급부행정국가에서 상대방의 신청을 거부하는 처분은 침익적 처분 못지않게 상대방의 권익을 침해하고 있는 현실을 고려할 때 긍정하는 것이 국민의 권익보호에 보다 실질적인 것이 되며, 긍정설을 취할 때 행정청에 발생할 수 있는 과중한 부담은 행정절차법 제21조 4항 3호의 활용을 통해 완화할 수 있다. 또한 신청권을 근거로 처분성이 인정되면 신청을 했다가 거부당한 자는 별도의 판단 없이 행정소송법 제12조의 법률상이익이 있는 것으로 보아 원고적격을 인정하는 것이 판례인데 그러한 판례에 비추어 보더라도 거부처분의 권익제한성을 긍정하는 것이 타당하다.

사안의 경우 계획변경승인거부처분에 앞서 丙은 처분의 내용, 법적 근거와 사실상의 이유, 의견청취절차 관련 사항 등을 미리 알려주지 않아 사전통지 절차를 결여한 절차 하자가 있다.

IV. 절차하자의 독자적 위법성[1]
행정행위에 실체상의 하자는 없고 절차상의 하자가 있는 경우 개별법에 그 효과에 관한 규정을 둔 경우(국가공무원법 제13조 2항)도 있지만 이러한 규정이 없을 때 절차상의 하자가 독자적 위법사유가 되는지 문제된다.

학설은 ① 행정경제 및 소송경제를 강조하는 소극설, ② 절차하자를 시정하여 다시 처분을 하면 반드시 동일한 결론에 도달하는 것은 아니므로 독자적 위법성을 긍정해야 한다는 적극설, ③ 절차의 하자가 행정청의 실체적 결정에 영향을 미칠 수 있는 경우에 한하여 독립의 위법사유가 된다는 절충설이 대립한다.[2] 판례는 재량·기속행위를 불문하고 절차적 요건을 제대로 준수하지 않은 경우에는 위법하다고 보아 적극설의 입장이다.

생각건대, 소극설에 의하면 절차적 규제가 유명무실해질 우려가 있고, 행정소송법 제30조3항은 "신청에 따른 처분이 절차의 위법을 이유로 취소되는 경우"를 규정하고 있다는 점을 고려할 때 적극설이 타당하다.

V. 사안의 해결
丙의 계획변경승인거부처분은 사전통지를 결여한 하자가 있으며 절차상 하자의 독자적 위법성도 인정된다. 따라서 거부처분에 앞서 처분의 내용 등을 알려주지 않아 거부처분이 위법하다는 甲의 주장은 타당하다.

---

1) 변시 기준 배점이 15점(행시 기준 7.5)임을 감안할 때 이 논점은 실전에서는 더 축약해서 언급해야 할 것이다. 별도의 목차를 잡지 않고 사안의 해결에서 다수설, 판례의 입장만 소개하면서 간단히 처리해도 무방하다.
2) 감수의견(정하중): 학설의 소개를 ① 소극설을 기속행위든 재량행위든 적법한 절차를 다시 거친다고 하더라도 동일한 결정이 나올 수 밖에 없는 경우 한하여 절차상의 하자를 이유로 처분을 취소할 수 없다는 견해로, ② 절충설은 기속행위와 재량행위로 구분하여 적법한 절차를 거친다고 하더라도 동일한 결정이 나오는 기속행위의 경우에는 취소할 수 없다는 견해로, ③ 긍정설은 현재 판례와 다수설의 입장이라고 소개하는 것이 타당하다.

유제 1   [법전협 2017-3]

A광역시 B구청장은 2017. 4. 3. 관내 개발제한구역 내에 소재한 간선도로 변에 주유소 1개소를 추가로 설치할 수 있도록 'B구 개발제한구역 내 주유소 배치계획 변경고시'를 공고하였고, 같은 날 위 변경고시에 따라 아래 [참조]의 내용으로 '주유소 운영사업자 모집공고'를 하였다.

위 모집공고에 따라 甲은 2017. 4. 3. B구청장에게 주유소 운영사업자 선정신청을 하였고, 乙은 2017. 5. 2. 주유소 운영사업자 선정신청을 하였다.

그런데 甲이 위 선정신청을 하면서 그 신청서에 자신이 생업을 위하여 3년 내의 기간 동안 개발제한구역 밖에 거주한 사실을 기재하고서도 이를 입증할 수 있는 서류를 제출하지 않았다.

위 모집기간이 만료되자 B구청장은 2017. 5. 22. 甲에게 모집공고상 신청자격 1)의 요건을 충족하지 못하였음을 이유로 주유소 운영사업자 불선정처분을 하는 한편, 같은 날 乙에게 주유소 운영사업자 선정처분을 하였다.

2. 甲은 'B구청장이 불선정처분을 함에 있어 미리 사전통지를 하지 아니하였을 뿐만 아니라, 신청시 구비하여야 하는 서류가 미비되었음에도 불구하고 그에 대한 보완 요구를 하지 않은 채 불선정처분을 한 것은 위법하다'고 주장한다. 이러한 주장은 타당한가? (20점)

[참조] '주유소 운영사업자 모집공고' (시험에서는 제시되었지만 생략)
[참조조문]
「민원처리에 관한 법률」
제2조(정의) 이 법에서 사용하는 용어의 뜻은 다음과 같다.
  1. "민원"이란 민원인이 행정기관에 대하여 처분 등 특정한 행위를 요구하는 것을 말하며, 그 종류는 다음 각 목과 같다.
    가. 일반민원
      1) 법정민원 : 법령·훈령·예규·고시·자치법규 등(이하 "관계법령등"이라 한다)에서 정한 일정 요건에 따라 인가·허가·승인·특허·면허 등을 신청하거나 장부·대장 등에 등록·등재를 신청 또는 신고하거나 특정한 사실 또는 법률관계에 관한 확인 또는 증명을 신청하는 민원
      2)~4) 생략
    나. 고충민원:「부패방지 및 국민권익위원회의 설치와 운영에 관한 법률」제2조제5호에 따른 고충민원
제22조(민원문서의 보완·취하 등) ① 행정기관의 장은 접수한 민원문서에 보완이 필요한 경우에는 상당한 기간을 정하여 지체 없이 민원인에게 보완을 요구하여야 한다.
②~③ 생략

해 설

甲에 대한 불선정처분은 거부처분에 해당하며 B구청장이 신청자격 요건의 미비를 이유로 거부할 것이라는 것을 사전통지해 주었다면 甲이 보완의 노력을 할 수 있었을 것이라는 점을 고려할 때 사전통지를 하지 않고 거부한 것은 위법하다.[3]

민원처리에 관한 법률 제22조 1항은 행정기관의 장은 접수한 민원문서에 보완이 필요한 경우에는 상당한 기간을 정하여 지체 없이 민원인에게 보완을 요구하여야 한다고 하여 민원문서의 보완에 대해 규정하고 있다. 행정절차법 제17조 5항도 처분을 신청한 경우 행정청은 구비서류의 미비 등이 있는 경우에는 보완에 필요한 상당한 기간을 정하여 지체 없이 신청인에게 보완을 요구하여야 한다고 규정하고 있다. 행정절차법이 처분에 관한 일반법이지만 민원사무에 대해서는 민원처리에 관한 법률이 특별법의 성격을 가지고 있다.

---

3) 긍정설을 취했을 때의 결론이고, 판례처럼 부정설을 취하고 불선정처분이 적법하다고 검토해도 무방하다.

보완의 대상이 되는 흠은 보완이 가능한 경우이어야 함은 물론이고, 그 내용 또한 형식적·절차적인 요건이거나, 실질적인 요건에 관한 흠이 있는 경우라도 그것이 민원인의 단순한 착오나 일시적인 사정 등에 기한 경우 등이라야 한다.[4] 또한 흠결된 서류의 보완 또는 보정을 하면 이미 접수된 주요서류의 대부분을 새로 작성함이 불가피하게 되어 사실상 새로운 신청으로 보아야 할 경우에는 그 흠결서류의 접수를 거부하거나 그것을 반려할 정당한 사유가 있는 경우에 해당하여 이의 접수를 거부하거나 반려하여도 위법이 되지 않는다.[5]

B구청장은 거주요건에 관한 구비서류에 대해 보완요구를 할 수 있었음에도 보완요구를 하지 않은 채 불선정처분을 한 것인데, 거주요건과 관련한 신청자격은 형식적 요건이라고 할 수 있으므로 보완요구의 대상이 된다. 설령 실질적 요건으로 보더라도 신청인의 단순한 착오로 보아 보완요구의 대상이 될 수 있다. 따라서 B구청장이 보완요구를 하지 않고 불선정처분을 한 것은 위법한 처분이다.

사전통지를 결여하거나 보완요구라는 절차를 거치지 않은 하자만으로 독자적 위법성을 인정할 수 있는지 문제되나 절차하자의 독자적 위법성을 긍정하는 것이 통설, 판례이다.

유제 2 [변시 2022]

甲은 A군 소재 농지에서 농업경영을 하던 중 양돈업을 시작하고자 한다. A군의 군수 乙은 2021. 5.경 「가축분뇨의 관리 및 이용에 관한 법률」 제8조 제1항 및 「A군 가축사육 제한에 관한 조례」(이하 '이 사건 조례'라 한다) 제3조 제2항에 의거하여 「A군 가축사육 제한구역 지정 고시」(이하 '이 사건 고시'라 한다)를 발령하였다. 이 사건 고시 제4조 제3호에 의하면, "도로(고속국도, 일반국도, 지방도, 군도)나 철도, 농어촌도로 경계선으로부터 가축 사육 시설 건축물 외벽까지 직선거리 200m 이내 지역"을 가축사육 제한구역의 하나로 정하고 있다.

축사 예정지로 삼고 있는 甲의 토지는 주거 밀집지역인 농가에서 1km 이상 벗어나 있는데 甲이 짓고자 하는 축사의 외벽은 지방도 경계선으로부터 직선거리 200m 이내에 소재하고 있어 가축사육 제한구역에 편입되게 되었다.

甲은 2021. 11. 30. 돼지를 사육하려고 乙에게 축사 건축허가를 신청하였다. 그러나 乙은 2021. 12. 15. 이 사건 조례 제3조 및 이 사건 고시 제4조 제3호에 의거하면 축사 예정지가 가축사육 제한구역에 해당하여 여기에 축사를 건축할 수 없다는 이유로 허가를 거부하는 처분(이하 '이 사건 처분'이라고 한다)을 하였다.

乙은 이 사건 처분을 함에 있어서 「행정절차법」에 따른 사전통지를 하지 않았고, 「행정심판법」상 처분의 상대방에게 알려야 하는 행정심판 청구가능성, 그 절차 및 청구기간도 알리지 않았다.

2. 乙이 「행정절차법」상 사전통지를 하지 않았음에 따른 이 사건 처분의 적법 여부를 검토하고, 나아가 「행정심판법」상 요구되는 행정심판 청구가능성, 그 절차 및 청구기간을 알리지 않았음에 따른 이 사건 처분의 적법 여부와 「행정심판법」상 효과를 설명하시오. (20점)

해설

거부처분이 행정절차법 제21조의 사전통지의 대상이 되는지 견해대립이 있다. 판례는 부정하고 있으나 긍정하는 것이 타당하다. 사안의 거부처분은 절차하자가 있으며 절차하자의 독자적 위법성이 인정되므로 거부처분은 위법하다(판례에 의하면 적법).

행정심판법 제58조는 행정청이 처분을 할 때 상대방에게 행정심판의 청구가능성, 심판청구절차 및 청구기간을 알리도록 하고 있어 불복고지에 대해 규정하고 있다. 고지는 비권력적 사실행위로서 처분은 아니다.

고지제도의 취지는 처분의 상대방이나 이해관계인이 행정심판을 제기함에 있어 편의를 제공하는 데 있을 뿐, 행정처분의 성립과정을 규제하는 절차규정이라거나 처분의 형식을 규제하는 제도가 아니다. 따라서 고지를 하지 아니하거나 잘못 하였다고 하더라도 처분의 주체·절차·형식상에 어떤 흠결을 가져오는 것은 아니다. 또한

---

[4] 대판 2004.10.15. 2003두6573
[5] 대판 1991.6.11. 90누8862

고지는 이미 법규에 의해 정해진 불복의 가부나 불복의 절차를 알려주는 사실행위에 불과하므로 불고지·오고지가 있더라도 당해 처분이 국민의 권리의무에 영향을 미치는 데는 어떤 변동을 가져오지도 않는다. 따라서 처분의 내용에 아무 하자가 없는 이상 고지의 하자를 이유로 처분의 위법성을 주장할 수는 없다. 다만 불고지, 오고지의 경우 행정심판법 및 행정소송법에 의한 일정한 효과가 주어질 뿐이다.

행정심판법상의 효과는 행정청이 고지를 하지 아니하거나 잘못 고지하여 청구인이 심판청구서를 다른 행정기관에 제출한 경우에는 그 행정기관은 그 심판청구서를 지체 없이 정당한 권한이 있는 피청구인에게 보내야 하며, 심판청구서를 보낸 행정기관은 지체 없이 그 사실을 청구인에게 알려야 한다(제27조2항,3항). 그리고 행정청이 심판청구기간을 90일보다 긴 기간으로 잘못 알린 경우 잘못 알린 기간에 심판청구가 있으면 적법하게 심판청구가 있는 것으로 보게 되고(제27조5항), 행정청이 심판청구 기간을 알리지 아니한 경우에는 처분이 있었던 날부터 180일까지 심판청구를 할 수 있다(제27조6항).

사안의 거부처분은 불복고지를 결여한 절차하자가 있지는 않지만 사전통지를 결여한 절차하자는 있어 위법하다. 다만 심판청구기간을 고지하지 않아 甲은 거부처분이 있었다는 것을 현실적으로 알았다고 하더라도 거부처분이 있었던 날부터 180일 이내에 심판을 청구하면 심판청구기간을 준수한 것이 된다.

유제 3 [법전협 2018-3]

외국인 甲은 단기방문을 목적으로 대한민국에 체류하던 중 乙회사에서 기술 분야에 종사하고자 「출입국관리법」 제24조 제1항 및 동법 시행령 제12조에 따라 관할 행정청 A에게 단기방문(C-3)에서 기업투자(D-8)로 체류자격 변경허가를 신청하였다. 이에 A는 "乙회사는 외국인이 투자하기 직전에 대한민국 법인 내지 대한민국 국민이 경영하는 기업이 아니어서 「외국인투자 촉진법」에 따른 '외국인투자기업'에 해당하지 아니한다."는 것을 이유로 甲의 체류자격 변경신청에 대해 거부처분(이하 '제1차 거부처분'이라 함)을 하였다.

甲은 A를 상대로 제1차 거부처분에 대한 취소소송을 제기하면서, "거부처분에 앞서 A가 「행정절차법」상의 의견청취절차 관련 사항 등을 미리 알려주지 않았으므로 제1차 거부처분은 위법하다."고 주장한다. 이에 대해 A는 "이 처분에 대하여는 ① 「행정절차법」이 적용되지 않고, ② 설령 「행정절차법」이 적용된다고 하더라도 사전통지가 필요 없다."고 주장한다. A의 주장은 타당한가? (30점)

해 설

외국인 체류자격허가 및 변경허가는 외국인의 출입국에 관한 처분으로 행정절차법 제2조9호의 행정절차법 적용배제대상에 해당할 수도 있다. 그러나 행정절차법의 입법 목적과 규정 내용 등에 비추어 보면 외국인의 출입국에 관한 사항 전부에 대하여 행정절차법의 적용이 배제되는 것이 아니라 성질상 행정절차를 거치기 곤란하거나 불필요하다고 인정되는 처분이나 행정절차에 준하는 절차를 거치도록 하고 있는 처분의 경우에만 행정절차법의 적용이 배제되는 것으로 보아야 한다. 따라서 행정절차법이 적용되지 않는다는 A의 주장은 타당하지 않다. 행정절차법이 적용될 경우 거부처분이 사전통지의 대상인지 견해대립이 있다. 판례는 부정하나 긍정하는 것이 타당하다. 이 점에서도 A의 주장은 타당하지 않다(판례에 의한다면 ② 주장은 타당).

유제 4 [행시 2023]

甲은 X 토지에 액화석유가스 충전시설을 설치하기 위하여 2023. 1. 5. A 군 군수에게 「국토의 계획 및 이용에 관한 법률」에 따른 개발행위허가를 신청하였다. A 군 군수는 2023. 2. 9. 甲에게 "X 토지 대부분이 마을로부터 100 m 이내에 위치하여 「A 군 개발행위허가 운영지침」 (이하 '이 사건 지침'이라 함) 제6조 제1항 제1호에 저촉된다"는 이유로 거부처분을 하였다. A 군 군수가 甲에게 거부처분을 하기 전에 사전통지를 하지 않았다면 위법한지 검토하시오. (10점)

사례 065   지위승계신고수리처분과 사전통지   [변시 2014]

    甲은 2013. 3. 15. 전 영업주인 乙로부터 등록 대상 석유판매업인 주유소의 사업 일체를 양수받고 잔금지급액에 다소 이견이 있는 상태에서, 2013. 3. 28. 석유 및 석유대체연료 사업법(이하 '법'이라 함) 제10조 제3항에 따라 관할 행정청인 A시장에게 성명, 주소 및 대표자 등의 변경등록을 한 후 2013. 4. 5.부터 '유정주유소'라는 상호로 석유판매업을 영위하고 있다.
    그런데 A시장이 2013. 5. 7. 관할구역 내 주유소의 휘발유 시료를 채취하여 한국석유관리원에 위탁하여 검사한 결과 '유정주유소'와 인근 '상원주유소'에서 취급하는 휘발유에 경유가 1% 정도 혼합된 것으로 밝혀졌다.
    한편, A시장은 취임과 동시에 "A시 관할구역 내에서 유사석유를 판매하다가 단속되는 주유소는 예외 없이 등록을 취소하여 주민들이 믿고 주유소를 이용하도록 만들겠다."라고 공개적으로 밝힌 바 있다. 이에 A시장은 2013. 6. 7. 甲에 대하여 청문 절차를 거치지 아니한 채 법 제13조 제3항 제12호에 따라 석유판매업등록을 취소하는 처분(이하 '당초처분'이라 함)을 하였고, 甲은 그 다음 날 처분이 있음을 알게 되었다.
    甲은 당초처분에 불복하여 2013. 8. 23. 행정심판을 청구하였으며, 행정심판위원회는 2013. 10. 4. 당초처분이 재량권의 범위를 일탈하거나 남용한 것이라는 이유로 당초처분을 사업정지 3개월로 변경하라는 내용의 변경명령재결을 하였고, 그 재결서는 그날 甲에게 송달되었다. 그렇게 되자, A시장은 청문 절차를 실시한 후 2013. 10. 25. 당초처분을 사업정지 3개월로 변경한다는 내용의 처분(이하 '변경처분'이라 함)을 하였고, 그 처분서는 다음날 甲에게 직접 송달되었다.
    그런데 甲은 "유정주유소는 X정유사로부터 직접 석유제품을 공급받고, 공급받은 석유제품을 그대로 판매하였으며, 상원주유소도 자신과 마찬가지로 X정유사로부터 직접 석유제품을 구입하여 판매하였는데 그 규모와 판매량이 유사한데다가 甲과 동일하게 1회 위반임에도 상원주유소에 대하여는 사업정지 15일에 그치는 처분을 내렸다. 또한 2013. 5. 초순경에 주유소 지하에 있는 휘발유 저장탱크를 청소하면서 휘발유보다 값이 싼 경유를 사용하여 청소를 하였는데 그때 부주의하여 경유를 모두 제거하지 못하였고, 그러한 상태에서 휘발유를 공급받다 보니 휘발유에 경유가 조금 섞이게 된 것으로, 개업한 후 처음 겪는 일이고 위반의 정도가 경미하다."라고 주장하면서 행정소송을 제기하여 다투려고 한다.
    한편, 법 제13조 제4항은 "위반행위별 처분기준은 산업통상자원부령으로 정한다."라고 되어 있고, 법 시행규칙 [별표 1] 행정처분의 기준 중 개별 기준 2. 다목은 "제29조 제1항 제1호를 위반하여 가짜석유제품을 제조·수입·저장·운송·보관 또는 판매한 경우"에 해당하면 '1회 위반 시 사업정지 1개월, 2회 위반 시 사업정지 3개월, 3회 위반 시 등록취소 또는 영업장 폐쇄'로 규정되어 있다고 가정한다.

5. 乙은 甲에 대한 변경등록처분의 효력을 다투면서 "석유판매업자의 지위 승계에 따른 변경등록처분을 하기에 앞서 A시장이 乙에게 사전에 통지를 하지 않았으며 의견제출의 기회를 주지 않았다."라고 주장한다. 이러한 乙의 주장은 타당한가? (10점)

[참조조문]
* 석유 및 석유대체연료 사업법
제7조(석유정제업자의 지위 승계) ① 다음 각 호의 어느 하나에 해당하는 자는 석유정제업자의 지위를 승계한다.
  1. 석유정제업자가 그 사업의 전부를 양도한 경우 그 양수인
  2. 석유정제업자가 사망한 경우 그 상속인
  3. 법인인 석유정제업자가 합병한 경우 합병 후 존속하는 법인이나 합병으로 설립되는 법인

② <생략>
제10조(석유판매업의 등록 등) ① 석유판매업을 하려는 자는 산업통상자원부령으로 정하는 바에 따라 특별시장·광역시장·도지사·특별자치도지사(이하 "시·도지사"라 한다) 또는 시장·군수·구청장(자치구의 구청장을 말한다. 이하 "시장·군수·구청장"이라 한다)에게 등록하여야 한다. 다만, 부산물인 석유제품을 생산하여 석유판매업을 하려는 자는 산업통상자원부장관에게 등록하여야 한다.
② <생략>
③ 제1항 및 제2항에 따른 등록 또는 신고를 한 자가 등록 또는 신고한 사항 중 시설 소재지 등 대통령령으로 정하는 사항을 변경하려는 경우에는 산업통상자원부령으로 정하는 바에 따라 등록 또는 신고를 한 산업통상자원부장관이나 시·도지사 또는 시장·군수·구청장에게 변경등록 또는 변경신고를 하여야 한다.
④ 제1항 및 제2항에 따라 시·도지사 또는 시장·군수·구청장에게 등록하거나 신고하여야 하는 석유판매업의 종류와 그 취급 석유제품 및 제1항에 따른 석유판매업의 시설기준 등 등록 요건은 대통령령으로 정한다.
⑤ 석유판매업자의 결격사유, 지위 승계 및 처분 효과의 승계에 관하여는 제6조부터 제8조까지의 규정을 준용한다. 이 경우 제6조 각 호 외의 부분 중 "석유정제업"은 "석유판매업"으로 보고, 같은 조 제6호 중 "제13조 제1항"은 "제13조 제3항"으로, "석유정제업"은 "석유판매업"으로 보며, 제7조 중 "석유정제업자"는 "석유판매업자"로, "석유정제시설"은 "석유판매시설"로 보고, 제8조 중 "석유정제업자"는 "석유판매업자"로, "제13조 제1항"은 "제13조 제3항"으로 본다.

* **석유 및 석유대체연료 사업법시행령**
제13조(등록 또는 신고 대상 석유판매업의 종류) 법 제10조 제1항·제2항 및 제4항에 따라 등록하거나 신고하여야 할 석유판매업의 종류와 그 취급 석유제품은 [별표 1]과 같다.
* **[별표1] 석유판매업 및 석유대체연료판매업의 종류 등**

등록대상	주유소	○ 휘발유·등유·경유

제14조(석유판매업의 변경등록 및 변경신고 대상) 법 제10조 제3항에서 "시설 소재지 등 대통령령으로 정하는 사항"이란 다음 각 호의 사항을 말한다.
  1. 성명 또는 상호
  2. 대표자(법인인 경우만 해당한다)
  3. 주된 영업소의 소재지
  4. 등록하거나 신고한 시설의 소재지 또는 규모
※ 일부 조항은 현행법과 불일치 할 수 있으며 현재 시행 중임을 전제로 할 것

I. 문제의 소재

사전통지와 의견제출 절차는 불이익처분에 대해서 행해지는 것인데 양도인 乙이 불이익처분의 상대방에 해당하여 지위승계에 따른 변경등록처분에 앞서 양도인 乙에게 행정절차법(이하 '절차법'이라 함) 제21조의 사전통지와 절차법 제22조 3항의 의견제출 절차를 거쳐야 하는지가 문제된다.

II. 변경등록처분의 법적 성질

양수인 甲이 양도인 乙로부터 영업을 양수하면 지위가 승계되며 양수인 甲은 석유 및 석유대체연료 사업법 제10조 3항에 따라 변경등록해야 하는데 변경등록처분은 지위승계신고에 대한 수리처분의 실질을 가지고 있다. 단순히 양수자인 甲이 사업을 승계하였다는 사실의 신고를 접수하는 행위에 그치는 것이

아니라 실질에 있어서 양도자 乙의 등록을 취소함과 아울러 양수자 甲에게 적법히 사업을 할 수 있는 법규상 권리를 설정하여 주는 행위로서 양도인의 권익을 제한하는 처분에 해당한다.

III. 사전통지 및 의견제출

1. 의 의

2. 상대방

사전통지 및 의견제출절차는 당사자 등을 대상으로 하여야 하는데, 당사자 등은 행정청의 처분에 대하여 직접 그 상대가 되는 당사자와 행정청이 직권으로 또는 신청에 따라 행정절차에 참여하게 한 이해관계인을 의미한다(절차법 제2조 4호).

IV. 사안의 해결

A시장의 등록처분은 양도인 乙의 등록을 취소하는 효과가 있으므로 양도인 乙의 권익을 제한하는 처분에 해당한다. 양도인 乙도 변경등록처분의 직접 상대가 되는 자이므로 A시장은 양도인 乙에게 사전통지 및 의견제출 등 행정절차법의 절차를 거쳐야 하고 이러한 절차를 거치지 않아도 되는 예외사유에 해당된다고 볼 수도 없다. 따라서 양도인 乙의 주장은 타당하다.[1]

---

1) 참고판례: 대판 2003.2.14, 2001두7015

| 사례 066 | 이유제시의 하자 | [행시(재경) 2012] |

> 甲은 乙로부터 면적 300m² 인 토지에 건축면적 100m² 인 가옥과 담장을 1980.12.31일자로 매수하여 등기한 후 소유하고 있었다. 甲은 그 동안 해당 부동산에 대한 세금을 성실히 납부하였다. 그러나 토지가 소재하고 있는 지방자치단체 A市는 2012.6.1일자로 甲에게 도로를 침범하고 있는 담장을 철거하라는 통지서를 발부하였다. 철거통지서에는 甲이 점유하고 있는 토지의 30m² 는 A市 소유의 도로로 현재 甲은 이를 불법점유하고 있으므로 2012.7.31일까지 위 담장을 철거하라고 기재되어 있었다.
> (3) 철거통지서에는 철거 이유에 대한 구체적인 적시 없이 불법점유 상태이므로 철거하라고만 기재되어 있었다면, 甲은 이를 근거로 위 철거명령의 취소를 주장할 수 있겠는가? (15점)

I. 문제의 소재

이유제시의 구체성의 정도와 관련하여 이유제시의 하자는 있는지, 이유제시의 하자가 있다면 절차하자의 독자적 위법성이 인정되는지가 문제된다.

II. 이유제시의 하자

1. 이유제시의 의의 (행정절차법 제23조)

이유제시란 행정청이 처분을 함에 있어 처분의 근거와 이유를 제시해야 함을 말하는 것으로서 행정절차에 있어 상대방에게 보장된 절차상 공권의 성질을 갖는다. 이유제시는 행정청의 자기통제와 당사자의 처분에 대한 적극적 수용을 가능하게 할 뿐만 아니라 쟁송제기의 편의를 제공함으로써 개인의 권리보호에 기여하는 기능을 한다. 이유제시의 법적 근거는 일반법으로 행정절차법 제23조 제1항이 있고 행정절차법 제정 전에도 판례를 통하여 인정되어 왔다.

불이익처분에 한정되지 않고 모든 처분을 이유제시의 대상으로 하며 원칙적으로 문서의 방식으로 하여야 하고 처분과 동시에 하여야 한다.

2. 이유제시의 구체성의 정도

이유제시의 정도에 있어서는 처분사유를 이해할 수 있을 정도로 구체적으로 하여야 하며 행정청이 고려하였던 사실상·법률상의 근거를 알려야 한다. 재량처분의 경우에는 본질적인 재량고려사유를 제시하여야 이유제시제도의 취지에 부합한다 할 것이다.

판례는 처분서에 기재된 내용과 관계 법령 및 당해 처분에 이르기까지의 전체적인 과정 등을 종합적으로 고려하여, 처분 당시 당사자가 어떠한 근거와 이유로 처분이 이루어진 것인지를 충분히 알 수 있어서 그에 불복하여 행정구제절차로 나아가는 데에 별다른 지장이 없었던 것으로 인정되는 경우에는, 처분서에 처분의 근거와 이유가 구체적으로 명시되어 있지 않았다고 하더라도 그로 말미암아 그 처분이 위법한 것으로 된다고 할 수는 없다고 한다.

3. 사안의 경우

이유제시는 처분을 함에 있어서 의무인데 사안의 경우 이유제시는 하였으나 이유제시의 정도에 있어 문제가 있다. 철거 이유에 대한 구체적인 적시 없이 불법점유 상태라고만 기재한 것은 철거명령의 본질적인 근거와 이유가 제시되지 않아 甲이 불복여부를 판단하는데 법적·사실적 관점을 검토할 수 있을 정도로 구체적이라고 할 수 없어 이유제시의 하자가 존재한다. 달리 하자가 치유되었다는 사정도 보이지 않는다.

Ⅲ. 이유제시 하자의 위법성의 정도

행정행위의 하자가 무효사유에 해당하는지 취소사유에 해당하는지는 중대명백설에 의해 판단한다. 일설은 이유제시가 전혀 없거나 중요사항의 기재가 결여된 경우에는 무효사유에 해당하고 그 외의 경우에는 취소사유에 해당한다는 입장을 취하고 있으나 어느 경우에나 취소사유에 해당한다고 보아야 하며 또한 판례의 일관된 입장이다.

사안의 경우 철거 이유에 대한 구체적인 적시 없이 불법점유 상태이므로 철거하라고만 기재되어 있는 것은 이유제시가 불완전한 것으로서 취소사유에 해당한다.

Ⅳ. 절차하자의 독자적 위법성

Ⅴ. 사안의 해결

철거통지서는 이유제시의 정도가 미흡한 것으로서 취소사유 있는 하자가 있으며, 실체적 하자가 없더라도 절차하자만으로도 독자적 위법성을 긍정할 수 있으므로 甲은 이유제시의 하자만으로 철거명령의 취소를 주장할 수 있다.

유제 1 [행시(재경) 2013]

甲은 A시에서 공동주택을 건축하기 위하여 주택건설사업계획승인신청을 하였는데, A시장은 해당지역이 용도변경을 추진 중에 있고 일반 여론에서도 보존의 목소리가 높은 지역이라는 이유로 거부처분을 하였다. 이에 甲은 A시장의 거부처분에 있어서 사전통지가 없었으며 이유제시 또한 미흡하다는 이유로 그 거부처분의 무효를 주장한다. 이러한 甲의 주장의 타당 여부를 검토하시오. (30점)

해설

거부처분이 사전통지의 대상인지 견해대립 있으나 판례는 부정한다. 긍정설에 의할 경우 사전통지결여의 하자가 존재하므로 이 부분 甲의 주장은 타당하다.

이유제시가 미흡한지와 관련하여 거부처분은 침익적 처분의 경우보다 이유제시의 밀도가 완화될 수 있으며 판례도 "당사자가 근거를 알 수 있을 정도로 상당한 이유를 제시한 경우에는 당해 처분의 근거 및 이유를 구체적 조항 및 내용까지 명시하지 않았더라도 그로 말미암아 그 처분이 위법한 것이 된다고 할 수 없다"고 한다 (2000두8912). 사안의 경우 해당지역이 용도변경을 추진 중에 있고 일반 여론에서도 보존의 목소리가 높은 지역이라는 이유를 제시한 것은 당사자가 근거를 알 수 있을 정도로 상당한 이유를 제시한 것이라고 볼 수 있다. 이유제시의 하자는 존재하지 않는다.

사전통지 결여의 하자가 존재하는데 절차하자만으로 위법하다고 할 수 있는지에 대해 견해대립이 있으나 통설·판례는 긍정한다. 사전통지를 결여한 절차하자에 대해서는 무효설도 있으나 판례는 취소사유로 본다.

이유제시 미흡에 대한 주장은 타당하지 않으며 사전통지가 결여에 대한 갑의 주장은 타당하다. 그러나 갑은 위법성의 정도가 무효라고 주장하나 취소사유에 불과하므로 이 부분 주장은 타당하지 않다.

유제 2 [법전협 2019-3]

甲은 폐기물처리업 등을 목적으로 하는 회사로서「폐기물관리법」제25조에 따라 환경부장관(이하 'A')에게 영업대상 폐기물을 '지정폐기물'로, 영업구역을 '전국'으로 하는 내용의 폐기물처리사업계획서(이하 '사업계획서')를 제출하였다. 그러나 사업계획서에 명시된 사업부지는 甲소유의 토지로서 ○○국가산업단지(이하 '이 사건 산업단지') 내에 위치하고 있고 이 사건 산업단지 개발계획상 '녹지용지'로 지정되어 있다. 甲은 A로부터 위 사업계획서에 대한 적합 통보를 받기 위하여 이 사건 산업단지 개발계획변경권한을 적법하게 위임받은 B광역시장(이하 'B')에게 위 사업부지의 용도를 '녹지용지'에서 '폐기물처리시설용지'로 변경하여 달라는 내용의 산업단지개발계획변경신청을 하였다. 그 무렵 A는 甲의 위 사업계획서의 적합 여부를 판단하기 위하여 B에게 甲의 위 사업계획서가 다른 법률에 저촉되는지 여부에 관한 의견을 조회하였다.

B는 2018. 04. 10. 甲에게 "이 사건 산업단지 개발계획상 토지이용계획에는 녹지용지로 되어 있어 폐기물매립장 입지가 불가하며, 녹지용지를 폐기물처리시설용지로 개발계획 변경하는 것도 불가합니다."라는 이유로 위 산업단지개발계획변경신청에 대한 반려회신을 하였다.

3. B가 제시한 "이 사건 산업단지 개발계획상 토지이용계획에는 녹지용지로 되어 있어 폐기물매립장 입지가 불가하며, 녹지용지를 폐기물처리시설용지로 개발계획 변경하는 것도 불가합니다."라는 반려사유가「행정절차법」상의 이유제시로서 적법한지 여부를 검토하시오.(15점)

해 설

산업단지개발계획 변경거부는 거부처분으로 행정절차법상 처분에 해당하고, 사안이 행정절차법 제23조 제1항 각호의 예외사유에도 해당하지 않으므로 변경거부처분을 함에 있어 이유제시는 의무적이다.

기존 산업단지개발계획의 변경을 구하는 신청에 대해 거부처분을 하면서 이유를 제시하였다고 하려면, 신청을 인용하는 것이 법령 위반이라거나 종전 계획을 변경할 사정변경이 인정되지 않는다는 등 거부의 실질적인 이유를 당사자가 알 수 있도록 했어야 한다.

B광역시장은 산업단지 개발계획상 토지이용계획에는 녹지용지로 되어 있어 폐기물매립장 입지가 불가하며, 녹지용지를 폐기물처리시설용지로 개발계획 변경하는 것도 불가하다고 이유를 제시했는 바, 이는 아무런 실질적인 내용 없이 단순히 신청을 불허한다는 결과만을 통보한 것이다. 거부처분에 이르기까지 전체적인 과정 등을 살펴보더라도 갑이 신청이 거부된 정확한 이유를 알았거나 또는 알 수 있었다는 정황을 확인할 수 없어 갑이 처분에 불복하여 행정구제절차로 나아가는 데에도 지장이 있었다고 볼 수 있다. 산업단지개발계획 변경거부처분은 근거와 이유를 제시하지 않은 것으로서 위법하다.[1] 절차하자의 독자적 위법성을 긍정하는 것이 통설·판례이므로 이유제시의 하자만으로도 반려처분을 취소할 수 있다.

---

[1] 2016두44186판례의 입장이다. 판례는 실질적인 내용이 없다고 하면서 이유를 제시하지 않은 것으로 포섭했다. 이유제시를 했는데 불충분한 것으로 포섭해도 무방하다. 결국 이유제시의 하자가 있는 것은 마찬가지이다.

사례 067 청문절차를 결여한 하자 [법전협 2020-3]

甲은 사법시험에 합격하여 사법연수원 교육과정을 마치고, 육군 법무장교로 임용되어 군법무관으로 재직 중이다. 국방부장관은 국군기무사령부로부터 대법원에서 이적단체라고 판시한 전국대학생총연맹(이하 '전대련'이라고 약칭함)이 현역 국군 장병에게 교양도서 23종을 보내는 운동을 추진한다는 내용의 정보를 보고받고, 전대련이 보내는 도서들을 현역 장병들이 읽어보게 되면 국군의 정신전력을 해칠 위험이 있다고 판단하였다. 이를 차단하기 위하여 국방부장관은 「군인사법」제47조의2와 「군인복무규율」제16조의2에 근거하여 도서 내용에 관한 심의를 거치지 아니한 채 2019. 10. 22. 각 군에 학술원과 문화체육관광부가 우수도서 또는 추천도서로 선정한 도서를 포함하여 시중의 서점에서 판매되는 23종의 도서를 불온도서로 규정하고 이들 도서에 대해서는 지위고하를 막론하고 부대 내에서 소지, 비치, 열람, 독서 등을 할 수 없도록 하는 내용의 '군내 불온서적 차단대책 강구 지시'(이하 '이 사건 지시'라고 함)를 하달하였다. 이를 받은 육군참모총장은 2019. 10. 24. 예하 부대에 '이 사건 지시'와 같은 내용의 지시를 하달하였다. 예하 부대의 장들은 이를 다시 하급 부대에 하달하였다.

甲은 「군인복무규율」제16조의2와 국방부장관 및 육군참모총장의 '이 사건 지시'가 읽고 싶은 책들을 읽지 못하게 하여 자신의 기본권을 침해한다고 주장하면서 변호사 丁을 대리인으로 선임하여 2019. 11. 22. 헌법소원심판을 청구하였다.

한편, 육군 3사관학교장은 2019. 10. 28. '이 사건 지시'에 따라 사관생도 및 소속 군인에게 불온서적 리스트를 발표하였다. 그런데 육군 사관생도 乙과 육군 정훈장교인 丙이 이에 불응하고 영내에서 불온서적을 읽다가 적발되어 징계절차를 거쳐 乙에 대하여는 육군 3사관학교장이 퇴교조치를 하였고, 진급예정자 명단에 들어 있던 丙에 대하여는 국방부장관이 진급선발을 취소하는 처분을 내렸다.

4. 乙에 대한 퇴교처분과 丙에 대한 진급선발 취소처분은 행정절차법의 규정이 적용되는지 여부와 乙이 선임한 변호사가 징계위원회에 출석하여 징계심의대상자인 乙을 위하여 필요한 의견을 진술할 기회를 박탈당한 경우 乙에 대한 퇴교처분에 절차적 하자가 있는지 여부를 검토하시오. (20점)

I. 문제의 소재

乙에 대한 퇴교처분과 丙에 대한 진급선발 취소처분이 행정절차법 제3조 2항의 적용제외사항인지 문제되고, 당사자인 乙이 아니라 乙의 변호사도 乙의 징계절차에 참여할 절차적 권리가 있는지 문제된다.

II. 행정절차법 적용제외사유 해당 여부

1. 행정절차법의 적용범위

행정절차법은 처분, 신고, 확약, 위반사실 등의 공표, 행정계획, 행정상 입법예고, 행정예고 및 행정지도의 절차에 관하여 다른 법률에 특별한 규정이 있는 경우를 제외하고는 행정절차법을 따른다고 규정하여(제3조1항) 행정절차에 관한 일반법임을 선언하고 있다. 한편 국회 또는 지방의회의 의결을 거치거나 동의 또는 승인을 받아 행하는 사항 등 일정한 경우에는 행정절차법이 적용되지 않는다고 하여 적용제외사항을 규정하고 있다(제3조2항).

이에는 공무원의 인사관계 법령에 따른 징계와 그 밖의 처분등은 해당 행정작용의 성질상 행정절차를 거치기 곤란하거나 거칠 필요가 없다고 인정되는 사항과 행정절차에 준하는 절차를 거친 사항으로서 대통령령으로 정하는 사항도 적용제외사항으로 포함되어 있고(제3조2항9호), 행정절차법 시행령 역시 같은 취지로 규정하고 있다.

2. 사안의 경우

사관생도 乙은 군 장교를 배출하기 위하여 국가가 모든 재정을 부담하는 특수교육기관인 육군3사관학교의 구성원으로서, 학교에 입학한 날에 육군 사관생도의 병적에 편입하고 준사관에 준하는 대우를 받는 특수한 신분관계에 있으므로 乙에 대한 퇴교처분은 공무원 인사관계법령에 따른 징계처분이라고 할 수 있다.

丙에 대한 국방부장관의 진급선발 취소 처분 역시 징계처분은 아니지만 공무원의 인사관계 법령에 따른 그 밖의 처분에는 해당한다.

그러나 이에 해당한다고 무조건 적용제외대상이 되는 것은 아니고, 성질상 행정절차를 거치기 곤란하거나 거칠 필요가 없다고 인정되는 사항과 행정절차에 준하는 절차를 거친 사항에 해당되어야 한다. 乙에 대한 퇴교처분과 丙에 대한 진급선발 취소처분은 성질상 행정절차를 거치기 곤란하거나 불필요하다고 인정되는 처분이라고 보기 어렵고, 군인사법에 행정절차에 준하는 절차를 거치도록 하는 규정도 없다. 따라서 행정절차법 적용제외사항에 해당되지 않으며 행정절차법의 절차규정들이 적용되어야 한다.

Ⅲ. 변호사의 진술권을 박탈한 처분의 위법성

1. 징계대상자 및 변호사의 의견진술권

행정절차법은 제21조 제1항에서 행정청이 당사자에게 의무를 과하거나 권익을 제한하는 처분을 하는 경우에는 처분의 내용과 법적 근거 및 이에 대하여 의견을 제출할 수 있다는 뜻과 그 밖에 필요한 사항을 당사자 등에게 통지하도록 규정하고 있고, 제22조 제3항에서 행정청이 위와 같은 처분을 할 때 청문을 실시하거나 공청회를 개최하는 경우 외에는 당사자 등에게 의견제출의 기회를 주도록 규정하고 있다. 위 규정들은 헌법상 적법절차원칙에 따라 불이익처분을 하기 전에 당사자 등에게 적절한 통지를 하여 의견이나 자료를 제출할 기회를 주기 위한 것이다. 그럼에도 행정청이 침해적 행정처분을 하면서 당사자에게 위와 같은 사전통지를 하지 않거나 의견제출의 기회를 주지 아니하였다면 사전통지를 하지 않거나 의견제출의 기회를 주지 아니하여도 되는 예외적인 경우에 해당하지 아니하는 한 그 처분은 위법하여 취소를 면할 수 없다.

한편, 행정절차법 제12조 제1항 제3호, 제2항, 제11조 제4항 본문에 따르면, 당사자 등은 변호사를 대리인으로 선임할 수 있고, 대리인으로 선임된 변호사는 당사자 등을 위하여 행정절차에 관한 모든 행위를 할 수 있다고 규정되어 있다. 위와 같은 행정절차법령의 규정과 취지, 헌법상 법치국가원리와 적법절차원칙에 비추어 징계와 같은 불이익처분절차에서 징계심의대상자에게 변호사를 통한 방어권의 행사를 보장하는 것이 필요하고, 징계심의대상자가 선임한 변호사가 징계위원회에 출석하여 징계심의대상자를 위하여 필요한 의견을 진술하는 것은 방어권 행사의 본질적 내용에 해당하므로, 행정청은 특별한 사정이 없는 한 이를 거부할 수 없다.

2. 절차하자의 독자적 위법성

3. 사안의 경우

乙에 대한 징계절차에서 乙이 대리인으로 선임한 변호사가 징계위원회 심의에 출석하여 진술하려고 하였음에도 불구하고, 징계권자나 그 소속 직원이 변호사가 징계위원회의 심의에 출석하는 것을 막았다면 징계위원회 심의·의결의 절차적 정당성이 상실되어 징계의결에 따른 퇴교처분은 절차적 하자가 있어 위법하여 원칙적으로 취소되어야 한다. 다만 대리인인 변호사가 관련된 행정절차나 소송절차에서 이미 실질적인 증거조사를 하고 의견을 진술하는 절차를 거쳐서 乙의 방어권 행사에 실질적으로 지장이 초래되었다고 볼 수 없는 특별한 사정이 있는 경우에는, 징계권자가 변호사에게 징계위원회에서 의견을 진술할 기회를 주지 않았더라도 징계위원회 심의에 절차적 정당성이 상실되었다고 볼 수 없으므로 징계처분을 취소할 것은 아니다. 사안에서는 이러한 사정은 보이지 않으므로 乙에 대한 퇴교처분은 위법하다. 위법성의 정도는 의견진술의 기회를 결여한 절차하자에 대해 판례는 통상 취소사유로 보고 있다.

IV. 사안의 해결

乙에 대한 퇴교처분과 丙에 대한 진급선발 취소처분은 행정절차법의 규정이 적용된다. 乙이 선임한 변호사가 징계위원회에 출석하여 징계심의대상자인 乙을 위하여 필요한 의견을 진술할 기회를 박탈당한 경우 乙에 대한 퇴교처분은 절차적 하자가 있으며 절차하자의 독자적 위법성이 인정되며 취소사유의 하자가 있다.

유제 [법전협 2022-3]

甲과 乙은 '면허의 기본자격을 갖춘 자 중에서 개인택시 면허기준 우선순위에 따라 면허를 발급'한다는 내용의 'A광역시 개인택시운송사업면허 모집공고'에 따라서 개인택시운송사업면허를 신청하였다. A광역시장은 「A광역시 개인택시운송사업면허 사무처리규정」(이하 '이 사건 규정')에 따라서 甲에게는 개인택시운송사업면허처분을 발급한 반면, 乙에 대해서는 우선순위가 뒤에 있음을 이유로 개인택시운송사업면허제외처분을 하였다.

甲은 개인택시운송사업면허를 발급받기 이전에 제1종 보통면허, 제1종 특수면허 및 제2종 원동기장치자전거 면허를 취득하였다. 그런데 甲은 개인택시운송사업에 종사하던 중 휴무일에 혈중알코올농도 0.1%의 술에 취한 상태에서 그 소유의 개인택시를 운전하다가 교통사고를 일으켰고, 이를 이유로 취득한 운전면허 전부에 대한 취소처분을 받았다.

A광역시장은 甲에 대하여 자동차운전면허가 취소되었음을 이유로 개인택시운송사업면허를 취소하기로 하고 그에 대한 사전통지를 하였다. 그런데 甲이 개인택시운송사업면허의 취소가 있기 전에 A시청을 방문하였을 때, 담당공무원이 甲에게 개인택시운송사업면허의 취소에 대한 관련 법규 및 행정처분 절차에 대하여 설명을 한 후 청문절차를 진행하려고 하자, 이에 응하지 않고 자동차운전면허의 취소와 관련하여 경찰청장을 상대로 구제절차를 진행하고 있으니 개인택시운송사업면허의 취소를 연기해달라는 내용이 포함된 '청문서'라는 제목의 서류를 A광역시장에게 제출하였다. 이후 A광역시장은 甲이 이미 '청문서'라는 서류를 제출한 사실이 있음을 들어 별도의 청문절차를 진행하지 않고 사전통지한 내용대로 개인택시운송사업면허취소처분을 하였다.

3. 甲은 A광역시장의 개인택시운송사업면허취소처분에 청문절차 흠결의 하자가 있음을 들어 취소소송을 제기하고자 한다. 다음 각 사항에 대하여 검토하시오. (30점)
   (1) 청문절차 흠결 하자의 인정 여부
   (2) A광역시장의 처분에 위 하자 외에 다른 하자가 없는 경우, 甲이 제기한 취소소송의 인용 가능성

[참조조문]
* **여객자동차 운수사업법**
제85조(면허취소 등) ① 국토교통부장관, 시·도지사(터미널사업·자동차대여사업 및 대통령령으로 정하는 여객자동차 운송사업에 한정한다) 또는 시장·군수·구청장(터미널사업에 한정한다)은 여객자동차 운수사업자가 다음 각 호의 어느 하나에 해당하면 면허·허가·인가 또는 등록을 취소하거나 6개월 이내의 기간을 정하여 사업의 전부 또는 일부를 정지하도록 명하거나 노선폐지 또는 감차 등이 따르는 사업계획 변경을 명할 수 있다. 다만, 제5호·제8호·제39호 및 제41호의 경우에는 면허, 허가 또는 등록을 취소하여야 한다.
    37. 대통령령으로 정하는 여객자동차운송사업의 경우 운수종사자의 운전면허가 취소되거나 제87조제1항제2호 또는 제3호에 해당되어 운수종사자의 자격이 취소된 경우
제86조(청문) 국토교통부장관 또는 시·도지사는 제49조의15 또는 제85조제1항에 따라 제4조, 제28조, 제36조, 제49조의3, 제49조의10 또는 제49조의18에 따른 여객자동차운송사업, 자동차대여사업, 터미널사업, 플랫폼운송사업, 플랫폼가맹사업 또는 플랫폼중개사업의 면허, 허가 또는 등록을 취소하려면 청문을 하여야 한다.

해설

1. 설문(1)

개인택시운송사업면허취소처분은 행정절차법 제3조2항의 적용배제사항이 아니므로 행정절차법이 적용되며, 행정절차법 제22조1항은 다른 법령등에서 청문을 하도록 규정하는 경우에 청문을 실시해야 한다고 규정하고 있고, 여객자동차운수사업법 제86조는 개인택시운송사업면허를 취소하려면 청문을 하여야 한다고 하여 청문을 필수적인 절차로 규정하고 있으므로 A광역시장은 면허취소처분시 청문을 실시하여야 한다.

행정절차법 제22조4항의 예외사유에 해당되면 청문을 실시하지 않을 수 있는데, 甲의 시청 방문 당시 담당공무원이 甲에게 관련 법규와 행정처분 절차에 대하여 설명을 하였다거나 그 자리에서 청문절차를 진행하고자 하였음에도 원고가 이에 응하지 않았다는 사정만으로 '처분의 성질상 의견청취가 현저히 곤란하거나 명백히 불필요하다고 인정될 만한 상당한 이유가 있는 경우'나 또는 '당사자가 의견진술의 기회를 포기한다는 뜻을 명백히 표시한 경우'에 해당한다고 볼 수도 없다. 따라서 A광역시장이 청문을 실시하지 않은 것은 절차하자가 있다.

2. 설문(2)

실체적인 하자가 없는 경우에 절차하자만으로 독자적 위법성이 인정된다는 것이 통설·판례이므로 A광역시장이 甲을 상대로 청문절차를 거치지 않은 절차하자만으로도 개인택시운송사업면허취소처분은 위법하다. 위법성의 정도는 중대명백설에 의할 때 일반적으로 취소사유에 해당하며 판례도 취소사유로 본다. 소송요건이 구비되었다는 전제 하에 법원은 다른 실체적인 위법사유가 없더라도 취소판결을 할 수 있다. 인용가능하다.

사례 068 　행정절차법 적용제외대상, 문서주의　[법전협 2021-2]

A는 1980. 11. 10. 대한민국에서 출생하여 거주하다가 2006. 1. 18. 미국 시민권을 취득한 후 대한민국 국적을 상실한 재외동포이고, B는 주LA총영사관 총영사로서 법무부장관으로부터 사증발급권한을 위임받은 재외공관장이다.

병무청장은 2006. 1. 28. 법무부장관에게 "A는 공연을 위하여 병무청장의 국외여행허가를 받고 출국한 후 미국 시민권을 취득함으로써 사실상 병역의무를 면탈하였는데, A가 재외동포의 자격으로 입국하여 방송활동, 음반 출반, 공연 등 연예활동을 할 경우 국군 장병들의 사기가 저하되고 청소년들이 병역의무를 경시하게 되며 외국국적 취득을 병역 면탈의 수단으로 악용하는 사례가 빈번히 발생할 것으로 예상되므로 A가 재외동포 자격으로 재입국하고자 하는 경우 국내에서 취업, 가수활동 등 영리활동을 할 수 없도록 하고, 불가능할 경우 입국 자체를 금지해 달라."고 요청하였다.

법무부장관은 2006. 2. 1. 「출입국관리법」 제11조 제1항 제3호, 제4호, 제8호에 따라 A의 입국을 금지하는 결정을 하고, 같은 날 그 내용을 법무부 내부전산망인 '출입국관리정보시스템'에 입력하였으나, A에게 통보를 하지는 않았다.

A는 2019. 8. 27. B에게 재외동포(F-4) 체류자격의 사증발급을 신청하였다. B는 2019. 9. 2. A에게 전화로 'A는 2006. 2. 1.자 결정에 따라 입국규제대상자에 해당하여 사증발급이 거부되었다'라고 통보하였으며, 사증발급 거부처분서를 교부하지는 않았다.

3. B의 2019. 9. 2.자 사증발급거부처분이 1) 「행정절차법」 제3조 제2항에 따른 적용배제대상인지 여부 및 2) 처분서를 교부하지 않은 것이 「행정절차법」 위반인지 여부에 대해서 검토하시오. (20점)

I. 문제의 소재

사증발급거부처분은 외국인의 출입국과 관련된 것이므로 행정절차법 제3조 제2항 제9호에 해당하여 행정절차법의 적용배제대상에 해당하는지 여부가 문제되며, 적용대상이라고 할 경우 처분서를 교부하지 않은 것이 행정절차법 제24조 제1항에 따른 처분서 작성 및 교부의무를 이행하지 않은 하자가 있는지 문제된다.

II. 행정절차법의 적용배제대상 여부

1. 행정절차법의 적용범위

행정절차법은 행정절차에 관한 일반법으로서 다른 법률에 특별한 규정이 있는 경우를 제외하고는 적용되지만(제3조1항), 예외적으로 적용이 배제되는 사항을 규정하고 있다(제3조2항). 외국인의 출입국에 관한 처분도 해당 행정작용의 성질상 행정절차를 거치기 곤란하거나 거칠 필요가 없다고 인정되는 사항과 행정절차에 준하는 절차를 거친 사항으로서 대통령령으로 정하는 사항에 대해서는 행정절차법의 적용이 배제된다(제3조2항9호). 행정절차법 시행령도 외국인의 출입국에 관한 사항을 규정하고 있다(제2조2호). 적용배제대상에 해당되는지를 판단함에 있어서 판례는 행정절차법 제3조 제2항 제9호, 행정절차법 시행령 제2조 제2호 등 관련 규정들의 내용을 행정의 공정성, 투명성, 신뢰성을 확보하고 처분상대방의 권익 보호를 목적으로 하는 행정절차법의 입법 목적에 비추어 보면, 행정절차법의 적용이 제외되는 '외국인의

'출입국에 관한 사항'이란 해당 행정작용의 성질상 행정절차를 거치기 곤란하거나 거칠 필요가 없다고 인정되는 사항이나 행정절차에 준하는 절차를 거친 사항으로서 행정절차법 시행령으로 정하는 사항만을 가리킨다고 보아야 하며, '외국인의 출입국에 관한 사항'이라고 하여 행정절차를 거칠 필요가 당연히 부정되는 것은 아니라고 해석하고 있다.

2. 사안의 경우

B의 사증발급거부처분은 외국인의 출입국에 관한 사항이기는 하나, A가 대한민국에서 출생하여 오랜 기간 대한민국 국적을 보유하면서 거주한 바 있으며, 성질상 처분을 하면서 문서로 하는 것이 곤란한 사정이 있다고 할 수도 없으며, 출입국관리법 등에서 A와 같은 재외동포에 대한 입국금지결정에 대한 절차상 권리를 충분히 보장하고 있다고 볼 수 없으므로 행정절차법의 적용이 배제되지 않는다.

III. 처분의 방식

1. 문서주의

행정절차법은 서면주의를 채택하고 있다. 행정절차법은 행정청이 처분을 할 때에는 다른 법령등에 특별한 규정이 있는 경우를 제외하고는 문서로 하여야 하며, 당사자의 동의가 있거나 당사자가 전자문서로 처분을 신청한 경우에는 전자문서로 할 수 있다고 하면서(제24조1항), 공공의 안전 또는 복리를 위하여 긴급히 처분을 할 필요가 있거나 사안이 경미한 경우에는 말 등 문서가 아닌 방법으로 처분을 할 수 있고 이 경우 당사자가 요청하면 지체 없이 처분에 관한 문서를 주어야 한다고 규정하고 있다(제24조2항).

2. 사안의 경우

B의 사증발급거부는 처분으로서 행정절차법 제24조의 적용대상이다. B는 전화를 통해 사증발급이 거부되었다고 통보하고 사증발급 거부처분서를 교부하지 않았는데, 외국인에 대한 사증발급거부처분이 문서주의의 예외로 행정절차법 제24조 2항에서 정한 '공공의 안전 또는 복리를 위하여 긴급히 처분을 할 필요가 있거나 사안이 경미한 경우'에 해당한다고 보기는 어려우므로 B가 처분서를 교부하지 않고 사증발급을 거부한 것은 행정절차법 제24조를 위반하였다. 행정행위의 적법요건 중 형식요건을 결여한 것이다. 판례도 외국인의 사증발급 신청에 대한 거부처분은 당사자에게 의무를 부과하거나 적극적으로 권익을 제한하는 처분이 아니므로, 행정절차법 제21조 제1항에서 정한 '처분의 사전통지'와 제22조 제3항에서 정한 '의견제출기회부여'의 대상은 아니지만, 행정절차법 제24조에서 정한 '처분서의 작성 및 교부'의 대상은 된다고 판시하고 있다.

IV. 사안의 해결

B의 사증발급거부는 외국인의 출입국에 관한 사항이지만 행정절차법 적용배제대상이 아니며, 행정절차법 제24조 문서주의에 위반한 것으로 행정행위의 형식요건을 결여한 하자가 있다.

유제 [법전협 2023-1]

만약 서울특별시장이 사전통지 없이 이 사건 거부처분을 구두로 하였다면, 절차와 형식에 있어서 위법성이 존재하는지 논하라. (15점)

사례 069　인·허가 의제(1) - 실체집중효　　[법전협 2020-3]

甲과 乙은 A군 관내에 닭을 사육하는 계사(鷄舍)를 신축하려고 한다. 甲과 乙이 설치하고자 하는 계사는 「국토의 계획 및 이용에 관한 법률」 제56조에 따른 개발행위허가 및 「가축분뇨의 관리 및 이용에 관한 법률」 제11조에 따른 가축분뇨배출시설 설치허가의 대상이었다. 이에 甲과 乙은 건축허가 절차에서 개발행위허가 및 가축분뇨배출시설 설치허가도 받기 위하여 2018. 9.경 각각 관할 행정청인 A군수에게 개발행위허가 및 가축분뇨배출시설 설치허가가 의제되는 복합민원 건축허가 신청을 하였다.

A군수는 甲과 乙의 허가신청이 「건축법」상 건축허가 요건을 모두 갖춘 것으로 판단하였다. 다만, 甲의 허가신청에 대하여는 2018. 12. 10. "계사 예정지가 「A군 가축사육 제한구역 조례」(2017. 9. 13. 조례 제900호)상 가축사육 제한구역에 해당하지 않으나 설치예정인 계사에서 발생하는 악취 및 소음이 주거밀집지역인 ○○마을에 영향을 줄 가능성이 높아 「국토의 계획 및 이용에 관한 법률」에 따른 개발행위허가의 기준을 충족하지 못한다"는 이유로 반려하였다. 한편, 乙의 허가신청에 대하여는 2019. 1. 15. "계사 예정지가 ○○마을로부터 약 700m의 거리에 있어 「A군 가축사육 제한구역 조례」(2018. 12. 20. 조례 제1000호)상 가축사육 제한구역에 해당한다"는 이유로 반려하였다.

1. 甲은 "건축허가는 개발행위허가가 의제된다 하더라도 기속행위이고, 건축법상 건축허가 요건을 충족하는 이상 개발행위허가의 기준을 충족하지 못하였다는 사유는 건축허가 거부사유가 될 수 없다"고 주장한다. 이러한 甲의 주장이 타당한지 검토하시오. (25점)

2. 乙은 위 사안에서 A군수가 가축분뇨배출시설 설치허가를 거부한 것으로 보고 있다. 그러나 A군수는 「건축법」 제12조에 따라 일괄협의회 개최가 의무사항이므로 부분인허가의제는 인정되지 않아 가축분뇨배출시설 설치허가 거부처분은 존재하지 않는다고 주장한다. 乙은 가축분뇨배출시설 설치허가 거부를 취소소송의 대상으로 삼아 다툴 수 있는가? (20점)

[참조조문]　※ 이하는 위 사례의 해결을 위해 가상으로 적용되는 법령임을 전제함.

* 건축법

제11조(건축허가) ① 건축물을 건축하거나 대수선하려는 자는 특별자치도지사 또는 시장·군수·구청장의 허가를 받아야 한다.

　④ 허가권자는 제1항에 따른 건축허가를 하고자 하는 때에 「건축기본법」 제25조에 따른 한국건축규정의 준수 여부를 확인하여야 한다. 다만, 다음 각 호의 어느 하나에 해당하는 경우에는 이 법이나 다른 법률에도 불구하고 건축위원회의 심의를 거쳐 건축허가를 하지 아니할 수 있다.

　　1. 위락시설이나 숙박시설에 해당하는 건축물의 건축을 허가하는 경우 해당 대지에 건축하려는 건축물의 용도·규모 또는 형태가 주거환경이나 교육환경 등 주변 환경을 고려할 때 부적합하다고 인정되는 경우

　　2. 「국토의 계획 및 이용에 관한 법률」 제37조제1항제4호에 따른 방재지구(이하 "방재지구"라 한다) 및 「자연재해대책법」 제12조제1항에 따른 자연재해위험개선지구 등 상습적으로 침수되거나 침수가 우려되는 지역에 건축하려는 건축물에 대하여 지하층 등 일부 공간을 주거용으로 사용하거나 거실을 설치하는 것이 부적합하다고 인정되는 경우

　⑤ 제1항에 따른 건축허가를 받으면 다음 각 호의 허가 등을 받거나 신고를 한 것으로 보며, 공장건축물의 경우에는 「산업집적활성화 및 공장설립에 관한 법률」 제13조의2와 제14조에 따라 관련 법률의 인·허가등이나 허가등을 받은 것으로 본다.

        3. 「국토의 계획 및 이용에 관한 법률」 제56조에 따른 개발행위허가
       18. 「가축분뇨의 관리 및 이용에 관한 법률」 제11조에 따른 배출시설설치허가나 신고
    ⑥ 허가권자는 제5항 각 호의 어느 하나에 해당하는 사항이 다른 행정기관의 권한에 속하면 그 행정기관의 장과 미리 협의하여야 하며, 협의 요청을 받은 관계 행정기관의 장은 요청을 받은 날부터 15일 이내에 의견을 제출하여야 한다. 이 경우 관계 행정기관의 장은 제8항에 따른 처리기준이 아닌 사유를 이유로 협의를 거부할 수 없다.
제12조(건축복합민원 일괄협의회) ① 허가권자는 제11조에 따라 허가를 하려면 해당 용도·규모 또는 형태의 건축물을 건축하려는 대지에 건축하는 것이 「국토의 계획 및 이용에 관한 법률」 제54조, 제56조부터 제62조까지 및 제76조부터 제82조까지의 규정과 그 밖에 대통령령으로 정하는 관계 법령의 규정에 맞는지를 확인하고, 제10조제6항 각 호와 같은 조 제7항 또는 제11조제5항 각 호와 같은 조 제6항의 사항을 처리하기 위하여 대통령령으로 정하는 바에 따라 건축복합민원 일괄협의회를 개최하여야 한다.
    ② 제1항에 따라 확인이 요구되는 법령의 관계 행정기관의 장과 제10조제7항 및 제11조제6항에 따른 관계 행정기관의 장은 소속 공무원을 제1항에 따른 건축복합민원 일괄협의회에 참석하게 하여야 한다.

* 국토의 계획 및 이용에 관한 법률
제56조(개발행위의 허가) ① 다음 각 호의 어느 하나에 해당하는 행위로서 대통령령으로 정하는 행위(이하 "개발행위"라 한다)를 하려는 자는 특별시장·광역시장·특별자치시장·특별자치도지사·시장 또는 군수의 허가(이하 "개발행위허가"라 한다)를 받아야 한다.
    1. 건축물의 건축 또는 공작물의 설치
제58조(개발행위허가의 기준 등) ① 특별시장·광역시장·특별자치시장·특별자치도지사·시장 또는 군수는 개발행위허가의 신청 내용이 다음 각 호의 기준에 맞는 경우에만 개발행위허가 또는 변경허가를 하여야 한다.
    4. 주변지역의 토지이용실태 또는 토지이용계획, 건축물의 높이, 토지의 경사도, 수목의 상태, 물의 배수, 하천·호소·습지의 배수 등 주변환경이나 경관과 조화를 이룰 것
    ③ 개발행위허가의 기준 등에 관하여 필요한 세부 사항은 대통령령으로 정한다.

* 국토의 계획 및 이용에 관한 법률 시행령
제56조(개발행위허가의 기준) ① 법 제58조제3항에 따른 개발행위허가의 기준은 별표 1의2와 같다.
[별표 1의2] 개발행위허가기준(제56조관련)
1. 분야별 검토사항

검토분야	허가기준
라. 주변 지역과의 관계	(2) 개발행위로 인하여 당해 지역 및 그 주변지역에 대기오염·수질오염·토질오염·소음·진동·분진 등에 의한 환경오염·생태계파괴·위해발생 등이 발생할 우려가 없을 것.

*가축분뇨의 관리 및 이용에 관한 법률
제1조(목적) 이 법은 가축분뇨를 자원화하거나 적정하게 처리하여 환경오염을 방지함으로써 환경과 조화되는 지속가능한 축산업의 발전 및 국민건강의 향상에 이바지함을 목적으로 한다.
제2조(정의) 이 법에서 사용하는 용어의 뜻은 다음과 같다.
    1. "가축"이란 소·돼지·말·닭, 그 밖에 대통령령으로 정하는 사육동물을 말한다.
    2. "가축분뇨"란 가축이 배설하는 분·요 및 가축사육 과정에서 사용된 물 등이 분·요에 섞인 것을 말한다.
    3. "배출시설"이란 가축의 사육으로 인하여 가축분뇨가 발생하는 시설 및 장소 등으로서 축사·운동장, 그 밖에 환경부령으로 정하는 것을 말한다.
제8조(가축사육의 제한 등) ① 시장·군수·구청장은 지역주민의 생활환경보전 또는 상수원의 수질보전을 위하여 다음 각 호의 어느 하나에 해당하는 지역 중 가축사육의 제한이 필요하다고 인정되는 지역에 대하여는 해당 지방자치단체의 조례로 정하는 바에 따라 일정한 구역을 지정·고시하여 가축의 사육을 제한할 수 있다.

1. 주거밀집지역으로 생활환경의 보호가 필요한 지역
제11조(배출시설에 대한 설치허가 등) ① 대통령령이 정하는 규모 이상의 배출시설을 설치하고자 하는 자는 대통령령이 정하는 바에 따라 배출시설의 설치계획을 갖추어 시장·군수·구청장의 허가를 받아야 한다.

* A군 가축사육 제한구역 조례 (2017. 9. 13. 조례 제900호)
제1조(목적) 이 조례는 「가축분뇨의 관리 및 이용에 관한 법률」 제8조에 따라 가축사육을 제한함으로써 환경오염을 예방하고 군민의 생활환경보전과 보건 향상에 기여하고자 필요한 사항을 규정함을 목적으로 한다.
제3조(가축사육의 제한) ① 법 제8조제1항에 따른 가축사육 제한구역은 다음과 같다.
　　3. 주거밀집지역으로부터 가축사육 일부 제한구역은 별표 2와 같다.

[별표 2] 가축사육 일부 제한구역(주거밀집지역 설정에 따른 가축종류별 거리제한)(제3조제1항제3호 관련)

가축종류	제한거리
개, 닭, 오리, 메추리	400m

[설문 1] 건축허가의 법적 성질 및 집중효의 정도 (25점)

Ⅰ. 문제의 소재

개발행위허가가 의제되는 건축허가의 법적성질이 기속행위인지 재량행위인지 문제되고, 의제되는 행위인 개발행위허가의 기준을 충족하지 못하였다는 사유로 건축허가를 거부할 수 있는지도 인허가의제의 집중효의 정도와 관련해서 문제된다.

Ⅱ. 건축허가의 법적 성질

1. 건축법상 건축허가의 기속행위 여부

건축법상의 건축허가는 강학상 허가로서 원칙적으로 기속행위로 해석하는 것이 통설, 판례이다. 건축행위는 자연적 자유에 속하지만 경찰상 목적을 위하여 일반적, 상대적으로 금지하고 건축법상의 요건 및 관련법령상 제한사유가 없는 한 금지를 해제하여 자연적 자유를 회복시켜주어야 하기 때문이다. 다만 최근 판례는 중대한 공익상의 필요가 있으면 건축허가를 관계법령에서 정하는 제한사유 외의 사유를 들어 거부할 수도 있다는 취지로 판시한 바도 있다.

다만 건축허가라도 ① 건축법 제11조 4항은 "위락시설 또는 숙박시설이 주거환경 또는 교육환경 등 주변환경을 감안할 때 부적합하다고 인정하는 경우에는 건축허가를 하지 아니할 수 있다"고 규정하고 있어 법문언상 재량행위인 경우도 있고 ② 건축허가에 의해 의제되는 인·허가가 재량행위인 경우에는 그 한도 내에서는 건축허가도 재량행위에 해당하며 ③ 개발제한구역 안에서의 건축허가는 예외적 승인으로 재량행위라는 것이 일반적이다.

2. 사안의 경우

사안은 건축법상 건축허가가 있으면 국토의 계획 및 이용에 관한 법률 제56조의 개발행위허가가 의제되는 경우이다.

개발행위허가의 법적 성질에 대하여 재량행위설, 기속재량설, 요건에 판단여지가 인정된다고 보는 기속행위설 등이 대립한다. 판례는 토지형질변경허가의 금지요건이 불확정개념으로 규정되어 있으므로 금지

요건에 해당하는지 여부를 판단함에 있어 행정청에 재량이 인정된다고 하여 재량행위라고 한다. 따라서 사안의 건축허가는 의제되는 행위가 재량행위여서 그 한도에서 건축허가도 재량행위에 해당하는 경우이다.

III. 개발행위불허가 사유가 건축허가 거부사유가 될 수 있는지 여부

1. 문제의 소재
인·허가 의제가 되는 경우 주된 인허가(건축허가)를 판단함에 있어 의제되는 인허가(개발행위허가) 요건의 합치 여부를 판단할 수 있는지가 문제된다.

2. 인·허가 의제제도
하나의 인·허가를 받으면 다른 허가, 인가, 특허, 신고 또는 등록을 받은 것으로 보는 제도를 말한다. 행정기관의 절차를 간소화하여 당해 사업의 수행을 촉진한다는 점에서는 행정계획의 집중효와 그 취지를 같이 한다. 행정기본법은 인·허가 의제의 기준, 협의절차, 효과 사후관리 등에 대해 명문으로 규정을 두고 있다(제24조~제26조).

3. 의제되는 행위의 실체적 요건에 대한 집중효의 정도
주무행정청이 집중효의 대상이 되는 의제되는 인·허가의 실체적 요건에 합치되는지 여부도 심사하여야 하는지 문제된다. 주무행정청의 의제되는 인·허가 요건의 심리범위와 관련한 문제이다.
학설은 의제되는 인·허가의 실체적 요건에 엄밀히 구속되지 않으며, 단지 이익형량의 요소로 종합적으로 고려하면 족하다는 제한적 실체집중설과 의제되는 인·허가의 요건에 엄격히 기속되어 의제되는 인·허가의 요건이 모두 충족되어야 주된 인·허가를 할 수 있다는 실체집중부정설이 대립한다.
판례는 의제되는 행위인 공유수면점용허가의 거부사유를 들어 주된 인·허가인 채광계획인가를 거부할 수 있다고 하거나 건축물의 건축에 관한 개발행위허가가 의제되는 건축허가신청이 국토계획법령이 정한 개발행위허가기준에 부합하지 아니하면 허가권자로서는 이를 거부할 수 있다고 하여 실체집중부정설이다.
생각건대 인·허가 의제 제도의 취지가 절차간소화에 있다 하더라도 의제되는 인·허가의 요건에 관한 일체의 심사를 배제하려는 것은 아니며 행정기본법 제24조5항이 협의를 요청받은 관련 인허가 행정청은 해당 법령을 위반하여 협의에 응해서는 아니 된다고 규정하고 있는 점을 고려할 때 법치행정의 원칙상 실제집중부정설이 타당하다.

4. 사안의 경우
건축법 제12조 제1항은 건축허가를 할 때 개발행위허가 기준을 확인하도록 규정하고 있으며, 실체집중부정설에 의하면 건축허가권자는 개발행위허가 요건이 충족되지 못하였음을 이유로 건축허가를 거부할 수 있다.

IV. 사안의 해결
사안의 건축허가는 의제되는 행위가 재량행위여서 그 한도에서 건축허가도 재량행위에 해당하며, 건축허가권자는 개발행위허가의 기준을 충족하지 못하였다는 사유로 건축허가 거부를 할 수 있으므로 "건축법상 건축허가 요건을 충족하는 이상 개발행위허가의 기준을 충족하지 못하였다는 사유는 건축허가 거부사유가 될 수 없다"는 甲의 주장은 타당하지 않다.

[설문 2] 가축분뇨배출시설 설치허가 거부에 대한 소제기 가능성 (20점)

I. 문제의 소재

부분인허가의제가 인정될 수 있는지 문제되고, 의제되는 행위인 「가축분뇨의 관리 및 이용에 관한 법률」 제11조에 따른 배출시설설치허가의 거부사유를 이유로 건축허가를 거부한 경우 가축분뇨배출시설 설치허가의 거부가 소송의 대상이 되는지 건축허가 거부가 소송의 대상이 되는지가 문제된다. 주된 행정행위와 별도로 의제되는 행정행위가 독립적으로 실재하는지 여부와 관련되어 논의되고 있다.

II. 부분 인·허가 의제의 의의 및 인정 여부

1. 부분인허가의제의 의의

부분 인·허가 의제는 주된 인·허가로 의제되는 인·허가 중 인·허가 요건을 갖추어 협의가 완료된 인·허가만 의제되는 제도를 말한다. 해당 사업과 관련된 모든 인허가의제 사항에 관하여 일괄하여 사전 협의를 거쳐야 하는 것은 아니고, 의제되지 않은 인허가는 협의 완료에 따라 순차적으로 해당 인·허가가 의제되게 된다.

2. 부분 인·허가 의제의 인정 여부

도시 및 주거환경정비법과 주한미군 공여구역주변지역등 지원 특별법 등에서 도입되어 있고 확대가 추진 중에 있다. 행정기본법도 협의가 된 사항에 대해서는 주된 인허가를 받았을 때 관련 인허가를 받은 것으로 본다고 하여 부분 인·허가 의제를 인정하고 있다(제25조2항). 관련 법률에서 관련 인허가에 관하여 일괄하여 사전협의를 하도록 규정하고 있지 않은 한 관련 인허가 중 사전협의가 된 부분에 대해서는 인허가의제가 효과가 발생하는 것으로 볼 수 있다.

판례도 사업시행승인 전에 반드시 사업 관련 모든 인 허가의제·사항에 관하여 관계 행정기관의 장과 협의를 거쳐야 한다고 해석하게 되면 일부의 인·허가의제 효력만을 먼저 얻고자 하는 사업시행승인 신청인의 의사와 부합하지 않을 뿐만 아니라 사업시행승인 신청을 하기까지 상당한 시간이 소요되어 그 취지에 반하는 점을 들어 사업시행승인 후 인·허가의제 사항에 관하여 협의를 거치면 그 때 해당 인·허가가 의제된다고 하여 부분 인·허가 의제는 허용하고 있다.

III. 의제되는 인허가의 실재 여부

1. 문제의 소재

인·허가의 의제로 의제된 인·허가가 실재하는 것으로 볼 것인지 견해가 대립한다.

2. 학설

부정설은 의제되는 인·허가는 의제되는 것에 불과하고 외형상 별개로 존재하지 않으므로 신청된 인·허가(주된 인·허가)의 거부처분 또는 인용처분만 있고, 의제되는 인·허가의 거부처분이나 인용처분은 실제로 존재하지 않는다고 한다. 반면 긍정설은 인·허가가 의제된다는 것은 실제로는 인·허가를 받지 않았지만 법적으로는 인·허가를 받은 것으로 본다는 것이므로 의제되는 인·허가가 실재한다고 한다.

3. 판례

판례는 적어도 '부분인허가의제'가 허용되는 경우에는 그 효력을 제거하기 위한 법적 수단으로 의제된 인허가의 취소나 철회가 허용될 수 있고, 이러한 직권 취소·철회가 가능한 이상 그 의제된 인허가에 대한 쟁송취소 역시 허용된다고 하여 인·허가가 의제되는 경우에는 의제되는 행위가 실재하는 것으로 본다. 반면에 건축불허가 사유로 건축허가로 의제되는 형질변경불허가 사유나 농지전용불허가 사유를 들고 있다고 하여 건축불허가처분 외에 형질변경불허가처분이나 농지전용불허가처분이 존재하는 것은 아니라고 하여 주된 행정행위를 거부하는 경우에는 의제되는 행위의 거부처분이 실재하지 않는다는 입장이다.

4. 검토

생각건대, 현재의 인·허가의제제도는 실체집중을 부정하고 의제되는 인·허가를 법률상 의제하고 있으므로 의제되는 인·허가가 법률상 실재하는 것으로 보는 긍정설이 타당하다. 그러나 주된 행정행위가 거부되어서 의제되는 행위조차 거부되는 경우까지 거부처분을 의제하여 거부처분을 별도로 다툴 필요성은 없으므로 인·허가 의제가 거부되는 경우까지 실재하는 것으로 볼 필요는 없다. 판례의 입장이 타당하다.

III. 사안의 해결

부분인·허가의제는 인정되지 않는다는 乙의 주장은 타당하지 않다. 그리고 가축분뇨 배출시설 설치허가 요건을 갖추지 못한 것을 이유로 건축허가를 거부한 경우라 하더라도 건축불허가처분과 별도로 가축분뇨 배출시설 설치허가 거부처분이 존재하는 것은 아니므로 乙은 가축분뇨배출시설 설치허가 거부를 취소소송의 대상으로 삼아 다툴 수는 없으며, 건축불허가처분에 대한 항고소송에서 가축분뇨 배출시설 설치불허가 사유를 다투어야 한다.

사례 070 　인·허가 의제(2)-부분 인·허가의제, 의제되는 행위의 실재 [행시 2021]

A군의 군수(이하 'A 군수')는 甲 주식회사에게 「중소기업창업 지원법」 제33조 및 제35조에 따라 관할행정청과의 협의를 거쳐 산지전용허가 등이 의제되는 사업계획을 승인하였다. 산지전용허가가 의제되는 부지 인근에 거주하고 있는 주민 乙은 해당 사업이 실시될 경우 산에서 내려오는 물의 흐름이 막혀 지반이 약한 부분에서 토사유출 및 산사태 위험이 있다며 해당 산지전용허가에 반대하고 있다. 관할행정청은 이후 「산지관리법」 제37조에 따라 재해위험지역 일제점검을 하던 중 甲의 시설공사장에서 토사유출로 인한 산사태 위험을 확인하고, 甲에게 시설물철거 등 재해의 방지에 필요한 조치를 할 것을 명하였다. 다만, 甲에게 통지된 관할행정청의 처분서에는 甲이 충분히 알 수 있도록 처분의 사유와 근거가 구체적으로 명시되지는 않았다.(총 50점)

1) 甲의 신청이 산지전용허가요건을 완비하지 못한 경우에도, A 군수가 사업계획승인을 할 수 있는지를 검토하시오. (15점)
2) 이해관계인 乙이 산지전용허가를 대상으로 취소소송을 제기할 수 있는지를 검토하시오. (원고적격은 논하지 않는다) (10점)

[참조조문] ※ 현행 법령을 사례해결에 적합하도록 수정하였음
*중소기업창업 지원법
제33조(사업계획의 승인) ① 제조업을 영위하고자 하는 창업자는 대통령령으로 정하는 바에 따라 사업계획을 작성하고, 이에 대한 시장·군수 또는 구청장(자치구의 구청장만을 말한다. 이하 같다)의 승인을 받아 사업을 할 수 있다. 사업자 또는 공장용지의 면적 등 대통령령으로 정하는 중요 사항을 변경하려는 경우에도 또한 같다.
제35조(다른 법률과의 관계) ① 제33조제1항에 따라 사업계획을 승인할 때 다음 각 호의 허가, 인가, 면허, 승인, 지정, 결정, 신고, 해제 또는 용도폐지(이하 이 조에서 "허가등"이라 한다)에 관하여 시장·군수 또는 구청장이 제4항에 따라 다른 행정기관의 장과 협의를 한 사항에 대하여는 그 허가등을 받은 것으로 본다.
　　6. 「산지관리법」 제14조 및 제15조에 따른 산지전용허가, 산지전용신고, 같은 법 제15조의2에 따른 산지일시사용허가·신고 및 같은 법 제21조에 따라 산지전용된 토지의 용도변경 승인과 「산림자원의 조성 및 관리에 관한 법률」 제36조제1항 및 제4항에 따른 입목벌채 등의 허가와 신고
④ 시장·군수 또는 구청장이 제33조에 따른 사업계획의 승인 또는 「건축법」 제11조제1항 및 같은 법 제22조제1항에 따른 건축허가와 사용승인을 할 때 그 내용 중 제1항부터 제3항까지에 해당하는 사항이 다른 행정기관의 권한에 속하는 경우에는 그 행정기관의 장과 협의하여야 하며, 협의를 요청받은 행정기관의 장은 대통령령으로 정하는 기간에 의견을 제출하여야 한다. 이 경우 다른 행정기관의 장이 그 기간에 의견을 제출하지 아니하면 의견이 없는 것으로 본다.

*산지관리법
제14조(산지전용허가) ① 산지전용을 하려는 자는 그 용도를 정하여 대통령령으로 정하는 산지의 종류 및 면적 등의 구분에 따라 산림청장등의 허가를 받아야 하며, 허가받은 사항을 변경하려는 경우에도 같다. 다만, 농림축산식품부령으로 정하는 사항으로서 경미한 사항을 변경하려는 경우에는 산림청장등에게 신고로 갈음할 수 있다.
④ 관계 행정기관의 장이 다른 법률에 따라 산지전용허가가 의제되는 행정처분을 하기 위하여 산림청장등에게 협의를 요청하는 경우에는 대통령령으로 정하는 바에 따라 제18조에 따른 산지전용허가기준에 맞는지를 검토하는 데에 필요한 서류를 산림청장등에게 제출하여야 한다.

Ⅰ. 산지전용허가 요건 흠결시 사업계획승인의 가능성 - 설문1)

1. 문제의 소재

인·허가의제에서 의제되는 행위인 산지전용허가의 요건이 흠결되었음에도 불구하고 주된 행위인 사업계획승인이 가능한지 문제된다. 실체집중효의 정도와 부분 인·허가 의제의 가능성이 문제된다.

2. 인·허가의제 제도 및 실체적 요건에 대한 집중효의 정도

3. 부분 인·허가의제의 의의 및 인정 여부

4. 사안의 해결

A군수는 甲주식회사의 주택사업계획승인신청이 있는 경우 의제되는 행위인 산지전용허가의 실제적요건 구비여부도 심사할 수 있다. A군수는 산지전용허가의 요건이 구비되지 않은 것을 이유로 주택사업계획승인을 거부할 수도 있으나, 산림청장과 협의되지 않은 산지전용허가를 의제하지 않고 나머지 행위들이 의제되는 것으로 하는 부분 인·허가의제도 가능하다.

판례도 부분 인·허가의제를 인정하고 있으며, 최근 판례는 건축주가 '부지 확보'요건을 완비하지는 못한 상태이더라도 가까운 장래에 '부지 확보' 요건을 갖출 가능성이 높다면, 건축행정청이 추후 별도로 개발행위가를 받을 것을 명시적 조건으로 하거나 또는 당연히 요청되는 사항이므로 묵시적인 전제로 하여 건축주에 대하여 건축법상 건축허가를 발급하는 것도 가능하다고 판시한 바 있다.[1]

甲의 신청이 산지전용허가요건을 완비하지 못한 경우에도 A 군수는 산지전용허가가 의제되지 않는 부분 인·허가 의제를 하는 사업계획승인을 할 수 있으며, 추후 별도로 산지전용허가를 받을 것을 조건으로 사업계획승인을 할 수 있다.

Ⅱ. 의제되는 행위에 대한 취소소송 제기 가능성 - 설문2)

1. 문제의 소재

의제되는 인·허가의 요건의 결여나 재량권의 일탈·남용을 주장하는 경우 주된 인·허가를 대상으로 하여야 하는지 아니면 의제되는 해당 인·허가를 대상으로 하여야 하는지 문제된다.

2. 의제되는 인·허가에 대한 불복시 소송의 대상

(1) 학설

① 현실적으로 주된 인·허가처분만 있고 의제되는 인·허가처분은 실제로는 존재하지 않으므로 의제되는 인·허가를 다투고자 하는 경우에도 항상 주된 인·허가를 다투어야 한다는 견해와 ② 의제되는 인·허가가 실재하므로 의제되는 인·허가의 허가사유를 다투는 경우에는 의제되는 인·허가 등을 대상으로 해야 한다는 견해가 대립한다.

(2) 판례

판례는 의제된 인허가는 통상적인 인허가와 동일한 효력을 가지며, 의제된 인허가 사항과 관련하여 취소 또는 철회 사유가 발생한 경우 해당 의제된 인허가의 효력만을 소멸시키는 취소 또는 철회도 할 수 있다

---

[1] 대판 2020.7.23, 2019두31839

고 하면서 의제되는 행위를 이해관계인이 다투고자 하는 경우 주된 처분의 취소를 구할 것이 아니라 의제된 인·허가의 취소를 구해야 하며 의제된 인·허가는 별도로 항고소송의 대상이 된다는 입장이다.[2]

(3) 검토

의제되는 인·허가는 법적으로 의제되어 법적으로는 존재한다고 볼 수 있으므로 의제되는 인·허가만 취소의 대상으로 하여 의제되는 인·허가가 분리취소가능하면 의제되는 인·허가만 취소하는 것이 타당하다. 이러한 해결이 인·허가 상대방의 권익보호를 위해서도 타당하다. 또한 부분 인·허가의제를 인정하는 판례의 입장에 비추어도 문제의 의제되는 인·허가만 취소하는 것이 타당하다.

3. 사안의 해결

산지전용허가에 반대하는 이해관계인 乙은 산지전용허가를 대상으로 취소소송을 제기할 수 있다.

---

[2] 또한 인·허가 의제대상이 되는 처분의 공시방법에 관한 하자가 있다고 하더라도 그로써 해당 인·허가 등 의제의 효과가 발생하지 않을 여지가 있게 될 뿐이고 그러한 사정이 주된 행정처분 자체의 위법사유가 될 수 없다고 한다(대판 2017.9.12, 2017두45131).

사례 071　인·허가 의제(3) – 절차집중효, 조건, 신뢰보호원칙　[법전협 2024-3]

　　甲은 자원의 재활용품 관련 사업, 폐기목 및 원목을 이용한 톱밥 제조·판매업 등을 목적으로 하여 설립된 회사이다. 甲은 전남 순천시 소재 임야 지상에 폐 원목을 이용한 톱밥 제조·생산 공장을 설립하기 위하여 2023. 6. 9. 순천시장에게 「중소기업창업 지원법」 등 관련법령에 따라 중소기업창업지원 사업계획승인 신청(개발행위허가, 산지전용허가 등이 의제되는 복합민원 형태)을 하였다.

　　순천시장은 2023. 10. 4. 甲에게 「중소기업창업 지원법」 제35조에 따라 산지전용허가 등이 의제되는 사업계획승인처분을 하면서 산지전용허가와 관련하여 재해방지 등 명령을 이행하지 아니한 경우 산지전용허가를 취소할 수 있다는 조건을 첨부하였다.

1. 순천시장이 사업계획승인 과정에서 인허가 의제대상인 「국토의 계획 및 이용에 관한 법률」 제56조에 따른 개발행위허가(형질변경허가)시 도시계획위원회의 심의절차를 거쳐야 하는지 논하시오. (20점)
3. 甲은 전석을 쌓는 공사를 하다가 전석이 붕괴되는 등 이 사건 사업계획승인에서 정한 사항을 위반하였다. 순천시장은 이를 확인하고 甲에게 원상회복과 재해방지 조치명령 및 협의사항 이행촉구 등을 하였다. 甲이 이를 이행하지 아니하자, 순천시장은 2024. 9. 9. 甲에게 산지전용허가의 취소를 통보하였다.
(1) 순천시장이 주된 인허가인 사업계획승인의 효력을 그대로 두면서 산지전용허가만 취소하는 것이 가능한지에 대하여 논하시오. (15점)
(2) 이 사건 조건의 법적 성질에 대해 논하고, 甲이 산지전용허가취소를 다투면서 신뢰보호원칙의 위반을 주장하는 것이 가능한지 논하시오. (15점)

[참조조문]
* 중소기업창업 지원법
제33조(사업계획의 승인) ① 제조업(「통계법」 제22조제1항에 따라 통계청장이 작성·고시하는 한국표준산업분류상의 제조업을 말한다)을 영위하고자 하는 창업자는 대통령령으로 정하는 바에 따라 사업계획을 작성하고, 이에 대한 시장·군수 또는 구청장(자치구의 구청장만을 말한다. 이하 같다)의 승인을 받아 사업을 할 수 있다. 사업자 또는 공장용지의 면적 등 대통령령으로 정하는 중요 사항을 변경하려는 경우에도 또한 같다.
　　④ 중소기업청장은 창업에 따른 절차를 간소화하기 위하여 제1항에 따른 사업계획 승인에 관한 업무를 처리할 때 필요한 지침을 작성하여 고시할 수 있다.
제35조(다른 법률과의 관계) ① 제33조제1항에 따라 사업계획을 승인할 때 다음 각 호의 허가, 인가, 면허, 승인, 지정, 결정, 신고, 해제 또는 용도폐지(이하 이 조에서 "허가 등"이라 한다)에 관하여 시장·군수 또는 구청장이 제4항에 따라 다른 행정기관의 장과 협의를 한 사항에 대하여는 그 허가 등을 받은 것으로 본다.
　　1. – 5. (생략)
　　6. 「산지관리법」 제14조 및 제15조에 따른 산지전용허가, 산지전용신고, 같은 법 제15조의2에 따른 산지일시사용허가·신고 및 같은 법 제21조에 따라 산지전용된 토지의 용도변경 승인과 「산림자원의 조성 및 관리에 관한 법률」 제36조제1항 및 제4항에 따른 입목벌채 등의 허가와 신고
　　7. (생략)
　　8. 「국토의 계획 및 이용에 관한 법률」 제56조제1항에 따른 개발행위의 허가, 같은 법 제86조에 따른 도시·군계획시설사업의 시행자 지정 및 같은 법 제88조에 따른 실시계획의 작성·인가

*산지관리법
제14조(산지전용허가) ① 산지전용을 하려는 자는 그 용도를 정하여 대통령령으로 정하는 산지의 종류 및 면적 등의 구분에 따라 산림청장등의 허가를 받아야 하며, 허가받은 사항을 변경하려는 경우에도 같다. 다만, 농림축산식품부령으로 정하는 사항으로서 경미한 사항을 변경하려는 경우에는 산림청장등에게 신고로 갈음할 수 있다.

④ 관계 행정기관의 장이 다른 법률에 따라 산지전용허가가 의제되는 행정처분을 하기 위하여 산림청장등에게 협의를 요청하는 경우에는 대통령령으로 정하는 바에 따라 제18조에 따른 산지전용허가기준에 맞는지를 검토하는 데에 필요한 서류를 산림청장등에게 제출하여야 한다.

⑤ 관계 행정기관의 장은 제4항에 따른 협의를 한 후 산지전용허가가 의제되는 행정처분을 하였을 때에는 지체 없이 산림청장등에게 통보하여야 한다.

* 국토의 계획 및 이용에 관한 법률
제56조(개발행위의 허가) ① 다음 각 호의 어느 하나에 해당하는 행위로서 대통령령으로 정하는 행위(이하 "개발행위"라 한다)를 하려는 자는 특별시장·광역시장·특별자치시장·특별자치도지사·시장 또는 군수의 허가(이하 "개발행위허가"라 한다)를 받아야 한다. 다만, 도시·군계획사업(다른 법률에 따라 도시·군계획사업을 의제한 사업을 포함한다)에 의한 행위는 그러하지 아니하다.
  1. 건축물의 건축 또는 공작물의 설치
  2. 토지의 형질 변경(경작을 위한 경우로서 대통령령으로 정하는 토지의 형질 변경은 제외한다)
  3. ~ 5. (생략)

제59조(개발행위에 대한 도시계획위원회의 심의) ① 관계 행정기관의 장은 제56조제1항제1호부터 제3호까지의 행위 중 어느 하나에 해당하는 행위로서 대통령령으로 정하는 행위를 이 법에 따라 허가 또는 변경허가를 하거나 다른 법률에 따라 인가·허가·승인 또는 협의를 하려면 대통령령으로 정하는 바에 따라 중앙도시계획위원회나 지방도시계획위원회의 심의를 거쳐야 한다.

*창업사업계획의 승인에 관한 통합업무처리지침 (중소벤처기업부 고시)
제1조(목적) 본 지침은 「중소기업창업 지원법」(이하 "법"이라 한다) 제33조제4항의 규정에 의한 사업계획(이하 "창업사업계획"이라 한다)의 승인에 관한 업무처리절차와 법 제35조의 규정에 의한 허가·인가·면허·승인·지정·결정·신고·해제 또는 용도폐지 등의 기준(이하 "인·허가기준"이라 한다)에 관한 사항을 통합 규정하여 창업사업계획승인 업무를 원활히 함으로써 창업자가 신속하게 공장설립을 할 수 있도록 하는 것을 목적으로 한다.

제15조(일부승인) ① 시장·군수·구청장은 사업계획승인신청내용의 일부를 변경하거나 관계행정기관과 협의가 이루어지지 않은 관련 인·허가사항을 제외하고 사업계획을 승인할 필요가 있다고 판단되는 경우에는 신청인의 의견을 들어 사업계획승인 신청사항 중 일부만을 승인할 수 있다.

② 이 경우 시장·군수·구청장은 일부승인이 다른 법령에 저촉되지 않도록 유의하고, 승인되지 않은 사항은 이를 명기하여야 한다.

제18조(변경 승인) ① 사업계획의 승인을 얻은 창업자가 공장설립 완료신고를 하기 전에 다음 각호 중 어느 하나에 해당하는 경우에는 시장·군수·구청장에게 사업계획변경승인을 얻어야 하며, 시장·군수·구청장은 사업자가 사업계획의 변경승인을 신청할 때에는 사업계획승인에 준하여 이를 처리하여야 한다.
  1. ~ 2. (생략)
  3. 공장부지면적의 변경(사업계획승인 시 의제처리 된 인·허가 사항 중 해당 법률이 정한 변경허가대상에 해당되지 않는 범위 내에서의 변경은 제외한다.)
  4. ~ 5. (생략)

② 사업계획승인 시 의제처리 된 인·허가 사항 중 개별법이 정한 요건에 의하여 변경허가를 받아야 하는 경우 사업계획변경승인 신청으로 처리할 수 있다.

[설문 1] 인·허가 의제시 집중효의 정도(절차) (20점)

I. 문제의 소재

사업계획승인권자인 순천시장이 의제되는 행위인 국토의 계획 및 이용에 관한 법률(이하 "국토법") 제56조에 따른 개발행위허가(형질변경허가)시 요구되는 도시계획위원회의 심의절차를 거쳐야 하는지가 집중효의 정도와 관련하여 문제된다. 특히 절차집중효가 문제된다.

II. 인·허가 의제와 집중효의 정도

1. 인·허가 의제제도의 의의

2. 의제되는 행위의 절차적 요건에 대한 집중효의 정도

1) 주무행정청이 집중효의 대상이 되는 다른 행정청에 의한 인허가의 절차적 요건에 구속되는지, 즉 의제되는 행위에서 요구되는 절차를 거쳐야 하는가의 문제이다.

2) 학설은 주된 인·허가에 요구되는 절차만 거치면 되고 의제되는 인·허가의 절차를 거칠 필요가 없다는 절차집중설과 의제되는 인·허가의 모든 절차를 거칠 필요는 없으나 이해관계인의 권익보호와 같은 중요한 절차는 주된 인·허가의 통합된 절차에서 준수하는 것이 바람직하다는 제한적 절차집중설이 대립한다.

3) 판례는 주택사업계획승인시 의제되는 도시관리계획의 수립절차인 도시계획심의를 거치지 않아도 된다고 하여 절차집중설의 입장을 취하고 있다

4) 생각건대, 인·허가 의제 제도의 취지가 절차간소화에 있는 것을 고려하면 의제되는 인·허가에서 요구되는 절차를 모두 거치는 것은 부당하므로 절차집중설이 타당하다.[1] 행정기본법은 인허가의제 시에도 해당 절차를 거친다는 명시적인 규정이 있는 경우에만 이를 거친다고 규정하고 있어 절차집중설을 입법화하고 있다(제24조 5항 단서).

3. 사안의 해결

절차집중설에 의하면 개발행위허가시 요구되는 절차를 거치지 않아도 될 것이나, 국토법 제59조 제1항은 국토법에 의해 개발행위허가를 하는 경우 뿐만 아니라 "다른 법률에 따라 인가·허가·승인 또는 협의를 하려면 대통령령으로 정하는 바에 따라 중앙도시계획위원회나 지방도시계획위원회의 심의를 거쳐야 한다."고 규정하고 있는데 이는 다른 법률에 의해서 국토법상 개발행위허가가 의제되는 경우도 포함한다고 해석할 수 있으므로 행정기본법 제24조5항 단서에 따라 명시적인 규정이 있는 경우라고 할 수 있다. 따라서 순천시장은 사업계획승인과정에서 개발행위허가의 절차인 도시계획위원회 심의절차를 거쳐야 한다.

---

[1] 변사기 사례집에서는 "이해관계 있는 제3자의 권익보호라는 측면에서 의제되는 인허가의 관계법률이 정하는 이해관계인의 권익보호절차를 준수하는 것이 바람직하므로 제한적 절차집중설이 타당하다."고 포섭했지만 판례에 따라 절차집중설로 검토했고, 대신 국토법에 따라 의제되는 행위의 절차를 거쳐야 하는 것으로 포섭했다.

[설문 3-(1)] 의제되는 행위의 취소가능성 (15점)

I. 논점의 정리 (2점)

인·허가가 의제되는 경우 의제되는 행위가 실재하여 통상적인 인허가와 동일한 효력을 가져 취소의 대상이 될 수 있는지 문제되고, 일괄하여 의제처리되어야만 하는지 부분 인·허가 의제가 인정되어서 의제되는 행위 중 일부인 산지전용허가만 취소하는 것이 가능한지 문제된다.

II. 의제되는 인·허가의 실재 여부

1) 인·허가의 의제로 의제된 인·허가가 실재하는 것인지 견해가 대립한다.

2) 현실적으로 주된 인·허가처분만 있고 의제되는 인·허가처분은 실재하지는 않는다는 부정설과 실제로는 인·허가를 받지 않았지만 법적으로는 인·허가를 받은 것으로 본다는 것이므로 의제되는 인·허가처분이 실재한다는 긍정설이 대립한다.

3) 판례는 의제된 인허가는 통상적인 인허가와 동일한 효력을 가지며, 의제된 인허가 사항과 관련하여 취소 또는 철회 사유가 발생한 경우 해당 의제된 인허가의 효력만을 소멸시키는 취소 또는 철회도 할 수 있다고 하면서 의제되는 행위를 이해관계인이 다투고자 하는 경우 주된 처분의 취소를 구할 것이 아니라 의제된 인·허가의 취소를 구해야 하며 의제된 인·허가는 별도로 항고소송의 대상이 된다는 입장이다.

생각건대, 의제되는 인·허가를 법률상 의제하고 있으며, 인·허가의 취소·정지 등 사후관리 및 감독을 의제되는 인·허가기관이 하는 것이 바람직하다는 측면에서 긍정설이 타당하다.

4) 사안의 경우 창업지원 사업계획승인이 있으면 의제되는 산지전용허가도 실재하며 산지전용허가는 통상적인 인허가와 동일한 효력을 갖는다.

III. 부분 인·허가 의제의 의의 및 인정 여부

1. 부분인허가의제의 의의

2. 부분 인·허가 의제의 인정 여부

IV. 사안의 해결

의제되는 산지전용허가가 실재하며 통상의 행정행위와 마찬가지의 효력이 인정되므로 그 효력을 제거하기 위한 법적 수단으로 산지전용허가의 취소나 철회가 허용될 필요가 있다. 특히 업무처리지침 제18조에서는 사업계획승인으로 의제된 인허가 사항의 변경 절차를 두고 있는데, 사업계획승인 후 의제된 인허가 사항을 변경할 수 있다면 의제된 인허가 사항과 관련하여 취소 또는 철회 사유가 발생한 경우 해당 의제된 인허가의 효력만을 소멸시키는 취소 또는 철회도 할 수 있다고 보아야 한다.

또한 부분 인·허가 의제가 인정된다면 의제되는 행위 중 일부만의 의제처리도 가능하며 의제된 행위 중 일부를 취소·철회하는 것도 가능하다고 보아야 한다. 「중소기업창업 지원법」 제35조 제1항은 사업계획승인권자가 관계 행정기관의 장과 미리 협의를 한 사항에 대하여는 허가 등을 받은 것으로 본다고 하여 명문으로 부분 인·허가 의제를 인정하고 있다. 부분 인·허가 의제가 인정되더라도 협의된 사항에 한하여 승인 시에 인허가가 의제될 뿐이고, 해당 사업과 관련된 모든 인허가의제 사항에 관하여 일괄하여 사전 협의를 거쳐야 하는 것은 아니다. 업무처리지침 제15조 제1항은 협의가 이루어지지 않은 인허가사항을 제외하고 일부만을 승인할 수 있다고 규정함으로써 부분 인허가 의제를 뒷받침하고 있다.

사안은 중소기업창업 지원법에서 의제되는 행위가 일괄하여 협의의 대상이 되고 일괄처리되도록 규정하고 있지 않으므로 부분 인·허가 의제가 가능한 경우이고 의제된 산지전용허가의 취소도 가능하다.

[설문 3-(2)] 조건의 법적성질 및 산지전용허가취소의 신뢰보호원칙 위반 여부 (15점)

I. 논점의 정리

순천시장이 사업승인을 하면서 부가한 조건이 부관으로서 철회권의 유보인지 문제되며, 철회권을 유보한 경우 철회권 행사를 예상할 수 있다는 점에서 철회권 행사와 관련하여 甲이 신뢰보호원칙 위반을 주장할 수 있는지 문제된다.

II. 조건의 법적 성질

1. 부관

부관은 행정행위의 효력을 제한하거나 보충하기 위하여 주된 행정행위에 부가된 종된 규율을 말한다. 재량행위의 경우 조건, 기한, 부담, 철회권의 유보 등 부관을 붙일 수 있다(행정기본법 제17조1항). 부관의 종류로는 강학상 조건, 기한, 부담, 철회권의 유보, 법률효과의 일부배제 등이 있다.

2. 사안의 경우

산지전용허가와 관련하여 순천시장이 재해방지 등 명령을 이행하지 아니한 경우 산지전용허가를 취소할 수 있다는 조건을 부가한 것은, 산지전용허가라는 주된 행정행위에 부수하여 장래 일정한 사유가 있는 경우에 산지전용허가를 철회할 수 있는 권리를 유보하는 행정청의 의사 표시인 '철회권의 유보'에 해당한다. 산지전용허가는 재량행위이므로 별도의 근거가 없어도 부가할 수 있다.

III. 산지전용허가취소의 신뢰보호원칙 위반 여부

1. 산지전용허가취소의 법적 성격

사안의 산지전용허가취소는 재해방지 등 명령을 이행하지 아니하였다는 후발적 사정을 이유로 한 것으로 강학상 철회에 해당한다. 철회는 하자 없이 적법하게 성립된 행정행위의 효력을 그 성립 후에 발생한 사정에 의하여 더 이상 존속시킬 수 없는 경우, 장래에 향하여 그 효력의 전부 또는 일부를 소멸시키는 독립한 행정행위를 말한다.

2. 수익적 행정행위의 철회사유와 한계

행정청은 적법한 처분이 법률에서 정한 철회 사유에 해당하게 된 경우, 법령등의 변경이나 사정변경으로 처분을 더 이상 존속시킬 필요가 없게 된 경우, 중대한 공익을 위하여 필요한 경우 등에 해당되면 그 처분의 전부 또는 일부를 장래를 향하여 철회할 수 있다(행정기본법 제19조1항).

그러나 철회사유가 있더라도 비례의 원칙, 신뢰보호의 원칙, 실권의 법리 등에 의해서 철회권 행사는 제한을 받는다. 행정기본법도 행정청은 처분을 철회하려는 경우에는 철회로 인하여 당사자가 입게 될 불이익을 철회로 달성되는 공익과 비교·형량하여야 한다고 규정하고 있다(행정기본법 제19조2항).

3. 사안의 경우

甲은 공사를 하다가 전석이 붕괴되는 등 사업계획승인에서 정한 사항을 위반하였고 순천시장은 甲에게 원상회복과 재해방지 조치명령 및 협의사항 이행촉구 등을 하였는데 甲이 이행하지 아니하자, 순천시장은 甲에게 산지전용허가의 취소를 한 것이다. 산지전용허가를 하면서 유보한 사유가 발생하여 철회권을 철회권을 행사한 것이다. 통상적인 수익적 행정행위의 철회는 신뢰보호원칙에 의해 제한을 받지만 철회권을 유보한 경우는 甲이 유보된 사유가 발생하면 철회될 수 있다는 것을 사전에 충분히 예견할 수 있으므로 보호가치 있는 신뢰를 인정하기 어렵다. 甲이 신뢰보호원칙 위반을 주장할 수는 없다.

Ⅳ. 사안의 해결

이 사건 조건은 부관 중 철회권의 유보에 해당한다. 철회권을 유보한 경우는 철회가능성을 예견할 수 있으므로 유보된 사유가 발생하여 산지전용허가취소가 있더라도 신뢰보호원칙 위반을 주장할 수 없다.

사례 072　정보공개청구 – 비공개사유(1)　　[법전협 2013-2]

　　노정년은 2003년 박사학위를 취득하고 2005년 3월부터 사립 한국대학교 음대 성악과에서 교원으로 근무하고 있다. 대학의 연봉만으로는 노부모와 처, 자녀 등 9인의 가족을 부양하기가 몹시 어렵게 되자, 그는 그 대학 성악과에 지원하려는 중·고등학생들을 대상으로 성악 과외교습에 나섰다.

　　한국대학교 인사위원회는 2011년 12월 23일 '학원의 설립·운영 및 과외교습에 관한 법률' 제3조(이하 "이 사건 법률조항"이라 함)가 대학교원으로 하여금 과외교습을 금지하고 있음에도 불구하고 노정년이 주 30시간이 넘는 과외교습활동을 하여 현행법을 위반하였을 뿐만 아니라, 그로 인하여 대학 강의를 소홀하게 하고 있어 대학교원으로서의 품위를 잃은 부적격자라는 이유로 그의 재임용을 거부하기로 결정하였고, 이에 따라 한국대학교 총장은 2011년 12월 29일 노정년에게 계약기간 만료와 더불어 재임용의사가 더 이상 없음을 통지하였다. 이에 그는 2012년 3월 2일 교원소청심사위원회에 소청심사를 청구하였으나 2012년 4월 5일 기각되었고, 4월 9일 이 결정을 통지받았다. (※ 위 노정년은 '학원의 설립·운영 및 과외교습에 관한 법률' 제3조의 교원에 해당함)

1. (2) 노정년이 위 (1)의 소송[1]을 위한 자료로 사용하기 위하여 한국대학교 총장에게 자신에 대한 재임용 거부를 의결한 2011년 12월 23일자 교원인사위원회의 회의록(여기에는 참석자 명단, 참석자별 발언내용이 기재되어 있음)에 대하여 정보공개청구를 한 경우, 한국대학교 총장은 이를 공개하여야 하는가? (15점)

* 공공기관의 정보공개에 관한 법률 시행령
제2조(공공기관의 범위) 「공공기관의 정보공개에 관한 법률」(이하 "법"이라 한다) 제2조 제3호에서 "그밖에 대통령령이 정하는 기관"이라 함은 다음 각호의 기관을 말한다.
　　1. 초·중등교육법 및 고등교육법 그 밖에 다른 법률에 의하여 설치된 각급학교
* 고등교육법
제2조(학교의 종류) 고등교육을 실시하기 위하여 다음 각 호의 학교를 둔다.
　　1. 대학 / 2. 산업대학 / 3. 교육대학 / 4. 전문대학
　　5. 방송대학·통신대학·방송통신대학 및 사이버대학(이하 "원격대학"이라 한다)
　　6. 기술대학
　　7. 각종학교

I. 문제의 소재

　　공공기관의 정보공개에 관한 법률(이하 "정보공개법"이라 한다)은 정보공개를 원칙으로 하면서도(제3조) 국가기밀, 개인정보, 기업비밀 등 일정한 정보를 예외적으로 비공개대상정보로 규정하고 있다(제9조 1항). 사안은 노정년에게 정보공개청구권이 인정되는지, 한국대학교가 정보공개의무가 있는 공공기관에 해당되는지, 공공기관에 해당되더라도 교원인사위원회 회의록은 참석자명단, 참석자별 발언내용이 기재되어 있다는 점에서 비공개대상정보가 아닌지 문제된다.

---

[1] 노정년이 서울행정법원에 제기한 취소소송으로 원처분중심주의 파트에서 소개함.

II. 정보공개의 의의 및 정보공개청구권자

정보공개제도란 개인이 행정주체가 보유하고 있는 정보에 접근하여 이용할 수 있도록 정보공개를 청구할 수 있는 권리를 보장하고 행정주체에 대하여 정보공개 의무를 부여하는 제도를 말한다. 공공기관의 정보공개에 관한 법률(이하 "정보공개법"이라 한다)은 정보공개에 관한 일반법이며 동법 제5조1항은 모든 국민은 정보의 공개를 청구할 권리를 가진다고 규정하여 일반적 정보공개청구권을 인정하고 있다. 판례는 여기서 말하는 국민에는 자연인은 물론 법인, 권리능력 없는 사단·재단도 포함되고, 법인, 권리능력 없는 사단·재단 등의 경우에는 설립목적을 불문하며 정보공개를 신청한 자가 거부처분을 받은 것 자체가 법률상이익의 침해에 해당되므로 정보공개청구소송의 원고적격이 인정된다고 한다. 따라서 노정년은 정보공개법에 따라 정보공개청구권을 가진다.

III. 한국대학교가 공공기관에 해당하는지 여부

정보공개법 제2조 3호는 공공기관을 규정하고 있는데 '라'목에서 그 밖에 대통령령으로 정하는 기관을 규정하고 있고 동법 시행령 제2조 1호는 유아교육법, 초·중등교육법, 고등교육법에 따른 각급 학교 또는 그 밖의 다른 법률에 따라 설치된 학교를 공공기관으로 규정하고 있다. 따라서 한국대학교는 정보공개 의무 있는 공공기관에 해당한다. 한편 학교는 교육관련기관의 정보공개에 관한 특례법의 적용을 받는 바 특례법이 우선해서 적용될 것이다.[2]

IV. 비공개대상정보 해당 여부

1. 정보공개의 원칙

정보공개법은 정보공개를 원칙으로 하면서도(제3조) 국가기밀, 개인정보, 기업비밀 등 일정한 정보를 예외적으로 비공개대상정보로 규정하고 있다(제9조 1항). 특례법도 정보공개를 원칙으로 규정하면서(제3조 1항) 비공개대상정보와 관련하여 정보공개법 제9조의 규정을 적용하도록 하고 있다(제12조 1호).[3] 한편 공개 청구한 정보가 비공개대상정보와 공개 가능한 부분이 혼합되어 있을 때에는 비공개대상 부분을 제외하고 부분공개를 하여야 한다(제14조).

2. 비공개대상정보

공공기관이 보유·관리하는 정보는 원칙적으로 공개대상이 되나 정보공개법 제9조 제1항 단서는 예외적으로 공개하지 아니할 수 있는 비공개대상정보를 열거하고 있다. 그 중 제5호는 의사결정 과정에 있는 사항으로서 공개될 경우 업무의 공정한 수행이나 연구·개발에 현저한 지장을 초래한다고 인정할 만한 상당한 이유가 있는 정보는 공개하지 아니할 수 있도록 하고 있는데 사안의 회의록이 의사결정과정에 있는 사항 등으로서 공개될 경우 업무의 공정한 수행에 현저한 지장을 초래하는지가 문제된다.

판례는 도시계획위원회의 심의 후 시장 등의 대외적 공표행위가 있은 후에는 회의록은 의사결정과정이

---

[2] 교육관련기관의 정보공개에 관한 특례법은 학교·교육행정기관 및 교육연구기관과 같은 교육관련기관의 정보공개에 관해 규정하고 있는데 법전에 수록되어 있지 않으므로 조문을 인용하기는 현실적으로 어렵다. 정보공개청구의 상대방이 학교일 때 특례법이 적용됨을 언급만 하더라도 가점을 받을 것이다.

[3] 제12조(「공공기관의 정보공개에 관한 법률」과의 관계) 「공공기관의 정보공개에 관한 법률」을 「교육관련기관의 정보공개에 관한 특례법」에 적용함에 있어서는 다음 각 호에 따른다.
  1. 「공공기관의 정보공개에 관한 법률」 제6조부터 제9조까지, 제11조, 제13조, 제15조, 제18조부터 제21조까지 및 제25조 중 "공공기관"은 각각 "교육관련기관"으로 본다.

나 내부검토과정에 있는 사항이라고 할 수 없고, 회의록을 공개하더라도 업무의 공정한 수행에 지장을 초래할 염려가 없으므로 공개대상이 된다고 한다.4) 한편 판례는 의사결정과정이 기록된 회의록 등은 의사가 결정되거나 의사가 집행된 경우에는 더 이상 의사결정과정에 있는 사항 그 자체라고는 할 수 없으나, 의사결정과정에 있는 사항에 준하는 사항으로서 비공개대상정보에 포함될 수 있다고 하면서 학교환경위생정화위원회의 회의록에 기재된 발언내용에 대한 해당 발언자의 인적사항 부분에 관한 정보가 비공개대상정보라고 판시한 바가 있다.5)

사안의 경우, 한국대학교 총장의 재임용탈락통지가 있은 후이므로 인사위원회의 회의록은 의사결정과정에 있는 정보라고 할 수는 없다. 그러나 인사위원회는 보통 같은 대학 교수도 구성원으로 되어 있는데 심사의 공정성을 확보하고, 향후 보다 자유롭고 활발한 토의를 거쳐 객관적이고 공정한 심사를 위해서는 발언자의 인적사항이 공개되는 것은 바람직하지 않다. 단순히 참석자명단을 공개하는 것은 허용되나 참석자별 발언내용이 공개되는 것은 향후 업무의 공정한 수행에 현저한 지장을 초래할 수 있다. 따라서 발언내용별로 참석자의 명단을 공개하는 것은 의사결정과정에 준하는 사항으로 보아서 비공개대상이 된다. 다만 부분공개가 가능하다는 점에서 발언내용의 발언자 명단은 제외된 채 공개를 하여야 할 것이다.6)

V. 사안의 경우

노정년은 정보공개청구를 할 수 있는 권리가 있으며, 한국대학교 총장은 노정년의 청구에 대하여 참석자별 발언내용을 파악할 수 있는 명단부분을 제외한 회의록의 공개를 하여야 한다.

유제 1 [법전협 2017-2]

甲은 상해죄로 법원에서 징역 1년 6월을 선고받고, 2017. 6. 15. 그 형이 확정되어 같은 날부터 A교도소에서 복역중이다. 그런데 甲은 결혼을 약속한 乙이 면회를 한 번도 오지 않자, 2017. 6. 20. 乙에게 변심하지 말 것을 당부하는 내용의 편지를 작성하여 이를 발송하기 위해 봉함한 상태로 교도소장 丙에게 제출하였다. 그러나 丙은 법무부장관에 대한 청원서 이외의 편지는 봉함하지 않은 상태로 제출하여야 한다는 이유로 위 편지의 발송을 거부하고 甲에게 반환하였다.

한편 甲은 위 상해사건의 피해자가 甲을 피고로 하여 제기한 불법행위로 인한 손해배상청구소송(이하 '위 민사소송'이라 함)의 1심에서 패소한 후, 변호사 丁을 위 민사소송의 대리인으로 선임하여 2017. 5. 30. 항소하였다. 이에 甲은 2017. 7. 6. 위 항소심에 대비하여 변호사 丁과의 접견을 丙에게 신청하였다. 그러나 丙은 甲이 미결수용자가 아니라는 이유로 甲과 丁이 '변호인 접견실'에서 접견하지 못하도록 하였고, 결국 甲과 丁은 접촉차단시설이 설치된 '일반 접견실'에서 접견할 수밖에 없었다.

4. 甲이 丙의 일반접견실 접견결정에 불만을 품고 난동을 부리자 丙은 甲에게 10일간의 금치처분을 하였다. 금치처분에 앞서 개최된 징벌위원회는 甲에 대한 문답절차를 거친 후 내부 의결과정으로 진행되었다. 이에 甲은 이 금치처분과 관련된 난동일 당시의 근무보고서와 위 징벌위원회 회의록을 공개하라는 정보공개청구를 하였으나 丙은 이를 거부하였다. 이러한 丙의 비공개결정은 적법한가? (20점)

---

4) 대판 2008.9.25, 2008두8680
5) 대판 2003.8.22, 2002두12946
6) 교원인사업무의 특성상 회의록 중 일부를 공개하기 어려우므로 회의록 전체가 비공개대상정보에 해당된다는 입장도 가능하다.

[해설]
근무보고서는 관계 법령에 근거하여 정식으로 작성·보관하는 공문서인 이상 원칙적으로 법 제3조에 따른 공개의 대상이며, 근무 중 수용자에게 발생한 사유 혹은 그 대처방안에 따르는 책임 여부나 소재 등이 문제될 경우 수용자의 권리구제 내지 교정 업무의 적법성 확보 차원에서 관련 사실관계에 관한 확인 내지 보고적 성격의 위 근무보고서 기재내용의 이해관계인에 대한 공개 및 검토의 필요성은 일반적으로 인정되며, 근무보고서의 내용은 甲의 소란의 경위 및 상황을 담당 교도관 입장에서 객관적으로 서술한 것에 불과하여 그 공개가 교정업무의 수행에 어떠한 현실적인 장애를 초래하는 것이라고 보기도 어렵고, 오히려 甲의 권리구제를 위해서는 그 공개가 객관적으로 필요한 것으로 보이며, 교도소장으로서도 교정 업무의 투명성 측면에서 이를 제시·공개할 공익적 필요가 있다는 점 등의 사정을 종합하면, 근무보고서의 기재내용을 통해 교도관들의 근무방법 등이 파악될 소지가 있다거나 교도관들의 근무 여건이 열악하고 수용자들로부터의 위협에 항시 노출되어 있다는 일반적 혹은 부수적 사정이 있더라도 근무보고서를 공개함으로써 교정 업무의 공정하고 효율적인 수행에 직접적·구체적이고 현저한 장애를 초래할 고도의 개연성이 있다고 보기는 어렵다. 따라서 공개대상이다.

징벌위원회 위원장과 위원들이 甲을 참석시켜 문답절차를 진행한 다음 비공개로 내부 의결과정을 진행한 내용이 기재된 회의록 중 내부 의결과정 부분은 그 심사·결정절차 과정에서 위원들이 한 발언내용이 공개된다면 자유로운 심사분위기를 해치고 심사의 공정성 확보에 지장을 초래할 수 있어 비공개대상정보에 해당하는 반면, 그에 앞서 甲 참석하에 이루어진 甲의 진술, 위원장 및 위원들과 甲 사이의 문답 등의 절차 진행 부분은 이를 공개한다고 해서 개인의 인격이나 사생활을 침해하거나 교정 업무 수행에 현저한 지장을 초래한다고 볼 수 없어 비공개대상정보에 해당하지 않는다.[7]

丙은 분리하여 부분공개를 하여야 하나 전부 비공개결정을 한 것으로 丙의 비공개결정은 위법하다.

유제 2 [법전협 2019-2]

사립학교법인이 운영하는 A 초등학교에 재학하던 甲이 학교폭력을 행사하였다는 이유로 A 초등학교의 학교폭력대책자치위원회가 「학교폭력예방 및 대책에 관한 법률」 제17조 제1항 소정의 '전학'(제8호)의 조치를 의결하여 A 초등학교장이 甲에게 전학처분을 하였다.

한편, 교육부장관은 「학교생활기록 작성 및 관리지침」을 개정하여 각급 학교의 학교생활기록부에 학교폭력 관련 조치사항을 기록하고 졸업 후 5년간 보존하도록 하였다. 그러나 B 교육감은 학교생활기록부 기재 사무가 국가사무가 아닌 자치사무로 판단하고, '이 같은 학교폭력 조치사항의 학교생활기록부 기재가 또 다른 인권침해가 될 수 있으므로 각급 학교에서는 학교생활기록부에 학교폭력 가해사실 기록을 보류하시기 바랍니다.'라는 내용의 공문을 관내 교육지원청과 A 초등학교를 포함하여 각급 학교에 보냈다(이하 '이 사건 보류지시'라 한다). 그러자 교육부장관은 B 교육감에게 이 사건 보류지시를 취소할 것을 내용으로 하는 시정명령을 하였고(이하 '이 사건 시정명령'이라 한다), 그럼에도 불구하고 B 교육감이 시정명령에 응하지 아니하자, 교육부장관은 B 교육감의 이 사건 보류지시를 직권으로 취소하였다.

이에 따라 A 초등학교장은 甲에 대한 전학조치사항을 甲의 학교생활기록부에 기재하였다.

2. 甲이 전학처분을 받은 후 학교폭력대책자치위원회의 회의록에 대한 정보공개청구를 하자 A 초등학교장은 「공공기관의 정보공개에 관한 법률」 제9조 제1항 제5호에 해당한다는 이유로 비공개결정을 하였다. A 초등학교장의 비공개결정이 적법한지를 검토하시오. (20점)

---

7) 대판 2009.12.10. 2009두12785

해설

근무정보공개법 제2조 3호는 공공기관을 규정하고 있는데 '라'목에서 그 밖에 대통령령으로 정하는 기관을 규정하고 있고 동법 시행령 제2조 1호는 유아교육법, 초·중등교육법, 고등교육법에 따른 각급 학교 또는 그 밖의 다른 법률에 따라 설치된 학교를 공공기관으로 규정하고 있다. 따라서 A초등학교는 정보공개의무가 있는 공공기관에 해당한다. 한편 학교는 교육관련기관의 정보공개에 관한 특례법의 적용을 받는 바 특례법이 우선해서 적용될 것이다.

회의록에 기재된 발언자의 인적 사항 및 발언내용은 정보공개법 제9조1항 제5호의 의사결정과정에 준하는 사항에 해당한다고 할 수 있다. 하지만 공개될 경우 업무의 공정한 수행에 현저한 지장을 초래한다고 인정할 만한 상당한 이유가 있는 정보에 해당되어야 비공개가 정당하다. 발언자의 인적사항은 이에 해당한다.

발언내용과 관련해서는 유사한 사안에서 하급심은 발언내용에 대해서 의사결정과정에 있는 사항에 준하는 사항으로서 비공개대상정보에 포함될 수는 있으나, 신청당사자의 알권리를 보호할 필요성이 있고, 학교폭력의 예방과 대책을 독립성을 갖춘 합의제기관에 의하여 신중하게 판단함과 동시에 투명성을 확보함으로써 불필요한 의혹을 미연에 방지하기 위해 공개하는 것이 자치위원회가 수행하는 업무의 공정성에 현저한 지장을 초래한다고 볼 수는 없다고 하였으나 대법원은 자치위원회에서의 자유롭고 활발한 심의·의결이 보장되기 위해서는 위원회가 종료된 후라도 심의·의결 과정에서 개개 위원들이 한 발언 내용이 외부에 공개되지 않는다는 것이 철저히 보장되어야 한다고 하면서 발언내용을 공개하는 것은 공개될 경우 업무의 공정한 수행에 현저한 지장을 초래한다고 인정할 만한 상당한 이유가 있는 정보에 해당한다고 판시하였다.[8] 위원의 발언내용도 비공개하는 것이 정당하다. A 초등학교장의 비공개결정은 적법하다.

유제 3 [2011년 행시(일행)]

서울특별시 X구에 위치한 대학입학전문상담사로 근무하는 甲은 과학적이고 체계적인 학생입학지도를 위해 '공공기관의 정보공개에 관한 법률'에 따라 교육과학기술부장관 乙에게 학교별 성적분포도를 포함하여 서울지역 2010년 대학수학능력시험평가 원데이터에 대한 정보(수능시험정보)의 공개를 청구하였다. 이에 대해 乙은 甲의 청구대로 응할 경우 학교의 서열화를 야기할 뿐만 아니라 업무의 공정한 수행에 현저한 지장을 초래한다는 이유로 비공개결정을 하였다. 甲의 권리구제와 관련하여 다음의 질문에 답하시오.(단, 무효확인심판과 무효확인소송은 제외한다.) (총50점)

2) 乙이 비공개결정을 한 이유의 타당성을 검토하시오.(10점)

해설

정보공개법 제9조 제1항 제5호의 비공개대상정보 해당여부가 문제된다. 학교별 성적분포도의 경우 공개에 따라 보장되는 甲의 알권리 등의 이익보다 학교의 서열화 및 사교육을 부추김으로써 수능업무의 공정한 수행에 현저한 지장을 초래할 가능성이 크다고 인정되는바, 제9조 제1항 제5호의 비공개대상정보에 해당한다. 그러나 수능시험 원데이터에 관한 정보는 수능업무의 공정한 수행을 저해한다고 보기 어렵고 오히려 공개를 통해 행정의 투명성과 공정한 업무 수행을 확보할 수 있을 것으로 보이는바 비공개대상정보에 해당하지 않는다. 학교별 성적분포도를 제외한 나머지 수능시험정보만을 공개하더라도 甲의 공개청구의 취지에 반하지 아니하므로 부분공개가 가능하다. 乙은 학교별 성적분포표를 제외한 나머지 부분에 대해서는 부분공개하여야 한다.

---

[8] 대판 2010.6.10. 2010두2913. 대판 2014.7.24. 2013두20301도 같은 취지이다.

유제 4 [법전협 2023-1]

　유명 안과종합병원에서 수술을 받은 후 실명위기까지 겪게 된 프로그래머 甲은, 본인의 수술결과 등의 고통스러운 상황이 담당의사 乙의 부당한 진료로 인해 초래되었다고 생각하였다. 그래서 평소 오픈넷으로 운영하고 있는 자신의 블로그에 乙의 이름 및 잘못된 진료행위 등을 구체적으로 적시하여 게재하였다. 파워블로거인 甲의 영향력으로 인해 乙의 진료예약들이 줄이어 취소되었고, 병원 홈페이지에도 乙의 무능함과 진료행위의 부당함을 문제 삼거나 심지어 해고를 요구하는 글들이 적지 않게 올라왔다. 이에 乙은 이러한 모든 상황이 甲의 글로부터 시작되었다고 생각하여, 「형법」제307조 제1항을 근거로 A경찰서에 甲을 고소하였고 이에 대한 수사가 진행 중이다.

　이 사건 수사 진행 중, 甲은 2022. 12. 23. 전기통신사업자인 B를 상대로 자신의 통신자료가 수사기관에 제공된 사실이 있는지 여부를 확인해 줄 것을 요청하였다. 이에 B는 甲의 '성명, 주민등록번호 등'에 관한 통신자료가 2022. 1. 24.부터 같은 해 2. 24.까지 세 차례에 걸쳐 A경찰서에 제공된 사실이 있음을 2022. 12. 27. 甲에게 확인해주었다. 그러나 甲은 B의 해당 통신자료제공에 관하여 사전적으로나 사후적으로도 아무런 통지를 받지 못했다.

4. 甲은 자신의 통신자료가 세 차례나 경찰서에 제공되었음에도 아무런 통지가 없음에 대하여 A경찰서에 항의하였으나 답변을 받지 못했다. 이에 甲은 사실관계를 정확히 파악하기 위해 A경찰서에 B로부터 제공받았던 甲의 통신자료 전부에 관한 정보공개청구를 하였다. 그러나 A경찰서는 이 청구에 대하여 甲의 행위의 범죄성립 여부를 수사 중일 뿐만 아니라 해당 정보에 제3자의 개인정보가 포함되어 있다는 이유로 정보공개를 거부하였다. 이 정보공개거부처분의 위법성 여부에 대하여 검토하시오.(20점)

해 설

　甲의 정보공개청구에 대해 A경찰서가 수사 중인 정보이며 제3자의 개인정보가 포함되어 있다는 이유로 거부한 것이 공공기관의 정보공개에 관한 법률(이하 '정보공개법'이라 한다) 제9조 4호와 6호의 비공개대상정보에 해당하는지 문제된다.

　사안의 통신자료는 수사에 관한 사항에 해당하나 공개청구자인 甲의 개인정보에 해당될 뿐만 아니라 수사과정에서의 방법권 보장을 위해서 필요한 정보이므로 공개될 경우 직무수행을 현저하게 곤란하게 하는 상당한 이유가 있는 정보라고 보기 어렵다. 따라서 제4호의 비공개대상정보에 해당하지는 않는다.

　사안의 통신자료는 甲과 통화한 자들의 개인에 관한 사항이 포함되어 있어 제6호에 해당된다고 할 수 있으나, 甲의 통화내역에 관한 것이고 甲의 수사과정에서의 방어권 보장을 위해 필요한 정보라고도 할 수 있으므로 공개하는 것이 甲의 권리구제를 위하여 필요하다고 인정되는 정보에 해당된다고 할 수 있어(제6호 '다목) 비공개대상정보에 해당하지 않는다. 따라서 A경찰서의 거부처분은 위법하다.

사례 073 　교육관련기관의 정보공개청구, 비공개사유(2), 부분공개 [행시(일행) 2009]

A고등학교 교장인 甲은 소속 교사인 乙의 행실이 못마땅하고, 그 소속 단체인 교사 연구회에 대하여도 반감을 가지고 있던 중에 乙이 신청한 A학교시설의 개방 및 그 이용을 거부하였다. 그러자 평소 甲의 학교운영에 불만을 품고 있던 乙은 학교장 甲의 업무추진비 세부항목별 집행내역 및 그에 관한 증빙서류에 대하여 정보공개를 청구하였다. 이에 甲은 청구된 정보의 내용중에는 개인의 사생활의 비밀 또는 자유를 침해할 우려가 있는 정보가 포함되어 있다는 것을 이유로 乙의 청구에 대하여 비공개 결정하였다.

1) 甲의 비공개결정의 적법성 여부에 대하여 검토하시오. (15점)

I. 문제의 소재

공공기관의 정보공개에 관한 법률(이하 '정보공개법'이라 한다)은 정보공개를 원칙으로 하면서도(제3조) 국가기밀, 개인정보, 기업비밀 등 일정한 정보를 예외적으로 비공개대상정보로 규정하고 있다(제9조 1항). 甲의 비공개결정의 적법성 여부는 학교장 甲의 업무추진비 세부항목별 집행내역 및 그에 관한 증빙서류가 정보공개법 제9조 1항 6호의 비공개대상정보에 해당하는지, 부분공개의 가능성은 없는지와 관련된다.

II. 정보공개의 의의 및 정보공개청구권자

III. 교육관련기관의 정보공개에 관한 특례

'교육관련기관의 정보공개에 관한 특례법'은 교육관련기관의 정보공개에 관해 정보공개법의 특례를 규정하고 있는데, 정보공개법에서 '공공기관'의 정보공개를 규정한 것처럼 특례법에서는 '교육관련기관'의 정보공개를 규정하고 있다. 동법 제2조 제4호는 '교육관련기관'에 학교를 포함시키고 있으며 동법제2조 제5호에서 '학교'란 '초·중등교육법' '고등교육법'에 따라 설치된 각급학교, 그밖에 다른 법률에 따라 설치된 각급학교를 말한다고 규정하고 있다. A고등학교는 특례법상의 교육관련기관에 해당하므로 乙이 청구한 정보는 교육관련기관이 직무상 작성 또는 취득하여 관리하고 있는 문서에 해당(동법 2조 1호)한다.[1]

IV. 甲의 비공개결정의 적법성 여부

1. 정보공개의 원칙

2. 비공개대상정보해당 여부

교육관련기관의 정보공개에 관한 특례법은 비공개대상정보에 대해서는 규정하고 있지 않으나, 동법에 규정된 내용 외에는 정보공개법을 적용하므로(동법 제4조) 정보공개법 제9조의 비공개대상정보 규정이 적용된다.

공공기관이 보유·관리하는 정보는 원칙적으로 공개대상이 되나 정보공개법 제9조 제1항 단서는 예외적으로 공개하지 아니할 수 있는 비공개대상정보를 열거하고 있다. 사안의 경우 당해정보에 포함되어 있는

---

[1] 2008년 제정된 법으로 교육관련기관의 정보공개에 관한 특례를 규정하고 있다. 동법에 규정된 내용 외에는 정보공개법을 적용한다(동법 4조). 참조조문으로 제시되고 있지 않으므로 구체적인 조문은 인용하지 못할텐데 특례법이 적용된다는 정도만 언급해도 무방할 것이다.

이름 주민등록번호 등 개인에 관한 사항으로서 공개될 경우 개인의 사생활 비밀 또는 자유를 침해할 우려가 있다고 인정되는 정보로서 정보공개법 9조 1항 6호 해당되는지 여부가 문제된다.

정보에 포함되어 있는 이름, 주민등록번호 등 개인에 관한 사항으로서 공개될 경우 개인의 사생활의 비밀 또는 자유를 침해할 우려가 있다고 인정되는 정보는 제6호의 비공개 대상정보에 해당하나 제6호 단서는 다시 예외규정을 두어서 비공개대상정보라도 일정한 경우는 공개하도록 하고 있다. 특히 공개하는 것이 공익 또는 개인의 권리구제를 위하여 필요하다고 인정되는 정보에 해당되는지 여부는 비공개에 의하여 보호되는 개인의 사생활 보호 등의 이익과 공개에 의하여 보호되는 국정운영의 투명성 확보 등의 공익을 비교·교량하여 구체적 사안에 따라 신중히 판단하여야 한다.

사안의 경우 업무추진비가 사적인 용도에 집행되거나 낭비되고 있을지도 모른다는 의혹해소나 알권리라는 공익과 개인의 사생활보호라는 사익을 비교해 볼 때 집행절차의 투명성 제고와 예산집행의 합법성 확보라는 측면에서 공개하는 것이 원칙적으로 타당하다. 그러나 업무추진비 세부항목별 집행내역 및 증빙서류에 개인식별정보 등 개인의 사생활을 침해할 개연성이 있는 정보가 있다면 사생활을 보호할 필요성이 공개를 통해 달성되는 학교 재정 운영의 투명성 및 乙의 알권리 확보보다 현저하다고 할 것이므로 비공개대상정보에 해당한다.

3. 부분공개여부(정보공개법 14조)

정보공개법 제14조는 정보공개법 제9조제1항 각호의 1에 해당하는 부분과 공개가 가능한 부분이 혼합되어 있는 경우로서 공개청구의 취지에 어긋나지 아니하는 범위 안에서 두 부분을 분리할 수 있는 때에는 비공개대상정보를 제외하고 공개하여야 한다고 규정하여 부분공개를 인정하고 있다.

법원이 정보공개거부처분의 위법 여부를 심리한 결과 비공개대상정보와 공개가 가능한 정보가 혼합되어 있고 공개청구의 취지에 어긋나지 아니하는 범위 안에서 두 부분을 분리할 수 있음을 인정할 수 있을 때에는, 공개가 가능한 부분을 특정하고 판결의 주문에 행정청의 위 거부처분 중 공개가 가능한 정보에 관한 부분만을 취소한다고 표시하여야 한다,

업무추진비에 관한 공개대상정보와 프라이버시에 관한 비공개대상정보가 혼재되어 있는 경우 공개청구 취지에 어긋나지 않는 범위 내에서 비공개대상정보를 제외하고 공개하더라도 乙의 정보공개청구취지에 반하지 않는다면 부분공개가 가능하다.

V. 사안의 해결

정보공개청구 대상인 학교장 甲의 업무추진비 세부항목별 집행내역 및 그에 관한 증빙서류에 개인의 사생활의 비밀 또는 자유를 침해할 우려가 있는 정보가 포함되어 있다면 甲의 비공개결정은 적법하다. 그러나 비공개대상정보와 공개대상정보가 분리가능한 경우에는 부분공개를 하여야 한다. 乙의 공개청구에 대해 전부 비공개결정을 하는 것은 위법하다.

사례 074 외국인의 정보공개청구권, 비공개사유(3) [법전협 2022-3]

외국인인 甲은 사기 및 부정수표단속법위반죄로 징역 5년을 선고받고 형이 확정되어 교도소에 수감 중인 자이다. 이 사건 외에 甲은 무고 등의 혐의로 기소되어 별건의 형사사건이 진행 중이다. ~~(중략)~~

4. 甲은 복역 중에 있으면서 강제 노역을 회피할 목적으로 수백 회에 걸쳐 여러 국가기관을 상대로 다양한 내용의 정보공개청구를 반복하여 왔고, 정보공개거부처분에 대하여 전국의 각 법원에 취소소송을 제기하였다. 행정청은 대다수의 사건에서 甲의 정보공개청구에 대하여 공개결정을 하였으나, 甲은 해당 정보를 전혀 수령하지 아니하였다. 또한 甲은 대부분의 정보공개청구 소송에서 특정 변호사를 소송대리인으로 선임하였는데, 그 소송에서 승소하여 소송비용으로 변호사보수를 지급받으면, 이를 변호사와 50대50으로 배분하여 왔다. 최근 甲은 또다른 형사사건의 불기소처분에 대해서 지금까지와 유사한 방식으로 관할검찰청에 그 수사기록 중 관련피의자에 관한 피의자신문조서의 정보공개를 청구하려고 한다.

(1) 외국인 甲에게 정보공개청구권이 인정되는지 검토하시오. (10점)
(2) 甲의 정보공개청구가 허용될 것인지 검토하시오. (20점)

[참조조문] ※ 아래의 법령은 가상의 것임
* 형의 집행 및 수용자의 처우에 관한 법률
제117조의2(정보공개청구) ① 수용자는 「공공기관의 정보공개에 관한 법률」에 따라 법무부장관, 지방교정청장 또는 소장에게 정보의 공개를 청구할 수 있다.

* 공공기관의 정보공개에 관한 법률 시행령
제3조(외국인의 정보공개 청구) 법 제5조제2항에 따라 정보공개를 청구할 수 있는 외국인은 다음 각 호의 어느 하나에 해당하는 자로 한다.
  1. 국내에 일정한 주소를 두고 거주하거나 학술 연구를 위하여 일시적으로 체류하는 사람
  2. 국내에 사무소를 두고 있는 법인 또는 단체

[설문 4-(1)] 외국인의 정보공개청구권 (10점)

I. 문제의 소재

국민의 알권리를 위해 보장되는 정보공개청구권이 외국인에게도 인정되는지 문제된다.

II. 외국인의 정보공개청구권

1. 정보공개의 의의 및 정보공개청구권자

2. 외국인의 정보공개청구권

정보공개법은 외국인의 정보공개청구권에 관해서는 대통령령으로 정하도록 하고 있는 바(제5조2항), 동법 시행령은 국내에 일정한 주소를 두고 거주하거나 학술 연구를 위하여 일시적으로 체류하는 사람과 국내에 사무소를 두고 있는 법인 또는 단체에 인정하고 있다(제3조). 따라서 외국인도 제한적인 범위에서 정보공개청구권이 인정되고 있다. 또한 형의 집행 및 수용자의 처우에 관한 법률도 수용자는 「공공

기관의 정보공개에 관한 법률」에 따라 법무부장관, 지방교정청장 또는 소장에게 정보의 공개를 청구할 수 있도록 규정하고 있다(제117조의2).

외국인도 제한적인 범위에서 기본권의 주체가 될 수 있으나 정보공개청구권은 인간의 권리라고 보기는 어려우므로 법률이 인정하는 범위에서만 인정된다고 보아야 할 것이다.

Ⅲ. 사안의 해결

甲은 징역 5년을 선고받아 교도소에 수감 중에 있는 자이므로 국내에 일정한 주소를 두고 거주하고 있는 자에 해당한다고 볼 수 있으므로 정보공개법에 의해 정보공개청구권이 인정되며, 형의 집행 및 수용자의 처우에 관한 법률도 정보공개법에 따라 정보의 공개를 청구할 수 있도록 하고 있으므로 甲은 정보공개 청구권의 주체가 된다.

[설문 4-(2)] 甲의 정보공개청구 허용성 (20점)

Ⅰ. 문제의 소재

甲이 청구하는 정보가 정보공개법상 비공개대상정보인지가 정보공개법 제9조1항4호 및 6호와 관련하여 문제되고, 甲의 청구가 권리남용에 해당하는지 문제된다.

Ⅱ. 정보공개의 원칙

Ⅲ. 비공개사유 해당 여부

1. 정보공개법 제9조1항4호

甲이 또 다른 형사사건의 불기소처분에 대해서 지금까지와 유사한 방식으로 관할검찰청에 그 수사기록 중 관련피의자에 관한 피의자신문조서의 정보공개를 청구하려고 한 바, 제9조1항4호는 '수사'에 관한 사항으로서 공개될 경우 그 직무수행을 현저히 곤란하게 한다고 인정할 만한 상당한 이유가 있는 정보를 비공개대상정보의 하나로 규정하고 있는바, 그 취지는 수사의 방법 및 절차 등이 공개되는 것을 막고자 하는 것으로서, 수사기록 중의 의견서, 보고문서, 메모, 법률검토, 내사자료 등이 이에 해당한다고 할 것인데, 피의자신문조서는 위와 같은 의견서 등과는 그 성격이 달라 원칙적으로 수사방법 등이 공개될 우려가 있는 정보라고 보기 어렵고 더구나 사안은 불기소처분을 한 경우로 비공개대상이라고 할 수는 없다.

2. 정보공개법 제9조1항6호

정보공개법 제9조1항6호는 당해 정보에 포함되어 있는 이름, 주민등록번호 등 개인에 관한 사항으로서 공개될 경우 개인의 사생활의 비밀 또는 자유를 침해할 우려가 있다고 인정되는 정보는 비공개 대상정보로 규정하고 있다. 공개하는 것이 공익 또는 개인의 권리구제를 위하여 필요하다고 인정되는 정보에 해당되는지 여부는 비공개에 의하여 보호되는 개인의 사생활 보호 등의 이익과 공개에 의하여 보호되는 국정 운영의 투명성 확보 등의 공익을 비교·교량하여 구체적 사안에 따라 신중히 판단하여야 할 것이다.

6호의 비공개대상정보에는 '개인식별정보'뿐만 아니라 그 외에 정보의 내용을 구체적으로 살펴 '개인에 관한 사항의 공개로 인하여 개인의 내밀한 내용의 비밀 등이 알려지게 되고, 그 결과 인격적·정신적 내면생활에 지장을 초래하거나 자유로운 사생활을 영위할 수 없게 될 위험성이 있는 정보'도 포함되므로 불기소처분 기록 중 피의자신문조서 등에 기재된 피의자 등의 인적사항 및 진술내용 역시 개인의 사생활의 비밀 또는 자유를 침해할 우려가 인정되는 경우 정보공개법 제9조 제1항 제6호 본문 소정의 비공개대상에 해당한다. 설문의 관련 피의자가 누구인지 명확하지 않으나, 甲이 아니라 공범을 비롯한 다른 피의자라면 비공개대상에 해당된다고 보아야 한다.

IV. 권리남용 여부

국민의 정보공개청구는 정보공개법 제9조에 정한 비공개 대상 정보에 해당하지 아니하는 한 원칙적으로 폭넓게 허용되어야 하지만, 실제로는 해당 정보를 취득 또는 활용할 의사가 전혀 없이 정보공개 제도를 이용하여 사회통념상 용인될 수 없는 부당한 이득을 얻으려 하거나, 오로지 공공기관의 담당공무원을 괴롭힐 목적으로 정보공개청구를 하는 경우처럼 권리의 남용에 해당하는 것이 명백한 경우에는 정보공개청구권의 행사를 허용하지 아니하는 것이 옳다.

甲은 반복하여 정보공개를 청구하였으나 실제 정보 자체는 전혀 수령하지 않았으므로 해당 정보를 취득 활용할 의사가 없는 것으로 보이고, 수감 중 변론기일에 출정하여 강제노역을 회피하는 것 등을 목적으로 정보공개를 청구하였다고 볼 여지가 크다. 또한 특정 변호사를 소송대리인으로 선임하여 소송에서 승소하여 소송비용으로 변호사보수를 지급받으면, 이를 변호사와 50대50으로 배분하여 온 것은 소송비용확정절차를 통해 자신이 그 소송에서 실제 지출한 소송비용보다 다액을 소송비용으로 지급받아 금전적 이득을 취한 것으로 정보공개 제도를 이용하여 사회통념상 용인될 수 없는 부당한 이득을 얻으려는 것에 해당하여 변호사법 제34조가 금지하는 사실상의 동업행위를 한 것으로 볼 수도 있다, 甲의 정보공개청구는 권리남용에 해당하여 허용되지 않는다.

V. 사안의 해결

甲이 자신에 대한 피의자신문조서를 청구한 것이라면 비공개대상정보라고 할 수 없지만 권리남용에 해당되므로 공개청구는 허용되지 않을 것이다. 그러나 자신이 아닌 관련피의자라면 비공개대상정보에 해당될 뿐만 아니라 권리남용에 해당되어 공개청구가 역시 허용되지 않을 것이다.

사례 075　공공기관의 정보공개방법에 대한 선택권　[행시 2015]

> 甲은 행정청 乙이 지출한 업무추진비의 예산집행내역과 지출증빙서 등에 관하여 乙에게 정보공개청구를 하였다. 다음 물음에 답하시오. (총 30점)
>
> 1) 甲은 정보의 사본 또는 출력물의 교부의 방법으로 정보를 공개해 줄 것을 요구하였다. 이에 반해 乙은 열람의 방법에 의한 공개를 선택할 수 있는가? (10점)

Ⅰ. 문제의 소재

정보공개청구인이 정보공개방법을 정보의 사본 또는 출력물 교부의 방법으로 특정한 경우 공공기관이 공개방법에 대한 재량이 인정되어 열람의 방법을 선택할 수 있는지 문제된다.

Ⅱ. 청구인의 정보공개 청구방법

정보의 공개를 청구하는 자는 해당 정보를 보유하거나 관리하고 있는 공공기관에 공개를 청구하는 정보의 내용 및 공개방법을 적은 정보공개 청구서를 제출하거나 말로써 정보의 공개를 청구할 수 있다(공공기관의 정보공개에 관한 법률(이하 '정보공개법'이라 한다) 제10조 1항 2호).

Ⅲ. 공공기관의 정보공개결정시 공개방법

1. 정보공개법 규정

공공기관은 청구인이 사본 또는 복제물의 교부를 원하는 경우에는 이를 교부하여야 한다. 다만, 공개 대상 정보의 양이 너무 많아 정상적인 업무수행에 현저한 지장을 초래할 우려가 있는 경우에는 정보의 사본·복제물을 일정 기간별로 나누어 제공하거나 열람과 병행하여 제공할 수 있다(정보공개법 제13조 제2항)

2. 공공기관의 공개방법 선택 가능성

판례는 정보공개를 청구하는 자가 공공기관에 대해 정보의 사본 또는 출력물의 교부의 방법으로 공개방법을 선택하여 정보공개청구를 한 경우에 공개청구를 받은 공공기관으로서는 정보공개법 제13조2항에서 규정한 정보의 사본 또는 복제물의 교부를 제한할 수 있는 사유에 해당하지 않는 한 정보공개청구자가 선택한 공개방법에 따라 정보를 공개하여야 하므로 그 공개방법을 선택할 재량권이 없다고 판시한 바 있다.[1] 또한 청구인에게 특정한 공개방법을 지정하여 정보공개를 청구할 수 있는 법령상 신청권이 있으며 따라서 공공기관이 정보를 공개는 하되, 청구인이 신청한 공개방법 이외의 방법으로 공개하기로 하는 결정을 하였다면, 이는 정보공개청구 중 정보공개방법에 관한 부분에 대하여 일부 거부처분을 한 것으로 보아야 하고, 청구인은 그에 대하여 항고소송으로 다툴 수 있다고 판시하였다.

Ⅳ. 사안의 해결

정보공개법의 취지를 고려할 때 판례의 입장은 타당하다. 공개결정을 하는 경우에는 정보공개법 제13조 2항에 의한 제한은 있더라도 乙은 열람의 방법에 의한 공개방법을 선택할 수는 없다.

---

1) 대판 2003.12.12, 2003두8050

사례 076 제3자의 비공개요청, 비공개사유(4) [법전협 2016-2]

甲은 2016. 4. 13. 실시된 국회의원총선거에서 자유시 평등구선거구에 A당 추천 후보자로 입후보하고자 하였다. A당은 자유시 평등구선거구 후보자를 추천하기 위하여 2016. 3. 16. 당내경선을 실시하였다. 당내경선에서 甲과 乙이 경쟁하였는데, 甲은 乙의 조세포탈 의혹을 제기하면서 이것이 선거과정에서 쟁점화되는 경우 乙이 선거에서 패배할 것이 확실하다고 주장하였으나, 乙이 승리하여 A당의 자유시 평등구선거구 후보자로 결정되었다. 하지만 다음 날 甲은 자신의 지지당원들과 함께 A당을 탈당하여 B당에 입당한 뒤, B당 추천의 자유시 평등구선거구 후보자로 2016. 3. 24. 자유시평등구선거관리위원회에 후보자등록을 신청하였다. 그런데 자유시 평등구선거관리위원회는 「공직선거법」 제57조 제2항을 근거로 甲의 자유시 평등구선거구 후보자등록을 거부하였고, 甲은 B당 추천의 자유시 평등구선거구 후보자로 출마하지 못하게 되었다. 이에 甲과 B당은 2016. 4. 15. 「공직선거법」 제57조 제2항이 위헌이라고 주장하면서 헌법재판소에 헌법소원심판을 청구하였다.

  * (위 사례와 「공직선거법」 조항은 가상의 것임)

3. 甲은 선거 직전 불거진 乙의 조세포탈 의혹을 문제 삼기 위하여 2016. 4. 1. 국세청장에 대하여 최근 3년간 乙의 소득세 납부 자료와 A당이 받은 기부금의 내역(기부자 명단 및 기부자별 기부금액)의 공개를 청구하였다. 국세청장은 甲의 청구에 대하여 어떤 법적 절차를 거쳐 어떤 결정을 하여야 하는가? (20점)

[참고조문]
※ 아래 법령 중 일부 조항은 가상의 것으로, 이에 근거하여 답안을 작성할 것. 이와 다른 내용의 현행 법령이 있다면 제시된 법령이 현행 법령에 우선하는 것으로 할 것.

* 공직선거법
제57조(당내경선의 실시) ① 정당은 공직선거후보자를 추천하기 위하여 경선(이하 "당내경선"이라 한다)을 실시할 수 있다.
 ② 정당이 당내경선을 실시하는 경우 경선후보자로서 당해 정당의 후보자로 선출되지 아니한 자는 당해 선거의 같은 선거구에서는 정당의 추천을 받아 후보자로 등록될 수 없다. 다만, 후보자로 선출된 자가 사퇴·사망·피선거권 상실 또는 당적의 이탈·변경 등으로 그 자격을 상실한 때에는 그러하지 아니하다.

* 국세기본법
제81조의 13(비밀 유지) ① 세무공무원은 납세자가 세법에서 정한 납세의무를 이행하기 위하여 제출한 자료나 국세의 부과·징수를 위하여 업무상 취득한 자료 등(이하 "과세정보"라 한다)을 타인에게 제공 또는 누설하거나 목적 외의 용도로 사용해서는 아니 된다. 다만, 다음 각 호의 어느 하나에 해당하는 경우에는 그 사용 목적에 맞는 범위에서 납세자의 과세정보를 제공할 수 있다.
  1. 지방자치단체 등이 법률에서 정하는 조세의 부과·징수 등을 위하여 사용할 목적으로 과세정보를 요구하는 경우
  2. 국가기관이 조세쟁송이나 조세범 소추(訴追)를 위하여 과세정보를 요구하는 경우
  3. 법원의 제출명령 또는 법관이 발부한 영장에 의하여 과세정보를 요구하는 경우
  4. 세무공무원 간에 국세의 부과·징수 또는 질문·검사에 필요한 과세정보를 요구하는 경우
  5. 통계청장이 국가통계작성 목적으로 과세정보를 요구하는 경우
  6. 「사회보장기본법」 제3조제2호에 따른 사회보험의 운영을 목적으로 설립된 기관이 관계 법률에 따른 소관 업무를 수행하기 위하여 과세정보를 요구하는 경우
  7. 국가행정기관, 지방자치단체 또는 「공공기관의 운영에 관한 법률」에 따른 공공기관이 급부·지원 등을 위한 자격의 조사·심사 등에 필요한 과세정보를 당사자의 동의를 받아 요구하는 경우

> 8. 다른 법률의 규정에 따라 과세정보를 요구하는 경우
> ② 제1항 제1호·제2호 및 제5호부터 제8호까지의 규정에 따라 과세정보의 제공을 요구하는 자는 문서로 해당 세무관서의 장에게 요구하여야 한다.
> ③ 세무공무원은 제1항 및 제2항을 위반하여 과세정보의 제공을 요구받으면 그 요구를 거부하여야 한다.
> ④ 제1항에 따라 과세정보를 알게 된 사람은 이를 타인에게 제공 또는 누설하거나 그 목적 외의 용도로 사용해서는 아니 된다.
> ⑤ 이 조에 따라 과세정보를 제공받아 알게 된 사람 중 공무원이 아닌 사람은 「형법」이나 그 밖의 법률에 따른 벌칙을 적용할 때에는 공무원으로 본다.

I. 문제의 소재

甲의 정보공개 청구에 대해 국세청장은 어떤 법적 절차를 거쳐야 하는지, 특히 乙의 보호를 위한 절차가 무엇인지 문제된다. 또한 甲이 청구한 정보가 공공기관의 정보공개에 관한 법률(이하 법명 생략) 제9조의 비공개대상정보에 해당하는지 문제되는데, 법 제9조 제1항 1호의 다른 법률에서 비공개사항으로 규정된 정보에 해당하는지, 제9조 제1항 6호의 사생활의 비밀 또는 자유를 침해할 우려가 있는 정보에 해당하는지 문제된다.

II. 정보공개 청구를 받은 국세청장이 거쳐야 할 절차

1. 정보공개의 청구 및 공개여부의 결정

정보공개청구가 있으면 공공기관은 청구일로부터 10일 이내에 공개여부를 결정하여야 하며(제11조 1항), 부득이한 사유가 있는 경우 10일 이내의 범위에서 연장할 수 있다(제11조 2항).

2. 공개청구된 사실의 제3자 통보 및 비공개요청권

공공기관은 공개청구된 대상정보의 전부 또는 일부가 제3자와 관련이 있다고 인정되는 때에는 그 사실을 제3자에게 지체없이 통지하여야 하며 필요한 경우 그에 대한 의견을 청취할 수 있다(제11조3항). 공개청구된 사실을 통지받은 제3자는 통지받은 날부터 3일 이내에 당해 공공기관에 대하여 자신과 관련된 정보를 공개하지 아니할 것을 요청할 수 있다(제21조1항). 비공개요청에도 불구하고 공공기관이 공개결정을 할 경우에는 그 이유와 공개실시일을 명시하여 지체없이 제3자에게 문서로 통지하여야 한다(제21조2항).

제3자의 비공개요청권이 있다고 하더라도, 이는 공공기관이 보유·관리하고 있는 정보가 제3자와 관련이 있는 경우 그 정보공개여부를 결정함에 있어 공공기관이 제3자와의 관계에서 거쳐야 할 절차를 규정한 것에 불과할 뿐, 제3자의 비공개요청이 있다는 사유만으로 정보공개법상 정보의 비공개사유에 해당한다고 볼 수는 없다.[1]

3. 정보공개심의회의 심의

국가기관, 지방자치단체 및 공공기관의 운영에 관한 법률 제5조에 따른 공기업은 정보공개 여부 등을 심의하기 위해 정보공개심의회를 설치·운영해야 한다(제12조). 공공기관은 정보공개결정 여부를 결정하기 전에 정보공개심의회에 심의를 회부해야 한다.

---

1) 대판 2008.9.25, 2008두8680.

4. 사안의 경우

국세청장은 乙에게 정보공개청구사실을 통지하고 필요한 경우 의견을 청취하고, 정보공개심의회의 심의를 요청하여 심의결과를 바탕으로 최종적으로 공개여부를 결정해야 한다.

Ⅲ. 국세청장이 하여야 할 결정 – 비공개대상정보 해당 여부

1. 정보공개의 원칙

정보공개법은 정보공개를 원칙으로 하면서도(제3조) 국가기밀, 개인정보, 기업비밀 등 일정한 정보를 예외적으로 비공개대상정보로 규정하고 있다(제9조 1항). 한편 공개 청구한 정보가 비공개대상정보와 공개가능한 부분이 혼합되어 있을 때에는 비공개대상 부분을 제외하고 부분공개를 하여야 한다(제14조).

2. 비공개대상정보 해당여부

(1) 정보공개법 제9조 제1항 1호

국세기본법 제81조의 13 제1항은 세무공무원이 납세자가 납세의무를 이행하기 위하여 제출한 자료나 국세의 부과·징수를 위하여 업무상 취득한 자료(과세정보)를 타인에게 제공 또는 누설하면 안된다고 하여 세무공무원의 비밀유지 의무를 규정하고 있다. 동 규정에 의한 과세정보가 정보공개법 제9조 제1항 제1호[2])의 '다른 법률에서 비밀이나 비공개 사항으로 규정된 정보'에 해당하는지 문제된다.

국세기본법 제81조의13의 입법 취지 및 규정 내용 등에 비추어 보면, 위 규정은 단순히 과세정보를 누설한 세무공무원을 처벌하기 위한 근거규정이 아니라 '과세정보' 자체를 비밀로 유지하거나 비공개사항으로 하도록 한 규정이므로, 위 규정은 정보공개법 제9조 제1항 제1호의 '다른 법률'에 해당한다.

최근 3년간 乙의 소득세 납부 자료는 乙이 납세의무를 이행하기 위하여 제출한 자료이거나 업무상 취득한 자료이므로 과세정보에 해당되어 비공개대상정보에 해당한다.

(2) 정보공개법 제9조 제1항 6호

당해 정보에 포함되어 있는 이름·주민등록번호 등 개인에 관한 사항으로서 공개될 경우 개인의 사생활의 비밀 또는 자유를 침해할 우려가 있다고 인정되는 정보 역시 비공개대상정보에 해당한다.

乙이 요구하는 기부금의 내역에는 기부자 명단 및 기부자별 기부금액이 포함되어 있는데 기부자 명단은 개인식별정보에 해당하여 기부자들의 사생활의 비밀이 침해될 우려가 있으므로 비공개대상정보에 해당한다. 제6호 단서 '다'목에서는 공개하는 것이 공익 또는 개인의 권리구제를 위하여 필요하다고 인정되는 정보는 제외된다고 규정하고 있지만 이에 해당하는지 여부는 비공개에 의하여 보호되는 개인의 사생활의 비밀 등의 이익과 공개에 의하여 보호되는 개인의 권리구제 등의 이익을 비교교량하여 사안에 따라 개별적으로 판단해야 하는데, 사안에서 기부자들의 명단까지 공개해야 할 공익상의 필요를 찾아볼 수도 없다.[3])

---

[2]) 공공기관의 정보공개에 관한 법률 제1조, 제3조, 헌법 제37조의 각 취지와 행정입법으로는 법률이 구체적으로 범위를 정하여 위임한 범위 안에서만 국민의 자유와 권리에 관련된 규율을 정할 수 있는 점 등을 고려할 때, 공공기관의 정보공개에 관한 법률 제7조(현행 제9조) 제1항 제1호 소정의 '법률에 의한 명령'은 법률의 위임규정에 의하여 제정된 대통령령, 총리령, 부령 전부를 의미한다기보다는 정보의 공개에 관하여 법률의 구체적인 위임 아래 제정된 법규명령(위임명령)을 의미한다(대판 2003.12.11, 2003두8395).

[3]) 기부금 내역에 대해서 국세청장에게 정보공개청구를 했는데 기부금이 당비를 의미하는 것인지 기탁금을 의미하는지 불명확하다. 당비이든 기탁금이든 그 내역은 중앙선거관리위원회에서 관리하고 있으므로 선거관리위원회에 정보공개청구를 해야

3. 부분공개의 가능성

공개 청구한 정보가 제9조제1항 각 호의 어느 하나에 해당하는 부분과 공개 가능한 부분이 혼합되어 있는 경우로서 공개 청구의 취지에 어긋나지 아니하는 범위에서 두 부분을 분리할 수 있는 경우에는 제9조제1항 각 호의 어느 하나에 해당하는 부분을 제외하고 공개하여야 한다(제14조).

갑이 청구한 정보 중 소득세 납세실적은 국회의원 선거 후보자는 후보자등록시 소득세 등의 납부 및 체납에 관한 서류를 제출하도록 하고 있는 점에 비추어(공직선거법 제49조 제4항 4호) 공개대상정보에 해당한다고 볼 여지가 있으나, 이는 공직선거에서 선거구민에게 알리기 위한 목적이고 선거일 후에는 공개하여서는 안되는 점에 비추어(동법 제49조 12항) 이를 이유로 소득세 납세실적을 공개할 수는 없을 것이다. 부분공개의 가능성은 없다.

그러나 기부금의 내역은 기부자의 명단을 삭제하고 기부금액에 대해서만 공개하는 것은 가능할 것이다.

Ⅳ. 결 론

국세청장은 乙에게 정보공개청구사실을 통지하고, 정보공개심의회의 심의를 거쳐서 비공개대상정보임을 이유로 비공개결정을 하여야 한다. 다만 기부금액에 대해서는 명단을 제외하고 부분공개하여야 할 것이다.

하는 것이 아닌가 하는 의문이 든다. 국세청장이 정보공개청구를 받으면 정보공개법 제11조 4항에 의하여 관할 선거관리위원회로 이송하고 청구인 甲에게 통지하는 것이 적절한 처리방법일지도 모른다. 기부자들이 기부금액에 대해 소득공제를 받기 위해 세무관서에 신고를 하지만 단순히 금액에 대해서만 신고하기 때문에 정당별 기부금 내역이 국세청장이 보유하고 있을지 의문이다. 따라서 국세청장은 보유·관리하고 있는 정보가 아니라고 하여 공개거부할 수도 있고, 또는 중앙선거관리위원회에 이송하는 것이 적절한 처리일 수도 있다. 하지만 출제교수님의 출제의도는 여기까지 고려하지 않은 듯 하다.

사례 077　정보공개거부에 대한 행정심판　[법전협 2017-1]

대통령 甲은 현행 지방자치제도에 문제가 있다고 생각하여 「지방자치법」의 개정을 추진하고자 하였다. 그 개정의 골자는 지방자치단체장의 선임방법을 현행법상의 직선제에서 대통령임명제로 변경하는 것이었다. 甲은 이러한 내용의 법률개정안을 국회에 제출하고자 하였으나, 국무회의 심의 과정에서 국무총리 乙은 이러한 개정안이 헌법 제118조 제2항에 위반된다는 이유로 반대하였다. 결국 이 법률개정안은 국무총리의 부서 없이 2017. 3. 10. 제○○대 국회에 제출되었다. 그러나 국회에서의 심의과정에서 여당은 정부제출안에 대하여 찬성한 반면, 야당은 지방자치단체장을 지방의회가 선출하는 것을 내용으로 하는 수정안을 본회의에 제출하였다. 그리고 이 법률개정안들에 대한 표결이 진행되기 전에 여당의원인 丁 등은 수정안에 대한 반대토론을 적법하게 신청하였다. 2017. 5. 17. 국회의장으로부터 의사진행을 위임받은 국회부의장 丙은 반대토론 신청 유무의 확인이나 반대토론의 허가 없이 의결 제안 후 곧바로 표결을 실시하였고, 그 결과 원안은 부결, 수정안은 가결되었음을 선포하였다. 이후 국회는 의결된 이 법률개정안을 2017. 5. 19. 정부로 이송하였다. 한편 제○○대 국회의 입법기는 2017. 5. 29.까지였다.

4. 위 「지방자치법」 개정으로 자치권 침해를 우려하는 시민단체 A는 이 개정안 심의와 관련된 국무회의 회의록에 대하여 행정자치부장관에게 정보공개를 청구하였으나, 비공개결정을 받았다. 이 사안과 관련하여 다음 사항에 대해 검토하시오. (20점)

(1) 시민단체 A가 행정심판을 제기하려는 경우 적절한 행정심판의 유형 (8점)

(2) 시민단체 A의 청구가 행정심판에서 인용되었으나 행정자치부장관이 계속 공개를 하지 않는 경우에 「행정심판법」상 A가 취할 수 있는 권리구제수단 (12점)

[설문 4-(1)] 시민단체 A가 행정심판을 제기하려는 경우 적절한 행정심판의 유형 (8점)

I. 문제의 소재

시민단체 A의 정보공개청구에 대한 행정자치부장관의 비공개결정은 거부처분에 해당한다. 거부처분에 대해 행정심판을 제기할 경우 가능한 심판의 종류가 무엇인지, 특히 취소심판의 대상이 될 수 있는지를 검토한다. 또한 권리구제에 효과적인 적절한 심판의 유형은 무엇인지 검토한다.

II. 거부처분에 대한 행정심판의 유형

1. 의무이행심판

의무이행심판은 당사자의 신청에 대한 행정청의 위법 또는 부당한 "거부처분"이나 "부작위"에 대하여 일정한 처분을 하도록 하는 행정심판이므로(행정심판법 제5조 제3호) 행정자치부장관의 비공개결정은 의무이행심판의 대상이 된다.

2. 취소심판

취소심판은 행정청의 위법 또는 부당한 처분의 취소 또는 변경을 구하는 행정심판을 말하는데(제5조 제1호), 주로 행정청의 적극적 행정작용 즉 침익적 행정행위와 같은 불이익한 처분의 취소를 구하는 경우에 주로 활용된다.

거부처분에 대해서는 의무이행심판이 가능하므로 취소심판은 허용되지 않는다는 견해도 있으나, 거부처분도 행정심판법상 처분에 해당하므로(제2조1호) 거부처분은 취소심판의 대상도 된다는 것이 다수설의 입장이다. 시민단체 A는 취소심판을 청구할 수도 있다. 하자가 무효라면 무효확인심판을 청구할 수도 있다(제5조 제2호), 비공개사유에 대한 다툼이 있는 경우 하자가 중대명백한 경우는 드물 것이다.

III. 거부처분에 대한 적절한 행정심판

의무이행심판이 청구된 경우 행정심판위원회는 거부처분이 위법 또는 부당하면 신청에 따른 처분재결(형성재결) 또는 처분명령재결(이행재결)을 할 수 있다. 처분명령재결이 있는 경우 행정심판법 제49조 제2항에 의해 재처분의무가 인정되고 불이행시 동법 제50조에 의한 직접처분이 가능하다. 2017년 개정 행정심판법은 처분명령재결에 따른 처분의무를 이행하지 않는 경우 간접강제도 인정하고 있다(제50조의2).

거부처분에 대해 취소심판을 청구하여 취소재결이 있는 경우 종전 행정심판법은 취소소송에서 취소판결이 있는 경우와는 달리 행정청의 재처분의무 및 재처분의무의 불이행시 간접강제제도를 명문으로 규정하고 있지 않아 재처분의무의 인정여부에 대해서는 견해가 대립했었다. 판례는 긍정설이었다. 그러나 재처분의무를 인정하더라도 간접강제가 인정되지 않아서 권리구제에 한계가 있었다. 2017년 개정 행정심판법은 재처분의무와 간접강제를 명문으로 인정하여 이러한 문제를 해결하고 있다.

따라서 취소심판에서 취소재결이 있는 경우와 의무이행심판에서 처분명령재결이 있는 경우는 행정청이 의무를 이행하지 않는 경우 국민의 권리구제는 사실상 큰 차이는 없게 되었다. 그럼에도 불구하고 의무이행심판에서는 신청에 따른 처분재결이 가능하고, 처분명령재결을 이행하지 않는 경우 직접처분도 가능하다는 점에서 취소심판보다 권리구제에 효과적인 수단이라고 할 수 있다.[1]

V. 사안의 해결

비공개결정에 대해서는 취소심판과 의무이행심판을 청구할 수 있다. 통상적으로는 의무이행심판이 권리구제에 보다 더 효과적인 수단이 된다. 그러나 정보공개거부처분에 대한 의무이행심판에서는 행정심판위원회가 정보를 보유하고 있는 것이 아니어서 성질상 처분재결이나 직접처분이 불가능하다는 점에서 취소심판에서 정보공개 거부처분 취소재결을 하고 재처분의무를 인정하는 것이나 의무이행심판에서 정보공개결정처분명령재결을 하여 재처분의무를 인정하는 것이나 사실상 효과에 있어서 별 차이는 없다.

[설문 4-(2)] 인용재결 후에도 비공개시 「행정심판법」상 A가 취할 수 있는 권리구제수단 (12점)

I. 문제의 소재

행정심판에서 인용재결이 있음에도 불구하고 행정자치부장관이 정보를 공개하지 않는 경우, 행정심판법상 재결의 실효성확보수단이 무엇인지 검토한다. 특히 간접강제를 인정할 수 있는지 문제된다.

---

1) 출제 당시에는 거부처분 취소재결이 있는 경우 재처분의무가 명시적으로 규정이 없었고, 간접강제도 도입되기 전이어서 행정심판의 유형에 따라 권리구제에 차이가 있었으나 지금은 실질적으로 차이가 없음.

II. 취소심판에서 인용재결이 있는 경우

전술한 바와 같이 취소심판에서 거부처분 취소재결이 있는 경우 행정심판법 개정 전에는 재처분의무 인정여부에 대해 견해대립이 있었고 긍정설에 의하더라도 간접강제가 인정되지 않았다. 의무이행심판에서 인정되는 직접처분도 취소심판에서는 인정되지 않아서 행정자치부장관의 계속되는 비공개에 대해서 A가 취할 수 있는 권리구제수단은 없었다. 그러나 개정 행정심판법에서는 재처분의무와 간접강제를 명문으로 인정하고 있다. 따라서 행정자치부장관의 계속되는 비공개에 대해서 행정심판위원회는 A의 신청에 의하여 결정으로 상당한 기간을 정하고 행정자치부장관이 그 기간 내에 이행하지 아니하는 경우에는 지연기간에 따라 일정한 배상을 하도록 명하거나 즉시 배상을 할 것을 명할 수 있다(제50조의2).

III. 의무이행심판에서 인용재결이 있는 경우

의무이행심판에서 인용재결은 신청에 따른 처분재결(형성재결)과 처분명령재결(이행재결)이 가능하다. 형성재결인 처분재결이 있는 경우에는 위원회의 재결 자체에 의해 당해 처분청의 매개 없이 새로운 처분이 행하여지는 효력이 있으므로 가장 직접적인 구제가 된다. 하지만 실무상 대부분 처분명령재결에 의하고 있고, 이 경우에 행정청은 재결의 기속력에 의해 재결의 취지에 따른 처분을 하여야 한다(제49조 제3항). 재결로써 당해 처분청에 재처분의무가 발생한다. 만일 행정청이 재처분의무를 이행하지 않을 경우 행정심판위원회는 직접처분을 할 수 있다(제50조 제1항 본문). 또한 청구인은 간접강제신청을 할 수 있다(제50조의2 제1항). 처분청이 재처분의무를 이행하지 않는 경우 위원회는 직접처분을 할 수 있어 취소심판의 경우보다 권리구제에 효과적이다.

그러나, 정보공개거부처분에 대한 의무이행심판에서는 행정심판위원회가 정보를 보유하고 있는 것이 아니므로 성질상 처분재결이 적절하지 않고, 처분명령재결을 한 경우에도 공공기관이 재처분을 하지 않는 경우 직접처분을 할 수 없는 한계가 있다(제50조 제1항 단서).

IV. 사안의 해결

취소심판에서 A는 간접강제를 신청할 수 있다. 의무이행심판에서는 직접처분제도가 있으나 성질상 정보비공개결정의 경우에는 적합하지 않으므로 A는 간접강제를 신청할 수 있다.

유제   [행시(일행) 2011]

서울특별시 X구에 위치한 대학입학전문상담사로 근무하는 甲은 과학적이고 체계적인 학생입학지도를 위해 '공공기관의 정보공개에 관한 법률'에 따라 교육과학기술부장관 乙에게 학교별 성적분포도를 포함하여 서울지역 2010년 대학수학능력시험평가 원데이터에 대한 정보(수능시험정보)의 공개를 청구하였다. 이에 대해 乙은 甲의 청구대로 응할 경우 학교의 서열화를 야기할 뿐만 아니라 업무의 공정한 수행에 현저한 지장을 초래한다는 이유로 비공개결정을 하였다. 甲의 권리구제와 관련하여 다음의 질문에 답하시오. (단, 무효확인심판과 무효확인소송은 제외한다.) (총50점)

3) 만약 甲이 행정심판을 제기한 경우에 행정심판위원회는 어떠한 재결을 할 수 있는지 행정심판 유형에 따라 기술하고 이때 행정심판법상 甲의 권리구제수단의 한계에 대해서도 검토하시오.(20점)

사례 078 　가해공무원의 대외적 책임　[사시 2016]

甲과 乙은 丙 소유의 집에 동거 중이다. 甲은 乙의 외도를 의심하여 식칼로 乙을 수차례 위협하였다. 이를 말리던 乙의 모(母) 丁이 112에 긴급신고함에 따라 출동한 경찰관 X는 신고현장에 진입하고자 대문개방을 요구하였다. 甲이 대문개방을 거절하자 경찰관 X가 시건장치를 강제적으로 해제하고 집 안으로 진입하였고, 그 순간에 甲은 乙의 왼팔을 칼로 찔러 경미한 상처를 입혔다. 경찰관 X는 현행범으로 체포된 甲이 경찰관 X의 요구에 순순히 응하였기 때문에, 甲에게 수갑을 채우지 않았고 신체나 소지품에 대한 수색도 제대로 하지 않은 채 지구대로 연행하였다. 그 후 乙이 피해자 진술을 하기 위해 지구대에 도착하자마자 甲은 경찰관 X의 감시 소홀을 틈타 가지고 있던 접이식 칼로 乙의 가슴부위를 찔러 사망하게 하였다.
2. 사망한 乙의 유일한 유가족인 丁은 국가배상을 청구할 수 있는가? 경찰관 X가 배상금 전액을 丁에게 지급한 경우 경찰관 X는 국가에게 구상할 수 있는가? (15점)
※ 丙은 甲, 乙과 가족관계에 있지 않음

I. 문제의 소재

乙의 유가족 丁이 국가배상법 제2조에 의한 국가배상청구소송을 제기할 수 있는지 제2조의 요건 충족 여부를 살펴보고, 경찰관 X가 배상금 전액을 이미 丁에게 지급한 경우 국가에게 구상청구를 할 수 있는지 경찰관 X의 대외적 책임 인정 여부와 관련하여 문제된다.

II. 유가족 丁의 국가배상청구

丁이 국가배상청구소송에서 승소하려면 공무원의 위법한 직무활동으로 인한 국가배상책임에 대해 규정하고 있는 국가배상법 제2조의 요건의 요건이 구비되어야 한다. 즉, ① 공무원이 ② 직무를 집행하면서 ③ 고의 또는 과실로 ④ 법령을 위반하여 ⑤ 타인에게 손해를 발생케 하고 가해행위와 손해발생 사이에 인과관계가 있어야 한다.

사안의 경우 ① 경찰관 X는 공무원에 해당하고 ② 甲의 위협으로부터 乙을 보호하는 직무를 집행하는 중에 있었다. ③ X는 甲에게 수갑도 채우지 않고 신체나 소지품에 대한 수색도 제대로 하지 않았다는 점에서 고의성이 없더라도 최소한 과실은 인정되며, ④ 이러한 보호조치의 결여는 경찰관직무집행법 제4조에서 요구하는 안전성 조치를 제대로 하지 않은 점에서 부작위에 의한 위법성이 인정되며, ⑤ 경찰관 X가 甲의 신체 및 소지품을 제대로 검색하였더라면 흉기를 발견하여 경찰서에 영치함으로써 乙이 사망에 이르지 않게 되었을 수도 있으나, 그러한 조치를 취하지 않아 乙이 사망에 이르게 되었다는 점에서 가해행위와 손해발생 사이에 인과관계가 인정된다. 따라서 국가배상법 제2조에 의한 국가배상책임의 성립요건은 충족된다.

III. 경찰관 X의 국가에 대한 구상청구

1. 경찰관 X의 대외적 책임

(1) 문제점

국가배상책임이 성립한 경우 국가나 지방자치단체의 책임 외에 가해 공무원의 대외적 책임을 인정할 수 있는지가 문제된다. 국가배상책임의 법적 성질과 관련하여 논의되고 있지만 논리필연적인 것은 아니다. 헌법 제29조 1항은 공무원의 면제되지 않는 책임을 규정하고 있는바 당해 책임의 의미와 국가배상법 제2조의 해석과 관련하여 논의되고 있다.

(2) 학 설

학설은 ① 헌법 제29조1항 단서의 '면제되지 않는 공무원의 책임'은 민사책임을 포함하고, 공무원 개인의 손해배상은 위법행위의 억제기능을 가지며, 피해자의 입장에서 선택적으로 청구권을 행사할 수 있어 피해자의 권리구제에 만전을 기할 수 있어야 한다는 긍정설 ② 헌법 제29조1항 단서의 공무원의 책임은 내부적인 구상책임을 의미하는 것이고, 경제적 부담능력이 있는 국가가 배상책임을 지면 피해자의 구제는 완전히 이루어지는 것이며, 공무원의 배상책임을 인정하면 공무원의 직무집행을 위축시킬 우려가 있다는 부정설 ③ 경과실의 경우에는 통상 예기할 수 있는 흠으로 국가의 행위로 보아 국가만이 책임을 지나, 고의·중과실의 경우는 기관으로서의 품격을 상실한 것으로서 공무원 개인의 불법행위이기 때문에 공무원이 손해배상책임을 지되, 이 경우에도 피해자의 두터운 보호를 위해 국가 등도 중첩적으로 배상책임을 지는 것으로 한다는 절충설이 대립한다.

(3) 판 례

전원합의체 판례의 다수의견은 경과실의 경우는 부정하고 고의·중과실의 경우는 공무원 개인의 책임을 긍정하여 절충설의 입장이다. 별개의견은 긍정하고, 반대의견은 부정한다.

(4) 검 토

국가배상법은 공무원의 내부적 책임만 규정하고 있을 뿐, 외부적 책임에 대해서는 규정한 바가 없으므로 민법 750조에 의해 외부적 책임을 진다고 볼 수 있다. 그러나 입법정책적으로 경과실의 경우까지 공무원이 배상책임을 져야 한다고 한다면 공무집행의 위축이 있을 우려가 있으므로 경과실의 경우는 배상책임을 면제하는 것이 바람직하므로 절충설이 타당하다.

(5) 사안의 경우

사안의 경우 경찰관 X가 甲이 乙을 칼로 찌른 범행 현장에서 수갑을 채우지 않고 신체나 소지품에 대한 수색을 제대로 하지 않은 것에 과실을 인정할 수는 있으나 甲이 경찰관의 요구에 순순히 응한 점을 감안하면 중과실을 인정하기는 곤란하다. 경찰관 X의 경과실이 인정되므로 X는 피해자에게 민법상 배상책임이 없다.[1]

2. 경찰관 X의 국가에 대한 구상청구

구상청구권의 문제와 관련하여 국가배상법 제2조 제2항에서는 가해공무원이 고의·중과실이 있는 경우 국가나 지방자치단체가 국가배상책임을 졌다면 가해공무원에 대해 구상청구를 할 수 있다는 규정만 있을 뿐, 가해공무원이 피해자에게 배상한 후에 국가에 구상 청구할 수 있는지에 대한 별도 규정은 없으므로 가해공무원의 국가에 대한 구상청구 가능 여부가 문제된다.

판례는 경과실이 있는 공무원이 피해자에 대하여 손해배상책임을 부담하지 아니함에도 피해자에게 손해를 배상하였다면 그것은 채무자 아닌 사람이 타인의 채무를 변제한 경우에 해당하고, 이는 민법 제469조의 '제3자의 변제' 또는 민법 제744조의 '도의관념에 적합한 비채변제'에 해당하여 피해자는 공무원에 대하여

---

[1] 수갑을 채우지 않고 신체나 소지품에 대한 수색도 제대로 하지 않은 점을 주목하여 중과실이 있는 것으로 포섭할 수도 있다. 중과실이 있는 것으로 포섭했다면 경찰관 X는 국가에 대한 구상청구는 할 수 없다.

이를 반환할 의무가 없고, 그에 따라 피해자의 국가에 대한 손해배상청구권이 소멸하여 국가는 자신의 출연 없이 채무를 면하게 되므로, 피해자에게 손해를 직접 배상한 경과실이 있는 공무원은 특별한 사정이 없는 한 국가에 대하여 국가의 피해자에 대한 손해배상책임의 범위 내에서 공무원이 변제한 금액에 관하여 구상권을 취득한다고 판시하였다. 사안은 가해공무원 경찰관 X의 경과실이 있는 경우로서 피해자에게 배상금 전액을 지급한 경우 국가에 대해 구상청구를 할 수 있다.

IV. 결론

유가족 丁은 국가배상청구를 할 수 있으며, 경찰관 X가 배상금 전액을 지급한 경우 국가에 대해 구상청구를 할 수 있다.

유제 1   [2011 행시(재경)]

A 시 소재의 유흥주점에서 여종업원 갑이 화재로 인하여 질식·사망하였다. 화재가 발생한 유흥주점은 관할 행정청의 허가를 득하지 아니하고 용도가 변경되었고, 시설기준을 위반하여 개축되었다. 특히 화재 발생시 비상구가 확보되어 있지 않았다. (총 30점)

1) A 시 담당공무원 乙이 식품위생법상 유흥주점의 관리·감독과 관련하여 시정명령 등을 취하여야 할 직무상 조치를 해태한 사실이 밝혀진 경우, A시의 배상책임이 인정되는가?(15점)
2) 만약 화재발생 1주일 전에 실시한 점검에서 유흥주점이 관련법령에 위반되었음을 인지하고서도 담당 공무원 乙이 '이상없음'이라는 보고서를 작성하고 시정조치를 취하지 아니한 경우, 乙의 배상책임에 대해 검토하시오.(15점)

해설

乙에게 식품위생법상 시정명령 등을 취해야 할 작위의무가 인정되고 그러한 의무는 국민 개개인의 인명과 재화의 안전보장을 목적으로 하여 둔 것이므로 乙의 부작위가 이러한 직무상 의무를 위반하여 그로 인하여 화재가 발생한 경우라면 A시의 국가배상책임이 인정된다.[2]

담당공무원 乙은 법령에 위반되었음을 인지하고서도 이상없음이라는 보고서를 작성하였으므로 '고의'가 인정된다. 가해 공무원의 대외적 책임은 공무원에게 고의, 중과실이 있는 경우는 인정되므로 따라서 乙은 민법 제750조에 의한 배상책임을 지게 되며 피해자는 A시와 공무원 乙에게 선택적으로 손해배상청구권을 행사할 수 있다.

판례 [1] 공무원에게 부과된 직무상 의무의 내용이 단순히 공공 일반의 이익을 위한 것이거나 행정기관 내부의 질서를 규율하기 위한 것이 아니고 전적으로 또는 부수적으로 사회구성원 개인의 안전과 이익을 보호하기 위하여 설정된 것이라면, 공무원이 그와 같은 직무상 의무를 위반함으로 인하여 피해자가 입은 손해에 대하여는 상당인과관계가 인정되는 범위 내에서 국가가 배상책임을 지는 것이고, 이때 상당인과관계의 유무를 판단함에 있어서는 일반적인 결과 발생의 개연성은 물론 직무상 의무를 부과하는 법령 기타 행동규범의 목적이나 가해행위의 태양 및 피해의 정도 등을 종합적으로 고려하여야 하며, 이는 지방자치단체와 그 소속 공무원에 대하여도 마찬가지이다.

---

[2] 소개하는 참고판례 사안은 소방공무원의 직무상 의무위반에 대해서는 국가배상책임을 인정하나, 시 소속 공무원의 식품위생법상 직무해태와 관련해서는 상당인과관계를 부정하여 국가배상책임을 부정하였다. 판례의 결론대로라면 기출문제의 경우 국가배상책임을 부정해야 하나, 출제의도를 고려할 때 상당인과관계를 인정하여 국가배상책임을 긍정하는 것이 무방할 것이다. 판례의 법리가 정확히 이해되었다면 소방공무원과 일반공무원을 구분하여 사안포섭을 하면 고득점이 가능할 것이다.

[2] 유흥주점에 감금된 채 윤락을 강요받으며 생활하던 여종업원들이 유흥주점에 화재가 났을 때 미처 피신하지 못하고 유독가스에 질식해 사망한 사안에서, 지방자치단체의 담당 공무원이 위 유흥주점의 용도변경, 무허가 영업 및 시설기준에 위배된 개축에 대하여 시정명령 등 식품위생법상 취하여야 할 조치를 게을리 한 직무상 의무 위반행위와 위 종업원들의 사망 사이에 상당인과관계가 존재하지 않는다고 한 사례.

[3] 구 소방법(2003.5.29. 법률 제6893호 소방기본법 부칙 제2조로 폐지)은 화재를 예방·경계·진압하고 재난·재해 및 그 밖의 위급한 상황에서의 구조·구급활동을 통하여 국민의 생명·신체 및 재산을 보호함으로써 공공의 안녕질서의 유지와 복리증진에 이바지함을 목적으로 하여 제정된 법으로서, 소방법의 규정들은 단순히 전체로서의 공공 일반의 안전을 도모하기 위한 것에서 더 나아가 국민 개개인의 인명과 재화의 안전보장을 목적으로 하여 둔 것이므로, 소방공무원이 소방법 규정에서 정하여진 직무상의 의무를 게을리 한 경우 그 의무 위반이 직무에 충실한 보통 일반의 공무원을 표준으로 할 때 객관적 정당성을 상실하였다고 인정될 정도에 이른 경우에는 국가배상법 제2조에서 말하는 위법의 요건을 충족하게 된다. 그리고 소방공무원의 행정권한 행사가 관계 법률의 규정 형식상 소방공무원의 재량에 맡겨져 있다고 하더라도 소방공무원에게 그러한 권한을 부여한 취지와 목적에 비추어 볼 때 구체적인 상황 아래에서 소방공무원이 그 권한을 행사하지 않은 것이 현저하게 합리성을 잃어 사회적 타당성이 없는 경우에는 소방공무원의 직무상 의무를 위반한 것으로서 위법하게 된다.

[4] 유흥주점에 감금된 채 윤락을 강요받으며 생활하던 여종업원들이 유흥주점에 화재가 났을 때 미처 피신하지 못하고 유독가스에 질식해 사망한 사안에서, 소방공무원이 위 유흥주점에 대하여 화재 발생 전 실시한 소방점검 등에서 구 소방법상 방염 규정 위반에 대한 시정조치 및 화재 발생시 대피에 장애가 되는 잠금장치의 제거 등 시정조치를 명하지 않은 직무상 의무 위반은 현저히 불합리한 경우에 해당하여 위법하고, 이러한 직무상 의무 위반과 위 사망의 결과 사이에 상당인과관계가 존재한다고 한 사례(대판 2008.4.10, 2005다48994).

유제 2 [행시 2020]

甲과 乙은 각각 「여객자동차 운수사업법」상 운송사업등록을 하여 전세버스운송사업에 종사하는 자이다. 관할 도지사 A는 甲과 乙에게 2020. 3. 2. 같은 법 제23조제1항제5호에 따라 자동차에 대한 개선명령을 발령하여 그 처분서가 다음 날 송달되었으나, 甲과 乙은 이를 이행하지 아니하였다. 도지사 A는 이를 이유로 같은 법 제85조제1항 및 제88조 제1항에 따라 2020. 7. 10. 甲과 乙에게 사업정지에 갈음하는 과징금부과처분을 각각 행하였다. 한편, 乙은 아직 과징금을 납부하지 않은 상태에서 丙에게 자신의 전세버스운송사업을 양도하였고, 관련 지위승계신고가 수리되었다.

2) 甲이 과징금부과처분취소소송을 제기하지 않고 과징금부과처분의 법령위반을 들어 국가배상청구소송을 제기할 경우 수소법원은 과징금부과처분의 위법 여부를 판단할 수 있는지를 설명하시오. 또한, 만약 이 사안에서 국가배상책임이 성립할 경우 도지사 A 개인도 손해배상책임을 지는지를 검토하시오. (20점)

해 설

국가배상청구소송의 법적 성질에 대해 민사소송설과 당사자소송설이 대립하지만 판례는 민사소송설이다. 민사법원이 선결문제로서 처분의 위법성을 심리할 수 있는지 문제되는데 통설, 판례는 긍정설을 취하고 있다(33번 사례 참조). 수소법원은 과징금부과처분이 취소되지 않은 상태에서 과징금부과처분의 위법 여부를 판단할 수 있고, 이를 전제로 국가배상책임을 인정할 수 있다.

만약 국가배상책임이 성립할 경우 가해공무원이 민법 제750조에 의해 손해배상책임을 지는지 견해대립이 있으나 판례는 고의·중과실이 있는 경우에는 공무원 개인도 손해배상책임을 진다고 한다. 도지사 A가 고의·중과실이 있다면 손해배상책임을 질 것이다.

사례 079 공공단체의 손해배상책임 [행시 2024]

甲은 A도 K시에 있는 본인 소유의 토지에서 과수원을 운영하고 있다. 사업시행자 乙은 국토교통부장관으로부터 사업인정을 받았고, A도 지방토지수용위원회의 수용재결을 거쳐 甲의 토지 및 지장물이 수용되었다. 그러나 甲은 수용재결에 불응하여 토지를 계속 점유하고 있다. K시의 시장은 「공익사업을 위한 토지 등의 취득 및 보상에 관한 법률」, 「한국토지주택공사법」 및 같은 법 시행령에 따라 한국토지주택공사에 대집행권한을 위탁하였다. 이에 한국토지주택공사는 대집행절차에 착수하여 甲에게 계고처분을 하였지만, 甲은 수용목적물에 대한 인도·이전 의무를 불이행하였고, 한국토지주택공사는 甲을 상대로 대집행을 실행하였다. (총 30점).

1) 한국토지주택공사는 대집행 과정에서 甲에게 경과실로 손해를 입혔다. 甲이 한국토지주택공사를 상대로 손해배상청구를 하는 경우 한국토지주택공사가 경과실 면책을 주장할 수 있는지 검토하시오. (10점).

[참조조문]
* 한국토지주택공사법
제2조(법인격) 한국토지주택공사(이하 "공사"라 한다)는 법인으로 한다.
제15조(토지의 매매 등의 수탁) ① 공사는 국가·지방자치단체·공공기관·기업 또는 개인이 토지를 매매·관리하고자 하는 경우 그 매매·관리를 수탁할 수 있다.
② 제1항에 따른 수탁의 기준과 수탁수수료의 요율은 대통령령으로 정한다.

I. 문제의 소재

한국토지주택공사(이하 "공사"라 함)가 대집행 과정에서 甲에게 경과실로 손해를 입힌 경우 공사가 국가배상법 제2조의 공무원으로서 손해배상책임을 에 해당하는지 행정주체로서 손해배상책임을 지는지가 문제된다. 국가배상법상 공무원의 손해배상책임 범위에 대해 검토하고 공사가 공무원에 해당하여 경과실 면책을 주장할 수 있는지 검토한다.

II. 국가배상책임과 공무원의 대외적 책임

1. 국가배상책임

국가와 지방자치단체는 공무원이 불법행위를 한 경우 피해자에게 손해배상책임을 진다(국가배상법 제2조).

2. 가해 공무원의 책임

가해 공무원의 피해자에 대한 민법에 의한 손해배상책임을 지는지에 대해 부정설, 긍정설, 절충설(고의·중과실의 경우에는 긍정하고 경과실의 경우는 부정) 등의 견해대립이 있으나 판례는 고의·중과실이 있는 경우에만 책임을 지고 경과실은 면책된다는 절충설이다.

III. 공공단체의 공무수행으로 인한 손해배상책임

1. 배상책임의 주체

국가나 자치단체로부터 공무를 수탁받은 공공단체가 공무를 수행하는 도중 불법행위를 한 경우 손해배상책임의 주체가 위탁자인 국가나 지방자치단체인지 수탁한 공공단체인지 문제된다.

공공단체를 위탁자인 국가나 지방자치단체의 기관으로 보면 위탁자인 국가나 지방자치단체가 행정주체가 되어 배상책임주체가 되며 공공단체는 국가배상법상 공무원으로 취급하는 것이 타당하다는 견해도 있으나, 공공단체는 공법인으로서 행정주체이고 위탁으로 법상의 권한이 공공단체에게 이전되므로 공공단체가 배상책임자가 된다는 견해가 타당하다.

판례는 공법인이 국가로부터 위탁받은 공행정사무를 집행하는 과정에서 공법인의 임직원이나 피용인이 고의 또는 과실로 법령을 위반하여 타인에게 손해를 입힌 경우에는, 공법인은 위탁받은 공행정사무에 관한 행정주체의 지위에서 배상책임을 부담하여야 하지만, 공법인의 임직원이나 피용인은 실질적인 의미에서 공무를 수행한 사람으로서 국가배상법 제2조에서 정한 공무원에 해당하므로 고의 또는 중과실이 있는 경우에만 배상책임을 부담하고 경과실이 있는 경우에는 배상책임을 면한다고 한다.

2. 공공단체의 배상책임의 근거

국가배상법은 헌법과 달리 공공단체의 손해배상책임을 규정하고 있지 않아서 공공단체의 손해배상책임에 대해 민법을 적용할 것인지 국가배상법을 적용할 것인지 견해대립이 있다.

① 국가배상법이 국가와 지방자치단체의 배상책임만 규정하고 있으므로 공공단체의 손해배상책임은 민법이 적용되어야 한다는 견해, ② 헌법 제29조가 배상주체에 공공단체를 포함하고 있으며, 공공단체도 넓은 의미의 국가행정조직의 일부에 해당되므로 국가배상법을 예시적 규정으로 보아 국가배상법을 적용하거나 유추적용할 수 있다는 견해가 대립한다.

주류적인 판례는 민법을 적용하고 있고 극소수의 판례에서 국가배상법을 적용한 예가 있다.

생각건대, 공공단체의 배상책임에 대해 규정을 두지 않은 것은 입법의 불비이며 입법적으로 해결함이 바람직하나 현행법 해석론상 민법의 면책규정을 적용하지 않도록 하여 피해자 구제를 도모하고, 공행정 작용으로 인한 손해배상의 법적용의 형평성을 고려할 때 국가배상법에 의한 책임을 인정하는 것이 타당하다.

Ⅳ. 사안의 해결

본래 K시 시장의 권한인 대집행 권한이 「공익사업을 위한 토지 등의 취득 및 보상에 관한 법률」, 「한국토지주택공사법」 및 같은 법 시행령에 따라 한국토지주택공사에 위탁되었으므로 공사는 공무원이 아니라 행정주체의 지위에서 배상책임을 부담하여야 하므로 공사는 경과실 면책을 주장할 수 없다.

설문과 같은 사안에서 판례는 원심은 토지공사를 국가배상법상 공무원으로 보고 경과실 면책을 인정했지만, 대법원은 행정주체로서 손해배상책임을 져야 한다고 하면서 경과실 면책을 부정한 바 있다.

사례 080 | 국가배상책임 요건 - 법령위반, 고의·과실 [법전협 2018-1]

B시설관리공단(이하 'B공단')은 국유재산인 복지시설의 관리청으로서 동 시설 내 건물 일부에 대하여 乙에게 사용·수익허가를 하였다. 乙은 해당 장소에서 「축산물위생관리법」 제24조에 따른 축산물판매업 신고를 하고 정육점을 운영하고 있었으나, 구제역 파동 등으로 영업실적이 부진하자 휴업신고를 한 채 영업을 중단하고 있고, B공단에 대한 사용료도 납부하지 않고 있다. 이에 B공단은 사용료 체납을 이유로 乙에 대한 사용·수익허가를 취소하였고, 동 건물에 대한 경쟁입찰에 참여한 甲에 대하여 다시 사용·수익허가를 하였다.

B공단으로부터 해당 장소를 인도받은 甲은 다시 정육점 영업을 하고자 「축산물위생관리법」 제21조, 같은법 시행규칙 제29조 및 [별표 10]에 따른 시설기준을 갖추어 관할 A시장에게 축산물 판매업 신고를 하였다.

A시 담당공무원 丙은 법령상 명시적 규정은 없지만 그간에도 같은 장소에서 사업자를 달리하는 축산물판매업 중복신고는 수리하지 않는 것으로 관련 법령을 해석·적용하여 왔고, 이 건 甲의 영업신고에 대하여 관할 도 및 농림축산식품부 등 관련 행정관청에 문의한 결과 위의 해석과 동일한 취지의 답변을 받아 이를 시장에게 보고하였다.

이에 A시의 시장은 '같은 장소에서 영업신고를 한 乙이 휴업신고만 한 채 폐업신고를 하지 아니한 상태이기 때문에 같은 장소에 대한 甲의 영업신고를 수리할 수 없다'는 이유로 甲의 신고를 반려하였다.

그럼에도 불구하고 甲은 영업준비를 계속하여 정육점 영업을 개시하였고, A시의 시장은 丙으로 하여금 미신고영업임을 이유로 같은 법 제38조에 따라 영업소 폐쇄조치의 일환으로 甲의 업소 간판을 제거하는 조치를 하게 하였다.

3. 甲이 A시장이 자신의 영업신고를 반려하고 업소 간판을 제거한 조치에 대해서 국가배상청구소송을 제기한다면 A시는 甲의 손해를 배상할 책임이 있는가? (30점)

■ 「축산물위생관리법」
제1조(목적) 이 법은 축산물의 위생적인 관리와 그 품질의 향상을 도모하기 위하여 가축의 사육·도살·처리와 축산물의 가공·유통 및 검사에 필요한 사항을 정함으로써 축산업의 건전한 발전과 공중위생의 향상에 이바지함을 목적으로 한다.
제21조(영업의 종류 및 시설기준) ① 다음 각 호의 어느 하나에 해당하는 영업을 하려는 자는 총리령으로 정하는 기준에 적합한 시설을 갖추어야 한다.
   1. 도축업
   ...
   7. 축산물판매업
제24조(영업의 신고) ① 제21조제1항제6호, 제7호, 제7호의2, 제8호에 따른 영업을 하려는 자는 총리령으로 정하는 바에 따라 제21조제1항에 따른 시설을 갖추고 특별자치도지사·시장·군수·구청장에게 신고하여야 한다.
② 제1항에 따라 신고를 한 자가 그 영업을 휴업, 재개업 또는 폐업하거나 신고한 내용을 변경하려는 경우에는 총리령으로 정하는 바에 따라 식품의약품안전처장 또는 특별자치도지사·시장·군수·구청장에게 신고하여야 한다.
③ 다음 각 호의 어느 하나에 해당하는 경우에는 제1항에 따른 영업신고를 할 수 없다.
   ...

> 3. 제27조제1항에 따라 영업정지처분을 받고 그 정지 기간이 지나기 전에 같은 장소에서 같은 종류의 영업을 하려는 경우
> 4. 제27조제1항에 따라 영업정지처분을 받고 그 정지 기간이 지나지 아니한 자(법인인 경우에 그 대표자를 포함한다)가 정지된 영업과 같은 종류의 영업을 하려는 경우

Ⅰ. 문제의 소재

A시장의 영업신고 반려가 위법한 경우 국가배상법 제2조의 요건을 충족하여 A시가 갑에게 손해배상책임이 있는지 문제된다.

Ⅱ. 국가배상책임의 요건

甲이 제기한 국가배상청구소송에서 승소하려면 공무원의 위법한 직무활동으로 인한 국가배상책임에 대해 규정하고 있는 국가배상법 제2조의 요건의 요건이 구비되어야 한다. 즉, ① 공무원이 ② 직무를 집행하면서 ③ 고의 또는 과실로 ④ 법령을 위반하여 ⑤ 타인에게 손해를 발생케 하고 가해행위와 손해 발생 사이에 인과관계가 있어야 한다.

사안의 경우 ① A시장은 공무원에 해당하고 ② 영업신고 반려는 직무를 집행하는 것이며 ③ 甲은 영업을 하지 못한 손해를 입었다는 점은 다툼이 없으나, A시장의 영업신고 반려가 법령위반에 해당하는지, A시장에게 고의·과실이 있는지가 문제된다.

Ⅲ. 영업신고 반려 및 간판제거 조치의 위법성

1. 국가배상법상 법령위반의 의미

국가배상법 제2조의 '법령을 위반하여'의 의미에 대해 ① 가해행위의 결과인 손해의 불법을 의미한다는 결과불법설, ② 행위 자체의 적법·위법뿐 아니라 피침해이익의 성격과 침해의 정도 및 가해행위의 태양 등을 종합적 고려하여 행위가 객관적으로 정당성을 결여한 경우를 의미한다는 상대적 위법성설, ③ 행위의 '법규범' 위반을 의미한다는 행위위법설이 대립한다. 행위위법설은 ㉠ 항고소송에서의 위법과 동일하게 보아 국가작용 자체의 법규범 위반으로 이해하는 협의의 행위위법설과 ㉡ 항고소송의 위법보다 넓게 파악하여 행위 자체의 위법 뿐만 아니라 피해자와의 관계에서의 손해방지의무위반도 포함하는 광의의 행위위법설 등의 견해대립이 있다.

판례는 종래 국가배상책임은 공무원의 직무집행이 법령에 위반한 것임을 요건으로 하는 것으로서, 공무원의 직무집행이 법령이 정한 요건과 절차에 따라 이루어진 것이라면 특별한 사정이 없는 한 이는 법령에 적합한 것이고 그 과정에서 개인의 권리가 침해되는 일이 생긴다고 하여 그 법령적합성이 곧바로 부정되는 것은 아니다고 하여 기본적으로 행위위법설을 취하는 입장이 주류적이었으나 최근에는 상대적 위법성설을 따른 듯한 판례들이 다수 등장하고 있다.

생각건대, 국가배상법이 법치주의의 요청에 따라 법규범을 위반한 직무행위에 의하여 발생된 손해에 대한 국가 등의 배상책임을 인정하기 위하여 제정되었음을 볼 때 기본적으로 행위위법설이 타당하다. 손해전보를 목적으로 하는 국가배상에서 반드시 항고소송의 위법과 동일하게 볼 필요는 없으며, 법률에 의한 행정의 원리의 실질적 내용을 이루는 인권보장의 측면에서 볼 때 공무원에게 직무상의 일반적 손해방지의무를 인정하는 것이 타당하므로 행위위법설 중에서도 광의의 행위위법설이 타당하다.

2. 사안의 경우

축산물가공처리법 제21조 제1항 제7호, 제24조 제1항에 의하면, 축산물판매업을 하고자 하는 자는 총리령이 정하는 기준에 적합한 시설을 갖추고 시장·군수·구청장에게 신고하여야 한다고만 규정하고 있는바, 이러한 법령에 비추어 볼 때 A시장으로서는 위 법령에서 규정하는 시설기준을 갖추어 축산물판매업 신고를 하는 경우 당연히 그 신고를 수리하여야 하고, 적법한 요건을 갖춘 신고의 경우에는 A시장의 수리처분 등 별단의 조처를 기다릴 필요 없이 그 접수시에 신고로서의 효력이 발생하는 것이므로 그 수리가 거부되었다고 하여 미신고 영업이 되는 것은 아니다.[1] 따라서 A시 시장이 법령상의 시설기준이 아닌 사유로 축산물판매업 신고 수리를 할 수 없다고 반려한 것은 위법한 직무집행에 해당한다. 위법한 신고 반려에 기인한 영업소폐쇄조치 역시 위법한 직무집행에 해당한다.

Ⅲ. 丙의 고의·과실

1. 국가배상요건으로서의 고의·과실

고의란 자신의 행위로 인하여 일정한 결과가 발생 가능함을 인식하고 그 결과의 발생을 용인하고 그러한 행위를 하는 심리상태를 말하고, 과실이란 자신의 행위에 대하여 정상의 주의의무를 태만히 함으로써 위법한 결과의 발생을 인식하지 못한 경우를 말한다.

국가배상책임성립에 있어서 위법성은 객관적 요건이고 과실은 공무원의 주관적 요건이다. 그리하여 위법 자체만으로 고의 또는 과실로 인한 불법행위를 구성한다고 단정할 수 없고, 고의·과실에 대해서는 별도의 판단을 요한다.

판례도 "어떠한 행정처분이 후에 항고소송에서 취소되었다고 할지라도 그 기판력에 의하여 당해 행정처분이 곧바로 공무원의 고의 또는 과실로 인한 것으로서 불법행위를 구성한다고 단정할 수는 없는 것이고, 그 행정처분의 담당공무원이 보통 일반의 공무원을 표준으로 하여 볼 때 객관적 주의의무를 결하여 그 행정처분이 객관적 정당성을 상실하였다고 인정될 정도에 이른 경우에 국가배상법 제2조 소정의 국가배상책임의 요건을 충족하였다고 봄이 상당하다."고 판시한 바 있다.

2. 사안의 경우

사례에서는 A시의 시장이나 담당공무원 丙에게 고의가 있었다고 보기는 어렵고 과실이 있는지 문제된다. 같은 장소에서 사업자를 달리하는 축산물판매업 중복신고는 수리하지 않는 것으로 관련 법령을 해석한 것이 법령해석에 있어서 과실이 있는지 문제된다.

일반적으로 공무원이 직무를 집행함에 있어서 관계 법규를 알지 못하거나 필요한 지식을 갖추지 못하여 법규의 해석을 그르쳐 잘못된 행정처분을 하였다면 그가 법률전문가가 아닌 행정직 공무원이라고 하여 과실이 없다고 할 수 없으나, 법령에 대한 해석이 그 문언 자체만으로는 명백하지 아니하여 여러 견해가 있을 수 있는 데다가 이에 대한 선례나 학설, 판례 등도 귀일된 바 없어 의의가 없을 수 없는 경우에 관계 공무원이 그 나름대로 신중을 다하여 합리적인 근거를 찾아 그 중 어느 한 견해를 따라 내린 해석이 후에 대법원이 내린 입장과 같지 않아 결과적으로 잘못된 해석에 돌아가고, 이에 따른 처리가 역시 결과적으로 위법하게 되어 그 법령의 부당집행이라는 결과를 가져오게 되었다고 하더라도 그와 같은 처리방법 이상의 것을 성실한 평균적 공무원에게 기대하기는 어려운 일이고, 따라서 이러한 경우에까지 공무원의 과실을 인정할 수는 없다.

---

[1] 대판 2010.4.29. 2009다97925

사례에서는 동일한 장소에 대한 중복적 영업신고의 허용성에 대한 법령의 규정이 명확치 않으며, A시 담당공무원 丙은 법령상 명시적 규정은 없지만 그간에도 같은 장소에서 사업자를 달리하는 축산물판매업 중복신고는 수리하지 않는 것으로 관련 법령을 해석·적용하여 왔고, 甲의 영업신고에 대하여 관할 도 및 농림축산식품부 등 관련 행정관청에 문의한 결과 위의 해석과 동일한 취지의 답변을 받아 이를 시장에게 보고하였다. 이를 기초로 A시장이 영업신고를 반려한 것을 과실이 있다고 할 수는 없다. 신고반려의 적법성을 전제로 영업소 폐쇄조치의 일환으로 甲의 업소간판을 제거하는 조치를 취한 것 역시 A시장의 과실을 인정할 수는 없다. 판례도 유사한 사안에서 과실을 부정한 바가 있다.

IV. 사안의 해결

A시장은 국가배상법상 공무원에 해당하고, 영업신고 반려 및 영업소폐쇄조치는 직무집행과 관련한 것이며, 甲의 신고를 수리하여야 함에도 이를 수리하지 않았고, 그 결과 미신고영업임을 이유로 갑의 업소에 대해 간판을 제거하는 조치를 한 것은 법령위반에 해당하며, 그로 인하여 甲에게 손해가 발생하였다고 할 수 있다. 그러나 신고를 수리하여야 하는지 여부가 법령상 명확하지 않은 상황에서 신고를 반려하고 미신고영업으로 보아 간판제거조치를 한 것에 대해 과실의 인정하기는 어려워 A시는 甲의 손해를 배상할 책임은 없다.

유제 [사시 2004]

담당공무원이 법령의 적용과정에서 법령해석을 그르쳐 행정처분을 함으로써 특정인에게 손해를 입힌 경우에 국가배상책임의 인정여부를 논하시오(20점).

해설

담당공무원이 법령의 적용과정에서 법령해석을 그르쳐 행정처분을 함으로써 특정인에게 손해를 입힌 경우에는 다른 요건은 크게 문제되지 않고 고의, 과실의 인정여부가 주로 문제될 것인데 판례는 이와 관련해 법령해석이 확립된 경우와 미확립된 경우로 나누어 판단한다.

판례의 입장은 법령해석이 확립된 경우에는 과실을 긍정하고 법령해석이 미확립된 경우에는 과실을 부정한다. 법령해석의 확립여부에 따라 국가배상책임이 인정될 것이다. 다만 판례의 입장에 대해서는 법령의 해석에 대한 위법한 관행으로 특정한 행정처분이 반복해서 내려지는 경우 책임을 묻기가 어려워진다는 비판이 있다.

사례 081　국가배상 - 기판력(1)　　　　　　　　　　　　　　　　　　[변시 2015]

甲은 'X가든'이라는 상호로 일반음식점을 운영하는 자로서, 식품의약품안전처 고시인「식품 등의 표시기준」에 따른 표시사항의 전부가 기재되지 아니한 'Y참기름'을 업소 내에서 보관·사용한 사실이 적발되었다. 관할 구청장 乙은「식품위생법」및「동법 시행규칙」에 근거하여 甲에게 영업정지 1개월과 해당제품의 폐기를 명하였다.

甲은 표시사항의 전부가 기재되지 않은 제품을 보관·사용한 것은 사실이나, 표시사항이 전부 기재되지 아니한 것은 납품업체의 기계작동 상의 오류에 의한 것으로서 자신은 그 사실을 알지 못하였고, 이전에 납품받은 제품에는 위 고시에 따른 표시사항이 전부 기재되어 있었던 점, 인근 일반음식점에 대한 동일한 적발사례에서는 15일 영업정지처분과 폐기명령이 내려진 점 등을 고려할 때, 위 처분은 지나치게 과중하다고 주장하면서, 관할 구청장 乙을 상대로 영업정지 1개월과 해당제품 폐기명령의 취소를 구하는 소송을 제기하였다.

3. 만약 위 취소소송에서 원고 승소판결이 확정된 후에 甲이 영업정지처분으로 인한 손해에 대해 국가배상청구소송을 제기하는 경우, 甲의 청구는 인용될 수 있는가? (30점)

I. 문제의 소재

甲의 국가배상청구가 인용되기 위해서는 공무원의 위법한 직무활동으로 인한 국가배상책임에 대해 규정하고 있는 국가배상법 제2조의 요건이 구비되어야 하는 바, 요건의 구비여부를 검토한다. 사안은 특히 영업정지처분에 대한 취소판결의 기판력이 국가배상청구소송에 미치는지, 공무원의 고의·과실이 존재하는지가 문제된다.

II. 국가배상법 제2조의 요건

1. 공무원

국가배상법상 공무원은 공무원법상의 공무원뿐만 아니라 널리 공무를 위탁받아 실질적으로 종사하는 자를 말한다. 기능적 의미의 공무원을 의미한다. 처분권자인 관할 구청장 乙은 공무원에 해당한다.

2. 직무집행행위

직무의 범위는 권력작용과 비권력작용을 포함하며(광의설), 작위·부작위 또는 법률행위·사실행위 등을 모두 포함한다. 직무의 판단기준은 객관적으로 직무의 외형을 갖추고 있으면 된다는 외형설이 통설·판례이다. 영업정지처분은 권력작용으로서 직무집행행위에 해당한다.

3. 법령위반

(1) 법령위반의 의미

(2) 기판력

기판력은 소송물에 관하여 법원이 행한 판단내용이 확정되면, 이후 소송에서 동일사항이 문제되는 경우에 있어 당사자(승계인 포함)는 그에 반하는 주장을 하여 다투는 것이 허용되지 않으며, 법원도 그와 모순·저촉되는 판단을 하여서는 안 되는 구속력을 말한다. 실질적 확정력이라고도 하며 소송절차의 반복과 모순된 재판의 방지라는 법적 안정성의 요청에 따라 인정되는 효력이다. 행정소송법은 기판력에 대한 명문의 규정이 없지만 행정소송법 제8조2항에 의해서 민사소송법의 기판력에 관한 규정(민사소송법 제216조~218조)이 준용된다.

기판력은 후소의 소송물이 전소의 소송물과 동일한 경우, 전소의 소송물에 관한 판단이 후소의 선결문제가 되거나 모순관계에 있을 때에 작용한다.

(3) 취소소송의 기판력이 국가배상청구소송에 미치는지 여부

1) 문제점
취소소송의 소송물은 위법성 일반으로 보는 견해가 통설·판례이다. 이사취임승인취소처분을 취소하는 판결이 확정되면 처분이 위법하다는 점에 기판력이 발생하는데, 취소판결의 기판력이 후소인 국가배상청구소송에 미쳐서 국가배상법상 법령위반 요건을 충족하는지 문제된다. 즉 취소소송에서 처분의 위법성과 국가배상소송에서 법령위반(위법성)을 동일한 개념으로 볼 것인지의 문제와 관련이 있다.

2) 학 설
협의의 행위위법설에 입각하여 취소소송의 기판력이 국가배상청구소송에도 미친다는 긍정설, 결과불법설과 상대적 위법성설에 입각하여 위법개념이 다르므로 기판력이 미치지 않는다는 부정설, 광의의 행위위법설에 입각하여 취소소송의 인용판결과 기각판결을 구별하여 인용판결은 미치지만 기각판결은 미치지 않는다는 제한적 긍정설이 대립한다. 법령위반의 의미에 대해 광의의 행위위법설을 취한다면 제한적 긍정설이 타당하다.

3) 판 례
판례는 어떠한 행정처분이 후에 항고소송에서 취소되었다고 할지라도 그 기판력에 의하여 당해 행정처분이 곧바로 공무원의 고의 또는 과실로 인한 것으로서 불법행위를 구성한다고 단정할 수는 없는 것이고, 그 행정처분의 담당공무원이 보통 일반의 공무원을 표준으로 하여 볼 때 객관적 주의의무를 결하여 그 행정처분이 객관적 정당성을 상실하였다고 인정될 정도에 이른 경우에 국가배상법 제2조 소정의 국가배상책임의 요건을 충족한다고 판시[1]한 바 있다. 이러한 판례를 기판력 부정설이라고 평가하는 입장도 있으나 동 판례는 고의 또는 과실과 결부된 것으로서 기판력 부정설이라고 단정할 수는 없을 것이다.

4) 사안의 경우
영업정지처분 취소판결의 기판력은 처분이 위법하다는 점에 대해 발생한다. 사안은 인용판결이 난 경우이므로 광의의 행위위법설에 의할 때 취소판결의 기판력이 국가배상청구소송에도 미친다. 따라서 법령위반 요건은 충족한다.

4. 고의, 과실

(1) 의 의

(2) 사안의 경우
관할 구청장 乙은 식품위생법 시행규칙 [별표23]의 처분기준에 따라서 처분을 한 것인데 공무원의 경우 법규명령과 같은 법령심사권이 없으며 법령준수의무 때문에 처분기준을 따를 수 밖에 없으므로 고의, 과실을 인정하기는 곤란하다. 판례의 입장처럼 시행규칙의 처분기준을 행정규칙으로 보더라도 공무원의 복종의무에 의하여 공무원을 구속하므로 성실한 평균적 공무원으로서 관할 구청장에게 이와 달리 처리할 것을 기대하기는 어렵다. 그 밖에 고의 또는 과실이 있었다는 특별한 사정도 없다.

---

[1] 대판 2000.5.12. 99다70600, 대판 2003.12.11. 2001다65236 등

5. 타인의 손해발생

타인이란 가해자인 공무원 및 그 행위에 가담한 자 외의 모든 자를 말한다. 손해는 법익침해의 결과로서 나타난 불이익을 말하며 재산적·정신적·적극적·소극적인 모든 손해를 포함한다.

공무원의 가해행위와 손해의 발생과의 사이에 상당인과관계가 있어야 한다. 상당인과관계란 사회생활상의 경험법칙상 어떤 원인이 있으면 어떤 결과가 발생하는 것이 일반적이라고 생각되는 범위 안에서의 인과관계를 말한다. 상당인과관계의 유무는 일반적인 결과발생의 개연성은 물론 직무상 의무를 부과한 법령 기타 행동규범의 목적이나 예견가능한 행위 후의 사정, 가해행위의 태양 및 피해의 정도 등을 종합적으로 고려하여 판단하여야 한다. 영업정지기간동안 영업을 하지 못함으로서 입게 된 손해의 산정이 가능하다면 상당인과관계 내의 손해를 인정할 수 있다.

Ⅶ. 사안의 해결

국가배상법 제2조의 다른 요건은 충족하나, 관할 구청장 乙의 고의·과실을 인정하기 어려운 이상 甲의 국가배상청구는 이유가 없으므로 인용될 수 없다.

유제 [변시 2018]

법무법인 甲, 乙 및 丙은 2015. 3. 3. 정기세무조사의 대상이 되어 2014 사업연도의 법인세 신고 및 납부내역에 대한 세무조사를 받았다. 정기세무조사는 매년 무작위로 대상자를 추출하여 조사하는 것으로 세무조사로 인한 부담을 덜어주기 위하여 동일한 과세기간에 대해서는 원칙적으로 재조사를 금지하고 있다. 그러나 관할 세무서장은 甲, 乙 및 丙의 같은 세목 및 같은 과세기간에 대하여 재조사 결정 및 이에 따른 통지 후 2016. 5. 20. 재조사를 실시하면서, 재조사 이유에 대해 과거 위 각 법인에서 근무하던 직원들의 제보를 받아 법인세 탈루혐의를 입증할 자료가 확보되었기 때문이라고 밝혔다. 관할 세무서장은 재조사 결과 甲, 乙 및 丙의 법인세 탈루사실이 인정된다고 보아 甲과 乙에 대해서는 2017. 1. 10., 丙에 대해서는 2017. 11. 3. 증액경정된 조세부과처분을 각각 발령하였다. 한편, 甲, 乙 및 丙은 세무조사로서의 재조사에 대하여 제소기간 내에 취소소송을 제기하였다.

2. 甲은 연이은 세무조사로 인하여 법무법인으로서의 이미지가 실추되었다고 생각하고 국가배상청구소송을 제기하고자 한다. 위 1.에 의한 취소소송에서 甲의 소송상 청구가 인용되어 그 판결이 확정된 것을 전제로 할 때 국가배상청구소송에서의 위법성 인정 여부를 설명하시오.(20점)

해설

재조사에 대한 취소소송에서 취소판결의 기판력은 처분이 위법하다는 점에 대해 발생한다. 사안은 인용판결이 난 경우이므로 광의의 행위위법설에 의할 때 취소판결의 기판력이 국가배상청구소송에도 미친다. 이 기판력에 따라 국가배상청구소송에서 위법성(법령위반) 요건은 충족한다.

사례 082   국가배상 - 기판력(2)   [변시 2023]

　　甲은 30년간의 공직생활을 마치고 정년퇴직을 한 뒤, 노후자금 및 대출금을 모아 A시에서「공중위생관리법」에 의한 목욕장업을 시작하였다. 甲은 영업을 시작한 지 며칠 되지 않아 야간에 음주로 의심되는 손님 丙을 입장시켰는데 丙은 목욕장 내 발한실에서 심장마비로 사망하였다. 丙은 입장 당시 약간의 술 냄새를 풍기기는 하였으나 입장료를 지불하고 목욕용품을 구입하였으며 입장 과정에서도 정상적으로 보행을 하고 거스름돈을 확인하는 등 우려할 만한 특별한 문제점을 보이지 않았다. 丙은 무연고자로 판명되었으며, 부검 결과 사망 당일 소주 1병 상당의 음주를 한 것으로 확인되었다.
　　丙이 甲의 목욕장에서 사망한 사고가 다수의 언론에 보도되자 A시장은 甲에게 「공중위생관리법」 제4조 제1항, 제7조 및 같은 법 시행규칙 제7조 [별표 4] 제2호 라목의 (1) (다) 위반을 이유로, 같은 법 제11조 제1항 및 같은 법 시행규칙 제19조 [별표 7] Ⅱ. 제2호 라목의 라)에서 정하는 기준(이하 '이 사건 규정들'이라 한다)에 따라 2021. 1. 11. 영업정지 1월(2021. 1. 18.~2021. 2. 16.)의 제재처분(이하 '이 사건 처분'이라 한다)을 하였고, 같은 날 甲은 이를 통지받았다. 甲은 음주로 의심되는 丙을 입장시킨 점은 인정하나, 丙이 같은 법 시행규칙 제7조 [별표 4]의 '음주 등으로 목욕장의 정상적인 이용이 곤란하다고 인정되는 사람'으로 보이지는 않아 입장을 허용한 것이므로 이 사건 처분은 위법·부당하다고 생각한다. 이와 관련하여 아래 각 질문에 답하시오 (단, 아래 각 문제는 독립적임).

3. 甲은 이 사건 처분으로 인해 영업손실이 심대하여 대출금 및 이자 상환, 종업원 및 가족의 생계에 큰 지장을 겪고 있어 국가배상청구소송을 제기하고자 한다. 甲이 제기한 취소소송에서 인용판결이 확정된 후 甲이 국가배상청구소송을 제기한 경우 수소법원은 국가배상법상 '법령에 위반하여'에 대해 취소소송의 수소법원에서 판단한 위법성과 다른 판단을 내릴 수 있는가? 만약 甲이 취소소송과 국가배상청구소송을 동시에 제기하였는데 국가배상청구소송에서 인용판결이 먼저 나왔을 경우 취소소송의 수소법원은 이 사건 처분의 위법성에 대하여 국가배상청구소송의 수소법원과 다른 판단을 내릴 수 있는가? (25점)

I. 문제의 소재

　　이 사건 처분에 대한 취소소송에서 인용판결이 확정된 경우 후소인 국가배상청구소송에서 처분이 적법하다고 판단하는 것이 기판력에 반하는지 문제된다. 국가배상요건으로서의 법령위반(위법)의 개념과 관련이 있는 논의이다. 반대로 전소가 국가배상청구소송에서 인용판결이 나왔을 경우 후소인 취소소송에서 처분이 적법하다고 판단하는 것이 기판력에 반하는지 문제된다.

II. 취소소송과 국가배상청구소송의 소송물

　　소송물은 소송법상의 기초개념으로서 소송의 대상을 말한다. 취소소송의 소송물은 처분의 적법요건을 충족시키지 않은 모든 위법사유 즉 처분의 위법성 일반이라는 것이 다수설, 판례이다. 개개의 위법사유는 별개의 소송물이 아니라 공격방어방법에 불과하다고 한다. 반면에 개개의 위법사유마다 소송물이라는 견해와, 위법한 처분으로 자신의 권리가 침해되었다는 원고의 법적 주장으로 보는 견해도 있다. 이하에서는 소송물이 위법성 일반임을 전제로 하고 검토한다. 반면에 국가배상청구소송의 소송물은 국가배상청구권의 존부이다.

III. 국가배상법상 위법성 판단

IV. 취소소송의 기판력이 국가배상청구소송에 미치는지 여부
 1. 기판력
 2. 취소소송의 기판력이 국가배상청구소송에 미치는지 여부

IV. 국가배상청구소송의 기판력이 취소소송에 미치는지 여부

국가배상청구소송의 소송물은 국가배상청구권의 존부이므로 후소인 취소소송과 소송물이 다르며 국가배상청구권의 존부에 관한 판단이 후소인 취소소송의 선결관계나 모순관계가 되는 것도 아니므로 국가배상청구소송의 기판력은 취소소송에 미치지 않는다.

V. 사안의 해결

영업정지처분이 위법하여 취소판결이 확정되면 甲에 대한 1월 영업정지처분이 위법하다는 점에 기판력이 발생한다. 국가배상법상 법령위반의 의미에 관한 광의의 행위위법설을 전제로 한 제한적 긍정설에 의할 때 인용판결이 확정된 경우이므로 후소인 국가배상청구소송에도 기판력이 미친다. 따라서 국가배상청구소송의 수소법원은 취소소송에서의 판단과 달리 처분이 적법하다고 다른 판단을 할 수 없다.

만약 국가배상청구소송에서 인용판결이 먼저 나온 경우에는 甲의 국가배상청구권이 존재한다는 점에 기판력이 발생한다. 이는 후소인 취소소송의 소송물과 동일하지도 않고 선결관계 내지는 모순관계도 아니므로 기판력이 미치지 않는다.

유제 [행시 2024]

甲은 A도 K시에 있는 본인 소유의 토지에서 과수원을 운영하고 있다. 사업시행자 乙은 국토교통부장관으로부터 사업인정을 받았고, A도 지방토지수용위원회의 수용재결을 거쳐 甲의 토지 및 지장물이 수용되었다. 그러나 甲은 수용재결에 불응하여 토지를 계속 점유하고 있다. K시의 시장은 「공익사업을 위한 토지 등의 취득 및 보상에 관한 법률」, 「한국토지주택공사법」 및 같은 법 시행령에 따라 한국토지주택공사에 대집행권한을 위탁하였다. 이에 한국토지주택공사는 대집행절차에 착수하여 甲에게 계고처분을 하였지만, 甲은 수용목적물에 대한 인도·이전 의무를 불이행하였고, 한국토지주택공사는 甲을 상대로 대집행을 실행하였다. (총30점)

4. 甲이 A도 지방토지수용위원회를 피고로 하여 제기한 수용재결무효확인소송에서 인용판결이 확정되었다. 그 후 甲이 수용재결의 위법을 이유로 국가배상청구소송을 제기한다면 수소법원은 수용재결이 적법하다고 판단할 수 있는지 검토하시오. (20점)

해설

수용재결무효확인소송에서 인용판결이 확정되면 수용재결처분이 무효라는 점에 기판력이 발생하고 후소인 국가배상청구소송에도 기판력이 미치므로 수소법원은 수용재결이 무효라는 것을 전제하고 법령위반이 있다고 판단해야 하며, 수용재결을 적법하다고 판단하는 것은 기판력에 반한다.

사례 083 위법한 재판작용과 국가배상책임 [법전협 2023-2]

甲은 ○○지방법원 부장판사로 재직 중, 丙이 제소기간 내에 운전면허취소처분 취소소송을 제기하였음에도 불구하고 기간이 도과된 것으로 오인하여 각하판결을 내렸다. 그리고 이 판결은 경제적 사정이 어려웠던 丙이 항소를 포기함에 따라 확정되었다. 그러나 이후에 丙은 위 판결이 甲의 사실오인에 기한 것임을 알게 되었고, 甲의 위 판결로 인해 결과적으로 손해를 입었다며 국가를 상대로 손해배상청구소송을 제기하였다. 丙이 국가배상청구소송에서 승소할 가능성이 있는지 논하시오. (단, 국가배상청구의 소멸시효 기간은 논외로 함) (20점)

I. 문제의 소재

부장판사 甲의 오판으로 인한 각하판결로 손해를 입은 丙에게 국가배상청구권이 존재하는지 문제된다. 국가배상법 제2조의 국가배상책임의 성립요건의 구비 여부에 따라 승소가능성이 좌우된다. 특히 재판작용으로 인한 국가배상책임의 성립 여부가 문제된다.

II. 국가배상책임의 요건

국가배상청구소송에서 丙이 승소하려면 공무원의 위법한 직무활동으로 인한 국가배상책임에 대해 규정하고 있는 국가배상법 제2조의 요건의 요건이 구비되어야 한다. 즉, ① 공무원이 ② 직무를 집행하면서 ③ 고의 또는 과실로 ④ 법령을 위반하여 ⑤ 타인에게 손해를 발생케 하고 가해행위와 손해발생 사이에 인과관계가 있어야 한다.

판사도 국가배상법상 공무원에 해당한다. 법원의 재판작용도 국가배상법상 직무에 해당한다. 판사의 오판으로 인해 재판이 위법한 경우도 있을 수 있고, 그 과정에서 판사에게 고의·과실이 존재할 수도 있다. 그러나 재판이 위법하다고 하여 국가배상책임을 인정하는 것이 기판력제도, 법관의 재판상 독립, 심급제도의 존재에 비추어 허용되는지가 문제 된다.

III. 재판작용에 대한 국가배상책임의 인정 여부

1. 학설

① 재판상 독립을 저해하고 확정판결의 기판력에 반하는 문제가 있다는 부정설, ② 법관도 공무원에 해당하고 재판행위는 법관의 직무이므로 위법한 판결에 대해서는 인정할 수 있다는 긍정설, ③ 기판력이 발생하는 재판작용은 부정하고 기판력이 발생하지 않는 재판작용은 긍정하는 제한적 긍정설이 대립한다.

2. 판 례

판례는 기판력을 배상책임의 제한의 근거로 들고 있지는 않는다. 그러나 판례는 "법관의 재판에 법령의 규정을 따르지 아니한 잘못이 있다 하더라도 이로써 바로 그 재판상 직무행위가 국가배상법 제2조 제1항에서 말하는 위법한 행위로 되어 국가의 손해배상책임이 발생하는 것은 아니고, 그 국가배상책임이 인정되려면 당해 법관이 위법 또는 부당한 목적을 가지고 재판을 하였다거나 법이 법관의 직무수행상 준수할 것을 요구하고 있는 기준을 현저하게 위반하는 등 법관이 그에게 부여된 권한의 취지에 명백히 어긋나게 이를 행사하였다고 인정할 만한 특별한 사정이 있어야 한다."[1]고 하여 재판작용에 대한 불법행위의 성립을 제한적으로 인정하고 있다.

또한 "재판에 대하여 따로 불복절차 또는 시정절차가 마련되어 있는 경우에는 스스로 그와 같은 시정을 구하지 아니한 결과 권리 내지 이익을 회복하지 못한 사람은 원칙적으로 국가배상에 의한 권리구제를 받을 수 없으나, 재판에 대하여 불복절차 내지 시정절차 자체가 없는 경우에는 국가배상 이외의 방법으로는 자신의 권리 내지 이익을 회복할 방법이 없으므로, 배상책임의 요건이 충족되는 한 국가배상책임을 인정한다."[2]고 하여 심급제도의 존재를 국가배상책임의 제한 근거로 들고 있다. 판례는 배당표원안을 작성하고 확정하는 사법보좌관의 행위도 재판상 직무행위로 보면서 동일한 법리를 적용하고 있다.

3. 검 토

우리나라는 미국, 프랑스, 독일과 같이 국가배상책임을 부정하거나 제한하는 명문의 규정이 없다. 재판상 독립을 이유로 부정하는 것은 법치국가 원리에 합치되지 않고, 심급제도는 국가배상제도와는 다른 목적을 가진 제도이므로 책임을 배제하는 근거로 삼는 것은 부당하며, 확정된 재판과 그 판결을 이유로 하는 국가배상소송은 별개이므로 긍정설이 타당하다. 그러나 무제한적으로 인정한다면 법관의 재판상 독립과 기판력을 통하여 확보하려는 법적 안정성 측면에서 문제가 있으므로 위법과 과실의 인정을 엄격히 해야 한다. 판결이 상소심이나 재심에서 취소되었다는 것으로 국가배상법상 위법이 인정되지는 않는다. 판결이 상소 또는 재심에 의하여 번복된 경우 사실인정에 있어 경험칙, 채증법칙을 현저히 일탈하거나, 그 양식이 의심스러운 정도의 과오를 범한 경우로 한정된다고 보는 것이 합리적일 것이다. 또한 재판에 대하여 따로 불복절차 또는 시정절차가 마련되어 있는지 경우도 고려하여야 할 것이다.

IV. 사안의 해결

甲이 제소기간을 도과한 것으로 오인한 것이 甲이 위법 또는 부당한 목적을 가지고 재판을 하였다거나 법이 법관의 직무수행상 준수할 것을 요구하고 있는 기준을 현저하게 위반하는 등 법관이 그에게 부여된 권한의 취지에 명백히 어긋나게 이를 행사하였다고 인정할 만한 특별한 사정은 존재하지 않는다고 볼 수 있다. 또한 특별한 사정이 있는 경우라면 법관의 직무상 불법행위를 인정할 수도 있을 것이나 이 경우에도 丙이 경제적 어려움으로 인하여 항소를 포기하였는 바, 丙이 항소를 제기하였다면 항소심에서 다른 결론이 내려졌을 가능성이 있고 이를 통해 丙의 권리가 구제될 가능성이 있으므로 재판에 대하여 따로 불복절차 또는 시정절차가 마련되어 있는 경우에 해당하여 국가배상책임은 인정되지 않는다. 국가배상청구소송에서 丙의 승소가능성은 없다.

---

1) 대판 2003.7.11, 99다24218)
2) 대판 2003.7.11, 99다24218

사례 084　국가배상 – 부작위　　　　　　　　　　[법전협 2013-1]

　　2008년 세계적 금융위기 이후 한국 정부는 금융시장의 안정화를 중요 정책목표로 설정하였다. 2012년에 접어들면서 금융시장의 불안정성이 높아지자, 금융위원회는 A은행('은행법'에 따라 설립된 은행임)의 '위험가중자산에 대한 자기자본비율'이 100분의 8미만으로 떨어졌다고 판단하여, '금융산업의 구조개선에 관한 법률'(이하 '금산법'이라 함) 제10조 제1항 제2호, 동조 제2항 및 '은행감독규정'(금융위원회 고시) 제3조 제1항 제1호, 동조 제2항 제5호에 의하여 2012년 7월 1일 A은행에 대해 부실자산을 처분하라는 '경영개선권고'를 하였다.

　　이에 A은행은 위 권고에 따라 경영개선계획을 세우고 이를 이행하였다. 그럼에도 불구하고 A은행의 경영상태가 호전되지 않자 금융위원회는 A은행이 경영개선계획을 성실히 이행하지 않았다고 보아, 금산법 제10조 제1항 제2호, 동조 제2항 및 '은행업감독규정' 제4조 제1항 제2호, 동조 제2항 제1호에 의하여 2012년 10월 15일 A은행에 대해 권역별 영업소를 통폐합하라는 '경영개선요구'를 하였다.

　　※ 사례의 구성을 위해 '은행업감독규정'의 내용은 수정하였음.

3. 2번 사안과는 달리 금융위원회가 A은행의 '위험가중자산 대비 자기자본비율'을 정확히 계산하였고, 예금주 丙이 A은행의 도산가능성을 우려하여 금융규제를 요청하였음에도 불구하고, 금융위원회가 '적기시정조치'를 제때에 발동하지 않아 A은행이 도산하였다고 가정한다. A은행의 도산으로 예금을 돌려받지 못하게 된 예금주 丙이 국가배상청구소송을 제기하는 경우, 금융위원회의 규제권한 불행사의 위법성을 검토하라. (25점)

[참조조문]
* 금융산업의 구조개선에 관한 법률
제1조(목적) 이 법은 금융기관의 합병·전환 또는 정리 등 금융산업의 구조개선을 지원하여 금융기관 간의 건전한 경쟁을 촉진하고, 시장상황의 급격한 변동에 따라 금융기관의 일시적인 유동성의 부족 등으로 금융의 중개기능이 원활하지 못한 경우에 금융기관의 자본 확충 등을 위하여 신속하게 자금지원을 하여 금융업무의 효율성을 높임으로써 금융산업의 균형 있는 발전과 금융시장의 안정에 이바지함을 목적으로 한다.
(이하 생략)
제10조(적기시정조치) ① 금융위원회는 금융기관의 자기자본비율이 일정 수준에 미달하는 등 재무상태가 제2항에 따른 기준에 미달하거나 거액의 금융사고 또는 부실채권의 발생으로 금융기관의 재무상태가 제2항에 따른 기준에 미달하게 될 것이 명백하다고 판단되면 금융기관의 부실화를 예방하고 건전한 경영을 유도하기 위하여 해당 금융기관이나 그 임원에 대하여 다음 각 호의 사항을 권고·요구 또는 명령하거나 그 이행계획을 제출할 것을 명하여야 한다.
　1. 금융기관 및 임직원에 대한 주의·경고·견책(譴責) 또는 감봉
　2. 자본증가 또는 자본감소, 보유자산의 처분이나 점포·조직의 축소
　3. 채무불이행 또는 가격변동 등의 위험이 높은 자산의 취득금지 또는 비정상적으로 높은 금리에 의한 수신(受信)의 제한
　4. 임원의 직무정지나 임원의 직무를 대행하는 관리인의 선임
　5. 주식의 소각 또는 병합
　6. 영업의 전부 또는 일부 정지
　7. 합병 또는 제3자에 의한 해당 금융기관의 인수(引受)
　8. 영업의 양도나 예금·대출 등 금융거래와 관련된 계약의 이전(이하 "계약이전"이라 한다)
　9. 그 밖에 제1호부터 제8호까지의 규정에 준하는 조치로서 금융기관의 재무건전성을 높이기 위하여 필요하다고 인정되는 조치

② 금융위원회는 제1항에 따른 조치(이하 "적기시정조치"라 한다)를 하려면 미리 그 기준 및 내용을 정하여 고시(告示)하여야 한다.

제14조(행정처분) ① 금융위원회는 금융기관이 다음 각 호의 어느 하나에 해당하는 경우에는 금융감독원장의 건의에 따라 그 금융기관 임원의 업무집행정지를 명하고, 그 임원의 업무를 대행할 관리인을 선임하거나 주주총회에 그 임원의 해임을 권고할 수 있다.
  1. 제10조 제1항에 따른 요구 또는 명령을 위반하거나 이를 이행하지 아니한 경우
(이하 생략)

Ⅰ. 문제의 소재

공무원의 부작위로 인한 국가배상책임이 인정되기 위해서는 공무원의 작위로 인한 국가배상책임이 인정되는 경우와 마찬가지로 '공무원이 그 직무를 집행함에 당하여 고의 또는 과실로 법령에 위반하여 타인에게 손해를 가한 때'라고 하는 국가배상법 제2조 1항의 요건이 충족되어야 한다. 사안의 경우는 <u>법령위반 요건과 관련하여 금융위원회의 규제권한 불행사라는 부작위의 위법성</u>이 문제된다. 즉 금융위원회의 적기시정조치 발령의무를 인정할 수 있는지, 그러한 의무의 사익보호성을 인정할 수 있는지 문제된다.

Ⅱ. 작위의무의 존재

1. 부작위의 전제로서 작위의무

부작위가 법령위반으로 인정되기 위해서는 공무원의 작위의무가 전제되어야 한다. 판례는 <u>작위의무는 엄격하게 형식적 의미의 법령에 명시적으로 공무원의 작위의무가 규정되어 있는 경우 뿐만 아니라 국민의 생명·신체·재산 등에 대하여 절박하고 중대한 위험상태가 발생하였거나 발생할 우려가 있어서 국민의 생명·신체·재산 등을 보호하는 것을 본래적 사명으로 하는 국가가 초법규적, 일차적으로 그 위험 배제에 나서지 아니하면 국민의 생명·신체·재산 등을 보호할 수 없는 경우에는 형식적 의미의 법령에 근거가 없더라도 국가나 관련 공무원에 대하여 그러한 위험을 배제할 작위의무를 인정할 수 있다</u>고 한다.[1]

2. 사안의 경우

금융위원회가 적기시정조치를 안 한 것이 법령위반에 해당하려면 금융위원회에게 적기시정조치를 해야 할 작위의무가 존재해야 하는데 적기시정조치가 기속행위이거나 재량행위라도 재량이 0으로 수축되어야 작위의무가 존재한다. 기속행위와 재량행위의 구별은 당해 행위의 근거가 된 법규의 체재·형식과 그 문언, 당해 행위가 속하는 행정 분야의 주된 목적과 특성, 당해 행위 자체의 개별적 성질과 유형 등을 모두 고려하여 판단하여야 한다. <u>금융산업의 구조개선에 관한 법률 제10조 1항의 문언상 적기시정조치를 명하여야 한다고 규정하고 있어 기속행위</u>에 해당한다. 따라서 <u>금융위원회는 적기시정조치를 취해야 할 의무</u>가 있다.

Ⅲ. 부작위로 인한 국가배상과 반사적 이익론

1. 문제점

<u>국가배상법 제2조의 해석과 관련해서 법적 보호이익과 반사적 이익의 구별이 적용되어 직무의 사익보호성이 필요한지</u>가 문제된다. 이는 반사적 이익의 침해에 대해서는 국가배상을 부정할 필요가 있기 때문에 제기되는 문제이다.

---

[1] 대판 1998.10.13, 98다18520

2. 학설

① 국가배상법 제2조는 단순히 "법령에 위반하여"로 규정하고 있어 공무원이 피해자와의 관계에서 손해를 방지해야 할 직접적인 의무를 부담하는지 여부는 배상책임 인정여부와 무관한 것으로 사익보호성은 국가배상책임의 요건이 아니라는 견해와 ② 반사적 이익의 침해에 대해서는 배상책임을 부정하는 것이 타당하므로 국가배상책임의 요건이라는 견해가 대립한다. 사익보호성을 요구하는 학설은 다시 ㉠ 사익보호성을 위법성(법령위반)의 문제로 보아 객관적인 위법성 외에도 의무가 사익보호성이 인정될 것을 요구하는 견해, ㉡ 반사적 이익에 대한 침해는 국가배상법상 손해가 아니라고 하면서 손해의 문제로 보는 견해, ㉢ 국가배상법상 직무를 사익을 보호하기 위한 것이어야 한다는 직무의 문제로 보는 견해가 대립한다.

3. 판례

판례는 공무원의 직무상 의무위반(특히 부작위)이 문제된 일련의 판례에서 공무원에게 부과된 직무상 의무의 내용이 단순히 공공 일반의 이익을 위한 것이거나 행정기관 내부의 질서를 규율하기 위한 것이 아니고 전적으로 또는 부수적으로 사회구성원 개인의 안전과 이익을 보호하기 위하여 설정된 것이라면 공무원이 그와 같은 직무상 의무를 위반함으로 인하여 피해자가 입은 손해에 대하여는 상당인과관계가 인정되는 범위 내에서 국가배상책임을 지는 것이라고 하여 상당인과관계의 문제로서 해당법령이 피해자의 이익을 보호하고 있는지 여부를 검토하고 있다.

4. 검토

생각건대, 반사적 이익이 침해된 때에는 국가배상의 필요성을 인정하기 어렵기 때문에 국가배상에서도 사익보호성의 검토는 필요하며, 법령의 사익보호성이 인정되지 않는 경우에는 피해자인 사인과의 관계에서 위법하다고 보기 어려우므로 위법성의 문제로 보는 것이 타당하다.

5. 사안의 경우

금융산업의 구조개선에 관한 법률 제10조의 적기시정조치의무는 금융기관의 부실화를 예방하고 건전한 경영을 유도하는 등 순수히 공익 일반을 목적으로 하는 것이므로 예금주의 개별적이고 직접적인 이익을 보호하기 위한 것이라고 보기는 어렵다.

Ⅳ. 사안의 경우

A은행의 도산가능성의 우려가 있는 경우 금융위원회의 적기시정조치의무는 존재하나 이러한 의무는 예금주를 보호하기 위한 사익보호성이 인정되지 않는다. 따라서 A은행의 도산으로 예금을 돌려받지 못하게 된 예금주 丙은 국가의 규제권한 불행사로 인한 배상을 받지 못할 것이다.[2]

---

[2] 금융기관의 부실화를 예방하고 건전한 경영을 유도하기 위한 것이지만 부수적으로는 예금주의 이익도 보호하는 규정이라고 포섭하는 것도 무방하다.

유제 1 [법전협 2020-1]

전국대학생협의회 의장 甲은 2017. 8. 29. 16:00부터 18:00까지 반값등록금 관련 특별법 제정 촉구를 목적으로 하는 집회(이하 '이 사건 집회'라고 한다)를 개최하려고 하였다. 이에 甲은 「집회 및 시위에 관한 법률」 제6조 제1항(이하 '이 사건 법률조항'이라고 한다)에 따라 2017. 8. 27.경 집회명 '전국대학생 8.29. 도심순례', 집회목적 '반값등록금 관련 특별법 제정 촉구', 개최일시 '2017. 8. 29. 16:00부터 18:00까지', 개최장소 및 시위진로 '이대역 → 아현역 → 충정로역 → 서대문역 → 경향신문사', '보도, 인도 이용', 주관자 '전국대학생협의회', 참가예정인원 80명으로 하여 서울지방경찰청에 집회를 신고하였다. 甲을 포함한 집회참가자들은 신고한 대로 구호를 제창하며 인도로 진행하였고, 2017. 8. 29. 18:10경 애초 신고한 마지막 지점인 경향신문사 앞을 지나 광화문 방면으로 약 100 m 정도 행진을 계속하였다. 그러자 경찰은 이를 저지하였고, 관할 경찰서장인 종로경찰서장은 신고범위를 일탈한 불법행진임을 이유로 해산명령을 내렸으나, 甲을 포함한 집회참가자들은 이를 따르지 않았다.

4. 甲과 일부 참가자들은 야간까지 인근에 남아 22:00시경 항의의 표현으로 준비해놓은 1톤 정도의 책 더미를 트럭에서 광화문 앞 세종로 차도 한복판에 쏟아 붓고 떠나 버렸다. 다음 날 04:30경 주행하다가 이를 갑자기 발견한 乙은 보도 방향으로 피하다가 가로수를 들이받아 상해를 입었다. 종로경찰서 소속 경찰관 A는 이를 목격하였음에도 불구하고 위 책 더미에 대하여 「경찰관직무집행법」 제5조에 따른 위험발생방지조치를 취하지 아니하였다. 이에 대하여 乙이 「국가배상법」 제2조에 따른 손해배상청구권을 행사하고자 할 때 그 성립가능성 여부에 관하여 검토하시오. (국가배상법 제2조 제1항의 요건 외 책임과 소멸시효의 문제는 논점에서 제외하며, 그리고 「도로법」 및 「도로교통법」에 관한 검토는 제외함) (20점)

* 경찰관직무집행법

제5조(위험 발생의 방지 등) ① 경찰관은 사람의 생명 또는 신체에 위해를 끼치거나 재산에 중대한 손해를 끼칠 우려가 있는 천재(天災), 사변(事變), 인공구조물의 파손이나 붕괴, 교통사고, 위험물의 폭발, 위험한 동물 등의 출현, 극도의 혼잡, 그 밖의 위험한 사태가 있을 때에는 다음 각 호의 조치를 할 수 있다.
  1. 그 장소에 모인 사람, 사물(事物)의 관리자, 그 밖의 관계인에게 필요한 경고를 하는 것
  2. 매우 긴급한 경우에는 위해를 입을 우려가 있는 사람을 필요한 한도에서 억류하거나 피난시키는 것
  3. 그 장소에 있는 사람, 사물의 관리자, 그 밖의 관계인에게 위해를 방지하기 위하여 필요하다고 인정되는 조치를 하게 하거나 직접 그 조치를 하는 것

해설

경찰관 A가 위험발생방지조치를 취하지 아니한 부작위에 대해 국가배상책임을 물을 수 있는지 문제된다. 종로경찰서 소속 경찰관 A는 국가배상법상 공무원에 해당한다. 경찰공무원의 위험발생방지조치는 권력작용으로서 직무집행행위에 해당한다.

경찰관직무집행법 제5조도 경찰관의 위험발생의 방지 조치에 대하여 재량을 인정하고 있지만 1톤 정도의 책 더미가 차도 한복판에 있는 상황은 경찰의 개입의무가 인정되는 상황이다. 목격한 경찰은 도로의 위해방지를 위하여 필요한 조치를 취해야 할 의무가 있는데 아무런 조치를 취하지 않았으므로 이러한 부작위는 위법하다. 아울러 경찰관 A는 도로의 위해방지를 위하여 필요한 조치를 취해야 할 업무상 주의의무를 해태한 과실도 인정된다.

경찰관 A가 책 더미를 목격한 후 차도를 이용하는 차량의 위해를 방지하기 위하여 필요한 조치를 취했다면 乙의 피해를 방지할 수 있었을 것으로 보이므로 상당인과관계는 인정된다.

국가배상법 제2조의 요건이 충족되어 국가는 국가배상책임이 있으며 乙은 국가배상청구권을 행사할 수 있다.

유제 2 [행시 2021]

甲은 만취한 상태로 운전하다가 경찰 검문소 앞에서 음주운전 일제단속에 적발되었다. 당시 근무 경찰관 A는 甲의 차량을 도로변에 정차시킨 다음 운전면허증과 차량 열쇠를 甲으로부터 임의제출 받아 검문소 사무실 서랍에 보관한 후 음주측정을 한 바 혈중알콜농도 0.15 %가 측정되었다. 甲이 경찰관 A에게 다른 차들의 교통에 방해가 되지 않도록 도로 밖으로 차량을 이동시키겠다고 말하면서 열쇠의 반환을 요구하자, 경찰관 A는 그 상태에서 운전을 해서는 안 되니 일단 귀가하였다가 술이 깬 후 다음날 오거나 대리운전자를 데리고 와 차를 가져가라고 말한 후 열쇠를 甲에게 주었다. 甲은 단속 경찰관들의 동태를 살피다가 몰래 차량을 운전하여 집으로 가던 중 보행자 乙을 충격하는 사고를 일으켜 乙이 사망하였다. 사고 당시 甲은 제한속도를 시속 30킬로미터나 초과하여 운행하였다. 이 사고로 인해 사망한 乙의 유족은 경찰관 A의 직무상 의무 위반을 이유로 「국가배상법」상 손해배상을 청구할 수 있는지를 검토하시오. (25점)

해 설

경찰관 A가 임의제출 받은 차량의 관리를 소홀히 하여 손해가 발생한 경우, 국가배상법 제2조의 요건을 충족하는지 문제된다. 부작위로 인한 국가배상책임의 문제이다.

경찰관 A는 국가배상법상 공무원에 해당한다. 경찰공무원의 위험발생방지조치는 권력작용으로서 직무집행행위에 해당한다.

법령위반과 관련하여 부작위가 법령위반(위법)에 해당하기 위해서는 작위의무가 전제되어야 한다. 경찰관이 음주운전자에게 필요한 조치를 취하는 것은 재량이 인정되지만 재량이 인정되더라도 경찰관의 개입이 필요한 상황에서는 재량이 0으로 수축되어 반드시 행정권을 발동해야 하는 의무가 인정된다. 조리상 작위의무를 인정할 수도 있다. 경찰관 A가 甲에 대해 필요한 조치를 취해야 하는 작위의무를 인정할 수 있으므로 관리를 소홀히 한 부작위는 위법하다.

경찰관 A의 고의를 인정하기는 어려우나, 과실은 인정할 수 있으며, 경찰관 A이 관리소홀과 乙의 사망 사이에 상당인과관계 있다.

국가배상법 제2조의 요건이 충족되어 국가는 국가배상책임이 있으며, 乙의 유족은 국가를 상대로 국가배상법 제2조에 의한 손해배상청구를 할 수 있다.

사례 085　국가배상 - 조리상 작위의무, 과실　　[사시 2009]

A郡소유의 임야에 25가구가 주택을 지어 살고 있다. 이 주택가 내에는 어린이들의 놀이터로 사용되어 온 약 10여 평 정도의 공터가 있고 공터의 뒤편에는 암벽이 있는데, 이 암벽은 높이가 약 3미터로서 그 상층부가 하단부보다 약 1미터가량 앞으로 튀어나와 있다. 지역 주민들은 이 암벽이 붕괴 위험이 있으므로 이를 보수해달라는 민원을 수차례 제기하였으나, A군은 아무런 조치를 취하지 않았다. 그런데 해빙기에 얼었던 암벽이 녹아 균열이 생기면서 상층부의 암벽이 붕괴되어 이 공터에서 놀던 어린이 3명이 사망하였다. 사고 후 사망한 어린이의 부모 甲등은 A군을 상대로 국가배상청구소송을 제기하였다.
이 경우 A군에 대하여 국가배상법 제2조의 배상책임요건 중 위법 · 과실을 인정할 수 있는 것인가?
(지방자치단체가 붕괴 위험이 있는 암벽에 대한 안전관리조치를 취하여야 한다는 법령규정은 존재하지 않는다)
(20점)

I. 문제의 소재

국가배상법 제2조에 의한 배상책임요건이 성립하기 위하여는 ① 공무원이 ② 직무를 집행하면서 ③ 고의 또는 과실로 ④ 법령을 위반하여 ⑤ 타인에게 손해를 끼쳐야 하는 바, 사안의 경우 A군 안전관리 담당 공무원은 공무원에 해당하며, 안전관리조치는 직무집행에 해당한다. 안전관리조치의 부작위로 어린이들이 사망하는 손해가 발생하였으므로 기타 요건은 충족되나, 위법성 내지 과실의 인정이 문제된다. 특히 작위의무를 규정하는 법령 규정이 존재하지 않는 경우 조리상 작위의무 인정 여부 및 사익보호성 인정 여부가 문제될 것이다.

II. 위법성 인정 여부

1. 문제점

부작위에 의해 손해가 발생한 경우에 명문으로 안전관리의무가 규정되어 있지 않은 경우 종래에는 행정편의주의적 입장에서 작위의무를 대체적으로 인정하지 않았으나, 오늘날 약품피해사건, 환경사건 등으로 대표되는 다면적 행정법관계의 영역에서 행정기관이 권한을 적절하게 행사하지 아니하여 지역주민의 생명·신체에 피해가 발생한 경우가 늘고 있고 이러한 경우 국가배상책임을 묻기 위한 작위의무 인정여부가 문제되고 있다.

2. 조리상 작위의무 인정 여부

법률에 의한 행정의 원칙에 비추어 법률상의 근거를 결하는 작위의무는 인정할 수 없다는 부정설과 국가배상책임을 민법상 불법행위책임과 성질을 같이 하는 것으로 보면서 사회통념에 근거하여 작위의무를 인정할 수 있다는 긍정설이 대립한다. 판례는 "국민의 생명, 신체, 재산 등에 대하여 절박하고 중대한 위험상태가 발생하였거나 발생할 우려가 있어서 국민의 생명, 신체, 재산 등을 보호하는 것을 본래적 사명으로 하는 국가가 초법규적, 일차적으로 그 위험 배제에 나서지 아니하면 국민의 생명, 신체, 재산 등을 보호할 수 없는 경우에는 형식적 의미의 법령에 근거가 없더라도 국가나 관련 공무원에 대하여 그러한 위험을 배제할 작위의무를 인정"한다고 판시하여 긍정설의 입장이다. 생각건대 법치행정의 목적도 인권보장이라는 점과 국가의 기본권 보호의무에 비추어 긍정설이 타당하다.

3. 조리상 작위의무의 판단기준

(1) 판 례

판례는 "공무원의 부작위로 인하여 침해된 국민의 법익 또는 국민에게 발생한 손해가 어느 정도 심각하고 절박한 것인지, 관련 공무원이 그와 같은 결과를 예견하여 그 결과를 회피하기 위한 조치를 취할 수 있는 가능성이 있는지 등을 종합적으로 고려"하여야 한다고 판시한 바 있다.

(2) 사안의 경우

사안의 경우 공터의 뒤쪽에 있는 암벽이 상층부가 하단부보다 약 1미터가량 앞으로 튀어나온 상태여서 그 형태가 붕괴 위험에 있다고 객관적으로 판단할 수 있으며, A군 공무원이 필요한 위험방지조치를 취하지 않으면 놀이터를 이용하는 어린이들의 생명, 신체에 위해를 가져올 수 있음이 명백한 경우이며, 이 경우 안전조치는 어린이들의 직접적인 법령상 이익과 관련되어 있으므로 공무원의 개입의무를 인정할 수 있다. 따라서 아무런 조치를 취하지 않은 공무원의 부작위는 조리상 작위의무 위반으로 위법성이 인정된다.

III. 과실의 인정 여부

1. 문제점

작위의무가 인정되며 공무원의 위법성이 인정된다고 하더라도 곧바로 국가배상책임이 인정되는 것이 아니며, 고의·과실의 요건 충족도 필요한 바, 설문의 경우 고의는 문제되지 않으며 과실의 인정여부가 문제된다.

2. 과실의 의의

(1) 과실의 개념

과실이란 자기의 행위로 일정한 결과가 발생할 것을 인식할 수 있었음에도 불구하고 부주의로 결과발생을 인식하지 못하고 그 행위를 하는 심리상태를 가리킨다. 과실을 객관적으로 파악하여 공무원의 위법행위로 인한 국가작용의 흠으로 완화하여 해석하는 견해도 있으나 당해 직무를 담당하는 공무원이 통상 갖추어야 할 주의의무를 해태한 것으로 보는 것이 다수설과 판례이다. 위법성은 객관적 요건이고 과실은 공무원의 주관적 요건이므로 양자는 별도의 판단을 요하며, 판례 역시 행정처분이 위법하더라도 그 자체만으로 고의 또는 과실로 인한 불법행위를 인정하지 않고 고의 또는 과실의 유무에 대한 별도의 판단을 하고 있다.

(2) 과실의 객관화 경향

전통적으로 국가배상책임에서의 과실의 의미를 가해공무원 개인의 주관적 심리상태로서의 과실로 파악하여 왔으나, 가해공무원을 특정할 수 없는 경우가 많고 과실을 입증한다는 것이 현실적으로 매우 어려운 점을 고려하여 최근 과실의 개념을 객관화하여 피해자의 구제의 폭을 넓히려는 과실의 객관화 경향이 나타나고 있다. 과실을 동일 직종의 평균적 공무원의 주의력을 기준으로 고도화된 객관적 주의의무위반으로 보는 입장 등이 이에 해당한다.

3. 사안의 경우

사안의 경우 암벽의 형태에 비추어 볼 때 객관적으로 붕괴사고가 예견되고 붕괴로 인하여 인근 주택가에 손해를 입힐 위험이 인정되며, 암벽을 보수해달라는 민원이 수차례 제기되었음에도 민원 담당 공무원 내지는 관련 공무원이 아무 조치를 취하지 않은 것은 평균적 공무원들에게 요구되는 주의의무를 게을리 한 과실이 있다고 볼 수 있다. 과실의 객관화 경향에 비추어 보더라도 개별 공무원의 주관적 과실을 고려할 필요가 없으므로 용이하게 인정될 것이다.

Ⅳ. 결 론

암벽붕괴사고에 대한 위험이 객관적으로 존재하였음에도 아무런 조치를 취하지 않은 경우 A군 공무원에게 부작위에 의한 위법성 및 과실이 인정된다. 국가배상법 제2조에 의한 국가배상책임이 인정될 것이다.

사례 086　영조물책임, 비용부담자　　[사시 2010]

甲은 공휴일을 맞아 가족과 함께 C시가 관리하는 하천으로 야유회를 갔다. 甲은 낚시를 하였고 甲의 자녀들은 물놀이를 하였다. 그 전에도 甲의 가족은 이 하천에 물놀이를 수차례 한 바 있다. 그런데 최근 하천 준설공사로 인하여 수심이 이전보다 매우 깊어져 있던 관계로 甲의 아들 乙이 수영 중 익사하고 말았다. 하천에는 위험을 알리는 표지판이나 사람의 출입을 금하는 철망 등의 시설도 없었다. 그리고 준설공사 이전에는 홍수 때가 아니면 어린이가 익사할 만큼 깊지도 않았다. 甲이 C시를 상대로 「국가배상법」 제 5조에 근거하여 배상을 청구하는 경우 제기될 수 있는 법적 쟁점을 설명하시오.(20점)

I. 문제의 소재

하천 준설공사로 인하여 하천의 수심이 매우 깊어진 상태에서 甲의 아들 乙이 수영 중 익사한 사안에서 국가배상법 제5조에 따른 배상책임을 물을 수 있는지와 관련하여, 먼저 국가배상청구권의 법적 성질에 따라 관할법원이 문제되고, 제5조의 요건 충족 여부가 문제되며, 제5조에 따른 배상책임이 인정될 경우 제2조와의 경합 및 C시와 국가 간의 배상책임이 문제된다.

II. 국가배상청구소송의 관할

국가배상청구소송을 어느 관할법원에 제기해야 하는지는 국가배상청구권의 법적성질에 따라 달라진다. 즉 국가배상청구권을 공권으로 볼 경우 국가배상청구소송은 당사자소송으로 행정법원에 제기하면 되나, 대법원 판례와 같이 국가배상청구권을 사권으로 볼 경우 민사법원에 민사소송을 제기하게 된다.

III. 국가배상법 제5조의 요건 충족 여부

1. 국가배상법 제5조의 요건

국가배상법 제5조 제1항에서는 ① 도로·하천, 그 밖의 공공의 영조물의 ② 설치 또는 관리에 하자가 있어서 ③ 타인에게 손해를 발생하게 한 경우 국가나 지방자치단체는 그 손해를 배상하여야 한다고 규정하고 있다. 이하 제5조에 의한 국가배상책임이 인정되기 위한 요건을 하나씩 검토한다.

(1) 공공의 영조물

국가배상법 제5조에서의 공공의 영조물은 강학상 영조물을 의미하는 것이 아니라 공물을 의미한다. 판례 역시 공공의 영조물이란 "국가 또는 지방자치단체에 의하여 특정 공공의 목적에 공여된 유체물 내지 물적 설비"라고 판시한바, 공물이 배상책임의 물적 대상이 되어야 함을 보여주고 있다.

(2) 설치 또는 관리의 하자

1) 학 설

영조물의 설치 또는 관리의 하자의 의미와 관련하여 ① 설치 관리의 하자를 공물 자체가 항상 갖추어야 할 객관적인 안전성의 결여로 보아 제5조의 책임을 무과실책임으로 보는 객관설, ② 관리자의 영조물에 대한 안전관리의무위반 내지 사고방지의무위반에 기인한 물적 위험상태로 보아 관리자의 주관적 귀책사유를 요하는 주관설, ③ 객관적 하자와 관리자의 의무위반을 모두 고려하는 절충설, ④ 제5조의 책임을 행위책임으로 보고 안전의무를 위반함으로서 발생한 손해에 대한 행정주체의 위법 무과실 책임으로 보는 위법·무과실책임설 등의 학설이 대립한다.

2) 판 례

판례는 영조물 자체가 통상 갖추어야 할 안전성을 갖추지 못한 상태에 있는 것이라고 하여 객관설을 전제로 하면서도 안전성의 구비 여부를 판단함에 있어서는 사회통념상 일반적으로 요구되는 정도의 방호조치의무를 다하였는지 여부를 기준으로 삼아야 하며, 손해발생의 예견가능성과 회피가능성이 없는 경우 즉 그 영조물의 결함이 영조물의 설치·관리자의 관리행위가 미칠 수 없는 상황 아래에 있는 경우임이 입증되는 경우라면 영조물의 설치·관리상의 하자를 인정할 수 없다는 판시를 하고 있다.

3) 검 토

생각건대 주관설은 고의·과실을 요하지 않는 법문언에 반할 뿐만 아니라 피해자 구제범위가 제한되는 문제가 있으며, 관리자의 의무위반으로 발생한 손해는 제2조에 의해서도 충분히 전보받을 수 있다는 점에서 절충설도 문제가 있으므로 객관설이 타당하다. 다만 구체적인 사안에서 면책사유를 인정하여 공물의 관리주체의 책임범위를 조정하는 것으로 구체적 타당성을 꾀하여야 할 것이다.

(3) 타인의 손해 발생 및 인과관계의 존재

국가배상책임이 인정되기 위해서 설치 및 관리의 하자가 타인에게 손해를 발생시키며 양자 간에 상당인과관계가 존재하여야 한다.

2. 면책사유

면책사유로는 불가항력, 예산부족이 거론된다. 예측가능성 및 회피가능성이 없는 불가항력적인 재해일 경우 그 영조물의 관리청에게 책임을 물을 수 없다. 예산부족은 안정성을 판단하는데 참작사유에 해당될지언정 안정성을 결정지을 절대적 요건은 아니라고 보아야 한다. 한편, 피해자에게 과실이 있었던 경우 피해자의 과실에 의해 확대된 손해의 한도 내에서 국가등의 책임이 부분적으로 감면되며, 피해자가 위험이 형성된 후 위험지역으로 이주하여 위험에 접근한 경우에는 위험에의 접근이론에 따라 손해배상책임이 감면될 수 있다.

3. 입증책임

일설은 일응추정의 법리를 원용하여 피해자가 영조물로 인하여 손해가 발생하였음을 입증하면 하자의 존재가 추정된다고 주장하나, 판례는 하자의 입증책임을 피해자에게 치우고 있으며, 다만 관리주체에게 관리가능성이 없었다는 것은 관리주체가 입증해야 한다는 입장이다.

4. 사안의 경우

사안의 경우 준설공사로 수심이 이전보다 매우 깊어져 익사의 위험이 있는 것은 통상 갖추어야 할 안전성을 결여한 것이므로 객관설에 입각할 때 영조물의 관리상의 하자가 존재한다. 한편 하천 준설공사로 수심이 깊어진 것이므로 C시는 그로 인한 위험성을 예견할 수 있다고 보아야 하므로 위험발생의 예견가능성, 회피가능성이 있어 불가항력이 존재하지 않는다. 따라서 면책사유도 인정되지 않는다.

한편 乙이 익사한 것은 甲에게 손해가 발생한 것이며 하자와 손해발생 사이에 상당인과관계가 인정되는 바, 甲은 이를 입증함으로써 손해배상을 청구할 수 있다.

Ⅳ. 국가배상법 제5조와 제2조의 경합

사안의 경우 하천의 관리상의 하자와 공무원이 위험을 알리는 표지판이나 출입을 금하는 철망 등의 시설을 설치하지 않은 직무상 불법행위가 경합하므로 제5조 외에 제2조의 책임 여부도 문제된다. 판례와 학설에 의하면 영조물하자와 공무원의 위법한 직무집행행위가 경합하는 경우 피해자는 제2조와 제5조 어느 규정에 의해서도 배상청구할 수 있는 바, 제5조의 설치·관리의 하자를 객관설로 이해하고 제2조 및 제5조 책임이 경합한다고 보는 것이 타당하다. 그러나 피해자의 입장에서는 입증책임 면에서 제5조 책임을 묻는 것이 유리할 것이다.

Ⅴ. 배상책임자

1. 국가배상법 제2조, 제5조, 제6조의 배상책임자

국가배상법 제2조, 제5조는 국가배상책임의 주체를 국가나 지방자치단체로 규정하고 있다. 국가나 지방자치단체가 자신의 사무를 수행하면서 국가배상책임을 져야 하는 경우 책임주체를 규정하고 있는 것이다.

그런데 국가배상법 제6조 제1항은 공무원의 선임·감독자, 영조물의 설치·관리자 외에 비용부담자도 손해배상책임을 진다고 규정하고 있는데, 이때 비용부담자의 의미에 대해 학설은 실질적 비용부담자설, 형식적 비용부담자설, 병존설 등이 대립한다. 판례는 국가사무인 감차처분사무가 천안시장에게 기관위임된 경우에 경비에 대한 실질적 궁극적 부담자는 국가라고 하더라도 천안시는 국가로부터 내부적으로 교부된 금원으로 그 사무에 필요한 경비를 대외적으로 지출하는 자이므로 제6조 1항 소정의 비용부담자에 해당된다고 보아 병존설의 입장이다. 생각건대 내부적인 사정에 의하여 피해자의 권리구제가 어려워지는 것은 문제가 있으며 피해자 보호 측면에서 병존설이 타당할 것이다.

2. 사안의 경우

사안의 하천이 국유하천인 경우에는 C시의 하천 관리는 국가로부터 위임받은 기관위임사무[1]가 되는데, 이 경우 甲은 병존설에 입각하여 국가 또는 C시를 상대로 배상청구하는 것이 가능하다. 한편 하천이 지방하천이라면 그 관리는 C시의 자치사무에 해당하므로, 甲은 C시를 상대로 배상청구가 가능할 것이다.

Ⅵ. 결 론

사안의 경우 국가배상법 제5조의 요건을 모두 충족하므로 제5조에 따른 국가배상책임을 민사소송으로 제기할 수 있다. 제2조와 제5조에 따른 배상책임이 경합 가능하나 피해자의 구제는 제5조에 따른 구제가 용이할 것이다. 지방하천인지 국유하천인지에 따라 국가의 손해배상책임의 여부가 달라지지만 어느 경우이든 C시는 손해배상책임이 있다.

---

[1] C시가 관리한다고 지문에 나와 있지만 C시장에게 위임이 된 것으로 보아야 할 것이다.

사례 087 　영조물책임, 기능적 하자, 비용부담자　　　　[행시 2019]

A광역시는 2010. 5. 10. 시도인 X도로를 개설하였고, 도로의 관리권한을 B구청장에게 위임하였다. X도로는 빈번한 차량 통행으로 인해 환경법령상 기준을 현저히 초과하는 소음이 상시적으로 발생되고 있다. 甲은 2005. 1. 1.부터 X도로와 인접한 지역에서 거주하고 있고, 乙은 2014. 5. 1.부터 X도로와 인접한 지역으로 이주하여 거주하고 있다. 甲과 乙은 X도로의 도로소음으로 인하여 정상적인 생활이 곤란할 정도로 생활상 및 정신적 피해가 크다는 이유로「국가배상법」에 따른 손해배상청구소송을 제기하였다. (총 30점)
1) 위 사안에서「국가배상법」에 따른 손해배상책임의 주체에 대하여 논하시오. (15점)
2) 피고는 甲에 대한 배상책임은 인정하면서도 乙에 대해서는 X도로의 개통 이후 이주하였음을 이유로 배상책임을 부인하고 있다. 피고 주장의 당부를 판단하시오. (15점)

[설문 1)] 국가배상법에 따른 손해배상책임의 주체 (15점)

Ⅰ. 문제의 소재

광역시도인 X도로의 관리권한을 광역시장이 구청장에게 위임한 경우 X도로 관리사무의 법적 성격이 문제되고, X도로의 도로소음으로 인한 손해에 대한 손해배상책임의 주체가 누구인지 문제된다. 특히 B구가 비용부담자로서 책임을 지는지 문제되는데 국가배상법 제5조 및 6조와 관련하여 검토한다.

Ⅱ. X도로 관리사무의 법적 성질

1. 사무의 구별기준

해당 사무가 자치사무인지 위임사무인지 문제되는 경우 판례는 그 구별기준으로 "법령의 규정형식과 취지를 우선 고려하여야 하지만 그 외에도 그 사무의 성질이 전국적으로 통일적인 처리가 요구되는 사무인지 여부나 그에 관한 경비부담과 최종적인 책임귀속의 주체 등도 아울러 고려하여야 한다"고 판시하고 있다.

2. 사안의 해결

X도로는 광역시도로서 X도로의 관리사무는 본래 광역시의 사무이나 B구청장에게 위임한 것이므로 기관위임사무에 해당한다. 기관위임이 있더라도 사무의 귀속주체는 변경되지 않으므로 여전히 위임주체인 광역시가 사무의 귀속주체이다.

Ⅲ. 국가배상법상 손해배상책임의 주체

1. 제5조의 배상책임자

국가배상법 제2조, 제5조는 국가배상책임의 주체를 국가나 지방자치단체로 규정하고 있다. 국가나 지방자치단체가 자신의 사무를 수행하면서 국가배상책임을 져야 하는 경우 책임주체를 규정하고 있는 것이다. X도로는 국가배상법 제5조의 영조물(강학상 공물)에 해당하고, 영조물의 설치·관리자는 책임의 주체를 의미한다. 기관위임을 하더라도 사무의 귀속주체인 위임주체가 설치·관리자에 해당하므로 A광역시는 국가배상법 제5조에 의하여 책임의 주체가 된다.

2. 제6조 1항의 비용부담자

국가배상법은 국가나 지방자치단체가 손해를 배상할 책임이 있는 경우에 공무원의 선임·감독 또는 영조물의 설치·관리를 맡은 자와 공무원의 봉급·급여, 그 밖의 비용 또는 영조물의 설치·관리 비용을 부담하는 자가 동일하지 아니하면 그 비용을 부담하는 자도 손해를 배상하여야 한다고 규정하고 있다(제6조 제1항).

비용부담자의 의미에 대해 견해대립이 있다. 학설은 ① 비용의 실질적·종국적 부담자를 의미한다는 실질적 비용부담자설 ② 외관상 대외적으로 비용을 지출하는 자라고 보는 형식적 비용부담자설, ③ 피해자의 잘못된 피고선택의 위험을 배제하기 위해 두 비용부담자를 모두 포함한다는 병존설(다수설)이 대립한다. 판례는 국가사무인 감차처분사무가 천안시장에게 기관위임된 경우에 경비에 대한 실질적 궁극적 부담자는 국가라고 하더라도 천안시는 국가로부터 내부적으로 교부된 금원으로 그 사무에 필요한 경비를 대외적으로 지출하는 자이므로 제6조 1항 소정의 비용부담자에 해당된다고 보아 형식적 비용부담자를 포함하는 해석을 하고 있는데 일반적으로 병존설로 평가되고 있다.

생각건대 내부적인 사정에 의하여 피해자의 권리구제가 어려워지는 것은 문제가 있으며 피해자 보호 측면에서 병존설이 타당하다.

3. 제6조 2항의 최종적 배상책임자

국가배상법 제6조 2항은 궁극적인 배상책임자에 대한 구상문제를 규정하고 있으나, 궁극적인 배상책임자가 누구인지 명확히 밝히고 있지 않아서 사무의 관리주체와 비용부담자가 서로 다른 경우 '내부관계에서 손해배상의 책임이 있는 자'가 누구를 의미하는가에 대하여 견해 대립이 있다.

학설은 ① 책임의 원칙에 비추어 관리주체가 손해를 방지할 수 있는 지위에 있으므로, 사무로 인하여 이익을 보는 자는 그로 인해 발생하는 비용도 부담하여야 한다고 한다는 관리주체설(사무귀속자설), ② 관리비용에는 손해배상금도 포함되므로 당해 사무의 비용을 부담하는 자가 최종적인 책임을 진다는 비용부담주체설, ③ 기여도설은 실제 손해발생에 기여한 자가 손해발생의 기여도에 따라 기여한 만큼 배상책임을 진다는 기여도설이 대립한다.

판례는 광역시가 점유 관리하던 일반국도 중 일부 구간의 포장공사를 국가가 대행하여 광역시에 도로의 관리를 이관하기 전에 교통사고가 발생한 경우, 광역시와 국가 모두가 국가배상법 제6조 제2항 소정의 궁극적으로 손해를 배상할 책임이 있는 사이며, 광역시와 국가의 내부적인 부담 부분은, 그 도로의 인계·인수 경위, 사고의 발생 경위, 광역시와 국가의 그 도로에 관한 분담비용 등 제반 사정을 종합하여 결정함이 상당하므로 광역시와 국가가 중첩적으로 책임을 진다고 판시하였는데, 판례의 입장은 영조물의 점유자, 관리주체 및 비용부담주체가 공동으로 책임을 지도록 하는 기여도설로 평가되기도 하나, 대상 사건은 국가와 지방자치단체가 모두 점유자, 관리자, 비용부담자로서의 책임을 중첩적으로 지는 예외적인 경우로서 일반화하기는 어려울 것이다.

생각건대, 배상책임은 손해발생에 원인을 제공한 자가 져야 하고, 공동의 불법행위가 있는 경우에는 손해발생에 기여한 정도에 따라 배상책임을 져야 하므로 기여도설이 타당하다. 제6조2항의 종국적 비용부담자의 개념을 관리자 또는 비용부담자의 어느 한 유형으로 한정할 필요는 없으며, 판례의 입장처럼 개별적인 사정을 반영하여(손해발생의 기여도, 비용부담의 비용등을 모두 고려) 구체적인 타당성을 도모하는 것이 타당하다.

4. 사안의 경우

도로법에 의하면 광역시도는 노선을 인정한 광역시장이 관리청이고 광역시가 실질적으로 비용을 부담하도록 되어 있다 (제23조 1항, 제85조 1항). 사안은 A광역시장이 B구청장에게 관리권한을 기관위임한 경우인데 이 경우 A광역시는 위임자로서 경비를 부담하여야 하므로(지방자치법 제158조, 지방재정법 제21조) 실질적 비용부담자는 여전히 A광역시이다.

B구는 내부적으로 교부받은 금원으로 광역시도를 관리하는 자로서 대외적으로 비용을 부담하고 있으므로 형식적비용부담자에 해당한다. 병존설에 의하면 사무의 귀속주체인 A광역시와 비용부담자인 B구가 다른 경우에 해당하므로 B구도 국가배상법 제6조1항에 의해서 국가배상책임을 지게 된다.[1]

그러나 기여도설에 의하면 B구와 A광역시 중에서 최종적인 배상책임은 B구와 A광역시가 손해에 기여한 바에 따라 결정된다.

IV. 사안의 해결

A광역시는 사무의 귀속주체로서 국가배상법 제5조에 의한 배상책임의 주체가 되고[2], B구는 국가배상법 제6조1항의 비용부담자로서 국가배상책임의 주체가 된다. 최종적인 배상책임은 B구와 A광역시가 손해에 기여한 바에 따라 결정된다.

[설문 2)] 피고 주장의 당부 (15점)

I. 문제의 소재

국가배상법 제5조의 요건이 충족되어 甲과 乙에 대한 손해배상책임이 인정되는지? 乙에 대해서는 X도로 개설 후에 이주하였다는 점에서 면책사유가 존재하는지 문제된다.

II. 국가배상법 제5조의 손해배상책임

1. 국가배상법 제5조의 요건

   (1) 공공의 영조물

   (2) 설치 또는 관리의 하자

   (3) 타인의 손해 발생 및 인과관계의 존재

2. 기능적 하자

   영조물의 설치·관리의 하자를 판단함에 있어서 판례는 영조물을 구성하는 물적 시설 자체에 있는 물리적·외형적 흠결이나 불비가 있는 경우 뿐만 아니라 도로가 공공의 목적에 이용됨에 있어 이용 상태 및

---

[1] 판례 중에는 도로관리청이 관리업무를 기관위임한 경우 수임청이 속한 자치단체가 도로법에 의한 관리비용부담자가 된다는 판례(대판 1996.2.24. 94다57671. 여의도광장사건)가 있는데 동 판례는 도로법 해석에 오해가 있는 판례로 생각된다. 동 판례에 의하면 사안의 B구가 실질적 비용부담자가 되는데, 실질적 비용부담은 A광역시가 되는 것이 타당하다.
[2] A광역시도 실질적 비용부담자로서 제6조에 의한 책임을 진다는 견해도 있으나, 제6조는 설치·관리자(사무의 귀속주체)와 설치·관리비용부담자가 다른 경우 비용부담자가 책임을 지는 근거이므로 A광역시는 설치·관리자로서 제5조에 의한 책임을 지면 족함.

정도가 일정한 한도를 초과하여 제3자에게 사회통념상 수인할 것이 기대되는 한도를 넘는 피해를 입힌 경우에도 설치·관리의 하자에 해당한다고 하여 이른바 기능적 하자(이용상 하자)는 인정하고 있다.

3. 면책사유

면책사유로는 불가항력, 예산부족이 거론된다. 예측가능성 및 회피가능성이 없는 불가항력적인 재해일 경우 그 영조물의 관리청에게 책임을 물을 수 없다. 예산부족은 안정성을 판단하는데 참자사유에 해당될지언정 안정성을 결정지을 절대적 요건은 아니라고 보아야 한다. 한편, 피해자에게 과실이 있었던 경우 피해자의 과실에 의해 확대된 손해의 한도 내에서 국가등의 책임이 부분적으로 감면되며, 피해자가 위험이 형성된 후 위험지역으로 이주하여 위험에 접근한 경우에는 위험에의 접근이론에 따라 손해배상책임이 감면될 수 있다.

III. 사안의 해결

X도로는 행정주체에 의해서 직접 행정목적에 제공된 강학상 공물에 해당한다. 일반공중의 사용에 제공된 공공용물에 해당한다. 따라서 국가배상법 제5조의 영조물에 해당한다.

설치·관리의 하자가 있는지와 관련하여 X도로의 물리적·외형적 흠결이나 불비가 있는 경우는 아니나, 기능적 하자를 인정하는 판례의 입장에 의하면 X도로의 소음으로 인하여 甲과 乙이 정상적인 생활이 곤란할 정도로 생활상·정신적 피해가 크므로 X도로의 설치·관리의 하자로 인하여 손해를 입었고 상당인과관계도 인정할 수 있을 것이다.

그러나 甲과 달리 乙은 X도로의 개통 이후 이주하였다는 점에서 乙에 대한 책임이 면책될 수 있는지가 문제된다. 소음과 같은 공해 등의 위험지역으로 이주하여 들어가서 거주하는 경우와 같이 위험의 존재를 인식하면서 그로 인한 피해를 용인하며 접근한 것으로 볼 수 있는 경우에, 그 피해가 직접 생명이나 신체에 관련된 것이 아니라 정신적 고통이나 생활방해의 정도에 그치고 그 침해행위에 고도의 공공성이 인정되는 때에는, 위험에 접근한 후 실제로 입은 피해 정도가 위험에 접근할 당시에 인식하고 있었던 위험의 정도를 초과하는 것이거나 위험에 접근한 후에 그 위험이 특별히 증대하였다는 등의 특별한 사정이 없는 한 가해자의 면책을 인정하여야 하는 경우도 있을 수 있을 것이나, 일반인이 공해 등의 위험지역으로 이주하여 거주하는 경우라고 하더라도 위험에 접근할 당시에 그러한 위험이 존재하는 사실을 정확하게 알 수 없는 경우가 많고, 그 밖에 위험에 접근하게 된 경위와 동기 등의 여러 가지 사정을 종합하여 그와 같은 위험의 존재를 인식하면서 굳이 위험으로 인한 피해를 용인하였다고 볼 수 없는 경우에는 손해배상액의 산정에 있어 형평의 원칙상 과실상계에 준하여 감액사유로 고려하는 것이 상당하다.[3]

乙은 X도로의 개통 이후에 이주하여 소음으로 인한 피해를 용인하며 접근한 것으로 볼 수 있고, 소음피해가 생활방해에 그친다면 손해배상책임이 부정될 것이나, 乙이 위험의 존재를 인식하면서 피해를 용인하였다고 볼 수 없는 경우에는 손해배상액의 산정에서 과실상계에 준해서 감액사유로 고려하여야 한다. 피고의 주장은 乙의 위험에 대한 인식·용인 여부에 따라 타당성이 좌우될 것이다.

---

[3] 대판 2005.1.27, 2003다49566

사례 088　이중배상금지　　　　　　　　　　　　　　　　　　　　　　　　　　[변시 2019]

　　丙은 현역병으로 입대하여 4주간의 군사훈련을 받은 후 의무경찰로 복무하던 중 허가 없이 휴대전화를 부대로 반입하여 이를 계속 소지·사용하였다는 사유로 경찰공무원 징계위원회에 회부되었고, 이러한 사유가 「의무경찰 관련규칙」 제94조 제1호(법령위반), 제5호(명령불복종), 제12호(기타 복무규율 위반)에 해당한다는 이유로 영창 15일의 징계처분을 받았다.

2. 丙은 영창 15일의 징계처분을 받은 후 소청심사를 청구하였다. 소청심사청구로 인해 「의무경찰대 설치 및 운영에 관한 법률」 제6조 제2항 단서의 규정에 따라 영창처분의 집행이 정지되었고, 이후 丙의 복무기간이 만료되었다. 그러나 경찰청장은 영창기간은 복무기간에 산입하지 아니한다는 같은 법률 제2조의5 제1항 제2호와 영창처분을 받은 경우 퇴직을 보류한다는 같은 법률 시행령 제34조의2 제4호에 따라 퇴직발령을 아니하였고, 소청심사청구가 기각되자 15일의 영창처분을 집행한 후에야 퇴직발령을 하였다. 이에 丙은 경찰청장이 법령을 잘못 해석하여 퇴직발령을 하지 아니한 결과 자신이 복무기간을 초과하여 복무하는 손해를 입었으므로, 국가는 「국가배상법」상 배상책임이 있다고 주장한다. 丙의 이러한 주장에 대해 국가는 "丙은 의무경찰대원이므로 「국가배상법」 제2조 제1항 단서에 의해 배상청구를 할 수 없다."라고 항변한다. 丙의 주장과 국가의 항변이 타당한지 각각 검토하시오. (30점)

[참고조문]
「의무경찰대 설치 및 운영에 관한 법률」
제2조의5(휴직자 등의 전환복무기간 계산 등)
　① 다음 각 호의 기간은 「병역법」 제25조 제1항에 따라 전환복무된 의무경찰대 대원의 전환복무기간에 산입하지 아니한다.
　　1. <생략>
　　2. 정직 및 영창(營倉) 기간
　　3. <생략>
제5조(징계)
　① 의무경찰에 대한 징계는 강등, 정직, 영창, 휴가 제한 및 근신(謹愼)으로 하고, 그 구체적인 내용은 다음 각 호와 같다.
　　1. 강등: 징계 당시 계급에서 1계급 낮추는 것
　　2. 정직: 1개월 이상 3개월 이하의 기간 동안 의무경찰의 신분은 유지하나 직무에 종사하지 못하게 하면서 일정한 장소에서 비행(非行)을 반성하게 하는 것
　　3. 영창: 15일 이내의 기간 동안 의무경찰대·함정(艦艇) 내 또는 그 밖의 구금장소(拘禁場所)에 구금하는 것
　　4. 휴가 제한: 5일 이내의 범위에서 휴가일수를 제한하는 것. 다만, 복무기간 중 총 제한일수는 15일을 초과하지 못한다.
　　5. 근신: 15일 이내의 기간 동안 평상근무에 복무하는 대신 훈련이나 교육을 받으면서 비행을 반성하게 하는 것
　② 영창은 휴가 제한이나 근신으로 그 징계처분을 하는 목적을 달성하기 어렵고, 복무규율을 유지하기 위하여 신체 구금이 필요한 경우에만 처분하여야 한다.
제6조(소청)
　① 제5조의 징계처분을 받고 처분에 불복하는 사람의 소청(訴請)은 각기 소속에 따라 해당 의무경찰대가 소속된 기관에 설치된 경찰공무원 징계위원회에서 심사한다.

② 제1항에 따른 심사를 청구한 경우에도 이에 대한 결정이 있을 때까지는 해당 징계처분에 따라야 한다. 다만, 영창처분에 대한 소청 심사가 청구된 경우에는 이에 대한 결정이 있을 때까지 그 집행을 정지한다.

제8조(보상 및 치료)
① 의무경찰대의 대원으로서 전투 또는 공무수행 중 부상을 입고 퇴직한 사람과 사망(부상으로 인하여 사망한 경우를 포함한다)한 사람의 유족은 대통령령으로 정하는 바에 따라 「국가유공자 등 예우 및 지원에 관한 법률」 또는 「보훈보상대상자 지원에 관한 법률」에 따른 보상 대상자로 한다.
② 의무경찰대의 대원이 전투 또는 공무수행 중 부상하거나 질병에 걸렸을 때에는 대통령령으로 정하는 바에 따라 국가 또는 지방자치단체의 의료시설에서 무상으로 치료를 받을 수 있다.

「의무경찰대 설치 및 운영에 관한 법률 시행령」
제34조의2(퇴직 보류) 임용권자는 의무경찰이 다음 각 호의 어느 하나에 해당하는 경우에는 퇴직 발령을 하지 아니할 수 있다.
1. ~ 3. <생략>
4. 정직 또는 영창 처분을 받은 경우
5. <생략>

[설문 2-2] 의무경찰의 국가배상청구 가능 여부(30점)

I. 문제의 소재

丙의 주장이 타당하기 위해서는 국가배상법 제2조의 요건을 충족하여야 하는데, 경찰청장의 퇴직보류처분이 丙의 주장처럼 잘못된 법령해석에 기인한 것이어서 위법한지 여부가 특히 문제된다. 국가의 항변이 타당하기 위해서는 '의무경찰'도 국가배상법 제2조 단서의 '경찰공무원'에 해당하는지 여부 및 '초과복무'라는 丙의 손해가 국가배상청구가 배제되는 손해에 해당하는지 여부가 문제되므로 이를 중심으로 검토한다.

II. 丙의 주장의 타당성

1. 국가배상법상의 배상 요건

국가배상법 제2조는 국가배상요건으로 ① 공무원이 ② 직무를 집행하면서 ③ 고의 또는 과실로 ④ 법령을 위반하여, ⑤ 타인에게 손해를 입히고, 가해행위와 손해발생 사이에 인과관계가 존재할 것을 요구하고 있다.

2. 丙에 대한 국가의 배상책임 인정 여부

(1) 공무원

국가배상법상 공무원은 공무원법상의 공무원뿐 아니라 공무를 위탁받은 사인도 포함하는 최광의의 공무원을 뜻한다. 퇴직보류처분을 한 경찰청장은 공무원에 해당한다.

(2) 직무 집행행위

직무에는 권력작용과 관리작용은 포함되지만 사경제 주체로서의 작용은 제외된다. 또한 공무원의 가해행위가 직무를 집행하면서 행해져야만 국가배상책임이 인정되며, 직무집행행위 해당 여부에 대한 판단은 외형설에 의한다.

丙에 대한 경찰청장의 퇴직보류처분은 '의무경찰대 설치 및 운영에 관한 법률 시행령' 제34조의2 제4호(이하 '법 시행령 제4호'라 한다)에 따른 것으로서, 이는 외관상으로는 물론 실질적으로도 직무 집행행위에 해당한다.

(3) 고의 또는 과실

여기서 과실이란 공무원이 그 직무를 수행하면서 당해직무를 담당하는 평균적 공무원이 통상 갖추어야 할 주의의무를 위반한 것을 말한다.

丙은 '법 시행령 제4호'의 '영창 처분을 받은 경우'에 해당하며, 의무경찰이 '영창 처분'을 받은 경우에는 퇴직 발령을 하지 않을 수 있다는 '법 시행령 제4호'에 따라 경찰청장이 丙에 대해 퇴직보류처분을 한 것은 평균적 공무원이면 누구나 이와 같이 해석하여 동일한 처분을 할 것으로 예상할 수 있으므로 경찰청장은 법령을 적법하게 해석하여 집행한 것이다. 따라서 경찰청장의 퇴직보류처분은 주의의무를 위반하여 법령을 잘못 해석한 것에 기인한 것으로 볼 수 없으므로 고의나 과실이 인정되지 않는다.

(4) 법령위반

대법원은 "국가배상책임은 공무원의 직무집행이 법령에 위반한 것임을 요건으로 하는 것으로서, 공무원의 직무집행이 법령이 정한 요건과 절차에 따라 이루어진 것이라면 특별한 사정이 없는 한 이는 법령에 적합한 것이고 그 과정에서 개인의 권리가 침해되는 일이 생긴다고 하여 그 법령적합성이 곧바로 부정되는 것은 아니다"(대판 2000.11.10. 2000다26807)고 하고 있으며, 특히 재량행위의 불행사가 위법한지 여부에 대해 "그것이 객관적 정당성을 상실하여 현저하게 불합리하다고 인정되지 않는다면 그와 다른 조치를 취하지 아니한 부작위를 내세워 국가배상책임의 요건인 법령 위반에 해당한다고 할 수 없다"(대판 2008.4.24. 2006다32132)고 한다.

경찰청장의 퇴직보류처분은 '영창기간은 복무기간에 산입하지 아니한다'는 '의무경찰대 설치 및 운영에 관한 법률'(이하 '의무경찰대법'이라 한다) 제2조의5 제1항 제2호 및 영창처분을 받은 경우 퇴직발령을 하지 않을 수 있다고 규정한 '법 시행령' 제4호의 요건에 따른 것이며, 또한 영창기간동안 퇴직을 보류한 행위가 객관적 정당성을 상실하여 현저하게 불합리하다고 볼 수 없으므로 퇴직보류처분이 법령에 위반된다고 할 수 없다.

(5) 타인의 손해발생 및 인과관계의 존재

타인이란 가해 공무원과 그 행위에 가담한 사람을 제외한 모든 피해자를 말한다. 丙은 타인에 해당하며, 퇴직이 보류된 기간만큼 초과복무라는 손해가 丙에게 발생하였다. 그리고 초과복무라는 손해는 퇴직보류처분으로 인한 것이므로 인과관계도 인정된다.

3. 사안의 경우

경찰청장의 퇴직보류처분은 잘못된 법령해석에 기인한 것도 아니며 객관적 정당성을 상실하여 현저히 불합리한 것도 아니므로 국가배상법상의 배상 요건을 갖추지 못한 것이다. 따라서 丙에 대한 국가배상책임은 인정되지 않는다.

III. 국가의 항변의 타당성

1. 국가배상법 제2조 제1항 단서의 요건

丙의 국가배상청구권을 부정하는 국가의 주장이 타당하기 위해서는 국가배상청구권이 배제되는 요건을 규정하고 있는 국가배상법 제2조 제1항 단서의 요건을 갖추어야 한다. 즉 ① 丙이 군인·군무원·경찰공무원 또는 예비군대원(이하 '군인 등'이라 한다)이며, ② 丙이 입은 손해가 전투·훈련 등 직무집행과 관련하여 전사·순직 또는 공상의 손해에 해당하고, ③ 丙 본인(또는 유족)이 다른 법령의 규정에 의하여 보상을 지급받을 수 있으면 丙이 국가배상을 청구할 수 없다는 국가의 주장이 타당할 것이므로 이를 검토한다.

2. 丙의 국가배상청구 가능 여부

(1) '경찰공무원' 해당 여부

국가배상법 제2조 단서는 국가배상청구가 인정되지 않는 피해자로 군인·군무원·경찰공무원 또는 예비군대원을 규정하고 있다.

이 '경찰공무원'의 의미에 대해 대법원은 "국가배상법 제2조 제1항 단서 소정의 <u>'경찰공무원'</u>이 '경찰공무원법상 경찰공무원'에 한정된다고 단정하기 어렵고, 오히려 경찰업무의 위험성을 고려하여 '경찰조직의 구성원을 이루는 공무원'을 특별취급하려는 것으로 보아야 할 것이므로 <u>전투경찰순경</u>[1]은 국가배상법 제2조 제1항 단서 소정의 '경찰공무원'에 해당한다"(대판 1995. 3. 24, 94다25414)고 하였으며, 헌법재판소도 "<u>국가배상법 제2조 제1항 단서 중의 '경찰공무원'</u>은 '경찰공무원법상의 경찰공무원'만을 의미한다고 단정하기 어렵고, 널리 경찰업무에 내재된 고도의 위험성을 고려하여 '경찰조직의 구성원을 이루는 공무원'을 특별 취급하려는 취지로 파악함이 상당하므로 <u>전투경찰순경은 헌법 제29조 제2항 및 국가배상법 제2조 제1항 단서 중의 '경찰공무원'</u>에 해당한다"(헌재 1996. 6. 13, 94헌마118)고 하였다.

따라서 '<u>의무경찰</u>' 丙은 국가배상청구권이 제한되는 '경찰공무원'에 해당한다.

(2) '군인 등'이 전투·훈련과 관련하여 전사·순직 또는 공상의 손해를 받았을 것

공무원 등의 직무집행으로 인하여 '군인 등'이 입은 모든 손해에 대하여 국가배상의 청구가 배제되는 것이 아니라 전투·훈련 등 직무집행과 관련하여 입은 전사·순직 또는 공상의 손해만이 배제된다.

판례는 국가배상법 제2조 제1항 단서의 '전투·훈련 등 직무 집행'에 대해 "<u>전투·훈련 또는 이에 준하는 직무집행뿐만 아니라 일반 직무집행에 관하여도 국가나 지방자치단체의 배상책임을 제한하는 것</u>"(대판 2011. 3. 10. 2010다85942)으로 보고 있다. 이러한 판례의 견해는 개정된 국가배상법 제2조 제1항 단서의 적용범위를 개정 이전과 마찬가지로 해석하는 것으로서 타당하다고 보기 어렵다.

물론 판례의 견해에 따르는 경우에도 경찰청장의 '퇴직보류처분'으로 인하여 丙이 입은 손해는 '전사·순직 또는 공상'의 손해가 아니라 '초과 복무'라는 손해이므로 국가배상청구가 배제되지 않는 손해이다.

(3) 본인 또는 유족이 다른 법령의 규정에 의하여 보상을 지급받을 수 있을 것

본인 또는 유족이 다른 법령의 규정에 의하여 보상을 지급받을 수 없으면 국가배상청구가 인정된다. '의

---

[1] '의무경찰대 설치 및 운영에 관한 법률'이 제정·시행되면서 '전투경찰순경'이라는 용어가 '의무경찰'로 변경되었다. [의무경찰대 설치 및 운영에 관한 법률 부칙<법률 제13425호, 2015. 7. 24.> 제1조(시행일) 이 법은 공포 후 6개월이 경과한 날부터 시행한다. 제4조(전투경찰순경 등에 대한 경과조치) 이 법 시행 당시 종전의 규정에 따라 전환복무된 전투경찰순경은 이 법에 따른 의무경찰로 보고, 전투경찰대 대원은 이 법에 따른 의무경찰대 대원으로 본다.]

무경찰대 설치 및 운영에 관한 법률'에 의하면, 의무경찰이 전투 또는 공무수행 중 사망하거나 부상을 입은 경우에는 본인 또는 유족이 '의무경찰대법', '국가유공자 등 예우 및 지원에 관한 법률' 또는 '보훈보상대상자 지원에 관한 법률' 등에 의하여 보상 및 치료를 받을 수 있도록 규정하고 있다.[2]

이처럼 '의무경찰'도 다른 법령의 규정에 의하여 보상을 지급받을 수는 있지만, '의무경찰' 丙이 입은 손해는 보상의 대상이 되지 않는 '초과복무'라는 손해이므로 보상을 지급받을 수 있는 경우에 해당하지 않는다.

3. 사안의 경우

'의무경찰' 丙은 국가배상법 제2조 제1항 단서에 의해 국가배상청구가 제한되는 '경찰공무원'에는 해당하지만, 丙이 입은 손해는 전투·훈련 등 직무집행과 관련하여 입은 '부상 또는 사망'의 손해가 아니라 경찰청장의 '퇴직보류처분'으로 인하여 발생한 '초과복무'라는 손해이며, 다른 법령의 규정에 의한 보상을 지급받을 수도 없으므로 국가배상청구가 배제되지 않는 손해이다. 따라서 배상청구를 할 수 없다는 국가의 주장은 타당하지 않다(물론 丙의 배상청구가 실제로 인용되는지 여부는 별개의 문제이다).

IV. 사안의 해결

丙에 대한 국가배상책임은 인정되지 않으므로 국가배상책임이 있다는 丙의 주장은 타당하지 않다. 또한 '의무경찰' 丙은 '경찰공무원'에 해당하기는 하지만 丙의 손해는 국가배상이 배제되는 '전사·순직 또는 공상'의 손해가 아니며, 다른 법령의 규정에 의한 보상을 지급받을 수 없는 경우에 해당하므로 丙의 국가배상청구가 배제된다는 국가의 항변은 타당하지 않다.

---

[2] [의무경찰대 설치 및 운영에 관한 법률 제7조(사망 급여금 등) 의무경찰이 전투 또는 공무수행 중 부상을 입고 퇴직하거나 사망(부상으로 인하여 사망한 경우를 포함한다)하였을 때에는 군인에 준하여 대통령령으로 정하는 급여금을 지급한다.] [의무경찰대 설치 및 운영에 관한 법률 제8조(보상 및 치료) ① 의무경찰대의 대원으로서 전투 또는 공무수행 중 부상을 입고 퇴직한 사람과 사망(부상으로 인하여 사망한 경우를 포함한다)한 사람의 유족은 대통령령으로 정하는 바에 따라 「국가유공자 등 예우 및 지원에 관한 법률」 또는 「보훈보상대상자 지원에 관한 법률」에 따른 보상 대상자로 한다. ② 의무경찰대의 대원이 전투 또는 공무수행 중 부상하거나 질병에 걸렸을 때에는 대통령령으로 정하는 바에 따라 국가 또는 지방자치단체의 의료시설에서 무상으로 치료를 받을 수 있다.]

사례 089 공공필요, 보상에 대한 불복 [법전협 2012-3]

A 주식회사는 B 시장에게 「산업입지 및 개발에 관한 법률」 및 같은 법 시행령에 의거하여 B시 일원의 토지 3천여 제곱미터에 대하여 '산업입지 지정 승인요청서'를 제출하였고 B 시장은 위 요청서에 대한 의견서 등을 첨부하여 위 요청서를 C도 도지사에게 전달하였다. 이에 C도 도지사는 A 주식회사를 사업시행자로 하여 위 토지 일대를 '○○ 제2일반지방산업단지'로 지정승인한 후 이를 고시하였다. 그런데 위 지정·고시는 산업단지 조성에 필요한 범위를 넘어 과도하게 이루어 졌다. 위 산업단지 내에 토지를 소유하고 있는 甲은 자신의 토지가 위 고시에 따라 수용대상토지로 지정되자, A 주식회사와 위 토지의 취득 등에 대하여 협의를 하였으나 협의가 성립되지 아니하였다. 이에 A 주식회사는 C도 지방토지수용위원회에 재결을 신청하였고 C도 지방토지수용위원회는 甲의 토지 및 그 지상물에 대하여 수용재결을 하였다.

1. 이 경우 甲이 위의 지정승인고시에 대하여 다툴 수 있는 행정소송상의 구제수단과 그 인용가능성에 대하여 검토하시오. (20점)
3. 甲이 A 주식회사의 사업시행 자체에는 반대하지 않으나 다만 A 주식회사가 제시한 보상액이 너무 적다고 생각하는 경우 취할 수 있는 적절한 구제수단에 대하여 논하시오. (20점)

[참조조문]
* 산업입지 및 개발에 관한 법률
제11조(민간기업 등의 산업단지 지정 요청)
① 국가 또는 지방자치단체 외의 자로서 대통령령으로 정하는 요건에 해당하는 자는 산업단지개발계획을 작성하여 산업단지지정권자에게 국가산업단지 또는 일반산업단지 및 도시첨단산업단지의 지정을 요청할 수 있다.
③ 제1항에 따른 요청에 의하여 산업단지가 지정된 경우 그 지정을 요청한 자는 제16조에 따라 사업시행자로 지정받을 수 있다.
제16조(산업단지개발사업의 시행자)
① 산업단지개발사업은 다음 각 호의 자 중에서 산업단지지정권자의 지정에 의하여 산업단지개발계획에서 정하는 자가 이를 시행한다.
  3. 해당 산업단지개발계획에 적합한 시설을 설치하여 입주히려는 자 또는 해당 산업단지개발계획에서 적합하게 산업단지를 개발할 능력이 있다고 인정되는 자로서 대통령령으로 정하는 요건에 해당하는 자
제22조(토지수용)
① 사업시행자는 산업단지개발사업에 필요한 토지·건물 또는 토지에 정착한 물건과 이에 관한 소유권 외의 권리, 광업권, 어업권, 물의 사용에 관한 권리(이하 "토지등"이라 한다)를 수용하거나 사용할 수 있다.
② 제1항을 적용할 때 제7조의4제1항에 따른 산업단지의 지정·고시가 있는 때에는 이를 「공익사업을 위한 토지 등의 취득 및 보상에 관한 법률」 제20조제1항 및 같은 법 제22조에 따른 사업인정 및 사업인정의 고시가 있는 것으로 본다.

[설문 1] 지정승인고시에 대한 행정소송상의 구제수단 및 그 인용가능성 (20점)

I. 문제의 소재

지정승인고시의 법적 성질에 따라서 행정소송상 구제수단이 결정된다. 지정승인고시가 처분이라면 항고소송의 대상이 될 것이다. 본안판단과 관련하여 지정승인고시가 산업단지 조성에 필요한 범위를 넘어 과도하게 이루어진 것이어서 비례의 원칙에 반하는지 문제된다.

II. 지정승인고시의 처분성

1. 고시의 법적 성질

고시는 행정청이 결정한 사항 기타 일정한 사항을 일반에게 알리는 통지행위의 성질을 가지는 것이 보통이다. 그러나 고시는 그 성질을 일률적으로 판단할 것이 아니라 고시에 담겨진 내용에 따라 달리 보아야 할 것이다. 판례도 고시가 일반적·추상적 성격을 가질 때에는 법규명령 또는 행정규칙에 해당할 것이지만, 다른 집행행위의 매개 없이 그 자체로서 직접 국민의 구체적인 권리의무나 법률관계를 규율하는 성격을 가질 때에는 항고소송의 대상이 되는 처분에 해당된다고 한다.

2. 사안의 경우

A주식회사의 산업입지 지정 승인요청에 대하여 C도 도지사가 A주식회사를 사업시행자로 하여 B시 일원을 산업단지로 지정승인고시를 한 것인데 A주식회사는 산업입지 및 개발에 관한 법률(이하 '산업입지법'이라 함)에 의해서 공익사업을 위한 수용권을 부여받은 사업시행자로서 공무수탁사인에 해당되어 행정소송법상 행정청에 해당한다(제2조 2항).
산업단지 지정승인고시가 있으면 사업시행자는 산업단지 개발사업에 필요한 토지·건물 등을 수용하거나 사용할 수 있는 권리가 생기며, 공익사업을 위한 토지등의 취득 및 보상에 관한 법률의 사업인정 및 사업인정고시가 있는 것으로 보는 효과가 발생한다(산업입지법 제22조). 따라서 지정승인고시는 C도 도지사의 구체적인 법집행행위로서 별도의 집행행위를 매개 없이 그 자체로서 직접 국민의 구체적인 권리의무나 법률관계를 규율하는 성격을 가지는 처분에 해당한다. 엄밀하게는 지정승인 자체가 처분에 해당하고 지정승인고시는 그 자체가 처분이 아니라 지정승인처분이 있었다는 것을 널리 알리는 통지수단이라고 보아야 한다. 따라서 지정승인처분으로 인하여 자신의 토지가 수용대상토지로 포함된 甲은 지정승인처분에 대하여 항고소송인 취소소송 또는 무효확인소송을 제기할 수 있다.

III. 지정승인처분의 위법성

1. 공용수용의 요건으로서 공공필요

지정승인고시가 있으면 사업인정이 있는 것으로 의제된다(산업입지법 제22조 2항). 사업인정이란 공익사업을 토지 등을 수용 또는 사용할 사업으로 결정하는 것으로서 공익사업의 시행자에게 그 후 일정한 절차를 거칠 것을 조건으로 일정한 내용의 수용권을 설정하여 주는 형성적 행정행위이므로, 해당 사업이 외형상 토지 등을 수용 또는 사용할 수 있는 사업에 해당한다고 하더라도 사업인정기관으로서는 그 사업이 공용수용을 할 만한 공익성이 있는지의 여부와 공익성이 있는 경우에도 그 사업의 내용과 방법에 관하여 사업인정에 관련된 자들의 이익을 공익과 사익 사이에서는 물론, 공익 상호간 및 사익 상호간에도 정당하게 비교·교량하여야 하고, 그 비교·교량은 비례의 원칙에 적합하도록 하여야 한다.[1] 공용침해는 재산권보장원칙에 대한 예외를 이루는 것인 만큼 구체적인 경우에 있어 공공필요의 내용은 엄격히 해석해야 할 것이다.

2. 사안의 경우

C도 도지사는 산업단지 지정승인시에 산업단지 조성이 공익사업에 해당하는지 공공필요가 인정되는지를 검토해야 한다. 지방산업단지 조성은 공익사업에 해당하며, C도에 산업단지 조성이 필요하면 공공필요도 인정할 수 있다. 그러나 사안의 경우 산업단지 조성에 필요한 범위를 넘어 과도하게 이루어 졌으므로 산업단지 조성을 통한 공익과 토지소유권을 박탈당하는 갑의 사익을 제대로 비교형량하지 못해 비례의 원칙에 위반된다고 할 수 있다. 위법성의 정도는 중대명백설에 의할 때 중대한 하자이나 필요한 토지의 범위에 대한 예측이 잘못되었다는 것은 하자가 명백하다고 볼 수 없으므로 취소사유에 해당한다.

IV. 행정소송상의 구제수단 및 인용가능성

1. 취소소송

지정승인은 처분이므로 항고소송으로 취소소송을 제기할 수 있다. 갑은 자신의 토지가 수용대상이 되었으므로 지정승인을 다툴 법률상 이익도 인정되고 기타 소송요건도 문제되지 않는다. 지정승인처분의 하자가 취소사유이므로 인용(취소)판결을 받을 것이다.

2. 무효확인소송

지정승인처분에 대해 무효확인소송을 제기한 경우라면 무효확인을 구하는 소에는 원고가 처분의 취소를 구하지 아니한다고 밝히지 아니한 이상 처분이 만약 당연무효가 아니라면 그 취소를 구하는 취지도 포함되어 있는 것이므로 법원은 취소소송의 소송요건을 구비한 것을 전제로 취소판결을 할 수 있다.[2] 이 경우 법원은 무효가 아니라면 취소라도 구하는 취지인지를 석명하여 취소소송으로 소변경 한 후 취소판결을 해야 한다는 견해(소변경필요설)와 소변경 없이 바로 취소판결을 해야 한다는 견해(취소판결설)가 대립한다. 판례는 취소판결설이다. 행정소송에도 처분권주의가 적용되기 때문에 법원이 원고의 소송상 청구를 일방적으로 변경할 수는 없으므로 소변경필요설이 타당하다. 행정소송규칙은 법원이 석명권을 행사하도록 규정하고 있다(제16조). 갑이 무효확인소송을 제기한 경우 법원은 취소소송으로 소변경한 경우 법원은 취소판결을 할 수 있다.

[설문 3] 토지소유자가 보상금에 불복할 경우 취할 수 있는 구제수단 (20점)

I. 문제의 소재

토지소유자 甲이 C도 지방토지수용위원회의 수용재결의 보상금에 대해 불복하고자 하는 경우 공익사업을 위한 토지등의 취득 및 보상에 관한 법률(이하 '공익사업법'이라 함)상 이의신청과 행정소송절차에 대해 검토한다.[3]

---

[1] 대판 2011.1.27, 2009두1051
[2] 갑이 제기한 무효확인소송이 취소소송의 제기기간 경과 후에 제기한 경우와 같이 취소소송의 소송요건을 구비하지 못한 경우에는 법원은 무효확인소송에서 처분이 무효가 아니므로 기각판결을 할 수 밖에 없다.

II. 수용재결의 법적 성격

토지수용위원회의 수용재결은 사업시행자로 하여금 토지의 소유권 또는 사용권을 취득하도록 하고, 사업시행자가 지급하여야 할 손실보상액을 정하는 행위로서 공익사업법 제50조는 재결사항으로 수용하거나 사용할 토지의 구역 및 사용방법, 손실보상, 수용 또는 사용의 개시일과 기간 등으로 규정하고 있다. 수용재결은 행정심판의 재결과는 구분되는 원행정처분으로 일정한 법적효과를 가져오는 행정행위이고 준사법적 행정행위에 해당하므로 불가변력도 인정되는데 공익사업법은 수용재결에 대한 특별한 불복절차를 규정하고 있다.

III. 이의신청

1. 공익사업법상 이의신청

토지수용위원회의 재결[4])에 대해 불복이 있는 경우 중앙토지수용위원회의 재결에 대하여 이의가 있는 자는 중앙토지수용위원회에 이의를 신청할 수 있고(제83조 1항), 지방토지수용위원회의 재결에 대하여 이의가 있는 자는 당해 지방토지수용위원회를 거쳐 중앙토지수용위원회에 이의를 신청할 수 있다(제83조 2항). 중앙토지수용위원회는 이의신청을 받은 경우 수용재결이 위법 또는 부당한 때에는 수용재결의 전부 또는 일부를 취소하거나 손실보상액을 증감하는 재결을 행한다(제84조 1항). 이의재결이 확정된 때에는 민사소송법상의 확정판결이 있은 것으로 보며, 재결서 정본은 집행력 있는 판결의 정본과 동일한 효력을 가지게 된다(제86조 1항).

2. 이의신청의 성격

이의신청은 위법·부당한 행정작용으로 권리나 이익이 침해된 자가 행정청에 대하여 그러한 행위의 시정을 구하는 절차를 말한다. 진정의 성격을 가지는 경우도 있고 행정심판의 성격을 갖는 경우도 있는데 공익사업법의 이의신청은 특별행정심판의 성격을 갖는다. 따라서 이의신청을 거친 후 수용재결에 대하여 다시 행정심판을 청구할 수는 없다.

구 토지수용법 시절의 판례는 이의신청을 필요적 전치절차로 해석했으나, 현행 공익사업법은 임의적 절차로 규정하고 있다. 다만 이의신청에는 집행정지의 효력은 없다(제88조).

3. 사안의 경우

甲은 보상금이 적으므로 보상금을 증액해 달라는 이의신청을 제기하여 권리구제를 강구할 수 있는데 수용재결의 재결서 정본을 송달받은 날부터 30일 이내에 중앙토지수용위원회에 이의신청을 하여야 한다(제83조 3항).

IV. 행정소송

1. 공익사업법상 행정소송

사업시행자·토지소유자 또는 관계인은 수용재결에 대하여 불복이 있는 때에는 재결서를 받은 날부터 90일 이내에, 이의신청을 거친 때에는 이의신청에 대한 재결서를 받은 날부터 60일 이내에 각각 행정소송을

---

[3]) 공익사업법이 참조조문으로 제시되어 있지 않지만 시험장 법전에는 수록되어 있으므로 관련조문을 찾을 수 있도록 대비해야 한다.
[4]) 토수위의 재결은 수용재결부분(토지 등을 수용한다는 결정부분)과 보상재결부분(보상액을 결정하는 부분)으로 분리될 수 있는데, 수용재결부분과 보상재결부분중 한 부분만에 대하여 불복이 있는 경우에도 토수위의 재결 자체가 이의신청의 대상이 된다.

제기할 수 있다(제85조 1항). 이 경우 제기하려는 행정소송이 <u>보상금의 증감에 관한 소송인 경우에는 보상금 증감 청구소송</u>을 제기하여야 한다(제85조 2항). 따라서 <u>보상금의 증감이 아닌 수용의 규모, 시기 등에 불복이 있는 경우는 항고소송으로</u> 다투어야 한다. 사안은 토지소유자 甲이 <u>보상액에 대해 증액을 요구하는 경우이므로 보상금증액청구소송을</u> 제기해야 한다.

2. 보상금증감청구소송

(1) 의 의
공익사업법은 수용 자체에 대해서는 다투지 않고 다만 보상금 액수에 불복이 있는 경우에 <u>이해당사자(토지소유자와 사업시행자)</u> 간의 보상금의 증액 또는 감액청구소송을 인정하고 있다. <u>수용재결을 다투는 방식으로 보상액을 다시 결정하는 것은 우회적 절차이므로 법률관계의 조속한 확정</u>을 위하여 인정한 것이다.

(2) 당사자
소송제기자가 토지소유자 또는 관계인인 경우(증액청구)는 <u>사업시행자</u>를, 소송제기자가 사업시행자인 경우(감액청구)는 <u>토지소유자 또는 관계인</u>을 피고로 하여 제기하여야 한다(제85조 2항).[5]

(3) 형식적 당사자소송
구 토지수용법 하에서는 행정청인 토지수용위원회도 피고로 규정하고 있어 소송의 법적 성격에 대하여 논란이 있었으나, 현행 공익사업법은 법률관계의 당사자인 <u>토지소유자와 사업시행자를 각각 원·피고로 하여 당사자 소송의 형식으로</u> 하고 있다. 따라서 <u>당사자가 직접 다투는 것은 보상금에 관한 법률관계의 내용이고 그 전제로서 재결의 효력이 심판의 대상이 되는 것이어서 실질적 관점에서는 항고소송의 성질도</u> 가지므로 형식적 당사자소송으로 보는 것이 타당하다. 판례도 당사자소송의 형식을 취하고 있지만, 토지수용위원회의 재결 중 보상금 산정에 관한 부분에 불복하여 <u>실질적으로는 재결을 다투는 항고소송의 성질</u>을 가지고 있다고 한다. 행정소송규칙은 보상금증감청구소송을 당사자소송의 대상이라고 규정하고 있다(제19조 1호 나목).

(4) 형성소송, 확인소송, 이행소송 여부
① 보상금증감청구소송에서 <u>법원이 재결을 취소하고 정당한 보상액을 확정하는 것도 구체적인 손실보상청구권을 형성하는 것으로 보는 형성소송설</u>과 ② 법원이 손실보상액을 결정하는 것은 <u>정당한 보상액을 법원이 객관적으로 확인하는 것이라는 확인소송설</u>이 주장되나 ③ <u>보상금증액청구소송</u>은 보상액을 확인하고 그 이행을 명하는 점에서 <u>이행소송(급부소송)</u>의 성질을 가지고, <u>감액청구소송</u>은 보상액을 확인하는 점에서 <u>확인소송</u>의 성질을 가진다고 보아야 할 것이다.

(5) 입증책임
판례는 <u>원고</u>가 입증책임을 진다고 본다.

3. 사안의 경우
토지소유자 甲은 <u>이의신청을 거치지 않고 보상금증액청구소송을 제기</u>하는 경우에는 C도 지방토지수용위원회의 <u>수용재결서를 받은 날부터 90일 이내에</u>, 이의신청을 거쳤을 때에는 이의신청에 대한 재결서를

---
[5] 구토지수용법에서는 재결청을 피고로 포함하고 있어서 판례는 필요적 공동소송으로 보았으나 재결청은 직접적인 이해관계가 없음에도 공동피고로 포함되어 소송부담이 컸기 때문에 공익사업법은 재결청을 피고에서 제외시켜 1인의 원고와 1인의 피고를 당사자로 하는 단일소송으로 규정하였다.

받은 날부터 60일 이내에 A주식회사를 피고로 하여 보상금증액청구소송을 제기할 수 있다. 재결에서 정한 손실보상금액보다 정당한 손실보상금액이 더 많다는 점에 대한 입증책임은 원고 甲에게 있다.

V. 결 론

甲은 토지수용위원회의 수용재결에 대하여 이의신청을 할 수 있다. 이의신청을 거쳤음에도 보상액에 불복이 있는 경우 사업시행자인 A주식회사를 상대로 보상금증액청구소송을 제기할 수 있고, 이의신청을 하지 않고 바로 보상금증액청구소송을 제기할 수도 있다.[6]

유제 1   [법전협 2013-3]

부산광역시장 甲은 복합환승센터 개발을 위해 도시철도 1호선 노포역 주변 지역을 유통상업지역으로 지정하였는데, A백화점은 이 지역에 부산 노포점을 건축하기 위하여 수년 전에 상당한 규모의 부지를 확보하여 보유하고 있다.

부산광역시장 甲은 노포역 주변을 포함한 몇몇 역세권지역을 과밀화방지를 위하여 건폐율제한을 강화하는 구역으로 지정하였고 부산광역시 의회는 이러한 구역의 건폐율을, 그 구역에 적용할 건폐율의 최대한도의 100분의 75 이하로 하는 규정을 도시계획조례에 마련하였다. 더 나아가 부산광역시장 甲은 위 복합환승센터 건설예정지 일대를 지구단위계획구역으로 지정·고시함과 동시에, 동 구역에 대한 지구단위계획을 도시관리계획으로 결정·고시하였는데 동 구역의 건폐율은 45%를 초과할 수 없는 것으로 더욱 강화되었다. 이에 A백화점은 건폐율제한이 과도하여 향후 부산 노포점의 건축 자체를 원점에서 재검토하여야 할 상황이 되었다고 여기고 있다.

3. 한편, 부산광역시장 甲은 노포역 주변에 복합환승센터를 설치하기 위하여 수용절차를 진행하였다. 토지소유자 C가 협의에 불응함에 따라 부산광역시장 甲은 관할 지방토지수용위원회에 재결을 신청하여 수용재결을 받고 보상금을 공탁하였다. 토지소유자 C가 보상금을 증액받기 위하여 거쳐야 하는 절차를 설명하시오. (30점)

유제 2   [사시 2010]

A시는 택지개발사업을 위해 관련 법령에 따른 절차를 거쳐 甲 소유의 토지 등을 취득하고자 甲과 보상에 관하여 협의하였으나 협의가 성립되지 않았다. 이에 A시는 관할 토지수용위원회에 재결을 신청하여 "A시는 甲의 토지를 수용하고, 甲은 그 지상 공작물을 이전한다. A시는 甲에게 보상금으로 1억원을 지급한다"라는 취지의 재결을 받았다. 그러나 甲은 보상금이 너무 적다는 이유로 보상금 수령을 거절하였다. 그러자 A시는 보상금을 공탁하였고, A시장은 甲에게 보상절차가 완료되었음을 이유로 위 토지 상의 공작물을 이전하고 토지를 인도하라고 명하였다.

1. 甲이 토지수용위원회의 재결에 불복할 경우 적절한 구제 수단은? (20점)

---

[6] 사안은 증액을 요구하는 것이므로 사안포섭시 보상금증감청구소송을 제기한다는 표현을 사용하지 말아야 한다. 보상금증감 청구소송이라는 법문언에 익숙해져서 습관적으로 사안포섭시 문제되는 국면을 고려하지 않고 증감청구소송이라는 용어를 사용하는 답안이 현실적으로 많다.

사례 090   공공필요, 의무이행심판, 수용에 대한 불복   [사시 2007]

A시는 10여 년 전까지 석탄 산업으로 번창하던 도시였으나, 최근 석탄 산업의 쇠퇴로 현저하게 인구가 줄어들고 있다. 건설교통부장관은 관광레저형 기업도시를 건설하려는 민간기업인 주식회사 甲과 지역 개발을 위해 이를 유치하려는 A시장의 공동 제안에 따라 A시 외곽 지역에 개발구역을 지정·고시하고, 甲을 개발사업의 시행자로 지정하였다. 그 후 甲은 개발사업의 시행을 위해 필요한 토지 면적의 55%를 확보한 후, 해당 지역의 나머지 토지에 대한 소유권을 취득하기 위하여 토지소유자 乙, 丙 등과 협의하였으나 협의가 성립되지 않자 중앙토지수용위원회에 수용재결을 신청하였고, 동 위원회는 수용재결을 하였다.

(1) 甲이 추진하는 관광레저형 기업도시를 건설하기 위한 토지수용에 있어서 "공공필요"를 검토하시오. (10점)
(2) 乙은 甲에게 생활대책에 필요한 대체용지의 공급을 포함하는 이주대책의 수립을 신청하였지만 상당한 기간이 경과했는데도 甲은 이주대책을 수립하지 않고 있다. 이에 乙은 이주대책의 수립을 구하는 의무이행심판을 청구하였다. 심판청구의 인용가능성 유무와 재결의 형식을 검토하시오. (20점)
(3) 丙은 자신의 토지가 위 개발사업에 필요한 토지가 아니므로 수용재결이 위법하다고 주장한다. 丙이 자신의 토지를 수용당하지 않기 위하여 제기할 수 있는 불복방법을 논하시오. (20점)

[참조조문]
* 기업도시개발 특별법
제1조 (목적) 이 법은 민간기업이 산업·연구·관광·레저분야 등에 걸쳐 계획적·주도적으로 자족적인 도시를 개발·운영하는데 필요한 사항을 규정하여 국토의 계획적인 개발과 민간기업의 투자를 촉진함으로써 공공복리를 증진하고 국민경제와 국가균형발전에 기여함을 목적으로 한다.
제2조 (정의) 이 법에서 사용하는 용어의 정의는 다음과 같다.
  1. "기업도시"라 함은 산업입지와 경제활동을 위하여 민간기업(법인에 한하며, 제48조제2항의 규정에 의하여 대체지정된 시행자를 포함한다)이 산업·연구·관광·레저·업무 등의 주된 기능과 주거·교육·의료·문화 등의 자족적 복합기능을 고루 갖추도록 개발하는 도시를 말하며, 다음과 같이 구분한다.
    다. 관광레저형 기업도시 : 관광·레저·문화 위주의 기업도시
제4조 (개발구역 지정의 제안) ① 제10조제3항의 기준에 적합한 민간기업 및 다음 각호에 해당되는 자(민간기업과 협의된 경우에 한한다)는 관할 광역시장·시장 또는 군수(광역시 관할 구역에 있는 군의 군수를 제외하며, 이하 "시장·군수"라 한다)와 공동으로 건설교통부장관에게 개발구역의 지정을 제안할 수 있다. (단서 및 가호 생략)
제10조 (개발사업의 시행자 지정 등) ① 건설교통부장관은 제4조의 규정에 의하여 개발구역의 지정을 제안한 민간기업 등을 개발사업의 시행자로 지정한다.
제14조 (토지 등의 수용·사용) ① 시행자는 개발구역 안에서 개발사업의 시행을 위하여 필요한 때에는 공익사업을위한토지등의취득및보상에관한법률 제3조의 규정에 의한 토지·물건 또는 권리(이하 "토지등"이라 한다)를 수용 또는 사용(이하 "수용등"이라 한다)할 수 있다.
③ 공익사업을위한토지등의취득및보상에관한법률 제28조의 규정에 의한 재결의 신청은 개발구역 토지면적의 50퍼센트 이상에 해당하는 토지를 확보(토지소유권을 취득하거나 토지소유자로부터 사용동의를 얻은 것을 말한다) 후에 이를 할 수 있다. (단서 생략)
⑤ 제1항의 규정에 의한 토지등의 수용등에 관한 재결의 관할 토지수용위원회는 중앙토지수용위원회가 된다.
⑥ 시행자는 공익사업을위한토지등의취득및보상에관한법률이 정하는 바에 따라 개발사업의 시행에 필요한 토지등을 제공함으로 인하여 생활의 근거를 상실하게 되는 자에 대하여 주거단지 등을 조성·공급하는 등 이주대책을 수립·시행하여야 한다.

⑦ 제6항의 규정에 의하여 수립하는 이주대책에는 이주대상 주민과 협의하여 당초 토지등의 소유상황과 생업 등을 감안하여 생활대책에 필요한 용지를 대체하여 공급하는 등 대통령령이 정하는 사항을 포함하여야 한다.
⑩ 제1항의 규정에 의한 토지등의 수용등에 관하여 이 법에 특별한 규정이 있는 경우를 제외하고는 공익사업을 위한 토지등의 취득 및 보상에 관한 법률을 준용한다.

[설문 1] 토지수용에 있어서의 공공필요의 인정여부 (10점)

I. 문제의 소재

甲이 관광레저형 기업도시를 건설하기 위해 토지수용을 하는 경우 공공필요는 수용의 사유이자 한계가 되는 바, 이하에서는 공공필요의 유무를 논한다. 특히 甲이 공법인이 아니라 민간기업이라는 점에서 공공필요의 판단이 더욱 엄격하게 이루어져야 할 것인지가 문제된다.

II. 손실보상

손실보상은 적법한 공행정작용에 의한 개인의 재산권의 침해로 인한 특별한 희생에 대하여 사유재산권의 보장과 공평부담이라는 견지에서 행정주체가 행하는 재산적 보상을 의미한다.

손실보상을 하기 위해서는 ① 공공필요가 있어야 하고 ② 공행정작용에 의한 재산권 침해가 있고 ② 침해는 적법한 침해이어야 하고 ④ 재산권에 일반적으로 내재하는 사회적 제약을 넘는 특별한 희생이 있어야 하며 ⑤ 보상규정이 존재해야 한다. 사안은 공공필요가 문제되는 경우이다.

III. 손실보상 요건으로서 공공필요

손실보상의 요건으로서 공공필요란 공공의 이익을 위한 공익사업을 실현시키거나 공익목적 달성을 위해 재산권의 제한이 불가피한 경우를 의미하는 것으로서 공익이라는 개념과 비례의 원칙을 포함하는 개념으로 수용·사용·제한의 사유이자 한계이다. 공용수용은 공익사업을 위하여 특정의 재산권을 법률에 의하여 강제적으로 취득하는 것이므로 그 공익사업을 위한 필요가 있어야 한다.

공익사업을 위한 토지 등의 취득 및 보상에 관한 법률(이하 '공익사업법'이라 함) 제4조는 공익사업의 종류를 구체적으로 명시하고 있으며, 해당 사업이 외형상 토지 등을 수용 또는 사용할 수 있는 공익사업에 해당한다고 하더라도 사업인정기관으로서는 그 사업이 공용수용을 할 만한 공익성이 있는지의 여부와 공익성이 있는 경우에도 그 사업의 내용과 방법에 관하여 사업인정에 관련된 자들의 이익을 공익과 사익 사이에서는 물론, 공익 상호간 및 사익 상호간에도 정당하게 비교·교량하여야 하고, 그 비교·교량은 비례의 원칙에 적합하도록 하여야 한다.[1] 공용침해는 재산권보장원칙에 대한 예외를 이루는 것인 만큼 구체적인 경우에 있어 공공필요의 내용은 엄격히 해석해야 할 것이다.

IV. 민간기업에게 수용권을 인정할 수 있는지 여부

헌법 제23조 제3항은 재산권 수용의 주체를 한정하지 않고 있다. 국가 등의 공적 기관이 직접 수용의 주체가 되는 것이든 민간기업이 수용의 주체가 되는 것이든 공공필요에 대한 판단과 수용의 범위에 있어서 본질적인 차이는 없으므로 수용 등의 주체를 국가 등의 공적 기관에 한정하여 해석할 이유가 없다.

---
1) 대판 2011.1.27, 2009두1051

대규모 공익사업의 사업시행자를 국가나 지방자치단체로 제한한다면 예산상의 제약으로 인해 개발사업의 추진에 어려움이 있을 수 있고, 또한 기업으로 하여금 산업단지를 직접 개발하도록 한다면, 기업들의 참여를 유도할 수 있는 측면도 있다. 따라서 사업시행지인 민간기업이 자신의 이윤추구에 치우친 나머지 공익목적을 해태하지 않도록 규율하고 있다면 민간기업을 사업시행자로 인정하는 법률조항도 헌법 제23조 제3항의 '공공필요성'을 갖추고 있다고 보인다.

헌법재판소도 사업시행자인 민간기업이 자신의 이윤추구에 치우친 나머지 공익목적을 해태하지 않도록 규율하고 있다면 민간기업을 사업시행자로 인정하는 법률조항을 합헌으로 판시했고[2], 반면에 고급골프장, 고급리조트 등 공익성이 낮은 사업을 위해 민간개발자의 공공수용을 허용하는 법률조항은 헌법 제23조 제3항에 위반[3]된다고 판시한 바 있다.

Ⅳ. 사안의 해결

사안은 민간기업인 주식회사 甲이 관광레저형 기업도시 건설을 위해 乙, 丙 등의 토지를 수용하고자 하는바 공공필요의 인정 여부가 문제된다.

사안에서 관광레저형 기업도시 건설이라는 사업을 통해 실현되는 공익은 석탄 산업 쇠퇴로 인구가 줄고 있는 A시의 개발이익인 한편 침해되는 사익은 乙, 丙 등 토지소유권자의 토지 사용이익 등 재산권이다. 이 때 사업시행자가 민간기업인 주식회사 甲이라는 점에서 공공필요의 판단 및 공익과 사익의 비교형량을 더욱 엄격히 행하여야 한다.

이 경우 甲이 단독으로 사업을 시행하는 것으로 보기 어렵고 A시장과의 공동 제안을 통해 사업을 시행하고자 하는 것이며, 민간 기업의 이윤 추구가 주된 목적이 아니라 A시의 개발이라는 공익적 목적이 주가 되며 그 과정에서 민간 기업의 자본을 유치하는 것으로 볼 수 있으므로 공공필요를 인정할 수 있을 것이다. 즉 침해되는 乙, 丙의 재산적 이익보다 기업도시 건설을 통한 A시의 재개발이라는 공익적 목적이 더욱 클 것으로 보이므로 주식회사 甲의 토지수용에는 공공필요가 인정된다.

[설문 2] 의무이행심판청구의 인용가능성 및 재결의 형식 (20점)

Ⅰ. 문제의 소재

乙의 의무이행심판청구의 심판청구요건은 부작위의 대상적격 요건 중 법규상, 조리상 신청권이 문제되며, 주식회사 갑의 피청구인 적격이 문제된다. 그리고 乙의 의무이행심판청구의 본안판단의 인용가능성과 인용재결형식에서 처분재결과 처분명령재결의 선택이 문제된다.

Ⅱ. 의무이행심판청구의 인용가능성

1. 의무이행심판청구의 적법요건

(1) 문제점

행정심판법 제5조 제2호에 따르면 의무이행심판은 위법한 거부 또는 부작위에 대해 의무의 이행을 명하는

---

[2] 헌재결 2009.9.24, 2007헌바114
[3] 헌재결 2014.10.30, 2011헌바129

재결을 구하는 심판을 의미하는바, 사안에서 대상적격 및 乙의 청구인적격과 관련하여 乙의 신청권 유무가 문제되고, 피청구인적격과 관련하여 甲을 행정청으로 볼 수 있을 것인지가 문제된다.

(2) 부작위의 존재 (대상적격)

부작위란 처분의 신청에 대하여 일정한 처분을 행할 의무가 있음에도 불구하고 상당 기간 동안 이를 이행하지 않은 것을 의미하는바, 판례는 당해 행위발동을 요구할 법규상, 조리상 신청권을 요구하고 있다. 사안의 경우 법 제14조 제6,7항의 규정은 사인의 법익보호의 취지로 해석되므로 신청권이 인정되고, 기업도시개발특별법(이하 '법'이라 한다.) 제14조 제6항은 이주대책을 수립, 시행의무를 사업시행자에게 부과하고 있으며, 甲은 乙의 신청에도 불구하고, 상당한 기간이 지나도록 대책을 수립하고 있지 않으므로, 당해 이주대책수립의 부작위는 대상적격이 충족된다.

(3) 청구인적격

청구인적격과 관련하여 법 제14조 제6항에서 시행자는 이주대책을 수립 시행하여야 한다고 규정하고 있으므로 강행법규성이 인정되고, 이러한 의무는 토지의 이용이 제한된 사인의 재산권을 보장하는 취지이므로 사익보호성 또한 긍정된다. 따라서 자기소유의 토지를 수용당한 乙은 보호가치 있는 법률상이익이 있으며, 청구인적격이 인정된다.

(4) 피청구인적격

피청구인적격과 관련하여 민간기업인 주식회사 甲을 행정청으로 보아 피청구인으로 볼 수 있을 것인지 문제되는바, 법 제10조에 의해 사업시행자로 지정된 경우 민간기업은 특정의 개별적인 고권적 권한을 스스로 발할 권한이 부여된 강학상 공무수탁사인의 지위를 가진다.

사안의 경우 甲은 행정주체와 행정청의 이중적 지위를 가지므로 행정심판법 제2조 제2항 소정의 행정청에 해당되는 바, 피청구인 적격이 긍정된다. 따라서 의무이행심판의 청구요건을 충족하며 심판청구는 적법하다.

2. 본안에서의 인용가능성

기업도시개발 특별법상 이주대책 수립 및 시행의무는 기속행위이며 乙에게는 법률상 이주대책 수립을 신청할 권리가 있고, 甲의 이주대책 수립 신청에도 불구하고 수립·시행하지 않은 것은 의무이행심판의 대상인 부작위에 해당하므로 乙의 의무이행심판은 인용될 것이다.

III. 의무이행심판의 재결형식

1. 처분재결과 처분명령재결의 선택

행정심판법 제43조 제5항에 의하면 의무이행심판의 인용재결로서 처분재결과 처분명령재결이 가능한 바, 그 선택에 있어서 학설상 재량사항이라는 견해와 자치사무의 경우 자치권보장의 관점에서 처분명령재결이 타당하다는 견해가 대립한다. 생각건대 원칙적으로는 재결의 선택은 행정심판위원회의 재량사항이라 할 것이나, 성질상 처분재결이 불가한 경우에는 재량으로 결정함이 불가하다 할 것이다.

2. 사안의 경우

사안에서 이주대책의 수립은 기업도시개발특별법 제14조 제6항에 의해 성질상 사업시행자가 수립하여야 하는 것으로, 행정심판위원회의 기능을 수행하는 중앙토지수용위원회가 수립하기에 부적합하다. 따라서 사안의 경우는 성질상 처분재결이 불가능한 경우에 해당하며, 이 경우 사업시행자인 甲에게 이주대책의 수립을 명하는 처분명령재결을 하여야 할 것이다.

Ⅳ. 결 론

사안에서 乙의 의무이행심판청구는 심판청구요건을 모두 구비하여 적법하게 청구되었으며 甲에게는 부작위의 위법성이 인정되는 바, 처분명령재결에 의해 甲에게 이주대책의 수립을 명하는 재결이 나올 것이다.

[설문 3] 丙이 자신의 토지를 수용당하지 않기 위하여 제기할 수 있는 불복수단 (20점)

Ⅰ. 문제의 소재

기업도시개발 특별법 제14조 10항이 공익사업법을 준용하고 있으므로, 丙이 자신의 토지를 수용당하지 않고 자신의 권리구제를 도모할 수 있는 방법을 강구하기 위하여 공익사업법 제83조에 따른 이의신청의 제기 가능성 제85조에 따른 행정소송 제기 가능성 여부를 검토한다.

Ⅱ. 이의신청

1. 공익사업법상 이의신청

2. 이의신청의 성격

3. 사안의 경우

사안에서 丙은 중앙토지수용위원회의 수용재결에 대해 재결서 정본 송달일로부터 30일 이내에 공익사업법 제83조 제1항에 의해 중앙토지수용위원회에 이의신청을 할 수 있다

Ⅲ. 행정소송

1. 공익사업법상 행정소송

사업시행자·토지소유자 또는 관계인은 수용재결에 대하여 불복이 있는 때에는 재결서를 받은 날부터 90일 이내에, 이의신청을 거친 때에는 이의신청에 대한 재결서를 받은 날부터 60일 이내에 각각 행정소송을 제기할 수 있다(제85조 1항). 이 경우 제기하려는 행정소송이 보상금의 증감에 관한 소송인 경우에는 보상금증감 청구소송을 제기하여야 한다(제85조 2항). 따라서 보상금의 증감이 아닌 수용의 규모, 시기 등에 불복이 있는 경우는 항고소송으로 다투어야 한다.

이의신청을 거치지 않고 수용재결에 대해 바로 항고소송을 제기할 수도 있지만, 이의신청을 거쳐서 항고소송을 제기할 경우에는 행정소송법 제19조에서 입법화하고 있는 원처분중심주의에 따라, 원칙적으로 원처분인 수용재결이 소송의 대상이 되고 이의재결은 재결에 고유한 위법이 있는 경우에만 소송의 대상이 된다.

2. 사안의 경우

사안은 丙이 자신의 토지를 수용당하지 않기 위하여 불복하는 경우이므로 丙은 보상금증액청구소송을 제기할 것이 아니라 항고소송을 제기해야 한다. 수용재결의 위법성을 주장하는 경우이므로 수용재결을

대상으로 제기하면 된다. 토지수용위원회의 수용재결의 하자가 중대하고 명백하다고 보이지 않으므로 취소소송을 제기하면 된다. 丙은 공익사업법 제85조 제1항에 의해, 재결서를 받은 날로부터 60일 이내에 중앙토지수용위원회를 피고로 수용재결 취소소송을 제기할 수 있다. 이의신청을 거친 경우에도 중앙토지수용위원회의 수용재결에 대해 취소소송을 제기하여야 하나, 이의신청에 대한 재결에 고유한 위법이 있는 경우에는 이의재결을 대상으로 이의재결을 행한 중앙토지수용위원회를 피고로 취소소송을 제기할 수 있다.

IV. 가구제수단

수용재결에 대한 이의신청과 취소소송에서의 가구제수단은 집행정지이다. 행정심판법상 임시처분(제31조)은 거부처분과 부작위에 대한 가구제수단이며 민사집행법상의 가처분은 항고소송에서 인정되지 않는다. 행정심판법 제30조와 행정소송법 제23조는 집행부정지를 원칙으로 하면서 예외적으로 집행정지의 요건을 충족한 경우 집행정지의 결정을 한다. 공익사업법 제83조 또한 이의신청과 행정소송의 제기가 있어도 집행부정지가 원칙임을 규정하고 있다.

사안의 경우 집행정지의 적극적 요건인 회복하기 어려운 손해를 예방하기 위하여 긴급한 필요가 있다고 인정하기 어려울뿐더러 수용재결의 집행정지를 결정할 경우 석탄산업이 쇠퇴하여 현저하게 인구가 줄어들고 있는 A시의 문제를 관광레저형 기업도시를 건설함으로써 해결하려는 지역균형발전이라는 공공복리에 중대한 영향을 미칠 우려가 있으므로 丙의 집행정지 신청은 인용되지 않을 것이다.

V. 결 론

丙은 수용재결에 대해 이의신청을 할 수 있으며, 이의신청을 거치지 않고 수용재결에 대한 취소소송을 제기할 수도 있다. 이의신청을 거친 경우에도 수용재결에 대해 취소소송을 제기하여야 하나, 이의신청에 대한 재결에 고유한 위법이 있는 경우에는 이의재결을 대상으로 취소소송을 제기할 수 있다. 집행정지는 인용되지 않을 것이다.

유제 [변시 2020]

경기도지사 乙은 2018. 5. 3. 관할 A군에 소재한 분묘가 조선 초 유명 화가의 묘로 구전되어 오는데다가 그 양식이 학술상 원형보존의 가치가 있다는 이유로「문화재보호법」제70조,「경기도 문화재 보호 조례」제11조에 따라 이를 도지정문화재로 지정·고시하였다. 또한 乙은 2018. 6. 8. 해당 분묘를 보호하기 위하여 분묘경계선 바깥쪽 10m까지의 총 5필지 5,122㎡를 문화재보호구역으로 지정·고시하였다.

한편, 위 문화재보호구역 인근에서 관광단지 개발을 위해 2018. 5. 30. 관광진흥법상 사업인정을 받은 사업시행자 C건설은 2019. 8. 5. 문화재보호구역 인근에 소재한 丙 소유 토지의 일부를 수용하기 위해 재결신청을 하였고, 이에 대해 관할 경기도 토지수용위원회는 2019. 11. 20. 위 丙 소유 토지에 대한 수용재결을 하였다.

1) 丙이 수용재결에 대하여 불복하고자 하는 경우 불복방법을 논하시오. (12점)
2) 丙이 수용재결에 대한 불복과정에서 사업인정의 하자를 주장할 수 있는지 검토하시오. (15점)
3) 丙이 토지수용위원회가 결정한 보상금액이 너무 적다는 이유로 다투고자 하는 경우 그 구제수단을 논하시오. (13점)

* 관광진흥법
제61조(수용 및 사용)
　① 사업시행자는 제55조에 따른 조성사업의 시행에 필요한 토지와 다음 각 호의 물건 또는 권리를 수용하거나 사용할 수 있다. 다만, 농업 용수권(用水權)이나 그 밖의 농지개량 시설을 수용 또는 사용하려는 경우에는 미리 농림축산식품부장관의 승인을 받아야 한다.
　　1. 토지에 관한 소유권 외의 권리
　　2. 토지에 정착한 입목이나 건물, 그 밖의 물건과 이에 관한 소유권 외의 권리
　　3. 물의 사용에 관한 권리
　　4. 토지에 속한 토석 또는 모래와 조약돌
　② 제1항에 따른 수용 또는 사용에 관한 협의가 성립되지 아니하거나 협의를 할 수 없는 경우에는 사업시행자는 「공익사업을 위한 토지 등의 취득 및 보상에 관한 법률」 제28조 제1항에도 불구하고 조성사업 시행기간에 재결(裁決)을 신청할 수 있다.
　③ 제1항에 따른 수용 또는 사용의 절차, 그 보상 및 재결 신청에 관하여는 이 법에 규정되어 있는 것 외에는 「공익사업을 위한 토지 등의 취득 및 보상에 관한 법률」을 적용한다.

해설

1. 설문 1)

　丙은 수용재결의 재결서 정본을 송달받은 날부터 30일 이내에 중앙토지수용위원회에 이의신청을 할 수 있으며(제83조 3항). 이의신청을 거친 후에 행정소송을 제기할 수 있으며, 이의신청을 거치지 않고 바로 행정소송을 제기할 수도 있다.

2. 설문 2)

　사안의 경우 사업인정과 수용재결은 처분에 해당하지만 선행처분인 사업인정의 위법성의 정도가 설문상으로는 판단할 수 없으므로 취소사유임을 전제로 논한다. 사업인정은 2019.8.5.에 이루어졌으므로 수용재결을 한 시점인 2019.11.20에 이미 불가쟁력이 발생했다. 수용재결의 고유한 하자를 주장하는 것은 아니므로 논의의 전제는 충족한다.
　사업인정은 특정 사업이 공익사업법이 예정하고 있는 공익사업에 해당함을 인정하고 기업자에게 일정한 절차를 거쳐 그 사업에 필요한 토지를 수용 또는 사용하는 권리를 설정하여 주는 행위이며, 수용재결은 사업시행자로 하여금 토지의 소유권 또는 사용권을 취득하도록 하고, 사업시행자가 지급하여야 할 손실보상액을 정하는 형성적 행정행위이다. 양자는 별개의 법적 효과를 가져오는 행위이다. 판례는 별개의 법적효과를 가져오는 행위임을 이유로 하자의 승계를 부정한다. 이에 대해서 수용재결은 사업인정이 있음을 전제로 하고 이와 결합하여 구체적인 법적 효과를 발생시키므로 사업인정의 위법을 수용재결에 대한 쟁송에서 주장할 수 있다는 비판이 있다.
　생각건대, 실무상 사업인정단계에서는 이해관계인의 적극적 참여절차가 결여되어 있고, 이해관계인은 사업인정에 대해 현실적으로 관심이 없다는 점을 고려하면 별개의 법적 효과의 발생을 목적으로 하더라도 수용재결에 대한 불복과정에서 사업인정의 하자의 승계를 주장할 수 있다고 하는 것이 타당하다.[4]

3. 설문 3)

　丙은 보상금증액을 위해여 수용재결에 대하여 중앙토지수용위원회에 이의신청을 할 수 있다. 또한 사업시행자인 C건설을 피고로 하여 보상금증액청구소송을 제기할 수 있다. 이의신청을 거칠 수도 있고 거치지 않고 제기할 수도 있다. 정당한 보상금액에 대한 입증책임은 丙에게 있다.

---

[4] 판례와 같이 하자의 승계를 부정해도 되지만 판례와 달리 검토할 때에는 동일한 법적효과의 발생을 목적으로 하므로 긍정하는 입장을 취해도 좋고, 별개이지만 긍정하자는 입장을 취해도 된다.

사례 091 간접손실보상 [사시 2006]

산업자원부장관은 중·저준위방사성폐기물 처분시설(이하 '처분시설'이라 한다)이 설치될 지역을 관할하는 지방자치단체의 지역(이하 '유치지역'이라 한다)에 대한 지원계획 및 유치지역지원시행계획을 수립한 후, 처분시설의 유치지역을 선정하고자 하였다. 이에 A시와 A시로부터 20킬로미터 밖에 위치한 B군, C군 등 3개 지역이 처분시설의 유치를 신청하였다. 산업자원부장관은 B군과 C군에 대하여는 '중·저준위방사성폐기물 처분시설의 유치지역지원에 관한 특별법' 제7조 제3항에 따른 설명회를 개최하였으나, A시에 대하여는 주민반대를 이유로 설명회나 토론회를 개최하지 아니하였다. 그 뒤 위 3개 지역에 대하여 주민투표를 실시한 결과 A시가 81.35%, B군이 55.24%, C군이 61.17%의 찬성을 얻게 되자, 산업자원부장관은 부지선정위원회의 자문을 거쳐 A시를 최종 유치지역으로 선정하였다.

(4) 처분시설이 건설·운영된 이후 처분시설로 통하는 진입도로에 연접(連接)한 곳에서 그 이전부터 활어횟집을 영위하여 온 A시 주민 丙이 고객의 급감으로 더 이상 영업을 계속할 수 없다고 주장하면서 처분시설의 건설·운영자에 대하여 손실보상을 청구하는 경우 이를 인정할 수 있는가?(15점)

* 중·저준위방사성폐기물 처분시설의 유치지역지원에 관한 특별법
제1조(목적)
　이 법은 중·저준위방사성폐기물 처분시설을 유치한 지역에 대한 지원체계를 마련하여 유치지역의 발전 및 주민의 생활향상에 기여함을 목적으로 한다.
제7조(유치지역의 선정 등)
　① 산업자원부장관은 「주민투표법」 제8조의 규칙에 의한 주민투표를 거쳐 유치지역을 선정하여야 한다.
　② 산업자원부장관은 유치지역 선정계획, 부지조사 결과, 선정과정 등을 공개적이고 투명하게 진행하여야 한다.
　③ 산업자원부장관은 유치지역의 선정과 관련하여 해당지역 주민을 대상으로 한 설명회 또는 토론회를 실시하여야 한다.
제8조(유치지역특별지원금 지원)
　① 산업자원부장관은 「전기사업법」 제12조 제1항 제3호의 규정에 따른 원자력발전사업자로 하여금 유치지역을 위한 특별지원금(이하 '지원금'이라 한다)을 관할지방자치단체에 지원하게 할 수 있다. 다만, 대통령령이 정하는 바에 따라 설치지역의 5킬로미터 이내에 위치하는 곳으로써 다른 시·군·구의 읍·면·동에 대하여도 지원금을 지원하게 할 수 있다.
제14조(지역주민의 우선 고용 및 참여)
　처분시설의 설치 및 운영과 지원을 위하여 시행하는 사업에는 유치지역의 주민을 우선하여 고용 또는 참여시킬 수 있다.

* 주민투표법
제8조(국가정책에 관한 주민투표)
　① 중앙행정기관의 장은 지방자치단체의 폐치·분합 또는 구역변경, 주요시설의 설치 등 국가정책의 수립에 관하여 주민의 의견을 듣기 위하여 필요하다고 인정하는 때에는 주민투표의 실시구역을 정하여 관계 지방자치단체의 장에게 주민투표의 실시를 요구할 수 있다. 이 경우 중앙행정기관의 장은 미리 행정자치부장관과 협의하여야 한다.

Ⅰ. 문제의 소재

처분시설이 건설·운영된 이후 이전부터 활어횟집을 영위하여 온 A시 주민 丙이 고객의 급감으로 발생한 영업손실은 공익사업의 시행으로 직접 의도한 재산권에 대한 침해가 아닌데 이러한 영업손실에 대해서도 손실보상이 가능한지 문제된다. 간접손실보상을 인정할 수 있는지, 보상규정이 없는 경우에 보상이 가능한지 문제된다.

Ⅱ. 간접손실보상의 의의

간접손실보상은 공익사업의 실시 또는 완성 후에 간접적으로 당해 공익사업지 밖의 재산권 등에 미치는 손실에 대한 보상을 말한다. 사업손실보상이라고도 한다. 현행법상으로는 공익사업을 위한 토지등의 취득 및 보상에 관한 법률 제73조, 제74조에 의한 잔여지 보상 및 제75조의2에 의한 잔여건축물에 대한 보상과 동법 제79조2항에 의한 공익사업지구 밖의 토지 등에 대한 보상이 있다.

간접손실보상의 유형은 공사중의 소음이나 완성된 시설에 의한 일조권 침해와 같은 넓은 의미의 공해에 해당하는 물리적 내지 기술적 손실과 공익사업의 시행으로 인한 생산체계 또는 지역경제의 변화를 통해 개인에 미치는 간접적인 피해를 의미하는 경제적 내지는 사회적 손실이 있다.

Ⅲ. 간접손실보상청구권의 성립요건

간접손실보상이 인정되기 위해서는 ① 공익사업의 사업지구 밖의 제3자가 입은 손실이어야 하며, ② 공익사업의 시행으로 인하여 사업지구 밖에서 간접손실이 발생하리라는 것을 쉽게 예견할 수 있고 ③ 손실의 범위도 구체적으로 특정할 수 있는 경우이어야 한다. 또한 ④ 발생한 손실이 특별한 희생에 해당되어야 한다.

Ⅳ. 보상규정이 없는 경우의 보상

현행법상 보상규정을 두고 있지 않은 경우가 많은 바, 독일에서는 수용적 침해이론을 통하여 보상을 하여 왔으며, 우리 판례는 관련규정의 유추적용을 통하여 보상을 하고 있다. 판례는 공공사업의 시행으로 인하여 사업지구 밖에서 수산제조업에 간접손실이 발생한 경우 공익사업을 위한 토지등의 취득 및 보상에 관한 법률 시행규칙의 간접보상 규정을 유추적용하여 보상을 인정한 바 있다.

Ⅴ. 사안의 경우

사안의 경우 사업지구 밖의 제3자가 입은 손실에는 해당되며, 방폐장의 건설·운영으로 횟집의 고객이 급감하리라 쉽게 예견할 수 있고 그 손실의 범위도 구체적으로 특정할 수 있는 경우이므로 간접손실을 인정할 수 있다. 중·저준위방사성폐기물 처분시설의 유치지역지원에 관한 특별법에 간접손실보상에 관한 규정이 없지만 공익사업법 시행규칙의 영업의 간접손실보상에 관한 규정을 유추적용하여 보상할 수 있다.[1]

---

[1] 워크북의 해설과는 달리 간접손실보상을 긍정하는 쪽으로 검토했다. 부정하는 것으로 검토해도 무방하다. 김향기 교수님은 활어양식업과는 달리 활어를 공급받아 횟집을 경영하는 경우에는 고객이 급감하리라 쉽게 예견가능하다고 볼 수 없고 그 손실의 범위도 구체적으로 특정할 수 있는 경우라고 속단할 수 없다고 하면서 부정하는 것으로 포섭하고 있다.

사례 092 희생보상청구권 [변시 2021]

甲은 A시 보건소에서 의사 乙로부터 폐렴구균 예방접종을 받았는데, 예방접종을 받은 당일 저녁부터 발열증상과 함께 안면부의 마비증상을 느껴 병원에서 입원 치료를 받았다. 이에 甲은 「감염병의 예방 및 관리에 관한 법률」(이하 '감염병예방법') 제71조에 따라 진료비와 간병비에 대한 예방접종 피해보상을 청구하였는데, 질병관리청장 B는 2020. 9. 15. 이 사건 예방접종과 甲의 증상 사이에 인과관계가 불분명하다는 이유로 예방접종 피해보상 거부처분(이하 '제1처분')을 하였다. 그러나 甲은 이 사건 예방접종을 받기 이전에는 안면마비 증상이 없었는데 예방접종 당일 바로 발열과 함께 안면마비 증상이 나타났으며 위 증상은 乙의 과실에 따른 이 사건 예방접종에 의하여 발생한 것이라고 주장하면서 피해보상을 재신청하였고, B는 2020. 11. 10. 재신청에 대하여서도 거부처분을 하였다(이하 '제2처분'). 그리고 위 각 처분은 처분 다음날 甲에게 적법하게 송달되었다.

2. 甲은 자신의 예방접종 피해가 예방접종에 사용되는 의약품의 관리 소홀과 乙의 부주의에 기한 것이라고 주장하고, B는 예방접종과 甲이 주장하는 증상 사이에 인과관계가 명확하지 않다고 주장한다. 행정상 손해전보제도로서 감염병예방법 제71조 '예방접종 등에 따른 피해의 국가보상'의 의의와 법적 성질을 설명하고, 위 규정에 기초하여 甲과 B의 각 주장을 검토하시오. (20점)

※ 감염병예방법의 관련 규정은 배부된 법전을 참조할 것[1]

I. 문제의 소재

감염병예방법 제71조 '예방접종 등에 따른 피해의 국가보상'제도가 국가배상인지 손실보상인지 검토하고, 예방접종과 甲의 피해 사이에 인과관계의 인정 여부에 대해 검토한다.

II. 행정상 손해전보제도

행정상 손해전보는 국가 또는 공공단체의 작용에 의하여 개인에게 발생한 손해 또는 손실을 전보하여 주는 제도를 말한다. 이에는 <u>위법한 국가작용으로 인하여 개인에게 발생한 손해를 국가가 보전하여 주는 제도인 국가배상제도와 적법한 행정작용에 의하여 발생한 손실에 대한 구제수단인 손실보상제도</u>가 있다. 국가배상제도는 개인적 과실책임주의를 이념으로 민법상의 불법행위책임으로부터 발전하였고 손실보상제도는 사유재산의 절대성을 전제로 단체주의 사상과 사회적 공평부담주의를 기초이념으로 구성된 것으로 별개의 제도로 발전되어 왔다. 그러나 오늘날 새로운 유형의 손해들이 발생되고 있고 독일에서는 위법·무과실책임제도인 수용유사적 침해제도와 위험책임제도에 해당하는 수용적 침해제도가 발전되었고, 프랑스에서는 위험책임제도가 발전되었다. 특히 위험책임은 국가작용의 적법·위법과 고의·과실을 불문한다는 점에서 국가배상제도와 손실보상제도의 중간영역을 차지한다고 볼 수 있으며 양자를 일원적으로 파악하여 국가보상제도 또는 행정상 손해전보제도로 표현하려는 경향이 있다.

III. 예방접종 등에 따른 피해의 국가보상의 의의

감염병예방법 제71조는 예방접종을 받은 사람이 예방접종으로 인하여 질병에 걸리거나 장애인이 되거나 사망하였을 경우 보상을 하도록 하고 있다. 동 규정에 의한 보상책임은 <u>적법한 행위로 인한 피해에 대한</u>

---

[1] 변호사시험 법전에는 감염병예방법이 수록되어 있음. 행시용 법전에는 없음.

무과실책임으로 국가배상책임과는 성격을 달리하고, 전형적인 재산권에 대한 손실보상과도 구분된다. 예방접종의 실시 과정에서 드물기는 하지만 불가피하게 발생하는 부작용에 대해서, 예방접종의 사회적 유용성과 이에 따른 국가적 차원의 권장 필요성, 예방접종으로 인한 부작용이라는 사회적으로 특별한 의미를 가지는 손해에 대한 상호부조와 손해분담의 공평, 사회보장적 이념 등에 터 잡아 법률에 의해 특별히 인정한 독자적인 피해보상제도라고 할 수 있다. 실질은 비재산권에 대한 특별한 희생에 대한 보상에 가깝다고 할 수 있다. 독일에서는 생명·신체의 침해로 인한 특별희생에 대한 보상청구권을 희생보상청구권이라고 하고 있다. 감염법예방법은 희생보상청구권을 입법화하고 있다고 할 수 있다.

IV. 甲과 B의 주장의 타당성

1. 감염병 예방법상 피해보상을 위한 인과관계의 증명책임

감염병예방법 제71조에 의한 예방접종 피해에 대한 국가의 보상책임은 무과실책임이지만, 질병, 장애 또는 사망(이하 '장애 등'이라 한다)이 그 예방접종으로 인하여 발생하였다는 점이 인정되어야 한다. 여기서 예방접종과 장애 등 사이의 인과관계는 반드시 의학적·자연과학적으로 명백히 증명되어야 하는 것은 아니고, 간접적 사실관계 등 제반 사정을 고려할 때 인과관계가 있다고 추단되는 경우에는 그 증명이 있다고 보아야 한다. 인과관계를 추단하기 위해서는 특별한 사정이 없는 한 예방접종과 장애 등의 발생 사이에 시간적 밀접성이 있고, 피해자가 입은 장애 등이 그 예방접종으로부터 발생하였다고 추론하는 것이 의학이론이나 경험칙상 불가능하지 않으며, 장애 등이 원인불명이거나 예방접종이 아닌 다른 원인에 의해 발생한 것이 아니라는 정도의 증명이 있으면 족하며, 이러한 정도에 이르지 못한 채 예방접종 후 면역력이 약해질 수 있다는 막연한 추측을 근거로 현대의학상 예방접종에 내재하는 위험이 현실화된 것으로 볼 수 없는 경우까지 곧바로 인과관계를 추단할 수는 없다. 특히 피해자가 해당 장애 등과 관련한 다른 위험인자를 보유하고 있다거나, 해당 예방접종이 오랜 기간 널리 시행되었음에도 해당 장애 등에 대한 보고 내지 신고 또는 그 인과관계에 관한 조사·연구 등이 없다면, 인과관계 여부를 판단할 때 이를 고려할 수 있다.[2]

2. 甲과 B의 주장의 판단

甲은 자신의 예방접종 피해가 예방접종에 사용되는 의약품의 관리 소홀과 乙의 부주의에 기한 것이라고 주장하고 있으나 감염병예방법상의 피해보상책임이 무과실책임이므로 문제가 되지 않는다. 문제는 인과관계인데 예방접종과 장애발생 사이에 시간적 밀접성은 있다고 보이나, 예방접종으로 단기간에 안면마비 현상이 나타난다는 것이 경험칙상 추론된다고 보기 어렵고 예방접종이 아닌 다른 원인에 의해 발생한 것이 아니라는 정도의 증명이 있다고 보기 어려워 甲의 안면마비가 폐렴구균 예방접종에 내재하는 위험이 현실화하여 나타난 것으로 보기 어렵다. 甲의 안면마비와 예방접종 사이의 인과관계가 추단된다고는 볼 수 없다. 甲의 주장은 타당하지 않고 B의 주장이 타당하다.[3]

---

[2] 대판 2019.4.3. 2017두52764
[3] 2017두52764 판례에 따른 사안포섭을 한 것이나 반대의 포섭도 가능하다. 원심은 "예방접종과 원고의 증상 사이에 인과관계가 있다고 보는 것이 경험칙상 불가능하지 않고, 폐렴구균 예방접종으로 인한 안면마비 발생과 관련한 의학적 보고가 없었다는 사정만으로 인과관계가 부정되지 않는다는 등의 이유를 들어 예방접종과 원고의 안면마비 증상 사이에 인과관계가 인정된다"고 판단한 바 있다.

사례 093 　거부처분에 대한 행정심판의 종류 및 가구제　　[법전협 2016-3]

국토교통부장관 A는 「기업도시개발 특별법」에 의한 기업도시를 개발하기 위하여 관련 법령에 따라 민간기업 乙을 사업시행자로 지정하는 등 관련 절차를 진행하였고, 甲의 건축물이 소재하는 일정 지역을 사업시행지구로 승인하였다. 이에 해당 사업시행지구 내에 있는 甲의 건축물은 수용 대상이 되어 甲은 생활의 근거지를 상실하게 되었다. 한편 乙은 「기업도시개발 특별법」 제14조 및 「공익사업을 위한 토지 등의 취득 및 보상에 관한 법률」 제78조에 따라 주택특별공급 등 이주대책을 수립하였고, 국토교통부 고시인 「기업도시 개발에 따른 이주대책 등에 관한 기준」(이하 '이 사건 고시'라 한다)에 근거하여 이를 공고하였다. 이에 甲은 주택특별공급을 받고자 이주대책에 따른 소정의 절차를 거쳐 이주대책대상자 선정신청을 하였지만, 乙은 "甲의 건축물이 이 사건 고시 제8조 제1항 제1호 소정의 무허가 건축물이라는 이유로 이주대책대상자가 아니다."라는 이유로 甲의 신청을 거부하였다.

1. 甲이 취소소송을 제기하기 전에 이주대책대상자 선정신청 거부행위에 대하여 행정심판을 제기하는 경우에 취할 수 있는 「행정심판법」상 행정심판의 종류 및 가구제 수단에 대하여 검토하시오. (25점)

I. 문제의 소재

甲의 이주대책 대상자 선정신청에 대한 乙의 거부행위가 거부처분에 해당되는지 문제되고, 을의 선정신청 거부행위가 거부처분에 해당한다면 행정심판법 문언상으로는 취소심판 또는 무효확인심판의 대상이 될 뿐만 아니라 의무이행심판의 대상도 되는데 가능한 형식이 무엇인지 문제된다. 또한 거부처분에 대한 가구제수단으로 집행정지 및 임시처분의 가능성을 검토한다.

II. 乙의 이주대책대상자 선정거부행위의 거부처분 해당 여부

판례는 수익적 행위 신청에 대해 행정청이 거부한 행위가 거부처분이기 위해서는 ① 신청에 따른 행위가 공권력의 행사이고 ② 그 거부가 신청인의 법률관계에 어떤 변동을 초래하여야 하며 ③ 신청인에게 법규상, 조리상 신청권이 있을 것을 요구하고 있다.

신청권을 대상적격의 문제로 보는 판례에 대해 신청권을 원고적격의 문제 및 본안의 문제로 보는 비판도 있으나 구체적 사건에서 신청인이 누구인지를 고려하지 않고 법규에서 일반적으로 인정하고 있는지를 살펴 일반적, 추상적으로 인정되는 응답신청권의 의미로 파악할 때 대상적격설이 타당하다.

乙의 이주대책결정은 처분에 해당되고, 乙의 거부가 있으면 甲의 법률관계에 변동을 초래하게 되며, 甲에게는 공익사업을 위한 토지 등의 취득 및 보상에 관한 법률에 의하여 응답신청권을 인정할 수 있으므로 乙의 거부행위는 거부처분에 해당한다.

III. 거부처분에 대한 행정심판의 종류

1. 의무이행심판

의무이행심판은 당사자의 신청에 대한 행정청의 위법 또는 부당한 "거부처분"이나 "부작위"에 대하여 일정한 처분을 하도록 하는 행정심판이므로(제5조 제3호) 거부처분은 의무이행심판의 대상이 된다. 甲의 이주대책대상자 선정 신청이 있었고 乙에게는 이주대책대상자에 대한 이주대책을 수립하여야 할 법적 의무가 있는데 甲의 신청을 거부하였으므로 甲은 거부처분에 대한 의무이행심판을 청구할 수 있다. 행정심판위원회는 거부처분이 위법 또는 부당하면 신청에 따른 처분재결(형성재결) 또는 처분명령재결(이행재결)을 할 수 있다. 처분명령재결이 있는 경우 재처분의무 불이행시 직접처분이 가능(제49조3항, 제50조)하므로 취소심판보다 권리구제에 효과적인 수단이다.

2. 취소심판

취소심판은 행정청의 위법 또는 부당한 처분의 취소 또는 변경을 구하는 행정심판을 말하는데(제5조 제1호), 주로 행정청의 적극적 행정작용 즉 침익적 행정행위와 같은 불이익한 처분의 취소를 구하는 경우에 주로 활용된다.

과거 행정심판법이 거부처분에 대한 취소재결이 있는 경우 재처분의무를 명시적으로 규정하지 않고 있시기에는 거부처분에 대해서는 의무이행심판이 가능하므로 취소심판은 허용되지 않는다는 견해도 있었으나, 거부처분도 행정심판법상 처분에 해당하며(제2조1호) 현행 행정심판법은 거부처분을 취소하는 재결이 있는 경우 재처분의무가 인정(제49조2항)되고 있는 점에 비추어 취소심판의 대상도 된다고 보는 것이 타당하다. 甲은 취소심판을 청구할 수도 있다.

甲의 심판청구을 인용하는 취소재결이 있는 경우 종전 행정심판법은 취소소송에서 취소판결이 있는 경우와는 달리 행정청의 재처분의무 및 재처분의무의 불이행시 간접강제제도를 명문으로 규정하고 있지 않아 재처분의무의 인정여부에 대해서는 견해가 대립했으며 판례는 긍정설의 입장이었다. 그러나 재처분의무를 인정하더라도 간접강제가 인정되지 않아서 권리구제에 한계가 있었다. 2017년 개정 행정심판법은 재처분의무와 간접강제를 명문으로 인정하여 이러한 문제를 해결하고 있다.

Ⅳ. 거부처분에 대한 행정심판법상의 가구제[1]

1. 집행정지

(1) 집행정지의 의의

행정심판법은 처분,처분의 집행 또는 절차의 속행 때문에 중대한 손해가 생기는 것을 예방할 필요성이 긴급하다고 인정할 때에는 직권 또는 당사자의 신청에 의하여 처분의 효력, 처분의 집행 또는 절차의 속행의 전부 또는 일부의 정지를 결정할 수 있다고 하여 처분에 대한 집행정지를 인정하고 있는데(제30조). 거부처분에 대한 집행정지가 가능한지 문제된다.

(2) 거부처분에 대한 집행정지

학설은 ① 집행정지가 허용되면 행정청에게 사실상의 구속력을 갖게 된다는 긍정설, ② 집행정지를 인정한다 하여도 신청인의 지위는 거부처분이 없는 상태로 돌아가는 것에 불과하다는 부정설 ③ 원칙적으로 부정하나 사안에 따라서는 거부처분이 행하여지지 아니한 상태로 복귀됨에 따라 신청인에게 어떠한 법적 이익이 있다고 인정되는 경우에 한해 인정하는 제한적 긍정설이 대립한다.

판례는 허가신청에 대한 거부처분은 그 효력이 정지되더라도 그 처분이 없었던 것과 같은 상태를 만드는 것에 지나지 아니하는 것이고 그 이상으로 행정청에 대하여 어떠한 처분을 명하는 등 적극적인 상태를 만들어 내는 경우를 포함하지 아니하는 것이므로, 거부처분의 효력정지를 구할 이익이 없다고 하여 부정설의 입장이다.

---

[1] 변시 배점을 고려할 때 답안 분량은 훨씬 줄여야 한다.

생각건대, 거부처분 자체의 효력이나 거부처분에 따른 절차의 속행으로 중대한 손해가 발생하는 경우가 있을 수 있으므로 예외적으로 집행정지를 인정할 필요성이 있고, 국민의 권리구제 측면에서 현행 집행정지 제도가 갖고 있는 기능적 한계를 극복한다는 측면에서 제한적 긍정설이 타당하다.[2]

(3) 사안의 경우
제한적 긍정설에 의할 때 이주대책 대상자 선정거부처분이 없는 상태로 돌아간다고 해서 甲에게 이주대책 대상자로 인정되어 특별공급을 받을 수 있는 자격이 부여된다고 할 수는 없으므로[3] 선정거부처분에 대한 집행정지는 신청의 이익이 없다. 또한 부정설인 판례의 입장에 의하더라도 집행정지 신청의 이익이 없다.

2. 임시처분

(1) 의 의
임시처분이란 행정청의 처분이나 부작위 때문에 발생할 수 있는 당사자의 불이익이나 급박한 위험을 막기 위해 당사자에게 임시의 지위를 부여하는 행정심판위원회의 결정을 말한다(제31조).
종래 행정심판법은 가구제 수단으로 소극적인 집행정지제도만을 규정했는데 집행정지결정은 침해적 활동에 대한 보전처분으로서의 기능을 할 뿐, 행정청의 부작위나 거부처분으로 인해 침해될 우려가 있는 청구인의 권익 보호를 위해 행정청에게 적극적으로 수익 처분을 행할 것을 명하는 기능을 수행하지 못해서 한계가 있었다. 이를 보완하기 위해 2010년 개정시 임시처분이 도입되었다.

(2) 요 건
적극적 요건으로 ① 처분 또는 부작위가 위법하다고 상당히 의심되는 경우이어야 하며, ② 행정심판청구가 계속 중이어야 하며,[4] ③ 처분 또는 부작위 때문에 당사자가 받을 우려가 있는 중대한 불이익이나 당사자에게 생길 급박한 위험이 존재하여야 하며, ④ 이를 막기 위하여 임시의 지위를 정하여야 할 필요가 있어야 한다.
소극적 요건으로는 ① 공공복리에 중대한 영향을 미칠 우려가 없으며(제31조2항, 제30조3항), ② 집행정지로는 목적을 달성할 수 없어야 한다(임시처분의 보충성, 제31조3항).

(3) 사안의 경우
甲은 乙이 무허가건축물이 아닌데 무허가건축물이라고 판단하여 선정거부한 것이 위법하다는 주장을 하면서 이주대책 대상자에서 제외되면 향후 있을 주택특별공급 등을 받지 못할 중대한 불이익이 존재하므로 임시적으로 이주대책대상자로서의 지위를 인정해야 할 필요성이 있는 경우라고 주장하면서 임시처분의 신청을 할 수 있을 것이다. 甲을 임시적으로 이주대책 대상자로 선정하는 것이 공공복리에 중대한 영향을 미칠 우려가 있는 경우도 아니며 집행정지가 불가능한 경우이므로 임시처분은 가능할 것이다.[5]

---

[2] 행정소송에서는 이와 같은 논의들이 있고 행정심판에서도 마찬가지로 소개하고 있으나, 임시처분 제도가 도입되어 있는 이상 제한적 긍정설도 소송과는 달리 큰 의미가 없을 것 같다.
[3] 이주대책 대상자 선정거부처분의 효력이 정지되면 일단 다음 단계의 절차인 특별공급신청을 할 수 있는 자격이 인정되어서 집행정지의 실익이 있다고 포섭할 수도 있다. 이 부분은 이견이 있을 수 있다.
[4] 임시처분의 성질상 의무이행심판에만 허용되고 취소심판에는 허용되지 않는다는 논리도 가능하나, 행정심판법 문언은 의무이행심판에만 한정하고 있지는 않다. 또한 실무에서 거부처분에 대해서도 의무이행심판보다는 취소심판으로 다수 제기되고 있는 점에 비추어 보면 의무이행심판에 제한하는 것보다는 취소심판에서도 인정하는 것이 국민의 권리구제 측면에서 바람직하다고 생각한다.
[5] 앞에서 집행정지가 불가능하다고 포섭했으므로 임시처분은 가능하다고 포섭한 것이다. 만약 앞에서 집행정지의 실익이 있다고 포섭한 경우라면 임시처분은 불가하다고 포섭하는 것이 논리적이다.

V. 소 결

甲은 이주대책 대상자 선정거부처분에 대하여 위법성의 정도에 따라 취소심판 또는 무효확인심판을 청구할 수 있으며, 의무이행심판을 청구할 수도 있다. 가구제수단으로 집행정지를 신청할 이익은 없지만 임시처분을 신청할 수 있다.

유제 1 [사시 2012]

甲은 주택을 소유하고 있었는데 그 지역이 한국토지주택공사가 사업자가 되어 시행하는 주택건설사업의 사업시행지구로 편입되면서 甲의 주택도 수용되었다. 사업시행자인 한국토지주택공사는 「공익사업을 위한 토지 등의 취득 및 보상에 관한 법률」 제78조에 따라 이주대책의 일환으로 주택특별공급을 실시하기로 하였다. 그 후 甲은 「주택공급에 관한 규칙」 제19조 제1항 제3호 규정에 따라 A아파트입주권을 특별분양하여 줄 것을 신청하였다. 그런데 한국토지주택공사는 甲이 A아파트의 입주자모집공고일을 기준으로 무주택세대주가 아니어서 특별분양 대상자에 해당되지 않는다는 이유로 특별분양신청을 거부하였다.

2. 취소소송을 제기하기 전에 특별분양신청 거부에 대하여 행정심판을 제기하려는 경우, 甲이 제기할 수 있는 행정심판법상의 권리구제수단에 대하여 검토하시오. (15점)

유제 2 [법전협 2018-3]

외국인 甲은 단기방문을 목적으로 대한민국에 체류하던 중 乙회사에서 기술 분야에 종사하고자 「출입국관리법」 제24조 제1항 및 동법 시행령 제12조에 따라 관할 행정청 A에게 단기방문(C-3)에서 기업투자(D-8)로 체류자격 변경허가를 신청하였다. 이에 A는 "乙회사는 외국인이 투자하기 직전에 대한민국 법인 내지 대한민국 국민이 경영하는 기업이 아니어서 「외국인투자 촉진법」에 따른 '외국인투자기업'에 해당하지 아니한다."는 것을 이유로 甲의 체류자격 변경신청에 대해 거부처분(이하 '제1차 거부처분'이라 함)을 하였다.

甲이 A를 상대로 제1차 거부처분에 대한 취소심판을 제기하면서 동시에 체류자격에 관한 임시처분을 행정심판위원회에 신청한 경우, 행정심판위원회는 임시처분을 결정할 수 있는가? (20점)

> **해 설**
>
> 체류자격변경허가가 거부되면 체류기간이 경과한 후에 甲은 추방당할 수도 있다. 甲은 거부처분으로 인하여 대한 불이익을 받을 우려가 있거나 급박한 위험이 존재한다고 할 수 있으므로 이를 막기 위하여 임시의 지위를 정하여야 할 필요성이 있다. 甲의 체류자격변경허가를 임시적으로 인정하더라도 공공복리에 중대한 영향을 미칠 우려가 보이지는 않고, 거부처분에 대한 집행정지는 부정되어 집행정지로 목적을 달성할 수 없으므로 행정심판위원회는 임시처분을 결정할 수 있다.

사례 094　이의신청과 행정심판의 구별　　　[법전협 2023-1]

　서울특별시장은 2023. 4. 28.자로 주택건설업을 영위하는 회사 A의 주택건설사업계획승인 신청을 거부하는 처분(이하 '이 사건 거부처분'이라 함)을 하면서 '이 처분에 이의가 있을 때에는 거부처분을 받은 날부터 60일 이내에 「민원처리에 관한 법률」에 따라 행정기관의 장에게 거부처분에 대한 이의신청을 할 수 있으며, 이의신청 여부와 관계없이 처분이 있음을 안 날부터 90일 이내에 「행정심판법」에 따라 처분청 또는 재결청에 행정심판을 청구하거나 「행정소송법」에 따라 피고를 관할하는 행정법원에 행정소송을 할 수 있음을 알려드립니다.'라는 내용을 고지하였고, 이 사건 거부처분은 2023. 5. 3. A에게 송달되었다. A는 이 사건 거부처분의 취소를 목적으로 2023. 5. 24. 이의신청을 하였으나, 서울특별시장은 2023. 5. 30. 이의신청을 기각하는 결정을 하였고, 동 결정은 2023. 6. 1. A에게 송달되었다.

1. A가 주택건설사업계획승인을 받기 위해 취소소송을 제기할 경우
   (1) 이 사건 거부처분 및 이의신청 기각결정 중 소송의 대상을 무엇으로 삼아야 하는지, 그리고 이의신청 기각결정이 행정심판의 재결의 성질을 갖는지 논하라. (15점)
   (2) 위 (1)에 따른 취소소송을 제기할 경우 제소기간의 기산점에 대하여 「행정기본법」을 참고하여 논하라. (10점)
3. 이 사건 거부처분에 대한 A의 「행정심판법」상 구제방법에 대해서 논하라. (20점)

[설문 1-(1)] 이의신청에 대한 기각결정의 법적 성격 (15점)

Ⅰ. 문제의 소재

　주택사업계획승인 신청에 대한 거부와 이의신청의 기각결정이 소송의 대상이 되는지 문제된다. 주택사업계획승인신청의 거부는 신청권의 존부가 문제되며, 이의신청의 기각결정은 이의신청의 법적 성격이 행정심판에 해당되는지와 관련된다.

Ⅱ. 주택사업계획승인신청에 대한 거부의 처분성

　판례는 국민의 적극적 행위 신청에 대하여 행정청이 거부한 행위가 항고소송의 대상이 되는 행정처분에 해당하려면, ① 그 신청한 행위가 공권력의 행사 또는 이에 준하는 행정작용이어야 하고, ② 그 거부행위가 신청인의 법률관계에 어떤 변동을 일으키는 것이어야 하며, ③ 그 국민에게 그 행위발동을 요구할 법규상 또는 조리상 신청권이 있어야 한다고 한다.
　A가 신청한 행위는 주택사업계획승인으로서 공권력의 행사에 해당되고, 승인의 거부행위로서 A의 법률관계에 변동이 생긴다고 할 수 있으며, 주택법 제15조 2항,3항은 사업계획승인을 받으려는 자는 대통령령으로 정하는 서류를 첨부하여 신청하도록 하고 있는데 이는 서울특별시장의 응답의무를 전제로 한 것으로 A에게는 법규상 신청권이 인정된다고 할 수 있다. 주택사업계획승인거부는 거부처분에 해당하므로 취소소송의 대상이 된다.

III. 이의신청에 대한 기각결정의 법적 성격

1. 이의신청

이의신청은 위법·부당한 행정작용으로 권리나 이익이 침해된 자가 행정청에 대하여 그러한 행위의 시정을 구하는 절차를 말한다. 실무상 진정으로 표현되기도 한다.

이의신청과 행정심판의 구별이 문제되는데 ① 행정심판은 원칙적으로 처분청의 직근상급행정기관에 속한 행정심판위원회에 제기하는 반면, 이의신청은 처분청 자신에 대하여 제기하는 것이며, ② 행정심판은 사법절차가 준용되는 반면(헌법 107조 3항) 이의신청은 사법절차가 준용되지 않는다. 개별법상의 이의신청이 단순히 진정의 성격을 갖는 경우도 있으며(개별공시지가에 대한 이의신청), 행정심판의 성격을 갖는 경우도 있다(토지수용위원회의 수용재결에 대한 이의신청).

행정기본법은 이의신청을 한 경우에도 이의신청과 관계 없이 「행정심판법」에 따른 행정심판 또는 「행정소송법」에 따른 행정소송을 제기할 수 있다고 하여 이의신청과 행정심판의 관계를 규정하고 있다(제36조3항).

행정심판이 아닌 진정의 성격을 가진 이의신청에 해당한다면 기각 결정은 종전의 처분을 유지함을 전제로 한 것에 불과하여 독립한 처분의 성질을 갖지 않으며 처분에 대한 행정심판이나 행정소송의 제기에도 영향을 주지 못하지만 이의신청의 대상이 된 처분을 취소하거나 변경하는 결정은 직권취소 내지는 종전의 처분을 대체하는 새로운 처분으로서 취소소송의 대상이 된다.

반면에 행정심판의 성격을 갖는 이의신청이라면 이의신청에 대한 결정은 재결에 해당하므로 재결에 고유한 위법이 있으면 취소소송의 대상이 된다.

2. 사안의 경우

사안의 이의신청은 민원처리에 관한 법률에 따른 것으로서 법 제35조 3항이 민원인은 이의신청 여부와 관계 없이 행정심판과 행정소송을 제기할 수 있다고 규정한 점에 비추어 행정심판이 아닌 진정의 성격을 가지는 이의신청에 해당한다.

이의신청에 대한 기각결정은 종전의 처분을 유지함을 전제로 한 것에 불과하여 독립한 처분의 성질을 갖지 않으므로 취소소송의 대상이 되지 않는다. 또한 이의신청이 행정심판이 아니므로 이의신청에 대한 기각결정도 재결에 해당하지 않으므로 고유한 위법이 있는 경우에는 취소소송의 대상이 될 수 있는 것도 아니다.

다만 신청인이 새로운 서류를 첨부하여 새로운 신청을 하는 취지로 이의신청을 하는 경우에는 이의신청이 새로운 신청에 해당하고 이의신청 기각결정이 새로운 처분에 해당하여 독립한 처분으로 취소소송의 대상이 될 수는 있으나 사안은 이에 해당하지 않는다.

IV. 사안의 해결

민원처리법에 의한 이의신청은 진정의 성격을 가지는 것으로 이의신청 기각결정은 처분이 아니고 행정심판의 재결에 해당하는 것도 아니다. 주택사업계획승인신청에 대한 거부처분이 취소소송의 대상이 된다.

[설문 1-(2)] 이의신청을 거친 경우의 제소기간 (10점)

Ⅰ. 문제의 소재

A가 취소소송을 제기할 경우 제소기간의 기산점을 주택사업계획승인신청에 대한 거부처분을 기준으로 할 것인지, 이의신청에 대한 기각결정을 기준으로 할 것인지 문제된다. 행정소송법상의 행정심판을 거친 경우의 제소기간의 특례규정의 적용 여부도 문제된다.

Ⅱ. 취소소송의 제소기간

취소소송에서는 민사소송과는 달리 행정법관계의 안정성을 위해 제소기간의 제한이 있다. 행정소송법은 행정심판을 거쳐야 하는 경우와 직접 제소하는 경우를 구분하여 규정하고 있다. 행정심판을 거치지 않는 경우에는 처분이 있음을 안 날로부터 90일 이내에, 처분이 있는 날로부터 1년 내에 소를 제기해야 한다. 정당한 사유가 있을 때에는 그러하지 아니하다(행정소송법 제20조1항,2항). 다만 심판을 거친 경우에는 특례가 인정되어서 제20조 1항·2항의 기간은 각각 심판의 재결서 정본을 송달받은 날부터, 재결이 있은 날부터 기산한다. 두 기간은 선택적이 아니며 어느 기간이 만료되면 제소기간은 경과한다.

처분이 있음을 안 날이란 추상적으로 알 수 있는 상태에 있게 된 날을 말하는 것이 아니라, 통지, 공고 기타의 방법에 의하여 당해 처분의 존재를 현실적으로 알게 된 날을 의미하며, 처분이 있은 날이란 당해 처분이 대외적으로 표시되어 효력을 발생한 날을 의미한다.

Ⅱ. 이의신청을 거친 경우의 제소기간

이의신청이 행정심판의 성격을 가지는 경우라면 행정심판을 거친 경우의 특례가 적용되어 이의신청에 대한 결정서 정본을 송달받은 날을 기준으로 하면 된다. 그러나 이의신청이 진정의 성격을 가지는 경우에는 행정소송법상의 심판을 거친 경우의 특례규정이 적용되지 않는다. 과거 판례는 당초 처분을 기준으로 제소기간을 판단했다. 그러나 행정기본법이 제정되어서 이의신청에 대한 결과를 통지받은 후 행정심판 또는 행정소송을 제기하려는 자는 그 결과를 통지받은 날부터 90일 이내에 행정심판 또는 행정소송을 제기할 수 있다고 규정하고 있다(제36조4항).

Ⅲ. 사안의 해결

민원처리에 관한 법률에 의한 이의신청은 행정기본법의 적용을 받는 이의신청에 해당한다. 민원처리에 관한 법률에서는 이의신청을 거친 경우의 제소기간에 대해 특별히 규정을 두고 있지 않으므로 행정기본법 제5조의 '다른 법률에 특별한 규정한 있는 경우'에 해당하지도 않는다. 따라서 A는 행정기본법 제36조4항에 따라서 이의신청에 대한 결정서를 통지받은 2023.6.1.부터 90일 이내에 취소소송을 제기하면 된다.

[설문 3] 거부처분에 대한 행정심판법상 구제방법 (20점)

A는 거부처처분에 대하여 의무이행심판을 청구할 수 있고 취소심판을 청구할 수도 있다. 만약 무효사유가 있다면 무효확인심판을 청구할 수 있다. 가구제수단으로는 집행정지는 신청의 이익이 없으므로 허용되지 않고, 제도적으로 임시처분이 가능하다. (상세한 해설은 앞 사례 참조)

사례 095 　행정심판청구인적격, 행정심판청구기간　　[법전협 2024-2]

　　甲은 경기도 여주시에서 폐기물처리 사업을 하고자 「폐기물관리법」 제25조에 따른 허가기준을 갖추고 관계기관의 안전성 검토를 거쳐, 여주시장에게 폐기물처리 사업허가를 신청하여 2023. 3. 15. 허가를 받았다. 그런데 위 폐기물처리공장에서 900미터 정도 인접한 곳으로서 상수원 보호구역 내에 거주하는 마을 주민 乙은 2023. 12. 5.경 위 공사가 폐기물 처리시설 건립 공사라는 것을 알고 이를 결사 저지하기로 하였다. 이에 乙은 위 시설이 들어서면 소음, 분진 등 환경오염과 지역 부동산가격 하락 등이 우려되고, 무엇보다 관련 조례인 「경기도 폐기물처리사업 인허가 조례」(이하 '경기도 관련 조례') 제6조에 따른 허가 요건인 관할 지방자치단체 주민 2/3 이상의 동의를 받지 아니하였음에도 여주시장이 이를 허가한 것으로 위법하다고 주장하며, 2024. 2. 8. 관할 경기도 행정심판위원회에 취소심판을 청구하였다. 경기도 행정심판위원회는 이 사건을 심리한 끝에 2024. 5. 10.자로 경기도 관련 조례 제6조에 위반한 허가라는 이유 등으로 취소재결을 하였고, 그 재결서는 2024. 5. 16. 처분청인 여주시장과 청구인 乙 및 사업자 甲에게 각각 송달되었다. 이에 사업자 甲은 위 취소재결을 상대로 2024. 8. 9. 취소소송을 제기하면서 다음과 같이 주장하였다. 첫째, 주민 乙은 위 허가처분의 제3자에 불과하므로 행정심판의 청구인적격을 갖추고 있지 아니하며, 행정심판 청구기간도 도과하였다. 둘째, 주민 동의를 허가 요건으로 규정한 경기도 관련 조례는 「폐기물관리법」 제25조 제4항의 위임규정에 반하는 조례이다.

3. 甲의 위 두 가지 주장의 당부를 각각 검토하시오.(30점).

[참조조문]
* 폐기물관리법
제25조(폐기물처리업) ① 폐기물의 수집·운반, 재활용 또는 처분을 업(이하 "폐기물처리업"이라 한다)으로 하려는 자(음식물류 폐기물을 제외한 생활폐기물을 재활용하려는 자와 폐기물처리 신고자는 제외한다)는 환경부령으로 정하는 바에 따라 지정폐기물을 대상으로 하는 경우에는 폐기물 처리 사업계획서를 환경부장관에게 제출하고, 그 밖의 폐기물을 대상으로 하는 경우에는 관할 지방자치단체장에게 제출하여야 한다. 환경부령으로 정하는 중요 사항을 변경하려는 때에도 또한 같다.
② 환경부장관이나 관할 지방자치단체장은 제1항에 따라 제출된 폐기물 처리사업계획서를 다음 각 호의 사항에 관하여 검토한 후 그 적합 여부를 폐기물처리사업계획서를 제출한 자에게 통보하여야 한다.
  1. 폐기물처리업 허가를 받으려는 자(법인의 경우에는 임원을 포함한다)가 제26조에 따른 결격사유에 해당하는지 여부
  2. 폐기물처리시설의 입지 등이 다른 법률에 저촉되는지 여부
  3. 폐기물처리사업계획서상의 시설·장비와 기술능력이 제3항에 따른 허가기준에 맞는지 여부
  4. 폐기물처리시설의 설치·운영으로 「수도법」 제7조에 따른 상수원보호구역의 수질이 악화되거나 「환경정책기본법」 제12조에 따른 환경기준의 유지가 곤란하게 되는 등 사람의 생명, 건강이나 주변 환경에 영향을 미치는지 여부
③ 제2항에 따라 적합통보를 받은 자는 그 통보를 받은 날부터 2년 이내에 환경부령으로 정하는 기준에 따른 시설·장비 및 기술능력을 갖추어 업종, 영업대상 폐기물 및 처리분야별로 지정폐기물을 대상으로 하는 경우에는 환경부장관의 그 밖의 폐기물을 대상으로 하는 경우에는 관할 지방자치단체장의 허가를 받아야 한다. 이 경우 환경부장관 또는 관할 지방자치단체장은 제2항에 따라 적합통보를 받은 자가 그 적합통보를 받은 사업계획에 따라 시설·장비 및 기술인력 등의 요건을 갖추어 허가신청을 한 때에는 지체 없이 허가하여야 한다.

④ 제2항 제1호, 제3호, 제4호의 요건에 관한 기타 세부적인 사항은 해당 지방자치단체의 조례로 정한다.
제26조(결격 사유) 다음 각 호의 어느 하나에 해당하는 자는 폐기물처리업의 허가를 받거나 전용용기 제조업의 등록을 할 수 없다.
  1. 미성년자, 피성년후견인 또는 피한정후견인
  2. 파산선고를 받고 복권되지 아니한 자
  3. 이 법을 위반하여 금고 이상의 실형을 선고받고 그 형의 집행이 끝나거나 집행을 받지 아니하기로 확정된 후 10년이 지나지 아니한 자
  4. 이 법을 위반하여 대통령령으로 정하는 벌금형 이상을 선고받고 그 형이 확정된 날부터 5년이 지나지 아니한 자
  5. 제27조에 따라 폐기물처리업의 허가가 취소되거나 제27조의2에 따라 전용용기 제조업의 등록이 취소된 자로서 그 허가 또는 등록이 취소된 날부터 10년이 지나지 아니한 자

* 경기도 폐기물처리사업 인허가 조례
제6조(인허가 요건) 경기도 관할 지역내에서 폐기물처리처리업을 영위하고자 하는 자는 다음 요건을 모두 충족하여야 한다.
  1. 폐기물 처리시설은 마을과 상수원 등으로부터 800미터 이상 떨어진 곳에 위치하여야 한다.
  2. 폐기물 처리시설이 위치한 해당 기초지방자치단체 주민 2/3 이상의 동의를 얻어야 한다.
  3. (생략)

I. 문제의 소재

甲의 첫 번째 주장은 처분의 직접상대방이 아닌 제3자인 주민 乙에게 심판청구인적격이 인정되는지, 乙이 행정심판청구기간을 경과하여 심판을 청구한 것은 아닌지 문제된다. 甲의 두 번째 주장은 「경기도 폐기물처리사업 인허가 조례」(이하 '경기도 관련 조례')가 폐기물관리법의 위임의 한계를 벗어나서 하자가 있는지 문제된다.

II. 乙의 심판청구인적격 인정 여부

1. 심판청구인적격

심판청구인적격은 구체적인 심판사건에서 청구인으로서 적합한 자격을 말하는데 취소심판은 처분의 취소 또는 변경을 구할 법률상 이익이 있는 자가 청구할 수 있다(행정심판법 제13조1항).

법률상 이익의 의미와 관련하여 취소소송과 마찬가지로 권리구제설, 법률상보호이익설, 보호가치 있는 이익구제설 등의 견해가 대립하나 법률상보호이익설이 통설, 판례이다. 법률상보호이익설에 의할 때 당해 처분의 근거법규 및 관계법규에 의해 보호되는 이익이 있는 자에게 청구인적격이 인정되며 처분의 직접 상대방이 아닌 제3자라고 하더라도 처분의 취소를 구할 법률상 이익이 있으면 청구인적격이 인정될 수 있다.

2. 사안의 경우

甲에 대한 폐기물 처리 사업허가의 근거법규는 폐기물관리법이다. 동법 제25조2항4호는 폐기물처리시설의 설치·운영으로 「수도법」 제7조에 따른 상수원보호구역의 수질이 악화되거나 「환경정책기본법」 제12조에 따른 환경기준의 유지가 곤란하게 되는 등 사람의 생명, 건강이나 주변 환경에 영향을 미치는지 여부를 폐기물 처리사업계획서의 내용으로 요구하고 있는 바 이는 폐기물 처리시설의 인근 주민의

건강이나 안전 등 위해발생 방지를 목적으로 하는 것이므로 인접 지역 주민인 乙은 처분의 직접 상대방은 아닌 제3자라 하더라도 폐기물 처리사업허가처분을 다툴 법률상 이익이 있으므로 청구인 적격이 인정된다.

III. 乙의 행정심판청구기간 경과 여부

1. 행정심판의 청구기간

행정심판도 민사소송과 달리 단기의 불복기간이 정해져 있다. 행정심판은 처분이 있음을 알게 된 날부터 90일 이내에 청구하여야 하고(행정심판법 제27조1항), 처분이 있었던 날부터 180일 이내에 청구하여야 한다. 다만 정당한 사유가 있으면 180일이 지나도 청구할 수 있다(동법 제27조3항). 정당한 사유가 있는 경우라도 어떤 경위로든 처분이 있음을 알게 되면 그 때부터는 90일 이내에 심판을 청구하여야 한다. 두 기간은 선택적인 것이 아니라 어느 기간이 만료되면 심판청구기간은 경과한 것이 된다. 심판청구기간의 제한은 취소심판과 거부처분에 대한 의무이행심판에만 적용되고 무효등확인심판과 부작위에 대한 의무이행심판에는 적용되지 않는다(동법 제27조7항).

2. 사안의 경우

乙은 처분이 있었던 날인 2023. 3. 15.부터 180일이 지난 2024. 2. 10.에 심판을 청구하였으나, 乙은 제3자효 행정행위의 제3자로서 甲에 대한 처분이 있음을 곧 알 수 없는 처지이므로 180일이라는 제척기간의 적용을 배제할 정당한 사유가 있는 때에 해당한다. 乙이 처분이 있었던 것을 안 것은 2023. 12. 5.이므로 위 안 날부터 67일 만에 심판청구를 한 것이므로 심판청구기간을 준수하였다.

IV. 경기도 관련 조례의 위법 여부

1. 조례의 의의 및 하자

조례란 지방자치단체가 법령의 범위 안에서 그 권한에 속하는 사무에 관하여 지방의회의 의결을 거쳐 제정하는 자치법규로서 외부적 효력을 갖는 일반적·추상적 규율을 의미한다. 헌법 제117조는 지방자치단체는 법령의 범위 안에서 자치에 관한 규정을 제정할 수 있다고 하여 자치입법권을 인정하고 있고, 지방자치법 제28조는 조례의 직접적 근거를 규정하고 있다.

2. 조례제정의 한계

(1) 조례제정의 대상

지방자치법 제28조와 제13조에 따르면 조례제정의 대상이 되는 사무는 자치사무와 단체위임사무에 한정되며, 기관위임사무는 조례 제정의 대상이 아니다. 그러나 개별법령에서 특별히 위임한 경우에는 기관위임사무에 관하여도 위임의 범위 내에서 이른바 위임조례를 제정할 수 있다.

(2) 법률유보의 원칙

헌법 제117조 제1항은 "지방자치단체는 법령의 범위 안에서 자치에 관한 규정을 제정할 수 있다"고 규정하는 한편, 지방자치법 제28조 단서는 주민의 권리제한 또는 의무부과에 관한 사항이나 벌칙을 정할 때에는 법률의 위임을 요구하고 있어 단서조항의 위헌 여부가 문제된다. 학설은 위헌설과 합헌설이 대립하나 대법원 및 헌법재판소는 합헌설의 입장이다. 따라서 조례가 주민의 권리를 제한하거나 의무를 부과하는 경우에는 법률의 위임이 있어야 한다. 다만 지방의회의 민주적 정당성을 고려하여 포괄적 위임도 족하다는 것이 판례이다.

(3) 법률우위의 원칙

헌법 제117조와 지방자치법 제28조에 따르면 지방자치단체는 "법령의 범위 안에서" 조례를 제정할 수 있다고 규정하여 법률우위 원칙을 입법화하고 있다. 법령의 범위 안에서란 법령에 위반되지 않는 범위 내에서를 의미한다.

3. 사안의 경우

관할 지방자치단체장의 폐기물 처리업 허가는 폐기물관리법이 환경부장관의 허가대상과 관할 지방자치단체장의 허가사항을 구분하고 있고(제25조3항), 지방자치법은 생활폐기물의 수거 및 처리 업무를 지방자치단체의 사무로 분류하고 있는 점(제13조 2항 2호 자목)을 고려할 때 지방자치단체의 자치사무라고 할 수 있으므로 조례제정의 대상이 된다.

경기도 폐기물처리사업 인허가 조례는 폐기물관리사업의 허가요건을 규정한 것으로 주민의 권리제한 또는 의무부과에 관한 사항으로 법률의 위임이 필요한데 폐기물관리법 제25조 제4항의 위임을 받아서 제정한 것이므로 법률유보원칙에 반하지 않는다.

법률우위원칙과 관련하여 폐기물관리법은 법률 제25조 제2항의 제1호, 제3호, 제4호의 요건에 관한 세부적인 사항을 조례로 위임한 것인데 제1호는 폐기물처리사업자의 결격사유를, 제3호는 시설 재원과 기술적 능력을, 제4호는 국민의 건강보호를 위해 상수원 인근 설치금지지역의 설치허가금지를 각 규정한 것으로 주민동의 여부와는 직접적인 관계가 없으므로 조례는 위임받지 않은 사항을 규정한 것으로서 위임의 한계를 벗어났다. 또한 해당 기초지방자치단체 주민 2/3 이상의 동의를 얻어야 한다고 규정하여 사실상 인허가 자체가 불가능하게 하여 인허가권자인 지방자치단체장의 권한을 지방의회가 조례로 실질적으로 박탈한 것이라고 볼 수도 있다. 조례 제6조는 상위법령의 위임범위를 벗어난 것으로 법률우위 원칙에 반하여 위법하다.[1]

V. 사안의 해결

乙은 처분의 직접상대방이 아닌 제3자이지만 법률상 이익이 있어 심판청구인적격이 인정되고, 행정심판법 제27조 제3항 단서의 정당한 사유에 해당되어 180일이 경과하였더라도 행정심판청구기간을 준수하였으므로 甲의 첫 번째 주장은 타당하지 않다.

경기도 폐기물처리사업 인허가 조례 제6조는 폐기물관리법 제25조 제4항의 위임범위를 벗어나 법률우위 원칙에 반하는 위법인 조례에 해당한다. 甲의 두 번째 주장은 타당하다.

---

[1] 제4호에서 규정한 주민의 생명, 건강, 환경과 어느정도 관련되어 주민의 권리를 제한하는 것과 일정 부분 관계된다고 볼 경우 조례로 위와 같은 동의요건을 추가하는 것이 법률우위원칙 위배로 볼 수 없다고 볼 여지도 있는 만큼 위와 같은 이유로 법률우위원칙에 위배되지 않는 적법한 조례에 해당한다고 결론 내린 경우에도 일정 점수를 부여할 수 있음.

사례 096　행정심판에서 적극적 변경
[법전협 2015-3]

甲은 A군에서 S의원을 경영하고 있다. S의원이 담당하고 있는 진료과목과 동일한 과목을 진료하는 의료기관은 A군 내에는 달리 없는 실정이다. 보건복지부 소속 공무원 乙은 2015. 5. 13. 사전통지 없이 S의원을 현장조사하고, 그 결과 甲이 B 바이오회사의 C 치료재료에 대해 국민건강보험공단에 청구한 금액이「치료재료 급여·비급여목록 및 급여상한금액표」(보건복지부 고시 제2015-00호, 2015. 3. 12. 이하 "고시"라 한다)에 따른 급여금액보다 5,000만원을 상회하였음을 적발하였다. 이 조사결과에 기초하여 보건복지부장관은 2015. 6. 30. S의원 대표 甲에게「국민건강보험법」제98조에 따라 90일 업무정지처분을 하고, 동법 제100조에 의거하여 그 위반사실을 공표하였다. 보건복지부장관은 업무정지처분에 대하여는 사전통지절차를 거쳤으나 위반사실 공표에 대하여는 사전통지를 하지 아니하였다.

2. 甲은 보건복지부장관이 행한 2015. 5. 13. 갑작스레 행한 현장조사에 기초한 업무정지처분에 대해 다투고자 한다.

　(2) 업무정지처분에 대해 甲이 취소쟁송을 제기한 경우 쟁송을 담당하는 기관이 업무정지처분을 과징금처분으로 전환할 수 있는지에 대해 논하시오. (10점)

I. 문제의 소재

업무정지처분에 대해 甲이 취소쟁송을 제기한 경우 쟁송 담당 기관인 행정심판위원회나 취소소송의 수소법원이 업무정지처분을 과징금처분으로 적극적으로 변경할 수 있는지 문제된다.

II. 변형된 의미의 과징금

본래 의미의 과징금은 일정한 행정법상의 의무위반으로 경제적 이익이 발생한 경우에 그 이익을 박탈하여 간접적으로 의무이행을 확보하는 금전부담을 말하지만 변형된 의미의 과징금은 다수국민이 이용하는 사업이나 국가사회에 중대한 영향을 미치는 사업을 행하는 자가 행정법상 의무위반시 인허가의 정지에 갈음하여 부과하는 과징금을 말한다. 사안은 변형된 의미의 과징금으로 보건복지부장관은 업무정지처분에 갈음하여 과징금을 부과할 수 있다(국민건강보험법 제99조 1항). 그런데 쟁송기관이 과징금으로 변경할 수 있는지 문제되는 것이다.

III. 취소심판에서 변경가능성

취소심판은 위법 또는 부당한 처분을 취소 또는 변경하는 심판이고(행정심판법 제5조 1호), 심판청구가 이유 있으면 행정심판위원회는 취소 또는 변경하는 재결을 할 수 있다(행정심판법 제43조 3항). 행정심판에서의 "변경" 의미는 행정심판법 제43조 3항이 취소와 변경을 따로이 규정하고 있고 행정심판법 제43조 5항이 의무이행재결을 인정하고 있는 점에 비추어 적극적 변경, 즉 원처분을 갈음하여 다른 처분으로의 변경을 의미한다는 것이 일반적 견해이다. 또한 행정심판에서는 부당도 통제할 수 있으므로 재량행위라고 하더라도 적극적 변경 또는 일부취소(소극적 변경)을 하는 재결도 할 수 있다.

Ⅳ. 취소소송에서 변경가능성

취소소송은 위법한 처분등을 취소 또는 변경하는 소송이므로(제4조 1호) 취소소송에서의 인용판결에는 변경판결도 포함된다. 이 경우 <u>변경의 의미</u>에 대하여 권력분립주의를 실질적으로 이해하여 법원이 위법한 처분을 취소하고 새로운 처분을 내용으로 하는 판결을 하는 것도 가능하다고 하는 <u>적극적 변경을 의미한다는 견해도 있으나 적극적 변경은 법원이 행정청의 처분권을 행사하는 결과를 가져오며, 행정소송법이 의무이행소송을 도입하고 있지 않다는 점에서 소극적 변경(일부취소)으로 보는 견해가 타당하고 판례의 입장이기도 하다.</u>

Ⅴ. 사안의 해결

쟁송을 담당하는 기관이 행정심판위원회라면 취소심판에서 <u>업무정지처분을 과징금부과처분으로 적극적으로 변경하는 재결을 할 수 있다.</u>

쟁송을 담당하는 기관이 법원이라면 <u>취소소송의 수소법원</u>은 업무정지처분이 위법하다고 판단하고 과징금부과처분이 적절하다고 판단하더라도 <u>과징금부과처분으로 변경하는 판결을 할 수 없다.</u> 결국 법원으로서는 <u>업무정지처분이 재량의 일탈·남용이 있음을 이유로 전부 취소하는 수밖에 없다.</u>

사례 097 　형성재결의 효력　　　　　　　　　　　　　　　　[사시 2013]

X시 소속 공무원 甲은 다른 동료들과 함께 회식을 하던 중 옆자리에 앉아 있던 동료 丙과 시비가 붙어 그를 폭행하였다. 이러한 사실이 지역 언론을 통하여 크게 보도되자, X시의 시장 乙은 적법한 절차를 통해 甲에 대해 정직 3월의 징계처분을 하였다. 甲은 "해당 징계처분이 과도하기 때문에 위법이다."라고 주장하면서, X시 소청심사위원회에 소청을 제기하였다. 이에 대해 X시 소청심사위원회는 정직 3월을 정직 2월로 변경하는 결정을 내렸다.

1. 甲은 2월의 정직기간 만료 후에 위 소청결정에 따른 시장 乙의 별도 처분 없이 업무에 복귀하였다. 이와 관련하여 X시 소청심사위원회가 내린 위 결정의 효력에 대하여 설명하시오.(10점)

I. 문제의 소재

소청심사위원회는 특별행정심판기관에 해당하고 소청심사위원회의 소청결정은 행정심판의 재결에 해당한다. 소청심사위원회가 정직 2월 변경결정에 있는 경우 시장 乙의 별도의 처분 없이 甲이 업무에 복귀할 수 있는지는 재결의 효력으로서 형성력의 인정여부에 좌우된다.

II. 소청결정의 종류

행정심판법 제43조는 재결의 종류를 규정하고 있고 이에 대응하여 국가공무원법 제14조 제5항도 소청결정의 종류를 규정하고 있다. 소청심사위원회는 ① 심사청구가 법률에 적합하지 않으면 그 청구를 각하하는 결정을 하며 ② 심사청구가 이유 없으면 기각하는 결정을, ③ 심사청구가 이유 있으면 인용하는 결정을 한다.

인용결정은 다시 소청심사청구의 내용에 따라서 (1) 취소결정, 변경결정, 취소명령결정, 변경명령결정, (2) 유효, 무효, 존재, 부존재 확인결정, (3) 청구에 따른 처분결정 및 처분명령결정으로 구분된다.

설문의 경우 X시 소청심사위원회는 정직 3월을 정직 2월로 변경하는 소청결정을 하였는데 이는 형성재결의 성격을 갖는다. 이하 형성재결의 효력을 검토한다.

III. 형성재결의 효력

1. 불가변력

불가변력이란 처분청 또는 감독청이 직권으로 행정행위를 자유로이 취소, 변경, 철회할 수 없는 효력이다. 소청결정은 사법적 절차가 준용되는 소청에 있어서 준사법적 행정행위로서 처분청인 소청심사위원회 자신도 이를 취소, 변경할 수 없는 불가변력이 인정된다.

2. 형성력

형성재결은 당연형성효가 성립하는 바, 변경재결에 의해 행정청의 별도의 처분을 기다릴 것 없이 처분이 변경되는 효과가 발생한다. 사안의 경우 소청심사위원회의 변경결정에 의해 시장 乙의 정직 3월의 징계처분이 정직 2월의 징계처분으로 당연히 변경된다.

3. 기속력[1]

기속력이란 당사자인 행정청과 관계행정청에게 재결의 취지에 따라 행동하여야 할 의무를 지우는 효력을 말한다. 재결 중에서 인용재결의 경우에 인정된다.

기속력은 ① 동일 사실관계 하에서 동일 당사자를 대상으로 동일 내용의 처분을 하여서는 안 되는 반복금지효, ② 재결의 취지에 따라 처분을 하여야 하는 행정청의 재처분의무, ③ 취소된 처분에 의해 초래된 위법상태를 제거하여 원상회복을 하여야 하는 결과제거의무를 내용으로 한다.

재처분의무는 ① 거부처분이 취소되거나 무효 또는 부존재로 확인되는 경우(행정심판법 제49조2항) ② 의무이행심판에서 처분명령재결이 있는 경우(동법 제49조 3항) ③ 신청에 따른 처분이 절차의 위법 또는 부당을 이유로 취소되는 경우(동법 49조 4항)에 인정된다. 거부처분인 경우에는 종래 명문의 규정이 없어 인정여부에 대해 견해대립이 있었으나 2017년 행정심판법 개정으로 명문으로 인정하고 있다.

국가공무원법은 소청심사위원회의 결정에 대해 기속력을 별도로 규정하고 있다(제15조).

사안의 정직3월을 정직2월로 변경하는 결정은 반복금지효가 문제된다. 시장 乙은 기속력에 따라 동일한 사유로 동일한 정직 3월의 처분을 할 수 없다.

IV. 사안의 해결

X시 소청심사위원회가 내린 변경결정은 형성재결로서 당연형성효가 있으므로 甲은 2개월의 정직기간이 만료되면 시장 乙의 별도의 처분 없이 업무에 복귀할 수 있으며 시장 乙은 동일한 사유로 정직 3월의 처분을 반복할 수 없다.

---

[1] 재결의 기속력을 서술할 때에는 판결의 기속력과 헷갈리지 말고 서술해야 한다. 취소판결이라는 용어가 무의식중에 나올 수도 있으니 주의하고, 행정소송법 제30조와 행정심판법 제49조의 내용도 약간의 차이가 있으니 유념해야 한다.

사례 098 소청심사위원회의 법적지위, 처분명령재결 [사시 2009]

A장관은 소속 일반직공무원인 甲이 '재직 중 국가공무원법 제61조 제1항을 위반하여 금품을 받았다'는 이유로 적법한 징계절차를 거쳐 2008.4.3. 甲에 대해 해임처분을 하였고, 甲은 2008.4.8. 해임처분서를 송달받았다. 이에 甲은 소청심사위원회에 이 해임처분이 위법·부당하다고 주장하며 소청심사를 청구하였다. 소청심사위원회는 2008.7.25. 해임을 3개월의 정직처분으로 변경하라는 처분명령재결을 하였고, 甲은 2008.7.30. 재결서를 송달받았다. A장관은 2008.8.5. 甲에 대해 정직처분을 하였다. 2008.8.10. 정직처분서를 송달받은 甲은 취소소송을 제기하고자 한다.

1. 소청심사위원회의 법적 지위와 처분변경명령재결의 효력을 설명하시오.(10점)

Ⅰ. 소청심사위원회의 법적지위

소청심사위원회는 국가공무원법 제9조에 의해 행정심판의 특례로 마련된 소청을 심사하며 소청결정을 행하는 특별행정심판기관에 해당한다. 공무원의 인사와 관련한 처분을 대상으로 하는 행정심판에 있어서 인사에 관한 전문적 판단을 하도록 하여 공무원의 신분을 보다 강하게 보장함과 동시에 공무원관계의 질서를 확립하기 위한 목적에서 설치되었다.

행정청이란 행정주체의 의사를 내부적으로 결정하여 이를 외부적으로 표시할 권한이 있는 기관을 의미하는 바(행정소송법 제2조 제2항), 소청심사위원회는 ① 공무원의 신분과 관련된 징계처분 등에 대하여 국가공무원의 경우 국가, 지방공무원의 경우 지방자치단체의 의사를 내부적으로 결정하여 ② 이를 소청결정을 통해 외부적으로 표시할 권한이 있는 행정기관으로서 독립적인 "합의제 행정청"의 지위를 가진다.

Ⅱ. 처분변경명령재결의 효력

1. 처분변경명령재결의 의의

소청심사위원회는 특별행정심판기관에 해당하므로 소청심사위원회의 소청결정은 행정심판의 재결에 해당된다.

행정심판법 제43조는 행정심판에서 재결의 종류를 규정하고 있고 이에 대응하여 국가공무원법 제14조 제5항도 소청결정의 종류를 규정하고 있다. 소청심사위원회는 ① 심사청구가 법률에 적합하지 않으면 그 청구를 각하하는 결정을 하며 ② 심사청구가 이유 없으면 기각하는 결정을, ③ 심사청구가 이유 있으면 인용하는 결정을 한다.

인용결정은 다시 소청심사청구의 내용에 따라서 (1) 취소결정, 변경결정, 취소명령결정, 변경명령결정, (2) 유효, 무효, 존재, 부존재 확인결정 (3) 청구에 따른 처분결정 및 처분명령결정으로 구분된다.

이 중에서 처분변경명령결정은 처분의 변경을 구하는 심사청구가 이유 있다고 인정되는 경우 소청심사위원회가 처분 행정청에게 처분을 변경할 것을 명하는 것으로서 이행재결의 성격을 가진다(국가공무원법 제14조 5항 3호).

2. 처분변경명령재결의 효력

(1) 불가변력
불가변력이란 처분청 또는 감독청이 직권으로 행정행위를 자유로이 취소, 변경, 철회할 수 없는 효력이다. 소청결정은 사법적 절차가 준용되는 준사법적 행정행위로서 처분청인 소청심사위원회 자신도 이를 취소, 변경할 수 없는 불가변력이 인정된다.

(2) 기속력
기속력이란 당사자인 행정청과 관계행정청에게 재결의 취지에 따라 행동하여야 할 의무를 지우는 효력을 말한다. 재결 중에서 인용재결의 경우에 인정된다. 기속력의 내용으로는 반복금지효, 재처분의무, 결과제거의무가 있다. 재처분의무는 ① 거부처분이 취소되거나 무효 또는 부존재로 확인되는 경우(행정심판법 제49조2항) ② 의무이행심판에서 처분명령재결이 있는 경우(동법 제49조 3항) ③ 신청에 따른 처분이 절차의 위법 또는 부당을 이유로 취소되는 경우(동법 49조 4항)에 인정된다. 거부처분인 경우에는 종래 명문의 규정이 없어 인정여부에 대해 견해대립이 있었으나 2017년 행정심판법 개정으로 명문으로 인정하고 있다.

국가공무원법은 소청심사위원회의 결정에 대해 기속력을 별도로 규정하고 있다(제15조).

사안은 재처분의무가 문제되는 경우는 아니다. 소청심사위원회의 처분변경명령재결이 있으면 A장관은 재결의 기속력에 따라 甲에 대한 해임처분을 3개월의 정직처분으로 변경해야 한다. 다시 동일한 해임처분을 반복하면 안 된다.

사례 099   고지의무 위반   [행시 2022]

甲은 X 시의 시장 乙에게 X 시에 소재한 자신의 토지에 공동주택의 건설사업을 위한 개발행위허가 신청을 하였다. 乙은 "甲의 신청지는 X 시 도시기본계획상 도시의 자연환경 및 경관을 보호하기 위하여 도시자연공원 구역으로 지정이 예정되어 있어 전체적인 개발계획이 수립되지 않은 상태에서 개별적인 공동주택 입지를 위한 개발행위허가는 불합리하다."라는 이유로, 2020. 10. 9. 甲의 신청을 거부하였다(이하 '제1차 거부처분'). 이에 甲은 乙을 상대로 제1차 거부처분의 취소를 구하는 소를 제기하였고, 법원은 제1차 거부처분이 구체적이고 합리적인 근거 없이 甲의 신청을 불허한 것으로 재량권의 일탈·남용이라고 보아 甲의 청구를 인용하는 판결을 하였다. 이 취소판결은 확정되었고, 사실심 변론종결일은 2021.11.16.이다. 甲은 위 판결 확정 이후인 2021. 12. 17. 乙에게 위 확정판결에 따른 후속조치의 이행을 촉구하는 내용의 민원을 제기하였는데, 당시 X 시의 담당과장은 민원을 접수하면서 甲에게 "법적으로 가능하다면 개발행위를 허가해 주겠다."라고 구두로 답변하였다. 그러나 乙은 2021. 12. 28. 甲에게 "甲이 신청한 토지는 국토교통부에서 확정 발표한 도시자연공원 확대사업이 반영된 대상지로서 우리 시에서는 체계적인 도시개발 및 난개발 방지를 위해 「국토의 계획 및 이용에 관한 법률」에 따라 2021. 10. 26. 개발행위허가 제한지역으로 고시하여 현재 신규 개발행위허가는 불가능하다."라는 사유로 甲의 개발행위를 불허하는 통지를 하였다(이하 '제2차 거부처분'). 다음 물음에 답하시오.

3) 乙은 제2차 거부처분을 하면서 행정심판 및 행정소송의 제기 여부 등 불복절차에 대하여 아무런 고지를 하지 않았다. 甲은 이를 이유로 제2차 거부처분은 절차적 하자가 있는 위법한 처분이라고 주장한다. 甲의 주장이 타당한지 검토하시오. (10점)

I. 문제의 소재

乙이 제2차 거부처분을 하면서 행정심판법상 불복고지를 하지 아니한 것이 처분의 절차상 하자로 인정될 수 있는지 문제된다. 불고지의 효과와 관련된다.

II. 행정심판법상 불복 고지

1. 의의 및 법적 성질

고지제도는 행정청이 처분을 서면으로 하거나 또는 이해관계인으로부터 요구가 있는 경우에 그 상대방이나 이해관계인에게 처분에 관하여 행정심판 및 행정소송을 제기할 수 있는지의 여부, 청구절차 및 청구기간 등을 알리는 제도를 말한다(행정심판법 제58조). 고지제도는 국민이 행정심판제도를 이용할 수 있도록 보장하고 행정청이 처분을 함에 있어 신중을 기하고 적정한 처분이 이루어지도록 하고 아울러 행정의 민주화를 도모하기 위해서 인정되는데 행정심판법은 직권에 의한 고지(행정심판법 제58조 1항)와 신청에 의한 고지(행정심판법 제58조 2항)를 규정하고 있으며 행정절차법 제26조도 당사자에 대한 고지에 관해 규정하고 있다.

고지는 불복을 제기할 때 필요한 사항을 알려주는 비권력적 사실행위로서 행정쟁송의 대상이 되는 처분은 아니다. 다만 불고지, 오고지의 경우 법령에 의한 일정한 효과가 주어질 뿐이다.

2. 오고지·불고지의 효과

행정청이 제58조에 따른 고지를 하지 아니하거나 잘못 고지하여 청구인이 심판청구서를 다른 행정기관에 제출한 경우에는 그 행정기관은 그 심판청구서를 지체 없이 정당한 권한이 있는 피청구인에게 보내야 한다(제23조2항, 3항), 이 경우 행정심판기간 기산점은 최초의 행정기관에 심판청구서가 제출되었을 때가 된다(제23조4항).

행정청이 심판청구 기간을 본래의 청구기간보다 긴 기간으로 잘못 알린 경우 잘못 알린 기간에 심판청구가 있으면 본래의 청구기간에 청구된 것으로 본다(제27조6항).

또한 행정청이 심판청구 기간을 알리지 아니한 경우에는 처분이 있은 날부터 180일 이내에 심판청구를 할 수 있다(제27조6항). 이 경우 청구인이 처분이 있은 것을 알았는지의 여부 및 청구인이 고지에 관계없이 심판청구기간에 관하여 알고 있었는지의 여부는 가리지 않는다.

3. 고지의 하자가 위법사유가 되는지 여부

고지제도의 취지는 처분의 상대방이나 이해관계인이 행정심판을 제기함에 있어 편의를 제공하는 데 있을 뿐, 행정처분의 성립과정을 규제하는 절차규정이라거나 처분의 형식을 규제하는 제도가 아니다. 따라서 고지를 하지 아니하거나 잘못 하였다고 하더라도 처분의 주체·절차·형식상에 어떤 흠결을 가져오는 것은 아니다. 또한 고지는 이미 법규에 의해 정해진 불복의 가부나 불복의 절차를 알려주는 사실행위에 불과하므로 불고지·오고지가 있더라도 당해 처분이 국민의 권리의무에 영향을 미치는 데는 어떤 변동을 가져오지도 않는다. 따라서 처분의 내용에 아무 하자가 없는 이상 고지의 하자를 이유로 처분의 위법성을 주장할 수는 없다.

판례 역시 자동차운수사업법 제31조 등의 규정에 의한 사업면허의 취소 등의 처분에 관한 규칙(교통부령) 제7조 제3항의 고지절차에 관한 규정은 행정처분의 상대방이 그 처분에 대한 행정심판의 절차를 밟는데 있어 편의를 제공하려는데 있으며 처분청이 위 규정에 따른 고지의무를 이행하지 아니하였다고 하더라도 경우에 따라서는 행정심판의 제기기간이 연장될 수 있는 것에 그치고 이로 인하여 심판의 대상이 되는 행정처분에 어떤 하자가 수반된다고 할 수 없다[1])는 입장이다.

III. 사안의 해결

처분을 하면서 불복고지를 하지 아니하였다면 관할 위반시 적법한 관할로의 이송이나 행정심판청구기간에 특례가 적용되는 것일 뿐 처분의 절차상 하자로 인정되는 것은 아니므로 제2차 거부처분이 불고지라는 절차의 하자가 있다는 甲의 주장은 타당하지 않다.

---

1) 대판 1987.11.24, 87누529

사례 100 　예방적 부작위청구소송　[변시 2012]

　A주식회사는 2000. 3.경 안동시장으로부터 분뇨수집·운반업 허가를 받은 다음 그 무렵 안동시장과 사이에 분뇨수집·운반 대행계약을 맺은 후 통상 3년 단위로 계약을 연장해 왔는데 2009. 3. 18. 계약기간을 그 다음 날부터 2012. 3. 18.까지로 다시 연장하였다.
　B주식회사는 안동시에서 분뇨수집·운반업을 영위하기 위하여 하수도법 및 같은 법 시행령 소정의 시설, 장비 등을 구비하고 2011. 11. 10. 안동시장에게 분뇨수집·운반업 허가를 신청하여 같은 해 12. 1. 허가처분(이하 '이 사건 처분'이라 한다)을 받았다.
　안동시장은 이 사건 처분 후 안동시 전역을 2개 구역으로 나누어 A, B주식회사에 한 구역씩을 책임구역으로 배정하고 각각 2014. 12. 31.까지를 대행기간으로 하는 새로운 대행계약을 체결하였다.
　A주식회사는 과거 안동시 전역에서 단독으로 분뇨 관련 영업을 하던 기득권이 전혀 인정되지 않은데다가 수익성이 낮은 구역을 배정받은 데 불만을 품고, B주식회사에 대한 이 사건 처분은 허가기준에 위배되는 위법한 처분이라고 주장하면서 안동시장을 상대로 2011. 12. 20. 관할 법원에 그 취소를 구하는 행정소송을 제기하였다.
2. 만약, 이 사건 처분의 절차가 진행 중인 상태에서 A주식회사가 안동시장을 상대로 "안동시장은 B주식회사에게 분뇨수집·운반업을 허가하여서는 아니 된다."라는 판결을 구하는 행정소송을 관할 법원에 제기하였다면 이러한 소송이 현행 행정소송법상 허용될 수 있는가? (10점)

I. 문제의 소재

A주식회사가 안동시장을 상대로 "안동시장은 B주식회사에게 분뇨수집·운반업을 허가하여서는 아니 된다."라는 판결을 구하는 행정소송은 예방적부작위청구소송(예방적금지소송)을 의미하는데, 현행 행정소송법상 인정할 수 있는지가 무명항고소송의 인정여부와 관련하여 문제된다. 행정소송의 한계 중 권력분립적 한계로서 논의되고 있다.

II. 예방적부작위청구소송(예방적금지소송)의 의의

예방적 부작위청구소송은 장래 일정한 처분을 할 것이 임박한 경우에 당해 처분을 하지 아니할 것을 명하는 내용의 판결을 구하는 소송을 말한다. 의무이행소송과는 이행소송이라는 점에서는 같지만, 의무이행소송은 현상의 개선을 구하기 위하여 제기하는 소송임에 반하여 예방적 부작위소송은 현상의 악화를 막기 위하여 제기하는 소송인 점에서 차이가 있다.

III. 예방적 부작위 청구소송의 인정여부

1. 문제점

독일은 일반적 이행소송의 형태로 실무화하고 있으며, 일본은 2004년 개정된 행정사건소송법에서 도입하고 있으나, 우리 행정소송법은 명문의 규정이 없어 인정 여부에 대한 견해대립이 있다.

2. 학설

① 행정소송법 제4조를 열거규정으로 이해하고, 행정에 대한 1차적 판단권은 법원이 아니라 행정청이 가지므로 행정작용 발동 여부의 판단은 행정청의 고유권한이라는 점을 근거로 인정할 수 없다는 부정설,

② 행정소송법 제4조를 예시규정으로 이해하고, 사인의 실효적인 권리구제 필요성을 근거로 하여 인정할 수 있다는 긍정설, ③ 행정청이 1차적 판단권을 행사하도록 기다릴 필요가 없을 정도로 관계법상의 처분요건이 일의적·구체적으로 규정되어 있고, 사전에 구제하지 않으면 회복하기 어려운 손해가 발생할 우려가 있으며, 다른 구제방법이 없을 것이라는 제한적 요건 하에 보충적으로 인정한다는 절충설(제한적 긍정설)이 대립한다.

3. 판 례

판례는 건축건물의 준공처분을 하여서는 아니된다는 내용의 부작위를 구하는 청구는 행정소송에서 허용되지 않는다고 하는 바 부정설의 입장이다. 판례는 경찰청장이 구체적인 화약류 물품에 관하여 안정도시험을 받으라는 검사명령을 하기 전에 화약수입회사인 원고가 안정도시험 실시기관인 총포·화약안전기술협회를 피고로 제기한 안정도시험의무 부존재 확인청구는 실질적으로 경찰청장으로 하여금 장래에 원고가 수입한 구체적인 화약류 물품에 관하여 안정도시험을 받으라는 검사명령을 해서는 안 된다는 취지로서 행정소송법상 허용되지 않는 예방적 금지소송과 같으므로 허용되지 않는다고 한 바 있다.

4. 검 토

행정소송은 사후구제를 원칙으로 하는 제도이고, 행정권한 행사 여부는 행정청의 고유권한이므로 법률의 근거 없이 법원이 이를 일차적으로 판단하는 것은 타당하지 않으므로 현행법상으로는 부정설이 타당하다. 다만 실효적인 권리구제를 위해 입법론으로서는 도입이 필요하다. 2012년 법무부 행정소송법 개정안은 도입하고 있었으나 2013년 입법예고된 개정안에는 제외되어 있다.

Ⅳ. 사안의 해결

A주식회사가 안동시장을 상대로 "안동시장은 B주식회사에게 분뇨수집·운반업을 허가하여서는 아니 된다."라는 판결을 구하는 행정소송은 판례에 의하면 현행 행정소송법상 허용될 수 없다.

유제 1 [사시 2013]

甲은 개발제한구역 내에 위치한 지역에서 폐기물 처리시설의 설치를 위하여 관할 시장 A에게 개발행위허가를 신청하였다. 위 처리시설의 예정지역에 거주하는 주민 乙은 위 처리시설이 설치되면 주거생활에 심각한 침해를 받는다고 생각하여, 시장 A에게 위 신청을 반려할 것과 주민들의 광범위한 의견을 수렴한 후 다시 허가절차를 밟게 하라고 요구하였다. 그러나 시장 A는 위 처리시설이 필요하고, 개발제한구역이 아닌 지역에 입지하기가 곤란하다는 이유로 위 개발행위를 허가하였다. 다만 민원의 소지를 줄이기 위하여, 위 처리시설로 인하여 환경오염이 심각해질 경우 위 개발행위허가를 취소·변경할 수 있다는 내용의 부관을 붙였다.

2. 乙이 위 개발행위허가가 행해지기 전에 고려할 수 있는 행정소송상의 수단을 검토하시오. (10점)

해 설

무명항고소송인 예방적부작위청구소송과 가구제 수단으로서 가처분을 신청할 수 있는지가 문제된다. 예방적 부작위소송의 인정여부에 대해 부정하는 것이 다수설, 판례이다. 민사집행법상 가처분도 항고소송에서는 인정되지 않는다. 시장 A가 개발행위허가를 하기 이전에는 乙은 사전적으로 행정소송상 수단을 취할 수 없으며, A의 개발행위허가가 발령되면 이에 대해 취소소송을 제기할 수 있다.

유제 2 [법전협 2017-3]

　A광역시 B구청장은 2017. 4. 3. 관내 개발제한구역 내에 소재한 간선도로 변에 주유소 1개소를 추가로 설치할 수 있도록 'B구 개발제한구역 내 주유소 배치계획 변경고시'를 공고하였고, 같은 날 위 변경고시에 따라 아래 [참조]의 내용으로 '주유소 운영사업자 모집공고'를 하였다.

　위 모집공고에 따라 甲은 2017. 4. 3. B구청장에게 주유소 운영사업자 선정신청을 하였고, 乙은 2017. 5. 2. 주유소 운영사업자 선정신청을 하였다.

　그런데 甲이 위 선정신청을 하면서 그 신청서에 자신이 생업을 위하여 3년 내의 기간 동안 개발제한구역 밖에 거주한 사실을 기재하고서도 이를 입증할 수 있는 서류를 제출하지 않았다.

　위 모집기간이 만료되자 B구청장은 2017. 5. 22. 甲에게 모집공고상 신청자격 1)의 요건을 충족하지 못하였음을 이유로 주유소 운영사업자 불선정처분을 하는 한편, 같은 날 乙에게 주유소 운영사업자 선정처분을 하였다.

3. 乙에 대한 주유소 운영사업자 선정처분에 뒤이어 B구청장이 乙에게 주유소 건축허가를 하려고 하자, 甲은 B구청장을 피고로 하여 다음과 같은 청구취지가 기재된 소장을 법원에 제출하였다. 이러한 소송이 현행 「행정소송법」상 허용될 수 있는가? (15점)

> 청구취지
> 1. 피고는 소외 乙에게 건축허가를 하여서는 아니 된다.
> 2. 소송비용은 피고가 부담한다.
> 라는 판결을 구합니다.

유제 3 [행시 2019]

　甲은 국립 K대학교의 교수로 재직 중이다. K대학교는 「교육공무원법」 제24조 등 관계 법령 및 「K대학교 학칙」에 근거한 「K대학교 총장임용후보자 선정에 관한 규정」에 따라 총장임용후보자 선정관리위원회 구성, 총장임용후보자 공모, 정책토론회 등의 절차를 거쳐 총장임용추천위원회 투표 결과 가장 많은 득표를 한 甲을 1순위 총장임용후보자로, 그 다음으로 많은 득표를 한 乙을 2순위로 선정하였다. 이에 따라 K대학교는 교육부장관에게 총장임용후보자로 甲을 1순위, 乙을 2순위로 추천하였는데, 장관은 대통령에게 乙만을 총장임용후보자로 제청하였다. 甲은 1순위 임용후보자인 자신이 아닌 2순위 후보자인 乙을 총장으로 임용하는 것은 위법하다고 주장한다. (총 50점)

1) 임용제청을 받은 대통령은 乙을 총장으로 임용하려 한다. 대통령의 임용행위를 저지하기 위해 甲이 취할 수 있는 행정소송상의 수단을 검토하시오. (15점)

> 해 설

　대통령의 임용을 저지하기 위한 예방적부작위소송 및 가처분의 인정여부가 문제된다. 예방적부작위청구소송의 인정여부에 대한 견해대립이 있으나 판례는 부정하며 부정설이 타당하다. 가처분 인정여부에 대한 견해대립도 있으나 부정설이 판례이며, 본안소송인 예방적 부작위소송이 부정되므로 가처분만 인정할 수도 없으므로 부정설이 타당하다. 예방적부작위청구소송과 가처분신청은 허용되지 않는다.

　그러나 甲은 장관이 자신을 총장임용후보자 추천에서 제외한 행위에 대해 취소소송을 제기할 수 있다. 장관의 임용제청 및 제청제외행위를 단순히 행정기관 상호간의 내부행위로 처분이 아니라고 보기는 어렵다. 판례는 제외된 후보자들에 대한 불이익처분이라고 한 바 있다.[1] 다만 대통령이 乙을 총장으로 임용한 후에는 협의의 소의 이익이 없어진다. 그 때는 대통령의 임용제청제외 처분 또는 乙에 대한 임용행위에 대해 다투어야 한다.

---

1) 판례는 거부처분이라고 판시하지 않았다. 甲이 제청을 신청한 것이 아니므로 거부처분으로 보지 않은 것으로 생각된다.

유제 3
[변시 2025]

속칭 '인형뽑기방'이 청소년들에게 인기 있는 놀이장소가 되면서 그 놀이문화로 인한 부작용이 사회문제화되고 규제의 필요성도 대두되고 있다. 그런데 '놀이형 인형뽑기'가 「게임산업진흥에 관한 법률」(이하 '게임산업법'이라 한다)에 따른 게임물로 규정되어 있고, 동시에 「관광진흥법」에 따른 '안전성검사 대상이 아닌 유기시설 또는 유기기구'의 하나로도 규정되어 있어, 관할 관청들이 게임산업법에 따른 게임제공업과 「관광진흥법」에 따른 기타유원시설업 중 어느 업종으로 관리해야 하는지에 대해 혼선이 계속되어 왔다. 인형뽑기방이 게임산업법상의 업종이 되면 영업시간 제한이나 청소년 보호와 관련된 준수사항 이행 등 엄격한 규제를 받게 된다. 그러한 이유로 대부분의 놀이형 인형뽑기 영업자들은 주된 고객이 청소년임에도 불구하고, 게임산업법에 따른 엄격한 규제를 회피하기 위하여 「관광진흥법」상의 기타유원시설업으로 영업을 해왔다. 그 와중에 영업시간 및 청소년 출입시간 등의 제한 없는 영업행태, 확률 조작에 따른 사행성 조장, 게임과몰입 및 중독성으로 인한 청소년의 피해 등 다양한 문제들이 발생하게 되었다. 이에 대한 해결책으로 문화체육관광부는 2024. 9. 26. 「관광진흥법 시행규칙」을 개정하였다. 개정 시행규칙은 놀이형 인형뽑기를 '안전성검사 대상이 아닌 유기시설 또는 유기기구'에서 삭제하고, 놀이형 인형뽑기를 설치·운영하는 유원시설업자에 대하여 2024. 12. 31.까지 게임산업법 제26조에 따른 게임제공업 등의 허가 등을 받거나 해당 기구를 폐쇄하도록 규정하고 있다.

甲은 2018. 1. 1.부터 A시 내 초·중·고등학교 밀집지역에서 놀이형 인형뽑기 기구 총 50대가 설치된 '왕짱 뽑기방'을 운영하며 고수익을 얻고 있다. 그러던 중 甲은 2024. 10. 1. 위 개정 시행규칙의 시행을 알게 되었는데, 이로 인하여 자신의 사업이 더 엄격한 게임산업법의 규율을 받게 되었을 뿐만 아니라 경과조치 기간도 짧아서 자신의 기본권이 침해되었다고 생각하였다.

乙은 임차료가 저렴한 B시에서 인형뽑기방 개업을 준비하고 있다. 乙은 최신 놀이형 인형뽑기 기구 100대를 구입·설치한 후, 개정 시행규칙에 따라 게임산업법상의 요건을 갖추어 2024. 12. 16. 관할 행정청에 게임제공업 허가 신청을 하였다. B시는 그동안 게임산업법상의 허가기준을 충족하는 게임제공업자에게는 허가를 발급해 왔다. 그런데 B시는 인형뽑기방이 청소년에게 미치는 악영향을 근본적으로 해결하기 위하여 2024. 12. 24. 「B시 인형뽑기 기구 설치 금지 조례」를 제정·공포하였고, 2025년 1월 중 시행을 앞두고 있다.

이에 甲과 乙은 자신들의 기본권 침해를 주장하며, 2024. 12. 26. 헌법소원심판을 청구하였다.

「교육환경보호에 관한 법률」(이하 '교육환경법'이라 한다)은 교육환경보호구역 내에서 게임산업법에 따른 게임제공업에 해당하는 행위 및 시설을 하는 것을 원칙적으로 금지하되, 학교경계 등으로부터 직선거리로 200m 내인 상대보호구역에서는 예외를 인정하고 있다. 甲의 인형뽑기방은 A시 소재 꿈나무초등학교 경계로부터 직선거리로 약 100m 떨어진 상대보호구역에 자리잡고 있다. 이에 甲은 헌법소원심판청구 이후 교육환경법에 따라 교육소관청에 금지행위 및 시설의 해제를 구하는 신청을 하였다.

(2) 甲의 영업장소 인근에서 유사영업을 하고 있는 丙은 甲이 금지해제를 신청한 사실을 알게 된 직후, "교육소관 청은 甲에게 금지해제를 하여서는 아니 된다."라는 취지의 청구를 하고자 한다. 「행정심판법」 및 「행정소송법」상 丙의 청구가 허용되는 유형의 청구인지 검토하시오. (20점)

해 설

무명항고소송으로서 예방적 부작위 청구소송은 허용되지 않는다는 것이 다수설·판례이다. 행정심판에서도 예방적 부작위 청구가 허용되는지가 행정소송과 마찬가지로 논의될 수 있다. 행정심판법은 행정심판의 종류를 취소심판, 무효등확인심판, 의무이행심판을 규정(제5조)하고 있을 뿐이어서 행정소송과 마찬가지로 예방적 부작위청구심판은 허용될 수 없다.

사례 101   입주변경계약 해지의 처분성 및 다투기 위한 소송유형 [법전협 2022-2]

A도지사는 관내 B시의 일정지역을 친환경 산업단지로 개발하기 위하여 ○○일반산업단지(이하 '산업단지')로 지정하고 이에 관한 ○○일반산업단지관리계획(이하 '관리계획')을 수립·고시하였다. B시의 시장 乙은 A도지사로부터 산업단지의 관리업무를 위임받아 이를 관리하고 있다.

甲은 산업단지 내 부지에서 '코코아제품 제조업' 운영을 내용으로 하는 입주계약을 체결한 후 사업을 개시하였다. 이후 甲은 동일한 부지에 지식산업센터를 설립하여 업종을 '첨단제품 개발 및 공급업'으로 변경하겠다는 내용의 입주계약변경신청을 하면서 이에 관한 사업계획서를 B시에 제출하여 입주변경계약(이하 '이 사건 입주변경계약')을 체결하였다. 그에 따라 첨단제품 제조에 필요한 금속도금업을 주 유치업종으로 하는 지식산업센터의 설립이 승인되었다.

한편, B시 주민 丙 등은 이 사건 입주계약변경이 환경오염을 유발할 우려가 있다고 주장하며 乙에게 여러 차례 민원을 제기하였다. 이에 乙은 친환경 산업단지 조성이라는 관리계획의 방향에 위배된다는 이유로 甲과 체결한 이 사건 입주변경계약을 해지하였다.

1. 甲은 이 사건 입주변경계약 해지의 위법을 다투고자 한다.
   1) 이 사건 입주변경계약 해지의 법적 성질을 검토하시오. (10점)
   2) 이 사건 입주변경계약 해지를 다투기 위한 소송의 유형을 검토하시오. (10점)

[참조조문]   ※ 가상의 법률임
* 산업집적활성화 및 공장설립에 관한 법률
제30조(관리권자 등) ① 관리권자는 다음 각 호와 같다.
  2. 일반산업단지 및 도시첨단산업단지는 시·도지사
② 관리기관은 다음 각 호와 같다.
  1. 관리권자
  2. 관리권자로부터 관리업무를 위임받은 지방자치단체의 장
제31조(관리업무의 전부 또는 일부의 위임) ① 관리권자는 산업단지를 효율적으로 관리하기 위하여 대통령령으로 정하는 바에 따라 제30조제2항에 따른 관리기관에 관리업무의 전부 또는 일부를 위임할 수 있다.
제38조(입주계약 등) ① 산업단지에서 제조업을 하거나 하려는 자는 산업통상자원부령으로 정하는 바에 따라 관리기관과 그 입주에 관한 계약(이하 "입주계약"이라 한다)을 체결하여야 한다. 다만, 대통령령으로 정하는 경우에는 그러하지 아니하다.
② 입주기업체 및 지원기관이 입주계약사항 중 산업통상자원부령으로 정하는 사항을 변경하려는 경우에는 새로 변경계약을 체결하여야 한다.
③ 제1항과 제2항은 산업단지에서 제조업 외의 사업을 하거나 하려는 자에 대하여 준용한다.
제39조(산업용지 등의 처분제한 등) ① 산업시설구역등의 산업용지 또는 공장등을 소유하고 있는 입주기업체가 공장설립등의 완료신고 후 10년 이내에 분양받은 산업용지를 처분하려는 경우 또는 공장등을 처분하려는 경우에는 산업용지 또는 공장등을 관리기관에 양도하여야 한다.
제42조(입주계약의 해지 등) ① 관리기관은 입주기업체 또는 지원기관이 다음 각 호의 어느 하나에 해당하는 경우에는 대통령령으로 정하는 기간 내에 그 시정을 명하고 이를 이행하지 아니하는 경우 그 입주계약을 해지할 수 있다.
  5. 제38조 및 제38조의2에 따른 입주계약을 위반한 경우

제43조(입주계약 해지 후의 재산처분 등) ① 제42조제1항 각 호의 사유로 입주계약이 해지된 자는 그가 소유하는 산업용지 및 공장등을 산업통상자원부령으로 정하는 기간에 제39조제1항에 따라 처분하여야 한다.
제43조의2(양도의무 불이행자에 대한 조치) ① 관리권자는 공장등을 취득한 자가 다음 각 호의 어느 하나에 해당하는 경우에는 대통령령으로 정하는 바에 따라 공장등의 철거를 명할 수 있다.
    2. 제43조제1항 및 제2항에 따른 기간에 공장등을 양도하지 아니한 경우
  ③ 제1항에 따른 철거명령을 하려면 청문을 하여야 한다.
제43조의3(이행강제금) ① 관리권자는 제43조제1항에 따른 처분·양도 의무를 이행하지 아니한 자에 대하여는 산업통상자원부령으로 이행기한을 정하여야 하며, 그 기한까지 의무를 이행하지 아니한 경우에는 처분·양도할 재산가액의 100분의 20에 해당하는 금액의 이행강제금을 부과할 수 있다.
제52조(벌칙) ② 다음 각 호의 어느 하나에 해당하는 자는 3년 이하의 징역 또는 3천만원 이하의 벌금에 처한다.
    6. 제42조제2항을 위반하여 계속 그 사업을 하는 자

* 식품 등의 표시·광고에 관한 법률
제8조(부당한 표시 또는 광고행위의 금지) ① 누구든지 식품 등의 명칭·제조방법·성분 등 대통령령으로 정하는 사항에 관하여 다음 각 호의 어느 하나에 해당하는 표시 또는 광고를 하여서는 아니 된다.
    1. 질병의 예방·치료에 효능이 있는 것으로 인식할 우려가 있는 표시 또는 광고
제27조(벌칙) 다음 각 호의 어느 하나에 해당하는 자는 5년 이하의 징역 또는 5천만원 이하의 벌금에 처하거나 이를 병과할 수 있다.
    1. 생략
    2. 제8조 제1항 제4호부터 제10호까지의 규정을 위반하여 표시 또는 광고를 한 자

[설문 1-(1)] 입주변경계약 해지의 법적 성질 (10점)

I. 문제의 소재

시장 乙의 입주변경계약 해지가 행정소송법상 처분에 해당하는지 공법상계약 또는 사법상계약의 해지에 해당하는지 문제된다.

II. 행정청의 일방적인 의사표시의 처분성 여부

행정청이 자신과 상대방 사이의 법률관계를 일방적인 의사표시로 종료시켰다고 하더라도 곧바로 그 의사표시가 행정청으로서 공권력을 행사하여 행하는 행정처분이라고 단정할 수는 없고, 관계 법령이 상대방의 법률관계에 관하여 구체적으로 어떻게 규정하고 있는지에 따라 그 의사표시가 항고소송의 대상이 되는 행정처분에 해당하는 것인지 아니면 공법상 계약관계의 일방 당사자로서 대등한 지위에서 행하는 의사표시인지 여부를 개별적으로 판단하여야 한다.

III. 행정소송법상 처분

IV. 사안의 해결

입주계약, 변경계약 및 계약해지는 일반산업단지 관리권자인 A도지사로부터 관리업무를 위임받은 지방자치단체의 장인 B시의 시장 乙이 관리기관의 지위에서 한 것으로(산업집적활성화 및 공장설립에 관한 법률 제30조제2항제1호), 입주계약 또는 입주변경계약 체결 시 공장설립 승인을 받은 것으로 보며(동법 제13조), 입주계약 및 변경계약 체결 의무와 그 의무를 불이행한 경우의 형사적(동법 제52조 제2항 제6호) 내지

행정적 제재(동법 제42조제1항), 입주계약해지의 절차(동조 제5항), 해지통보에 수반되는 법적 의무 및 그 의무를 불이행한 경우의 형사적 내지 행정적 제재 등(동법 제43조·제43조의2·제43조의3)을 종합적으로 고려하면, 입주변경계약 해지는 계약이라는 명칭에도 불구하고 행정청인 관리권자로부터 관리업무를 위탁받은 B시의 시장 乙이 우월적 지위에서 입주기업체들에게 일정한 공법상 효과를 발생하게 하는 것으로서 항고소송의 대상이 되는 행정처분에 해당하며 공법상 계약의 해지로 보기는 어렵다. 판례도 산업단지관리공단의 입주계약해지를 처분으로 보거나 입주변경계약취소를 처분이라고 판시한 바 있다.[1]

[설문 1-(2)] 입주변경계약 해지를 다투기 위한 소송의 유형 (10점)

I. 문제의 소재

甲이 입주변경계약 해지를 다투기 위한 소송의 유형은 입주변경계약해지의 법적 성질에 따라 좌우된다. 행정의 행위형식에 따라서 권리구제수단이 달라지기 때문이다.

II. 처분과 공법상 계약에 관한 권리구제수단

국민이 침해된 권리를 구제하기 위해 제기하는 주관소송은 현행 행정소송법상 항고소송과 당사자소송이 있다. 항고소송은 행정청의 처분등이나 부작위에 대하여 제기하는 소송이며(제3조1호), 당사자소송은 행정청의 처분등을 원인으로 하는 법률관계에 관한 소송 그 밖에 공법상의 법률관계에 관한 소송을 말한다(제3조2호). 항고소송은 다시 취소소송, 무효등확인소송, 부작위위법확인소송으로 구분된다(제4조).

따라서 처분에 대해서는 위법성의 정도에 따라 취소소송 및 무효등확인소송을 항고소송으로 제기해야 하고, 공법상 계약이나 계약의 해지에 대한 다툼이 있는 경우에는 당사자소송을 제기해야 한다. 행정소송규칙도 공법상 계약에 따른 권리·의무의 확인 또는 이행청구소송은 당사자소송의 대상이라고 규정하고 있다(제19조 4호).

III. 사안의 해결

입주변경계약 해지의 법적 성격에 따라 소송유형이 달라지게 된다. 입주변경계약 해지를 공법상계약으로 본다면 당사자소송으로 입주변경계약해지의 무효확인을 구하는 소송을 확인소송으로 제기하여야 한다. 그러나 입주변경계약 해지는 처분이므로 하자의 정도에 따라 항고소송으로서 취소소송 또는 무효확인소송을 제기하여야 한다.

---

[1] 대판 2011.6.30, 2010두23859. 대판 2017.6.15, 2014두46843

사례 102 　원처분 중심주의　　　　　　　　　　　　　　　　　　　　　　　　[행시 2015]

A주식회사는 Y도지사에게 「산업입지 및 개발에 관한 법률」제11조에 의하여 X시 관내 토지 3,261,281㎡에 대하여 '산업단지지정요청서'를 제출하였고, 해당지역을 관할하는 X시장은 요청서에 대한 사전검토 의견서를 Y도지사에게 제출하였다. 이에 Y도지사는 A주식회사를 사업시행자로 하여 위 토지를 'OO 제2일반지방산업단지'(이하 "산업단지"라고 한다)로 지정·고시한 후, A주식회사의 산업단지개발실시계획을 승인하였다. 그러나 Y도지사는 위 산업단지를 지정하면서, 주민 및 관계 전문가 등의 의견을 청취하지 않았다. 한편, 甲은 X시 관내에 있는 토지소유자로서 甲의 일단의 토지 중 90%가 위 산업단지의 지정·고시에 의해 수용의 대상이 되었다. A주식회사는 甲소유 토지의 취득 등에 대하여 甲과 협의하였으나 협의가 성립되지 아니하였다. 이에 A주식회사는 Y도(道) 지방토지수용위원회에 재결을 신청하였고, 동 위원회는 금 10억원을 보상금액으로 하여 수용재결을 하였다. 다음 물음에 답하시오. (총 50점)

3) 한편, 甲은 중앙토지수용위원회의 이의신청을 거친 후, 재결에 대한 취소소송을 제기하고자 한다. 이 경우 취소소송의 대상과 피고를 검토하시오. (10점)

I. 문제의 소재

Y도 지방토지수용위원회의 수용재결에 대하여 이의신청을 거친 후에 재결에 대한 취소소송을 제기할 수 있는지가 원처분중심주의와 관련하여 문제된다. 재결이 취소소송의 대상이 되는 경우 피고적격도 문제된다. 원처분중심주의를 적용하기 위한 전제로서 공익사업을 위한 토지등의 취득 및 보상에 관한 법률(이하 '공익사업법'이라 함) 제83조의 이의신청이 행정심판에 해당하는지 검토한다.

II. 공익사업을 위한 토지등의 취득 및 보상에 관한 법률상의 이의신청

토지수용위원회의 수용재결에 대해 중앙토지수용위원회에 이의신청할 수 있고 중앙토지수용위원회는 원재결이 위법 또는 부당한 때에는 원재결의 전부 또는 일부를 취소하거나 손실보상액을 증감할 수 있다(공익사업법 제83조, 제84조).

개별법상의 이의신청이 단순히 진정의 성격을 갖는 경우도 있으며(개별공시지가에 대한 이의신청), 행정심판의 성격을 갖는 경우도 있다. 진정의 성격을 갖는 이의신청은 처분청에 이의신청을 하고 사법절차가 준용되지 않는다는 점에서 상급기관에 설치된 행정심판위원회에 청구하고, 사법절차가 준용되는 행정심판과 구별된다. 공익사업법의 이의신청은 중앙토지수용위원회라는 독립기관이 재결을 행하며, 대심구조를 취하고 있다는 점에서 행정심판의 성격을 갖는 이의신청에 해당한다. 특별행정심판에 해당한다. 구토지수용법 하에서의 판례는 이의신청을 필요적 전치절차로 해석했으나, 현행 공익사업법은 이의신청을 임의적 절차로 규정하고 있다.

甲은 중앙토지수용위원회의 이의신청을 거친 후에는 원처분인 수용재결 외에 행정심판의 재결에 해당하는 이의신청에 대한 재결이 있는데 무엇이 소송의 대상이 되는지 문제된다.

III. 취소소송의 대상

1. 원처분중심주의

취소소송의 대상은 처분 등이다(행정소송법(이하 법명 생략) 제19조). 처분 등은 행정청이 행하는 구체적 사실에 관한 법집행으로서 공권력의 행사 또는 그 거부와 이에 준하는 행정작용 및 행정심판에 대한 재결을 말한다(2조1항1호). 행정소송법은 행정심판이 재결을 거쳐 취소소송을 제기하는 경우 원처분과 재결 중 어느 것에 대하여도 소를 제기할 수 있으나 원처분의 위법은 원처분취소소송에서만 주장할 수 있으며, 재결취소소송에서는 원처분의 위법은 주장할 수가 없고 재결 자체의 고유한 위법만을 주장할 수 있는 원처분중심주의를 채택하고 있다(제19조). '재결 자체에 고유한 위법'이란 원처분에는 없고 재결에만 있는 재결청의 권한 또는 구성의 위법, 재결의 절차나 형식의 위법, 내용의 위법 등을 뜻한다.

3. 사안의 경우

甲은 중앙토지수용위원회의 이의신청을 거친 후에도 불복이 있는 경우 원칙적으로 Y도 지방토지수용위원회의 수용재결에 대하여 취소소송을 제기하여야 하며 이의신청에 대한 재결은 재결에 고유한 위법이 있는 경우에 한하여 소송을 제기할 수 있다.

Ⅳ. 취소소송의 피고적격

취소소송에서의 피고적격은 처분등을 행한 행정청에게 있다(행정소송법 제13조). 행정청은 국가나 지방자치단체의 기관으로서의 지위를 갖는데 불과하기 때문에 처분이나 재결의 효과가 귀속되는 국가나 지방자치단체에게 피고적격을 인정하는 것이 소송의 원칙이나, 취소소송과 같은 항고소송은 법률관계에 대해 직접 다투는 것이 아니라 처분 또는 부작위라는 공권력의 행사 또는 불행사에 대해 다투는 것이라는 점을 감안하여 소송수행의 편의상 처분 또는 부작위를 행한 행정청을 피고로 인정한 것이다.

사안의 경우 Y도 지방토지수용위원회의 수용재결에 대하여 취소소송을 제기한 경우에는 Y도 지방토지수용위원회가 합의제 행정청으로서 피고가 된다. 이의신청에 대한 재결이 고유한 위법이 있어 소송의 대상이 되는 경우에는 이의신청에 대한 재결을 행한 중앙토지수용위원회가 피고가 된다.

Ⅴ. 결 론

甲은 원칙적으로 원처분인 수용재결에 대해서 Y도 지방토지수용위원회를 피고로 취소소송을 제기하여야 하며, 중앙토지수용위원회의 이의신청에 대한 재결은 재결에 고유한 위법이 있는 경우에 한하여 중앙토지수용위원회를 피고로 소송을 제기할 수 있다.

유제 [행시 2023]

A 시는 A 시에 소재한 甲 소유 임야 10,620 ㎡(이하 '이 사건 토지'라 한다)가 포함된 일대의 토지에 대해 「공익사업을 위한 토지 등의 취득 및 보상에 관한 법률」(이하 '토지보상법'이라 한다)상 공익사업인 공원조성사업을 시행하기로 하였다. 공원조성사업의 시행자인 A 시의 시장은 甲과의 협의가 성립되지 아니하자 관할 X 지방토지수용위원회에 수용재결을 신청하였고, X 지방토지수용위원회는 이 사건 토지를 토지보상법에 따라 금 7억원의 보상금으로 수용하는 재결(이하 '수용재결'이라 한다)을 하였다. 그러나 甲은 "이 사건 토지는 공원용지로서 부적합하며, 인접 토지와의 사이에 경계, 위치, 면적, 형상 등을 확정할 수 없어 정당한 보상액의 산정은 물론 수용대상 토지 자체의 특정이 어려워 토지수용 자체가 불가능하므로 수용재결이 위법하다"는 이유로 토지보상법 제83조에 따라 X 지방토지수용위원회를 거쳐 중앙토지수용위원회에 이의를 신청하였다. 이에 중앙토지수용위원회는 이 사건 토지에 대한 수용 자체는 적법하다고 인정하면서 이 사건 토지에 대한 보상금을 금 8억원으로 하는 재결(이하 '이의재결'이라 한다)을 하였다.

1) 甲은 자신의 토지는 수용대상 토지를 특정할 수 없어 수용 자체가 불가능하므로 수용재결과 이의재결은 위법하다고 주장하며 이의재결취소소송을 제기하였다. 이의재결이 취소소송의 대상이 될 수 있는지 검토하시오. (25점)

사례 103 　원처분중심주의(기각재결), 피고적격   [법전협 2013]

　　노정년은 2003년 박사학위를 취득하고 2005년 3월부터 사립 한국대학교 음대 성악과에서 교원으로 근무하고 있다. 대학의 연봉만으로는 노부모와 처, 자녀 등 9인의 가족을 부양하기가 몹시 어렵게 되자, 그는 그 대학 성악과에 지원하려는 중·고등학생들을 대상으로 성악 과외교습에 나섰다.

　　한국대학교 인사위원회는 2011년 12월 23일 '학원의 설립·운영 및 과외교습에 관한 법률' 제3조(이하 "이 사건 법률조항"이라 함)가 대학교원으로 하여금 과외교습을 금지하고 있음에도 불구하고 노정년이 주 30시간이 넘는 과외교습활동을 하여 현행법을 위반하였을 뿐만 아니라, 그로 인하여 대학 강의를 소홀하게 하고 있어 대학교원으로서의 품위를 잃은 부적격자라는 이유로 그의 재임용을 거부하기로 결정하였고, 이에 따라 한국대학교 총장은 2011년 12월 29일 노정년에게 계약기간 만료와 더불어 재임용의사가 더 이상 없음을 통지하였다. 이에 그는 2012년 3월 2일 교원소청심사위원회에 소청심사를 청구하였으나 2012년 4월 5일 기각되었고, 4월 9일 이 결정을 통지받았다. (※ 위 노정년은 '학원의 설립·운영 및 과외교습에 관한 법률' 제3조의 교원에 해당함)

1. (1) 노정년은 2012년 7월 9일 서울행정법원에 취소소송을 제기하여 자신의 권리침해를 구제받고자 한다. 누구를 피고로 하여 어떤 행위를 대상으로 취소소송을 제기하여야 하는가? (15점)

[참조조문]
* 학원의 설립·운영 및 과외교습에 관한 법률
제2조(정의) 이 법에서 사용하는 용어의 뜻은 다음과 같다.
　　1.~3. 생략.
　　4. "과외교습"이란 초등학교·중학교·고등학교 또는 이에 준하는 학교의 학생이나 학교 입학 또는 학력인정에 관한 검정을 위한 시험 준비생에게 지식·기술·예능을 교습하는 행위를 말한다. 다만, 다음 각 목의 어느 하나에 해당하는 행위는 제외한다.
　　　가. 제1호 가목부터 바목까지의 시설에서 그 설치목적에 따라 행하는 교습행위
　　　나. 같은 등록기준지 내의 친족이 하는 교습행위
　　　다. 대통령령으로 정하는 봉사활동에 속하는 교습행위
　　5.~6. 생략
제3조(교원의 과외교습 제한) 「초·중등교육법」 제2조, 「고등교육법」 제2조, 그 밖의 법률에 따라 설립된 학교에 소속된 교원(敎員)은 과외교습을 하여서는 아니 된다.
제22조(벌칙) ② 제3조를 위반하여 과외교습을 한 자는 1년 이하의 금고 또는 300만원 이하의 벌금에 처한다.

* 교원지위 향상을 위한 특별법
제7조(교원소청심사위원회의 설치) ① 각급학교 교원의 징계처분과 그 밖에 그 의사에 반하는 불리한 처분(「교육공무원법」 제11조의3 제4항 및 「사립학교법」 제53조의2 제6항에 따른 교원에 대한 재임용 거부처분을 포함한다. 이하 같다)에 대한 소청심사(訴請審査)를 하기 위하여 교육과학기술부에 교원소청심사위원회(이하 "심사위원회"라 한다)를 둔다.
② 심사위원회는 위원장 1명을 포함하여 7명 이상 9명 이내의 위원으로 구성하되 위원장과 대통령령으로 정하는 수의 위원은 상임(常任)으로 한다.
③ 심사위원회의 조직에 관하여 필요한 사항은 대통령령으로 정한다.
제9조(소청심사의 청구 등) ① 교원이 징계처분과 그 밖에 그 의사에 반하는 불리한 처분에 대하여 불복할 때에는 그 처분이 있었던 것을 안 날부터 30일 이내에 심사위원회에 소청심사를 청구할 수 있다. 이 경우에 심사청구인은 변호사를 대리인으로 선임(選任)할 수 있다.

② 본인의 의사에 반하여 파면·해임·면직처분을 하였을 때에는 그 처분에 대한 심사위원회의 최종 결정이 있을 때까지 후임자를 보충 발령하지 못한다. 다만, 제1항의 기간 내에 소청심사청구를 하지 아니한 경우에는 그 기간이 지난 후에 후임자를 보충 발령할 수 있다.

제10조(소청심사 결정) ① 심사위원회는 소청심사청구를 접수한 날부터 60일 이내에 이에 대한 결정을 하여야 한다. 다만, 심사위원회가 불가피하다고 인정하면 그 의결로 30일을 연장할 수 있다.
② 심사위원회의 결정은 처분권자를 기속한다.
③ 제1항에 따른 심사위원회의 결정에 대하여 교원,「사립학교법」제2조에 따른 학교법인 또는 사립학교 경영자 등 당사자는 그 결정서를 송달받은 날부터 90일 이내에「행정소송법」으로 정하는 바에 따라 소송을 제기할 수 있다.
④ 소청심사의 청구·심사 및 결정 등 심사 절차에 관하여 필요한 사항은 대통령령으로 정한다.

* 교원소청에 관한 규정

제2조(소청심사청구) ① 교원이 징계처분 그 밖에 그 의사에 반하는 불리한 처분(「교육공무원법」제11조의3 제4항 및「사립학교법」제53조의2 제6항의 규정에 의한 교원에 대한 재임용 거부처분을 포함한다. 이하 "처분"이라 한다)을 받고「교원지위향상을 위한 특별법」(이하 "법"이라 한다) 제9조 제1항의 규정에 의하여 교원소청심사위원회(이하 "심사위원회"라 한다)에 소청심사를 청구하는 때에는 다음 각 호의 사항을 기재한 소청심사청구서와 그 부본 1부를 심사위원회에 제출하여야 한다.
　1. 소청심사를 청구하는 자(이하 "청구인"이라 한다)의 성명·주민등록번호·주소 및 전화번호
　2. 청구인의 소속학교명 또는 전 소속학교명과 직위 또는 전 직위
　3. 피청구인(소청심사의 대상이 되는 처분의 처분권자를 말하되, 대통령이 처분권자인 경우에는 처분제청권자를 말한다. 이하 같다)
　4. 소청심사청구의 대상이 되는 처분의 내용
　5. 소청심사청구의 대상이 되는 처분이 있음을 안 날
　6. 소청심사청구의 취지
　7. 소청심사청구의 이유 및 입증방법
② 청구인이 처분에 대한 사유설명서 또는 인사발령통지서를 받은 경우에는 그 사본 1부를 제1항의 소청심사청구서에 첨부하여야 한다.

I. 문제의 소재

교원에 대한 징계처분 그 밖에 그 의사에 반하는 불리한 처분은 교원소청심사위원회에 소청을 청구할 수 있는데 소청결정이 있음에도 불복하여 취소소송을 제기할 경우 소송의 대상이 무엇인지 문제된다. 노정년이 사립대학교 교원이라는 특성을 고려하여 검토한다.[1]

II. 취소소송의 대상

1. 원처분중심주의

2. 교원에 대한 처분과 원처분중심주의

(1) 국·공립학교 교원

국·공립학교 교원에 대한 처분은 행정소송법상 처분에 해당되므로 원처분이 소송의 대상이 되고 소청결정은 고유한 위법이 있는 경우에 소송의 대상이 된다.

---

[1] 교원지위 향상을 위한 특별법(현재는 교원의 지위 향상 및 교육활동 보호를 위한 특별법으로 명칭 변경) 제9조 1항은 징계처분을 안 날부터 30일 이내에 소청심사를 청구할 수 있는 것으로 되어 있다. 설문의 경우 30일이 경과하여 제기한 것으로 소청심사청구 기간을 경과하였다. 문제 구성시 오류가 있는 것으로 생각되나 출제의도는 청구기간까지 고려하지는 않은 것으로 생각된다.

(2) 사립학교 교원

사립학교 교원에 대한 불리한 처분은 행정청이 아닌 학교법인에 의해서 행해진 것인데, 학교법인과 그 소속 교원 사이의 사법적 고용관계에 기초한 것으로서 사법상 행위에 해당한다. 민사소송의 대상이며 취소소송의 대상이 아니다.

그러나 교원소청심사위원회의 소청절차는 학교법인과 그 교원 사이의 사법적 분쟁을 해결하기 위한 간이분쟁해결절차로서의 성격을 가지며, 소청결정은 특정한 법률관계에 대하여 의문이 있거나 다툼이 있는 경우에 행정청이 공적 권위를 가지고 판단·확정하는 행정처분에 해당한다.[2] 따라서 소청결정이 취소소송의 대상이 된다.

3. 사안의 경우

노정년에 대한 학교법인의 재임용탈락통지는 사법상 행위로서 행정소송법상 처분이 아니다. 노정년은 자신의 소청심사청구에 따른 교원소청심사위원회의 기각결정에 대해서 취소소송을 제기할 수 있다.

III. 취소소송의 피고적격

취소소송에서의 피고적격은 처분등을 행한 행정청에게 있다(행정소송법 제13조). 행정청은 국가나 지방자치단체의 기관으로서의 지위를 갖는데 불과하기 때문에 처분이나 재결의 효과가 귀속되는 국가나 지방자치단체에게 피고적격을 인정하는 것이 소송의 원칙이나, 취소소송과 같은 항고소송은 법률관계에 대해 직접 다투는 것이 아니라 처분 또는 부작위라는 공권력의 행사 또는 불행사에 대해 다투는 것이라는 점을 감안하여 소송수행의 편의상 처분 또는 부작위를 행한 행정청을 피고로 인정한 것이다.

사안의 경우 교원소청심사위원회의 기각결정이 취소소송의 대상이 되므로, 처분을 행한 행정청은 합의제 행정청인 교원소청심사위원회가 된다.

IV. 결 론

노정년은 교원소청심사위원회를 피고로 하여 "2011.12.23자 학교법인이 행한 재임용거부처분의 취소청구에 관한 교원소청심사위원회의 기각결정"을 대상으로 취소소송을 제기할 수 있다.

---

[2] 학교법인의 징계처분은 행정소송법상 처분에 해당하지 않으므로 이에 대한 소청결정은 원처분에 대한 재결은 아니며, 소청결정이 소송의 대상이 된다고 하더라도 재결주의가 적용되는 경우가 아님을 주의해야 한다.

사례 104 　원처분중심주의(인용재결)　　　　　　　　　　　　　　　　[사시 2011]

X시장은 개발제한구역의 지정 및 관리에 관한 특별조치법 제12조 제1항 제1호 마목과 동법 시행령 및 동법 시행규칙의 관련 규정에 의거하여, 개발제한구역 내의 간선도로 중 특정 구간에 고시된 선정 기준에 따라 사업자 1인을 선정하여 자동차용 액화석유가스충전소(이하 '가스충전소'라고 한다) 건축을 허가하기로 하는 가스충전소의 배치 계획을 고시하였다. 이에 A와 B는 각자 자신이 고시된 선정 기준에 따른 우선순위자임을 주장하며 가스충전소의 건축을 허가해 줄 것을 신청하였다. 이에 X시장은 각 신청 서류를 검토한 결과 B가 고시된 선정 기준에 따른 우선순위자라고 인정하여 B에 대한 가스충전소 건축을 허가하였다.

2. 만약 A가 X시장의 B에 대한 건축허가처분 취소심판을 제기하여 인용재결이 된 경우, B는 인용재결에 대해 취소소송을 제기할 수 있는가? (10점)

I. 문제의 소재

A가 B에 대한 건축허가처분 취소심판에서 인용재결을 받은 경우, 재결의 제3자인 B가 행정처분이 아닌 인용재결을 대상으로 하여 취소소송을 제기할 수 있는지가 취소소송의 대상적격과 관련되어 문제된다.

II. 원처분중심주의

1. 원처분중심주의

2. 인용재결이 있는 경우 재결에 고유한 위법 여부

인용재결의 경우 원칙적으로는 재결에 고유한 위법이 있는 것은 아니나 제3자효 행정행위에서 인용재결이 있는 경우 비로소 권리이익을 침해받게 되는 자는 그 인용재결에 대하여 다툴 필요가 있고 그 인용재결은 원처분과 내용을 달리하는 것으로 재결에 고유한 하자를 주장하는 것과 같으므로 재결 고유의 위법이 인정된다. 다수설·판례의 입장이다(19조 단서설). 이에 대하여 제3자가 인용재결의 당부를 다투는 취소소송을 제기하는 경우를 재결 자체에 고유한 위법이 있는 경우로 보지 않고 당해 인용재결을 제3자(처분의 상대방)와의 관계에서는 별도의 처분으로 보아 처분에 대한 취소소송의 문제로 보는 견해도 있다(19조 본문설). 다수설·판례에 의하면 재결을 취소소송의 대상으로 삼아 재결 고유의 위법성을 다투어야 한다.

III. 사안의 경우

사안에서 A와 B는 경원자 관계에 있는데, A의 취소심판 청구에 대한 인용재결에 의하여 비로소 B의 권리가 침해받게 되었다. 행정심판의 당사자가 아닌 제3자 B의 입장에서는 처분 자체에는 다툴 필요가 없으나 인용재결로 인하여 비로소 가스충전소 건축에 있어 자신의 권리를 침해받게 되므로 재결 고유의 위법을 주장하는 경우에 해당한다. 따라서 B는 인용재결을 대상으로 취소소송을 제기할 수 있다.[1]

---

1) 취소재결(형성재결)의 경우 재결에 따른 처분청의 취소통지가 있다 하더라도 통지행위는 사실상 관념의 통지에 불과하여 처분성이 인정되지 않으며, 재결 자체가 항고소송의 대상이 된다.

| 사례 105 | 원처분중심주의(수정재결) | [사시 2013] |

X시 소속 공무원 甲은 다른 동료들과 함께 회식을 하던 중 옆자리에 앉아 있던 동료 丙과 시비가 붙어 그를 폭행하였다. 이러한 사실이 지역 언론을 통하여 크게 보도되자, X시의 시장 乙은 적법한 절차를 통해 甲에 대해 정직 3월의 징계처분을 하였다. 甲은 "해당 징계처분이 과도하기 때문에 위법이다."라고 주장하면서, X시 소청심사위원회에 소청을 제기하였다. 이에 대해 X시 소청심사위원회는 정직 3월을 정직 2월로 변경하는 결정을 내렸다.

2. 甲은 2월의 정직기간 만료 전에 X시 소청심사위원회가 내린 정직 2월도 여전히 무겁다고 주장하면서 취소소송을 제기하려고 한다. 이 경우 취소소송의 피고 및 대상을 검토하시오.(20점)

I. 문제의 소재

甲이 정직 3월을 정직 2월로 변경한 소청심사위원회의 결정 이후에도 소송으로 다툴 경우, 정직 2월로 유리하게 변경된 당초 처분을 소의 대상으로 하여 원처분청을 피고로 소송을 제기해야 하는지, 아니면 정직 2월로 변경한 변경재결을 소의 대상으로 하여 소청심사위원회를 피고로 하여 소를 제기해야 하는지 문제된다. 원처분중심주의와 관련하여 검토한다.

II. 원처분중심주의

III. 유리1)한 변경재결이 있는 경우 소송의 대상

1. 학설·판례

학설은 ① 행정심판위원회의 결정은 원처분을 대체하는 새로운 처분이므로, 행정심판위원회를 피고로 재결을 대상으로 삼는 변경재결설과 ② 원처분청을 상대로 일부취소되고 남은 원처분이나 변경결정으로 변경된 원처분을 다투어야 한다는 변경된 원처분설, ③ 일부취소의 경우 일부취소되고 남은 원처분이 대상이지만 적극적 변경결정의 경우에는 변경결정을 대상으로 소를 제기하여야 한다는 절충설이 대립한다. 판례는 감봉처분을 소청심사위원회가 견책처분으로 변경하여 결정한 경우 소청심사위원회의 재량권의 일탈이나 남용은 재결에 고유한 하자라고 볼 수 없다며 변경결정에 대한 취소소송을 인정하지 않고 있어 변경된 원처분을 대상으로 소를 제기해야 한다는 입장이다.

생각건대 재결자체에 고유한 위법이 없는 한 원처분을 다투어야 하는데, 상대방에게 보다 유리하게 변경된 경우에는 원처분이 변경된 내용대로 존속하는 것으로 봄이 타당하므로 재결에 고유한 위법이 있는 것이라 할 수 없다. 변경된 원처분설이 타당하다.

2. 사안의 경우

정직 3월을 정직 2월로 변경하는 소청결정은 재결에 고유한 위법이 있는 것이라고 할 수 없다. 당초의 정직 3월이 정직 2월로 변경되어 존속하는 것이므로 변경된 원처분설에 의할 때 甲은 정직 2월로 변경된 당초의 정직처분을 대상으로 소를 제기해야 한다.

---

1) 불리하게 변경하는 재결을 하였다면 불이익변경금지원칙(행정심판법 제47조2항)에 반하여 재결에 고유한 위법이 있게 된다.

Ⅳ. 취소소송의 피고

1. 취소소송의 피고적격

취소소송에서의 피고적격은 처분등을 행한 행정청에게 있다(행정소송법 제13조). 행정청은 국가나 지방자치단체의 기관으로서의 지위를 갖는데 불과하기 때문에 처분이나 재결의 효과가 귀속되는 국가나 지방자치단체에게 피고적격을 인정하는 것이 소송의 원칙이나, 취소소송과 같은 항고소송은 법률관계에 대해 직접 다투는 것이 아니라 처분 또는 부작위라는 공권력의 행사 또는 불행사에 대해 다투는 것이라는 점을 감안하여 소송수행의 편의상 처분 또는 부작위를 행한 행정청을 피고로 인정한 것이다.

2. 사안의 경우

원처분에 대한 변경재결이 있는 경우 변경된 원처분설을 취하면 피고는 원처분을 행한 X시의 시장 乙이 되고, 변경재결설을 취하면 재결청인 X시 소청심사위원회가 피고가 된다. 앞서 검토한 바와 같이 변경된 원처분설의 입장에서 당초 처분을 행한 乙이 피고가 된다.

Ⅴ. 결 론

甲은 변경재결이 아니라 2월 정직으로 변경된 당초 처분을 소의 대상으로, X시장 乙을 피고로 하여 취소소송을 제기할 수 있다.

사례 106 원처분중심주의(이행재결) [변시 2017]

甲과 乙은 A시에서 甲 의료기, 乙 의료기라는 상호로 의료기기 판매업을 하는 자들이다. 甲은 전립선 자극기 'J2V'를 공급받아 판매하기 위하여 "전립선에 특수한 효능, 효과로 남자의 자신감이 달라집니다."라는 문구를 사용하여 인터넷 광고를 하였다. 甲의 위 광고에 대하여 A시장은 2016. 7. 1. 甲에게 「의료기기에 관한 법률」 (이하 '의료기기법'이라 함) 제24조 위반을 이유로 3개월 업무정지처분을 하였다. 甲은 2016. 7. 11. 위 업무정지처분에 대하여 관할 행정심판위원회에 행정심판을 청구하였고, 동 위원회는 2016. 8. 25. 3개월 업무정지처분을 과징금 500만 원 부과처분으로 변경할 것을 명령하는 재결을 하였으며, 위 재결서 정본은 2016. 8. 29. 甲에게 송달되었다. 그러자 A시장은 2016. 9. 12. 甲에 대한 3개월 업무정지처분을 과징금 500만 원 부과처분으로 변경하였다.

3. 甲은 2016. 12. 5. 관할 행정심판위원회를 피고로 하여 과징금 500만 원 부과처분에 대하여 관할 법원에 취소소송을 제기하였다. 이 소송은 적법한가? (20점)

I. 문제의 소재

2016.7.1 A시장의 3개월 업무정지처분에 대해 행정심판위원회가 업무정지처분을 과징금 500만원으로 변경할 것을 명하는 재결을 하고, A시장이 2016.9.12 과징금 500만원으로 변경처분을 한 경우 소송의 대상이 변경된 원처분인지 변경처분인지 문제된다. 또한 피고적격 및 제소기간의 구비 여부도 문제된다.

II. 원처분중심주의

III. 변경명령재결에 따른 변경처분이 있는 경우 소의 대상[1]

1. 문제점

당초처분이 행정심판을 거쳐서 변경명령재결에 따라 상대방에게 유리하게 변경된 경우 당사자가 변경된 내용에 대해서도 다투고자 할 때 소의 대상이 무엇인지 문제된다.

2. 학설

① 변경된 처분은 새로운 처분이 아니라 당초부터 유리하게 변경된 내용의 처분이라 할 것이므로 변경시킨 원처분을 다투어야 한다는 변경된 원처분설과 ② 변경처분은 원처분과 다른 새로운 처분으로 볼 수 있으므로 변경된 처분을 다투어야 한다는 변경처분설이 대립한다. 변경처분설은 재결을 대상으로 우선 다투어야 하는지 재결에 따른 변경처분을 다투어야 하는지 다시 다투어질 수 있다.[2]

---

[1] 원처분과 수정재결이 있는 경우 무엇이 소송의 대상인지에 관한 논의(수정된 원처분설/수정재결설/절충설)의 특수한 논의라고 이해하면 된다. 통상적인 수정재결의 문제는 형성재결이 있는 경우인데, 설문은 이행재결(변경명령재결)에 따른 변경처분이 있는 경우이다.

[2] 명령재결(이행재결)과 명령재결에 따른 처분이 있는 경우 무엇이 소송의 대상인지에 대한 논의(이행재결이 대상/이행재결에 따른 처분이 대상/양자 모두 대상(판례))이다. 변경된 원처분설은 수정재결이 있는 경우 소송의 대상에 관한 학설 중 수정된 원처분설의 논리적 귀결이고, 변경처분설은 수정재결설을 전제로 주장된다.

3. 판 례

판례는 "행정청이 영업자에게 행정제재처분을 한 후 행정심판에서 변경명령재결이 있어서 재결에 따라서 행정청이 처분을 영업자에게 유리하게 변경하는 처분을 한 경우, 변경처분에 의하여 당초 처분은 소멸하는 것이 아니고 당초부터 유리하게 변경된 내용의 처분으로 존재하는 것이므로, 변경처분에 의하여 유리하게 변경된 내용의 행정제재가 위법하다 하여 그 취소를 구하는 경우 그 취소소송의 대상은 변경된 내용의 당초 처분이지 변경처분은 아니고, 제소기간의 준수 여부도 변경처분이 아닌 변경된 내용의 당초 처분을 기준으로 판단하여야 한다."고 판시하여[3] 변경된 원처분설의 입장이다.

4. 검토 및 사안의 경우

재결자체에 고유한 위법이 없는 한 원처분을 다투어야 하는데, 상대방에게 보다 유리하게 변경된 경우에는 원처분이 변경한 내용대로 존재하는 것으로 보아 변경된 내용의 원처분을 다투어야 한다는 점에서 변경된 원처분설이 타당하다. 따라서 행정심판을 거쳐서 과징금 500만원으로 유리하게 변경된 2016.7.1.자 당초 처분이 소송의 대상이 된다.

Ⅳ. 취소소송의 피고

취소소송에서의 피고적격은 처분등을 행한 행정청에게 있다(행정소송법 제13조). 행정청은 국가나 지방자치단체의 기관으로서의 지위를 갖는데 불과하기 때문에 처분이나 재결의 효과가 귀속되는 국가나 지방자치단체에게 피고적격을 인정하는 것이 소송의 원칙이나, 취소소송과 같은 항고소송은 법률관계에 대해 직접 다투는 것이 아니라 처분 또는 부작위라는 공권력의 행사 또는 불행사에 대해 다투는 것이라는 점을 감안하여 소송수행의 편의상 처분 또는 부작위를 행한 행정청을 피고로 인정한 것이다.

사안의 경우 변경된 원처분설을 취하면 피고는 원처분을 행한 A시장이 되고, 변경재결설을 취하면 재결청인 관할 행정심판위원회가 피고가 된다. 앞서 검토한 바와 같이 변경된 원처분설의 입장을 취하므로 당초 처분을 행한 A시장이 피고가 된다.

Ⅴ. 취소소송의 제소기간

취소소송은 민사소송과는 달리 행정법관계의 법적 안정성의 요청 때문에 제소기간의 제한이 있다. 취소소송은 처분이 있음을 안 날로부터 90일 이내에(제20조1항), 처분이 있는 날로부터 1년 내에 소를 제기해야 한다. 다만 정당한 사유가 있을 때에는 그러하지 아니하다(제20조2항). 두 기간은 선택적인 것이 아니며 어느 기간이 만료되면 제소기간은 경과한 것이 된다. 행정심판을 거친 후 취소소송을 제기할 경우에는 재결서 정본을 송달받은 날부터 90일 이내에, 재결이 있는 날부터 1년 내에 제기해야 한다.

처분이 있음을 안 날이란 통지, 공고 기타의 방법에 의하여 당해 처분의 존재를 현실적으로 알게 된 날을 의미하며, 처분이 있은 날이란 당해 처분이 대외적으로 표시되어 효력을 발생한 날을 의미한다.

甲은 2016. 7. 1. 과징금 500만원 부과처분을 대상으로 취소소송을 제기하여야 하는데 행정심판을 청구한 경우이므로 재결서 정본을 송달받은 날인 2016. 8. 29. 부터 90일 이내에 취소소송을 제기해야 한다

---

[3] 대판 2007.4.27. 2004두9302. 판례 사안은 3월의 영업정지처분에 대하여 행정심판청구를 하자 "3월의 영업정지처분을 2월의 영업정지에 갈음하는 과징금부과처분으로 변경하라"는 일부기각(일부인용)의 이행재결을 하였고, 원처분청은 재결취지에 따라 "3월의 영업정지처분을 과징금 560만 원으로 변경한다"는 취지의 후속 변경처분을 한 사안이다. 유리하게 변경된 경우 유리하게 변경된 원처분이 소송의 대상이 된다는 법리는 행정심판을 거친 경우이거나 거치지 않은 경우이거나 동일하게 적용된다.

(제20조1항). 그런데 甲은 2016. 12. 5. 취소소송을 제기하였으므로 甲이 제기한 소는 제소기간을 도과하여 부적법하다.

Ⅵ. 사안의 해결

甲은 A시장을 피고로 2016. 7. 1. 과징금 500만원 부과처분을 대상으로 재결서 정본을 송달받은 날인 2016. 8. 29.부터 90일 이내에 취소소송을 제기해야 한다. 그런데 甲은 관할 행정심판위원회를 피고로 2016. 12. 5. 취소소송을 제기하였으므로 甲이 제기한 소는 피고적격 및 제소기간의 흠결로 부적법하다.

유제 [변시 2014]

甲은 2013. 3. 15. 전 영업주인 乙로부터 등록 대상 석유판매업인 주유소의 사업 일체를 양수받고 잔금지급액에 다소 이견이 있는 상태에서, 2013. 3. 28. 석유 및 석유대체연료 사업법 (이하 '법'이라 함) 제10조 제3항에 따라 관할 행정청인 A시장에게 성명, 주소 및 대표자 등의 변경등록을 한 후 2013. 4. 5.부터 '유정주유소'라는 상호로 석유판매업을 영위하고 있다.

그런데 A시장이 2013. 5. 7. 관할구역 내 주유소의 휘발유 시료를 채취하여 한국석유관리원에 위탁하여 검사한 결과 '유정주유소'와 인근 '상원주유소'에서 취급하는 휘발유에 경유가 1% 정도 혼합된 것으로 밝혀졌다.

한편, A시장은 취임과 동시에 "A시 관할구역 내에서 유사석유를 판매하다가 단속되는 주유소는 예외 없이 등록을 취소하여 주민들이 믿고 주유소를 이용하도록 만들겠다."라고 공개적으로 밝힌 바 있다. 이에 A시장은 2013. 6. 7. 甲에 대하여 청문 절차를 거치지 아니한 채 법 제13조 제3항 제12호에 따라 석유판매업등록을 취소하는 처분(이하 '당초처분'이라 함)을 하였고, 甲은 그 다음 날 처분이 있음을 알게 되었다.

甲은 당초처분에 불복하여 2013. 8. 23. 행정심판을 청구하였으며, 행정심판위원회는 2013. 10. 4. 당초처분이 재량권의 범위를 일탈하거나 남용한 것이라는 이유로 당초처분을 사업정지 3개월로 변경하라는 내용의 변경명령재결을 하였고, 그 재결서는 그날 甲에게 송달되었다. 그렇게 되자, A시장은 청문 절차를 실시한 후 2013. 10. 25. 당초처분을 사업정지 3개월로 변경한다는 내용의 처분(이하 '변경처분'이라 함)을 하였고, 그 처분서는 다음날 甲에게 직접 송달되었다.

3. 甲은 변경처분에도 불구하고 취소소송을 제기하여 다투려고 한다. 이 경우 취소소송의 대상과 제소기간에 대하여 검토하시오. (25점)

해설

A시장의 2013.6.7 등록취소처분(이하'당초처분'이라 함)에 대해 행정심판위원회가 2013.10.4.자로 3개월 정지처분으로 변경하라는 변경명령재결을 하였고 이에 따라 2013.10.25 3개월 변경처분이 있는 경우 무엇이 소송의 대상인지 문제된다. 원처분중심주의와 관련되는 논의이다.

재결자체에 고유한 위법이 없는 한 원처분을 다투어야 하는데, 상대방에게 보다 유리하게 변경된 경우에는 원처분이 변경한 내용대로 존재하는 것으로 보아 변경된 내용의 원처분을 다투어야 한다는 점에서 변경된 원처분설이 타당하다. 따라서 행정심판을 거쳐서 사업정지 3개월로 유리하게 변경된 2013.6.7.자 당초처분이 소송의 대상이 된다.

제재처분이 유리하게 변경된 경우 변경된 원처분이 소송의 대상이 되며 제소기간도 변경된 내용의 당초처분을 기준으로 한다. 따라서 사업정지 3개월로 유리하게 변경된 2013.6.7. 당초처분이 소송의 대상이 되므로 변경된 당초처분이 제소기간의 기준이 된다. 그러나 사안은 행정심판을 거친 경우이므로 甲이 재결서 정본을 송달받은 날부터 90일 이내에 제기하면 되는데 甲에게 2013.10.4. 재결서가 송달되었으므로 甲은 그날부터 90일 이내에 제기하면 된다.

사례 107　재임용거부처분에 대한 권리구제　[사시 2008]

　　甲은 교육공무원법 제11조의3 및 교육공무원임용령 제5조의2 제1항에 의하여 국립 A대학교 소속 단과대학 조교수로 4년의 기간을 정하여 임용되었다. 甲은 임용기간이 만료되기 4개월 전 임용기간의 만료 사실과 재임용 심사를 신청할 수 있음을 임용권자로부터 서면으로 통지받았다. 이에 따라 甲은 재임용 심사를 신청하였으나 임용권자는 국립 대학교 본부인사위원회의 심의를 거쳐 "첫째, 피심사자 甲의 연구 실적이 '국립 A대학교 교원 인사규정' 상의 재임용 최소요건은 충족하지만 지도학생에 대한 면담을 실시하지 않는 등 학생지도실적이 미흡하다. 둘째, 甲이 국립 A대학교 총장의 비리와 관련된 기사를 신문에 게재하여 교원으로서의 품위 및 학교의 명예를 크게 손상시켰다."라는 이유로 사전통지를 하지 아니한 채 甲에게 임용기간 만료 2개월 전에 재임용 탈락의 통지를 하였다.

　　한편, 국립 A대학교 총장이 교육공무원법 제11조의3 제5항 및 교육공무원임용령 제5조의2 제3항에 따라 제정한 '국립 A대학교 교원인사규정'에 의하면 교육공무원법 제11조의3 제5항 각호에서 규정하고 있는 사항 이외에 "교원으로서의 품위 및 학교 명예에 관한 사항"을 재임용 심사항목으로 규정하고 있다.

1. 재임용 심사의 세부적인 기준을 정한 '국립 A대학교 교원인사규정'의 법적 성질과 그 효력은? (10점)
2. 甲에 대한 재임용 탈락 통지의 법적 성질은? (10점)
3. 임용권자가 행한 甲에 대한 재임용 탈락 통지는 적법한가? (15점)
4. 재임용 탈락 통지에 대한 甲의 행정쟁송상 권리구제 수단은? (15점)

[참조조문]
* 교육공무원법
第11條의3 (契約制 任用등) ① 大學의 敎員은 大統領令이 정하는 바에 의하여 勤務期間·給與·勤務條件, 業績 및 成果約定등 契約條件을 정하여 任用할 수 있다.
　② 제1항의 규정에 의하여 임용된 교원의 임용권자는 당해 교원의 임용기간이 만료되는 때에는 임용기간 만료일 4월전까지 임용기간이 만료된다는 사실과 재임용 심의를 신청할 수 있음을 당해 교원에게 통지(문서에 의한 통지를 말한다. 이하 이 조에서 같다)하여야 한다. <신설 2005.1.27>
　③ <생략>
　④ 제3항의 규정에 의한 재임용 심의를 신청받은 임용권자는 대학인사위원회의 재임용 심의를 거쳐 당해 교원에 대한 재임용 여부를 결정하고 그 사실을 임용기간 만료일 2월전까지 당해 교원에게 통지하여야 한다. 이 경우 당해 교원을 재임용하지 아니하기로 결정한 때에는 재임용하지 아니하겠다는 의사와 재임용 거부사유를 명시하여 통지하여야 한다.
　⑤ 대학인사위원회가 제4항의 규정에 의하여 당해 교원에 대한 재임용 여부를 심의함에 있어서는 다음 각호의 사항에 관한 평가 등 객관적인 사유로서 학칙이 정하는 사유에 근거하여야 한다. 이 경우 심의과정에서 15일 이상의 기간을 정하여 당해 교원에게 지정된 기일에 대학인사위원회에 출석하여 의견을 진술하거나 서면에 의한 의견제출의 기회를 주어야 한다.
　　1. 학생교육에 관한 사항
　　2. 학문연구에 관한 사항
　　3. 학생지도에 관한 사항
　⑥ <생략>

* 교육공무원임용령

제5조의2 (대학교원의 계약제 임용 등) ① 법 제11조의2의 규정에 의한 대학교원의 임용은 다음 각호의 범위안에서 계약조건을 정하여 행한다.
　1-3 <생략>
　4. 업적 및 성과 연구실적·논문지도·진로상담 및 학생지도 등에 관한 사항
　5-6 <생략>
② <생략>
③ 대학의 장은 대학인사위원회의 심의를 거쳐 제1항의 규정에 의한 계약조건에 관한 세부적인 기준을 정한다.
④ <생략>

[설문 1] '국립 A대학교 교원인사규정'의 법적성질 및 효력 (10점)

I. 문제의 소재

국립 A대학교의 교원인사규정(이하 '인사규정'이라 한다)은 교육공무원법 제11조의3 5항의 위임을 받아서 제정된 학칙으로서 형식은 행정규칙의 일종이나 실질은 법규에 해당하는 바, 인사규정이 법령보충적 행정규칙에 해당하는지 검토하고, 이에 따라 인사규정의 법규성 인정여부를 검토한다. 이는 사안의 재임용 거부에 대한 사법심사에서 인사규정이 재판규범으로 기능할 수 있는지와 관련하여 논의의 실익이 있다.

II. 교원인사규정의 법적성질

1. 학칙의 법적 성질

학칙의 법적 성질에 대해 특별명령에 해당한다는 견해, 자치법규에 해당한다는 견해, 법령보충적 규칙에 해당한다는 견해가 대립한다.

판례는 국립대학의 총장 후보자 선정방식은 국립대학의 조직에 관한 기본적 사항의 하나로서 학칙으로 정할 수 있는 대상이라는 점, 해당 대학이 법령과 학칙이 정하는 절차에 따라 법령의 범위 내에서 제정 또는 개정한 학칙은 대학의 자치규범으로서 당연히 구속력을 갖는다고 판시한 바 있다.[1]

생각건대 자치법규로 보는 견해는 국립대학에 지방자치단체와 같은 독립적 법인격이 부여되지 않았음에도 자치법규로 볼 수 있는지가 문제되며, 특별명령은 일반적으로 인정되지 않으므로 법령보충적 규칙으로 보는 것이 타당하다.

2. 사안의 경우

사안의 학칙은 헌법 제75조, 제95조에서 정하고 있는 법규명령의 형식에 해당하지 않으므로 행정규칙의 형식을 지니는 한편 그 내용은 교육공무원법 제11조의3 제5항의 위임에 의하여 재임용 여부를 결정함에 있어서 그 사유 등 대학 교원의 권리의무에 영향을 미치는 법규적 사항을 정하고 있다. 즉 상위법령이 일반적이어서 구체화가 필요한 경우 위임에 의하여 구체적 사항을 정한 법령보충적 규칙에 해당한다.

---

[1] 대판 2015.6.24, 2013두26408

III. 교원인사규정의 효력

1. 문제점
법령보충적 규칙은 법률의 내용이 일반적이어서 구체화가 필요하여 법령의 위임을 받아 구체적인 내용을 훈령·고시 등의 행정규칙의 형식으로 정하는 경우를 말한다. 이러한 법령보충적규칙에 대하여 법규와 같은 효력을 인정할 것인지 문제된다.

2. 학설
① 헌법이 인정하는 법규명령은 예시적이며, 구체적·개별적 위임에 따라 법규를 보충하는 기능을 한다는 법규명령설, ② 행정입법은 국회입법원칙에 대한 예외이며 예외적 입법형식은 헌법에 근거를 요하는데 헌법규정은 열거적이라는 행정규칙설, ③ 통상적인 행정규칙과 달리 그 자체로서 국민에 대한 구속력이 인정된다는 규범구체화행정규칙설, ④ 새로운 입법형식으로 국회입법 원칙에 대한 예외인데 헌법에 규정에 없으므로 위헌무효라는 위헌무효설, ④ 법규와 같은 효력(구속력)을 인정하더라도 행정규칙의 형식이므로 법규명령의 효력을 갖는 행정규칙설등이 대립한다.

3. 판례
대법원은 재산제세사무처리규정(국세청훈령)등의 사건에서 위임법령의 위임의 한계를 벗어나지 아니하는 한 상위법령과 결합하여 대외적인 구속력이 있는 법규명령으로서의 효력을 인정하고 있으며, 헌법재판소도 헌법이 인정하고 있는 위임입법의 형식은 예시적인 것으로 보면서 제정형식은 고시, 훈령, 예규 등과 같은 행정규칙이더라도 상위법령과 결합하여 대외적인 구속력을 갖는 법규명령으로서 기능한다고 한다.

4. 검토 및 사안의 경우
생각건대, 위임을 받아 법규사항을 정하는 행정규칙이 <u>위임을 한 명령을 보충하는 구체적인 사항을 정하는 경우 국회입법원칙에 반하는 것은 아니며</u>, 전문적·기술적인 사항 또는 빈번히 개정되어야 할 구체적 사항에 대하여 법규명령보다 <u>탄력성 있는 행정규칙의 형식으로 제정할 필요도 있고</u>, <u>행정규제기본법 제4조 2항 단서</u>가 고시 등으로 규제에 관한 사항을 정할 수 있다고 규정하고 있을 뿐만 아니라 <u>행정기본법도 법령 등의 정의규정에 법령보충적 규칙을 포함</u>(제2조1호)하고 있는 점에 비추어 <u>법규명령설이 타당</u>하다.
사안의 교원인사규정은 교육공무원법 제11조의3 및 교육공무원임용령 제5조의2 제1항인 상위법령의 위임 범위 내에서 상위법령과 결합하여 그 일부로서 대외적 구속력이 인정된다. 인사규정은 법령보충적 규칙으로서 법규명령으로서의 효력이 인정된다.

[설문 2] 재임용 탈락통지의 법적성질 (10점)

I. 문제의 소재
사안에서 계약제로 임용된 甲에 대한 재임용 탈락 통지가 단순한 공법상 계약의 해지인지, 아니면 甲의 신청권이 인정되어 행정소송법상의 거부처분에 해당하는지가 문제되는데, 이는 탈락 통지에 대한 甲의 쟁송수단과 관련하여 논의의 실익이 있다.

II. 재임용탈락통지가 거부처분인지 여부

1. 공법상 계약의 해지 여부

행정청이 자신과 상대방 사이의 법률관계를 일방적인 의사표시로 종료시켰다고 하더라도 곧바로 그 의사표시가 행정청으로서 공권력을 행사하여 행하는 행정처분이라고 단정할 수는 없고, 관계 법령이 상대방의 법률관계에 관하여 구체적으로 어떻게 규정하고 있는지에 따라 그 의사표시가 항고소송의 대상이 되는 행정처분에 해당하는 것인지 아니면 공법상 계약관계의 일방 당사자로서 대등한 지위에서 행하는 의사표시인지 여부를 개별적으로 판단하여야 한다.

사안에서 계약제로 임용된 갑에 대한 재임용 탈락 통지는 교육공무원법 제11조의3 제4항 및 제5항에 따라 국립 대학교에서 재임용 여부를 결정하여 일방적으로 통지하는 것이라는 점에서 단순히 대등한 지위에서 공법상 계약의 해지로 보기는 어렵다. 다만 재임용거부처분으로 보려면 후술하는 바와 같이 신청권이 인정되어야 한다.

2. 거부처분 해당 여부

(1) 거부처분의 요소로서 신청권

판례는 국민의 적극적 행위 신청에 대하여 행정청이 거부한 행위가 항고소송의 대상이 되는 행정처분에 해당하려면, ① 그 신청한 행위가 공권력의 행사 또는 이에 준하는 행정작용이어야 하고, ② 그 거부행위가 신청인의 법률관계에 어떤 변동을 일으키는 것이어야 하며, ③ 그 국민에게 그 행위발동을 요구할 법규상 또는 조리상 신청권이 있어야 한다고 한다. 이 때 '신청인의 법률관계에 어떤 변동을 일으키는 것'의 의미는 권리를 행사함에 중대한 지장을 초래하는 것도 포함한다고 한다.

판례의 입장에 대해서 원고적격과 대상적격을 혼동하고 있다고 비판거나, 신청권은 본안의 문제라고 비판하는 견해가 있으나 판례는 신청권에 대해 구체적 사건에서 신청인이 누구인가를 고려하지 않고 일반 국민에게 그러한 신청권을 인정하고 있는가를 살펴 추상적으로 결정하는 것이고 단순한 응답을 받을 권리를 넘어서 신청의 인용이라는 만족적 결과를 얻을 권리는 아니라고 하고 있다. 신청권을 형식상의 단순한 응답요구권의 의미로 이해한다면 처분성의 문제로 보는 대법원의 입장은 타당하다.

(2) 사안의 경우

甲의 신청에 따른 A대학교 총장의 재임용은 총장이 교육공무원법 등에 따른 공권력의 주체로서 우월한 지위에서 일방적으로 행하는 공권력의 행사이고, 그 거부로 갑의 법률상 지위에 변동이 초래되었다. 甲의 신청권 유무가 문제되는바, 사안에서 甲은 4년의 기간을 정하여 임용되었고 甲은 조교수로 4년간 재직하여 재임용의 기대이익이 존재하므로 재임용에 대한 기대권이 있으며, 교육공무원법 제11조의3 제4항에서 재임용 여부에 대한 통지의무를 규정하고 있음을 볼 때 법규상 조리상 신청권이 있다고 볼 수 있다. 종래 판례는 임용기간의 만료에 따른 재임용의 기대권을 부정하면서 임용권자의 재임용 탈락 통지를 교원에 대하여 임기만료로 당연퇴직됨을 확인하고 알려주는 데 지나지 아니하여 행정처분이 아니라고 하였으나, 국립대학교 조교수의 재임용탈락통지 사건에서 재임용 여부에 관한 법규상 조리상 신청권을 긍정하는 것으로 판례를 변경한 바 있다. 甲에 대한 재임용탈락통지는 행정소송의 대상이 되는 거부처분에 해당한다.

III. 재량행위 해당 여부

기속행위와 재량행위의 구별은 ① 당해 행위의 근거가 된 법규의 체재·형식과 그 문언, ② 당해 행위가 속하는 행정 분야의 주된 목적과 특성, ③ 당해 행위 자체의 개별적 성질과 유형 등을 모두 고려하여 판단하여야 한다.

사안의 경우, 임용권자는 재임용심사기준에 따른 재임용요건을 갖춘 교원을 재임용할 의무가 있으므로 기속행위로 보아야 한다는 견해도 있으나, 교육공무원법 제11조의3 제1항의 문언 및 그 취지를 고려할 때 대학교수 등의 임용 여부는 임용권자가 교육법상 대학교수 등에게 요구되는 고도의 전문적인 학식과 교수능력 및 인격 등의 사정을 고려하여 합목적적으로 판단할 재량행위로 보는 것이 타당하다.

IV. 결 론

甲에 대한 재임용 탈락통지는 거부처분에 해당하며 재량행위에 해당한다.

[설문 3] 재임용 탈락통지의 적법성 여부 (15점)

I. 문제의 소재

재임용탈락통지는 거부처분으로서 강학상 행정행위에 해당한다. 행정행위는 주체·내용·절차·형식 면에서 적법요건을 구비해야 한다. 행정행위는 정당한 권한 있는 행정기관의 행위여야 하고, 관계법 및 행정절차법 등의 형식과 절차에 관한 규정을 준수해야 하며, 내용적으로는 법률유보, 법률우위원칙 및 행정법상의 일반원칙을 준수하여야 하고 또한 그 내용이 명확하고 법률상 사실상으로 실현가능해야 한다.

사안에서는 주체, 형식상의 하자는 없는 것으로 판단된다. 절차하자와 관련하여 교육공무원법상의 의견진술절차 및 행정절차법상 사전통지를 결여한 것이 위법한지 문제되고, 내용상 하자와 관련하여 학생지도 실적이 미흡함을 이유로 한 재임용 거부가 비례원칙에 위반되는지 교육공무원법 제11조의3 제5항의 사유 외에 교원으로서의 품위 및 학교 명예에 관한 사항을 근거로 재임용 탈락한 것이 위법한지 문제된다.

II. 절차상 하자

1. 교육공무원법 위반 여부

설문에서 명확하게 드러나지는 않지만 본부인사위원회의 심의를 거칠 때 의견제출의 기회를 부여하였다면 교육공무원법 제11조의3 제5항의 절차를 위반은 없다.

2. 행정절차법 위반 여부

(1) 문제점

수익적 처분의 신청에 대한 거부처분이 당사자에게 의무를 부과하거나 권익을 제한하는 경우에 해당하여 행정절차법 제21조의 사전통지의 대상이 되는지 문제된다.

(2) 학 설

① 부정설은 당사자에게 아직 권익이 부여되지 아니하였으므로 권익을 제한하는 처분이 아니며, 거부처분은 신청에 의한 것이므로 성질상 이미 의견진술의 기회를 준 것으로 보아 사전통지를 요하지 않는다고 본다. ② 긍정설은 당사자는 신청에 따라 긍정적인 처분이 이루어질 것을 기대하며, 행정절차법은 사전통지 대상으로 적극적 침익처분과 거부처분을 구별하고 있지 않고, 당사자가 알지 못하는 사실을 근거로 거부처분시 의견진술 기회를 부여하였다고 할 수 없다는 점을 근거로 한다. ③ 제한적 긍정설은 원칙적으로 부정설을 취하면서 갱신허가거부의 경우는 권익을 제한하는 처분으로 보아 사전통지의 대상이 된다는 견해이다.

(3) 판 례

판례는 신청에 따른 처분이 이루어지지 아니한 경우에는 아직 당사자에게 권익이 부과되지 아니하였으므로 신청에 대한 거부처분은 당사자의 권익을 제한하는 처분이라 볼 수 없다고 하여 부정설이다.

(4) 검 토

생각건대, 급부행정국가에서 상대방의 신청을 거부하는 처분은 침익적 처분 못지않게 상대방의 권익을 침해하고 있는 현실을 고려할 때 긍정하는 것이 국민의 권익보호에 보다 실질적인 것이 되며, 긍정설을 취할 때 행정청에 발생할 수 있는 과중한 부담은 행정절차법 제21조 4항 3호의 활용을 통해 완화할 수 있다. 거부처분의 권익제한성을 긍정하는 것이 타당하다.

(5) 사안의 경우

사안의 경우 사전통지 및 의견제출의 기회를 주지 않은 절차하자가 존재한다. 한편 사전통지를 거치지 않은 절차적 하자만으로 재임용탈락통지를 위법하다고 할 수 있는지 절차적 하자의 독자적 위법성 인정 여부가 문제된다. 통설, 판례는 적법절차 관점에서 긍정하므로 절차적 하자만으로도 위법하다고 할 수 있으나, 중대명백설에 따를 때 그 하자가 법규의 중요한 부분을 명백하게 위반하고 있다고 볼 수 없으므로 취소사유에 해당한다.

III. 내용상 하자

1. 학생지도실적 미흡을 이유로 한 것의 위법성 – 비례의 원칙 위반 여부

학생지도에 관한 사항은 교육공무원법 제11조의3 제5항 제3호의 재임용 심의사항에 해당한다. 그러나 지도학생에 대한 면담을 실시하지 않은 경우 재임용 거부가 아니어도 행정지도 등을 통해 이를 실현할 수 있는 수단이 있으며, 탈락통지를 통해 실현되는 공익보다 침해되는 甲의 기대이익 내지 신뢰이익 등 사익이 현저하다고 보이므로 비례의 원칙의 내용 중 필요성의 원칙 및 상당성의 원칙에 반해서 위법하다.

2. 교원의 품위 및 학교의 명예를 훼손한 것을 이유로 한 것의 위법성

(1) 문제점

국립 A대학교 인사규정에 의하면 교육공무원법 제11조의3 제5항 각호에서 규정하고 있는 사항 이외에 '교원으로서의 품위 및 학교 명예에 관한 사항'을 규정하고 있고 재임용탈락은 인사규정에 근거하여 행해진 것인데 이러한 인사규정이 위임의 한계를 벗어난 규정이고 이에 근거한 처분이 위법한 것인지 문제된다.

(2) 위임명령의 내용상 한계

위임명령은 상위 수권법령의 범위 내에서 제정되어야 한다. 즉 수권되지 않은 입법사항에 대해서 스스로 규정할 수 없고, 규정의 내용도 상위법령의 내용에 반하지 않아야 한다.

(3) 사안의 경우

교원인사규정은 법령보충적 규칙으로 법규명령의 효력이 있는바 법규명령으로서 위임의 한계를 준수하여야 한다. 교육공무원법 제11조의3 ⑤항이 재임용심의는 학생교육, 학문연구, 학생지도에 관한 사항 등 객관적인 사유로서 학칙이 정하는 사유에 근거하여야 한다고 학칙에 위임하고 있는데, 국립 A대학의 인사규정은 교원으로서의 품위 및 학교 명예에 관한 사항을 추가적으로 규정하고 있다. 교원으로서의 품위 및 학교 명예에 관한 사항은 객관적인 사유로 보기 어려운 사유로서 수권범위를 벗어나는 내용에 해당한다. 인사규정은 위임의 한계를 일탈하여 위법하다. 이때 위법한 법규명령의 효력에 대해 견해가 대립하나 행정행위와는 달리 공정력이 인정되지 않으므로 무효이다. 무효인 인사규정의 재임용심사항목에 근거한 재임용탈락통지는 위법하다.

3. 위법성의 정도

비례원칙에 반한다는 사정 및 인사규정이 위임의 한계를 벗어나서 무효라는 사정은 일반인을 기준으로 객관적으로 명백하다고는 할 수 없으므로 취소사유인 하자에 해당한다.

Ⅳ. 결 론

甲에 대한 재임용탈락통지는 절차 및 실체상 하자가 있으므로 위법하며, 그 위법성의 정도는 취소사유에 해당한다.

[설문 4] 재임용 탈락통지에 대한 甲의 행정쟁송상 권리구제수단 (15점)

Ⅰ. 문제의 소재

재임용 탈락 통지는 취소사유인 하자가 있는 위법한 거부처분인바, 이에 대한 甲의 행정쟁송상 권리구제수단을 행정심판, 행정소송, 가구제, 손해전보로 나누어 검토한다.

Ⅱ. 심판상 권리구제수단

甲은 교원의 지위향상 및 교육활동 보호를 위한 특별법에 따라 설치된 교원소청심사위원회에 소청심사를 청구하여야 한다. 필요적 전치주의에 해당된다.[2] 구체적으로 취소심판 및 의무이행심판 청구가 가능하다. 거부처분의 경우 취소심판의 대상이 되는지에 대하여 과거 견해 대립이 있었으나, <u>거부처분도 행정심판법상 처분에 해당하며</u>(제2조1호) <u>거부처분을 취소하는 재결이 있는 경우 재처분의무가 인정</u>(제49조2항)되고 있는 점에 비추어 <u>취소심판의 대상도 된다</u>고 보아야 한다. 앞서 검토한 바와 같이 甲의 신청권을 긍정할 수 있으므로 대상적격이 인정되고, 청구인적격 또한 인정되며 심판청구의 이익, 피청구인적격, 청구기간 등 여타 심판청구요건에 문제가 없으므로 취소심판을 제기할 수 있다.

---

[2] 출제교수님은 변별력을 고려하여 의도적으로 소청에 대해 규정하고 있는 교육공무원법 제11조의4 제6항을 배제했다고 한다.

한편 위법한 거부처분은 의무이행심판의 대상도 되는바, 의무이행심판의 경우 처분재결이 가능하고 처분명령재결의 경우 불이행시 행정심판위원회의 직접처분 또한 가능하므로 취소심판보다 권리구제에 실효적이다.

III. 소송상 권리구제수단

취소소송의 제기 가능성과 관련하여 甲의 신청권이 긍정되므로 대상적격 및 甲의 원고적격이 인정되고, 소의 이익, 피고적격, 제소기간, 관할 등 기타 소송요건에 문제가 없으므로 취소소송이 제기 가능하다. 취소판결이 있게 되는 경우 행정소송법 제30조 2항의 재처분의무에 의해 갑은 구제받게 된다. 또한 무효확인소송의 제기 가능성과 관련하여 판례의 입장에 따를 때 취소소송의 소송 요건을 충족한다면 취소판결이 가능하다.

한편 위법한 거부처분에 대해 의무의 이행을 명하는 판결을 구하는 소송인 의무이행소송을 무명항고소송으로서 인정할 수 있는지 문제된다. 생각건대 부작위법확인소송 및 재처분의무를 둔 입법자의 취지를 고려할 때 부정설이 타당할 것이며 판례 또한 부정한다. 따라서 甲의 의무이행소송의 제기는 불가하다.

IV. 가구제

거부처분에 대한 취소소송에서 집행정지가 가능한지 문제되는바, 판례는 이를 부정하고 있으나 거부처분의 집행을 정지함으로써 회복되는 이익이 있는 예외적인 경우에 한해 인정 가능할 것이다. 사안의 경우는 집행정지를 인용한다고 하더라도 재임용탈락통지가 없었던 상태로 돌아가는 것에 불과하므로 집행정지의 실익이 없어 집행정지는 불가하다.

행정소송법 제8조 제2항에 의한 민사집행법 제300조의 가처분을 활용할 수 있는지에 대해서도 견해대립이 있으나 항고소송에서의 가구제인 행정소송법 제23조의 집행정지는 가처분에 대한 특별규정이라고 볼 수 있으므로 가처분 역시 인정되지 않는다. 판례 또한 가처분은 민사소송절차에서 보호받을 수 있는 권리에 관한 것이라고 하면서 항고소송에서는 이를 부정한다.

행정심판법에서도 거부처분에 대한 집행정지는 불가능하다. 그러나 거부처분은 행정심판법 제31조에 의한 임시처분의 대상이 된다. 다만, 임시처분이 필요한 중대한 손해의 발생이 급박했음을 소명하기는 어려울 것으로 보인다. 처분이 존재하고 본안심판이 적법하게 계속중이며 처분이 위법 내지 부당하다고 상당히 의심되는 경우에는 인정될 수 있다. 공공복리에 영향을 미친다는 사정이 보이지 않으며, 사안의 경우 집행정지가 불가한 경우에 해당하므로 甲이 재임용 거부로 인해 중대한 손해의 발생이 급박했음을 소명한다면 임시처분 인용 가능할 것이다.

V. 기 타

국가배상청구권을 공권으로 본다면 공법상 당사자소송의 대상이 되어 행정쟁송상 권리구제수단에 해당한다. 사안의 경우 ① 임용권자는 공무원에 해당하고, ② 임용 행위는 직무집행에 속하며, ③ 위법한 임용 거부가 있었고 ④ 상당인과관계 있는 손해가 발생하였다. 따라서 고의 과실이 인정된다면 국가배상청구 또한 인용 가능할 것이다.

유제 1 [행시(재경) 2006]

사업자 A는 울산광역시와 경기도에 각각 염색공장을 건설하여 현재 조업중에 있다. 그러던 중 울산광역시에서는 기존 시 소례에서 정한 지역환경기준을 유지하기 어렵다고 판단하여 환경관련법령상의 기준보다 엄격한 배출허용기준을 내용으로 하는 조례를 새로 제정하였다.
한편 사업자 A는 제품생산을 확대하기 위하여 경기도지사와 울산광역시장에 대하여 폐수배출시설을 포함한 공장증설허가를 각각 신청하였다. A의 공장증설허가신청에 대해 경기도지사로부터는 허가가 내려졌으나 울산광역시장으로부터는 A가 신청한 폐수배출시설이 시조례가 정한 지역환경기준을 달성하기 어렵고 조례에서 정한 배출허용기준을 충족하지 못한다는 이유로 공장증설허가가 거부되었다. 이에 대하여 A는 울산광역시 조례가 법령보다 엄격한 규정을 두고 있으며 또한 경기도의 배출허용기준에 관한 조례와 비교하더라도 형평에 어긋나므로 울산광역시 조례에 근거한 공장증설허가거부처분이 위법하다고 주장하고 있다. A가 취할 수 있는 권리구제수단 및 그 인용가능성을 논하시오. 단, 환경관련법령에서 정한 기준보다 조례에 의해 엄격한 배출허용기준을 설정할 수 있다는 법규정이 없음을 전제로 한다. (40점)

해 설

공장증설허가거부처분은 울산광역시의 배출허용기준에 관한 조례에 근거한 것으로서 공장증설허가거부처분의 위법성은 조례의 하자에 의존하고 있다. 법률과 조례와의 관계에 관한 수정법률선점이론에 의한다고 하더라도 배출허용기준에 관한 조례는 주민의 권리를 제한하는 사항을 규정하고 있으므로 법률의 근거를 요한다. 법률의 근거 없이 제정되었으므로 조례는 하자가 있다. 하자 있는 조례에 근거한 공장증설허가처분은 위법하나 위법성의 정도는 중대명백설에 의할 때 취소사유에 해당한다.
A는 취소사유가 있는 거부처분에 대해 행정소송을 제기할 수 있다. 의무이행소송의 인정여부에 대해 견해대립 있으나 판례는 부정하므로 취소소송을 제기할 수 있다. 심판은 의무이행심판 및 취소심판을 제기할 수 있다. 거부처분이 위법하므로 인용될 것이다. 가구제수단으로 취소소송에서 거부처분에 대한 집행정지는 허용되지 않는다. 민사집행법상 가처분도 준용할 수 없다. 행정심판에서는 임시처분이 가능하다.
국가배상청구와 관련해서는 거부처분이 위법하더라도 조례를 적용한 공무원에게 과실을 인정하기 어려우므로 인용되지 않을 것이다.

유제 2 [2011년 행시(일행)]

서울특별시 X구에 위치한 대학입학전문상담사로 근무하는 甲은 과학적이고 체계적인 학생입학지도를 위해 '공공기관의 정보공개에 관한 법률'에 따라 교육과학기술부장관 乙에게 학교별 성적분포도를 포함하여 서울지역 2010년 대학수학능력시험평가 원데이터에 대한 정보(수능시험정보)의 공개를 청구하였다. 이에 대해 乙은 甲의 청구대로 응할 경우 학교의 서열화를 야기할 뿐만 아니라 업무의 공정한 수행에 현저한 지장을 초래한다는 이유로 비공개결정을 하였다. 甲의 권리구제와 관련하여 다음의 질문에 답하시오.(단, 무효확인심판과 무효확인소송은 제외한다.) (총50점)
1) 甲이 현행 행정쟁송법상 권리구제와 수단으로 선택할 수 있는 방식에 대하여 기술하시오.(10점)

해 설

공공기관의 정보공개에 관한 법률 제5조에서 정보공개청구권을 규정하고 있는바, 甲은 법규상 신청권이 인정된다. 甲에 대한 비공개결정은 거부처분에 해당하며, 신청권이 인정되고 공개거부의 상대방이 甲이므로 원고적격 내지 청구인적격 또한 긍정된다.
甲은 행정소송으로 취소소송(무효확인소송)을 제기할 수 있다. 의무이행소송은 인정여부에 대해 견해대립이 있으나 판례는 부정한다. 행정심판은 취소심판(무효확인심판) 및 의무이행심판을 청구할 수 있다. 가구제수단으로 취소소송에서 거부처분에 대한 집행정지는 허용되지 않는다. 민사집행법상 가처분도 준용할 수 없다. 행정심판에서는 임시처분이 가능하다. 그러나 정보공개의 성질상 인용가능성은 희박하다고 할 것이다.

사례 108 개발행위허가취소신청 거부에 대한 구제 [사시 2013]

甲은 개발제한구역 내에 위치한 지역에서 폐기물 처리시설의 설치를 위하여 관할 시장 A에게 개발행위허가를 신청하였다. 위 처리시설의 예정지역에 거주하는 주민 乙은 위 처리시설이 설치되면 주거생활에 심각한 침해를 받는다고 생각하여, 시장 A에게 위 신청을 반려할 것과 주민들의 광범위한 의견을 수렴한 후 다시 허가절차를 밟게 하라고 요구하였다. 그러나 시장 A는 위 처리시설이 필요하고, 개발제한구역이 아닌 지역에 입지하기가 곤란하다는 이유로 위 개발행위를 허가하였다. 다만 민원의 소지를 줄이기 위하여, 위 처리시설로 인하여 환경오염이 심각해질 경우 위 개발행위허가를 취소·변경할 수 있다는 내용의 부관을 붙였다. 그런데 위 처리시설이 가동된 지 얼마 지나지 않아 예상과 달리 폐기물 처리량이 대폭 증가하였다. 이에 주민 乙은 위 처리시설로 인하여 평온한 주거생활을 도저히 영위하기 어렵다고 여겨, 시장 A에게 위 부관을 근거로 위 개발행위허가를 취소·변경하여 줄 것을 요구하였다. 그런데 시장 A는 이를 거부하였다.

3. 위 부관을 근거로 한 乙의 요구에 대한 시장 A의 거부행위와 관련하여, 乙이 자신의 권익보호를 국가배상청구소송과 행정소송에서 실현할 수 있는지 검토하시오.(25점)

[참조조문]
* 개발제한구역의 지정 및 관리에 관한 특별조치법
제1조(목적) 이 법은 「국토의 계획 및 이용에 관한 법률」 제38조에 따른 개발제한구역의 지정과 개발제한구역에서의 행위 제한, 주민에 대한 지원, 토지 매수, 그 밖에 개발제한구역을 효율적으로 관리하는 데에 필요한 사항을 정함으로써 도시의 무질서한 확산을 방지하고 도시 주변의 자연환경을 보전하여 도시민의 건전한 생활환경을 확보하는 것을 목적으로 한다.
제12조(개발제한구역에서의 행위제한) ① 개발제한구역에서는 건축물의 건축 및 용도변경, 공작물의 설치, 토지의 형질변경, 죽목(竹木)의 벌채, 토지의 분할, 물건을 쌓아놓는 행위 또는 「국토의 계획 및 이용에 관한 법률」 제2조 제11호에 따른 도시·군계획사업(이하 "도시·군계획사업"이라 한다)의 시행을 할 수 없다. 다만, 다음 각 호의 어느 하나에 해당하는 행위를 하려는 자는 특별자치시장·특별자치도지사·시장·군수 또는 구청장(이하 "시장·군수·구청장"이라 한다)의 허가를 받아 그 행위를 할 수 있다.
   1. 다음 각 목의 어느 하나에 해당하는 건축물이나 공작물로서 대통령령으로 정하는 건축물의 건축 또는 공작물의 설치와 이에 따르는 토지의 형질변경
     다. 개발제한구역이 아닌 지역에 입지가 곤란하여 개발제한구역 내에 입지하여야만 그 기능과 목적이 달성되는 시설
※ "대통령령으로 정하는 건축물 또는 공작물"에 폐기물 처리시설이 포함되어 있음.

Ⅰ. 문제의 소재

처리시설이 가동된 지 얼마 지나지 않아 폐기물 처리량이 대폭 증가한 후발적 사정에 기하여 시장 A가 개발행위허가를 취소하는 것은 강학상 철회에 해당한다. 철회권 행사 여부는 시장 A에게 재량이 존재하는데 乙이 A시장에게 甲에 대한 개발행위허가의 취소·변경을 요구할 수 있는지 문제된다. 乙이 시장 A에게 행정개입청구권을 행사할 수 있는지 여부에 기초하여 권리실현수단으로 국가배상청구소송 및 행정소송의 인정 여부를 검토한다.

II. 행정개입청구권의 인정여부

1. 행정개입청구권의 의의 및 요건

행정개입청구권이란 행정청에 행정권 발동의무가 부과되어 있는 경우 그에 대응하여 사인이 행정청에 그 발동을 요구할 수 있는 권리를 의미한다. 행정개입청구권도 공권의 일종이므로 공권의 성립요건인 강행법규성과 사익보호성이 요구된다.

강행법규성에 있어서 행정청의 개입의무의 발생여부가 문제되는데 기속행위이거나 재량이 0으로 수축되는 경우 개입의무를 인정한다. 재량이 0으로 수축되는 경우란 일반적으로 ① 사인의 생명·신체·재산 등에 중대하고 급박한 위험이 존재하고, ② 그러한 위험이 행정권의 발동에 의해 제거될 수 있는 것이며, ③ 피해자의 개인적인 노력으로는 권익침해의 방지가 충분하게 이루어질 수 없다고 인정되는 경우를 말한다.

그리고 행정권의 발동을 규율하는 법규가 공익의 보호 뿐 아니라 개인의 이익도 보호하는 것을 목적으로 하고 있어야 한다.

2. 사안의 경우

행정개입청구권이 인정되려면 시장 A의 개입의무가 존재하여야 하는데, 개발제한구역 내에서의 개발행위허가의 변경·취소는 재량행위에 해당하므로 원칙적으로 시장 A는 개발행위허가 취소·변경의무가 없다. 예외적으로 재량이 0으로 수축하면 A에게 취소 또는 변경의 작위의무가 인정된다. 사안에서 폐기물 처리량이 대폭 증가하여 乙의 주거 생활에 중대한 위해가 발생하였고, 개발행위허가의 취소 또는 변경으로 이를 방지할 수 있으며 乙의 자력구제가 기대되지 않는다는 점에서 재량이 0으로 수축하여 개입의무를 인정할 수 있다.

특별조치법 제1조는 도시민의 건전한 생활환경을 확보하는 것을 목적으로 하고 있으며, 개발행위허가 및 그 변경·취소는 자연환경의 보전 및 도시의 무질서한 확산 방지라는 공익뿐만 아니라, 도시민 乙의 환경상 재산상 이익 등의 사익을 보호하고자 하는 취지도 있다고 보이므로 사익보호성이 긍정된다. 따라서 乙에게는 개발행위허가의 취소·변경을 구할 행정개입청구권이 인정된다.

III. 국가배상청구소송을 통한 권리실현가능성

1. 국가배상책임의 요건

국가배상책임이 인정되기 위해서는 '① 공무원이 ② 그 직무를 집행하면서 ③ 고의 또는 과실로 ④ 법령에 위반하여 ⑤ 타인에게 손해를 가한 때'라고 하는 국가배상법 제2조 1항의 요건이 충족되어야 한다. 사안의 경우 재량행위라도 재량이 0으로 수축되어 A시장의 거부행위가 재량의 일탈 남용에 해당되어 국가배상법상 법령위반에 해당하는지, 관련 공무원이 개발행위허가로 인한 손해발생 결과를 사전에 예견하여 결과를 회피하기 위한 조치를 취할 수 있는 가능성이 있었는지 고의·과실 인정 여부가 문제된다.

2. 법령 위반 인정 여부

시장 乙이 甲의 취소·변경요구에도 불구하고 개발행위허가취소·변경을 거부한 것이 법령위반으로 인정되려면 그 전제로서 작위의무가 인정되어야 한다.

개발제한구역의 지정 및 관리에 관한 특별조치법은 시장 乙의 명시적인 개발행위허가 취소·변경의무를 규정하고 있지 않다. 그러나 '법령에 위반하여'라고 하는 것은 엄격하게 형식적 의미의 법령에 명시적으로 공무원의 작위의무가 규정되어 있는데도 이를 위반하는 경우만을 의미하는 것은 아니고, 국민의 생명, 신체, 재산 등에 대하여 절박하고 중대한 위험상태가 발생하였거나 발생할 우려가 있어서 국민의 생명, 신체, 재산 등을 보호하는 것을 본래적 사명으로 하는 국가가 초법규적, 일차적으로 그 위험 배제에 나서지 아니하면 국민의 생명, 신체, 재산 등을 보호할 수 없는 경우에는 형식적 의미의 법령에 근거가 없더라도 국가나 관련 공무원에 대하여 그러한 위험을 배제할 작위의무를 인정할 수 있을 것이다. 관련 공무원에 대하여 작위의무를 명하는 법령의 규정이 없다면 공무원이 개입하지 않은 것으로 인하여 침해된 국민의 법익 또는 국민에게 발생한 손해가 어느 정도 심각하고 절박한 것인지, 관련 공무원이 그와 같은 결과를 예견하여 그 결과를 회피하기 위한 조치를 취할 수 있는 가능성이 있는지 등을 종합적으로 고려하여 판단하여야 할 것이다.[1)]

사안의 경우 앞서 검토한 바와 같이 시장 A의 개입의무가 인정되는 경우이므로 시장 A가 거부한 행위는 법령위반에 해당한다.

3. 고의·과실 인정 여부

과실이란 평균적 주의의무를 결하여 위법한 결과 발생을 인식하지 못한 심리상태를 의미하는바, 이를 객관화하여 피해자 권리구제의 폭을 넓히는 경향에 있다.

사안의 경우 폐기물 처리량이 대폭 증가하였다는 점에서 乙의 신체 및 재산 상 손해 발생을 예견할 수 있고, A의 개발행위허가가 취소 또는 변경을 통해 이를 회피할 수 있음에도 A는 이를 재차 거부하여 평균적 공무원의 주의의무를 결하였다고 볼 수 있으므로 A의 과실이 인정된다.

4. 소 결

국가배상법 제2조의 모든 요건이 충족되는 바, 乙은 국가배상책임소송을 제기함으로써 권리구제를 도모할 수 있다.

IV. 행정소송을 통한 권리실현가능성

1. 시장 A의 거부행위에 대한 행정소송 형태

乙이 행정청으로 하여금 직접 개발행위허가를 취소 또는 변경할 것을 명하도록 청하는 의무이행소송이 인정될 수 있는지에 대하여 행정소송의 권력분립적 한계와 관련되어 논의가 있다.

학설은 행정소송법 제4조를 예시적으로 보아 무명항고소송으로 인정할 수 있다는 긍정설, 행정소송법 제4조를 열거적으로 보며 권력분립에 반한다는 부정설이 대립하나 판례는 행정심판법상의 의무이행심판에 대응하여 행정소송법은 부작위의무확인소송만을 규정하고 있다고 하면서 부정설의 입장이다. 행정소송법이 거부처분 취소소송에서 취소판결이 확정된 경우 재처분의무와 간접강제를 인정하고 있고 이를 부작위위법확인소송에 준용하고 있는 것을 고려하면 긍정설은 입법자의 의사에 반하는 해석이므로 부정설이 타당하다. 입법론적으로는 실효적인 권리구제를 위해 도입이 필요하며 행정소송법개정안은 이를 도입하고 있으나, 현재로서는 乙은 의무이행소송을 제기할 수 없으며 거부처분에 대한 취소소송을 제기해야 한다.

---

1) 대판 1998.10.13, 98다18520

2. 취소소송의 인용가능성

(1) 취소소송의 소송요건 구비 여부

1) 소송요건 일반론

乙이 제기한 취소소송의 소제기가 적법하려면 A시장의 개발행위허가 취소 변경 거부가 처분에 해당되어야 하고 (행정소송법 제19조, 제2조1항1호), 개발행위허가 취소·변경 거부의 취소를 구할 법률상 이익 및 권리보호의 필요가 있어야 하며 (동법 제12조), 처분을 한 행정청을 상대로 (동법 제13조) 처분이 있음을 안 날로부터 90일 이내에 (동법 제20조) 행정청의 소재지를 관할하는 행정법원에 제기하여야 한다(동법 제9조).

사안의 경우 주민 乙은 개발행위허가의 취소·변경이 거부됨으로써 직접적인 피해를 입게 되므로 거부의 취소를 구할 법률상 이익 및 권리보호의 필요가 인정되며, 기타 소송요건은 특별히 문제되어 보이지 아니하나, 판례에 의할 때 거부처분과 관련하여 개발행위허가의 취소·변경을 요구할 수 있는 신청권이 인정될 수 있는지가 문제된다.

2) 거부처분의 요소로서 신청권

판례는 국민의 적극적 행위 신청에 대하여 행정청이 거부한 행위가 행정처분에 해당하려면, ① 그 신청한 행위가 공권력의 행사 또는 이에 준하는 행정작용이어야 하고, ② 그 거부행위가 신청인의 법률관계에 어떤 변동을 일으키는 것이어야 하며 ③ 그 국민에게 그 행위발동을 요구할 법규상 내지는 조리상 신청권이 있어야 한다고 한다. 이 때 '신청인의 법률관계에 어떤 변동을 일으키는 것'이라는 의미는 권리를 행사함에 중대한 지장을 초래하는 것도 포함한다고 하며, 신청권은 단순한 응답신청권을 의미하는 것으로 관계법령의 해석에 의해 추상적, 일반적으로 결정되는 것이라고 한다.

학설은 ① 신청권을 거부행위의 요건으로 보는 판례에 찬성하는 견해, ② 원고가 신청에 따른 행정행위를 요구할 수 있는 법규상 또는 조리상 권리를 갖고 있느냐의 여부는 본안의 문제라고 보는 견해, ③ 신청권은 원고적격의 문제라고 보는 견해 등이 대립한다.

생각건대 현행 행정소송법은 거부처분의 요소로서 신청권을 별도로 요구하고 있지는 않으나 신청권을 형식상의 단순한 응답요구권의 의미로 이해한다면 처분성의 문제로 보는 판례의 입장은 타당하다.

3) 사안의 경우

사안의 경우 개발제한구역의 지정 및 관리에 관한 특별조치법에서 명시적으로 주민들에게 개발행위허가 취소를 요구할 수 있는 법규상 신청권을 인정하고 있지는 않다. 그러나 개발행위허가로 인하여 인근 주민들이 수인할 수 없는 환경침해를 받거나 받을 우려가 있어 개별적·구체적 환경이익을 침해당하였다면, 개발행위허가를 행한 처분청에 대하여 그 이익 침해의 배제를 위하여 개발행위허가의 취소·변경 등을 요구할 수 있는 권리를 인정하는 것이 법치행정 원리에 비추어 상당하며, 환경상의 이익을 침해당한 인근 주민이 개발행위허가가 취소되거나 변경됨으로써 그 이익을 회복하거나 침해를 줄일 수 있다고 주장하는 재판 청구에 대하여 소송요건심리에서 배척할 것이 아니라 본안에 나아가 판단함이 개인의 권리구제를 본질로 하는 사법국가 원리에도 부합하는 점을 고려하면, 乙에게 조리상 신청권을 인정할 수 있다. 시장 A가 개발행위허가를 하면서 철회권을 유보한 사정을 고려하더라도 인정할 수 있다. A의 거부는 거부처분으로 대상적격이 충족되므로 기타 소송요건은 모두 구비된 것으로 볼 수 있는 바, 본안을 판단한다.

(2) 본안판단

사안의 경우 재량이 0으로 수축된 상황으로 개입의무를 인정한 경우이므로 시장 A에게는 개발행위허가의 취소 및 변경만이 합당한 재량행사라는 점에서 A의 거부는 위법하다.

(3) 소 결

乙은 취소소송을 제기함으로써 취소판결을 받아 권리구제를 도모할 수 있다.

V. 결 론

乙의 A에 대한 행정개입청구권이 인정되는 바, 국가배상 및 거부처분 취소소송을 통해 권리구제를 도모할 수 있다.

유제 1 [행시(일행) 2008]

甲은 A구 구청장인 乙에게 임야로 되어 있는 자신의 토지위에 건축을 하기 위해 토지형질변경행위허가를 신청하였다. 이에 乙은 당해 토지의 일부를 대지로 변경하고 그 나머지를 도로로 기부채납하는 것을 조건으로 토지형질변경행위를 허가하였다.

이에 따라 甲은 건물을 신축하였는데 신축건물이 기부채납 토지부분을 침범하게 되자 乙은 토지형질변경행위허가를 취소하고 그 대신에 기부채납토지부분을 감축하여 주면서 감축된 토지에 대한 감정가액을 납부하도록 하는 내용의 토지형질변경행위의 변경허가를 하였다.

그러나 甲은 감정가액을 납부하지 않고 준공검사를 마치지 못하는 사이에 예규로 설정된 사무처리기준이 변경되어 기부채납을 하도록 하는 의무가 면제되었다. 이에 甲은 금전납부의 부담을 없애 달라는 내용의 토지형질변경행위의 변경허가를 신청하였으나 乙은 甲이 금전납부의 부담을 이행하지 아니하고 준공검사를 마치지 않았다는 이유를 들어 甲의 신청을 반려하였다.

3. 乙의 반려행위에 대한 甲의 취소소송제기가능성을 검토하시오.(15점)

해설

乙에게 신청권이 인정되는지 문제된다. 사안과 같은 경우 판례는 신청권을 부정하나 甲에게 새로운 사정이 발생된 경우에는 토지형질변경허가의 변경에 대하여 하자 없이 재량을 행사하여 줄 것을 요구할 수 있는 신청권의 존재를 긍정하는 것이 타당하며 따라서 乙의 반려행위는 거부처분에 해당하며 乙은 원고적격도 인정될 것이고 나머지 소송요건이 구비되면 취소소송을 제기할 수 있을 것이다.

판례

도시계획법령이 토지형질변경행위허가의 변경신청 및 변경허가에 관하여 아무런 규정을 두지 않고 있을 뿐 아니라, 처분청이 처분 후에 원래의 처분을 그대로 존속시킬 필요가 없게 된 사정변경이 생겼거나 중대한 공익상의 필요가 발생한 경우에는 별도의 법적 근거가 없어도 별개의 행정행위로 이를 철회·변경할 수 있지만 이는 그러한 철회·변경의 권한을 처분청에게 부여하는 데 그치는 것일 뿐 상대방 등에게 그 철회·변경을 요구할 신청권까지를 부여하는 것은 아니라 할 것이므로, 이와 같이 법규상 또는 조리상의 신청권이 없이 한 국민들의 토지형질변경행위 변경허가신청을 반려한 당해 반려처분은 항고소송의 대상이 되는 처분에 해당되지 않는다 (대판 1997.9.12, 96누6219).

유제 2 [법전협 2021-2]

A는 1980. 11. 10. 대한민국에서 출생하여 거주하다가 2006. 1. 18. 미국 시민권을 취득한 후 대한민국 국적을 상실한 재외동포이고, B는 주LA총영사관 총영사로서 법무부장관으로부터 사증발급권한을 위임받은 재외공관장이다.

병무청장은 2006. 1. 28. 법무부장관에게 "A는 공연을 위하여 병무청장의 국외여행허가를 받고 출국한 후 미국 시민권을 취득함으로써 사실상 병역의무를 면탈하였는데, A가 재외동포의 자격으로 입국하여 방송활동, 음반 출반, 공연 등 연예활동을 할 경우 국군 장병들의 사기가 저하되고 청소년들이 병역의무를 경시하게 되며 외국국적 취득을 병역 면탈의 수단으로 악용하는 사례가 빈번히 발생할 것으로 예상되므로 A가 재외동포 자격으로 재입국하고자 하는 경우 국내에서 취업, 가수활동 등 영리활동을 할 수 없도록 하고, 불가능할 경우 입국 자체를 금지해 달라."고 요청하였다.

법무부장관은 2006. 2. 1.「출입국관리법」제11조 제1항 제3호, 제4호, 제8호에 따라 A의 입국을 금지하는 결정을 하고, 같은 날 그 내용을 법무부 내부전산망인 '출입국관리정보시스템'에 입력하였으나, A에게 통보를 하지는 않았다.

A는 2019. 8. 27. B에게 재외동포(F-4) 체류자격의 사증발급을 신청하였다. B는 2019. 9. 2. A에게 전화로 'A는 2006. 2. 1.자 결정에 따라 입국규제대상자에 해당하여 사증발급이 거부되었다'라고 통보하였으며, 사증발급 거부처분서를 교부하지는 않았다.

2. A는 B의 2019. 9. 2.자 사증발급거부처분에 대해서 취소소송을 제기하려고 한다. 이 취소소송이 적법한지 여부에 대해서 검토하시오. (단, 제소기간은 준수한 것으로 본다.) (25점)

[참조조문]
* 출입국관리법
제7조(외국인의 입국) ① 외국인이 입국할 때에는 유효한 여권과 법무부장관이 발급한 사증(査證)을 가지고 있어야 한다.
제8조(사증) ① 제7조에 따른 사증은 1회만 입국할 수 있는 단수사증(單數査證)과 2회 이상 입국할 수 있는 복수사증(複數査證)으로 구분한다.
② 법무부장관은 사증발급에 관한 권한을 대통령령으로 정하는 바에 따라 재외공관의 장에게 위임할 수 있다.
③ 사증발급에 관한 기준과 절차는 법무부령으로 정한다.
제11조(입국의 금지 등) ① 법무부장관은 다음 각 호의 어느 하나에 해당하는 외국인에 대하여는 입국을 금지할 수 있다.
    3. 대한민국의 이익이나 공공의 안전을 해치는 행동을 할 염려가 있다고 인정할 만한 상당한 이유가 있는 사람
    4. 경제질서 또는 사회질서를 해치거나 선량한 풍속을 해치는 행동을 할 염려가 있다고 인정할 만한 상당한 이유가 있는 사람
    8. 제1호부터 제7호까지의 규정에 준하는 사람으로서 법무부장관이 그 입국이 적당하지 아니하다고 인정하는 사람

* 출입국관리법 시행규칙
제9조(사증발급권한의 위임) ① 영 제11조제2항에 따라 법무부장관이 재외공관의 장에게 위임하는 사증발급 권한(영 제7조의2제4항에 따른 전자사증 발급권한은 제외한다)은 다음 각 호와 같다.
    1. - 4. (생략)
    5. 영 별표 1의2 중 체류자격 26. 재외동포(F-4)의 자격에 해당하는 사람에 대한 체류기간 2년 이하의 사증 발급
제9조의2(사증 등 발급의 기준) 제8조 및 제10조에 따라 법무부장관이 사증 등의 발급을 승인하거나 제9조의 위임에 따라 재외공관의 장이 사증을 발급하는 경우 사증발급을 신청한 외국인이 다음 각 호의 요건을 갖추었는지의 여부를 심사·확인하여야 한다.

1. 유효한 여권을 소지하고 있는지 여부
2. 법 제11조의 규정에 의한 입국의 금지 또는 거부의 대상이 아닌지 여부
3. 영 별표 1부터 별표 1의3까지에서 정하는 체류자격에 해당하는지 여부

*재외동포의 출입국과 법적 지위에 관한 법률
제5조(재외동포체류자격의 부여)
① 법무부장관은 대한민국 안에서 활동하려는 외국국적동포에게 신청에 의하여 재외동포체류자격을 부여할 수 있다.
② 법무부장관은 외국국적동포에게 다음 각 호의 어느 하나에 해당하는 사유가 있으면 제1항에 따른 재외동포체류자격을 부여하지 아니한다. 다만, 법무부장관이 필요하다고 인정하는 경우에는 제1호에 해당하는 외국국적동포가 41세가 되는 해 1월 1일부터 부여할 수 있다.
  1. 다음 각 목의 어느 하나에 해당하지 아니한 상태에서 대한민국 국적을 이탈하거나 상실하여 외국인이 된 남성의 경우
     가. 현역·상근예비역·보충역 또는 대체역으로 복무를 마치거나 마친 것으로 보게 되는 경우
     나. 전시근로역에 편입된 경우
     다. 병역면제처분을 받은 경우
  2. 대한민국의 안전보장, 질서유지, 공공복리, 외교관계 등 대한민국의 이익을 해칠 우려가 있는 경우

해설

취소소송의 소송요건 중 사증발급거부를 거부처분으로 볼 수 있는지(대상적격)와 외국인인 A에게 원고적격이 인정되는지가 문제된다. 피고적격도 법무부장관에게 있는지 총영사인 B에게 있는지 문제된다.

국민의 신청에 대한 거부가 거부처분이기 위해서는 법규상 조리상 신청권이 인정되어야 한다. A는 대한민국에서 출생하여 오랜 기간 대한민국 국적을 보유하면서 거주한 사람이므로 이미 대한민국과 실질적 관련성이 있거나 대한민국에서 법적으로 보호가치 있는 이해관계를 형성하고 있으며, 재외동포의 대한민국 출입국과 대한민국 안에서의 법적 지위를 보장하는 목적으로「재외동포의 출입국과 법적 지위에 관한 법률」도 대한민국 안에서 활동하려는 외국국적동포에게 신청에 의하여 재외동포체류자격을 부여(제5조1항)하고 있는 점을 고려하면 A는「출입국관리법」상 사증발급에 대한 법규상·조리상 신청권을 인정된다. 거부처분에 해당한다.

신청권이 인정되는 A는 원고적격도 인정될 것이다. 판례는 사증발급 거부처분을 다투는 외국인은 아직 대한민국에 입국하지 않은 상태에서 대한민국에 입국하게 해달라고 주장하는 것으로, 대한민국과의 실질적 관련성 내지 대한민국에서 법적으로 보호가치 있는 이해관계를 형성한 경우는 아니어서, 해당 처분의 취소를 구할 법률상 이익을 인정하여야 할 법정책적 필요성도 크지 않다고 하여 원고적격을 부정[2]하고 있지만 재외동포의 사증발급거부처분에 대해서는 원고적격을 인정하는 것을 전제로 본안판단[3]을 한 바 있다. A는 대한민국에서 출생하여 거주하다가 미국시민권을 취득한 후 대한민국 국적을 상실한 재외동포로서 대한민국과 실질적 관련성이 있거나 대한민국에서 법적으로 보호가치 있는 이해관계를 형성하고 있고「재외동포의 출입국과 법적 지위에 관한 법률」도 A와 같은 재외동포의 대한민국 출입국에 관한 법적 지위를 보호하고 있으므로 원고적격이 인정된다.

피고적격과 관련하여 처분을 행한 행정청이 피고가 되는데(행정소송법 제13조1항) 사증발급권한은 법무부장관에게 있지만 출입국관리법 제8조2항과 출입국관리법 시행규칙 제9조1항5호에 따라서 재외공관의 장인 주LA총영사관 총영사 B에게 위임된 것이므로 B가 행한 사증발급거부처분의 피고는 수임기관인 B가 된다.

A가 사증발급거부처분에 대하여 B를 피고로 하여 제기한 취소소송은 적법하다.

---

[2] 대판 2018.5.15, 2014두42506
[3] 대판 2019.7.11, 2017두38874

사례 109　문화재지정처분 해제 불가회신 및 문화재보호구역 해제거부 [변시 2020]

경기도지사 乙은 2018. 5. 3. 관할 A군에 소재한 분묘가 조선 초 유명 화가의 묘로 구전되어 오는데다가 그 양식이 학술상 원형보존의 가치가 있다는 이유로「문화재보호법」제70조,「경기도 문화재 보호 조례」제11조에 따라 이를 도지정문화재로 지정·고시하였다. 또한 乙은 2018. 6. 8. 해당 분묘를 보호하기 위하여 분묘경계선 바깥쪽 10m까지의 총 5필지 5,122㎡를 문화재보호구역으로 지정·고시하였다. 이에 해당 화가의 후손들로 이루어진 종중 B는 해당 화가의 진묘가 따로 존재한다고 주장하면서 乙에게 문화재지정처분을 취소 또는 해제하여 줄 것을 요청하는 청원서를 제출하였다. 이에 대해 乙은 문화재지정처분은 정당하여 그 취소 또는 해제가 불가하다는 회신을 하였다(이하 '불가회신'이라고 한다). 한편, 위 문화재보호구역 내에 위치한 일부 토지를 소유하고 있는 甲은 2019. 3. 14. 재산권 행사의 제한 등을 이유로 乙에게 자신의 소유토지를 대상으로 한 문화재보호구역 지정을 해제해 달라는 신청을 하였다. 그러나 乙은 2019. 6. 5. 甲이 해제를 요구한 지역은 역사적·문화적으로 보존가치가 있을 뿐만 아니라 분묘의 보호를 위하여 문화재보호구역 지정해제가 불가함을 이유로 甲의 신청을 거부하는 회신을 하였다(이하 '거부회신'이라고 한다).

1. 乙의 불가회신에 대하여 종중 B가 항고소송을 제기하고자 하며, 乙의 거부회신에 대하여 甲이 항고소송을 제기하고자 한다. 항고소송의 대상적격 여부를 각각 검토하시오. (15점)

[참조조문]
* 문화재보호법
제27조(보호물 또는 보호구역의 지정)
　① 문화재청장은 제23조·제25조 또는 제26조에 따른 지정을 할 때 문화재 보호를 위하여 특히 필요하면 이를 위한 보호물 또는 보호구역을 지정할 수 있다.
　② (삭제)
　③ 문화재청장은 제1항 및 제2항에 따라 보호물 또는 보호구역을 지정하거나 조정한 때에는 지정 또는 조정 후 매 10년이 되는 날 이전에 다음 각 호의 사항을 고려하여 그 지정 및 조정의 적정성을 검토하여야 한다. 다만, 특별한 사정으로 인하여 적정성을 검토하여야 할 시기에 이를 할 수 없는 경우에는 대통령령으로 정하는 기간까지 그 검토시기를 연기할 수 있다.
　　1. 해당 문화재의 보존가치
　　2. 보호물 또는 보호구역의 지정이 재산권 행사에 미치는 영향
　　3. 보호물 또는 보호구역의 주변 환경
제35조(허가사항)
　① 국가지정문화재(국가무형문화재는 제외한다. 이하 이 조에서 같다)에 대하여 다음 각 호의 어느 하나에 해당하는 행위를 하려는 자는 대통령령으로 정하는 바에 따라 문화재청장의 허가를 받아야 하며, 허가사항을 변경하려는 경우에도 문화재청장의 허가를 받아야 한다. 다만, 국가지정문화재 보호구역에 안내판 및 경고판을 설치하는 행위 등 대통령령으로 정하는 경미한 행위에 대해서는 특별자치시장, 특별자치도지사, 시장·군수 또는 구청장의 허가(변경허가를 포함한다)를 받아야 한다.
　　1. 국가지정문화재(보호물·보호구역과 천연기념물 중 죽은 것 및 제41조 제1항에 따라 수입·반입 신고된 것을 포함한다)의 현상을 변경하는 행위로서 대통령령으로 정하는 행위
제70조(시·도지정문화재의 지정 및 시·도등록문화재의 등록 등)
　① 시·도지사는 그 관할구역에 있는 문화재로서 국가지정문화재로 지정되지 아니한 문화재 중 보존가치가 있다고 인정되는 것을 시·도지정문화재로 지정할 수 있다.

②~⑤ <생략>
⑥ 시·도지정문화재와 문화재자료의 지정 및 해제절차, 시·도등록문화재의 등록 및 말소절차, 시·도지정문화재, 문화재자료 및 시·도등록문화재의 관리, 보호·육성, 공개 등에 필요한 사항은 해당 지방자치단체의 조례로 정한다.

제74조(준용규정)
① <생략>
② 시·도지정문화재와 문화재자료의 지정과 지정해제 및 관리 등에 관하여는 제27조, 제31조 제1항·제4항, 제32조부터 제34조까지, 제35조 제1항, 제36조, 제37조, 제40조, 제42조부터 제45조까지, 제48조, 제49조 및 제81조를 준용한다. 이 경우 "문화재청장"은 "시·도지사"로, "대통령령"은 "시·도조례"로, "국가"는 "지방자치단체"로 본다.

* 문화재보호법 시행령

제21조의2(국가지정문화재 등의 현상변경 등의 행위)
① 법 제35조 제1항 제1호에서 "대통령령으로 정하는 행위"란 다음 각 호의 행위를 말한다.
　1.~2. <생략>
　3. 국가지정문화재, 보호물 또는 보호구역 안에서 하는 다음 각 목의 행위
　　가. 건축물 또는 도로·관로·전선·공작물·지하구조물 등 각종 시설물을 신축, 증축, 개축, 이축(移築) 또는 용도변경(지목변경의 경우는 제외한다)하는 행위
　　나. <생략>
　　다. 토지 및 수면의 매립·간척·땅파기·구멍뚫기, 땅깎기, 흙쌓기 등 지형이나 지질의 변경을 가져오는 행위

* 경기도 문화재 보호 조례

제11조(도지정문화재)
① 도지사는 법 제70조 제1항에 따라 도지정문화재(무형문화재를 제외한다. 이하 제3장에서 같다)를 지정하는 경우 유형문화재·기념물·민속문화재로 구분하여 문화재위원회의 심의를 거쳐 지정한다.
② ~ ③ <생략>
④ 도지정문화재의 지정에 필요한 기준 및 절차는 규칙으로 정한다.

제17조(지정의 해제)
① 도지사는 법 제74조 및 법 제31조 제1항에 따라 도지정문화재 및 문화재자료가 지정문화재로서의 가치를 상실하거나 가치평가를 통하여 지정을 해제할 필요가 있는 때에는 문화재위원회의 심의를 거쳐 그 지정을 해제할 수 있다. 다만, 도지정문화재가 국가지정문화재로 지정된 때에는 그 지정된 날에 도지정문화재에서 해제된 것으로 본다.
② ~ ④ <생략>
⑤ 도지사는 제1항에 따라 문화재의 지정을 해제한 때에는 그 취지를 도보에 고시하고, 해당 문화재의 소유자에게 통지하여야 한다. 이 경우 그 해제의 효력은 도보에 고시한 날로부터 발생한다.
⑥ 도가 지정한 문화재의 소유자가 제1항에 따른 해제 통지를 받으면 그 통지를 받은 날부터 30일 이내에 지정서를 도지사에게 반납하여야 한다.
⑦ 도지사는 제13조 제3항에 따른 검토 결과 보호물 또는 보호구역의 지정이 적정하지 아니하거나 그 밖에 특별한 사유가 있는 때에는 보호물 또는 보호구역의 지정을 해제하거나 그 지정 범위를 조정하여야 한다.
⑧ 도지사는 도지정문화재의 지정이 해제된 때에는 지체 없이 해당 문화재의 보호물 또는 보호구역의 지정을 해제하여야 한다.

I. 문제의 소재

乙의 거부회신에 대하여 甲이 제기하고자 하는 항고소송은 취소소송 또는 무효등확인소송이며, 취소소송과 무효등확인소송은 처분등을 대상으로 한다"(행정소송법 제19조, 제38조1항). 처분등은 처분 및 재결을 말하는데 문화재지정처분 취소 또는 해제 불가회신이 거부처분으로서 항고소송의 대상이 되는지가 종중 B 및 甲의 법규상·조리상 신청권 인정 여부와 관련하여 문제된다.

II. 행정청의 거부행위가 거부처분이 되기 위한 요건

III. 사안의 해결

먼저 종중 B에 대한 불가회신이 거부처분인지부터 살펴본다. 문화재보호법은 도지사가 도지정문화재를 지정하고 지정 및 해제절차 등에 관해서 도의 조례로 정하도록 위임하고 있다(제70조1항 및 6항). 문화재보호법의 위임에 기하여 도지정문화재의 지정해제에 관한 사항을 정하고 있는 경기도 문화재 보호 조례 제17조는 도지사는 도지정문화재가 지정문화재로서의 가치를 상실하거나 가치평가를 통하여 지정을 해제할 필요가 있는 때에는 문화재위원회의 심의를 거쳐 그 지정을 해제할 수 있다고 규정하고 있다. 문화재보호법과 경기도 조례에서 개인이 도지사에 대하여 그 지정의 취소 또는 해제를 신청할 수 있다는 근거 규정을 별도로 두고 있지 아니하므로, 법규상으로 개인에게 그러한 신청권이 있다고 할 수 없고, 같은 법과 같은 조례가 이와 같이 개인에게 그러한 신청권을 부여하고 있지 아니한 취지는, 도지사로 하여금 개인의 신청에 구애됨이 없이 문화재의 보존이라는 공익적인 견지에서 객관적으로 지정해제사유 해당 여부를 판정하도록 함에 있다고 할 것이므로, 어느 개인이 문화재 지정처분으로 인하여 불이익을 입거나 입을 우려가 있다고 하더라도, 그러한 개인적인 사정만을 이유로 그에게 문화재 지정처분의 취소 또는 해제를 요구할 수 있는 조리상의 신청권이 있다고도 할 수 없다. 종중 B에 대한 불가회신은 거부처분이 아니다.

다음으로 甲에 대한 거부회신이 거부처분인지 살펴본다. 문화재보호법은 문화재를 보존하여 이를 활용함으로써 국민의 문화적 생활의 향상을 도모함과 아울러 인류문화의 발전에 기여함을 목적으로 하면서도, 제27조 3항에서 문화재보호구역의 지정에 따른 재산권행사의 제한을 줄이기 위하여, 행정청에게 보호구역을 지정한 경우에 10년마다 적정성 여부를 검토할 의무를 부과하고, 적정성 여부의 검토에 있어서 당해 문화재의 보존 가치 외에도 보호구역의 지정이 재산권 행사에 미치는 영향 등을 고려하도록 규정하고 있는 점 등과 헌법상 개인의 재산권 보장의 취지에 비추어 보면, 문화재보호구역 내에 있는 토지소유자 등으로서는 보호구역의 지정해제를 요구할 수 있는 법규상 또는 조리상의 신청권이 있다고 할 것이고, 이러한 신청에 대한 거부행위는 항고소송의 대상이 되는 행정처분에 해당한다.[1] 따라서 甲에 대한 거부회신은 거부처분에 해당한다.

종중 B에 대한 불가회신은 거부처분이 아니므로 항고소송의 대상이 될 수 없으며, 甲에 대한 거부회신은 거부처분에 해당하므로 항고소송의 대상이 된다.

---

1) 대판 2004.4.27, 2003두8821

사례 110　협의거부의 처분성, 위법판단기준시기, 부당결부금지원칙　[법전협 2022-2]

　　B시장은 2021. 1. 4. 국립대학법인 A대학교에 B시가 관리하는 도로를 장기간 무단으로 점유하였다는 이유로 「도로법」 제72조 제1항에 따라 변상금을 부과하였으나, A대학교는 이를 납부하지 않았다.

　　한편, A대학교는 교내의 미술사도서관이 거의 이용되지 않고 있는 상황에서, 학내에 대형 공연장을 설치하여 일반 공중에 대여하는 등 수익사업을 통해 학교 운영상의 재정적 어려움을 해소하기 위한 목적으로, 2020. 9. 3. 관할 B시장에게 위 미술사도서관을 공연장으로 용도를 변경하기 위한 협의를 요청한바 있다(위 용도변경에는 토지의 형질변경이 수반되어 「국토의 계획 및 이용에 관한 법률」 제56조 제1항 제2호에 따른 개발행위허가가 필요하며, 「건축법」 제11조 및 제14조는 건축허가 및 건축신고에 개발행위허가를 의제하고 있다. 그리고 미술사도서관은 「건축법」 제19조 제4항 제6호의 '교육 및 복지시설군'에 해당하고, 공연장은 「건축법」 제19조 제4항 제4호의 '문화집회시설군'에 해당한다).

　　그런데, 국립대학교에 공연장이 남설되어 사회적 논란이 야기되자, 국회에서는 모든 국립대학교에 신규 공연장 설치를 제한하는 내용의 「건축법」 개정안이 발의되었다. B시장은 이러한 사실을 인지하여, 법령상 다른 명시적인 제한사유가 없음에도 불구하고 A대학교의 용도변경 협의 요청을 접수하고도 응답을 차일피일 미루었다. 그러던 중 2021. 6. 7. 위 「건축법」 개정안이 국회에서 가결되어 2021. 9. 6.자로 시행되었는데, 국회 논의 과정에서 '「건축법」상 용도변경 규정이 20여년 이상 적용되어 왔음을 감안하여 개정 전에 인허가 신청을 한 경우에는 구법을 적용하는 내용의 경과규정을 두어야 한다'는 주장과 '개정 「건축법」을 경과규정 없이 즉시 시행하여 국립대학교가 본래의 교육 목적 달성에 주력하도록 해야 한다'는 주장이 대립하였으나, 경과규정을 두지 않는 것으로 정리되었다. 이후, B시장은 "2021. 6. 7.자 개정 「건축법」에 따르면 국립대학교에서는 공연장을 신규로 설치할 수 없음"('처분사유 1')을 이유로 2021. 9. 15. 위 용도변경 협의 요청을 거부하였다. 그리고 변상금에 대한 번거로운 체납 절차를 피하고 변상금 납부를 유도하기 위하여 "A대학교가 B시장이 2021. 1. 4.자로 부과한 변상금을 아직 납부하지 않았음"('처분사유 2')도 처분사유로 제시하였다.

1. A대학교가 B시장의 용도변경 협의 거부에 대한 취소소송을 제기하려 할 때, 이러한 협의 거부는 취소소송의 대상이 될 수 있는지 검토하시오. (25점)
2. B시장의 각 거부사유(처분사유 1, 2)가 타당한지 검토하시오. (단, 처분사유 1의 경우, 「민원 처리에 관한 법률」 위반 여부는 검토하지 말 것) (30점)

[참조조문]　※ 현행 법령과 차이가 있으며, 참조 조문이 현행 법령에 우선함

* 건축법
제11조(건축허가) ① 건축물을 건축하거나 대수선하려는 자는 특별자치시장·특별자치도지사 또는 시장·군수·구청장의 허가를 받아야 한다.
제14조(건축신고) ① 제11조에 해당하는 허가 대상 건축물이라 하더라도 다음 각 호의 어느 하나에 해당하는 경우에는 미리 특별자치시장·특별자치도지사 또는 시장·군수·구청장에게 국토교통부령으로 정하는 바에 따라 신고를 하면 건축허가를 받은 것으로 본다.
　　(제1호 내지 제5호: 생략)
제19조(용도변경) ② 제22조에 따라 사용승인을 받은 건축물의 용도를 변경하려는 자는 다음 각 호의 구분에 따라 국토교통부령으로 정하는 바에 따라 특별자치시장·특별자치도지사 또는 시장·군수·구청장의 허가를 받거나 신고를 하여야 한다.

1. 허가 대상: 제4항 각 호의 어느 하나에 해당하는 시설군(施設群)에 속하는 건축물의 용도를 상위군(제4항 각 호의 번호가 용도변경하려는 건축물이 속하는 시설군보다 작은 시설군을 말한다)에 해당하는 용도로 변경하는 경우
2. 신고 대상: 제4항 각 호의 어느 하나에 해당하는 시설군에 속하는 건축물의 용도를 하위군(제4항 각 호의 번호가 용도변경하려는 건축물이 속하는 시설군보다 큰 시설군을 말한다)에 해당하는 용도로 변경하는 경우

④ 시설군은 다음 각 호와 같고 각 시설군에 속하는 건축물의 세부 용도는 대통령령으로 정한다.
4. 문화 및 집회시설군
6. 교육 및 복지시설군

⑦ 제2항에 따른 건축물의 용도변경에 관하여는 건축법 제11조, 제14조를 준용한다.

제29조(공용건축물에 대한 특례) ① 국가(국립대학법인을 포함한다. 이하 같다)나 지방자치단체는 제11조, 제14조, 제19조, 제20조 및 제83조에 따른 건축물을 건축·대수선·용도변경하거나 가설건축물을 건축하거나 공작물을 축조하려는 경우에는 대통령령으로 정하는 바에 따라 미리 건축물의 소재지를 관할하는 허가권자와 협의하여야 한다.

② 국가나 지방자치단체가 제1항에 따라 건축물의 소재지를 관할하는 허가권자와 협의한 경우에는 제11조, 제14조, 제19조, 제20조 및 제83조에 따른 허가를 받았거나 신고한 것으로 본다.

* **국토의 계획 및 이용에 관한 법률**

제58조(개발행위허가의 기준) ① 특별시장·광역시장·특별자치시장·특별자치도지사·시장 또는 군수는 개발행위허가의 신청 내용이 다음 각 호의 기준에 맞는 경우에만 개발행위허가 또는 변경허가를 하여야 한다.
1. 용도지역별 특성을 고려하여 대통령령으로 정하는 개발행위의 규모에 적합할 것. 다만, 개발행위가 「농어촌정비법」 제2조제4호에 따른 농어촌정비사업으로 이루어지는 경우 등 대통령령으로 정하는 경우에는 개발행위 규모의 제한을 받지 아니한다.
2. 도시·군관리계획 및 성장관리계획의 내용에 어긋나지 아니할 것
3. 도시·군계획사업의 시행에 지장이 없을 것
4. 주변지역의 토지이용실태 또는 토지이용계획, 건축물의 높이, 토지의 경사도, 수목의 상태, 물의 배수, 하천·호소·습지의 배수 등 주변환경이나 경관과 조화를 이룰 것
5. 해당 개발행위에 따른 기반시설의 설치나 그에 필요한 용지의 확보계획이 적절할 것

* **도로법**

제69조(점용료등의 강제징수) ④ 도로관리청은 점용료 및 변상금을 내야 하는 자가 그 납부기한까지 이를 내지 아니하면 국세 또는 지방세 체납처분의 예에 따라 징수할 수 있다.

제72조(변상금의 징수) ① 도로관리청은 도로점용허가를 받지 아니하고 도로를 점용하였거나 도로점용허가의 내용을 초과하여 도로를 점용(이하 이 조에서 "초과점용등"이라 한다)한 자에 대하여는 초과점용등을 한 기간에 대하여 점용료의 100분의 120에 상당하는 금액을 변상금으로 징수할 수 있다.

* **공유재산 및 물품 관리법**

제81조(변상금의 징수) ① 지방자치단체의 장은 사용·수익허가나 대부계약 없이 공유재산 또는 물품을 사용·수익하거나 점유(사용·수익허가나 대부계약 기간이 끝난 후 다시 사용·수익허가나 대부계약 없이 공유재산 또는 물품을 계속 사용·수익하거나 점유하는 경우를 포함하며, 이하 "무단점유"라 한다)를 한 자에 대하여 대통령령으로 정하는 바에 따라 공유재산 또는 물품에 대한 사용료 또는 대부료의 100분의 120에 해당하는 금액(이하 "변상금"이라 한다)을 징수한다.

[설문 1] 협의 거부의 처분성 (20점)

I. 문제의 소재

B시장의 협의 거부가 취소소송의 대상이 될 수 있는 거부처분에 해당하는지 문제된다. 그 전제로서 B시장의 협의의 법적성격이 처분에 해당하는지 문제되고, A대학교에게 신청권이 인정되는지 문제된다.

II. 취소소송의 대상

1. 취소소송의 대상

2. 행정청의 거부행위가 거부처분이 되기 위한 요건

III. 건축법상 건축등 협의 및 협의거부의 법적 성질

건축법에 의하면 건축(용도변경 등도 포함)을 하고자 하는 자는 건축허가권자에게 건축허가를 받거나 신고를 하여야 한다(제11조,제14조). 반면에 국가(국립대학법인을 포함)나 지방자치단체는 건축을 하려는 경우에 건축허가권자와 협의하여야 하며, 허가권자와 협의한 경우에는 건축허가를 받았거나 신고한 것으로 본다(제29조1항, 2항). 공공건축물의 건축을 하고자 하는 경우 국가등 행정주체의 지위를 고려하여 허가나 신고 대신 협의를 하도록 규정한 것이다.

건축에 관한 협의를 마치면 건축법 제29조 제1항에 의하여 건축허가가 의제되는 법률효과가 발생된다. 건축허가 및 건축협의 사무는 지방자치사무로서, 국가라 하더라도 미리 건축물의 소재지를 관할하는 허가권자인 지방자치단체의 장과 건축협의를 하지 아니하면 건축물을 건축할 수 없다. 따라서 건축협의가 단순히 행정기관 상호간의 내부적인 행위라고 볼 수 없으며,[1] 건축협의의 실질은 건축법상 건축허가 및 건축신고로서의 실질을 가지고 있다. 대법원도 건축법 제29조에 의한 건축협의는 건축허가의 실질을 가진다고 한 바 있다. 건축협의는 처분에 해당한다.

허가권자인 건축허가권자가 국가에 대하여 건축협의를 거부하는 것은 해당 건축물을 건축하지 못하도록 권한을 행사하여 건축허가 의제의 법률효과 발생을 거부하는 것으로 건축허가 신청의 거부에 해당하므로 거부처분이라고 볼 수 있다. 대법원도 국가는 건축협의 신청을 거부하는 B시장의 건축협의 불가통보로 인하여 건축에 관한 법률상의 이익이 제한되거나 침해되는 것이고, 이에 대한 법적 분쟁을 해결할 실효적인 다른 법적 수단이 없는 이상 국가 등은 허가권자를 상대로 항고소송을 통해 그 협의거부처분의 취소를 구할 수 있다고 하면서 건축협의 거부 및 건축협의취소를 처분으로 보았다.

IV. 사안의 해결

B시장의 용도변경 협의 거부가 거부처분이기 위해서는 우선 거부의 대상인 협의가 처분이어야 한다. B시장의 용도변경협의는 실질적으로 용도변경 허가에 해당하므로 처분에 해당한다고 할 수 있다. 다음으로 국립대학법인인 A대학교는 건축법 제29조1항, 제19조2항에 의해 용도변경 협의에 관한 법규상 신청권이 인정된다고 볼 수 있다. 따라서 B시장의 용도변경 협의 거부는 거부처분에 해당하여 취소소송의 대상이 된다.

---

[1] 각론의 행정조직법의 "행정기관상호간의 관계" 파트에서 협의, 동의 등은 내부행위로서 처분이 아님. 그러나 이와 달리 설문의 협의는 행정기관을 상대로 하는 것이 아니라 국가나 자치단체와 같은 행정주체를 상대로 하는 것임을 주의할 것.

[설문 2] 협의거부의 위법성 (30점)

I. 문제의 소재

용도변경 협의의 법적 성격이 기속행위인지 재량행위인지 문제된다. 처분사유 1은 신청시와 처분시 사이에 사정변경이 있는 경우에 어느 시점을 기준으로 위법 여부를 판단해야 하는지 문제와 관련되며, 처분사유 2는 변상금 체납을 이유로 건축협의를 거부하는 것은 부당결부금지원칙에 반하는지가 문제된다.

II. 용도변경 협의의 법적 성격

기속행위와 재량행위의 구별은 ① 당해 행위의 근거가 된 법규의 체재·형식과 그 문언, ② 당해 행위가 속하는 행정 분야의 주된 목적과 특성, ③ 당해 행위 자체의 개별적 성질과 유형 등을 모두 고려하여 판단하여야 한다.

건축법 제29조에 의한 공공건축물의 협의는 문언상 국가등이 협의를 받아야 한다고 되어 있어 기속행위인지 여부가 불분명하다. 건축협의의 법적 성격은 건축허가의 법적 성격과 관련되는데 건축허가는 통상적으로 기속행위로 해석되지만 토지의 형질변경행위를 수반하는 건축허가는 건축법상 건축허가와 국토의 계획 및 이용에 관한 법률의 개발행위허가(형질변경허가)의 성격을 아울러 가지는데 개발행위허가가 재량행위이므로 건축허가도 재량행위에 해당한다.

사안의 건축협의는 개발행위허가가 의제되는 사안이므로 재량행위에 해당한다. 재량행위에 대한 사법심사는 행정청의 재량에 기한 공익판단의 여지를 감안하여 법원은 독자의 결론을 도출함이 없이 당해 행위에 재량권의 일탈·남용이 있는지 여부만을 심사하게 된다. 사안의 경우 협의처리를 지연한 것과 실질적 관련성이 없는 변상금 미납을 이유로 협의를 거부한 것이 재량의 일탈·남용이 있는지 문제된다.

III. 처분사유 1의 타당성

1. 신청시와 처분시 사이에 사정변경시 위법판단 기준시기

당사자의 신청에 따른 처분은 법령등에 특별한 규정이 있거나 처분 당시의 법령등을 적용하기 곤란한 특별한 사정이 있는 경우를 제외하고는 처분 당시의 법령등에 따른다(행정기본법 제14조2항).

허가신청시와 처분시 사이에 법령 등의 개정으로 사정변경이 있어 신청시를 기준으로 하면 요건을 구비하였으나 처분시를 기준으로 하면 요건을 구비하지 못한 경우에 신청시를 기준으로 한다면 처분당시의 법령에 비추어 법률적합성의 원칙에 반하게 되며, 반면 처분시의 법령을 기준으로 한다면 당사자의 신뢰를 보호할 수 없는 문제가 생기게 된다. 법령 개정시 경과규정을 두어 이미 허가신청을 한 자의 이익을 보호하고 있다면 문제가 될 것이 없으나 경과규정을 두지 않은 경우에 문제가 된다.

판례도 투전기업허가신청후 허가요건이 강화된 사안에서 행정행위는 처분 당시에 시행중인 법령 및 허가기준에 의하여 하는 것이 원칙이고, 인·허가신청 후 처분 전에 관계 법령이 개정 시행된 경우 신법령 부칙에서 신법령 시행 전에 이미 허가신청이 있는 때에는 종전의 규정에 의한다는 취지의 경과규정을 두지 아니한 이상 당연히 허가신청 당시의 법령에 의하여 허가 여부를 판단하여야 하는 것은 아니며, 소관 행정청이 허가신청을 수리하고도 정당한 이유 없이 처리를 늦추어 그 사이에 법령 및 허가기준이 변경된 것이 아닌 한 새로운 법령 및 허가기준에 따라서 한 불허가처분은 적법하다고 판시하고 있다.

생각건대 허가신청 후 법령이 변경되었다고 하더라도 처분시의 법령을 기준으로 허가여부를 결정하는 것이 원칙이다. 다만, 신법령상 허가요건을 강화시킨 공익적 요청과 구법령의 존속에 대한 신뢰 등 상대방의 사익적 요청을 비교형량하여 판단하여야 할 것이므로 예외적으로 신청시를 기준으로 해야 하는 경우도 있을 것이다.

2. 사안의 경우

A대학교의 용도변경 협의 요청은 2020.9.3. 있었는데 B시장은 이를 접수하고도 국회에 계류 중인 건축법 개정안을 인지하고 법령상 다른 명시적인 제한사유가 없음에도 불구하고 응답을 차일피일 미루었고, 2021.6.7.이 되어서야 법률이 개정되어 2021.9.6. 시행된 이후에 2021.9.15. 용도변경 협의요청을 거부한 것으로 이는 행정청이 신청을 수리하고도 정당한 이유 없이 처리를 늦추어 그 사이에 법령이 변경된 경우에 해당된다고 할 수 있다. 개정 건축법 규정이 아닌 신청 당시의 건축법 규정에 근거하여 용도변경 협의를 하여야 한다. 사안이 행정기본법의 예외사유인 법령등에 특별한 규정이 있거나 처분 당시의 법령 등을 적용하기 곤란한 특별한 사정이 있는 경우에 해당한다고 볼 수 있다. 처분사유1은 타당하지 않다.

Ⅳ. 처분사유 2의 타당성

1. 부당결부금지원칙

(1) 의 의

부당결부금지원칙은 행정권 행사에 있어 실질적 관련성이 없는 반대급부를 결부시켜서는 안 된다는 원칙으로서 자의적인 권한행사를 통제하고 국민의 권리를 보호하는 기능을 수행한다. 행정기본법도 행정청은 행정작용을 할 때 해당 행정작용과 실질적인 관련이 없는 의무를 부과해서는 아니된다고 명문으로 규정하고 있다(제13조).

(2) 적용 요건

부당결부금지원칙 위반으로 판단하기 위해서는 ① 행정청의 일정한 행정작용이 있을 것, ② 행정작용이 상대방에게 부과하는 반대급부와 결부될 것, ③ 행정작용과 반대급부 사이에 실질적 관련성이 없을 것이 요구된다. 실질적 관련성이 인정되기 위해서는 원인적 관련성과 목적적 관련성이 있어야 한다. ㉠ 원인적 관련성이란 주된 행정행위와 반대급부 사이에 직접적 인과관계가 있을 것 즉 수익적 내용의 행정행위를 발령하기 때문에 부관을 부과하는 것이 가능하게 되는 관계를 말한다. ㉡ 목적적 관련성이란 주된 행정행위의 근거법률 및 당해 행정분야가 추구하는 목적을 위해서만 부관이 부과되어야 한다는 것을 말한다.

2. 사안의 경우

B시장이 용도변경 협의를 거부하면서 A대학교의 변상금 납부를 결부시켰는데, A대학교가 변상금을 납부하지 않은 것은 용도변경 협의와 직접적인 인과관계가 없으므로 원인적 관련성이 없고, B시장은 도로법 제69조 제4항에 따라 지방세 체납처분 절차를 통해 변상금을 징수해야 함에도 불구하고 이러한 절차를 회피하고 간편하게 지방세를 징수하기 위한 수단으로 용도변경 협의를 거부하였으므로 목적적 관련성도 없다. B시장의 용도변경 협의 거부는 부당결부금지원칙에 반해서 위법하다.

Ⅴ. 사안의 해결

용도변경 협의 거부는 재량행위에 해당하지만 처분사유 1은 법 적용의 기준시점에 하자가 있어 위법하고, 처분사유 2는 부당결부금지원칙에 반하여 위법하므로 재량의 일탈·남용이 있어 위법하다.

사례 111 새로운 신청에 대한 재거부처분(1) [변시 2021]

甲은 A시 보건소에서 의사 乙로부터 폐렴구균 예방접종을 받았는데, 예방접종을 받은 당일 저녁부터 발열증상과 함께 안면부의 마비증상을 느껴 병원에서 입원 치료를 받았다. 이에 甲은 「감염병의 예방 및 관리에 관한 법률」(이하 '감염병예방법') 제71조에 따라 진료비와 간병비에 대한 예방접종 피해보상을 청구하였는데, 질병관리청장 B는 2020. 9. 15. 이 사건 예방접종과 甲의 증상 사이에 인과관계가 불분명하다는 이유로 예방접종 피해보상 거부처분(이하 '제1처분')을 하였다. 그러나 甲은 이 사건 예방접종을 받기 이전에는 안면마비 증상이 없었는데 예방접종 당일 바로 발열과 함께 안면마비 증상이 나타났으며 위 증상은 乙의 과실에 따른 이 사건 예방접종에 의하여 발생한 것이라고 주장하면서 피해보상을 재신청하였고, B는 2020. 11. 10. 재신청에 대하여서도 거부처분을 하였다(이하 '제2처분'). 그리고 위 각 처분은 처분 다음날 甲에게 적법하게 송달되었다.

1. 甲이 2020. 12. 30. B가 행한 처분의 취소를 구하는 취소소송을 제기하는 경우, 취소소송의 대상과 제소기간의 준수 여부를 검토하시오. (20점)

※ 감염병예방법의 관련 규정은 배부된 법전을 참조할 것[1]

I. 문제의 소재

질병관리청장 B의 제1처분과 제2처분 중 어느 것이 취소소송의 대상이 되는지 문제된다. 2차 재거부처분이 소송의 대상이 될 수 있는지의 문제이다. 소송의 대상과 관련하여 제소기간의 준수 여부도 검토한다.

II. 취소소송의 대상

1. 취소소송의 대상

2. 거부처분 후 새로운 신청에 대한 거부의 처분성

<u>수익적 행정행위의 신청에 대한 거부처분이 있는 경우 당사자의 신청에 대하여 관할 행정청이 거절하는 의사를 대외적으로 명백히 표시함으로써 성립되고, 신청인은 거부통보 이후에도 언제든지 재신청을 할 수 있다.</u> 거부처분이 있은 후 당사자가 <u>다시 신청을 한 경우에는 신청의 제목 여하에 불구하고 그 내용이 새로운 신청을 하는 취지라면 관할 행정청이 이를 다시 거절하는 것은 새로운 거부처분으로 봄이 원칙이다.</u>

3. 사안의 경우

甲은 질병관리청장 B의 예방접종 피해보상 거부처분거부통보 이후에도 언제든지 재신청을 할 수 있다. 甲이 2020.9.15. 1차 거부처분 이후에 인과관계의 증명에 관한 새로운 자료들을 추가하여 피해보상을 재신청하였다면 실질적으로 새로운 피해보상 결정을 신청한 것으로 볼 수 있다.

비록 2020.11.10. 제2차 거부처분의 결론이 2020.9.15. 제1차 거부처분과 같더라도, 제2차 거부처분은 독립한 행정처분으로서 항고소송의 대상이 된다. 제1거부처분도 취소소송의 대상이지만 제2거부처분도 취소소송의 대상이 된다.

---

[1] 변호사시험 법전에는 감염병예방법이 수록되어 있음. 행시용 법전에는 없음.

III. 제소기간의 준수 여부

1. 취소소송의 제소기간

취소소송에서는 민사소송과는 달리 행정법관계의 안정성을 위해 제소기간을 제한하고 있다. 행정소송법은 행정심판을 거쳐야 하는 경우와 직접 제소하는 경우를 구분하여 규정하고 있다. 행정심판을 거치지 않는 경우에는 처분이 있음을 안 날로부터 90일 이내에, 처분이 있는 날로부터 1년 내에 소를 제기해야 한다. 정당한 사유가 있을 때에는 그러하지 아니하다(제20조①항 및 ②항). 두 기간은 선택적인 것이 아니며 어느 기간이 만료되면 제소기간은 경과한 것이 된다.

처분이 있음을 안 날이란 추상적으로 알 수 있는 상태에 있게 된 날을 말하는 것이 아니라, 통지, 공고 기타의 방법에 의하여 당해 처분의 존재를 현실적으로 알게 된 날을 의미하며, 처분이 있은 날이란 당해 처분이 대외적으로 표시되어 효력을 발생한 날을 의미한다.

2. 사안의 경우

제1거부처분이 소송의 대상이라면 소를 제기하는 2020.12.30.은 송달일인 2020.9.16.부터 90일이 경과하여 제소기간은 도과하였다. 그러나 제2거부처분을 대상으로 제기한다면 송달일인 2020.11.11.부터 90일 내에 제기하면 되므로 제소기간은 준수한 것이다.

IV. 사안의 해결

甲은 질병관리청장 B이 2020.11.10. 행한 거부처분(제2처분)에 대해 취소소송을 제기할 수 있고, 2020.12.30. 기준으로 제소기간은 준수하였다.

사례 112 새로운 신청에 대한 재거부처분(2) [법전협 2021-3]

A광역시장은 A광역시의 심각한 주택난 해소를 목적으로,「택지개발촉진법」에 따라 택지개발사업(이하 '이 사건 사업')을 시행하기 위해 2019. 7. 1. 같은 법 제3조 및 제8조에 따라 P지구를 택지개발지구로 지정·고시하면서(관계 법령상 필요한 절차는 모두 거쳤다). 같은 법 제7조에 따라 한국토지주택공사(이하 'LH공사')를 사업시행자로 지정하였다.

LH공사는 2021. 5. 3. 이 사건 사업에 따른 이주대책을 수립·공고(이하 '이 사건 공고')하였는데, 그에 따른 이주자택지 공급 대상자 요건은 'P지구에 대한 택지개발지구 지정 고시일(2019. 7. 1.) 1년 이전부터 보상계약 체결일 또는 수용재결일까지 계속하여 사업지구 내에 주택을 소유하고 계속 거주한 자(2000. 1. 1. 이후 건축된 무허가 건물의 소유자는 제외)'이다.

甲은 P지구 내에 주택을 소유하고 있는 자로서, 이 사건 공고에 따라 LH공사에 이주대책(이주자택지 공급) 대상자 선정 신청을 하였으나, LH공사는 甲이 자신의 소유라고 주장하는 주택이 실제로는 乙의 소유라는 이유로 甲을 이주대책 대상에서 제외하는 결정(이하 '제1차 결정')을 통보하였다. 제1차 결정 통보서에는 "이 결정에 이의가 있으신 경우 본 통지문을 받으신 날부터 30일 이내에 우리 공사에 서면으로 이의신청을 하실 수 있으며, 또한 90일 이내에 행정심판 또는 행정소송을 제기하실 수 있음을 알려드립니다."라는 안내문구가 기재되어 있었다.

이에 甲은 LH공사에 이의신청을 하면서, '자신이 2001. 5. 주택을 건축하여 이후 계속 거주하면서 소유하여 왔는데, 단지 착오로 건축물대장에 소유자가 잘못 기재되어 있어 오해를 초래하고 있다'는 주장과 함께, 사실확인서 등 이와 관련된 제반 증빙자료를 새로 첨부하여 제출하였다. 그러나 LH공사는 甲에게 '건축물대장을 무시하고 사실판단에 기하여 소유관계를 인정할 수 없음'을 이유로 甲의 이의신청을 받아들이지 않고, 甲을 이주대책 대상에서 제외한다는 결정(이하 '제2차 결정')을 통보하였다. 제2차 결정 통보서에도 제1차 결정 통보서와 동일한 안내문구가 기재되어 있었다.

2. 甲은 제2차 결정을 자신에 대한 재거부처분으로 생각하여 이에 대해 제소기간 내에 취소소송을 제기하였다. 제2차 결정은 취소소송의 대상이 될 수 있는가? (30점)

I. 문제의 소재

LH공사의 제1차 결정은 이주대책 대상자 선정 거부처분에 해당한다. 그런데 甲의 이의신청을 받아들이지 않는 2차결정이 재거부처분으로서 취소소송의 대상이 되는지 문제된다. 이의신청 및 이의신청에 대한 기각결정의 법적 성격을 우선 검토하고, 사안의 2차결정이 재거부처분에 해당하는지를 검토한다.

II. 취소소송의 대상

III. 이의신청의 법적성격

1. 이의신청

이의신청은 위법·부당한 행정작용으로 권리나 이익이 침해된 자가 행정청에 대하여 그러한 행위의 시정을 구하는 절차를 말한다. 실무상 진정으로 표현되기도 한다.

이의신청과 행정심판의 구별이 문제되는데 ① 행정심판은 원칙적으로 처분청의 직근상급행정기관에 속한 행정심판위원회에 제기하는 반면, 이의신청은 처분청 자신에 대하여 제기하는 것이며, ② 행정심판은 사법절차가 준용되는 반면(헌법 107조 3항) 이의신청은 사법절차가 준용되지 않는다. 개별법상의 이의신청이 단순히 진정의 성격을 갖는 경우도 있으며(개별공시지가에 대한 이의신청), 행정심판의 성격을 갖는 경우도 있다(토지수용위원회의 수용재결에 대한 이의신청).

행정심판이 아닌 진정의 성격을 가진 이의신청에 해당한다면 기각 결정은 종전의 처분을 유지함을 전제로 한 것에 불과하여 독립한 처분의 성질을 갖지 않으며 처분에 대한 행정심판이나 행정소송의 제기에도 영향을 주지 못한다. 반면에 이의신청의 대상이 된 처분을 취소하거나 변경하는 결정은 직권취소 내지는 종전의 처분을 대체하는 새로운 처분으로서 취소소송의 대상이 된다. 반면 행정심판의 성격을 갖는 이의신청에 대한 결정은 재결에 해당하므로 재결에 고유한 위법이 있으면 취소소송의 대상이 된다.

2. 사안의 경우

택지개발촉진법은 이의신청에 대한 규정 자체가 없으므로 특별행정심판절차로 볼 수는 없다. 1차 결정 통보서의 안내 문구에 의하면 진정의 성격을 가지는 이의신청에 해당한다고 볼 수 있다. 그러나 판례는 형식이 이의신청이라도 그 실질에 대해서는 구체적으로 판단하여야 하며, 특히 수익적 행정행위의 거부처분이 있은 후 당사자가 다시 신청을 한 경우에는 신청의 제목 여하에 불구하고 그 내용이 새로운 신청을 하는 취지로 보아야 한다고 한다.[1][2]

사안에서 甲은 이의신청의 형식을 취하기는 했지만, LH공사의 1차 결정에서 거부사유가 된 소유관계에 대한 소명과 더불어 신청 자격을 입증할 수 있는 증빙서류를 추가적으로 제출하였는바, 이는 제1차 결정에 대한 이의신청이라기보다는 이주대책대상자 선정처분에 대한 새로운 신청으로 볼 수 있다.

Ⅳ. 2차 결정의 처분성

1. 거부처분 후 새로운 신청에 대한 거부의 처분성

2. 사안의 경우

LH공사의 2차 결정은 이의신청에 대한 기각결정으로서 거부처분이 아니라고 볼 여지와 새로운 신청에 대한 재거부처분으로 볼 여지도 있다.

행정청의 행위가 항고소송의 대상이 될 수 있는지는 추상적·일반적으로 결정할 수 없고, 구체적인 경우에 관련 법령의 내용과 취지, 그 행위의 주체·내용·형식·절차, 그 행위와 상대방 등 이해관계인이 입는 불이익 사이의 실질적 견련성, 법치행정의 원리와 그 행위에 관련된 행정청이나 이해관계인의 태도 등을 고려하여 개별적으로 결정하여야 하며, 행정청의 행위가 '처분'에 해당하는지가 불분명한 경우에는 그에 대한 불복방법 선택에 중대한 이해관계를 가지는 상대방의 인식가능성과 예측가능성을 중요하게 고려하여 규범적으로 판단하여야 한다는 것이 판례이다.

甲의 이의신청을 형식에도 불구하고 새로운 신청으로 볼 여지가 있으며, 또한 행정절차법 제26조는 행정청이 처분을 할 때에는 당사자에게 그 처분에 관하여 행정심판 및 행정소송을 제기할 수 있는지 여부·그 밖에 불복을 할 수 있는지 여부·청구절차 및 청구기간·그 밖에 필요한 사항을 알려야 한다고 규정

---

[1] 대판 2021. 1. 14. 2020두50324.
[2] 판례는 "나아가 어떠한 처분이 수익적 행정처분을 구하는 신청에 대한 거부처분이 아니라고 하더라도, 해당 처분에 대한 이의신청의 내용이 새로운 신청을 하는 취지로 볼 수 있는 경우에는, 그 이의신청에 대한 결정의 통보를 새로운 처분으로 볼 수 있다"고 판시하였다(대판 2022. 3. 17. 2021두53894).

하고 있는데 LH공사가 甲에게 2차 결정을 통보하면서 1차 결정 통보서와 마찬가지로 "이 결정에 이의가 있으신 경우 본 통지문을 받으신 날부터 30일 이내에 우리 공사에 서면으로 이의신청을 하실 수 있으며, 또한 90일 이내에 행정심판 또는 행정소송을 제기하실 수 있음을 알려드립니다."라는 안내문구가 기재를 하였던 점을 보면, LH 공사 스스로도 2차 결정이 행정절차법과 행정소송법이 적용되는 처분에 해당한다고 인식하고 있었음을 알 수 있고, 상대방인 甲으로서도 2차 결정이 행정쟁송의 대상인 처분이라고 인식하였을 수밖에 없다고 보이므로 판례의 기준에 의하더라도 LH공사의 제외 결정은 새로운 거부처분으로 볼 수 있다.

대법원도 이주대책 대상자 선정을 신청하였다가 제외 결정을 받은 자가 관련 서류를 보완하여 이의신청을 하였다가 재차 제외 결정을 받은 사안에서, 2번째 제외 결정은 재거부처분에 해당한다고 하면서, 만약 처분에 대한 불복방법을 안내한 LH공사가 甲이 처분임을 전제로 취소소송을 제기하였는데 '처분성'이 인정되지 않는다고 본안전항변을 하는 것은 신의성실원칙(행정절차법 제4조, 행정기본법 제11조)에도 어긋난다고 판시한 바 있다.[3]

V. 사안의 해결

LH공사의 제2차 결정은 이의신청의 형식을 취한 것과 무관하게 甲의 새로운 신청에 대한 거부의 의사표시로서 새로운 거부처분으로 볼 수 있고, 제1차 결정과 독립하여 취소소송의 대상이 된다.

---

3) 대판 2021.1.14, 2020두50324.

사례 113 인인소송의 원고적격   [사시 2015]

甲은 환경영향평가 대상사업인 X건설사업에 관한 환경영향평가서 초안에 대하여 주민들의 의견을 수렴하고 그 결과를 반영하여 환경영향평가서를 작성한 후 국토교통부장관에게 제출하였다. 국토교통부장관은 환경부장관과의 협의 등 「환경영향평가법」상의 절차를 거쳐 X건설사업에 대한 승인처분을 하였다. 그러나 이후 환경영향평가서의 내용에 오류가 있고 환경부장관의 협의 내용에 따르지 않았다는 사실이 드러났다.

2. 환경영향평가 대상지역 밖에 거주하는 주민 丙은 사업승인처분의 취소를 구하는 소송을 제기할 수 있는가? (10점)

I. 문제의 소재

주민 丙은 사업계획승인처분의 직접상대방이 아닌 제3자로서, 사업계획승인처분의 취소를 구할 법률상 이익에 해당하는 원고적격이 인정되는지 문제된다. 만약 丙에게도 제3자로서 사업계획승인처분의 취소를 구할 법률상 이익이 존재한다면 丙은 이에 대해 취소소송을 제기할 수 있을 것이다.

II. 취소소송의 원고적격

1. 문제점

원고적격이란 구체적 소송에서 원고로서 소송을 수행하여 본안판결을 받을 수 있는 자격을 말한다. 행정소송법 제12조 전단은 취소소송의 원고적격에 대해서 "취소소송은 처분 등의 취소를 구할 법률상의 이익이 있는 자가 제기할 수 있다"고 규정하고 있다. 법률상 이익의 의미에 대해서 견해대립이 있다.

2. 학 설

① 취소소송의 목적은 위법한 처분으로 야기된 개인의 권리침해의 회복에 있으므로 권리가 침해된 자만 소를 제기할 수 있다는 권리구제설, ② 고유한 의미의 권리의 관철수단으로서가 아니라 법률이 개인을 위하여 보호하고 있는 이익을 침해당한 자도 처분을 다툴 수 있다는 법률상보호이익설, ③ 법에 의해 보호되는 이익이 아니더라도 소송법적 관점에서 재판상 실질적으로 보호할 가치가 있는 경우도 포함한다는 보호가치 있는 이익구제설, ④ 취소소송의 목적을 행정의 적법성 보장에 두어 처분의 적법성 확보에 가장 적합한 이익상태에 있는 자에게 인정한다는 적법성보장설이 대립한다.

법률상보호이익설에 의할 때 보호규범의 범위에 대하여 ㉠ 처분의 근거법규에 한정하는 견해, ㉡ 처분의 관계법규까지 보호규범으로 보는 견해, ㉢ 헌법규정도 보충적인 보호규범이 된다고 보는 견해 등이 대립한다.

3. 판 례

판례는 당해 처분의 근거법규 및 관련법규에 의하여 보호되는 개별적·직접적·구체적 이익이 있는 경우에 인정하고, 공익보호의 결과로 국민 일반이 공통적으로 가지는 일반적·간접적·추상적 이익과 같이 사실적·경제적 이해관계를 가지는데 불과한 경우는 인정하지 않는다고 하여 법률상보호이익설의 입장이다. 판례는 당해 처분의 근거법규(근거법규가 다른 법규를 인용함으로 인하여 근거법규가 된 경우까지를 포함)의 명문규정, 일련의 단계적인 관련처분들의 근거법규(관련법규)의 명시적 규정, 근거법규 및 관련법규의 합리적 해석을 통하여 법률상이익을 도출하고 있다. 헌법재판소는 납세병마개 제조업자 지정사건에서 헌법상의 경쟁의 자유가 법률상이익이 된다고 하여 기본권을 고려한 바도 있다.

4. 검토

보호가치 있는 이익구제설은 보호가치의 판단에 있어서 객관적 기준이 모호하여 법관의 자의적 판단의 우려가 있으며, 적법성보장설은 취소소송이 주관소송이라는 점에서 무리가 있고, 권리개념이 확대됨에 따라 권리구제설과 법률상보호이익설은 본질적인 차이가 없으므로 현행법 해석상 법률상보호이익설이 타당하다.

III. 영향권이 설정되어 있는 경우의 원고적격

행정청의 근거 법규 또는 관련 법규에 그 처분으로써 이루어지는 행위나 사업으로 인하여 환경상 이익의 침해를 받으리라고 예상되는 영향권의 범위가 규정되어 있는 경우에는, 그 영향권 내의 주민들에 대하여는 당해 처분으로 인하여 직접적으로 중대한 환경피해가 발생할 수 있음을 예상할 수 있고, 이와 같은 환경상 이익은 주민 개개인에 대하여 개별적으로 보호되는 직접적·구체적 이익으로서 그들에 대하여는 환경상 이익에 대한 침해 또는 침해 우려가 있는 것으로 사실상 추정되어 원고적격이 인정된다. 한편 그 영향권 밖의 주민들은 당해 처분으로 그 처분 전과 비교하여 수인한도를 넘는 환경피해를 받거나 받을 우려가 있다는 자신의 환경상 이익에 대한 침해 및 침해 우려를 입증하면 원고적격이 인정될 수 있다.

IV. 사안의 해결

사안은 제3자인 丙이 甲이 받은 사업계획승인처분에 대해 취소소송을 제기하는 인인소송의 국면에 해당한다. 환경영향평가는 사업계획승인처분을 위한 절차적 요건에 해당하므로 환경영향평가법도 처분의 근거 법률에 해당하므로 환경영향평가법이 보호하고 있는 이익을 가지고 있다면 丙에게 원고적격이 인정될 것이다. 특히 사안의 경우는 영향권이 설정되어 있는 경우이나 丙은 환경영향평가 대상지역 밖에 거주하는 주민으로서, 처분으로 인하여 처분 전에 비해 수인한도를 넘는 환경피해를 받을 우려가 있다는 점을 입증하여야 한다.

대법원은 헌법 제35조 제1항의 환경권에 관한 규정만으로는 그 권리의 주체·대상·내용·행사방법 등이 구체적으로 정립되어 있다고 볼 수 없고, 환경정책기본법 제6조도 그 규정 내용 등에 비추어 국민에게 구체적인 권리를 부여한 것으로 볼 수 없다는 이유로, 환경영향평가 대상지역 밖에 거주하는 주민에게 헌법상의 환경권 또는 환경정책기본법에 근거하여 공유수면매립면허처분을 다툴 원고적격이 없다고 판시하고 있어 甲이 환경권과 환경정책기본법을 원용하여 원고적격을 인정받을 수도 없다.

제시된 설문만으로는 丙이 X건설사업으로 수인한도를 넘어서는 환경피해를 받을 우려가 있는지 여부는 판단할 수는 없으나, 丙은 이를 입증함으로써 원고적격을 인정받을 수 있으며, 이 경우 취소소송을 제기할 수 있다.

유제 1 [변시 2025]

A도 B시의 시장 X는 「산업입지 및 개발에 관한 법률」(이하 '산업입지법'이라 한다)에 따라 관내 토지 10만여㎡에 도시첨단산업단지를 개발하기 위하여 A도 도지사 Y에게 산업단지개발계획서를 첨부하여 도시첨단산업단지의 지정을 신청하였다. Y는 관계 법령의 절차에 따라 산업단지의 위치 및 면적, 수용·사용할 토지·건축물의 세부 목록 등이 포함된 산업단지개발계획을 수립하여 위 대상 토지를 도시첨단산업단지로 지정·고시하였다. 산업입지법상 도시첨단산업단지는 「환경영향평가법」상 환경영향평가의 대상이다.

1. ~~(생략)~~ 한편 B시에서 위 도시첨단산업단지 개발사업으로 인한 환경상 피해에 대한 우려가 제기되자, B시에 주소를 두고 있는 乙수도원은 도시첨단산업단지 지정·고시의 취소를 구하고자 한다.

    (2) 乙수도원은 수도원 설치 운영 및 수도자 양성 등을 목적으로 설립된 재단법인으로 환경영향평가 대상지역 내에 소재하고 있다. 乙수도원은 위 도시첨단산업단지 개발사업으로 인하여 소속 수도사들이 쾌적한 환경에서 생활할 수 있는 환경상 이익을 침해받는다고 주장하며, 도시첨단산업단지 지정·고시의 취소를 구하는 소를 제기하였다. 원고적격과 관련하여 취소소송의 적법성을 검토하시오. (20점)

[참조조문]

* 산업입지 및 개발에 관한 법률

제7조의2(도시첨단산업단지의 지정) ① 도시첨단산업단지는 국토교통부장관, 시·도지사 또는 대도시시장이 지정하며, 시·도지사가 지정하는 경우에는 시장·군수 또는 구청장의 신청을 받아 지정한다. 다만, 대통령령으로 정하는 면적 미만인 경우에는 시장·군수 또는 구청장이 직접 지정할 수 있다.
③ 시장·군수 또는 구청장은 제1항 본문에 따라 시·도지사에게 도시첨단산업단지의 지정을 신청하려는 경우에는 산업단지개발계획을 작성하여 제출하여야 한다.
④ 제1항에 따른 도시첨단산업단지의 지정권자는 도시첨단산업단지를 지정하려는 경우에는 산업단지개발계획에 대하여 관계 행정기관의 장과 협의하여야 한다. 산업단지개발계획을 변경하려는 경우에도 또한 같다.

제7조의4(산업단지 지정의 고시 등) ① 산업단지지정권자는 산업단지를 지정할 때에는 대통령령으로 정하는 사항을 관보 또는 공보에 고시하여야 하며, 산업단지를 지정하는 국토교통부장관 또는 시·도지사는 관계 서류의 사본을 관할 시장·군수 또는 구청장에게 보내야 한다.

제22조(토지수용) ① 사업시행자는 산업단지개발사업에 필요한 토지·건물 또는 토지에 정착한 물건과 이에 관한 소유권 외의 권리, 광업권, 어업권, 양식업권, 물의 사용에 관한 권리(이하 "토지등"이라 한다)를 수용하거나 사용할 수 있다.
② 제1항을 적용할 때 제7조의4 제1항에 따른 산업단지의 지정·고시가 있는 때에는 「공익사업을 위한 토지 등의 취득 및 보상에 관한 법률」 제20조 제1항 및 같은 법 제22조에 따른 사업인정 및 사업인정의 고시가 있는 것으로 본다.
③ 국토교통부장관이 지정한 산업단지의 토지등에 대한 재결은 중앙토지수용위원회가 관장하고, 국토교통부장관 외의 자가 지정한 산업단지의 토지등에 대한 재결은 지방토지수용위원회가 관장하되, 재결의 신청은 「공익사업을 위한 토지 등의 취득 및 보상에 관한 법률」 제23조 제1항 및 같은 법 제28조 제1항에도 불구하고 산업단지개발계획에서 정하는 사업기간 내에 할 수 있다.
⑤ 제1항에 따른 수용 또는 사용에 관하여는 이 법에 특별한 규정이 있는 경우를 제외하고는 「공익사업을 위한 토지 등의 취득 및 보상에 관한 법률」을 준용한다.

해 설

乙수도원은 재단법인으로 자연인이 아니므로 쾌적한 환경에서 생활할 수 있는 이익을 향수할 수 있는 주체가 아니며, 처분의 근거법률인 산업입지 및 개발에 관한 법률이 乙수도원의 환경상 이익을 보호하고 있다고 할 수 없으므로 乙수도원의 생활상의 이익이 도시첨단산업단지 지정처분으로 인하여 직접적으로 침해되는 관계에 있다고 볼 수 없다. 따라서 행정소송법 제12조의 법률상 이익이 인정되지 않아 원고적격이 없다.

한편, 乙수도원이 수도사들의 이익을 위하여 단체소송을 제기한 것으로 볼 수도 있는데 이는 객관소송에 해당하는 것인 바 객관소송 법정주의에 의하여 법률이 인정하는 경우에만 허용되는데, 법률이 허용하고 있지 않으므로 단체소송의 가능성도 부정된다. 乙수도원이 제기한 취소소송은 원고적격 결여로 부적법하다.

유제 2 [변시 2021]

甲은 2010. 6. 실시된 지방선거에서부터 2018. 6. 실시된 지방선거에서까지 세 차례 연속하여 A시의 시장으로 당선되어 2022. 6.까지 12년간 연임하게 되었다. 그런데 甲은 시장 재임 중 지역개발사업 추진과 관련한 직권남용 혐의로 불구속 기소되었다. 甲은 자신의 결백을 주장하며 2022. 6.에 실시될 지방선거에 A시장 후보로 출마하여 지역 유권자로부터 평가를 받으려고 한다. 하지만 지방자치단체장의 계속 재임을 3기로 제한하고 있는「지방자치법」제95조 후단(이하 '이 사건 연임제한규정'이라 한다)에 따르면 甲은 지방선거에 출마할 수가 없다. 이에 甲은 이 사건 연임제한규정이 자신의 기본권을 침해한다고 주장하며 2021. 1. 4. 이 사건 연임제한규정에 대해「헌법재판소법」제68조 제1항에 의한 헌법소원심판을 청구하였다.

한편, 甲의 후원회 회장은 자신이 운영하는 주유소 확장 공사를 위하여 보도의 상당 부분을 점하는 도로점용허가를 신청하였고, 甲은 이를 허가하였다. A시의 주민 丙은 甲이 도로 본래의 기능과 목적을 침해하는 과도한 범위의 도로점용을 허가하였다고 주장하며, 이 도로점용허가(이하 '이 사건 허가'라 한다)에 대하여 다투고자 한다.

3. 丙은 이 사건 허가에 대하여 취소소송을 제기하고자 한다. 丙의 원고적격을 검토하시오. (15점)

[참조조문]
* 도로법
제61조 (도로의 점용 허가) ① 공작물·물건, 그 밖의 시설을 신설·개축·변경 또는 제거하거나 그 밖의 사유로 도로(도로구역을 포함한다. 이하 이 장에서 같다)를 점용하려는 자는 도로관리청의 허가를 받아야 한다. 허가받은 기간을 연장하거나 허가받은 사항을 변경(허가받은 사항 외에 도로 구조나 교통안전에 위험이 되는 물건을 새로 설치하는 행위를 포함한다)하려는 때에도 같다.
② 제1항에 따라 허가를 받아 도로를 점용할 수 있는 공작물·물건, 그 밖의 시설의 종류와 허가의 기준 등에 관하여 필요한 사항은 대통령령으로 정한다.
③ 도로관리청은 같은 도로(토지를 점용하는 경우로 한정하며, 입체적 도로구역을 포함한다)에 제1항에 따른 허가를 신청한 자가 둘 이상인 경우에는 일반경쟁에 부치는 방식으로 도로의 점용 허가를 받을 자를 선정할 수 있다.
④ 제3항에 따라 일반경쟁에 부치는 방식으로 도로점용허가를 받을 자를 선정할 수 있는 경우의 기준, 도로의 점용 허가를 받을 자의 선정 절차 등에 관하여 필요한 사항은 대통령령으로 정한다.

해설

법률상보호이익설에 의할 때 甲의 후원회 회장에 대한 도로점용허가의 근거법률인 도로법이 주민 병의 이익을 보호하고 있다면 병의 원고적격이 인정될 것이다. 도로법이 주민 丙의 이익을 보호하고 있는지는 설문상 명확하지 않다. 주민 丙이 단순히 A시에 거주하는 주민일 뿐이고 주유소 확장공사를 위한 도로점용허가로 인하여 실제 도로교통에 방해를 입은 바가 없다면 원고적격이 인정되지는 않을 것이다. 만약 도로점용허가로 인하여 주민 丙이 실제로 도로통행에 방해를 받고 있다면 공물에 대한 일반사용(보통사용)이 인정되고 있는 점에 비추어서 丙은 일반사용에 대한 권리침해를 이유로 취소소송을 제기할 수 있는 원고적격이 인정될 것이다.

사례 114 경업자소송의 원고적격 [변시 2012]

A주식회사는 2000. 3.경 안동시장으로부터 분뇨수집·운반업 허가를 받은 다음 그 무렵 안동시장과 사이에 분뇨수집·운반 대행계약을 맺은 후 통상 3년 단위로 계약을 연장해 왔는데 2009. 3. 18. 계약기간을 그 다음 날부터 2012. 3. 18.까지로 다시 연장하였다.

B주식회사는 안동시에서 분뇨수집·운반업을 영위하기 위하여 하수도법 및 같은 법 시행령 소정의 시설, 장비 등을 구비하고 2011. 11. 10. 안동시장에게 분뇨수집·운반업 허가를 신청하여 같은 해 12. 1. 허가처분 (이하 '이 사건 처분'이라 한다)을 받았다.

안동시장은 이 사건 처분 후 안동시 전역을 2개 구역으로 나누어 A, B주식회사에 한 구역씩을 책임구역으로 배정하고 각각 2014. 12. 31.까지를 대행기간으로 하는 새로운 대행계약을 체결하였다.

A주식회사는 과거 안동시 전역에서 단독으로 분뇨 관련 영업을 하던 기득권이 전혀 인정되지 않은데다가 수익성이 낮은 구역을 배정받은 데 불만을 품고, B주식회사에 대한 이 사건 처분은 허가기준에 위배되는 위법한 처분이라고 주장하면서 안동시장을 상대로 2011. 12. 20. 관할 법원에 그 취소를 구하는 행정소송을 제기하였다.

1. 위 소송에서 A주식회사에게 원고적격이 인정되는가? (30점)

[참고조문]
* 하수도법

제1조(목적) 이 법은 하수도의 설치 및 관리의 기준 등을 정함으로써 하수와 분뇨를 적정하게 처리하여 지역사회의 건전한 발전과 공중위생의 향상에 기여하고 공공수역의 수질을 보전함을 목적으로 한다.

제2조(정의) 이 법에서 사용하는 용어의 정의는 다음과 같다.
   2. "분뇨"라 함은 수거식 화장실에서 수거되는 액체성 또는 고체성의 오염물질(개인하수처리시설의 청소 과정에서 발생하는 찌꺼기를 포함한다)을 말한다.
   10. "분뇨처리시설"이라 함은 분뇨를 침전·분해 등의 방법으로 처리하는 시설을 말한다.

제3조(국가 및 지방자치단체의 책무) ① 국가는 하수도의 설치·관리 및 관련 기술개발 등에 관한 기본정책을 수립하고, 지방자치단체가 제2항의 규정에 따른 책무를 성실하게 수행할 수 있도록 필요한 기술적·재정적 지원을 할 책무를 진다.
② 지방자치단체의 장은 공공하수도의 설치·관리를 통하여 관할구역 안에서 발생하는 하수 및 분뇨를 적정하게 처리하여야 할 책무를 진다.

제41조(분뇨처리 의무) ① 특별자치도지사·시장·군수·구청장은 관할구역 안에서 발생하는 분뇨를 수집·운반 및 처리하여야 한다. 이 경우 특별자치도지사·시장·군수·구청장은 당해 지방자치단체의 조례가 정하는 바에 따라 제45조의 규정에 따른 분뇨수집·운반업자로 하여금 그 수집·운반을 대행하게 할 수 있다.

제45조(분뇨수집·운반업) ① 분뇨를 수집(개인하수처리시설의 내부청소를 포함한다)·운반하는 영업(이하 "분뇨수집·운반업"이라 한다)을 하고자 하는 자는 대통령령이 정하는 기준에 따른 시설·장비 및 기술인력 등의 요건을 갖추어 특별자치도지사·시장·군수·구청장의 허가를 받아야 하며, 허가받은 사항 중 환경부령이 정하는 중요한 사항을 변경하고자 하는 때에는 특별자치도지사·시장·군수·구청장에게 변경신고를 하여야 한다.
⑤ 특별자치도지사·시장·군수·구청장은 관할구역 안에서 발생하는 분뇨를 효율적으로 수집·운반하기 위하여 필요한 때에는 제1항에 따른 허가를 함에 있어 관할 구역의 분뇨 발생량, 분뇨처리시설의 처리용량, 분뇨수집·운반업자의 지역적 분포 및 장비보유 현황, 분뇨를 발생시키는 발생원의 지역적 분포 및 수집·운반의 난이도 등을 고려하여 영업구역을 정하거나 필요한 조건을 붙일 수 있다.

※ 위 하수도법의 일부 조항은 가상의 것이며 현재 시행 중임을 전제로 할 것

I. 문제의 소재

원고적격이란 구체적 소송에서 원고로서 소송을 수행하여 본안판결을 받을 수 있는 자격을 말한다. 분뇨수집·운반업 허가처분의 직접 상대방이 아니라 제3자인 A주식회사가 원고적격이 있는지를 검토한다.

II. 취소소송의 원고적격

III. 경업자소송에서의 원고적격

경업자소송은 새로운 경쟁자에 대하여 신규허가를 발급함으로써 기존업자가 제기하는 소송이다. 판례는 일반적으로 기존업자가 특허업인 경우에는 자신의 경영상 이익(법률상 이익)의 침해를 이유로 경업자소송을 제기할 수 있지만, 기존업자가 허가업인 경우에는 자신의 경영상 이익(반사적 이익)의 침해를 이유로 경업자소송을 제기할 수는 없다고 한다. 이는 허가는 위험방지를 위한 예방적 금지의 해제 그 자체가 목적으로서 허가업자의 경영상 이익의 보호와 무관하나, 특허는 사업의 공공성으로 인하여 사업자에게 특별한 의무를 부과하는 한편 독점적 경영권을 경영상 이익으로 보호하는 것으로 보는 시각에 근거한 것이다. 다만 허가요건으로 거리제한 또는 영업허가구역 규정이 있는 경우, 당해 규정이 기존허가업자의 영업상 이익을 보호하고 있는 것으로 볼 수 있으면 원고적격을 인정하기도 한다. 결국 면허나 인·허가 등의 수익적 행정처분의 근거가 되는 법률이 해당 업자들 사이의 과당경쟁으로 인한 경영의 불합리를 방지하는 것도 그 목적으로 하고 있는 경우에 원고적격을 인정하고 있다.[1]

IV. 사안의 해결

A주식회사가 B주식회사에 대한 분뇨수집·운반업허가에 대해서 다투는 것은 전형적인 경업자소송에 해당한다. 안동시장의 구역 지정 및 B에 대한 신규허가는 하수도법 제3조 2항 및 제45조 5항에 근거한 것이므로 처분의 근거법률은 하수도법이다. 하수도법에 의하면 지방자치단체가 관할구역 안에서 발생하는 하수 및 분뇨를 처리하도록 하고 있으며(하수도법 제3조 2항), 지방자치단체장은 분뇨수집·운반업자로 하여금 대행을 할 수 있도록 하고(하수도법 제41조 1항), 분뇨수집·운반업을 하기 위해서는 허가를 받도록 하고 있다(하수도법 제45조 1항). 분뇨수집·운반업은 공익사업으로서 분뇨수집·운반업허가는 분뇨수집·운반업을 대행하기 위한 자격을 특별히 설정해 주는 것으로서 강학상 특허에 해당한다. 분뇨수집·운반업허가기준으로 하수도법 제45조 1항은 시설·장비 등의 요건을 구비하도록 하는 한편, 하수도법 제45조 5항은 허가기준으로 관할 구역의 지방자치단체장이 관할구역 안에서 발생하는 분뇨를 효율적으로 수집·운반하기 위하여 허가 시 영업구역을 정하거나 필요한 조건을 붙일 수 있다고 규정하고 있는데 이 때 허가요건 외에 관할 구역 내의 분뇨발생량, 처리용량, 분뇨수집·운반업자의 지역적 분포 및 장비보유 현황 등을 고려하도록 한 것은 분뇨의 적정한 처리를 통해 지역사회의 건전한 발전과 공중위생의 향상에 기여하고 공공구역의 수질을 보전한다는 공익목적 뿐만 아니라 분뇨수집·운반업자들간의 과당경쟁으로 인한 경영의 불합리를 방지하는 데에도 그 목적이 있다. 따라서 A주식회사의 이익은 단순한 사실상의 반사적 이익이 아니고 하수도법에 의하여 보호되는 법률상 이익이므로 A주식회사에게 원고적격이 인정된다.

---

[1] 통상적으로 기존업자가 특허업인 경우 원고적격을 인정하고, 허가업인 경우는 원칙적으로 부정하나 거리제한규정이나 영업구역이 설정되어 있는 경우 긍정한다고 하지만, 핵심은 허가냐 특허냐의 문제라기보다는 근거법규가 불합리한 과당경쟁을 방지하는 것을 보호목적으로 하는지에 있다. 최근 판례도 그러한 경향을 보이고 있다.

사례 115   경원자소송의 원고적격, 제3자의 참가·재심   [사시 2011]

X시장은 개발제한구역의 지정 및 관리에 관한 특별조치법 제12조 제1항 제1호 마목과 동법 시행령 및 동법 시행규칙의 관련 규정에 의거하여, 개발제한구역 내의 간선도로 중 특정 구간에 고시된 선정 기준에 따라 사업자 1인을 선정하여 자동차용 액화석유가스충전소(이하 '가스충전소'라고 한다) 건축을 허가하기로 하는 가스충전소의 배치 계획을 고시하였다. 이에 A와 B는 각자 자신이 고시된 선정 기준에 따른 우선순위자임을 주장하며 가스충전소의 건축을 허가해 줄 것을 신청하였다. 이에 X시장은 각 신청 서류를 검토한 결과 B가 고시된 선정 기준에 따른 우선순위자라고 인정하여 B에 대한 가스충전소 건축을 허가하였다.

1. A는 우선순위자 결정의 하자를 주장하면서 X시장의 B에 대한 건축허가 결정을 다투려고 한다. 이 경우 A는 행정소송법상 원고적격이 있는가? (15점)
3. A가 X시장의 처분에 불복하여 소송을 제기하였을 경우, B는 이에 대응하여 행정소송법상 어떤 방법(B가 아무런 조치를 취하지 못하는 사이 A가 제기한 위 소송에서 A가 승소하여 그 판결이 확정된 경우를 포함한다)을 강구할 수 있는가? (15점)

[설문 1] A의 원고적격 인정 여부 (15점)

Ⅰ. 문제의 소재

원고적격은 구체적인 소송사건에서 당사자로서 소송을 수행하고 본안판결을 받기에 적합한 자격을 말한다. 행정소송법은 취소소송의 원고적격에 대하여 "처분 등의 취소를 구할 법률상이익이 있는 자가 제기할 수 있다."고 규정(제12조)하고 있다. 설문에서는 처분의 직접 상대방이 아닌 제3자인 A에게도 원고적격이 인정되는지 검토한다.

Ⅱ. 취소소송의 원고적격

Ⅲ. 경원자소송의 원고적격

경쟁관계에 있는 수인의 신청을 받아 일부에 대하여만 인·허가를 할 수 밖에 없는 경우, 인·허가를 받지 못한 자가 타방이 받은 인·허가에 대하여 제기하는 소송이다. 각 경원자에 대한 인·허가 등이 배타적 관계에 있으므로 자신의 권익을 구제하기 위하여는 타인에 대한 인·허가 등의 취소를 구할 법률상 이익이 있다. 다만 명백한 법적 장애로 인하여 원고 자신의 신청이 인용될 가능성이 처음부터 배제되어 있는 경우에는 취소를 구할 정당한 이익이 없다고 보아야 한다. 이 때 원고는 타인에 대한 인·허가처분의 취소를 구하거나 자신에 대한 불허가처분의 취소를 구할 수 있고, 양자를 관련청구소송으로 병합(행정소송법 제10조 제2항)하여 제기할 수도 있다.

Ⅳ. 사안의 해결

사안에서 개발제한구역 내의 자동차용 액화석유가스충전소 건축허가는 A와 B 둘 중 사업자 1명에게만 허용되는 경우이므로 A와 B는 일방에 대한 허가가 타인에 대한 불허가로 귀결되는 경원자관계에 놓여 있다. X시장의 B에 대한 건축허가 결정에 있어 A는 처분의 직접 상대방은 아니며 제3자에 해당한다.

그러나 개발제한구역의 지정 및 관리에 관한 특별조치법 조항 및 관련 규정에 사업자 1인만을 선정하는 취지 및 목적을 종합적으로 고려하면, B에 대한 허가가 A의 불허가로 귀결되는 것이 관련법규 및 헌법상 경쟁의 자유를 침해하는 경우에 해당되므로 A에게는 원고적격이 인정될 것이다.

[설문 3] A의 소송에 대한 B의 행정소송법상 대응방안 (15점)

I. 문제의 소재

A가 B에 대한 건축허가처분취소소송을 제기한 경우, 소송의 제3자나 처분의 직접상대방인 B가 자신의 권리구제를 위하여 도모할 수 있는 방법으로 행정소송법 제16조의 제3자의 소송참가 및 제31조의 재심청구를 할 수 있을 것이다. 이하 자세히 검토한다.

II. 취소판결의 제3자효

행정소송법 제29조 1항은 처분 등을 취소하는 확정판결은 제3자에게도 효력이 있다고 입법화함으로써 승소한 자의 권리를 확실히 보호하고 행정상 법률관계를 통일적으로 규율하고 있다. 이때 제3자의 범위에 대해서 소송참가인에게 한정시키는 견해가 있으나 모든 제3자를 의미한다고 보는 것이 일반적인 견해이다. 판례 역시 "취소판결의 존재와 취소판결에 의하여 형성되는 법률관계를 소송당사자가 아니었던 제3자라 할지라도 이를 용인해야 한다"고 판시하고 있다. 사안에서 건축허가처분 취소판결이 확정되면 판결의 효력은 B에게도 미치므로 B는 판결의 효력을 부인할 수 없다.

III. 제3자의 소송참가

1. 의 의

소송참가는 소송계속 중 당사자가 아닌 제3자가 타인 사이의 소송의 결과에 따라 자신의 법률상 지위에 영향을 미치게 될 경우 자신의 이익을 위하여 소송절차에 참가하는 것을 의미한다.

제3자의 참가는 제3자효행정행위와 같이 제3자가 당해 소송에 의하여 권익을 침해당할 우려가 있는 경우에 공격방어방법을 제출할 기회를 제공하여 권익을 보호하고 적정한 심리와 재판을 실현함과 동시에 제3자에 의한 재심청구를 미연에 방지하기 위해서 인정되고 있다.

2. 요 건

제3자의 소송참가가 인정되기 위해서는 ① 타인간의 소송이 계속 중이어야 하고 ② 소송의 결과에 따라 권리 또는 이익의 침해를 받을 제3자이어야 한다(제16조1항). 상고심에서도 가능하므로 소송계속 중은 사실심에 국한되지 않는다. '권리 또는 이익의 침해를 받을 자'란 법률상 이익의 침해를 받게 될 자를 의미하는데 소송의 결과에 따라 권리 또는 이익의 침해를 받는다는 것은 판결의 형성력에 의해 권리 또는 이익을 박탈당하는 경우뿐만 아니라 판결의 행정청에 대한 기속력에 따른 행정청의 새로운 처분에 의해 권리 또는 이익의 침해를 받는 경우도 포함한다.[1]

---

[1] 하나의 허가만이 가능한데 갑, 을이 허가신청을 하였으나 을에게만 허가가 나온 경우(경원자관계) 허가를 받지 못한 갑이 자신에 대한 거부처분에 대해 취소판결을 받은 경우, 기속력에 의해 행정청은 경원자 관계에 있는 갑의 허가처분을 취소할 수 있기 때문에 허가처분을 받은 을도 소송참가할 수 있다.

그리고 참가의 시기에 관한 제한은 받지 않는다. 따라서 제소기간이 경과한 제3자도 활용할 수 있다. 이 경우 참가인의 지위는 필수적 공동소송에서 공동소송인에 준하는 지위를 가지나(제16조4항, 민사소송법 제67조) 제3자는 참가인으로서 독자적인 청구를 하지 못한다는 점에서 공동소송적 보조참가인과 유사한 지위를 가진다는 것이 일반적인 견해이다.

3. 절 차

법원은 소송의 당사자 또는 제3자의 신청 또는 직권에 의하여 참가결정을 하며(제16조1항), 미리 당사자 및 제3자의 의견을 들어야 한다(제16조2항).

4. 사안의 경우

B는 가스충전소 건축허가의 상대방으로서 원고인 A와 이해관계가 대립하는 자로서 취소판결이 확정되면 판결의 형성력에 의하여 건축허가가 취소되는 불이익을 받게 된다. A가 제기한 소송이 진행 중인 경우에는 B의 소송참가가 가능하다.

IV. 재심 청구

1. 의의 및 취지

재심은 확정된 종국판결에 재심사유에 해당하는 흠이 있는 경우 판결의 취소와 이미 종결된 사건의 재심판을 구하는 비상의 불복신청방법이다. 행정소송법 제31조에서는 제3자가 자기에게 귀책사유없이 소송에 참가하지 못하여 판결의 결과에 영향을 미칠 공격방어방법을 제출하지 못한 때가 생길 수 있으므로 이러한 제3자를 보호하기 위하여 민사소송법 제451조의 재심과는 별도로 제3자의 재심청구를 인정하고 있다.

2. 요 건

제3자의 재심청구가 가능하기 위한 요건으로는 ① 취소하는 종국판결이 확정된 경우이어야 하며 ② 취소판결에 의해 권리 또는 이익의 침해를 받은 제3자가 ③ 귀책사유 없는 사유로 소송에 참가하지 못하여 판결의 결과에 영향을 미칠 공격 또는 방어방법을 제출하지 못한 경우 ④ 확정판결이 있음을 안 날로부터 30일 이내, 판결이 확정된 날로부터 1년이내에 제기하여야 한다.

3. 사안의 경우

B가 아무런 조치를 취하지 못한 사이에 A가 승소하여 판결이 확정된 경우에는 B가 자신의 귀책사유 없이 참가하지 못한 경우라면 재심청구기간 내에 제기가 가능할 것이다.

V. 결 론

B가 소송의 제3자라 하더라도 설문의 경우와 같이 직접적으로 권리가 침해되는 경우에 해당된다면 소송 계속 중에는 소송참가를 통해, 소송의 종국판결이 확정된 후에는 재심청구를 통해 권리구제를 도모할 수 있다.

유제 1 [행시 2024]

A도 B시에 위치한 X산과 Y호수 일대는 수려한 자연경관을 자랑하고 있어 많은 사람들이 방문하는 명소이다. 甲은 X산과 Y호수의 자연경관을 누릴 목적으로 그 인근으로 최근 이주한 주민으로서 이 일대를 공원으로 조성할 것을 내용으로 하는 도시관리계획의 입안을, 乙은 사업자로서 관광사업 진흥을 위하여 이 일대에 궤도시설을 설치할 것을 내용으로 하는 도시관리계획의 입안을 각각 B시장에게 제안하였다. B시장은 甲의 제안을 거부한다는 통보를 하는 한편, 乙의 제안대로 도시관리계획을 입안하여 그 결정을 A도지사에게 신청하였고 A도지사도 이를 그대로 받아들여 도시관리계획을 결정하였다. 그 후 乙과 丙이 관련 법령에 따라 X산과 Y호수 일대의 동일 구간을 운행하는 궤도사업허가를 신청하였는데, B시장은 乙이 약 6개월 전에 다른 지역에서 궤도사업을 운영하던 중 궤도사업허가가 취소되었음을 확인하고, 乙이 아닌 丙에게 궤도사업허가를 하였다. (각 문항은 상호 독립적임) (총50점)

3) 乙이 丙에 대한 궤도사업허가의 취소를 구하는 행정소송을 제기할 수 있는지 검토하시오. (15점)

[참조조문]
* 궤도운송법
제4조(궤도사업의 허가) ① 궤도사업을 경영하려는 자는 시장·군수·구청장의 허가를 받아야 한다.
 ② 제1항에 따른 궤도사업의 허가기준은 다음 각 호와 같다.
  1. 궤도시설의 건설 및 설비가 제15조에 따른 궤도시설의 건설·설비기준에 적합할 것
  2. 도로·하천·농지·산림·공원·문화재보호구역 등을 점용하는 경우에는 관할 행정기관의 장 또는 관리자의 허가나 승인 등을 받을 것
제6조(결격사유) 다음 각 호의 어느 하나에 해당하는 자는 궤도사업의 허가를 받을 수 없다.
 1. 피성년후견인 또는 피한정후견인
 2. 파산선고를 받고 복권되지 아니한 사람
 3. 이 법에 따라 궤도사업의 허가가 취소된 후 2년이 지나지 아니한 사람

해설

乙이 제기한 궤도사업허가 취소소송의 소송요건이 구비되어야 하는데, 경원자인 丙에 대한 궤도사업허가처분의 직접 상대방이 아닌 제3자인데 궤도사업허가처분의 취소를 구할 원고적격이 인정되는지, 乙은 허가를 받을 자격이 없다는 점에서 협의의 소의 이익이 인정되는지 문제된다.

궤도사업허가는 乙과 丙 중 하나에게만 가능하므로 丙에 대한 허가는 乙에 대한 불허가로 귀결되는 관계로서 경원자관계에 해당함. 乙은 궤도사업허가처분의 상대방이 아니라 하더라도 궤도사업허가의 취소를 구할 법률상 이익이 인정된다.

판례는 경원자관계에서 허가처분을 받지 못한 자는 경원자에 대하여 이루어진 허가 처분의 상대방이 아니라 하더라도 취소를 구할 원고적격을 인정하지만, 명백한 법적 장애로 인하여 원고 자신의 신청이 인용될 가능성이 처음부터 배제되어 있는 경우에는 당해 처분의 취소를 구할 정당한 이익이 없다고 한다(2009두8359).

乙은 6개월 전에 궤도사업허가를 취소받은 자로서 궤도운송법 제6조에 의하면 결격사유가 있는 자에 해당하여 丙에 대한 궤도사업허가가 취소되더라도 乙은 명백한 법적 장애로 인해 허가를 받을 가능성이 없으므로 취소를 구할 정당한 이익이 인정되지 않는다.

유제 2 [법전협 2024-3]

대한민국정부는 중국정부와 양해각서를 체결하여 서울/계림 간 국제항공노선(이하 '이 사건 노선'이라고 한다)에 관하여 양국 각 1개씩 지정항공사가 주 3회 공동운항하기로 하였다. 이에 따라 국토교통부장관은 이 사건 노선에 관하여 甲 회사를 지정항공사로 지정하였다. 甲 회사는 중국정부로부터 경영허가 및 취항허가를 각 취득한 뒤, 국토교통부장관에게 이 사건 노선에 관한 국제선 정기항공운송사업(여객) 노선허가를 신청하였다. 그런데 국토교통부장관은 甲 회사에 대하여, '운수권을 배분받은 후 1년 이내에 노선권을 행사하지 않아 노선배분의 효력이 상실되어 위 노선허가 신청이 불가하다'는 이유로 이를 반려하면서 국내 경쟁항공사인 丙 회사에게 노선허가 처분을 하였다. 甲 회사가 丙 회사에 대한 노선허가 처분에 대해서 취소소송을 제기할 경우 甲 회사의 원고적격이 인정되는지에 대해서 논하시오. (15점)

[참조조문]

* 항공법

제112조(국내항공운송사업 및 국제항공운송사업) ① 국내항공운송사업 또는 국제항공운송사업을 경영하려는 자는 국토교통부장관의 면허를 받아야 한다. 다만, 국제항공운송사업의 면허를 받은 경우에는 국내항공운송사업의 면허를 받은 것으로 본다.

② 제1항에 따른 면허를 받은 자가 정기편 운항을 하려는 경우에는 노선별로 국토교통부장관의 허가를 받아야 한다.

④ 제1항에 따른 면허를 받은 자가 부정기편 운항을 하려는 경우에는 국토교통부장관의 허가를 받아야 한다.

⑤ 제1항에 따른 면허나 제2항 또는 제4항에 따른 허가를 받은 자는 그 면허 또는 허가의 내용을 변경하려면 변경면허 또는 변경허가를 받아야 한다.

제113조(면허기준) ① 국내항공운송사업 또는 국제항공운송사업의 면허기준은 다음 각 호와 같다.

1. 해당 사업이 항공교통의 안전에 지장을 줄 염려가 없을 것
2. 해당 사업이 이용자의 편의에 적합할 것
3. 일정 기간 동안의 운영비 등 대통령령으로 정하는 기준에 따라 해당 사업을 수행할 수 있는 재무능력을 갖출 것

② 국내항공운송사업자 또는 국제항공운송사업자는 사업면허를 취득한 후 최초 운항 전까지 제1항에 따른 면허기준을 충족하여야 하며, 그 이후에도 계속적으로 유지하여야 한다.

* 「국적항공사경쟁력강화지침」(교통부 예규 제194호)

제4조 ④ 특정 국적항공사에 배분한 신규노선권에 대하여 노선권을 행사할 수 있는 날로부터 1년 이내에 이를 행사하지 않는 경우 당해 노선배분은 무효로 한다.

해설

서울/계림 간 국제항공노선에 관한 1개 항공사만 운행이 가능하므로 노선허가는 甲회사와 丙회사가 모두 신청을 하였다고 하더라도 1개의 회사에게만 가능하다. 甲회사가 지정항공사로 지정받아 운수권을 배분받은 후 1년 이내에 노선권을 행사하지 않아 노선배분의 효력이 상실되고 이러한 이유로 甲회사에게는 노선허가를 거부하고 丙회사에게 노선허가가 이루어졌다.

丙회사에 대한 노선허가는 甲회사에게는 노선허가를 거부할 수 밖에 없는 관계로 귀결된다. 따라서 甲회사는 처분의 직접상대방이 아닌 제3자이지만 처분의 취소를 구할 원고적격이 인정된다.

甲회사는 운수권 배분의 효력이 상실되었으므로 노선허가를 받을 수 없는 명백한 법적 장애가 있는 것인지 문제될 수 있겠으나 丙회사에 대한 노선허가가 위법하여 취소되더라도 甲회사가 운수권 배분을 다시 받고 노선허가를 신청하여 노선허가를 받을 가능성이 있으므로 명백한 법적 장애로 인하여 인용 가능성이 처음부터 배제되어 있는 경우라고 단정할 수는 없다.[2]

유제 3 [법전협 2024-1]

A군수는 관내 소재 양돈농장의 경쟁력을 강화하고자 「보조금 관리에 관한 법률」 등에 따라 스마트 양돈 설비를 도입하는 축산농가에 보조금을 지급하는 '스마트 양돈 시스템 구축 지원사업'을 시행하였다. 이 사업을 통하여 보조금 대상자로 선정된 축산농가는 스마트 설비 도입을 위한 보조금을 지급받게 되는데, A군수는 설비구축 과정에서의 부실시공을 방지하고, 설치에 소요되는 실제 비용을 산정·반영함으로써 예산을 절감하며, 수혜대상자를 확대하고자 축산농가들이 사전에 A군수가 선정한 우수 시공업체와 시공계약을 체결하여 스마트 설비를 도입하는 경우에만 보조금을 지급하기로 하였다.

A군수는 평가점수 70점 이상을 취득한 업체를 모두 우수 시공업체로 선정하는 내용의 평가기준 등을 포함한 공모계획을 공고하였고, 이에 따라서 甲회사를 포함하여 15개 업체가 응모하였다. 평가 결과 甲회사를 비롯한 3개 업체는 평가점수가 70점 미만이라는 이유로 선정 제외되었고, B군에 주된 사무소를 두고 있는 乙회사는 최종 선정된 12개 우수 시공업체에 포함되었으며, A군수는 이와 같은 선정결과를 공고하였다.

1. 甲회사는 A군수가 객관성과 공정성을 상실한 평가기준에 따라 시공업체를 선정하였고, 시공업체 선정결정에 재량권을 일탈·남용한 위법이 있음을 주장하면서 乙회사 등 최종 선정된 12개 업체에 대한 선정결과 공고의 취소를 구하는 취소소송을 제기하였다. 甲회사에게 원고적격이 인정되는지를 검토하시오. (25점)

해설

사안은 신청한 15개 업체 중 12개 업체에 대한 선정결과가 3개 업체에 대한 불선정으로 귀결되는 관계가 아니다. 평가점수 70점 이상을 취득한 업체를 모두 우수 시공업체로 선정하는 절대평가제에 의해서 선정하는 것이므로 경원자관계에 해당되지 않아서 甲에게 경원자라는 이유로 원고적격이 인정되지는 않는다.

처분의 근거법규인 보조금 관리에 관한 법률에서 경쟁자들의 이익을 개별적, 직접적, 구체적으로 보호하고 있는지는 설문상으로는 나타나 있지 않으므로 법률이 보호하는 이익이 있다고 할 수 없다. 근거법률 및 관계법률에서 법률이 보호하는 이익을 도출할 수 없는 경우에 보충적으로 기본권에 의한 보호가 필요하다고 하더라도 사안은 12개 업체에 대한 선정결정으로 인하여 甲회사의 계약체결의 자유와 영업의 자유가 직접적으로 제한된다고 볼 수 없다. 선정된 12개 업체가 스마트 양돈 설비를 도입하는 축산농가들과 시공계약을 체결할 가능성이 높아지고, 그로 인하여 甲회사의 영업기회가 줄어들 수 있을 터이지만 이는 간접적·사실적·경제적 불이익에 불과하다.[3]

甲회사는 12개 업체에 대한 선정결정에 대해서는 그 취소를 구할 원고적격이 인정되지 않는다. 그러나 응모한 업체 15개 업체 중 12개 업체를 선정한 것은 3개 업체에 대해서 선정제외한 것으로서(묵시적 거부) 자신에 대한 선정제외결정 부분에 대해서는 불이익처분의 직접 상대방으로서 그 취소를 구할 원고적격이 인정된다고 할 것이다.

---

[2] 원고적격을 부정하는 것으로 포섭해도 무방하다. 판례 중에는 집행정지 사건에서 "경쟁 항공회사에 대한 국제항공노선면허처분으로 인하여 노선의 점유율이 감소됨으로써 경쟁력과 대내외적 신뢰도가 상대적으로 감소되고 연계노선망개발이나 타항공사와의 전략적 제휴의 기회를 얻지 못하게 되는 손해를 입게 되었다고 하더라도 위 노선에 관한 노선면허를 받지 못하고 있는 한 그러한 손해는 법률상 보호되는 권리나 이익침해로 인한 손해라고는 볼 수 없으므로 처분의 효력정지를 구할 법률상 이익이 될 수 없다"고 판시한 바 있다(대결 2000.10.10. 2000무17).
[3] 대판 2021.2.4. 2020두48772

사례 116   총학생회의 원고적격 [행시 2019]

甲은 국립 K대학교의 교수로 재직 중이다. K대학교는 「교육공무원법」 제24조 등 관계 법령 및 「K대학교 학칙」에 근거한 「K대학교 총장임용후보자 선정에 관한 규정」에 따라 총장임용후보자 선정관리위원회 구성, 총장임용후보자 공모, 정책토론회 등의 절차를 거쳐 총장임용추천위원회 투표 결과 가장 많은 득표를 한 甲을 1순위 총장임용후보자로, 그 다음으로 많은 득표를 한 乙을 2순위로 선정하였다. 이에 따라 K대학교는 교육부장관에게 총장임용후보자로 甲을 1순위, 乙을 2순위로 추천하였는데, 장관은 대통령에게 乙만을 총장임용후보자로 제청하였다. 甲은 1순위 임용후보자인 자신이 아닌 2순위 후보자인 乙을 총장으로 임용하는 것은 위법하다고 주장한다. (총 50점)

3) 대통령이 乙을 총장으로 임용한 것에 대하여 총장임용추천위원회 위원으로 학생위원을 추천한 총학생회가 취소소송을 제기한 경우, 총학생회의 원고적격 인정 여부를 검토하시오. (15점)

[참조조문]
* 교육공무원법
제24조(대학의 장의 임용) ① 대학(「고등교육법」 제2조 각 호의 학교를 말하되, 공립대학은 제외한다)의 장은 해당 대학의 추천을 받아 교육부장관의 제청으로 대통령이 임용한다.
② 제1항 본문에 따른 대학의 장의 임용추천을 위하여 대학에 대학의 장 임용추천위원회(이하 "추천위원회"라 한다)를 둔다.
③ 추천위원회는 해당 대학에서 정하는 바에 따라 다음 각 호의 어느 하나의 방법에 따라 대학의 장 후보자를 선정하여야 한다.
  1. 추천위원회에서의 선정
④ 대학의 장 후보자는 대학의 장으로서 요구되는 학식과 덕망을 갖추고 통솔력과 행정능력을 고루 갖춘 사람으로 다음 각 호의 자격을 모두 충족하여야 한다.
  1. 법 제10조의4 각 호의 교육공무원 결격 사유가 없는 사람
⑤ 추천위원회의 구성·운영 등에 필요한 사항은 대통령령으로 정한다.

* 교육공무원임용령
제12조의2(대학의 장의 추천) 대학은 법 제24조제1항 또는 제55조제1항의 규정에 의하여 대학의 장의 임용추천을 할 때에는 2인 이상의 후보자를 대학의 장의 임기만료일 30일전까지 교육부장관에게 추천하여야 한다.
제12조의3(대학의 장 임용추천위원회의 구성 및 운영) ① 법 제24조제2항에 따른 대학의 장 임용추천위원회(이하 "추천위원회"라 한다)는 다음 각 호의 사람 중에서 해당 대학의 학칙으로 정하는 바에 따라 10명 이상 50명 이하의 위원으로 구성한다.
  3. 해당 대학의 재학생
② 추천위원회의 위원에는 제1항 각 호에 해당하는 위원이 각 1명 이상 포함되어야 한다.
③ 추천위원회의 운영 등에 필요한 세부사항은 해당 대학의 학칙으로 정한다.

* 고등교육법
제6조(학교규칙) ① 학교의 장은 법령의 범위에서 학교규칙(이하 "학칙"이라 한다)을 제정하거나 개정할 수 있다.
② 학칙의 기재사항, 제정 및 개정 절차 등 필요한 사항은 대통령령으로 정한다.
제12조(학생자치활동) 학생의 자치활동은 권장·보호되며, 그 조직과 운영에 관한 기본적인 사항은 학칙으로 정한다.

* 고등교육법 시행령
제4조(학칙) ① 법 제6조에 따른 학교규칙(이하 "학칙"이라 한다)에는 다음 각 호의 사항을 기재하여야 한다.
  10. 학생회 등 학생자치활동

* K대학교 학칙
제12조(총장) ③ 총장후보자는 공모에 의한 방법으로 선정하되, 총장임용추천위원회를 두어 추천하며 세부 사항은 따로 정한다.
제92조(학생활동) ① 학생은 학생회구성 등 자치활동을 할 수 있다.

* K대학교 총장임용후보자 선정에 관한 규정
제4조(추천위원회의 구성) ③ 추천위원회는 다음 각 호에 해당하는 총 30인의 위원으로 구성한다.
  3. 학생위원 2인
제5조(추천위원회 위원의 선정) ③ 제4조제3항제3호의 학생위원 2인은 총학생회가 추천한다.

I. 문제의 소재

乙을 총장으로 임용한 대통령의 처분에 대하여 처분의 직접 상대방이 아닌 제3자인 총학생회에게 원고적격이 인정되는지 문제된다. 교육공무원법령, 고등교육법령, K대학교 학칙 등에서 총학생회의 학교운영참여권을 인정하고 있는지가 문제된다. 원고적격의 검토 이전에 총학생회의 당사자능력도 검토한다.

II. 취소소송의 당사자능력

1. 행정소송의 당사자능력

당사자능력은 소송의 주체가 될 수 있는 일반적 능력을 말한다. 행정소송법은 당사자능력에 대해 규정하고 있지 않지만 제8조2항에 의하여 민사소송법 제51조, 제52조가 적용된다. 민사소송법 제52조에 의하면 법인격 없는 사단이나 재단도 당사자능력이 인정되므로 이들은 행정소송에서도 법인격 없는 사단이나 재단의 이름으로 원고가 될 수 있다.

판례는 도롱뇽과 같은 자연물의 당사자능력을 부정한다. 또한 국립대학교 총장과 같은 행정기관의 당사자능력도 부정한다. 판례 중에는 행정기관(경기도선거관리위원장, 소방청장)의 당사자능력 및 원고적격을 인정한 판례가 있는데 행정기관의 당사자능력을 일반적으로 인정하였다고 보기는 어렵고 본래는 기관소송의 대상이 되어야 하나 기관소송법정주의 하에서 경기도선거관리위원장의 불복수단이 규정되어 있지는 않은 상태에서 행정기관의 구제수단이 필요한 현실적 측면에서 예외적인 판례가 나온 것이라고 볼 수 있다.

2. 사안의 경우

법인격 없는 사단이라도 사단으로서의 실체를 갖추고 대표자 또는 관리인을 통하여 사회적 활동이나 거래를 하는 경우에는 그로 인하여 발생하는 분쟁은 단체의 이름으로 당사자가 될 수 있다. 여기서 말하는 사단은 일정한 목적을 위하여 조직된 다수인의 결합체로서 대외적으로 사단을 대표할 기관에 관한 정함이 있는 단체를 말한다. 총학생회는 대학교 학생을 구성원으로 하는 단체로서 총학생회장이라는 대표자를 통하여 사회적 활동을 하고 있어 법인격 없는 사단이라고 할 수 있다. 총학생회의 당사자능력은 인정된다.

III. 취소소송의 원고적격

1. 취소소송의 원고적격

2. 사안의 경우

행정처분의 직접 상대방이 아닌 제3자라 하더라도 당해 행정처분으로 인하여 법률상 보호되는 이익을 침해당한 경우에는 취소소송을 제기하여 그 당부의 판단을 받을 자격이 있다.

대통령의 총장임명행위의 근거법규는 교육공무원법 제24조이며, 대학의 장의 추천행위의 근거법규(대통령의 총장임명행위의 관련법규)는 교육공무원법, 같은 법 임용령, 그리고 임용령의 위임을 받아 제정된 K대학교 학칙 및 K대학교 총장임용후보자 선정에 관한 규정이다.

이들 규정에 의하면 대학의 장의 임용추천을 위해 대학에 임용추천위원회를 두어야 하며(교육공무원법 제24조3항), 추천위원회의 구성은 학칙이 정하는 바에 따라 대학의 재학생이 포함되어야 하며(교육공무원 임용령 제12조의3), 총학생회가 학생위원 2인을 추천하도록 되어 있다(K대학교 총장임용후보자 선정에 관한 규정 제4조, 제5조).

한편, 고등교육법은 학생의 자치활동을 권장·보호하고 있고(제12조), 동법 시행령은 학생의 자치활동을 학칙으로 정하도록 하고 있고 K대학교 학칙은 학생회구성등 학생의 자치활동에 규정하고 있다.

고등교육법령은 교육받을 권리의 주체인 학생들이 자치활동을 위하여 구성한 학생회의 성립을 예정하고 있으므로, 학생의 법률상 이익을 보호하기 위한 법령의 규정은 대학 자치나 학문의 자유를 실현하기 위한 수단으로서 기능하는 학생회의 법률상 이익을 보호하는 역할도 함께 한다고 보아야 한다.

그러므로 총장임명에 관한 교육공무원법등 관련 규정들은 헌법 제31조 제4항에 정한 교육의 자주성과 대학의 자율성에 근거한 K대학교 총학생회의 학교운영참여권을 구체화하여 이를 보호하고 있다고 해석되므로, K대학교 총학생회는 대통령이 乙을 총장으로 임용한 처분에 대해 다툴 법률상 이익을 가진다.[1]

IV. 사안의 해결

총학생회는 법인격 없는 사단으로서 당사자능력이 있고, 대통령이 乙을 총장으로 임용한 처분의 직접 상대방이 아닌 제3자라고 하더라도 임용처분에 대해 다툴 원고적격이 인정된다.

---

[1] 교육부장관의 임시이사 선임처분에 대해 대학의 교수협의회와 총학생회가 다툰 경우 원고적격을 인정한 바가 있다(대판 2015.7.3, 2012두19496). 반면 동 판례에서 학교의 직원으로 구성된 전국대학노동조합 대학교 지부의 원고적격은 부정했다.

사례 117　실효된 처분과 협의의 소의 이익　　[변시 2015]

　　甲은 'X가든'이라는 상호로 일반음식점을 운영하는 자로서, 식품의약품안전처 고시인 「식품 등의 표시기준」에 따른 표시사항의 전부가 기재되지 아니한 'Y참기름'을 업소 내에서 보관·사용한 사실이 적발되었다. 관할 구청장 乙은 「식품위생법」 및 「동법 시행규칙」에 근거하여 甲에게 영업정지 1개월과 해당제품의 폐기를 명하였다.

　　甲은 표시사항의 전부가 기재되지 않은 제품을 보관·사용한 것은 사실이나, 표시사항이 전부 기재되지 아니한 것은 납품업체의 기계작동 상의 오류에 의한 것으로서 자신은 그 사실을 알지 못하였고, 이전에 납품받은 제품에는 위 고시에 따른 표시사항이 전부 기재되어 있었던 점, 인근 일반음식점에 대한 동일한 적발사례에서는 15일 영업정지처분과 폐기명령이 내려진 점 등을 고려할 때, 위 처분은 지나치게 과중하다고 주장하면서, 관할 구청장 乙을 상대로 영업정지 1개월과 해당제품 폐기명령의 취소를 구하는 소송을 제기하였다.

2. 위 취소소송 계속중 해당제품이 폐기되었고, 1개월의 영업정지처분 기간도 도과되었다면 위 취소소송은 소의 이익이 있는가? (30점)

[참조조문]
* 식품위생법

제72조(폐기처분 등) ① 식품의약품안전처장, 시·도지사 또는 시장·군수·구청장은 영업을 하는 자가 제4조부터 제6조까지, 제7조제4항, 제8조, 제9조제4항, 제10조제2항, 제12조의2제2항 또는 제13조를 위반한 경우에는 관계 공무원에게 그 식품등을 압류 또는 폐기하게 하거나 용도·처리방법 등을 정하여 영업자에게 위해를 없애는 조치를 하도록 명하여야 한다.

제75조(허가취소 등) ① 식품의약품안전처장 또는 특별자치도지사·시장·군수·구청장은 영업자가 다음 각 호의 어느 하나에 해당하는 경우에는 대통령령으로 정하는 바에 따라 영업허가 또는 등록을 취소하거나 6개월 이내의 기간을 정하여 그 영업의 전부 또는 일부를 정지하거나 영업소 폐쇄(제37조제4항에 따라 신고한 영업만 해당한다. 이하 이 조에서 같다)를 명할 수 있다.
　　1. 제4조부터 제6조까지, 제7조제4항, 제8조, 제9조제4항, 제10조제2항, 제11조제2항 또는 제12조의2제2항을 위반한 경우.
　④ 제1항 및 제2항에 따른 행정처분의 세부기준은 그 위반 행위의 유형과 위반 정도 등을 고려하여 총리령으로 정한다.

* 식품위생법시행규칙

제89조(행정처분의 기준) 법 제71조, 법 제72조, 법 제74조부터 법 제76조까지 및 법 제80조에 따른 행정처분의 기준은 별표 23과 같다.

[별표23] 행정처분 기준(제89조 관련)
Ⅱ. 개별기준
　3. 식품접객업

위반사항	근거법령	행정처분기준		
		1차위반	2차위반	3차위반
법 제10조 제2항을 위반하여 식품·식품첨가물의 표시사항 전부를 표시하지 아니한 것을 사용한 경우	법 제75조	영업정지 1개월과 해당 제품 폐기	영업정지 2개월과 해당 제품 폐기	영업정지 3개월과 해당 제품 폐기

I. 문제의 소재

취소소송도 협의의 소의 이익 즉 권리보호의 필요가 있어야 한다. 사안에서는 폐기명령에 대한 취소소송 중 해당제품이 폐기된 경우 및 1개월 영업정지처분에 대한 취소소송 도중 영업정지기간이 도과한 경우 원상회복이 불가능하므로 협의의 소의 이익이 있는지 문제된다. 후자의 경우는 식품위생법시행규칙 [별표23]의 행정처분 기준의 법적성격에 대한 논의와도 관련된다.

II. 협의의 소의 이익

1. 협의의 소의 이익의 의의

협의의 소의 이익이란 원고의 재판청구에 대하여 본안판결을 구하는 것을 정당화시킬 수 있는 현실적 이익 내지 필요성을 말하며, '소의 객관적 이익' 또는 '권리보호의 필요'라고도 한다.

원고적격이 있는 자가 항고소송을 제기한 경우 원칙적으로 협의의 소익이 있다고 보아야 하나, 처분의 효력이 소멸한 경우나 권익침해가 해소된 경우와 같이 소송의 목적이 실현된 경우, 원상회복이 불가능한 경우 및 보다 실효적인 권리구제절차가 있는 경우에는 협의의 소의 이익이 부정된다.

2. 행정소송법 제12조 후문

(1) 제12조 후문의 성격

행정소송법 제12조 후문은 처분의 효력이 기간의 경과 등으로 소멸한 경우에도 회복되는 법률상 이익이 있으면 법률상 이익이 있다고 규정하고 있다. 이 규정에 대해 원고적격에 관한 규정이라는 견해와 협의의 소익에 관한 규정이라는 견해의 대립이 있으나 후자가 다수설, 판례이다.

(2) 제12조 후문의 '법률상 이익의 의미'

전통적인 견해는 취소소송에서의 권리보호의 필요에 관한 규정으로 보고 있으나, 유력한 견해는 독일법상의 계속적 확인소송에 상응하는 소송으로서 위법확인소송에 있어서의 권리보호의 필요에 관한 규정이라고 하면서 '위법확인의 정당한 이익'을 의미한다고 한다. 이에는 법으로 보호하는 이익뿐만 아니라 경제적 이익은 물론 보호가치가 있는 정신적 이익을 포함한다고 한다.

판례는 12조 소정의 '법률상 이익'은 전문과 후문을 구별하지 않고, 당해 처분의 근거 법률에 의하여 보호되는 직접적이고 구체적인 이익이 있는 경우를 말하고 간접적이거나 사실적·경제적 이해관계를 가지는 데 불과한 경우는 여기에 해당하지 않는다고 한다. 그러나 최근 판례는 위법한 처분이 반복될 위험성이 있어 행정처분의 위법성 확인 내지 불분명한 법률문제에 대한 해명이 필요하다고 판단되는 경우, 그리고 선행처분과 후행처분이 단계적인 일련의 절차로 연속하여 행하여져 후행처분이 선행처분의 적법함을 전제로 이루어짐에 따라 선행처분의 하자가 후행처분에 승계된다고 볼 수 있어 이미 소를 제기하여 다투고 있는 선행처분의 위법성을 확인하여 줄 필요가 있는 경우에도 소의 이익을 긍정하고 있다.

III. 폐기명령 취소소송에서의 협의의 소의 이익

취소소송은 위법한 처분에 의하여 발생한 위법상태를 배제하여 원상으로 회복시키고 그 처분으로 침해되거나 방해받은 권리와 이익을 보호 구제하고자 하는 소송이므로 비록 위법한 처분을 취소한다 하더라도 원상회복이 불가능한 경우에는 취소를 구할 이익이 없다.[2] 전통적인 견해와 판례에 따른다면 폐기명령 취소소송 도중에 해당제품이 폐기되었다면 폐기명령을 취소하더라도 원상회복이 불가능하므로 협의의 소의 이익은 없게 된다. 그러나 행정소송법 제12조 후문의 법률상 이익을 "위법확인의 정당한 이익"으로 보는 유력한 견해를 따른다면 원고가 취소소송을 제기하여 그 동안 기울였던 시간·비용상의 노력과 취소판결의 기판력이 이후의 국가배상청구소송에 갖는 의미를 고려하여 협의의 소의 이익을 인정할 수 있다.3)

IV. 영업정지처분 취소소송에서 협의의 소의 이익 - 실효된 처분에 대한 협의의 소익

1. 문제점

영업정지기간이 정하여진 제재처분은 기간이 경과하면 협의의 소의 이익이 없는 것이 원칙이다. 처분을 취소하더라도 원상회복은 불가능하기 때문이다. 그러나 위반횟수에 따라 제재의 정도가 가중되는 경우에는 영업정지기간이 경과한 경우라도 협의의 소의 이익을 인정할 수 있는지 견해대립이 있다. 설문에서는 가중적 제재처분 기준이 식품위생법시행규칙 [별표23]에 규정되어 있는데 별표의 형식은 법규명령이나 실질이 재량준칙으로 법규명령 형식의 행정규칙의 법적 성질과 관련되는 논의이기도 하다.

2. 학설

① 부정설은 가중요건을 정한 법규명령형식의 재량준칙을 행정규칙으로 보는 전제에서 행정청에 대해 법적구속력이 없고 따라서 가중적인 제재처분을 받을 불이익은 직접적, 구체적, 현실적인 것이 아니므로 소의 이익을 부정하는 견해이다. ② 긍정설은 부령형식의 행정규칙을 행정규칙으로 보면서도 행정청은 통상 행정규칙에 따라 가중된 제재처분을 할 것이므로 구체적이고 현실적인 위험이 있다고 보아 상대방으로서는 선행처분을 취소하여 그 불이익을 제거할 현실적 필요가 있다는 견해와 부령형식의 행정규칙을 법규명령으로 인정하는 이론적 기초 위에서 소의 이익을 긍정하는 견해가 있다.

3. 판례

종래의 판례는 대통령령 형식으로 규정된 경우 법규성을 인정하여 소의 이익을 인정하나, 부령 형식의 경우에는 법규성을 부인하여 행정기관 내부의 사무처리준칙에 불과하다고 보아 그 법적 구속력을 부인하여 소의 이익을 부정하였다.

그런데 전원합의체판결을 통해서 행정규칙이 법령에 근거를 두고 있는 이상 법규명령인지 여부와 상관없이 행정청은 이를 준수할 의무가 있으므로 장래에 받을 불이익은 구체적이고 현실적인 것으로서 소의 이익을 인정하는 것으로 입장을 변경하였다. 한편 동판례에서는 법규명령으로 보는 전제하에 소의 이익을 긍정하는 별개의견이 제시되었다.

4. 검토

생각건대, 가중요건이 행정규칙에 규정되어 있다고 하더라도 담당공무원은 이를 준수할 의무가 있으므로 처분전력이 2차위반시에 가중요건으로 되는 등 불이익한 요소로 남아있는 경우에는, 향후의 가중된 제재조치로 인하여 당해 업무를 행할 수 있는 법률상 지위에 대한 위험이나 불안을 제거하고 향후의

---

2) 대판 1992.4.24. 91누11131
3) 정하중 교수님의 감수의견을 반영한 포섭이다. 판례는 국가배상청구소송에서 선결문제로 처분의 위법성을 심사할 수 있다는 입장이므로 처분이 취소되지 않더라도 국가배상에서 권리구제가 가능하다는 입장이므로 이러한 논거로 협의의 소의 이익을 인정하지는 않고 있다.

불이익을 사전에 막기 위하여 그 취소를 구할 소의 이익이 있으므로 판례의 결론은 타당하다. 그러나, 위에서 검토한 바와 같이 법규명령 형식의 행정규칙이 부령형식이라도 법규명령으로 보는 것이 타당한 바, 법규명령으로서 대외적 구속력을 인정해야 한다는 전제에서 소의 이익을 인정해야 한다는 견해가 타당하다.

V. 사안의 해결

폐기명령 취소소송 도중 해당 제품이 폐기되었다면 전통적인 견해에 의하면 협의의 소의 이익은 부정되나 위법확인의 정당한 이익으로 보는 유력한 견해에 의하면 협의의 소의 이익은 긍정된다.

영업정지처분 취소소송 도중 영업정지 1개월의 기간이 경과했다고 하더라도 영업정지처분이 취소되면 甲으로서는 장차 표시의무를 위반하더라도 영업정지 2개월 내지는 3개월의 가중적 제재처분을 받지 않을 실익이 있으므로 협의의 소의 이익을 인정할 수 있다.

유제 1 [행시(일행) 2010]

A시에서 육류판매업을 영위하고 있는 乙은 살모넬라병에 감염된 쇠고기를 보관·판매하였던바, A시 시장은 이를 인지하고 「식품위생법」제5조와 제72조에 근거하여 담당공무원 甲에게 해당 제품을 폐기조치 하도록 명하였다. 이에 따라 甲은 乙이 보관·판매하고 있던 감염된 쇠고기를 수거하여 폐기행위를 개시하였고, 乙은 즉시 甲의 폐기행위에 대해 취소소송을 제기하였다. 이 소송의 적법 여부를 설명하시오. (25점)

* 식품위생법 시행규칙
제4조 (판매 등이 금지되는 병든 동물 고기 등)
법 제5조에서 '보건복지부령으로 정하는 질병'이란 다음 각 호의 질병을 말한다.
  1. '축산물가공처리법 시행규칙' 별표 3 제1호다목에 따라 도축이 금지되는 가축전염병
  2. 리스테리아병, 살모넬라병, 파스튜렐라병 및 선모충증

해 설

쇠고기 폐기행위는 행정상 즉시강제이며 권력적 사실행위에 해당하므로 취소소송의 대상이 된다. 乙은 처분의 직접 상대방이므로 직접상대방이론(수범자이론)에 의해서 원고적격이 인정되고 담당공무원 갑이 폐기행위를 하였으나 처분권한은 시장에게 있으므로 A시의 시장이 피고가 된다. 폐기행위를 개시하였고 즉시 취소소송을 제기하였다고 제시되었으므로, 집행이 종료되지 않은 것으로 보이는 바 소의 이익이 인정된다. 乙이 제기한 취소소송은 적법하다.

유제 2 [변시 2023]

甲은 30년간의 공직생활을 마치고 정년퇴직을 한 뒤, 노후자금 및 대출금을 모아 A시에서 「공중위생관리법」에 의한 목욕장업을 시작하였다. 甲은 영업을 시작한 지 며칠 되지 않아 야간에 음주로 의심되는 손님 丙을 입장시켰는데 丙은 목욕장 내 발한실에서 심장마비로 사망하였다. 丙은 입장 당시 약간의 술 냄새를 풍기기는 하였으나 입장료를 지불하고 목욕용품을 구입하였으며 입장 과정에서도 정상적으로 보행을 하고 거스름돈을 확인하는 등 우려할 만한 특별한 문제점을 보이지 않았다. 丙은 무연고자로 판명되었으며, 부검 결과 사망 당일 소주 1병 상당의 음주를 한 것으로 확인되었다.

丙이 甲의 목욕장에서 사망한 사고가 다수의 언론에 보도되자 A시장은 甲에게 「공중위생관리법」 제4조 제1항, 제7항 및 같은 법 시행규칙 제7조 [별표 4] 제2호 라목의 (1) (다) 위반을 이유로, 같은 법 제11조 제1항 및 같은 법 시행규칙 제19조 [별표 7] Ⅱ. 제2호 라목의 라)에서 정하는 기준(이하 '이 사건 규정들'이라 한다)에 따라 2021. 1. 11. 영업정지 1월(2021. 1. 18.~2021. 2. 16.)의 제재처분(이하 '이 사건 처분'이라 한다)을 하였고, 같은 날 甲은 이를 통지받았다. 甲은 음주로 의심되는 丙을 입장시킨 점은 인정하나, 丙이 같은 법 시행규칙 제7조 [별표 4]의 '음주 등으로 목욕장의 정상적인 이용이 곤란하다고 인정되는 사람'으로 보이지는 않아 입장을 허용한 것이므로 이 사건 처분은 위법·부당하다고 생각한다. 이와 관련하여 아래 각 질문에 답하시오(단, 아래 각 문제는 독립적임).

2. 甲은 이 사건 처분에 대한 취소소송을 제기하면서 그 효력정지신청을 하여 수소법원으로부터 이 사건의 제1심 본안판결 선고 시까지 이 사건 처분의 효력을 정지한다는 결정을 2021. 1. 15. 받았다. 이후 2022. 1. 18. 승소판결이 선고되어 A시장이 이에 불복, 항소하였으나 추가로 이 사건 처분의 집행이나 효력이 정지된 바 없다. 2022. 2. 24. 현재 기준 소송이 계속 중이다. 甲은 취소소송을 계속할 수 있는가? (15점)

---

* 공중위생관리법
제4조(공중위생영업자의 위생관리의무 등) ① 공중위생영업자는 그 이용자에게 건강상 위해요인이 발생하지 아니하도록 영업관련 시설 및 설비를 위생적이고 안전하게 관리하여야 한다.
　⑦ 제1항 내지 제6항의 규정에 의하여 공중위생영업자가 준수하여야 할 위생관리기준 기타 위생관리서비스의 제공에 관하여 필요한 사항으로서 그 각항에 규정된 사항외의 사항 및 출입시켜서는 아니되는 자의 범위와 목욕장내에 둘 수 있는 종사자의 범위 등 건전한 영업질서유지를 위하여 영업자가 준수하여야 할 사항은 보건복지부령으로 정한다.
제11조(공중위생영업소의 폐쇄 등) ① 시장·군수·구청장은 공중위생영업자가 다음 각 호의 어느 하나에 해당하면 6월 이내의 기간을 정하여 영업의 정지 또는 일부 시설의 사용중지를 명하거나 영업소폐쇄등을 명할 수 있다.
　　4. 제4조에 따른 공중위생영업자의 위생관리의무 등을 지키지 아니한 경우

* 공중위생관리법 시행규칙(보건복지부령)
제7조(공중위생영업자가 준수하여야 하는 위생관리기준 등) 법 제4조제7항의 규정에 의하여 공중위생영업자가 건전한 영업질서유지를 위하여 준수하여야 하는 위생관리기준 등은 [별표 4]와 같다.
제19조(행정처분기준) 법 제11조제1항의 규정에 따른 행정처분의 기준은 [별표 7]과 같다.

[별표 4] 공중위생영업자가 준수하여야 하는 위생관리기준 등(제7조관련)
　2. 목욕장업자
　　라. 그 밖의 준수사항
　　　(1) 다음에 해당되는 자를 출입시켜서는 아니된다.
　　　　(다) 음주 등으로 목욕장의 정상적인 이용이 곤란하다고 인정되는 사람

[별표 7] 행정처분기준(제19조관련)
Ⅰ. 일반기준

3. 위반행위의 차수에 따른 행정처분기준은 최근 1년간 같은 위반행위로 행정처분을 받은 경우에 이를 적용한다. 이 경우 기간의 계산은 위반행위에 대하여 행정처분을 받은 날과 그 처분 후 다시 같은 위반행위를 하여 적발된 날을 기준으로 한다.
5. 행정처분권자는 위반사항의 내용으로 보아 그 위반정도가 경미하거나 해당위반사항에 관하여 검사로부터 기소유예의 처분을 받거나 법원으로부터 선고유예의 판결을 받은 때에는 Ⅱ. 개별기준에 불구하고 그 처분기준을 다음을 고려하여 경감할 수 있다.
    가) 위반행위가 고의나 중대한 과실이 아닌 사소한 부주의나 오류로 인한 것으로 인정되는 경우
    나) 위반 행위자가 처음 해당 위반행위를 한 경우로서, 관련법령상 기타 의무위반을 한 전력이 없는 경우

Ⅱ. 개별기준

2. 목욕장업

위반행위	근거 법조문	행정처분기준			
		1차 위반	2차 위반	3차 위반	4차 이상 위반
라. 법 제4조에 따른 공중위생영업자의 위생관리의무등을 지키지 않은 경우	법 제11조제1항제4호				
라) 음주 등으로 목욕장의 정상적인 이용이 곤란하다고 인정되는 사람을 출입시킨 경우		영업정지 1월	영업정지 2월	영업정지 3월	영업장 폐쇄명령

해 설

이 사건 처분은 영업정지 1월(2021. 1. 18.~2021. 2. 16.)의 제재처분인데, 甲이 효력정지신청을 하여 2021. 1. 15 수소법원으로부터 제1심 본안판결 선고 시까지 효력을 정지한다는 결정을 받았으므로 정지기간이 진행되지 않고 있다가, 2022. 1. 18. 승소판결이 선고되어 A시장이 이에 불복 항소하였으나 추가로 이 사건 처분의 집행이나 효력이 정지된 바 없으므로 효력정지결정의 효력은 1심 본안판결 선고시인 2021.1.15. 소멸되었다. 따라서 2022. 2. 24은 정지기간 30일이 경과하여 처분의 효력이 소멸되었다.

공중위생관리법 시행규칙 제19조 [별표7]에 의하면 위반행위의 횟수에 따라서 영업정지 2월, 3월 등 가중해서 제재처분을 하도록 되어 있다. 항소심 도중에 영업정지처분의 효력이 소멸되었더라도 1차 영업정지처분이 취소되면 甲으로서는 장차 다시 위생관리의무를 위반하더라도 영업정지 2개월 내지는 3개월 등의 가중적 제재처분을 받지 않을 실익이 있으므로 처분의 효력이 소멸된 경우에도 행정소송법 제12조 후문의 회복되는 법률상 이익을 인정할 수 있다. 甲은 취소소송을 계속할 수 있다.

유제 3 [사시 2017]

A도 B군의 군수 乙은 대형마트를 유치하기 위하여 대규모점포를 개설등록하면 법률상 재량을 행사하여 일체의 영업시간 제한이나 의무휴업일 지정을 하지 않겠다고 甲에게 약속하였다. 이 말을 믿은 甲은 乙에게 대규모점포의 개설등록을 신청하였고, 개설등록이 되었다. 그런데 개설등록 이후 乙은 오전 0시부터 오전 8시까지 영업시간을 제한하고 매월 둘째 주와 넷째 주 일요일을 의무휴업일로 지정하는 내용의 처분(이하 '제1차 처분'이라 한다)을 하였다. 이에 甲은 이 처분에 대해 취소소송을 제기하였다. 그런데 취소소송의 계속 중에 乙이 영업제한시간을 오전 0시부터 오전 10시까지로 변경하되, 의무휴업일은 종전과 동일하게 유지하는 것을 내용으로 하는 처분(이하 '제2차 처분'이라 한다)을 하였다.

3. 제2차 처분으로 제1차 처분은 소멸되었으므로 甲이 제기한 취소소송은 부적법하다는 乙 주장의 당부를 검토하시오. (10점)

[참조조문] (가상의 법률임)
*유통산업발전법
제8조(대규모점포의 개설등록 및 변경등록) ① 대규모점포를 개설하려는 자는 영업을 시작하기 전에 산업통상자원부령으로 정하는 바에 따라 상권영향평가서 및 지역협력계획서를 첨부하여 특별자치시장·시장·군수·구청장에게 등록하여야 한다.

해 설

취소소송의 소송요건 중에서 협의의 소의 이익이 문제된다.
기존의 행정처분을 변경하는 내용의 행정처분이 뒤따르는 경우, 후속처분이 종전처분을 완전히 대체하는 것이거나 주요 부분을 실질적으로 변경하는 내용인 경우에는 특별한 사정이 없는 한 종전처분은 효력을 상실하고 후속처분만이 항고소송의 대상이 되지만, 후속처분의 내용이 종전처분의 유효를 전제로 내용 중 일부만을 추가·철회·변경하는 것이고 추가·철회·변경된 부분이 내용과 성질상 나머지 부분과 불가분적인 것이 아닌 경우에는, 후속처분에도 불구하고 종전처분이 여전히 항고소송의 대상이 된다.
취소소송의 계속 중에 乙이 영업제한시간을 오전 0시부터 오전 10시까지로 변경하되, 의무휴업일은 종전과 동일하게 유지하는 것을 내용으로 하는 2차처분은 1차처분 전체를 대체하거나 그 주요 부분을 실질적으로 변경하는 내용이 아니라, 의무휴업일 지정 부분을 그대로 유지한 채 영업시간 제한 부분만을 일부 변경하는 것으로서, 2차 처분에 따라 추가된 영업시간 제한 부분은 그 성질상 종전처분과 가분적인 것으로 여겨진다. 2차처분으로 종전처분이 소멸하였다고 볼 수는 없고, 종전처분과 그 유효를 전제로 한 2차 처분이 병존하면서 甲에 대한 규제 내용을 형성한다. 그러므로 1차 처분에 대한 소익 이익도 있다. 1차 처분에 대한 취소소송이 부적법하다는 乙의 주장은 타당하지 않다.

사례 118   임원취임승인취소, 임시이사선임처분과 협의의 소의 이익   [행시 2017]

교육부장관은 A학교법인의 이사 甲에게 「고등교육법」 위반사유가 있음을 이유로, A학교법인에 대하여 甲의 임원취임승인을 취소하면서 乙을 임시이사로 선임하는 처분을 하였다. 甲은 교육부장관을 상대로 본인에 대한 임원취임승인 취소처분과 乙에 대한 임시이사선임처분의 취소를 구하는 소송을 제기하였다. 소송 진행 중 임시이사 乙의 임기가 만료되어 임시이사는 丙으로 변경되었고, 甲의 원래 임기가 만료되었을 뿐만 아니라 甲에 대한 「사립학교법」 제22조제2호 소정의 임원결격사유기간도 경과하였다. 甲이 제기한 취소소송에 대하여 다음 물음에 답하시오. (총 25점)

1. 甲에게는 원고적격이 인정되는가? (10점)
2. 甲이 제기한 취소소송은 '협의의 소의 이익'이 있는가? (15점)

[참조조문]
* 사립학교법
제20조의2(임원취임의 승인취소) ① 임원이 다음 각호의 1에 해당하는 행위를 하였을 때에는 관할청은 그 취임승인을 취소할 수 있다.
    1. 이 법, 「초·중등교육법」 또는 「고등교육법」의 규정을 위반하거나 이에 의한 명령을 이행하지 아니한 때
    2. (이하 생략)
② 제1항의 규정에 의한 취임승인의 취소는 관할청이 당해 학교법인에게 그 사유를 들어 시정을 요구한 날로부터 15일이 경과하여도 이에 응하지 아니한 경우에 한한다. 다만, 시정을 요구하여도 시정할 수 없는 것이 명백하거나 회계부정, 횡령, 뇌물수수 등 비리의 정도가 중대한 경우에는 시정요구 없이 임원취임의 승인을 취소할 수 있으며, 그 세부적 기준은 대통령령이 정한다.
제22조(임원의 결격사유) 다음 각호의 1에 해당하는 자는 학교법인의 임원이 될 수 없다.
    2. 제20조의2의 규정에 의하여 임원취임의 승인이 취소된 자로서 5년이 경과하지 아니한 자
제25조(임시이사의 선임) ① 관할청은 다음 각 호의 어느 하나에 해당되는 경우에는 이해 관계인의 청구 또는 직권으로 조정위원회의 심의를 거쳐 임시이사를 선임하여야 한다.
    2. 제20조의2에 따라 학교법인의 임원취임 승인을 취소한 때. 다만, 제18조제1항에 따른 이사회 의결 정족수를 초과하는 이사에 대하여 임원취임 승인이 취소된 때에 한한다.

[설문 1] 甲의 원고적격 인정여부 (10점)

Ⅰ. 문제의 소재

갑이 임원취임승인 취소처분에 대해서는 처분의 직접 상대방으로서, 임시이사 선임처분에 대해서는 제3자로서 소송을 제기하는 것인데 행정소송법 제12조의 법률상 이익이 인정되어 원고적격이 인정되는지 문제된다.

Ⅱ. 취소소송의 원고적격

III. 사안의 해결

甲은 임원취임승인취소처분의 직접 상대방으로서 원고적격이 인정된다(직접상대방 이론).

甲은 乙에 대한 임시이사선임처분의 직접 상대방은 아니며 제3자에 해당되나, 乙에 대한 임시이사선임처분은 사립학교법 제25조 1항 2호에 의하여 임원취임승인을 취소한 경우에 행하는 것으로서 甲에 대한 임원취임승인취소처분이 적법한 것을 전제로 한다. 甲의 이사로서의 지위와 임시이사인 乙의 지위는 양립 불가능한 것으로서 서로 배타적인 관계에 있다. 갑은 을의 임시이사의 선임이 취소되어야 원래의 이사의 지위를 회복할 수 있으므로 취소를 구할 법률상 이익이 있다. 甲의 원고적격은 인정된다.

[설문 2] 甲이 제기한 취소소송의 협의의 소의 이익 (10점)

I. 문제의 소재

甲이 제기한 취소소송 중 甲의 이사임기가 만료된 경우 협의의 소의 이익, 즉 권리보호의 필요가 없는 것은 아닌지 문제된다. 협의의 소의 이익이 여전히 있다면 항고소송은 적법할 것이기 때문이다.

II. 협의의 소의 이익

1. 협의의 소의 이익의 의의

2. 행정소송법 제12조 후문

III. 사안의 해결

1. 임원취임승인취소처분에 대한 취소소송

소송계속 중 甲의 임기가 만료되면 甲이 임원으로서의 지위를 회복할 수 없으므로 원칙적으로 협의의 소의 이익은 없다. 그러나 임원 임원취임승인취소처분이 위법하다고 판명되고 나아가 임시이사들의 지위가 부정되어 직무권한이 상실되면, 정식이사들은 후임이사 선임시까지 민법 제691조의 유추적용에 의하여 직무수행에 관한 긴급처리권을 가지게 되고 이에 터잡아 후임 정식이사들을 선임할 수 있게 되므로 협의의 소익이 인정된다.

2. 임시이사선임처분에 대한 취소소송

乙의 선임처분의 효과가 소멸하였다는 이유로 소의 이익을 부정하면, 甲이 계속중인 소를 취하하고 丙을 임시이사로 선임한 처분을 별개의 소로 다툴 수밖에 없게 되며, 별소 진행 도중 다시 임시이사가 교체되면 또 새로운 별소를 제기하여야 하는 등 무익한 처분과 소송이 반복될 가능성이 있으므로, 소의 이익을 긍정하는 것이 타당하다. 임시이사선임처분의 위법성 내지 하자의 존재를 판결로 명확히 해명하고 확인하여 준다면 침해의 반복 위험을 방지할 수 있고, 丙등 후행 임시이사 선임처분의 효력을 다투는 소송에서 기판력에 의하여 乙에 대한 임시이사 선임처분의 위법성을 다투지 못하게 함으로써 乙에 대한 선임처분을 전제로 이루어진 후행 임시이사 선임처분의 효력을 쉽게 배제할 수 있어 국민의 권리구제에 도움이 된다. 협의의 소의 이익이 있다.

유제 1 [법전협 2014-1]

「인천광역시 교육감 소관 행정권한의 위임에 관한 규칙(이하 '권한위임규칙'이라 함)」에 의하면 교육감의 권한 중 「사립학교법」 제20조 제2항에 의한 이사취임승인과 동법 제20조의2에 의한 이사취임승인취소에 관한 권한이 교육장에게 위임되어 있다. 인천광역시에 있는 학교법인 A는 이사 1인이 사임함에 따라 이사회를 개최하여 甲을 신규 이사로 선임하였고, 인천광역시 동부 교육장 B는 이를 승인하였다. 신규 이사의 취임에 반대하는 기존 이사인 乙은 이사회 의결에 필요한 정족수가 미달되었다는 이유로 교육장 B를 상대로 이사취임승인의 취소를 구하는 행정소송을 제기하였다.

2. 이러한 행정소송이 진행되는 과정에서 교육장 B는 「사립학교법」 제20조의2와 권한위임규칙에 따라 이사취임승인을 취소하였다. 이에 甲은 교육감의 권한을 조례가 아닌 권한위임규칙에 의하여 위임한 것은 위법하므로 교육장 B에게는 이사취임승인취소에 관한 권한이 없다는 이유로 이사취임승인취소처분을 항고소송으로 다투고자 한다. 단, 이사취임승인 자체는 적법한 것으로 본다.
   (3) 甲이 제기한 항고소송의 계속 중 甲의 이사임기가 만료되었다면 계속 중인 항고소송은 여전히 적법한가? (20점)

해 설

甲이 제기한 취소소송 중 甲의 이사임기가 만료된 경우 협의의 소의 이익, 즉 권리보호의 필요가 없는 것은 아닌지 문제된다. 협의의 소의 이익이 여전히 있다면 항고소송은 적법할 것이기 때문이다.

甲이 이사취임승인취소처분에 대한 취소소송 중 이사 임기가 만료되었다면 갑은 이사로서의 지위를 회복할 수 없다. 임원취임승인취소처분에 대해서 임기가 만료했더라도 후임이사 선임시까지 민법 제691조의 유추적용에 의하여 직무수행에 관한 긴급처리권을 가지므로 협의의 소의 이익을 인정하는 대법원 판례[1]가 있으나 동 판례는 정식이사들 모두 취임승인이 취소되고 임시이사만이 존재하는 상황에서, 임원취임승인취소처분이 위법하여 취소되면 이에 기초한 임시이사의 지위가 부정되어 이사회를 구성하는 이사들이 없게 되는 사안이기 때문에 긴급처리권에 기초하여 협의의 소의 이익을 인정한 것이다. 사안은 甲 이외에 정식이사 乙도 있으므로 긴급처리권 때문에 협의의 소의 이익을 인정하기는 어렵다. 그러나 행정소송법 제12조 후문의 법률상 이익을 "위법확인의 정당한 이익"으로 보는 유력한 견해를 따른다면 원고가 취소소송을 제기하여 그 동안 기울였던 시간·비용상의 노력과 취소판결의 기판력이 이후의 국가배상청구소송에 갖는 의미를 고려하여 협의의 소의 이익을 인정할 수도 있다.[2]

---

[1] 대판(전) 2007.7.19, 2006두19297(경기학원 임시이사 사건)
[2] 법전협 모의시험은 2006두19297 판례를 염두에 두고 출제한 것이나, 엄밀히는 상황이 다르다. 2006두19297판례는 이사취임승인 취소처분과 임시이사 선임처분에 대해서 다투고 있는데 소송 도중 정식이사인 원고의 임기가 만료되고, 임시이사의 임기도 만료되어서 새로운 임시이사가 선임된 사안이다. 두 개의 처분에 대해 협의의 소의 이익을 긍정하는 것으로 판례가 변경되었는데 그 이유가 이사취임승인 취소처분은 긴급처리권의 인정 때문이고, 임시이사 선임처분은 위법한 처분이 반복될 위험성이 있어 행정처분의 위법성 확인 내지 불분명한 법률문제에 대한 해명이 필요하다는 것을 이유로 하고 있다. 판례에 대한 명확한 이해가 필요하다.

유제 2 [법전협 2019-2]

사립학교법인이 운영하는 A 초등학교에 재학하던 甲이 학교폭력을 행사하였다는 이유로 A 초등학교의 학교폭력대책자치위원회가 「학교폭력예방 및 대책에 관한 법률」 제17조 제1항 소정의 '전학'(제8호)의 조치를 의결하여 A 초등학교장이 甲에게 전학처분을 하였다. 甲은 자신에 대한 전학처분에 대해 시·도학생징계조정위원회의 재심을 거쳐 취소소송을 제기하였고, 취소소송의 계속 중 甲은 자진하여 전학을 하였다. 이 경우 甲의 취소소송은 협의의 소익이 있는가? (20점)

해 설

甲은 시·도학생징계조정위원회의 재심결정에 대하여 취소판결을 받아서 자신에 대한 전학처분이 위법하다는 것을 밝혀 학교생활기록부에 기재된 징계로서의 전학처분에 대한 기록을 말소하고 아울러 A초등학교에 계속 재학을 원했을 것이다.

그러나 취소소송 도중 자진하여 전학을 하였으므로 전학처분의 목적은 달성되어 전학처분의 효력은 소멸하였고, 甲으로서도 A초등학교에 계속 재학하고자 했던 목적을 달성하기는 어려울 것으로 협의의 소의 이익이 부정될 여지도 있다. 그러나 甲이 자진하여 전학을 하더라도 전학처분이 적법한 것을 전제로 학교생활기록부에 학교폭력에 대한 기재사항이 그대로 남아 있어 甲의 명예가 회복될 수는 없으므로 이러한 불이익을 해소하기 위하여 협의의 소의 이익을 인정하는 것이 타당하다.

판례 중에서도 고등학생에 대한 퇴학처분 취소청구에서 "고등학교졸업이 대학입학자격이나 학력인정으로서의 의미밖에 없다고 할 수 없으므로 고등학교졸업학력검정고시에 합격하였다고 하여 고등학생으로서의 신분과 명예가 회복될 수 없는 것이니 퇴학처분을 받은 자로서는 퇴학처분의 위법을 주장하여 취소를 구할 소송상의 이익이 있다"고 판시한 바 있다.

사례 119 　제명의결의 처분성과 협의의 소의 이익　[행시(재경) 2009]

Y구 의회의원 甲은 평소 의원간담회나 각종 회의 때 동료의원의 의견을 무시한 채 자기만의 독단적인 발언과 주장으로 회의분위기를 망치고, 'Y구 의회는 탄압의회'라고 적힌 현수막을 Y구 청사현관에 부착하고 홀로 철야 농성을 하였으며, 만취한 상태에서 공무원의 멱살을 잡는 등 추태를 부려 의원으로서의 품위를 현저히 손상하였다. 이에 Y구의회는 甲을 의원직에서 제명하는 의결을 하였다. (총20점)

1) 甲은 위 제명의결에 대하여 행정소송을 제기할 수 있는가? (10점)
2) 만일 법원이 甲의 행정소송을 받아들여 소송의 계속 중 甲의 임기가 만료되었다면, 수소법원은 어떠한 판결을 하여야 하는가? (10점)

[설문 1] 제명의결에 대한 행정소송제기 가능성

I. 문제의 소재

甲이 제명의결에 대해서 행정소송을 적법하게 제기할 수 있기 위해서는 먼저 지방의원에 대한 제명의결에 대하여 사법심사가 가능한지 논하고, 항고소송의 제기가 가능할 경우 소송요건은 모두 구비되었는지 여부가 문제된다. 이하에서는 특히 제명의결이 처분성을 갖추고 있는지를 중점으로 소송요건 구비 여부를 검토한다.

II. 제명의결에 대한 사법심사 가능성

제명의결에 대한 사법심사가 가능한지에 대하여, 지방의회의원의 경우 국회의원과 같이 사법심사를 배제하는 별도의 특별한 규정이 없으므로 사법심사의 대상이 된다고 보는 것이 국민의 재판청구권을 보장하고 있는 헌법 제27조의 해석에 부합할 것이다. 따라서 제명의결에 대한 사법심사는 가능하다.

III. 소송요건의 구비 여부

1. 제명의결의 처분성(대상적격)

제명의결이 행정소송의 대상이 되기 위해서는 처분등에 해당하여야 하는 바(행정소송법 제19조, 제2조 제1항 1호), 지방자치법 제100조의 규정에 의거한 지방의회의 의원징계의결은 그로 인해 <u>의원의 권리에 직접 법률효과를 미치는 행정처분</u>의 일종으로서 행정소송의 대상이 된다. 판례도 제명의결의 처분성을 긍정하고 있다.

2. 원고적격 및 협의의 소의 이익

甲에게 원고적격이 인정되기 위해서는 甲이 제명의결의 취소를 구할 법률상 이익이 있어야 하는 바(행정소송법 제12조), Y구 의회의원 甲은 제명의결로 인하여 자신의 헌법상 공무담임권 및 재산상 이익이 직접적으로 침해되므로 처분의 직접상대방으로서 원고적격이 인정된다. 협의의 소의 이익도 인정된다.

3. 피고적격

취소소송의 피고는 처분등을 행한 행정청이 된다(행정소송법 제13조). 사안의 경우 지방의회가 합의제 행정기관으로서 피고가 된다.

Ⅳ. 사안의 경우

甲이 제소기간 내에 적법한 관할법원에 소를 제기할 경우 甲은 제명의결에 대해 행정소송 제기 가능하다.

[설문 2] 소송계속중 임기만료시 수소법원의 판결

Ⅰ. 문제의 소재

소송계속 중 甲의 임기가 만료되었다면 원칙적으로 협의의 소의 이익이 상실되므로 소송요건이 구비되지 못하였으므로 수소법원은 소각하 판결을 해야 할 것이다. 그러나 임기가 만료된 경우라도 지방의회의원으로서의 법률상 지위는 회복할 수 없지만 예외적으로 제명의결의 취소를 구함으로씨 회복되는 이익이 있다면 협의의 소의 이익이 인정될 것이다.

Ⅱ. 협의의 소의 이익

Ⅲ. 지방의원 임기만료시 제명의결에 대한 취소소송의 소의 이익

甲이 제명의결에 대한 행정소송을 통해서 회복하고자 하는 이익은 명예의 회복과 같은 인격적 이익과 제명의결시로부터 지급받지 못한 월정수당 등의 지급에 관한 이익이다. 과거 판례는 지방의원이 무보수 명예직인 시절에 임기만료된 지방의원이 지방의회를 상대로 의원제명처분 취소소송을 제기한 사안에서 지방의원의 지위를 회복할 수 없다고 하여 소의 이익을 부인했으나, 최근 판례는 소의 이익을 긍정하고 있다. 2006년 지방자치법 개정으로 지방의원의 무보수명예직 조문이 삭제되고 지방의원에게 지급하는 비용 중에 '월정수당'을 지급하는 규정을 신설했는데 판례는 월정수당을 지방의회의원의 직무활동에 대한 대가로 지급되는 보수의 일종으로 보아 소의 이익을 긍정. 제명의결에 관한 행정소송에서 승소하면 행정소송 계속 중 임기가 만료되어 제명의결의 취소로 지방의회 의원으로서의 지위를 회복할 수는 없다 할지라도, 그 취소로 인하여 최소한 제명의결시부터 임기만료일까지의 기간에 대해 월정수당의 지급을 구할 수 있는 법률상 이익은 있다고 본 것이다.

행정소송법 제12조 후문의 소송을 독일의 계속확인소송과 유사한 소송의 성격을 갖는다고 보아 법률상 이익을 위법확인의 정당한 이익으로 해석하여 법으로 보호하는 이익뿐만 아니라 경제적 이익은 물론 반복되는 위험의 방지나 명예회복 등 모든 보호가치가 있는 이익을 포함시키는 입장에서는 월정수당의 지급을 구할 수 있다는 것뿐만 아니라 갑의 명예회복 관점에서도 소의 이익을 인정할 수 있다고 한다.[1]

Ⅳ. 법원의 판단

소의 이익이 인정되므로 수소법원은 甲에 대한 제명처분을 본안에서 심리한 뒤 비례원칙 위반 여부 등 위법사유를 검토하여 인용판결 혹은 기각판결을 내릴 것이다. 주어진 사실관계를 전제로 판단하면 지방자치법 제44조 2항의 품위유지의무 위반이 있어 동법 제98조의 징계사유에 해당한다. 비례의 원칙 위반에 해당되는지 문제될 수 있으나 위반으로 보기는 어려우므로 수소법원은 기각판결을 할 것이다.

---

[1] 판례는 "자격정지처분의 취소청구에서 정지기간이 경과한 이상 명예, 신용 등의 인격적인 이익의 침해상태가 자격정지기간 경과 후에 잔존하더라도 이와 같은 불이익은 처분의 직접적인 효과라고 할 수 없다"고 하면서 소의 이익을 부정하고 있는 반면, 파면처분을 다투고 있는 중에 정년퇴직 연령에 도달한 경우 기본적인 권리인 공무원의 지위의 회복은 불가능하더라도 급여청구와의 관계에서 이익이 있는 이상 소의 이익을 인정하고 있다.

사례 120   소의 이익 – 거부처분 취소소송   [법전협 2017-3]

A광역시 B구청장은 2017. 4. 3. 관내 개발제한구역 내에 소재한 간선도로 변에 주유소 1개소를 추가로 설치할 수 있도록 'B구 개발제한구역 내 주유소 배치계획 변경고시'를 공고하였고, 같은 날 위 변경고시에 따라 아래 [참조]의 내용으로 '주유소 운영사업자 모집공고'를 하였다.

위 모집공고에 따라 甲은 2017. 4. 3. B구청장에게 주유소 운영사업자 선정신청을 하였고, 乙은 2017. 5. 2. 주유소 운영사업자 선정신청을 하였다.

그런데 甲이 위 선정신청을 하면서 그 신청서에 자신이 생업을 위하여 3년 내의 기간 동안 개발제한구역 밖에 거주한 사실을 기재하고서도 이를 입증할 수 있는 서류를 제출하지 않았다.

위 모집기간이 만료되자 B구청장은 2017. 5. 22. 甲에게 모집공고상 신청자격 1)의 요건을 충족하지 못하였음을 이유로 주유소 운영사업자 불선정처분을 하는 한편, 같은 날 乙에게 주유소 운영사업자 선정처분을 하였다.

1. 甲이 B구청장을 상대로 자신에 대한 불선정처분의 취소소송을 제기하자, B구청장은 본안전 항변으로 '甲에 대한 불선정처분이 취소되더라도 乙에 대한 선정처분이 취소되거나 효력이 소멸되는 것은 아니므로 소의 이익이 없다'고 주장한다. 이러한 주장은 타당한가? (25점)

I. 문제의 소재

소의 이익은 소송제도를 이용할 정당한 이익 또는 필요성을 말하는데 광의로는 권리보호의 자격, 원고적격, 권리보호의 필요를 포함하는 개념이며 협의로는 권리보호의 필요를 의미한다. 사안에서는 甲에게 협의의 소의 이익 즉 권리보호의 필요가 있는지 문제된다.

II. 협의의 소의 이익

1. 협의의 소의 이익의 의의
2. 협의의 소의 이익의 근거 – 행정소송법 제12조 후문

III. 사안의 해결

B구청장이 행한 공고에 의하면 주유소는 1개만 추가 설치 가능한데, 甲과 乙의 신청에 甲에게는 불선정처분을 하고 乙에게는 선정처분을 한 상황이다. 甲이 불선정처분에 대한 취소판결을 받더라도 취소판결은 불선정처분의 효력만을 소멸시킬 뿐이지 乙에 대한 선정처분의 효력을 소멸시키는 것은 아니어서 협의의 소의 이익은 없는 것은 아닌지 문제된다.

그러나 甲에 대한 불선정처분의 취소판결이 확정되는 경우 판결의 직접적인 효과로는 甲에 대한 불선정처분만이 취소되는 것이지 경원자인 乙에 대한 허가 등 처분이 취소되거나 효력이 소멸되는 것은 아니더라도, 거부처분 취소판결이 확정되면 기속력으로서 재처분의무가 행정청에게 발생하므로(행정소송법 제30조2항) 행정청은 취소판결의 기속력에 따라 판결에서 확인된 위법사유를 배제한 상태에서 甲과 乙의 각 신청에 관하여 처분요건의 구비 여부와 우열을 다시 심사하여야 할 의무가 있으며, 재심사 결과 乙에 대한 선정 처분이 직권취소되고 甲에게 선정 처분이 이루어질 가능성을 완전히 배제할 수는 없으므로, 특별한 사정이 없는 한 경원관계에서 선정처분을 받지 못한 甲은 자신에 대한 불선정분의 취소를 구할 소의 이익이 있다.

사례 121   피고적격, 내부위임   [법전협 2015-2]

甲은 경기도 안양시 동안구에 소재한 지상 2층, 높이 14m인 건물(이하 '이 사건 건물'이라 한다)의 소유자이다. 건물이 낡고 비좁게 되자 현재의 부지 위에 지상 5층, 높이 22.05m로 건물을 증축하고자 한다. 그런데 이 사건 건물의 부지는 관악산에 소재한 경기도 지정 유형문화재 안양사의 보존을 위해 설정된 역사문화환경보존지역 내에 위치하고 있다. 甲은 위와 같이 증축하기 위해 안양시장에게 '문화재 현상변경 등 허가 신청'을 하였고, 안양시장은 문화재위원회의 심의를 거쳐 '문화재 현상변경 등 허가'(이하 '이 사건 처분'이라 한다)를 하였다. 이 사건 건물 부지는 '안양사에 대한 현상변경 등 허용기준' 4구역에 해당한다.

이 사건 건물 부지에 인접하여 15층 아파트 12개동 650세대로 구성된 A아파트 단지가 있다. A아파트 입주자들은 甲이 기존 건물을 증축할 경우, 층고가 높아져 아파트에서 안양사와 관악산을 바라보는 조망을 일부 가리게 될 것이고 아파트 주변의 교통혼잡이 가중되어 아파트의 쾌적한 주거환경이 침해될 것을 우려하고 있다.

5. 동안구청장이 안양시장으로부터 '문화재 현상변경 등 허가'에 관한 사무를 내부위임 받아 자신의 명의로 甲에게 위 허가를 하였고 A아파트 입주자들이 이에 대하여 항고소송을 제기한다는 가정하에 아래의 쟁점을 검토하시오. (20점)
    (1) 항고소송의 피고적격은? (10점)
    (2) '문화재 현상변경 등 허가'의 효력 유무는? (10점)

[설문 5-(1)] 내부위임에서 수임기관의 명의로 처분을 한 경우의 피고적격 (10점)

I. 항고소송의 피고적격

취소소송에서의 피고적격은 처분등을 행한 행정청에게 있다. 행정청은 국가나 지방자치단체의 기관으로서의 지위를 갖는데 불과하기 때문에 처분이나 재결의 효과가 귀속되는 국가나 지방자치단체에게 피고적격을 인정하는 것이 소송의 원칙이나, 취소소송과 같은 항고소송은 법률관계에 대해 직접 다투는 것이 아니라 처분 또는 부작위라는 공권력의 행사 또는 불행사에 대해 다투는 것이라는 점을 감안하여 소송수행의 편의상 처분 또는 부작위를 행한 행정청을 피고로 인정한 것이다. 무효확인소송에서도 취소소송의 피고적격을 준용하고 있다(제13조 1항, 제38조 1항).

행정소송법 제2조2항은 행정청의 범위에 권한을 위임 또는 위탁받은 행정기관, 공공단체 및 그 기관 또는 사인을 포함한다. 행정청의 권한이 공법인이나 사인(공무수탁사인)에게 위탁된 경우 공법인이나 사인도 행정청에 해당된다. 공법인에게 위탁된 경우 공법인의 대표자가 아니라 공법인 자체가 피고가 된다.

II. 내부위임

사안은 동안구청장이 안양시장으로부터 내부위임을 받아서 허가를 한 경우이다. 내부위임은 법률이 위임을 허용하고 있지 않은 경우에도 행정관청의 내부적인 사무처리 편의를 도모하기 위하여 보조기관 또는 하급행정기관에게 내부적으로 의사결정권을 위임하여 수임기관이 위임청의 명의로 권한을 사실상 행사하는 것을 말하는데 권한의 법적 귀속을 변경시키고 수임청의 명의로 권한을 행사하는 위임과 구별된다. 따라서 위임과는 달리 권한의 변동을 가져오는 것이 아니므로 법적근거를 요하지 아니한다.

III. 사안의 해결

내부위임에 의한 처분은 그 명의가 위임청으로 되어 있으므로 권한의 위임과는 달리 위임청이 피고가 된다. 다만, 수임기관이 자신의 명의로 처분을 하였다면 수임기관이 피고가 된다는 것이 판례이다. 사안에서는 동안구청장이 안양시장의 명의로 처분을 한 것이 아니라 구청장 자신의 명의로 처분을 한 것이므로 동안구청장이 피고가 된다.

[설문 5-(2)] '문화재 현상변경 등 허가'의 효력 유무 (10점)

I. 내부위임에서 수임기관의 명의로 권한을 행사한 경우의 하자

1. 문제점

내부위임에서 수임기관은 위임기관의 명의로 처분을 할 수 있을 뿐이며 자신의 명의로 처분을 할 권한이 없다. 수임기관이 자신의 명의로 처분을 한 경우의 하자가 문제된다.

2. 학설

위임청의 명의가 아니라 수임기관의 명의로 처분을 하였다면 하자가 있어 위법하다. 위법성의 정도에 관하여 ① 수임기관은 대외적 처분권이 없으므로 무권한의 행위로 보아 무효라는 무효설, ② 법적 안정성을 도모해야 하고, 권한행사의 형식상의 하자에 불과하고 내부적으로는 권한을 위임받았다는 점에서 취소사유에 불과한 것으로 보는 취소설, ③ 수임기관이 보조기관인 경우는 무효사유로 수임기관이 행정청의 지위를 갖는 기관인 경우에는 취소사유로 보는 예외적취소설[1]등이 대립한다.

3. 판 례

판례는 시장으로부터 압류처분권한을 내부위임받은 데 불과한 구청장의 압류처분은 권한 없는 자에 의하여 행하여진 위법무효의 처분이라고 하여 무효설의 입장이다.

4. 검 토

생각건대, 자신의 명의로 처분을 할 권한이 없는 행정기관이 자신의 명의로 처분을 하였다면 무권한의 하자로 무효로 보는 것이 원칙적으로 타당하나, 행정청의 지위에 있는 하급행정기관에게 내부위임하고 하급행정기관이 자신의 명의로 처분을 하였다면 보조기관에게 내부위임한 경우와 달리 그 하자가 명백하다고 할 수 없으므로 취소사유로 보아야 하므로 예외적 취소설이 타당하다.[2]

II. 사안의 해결

사안의 경우 동안구청장은 甲에 대한 현상변경 허가처분시 안양시장의 명의로 하여야 하는데 구청장

---

[1] 행정청의 지위에 있는 하급행정기관에 내부위임한 예로는 성남시장이 분당구청장에게 위임한 경우를, 보조기관에게 내부위임한 예로는 성남시장이 부시장이나 국장에게 내부위임한 경우를 예로 들 수 있는데 분당구청장은 행정청의 지위에서 처분을 하는 경우도 있지만 국장이 행정청의 지위에서 처분을 하는 경우는 법적근거가 있어 권한의 위임(내부위임이 아닌)을 받은 경우 외에는 상정할 수 없으므로 일반인을 기준으로 할 때 하자가 명백하다는 것이다.
[2] 예외적 취소설이 이해가 잘 안되거나 쉽게 서술하고 싶으면 판례처럼 무효설로 검토해도 무방하다.

명의로 한 것이다. 구청장은 통상적으로 처분을 행하는 행정청의 지위에 있는 기관이므로 일반인을 기준으로 했을 때 처분명의의 하자를 판단하는 것이 객관적으로 명백하지 않다. 따라서 취소사유에 해당한다. 문화재 현상변경 등 허가의 효력은 있다.

유제 [사시 2014]

A시의 X구(자치구 아닌 구) 주민들은 노후 주택재개발을 위하여 추진위원회를 구성하여 조합설립 준비를 하였다. 추진위원회는 토지소유자 4분의 3 이상의 동의를 받아 조합설립결의를 거쳐 설립인가를 신청하였다. 한편, A시 시장 乙은 법령상 위임규정이 없으나, X구 구청장 丙에게 조합설립인가에 관한 권한을 내부위임하고 이에 따라 丙이 자신의 이름으로 조합설립인가를 하였다.

2. 甲 등이 丙이 한 조합설립인가처분의 효력을 다투고자 행정소송을 제기하는 경우에, 피고적격과 승소가능성을 검토하시오. (10점)

해설

처분의 효력을 다투는 소송은 처분이 무효사유라면 무효확인소송이고, 처분이 취소사유라면 취소소송일 것이다. 처분에 대한 취소소송과 무효확인소송의 제기가능성을 염두에 두고 서술한다.

수임기관이 자신의 명의로 처분을 한 경우 수임기관이 피고가 되므로 피고적격은 丙에게 있다. 구청장 丙은 조합설립인가처분을 할 경우 시장 乙의 명의로 하여야 하는데 구청장 丙명의로 하여 위법하다. 내부위임에서 수임기관의 명의로 행한 처분의 하자의 논의에서 예외적 취소설을 취하면 구청장은 통상적으로 처분을 행하는 행정청의 지위에 있는 기관이므로 일반인을 기준으로 했을 때 처분명의의 하자를 판단하는 것이 객관적으로 명백하지 않으므로 취소사유에 해당한다(판례에 의하면 무효).

예외적 취소설에 따라 취소사유로 본다면 甲이 취소소송을 제기하였다면 취소판결을 받을 수 있으며 무효확인소송을 제기하였다면 취소소송의 제소요건을 구비한 조건 하에 취소소송으로 소변경하여 취소판결이 가능하다. 판례는 소변경이 필요 없이 취소판결이 가능하다는 입장이다.

무효설에 의할 경우에는 甲이 무효확인소송을 제기하면 무효확인판결을 받을 것이고, 취소소송을 제기하였더라도 취소소송의 제소요건을 구비했다면 무효를 선언하는 의미의 취소판결이 가능하므로 역시 승소가능할 것이다.

수임기관의 명의로 행한 처분의 하자에 근거하여 취소소송을 제기하든 무효확인소송을 제기하든 모두 승소가능하다.

사례 122 대상적격, 원고적격, 피고적격 [법전협 2016-3]

국토교통부장관 A는 「기업도시개발 특별법」에 의한 기업도시를 개발하기 위하여 관련 법령에 따라 민간기업 乙을 사업시행자로 지정하는 등 관련 절차를 진행하였고, 甲의 건축물이 소재하는 일정 지역을 사업시행지구로 승인하였다. 이에 해당 사업시행지구 내에 있는 甲의 건축물은 수용 대상이 되어 甲은 생활의 근거지를 상실하게 되었다. 한편 乙은 「기업도시개발 특별법」 제14조 및 「공익사업을 위한 토지 등의 취득 및 보상에 관한 법률」 제78조에 따라 주택특별공급 등 이주대책을 수립하였고, 국토교통부 고시인 「기업도시 개발에 따른 이주대책 등에 관한 기준」(이하 '이 사건 고시'라 한다)에 근거하여 이를 공고하였다. 이에 甲은 주택특별공급을 받고자 이주대책에 따른 소정의 절차를 거쳐 이주대책대상자 선정신청을 하였지만, 乙은 "甲의 건축물이 이 사건 고시 제8조 제1항 제1호 소정의 무허가 건축물이라는 이유로 이주대책대상자가 아니다."라는 이유로 甲의 신청을 거부하였다.

2. 甲이 사업시행자 乙을 피고로 하여 이주대책대상자 선정신청 거부행위에 대한 취소소송을 제기하는 경우, 이 취소소송의 적법성을 검토하시오 (단, 원고적격, 대상적격과 피고적격에 한함). (20점)

[참조조문]
* 기업도시개발특별법
제10조(개발사업의 시행자 지정 등) ① 국토교통부장관은 제4조에 따라 개발구역의 지정을 제안한 민간기업 등을 개발사업의 시행자로 지정한다.
제14조(토지등의 수용·사용) ① 시행자는 개발구역에서 개발사업을 시행하기 위하여 필요할 때에는 「공익사업을 위한 토지 등의 취득 및 보상에 관한 법률」 제3조에 따른 토지·물건 또는 권리(이하 "토지 등"이라 한다)를 수용 또는 사용(이하 "수용 등"이라 한다)할 수 있다.
② 제1항을 적용하는 경우에 수용 등의 대상이 되는 토지 등의 세부 목록을 제11조제4항에 따라 고시한 때에는 「공익사업을 위한 토지 등의 취득 및 보상에 관한 법률」 제20조제1항 및 제22조에 따른 사업인정 및 사업인정의 고시가 있은 것으로 본다.
③~⑤ 생략
⑥ 시행자는 「공익사업을 위한 토지 등의 취득 및 보상에 관한 법률」에서 정하는 바에 따라 개발사업의 시행에 필요한 토지 등을 제공함으로 인하여 생활의 근거를 상실하게 되는 자에 대하여 주거단지 등을 조성·공급하는 등 이주대책을 수립·시행하여야 한다.
* 기업도시 개발에 따른 이주대책 등에 관한 기준
제1조(목적) 이 기준은 「기업도시개발 특별법」(이하 "법"이라 한다) 제14조제6항·제7항 및 같은법시행령(이하 "영"이라 한다) 제19조의 규정에 의한 이주대책 및 생활대책의 수립·시행 등에 관련된 업무처리지침을 정함으로서 기업도시개발사업의 원활한 시행을 목적으로 한다.
제4조(이주대책의 수립) ① 시행자는 이주대책을 이 기준이 정하는 바에 따라 법 제11조제1항의 규정에 의한 개발계획 승인신청 이전까지 수립하여야 한다.
제6조(이주대책의 시행방법) ① 이주대책은 다음 각 호의 방법에 의하여 이를 시행한다.
  1. 이주자택지의 공급
  2. 주택공급에관한규칙에 의한 주택특별공급
  3. 이주정착금의 지급
제8조(이주대책대상자 선정기준) ① 이주대책대상자는 당해 개발구역내 소재하는 주거용 건축물을 기준일 이전부터 보상계약체결일 또는 수용재결일까지 계속하여 소유하고 그 주거용 건축물에 계속하여 거주한 자로 한다. 다만, 다음 각 호에 해당하는 자는 이주대상자에서 제외된다.

> 1. 개발구역내 1989년 1월 25일 이후 건축된 무허가건축물의 소유자
> 2. 법인 또는 단체
> 3. 타인이 소유하고 있는 건축물에 거주하는 세입자
> 4. 그 밖에 관계법령 등이 정한 요건에 해당하지 아니하는 자
>
> **제9조(이주대책대상자 선정절차)** ① 제8조 제1항 본문에 해당하는 자는 별지 제8호 서식에 의하여 이주대책 대상자 선정신청을 하여야 한다.
>
> ※ 이상의 참조조문은 가상의 조문이며 실정법령과 다를 경우 위 참조조문에 따를 것.

I. 문제의 소재

甲이 제기한 취소소송의 제기가 적법하려면 ① 위법한 처분을 대상으로(행정소송법(이하 법명 생략) 19조, 2조1항1호), ② 취소를 구할 법률상 이익이 있는 자가(제12조), ③ 협의의 소의 이익(권리보호의 필요)이 있는 경우에, ④ 처분을 행한 행정청을 상대로(제13조), ⑤ 제소기간 내에(제20조), ⑥ 행정청의 소재지를 관할하는 행정법원에 제기하여야 한다(제9조). 사안의 경우 대상적격과 관련하여 甲의 이주대책 대상자 선정신청에 대한 거부가 거부처분에 해당되며, 甲에게 원고적격이 인정되는지, 사업시행자인 민간기업 을의 피고적격을 인정할 수 있는지 문제된다.

II. 대상적격 - 거부처분

1. 거부처분의 요소로서 신청권

2. 사안의 경우

甲이 신청한 행위는 이주대책 대상자 선정행위로서 공권력의 행사에 해당한다. 선정거부행위가 있으면 甲은 향후 있을 주택특별신청 자체를 하지 못하게 되므로 신청인의 법률관계에 변동을 일으킨다. 기업도시개발 특별법 제14조는 사업시행자는 생활의 근거를 상실하게 되는 자에 대하여 이주대책을 수립시행해야 할 의무를 규정하고 있고, 국토교통부 고시인 기업도시 개발에 따른 이주대책 등에 관한 기준 제9조는 이주대책 대상자의 선정신청절차에 대하여 규정하고 있는 점을 고려하면 갑에게는 법규상 신청권이 인정된다고 할 수 있다. 따라서 甲의 신청을 거부한 乙의 선정거부는 거부처분에 해당한다.

III. 원고적격

1. 취소소송의 원고적격

행정소송법 제12조 전단은 원고적격에 대해서 "취소소송은 처분 등의 취소를 구할 법률상의 이익이 있는 자가 제기할 수 있다."고 규정하고 있다. 법률상 이익의 의미에 대해서 견해대립이 있지만 통설은 법률이 개인을 위하여 보호하고 있는 이익을 침해당한 자도 처분을 다툴 수 있다는 법률상보호이익구제설의 입장이다. 판례도 당해 처분의 근거법규 및 관련법규에 의하여 보호되는 개별적·직접적·구체적 이익이 있는 경우에 법률상이익을 인정하고 있다.

판례는 거부처분의 요소로 요구하는 신청권을 원고적격과 구분되는 것으로 보면서도 신청권이 인정되는 사안에서는 별도로 원고적격의 구비여부를 검토하지 않고 원고적격을 인정하고 있다. 응답받을 권리인 형식적 신청권의 문제와 원고적격은 개념상 구분되는 문제이지만 신청권이 인정되나 원고적격이 부정되는 사안은 현실적으로 상정하기 어려울 것이므로 신청인이 거부처분의 상대방이면 원고적격은 인정될 것이다.

2. 사안의 경우

사안은 甲에게 이주대책 대상자 선정에 관한 신청권이 인정된 경우이므로 원고적격도 인정될 것이다.[1] 신청권을 거부처분의 요소로 보지 않고 원고적격의 문제로 보는 견해에 의하더라도, 기업도시개발 특별법 제14조와, 법령보충적 규칙[2]으로서 법규명령으로서의 효력을 가지는 기업도시 개발에 따른 이주대책 등에 관한 기준 제9조에 의하여 보호되는 개별적,직접적,구체적 이익이 있으므로 甲의 원고적격이 인정된다.

IV. 피고적격

1. 취소소송의 피고적격

2. 사안의 경우

기업도시개발 특별법 제10조는 국토교통부 장관이 기업도시 개발구역의 지정을 제안한 민간기업 등을 개발사업의 시행자로 지정한다고 되어 있다. 사안에서 민간기업 乙은 특별법에 의해 사업시행자로 지정된 자로서 개발사업을 위하여 필요한 토지 등을 수용 또는 사용할 수 있는 권리등과 이주대책을 수립시행해야 할 의무 등을 부여받은 공무수탁사인에 해당한다. 乙이 행한 처분인 이주대책 대상자 선정거부처분에 대한 취소소송의 피고는 민간기업 을이 된다(행정소송법 제2조 2항).

V. 소 결

甲에게는 이주대책 선정과 관련한 법규상 신청권이 인정되므로 乙의 거부행위는 거부처분에 해당한다. 甲은 특별법에 의해 보호되는 개별적, 직접적, 구체적 이익이 있는 자로서 원고적격도 인정된다. 甲은 개발사업의 시행에 관한 권한을 위탁받은 공무수탁사인으로서 甲이 행한 처분의 피고적격을 가진다. 甲이 제기한 취소소송은 적법하다.

---

1) 이렇게 서술하는 방식은 생소할 것이다. 대부분의 교재는 판례의 입장이 타당하다고 하면서 거부처분에 대해서만 검토하거나, 판례를 비판하고 원고적격설의 입장을 취하면서 신청권은 포섭하지 않고 원고적격 부분에서 법률상 이익의 인정여부를 논하고 있다. 만약 대상적격 파트에서 거부처분의 요소로 신청권을 요구하는 판례의 입장을 비판하고 원고적격설을 취했다면 원고적격을 서술할 때 처분의 근거법규 및 관련법규의 개별적, 직접적, 구체적 이익이 있는지를 논증하면 될 것이다.
2) 참조조문으로 기업도시개발 특별법 제14조 7항과 시행령 제19조를 제시하지 않았지만 법14조7항은 이주대책에 포함될 일정한 사항을 대통령령으로 정하라고 위임하고 있고, 시행령 제19조 ①,②항은 세부내용을 국토교통부 장관이 따로 정할 수 있도록 재위임하고 있다. 이에 근거하여 제정된 것이 기업도시 개발에 따른 이주대책 등에 관한 기준 제9조인데 이는 행정규칙의 형식이지만 법규명령의 실질을 가지는 법령보충적 규칙에 해당하며, 법적 성질에 대해 견해대립이 있으나 통설,판례는 법규명령설이다. 원고적격으로서 법률상 이익과 관련하여 보호규범인 처분의 근거법규 및 관계법규는 법률과 법규명령 뿐만 아니라 법규명령의 효력을 갖는 법령보충적 규칙도 포함된다.

유제 [법전협 2023-2]

서울특별시 □□구에 소재한 ○○아파트는 준공 후 40년이 지나 재건축이 필요한 시점에 안전진단이 통과되었고 정비구역이 지정되었다. 그 이후 ○○아파트에 거주하는 주민들은 「도시 및 주거환경정비법」에 따라 조합설립추진위원회를 구성하여 구청장(甲)의 승인을 받았고, 조합설립에 필요한 주민의 동의를 얻어 ○○아파트 주택재건축정비사업조합(이하 '재건축조합'이라고 함) 설립인가를 甲에게 받았다. 설립인가를 받은 재건축조합 A는 사업시행계획서 등을 작성해 사업시행인가를 甲에게 신청하였고, 甲은 사업시행인가를 하였다. A는 사업시행인가를 받기 전에 ○○아파트 부지가 「교육환경 보호에 관한 법률」에 따라 교육환경보호구역으로 설정·고시되어 있기에 교육환경영향평가에 대한 서울특별시 교육감(乙)의 승인을 별도로 받아 두었다(乙의 승인은 인허가의제 대상이 아님).

2. 교육환경보호구역 내에 거주하는 주민들(A조합의 조합원은 아님)은 乙이 교육환경평가서에 대해 서울특별시교육청 교육환경보호위원회의 심의를 거치지 않고 승인하였다는 사실을 알고 이를 항고소송으로 다투고자 한다.
   (1) 항고소송의 원고적격과 피고적격 및 대상적격에 대해 논하라. (15점)
   (2) 항고소송의 대상이 된 처분의 하자와 그 하자의 효과를 논하라. (20점)

[참조조문]

* **교육환경 보호에 관한 법률**(약칭: 교육환경법)
제1조(목적) 이 법은 학교의 교육환경 보호에 필요한 사항을 규정하여 학생이 건강하고 쾌적한 환경에서 교육받을 수 있게 하는 것을 목적으로 한다.
제5조(시·도교육환경보호위원회 등) ① 교육환경 보호를 위한 다음 각 호의 사항을 심의하기 위하여 교육감 소속으로 시·도교육환경보호위원회(이하 "시·도위원회"라 한다)를 둔다.
  1. 교육감의 교육환경 보호에 관한 시책
  2. 시행계획
  3. 제6조제1항에 따른 교육환경평가서
  4. 그밖에 관할 구역의 교육환경 보호와 관련하여 위원장이 회의에 부치는 사항
제6조(교육환경평가서의 승인 등) ① 다음 각 호의 자는 교육환경에 미치는 영향에 관한 평가서(이하 "교육환경평가서"라 한다)를 대통령령으로 정하는 바에 따라 관할 교육감에게 제출하고 그 승인을 받아야 한다.
  1.~ 3. (생략)
  4. 학교(「고등교육법」 제2조 각 호에 따른 학교는 제외한다) 또는 제8조 제1항에 따라 설정·고시된 교육환경보호구역이 「도시 및 주거환경정비법」 제2조 제1호에 따른 정비구역으로 지정·고시되어 해당 구역에서 정비사업을 시행하려는 자
  5. 제8조 제1항에 따라 설정·고시된 교육환경보호구역에서 「건축법」 제11조 제1항 단서에 따른 규모의 건축을 하려는 자
② 제1항에 따른 학교의 교육환경 평가 대상은 학교용지 예정지 또는 정비사업 예정지 등의 위치, 크기·외형, 지형·토양환경, 대기환경, 주변 유해환경, 공공시설을 포함한다.
③ 교육감은 교육환경평가서를 승인하기 위하여는 시·도위원회의 심의를 거쳐야 하며, 이를 위하여 제13조에 따른 교육환경 보호를 위한 전문기관 또는 대통령령으로 지정하는 기관의 검토의견을 함께 제공하여야 한다.

해설

1. 설문(1)

위원회의 심의는 교육환경영향평가서 승인처분의 절차이므로 심의를 거치지 않고 승인하였다는 것을 다투고자 할 때 항고소송의 대상은 교육감 乙의 교육환경영향평가서 승인처분이며 후행 처분인 구청장 甲의 사업시행인가처분이 아니다.

교육환경보호구역 내에 거주하는 주민들은 승인처분의 제3자이지만 교육환경 평가 대상이 학교용지 예정지 또는 정비사업 예정지 등의 위치, 크기·외형, 지형·토양환경, 대기환경, 주변 유해환경, 공공시설을 포함하고 있는 점을 고려하면 구역 내에 소재한 학교에 다니거나 향후 다닐 예정인 학생과 학부모들에게는 원고적격을 인정할 수 있다.

취소소송의 피고적격은 처분을 행한 행정청이므로 교육환경평가 승인을 한 교육감 乙이 피고가 된다.

2. 설문(2)

위원회의 심의를 거치지 않은 절차요건이 문제된다. 교육환경법 제6조3항은 교육감이 승인하기 위해서는 교육환경보호위원회의 심의를 거치도록 하고 있다. 심의를 거치도록 한 취지는 그에 관한 전문가 내지 이해관계인의 의견과 주민의 의사를 행정청의 의사결정에 반영함으로써 공익에 가장 부합하는 민주적 의사를 도출하고 행정처분의 공정성과 투명성을 확보하려는 데 있고, 나아가 그 심의의 요구가 법률에 근거하고 있을 뿐 아니라 심의에 따른 의결내용도 단순히 절차의 형식에 관련된 사항에 그치지 않고 금지행위 및 시설의 해제 여부에 관한 행정처분에 영향을 미칠 수 있는 사항에 관한 것임을 종합해 보면, 금지행위 및 시설의 해제 여부에 관한 행정처분을 하면서 절차상 심의를 누락한 하자가 있다면 그와 같은 하자를 가리켜 위 행정처분의 효력에 아무런 영향을 주지 않는다거나 경미한 정도에 불과하다고 볼 수는 없으므로, 교통영향평가승인처분은 심의를 거치지 않은 절차하자가 있다.

교육환경법에서 명문으로 하자의 효과에 대해 규정한 바는 없으므로 중대명백설에 따라 판단한다. 판례는 절차하자가 있는 경우 취소사유로 보는 경우가 다수이다. 사안과 유사한 경우인 학교환경위생정화구역 내에서 금지행위 및 시설의 해제 여부에 관한 행정처분을 함에 있어 학교환경위생정화위원회의 심의를 누락한 흠이 있는 경우 취소사유로 보았다. 반면에 환경영향평가절차를 이행하지 않은 사업승인처분은 무효라고 판시한 바 있다.

심의규정을 위반한 것은 강행법규를 위반한 것이기는 하나 심의결과에 기속력을 인정하지 않고 있는 점을 고려할 때 하자가 중대명백하다고 볼 수는 없어 취소사유에 해당하며 처분의 효력은 있다.

사례 123 대상적격, 원고적격(단체소송), 제소기간 [변시 2019]

    2017. 12. 20. 보건복지부령 제377호로 개정된 「국민건강보험 요양급여의 기준에 관한 규칙」(이하 '요양급여규칙'이라 함)은 비용대비 효과가 우수한 것으로 인정된 약제에 대해서만 보험급여를 인정해서 보험재정의 안정을 꾀하고 의약품의 적정한 사용을 유도하고자 기존의 보험 적용 약제 중 청구실적이 없는 미청구약제에 대한 삭제제도를 도입하였다. 개정 전의 요양급여규칙은 품목허가를 받은 모든 약제에 대하여 보험급여를 인정하였으나, 개정된 요양급여규칙에 따르면 최근 2년간 보험급여 청구 실적이 없는 약제에 대하여 요양급여대상 여부에 대한 조정을 할 수 있다.

    보건복지부장관은 위와 같이 개정된 요양급여규칙의 위임에 따라 사단법인 대한제약회사협회 등 의약관련 단체의 의견을 받아 보건복지부 고시인 '약제급여목록 및 급여상한금액표'를 개정하여 2018. 9. 23. 고시하면서, 기존에 요양급여대상으로 등재되어 있던 제약회사 甲(이하 '甲'이라 함)의 A약품(1998. 2. 1. 등재)이 2016. 1. 1.부터 2017. 12. 31.까지의 2년간 보험급여 청구실적이 없는 약제에 해당한다는 이유로 위 고시 별지4 '약제급여목록 및 급여상한금액표 중 삭제품목'란(이하 '이 사건 고시'라 함)에 아래와 같이 A약품을 등재하였다. 요양급여대상에서 삭제되면 국민건강보험의 요양급여를 받을 수 없어 해당 약제를 구입할 경우 전액 자기부담으로 구입하여야 하고 해당 약제에 대해 요양급여를 청구하여도 요양급여청구가 거부되므로 해당 약제의 판매 저하가 우려된다.

보건복지부 고시 제 2018-○○호(2018. 9. 23.)
약제급여목록 및 급여상한금액표
제1조 (목적) 이 표는 국민건강보험법 …… 및 국민건강보험요양급여의 기준에 관한 규칙 ……의 규정에 의하여 약제의 요양급여대상기준 및 상한금액을 정함을 목적으로 한다.
제2조 (약제급여목록 및 상한금액 등) 약제급여목록 및 상한금액은 [별표1]과 같다.

[별표1]
별지4 삭제품목
연번 17. 제조사 甲, 품목 A약품, 상한액 120원/1정

    제약회사들을 회원으로 하여 설립된 사단법인 대한제약회사협회와 甲은 이 사건 고시가 있은지 1개월 후에야 고시가 있었음을 알았다고 주장하며 이 사건 고시가 있은 날로부터 94일째인 2018. 12. 26. 이 사건 고시에 대한 취소소송을 제기하였다.

1. 보건복지부 고시인 '약제급여목록 및 급여상한금액표'의 법적 성질과 이 사건 고시의 취소소송의 대상 여부를 논하시오. (30점)
2. 사단법인 대한제약회사협회와 甲에게 원고적격이 있는지 여부를 논하시오. (20점)
3. 사단법인 대한제약회사협회 와 甲이 제기한 이 사건 소가 제소기간을 준수하였는지를 검토하시오. (20점)

[참고조문] (아래 법령은 현행 법령과 다를 수 있음)
「국민건강보험법」
제41조(요양급여)
  ① 가입자와 피부양자의 질병, 부상, 출산 등에 대하여 다음 각 호의 요양급여를 실시한다.

1. 진찰·검사
2. 약제·치료재료의 지급
3. <이하 생략>
② 제1항에 따른 요양급여의 방법·절차·범위·상한 등의 기준은 보건복지부령으로 정한다.

「국민건강보험 요양급여의 기준에 관한 규칙」
(보건복지부령 제377호, 2017. 12. 20. 공포)

제8조(요양급여의 범위 등)
① 법 제41조 제2항에 따른 요양급여의 범위는 다음 각 호와 같다.
1. 법 제41조 제1항의 각 호의 요양급여(약제를 제외한다) : 제9조에 따른 비급여대상을 제외한 것.
2. 법 제41조 제1항의 2호의 요양급여(약제에 한한다) : 제11조의2, 제12조 및 제13조에 따라 요양급여 대상으로 결정 또는 조정되어 고시된 것
② 보건복지부장관은 제1항의 규정에 의한 요양급여대상을 급여목록표로 정하여 고시하되, 법 제41조 제1항의 각 호에 규정된 요양급여행위, 약제 및 치료재료(법 제41조 제1항의 2호의 규정에 의하여 지급되는 약제 및 치료재료를 말한다)로 구분하여 고시한다.

제13조(직권결정 및 조정)
④ 보건복지부장관은 다음 각 호의 어느 하나에 해당하면 이미 고시된 약제의 요양급여대상여부 및 상한금액을 조정하여 고시할 수 있다.
1. ~ 5. <생략>
6. 최근 2년간 보험급여 청구실적이 없는 약제 또는 약사법령에 따른 생산실적 또는 수입 실적이 2년간 보고되지 아니한 약제

부 칙
이 규칙은 공포한 날로부터 시행한다.

[설문 1] '약제급여목록 및 급여상한금액표'의 법적 성질과 고시의 취소소송의 대상 여부. (30점)

I. 문제의 소재

고시의 법적 성질은 일률적으로 판단할 수 없는데 보건복지부 고시인 '약제급여목록 및 급여상한금액표'가 법령보충적 규칙으로서 법규명령에 해당하는지. 또한 이 사건 고시가 취소소송의 대상이 되는 처분에 해당하는지 문제된다.

II. '약제급여목록 및 급여상한금액표'의 법적 성질

1. 고시의 법적성질

고시는 행정청이 결정한 사항 기타 일정한 사항을 일반에게 알리는 통지행위의 성질을 가지는 것이 보통이다. 그러나 고시는 그 성질을 일률적으로 판단할 것이 아니라 고시에 담겨진 내용에 따라 달리 보아야 할 것이다. 판례도 고시가 일반적·추상적 성격을 가질 때에는 법규명령 또는 행정규칙에 해당할 것이지만, 다른 집행행위의 매개 없이 그 자체로서 직접 국민의 구체적인 권리의무나 법률관계를 규율하는 성격을 가질 때에는 항고소송의 대상이 되는 처분에 해당된다고 한다.

2. 법령보충적 규칙

법령보충적 규칙은 법률의 내용이 일반적이어서 구체화가 필요하여 법령의 위임을 받아 구체적인 내용을 훈령·고시 등의 행정규칙의 형식으로 정하는 경우를 말하는데 법규와 같은 효력을 인정할 것인지 법적 성질이 문제된다.

법령보충적 규칙의 법적 성질에 대하여 행정규칙설, 법규명령설, 위헌무효설, 규범구체화행정규칙설 등의 견해대립이 있으나 다수설,판례는 상위법령과 결합하여 상위법령을 보충하는 기능을 가진 대외적 구속력이 있는 법규명령으로서의 효력을 가진다고 한다. 행정규제기본법 제4조 2항은 고시 등의 형식으로 규제를 정할 수 있다고 하여 실정법적으로 법규명령설을 뒷받침하고 있고, 법령의 위임을 받아서 행정규칙에서 위임을 한 법령을 보충하는 구체적인 사항을 정하는 경우 국회입법원칙에 반하는 것은 아니며, 탄력성 있는 행정규칙의 형식으로 제정할 필요도 있으므로 법규명령설이 타당하다.

3. 처분적 명령

법규명령은 일반적·추상적 규율로서 행정소송법상 처분에 해당하지 않는다. 판례도 일반적·추상적인 법령 그 자체로서 국민의 구체적인 권리의무에 직접적인 변동을 초래하는 것이 아닌 것은 행정소송의 대상이 될 수 없다고 한다. 그러나 예외적으로 법규명령이 실질적으로 처분의 성질을 가지는 경우인 처분적 법규명령은 항고소송의 대상이 된다. 판례는 조례가 집행행위의 개입 없이도 그 자체로서 직접 국민의 구체적인 권리의무나 법적 이익에 영향을 미치는 등의 법률상 효과를 발생하는 경우 행정처분에 해당한다고 하면서 두밀분교폐지조례의 처분성을 긍정한 바 있다.

4. 사안의 경우

보건복지부 고시인 '약제급여목록 및 급여상한금액표'는 국민건강보험법 제41조2항, 부령인 국민건강보험 요양급여의 기준에 관한 규칙 제8조2항, 제13조4항의 위임에 따라 제정된 것인데 그 형식은 행정규칙이나 약제의 요양급여대상기준 및 상한금액등 규정내용의 실질이 국민의 권리의무에 관계되는 것으로서 법령보충적 규칙에 해당되므로 위임의 한계를 벗어나지 않는 한 법규명령으로서의 효력을 가진다고 볼 수 있다.

다만, 고시인 '약제급여목록 및 급여상한금액표' 중에서 [별표1]은 구체적인 약제급여대상목록과 급여상한금액을 규정한 것으로서 고시되면 ① 특정 제약회사의 특정 약제가 요양급여의 대상이 되며, 또한 국민건강보험공단이 지급하여야 하거나 요양기관이 상환받을 수 있는 치료재료비용의 구체적 한도액을 특정된다는 점, ② 약제에 대한 요양급여의 청구행위가 있기만 하면 달리 행정청의 특별한 집행행위의 개입 없이 고시가 적용되는 점, ③ 특정 약제의 상한금액의 변동은 곧바로 국민건강보험가입자가 부담 또는 국민건강보험공단이 지급하여야 하거나 요양기관이 상환받을 수 있는 약제비용을 변동시킬 수 있다는 점 등에 비추어 보면, 다른 집행행위의 매개 없이 그 자체로서 국민건강보험가입자, 국민건강보험공단, 요양기관 등의 법률관계를 직접 규율하는 성격을 가지므로 처분적 명령으로서 항고소송의 대상이 되는 행정처분에 해당한다.[1]

---

[1] '약제급여목록 및 급여상한금액표'의 법적 성질에 대해서 법령보충적 규칙에 해당하며 일반적·추상적 규율로서 처분은 아니라는 견해도 있을 수 있다(처분적 명령의 인정범위를 좁게 보는 견해).
대법원 판례는 '약제급여·비급여목록 및 급여상한금액표'를 처분으로 보았다(대판 2006.9.22. 2005두2506). 동 판례의 하급심에서는 해설처럼 법령보충적 규칙이라고 하면서 '약제급여목록 및 급여상한금액표'를 처분이라고 판시하였다. 판례가 '약제급여

III. [별표1] 별지4 삭제품목란의 취소소송 대상 여부

1. 취소소송의 대상

2. 사안의 경우

보건복지부 고시인 '약제급여목록 및 급여상한금액표'의 [별표1]이 처분적 명령으로서 행정소송법상 처분에 해당하며, 고시의 별지4 '약제급여목록 및 급여상한금액표 중 삭제품목' 란은 '약제급여목록 및 급여상한금액표'의 [별표1[의 내용을 변경하는 것으로서 역시 처분에 해당한다. 삭제품목란에 A약품이 등재되어 A약품이 요양급여대상에서 제외되면 해당 약제를 구입할 경우 건강보험가입자는 전액 자기부담으로 구입하여야 하고 요양기관이 해당 약제에 대해 요양급여를 청구하여도 요양급여청구가 거부되는 효과가 행정청의 별도의 집행행위의 매개 없이 발생하기 때문이다.

IV. 결론

보건복지부 고시인 '약제급여목록 및 급여상한금액표' 자체는 법령보충적 규칙으로서 법규명령의 효력을 가지나 [별표1]은 처분적 명령의 성격을 가지므로 처분이다. 고시의 별지4 '약제급여목록 및 급여상한금액표 중 삭제품목' 란 역시 처분의 내용을 변경하는 것으로서 처분에 해당한다.

[설문 2] 사단법인 대한제약회사협회와 甲의 원고적격 (20점)

I. 문제의 소재

원고적격은 구체적인 소송사건에서 당사자로서 소송을 수행하고 본안판결을 받기에 적합한 자격을 말한다. 행정소송법 제12조의 법률상 이익의 의미에 대해 검토한 후 협회의 원고적격과 관련한 단체소송의 가능성 및 고시로 인해 甲에게 직접 불이익이 발생하는지를 검토한다.

II. 취소소송의 원고적격

III. 대한제약회사협회의 원고적격

1. 단체소송

단체소송은 단체 스스로가 개인과 마찬가지로 법으로 보호하는 자신의 이익을 보호받기 위하여 제기하는 부진정한 단체소송과 단체가 그의 구성원의 집단적 이익을 관철하기 위하여 단체의 이름으로 제기하는 소송(이기적 단체소송) 또는 단체 자신의 이익이나 단체구성원의 이익을 직접적으로 보호하기 위한 것이 아니라 특정한 제도나 문화가치, 환경오염의 방지 등 공익추구를 목적으로 하는 소송(이타적 단체소송)을 의미하는 진정단체소송이 있다.

부진정한 단체소송은 개인이 자신의 법률상 이익을 위하여 제기하는 행정소송과 다를 바 없으므로 인정

목록 및 급여상한금액표'를 처분이라고 했지만 다툼의 대상이 되었던 것은 약제급여목록 및 급여상한금액표' 중 별표의 내용들일 것이다.
해설은 '약제급여·비급여목록 및 급여상한금액표' 자체는 법령보충적규칙으로 법규명령이지만 [별표1]은 처분적 명령의 성격을 가지므로 처분으로 포섭했다.

되나, 진정단체소송은 객관적 소송으로서의 성격을 갖기 때문에 개인정보보호법에서 개인정보 단체소송을 인정한 것과 같이 법률에 특별한 규정이 없는 한 허용되지 않는다.

2. 사안의 경우

사단법인 대한제약회사협회는 사단법인이므로 당사자능력은 있으나 협회가 협회 자신의 법률상 이익을 위하여 소송을 제기하는 것이 아니라 협회의 구성원의 이익을 위하여 소송을 제기하는 것으로 진정단체소송(이기적 단체소송)에 해당하는데 법률에 특별한 규정을 두어 허용하고 있지 않으므로 이러한 소송은 현행법상 허용되지 않는다. 결국 협회가 행정소송법 제12조의 법률상 이익이 있는 경우 원고적격이 인정되는데 협회는 제약회사들을 회원으로 하는 사단법인일 뿐, 국민건강보험법상 요양급여행위, 요양급여비용의 청구 및 지급과 관련하여 직접적인 법률관계를 갖지 않고 있지 않으므로 원고적격이 부정된다.

IV. 甲의 원고적격

국민건강보험법이 국민의 건강증진과 요양급여의 적절한 지급을 목적으로 하고 있으나 요양급여에 관한 규정은 제약회사의 이익과 직접적으로 관련되어 있다고 할 수 있다. 요양급여대상에서 삭제되면 국민건강보험의 요양급여를 받을 수 없어 건강보험 가입자가 해당 약제를 구입할 경우 전액 자기부담으로 구입하여야 하고 해당 약제에 대해 요양급여를 청구하여도 요양급여청구가 거부되므로 해당 약제의 사용이 줄어들 것으로 예상되며 이는 제약회사의 판매량 저하를 가져와서 제약회사의 영업상 이익에 직접적인 영향을 줄 것으로 예상된다. 따라서 제약회사 甲의 원고적격은 인정된다.

V. 사안의 해결

사단법인 대한제약회사협회의 원고적격은 인정되지 않지만 제약회사 甲의 원고적격은 인정된다.

[설문 3] 사단법인 대한제약회사협회 와 甲이 제기한 소의 제소기간 준수 여부 (20점)

I. 문제의 소재

대한제약회사협회와 甲이 취소소송을 제기한 시점이 보건복지부장관이 약제급여목록 및 급여상한금액표를 고시한 날로부터는 90일이 경과하였는 바 취소소송의 제소기간을 준수하였는지 문제된다. 고시에 의한 처분은 통상적인 개별처분의 경우와 달리 판단할 것인지의 문제이다.

II. 취소소송의 제소기간

취소소송은 민사소송과는 달리 행정법관계의 법적 안정성의 요청 때문에 제소기간의 제한이 있다. 주관적으로는 처분이 있음을 안 날부터 90일 이내에, 객관적으로는 처분이 있은 날로부터 1년 이내에 제기하여야 한다. 다만 정당한 사유가 있는 경우에는 1년을 경과하더라도 제기할 수 있다(행정소송법 제20조).
행정소송법 제20조 제1항이 정한 제소기간의 기산점인 '처분 등이 있음을 안 날'이란 통지, 공고 기타의 방법에 의하여 당해 처분 등이 있었다는 사실을 현실적으로 안 날을 의미한다. 상대방이 있는 행정처분의 경우에는 특별한 규정이 없는 한 의사표시의 일반적 법리에 따라 행정처분이 상대방에게 고지되어야 효력을 발생하게 되므로, 행정처분이 상대방에게 고지되어 상대방이 이러한 사실을 인식함으로써 행정처분이 있다는 사실을 현실적으로 알았을 때 행정소송법 제20조 제1항이 정한 제소기간이 진행한다. '처분이 있은 날'이라 함은 상대방이 있는 행정처분의 경우는 특별한 규정이 없는 한 의사표시의 일반적 법리에 따라 그 행정처분이 상대방에게 고지되어 효력이 발생한 날을 말한다.

제20조 1항·2항의 기간 중 어느 하나의 기간이 만료되면 제소기간은 도과한다. 다만 심판을 거친 경우에는 제20조 1항·2항의 기간은 각각 심판의 재결서 정본을 송달받은 날부터, 재결이 있은 날부터 기산한다.

III. 고시 또는 공고에 의한 처분의 경우 제소기간

고시 또는 공고에 의하여 처분이 행해진 경우에도 개별통지 등을 통해 당사자가 처분이 있은 것을 알지 않는 한 공고가 효력을 발생하는 날로 보아 1년 이내에 행정소송을 제기할 수 있다는 견해가 있지만, 판례는 통상 고시 또는 공고에 의하여 행정처분을 하는 경우에는 그 처분의 상대방이 불특정 다수인이고 그 처분의 효력이 불특정 다수인에게 일률적으로 적용되는 것이므로, 그 행정처분에 이해관계를 갖는 자가 고시 또는 공고가 있었다는 사실을 현실적으로 알았는지 여부에 관계없이 고시가 효력을 발생하는 날 행정처분이 있음을 알았다고 보아야 한다고 하여 고시 또는 공고의 효력발생일에 행정처분이 있음을 알았던 것으로 보아 기산한다는 입장이다. 단 판례는 개별토지가격결정의 공고와 같이 처분의 효력이 각각의 토지 또는 각각의 소유자에 대하여 개별적으로 발생하는 경우와 특정인에 대한 처분을 주소불명 등의 이유로 송달할 수 없어 공고를 한 때에는 처분이 있음을 안 것으로 의제할 수 없다고 한다.

IV. 사안의 해결

보건복지부 고시인 '약제급여목록 및 급여상한금액표'는 불특정 다수의 건강보험가입자, 병원, 제약회사 등을 상대방으로 하고 있으며 처분의 효력 역시 불특정 다수인에게 일률적으로 적용된다고 할 수 있다. 판례의 해석론에 의하면 고시의 효력발생일에 처분이 있음을 알았던 것으로 의제된다. 고시의 효력발생일에 대해서 설문상으로는 나타난 바가 없다. 대통령령인 행정업무의 운영 및 혁신에 관한 규정에 따르면 공고문서는 그 문서에서 효력발생 시기를 구체적으로 밝히고 있지 않으면 고시 또는 공고 등이 있은 날부터 5일이 경과한 때에 효력이 발생한다(제6조3항). 사안의 고시는 고시일인 2018.9.23.일부터 5일이 경과하여야 효력이 발생[2]하며 사단법인 대한제약회사협회와 甲은 고시가 있었다는 사실을 현실적으로 알았는지 여부에 관계없이 고시의 효력발생일인 2018.9.29.에 고시를 알았다고 의제된다. 알았다고 의제되는 시기는 2018.9.29. 영시부터이므로 초일이 산입되므로 2018.9.29.일부터 90일 이내인 2018.12.27. 일까지 취소소송을 제기하면 된다. 이들이 2018.12.26. 제기한 소는 제소기간을 준수하였다.

---

[2] 사안의 고시가 2018.9.23. 효력이 발생한 것으로 보고 이 날 안 것으로 의제되므로 고시가 있은 날부터 94일째인 이 사건 소 제기가 부적법한 것으로 포섭할 수도 있으나 설문에서는 고시가 2018.9.23. 효력이 발생하였다는 사정이 보이지 않아 해설은 행정 효율과 협업촉진에 관한 규정에 입각해서 고시의 효력발생일을 판단한 것이다. 만약에 고시일에 효력이 발생한 것으로 전제하고 서술한다면 설문의 경우 제소기간은 경과하여 소가 부적법하게 된다. 답안을 작성하면서 고시일에 효력이 발생한 것으로 가정할 것인지, 특별한 언급이 없으므로 행정 효율과 협업촉진에 관한 규정을 적용할 것인지를 명확히 해야 정확한 답안을 작성할 수 있을 것이다.

사례 124   집행정지, 협의의 소의 이익, 제소기간   [법전협 2016-2]

    5인 가족을 부양하고 있는 甲은 공직에서 은퇴한 뒤 퇴직금 등 자신의 거의 전재산을 투입하여 서울 종로구 소재 헬스클럽 앞에서 일반음식점영업인 삼계탕집을 경영하고 있는데, 거의 대부분의 손님이 위 헬스클럽 회원들이다. 그런데 경쟁 업소인 또 하나의 삼계탕집에서 사용하는 식재료가 다소 불결하다는 소문이 돌자 건강관리에 예민한 헬스클럽 회원들 대부분이 甲의 삼계탕집을 이용하게 되면서 甲의 삼계탕집은 성업을 이루게 되었다.

    그런데 종로구청 식품위생과 공무원들이 2016. 9. 1. 甲의 삼계탕집을 단속한 결과 주방에서 생률(生栗 ; 날것 그대로의 밤)이 담긴 봉지의 상단에 '유통기한 : 2016. 8. 25.까지'라는 문구가 적혀 있는 사실을 발견하자, 종로구청장 A는 2016. 9. 5. "甲이 2016. 9. 1.에 유통기한이 경과한 생률을 조리의 목적으로 주방에 보관함으로써 식품위생법 제44조 제1항 제3호를 위반하였다."는 이유로 식품위생법 제75조 및 동법 시행규칙 제89조 별표 23에 따라 甲에게 2016. 10. 1.부터 15일간 영업정지를 명하는 처분(이하 '1차 영업정지처분'이라 한다)을 하였고 이 처분은 2016. 9. 12. 甲에게 도달되었다. 甲은 2016. 9. 28. 종로구청장을 피고로 하여 서울행정법원에 1차 영업정지처분의 취소를 구하는 소(이하 '이 사건 소'라 한다)를 제기하였다.

1. 甲이 이 사건 소를 제기하면서 동시에 서울행정법원에 1차 영업정지처분에 대한 집행정지신청(이하 '이 사건 집행정지신청'이라 한다)을 한 경우, 이 사건 집행정지신청은 인용될 수 있는가? (15점)
2. 만약 甲이 취소소송을 2016. 9. 28.이 아니라 2016. 12. 12.에 제기하는 경우라면, 그 소는 적법한가? (25점)

[참조조문]
*** 식품위생법**
제44조(영업자 등의 준수사항) ① 식품접객영업자 등 대통령령으로 정하는 영업자와 그 종업원은 영업의 위생관리와 질서유지, 국민의 보건위생 증진을 위하여 영업의 종류에 따라 다음 각 호에 해당하는 사항을 지켜야 한다.
    3. 유통기한이 경과된 제품·식품 또는 그 원재료를 조리·판매의 목적으로 소분·운반·진열·보관하거나 이를 판매 또는 식품의 제조·가공에 사용하지 말 것
제75조(허가취소 등) ① 식품의약품안전처장 또는 특별자치도지사·시장·군수·구청장은 영업자가 다음 각 호의 어느 하나에 해당하는 경우에는 대통령령으로 정하는 바에 따라 영업허가 또는 등록을 취소하거나 6개월 이내의 기간을 정하여 그 영업의 전부 또는 일부를 정지하거나 영업소 폐쇄(제37조제4항에 따라 신고한 영업만 해당한다. 이하 이 조에서 같다)를 명할 수 있다.
    13. 제44조제1항·제2항 및 제4항을 위반한 경우
② 식품의약품안전처장 또는 특별자치도지사·시장·군수·구청장은 영업자가 제1항에 따른 영업정지 명령을 위반하여 영업을 계속하면 영업허가 또는 등록을 취소하거나 영업소 폐쇄를 명할 수 있다.
⑤ 제1항 및 제2항에 따른 행정처분의 세부기준은 그 위반 행위의 유형과 위반 정도 등을 고려하여 총리령으로 정한다.

*** 식품위생법 시행령 [대통령령 제26936호]**
제21조(영업의 종류) 법 제36조 제2항에 따른 영업의 세부 종류와 그 범위는 다음 각 호와 같다.
    8. 식품접객업
        나. 일반음식점영업: 음식류를 조리·판매하는 영업으로서 식사와 함께 부수적으로 음주행위가 허용되는 영업

* 식품위생법 시행규칙 [총리령 제1297호]
제57조(식품접객영업자 등의 준수사항 등) 법 제44조 제1항에 따라 식품접객영업자 등이 지켜야 할 준수사항은 별표 17과 같다.
제89조(행정처분의 기준) 법 제71조, 법 제72조, 법 제74조부터 법 제76조까지 및 법 제80조에 따른 행정처분의 기준은 별표 23과 같다.

[별표 17] 식품접객영업자 등의 준수사항(제57조 관련)
  6. 식품접객업자(위탁급식영업자는 제외한다)의 준수사항
    카. 유통기한이 경과된 원료 또는 완제품을 조리·판매의 목적으로 보관하거나 이를 음식물의 조리에 사용하여서는 아니 된다.

[별표 23] 행정처분 기준(제89조 관련)
  Ⅱ. 개별기준
    3. 식품접객업
      영 제21조제8호의 식품접객업을 말한다.
    10. 법 제44조제1항을 위반한 경우
      가. 식품접객업자의 준수사항(별표 17 제6호 자목·파목·머목 및 별도의 개별 처분기준이 있는 경우는 제외한다)의 위반으로서
        4) 별표 17 제6호 나목, 카목, 타목 3)·4), 하목 또는 어목을 위반한 경우
          1차 위반 : 영업정지 15일
          2차 위반 : 영업정지 1개월
          3차 위반 : 영업정지 3개월

[참조자료]
○ 2016년 달력
□ 표시된 날은 평일 중 공휴일임.

9월 September

일	월	화	수	목	금	토
				1	2	3
4	5	6	7	8	9	10
11	12	13	14	15	16	17
18	19	20	21	22	23	24
25	26	27	28	29	30	

10월 October

일	월	화	수	목	금	토
						1
2	3	4	5	6	7	8
9	10	11	12	13	14	15
16	17	18	19	20	21	22
23	24	25	26	27	28	29
30	31					

11월 November

일	월	화	수	목	금	토
		1	2	3	4	5
6	7	8	9	10	11	12
13	14	15	16	17	18	19
20	21	22	23	24	25	26
27	28	29	30			

12월 December

일	월	화	수	목	금	토
				1	2	3
4	5	6	7	8	9	10
11	12	13	14	15	16	17
18	19	20	21	22	23	24
25	26	27	28	29	30	31

[설문 1] 집행정지의 요건 해당 여부 (15점)

Ⅰ. 문제의 소재

행정소송에서도 본안판결이 확정되기 전에 잠정적으로 권리구제를 도모하기 위한 가구제수단이 필요함

은 물론이다. 甲이 제기한 제1차 영업정지처분에 대한 취소소송의 종결 전에 영업을 하지 못함으로써 금전상 손해가 발생할 우려가 있는 경우 갑이 가구제 수단으로서 행정소송법상(이하 법명 생략) 집행정지 신청을 할 경우 인용될 것인지 문제된다. 집행정지의 요건 중 특히 회복하기 어려운 손해예방의 필요성이 있는지가 문제된다.

II. 집행정지의 의의 및 내용

제23조 1항은 "취소소송의 제기는 처분 등의 효력이나 그 집행 또는 절차의 속행에 영향을 주지 않는다."고 규정하여 집행부정지 원칙을 천명하고 있다. 따라서 소송에서 승소한다 하더라도 권리구제의 실효성이 없게 되는 경우가 있는데, 이 때문에 제23조 2항은 예외적으로 집행정지를 인정하고 있다

집행정지의 내용에는 처분의 효력정지, 처분의 집행정지, 절차속행의 정지 등 3종류가 있다. 처분의 효력정지는 처분 등의 집행 또는 절차의 속행을 정지함으로써 목적을 달성할 수 있는 경우에는 허용되지 않는데, 설문의 15일간 영업정지처분은 별도의 집행행위나 절차의 속행 없이 처분의 목적이 달성되는 경우이므로 처분의 집행정지나 절차속행정지는 허용되지 않아 甲으로서는 처분의 효력정지신청을 하여야 한다.

III. 집행정지의 요건

1. 적극적 요건(제23조 2항)

① 본안소송(취소소송)이 계속되어 있어야 한다. 민사소송과는 달리 가구제로서 집행정지만을 신청할 수 없다. ② 처분 등이 존재하여야 한다. 처분이 효력을 발생하기 전에 그의 정지를 할 수 없음은 물론 처분이 어떠한 이유로든 효력을 상실한 후에는 집행정지의 실익이 없다. ③ 회복하기 어려운 손해 예방의 필요가 있어야 한다. "회복하기 어려운 손해"라고 함은 특별한 사정이 없는 한 사회통념상 금전보상이나 원상회복이 불가능하거나 금전보상으로는 당사자가 참고 견딜 수가 없거나 참고 견디기가 현저히 곤란한 경우의 유형·무형의 손해를 의미한다. 판례는 기업의 경우에 중대한 경영상 위기를 기준의 하나로 고려하기도 한다.[1] ④ 긴급한 필요가 있어야 한다. "긴급한 필요"라고 함은 집행정지의 필요성이 절박할 것 즉 회복하기 어려운 손해의 발생이 절박하여 본안판결을 기다릴 여유가 없음을 의미한다. 긴급한 필요성은 회복하기 어려운 손해와의 상관관계를 통하여 구체적 개별적으로 결정할 것이다.

2. 소극적 요건

① 공공복리에 중대한 영향을 미칠 우려가 없어야 한다(제23조 3항). 이는 구체적인 경우에 처분의 집행에 의해 신청인이 입을 손해와 처분의 집행정지에 의해 영향을 받을 공공복리를 비교형량하여 정하여야 한다.

② 본안에 관하여 이유 없음이 명백하지 아니하여야 한다. 집행정지는 가구제이므로 본안문제인 행정처분 자체의 적법 여부는 그 판단대상이 되지 않는 것이 원칙이지만, 집행정지는 인용판결의 실효성을 확보하기 위해 인정되는 것이며 행정의 원활한 수행을 보장하며 집행정지신청의 남용을 방지할 필요성이 있으므로 본안청구가 이유 없음이 명백하지 아니할 것을 집행정지의 소극적 요건으로 하는 것이 타당하다. 판례의 입장이기도 하다.

---

[1] 행정소송법 개정안은 이러한 경향을 반영하여 중대한 손해로 요건을 완화하고 있으며 행정심판법은 이미 중대한 손해로 개정되었다.

Ⅳ. 사안의 경우

甲은 본안소송으로 취소소송을 제기하였고 1차 영업정치처분은 처분에 해당한다. 甲이 15일 동안 제1차 영업정지처분으로 입게 되는 손해는 금전상의 손해로서 금전보상이 가능한 것이기는 하나, 거의 대부분의 손님이 헬스클럽 회원들이고, 경쟁 업소인 또 하나의 삼계탕집에서 사용하는 식재료가 다소 불결하다는 소문이 돌자 건강관리에 예민한 헬스클럽 회원들 대부분이 甲의 삼계탕집을 이용한 점에 비추어 보면, 甲이 유통기한이 경과한 식재료를 보관하였다는 이유로 영업정치처분을 받게 되면 경제적 손실 뿐 아니라 삼계탕집의 이미지 및 신용의 훼손으로 인하여 사업자의 자금사정이나 경영전반에 미치는 파급효과가 매우 중대하다고 할 수도 있으므로 회복하기 어려운 손해예방의 필요성도 있다. 또한 이러한 손해가 발생할 가능성이 시간적으로 절박하므로 긴급한 필요도 있다. 따라서 적극적 요건은 충족한다.

또한 1차 영업정지처분의 집행을 정지하는 것이 공공복리에 중대한 영향을 미칠 우려가 있다는 사정은 보이지 않으며, 1차 영업정치처분의 근거인 식품위생법 시행규칙 [별표23]의 처분기준의 법적성질을 판례의 입장에 따라 행정규칙으로 본다면 甲이 전재산 투자하여 삼계탕 집을 운영하였고, 현재 5명의 가족을 부양하고 있으며, 식품위생법을 처음 위반한 사정 등을 감안할 때 동 처분이 비례원칙에 반할 가능성도 있으므로 사안의 경우 본안에 관하여 이유 없음이 명백한 경우라고 할 수도 없어 소극적 요건도 충족한다. 따라서 甲의 집행정지신청은 인용될 것이다.

[설문 2] 취소소송의 소송요건으로서 제소기간 및 협의의 소의 이익 (25점)

Ⅰ. 문제의 소재

甲이 제기한 취소소송의 소제기가 적법하려면 취소소송의 소송요건이 구비되어야 한다. ① 종로구청장의 영업정지처분이 처분에 해당되어야 하며(행정소송법(이하 법명 생략) 제19조), ② 甲이 취소를 구할 법률상 이익(제12조 제1문) 및 협의의 소의 이익인 권리보호의 필요(제12조2문)가 있어야 하며, ③ 처분을 한 행정청을 상대로(제13조) ④ 처분이 있음을 안 날로부터 90일 이내에(제20조) ⑤ 행정청의 소재지를 관할하는 행정법원에 제기하여야 한다(제9조).

사안의 경우 甲이 영업정지처분을 대상으로 처분청인 종로구청장 피고로 하여 서울행정법원에 소를 제기하였으므로 대상적격과 피고적격 그리고 관할 요건은 구비하였다. 甲은 불이익처분의 직접 상대방이므로 원고적격도 인정된다. 갑이 2016. 12. 12.에 취소소송을 제기한 것이 제소기간을 준수하였는지 여부와 15일간의 1차 영업정지처분의 효력이 소멸한 후에 취소소송을 제기한 것이 행정소송법 제12조 후문의 협의의 소의 이익을 갖추었는지 문제된다.

Ⅱ. 제소기간 준수 여부

1. 취소소송의 제소기간

2. 사안의 경우

갑이 처분이 있음을 안 날은 1차 영업정지처분이 甲에게 도달한 2016.9.12. 이다. 그러나 안 날로부터 90일이 되는 날은 2016.12.11.인데 이 날은 일요일이므로 익일인 2016.12.12일이 제소기간의 마지막 날이 된다(민법 제161조). 甲은 2016.12.12. 소를 제기하였으므로 甲이 제기한 취소소송은 제소기간을 준수하였다.

III. 협의의 소익

1. 실효된 처분에 대한 취소소송의 협의의 소익

2. 사안의 경우

영업정지 15일의 기간이 경과한 후 소를 제기하였더라도 영업정지처분이 취소되면 甲으로서는 장차 식품위생법 제44조 제1항 제3호를 위반하더라도 영업정지 1개월 내지는 3개월의 가중적 제재처분을 받지 않을 실익이 있으므로 협의의 소의 이익을 인정할 수 있다.

IV. 사안의 해결

甲이 제기한 소는 제소기간을 준수하였고 협의의 소익 이익을 인정할 수 있어 적법하다.

유제 [법전협 2014-3]

건설업을 운영하는 甲주식회사는 '국가를 당사자로 하는 계약에 관한 법률'에 근거하여 국가와 건설도급계약을 체결하고 건축물 신축공사를 시행하였다. 위 신축공사는 乙지방조달청장(이하 '乙청장'이라고 한다)이 관할하고 있다. 그런데 甲주식회사의 현장감독 A는 담당 공무원 B에게 원활하게 공사가 진행되도록 해달라고 부탁하면서 금품을 교부하였다. 그러나 B는 이를 거절하고 乙청장과 수사기관에 이러한 사실을 알렸다. A는 뇌물공여죄로 유죄의 확정판결을 받았고, 乙청장은 甲주식회사에 대하여 건설도급계약을 해지하겠다는 뜻을 표시하였다. 甲주식회사는 해지의 효력을 다투며 계속하여 공사를 진행하고자 하였으나, 乙청장은 적법하게 해지되었다고 하면서 甲주식회사 직원들의 공사현장 출입을 막았다. 그리고 乙청장은 甲주식회사에 대하여 1년의 기간을 정하여 입찰참가자격 제한처분을 하였다.

4. 甲주식회사는 입찰참가자격 제한처분에 대하여 취소소송을 제기하였다. 그런데 甲주식회사 매출의 약 70%는 국가, 지방자치단체 등으로부터 수주하는 관급공사를 통한 것이어서 위 취소소송이 종결되기 이전에 甲주식회사는 심각한 경영상의 위기를 맞게 될 것으로 우려된다. 甲주식회사가 취할 수 있는 적절한 가구제 수단과 그 인용가능성을 검토하시오. (30점)

[해설]

甲주식회사는 본안소송으로 취소소송을 제기하였고 입찰참가자격 제한조치는 처분에 해당한다. 甲주식회사가 1년 동안 입찰참가자격 제한처분을 통하여 입게 되는 손해는 금전상의 손해로서 금전보상이 가능한 것이기는 하나, 甲주식회사의 매출의 70%가 관급공사를 통해 발생한다는 점을 고려할 때 매출의 급감으로 인하여 중대한 경영상 위기를 초래할 수는 있다. 매출 감소로 인한 경제적 손실 뿐 아니라 기업 이미지 및 신용의 훼손으로 인하여 사업자의 자금사정이나 경영전반에 미치는 파급효과가 매우 중대하다고 할 수도 있으므로 회복하기 어려운 손해예방의 필요성도 있다. 또한 이러한 손해가 발생할 가능성이 시간적으로 절박하므로 긴급한 필요도 있다. 따라서 적극적 요건은 충족한다.

입찰참가자격제한조치의 집행을 정지하는 것이 공공복리에 중대한 영향을 미칠 우려가 있다는 사정은 보이지 않으며, 사전통지와 의견제출 기회를 부여하지 않았다는 점을 고려할 때 본안에서 이유 없음이 명백한 경우라고 할 수도 없으므로 소극적 요건도 충족한다. 따라서 甲의 집행정지신청은 인용될 것이다.

사례 125 행정심판 전치주의   [변시 2023]

변호사 甲과 국회의원 乙은 전동킥보드 동호회 회원들이다.~~(중략)~~ 甲과 乙은 동호회 모임에 참석하였다가 만취한 상태로 각자 전동킥보드를 타고 가던 중, 횡단보도를 건너던 보행자를 순차적으로 치어 크게 다치게 한 후 도주하였다. 甲과 乙은 각각 「도로교통법」에 따른 운전면허 취소처분을 받음과 아울러 특정범죄가중처벌등에관한법률위반(도주치상)죄로 공소제기되었다.

5. 乙은 운전면허 취소처분에 대하여 그 취소를 구하는 행정심판을 적법하게 제기하였으나 기각재결을 받고 이어서 취소소송을 제기하였다. 한편 甲은 '「도로교통법」 제142조에도 불구하고 자신에 대한 운전면허 취소처분은 乙의 사건과 동종사건이므로 행정심판을 거칠 필요가 없다'고 판단하고 곧바로 취소소송을 제기하였는데, 결국 그 소송 계속 중에 행정심판 청구기간이 도과하였다. 행정심판전치주의와 관련하여 甲의 취소소송이 적법한지 판단하시오. (15점)

I. 문제의 소재

운전면허취소처분은 필요적 전치주의가 적용되는데 甲이 행정심판을 거치지 않고 취소소송을 제기한 것이 소송요건을 결여한 것인지 문제된다. 행정심판 전치주의의 예외에 해당하는지가 문제된다.

II. 행정심판 전치주의

1. 임의적 전치주의(원칙)

행정심판전치주의는 사인이 법원에의 행정소송 제기 이전에 행정심판을 거치도록 하는 것을 말한다. 전심절차로서 행정심판은 행정청에 자율적 통제기회를 주고, 행정청의 전문지식을 활용할 수 있다는 장점이 있는 반면 행정기관이 심판을 맡는다는 점에서 그 결정의 공정성이 문제될 수 있다. 과거 행정소송법은 필요적 전치주의를 취하고 있었으나, 1998년 임의적 절차로 개정되었다(행정소송법 제18조1항 본문).

2. 필요적 전치주의(예외)

행정소송법은 다른 법률에 당해 처분에 대한 행정심판의 재결을 거치지 아니하면 취소소송을 제기할 수 없다는 규정이 있는 때에는 행정심판을 거쳐야 한다고 하여 예외적으로 필요적 전치를 요구하고 있다(제18조1항 단서). 필요적 전치주의는 명시적 근거를 요하므로 각 개별법률에서 정한 경우에만 인정된다. 현행법상 공무원에 대한 불이익처분에 대한 불복(국가공무원법, 지방공무원법), 과세처분에 대한 불복(국세기본법, 지방세기본법), 도로교통법상의 처분에 대한 불복등을 들 수 있다. 행정소송법은 필요적 전치주의가 적용되는 경우라고 하더라도 다시 재결을 거치지 않아도 되는 경우와 심판을 청구하지 않아도 되는 예외를 규정하고 있다(제18조2항,3항).

행정심판 전치주의가 적용되는 경우에는 취소소송에서 심판전치가 소송요건이 된다. 무효확인소송에서는 심판전치가 적용되지 않는다. 그러나 무효선언을 구하는 취소소송에서는 취소소송의 제소요건을 갖추어야 하므로 심판전치가 적용된다는 것이 판례의 입장이다.

III. 사안의 해결

도로교통법은 도로교통법에 따른 처분은 행정심판의 재결을 거치지 않으면 행정소송을 제기할 수 없도록 규정하여 필요적 전치주의가 적용된다(제142조). 도로교통법에 의하면 甲은 취소심판을 거친 후에만 취소소송을 제기할 수 있으므로 행정심판을 거치지 않은 채 제기된 甲의 소는 부적법 할 것이다.

그러나 행정소송법은 행정소송에 관한 일반법이므로 도로교통법이 규정하지 않은 것은 행정소송법이 적용되고 행정소송법 제18조2항, 3항의 예외규정은 사안의 경우에도 적용된다. 제18조3항1호에 의하면 동종사건에 관하여 이미 행정심판의 기각재결이 있은 때에는 행정심판을 제기함이 없이 취소소송을 제기할 수 있다. 甲과 乙은 횡단보도를 건너던 보행자를 순차적으로 치어 다치게 한 후 도주한 자로서 甲과 乙에 대한 처분은 기본적인 점에서 동일성을 인정할 수 있으므로 동종사건에 해당한다. 따라서 甲은 취소심판을 청구하지 않고 취소소송을 제기할 수 있다. 甲이 제기한 취소소송은 나머지 소송요건이 구비된 것을 전제로 한다면 적법하다.

사례 126   거부처분에 대한 집행정지 · 가처분   [법전협 2013-1]

  네팔인 찬드라는 '외국인근로자의 고용 등에 관한 법률'(이하 "이 사건 법률"이라 함)에 의한 고용허가를 받아 2010년 1월 1일 대한민국에 입국하여 일해 왔다. 그는 근로환경 등을 이유로 위 법률이 정한 절차에 따라 사업장을 3회 변경하였다. 그런데 지금 근무하는 사업장의 사업주 천만복이 2012년 4월 4일 경영악화를 이유로 그를 더 이상 고용할 수 없다고 통보하였다.

  그는 해고(이 해고는 정당한 것으로 전제함)된 후 2012년 5월 21일 다른 회사로 사업장을 변경하기 위하여 관할 안산 고용지원센터(이 사건 법률 제25조에 따른 직업안정기관)를 방문하여 사업장 변경을 할 수 있는지 문의하였다. 안산 고용지원센터의 장은 외국인근로자의 사업장 변경은 원칙적으로 3회를 초과하여 변경할 수 없도록 하고 있는 이상 이 사건 법률 제25조 제4항에 따라 사업장 변경이 불가능하다는 통지서를 발송하여 2012년 5월 31일 찬드라에게 송달되었다. 이후 새로운 사업장을 찾지 못한 그는 법무부장관에게 체류허가 연장신청을 하였다. 하지만 법무부장관은 2012년 12월 20일자로 이를 거부하였으며, 또한 이 사건 법률 제25조 제3항에 따라 2012년 12월 31일까지 출국할 것을 권유하였다.

  찬드라는 2012년 12월 31일 체류기간이 만료되었음에도 불구하고 출국하지 않았다. 그는 네팔인 친구인 람의 거주지에 머물면서, 대한민국 체류 외국인의 인권개선을 위한 모임을 조직하고 향후 운동을 펴 나갈 것을 모색하였다. 그러던 중 2013년 1월 15일 안산경찰서 소속 경찰관의 불심검문 끝에 불법체류의 신분이 발각되어 체포되었고, 이튿날 서울출입국관리사무소로 송치되었으며, 2013년 1월 22일 출입국관리법 제46조에 따라 강제퇴거명령을 받았다.

  다음 설문에 답하여라.

1. (1) 찬드라가 안산고용지원센터장이 한 사업장변경불가통보에 대하여 2013년 1월 25일 취소소송 또는 무효확인소송을 제기할 경우, 피고 소송대리인의 입장에서 각 소송이 부적법하다는 주장을 제시하라. (10점)
  (2) 찬드라가 법무부장관의 체류기간연장거부에 대하여 취소소송을 제기한 경우, 강제출국당하지 않기 위하여 잠정적으로 취할 수 있는 조치는? (20점)

[참조조문]
* 외국인근로자의 고용 등에 관한 법률
제18조(취업활동 기간의 제한) 외국인근로자는 입국한 날부터 3년의 범위에서 취업활동을 할 수 있다.
제25조(사업 또는 사업장 변경의 허용) ① 외국인근로자(제12조 제1항에 따른 외국인근로자는 제외한다)는 다음 각 호의 어느 하나에 해당하는 사유가 발생한 경우에는 고용노동부령으로 정하는 바에 따라 직업안정기관의 장에게 다른 사업 또는 사업장으로의 변경을 신청할 수 있다.
  1. 사용자가 정당한 사유로 근로계약기간 중 근로계약을 해지하려고 하거나 근로계약이 만료된 후 갱신을 거절하려는 경우
  2. 휴업, 폐업, 제19조 제1항에 따른 고용허가의 취소, 제20조 제1항에 따른 고용의 제한, 사용자의 근로조건 위반 또는 부당한 처우 등 외국인근로자의 책임이 아닌 사유로 인하여 사회통념상 그 사업 또는 사업장에서 근로를 계속할 수 없게 되었다고 인정하여 고용노동부장관이 고시한 경우
  3. 그 밖에 대통령령으로 정하는 사유가 발생한 경우
② 사용자가 제1항에 따라 사업 또는 사업장 변경 신청을 한 후 재취업하려는 외국인근로자를 고용할 경우 그 절차 및 방법에 관하여는 제6조·제8조 및 제9조를 준용한다.
③ 제1항에 따른 다른 사업 또는 사업장으로의 변경을 신청한 날부터 3개월 이내에 「출입국관리법」 제21조에 따른 근무처 변경허가를 받지 못하거나 사용자와 근로계약이 종료된 날부터 1개월 이내에 다른 사업

또는 사업장으로의 변경을 신청하지 아니한 외국인근로자는 출국하여야 한다. 다만, 업무상 재해, 질병, 임신, 출산 등의 사유로 근무처 변경허가를 받을 수 없거나 근무처 변경신청을 할 수 없는 경우에는 그 사유가 없어진 날부터 각각 그 기간을 계산한다.

④ 제1항에 따른 외국인근로자의 사업 또는 사업장 변경은 제18조에 따른 기간 중에는 원칙적으로 3회를 초과할 수 없으며, 제18조의2 제1항에 따라 연장된 기간 중에는 2회를 초과할 수 없다(제25조 제1항 제2호의 사유로 사업 또는 사업장을 변경한 경우는 포함하지 아니한다). 다만, 대통령령으로 정하는 부득이한 사유가 있는 경우에는 그러하지 아니하다.

* 외국인근로자의 고용 등에 관한 법률 시행령

제30조(사업 또는 사업장의 변경) ① 법 제25조 제1항 제3호에서 "대통령령으로 정하는 사유"란 상해 등으로 외국인근로자가 해당 사업 또는 사업장에서 계속 근무하기는 부적합하나 다른 사업 또는 사업장에서 근무하는 것은 가능하다고 인정되는 경우를 말한다.

② 법 제25조 제4항 단서에 따라 직업안정기관의 장은 외국인근로자가 법 제9조에 따라 근로계약을 체결하고 입국하여 최초 사업 또는 사업장에 배치되기 전까지 사용자의 귀책사유로 사업 또는 사업장을 1회 변경한 경우가 법 제25조 제4항 본문에 따른 3회에 포함되어 있을 때에는 법 제25조 제4항 본문에도 불구하고 1회를 추가하여 사업 또는 사업장의 변경을 허용할 수 있다.

③ 직업안정기관의 장은 법 제25조 제3항에 해당하는 출국대상자의 명단을 관할 출입국관리사무소장 또는 출장소장에게 통보하여야 한다.

* 출입국관리법

제17조(외국인의 체류 및 활동범위) ① 외국인은 그 체류자격과 체류기간의 범위에서 대한민국에 체류할 수 있다.

제21조(근무처의 변경·추가) ① 대한민국에 체류하는 외국인이 그 체류자격의 범위에서 그의 근무처를 변경하거나 추가하려면 미리 법무부장관의 허가를 받아야 한다. 다만, 전문적인 지식·기술 또는 기능을 가진 사람으로서 대통령령으로 정하는 사람은 근무처를 변경하거나 추가한 날부터 15일 이내에 법무부장관에게 신고하여야 한다.

② 누구든지 제1항 본문에 따른 근무처의 변경허가·추가허가를 받지 아니한 외국인을 고용하거나 고용을 알선하여서는 아니 된다. 다만, 다른 법률에 따라 고용을 알선하는 경우에는 그러하지 아니하다.

③ 제1항 단서에 해당하는 사람에 대하여는 제18조 제2항을 적용하지 아니한다.

제25조(체류기간 연장허가) 외국인이 체류기간을 초과하여 계속 체류하려면 대통령령으로 정하는 바에 따라 체류기간이 끝나기 전에 법무부장관의 체류기간 연장허가를 받아야 한다.

제46조(강제퇴거의 대상자) ① 사무소장·출장소장 또는 외국인보호소장은 이 장에 규정된 절차에 따라 다음 각 호의 어느 하나에 해당하는 외국인을 대한민국 밖으로 강제퇴거시킬 수 있다.

  1.~7. (생략)

  8. 제17조 제1항·제2항, 제18조, 제20조, 제23조, 제24조 또는 제25조를 위반한 사람

  9. 제21조 제1항 본문을 위반하여 허가를 받지 아니하고 근무처를 변경·추가하거나 같은 조 제2항을 위반하여 외국인을 고용·알선한 사람

  10.~14. (생략)

② (생략)

제94조(벌칙) 다음 각 호의 어느 하나에 해당하는 사람은 3년 이하의 징역이나 금고 또는 2천만원 이하의 벌금에 처한다. <개정 2012.1.26.>

  1.~7. (생략)

  8. 제18조 제1항을 위반하여 취업활동을 할 수 있는 체류자격을 받지 아니하고 취업활동을 한 사람

  9.~16. (생략)

  17. 제25조를 위반하여 체류기간 연장허가를 받지 아니하고 체류기간을 초과하여 계속 체류한 사람

  18.~19. (생략)

제95조(벌칙) 다음 각 호의 어느 하나에 해당하는 사람은 1년 이하의 징역이나 금고 또는 1천만원 이하의 벌금에 처한다.
  1.~5. (생략)
  6. 제21조 제1항 본문을 위반하여 허가를 받지 아니하고 근무처를 변경하거나 추가한 사람 또는 제21조 제2항을 위반하여 근무처의 변경허가 또는 추가허가를 받지 아니한 외국인을 고용한 사람
  7.~10. (생략)

[2013년 3월 - 4월 달력]

3월						
일	월	화	수	목	금	토
					1	2
3	4	5	6	7	8	9
10	11	12	13	14	15	16
17	18	19	20	21	22	23
24	25	26	27	28	29	30
31						

4월						
일	월	화	수	목	금	토
	1	2	3	4	5	6
7	8	9	10	11	12	13
14	15	16	17	18	19	20
21	22	23	24	25	26	27
28	29	30				

[설문 1-(1)] 사업장 변경불가 통보에 대한 소제기의 적법성 (10점)

I. 문제의 소재

찬드라가 제기한 취소소송과 무효확인소송에서 안산고용지원센터장이 행한 사업장변경불가통보가 행정소송법상(이하 법명 생략) 처분에 해당되는지, 체류기간이 만료된 상황이므로 권리보호의 필요가 있는지 문제된다. 그리고 취소소송에서는 제소기간이 경과한 것은 아닌지 문제된다.

II. 피고 소송대리인의 주장

1. 대상적격 결여

취소소송은 처분과 재결을 대상으로 한다(제19조). 무효확인소송도 동일하다(제38조 1항). 처분은 행정청이 행하는 구체적 사실에 관한 법집행으로서의 공권력의 행사 또는 그 거부와 그 밖에 이에 준하는 행정작용(제2조 1항 1호)으로 규정하고 있다. 판례는 "항고소송의 대상이 되는 행정처분이라 함은 행정청의 공법상의 행위로서 특정 사항에 대하여 법규에 의한 권리의 설정 또는 의무의 부담을 명하고 기타 법률상의 효과를 발생케 하는 등 국민의 권리의무에 직접적 변동을 초래하는 행위를 가리키는 것으로서 행정권 내부에서의 행위나 사실상의 통지 등과 같이 상대방 또는 기타 관계자들의 법률상 지위에 직접적인 법률적 변동을 일으키지 아니하는 행위는 항고소송의 대상이 될 수 없다."고 판시하고 있다.

안산고용지원센터장이 행한 사업장변경불가통보는 그 자체가 법적 효과가 있는 준법률행위적 행정행위로서의 통지에 해당하지 않고 처분의 효력발생요건인 통지에도 해당하지 않는다. 이는 찬드라의 문의에 대해서 외국인고용법 제25조 4항의 내용을 단순히 알려주는 사실의 통지에 불과한 것으로서 사실행위에 해당한다. 따라서 취소소송 및 무효확인소송의 대상이 되는 처분이 아니므로 소제기는 부적법하다.

2. 협의의 소의 이익(권리보호의 필요)의 결여

권리보호의 필요란 원고의 재판청구에 대하여 본안판결을 구하는 것을 정당화시킬 수 있는 현실적 이익

내지 필요성을 말한다. 취소소송에서 필요로 함은 물론이고 무효확인소송에서도 처분에 관한 무효확인판결을 받더라도 권리가 회복될 가능성이 전혀 없다면 무효확인소송은 소의 이익이 없다.[1]

사안의 경우 찬드라는 외국인 근로자의 고용 등에 관한 법률 제18조에 의하여 입국한 날부터 3년간 취업활동을 할 수 있는데, 취소소송 및 무효확인소송을 제기한 2013년 1월 15일은 이미 입국일로부터 3년이 경과한 상태이다. 따라서 찬드라가 취소판결 및 무효확인판결을 받더라도 취업활동을 할 수 없으므로 사업장변경통지의 취소 및 무효확인을 구할 이익이 없다.

3. 제소기간 경과

취소소송에서는 민사소송과는 달리 행정법관계의 안정성을 위해 제소기간을 제한하고 있다. 행정소송법은 행정심판을 거쳐야 하는 경우와 직접 제소하는 경우를 구분하여 사안과 같이 행정심판을 거치지 않는 경우에는 처분이 있음을 안 날로부터 90일 이내에(제20조1항), 처분이 있는 날로부터 1년 내에 소를 제기해야 한다. 정당한 사유가 있을 때에는 그러하지 아니하다(제20조2항). 두 기간은 선택적인 것이 아니며 어느 기간이 만료되면 제소기간은 경과한 것이 된다.

① 처분이 있음을 안 날이란 통지, 공고 기타의 방법에 의하여 당해 처분의 존재를 현실적으로 알게 된 날을 의미한다. 상대방이 있는 행정처분의 경우에는 특별한 규정이 없는 한 의사표시의 일반적 법리에 따라 행정처분이 상대방에게 고지되어야 효력을 발생하게 되므로, 행정처분이 상대방에게 고지되어 상대방이 이러한 사실을 인식함으로써 행정처분이 있다는 사실을 현실적으로 알았을 때 행정소송법 제20조 제1항이 정한 제소기간이 진행한다. ② 처분이 있은 날이란 당해 처분이 대외적으로 표시되어 효력을 발생한 날을 의미한다.

찬드라는 사업장 변경불가 통지서를 2012. 5. 31. 송달받았는데 2013. 1. 25. 취소소송을 제기한 것이다. 2012. 5. 31. 찬드라는 처분이 있다는 사실을 현실적으로 안 것으로 보아야 하므로 이 때로부터 90일이 경과하여 소를 제기한 것이기 때문에 설령 사업장 변경불가통지가 처분이라고 하더라도 소제기는 부적법하다. 무효확인소송을 제기한 경우라면 제소기간은 문제되지 않는다.

III. 사안의 해결

피고 소송대리인은 취소소송 및 무효확인소송의 대상적격이 결여되었고, 권리보호의 필요가 없어 소가 부적법하다고 주장할 수 있다. 또한 취소소송에서는 제소기간 경과로 소가 부적법하다고 주장할 수도 있다.

[설문 1-(2)] 집행정지 및 가처분 신청의 가능 여부 (20점)

I. 문제의 소재

찬드라는 법무부장관의 체류기간연장거부에 대해 취소소송에서 취소판결을 받기 전에 잠정적으로 권리구제를 받을 필요가 있다. 특히 거부처분에 대해서 행정소송법상 집행정지가 가능한지, 민사집행법상 가처분을 활용할 수 있는지 문제된다.

---

[1] 대판 2013.2.28, 2010두2289

II. 집행정지

1. 집행정지의 의의 및 내용

2. 집행정지의 요건

3. 거부처분에 대한 집행정지

(1) 문제점
거부처분도 집행정지의 대상이 되는 처분에 개념상 포함되지만, 거부처분에 대하여 집행정지를 인정할 필요성이 있는지의 논의가 있다.

(2) 학 설
학설은 ① 긍정설은 집행정지가 허용된다면 행정청에 사실상의 구속력을 갖게 되어 권리구제의 실효성을 확보할 수 있다고 하며, ② 부정설은 집행정지는 행정처분이 없었던 것과 같은 상태를 만드는 것을 의미하며, 행정소송법 제23조6항이 제30조1항만 준용하며 제30조2항의 재처분의무를 준용하지 않는 점에 비추어 행정청에게 처분을 명하는 등 적극적인 상태를 만드는 것은 집행정지결정의 내용이 될 수 없으므로 집행정지를 인정한다 하여도 신청인의 지위는 거부처분이 없는 상태로 돌아가는 것에 불과하다는 점을 근거로 한다. ③ 제한적 긍정설은 원칙적으로 부정하나 사안에 따라서는 거부처분이 행하여지지 아니한 상태로 복귀됨에 따라 신청인에게 어떠한 법적 이익이 있다고 인정되는 경우 있을 수 있으므로 그러한 경우에 한해 집행정지를 인정할 수 있다고 한다.

(3) 판 례
판례는 허가신청에 대한 거부처분은 그 효력이 정지되더라도 그 처분이 없었던 것과 같은 상태를 만드는 것에 지나지 아니하는 것이고 그 이상으로 행정청에 대하여 어떠한 처분을 명하는 등 적극적인 상태를 만들어 내는 경우를 포함하지 아니하는 것이므로, 거부처분의 효력정지를 구할 이익이 없다는 입장이나 하급심판례 중에는 시험과 같이 절차가 단계적으로 진행되는 경우, 종국적인 거부처분이 아닌 전단계에서의 반려처분의 효력정지를 인정한 예들이 있다.

(4) 검 토
생각건대, 거부처분 자체의 효력이나 거부처분에 따른 절차의 속행으로 중대한 손해가 발생하는 경우가 있을 수 있으므로 예외적으로 거부처분을 인정할 필요성이 있고, 국민의 권리구제 측면에서 현행 집행정지제도가 갖고 있는 기능적 한계를 극복한다는 측면에서 제한적 긍정설이 타당하다. 입법예고된 행정소송법 개정안은 거부처분에 대한 집행정지 대신 가처분제도를 도입하고 있다.

제한적 긍정설에 의할 때 집행정지신청의 이익이 있는 경우로 i) 연장허가신청에 대한 거부처분이 있을 때까지 권리가 존속한다고 법에 특별한 규정이 있는 경우 ii) 인허가 등에 붙여진 기간이 갱신기간이라고 볼 수 있는 경우 iii) 1차시험 불합격처분(하급심판결) iv) 외국인의 체류기간갱신허가의 거부처분 (불허가처분의 효력정지는 신청인이 체류기간이 경과한 후에도 불법체류자로서 문책당하지 않게 되며 당장 추방되지는 않으므로 집행정지의 요건 충족) 등을 상정할 수 있다.

(5) 사안의 경우
판례의 입장인 부정설에 의하면 찬드라에 대한 체류기간연장허가거부처분은 집행정지 신청의 이익이 없어 법원은 각하결정을 할 것이다.[2] 그러나 예외적 긍정설에 의하면 찬드라가 본안판결 확정시까지 체류기간이 경과한 후라도 불법체류자로서 문책당하지 않는 실익이 있게 된다. 이 경우 법원은 나머지 요건이 충족되면 집행정지결정을 할 수 있다.

III. 가처분 인정 여부

1. 문제점

만약 거부처분에 대한 집행정지를 인정하지 않는다면 찬드라는 민사집행법상 가처분의 활용을 생각해 볼 수 있다. 가처분이란 금전 이외의 특정한 급부를 목적으로 하는 청구권의 집행보전을 도모하거나 다툼이 있는 권리관계에 관하여 잠정적으로 임시의 지위를 정하는 것을 목적으로 하는 가구제 제도이다. 행정소송법은 가처분에 관한 민사집행법상의 규정을 적용하지 아니한다는 것을 명시한 일본과는 달리 가처분에 관한 명문의 규정이 없어 행정소송법 제8조 2항의 해석과 관련한 가처분 규정 준용여부에 논란이 있다.

2. 학설

학설은 ① 부정설은 법원은 행정처분의 위법여부를 판단할 수 있으나 그 판단에 앞서 행정처분에 대하여 가처분을 하는 것은 사법권의 범위를 벗어나는 것으로 권력분립의 원리에 반하고, 가처분보다 요건을 강화하여 규정하고 있는 집행정지제도는 민사집행법의 가처분에 대한 특별규정에 해당하며, 행정청에 처분을 명한 것과 동일한 법률상태를 형성하는 가처분이나 공권력행사를 직접 제약하는 가처분은 독일처럼 본안소송으로서의 의무이행소송이나 예방적부작위청구소송등이 인정되어 있음을 전제로 하는 것인데 우리는 이런 소송제도 인정하고 있지 아니하여 인정 실익이 없다는 점을 근거로 한다. ② 긍정설은 일본과 같은 명문의 배제규정 없으며, 실효성 있는 국민의 권리구제를 통해 헌법상의 재판을 받을 권리를 내실화 하며, 행정소송법 제8조 2항에 의해 민사집행법상의 가처분 규정을 준용할 수 있다고 한다.
③ 제한적 긍정설은 수익적 행정행위에 대한 거부처분의 효력을 잠정적으로 배제할 필요가 있는 경우와 같이 집행정지제도를 통해서는 실효적인 권리구제가 되지 않는 예외적인 경우에 가처분 규정을 준용할 수 있다고 본다.

3. 판례

판례는 민사소송법상 보전처분은 민사소송 절차에 의한 권리이므로 행정법관계에서는 인정될 수 없다고 하여 부정하고 있다.[3]

4. 검토 및 사안의 경우

생각건대, 권리보호의 확대, 가처분의 잠정적 성격 등을 고려하여 가처분제도를 인정하는 것은 의미가 있을 것이나 행정소송법은 행정소송의 공익관련성 때문에 민사집행법상의 가처분을 배제하고 집행정지

---

[2] 위에서 소개한 집행정지의 요건 중 형식적 요건인 ①② 요건이 결여되면 각하결정을 하고, 실체적 요건인 ③④⑤⑥ 여건을 결여하면 기각결정을 한다. 실무에서는 혼용되기도 한다.
[3] 과거는 가처분을 민사소송법이 규정하고 있었다. 판례가 행정소송에 민사집행법상의 가처분을 준용하지 않는 것은 항고소송의 경우이고, 당사자소송은 민사집행법상의 가처분의 적용을 긍정한다.
(판례) 당사자소송에 대하여는 행정소송법 제23조 제2항의 집행정지에 관한 규정이 준용되지 아니하므로(행정소송법 제44조 제1항 참조), 이를 본안으로 하는 가처분에 대하여는 행정소송법 제8조 제2항에 따라 민사집행법상 가처분에 관한 규정이 준용되어야 한다(대결 2015.8.21, 2015무26).

라는 특별규정을 둔 것이므로 현행 행정소송법이 거부처분이나 부작위에 대하여 의무이행소송을 인정하지 않은 취지를 고려할 때 가처분 규정의 준용은 부정함이 타당하다. 입법론적으로는 의무이행소송의 도입과 더불어 가처분의 도입이 필요하며, 행정소송법개정안도 가처분을 인정하고 있다. 결국 찬드라는 민사집행법상 가처분을 신청할 수는 없다.

IV. 사안의 경우

판례에 의하면 거부처분에 대한 집행정지도 허용되지 않고, 민사집행법상 가처분도 허용되지 않으므로 찬드라가 강제출국당하지 않기 위한 잠정적인 권리구제수단은 없다. 그러나 집행정지를 예외적으로 인정하는 견해에 의할 때 찬드라는 집행정지신청을 할 수 있다.

유제 1 [변시 2013]

A광역시의 시장 乙은 세수증대, 고용창출 등 지역발전을 위해 폐기물처리업의 관내 유치를 결심하고 甲이 제출한 폐기물처리사업계획서를 검토하여 그에 대한 적합통보를 하였다. 이에 따라 甲은 폐기물처리업 허가를 받기 위해 먼저 도시·군관리계획변경을 신청하였고, 乙은 관계 법령이 정하는 바에 따라 해당 폐기물처리업체가 입지할 토지에 대한 용도지역을 폐기물처리업의 운영이 가능한 용도지역으로 변경하는 것을 내용으로 하는 도시·군관리계획변경안을 입안하여 열람을 위한 공고를 하였다. 그러나 乙의 임기 만료 후 새로 취임한 시장 丙은 폐기물처리업에 대한 인근 주민의 반대가 극심하여 실질적으로 폐기물사업 유치가 어려울 뿐만 아니라, 자신의 선거공약인 '생태중심, 자연친화적 A광역시 건설'의 실현 차원에서 용도지역 변경을 승인할 수 없다는 계획변경승인거부처분을 함과 동시에 해당 지역을 생태학습체험장 조성지역으로 결정하였다. 폐기물처리사업계획 적합통보에 따라 사업 착수를 위한 제반 준비를 거의 마친 甲은 丙을 피고로 하여 관할 법원에 계획변경승인거부처분 취소소송을 제기하였다.

2. 폐기물처리사업계획 적합통보에 따라 이미 상당한 투자를 한 甲이 위 취소소송의 본안판결 이전에 잠정적인 권리구제를 도모할 수 있는 행정소송 수단에 관하여 검토하시오. (20점)

유제 2 [변시 2020]

A국 국적의 외국인인 甲은 자국 정부로부터 정치적 박해를 받고 있었다. 甲은 2018. 11. 20. 인천국제공항에 도착하여 입국 심사 과정에서 난민신청의사를 밝히고 난민법상 출입국항에서의 난민인정신청을 하였다. 인천국제공항 출입국관리공무원은 2018. 11. 20. 甲에 대하여 입국목적이 사증에 부합함을 증명하지 못하였다는 이유로 입국불허결정을 하고, 甲이 타고 온 외국항공사에 대하여 甲을 국외로 송환하라는 송환지시서를 발부하였다. 이에 甲은 출입국당국의 결정에 불만을 표시하며 자신을 난민으로 인정해 달라고 요청하였고, 당국은 甲에게 난민심사를 위하여 일단 인천공항 내 송환대기실에 대기할 것을 명하였다. 인천공항 송환대기실은 입국이 불허된 외국인들이 국외송환에 앞서 임시로 머무는 곳인데, 이 곳은 외부와의 출입이 통제되는 곳으로 甲이 자신의 의사에 따라 대기실 밖으로 나갈 수 없는 구조로 되어 있었다. 출입국 당국은 2018. 11. 26. 甲에 대하여 난민 인정 거부처분을 하였고, 甲은 이에 불복하여 2018. 11. 28. 난민 인정 거부처분 취소의 소를 제기하는 한편, 2018. 12. 19. 자신에 대한 수용(收容)을 해제할 것을 요구하는 인신보호청구의 소를 제기하였다.

4. 甲의 난민 인정 거부처분 취소소송 중 잠정적으로 甲의 권리를 보전할 수 있는 가구제 수단을 검토하시오. (20점)

사례 127 소의 종류의 변경 [변시 2013]

甲은 1992년 3월부터 공무원으로 재직하면서 공무원연금법상 보수월액의 65/1000에 해당하는 기여금을 매달 납부하여 오다가 2012년 3월 31일자로 퇴직을 하여 최종보수월액의 70%에 해당하는 퇴직연금을 지급받아 오던 자이다.

그런데 국회는 2012년 8월 6일 공무원연금의 재정상황이 날로 악화되어 2030년부터는 공무원연금의 재정이 고갈될 것이라고 하는 KDI의 보고서를 근거로 공무원연금 재정의 안정성을 도모하기 위한 조치로 공무원연금법 개혁을 단행하기로 하였다. 이에 따라 같은 날 공무원연금법을 개정하여, (1) 공무원연금법상 재직 공무원들이 납부해야 할 기여금의 납부율을 보수월액의 85/1000로 인상하고, (2) 퇴직자들에게 지급할 퇴직연금의 액수도 종전 최종보수월액의 70%에서 일률적으로 최종보수월액의 50%만 지급하며, (3) 공무원의 보수인상률에 맞추어 연금액을 인상하던 것을 공무원의 보수인상률과 전국소비자물가변동률의 차이가 3% 이상을 넘지 않도록 재조정하였다. (4) 그리고 경과규정으로, 재직기간과 상관없이 개정 당시 재직 중인 모든 공무원들에게 개정법률을 적용하는 부칙 조항(이 사건 부칙 제1조)과, 퇴직연금 삭감조항은 2012년 1월 1일 이후에 퇴직하는 모든 공무원에게 소급하여 적용하는 부칙 조항(이 사건 부칙 제2조)을 두었으며 동 법률은 2012년 8월 16일 공포되어 같은 날부터 시행되었다.

공무원연금관리공단은 개정법률의 시행에 따라 2012년 8월부터 甲에게 최종보수월액의 70%를 50%로 삭감하여 퇴직연금을 지급하였다.

甲은 공무원연금관리공단을 상대로 2012년 8월 26일 자신에게 종전대로 최종보수월액의 70%의 연금을 지급해 줄 것을 신청하였으나, 공무원연금관리공단은 2012년 9월 5일 50%를 넘는 부분에 대하여는 개정법률에 따라 그 지급을 거부하였다. 이에 甲은 감액된 연금액을 지급받기 위하여 위 거부행위를 대상으로 하여 서울행정법원에 그 취소를 구하는 행정소송을 제기하였다.

1. 甲이 제기한 행정소송은 적법한가? 만약 적법하지 않다면 甲이 취할 조치는? (10점)

Ⅰ. 문제의 소재

甲은 2012.9.5. 공무원연금법 개정에 따른 공무원연금관리공단의 지급거부행위에 대해 취소소송을 제기한 것인바 소제기가 적법하기 위해서는 소송요건이 구비되어야 한다. 다른 소송요건은 문제되지 않고 공단의 지급거부행위의 처분성이 문제된다. 지급거부행위가 처분이 아니라면 甲으로서 당사자소송으로 소변경이 가능한지 문제된다.

Ⅱ. 甲이 제기한 취소소송의 적법성[1]

1. 취소소송의 대상인 처분

판례는 "항고소송의 대상이 되는 행정처분이라 함은 행정청의 공법상의 행위로서 특정 사항에 대하여 법규에 의한 권리의 설정 또는 의무의 부담을 명하고 기타 법률상의 효과를 발생케 하는 등 국민의 권리의무에 직접적 변동을 초래하는 행위를 가리키는 것으로서 행정권 내부에서의 행위나 사실상의 통지 등과 같이 상대방 또는 기타 관계자들의 법률상 지위에 직접적인 법률적 변동을 일으키지 아니하는 행위는 항고소송의 대상이 될 수 없다."고 판시하고 있다.

---

[1] 배점이 10점으로 작으므로(사시, 행시 문제 기준으로는 5점) 세부 목차를 많이 잡지 않고 서술한 것임.

특히 사안과 같이 금전급부에 관한 결정이 취소소송의 대상인지 문제된다. 금전급부에 관하여 외관상 처분으로 볼 수 있는 결정이 공법상 금전지급 전에 행해지고 금전지급이 거부되는 경우, 문제된 권리의 존부 또는 범위가 행정청의 결정에 의하여 비로소 확정되는 것이라면 그 거부결정은 처분이므로 항고소송을 제기하여야 하며, 법령에 의하여 바로 확정되는 것이라면 거부결정은 처분이 아니며 당사자소송을 제기하여야 한다. 행정소송규칙도 그 존부 또는 범위가 구체적으로 확정된 공법상 법률관계 그 자체에 관한 소송은 당사자소송이라고 하면서 그 예로 공무원의 보수·퇴직금·연금 등 지급청구소송을 열거하고 있다(제19조 2호 마목).

2. 사안의 경우

공무원연금법 소정의 급여는 법령의 규정에 의하여 직접 발생하는 것이 아니라 공무원연금관리공단이 지급을 결정함으로서 발생한다.[2] 따라서 공단의 급여에 관한 결정은 확인행위의 성질을 갖는 처분에 해당하므로, 급여결정에 불복이 있는 자는 공단의 급여결정을 대상으로 취소소송을 제기하여야 한다. 그러나 사안은 공단의 인정에 의하여 지급결정된 연금을 지급받아 오던 중 법령의 개정으로 일부 지급을 거부하게 된 경우인데 공단이 지급거부의 의사표시를 하였더라도 지급거부결정에 의하여 비로소 연금액이 축소되는 것이 아니라 공무원연금법의 개정에 따라 당연히 퇴직연금이 축소 확정되는 것이므로 지급거부결정은 처분이 아니다.[3] 따라서 甲이 제기한 취소소송은 부적법하고 甲은 감액된 부분의 지급을 구하는 당사자소송을 제기하여야 한다.

III. 부적법시 甲이 취할 조치

甲의 퇴직연금에 대한 지급청구권은 공법상 권리로서 그 지급을 구하는 소송은 공법상 법률관계에 관한 소송으로 당사자소송이다. 취소소송 절차를 당사자소송으로 소변경하는 것을 고려해 볼 수 있다.

소변경은 소송 중에 원고가 심판대상인 청구를 변경하는 것을 말한다. 행정소송법 제21조는 취소소송을 청구기초에 변경이 없는 한 사실심변론종결시까지 원고의 신청에 의하여 취소소송 외의 항고소송 및 당사자소송으로 소변경할 수 있도록 소의 종류의 변경에 대해 규정하고 있으므로 甲은 사실심변론종결시까지 취소소송을 당사자소송으로 변경해달라는 신청을 할 수 있다. 법원의 허가결정이 있으면 당사자소송은 취소소송 제기시에 제기된 것으로 보게 되고 취소소송은 취하된다(행정소송법 제21조 4항·제14조 5항).

---

2) 대판 1996.12.6, 96누6417
3) 대판 2004.7.8, 2004두244

사례 128 직권심리주의
[법전협 2016-3]

「국민건강보험법」상의 요양기관(이하 "건강보험요양기관"이라 한다)이 되면 의료기관은 의료행위의 질, 범위 등에 관하여 규제를 받고 정해진 건강보험수가만을 받을 수 있게 된다. 그리고 건강보험수가는 의료행위의 내용과 양에 따라 진료비가 정해지는 진료행위별 수가제를 바탕으로 하여 요양급여에 소요되는 시간·노력 등 업무량, 인력·시설·장비 등 자원의 양과 요양급여의 위험도를 고려하여 산정된다. 한편 요양급여의 방법·절차·범위·상한 등 요양급여의 기준은 보건복지부장관이 정하며, 이에 근거한 '건강보험 요양급여기준'(보건복지부 고시)은 「국민건강보험법」상의 보험급여를 받을 수 없는 비급여대상을 열거해 놓고, 특수한 진료기법으로 진료를 하고자 하는 의료인은 보건복지부장관으로부터 비급여대상으로 인정을 받도록 규정하고 있다. 그런데 「국민건강보험법」 제32조는 보건복지부장관이 건강보험요양기관으로 지정하면 지정을 받은 의료기관은 정당한 이유없이 이를 거부하지 못하도록 규정하고 있다.

甲은 외과전문의 자격을 가지고 서울특별시에서 외과의원을 개설하여 운영하여 오던 중, 보건복지부장관에 의하여 건강보험요양기관으로 지정되자, 이를 거부하고 보건복지부장관을 상대로 서울행정법원에 위 건강보험요양기관 지정처분의 취소를 구하는 소송을 제기하였다.

* (위 사례는 가상의 것임)

4. 위 건강보험요양기관 지정처분에 대한 취소소송에서 서울행정법원은 甲이 변론절차에서 아무런 주장을 하지 않고 있음에도 「국민건강보험법 시행령」으로 정한 건강보험요양기관 지정의 요건 중 '시설, 장비 및 진료과목별 인력기준'에 미달된다고 보아 직권으로 증거조사를 한 다음 "건강보험요양기관 지정처분은 시설, 장비 및 진료과목별 인력기준 위반으로 인해 위법하다"고 판단하였다. 법원의 위 판단은 적법한가? (20점)

※ 아래 법령 중 일부 조항은 가상의 것으로, 이에 근거하여 답안을 작성할 것. 이와 다른 내용의 현행법령이 있다면 제시된 법령이 현행 법령에 우선하는 것으로 할 것.

[참조조문]
* 국민건강보험법
제29조(요양급여) ① 피보험자 및 피부양자의 질병 또는 부상에 대하여는 다음 각호의 요양급여를 한다.
  1. 진찰
  2. 약제 또는 치료재료의 지급
  3. 처치, 수술 기타의 치료
  4. 의료시설에의 수용
  5. 이송
② 제1항의 규정에 의한 요양급여는 부득이한 경우를 제외하고는 다음 각호의 의료기관 또는 약국(이하 "건강보험요양기관"이라 한다)에서 행한다.
  1. 보건복지부장관이 지정한 의료기관 또는 약국
  2. 보험자가 설치·운영하는 의료기관
제32조(건강보험요양기관의 지정) ① 건강보험요양기관은 대통령령이 정하는 바에 의하여 보건복지부장관이 이를 정한다.
② 제1항의 규정에 의하여 지정을 받은 의료기관 및 약국은 정당한 이유없이 이를 거부하지 못한다.
  1. 지방자치단체 등이 법률에서 정하는 조세의 부과·징수 등을 위하여 사용할 목적으로 과세정보를 요구하는 경우

> 2. 국가기관이 조세쟁송이나 조세범 소추(訴追)를 위하여 과세정보를 요구하는 경우
> 3. 법원의 제출명령 또는 법관이 발부한 영장에 의하여 과세정보를 요구하는 경우
> 4. 세무공무원 간에 국세의 부과·징수 또는 질문·검사에 필요한 과세정보를 요구하는 경우
> 5. 통계청장이 국가통계작성 목적으로 과세정보를 요구하는 경우
> 6. 「사회보장기본법」 제3조제2호에 따른 사회보험의 운영을 목적으로 설립된 기관이 관계 법률에 따른 소관 업무를 수행하기 위하여 과세정보를 요구하는 경우
> 7. 국가행정기관, 지방자치단체 또는 「공공기관의 운영에 관한 법률」에 따른 공공기관이 급부·지원 등을 위한 자격의 조사·심사 등에 필요한 과세정보를 당사자의 동의를 받아 요구하는 경우
> 8. 다른 법률의 규정에 따라 과세정보를 요구하는 경우
> ② 제1항 제1호·제2호 및 제5호부터 제8호까지의 규정에 따라 과세정보의 제공을 요구하는 자는 문서로 해당 세무관서의 장에게 요구하여야 한다.
> ③ 세무공무원은 제1항 및 제2항을 위반하여 과세정보의 제공을 요구받으면 그 요구를 거부하여야 한다.
> ④ 제1항에 따라 과세정보를 알게 된 사람은 이를 타인에게 제공 또는 누설하거나 그 목적 외의 용도로 사용해서는 아니 된다.
> ⑤ 이 조에 따라 과세정보를 제공받아 알게 된 사람 중 공무원이 아닌 사람은 「형법」이나 그 밖의 법률에 따른 벌칙을 적용할 때에는 공무원으로 본다.

I. 문제의 소재

甲이 제기한 지정처분 취소소송에서 甲이 변론절차에서 아무런 주장을 하지 않음에도 법원이 직권으로 건강보험요양기관의 지정요건에 미달된다고 보아 지정처분이 위법하다고 판단한 것이 변론주의에 반하는 것으로 위법한 것인지 문제된다. 이는 행정소송법 제26조 직권심리주의의 해석과 관련되는 문제로서 행정소송에도 변론주의가 적용되는지 직권탐지주의가 적용되는지가 문제된다.

II. 변론주의와 직권탐지주의

변론주의는 재판의 기초가 되는 소송자료의 수집·제출책임의 책임을 당사자에게 지우고, 당사자가 수집·제출한 소송자료만을 재판의 기초로 삼는 원칙을 의미한다. 직권탐지주의는 소송자료의 수집책임을 당사자가 아닌 법원에 일임하는 원칙을 말한다.

III. 직권심리주의(행정소송법 제26조)

1. 의 의

직권심리주의는 소송자료의 수집을 법원이 직권으로 할 수 있다는 심리의 원칙을 말한다. 행정소송은 공익과 관련이 있으므로 법원이 적극적으로 개입하여 실체적 진실을 밝힐 필요성이 있는데, 행정소송법 제26조는 "법원은 필요하다고 인정할 때에는 직권으로 증거조사를 할 수 있고, 당사자가 주장하지 아니한 사실에 대하여도 판단할 수 있다"고 하여 직권심리주의를 규정하고 있다.

2. 직권심리주의의 성격

(1) 문제점

행정소송법 제26조의 해석과 관련하여 어느 범위까지 법원의 직권증거조사를 인정할 수 있는지에 대해 견해가 대립한다.

(2) 학 설

① 행정법관계에서는 민사법과 달리 사적 자치의 원칙이 적용되지 않으므로, 법원은 당사자의 주장과 관계없이 증거자료에 의하여 인정되는 사실을 당연히 재판의 기초로 삼을 수 있다는 직권탐지주의설, ② 행정소송의 목적이 행정의 적법성 보장과 국민의 권리보호를 실현하는 데 있으나 그 기본적인 성격은 민사소송과 다름이 없으므로 변론주의가 원칙적으로 적용되고, 다만 변론주의를 보충하기 위하여 예외적으로 직권으로 판단할 수 있음을 규정한 것이라는 변론주의 보충설이 대립한다.

(3) 판 례

행정소송법 제26조는 행정소송의 특수성에 연유하는 당사자주의, 변론주의에 대한 일부 예외 규정일 뿐 법원이 아무런 제한 없이 당사자가 주장하지 아니한 사실을 판단할 수 있는 것은 아니고, 일건 기록에 현출되어 있는 사항에 관하여서만 직권으로 증거조사를 하고 이를 기초로 하여 판단할 수 있을 따름이고, 그것도 법원이 필요하다고 인정할 때에 한하여 청구의 범위내에서 증거조사를 하고 판단할 수 있을 뿐이라고 하여 변론주의 보충설의 입장이다.[1]

(4) 검 토

행정소송에 직권주의적 요소를 어느 정도 도입할 것인가는 입법정책적인 문제이다. 사인인 원고가 행정사안에 친숙하지 않으며 전문적 지식이 부족하다는 점을 고려하면 계약자유의 원칙과 사익상호간의 조정을 목적으로 하는 변론주의가 그대로 적용될 수는 없으므로 직권탐지주의에 의한 수정이 필연적으로 요청된다. 그러나 우리의 행정소송이 기본적으로 주관소송의 성질을 가지고 있다는 점을 고려할 때 변론주의를 원칙으로 하는 변론주의 보충설이 타당하다.

Ⅳ. 직권증거조사와 주장책임과의 관계

변론주의 하에서 법원은 당사자가 주장하지 않은 사실을 판결의 기초로 삼을 수 없다. 처분의 취소를 구하는 자는 직권조사사항을 제외하고는 위법한 사실을 먼저 주장하여야 한다. 행정소송법 제26조가 법원이 직권으로 증거조사를 할 수 있다고 규정하였더라도 변론주의를 원칙으로 하고 보충적으로 직권증거조사를 인정하는 것인 만큼 원고의 주장이 없더라도 법원은 아무런 제한 없이 당사자가 명백하게 주장하지 않는 사실이라도 판단할 수 있다는 의미는 아니며, 기록에 현출된 사항에 한하여 청구의 범위 내에서 직권으로 증거조사를 하고 판단할 수 있을 뿐이다.

Ⅴ. 사안의 해결

甲은 건강보험요양기관 지정처분이 위법하다고 취소를 구하고 있으나 변론절차에서 요양기관 지정 요건을 결여하여 위법하다는 주장은 하지 않고 있다. 그러나 甲의 주장이 없어도 법원은 직권증거조사를 할 수 있으며 일건 기록에 나타난 자료를 기초로 판단할 수 있다. 법원이 판단한 사항이 기록에 나타나 있는지는 설문에서 명확치는 않다. 만약 법원의 판단이 기록에 나타난 자료를 기초로 한 것이라면 법원의 판단은 적법하다. 그러나 기록에 나타난 자료를 기초로 하지 않은 것이라면 직권심리주의의 한계를 벗어난 것으로서 법원의 판단은 위법하다.

---

[1] 대판 1994.10.11, 94누4820

사례 129　위법판단 기준시기　[변시 2020]

　A국 국적의 외국인인 甲은 자국 정부로부터 정치적 박해를 받고 있었다. 甲은 2018. 11. 20. 인천국제공항에 도착하여 입국 심사 과정에서 난민신청의사를 밝히고 난민법상 출입국항에서의 난민인정신청을 하였다. 인천국제공항 출입국관리공무원은 2018. 11. 20. 甲에 대하여 입국목적이 사증에 부합함을 증명하지 못하였다는 이유로 입국불허결정을 하고, 甲이 타고 온 외국항공사에 대하여 甲을 국외로 송환하라는 송환지시서를 발부하였다. 이에 甲은 출입국 당국의 결정에 불만을 표시하며 자신을 난민으로 인정해 달라고 요청하였고, 당국은 甲에게 난민심사를 위하여 일단 인천공항 내 송환대기실에 대기할 것을 명하였다. 인천공항 송환대기실은 입국이 불허된 외국인들이 국외송환에 앞서 임시로 머무는 곳인데, 이 곳은 외부와의 출입이 통제되는 곳으로 甲이 자신의 의사에 따라 대기실 밖으로 나갈 수 없는 구조로 되어 있었다. 출입국 당국은 2018. 11. 26. 甲에 대하여 난민 인정 거부처분을 하였고, 甲은 이에 불복하여 2018. 11. 28. 난민 인정 거부처분 취소의 소를 제기하는 한편, 2018. 12. 19. 자신에 대한 수용(收容)을 해제할 것을 요구하는 인신보호청구의 소를 제기하였다.

3. 위 난민 인정 거부처분 후 甲의 국적국인 A국의 정치적 상황이 변화하였다. 이와 같이 변화된 A국의 정치적 상황을 이유로 하여, 법원이 난민 인정 거부처분의 적법 여부를 달리 판단할 수 있는지에 대하여 검토하시오. (15점)

I. 문제의 소재

난민 인정 거부처분 취소소송에서 법원이 거부처분시 이후에 생긴 정치적 상황의 변경을 고려하여 거부처분의 적법 여부를 달리 판단할 수 있는지가 문제된다. 처분시와 판결시 사이에 사정변경이 있는 경우 위법판단 기준시기의 문제이다.

II. 위법판단 기준시기

1. 문제점

처분 당시 적법한 처분이 처분 후의 사정변경으로 판결시를 기준으로 하면 위법해 질 수도 있고, 반대로 처분 당시 위법한 처분이 사정변경으로 적법해질 수도 있다. 처분시와 판결시 사이에 사정변경이 있는 경우 법원이 어느 시점을 기준으로 계쟁처분의 위법여부를 판단하여야 하는지 문제된다.

2. 학 설

① 취소소송에 있어서 법원의 역할은 처분의 사후심사이므로 처분의 위법여부의 판단은 처분시의 사실 및 법률상태를 기준으로 하여 행하여야 한다는 처분시설, ② 취소소송의 본질은 처분으로 인하여 형성된 위법상태를 배제함에 있으므로 원칙적으로 사실심구두변론 종결시를 기준으로 하여야 한다는 판결시설, ③ 원칙적으로 처분시설을 취하면서 예외적으로 계속효 있는 행위나 미집행의 처분에 대한 소송은 판결시가 되어야 한다거나 또는 거부처분취소소송은 실질적으로 의무이행소송과 유사하므로 이행소송의 일반적 법리에 따라서 판결시가 되어야 한다는 절충설이 대립한다.

3. 판 례

판례는 행정처분의 적법 여부는 특별한 사정이 없는 한 그 처분 당시를 기준으로 하여 판단하여야 하며 처분 후 법령의 개폐나 사실상태의 변동에 영향을 받지 않는다고 하여 처분시설인데, 처분시의 의미는 처분 당시 존재하였던 자료나 행정청에 제출되었던 자료만으로 위법 여부를 판단한다는 의미는 아니므로, 처분 당시의 사실상태 등에 대한 입증은 사실심 변론종결시까지 할 수 있다고 한다.

4. 검토

취소소송은 위법한 처분 등에 의하여 권익을 침해당한 자가 위법한 행위의 시정을 구하는 것이며 판결시설에 의하면 판결이 지연됨에 따라 불균형한 결과를 가져올 수도 있으므로 원칙적으로 처분시설이 타당하다.

III. 사안의 해결

처분시설에 의할 때 난민 인정 거부처분의 취소를 구하는 취소소송에서도 거부처분을 한 후 국적국인의 정치적 상황이 변화하였다고 하여 처분의 적법 여부가 달라지는 것은 아니다. 따라서 법원은 甲의 국적국인 A국의 정치적 상황의 변화를 이유로 하여 난민 인정 거부처분의 적법 여부를 달리 판단할 수 없다. 물론 甲이 정치적 상황의 변화를 이유로 다시 난민 인정 신청을 하고 출입국 당국은 이를 고려하여 난민 인정을 하는 것은 가능하다.

사례 130   처분사유의 추가·변경(1)   [법전협 2014-3]

건설업을 운영하는 甲주식회사는 '국가를 당사자로 하는 계약에 관한 법률'에 근거하여 국가와 건설도급계약을 체결하고 건축물 신축공사를 시행하였다. 위 신축공사는 乙지방조달청장(이하 '乙청장'이라고 한다)이 관할하고 있다. 그런데 甲주식회사의 현장감독 A는 담당 공무원 B에게 원활하게 공사가 진행되도록 해달라고 부탁하면서 금품을 교부하였다. 그러나 B는 이를 거절하고 乙청장과 수사기관에 이러한 사실을 알렸다. A는 뇌물공여죄로 유죄의 확정판결을 받았고, 乙청장은 甲주식회사에 대하여 건설도급계약을 해지하겠다는 뜻을 표시하였다. 甲주식회사는 해지의 효력을 다투며 계속하여 공사를 진행하고자 하였으나, 乙청장은 적법하게 해지되었다고 하면서 甲주식회사 직원들의 공사현장 출입을 막았다. 그리고 乙청장은 甲주식회사에 대하여 1년의 기간을 정하여 입찰참가자격 제한처분을 하였다.

3. 乙청장은 입찰참가자격 제한처분을 하면서 甲주식회사가 공사를 완료하지 못하였으므로 '국가를 당사자로 하는 계약에 관한 법률 시행령' 제76조 제1항 제6호의 "정당한 이유 없이 계약을 … 이행하지 아니한 자"에 해당한다는 점을 근거로 제시하였다. 그러나 甲주식회사가 제기한 입찰참가자격 제한처분 취소소송에서 甲주식회사가 "공사를 완료하지 못한 것은 국가의 부적법한 해지권 행사와 그에 따른 출입금지조치 때문이다."라고 주장하자, 乙청장은 A가 뇌물을 공여하였으므로 같은 항 제10호에 해당한다는 점을 처분사유에 추가하였다. 법원은 추가된 처분사유를 근거로 甲의 청구를 기각할 수 있는가? (30점)

[참고조문]
* 국가를 당사자로 하는 계약에 관한 법률
제27조(부정당업자의 입찰 참가자격 제한)
① 각 중앙관서의 장은 경쟁의 공정한 집행이나 계약의 적정한 이행을 해칠 염려가 있거나 그 밖에 입찰에 참가시키는 것이 적합하지 아니하다고 인정되는 자(이하 "부정당업자"라 한다)에게는 2년 이내의 범위에서 대통령령으로 정하는 바에 따라 입찰 참가자격을 제한하여야 하며, 그 제한사실을 즉시 다른 중앙관서의 장에게 통보하여야 한다. 이 경우 통보를 받은 다른 중앙관서의 장은 대통령령으로 정하는 바에 따라 해당 부정당업자의 입찰 참가자격을 제한하여야 한다.

* 국가를 당사자로 하는 계약에 관한 법률 시행령
제76조(부정당업자의 입찰참가자격 제한)
① 각 중앙관서의 장은 계약상대자, 입찰자 또는 제30조제2항에 따라 전자조달시스템을 이용하여 견적서를 제출하는 자(이하 이 항에서 "계약상대자등"이라 한다)나 계약상대자등의 대리인, 지배인 또는 그 밖의 사용인이 다음 각 호의 어느 하나에 해당하는 경우에는 법 제27조제1항에 따른 부정당업자(이하 "부정당업자"라 한다)인 해당 계약상대자등에게 제27조제1항에 따라 즉시 1개월 이상 2년 이하의 범위에서 입찰참가자격을 제한하여야 한다.
……
6. 정당한 이유없이 계약을 체결 또는 이행(……)하지 아니한 자
10. 입찰·낙찰 또는 계약의 체결·이행과 관련하여 관계공무원(……)에게 뇌물을 준 자

Ⅰ. 문제의 소재

乙청장이 입찰참가자격제한 처분 당시 제시한 계약불이행 사유와 甲주식회사가 제기한 취소소송 계속 중에 추가한 A의 뇌물공여사실간에 처분사유의 추가를 허용될 수 있는지가 문제된다. 허용된다면 법원

은 추가된 처분사유를 심리할 수 있게 되며 추가된 처분사유를 근거로 甲의 청구를 기각할 수도 있게 된다.

II. 처분사유의 추가·변경

1. 의의

처분사유의 추가·변경이란 당초 처분 시에는 존재하였지만 처분이유로 제시되지 아니하였던 사실 및 법적 근거를 소송계속 중에 추가하거나 변경하는 것을 말한다. 이는 처분청이 처분시에 처분사유로 삼지 않은 새로운 사실 및 법적 근거를 내세워 처분의 적법성을 주장할 수 있는지의 문제이다. 처분시에 이미 존재하던 사실이나 법적근거를 주장하는 점에서 처분시의 하자를 사후보완하는 하자의 치유와 구별된다.

2. 처분사유의 추가·변경 인정여부

(1) 학 설

① 일회적 분쟁해결이라는 소송경제적 측면을 강조하는 긍정설, ② 실질적 법치주의와 상대방의 신뢰보호를 강조하는 부정설, ③ 당초의 처분사유와 기본적 사실관계의 동일성이 인정되는 범위 내에서 제한적으로 인정된다는 제한적 긍정설이 대립한다.

(2) 판 례

판례는 "실질적 법치주의와 행정처분의 상대방인 국민에 대한 신뢰보호라는 견지에서 처분청은 당초 처분의 근거로 삼은 사유와 기본적 사실관계에 있어서 동일성이 있다고 인정되지 않는 별개의 사실을 들어 처분사유로 주장함은 허용되지 아니하나, 당초 처분의 근거로 삼은 사유와 기본적 사실관계에 있어서 동일성이 있다고 인정되는 한도 내에서는 다른 사유를 추가하거나 변경할 수 있다"고 하여 제한적 긍정설의 입장이다.

(3) 검 토

생각건대, 처분사유 추가변경을 널리 허용한다면 원고에게 예기치 못한 법적 불안을 초래하는 결과가 되며 행정절차법 제23조의 이유제시 제도의 취지도 유명무실해지고 원고의 행정심판제기 선택권도 박탈될 것이다. 반면 법원이 이를 불허한다면 취소판결이 내려진 이후 행정청이 새로운 사유를 근거로 동일한 취지의 처분을 발할 수 있는 문제가 생기며 원고의 입장에서도 이러한 결과는 바람직하지 못하므로 제한적 긍정설이 타당하다. 이 경우 그 허용요건과 한계를 설정하는 것이 문제될 것이다.

3. 처분사유의 추가·변경의 허용범위 및 한계

(1) 기본적 사실관계의 동일성(객관적 한계)

기본적 사실관계의 동일성 유무는 처분사유를 법률적으로 평가하기 이전의 구체적인 사실에 착안하여 그 기초가 되는 사회적 사실관계가 기본적인 점에서 동일한지의 여부에 따라 결정되며, 추가 또는 변경된 사유가 처분 당시에 그 사유를 명기하지 않았을 뿐 이미 존재하고 있었고 당사자도 그 사실을 알고 있었다고 하여 당초 처분사유와 동일성이 있는 것이라고 할 수는 없다.[1]

---

1) 대판 2011.10.27. 2011두14401.

(2) 추가·변경사유의 기준시(시적 한계)

처분시에 객관적으로 존재하였던 사유에 한하여 허용된다. 처분사유의 제시는 당초 처분시의 근거법령과 그 처분의 이유이므로 나중에 처분사유를 추가·변경하는 경우에도 당초 처분시에 이미 존재하였던 사유이어야 한다. 물론 이러한 사유를 사실심변론종결시까지 주장할 수 있다(행정소송규칙 제9조).[2]

III. 사안의 해결

乙청장이 취소소송 도중 추가한 A가 '뇌물을 공여하였으므로 제10호 소정의 입찰·낙찰 또는 계약의 체결·이행과 관련하여 관계공무원에게 뇌물을 준 자'에 해당한다는 사유는 처분시에 존재하는 사유이다. 그러나 당초 처분의 사유로 삼은 '시행령 제76조 제1항 제6호의 정당한 이유없이 계약을 체결 또는 이행하지 아니한 자라는 사유'와 그 기초가 되는 사회적 사실관계는 각각 뇌물공여와 계약불이행으로서 기본적 사실관계를 같이 한다고 할 수 없으므로 처분사유의 추가는 허용되지 않는다. 따라서 법원은 추가된 처분사유를 근거로 甲의 청구를 기각할 수는 없다.[3]

유제 1 [변시 2023]

변호사 甲과 국회의원 乙은 전동킥보드 동호회 회원들이다.~~(중략)~~ 甲과 乙은 동호회 모임에 참석하였다가 만취한 상태로 각자 전동킥보드를 타고 가던 중, 횡단보도를 건너던 보행자를 순차적으로 치어 크게 다치게 한 후 도주하였다. 甲과 乙은 각각 「도로교통법」에 따른 운전면허 취소처분을 받음과 아울러 특정범죄 가중처벌등에 관한 법률 위반(도주치상)죄로 공소제기되었다.

법무부장관은 甲에 대하여 위 공소제기를 이유로 「변호사법」 제102조 제1항 본문 및 제2항(이하 '이 사건 법률조항'이라 한다)에 의거하여 업무정지명령을 하였다. 甲은 업무정지명령에 대하여 취소소송을 제기하면서 그 근거조항인 이 사건 법률조항의 위헌성을 다투고 있다.

6. 한편, 법무부장관이 甲에 대하여 업무정지명령을 할 당시 甲은 위특정범죄 가중처벌등에 관한 법률 위반(도주치상)죄뿐만 아니라 무고죄로도 공소제기되어 있었는데, 위 업무정지명령 처분서에는특정범죄 가중처벌등에 관한 법률 위반(도주치상)죄로 공소제기된 사실만 적시되어 있었다. 법무부장관은 甲이 제기한 업무정지명령에 대한 취소소송이 진행되던 중에 위 처분사유만으로는 부족하다고 판단하고, '甲이 현재 무고죄로 공소제기되어 있다'는 처분사유를 추가하고자 한다. 이러한 처분사유의 추가가 허용되는지 판단하시오. (15점)

해 설

甲이 특정범죄 가중처벌 등에 관한 법률 위반(도주치상)죄로 공소제기된 사실과 甲이 현재 무고죄로 공소제기되어 있다는 사실은 처분시에 객관적으로 존재하는 사실이기는 하나, 그 기초가 되는 사회적 사실관계가 기본적인 점에서 동일하다고 할 수 없다. 취소소송에서 이러한 처분사유의 추가는 허용되지 않는다.

---

[2] 교과서에 따라서는 처분사유 추가변경의 시적한계를 사실심변론종결시라고 하고 있는데 이는 처분시에 존재하는 사유를 사실심변론종결시까지 주장할 수 있다는 의미로 소개하고 있는 것이다.
[3] 이러한 결론이 乙청장이 추후에 뇌물을 공여하였다는 것을 이유로 입찰참가자격 제한조치를 할 수 없다는 것을 의미하는 것은 아니다.

유제 2   [행시(일행) 2009]

A고등학교 교장인 甲은 소속 교사인 乙의 행실이 못마땅하고, 그 소속 단체인 교사 연구회에 대하여도 반감을 가지고 있던 중에 乙이 신청한 A학교시설의 개방 및 그 이용을 거부하였다. 그러자 평소 甲의 학교운영에 불만을 품고 있던 乙은 학교장 甲의 업무추진비 세부항목별 집행내역 및 그에 관한 증빙서류에 대하여 정보공개를 청구하였다. 이에 甲은 청구된 정보의 내용중에는 개인의 사생활의 비밀 또는 자유를 침해할 우려가 있는 정보가 포함되어 있다는 것을 이유로 乙의 청구에 대하여 비공개 결정하였다.

2) 甲의 비공개결정에 대하여 乙이 취소소송을 제기하여 다투고 있던 중, 甲은 위 사유 이외에 학교장의 업무추진비에 관한 정보 중에는 법인·단체의 경영상의 비밀이 포함되어 있다는 것을 비공개결정 사유로 추가하려고 한다. 그 허용 여부에 대하여 검토하시오. (15점)

해 설

처분사유 추가변경의 시간적 한계는 문제되지 않으나 학교장의 업무추진비에 관한 정보 중에 법인 단체의 경영상의 비밀이 포함되어 있다는 비공개결정사유(9조 1항 7호)와 개인의 사생활비밀 또는 자유를 침해할 우려가 있다는 정보가 포함되어 있다는 사유(9조 1항 6호)는 법률적으로 평가하기 이전에 구체적 사실에 착안하여 그 기초가 되는 사회적 사실관계가 기본적인 면에서 동일하다고 볼 수 없고 당초의 처분사유를 구체화하는 것이라고도 볼 수 없으므로 처분사유의 추가·변경은 허용될 수 없다.

유제 3   [행시 2018]

가구제조업을 운영하는 甲은 사업상 필요에 의해 자신이 소유하는 산림 50,000㎡ 일대에서 입목을 벌채하고자 「산림자원의 조성 및 관리에 관한 법률」 제36조 및 같은 법 시행규칙 제44조의 규정에 따라 관할 행정청 乙시장에게 입목벌채허가를 신청하였다. 이에 대해서 인근 A사찰의 신도들은 해당 산림의 입목벌채로 인하여 사찰의 고적하고 엄숙한 분위기가 저해될 것을 우려하여 乙시장에게 당해 허가를 내주지 말라는 민원을 강력히 제기하였다. 그러나 乙시장은 甲의 입목벌채허가신청이 관계 법령이 정하는 허가요건을 모두 갖추었음을 이유로 입목벌채허가를 하였다. 다음 물음에 답하시오. (각 문항들은 상호 독립적임)

2) A사찰 신도들의 민원이 계속되자 乙시장은 민원을 이유로 甲에 대한 입목벌채허가를 취소하였고, 이에 대해 甲은 입목벌채허가취소처분 취소소송을 제기하였다. 乙시장은 취소소송 계속 중에 A사찰이 유서가 깊은 사찰로 보존가치가 높고 사찰 인근의 산림이 수려하여 보호의 필요가 있다는 처분사유를 추가하였다. 이러한 처분사유의 추가가 허용되는가? (15점)

해 설

乙시장이 취소소송 계속 중에 추가한 A사찰이 유서가 깊은 사찰로 보존가치가 높고 사찰 인근의 산림이 수려하여 보호의 필요가 있다는 사유는 입목벌채허가취소처분 당시에 존재하였던 사유이나 당초 제시한 사유인 사찰신도들의 민원이 사찰의 고적하고 엄숙한 분위기가 저해한다는 사유는 기본적 사실관계의 동일성을 인정할 수 없다. 따라서 을시장의 처분사유 추가는 허용되지 않는다. 법원은 추가된 사실에 기초하여 판단할 수 없다.

유제 4 [법전협 2022-1]

B시장은 2021. 1. 4. 국립대학법인 A대학교에 B시가 관리하는 도로를 장기간 무단으로 점유하였다는 이유로「도로법」제72조 제1항에 따라 변상금을 부과하였으나, A대학교는 이를 납부하지 않았다.

한편, A대학교는 교내의 미술사도서관이 거의 이용되지 않고 있는 상황에서, 학내에 대형 공연장을 설치하여 일반공중에 대여하는 등 수익사업을 통해 학교 운영상의 재정적 어려움을 해소하기 위한 목적으로, 2020. 9. 3. 관할 B시장에게 위 미술사도서관을 공연장으로 용도를 변경하기 위한 협의를 요청한바 있다(위 용도변경에는 토지의 형질변경이 수반되어「국토의 계획 및 이용에 관한 법률」제56조 제1항 제2호에 따른 개발행위허가가 필요하며,「건축법」제11조 및 제14조는 건축허가 및 건축신고에 개발행위허가를 의제하고 있다. 그리고 미술사도서관은「건축법」제19조 제4항 제6호의 '교육 및 복지시설군'에 해당하고, 공연장은「건축법」제19조 제4항 제4호의 '문화집회시설군'에 해당한다).

그런데, 국립대학교에 공연장이 남설되어 사회적 논란이 야기되자, 국회에서는 모든 국립대학교에 신규 공연장 설치를 제한하는 내용의「건축법」개정안이 발의되었다. B시장은 이러한 사실을 인지하여, 법령상 다른 명시적인 제한 사유가 없음에도 불구하고 A대학교의 용도변경 협의 요청을 접수하고도 응답을 차일피일 미루었다. 그러던 중 2021. 6. 7. 위「건축법」개정안이 국회에서 가결되어 2021. 9. 6.자로 시행되었는데, 국회 논의 과정에서 '「건축법」상 용도 변경 규정이 20여년 이상 적용되어 왔음을 감안하여 개정 전에 인허가 신청을 한 경우에는 구법을 적용하는 내용의 경과규정을 두어야 한다'는 주장과 '개정「건축법」을 경과규정 없이 즉시 시행하여 국립대학교가 본래의 교육 목적 달성에 주력하도록 해야 한다'는 주장이 대립하였으나, 경과규정을 두지 않는 것으로 정리되었다. 이후, B시장은 "2021. 6. 7.자 개정「건축법」에 따르면 국립대학교에서는 공연장을 신규로 설치할 수 없음"('처분사유 1')을 이유로 2021. 9. 15. 위 용도변경 협의 요청을 거부하였다. 그리고 변상금에 대한 번거로운 체납 절차를 피하고 변상금 납부를 유도하기 위하여 "A대학교가 B시장이 2021. 1. 4.자로 부과한 변상금을 아직 납부하지 않았음"('처분사유 2')도 처분사유로 제시하였다.

3. A대학교는 B시장의 변상금 부과처분에 대하여 항고소송을 제기하였는데, 사실심 계속 중에 A대학교가 해당 도로는 도로구역으로 결정·고시된 바 없어「도로법」상 도로로 볼 수 없으므로 변상금 부과는 무효라고 주장하자, B시장은 A대학교가 "무단점유한 도로가 사실상 도로라고 하더라도 이는 B시의 행정재산이고, A대학교 또한 이를 알고 있었으므로「공유재산 및 물품관리법」에 따른 변상금 부과 대상이 된다."라는 처분사유를 추가하였다. 이러한 추가는 허용될 수 있는지 검토하시오. (25점)

해 설

B시장이 정당한 권원을 취득하지 않고 무단 점용한 A대학교에게 변상금을 부과하면서 당초 제시한 사유는 도로를 점용허가 없이 무단점용했다는 것으로 도로법 제72조1항에 근거한 것이고, 소송 도중에 추가한 사유는 행정재산을 사용허가 없이 무단점용했다는 것으로 공유재산 및 물품관리법 제81조 제1항에 근거한 것이다. 도로법상 도로점용허가를 받지 않고 점용하고 있다는 사실과, 공유재산법 및 물품관리법상 행정재산의 사용허가를 받지 않고 점용하고 있다는 사실은 법적 평가만 다를 뿐 사회적 사실관계가 기본적인 점에서 일치하는 것처럼 보이기도 하나, 판례는 도로법과 공유재산 및 물품관리법령의 해당 규정은 별개 법령에 규정되어 입법 취지가 다르고, 해당 규정내용을 비교하여 보면 변상금의 징수목적, 산정 기준금액, 징수 재량 유무, 징수절차 등이 서로 달라 위와 같이 근거 법령을 변경하는 것은 종전 도로법 제94조에 의한 변상금 부과처분과 동일성을 인정할 수 없는 별개의 처분을 하는 것과 다름 없어 허용될 수 없다고 판시한 바 있다.[4]

판례에 의하면 B시장은 A대학교의 행정재산 무단점유 사실 및 공유재산법 제81조 제1항을 처분사유로 추가할 수 없다. A대학교가 추가되는 처분사유를 알았다고 하더라도 이는 처분사유의 추가·변경을 허용하는 사정이 될 수 없다.

---

4) 대판 2003.12.11. 2001두8827

사례 131 처분사유의 추가·변경(2) [사시 2008]

주택사업과 건설업 등을 영위하는 주식회사 甲은 60필지의 단독주택단지를 재개발하여 아파트 4개동 300세대를 건축하기로 하고 위 60필지의 토지를 매수하는 작업을 하였으나, 매매대금의 차이로 60필지 중 10필지만을 매수하는 데 그쳤다. 甲은 위 10필지의 토지에 12층 규모 72세대의 아파트를 건축하기로 하고 주택법 제16조 제1항 및 주택법시행령 제15조 제1항의 규정에 의하여 관할 행정청인 乙에게 주택건설사업계획승인신청을 하였다. 위 60필지 토지는 직사각형 모양의 단독주택단지이고 그 중 10필지는 전체 60필지 중 남서쪽 모퉁이에 위치하고 있으며, 위 10필지 외 다른 토지의 소유자들은 '60필지의 토지소유자 중 80% 이상의 동의로 아파트재개발사업을 추진하고 있는 상황에서 위 10필지에만 따로 아파트를 건설하는 것은 주위 환경과 여건에 맞지 않으므로 반대한다'는 취지의 의견서를 乙에게 제출하였다. 이에 乙은 甲에게 위 10필지 외 다른 토지의 소유자들과 충분히 협의할 것을 요청하였으나, 甲은 일부 토지소유자들의 과도한 요구로 협의가 결렬되었다면서 전체의 개발은 하지 않고 위 10필지만을 개발하겠다고 하였다. 그러나 법령에 명시적인 근거규정이 없음에도 乙은 "60필지 중 위 10필지만을 개발하는 것은 도시 미관과 지역 여건을 고려하지 않은 불합리한 계획으로서 지역의 균형개발을 저해한다."라는 이유로 甲의 주택건설사업계획승인신청을 반려하는 처분을 하였다.

甲은 이 반려처분의 취소를 구하는 행정소송을 제기하였고, 이 행정소송에서 乙은 "① 위 반려처분에는 아무런 하자가 없을 뿐만 아니라, ② 더욱이 위 60필지의 지역은 관계법령에 의하여 5층 이상의 건축이 불가능한 제1종일반주거지역으로 지정되어 있으므로 이 점에서도 위 반려처분은 적법하다."라고 주장하였다. 乙의 위와 같은 주장에 관하여 논평하시오. (30점)

[참조조문]
*주택법
제16조 (사업계획의 승인) ① 대통령령이 정하는 호수 이상의 주택건설사업을 시행하고자 하는 자 또는 대통령령이 정하는 면적 이상의 대지조성사업을 시행하고자 하는 자는 사업계획승인신청서에 주택과 부대시설 및 복리시설의 배치도, 대지조성공사설계도서 등 대통령령이 정하는 서류를 첨부하여 다음 각 호의 사업계획승인권자(이하 "사업계획승인권자"라 한다. 국가·대한주택공사 및 한국토지공사가 시행하는 경우와 대통령령으로 정하는 경우에는 국토해양부장관을 말하며, 이하 이 조 및 제17조에서 같다)에게 제출하고 그 사업계획승인을 얻어야 한다. 〈단서생략〉
②-⑦ 〈생략〉

* 주택법 시행령
제15조 (사업계획의 승인) ①법 제16조제1항 본문에서 "대통령령이 정하는 호수"라 함은 단독주택의 경우에는 20호, 공동주택의 경우에는 20세대를 말하며, "대통령령이 정하는 면적"이라 함은 1만제곱미터를 말한다.
②-⑤ 〈생략〉

I. 문제의 소재

乙의 주장과 관련하여 ① 반려처분에 하자가 없다는 주장과 관련하여 행정지도를 이유로 반려처분한 것이라면 행정지도의 가부, 행정지도의 불이행을 이유로 한 거부의 위법성이 문제되고, ② 행정지도 불이행을 이유로 한 것이 아니라면 거부의 재량일탈남용 여부가 문제되며 ③ 제1종일반주거지역으로 지정되어 있다는 거부사유의 추가 가부가 문제될 것이다.

II. 주택건설사업계획승인의 법적성질

주택건설사업계획승인은 자연적 자유의 회복이라기보다는 새로운 권리의 설정행위인 설권적 처분에 해당하고, 주민의 주거생활 및 도시경관 등의 공익과 밀접한 관련이 있다는 점에서 공익관련성이 높아 강학상 특허에 해당한다.

또한 주택법 제16조의 문언 상으로는 불분명하나 주택건설사업계획승인의 공익관련성 및 당해 행위가 강학상 특허에 해당함을 고려할 때 재량행위로 봄이 타당하다.

III. 乙의 주장의 타당성

1. 반려처분이 적법하다는 乙의 주장의 타당성

(1) 행정지도의 불이행을 이유로 반려처분의 위법성

사안에서 乙이 甲에게 10필지 외의 다른 토지의 소유자들과 충분히 협의할 것을 요청한 것은 상대방의 임의적 협력을 요건으로 하여 특정한 행위를 하거나 하지 않을 것을 지도하는 행정지도에 해당한다. 사안에서는 행정지도의 법률유보 적용 여부, 즉 행정지도에 있어서 법적 근거가 필요한지가 문제되는 바, 견해가 대립하나 행정지도는 상대방의 임의적 협력을 요건으로 한다는 점에서 법적 근거가 필요하지 않다는 견해가 타당하다. 다만 사실상 강제력을 갖는 행정지도의 경우 법적 근거가 요구될 것이다. 행정지도에 법적 근거가 요구되지 않는다고 하더라도 행정절차법상 한계 및 실체상 한계를 준수하여야 한다. 행정절차법은 비례의원칙 및 임의성의 원칙, 불이익조치금지의 원칙 등을 규정하고 있으며, 행정법의 일반원칙을 준수하여 법률우위의 원칙에 반하여서는 안 된다.

사안에서 乙이 10필지 외 다른 토지 소유자들과 협의할 것을 요청하고, 이를 불이행한 것을 이유로 주택건설사업계획승인을 거부한 것에 하자가 있는지 문제된다. 행정지도는 법적 근거 없이도 발할 수 있으나, 행정지도의 불이행을 이유로 거부한 것이라면 행정절차법 제48조2항의 불이익조치금지원칙에 반해 위법하다. 위법성의 정도는 중대명백설에 따를 때 취소사유에 해당한다고 볼 수 있다.

(2) 도시 미관과 지역 여건을 고려하지 않은 불합리한 계획으로서 균형개발을 저해함을 이유로 한 거부의 재량 일탈 남용 여부

앞서 서술한 바와 같이 주택건설사업계획승인은 재량행위에 해당하는바, 도시 미관과 지역 여건을 고려하지 않아 균형개발을 저해한다는 사유로 거부시 그 재량 일탈 남용 여부가 문제된다.

사안에서 10필지 외 다른 토지의 소유자들이 개발을 반대한다는 의견서를 제출한 것은 주택건설사업계획승인을 거부할 공익적 사유가 되지 못한다. 또한 법령에 명시적인 규정이 없음에도 도시미관, 지역 여건 등의 사유로 거부함은 타사고려에 해당하여 재량의 일탈 남용이 있다. 또한 거부에 의해 달성되는 공익보다 침해되는 甲의 사익이 현저해 보여 비례원칙에도 반하여 재량의 일탈 남용이 있다. 위법성의 정도는 중대, 명백하다고는 보이지 않아 취소사유이다.

2. 제1종일반주거지역으로 지정되어 있다는 거부사유 추가의 허용성

(1) 처분사유의 추가·변경의 의의

(2) 처분사유 추가·변경의 인정 여부

(3) 처분사유 추가·변경의 허용범위 및 한계

(4) 사안의 경우

사안에서 행정소송 도중 乙이 제1종일반주거지역으로 규정되어 있으므로 반려처분이 적법하다는 거부사유를 주장하는 것은 행정청이 처분시에 주장하지 않았던 처분사유를 소송 도중에 주장, 처분의 적법성을 주장하는 것으로 처분사유의 추가에 해당한다.

시간적 한계와 관련하여 제1종일반주거지역으로 지정되어 있었다는 사정은 처분시에 존재하였던 사유이며 사실심변론종결시 이전까지 주장하였으므로 시간적 한계를 벗어나지는 않았다.

객관적 한계와 관련하여 도시 미관 및 지역 여건을 고려하지 않은 불합리한 계획으로서 지역의 균형개발을 저해한다는 당초사유와 기본적 사실관계의 동일성이 인정되는지가 문제된다. 판례에 의하면 기본적 사실관계의 동일성은 처분사유를 법적으로 평가하기 이전에 그 기초가 된 사회적 사실관계가 기본적인 면에서 동일한지를 기준으로 판단하여야 한다. 균형개발을 저해한다는 당초사유는 60필지의 토지 중 10필지의 토지만을 개발한다는 사정에 기초하고 있는 것으로 보이는바 제1종일반주거지역으로 지정되어 있다는 사정과 기본적 사실관계의 동일성이 인정되지 않는다. 처분사유의 추가는 불가능하므로 乙의 주장은 타당하지 않다.

IV. 결 론

乙의 반려처분은 위법하며 제1종일반주거지역으로 지정되어 있다는 처분사유의 추가도 불가능하므로 乙의 주장은 모두 타당하지 않다.

사례 132   취소소송의 소송요건, 처분사유 추가·변경, 기속력   [사시 2012]

甲은 주택을 소유하고 있었는데 그 지역이 한국토지주택공사가 사업자가 되어 시행하는 주택건설사업의 사업시행지구로 편입되면서 甲의 주택도 수용되었다. 사업시행자인 한국토지주택공사는「공익사업을 위한 토지 등의 취득 및 보상에 관한 법률」제78조에 따라 이주대책의 일환으로 주택특별공급을 실시하기로 하였다. 그 후 甲은「주택공급에 관한 규칙」제19조 제1항 제3호 규정에 따라 A아파트입주권을 특별분양하여 줄 것을 신청하였다. 그런데 한국토지주택공사는 甲이 A아파트의 입주자모집공고일을 기준으로 무주택세대주가 아니어서 특별분양 대상자에 해당되지 않는다는 이유로 특별분양신청을 거부하였다.

1. 甲이 한국토지주택공사를 피고로 하여 특별분양신청 거부처분취소소송을 제기한 경우, 그 적법성은? (제소기간은 준수한 것으로 본다)(15점)
3. 취소소송의 계속 중에 입주자모집공고일 당시 무주택세대주였다는 甲의 주장이 사실로 인정될 상황에 처하자 한국토지주택공사는 甲의 주택이 무허가주택이었기 때문에 甲은 특별분양 대상자에 해당되지 않는다고 처분사유를 변경하였고, 심리결과 甲의 주택이 무허가주택이었음이 인정되었다. 이 경우 법원은 변경된 처분사유를 근거로 甲의 청구를 기각할 수 있는가? 법원의 판결 확정 후 한국토지주택공사가 甲의 주택이 무허가주택임을 이유로 특별분양신청을 재차 거부할 수 있는지 여부도 함께 검토하시오.(20점)

[참조조문]
* 주택공급에 관한 규칙(국토해양부령)

제19조 (주택의 특별공급)

① 사업주체가 국민주택등의 주택을 건설하여 공급하는 경우에는 제4조에도 불구하고 입주자모집공고일 현재 무주택세대주로서 다음 각 호의 어느 하나에 해당하는 자에게 관련기관의 장이 정하는 우선순위 기준에 따라 1회(제3호·제4호·제4호의2에 해당하는 경우는 제외한다)에 한정하여 그 건설량의 10퍼센트의 범위에서 특별공급할 수 있다. 다만, 시·도지사의 승인을 받은 경우에는 10퍼센트를 초과하여 특별공급할 수 있다.

  3. 다음 각 목의 어느 하나에 해당하는 주택(관계법령에 의하여 허가를 받거나 신고를 하고 건축하여야 하는 경우에 허가를 받거나 신고를 하지 아니하고 건축한 주택을 제외한다)을 소유하고 있는 자로서 당해 특별시장·광역시장·시장 또는 군수가 인정하는 자.

    가. 국가·지방자치단체·한국토지주택공사 및 지방공사인 사업주체가 당해 주택건설사업을 위하여 철거하는 주택

* 한국토지주택공사법

제1조 (목적) 이 법은 한국토지주택공사를 설립하여 토지의 취득·개발·비축·공급, 도시의 개발·정비, 주택의 건설·공급·관리 업무를 수행하게 함으로써 국민주거생활의 향상 및 국토의 효율적인 이용을 도모하여 국민경제의 발전에 이바지함을 목적으로 한다.

제8조 (사업)

① 공사는 제1조의 목적을 달성하기 위하여 다음 각 호의 사업을 행한다.

  3. 주택(복리시설을 포함한다)의 건설·개량·매입·비축·공급·임대 및 관리

[설문 1] 甲이 제기한 소의 적법성 (15점)

I. 문제의 소재

이주대책의 일환인 특별분양의 대상자에 해당하는지 여부에 대한 법률관계는 공법관계에 해당한다. 해당 관계가 권력관계인지 비권력관계인지에 대하여는 견해가 대립하나, 대법원은 이주대책 거부에 대하여 항고소송으로 다투어야 한다는 입장이므로 이하에서는 항고소송의 관점에서 甲의 소 제기 적법성을 검토한다.

항고소송이 적법하게 제기되기 위해서는 이주대책 특별분양신청거부가 처분에 해당되어야 하고(행정소송법 제19조), 甲에게 특별분양신청거부의 취소를 구할 법률상 이익 및 권리보호의 필요가 인정되어야 하며(동법 제12조), 처분을 행한 한국토지주택공사를 피고로(동법 제13조), 처분이 있음을 안 날로부터 90일 이내에(동법 제20조), 적법한 관할법원에 (동법 제9조) 소송을 제기하여야 한다. 기타 소송요건은 별달리 문제되어 보이지 않으나, 특별분양신청거부가 거부처분에 해당하는지 여부, 甲에게 원고적격이 있는지 여부, 한국토지주택공사에게 피고적격이 인정되는지 여부 등이 문제된다.

II. 대상적격

1. 거부처분의 요건

판례는 수익적 행위 신청에 대해 행정청이 거부한 행위가 거부처분이기 위해서는 ① 신청에 따른 행위가 공권력의 행사이고 ② 그 거부가 신청인의 법률관계에 어떤 변동을 초래하여야 하며 ③ 신청인에게 법규상, 조리상 신청권이 있을 것을 요구하고 있다.

신청권을 대상적격의 문제로 보는 판례와 달리, 신청권을 원고적격의 문제 및 본안의 문제로 보는 견해가 대립하나 구체적 사건에서 신청인이 누구인지를 고려하지 않고 법규에서 일반적으로 인정하고 있는지를 살펴 일반적, 추상적으로 인정되는 응답신청권의 의미로 파악할 때 대상적격설이 타당하다.

2. 신청에 따른 특별분양이 공권력의 행사로서의 처분인지

신청에 따른 특별분양이 공권력의 행사로서의 처분에 해당하기 위해서는 특별분양을 행한 한국주택공사가 행정청에 해당하여야 하는데, 사업인정을 받아 사업시행자가 되는 경우 공사는 행정주체이자 행정청으로서의 이중적 지위를 가져 행정청의 지위가 인정된다.

주택공사가 행한 특별분양은 ① 사업인정에 의해 이주대책의 권한을 부여받은 행정청 주택공사에 의한 ② 구체적 사실에 대한 법집행으로 ③ 공익사업을 위한 토지등의 취득 및 보상에 관한 법률(이하 공익사업법)에 따른 공권력의 행사로 ④ 甲의 권리의무에 법적 효과를 미치는 바, 공권력의 행사에 해당하여 처분성이 인정된다.

3. 甲의 신청권 인정 여부

甲에게 특별분양신청에 대한 신청권이 인정되는지 여부를 살펴보기 위해, ① 공익사업법 제78조는 이주대책의 수립을 의무화하고 있고, 甲은 주택공급에 관한 규칙 제19조1항 3호 가목에 해당하여 이주대책대상자라는 점에서 강행법규성 인정되며, ② 공익사업법 및 주택공급에 관한 규칙에서 이주대책의 수립을 규정하고 있는 것은 철거민들의 주거 및 재산상 이익 등 사익을 보호하고자 하는 취지로, 사익보호성이 긍정되므로 甲은 이주대책의 일환으로서 주택특별공급을 신청할 법규상 신청권이 인정된다.

4. 소 결

신청에 따른 특별분양 여부 결정은 공권력의 행사에 해당하며, 그 거부로 甲의 권리관계에 변동이 초래되었고 甲은 주택특별공급을 신청할 법규상 신청권이 인정되므로 특별분양신청에 대한 거부는 처분에 해당한다. 따라서 항고소송의 대상적격은 인정된다.

III. 甲의 원고적격

법률상 이익이란 법률에 의해 보호되는 개별적, 직접적, 구체적 이익을 의미하는바, 판례는 신청권이 인정되는 신청인에 대하여는 원고적격에 대한 별도의 검토를 하지 않고 법률상 이익을 인정하고 있어, 甲의 원고적격은 당연히 인정된다. 한편, 판례를 비판하는 견해에 의하면 이주대책의 근거법률이 보호하는 이익이 甲의 이익도 보호하는 것이어야 원고적격을 인정하는데, 사안의 경우 이주대책 신청자의 주거에 관한 이익은 공익사업법 등의 법률이 보호하는 이익으로, 이주대책수립을 신청할 수 있는 甲의 법률상 이익이 신청 거부로 인해 개별적, 직접적, 구체적으로 침해당하기 때문에 甲에게는 신청거부에 대해 취소를 구할 수 있는 법률상 이익이 인정된다는 입장이다.

IV. 피고적격

공법인이 관계법령에 따라 공공사업을 시행하면서 그에 따른 이주대책을 실시하는 경우, 이주대책에 관한 처분은 공법상 처분이므로 사업시행자인 공법인을 상대로 취소소송을 제기해야 한다.

사업시행자인 공법인은 한국토지주택공사이나, 행정소송법 제13조는 처분 등을 행한 행정청을 피고로 규정하고 있어 한국토지주택공사에게 피고적격이 인정되는지 문제된다. 그러나 주택공급에 관한 규칙에 근거하여 특별공급에 관한 권한을 부여받은 행정청에 해당하여 앞서 논한 바와 같이 협의의 공공단체로서 공사는 행정주체이자 행정청으로서의 이중적 지위를 가지므로 피고적격이 인정된다(동법 제2조2항).

V. 결 론

甲에 대한 한국주택공사의 특별분양신청거부는 처분에 해당하고, 甲에게는 원고적격이 인정되며 주택공사에게는 피고적격이 인정되며 기타 소송요건은 문제되지 않는바, 甲이 제기한 소는 적법하다.

[설문 3] 처분사유 추가·변경의 허용성 및 재거부처분의 가능성 (20점)

I. 문제의 소재

甲이 제기한 취소소송 중 한국토지주택공사가 당초의 처분사유를 무허가주택이라는 사유로 변경하는 것이 허용되는지 문제된다. 처분사유의 변경이 허용된다면 법원은 변경된 처분사유를 심리할 수 있게 되며 변경된 처분사유를 근거로 甲의 청구를 기각할 수 있게 된다.

또한 처분사유의 변경이 받아들여지지 않아 법원의 인용판결이 확정된 후에 한국토지주택공사가 무허가주택임을 이유로 특별분양신청을 재차 거부한 것이 기속력에 반하는지 문제된다. 기속력의 객관적 범위와 관련되는 문제이다.

II. 처분사유의 추가·변경

1. 의 의

2. 처분사유의 추가·변경 인정여부

3. 처분사유의 추가·변경의 허용범위 및 한계

4. 사안의 경우

한국토지주택공사가 특별분양신청을 거부하면서 당초 제시한 거부사유인 무주택세대주가 아니라는 것과 甲이 제기한 취소소송 중 제시된 甲의 주택이 무허가주택이라는 사유간에 기본적 사실관계의 동일성이 인정되는지 문제된다.

생각건대 무주택세대주라는 사유와 무허가주택이라는 사유는 그 기초가 된 사회적 사실관계가 상이하므로 기본적 사실관계의 동일성이 부정된다. 따라서 무허가주택이라는 사정은 처분 시에 존재하였던 사유이고 거부처분의 위법성이라는 소송물에 변동이 없으나 기본적 사실관계의 동일성이 부정되므로 처분사유 변경은 불가하다. 법원은 무허가주택이라는 변경된 사유로 甲의 청구를 기각할 수 없다.

III. 취소판결의 기속력과 재처분의무

1. 기속력의 의의

취소판결의 기속력이란 당사자인 행정청과 관계행정청에게 확정판결의 취지에 따라 행동하여야 할 의무를 지우는 효력을 말한다. 행정청이 판결에 따르지 않고 동일한 행위를 반복하거나 거부처분이 취소된 경우에도 판결의 취지에 따르는 처분을 하지 않는 경우에는 판결의 실효성을 확보할 수 없으므로 행정소송법은 기속력을 규정하고 있다(제30조). 기속력의 본질에 대해 기판력이라는 견해도 있으나 기판력은 소송법상 효력이지만 기속력은 직접적으로 행정청을 구속하는 실체법적 효력이므로 기판력과 구별되는 특수한 효력이라는 견해가 타당하다.

2. 기속력의 내용

소극적 효력으로서 반복금지효가 있으며, 적극적 효력으로 재처분의무와 결과제거의무가 있다. 결과제거의무의 인정 여부에 대해서는 견해대립이 있다. 재처분의무는 거부처분 취소판결이 있는 경우의 재처분의무와 (행정소송법 제30조 2항) 신청에 따른 처분이 절차의 위법을 이유로 취소되는 경우의 재처분의무 (제30조3항)가 있다. 거부처분에 대한 취소판결의 경우 행정청이 확정판결을 무시하고 그에 따르는 행동을 하지 않을 우려가 있어 행정소송법은 재처분 의무를 규정하고 있는 것이며 간접강제 제도에 의해서 뒷받침되고 있다(제34조). 사안은 거부처분에 대한 재처분의무가 문제되는 경우이다.

3. 기속력의 범위(한계)

기속력은 당사자인 행정청과 그 밖의 관계행정청을 기속하며(주관적 범위), 판결주문 및 그 전제가 되는 요건사실의 인정과 판단에 미치고(객관적 범위), 처분 당시를 기준으로 그 이후에 생긴 사유에는 미치지 않는다(시간적 범위).[1]

---

[1] 기판력의 주관적, 객관적, 시간적 범위와 비교해보세요. 이 외에도 기속력은 인용판결에만 인정된다는 점, 소송법상의 효력이 아니라 실체법상의 구속력이라는 점에서 기판력과 구별됩니다.

시간적 범위와 관련하여 <u>처분시 이후에 생긴 새로운 처분사유로 동일한 내용의 처분</u>을 하는 것은 <u>무방</u>하다. <u>행정처분의 적법여부는 처분이 행하여진 때의 법령과 사실을 기준으로 하여 판단하는 것이므로 거부처분 후에 법령이 개정·시행된 경우에는 개정된 법령 및 허가기준을 새로운 사유로 들어 다시 이전의 신청에 대한 거부처분</u>을 할 수 있으며, 그러한 처분도 <u>행정소송법 제30조2항에 규정된 재처분</u>에 해당한다.

4. 사안의 경우

거부처분취소판결이 확정되어 기속력이 발생하더라도 기본적 사실관계의 동일성이 없는 사유를 들어 동일한 내용의 처분을 하는 것은 기속력에 반하지 않는다. 한국토지주택공사가 특별분양신청을 거부하면서 당초 제시한 거부사유인 무주택세대주가 아니라는 것과 甲이 제기한 취소소송 중 제시된 甲의 주택이 무허가주택이라는 것은 기본적 사실관계의 동일성이 인정되지 않는다. 한국토지주택공사가 무허가주택임을 이유로 재차 거부처분을 하는 것은 취소판결의 기속력에 반하는 것이 아니며 재차 거부할 수 있다.

IV. 결 론

한국토지주택공사는 甲이 제기한 취소소송에서 甲의 주택이 무허가주택이라는 것을 처분사유로 변경할 수는 없으나 甲이 취소판결을 받고 확정되어 기속력이 발생한 후에도 무허가주택이라는 사유를 들어 재차거부처분을 할 수 있다.

유제 [법전협 2016-3]

국토교통부장관 A는 「기업도시개발 특별법」에 의한 기업도시를 개발하기 위하여 관련 법령에 따라 민간기업 乙을 사업시행자로 지정하는 등 관련 절차를 진행하였고, 甲의 건축물이 소재하는 일정 지역을 사업시행지구로 승인하였다. 이에 해당 사업시행지구 내에 있는 甲의 건축물은 수용 대상이 되어 甲은 생활의 근거지를 상실하게 되었다. 한편 乙은 「기업도시개발 특별법」 제14조 및 「공익사업을 위한 토지 등의 취득 및 보상에 관한 법률」 제78조에 따라 주택특별공급 등 이주대책을 수립하였고, 국토교통부 고시인 「기업도시 개발에 따른 이주대책 등에 관한 기준」(이하 '이 사건 고시'라 한다)에 근거하여 이를 공고하였다. 이에 甲은 주택특별공급을 받고자 이주대책에 따른 소정의 절차를 거쳐 이주대책 대상자 선정신청을 하였지만, 乙은 "甲의 건축물이 이 사건 고시 제8조 제1항 제1호 소정의 무허가 건축물이라는 이유로 이주대책대상자가 아니다."라는 이유로 甲의 신청을 거부하였다.

3. 위 취소소송의 계속 중[2] 乙은 처분의 적법성을 유지하기 위하여 "甲은 이 사건 고시 제8조 제1항 제3호 소정의 세입자에 해당한다."라는 내용으로 처분사유를 추가·변경할 수 있는가? (15점)
4. 만일 설문 2.의 취소소송에서 甲의 건축물이 이 사건 고시 제8조 제1항 제1호 소정의 무허가 건축물이 아니라는 이유로 乙의 거부처분을 취소하는 판결이 확정되었다면, 그 후 "甲은 이 사건 고시 제8조 제1항 제3호 소정의 세입자에 해당한다."라는 이유로 乙은 재차 거부할 수 있는가? (20점)

해 설

기본적 사실관계의 동일성이 인정되지 않으므로 乙이 세입자에 해당한다는 사유를 들어 처분사유를 추가하거나 변경할 수는 없다. 乙은 세입자에 해당한다는 이유로 재차 거부할 수 있다.

---

[2] 설문 2. 甲이 사업시행자 乙을 피고로 하여 이주대책대상자 선정신청 거부행위에 대한 취소소송을 제기하는 경우, 이 취소소송의 적법성을 검토하시오 (단, 원고적격, 대상적격과 피고적격에 한함). (20점)

사례 133 일부취소판결(1) [변시 2014]

20년 무사고 운전 경력의 레커 차량 기사인 甲은 2013. 3. 2. 혈중알코올농도 0.05%의 주취 상태로 레커 차량을 운전하다가 신호대기 중이던 乙의 승용차를 추돌하여 3중 연쇄추돌 교통사고를 일으켰다. 위 교통사고로 乙이 운전하던 승용차 등 3대의 승용차가 손괴되고, 승용차 운전자 2명이 약 10주의 치료가 필요한 상해를 입게 되었다.

서울지방경찰청장은 위 교통사고와 관련하여 甲이 음주운전 중에 자동차 등을 이용하여 범죄행위를 하였다는 이유로 1개의 운전면허 취소통지서로 도로교통법 제93조 제1항 제3호에 의하여 甲의 운전면허인 제1종 보통·대형·특수면허를 모두 취소하였다.

※ 참고자료로 제시된 법규의 일부조항은 가상의 것으로, 이에 근거하여 답안을 작성할 것. 이와 다른 내용의 현행법령이 있다면 제시된 법령이 현행 법령에 우선하는 것으로 할 것.

1. 甲은 자신의 무사고 운전 경력 및 위 교통사고 당시의 혈중알코올농도 등에 비추어 보면 서울지방경찰청장의 甲에 대한 위 운전면허 취소처분이 너무 가혹하다고 변호사 A에게 하소연하며 서울지방경찰청장의 甲에 대한 위 운전면허 취소처분의 취소소송을 의뢰하였다.
   (1) 甲이 서울지방경찰청장을 상대로 甲에 대한 위 운전면허 취소처분의 일부 취소를 구하는 행정소송을 제기하는 경우, 甲이 승소판결을 받을 가능성이 있는지 여부 및 그 이유를 검토하시오(다만, 제소요건을 다투는 내용을 제외할 것).(20점)
   (2) 甲이 서울지방경찰청장을 상대로 甲에 대한 운전면허 취소처분의 전부 취소를 구하는 행정소송을 제기하는 경우, 제1종 특수면허 취소 부분의 위법성을 주장할 수 있는 사유에 관하여 간략하게 검토하시오(다만, 처분의 근거가 된 법령의 위헌성·위법성을 다투는 내용을 제외할 것).(10점)

[참고조문]
* 도로교통법
제1조(목적) 이 법은 도로에서 일어나는 교통상의 모든 위험과 장해를 방지하고 제거하여 안전하고 원활한 교통을 확보함을 목적으로 한다.
제80조(운전면허) ① 자동차등을 운전하려는 사람은 지방경찰청장으로부터 운전면허를 받아야 한다.
  ② 지방경찰청장은 운전을 할 수 있는 차의 종류를 기준으로 다음 각 호와 같이 운전면허의 범위를 구분하고 관리하여야 한다. 이 경우 운전면허의 범위에 따라 운전할 수 있는 차의 종류는 안전행정부령으로 정한다.
    1. 제1종 운전면허
       가. 대형면허   나. 보통면허   다. 소형면허   라. 특수면허
    2. 제2종 운전면허
       가. 보통면허   나. 소형면허   다. 원동기장치자전거면허
    3. 연습운전면허
       가. 제1종 보통연습면허   나. 제2종 보통연습면허
    (이하 생략)
제44조(술에 취한 상태에서의 운전 금지) ① 누구든지 술에 취한 상태에서 자동차등(「건설기계관리법」 제26조 제1항 단서에 따른 건설기계 외의 건설기계를 포함한다.)을 운전하여서는 아니 된다.
제93조(운전면허의 취소·정지) ① 지방경찰청장은 운전면허(연습운전면허는 제외한다.)를 받은 사람이 다음 각 호의 어느 하나에 해당하면 안전행정부령으로 정하는 기준에 따라 운전면허를 취소하거나 1년 이내의 범위에서 운전면허의 효력을 정지시킬 수 있다. 다만, 제2호, 제3호, 제7호부터 제9호까지(정기 적성검사 기간이 지난 경우는 제외한다), 제12호, 제14호, 제16호부터 제18호까지의 규정에 해당하는 경우에는 운전면허를 취소하여야 한다.

1. 제44조 제1항을 위반하여 술에 취한 상태에서 자동차등을 운전한 경우
2. 제44조 제1항 또는 제2항 후단을 2회 이상 위반한 사람이 다시 같은 조 제1항을 위반하여 운전면허 정지 사유에 해당된 경우
3. 운전면허를 받은 사람이 자동차등을 이용하여 범죄행위를 한 경우
(이하 생략)

제148조의2(벌칙) ① 다음 각 호의 어느 하나에 해당하는 사람은 1년 이상 3년 이하의 징역이나 500만원 이상 1천만원 이하의 벌금에 처한다.
1. 제44조 제1항을 2회 이상 위반한 사람으로서 다시 같은 조 제1항을 위반하여 술에 취한 상태에서 자동차등을 운전한 사람
(이하 생략)

* 도로교통법 시행규칙 제53조(운전면허에 따라 운전할 수 있는 자동차 등의 종류) 법 제80조 제2항에 따라 운전면허를 받은 사람이 운전할 수 있는 자동차등의 종류는 별표 18과 같다.
제91조(운전면허의 취소·정지처분 기준 등) ① 법 제93조에 따라 운전면허를 취소 또는 정지시킬 수 있는 기준(교통법규를 위반하거나 교통사고를 일으킨 경우 그 위반 및 피해의 정도 등에 따라 부과하는 벌점의 기준을 포함한다)과 법 제97조 제1항에 따라 자동차등의 운전을 금지시킬 수 있는 기준은 별표 28과 같다.

[별표 18] 운전할 수 있는 차의 종류(제53조 관련)

운전면허		운전할 수 있는 차량
종별	구분	
제1종	대형면허	○ 승용자동차 ○ 승합자동차 ○ 화물자동차 ○ 긴급자동차 ○ 건설기계 　- 덤프트럭, 아스팔트살포기, 노상안정기 　- 콘크리트믹서트럭, 콘크리트펌프, 천공기(트럭 적재식) 　- 콘크리트믹서트레일러, 아스팔트콘크리트재생기 　- 도로보수트럭, 3톤 미만의 지게차 ○ 특수자동차(트레일러 및 레커는 제외한다) ○ 원동기장치자전거
	보통면허	○ 승용자동차 ○ 승차정원 15인 이하의 승합자동차 ○ 승차정원 12인 이하의 긴급자동차(승용 및 승합자동차에 한정한다) ○ 적재중량 12톤 미만의 화물자동차 ○ 건설기계(도로를 운행하는 3톤 미만의 지게차에 한정한다) ○ 총중량 10톤 미만의 특수자동차(트레일러 및 레커는 제외한다) ○ 원동기장치자전거
	소형면허	○ 3륜화물자동차 ○ 3륜승용자동차 ○ 원동기장치자전거
	특수면허	○ 트레일러 ○ 레커 ○ 제2종보통면허로 운전할 수 있는 차량

[별표 28] 운전면허 취소·정지처분 기준(제91조 제1항 관련)
2. 취소처분 개별기준

일련번호	위반사항	적용법조 (도로교통법)	내용
2	술에 취한 상태에서 운전한 때	제93조	○ 술에 취한 상태의 기준(혈중알콜농도 0.05퍼센트 이상)을 넘어서 운전을 하다가 교통사고로 사람을 죽게 하거나 다치게 한 때 ○ 술에 만취한 상태(혈중알콜농도 0.1퍼센트 이상)에서 운전한 때 ○ 2회 이상 술에 취한 상태의 기준을 넘어 운전하거나 술에 취한 상태의 측정에 불응한 사람이 다시 술에 취한 상태(혈중알콜농도 0.05퍼센트 이상)에서 운전한 때

[설문 1-(1)] 운전면허 취소처분 취소소송의 승소 가능성 및 그 이유 (20점)

I. 문제의 소재

甲은 레커차량을 음주운전하다가 사고를 일으켜 손괴 및 상해를 야기한 것인데, 서울지방경찰청장이 자동차 등을 이용하여 범죄행위를 하였다는 이유로 1개의 운전면허 취소통지서로 甲의 제1종 보통·대형·특수면허를 모두 취소한 것이 부당결부금지원칙 및 비례의 원칙에 반하는 행위로서 위법한 것인지, 위법하다면 법원은 일부취소판결을 할 수 있는지 문제된다.

II. 제1종 보통·대형·특수면허 전부 취소처분의 적법성

한 개의 운전면허증을 발급하고 통합 관리하더라도 여러 종류의 면허를 별개로 취급할 수 없는 것은 아니며 개별적인 취소 또는 정지를 분리하여 집행할 수 있다. 따라서 제1종 보통, 대형 및 특수면허를 소지하고 있는 자가 레커(1종 특수면허) 차량을 음주운전한 행위는 1종 특수면허의 취소사유에 해당될 뿐 1종 보통 및 대형 면허의 취소사유가 아니므로 3종 모두를 취소한 것은 부당결부금지원칙에 반하여 위법하다. 또한 세 개의 면허 모두를 취소한 것은 비례의 원칙에도 반한다고 할 수 있다.

III. 취소소송에서 일부취소판결

1. 일부취소의 가능성

취소소송은 위법한 처분등을 취소 또는 변경하는 소송이므로(행정소송법 제4조1호) 취소소송에서의 인용판결에는 변경판결도 포함된다. 이 경우 변경의 의미에 대하여 견해대립이 있는데 권력분립주의를 실질적으로 이해하여 법원이 위법한 처분을 취소하고 새로운 처분을 내용으로 하는 판결을 하는 것도 가능하므로 적극적 변경이라는 견해도 있으나 소극적 변경, 즉 일부취소로 이해하는 것이 다수설·판례이다.

2. 일부취소판결의 요건

일부취소의 가능성은 일부취소의 대상이 되는 부분의 분리취소가능성에 따라 판단된다. 외형상 하나의 처분이라도 가분성이 있거나 처분대상의 일부가 특정될 수 있으면 일부만의 취소도 가능하며 일부의 취소는 당해 취소부분에만 효력이 생긴다. 반면 재량행위인 경우에는 처분청의 재량권을 존중해야 하고, 법원이 직접 처분을 하는 것은 인정되지 않으므로 일부취소는 불가하고 전부취소를 하여 처분청이 재량권을 행사하여 적법한 처분을 하도록 해야 한다.[1]

판례도 영업정지 처분이나 과징금부과처분과 같은 재량처분을 함에 있어서 법원으로서는 재량권 남용이라고 판단될 때에는 위법한 처분으로서 처분을 취소할 수 있을 뿐이고, 재량권의 한계내에서 어느 정도가 적정한 것인지를 가리는 일은 사법심사의 범위를 벗어난다고 한다.

---

[1] 기속행위와 재량행위에 대한 사법심사의 차이에 관한 판례를 숙지하면 이러한 법리가 이해될 것이다.
(판례) 기속행위 내지 기속재량행위와 재량행위 내지 자유재량행위로 구분된다고 할 때 양자에 대한 사법심사는, 전자의 경우 그 법규에 대한 원칙적인 기속성으로 인하여 법원이 사실인정과 관련 법규의 해석·적용을 통하여 일정한 결론을 도출한 후 그 결론에 비추어 행정청이 한 판단의 적법 여부를 독자의 입장에서 판정하는 방식에 의하게 되나, 후자의 경우 행정청의 재량에 기한 공익판단의 여지를 감안하여 법원은 독자의 결론을 도출함이 없이 당해 행위에 재량권의 일탈·남용이 있는지 여부만을 심사하게 되고, 이러한 재량권의 일탈·남용 여부에 대한 심사는 사실오인, 비례·평등의 원칙 위배, 당해 행위의 목적 위반이나 동기의 부정 유무 등을 그 판단 대상으로 한다(대판 2001.2.9, 98두17593).

Ⅳ. 사안의 해결

서울지방경찰청장이 행한 <u>3종의 운전면허취소처분 중 1종 특수면허를 제외한 나머지 1종 보통 및 대형 면허 부분은 위법</u>하다. 따라서 수종의 운전면허를 발급받아 하나의 운전면허증에 기재했다 하더라도 운전면허는 별개로 취급할 수 있으므로 일부취소의 요건은 구비했다. 따라서 <u>법원은 1종 특수면허를 제외한 나머지 1종 보통 및 대형 면허 부분만을 일부취소하는 판결을 할 수 있다.</u>

[설문 1-(2)] 제1종 특수면허 취소 처분의 위법성 (10점)

Ⅰ. 제1종 특수면허 취소처분의 위법사유

甲이 전부취소를 구했다 하더라도 1종 특수면허 부분을 제외한 1종 보통과 대형면허에 대해 일부취소 판결이 가능하지만 1종 특수면허 취소처분 자체가 언제나 적법한 것은 아니므로 甲은 특수면허 취소처분의 위법을 주장할 수 있음은 물론이다.

甲은 도로교통법 제93조 1항 3호의 사유인 '자동차등을 이용하여 범죄행위를 한 경우'라는 이유에 해당한다는 이유로 면허가 취소된 것인데 3호의 사유에 의한 면허취소는 기속행위에 해당한다.

도로교통법 제93조 1항 3호의 <u>'자동차를 이용한 범죄행위'</u>의 해석과 관련하여 <u>음주운전으로 타인을 사망 또는 상해하게 하였다는 것만으로는 필요적 취소사유인 '자동차를 이용한 범죄행위'에 해당한다고 해석하여 서는 곤란</u>하며, <u>의도적으로 자동차를 살인, 강간, 절도 등의 범죄에 이용하는 행위에 국한되어야</u> 한다. 따라서 사안은 <u>3호의 면허취소사유가 없는데 제3호를 이유로 면허취소한 것이므로 위법</u>하다.

Ⅱ. 사안의 경우

결국 <u>甲은 도로교통법 제93조 1항 1호의 사유에 의한 면허취소, 정지처분만이 가능한데 혈중알콜농도 0.05이므로 면허정지사유에 해당할 뿐이라고 주장하면서 도로교통법 제93조 1항 3호의 '자동차를 이용한 범죄행위'에 해당한다고 보아 면허취소를 한 것은 요건판단에 하자가 있어 위법하다고</u> 주장할 수 있다.

유제 1 [사시 2006]

甲은 영리를 목적으로 2006.5.10. 22:00경 청소년인 남녀 2인을 혼숙하게 하였는데, 이에 대하여 관할 행정청은 청소년보호법 위반을 이유로 500만원의 과징금부과처분을 하였다. 그러자 甲은 적법한 제소요건을 갖추어 관할 법원에 위 부과처분이 위법하다고 주장하면서 과징금부과처분 취소소송을 제기하였다.

그런데 청소년보호법시행령 제40조 제2항 [별표7] 위반행위의 종별에 따른 과징금 부과기준 제9호는 "법 제26조의2 제8호의 규정에 위반하여 청소년에 대하여 이성혼숙을 하게 하는 등 풍기를 문란하게 하는 영업행위를 하거나 그를 목적으로 장소를 제공하는 행위를 한 때"에 대한 과징금액을 '위반 횟수마다 300만원'으로 규정하고 있다.

(3) 위 사안에서 관할법원은 과징금부과처분이 위법하다고 인정하는 경우 일부취소판결을 할 수 있는가? (10점)

[참조조문]
* 청소년보호법
제26조의2(청소년유해행위의 금지) 누구든지 다음 각호의 1에 해당하는 행위를 하여서는 아니된다.
  8. 청소년에 대하여 이성혼숙을 하게 하는 등 풍기를 문란하게 하는 영업행위를 하거나 그를 목적으로 장소를 제공하는 행위
제49조(과징금) ② 시장·군수 또는 구청장은 제50조 또는 제51조 각호의 1에 해당하는 행위로 인하여 이익을 취득한 자에 대하여 대통령령이 정하는 바에 의하여 1천만원 이하의 과징금을 부과·징수할 수 있다. 다만, 다른 법률의 규정에 의한 영업허가취소·영업소폐쇄·영업정지 또는 과징금부과 등 행정처분의 대상으로서 행정처분이 이루어진 경우 또는 행정처분이 가능한 경우에는 그러하지 아니하다.
제50조(벌칙) 다음 각호의 1에 해당하는 자는 3년 이하의 징역 또는 2천만원 이하의 벌금에 처한다.
  4. 제26조의2 제7호 내지 제9호의 규정을 위반한 자
* 청소년보호법시행령
제40조(과징금 부과기준) ② 법 제49조제2항의 규정에 의한 과징금을 부과하는 위반행위의 종별에 따른 과징금의 금액은 별표7과 같다.
  ③ 청소년위원회 또는 시장·군수·구청장은 위반행위의 내용·정도·기간, 위반행위로 인하여 얻은 이익 등을 참작하여 제1항 또는 제2항의 규정에 의한 과징금의 금액의 2분의 1의 범위 안에서 이를 감경할 수 있다.

해 설

일반적으로 처분은 판결에 의해 취소할 수 있지만 일부 취소하는 판결도 가능한지가 행정소송법 제4조 1호에 규정된 '변경'의 해석과 관련하여 문제된다. 甲에게 500만원의 과징금부과처분을 한 것이 위법하다면 청소년보호법 시행령의 기준인 300만원을 초과한 부분의 취소를 할 수 있는지 문제된다.

과징금부과처분은 청소년보호법 제49조에 의하면 문언상 재량행위이다. 시행령의 과징금부과기준은 법규명령 형식의 행정규칙에 해당하는데 대법원은 대통령령 형식은 법규명령으로 보면서도 과징금부과기준을 수액은 정액이 아니라 최고한도액이라고 판시하여 재량을 인정하고 있다.

사안에서는 1/2감경규정이 있으므로 150만원에서 300만원 사이에서 재량이 인정된다. 과징금부과시 행정청에게 재량이 인정되므로 법원은 500만원의 과징금부과처분이 위법하다고 판단하여도 300만원을 초과하는 200만원 부분만의 일부취소판결을 할 수 없고 500만원 과징금부과처분 전부를 취소해야 할 것이다.[2]

유제 2 [변시 2022]

혼인하여 3자녀를 둔 5인 가구의 세대주인 甲은 현재 독점적으로 전기를 공급하고 있는 전기판매사업자 S와 전기공급계약을 체결하고 전기를 공급받는 전기사용자이다. S는 甲에게 2016. 7. 3.부터 같은 해 8. 2.까지 甲 가구가 사용한 525kWh의 전기에 대해 131,682원의 전기요금을 부과하였다. ~~(중략)~~

4. 한편 S가 비용을 자의적으로 분류하여 전기요금을 부당하게 산정하였음이 판명되었다. 이에 허가권자는 전기위원회 소속 공무원 丙으로 하여금 그 확인을 위하여 필요한 조사를 지시하였고, 丙은 사실조사를 통해 부당한 전기요금 산정을 확인하였다. 이에 허가권자는 전기사업법령이 정하는 바에 따라 S의 매출액의 100분의 4에 해당하는 금액의 과징금부과처분을 하였다.
  (2) 만약 과징금 액수가 과하게 책정되었음을 이유로 S가 과징금부과처분 취소심판을 제기하였다면, 행정심판위원회는 일부취소재결을 할 수 있는지 검토하시오. (20점)

---

[2] 과징금부과처분이 재량행위라는 것과 시행령의 과징금부과기준이 법규명령 형식의 행정규칙의 논의라는 것도 설문만 보면 관련 논점으로 보인다. 그러나 설문(1)(2)에서 별도로 다루고 있어서 여기서는 소개하지는 않는다.

[참조조문] ※ 유의 사항 - 아래 조문들의 일부는 가상의 것임
* 전기사업법 (2013. 3. 23. 법률 제11690호로 개정된 것)
제7조(전기사업의 허가) ① 전기사업을 하려는 자는 대통령령으로 정하는 바에 따라 전기사업의 종류별 또는 규모별로 산업통상자원부장관 또는 시·도지사(이하 "허가권자"라 한다)의 허가를 받아야 한다. 허가받은 사항 중 산업통상자원부령으로 정하는 중요 사항을 변경하려는 경우에도 또한 같다.
제21조(금지행위) ① 전기사업자등은 전력시장에서의 공정한 경쟁을 해치거나 전기사용자의 이익을 해칠 우려가 있는 다음 각 호의 어느 하나의 행위를 하거나 제3자로 하여금 이를 하게 하여서는 아니 된다.
    4. 비용이나 수익을 부당하게 분류하여 전기요금이나 송전용 또는 배전용 전기설비의 이용요금을 부당하게 산정하는 행위
제24조(금지행위에 대한 과징금의 부과·징수) ① 허가권자는 전기사업자등이 제21조제1항에 따른 금지행위를 한 경우에는 전기위원회의 심의를 거쳐 대통령령으로 정하는 바에 따라 그 전기사업자등의 매출액의 100분의 5의 범위에서 과징금을 부과·징수할 수 있다.
② 제1항에 따른 위반행위별 유형, 과징금의 부과기준, 그 밖에 필요한 사항은 대통령령으로 정한다.
*전기사업법 시행령 (2013. 3. 23. 대통령령 제24442호로 개정된 것)
제13조(금지행위에 대한 과징금의 상한액 및 부과기준) ① 법 제24조제2항에 따라 과징금을 부과하는 위반행위의 종류와 그에 대한 과징금 상한액은 [별표 1의4] 와 같다.
[별표 1의4] 과징금 부과 위반행위의 종류 및 과징금 상한액(제13조제1항 관련)

위반행위	근거 법조문	과징금 상한액
4. 비용이나 수익을 부당하게 분류하여 전기요금이나 송전용 또는 배전용 전기설비의 이용요금을 부당하게 산정하는 행위	법 제21조제1항제4호	매출액의 100분의 4

[해설]

사안의 과징금 부과처분은 전기사업법 제24조 및 전기사업법 시행령 제13조의 문언을 고려할 때 재량행위에 해당한다.

행정심판에서도 일부취소의 요건을 구비하면 행정심판위원회는 일부취소재결을 할 수 있다. 행정심판법 제5조는 취소심판을 위법 또는 부당한 처분을 취소 또는 변경하는 심판으로 규정하고 있는데 취소는 전부취소뿐만 아니라 일부취소를 포함하며, 변경은 적극적 변경으로 해석하는 것이 일반적이다.

취소심판에서는 취소소송과는 달리 적극적 변경도 가능할뿐더러, 행정심판은 위법 뿐만 아니라 부당도 통제할 수 있으므로(행정심판법 제1조) 행정심판위원회는 과징금부과처분이 위법 또는 부당을 이유로 일부취소재결을 할 수도 있다. 소송과는 달리 행정심판위원회가 재량권을 대신 행사할 수 있는가 하는 권력분립관점에서의 문제가 발생하지 않기 때문이다.

사례 134 일부취소판결(2) [법전협 2017-2]

정부는 종합과학단지의 육성과 발전을 위하여 A대학교 주변 지역을 개발하여 세계적인 종합과학 연구단지로 발전시키는 것을 내용으로 하는 종합과학 연구단지 조성 및 지원 사업을 추진하기로 결정하였다. 이에 국회는, 교육부장관에게 연구단지 분양신청자에 대한 분양결정권을 부여하고 교육부장관이 연구단지에 토지를 분양받는 자에게 연구단지 개발부담금(이하 '부담금')을 부과·징수할 수 있도록 하는 내용의 「종합과학 연구단지 조성 및 지원에 관한 특별법」을 제정하였고, 동법은 2016. 1. 1. 시행되었다. 교육부장관은 동 법률 및 동 법률의 위임을 받은 「종합과학 연구단지 조성 및 지원에 관한 지침」(교육부 고시)에 따라 분양신청자인 甲, 乙, 丙, 丁에 대하여 연구단지에 토지를 분양하고, 2016. 8. 1. 각각에 대하여 부담금 부과처분을 하였으며 그 처분서는 당일 각자에게 송달되었다. 처분 내역은 아래의 표와 같다.

위의 사실관계를 기초로 아래의 각 설문에 답하되, 각 설문별로 사실관계는 독립적으로 판단하시오.

〈부담금부과처분 내역〉

	분양토지 면적	분양토지 가격	부담금 부과액
甲	10,000㎡	1억원	1백만원
乙	20,000㎡	2억원	6백만원
丙	30,000㎡	3억원	9백만원
丁	40,000㎡	4억원	16백만원

3. 乙이 부담금 부과액이 과다하다는 이유로 자신에 대한 부담금 부과처분을 다투는 취소소송을 제기하였다면, 수소법원은 어떠한 판결을 내려야 하는가? (20점)

〈참고법령〉

* 종합과학 연구단지 조성 및 지원에 관한 특별법

제10조(부담금의 부과·징수) 교육부장관은 연구단지에 토지를 분양받은 사람에 대하여 연구단지 개발부담금을 부과·징수하여야 한다.

제11조(부담금 산정 기준) ① 연구단지 개발부담금은 분양토지의 가격에 부담률을 곱한 금액으로 한다.
② 제1항의 규정에 의한 분양토지의 가격 및 부담률은 분양토지의 면적 등을 고려하여 교육부장관이 매년 이를 고시한다.
③ 교육부장관은 제10조에 따른 부담금 납부의무자가 부담금을 내지 아니할 때에는 국세 체납처분의 예에 따라 강제징수할 수 있다.

* 종합과학 연구단지 조성 및 지원에 관한 지침(교육부 고시)

제1조(목적) 이 규정은 「종합과학 연구단지 조성 및 지원에 관한 특별법」에서 정하는 부담금에 관한 교육부장관의 소관사항의 시행에 필요한 사항을 정함을 목적으로 한다.

제7조(부담금 산정기준) ① 「종합과학 연구단지 조성 및 지원에 관한 특별법」제11조에 따른 분양토지의 가격은 「부동산 가격공시 및 감정평가에 관한 법률」에 의하여 매년 고시하는 개별공시지가 중 분양결정시와 가장 가까운 시점에 공시한 지가를 기준으로 한다.
② 「종합과학 연구단지 조성 및 지원에 관한 특별법」제11조에 따른 부담률은 [별표 1]과 같다.

[별표 1] 부담률 산정기준

분양토지 면적	부담률
10,000㎡ 미만	0.005
10,000㎡ 이상 20,000㎡ 미만	0.01
20,000㎡ 이상 30,000㎡ 미만	0.02
30,000㎡ 이상 40,000㎡ 미만	0.03
40,000㎡ 이상 50,000㎡ 미만	0.04
이하 생략	이하 생략

I. 문제의 소재

乙이 제기한 취소소송에서 소송요건은 별다른 문제가 없다. 본안에서 乙에 대한 부담금 부과처분의 위법 여부에 따라 법원의 판결이 달라질 것이다. 乙에 대한 600만원 부담금부과액이 과다한 것인지, 과다한 경우 법원은 적정한 금액을 초과하는 과다한 금액만 일부취소판결할 수 있는지 문제된다. 부담금부과처분이 기속행위인지 재량행위인지 여부와 관련되는 논의이다.

II. 부담금 부과처분의 법적 성격

1. 부담금

연구단지에 토지를 분양받은 사람에 대하여 부과하는 연구단지개발부담금은 강학상 부담금에 해당한다. 부담금은 국가나 지방자치단체 등이 특정의 공익사업과 특별한 관계에 있는 자에 대하여 그 사업에 필요한 경비의 일부 또는 전부를 부담하게 하는 경우 사인이 공법상 납부의무를 부담하는 금전을 말한다.

2. 기속행위

기속행위와 재량행위의 구별은 당해 행위의 근거가 된 법규의 체재·형식과 그 문언, 당해 행위가 속하는 행정 분야의 주된 목적과 특성, 당해 행위 자체의 개별적 성질과 유형 등을 모두 고려하여 판단한다. 종합과학 연구단지 조성 및 지원에 관한 특별법 제10조는 교육부장관은 토지를 분양받은 사람에 대하여 개발부담금을 부과·징수하여야 한다고 규정하고 있어 개발부담금부과는 문언상 기속행위에 해당한다.

III. 부담금 부과처분의 위법성

1. 기속행위에 대한 사법심사

재량행위에 대한 사법심사는 행정청의 재량에 기한 공익판단의 여지를 감안하여 법원은 독자의 결론을 도출함이 없이 당해 행위에 재량권의 일탈·남용이 있는지 여부만을 심사하지만 기속행위의 경우 법규에 대한 원칙적인 기속성으로 인하여 법원이 사실인정과 관련 법규의 해석·적용을 통하여 일정한 결론을 도출한 후 그 결론에 비추어 행정청이 한 판단의 적법 여부를 독자의 입장에서 판정하는 방식에 의하게 된다.

2. 사안의 경우

부담금 산정기준은 특별법 제11조1항에 의하면 분양토지의 가격에 부담률을 곱한 금액이다. 乙은 분양토지의 면적은 20,000㎡, 분양토지가격이 2억이고 부담률은 0.02이므로 부담금은 400만원이 정당한데, 600만원을 부과한 것이다. 법규의 적용을 잘못한 처분으로 위법하다.

Ⅳ. 일부취소판결의 가능성

1. 일부취소의 의의 및 근거

2. 일부취소판결의 요건

3. 사안의 경우

개발부담금 부과처분은 기속행위이므로 정당한 부과금액의 산정이 가능하면 법원은 초과하는 부분만 일부취소판결이 가능하다. 특별법 제11조와 지침 제7조에 의한 산정기준에 따라서 400만원의 정당한 금액의 산정이 가능하므로 400만원을 초과하는 200만원에 해당하는 부분을 법원이 일부취소할 수 있다. 법원은 일부인용판결을 해야 한다.

Ⅴ. 사안의 해결

부담금부과처분은 기속행위이며 400만원이 아닌 600만원을 부과한 것은 위법하며 법원은 400만원을 초과하는 부분에 대하여 일부취소하는 일부인용판결을 해야 한다.

사례 135　사정판결　　　　　　　　　　　　　　[법전협 2015-1]

甲은 「공유수면관리 및 매립에 관한 법률」(이하 '공유수면매립법'이라고 한다) 제28조 제1항 제3호에 근거하여 A도지사로부터 매립장소 및 면적을 지정받고 매립목적을 택지조성으로 하는 공유수면 매립면허를 부여받았다. 이후 甲은 당초의 매립목적과 달리 조선(造船)시설용지지역으로 이 사건 매립지를 이용하고자 A도지사에게 공유수면매립목적 변경신청을 하였고, A도지사는 공유수면매립법 제49조 제1항 제3호에 따라 甲의 변경신청을 승인하는 처분(이하 '이 사건 처분'이라 한다)을 하였다.

3. 매립예정지 근처의 주민 乙 등이 이 사건 처분의 취소소송을 제기하였다. 그런데 해당 매립지가 이미 상당부분 매립이 이루어졌고 그 일부에는 이미 조선시설의 기초 시설도 일부 완성된 상태라고 가정한다. 이때 법원은 어떤 판결을 하여야 할 것인지 검토하시오(취소소송의 요건은 적법하게 갖추었으며, 이 사건 처분은 위법하다고 본다). (25점)

I. 문제의 소재

주민 乙 등이 제기한 취소소송에서 법원의 판결은 소송요건과 본안을 심리하여야 하나 설문에서 소송요건은 구비되었고 처분이 위법하다고 가정하고 있으므로 위법한 처분에 대한 판결이 문제된다. 사안의 경우 통상적으로 인용(취소)판결을 하여야 할 것이나 매립지가 상당부분 매입되었고 조선시설도 일부 완성되었다는 점에서 사정판결을 할 수 있는지가 문제된다.

II. 사정판결

1. 의 의

사정판결이라 함은 취소소송에서 본안심리 결과 원고의 청구가 이유 있다고 인정하는 경우(처분이 위법한 것으로 인정되는 경우)에도 공공복리를 위하여 원고의 청구를 기각하는 판결을 말한다(행정소송법(이하 법명 생략)제28조).

2. 요 건

사정판결의 요건은 ① 처분이 위법할 것 ② 처분을 취소하는 것이 현저히 공공복리에 적합하지 않다고 인정될 것 등이다. 이 요건의 인정은 위법한 처분을 취소하여 개인의 권익을 구제할 필요와 그 취소로 인하여 발생할 수 있는 공공복리에 대한 현저한 침해를 형량하여 결정하여야 한다. 다만 사정판결은 위법한 처분 등을 취소하지 않고 그대로 유지하는 것이기 때문에 법치행정의 원리 및 재판을 통한 국민의 권익보장이라는 헌법이념에 비추어 볼 때 문제가 많은 제도이므로 사정판결의 요건은 매우 엄격하게 해석하여야 한다. 판례도 사정판결의 요건을 엄격히 제한적으로 해석하여야 한다고 보고 있다.

사정판결의 경우 처분 등의 위법여부는 처분시를 기준으로 판단하고 공공복리를 위한 사정판결의 필요성은 사실심변론종결시(판결시)를 기준으로 판단한다. 행정소송규칙도 처분등을 취소하는 것이 현저히 공공복리에 적합하지 아니한지 여부는 사실심 변론을 종결할 때를 기준으로 한다고 규정하고 있다(제14조)

3. 효 과

사정판결은 기각판결의 일종이다. 그러나 처분이 적법하다는 것은 아니므로 판결주문에 처분이 위법한 것임을 명시하여야 한다(제28조1항). 사정판결로 인한 원고의 손해에 대해서는 원고가 피고인 행정청이 속하는 국가 또는 공공단체를 상대로 손해배상·제해시설의 설치 그 밖에 적당한 구제방법의 청구를 취소소송 등이 계속된 법원에 병합하여 제기할 수 있도록 허용하고(제28조3항), 소송비용도 피고가 부담하도록 하고 하여 구제하고 있다(제32조).

4. 법원의 직권에 의한 사정판결

사정판결의 예외성이 비추어 피고인 사정판결을 할 사정에 관한 주장 및 입증책임은 피고행정청에 있다고 보는 것이 학설의 일반적인 견해이나. 그러나 판례는 행정소송법 제26조(직권심리주의)를 근거로 하여 당사자의 명백한 주장이 없는 경우에도 일건 기록에 나타난 사실을 기초로 하여 법원이 직권으로 석명권을 행사하거나 증거조사 할 수 있고 사정판결도 할 수 있다는 입장이다.

Ⅲ. 사안의 해결

A도지사의 사정판결에 대한 주장이 없더라도 법원이 직권으로 사정판결을 할 수 있으므로 법원은 사정판결의 요건에 대해서 심리할 수는 있는데 다만 엄격한 요건 아래 제한적으로 해석되어야 한다. 사안은 결국 처분이 위법하다고 하였으므로 처분 등을 취소하는 것이 현저히 공공복리에 적합하지 아니한지가 문제된다.

사안의 경우 매립예정지 근처 주민들이 조선시설용지지역으로 매립지를 이용하겠다는 공유수면 매립목적 변경으로 인하여 입게 되는 피해와 조선시설설치로 얻게 되는 이익을 형량하여야 하는데 해당 매립지가 이미 상당부분 매립이 이루어졌고 그 일부에는 이미 조선시설의 기초 시설도 일부 완성된 상태이고 조선시설이 설치됨으로써 근처의 주민 乙 등이 생활환경상 이익의 침해를 받더라도 조선산업이 국가의 기간산업이고 매립지의 매립목적에 맞는 활용을 위해서는 처분을 취소하는 것이 오히려 현저히 공공복리에 반할 수 있으므로 법원은 사정판결을 할 수 있다.[1] 乙등은 A도를 상대로 손해배상·제해시설의 설치 그 밖에 적당한 구제방법의 청구를 취소소송이 계속된 법원에 병합하여 제기할 수 있다.

---

[1] 본래의 매립목적이 택지조성이었다는 점과 인근주민의 이익을 적극적으로 고려한다면 사정판결을 부정하는 것으로 포섭해도 된다. 이 경우 사정판결의 요건의 엄격성을 언급하는 것이 좋다.

유제
[행시(재경) 2009]

A시와 B시 구간의 시외버스 운송사업을 하고 있는 甲은 최근 자가용 이용의 급증 등으로 시외버스 운송사업을 하는데 상당한 어려움에 처해 있다. 그런데 관할행정청 X는 甲이 운영하는 노선에 대해 인근에서 대규모 운송사업을 하고 있던 乙에게 새로이 시외버스 운송사업면허를 하였다.

2) 법원은 X의 乙에 대한 시외버스 운송사업면허처분에 위법사유가 발견되어 甲의 행정소송을 인용하고 乙에 대한 시외버스 운송사업면허처분을 취소하고자 한다. 그러나 이미 많은 시민들이 乙이 운영하는 버스를 이용하고 있다는 이유로 면허취소판결을 하지 아니할 수 있는가? (10점)

해 설

사안의 경우 위법사유가 발견되었으므로 시외버스 운송면허처분취소는 위법하지만 이미 많은 시민들이 乙이 운영하는 버스를 이용하고 있다는 점에서 사정판결을 하여야 하는지 문제된다. 사정판결은 법치주의의 예외로 엄격하게 적용되어야 한다.

최근 자가용 이용의 급증 등으로 인해 시외버스 운송사업에 상당한 어려움을 겪고 있던 甲의 영업상황을 고려할 때, 많은 시민들이 乙의 버스를 이용하고 있다는 사정만으로 취소판결이 현저히 공공복리에 적합하지 않다고 단정하기 어려울 수도 있다. 그러나 자가용 이용이 급증했다 하더라도 시외버스운송사업 노선에 대한 수요가 많아서 乙에 대한 추가적 운송사업면허를 발급했다는 가정 하에서 이미 많은 사람들이 신규 버스를 이용하고 있다면, 신설된 시외버스운송사업면허를 취소함으로 인해 버스 수요자 및 이용자들이 겪게 될 대중교통의 불편함은 현저히 공공복리에 적합하지 않다고 보아야 할 것이다. 사정판결의 요건이 모두 구비되었다고 판단할 수 있다.

원칙적으로 피고인 행정청이 사정판결에 대한 주장 및 입증책임을 지는데, 사안에 따라 법원이 직권으로 사정판결할 수 있는지에 대하여 학설은 일반적으로 사정판결의 예외성을 근거로 피고인 행정청이 부담하는 것이 타당하다는 견해이다. 그러나 판례는 행정소송법 제26조의 직권심리주의를 근거로 당사자의 명백한 주장이 없는 경우에도 기록에 나타난 사실을 기초로 하여 직권으로 사정판결을 할 수 있다고 하여 긍정하는 입장이다. 따라서 이와 같은 판례의 입장에 의하면 사안에서도 피고인 X의 사정판결에 대한 주장이 없다 하더라도 법원이 직권으로 사정판결하여 취소판결을 하지 않을 수 있다.

사례 136　기속력(1)　　[법전협 2012-2]

甲회사는 A광역시에서 5년 전부터 시내 남쪽을 시점으로 하고 북쪽을 종점으로 하는 일반 시내버스운송사업을 경영하고 있다. 그런데 乙회사가 위 甲회사의 노선 구간과 상당부분 겹치는 신규 일반 시내버스운송사업을 목적으로 「여객자동차 운수사업법」에 따라 국토해양부장관에게 동 사업의 면허를 신청하여 면허를 받았다. 甲회사는 乙회사에 대한 면허처분에 대하여 불만이 많다. 그러던 중 유가와 인건비의 지속적인 상승 등을 이유로 한 경제적 적자와 업계의 누적된 불만을 해소한다는 차원에서 甲, 乙 등 시내버스 운송사업자는 「여객자동차 운수사업법」 제8조 제1항에 따라 요금을 정하여 국토해양부장관에게 버스요금변경(인상)에 관한 신청서를 접수하였다. 국토해양부장관은 그 내용을 검토하여 「여객자동차 운수사업법」, 같은 법 시행령 및 시행규칙에 의거한 "기준과 요율에 따른 운임 및 요금"에 비추어 적합하다는 판단에서 甲, 乙 회사에 대해 요금인상을 인가하여 주었다.

2. (1) 위 사안에서 국토해양부장관이 乙회사의 면허발급신청을 거부하고 이에 대해 乙회사가 취소소송을 제기하여 승소·확정판결을 받았다면, 국토해양부장관은 반드시 乙회사에게 면허를 발급해야 하는가를 검토하시오. (25점)

    (2) 만약 乙회사에 대한 면허처분에 절차상 하자가 있다고 하여 甲회사가 취소소송을 제기하여 승소하고 그 판결이 확정된 경우에는 어떠한가? (10점)

I. 문제의 소재[1]

설문(1)은 乙회사에 대한 면허거부처분 취소판결이 확정된 경우 기속력이 발생하는데 재처분의무의 내용으로 국토해양부장관이 乙회사에게 면허를 발급해야 하는 것인지 문제된다.

설문(2)는 신청에 따른 처분이 절차의 위법을 이유로 취소된 경우 기속력으로서 재처분의무의 내용이 문제된다.

II. 기속력

1. 의 의

취소판결의 기속력이란 당사자인 행정청과 관계행정청에게 확정판결 취지에 따라 행동하여야 할 의무를 지우는 효력을 의미하는데 행정청이 판결에 따르지 않고 동일한 행위를 반복하거나 거부처분이 취소된 경우에도 판결의 취지에 따르는 처분을 하지 않는다면 판결의 실효성을 확보할 수 없으므로 행정소송법은 기속력을 규정하고 있다(제30조 1항). 기속력의 본질에 대해 기판력이라는 견해도 있으나 기판력은 소송법상 효력이지만 기속력은 직접적으로 행정청을 구속하는 실체법적 효력이므로 기판력과 구별되는 특수한 효력이라는 견해가 타당하다.

2. 내 용[2]

---

[1] 문2의 (1)을 먼저 서술하고 별도의 목차로 문 2의 (2)를 서술할 수도 있으나, 기속력이 공통되는 쟁점으로 하나의 목차에서 답안을 작성했다. 기속력 일반론에 대한 배점은 문2의 (1)에 부여된 것이다.
[2] 실전에서는 시간상 반복금지효, 인용처분이 절차의 위법을 이유로 하는 경우의 재처분의무, 결과제거의무는 간단히 언급만 하고 거부처분 취소판결에 따른 재처분의무 위주로 서술하면 된다.

(1) 반복금지효

기속력의 소극적 효력으로서 취소판결이 확정되면 행정청은 동일 사실관계 하에서 동일 당사자를 대상으로 동일 내용의 처분을 하여서는 안 된다. 동일성 여부는 취소된 처분사유와 기본적 사실관계의 동일성이 있는지 여부를 가지고 판단한다. 따라서 기본적 사실관계의 동일성이 없는 다른 처분사유를 들어 동일한 내용의 처분을 하면 기속력에 반하지 않지만, 기본적 사실관계가 동일하면 적용법규를 달리하거나 처분사유를 변경하여 동일한 내용의 새로운 처분을 하는 것은 동일한 행위의 반복에 해당하여 기속력에 반한다. 그리고 기속력에 반하는 처분은 무효사유에 해당한다.

(2) 재처분의무

1) 거부처분이 취소된 경우(행정소송법 제30조 2항)

거부처분 취소판결이 확정되는 경우 행정청은 판결의 취지에 따라 다시 이전의 신청에 대한 처분을 하여야 한다. 행정청이 확정판결을 무시하고 그에 따르는 행동을 하지 않을 우려가 있어 행정소송법은 이와 같은 의무를 규정하고 있으며 재처분의무의 불이행시 간접강제 제도에 의해서 이행을 강제하고 있다(제34조). 기속행위나 재량이 영으로 수축된 경우 행정청은 당사자의 신청에 따른 처분을 하여야 하는데 재량행위인 경우 재량의 하자 없는 재처분을 하면 되며, 그 재처분은 신청에 따른 처분일 수도 있고 거부처분일 수도 있다.

2) 인용처분이 절차의 위법을 이유로 취소된 경우(행정소송법 제30조 3항)

신청에 따른 처분이 제3자효 행정행위인 경우 제3자가 취소소송을 제기하여 절차상의 위법을 이유로 취소되면 적법한 절차에 따라 재처분을 하여야 하는데 신청인에게 또 다시 동일한 수익처분이 내려질 가능성이 있기 때문에, 신청인(처분의 상대방)에게는 재처분의 이익이 있다. 여기서 절차의 위법은 좁은 의미의 절차뿐만 아니라 권한·형식·절차상의 위법을 포함하여 널리 실체법상의 위법에 대응하는 넓은 의미이다.

(3) 결과제거의무

행정청은 취소된 처분에 의해 초래된 위법상태를 제거하여 원상회복을 하여야 하는 의무를 진다. 결과제거의무가 기속력의 내용에 포함되는지 견해 대립이 있으나, 긍정설이 타당하다. 행정소송법개정안은 이를 명문화하고 있다.

3. 기속력의 범위(한계)

기속력은 당사자인 행정청과 그 밖의 관계행정청을 기속하며(주관적 범위), 판결주문 및 그 전제가 되는 요건사실의 인정과 판단에 미치고(객관적 범위), 처분 당시를 기준으로 이후에 생긴 사유에는 미치지 않는다(시간적 범위). 시간적 범위와 관련하여 처분시 이후에 생긴 새로운 처분사유로 동일한 내용의 처분을 하는 것은 무방하다. 다만 거부처분의 경우, 처분청이 거부처분취소판결이 내려진 후 정당한 이유 없이 재처분을 늦추고 그 사이에 법령이 변경된 경우에 새로운 사유에 의하여 거부처분을 하는 것은 재처분의무를 잠탈하는 결과가 되므로 허용되지 않는다.

4. 기속력위반의 효과

기속력에 위반한 처분은 하자가 중대하고 명백하다고 볼 수 있어서 무효라는 것이 판례이다[3]. 행정소송법상 기속력에 관한 규정은 강행규정으로서 일종의 효력규정이기 때문이다.

---
[3] 대결 2002.12.11, 2002무22.

Ⅲ. 사안의 해결

1. 문 2의 (1)

乙회사에 대한 거부처분 취소판결이 확정되었으므로 국토해양부장관은 판결의 취지에 따른 재처분의무를 부담하는데 위법사유가 절차상 하자가 있는 경우라면 적법한 절차를 거쳐 다시 거부처분을 하더라도 재처분의무를 이행한 것이 되고 내용상 하자가 있는 경우라면 당초 처분의 사유와 기본적 사실관계의 동일성이 없는 사유를 근거로 재처분을 하는 것은 기속력에 반하지 않는다. 또한 기속력은 처분시를 기준으로 발생하므로 거부처분 이후에 사정변경이 있으면 그 사정을 이유로 다시 거부처분을 하더라도 기속력에 반하지 않는다.

2. 문2의 (2)

乙회사에 대한 면허처분은 乙회사의 신청에 따른 처분이다. 당해 처분은 甲회사에게 침익적 효과를 가져오므로 제3자효 행정행위에 해당하는데 甲회사가 취소소송을 제기하여 절차상 하자를 이유로 취소판결이 확정되면 국토해양부장관은 재처분의무를 부담하게 되므로 판결의 취지에 따라 절차상 하자를 보완하여 다시 처분을 하여야 한다(행정소송법 제30조 3항). 재처분은 절차상 하자를 보완하여 乙회사에 대해 재차 면허처분을 할 수도 있고 거부할 수도 있다.

유제 1 [법전협 2016-2]

5인 가족을 부양하고 있는 甲은 공직에서 은퇴한 뒤 퇴직금 등 자신의 거의 전재산을 투입하여 서울 종로구 소재 헬스클럽 앞에서 일반음식점영업인 삼계탕집을 경영하고 있는데, 거의 대부분의 손님이 위 헬스클럽 회원들이다. 그런데 경쟁 업소인 또 하나의 삼계탕집에서 사용하는 식재료가 다소 불결하다는 소문이 돌자 건강관리에 예민한 헬스클럽 회원들 대부분이 甲의 삼계탕집을 이용하게 되면서 甲의 삼계탕집은 성업을 이루게 되었다.

그런데 종로구청 식품위생과 공무원들이 2016. 9. 1. 甲의 삼계탕집을 단속한 결과 주방에서 생률(生栗 ; 날것 그대로의 밤)이 담긴 봉지의 상단에 '유통기한 : 2016. 8. 25.까지'라는 문구가 적혀 있는 사실을 발견하자, 종로구청장 A는 2016. 9. 5. "甲이 2016. 9. 1.에 유통기한이 경과한 생률을 조리의 목적으로 주방에 보관함으로써 식품위생법 제44조 제1항 제3호를 위반하였다."는 이유로 식품위생법 제75조 및 동법 시행규칙 제89조 별표 23에 따라 甲에게 2016. 10. 1.부터 15일간 영업정지를 명하는 처분(이하 '1차 영업정지처분'이라 한다)을 하였고 이 처분은 2016. 9. 12. 甲에게 도달되었다. 甲은 2016. 9. 28. 종로구청장을 피고로 하여 서울행정법원에 1차 영업정지처분의 취소를 구하는 소(이하 '이 사건 소'라 한다)를 제기하였다.

3. 2016. 9. 28. 제기한 이 사건 소에서, 甲이 위와 같이 생률을 보관한 것은 영업번성을 기원하기 위해 2016. 9. 2.에 지내기로 한 고사(告祀)에 사용하기 위한 것이지 조리의 목적으로 보관한 것이 아니라는 이유로 1차 영업정지처분을 취소하는 판결이 확정되었다. 그 후 종로구청장 A는 "2016. 9. 1. 甲이 유통기한이 경과한 생률을 조리의 목적으로 주방에 보관한 것이라는 종업원의 증언을 새로 확보하였다."는 이유로 甲에게 다시 15일간의 영업정지처분(이하 '2차 영업정지처분'이라 한다)을 하였다(2차 영업정지처분에 대한 집행정지결정은 없다). 그런데 甲이 2차 영업정지처분에 정해진 영업정지기간에도 계속 영업을 하자 종로구청장 A는 甲에 대해 영업소폐쇄명령을 하였다. 이 영업소폐쇄명령은 유효한가? (20점)

> [해설]
>
> 甲이 제기한 1차 영업정지처분 취소소송에서 조리목적으로 보관한 것이 아니라는 이유로 취소판결이 확정되면 조리 목적으로 보관하였다는 사유로 영업정지처분을 한 것이 위법하다는 점에 기속력이 발생한다. 따라서 종로구청장은 동일한 사유로 다시 영업정지처분을 할 수 없다.
>
> '甲이 2016. 9. 1. 유통기한이 경과한 생률을 조리의 목적으로 주방에 보관한 것'이라는 2차 영업정지처분은 취소 판결이 확정된 1차 영업정지처분과 동일한 사실관계에 기초한 내용의 처분이고 또한 종로구청장이 새로 확보하였다는 종업원의 증언도 '처분 당시에 존재 했던 사실'에 대한 증거일 뿐 처분시 이후에 새로이 발생한 사실이 아니다. 따라서 2차 영업정지처분은 확정된 제1차 영업정지처분 취소 판결의 기속력에 반하는 무효인 처분이고 무효인 영업정지처분을 근거로 행해진 영업소폐쇄명령 역시 그 요건을 결여한 것으로서 하자가 중대·명백하여 무효에 해당한다.

유제 2 [변시 2020]

> 경기도지사 乙은 2018. 5. 3. 관할 A군에 소재한 분묘가 조선 초 유명 화가의 묘로 구전되어 오는데다가 그 양식이 학술상 원형보존의 가치가 있다는 이유로 「문화재보호법」 제70조, 「경기도 문화재 보호 조례」 제11조에 따라 이를 도 지정문화재로 지정·고시하였다. 또한 乙은 2018. 6. 8. 해당 분묘를 보호하기 위하여 분묘경계선 바깥쪽 10m까지의 총 5필지 5,122㎡를 문화재보호구역으로 지정·고시하였다. ~~(중략)~~ 위 문화재보호구역 내에 위치한 일부 토지를 소유하고 있는 甲은 2019. 3. 14. 재산권 행사의 제한 등을 이유로 乙에게 자신의 소유토지를 대상으로 한 문화재보호구역 지정을 해제해 달라는 신청을 하였다. 그러나 乙은 2019. 6. 5. 甲이 해제를 요구한 지역은 역사적·문화적으로 보존가치가 있을 뿐만 아니라 분묘의 보호를 위하여 문화재보호구역 지정해제가 불가함을 이유로 甲의 신청을 거부하는 회신을 하였다(이하 '거부회신'이라고 한다).
>
> 2. 乙의 거부회신에 대하여 甲이 제기한 항고소송에서 甲이 승소하여 판결이 확정되었음에도 乙이 재차 문화재보호구역해제 신청을 거부할 수 있을지 검토하시오. (15점)

> [해설]
>
> 乙의 거부회신에 대하여 甲이 제기한 항고소송에서 甲이 승소하여 판결이 확정되면 기속력이 발하므로 乙은 판결의 취지에 따라서 재처분을 해야 하는 의무를 진다. 만약 법원이 위법사유로 지적한 사항이 문화재위원회의 심의를 거치지 않아서 위법하다는 사유를 제시하는 등 절차하자를 이유로 한 것이라면 기속력의 객관적 범위는 乙은 절차하자를 보완하여 다시 동일한 처분을 하여도 기속력에 반하는 것은 아니다. 또한 거부회신 이후의 사정변경을 이유로 다시 거부하는 것도 기속력의 시적범위를 벗어나므로 가능하다. 설문에서는 이러한 사정은 보이지 않는다. 경기도지사 乙은 역사적·문화적으로 보존가치가 있을 뿐만 아니라 분묘의 보호를 위하여 문화재보호구역 지정해제가 불가하다고 한 바, 이러한 사유가 위법하다고 하여 인용판결이 확정된 것이라면 乙은 판결의 취지에 따라 문화재보호구역해제를 하여야 할 것이다.

유제 3　　　　　　　　　　　　　　　　　　　　　　　　　　　　　　[법전협 2021-2]

A는 1980. 11. 10. 대한민국에서 출생하여 거주하다가 2006. 1. 18. 미국 시민권을 취득한 후 대한민국 국적을 상실한 재외동포이고, B는 주LA총영사관 총영사로서 법무부장관으로부터 사증발급권한을 위임받은 재외공관장이다.

병무청장은 2006. 1. 28. 법무부장관에게 "A는 공연을 위하여 병무청장의 국외여행허가를 받고 출국한 후 미국 시민권을 취득함으로써 사실상 병역의무를 면탈하였는데, A가 재외동포의 자격으로 입국하여 방송활동, 음반 출반, 공연 등 연예활동을 할 경우 국군 장병들의 사기가 저하되고 청소년들이 병역의무를 경시하게 되며 외국국적 취득을 병역면탈의 수단으로 악용하는 사례가 빈번히 발생할 것으로 예상되므로 A가 재외동포 자격으로 재입국하고자 하는 경우 국내에서 취업, 가수활동 등 영리활동을 할 수 없도록 하고, 불가능할 경우 입국 자체를 금지해 달라."고 요청하였다.

법무부장관은 2006. 2. 1.「출입국관리법」제11조 제1항 제3호, 제4호, 제8호에 따라 A의 입국을 금지하는 결정을 하고, 같은 날 그 내용을 법무부 내부전산망인 '출입국관리정보시스템'에 입력하였으나, A에게 통보를 하지는 않았다.

A는 2019. 8. 27. B에게 재외동포(F-4) 체류자격의 사증발급을 신청하였다. B는 2019. 9. 2. A에게 전화로 'A는 2006. 2. 1.자 결정에 따라 입국규제대상자에 해당하여 사증발급이 거부되었다'라고 통보하였으며, 사증발급 거부 처분서를 교부하지는 않았다.

4. 만약 A가 2019. 9. 2.자 사증발급거부처분에 불복하여 행정소송을 제기하였고, 2006. 2. 1.자 입국금지결정만을 이유로 사증발급거부를 한 것은 재량권의 불행사에 해당한다는 이유로 A가 승소확정판결을 받았을 경우, B는「재외동포의 출입국과 법적 지위에 관한 법률」(이하, '재외동포법'이라 함) 제5조 제2항 제2호의 사유가 존재한다는 이유로 재차 사증발급거부처분을 할 수 있는지 검토하시오. (25점)

[참조조문]
* 출입국관리법
제7조(외국인의 입국) ① 외국인이 입국할 때에는 유효한 여권과 법무부장관이 발급한 사증(査證)을 가지고 있어야 한다.
제8조(사증) ① 제7조에 따른 사증은 1회만 입국할 수 있는 단수사증(單數査證)과 2회 이상 입국할 수 있는 복수사증(複數査證)으로 구분한다.
② 법무부장관은 사증발급에 관한 권한을 대통령령으로 정하는 바에 따라 재외공관의 장에게 위임할 수 있다.
③ 사증발급에 관한 기준과 절차는 법무부령으로 정한다.
제11조(입국의 금지 등) ① 법무부장관은 다음 각 호의 어느 하나에 해당하는 외국인에 대하여는 입국을 금지할 수 있다.
　3. 대한민국의 이익이나 공공의 안전을 해치는 행동을 할 염려가 있다고 인정할 만한 상당한 이유가 있는 사람
　4. 경제질서 또는 사회질서를 해치거나 선량한 풍속을 해치는 행동을 할 염려가 있다고 인정할 만한 상당한 이유가 있는 사람
　8. 제1호부터 제7호까지의 규정에 준하는 사람으로서 법무부장관이 그 입국이 적당하지 아니하다고 인정하는 사람

* 출입국관리법 시행규칙
제9조(사증발급권한의 위임) ① 영 제11조제2항에 따라 법무부장관이 재외공관의 장에게 위임하는 사증발급권한(영 제7조의2제4항에 따른 전자사증 발급권한은 제외한다)은 다음 각 호와 같다.
　1. - 4. (생략)
　5. 영 별표 1의2 중 체류자격 26. 재외동포(F-4)의 자격에 해당하는 사람에 대한 체류기간 2년 이하의 사증 발급

제9조의2(사증 등 발급의 기준) 제8조 및 제10조에 따라 법무부장관이 사증 등의 발급을 승인하거나 제9조의 위임에 따라 재외공관의 장이 사증을 발급하는 경우 사증발급을 신청한 외국인이 다음 각 호의 요건을 갖추었는지의 여부를 심사·확인하여야 한다.
 1. 유효한 여권을 소지하고 있는지 여부
 2. 법 제11조의 규정에 의한 입국의 금지 또는 거부의 대상이 아닌지 여부
 3. 영 별표 1부터 별표 1의3까지에서 정하는 체류자격에 해당하는지 여부

*재외동포의 출입국과 법적 지위에 관한 법률
제5조(재외동포체류자격의 부여)
 ① 법무부장관은 대한민국 안에서 활동하려는 외국국적동포에게 신청에 의하여 재외동포체류자격을 부여할 수 있다.
 ② 법무부장관은 외국국적동포에게 다음 각 호의 어느 하나에 해당하는 사유가 있으면 제1항에 따른 재외동포체류자격을 부여하지 아니한다. 다만, 법무부장관이 필요하다고 인정하는 경우에는 제1호에 해당하는 외국국적동포가 41세가 되는 해 1월 1일부터 부여할 수 있다.
  1. 다음 각 목의 어느 하나에 해당하지 아니한 상태에서 대한민국 국적을 이탈하거나 상실하여 외국인이 된 남성의 경우
   가. 현역·상근예비역·보충역 또는 대체역으로 복무를 마치거나 마친 것으로 보게 되는 경우
   나. 전시근로역에 편입된 경우
   다. 병역면제처분을 받은 경우
  2. 대한민국의 안전보장, 질서유지, 공공복리, 외교관계 등 대한민국의 이익을 해칠 우려가 있는 경우

해 설

사증발급거부처분 취소판결이 확정되면 재처분의무가 발생한다. 법원이 위법사유로 인정한 것은 법무부장관의 입국금지결정만을 이유로 B가 사증발급거부를 한 것은 재량권의 불행사에 해당하여 위법하다는 것이므로 기속력은 이러한 사유와 기본적 사실관계의 동일성이 인정되는 사유까지 미친다.
취소판결 확정 후에 재차 행한 사증발급거부처분의 사유는 「재외동포의 출입국과 법적 지위에 관한 법률」 제5조 제2항 제2호의 사유가 존재한다는 것인데 B가 재량권을 행사한 결과 이러한 사유로 재거부처분을 한 것이라면 기속력에 반하지 않는다.

사례 137 기속력(2) [사시 2009]

행정청 乙의 관할 구역 내에 있는 A도시공원을 찾는 등산객이 증가하고 있다. 등산객들이 공원입구를 주차장처럼 이용하여 공원의 경관과 이미지를 훼손하고 있다. 이에 관할 행정청 乙은 이곳에 휴게 광장을 조성하여 주민들에게 만남의 장소를 제공하고, 도시 경관을 향상시키기 위해 甲의 토지를 포함한 일단의 지역에 대해서 광장의 설치를 목적으로 하는 도시관리계획을 입안·결정하였다. 그런데 행정청 乙은 지역 발전에 대한 의욕이 앞선 나머지 인구, 교통, 환경, 토지이용 등에 대한 기초조사를 하지 않고 도시관리계획을 입안·결정하였다. 甲은 자신의 토지전부를 광장에 포함시키는 乙의 도시관리계획 입안·결정이 법적으로 문제가 있다고 보고, 위 도시관리계획결정의 취소를 구하는 소송을 제기하였다.
2. 甲의 청구가 인용된 경우에 행정청 乙은 동일한 내용의 도시관리계획결정을 할 수 있는가? (20점)

[참조조문]
* 국토의 계획 및 이용에 관한 법률
제13조 (광역도시계획의 수립을 위한 기초조사)
  ① 국토해양부장관, 시·도지사, 시장 또는 군수는 광역도시계획을 수립하거나 변경하려면 미리 인구, 경제, 사회, 문화, 토지 이용, 환경, 교통, 주택, 그 밖에 대통령령으로 정하는 사항 중 그 광역도시계획의 수립 또는 변경에 필요한 사항을 대통령령으로 정하는 바에 따라 조사하거나 측량하여야 한다.
  ②~③ 생략
제27조 (도시관리계획의 입안을 위한 기초조사 등)
  ① 도시관리계획을 입안하는 경우에는 제13조를 준용한다. <단서 생략>
  ②~④ 생략

I. 문제의 소재

甲의 청구가 인용되어 취소판결이 확정된 후 행정청 乙이 동일한 내용의 도시관리계획결정을 할 수 있는가는 <u>취소판결의 기속력에 반하는지</u>의 문제이다. 즉 동일한 내용의 도시관리계획결정이 취소된 당초의 <u>도시관리계획결정과 동일한 처분인지</u>가 문제된다. 설문의 경우 적법한 절차를 밟지 않고 다시 동일한 내용의 도시관리계획결정을 한 경우와 절차를 밟은 이후 결정을 한 경우로 나누어 검토한다.

II. 취소판결의 기속력

III. 사안의 경우

1. 기초조사를 행하지 않고 다시 동일한 내용의 도시관리계획결정을 한 경우

  (1) 기속력에 반하는지 여부
  기초조사를 결여한 절차하자만을 이유로 취소된 경우나 형량의 해태를 이유로 취소된 경우에도 기초조사를 행하지 않고 다시 동일한 내용의 도시관리계획결정을 하는 것은 <u>판결의 이유로 제시되었던 위법사유를 보완하지 않은 채 동일한 사실관계 아래에서 동일 당사자에 대하여 동일한 내용의 처분을 하는 것에 해당하므로 기속력에 반하여 위법하다.</u>

(2) 위법성의 정도

기속력에 반하는 처분은 취소사유로 보는 견해도 있으나 취소사유로 볼 경우 제소기간의 경과 등으로 확정력이 발생할 수도 있으므로 기속력의 인정 취지에 반하므로 무효사유로 보는 것이 타당하다. 판례도 무효사유로 판시하고 있다. 따라서 乙의 동일한 내용의 도시관리계획결정은 무효에 해당한다.

2. 기초조사를 행한 후 다시 동일한 내용의 결정을 하는 경우

乙이 행한 도시관리계획결정이 기초조사를 결여한 절차하자만을 이유로 취소된 경우에는 기초조사를 거쳐서 다시 동일한 내용의 도시관리계획결정을 하는 것은 절차하자를 시정하여 적법한 절차를 갖춘 새로운 처분으로 취소된 처분과 동일한 처분이 아니므로 기속력에 반하지 않는다.

한편 乙이 행한 도시관리계획결정이 형량의 해태가 있다는 이유로 취소된 경우에도 기초조사를 실시하여 인구, 토지이용, 환경, 교통 등 도시관리계획수립에 필요한 사항에 대한 정확한 조사·확인을 거친 후 휴게광장조성의 필요성과 도시계획사업으로 인하여 침해받는 甲의 이익에 대한 올바른 형량과정을 거친 후에 다시 동일한 결정을 내렸다면 기속력에 반하지 않는다. 재량고려가 변화되는 경우에는 처분의 동일성은 더 이상 유지되지 않기 때문이다.

따라서 새로운 도시관리계획결정은 취소판결에 의하여 취소된 도시관리계획결정과는 동일성이 유지되지 않는 처분이므로 행정청 乙은 동일한 내용의 도시관리계획결정을 할 수 있다.

IV. 결 론

기초조사를 행하지 않고 다시 동일한 내용의 도시관리계획결정을 한 경우 기속력에 반하여 위법하며 무효사유에 해당하나, 적법하게 기초조사를 행한 후 다시 동일한 내용의 도시관리계획결정을 하는 경우 기속력에 반하지 않으며 행정청 乙은 동일한 내용의 결정을 할 수 있다.

유제
[사시 2007]

유흥주점 영업허가를 받아 주점을 경영하는 甲은 청소년인 乙을 유흥접객원으로 고용하여 유흥행위를 하게 하였다는 이유로 관할 행정청인 A로부터 위 유흥주점 영업허가를 취소하는 처분을 받았다. 甲은 이에 불복하여 행정소송을 제기하여 위 취소처분을 취소하는 판결을 선고받아 그 판결이 확정되었다. 다음의 경우 A의 처분의 위법 여부와 그 논거를 검토하시오.(30점)

(1) 위 확정판결은 A가 청문절차를 거치지 않았다는 점을 이유로 위 영업허가취소처분을 취소하는 것이었다. A는 위 판결 확정 후 청문절차를 거친 다음 다시 위 영업허가를 취소하는 처분을 하였다.
(2) 위 확정판결은 乙이 청소년임을 인정할 증거가 없다는 이유로 위 영업허가취소처분을 취소하는 것이었다. A는 위 판결 확정 후 乙이 청소년임을 인정할 만한 증거가 새로이 발견되었다는 이유로 다시 위 영업허가를 취소하는 처분을 하였다.
(3) 위 확정판결은 乙을 유흥접객원으로 고용하였다는 점을 인정할 증거가 없다는 이유로 위 영업허가취소처분을 취소하는 것이었다. A는 甲이 청소년 丙을 유흥접객원으로 고용하여 유흥행위를 하게 한 사실이 있었다는 이유로 다시 위 영업허가를 취소하는 처분을 하였다.
(4) 위 확정판결은 영업허가취소처분이 甲에게는 지나치게 가혹하여 재량권을 일탈·남용하였다는 이유로 취소하는 것이었다. A는 위 판결 확정 후 새로이 甲에게 영업정지 3개월의 처분을 하였다.

해설

1. 설문(1)

취소판결의 기속력은 A가 청문절차를 거치지 않았다는 점을 이유로 영업허가를 취소했다는 점에 발생한다. 행정청 A는 법원이 판결확정 후 종전 위법사유인 청문절차를 거치지 않았다는 하자를 보완하여 청문절차를 거쳐서 다시 영업허가를 취소하는 것은 기속력에 반하지 않는다. 적법한 처분이다.

2. 설문(2)

기속력은 A가 청소년이 아닌데 청소년이라는 이유로 영업허가를 취소한 것이 위법하다는 점에 발생한다. 기속력의 객관적 범위는 취소되는 처분의 위법사유와 기본적 사실관계의 동일성이 인정되는 사유까지 미친다. 乙이 청소년이라는 새로운 증거가 발견된 경우라도, 甲이 乙을 고용하였다는 기초적 사실관계가 동일하므로 기속력의 객관적 범위에 포함되고 乙이 청소년이라는 증거는 소송에서 주장 가능했던 입증자료일 뿐이고 처분시 이후에 새로이 발생한 사실이 아니다. 따라서 乙이 청소년임을 인정할 만한 증거가 새로이 발견되었다는 이유로 다시 영업허가를 취소하는 것은 기속력에 반하는 것으로 위법한 처분이다.

3. 설문(3)

기속력은 乙을 고용하였다는 점을 인정할 증거가 없으므로 乙을 고용하였다는 것을 전제로 허가취소처분을 한 것은 위법하다는 점에 발생한다. 청소년 乙을 고용한 것과 청소년 丙을 고용한 사실은 법률적 평가 이전의 구체적 사실에 착안하여 볼 때 그 기초가 되는 사실관계가 상이하므로 기본적 사실관계 동일성이 부정된다. A가 취소판결 확정 후 丙을 고용했다는 이유로 재차 행한 허가취소처분은 기속력의 객관적 범위를 벗어나는 사유를 들어 처분한 것으로 확정판결의 기속력에 반하지 않는다. 적법한 처분이다.

4. 설문(4)

기속력은 甲에 대한 처분이 가혹하여 재량의 일탈·남용하여 위법하다는 점에 기속력이 발생한다. 판결확정 후 3개월 영업정지처분을 한 것은 확정판결의 취지에 따라 가혹하지 않은 처분을 한 것으로 취소된 처분과 동일한 처분이 아니다. 기속력에 반하지 않는다. 적법한 처분이다.

사례 138   기속력, 간접강제   [변시 2013]

A광역시의 시장 乙은 세수증대, 고용창출 등 지역발전을 위해 폐기물처리업의 관내 유치를 결심하고 甲이 제출한 폐기물처리사업계획서를 검토하여 그에 대한 적합통보를 하였다. 이에 따라 甲은 폐기물처리업 허가를 받기 위해 먼저 도시·군관리계획변경을 신청하였고, 乙은 관계 법령이 정하는 바에 따라 해당 폐기물처리업체가 입지할 토지에 대한 용도지역을 폐기물처리업의 운영이 가능한 용도지역으로 변경하는 것을 내용으로 하는 도시·군관리계획변경안을 입안하여 열람을 위한 공고를 하였다. 그러나 乙의 임기 만료 후 새로 취임한 시장 丙은 폐기물처리업에 대한 인근 주민의 반대가 극심하여 실질적으로 폐기물사업 유치가 어려울 뿐만 아니라, 자신의 선거공약인 '생태중심, 자연친화적 A광역시 건설'의 실현 차원에서 용도지역 변경을 승인할 수 없다는 계획변경승인거부처분을 함과 동시에 해당 지역을 생태학습체험장 조성지역으로 결정하였다. 폐기물처리사업계획 적합통보에 따라 사업 착수를 위한 제반 준비를 거의 마친 甲은 丙을 피고로 하여 관할 법원에 계획변경승인거부처분 취소소송을 제기하였다.

4. 법원은 위 취소소송에서 甲의 소송상 청구를 인용하였고, 그 인용판결은 丙의 항소 포기로 확정되었다. 그럼에도 불구하고 丙은 재차 계획변경승인거부처분을 발령하였는데, 그 사유는 취소소송의 계속 중 A광역시의 관련 조례가 개정되어 계획변경을 승인할 수 없는 새로운 사유가 추가되었다는 것이었다. 丙의 재거부처분은 적법한가? (단, 개정된 조례의 합헌·적법을 전제로 함) (20점)

5. 위 취소소송의 인용판결이 확정되었음에도 불구하고 丙이 아무런 조치를 취하지 않을 경우 甲이 행정소송법상 취할 수 있는 효율적인 권리구제 수단을 설명하시오. (10점)

[설문 4] 丙이 행한 재거부처분의 적법성 (20점)

I. 문제의 소재

계획변경승인거부처분의 취소판결이 확정되면 기속력이 발생하여 丙은 판결의 취지에 따른 재처분의무를 진다. 그런데 취소소송 계속 중 조례 개정을 이유로 丙이 재거부처분을 하였는 바 재거부처분이 재처분의무를 위반하여 기속력에 반하는지 문제된다.

II. 취소판결의 기속력

III. 사안의 해결

丙의 재거부처분은 취소소송 계속 중 A광역시의 조례 개정으로 계획변경 거부사유가 추가되었다는 것을 이유로 하는 것인데, 당초 처분사유인 폐기물처리업에 대한 인근 주민의 반대가 극심하여 실질적으로 폐기물사업 유치가 어려울 뿐만 아니라, 丙의 선거공약인 '생태중심, 자연친화적 A광역시 건설'의 실현 차원에서 용도지역 변경을 승인할 수 없다는 사유와 기본적 사실관계의 동일성을 인정할 수 없을 뿐만 아니라, 처분시 이후의 사정을 이유로 하는 것이므로 기속력에 반하지 않는다. 따라서 丙의 재거부처분은 적법하다.

[설문 5] 간접강제신청의 가능성 (10점)

I. 문제의 소재

계획변경 승인거부처분 취소판결이 확정되면 丙에게 재처분의무가 발생하는데 丙이 아무런 조치를 취하지 않고 있는 경우 행정소송법상 구제수단으로 간접강제신청을 할 수 있는지 문제된다.

II. 간접강제의 의의

행정소송법은 거부처분에 대하여 의무이행소송을 인정하고 있지 않고 취소소송의 대상으로 하고 있어 취소판결이 확정되더라도 판결의 효력으로 집행력이 바로 발생하지는 않는다. 그러나 취소판결이 확정된 경우 행정소송법이 재처분의무를 인정(제30조 제2항)하여 행정청에게 적극적 의무를 부여하고 있어 행정청의 의무의 이행이 문제되게 된다. 행정청이 적극적 처분의무를 인정하지 않는 경우에 판결의 실효성을 확보하기 위한 수단으로서 강제집행이 문제되는데 민사소송의 경우처럼 간접강제제도를 인정하고 있다(제34조).

III. 간접강제의 요건 및 절차

간접강제의 요건은 ① 거부처분에 대한 취소판결이 확정되고, ② 취소판결의 취지에 따른 재처분의무의 불이행이 있는 경우에 인정된다. 판례에 의하면 재처분의무의 불이행은 아무런 재처분을 하지 않는 경우뿐만 아니라 재처분을 하였더라도 기속력에 반하는 거부처분에 해당하여 당연무효인 경우도 포함된다. 기속력에 반하는 처분은 하자가 중대·명백하여 당연무효라고 보아야 한다. 판례도 무효로 보고 있다.

당사자는 제1심 수소법원에 간접강제의 신청을 하여야 하며 법원은 상당한 기간을 정하고 행정청이 그 기간 내에 이행하지 아니하는 때에는 지연기간에 따라 일정한 배상을 할 것을 명하거나 즉시 손해배상을 할 것을 명할 수 있다(제34조 제1항).

간접강제의 성질은 확정판결의 취지에 따른 재처분의 지연에 대한 제재나 손해배상이 아니고 재처분의 이행에 관한 심리적 강제수단에 불과하며, 특별한 사정이 없는 한 간접강제결정에서 정한 의무이행기한이 경과한 후에라도 확정판결의 취지에 따른 재처분의 이행이 있으면 배상금을 추심함으로써 심리적 강제를 꾀할 목적이 상실되어 처분상대방이 더 이상 배상금을 추심하는 것은 허용되지 않는다는 것이 판례이다.

IV. 사안의 해결

계획변경승인거부처분 취소판결이 확정되었고, 丙이 재처분의무를 불이행하고 있으므로 甲은 제1심 수소법원에 간접강제신청을 할 수 있다.

유제 1　　　[행시(재경) 2012]

甲은 위치정보의 보호 및 이용 등에 관한 법률에 의한 위치정보사업을 하기 위하여 위치정보사업 허가신청서에 관련 서류를 첨부하여 방송통신위원회에 허가신청을 하였다. 방송통신위원회는 甲의 위치정보사업 관련 계획의 타당성 및 설비규모의 적정성 등을 종합 심사한 후에 허가기준에 미달되었음을 이유로 이를 거부하였다.

2) 허가신청 거부에 대한 甲의 취소청구를 인용하는 수소법원의 판결이 확정되었고, 그 후에 방송통신위원회가 다시 허가신청을 거부하였다면, 이는 취소판결의 효력과 관련하여 어떠한 문제점이 있는지 설명하시오. (15점)

해설

방통위의 재차 거부처분의 재거부사유가 당초 거부사유와 기본적 사실관계의 동일성이 인정되는 사유라면 취소판결의 기속력으로서 재처분의무 위반으로 위법하게 될 것이다.

그러나 처분시에 존재한 사유라도 기본적 사실관계의 동일성이 인정되지 않는 경우이거나, 처분시 이후에 발생한 사정에 기하여 재차 거부처분을 한 경우는 재처분의무 위반이 아니며 오히려 취소판결에 따른 재처분의무를 잘 이행한 것이 된다. 특히 이 사건 사업허가가 재량행위라는 점에서 재처분의무의 내용은 재량의 하자 없는 재처분을 하는 것이므로 방송통신위원회가 재량의 하자가 없는 재차 거부처분을 한 것이라면 기속력 위반에 해당하지 않는다.

이러한 경우 당초의 거부처분 이후의 사정변경을 이유로 다시 거부처분을 할 수 있게 된다는 점에서 원고가 제기한 소의 인용판결이 권리구제에 기여하지 못하고 새로운 거부처분에 대하여 다시 소송이 제기되도록 하여 불필요한 소송이 반복되는 결과를 가져오며 판결에 대한 불신을 가져온다는 의견이 존재한다. 입법론적으로는 의무이행소송을 도입하여 위법판단의 기준시기를 판결시로 본다면 이러한 문제의 완화에 기여할 수 있을 것으로 본다.

유제 2　　[사시 2003]

甲은 여관을 건축하기 위하여 관할 군수 乙에게 건축허가신청을 하였으나 乙은 관계법령에 근거가 없다는 사유를 들어 거부처분을 하였다. 이에 甲은 乙을 상대로 거부처분취소소송을 제기하여 승소하였고 이 판결은 확정되었다. 그런데도 乙은 위 판결의 취지에 따른 처분을 하지 아니하였다. 다음의 물음에 대하여 논하시오.

(1) 乙이 위 판결의 취지에 따른 처분을 하지 않고 있는 동안, 甲이 강구할 수 있는 행정소송법상 구제방법은?
(2) 위 승소판결 확정 후 관계법령이 개정되어 위 건축허가를 거부할 수 있는 근거가 마련되자 乙이 한 새로운 거부처분은 적법한가?
(3) 만일 위 (2)항의 개정법령에서 당해 개정법령의 시행 당시 이미 건축허가를 신청중인 경우에는 종전 규정에 따른다는 경과규정을 두었다면, 乙이 한 새로운 거부처분의 효력은?

해설

1. 설문 (1)

군수 乙이 재처분을 하지 아니하면 간접강제제도를 활용하여 법원에 손해배상명령 신청이 가능하다(행정소송법 34조).

2. 설문 (2)

기속력의 기준시는 처분시이므로 거부처분 후에 법령이 개정·시행된 경우에는 개정된 법령 및 허가기준을 새로운 사유로 들어 다시 이전의 신청에 대한 거부처분을 할 수 있으며, 그러한 처분도 행정소송법 30조 2항에 규정된 재처분에 해당한다. 따라서 乙이 한 새로운 거부처분은 적법하다.

3. 설문 (3)

경과규정에 따르지 않은 기속력에 반하는 행위로서 위법하고 기속력에 반하는 처분이므로 무효이다(판례).

사례 139　무효확인소송, 고지, 국가배상　　[법무부 2011]

　　광진구청장 甲은 서울특별시장 乙로부터 서울특별시조례가 정하는 바에 의하여 권한을 위임받아 구「주택개발촉진법」에 따른 개발사업의 결과 건축된 관내 A아파트, B아파트, C아파트를 각 분양받은 丙, 丁, 戊에 대하여 구「학교용지확보에 관한 특례법」(2002. 12. 5. 법률 제6744호로 개정되기 전의 것, 이하 '구 학교용지특례법'이라 한다) 제5조 제1항에 의하여 아래와 같이 학교용지부담금을 부과하는 각 처분을 하였다.

	분양대상(사업계획승인)	처분일자	부담금액(천원)
丙	A아파트(2003. 8. 13.)	2004. 2. 26.	50,000
丁	B아파트(2003. 8. 27.)	2004. 3. 10.	70,000
戊	C아파트(2003. 6. 30.)	2004. 1. 14.	40,000

　　그런데 이들 각 처분에는 행정심판 등 불복절차가 고지되어 있지 않거나 법령과 달리 잘못 고지되어 있었다. 그리고 丙·丁은 광진구에 위 각 처분에 따라 부과된 부담금을 각 납부한 반면, 戊는 자금사정 등의 이유로 미납상태로 있었다.

　　그러던 중 헌법재판소는 2005. 3. 31. 구 학교용지특례법 제5조 제1항 중 제2조 제2호가 정한 구「주택건설촉진법」에 의하여 시행하는 개발사업지역에서 공동주택을 분양받은 자에게 학교용지확보를 위하여 부담금을 부과·징수할 수 있다는 부분은 헌법에 위반된다는 내용의 결정을 하였다.

1. 丙·丁은 자신들이 이미 납부한 학교용지부담금은 불복방법의 고지에 관한「행정절차법」또는「행정심판법」규정을 위반하였고, 더욱이 헌법재판소의 위헌결정으로 인해 무효라고 생각하고 이를 되돌려 받고자 한다. 丙·丁이 취할 수 있는「행정소송법」상의 수단과 그 승소가능성에 대하여 논하시오. (50점)

2. 만약 丙·丁이 위와는 별도로 국가와 甲·乙의 행위에 대하여 불법행위를 원인으로 위 부담금 상당액의 손해를 배상받고자 관할법원에 소송을 제기한다면 승소할 수 있는가? (35점)

[참고법령]
* 학교용지확보에 관한 특례법(2002. 12. 5. 법률 6744호로 개정되기 전의 것)
제2조 (정의)
이 법에서 사용하는 용어의 정의는 다음과 같다.
　　2. "개발사업"이라 함은 주택건설촉진법·택지개발촉진법 및 산업입지및개발에관한법률에 의하여 시행하는 사업 중 300세대 규모이상의 주택건설용 토지를 조성·개발하는 사업을 말한다.
제5조 (부담금의 부과·징수)
　① 시·도지사는 학교용지의 확보를 위하여 개발사업지역에서 단독주택 건축을 위한 토지(공익사업을위한토지등의취득및보상에관한법률에 의한 이주용 택지로 분양받은 토지를 제외한다) 또는 공동주택(임대주택을 제외한다) 등을 분양받는 자에게 부담금을 부과·징수할 수 있다.
제5조의3 (부담금 등의 강제 징수)
　③ 시·도지사는 납부의무자가 독촉장을 받고 지정된 기한까지 부담금과 가산금을 내지 아니하면 지방세 체납처분의 예에 따라 징수할 수 있다.
제9조 (권한의 위임)
　① 시·도지사는 당해 시·도의 조례가 정하는 바에 의하여 제5조의 규정에 의한 부담금의 부과·징수에 관한 업무를 시장·군수·구청장(자치구의 구청장을 말한다)에게 위임할 수 있다.

[설문 1] 학교용지부담금 반환을 위한 행정소송법상의 구제수단 및 그 승소가능성 (50점)

I. 문제의 소재

丙·丁이 납부한 학교용지부담금을 되돌려 받기 위한 수단으로 학교용지부담금 부과처분에 대한 무효선언을 구하는 취소소송 및 무효확인소송의 제기를 고려할 수 있고, 공법상 부당이득반환청구소송을 제기하는 것을 고려할 수 있는데 이에 대한 승소가능성에 대해 논한다.

II. 무효선언을 구하는 취소소송

무효사유인 경우 항고소송으로 무효확인소송을 제기하지 않고 취소소송을 제기하더라도 무효와 취소의 구별이 상대적이라는 점을 고려하여 취소판결을 하는 것이 판례의 입장이다. 이 경우 취소의 실질은 처분의 무효를 확인하는 효과만을 가지며 이러한 취소소송을 무효선언을 구하는 취소소송이라고 한다. 무효선언을 구하는 취소소송은 취소소송의 형식을 취하고 있어 제소기간의 제한 등 취소소송의 소송요건을 구비해야 한다.

취소소송은 처분 등이 있음을 안 날부터 90일 이내에, 처분등이 있은 날부터 1년 이내에 제기해하야 한다(행정소송법(이하 법명 생략) 제20조). 사안에서 丙·丁에게 처분이 각각 2004. 2. 26, 2004. 3. 10.에 있었고, 2005. 3. 31. 위헌결정이 선고되었는데, 처분이 있음을 안 날이 명확하지는 않으나 부담금을 납부한 것으로 되어 있으므로 안 날부터 90일이 경과한 것으로 볼 수 있고, 설령 그렇지 않더라도 처분이 있은 날부터 1년이 경과했으므로 제소기간이 도과했다. 취소소송은 丙·丁이 취할 수단이 되지 못한다.

III. 무효확인소송

1. 소송요건

무효확인소송의 대상은 처분등인데(제38조 1항, 제19조) 丙·丁에 대한 학교용지부담금 부과처분은 행정청이 행한 구체적 사실에 관한 법집행행위로서 공권력의 행사이므로 처분에 해당(제2조 1항 1호)하여 대상적격은 충족한다. 무효확인소송의 원고적격은 처분등의 효력의 확인을 구할 법률상이익이 있는 자가 제기할 수 있는데(제35조) 丙·丁은 불이익처분의 직접 상대방으로서 원고적격도 인정되고 처분을 행한 행정청인 광진구청장 甲을 피고로 하였다면 피고적격도 문제없다(제38조 1항, 제13조). 그리고 무효확인소송은 제소기간의 제한이 없으므로 丙·丁이 처분이 있음을 안 날로부터 90일이 경과한 사안의 경우에도 제기할 수 있으며, 무효확인소송에는 행정심판전치주의가 적용되지 않으므로(제38조 1항) 행정심판을 거치지 않더라도 제기할 수 있다.

문제는 제35조가 무효확인소송의 원고적격에 관하여 제12조의 취소소송의 원고적격과 동일하게 법률상이익이 있는 자가 제기할 수 있도록 규정되어 있는데, 그럼에도 불구하고 민사소송의 확인소송에서 요구되는 확인소송의 보충성의 법리가 항고소송으로서 무효확인소송에서도 필요한지가 소의 이익과 관련하여 논의되고 있다. 이에 따라서 소제기의 적법성 여부가 달라질 것이다.

2. 무효확인소송의 보충성

(1) 학 설

1) 보충성 필요설
실질적으로 확인소송의 성질이 있으므로 남소가능성을 방지하기 위하여 민사소송과 마찬가지로 확인소송에서의 일반적 소송요건인 확인의 이익이 요구되므로 다른 구제수단에 의하여 분쟁이 해결되지 않는 경우에 한하여 무효확인소송을 보충적으로 인정하고 있다. 이행소송인 당사자소송등이 가능하면 무효확인소송은 불가하다는 입장이다.

2) 보충성 불요설
무효·취소사유 구분이 용이하지 않으며, 무효는 예외적 현상이므로 보충성을 배제해도 남소가능성이 큰 것은 아니며, 남소한다면 법원은 권리보호의 필요의 요건의 해석을 통해 제한을 가할 수 있으므로 무효확인소송의 보충성은 필요 없다고 한다.

(2) 판 례
종래 판례는 제35조의 '무효확인을 구할 법률상 이익'은 그 대상인 현재의 권리 또는 법률관계에 관하여 당사자 사이에 분쟁이 있고 그로 인하여 원고의 권리 또는 법률상의 지위에 불안·위험이 있어 판결로써 그 법률관계의 존부를 확정하는 것이 불안·위험을 제거하는데 필요하고도 적절한 경우에 인정된다고 제한적으로 해석하여 필요설의 입장이었으나, 최근에는 행정소송은 민사소송과는 목적, 취지 및 기능 등을 달리하고, 제4조에서는 무효확인소송을 항고소송의 일종으로 규정하고 있고, 확정판결의 기속력에 의해 무효확인판결 자체만으로도 실효성을 확보할 수 있으며, 보충성을 규정하고 있는 외국의 일부 입법례(일본)와는 달리 우리나라 행정소송법에는 명문의 규정이 없으며, 행정에 대한 사법통제, 권익구제의 확대와 같은 행정소송의 기능 등을 종합하여 보면, 행정처분의 근거 법률에 의하여 보호되는 직접적이고 구체적인 이익이 있는 경우에는 제35조에 규정된 '무효확인을 구할 법률상 이익'이 있다고 하여 불요설로 변경했다.

(3) 검 토
처분의 무효는 흔히 있는 현상이 아니기 때문에 보충성을 요구하지 않더라도 남소 가능성이 크다고 단정하기 어려울 뿐만 아니라 분쟁의 유형에 따라서는 처분에 대한 무효확인소송이 보다 적절한 구제수단이 될 수도 있다. 상대방에게 소송형태에 관한 선택권을 부여하여 부당이득반환청구의 소 등의 제기 가능성 여부와 관계없이 행정처분에 관한 무효확인소송을 바로 제기할 수 있도록 함으로써 양 소송의 병존가능성을 인정하는 것이 국민의 권익구제 강화라는 측면에서도 타당하므로 불요설이 타당하다.

(4) 사안의 경우
丙·丁으로서는 학교용지부담금부과처분의 무효를 전제로 당사자소송 내지는 민사소송으로 부당이득반환청구로써 이미 납부한 부담금의 반환을 청구할 수 있는 구제수단이 있다고 하더라도 무효확인소송을 제기할 수 있다. 따라서 무효확인판결이 있으면 판결의 기속력에 의해 광진구청장은 판결의 취지에 따라 이미 납부된 부담금의 반환의무를 지게 되므로 丙·丁은 권리구제의 실효성을 확보할 수 있다. 나머지 소송요건도 모두 구비했으므로 丙·丁이 제기한 무효확인소송은 적법하다.

3. 본안판단

(1) 불복방법의 고지규정 위반의 하자

1) 행정심판법상 고지

고지제도는 행정청이 처분을 서면으로 하거나 또는 이해관계인으로부터 요구가 있는 경우에 그 상대방이나 이해관계인에게 처분에 관하여 행정심판 및 행정소송을 제기할 수 있는지의 여부, 청구절차 및 청구기간 등을 알리는 제도를 말한다(행정심판법 제58조). 고지제도는 국민이 행정심판제도를 이용할 수 있도록 보장하고 행정청이 처분을 함에 있어 신중을 기하고 적정한 처분이 이루어지도록 하고 아울러 행정의 민주화를 도모하기 위해서 인정되는데 행정심판법은 직권에 의한 고지(행정심판법 제58조 1항)와 신청에 의한 고지(행정심판법 제58조 2항)를 규정하고 있으며 행정절차법 제26조도 당사자에 대한 고지에 관해 규정하고 있다.

고지는 불복을 제기할 때 필요한 사항을 알려주는 비권력적 사실행위로서 행정쟁송의 대상이 되는 처분은 아니다. 다만 불고지, 오고지의 경우 법령에 의한 일정한 효과가 주어질 뿐이다.

2) 고지의 하자가 위법사유가 되는지 여부

고지제도의 취지는 처분의 상대방이나 이해관계인이 행정심판을 제기함에 있어 편의를 제공하는 데 있을 뿐, 행정처분의 성립과정을 규제하는 절차규정이라거나 처분의 형식을 규제하는 제도가 아니다. 따라서 고지를 하지 아니하거나 잘못 하였다고 하더라도 처분의 주체·절차·형식상에 어떤 흠결을 가져오는 것은 아니다. 또한 고지는 이미 법규에 의해 정해진 불복의 가부나 불복의 절차를 알려주는 사실행위에 불과하므로 불고지·오고지가 있더라도 당해 처분이 국민의 권리의무에 영향을 미치는 데는 어떤 변동을 가져오지도 않는다. 따라서 처분의 내용에 아무 하자가 없는 이상 고지의 하자를 이유로 처분의 위법성을 주장할 수는 없다.

판례 역시 자동차운수사업법 제31조 등의 규정에 의한 사업면허의 취소 등의 처분에 관한 규칙(교통부령) 제7조 제3항의 고지절차에 관한 규정은 행정처분의 상대방이 그 처분에 대한 행정심판의 절차를 밟는데 있어 편의를 제공하려는데 있으며 처분청이 위 규정에 따른 고지의무를 이행하지 아니하였다고 하더라도 경우에 따라서는 행정심판의 제기기간이 연장될 수 있는 것에 그치고 이로 인하여 심판의 대상이 되는 행정처분에 어떤 하자가 수반된다고 할 수 없다[1])는 입장이다.

3) 사안의 경우

행정절차법 및 행정심판법상의 고지규정을 위반하여 무효라는 丙·丁의 주장은 위법사유 자체가 인정되지 않으므로 타당하지 않다.

(2) 위헌법률의 근거한 처분의 하자

1) 위헌결정의 소급효

학교용지확보에 관한 특례법에 근거한 부담금부과처분의 하자가 인정되기 위해서는 위헌결정이 소급효가 인정되어야한다. 소급효가 인정되면 위헌법률에 근거한 처분으로서 하자가 인정될 수 있다.

헌법재판소법 제47조 2항은 위헌결정의 장래효를 규정하고 있지만 대법원과 헌법재판소는 국민의 권리구제를 위하여 일정한 경우에 위헌결정의 소급효를 인정하고 있다.

---

1) 대판 1987.11.24, 87누529

대법원은 헌법재판소의 위헌결정의 효력은 ① 위헌제청을 한 당해사건 ② 위헌결정이 있기 전에 이와 동종의 위헌 여부에 관하여 헌법재판소에 위헌제청을 하였거나 법원에 위헌제청신청을 한 사건과 ③ 따로 위헌제청신청은 아니하였지만 당해 법률 또는 법률 조항이 재판의 전제가 되어 법원에 계속중인 사건뿐만 아니라 ④ 위헌결정 이후에 위와 같은 이유로 제소된 일반사건에도 미친다고 하고 있다.
헌법재판소는 위 ①②③의 사유에다가, 당사자의 권리구제를 위한 구체적 타당성의 요청이 현저한 반면에 소급효를 인정하여도 법적 안정성을 침해할 우려가 없고 나아가 구 법에 의하여 형성된 기득권자의 이득이 해쳐질 사안이 아닌 경우로서 소급효의 부인이 오히려 정의와 평등 등 헌법적 이념에 심히 배치되는 때에도 소급효를 인정할 수 있다고 한다.

2) 위헌법률에 근거한 처분의 효력

위법성의 정도에 대한 판단기준으로서 다수설과 판례는 중대명백설을 취하고 있다. 판례는 하자 있는 행정처분이 당연무효가 되기 위하여는 그 하자가 법규의 중요한 부분을 위반한 중대한 것으로서 객관적으로 명백한 것이어야 하며 하자가 중대하고 명백한 것인지 여부를 판별함에 있어서는 그 법규의 목적, 의미, 기능 등을 목적론적으로 고찰함과 동시에 구체적 사안 자체의 특수성에 관하여도 합리적으로 고찰함을 요한다고 한다.

대법원은 법률에 근거하여 행정처분이 발하여진 후에 헌법재판소가 그 행정처분의 근거가 된 법률을 위헌으로 결정하였다면 결과적으로 행정처분은 법률의 근거가 없이 행하여진 것과 마찬가지가 되어 하자가 있는 것이 되나, 하자 있는 행정처분이 당연무효가 되기 위하여는 그 하자가 중대할 뿐만 아니라 명백한 것이어야 하는데, 일반적으로 법률이 헌법에 위반된다는 사정이 헌법재판소의 위헌결정이 있기 전에는 객관적으로 명백한 것이라고 할 수는 없으므로 헌법재판소의 위헌결정 전에 행정처분의 근거되는 당해 법률이 헌법에 위반된다는 사유는 특별한 사정이 없는 한 그 행정처분의 취소소송의 전제가 될 수 있을 뿐 당연무효사유는 아니라고 봄이 상당하다.

3) 검 토

사안은 丙·丁이 부담금부과처분에 대한 제소기간 내에 취소소송을 제기하지 않아 이미 불가쟁력(형식적 확정력)이 발생한 경우로서 대법원판례에 의할 경우 위헌결정의 소급효가 미치지 않는 경우에 해당하며, 헌법재판소의 판례에 의하더라도 법적안정성을 해칠 우려가 없어 소급효를 인정할 수 있는 경우에도 해당되지 않는다. 대법원은 "위헌인 법률에 근거한 행정처분이 당연무효인지의 여부는 위헌결정의 소급효와는 별개의 문제로서, 위헌결정의 소급효가 인정된다고 하여 위헌인 법률에 근거한 행정처분이 당연무효가 된다고는 할 수 없고, 오히려 이미 취소소송의 제기기간을 경과하여 확정력이 발생한 행정처분에는 위헌결정의 소급효가 미치지 않는다고 하면서 어느 행정처분에 대하여 그 행정처분의 근거가 된 법률이 위헌이라는 이유로 무효확인청구의 소가 제기된 경우에는 다른 특별한 사정이 없는 한 법원으로서는 그 법률이 위헌인지 여부에 대하여는 판단할 필요 없이 그 무효확인청구를 기각하여야 한다."고 판시하고 있는 바, 부담금부과처분이 위헌법률에 근거한 것으로서 무효라고 할 수 없다.

(3) 사안의 경우

丙·丁의 주장내용 중 행정절차법 및 행정심판법에 의한 고지절차를 거치지 않았다는 점은 독자적인 위법사유로 인정될 수 없으며, 근거법률의 위헌결정이 있어 부담금부과처분이 무효라는 주장 역시 타당하지 않으므로 법원은 丙·丁이 제기한 무효확인소송에서 기각판결을 할 수 밖에 없다.

Ⅳ. 부당이득반환청구소송

1. 당사자소송

공법상 부당이득반환청구소송이 민사소송인지 당사자소송인지에 대하여, ① 부당이득은 오로지 경제적인 관점에서 이해관계의 조정을 위해서 인정되는 것으로 사법상 부당이득과 구별할 이유가 없다는 민사소송설과 ② 공법상 부당이득은 행정법관계에서의 공법적 원인에 의해 발생하므로 민법상의 부당이득반환청구권과는 달리 행정주체와 사인간에 재산적 이익을 조정하는 독자적인 성격을 갖는 제도로 이해하는 당사자소송설의 견해 대립이 있다.

판례는 부당이득으로서의 과오납금 반환에 관한 법률관계는 단순한 민사 관계에 불과한 것이고 행정소송 절차에 따라야 하는 관계로 볼 수 없다고 하여 민사소송설이다.

실정법상 공사법 이원적 체계를 유지하고 있으므로 당사자소송설이 타당하다. 행정소송법 개정안도 당사자소송의 대상을 확대하면서 부당이득반환청구소송을 예로 들고 있다.

판례에 의한다면 丙·丁이 취할 수 있는 행정소송법상의 수단은 없다. 그러나 당사자소송설에 의하면 학교용지부담금을 되돌려 받기 위해서 당사자소송을 제기할 수 있다.

2. 당사자소송과 선결문제

소송요건은 사안에서 특별히 문제될 것이 없다. 부당이득반환청구소송에서도 승소하기 위해서는 법률상 원인 없이 재산상 이득이 있어야 하는데 부담금부과처분이 무효사유라면 수소법원은 선결문제로 심사하고 부당이득반환을 명할 수 있다. 그러나 부담금부과처분이 취소사유인 경우는 공정력 또는 구성요건적 효력 때문에 선결문제로 심사할 수 없다.

판례는 부당이득반환청구소송을 민사소송으로 처리하므로 민사소송과 선결문제로 논의하고 있는데 처분의 하자가 취소사유에 그칠 때에는 부당이득반환청구소송에서 법원은 효력을 부인할 수 없다고 한다. 당사자소송설에 의할 때 당사자소송에서도 마찬가지의 논의가 가능하다. 따라서 丙·丁이 제기한 부당이득반환청구소송은 기각될 것이다.

[설문 2] 사후 위헌결정된 법률에 근거한 처분으로 인한 손해에 대한 국가배상청구의 승소가능성 (35점)

Ⅰ. 문제의 소재

국가배상청구소송이 민사소송인지 당사자소송인지 견해대립이 있다. 판례는 민사소송설의 입장이다. 사안은 관할법원에 소송을 제기했다고 전제하므로 문제되지는 않는다. 사안의 경우 국가의 행위에 대해서는 위헌법률을 제정한 것에 대해 입법작용에 대해 입법상 불법을 인정하여 국가배상책임을 물을 수 있는지가 문제되고, 甲·乙의 행위에 대해서는 위헌법률에 근거한 처분에 대해 국가배상청구를 할 수 있는지가 문제된다.

Ⅱ. 국가배상법 제2조 책임의 요건

III. 위헌인 법률을 제정한 행위에 대한 국가배상청구

입법작용도 국가배상법상 직무에 해당하므로 국가배상법 제2조의 요건을 충족한다면 국가는 국가배상책임을 진다. 학설로는 입법작용의 위법에 대해서는 법률의 위헌을 국가배상법상의 위법으로 보는 견해와 입법과정에서 국민에 대한 직무상 의무의 위반을 위법으로 보는 견해가 있다.

판례는 국회의원은 입법에 관하여 원칙적으로 국민 전체에 대한 관계에서 정치적 책임을 질 뿐 국민 개개인의 권리에 대응하여 법적 의무를 지는 것은 아니므로, 국회의원의 입법행위는 그 입법 내용이 헌법의 문언에 명백히 위반됨에도 불구하고 국회가 굳이 당해 입법을 한 것과 같은 특수한 경우가 아닌 한 국가배상법 제2조 제1항 소정의 위법행위에 해당된다고 볼 수 없다고 한다.

사안의 경우 학교용지확보에 관한 특례법이 헌법의 문언에 명백히 위반됨에도 불구하고 국회가 굳이 당해 입법을 한 사정은 없으므로 위 특례법을 제정한 행위를 위법하다고 할 수는 없다.

IV. 위헌법률에 근거한 처분에 대한 국가배상청구

부담금부과처분이 위법함을 이유로 국가배상을 인정하기 위해서는 국가배상청구소송의 수소법원인 민사법원이 선결문제로 처분의 위법성에 대해 심리할 수 있는지가 문제된다. 행정행위의 위법을 이유로 한 국가배상청구소송의 경우에는 행정행위의 효력의 문제가 아니라 단순히 위법성 심사에 그치는 것이므로 선결문제로 심사할 수 있다는 것이 통설·판례이다.

그러나 위헌결정의 소급효가 丙, 丁에게 미치지 않는다고 한다면 위법성을 인정하기 곤란하며, 또한 근거법률이 위헌으로 판정되었다고 하더라도 위헌결정이 있기까지는 공무원은 법률에 대한 심사권 및 적용거부권이 없으므로 공무원의 과실을 인정할 수 없다.

V. 사안의 해결

丙·丁이 제기한 국가배상청구소송에서 승소가능성은 없다.

사례 140 부작위에 대한 쟁송상 구제수단   [법전협 2012-3]

A 주식회사는 B 시장에게 「산업입지 및 개발에 관한 법률」 및 같은 법 시행령에 의거하여 B시 일원의 토지 3천여 제곱미터에 대하여 '산업입지 지정 승인요청서'를 제출하였고 B 시장은 위 요청서에 대한 의견서 등을 첨부하여 위 요청서를 C도 도지사에게 전달하였다. 이에 C도 도지사는 A 주식회사를 사업시행자로 하여 위 토지 일대를 '○○ 제2일반지방산업단지'로 지정승인한 후 이를 고시하였다. 그런데 위 지정·고시는 산업단지 조성에 필요한 범위를 넘어 과도하게 이루어 졌다. 위 산업단지 내에 토지를 소유하고 있는 甲은 자신의 토지가 위 고시에 따라 수용대상토지로 지정되자, A 주식회사와 위 토지의 취득 등에 대하여 협의를 하였으나 협의가 성립되지 아니하였다. 이에 A 주식회사는 C도 지방토지수용위원회에 재결을 신청하였고 C도 지방토지수용위원회는 甲의 토지 및 그 지상물에 대하여 수용재결을 하였다.

4. 乙은 위 수용재결에 따라 생활의 근거를 상실하게 되어 관련 법령에 의해 이주대책대상자에 포함되었다. 乙은 A 주식회사가 「공익사업을 위한 토지 등의 취득 및 보상에 관한 법률 시행령」 제40조 제2항 단서에 의하여 수립한 이주대책에 따라 주택 특별공급을 신청하였으나 상당기간이 경과하였음에도 불구하고 A 주식회사가 주택 특별공급 결정을 아니 하고 있다. 이 경우 乙이 취할 수 있는 행정쟁송상의 구제수단을 논하시오. (30점)

[참조조문]
* 산업입지 및 개발에 관한 법률
제36조(이주대책 등)
① 사업시행자는 「공익사업을 위한 토지 등의 취득 및 보상에 관한 법률」에서 정하는 바에 따라 산업단지의 개발로 인하여 생활의 근거를 상실하게 되는 자(이하 "이주자"라 한다)에 대한 이주대책 등을 수립·시행하여야 한다.
* 공익사업을 위한 토지등의 취득 및 보상에 관한 법률 시행령
제40조(이주대책의 수립·실시)
② 이주대책은 국토해양부령이 정하는 부득이한 사유가 있는 경우를 제외하고는 이주대책대상자중 이주정착지에 이주를 희망하는 자가 10호 이상인 경우에 수립·실시한다. 다만, 사업시행자가 「택지개발촉진법」, 「주택법」 또는 「산업입지 및 개발에 관한 법률」 등 관계법령에 의하여 이주대책대상자에게 택지 또는 주택을 공급한 경우에는 이주대책을 수립·실시한 것으로 본다.

I. 문제의 소재

乙의 특별공급신청에 대한 A주식회사의 부작위가 행정소송법 및 행정심판법상의 부작위에 해당되어 항고쟁송의 대상이 되는지 여부와 행정소송법 및 행정심판법상의 권리구제수단에 대해 검토한다.

II. A주식회사의 부작위

1. 행정소송법 및 행정심판법상 부작위

항고쟁송의 대상이 되는 부작위는 행정청이 당사자의 신청에 대하여 상당한 기간내에 일정한 처분을 하여야 할 법률상 의무가 있음에도 불구하고 이를 하지 아니하는 것을 말한다(행정소송법 제2조 1항 2호, 행정심판법 제2조 2호).

2. 부작위의 성립요건

(1) 당사자의 신청 - 법규상, 조리상 신청권이 존재

당사자의 적법한 신청이 있어야 하는데, 판례는 신청에 대한 부작위가 행정소송법상 부작위로 인정되기 위해서는 거부처분에 있어서와 마찬가지로 법규상 또는 조리상 신청권이 있어야 한다는 입장이다. 판례는 신청권 존부의 판단을 구체적 사건에서 신청인이 누구인가를 고려하지 않고 추상적으로 판단한다. 판례에 대하여 부작위의 개념에 신청권의 개념이 포함되지 않으므로 신청권의 존부는 원고적격의 문제로 보는 견해와, 신청권의 존재 여부는 본안의 문제라는 견해의 비판이 있다. 신청권을 형식상의 단순한 응답요구권의 의미로 이해한다면 처분성의 문제로 보는 대법원의 입장은 타당하다.[1]

(2) 상당한 기간이 경과

상당한 기간은 사회통념상 당해 신청을 처리하는데 소요될 것으로 판단되는 기간을 말하며 일반적·추상적으로 정할 수는 없고, 법령의 취지나 처분의 성질 등을 고려하여 개별적·구체적으로 판단하여야 한다.

(3) 행정청이 일정한 처분을 하여야 할 법률상 의무가 존재

기속행위 뿐만 아니라, 재량행위에서도 하자 없는 재량을 행사하여야 할 법적인 의무로서 처분의무가 인정될 수 있다.

(4) 처분의 부존재

행정청이 아무런 처분을 하지 않아 처분으로 볼 만한 외관이 존재하지 않아야 한다. 무효인 행정행위나 부작위를 거부처분으로 의제하는 경우에는 부작위에 해당하지 않는다.

3. 사안의 경우

이주대책의 일환으로 행해지는 사업시행자의 주택특별공급은 구체적인 수분양권을 발생시키는 처분에 해당[2]하는데, 乙의 주택 특별공급 신청이 있었고 산업입지법 제36조 및 공익사업법 시행령 제40조 2항에 의하여 이주대책 대상자는 특별공급에 관한 법규상 신청권이 인정된다. 설문에서 상당한 기간이 경과하였다고 전제하고 있고, A주식회사는 주택특별공급 결정을 하지 않고 있으므로 사안의 부작위는 행정쟁송법상 부작위에 해당한다.

Ⅲ. 부작위에 대한 행정쟁송상 구제수단

1. 행정심판법상 구제

(1) 의무이행심판

의무이행심판은 당사자의 신청에 대한 행정청의 위법 또는 부당한 "거부처분"이나 "부작위"에 대하여 일정한 처분을 하도록 하는 행정심판을 말한다(행정심판법 제5조 3호). 의무이행심판의 인용재결에는 신청에 따른 처분재결(형성재결)과 신청에 따른 처분을 명령하는 재결(이행재결)이 있다(제43조 5항). 처분명령 재결이 있으면 피청구인은 재결의 취지에 따른 처분의무가 발생하며(제49조 2항) 만약 처분의무를 이행하지 않는

---

[1] 거부처분이 문제되었던 사례(2016년 변시 기출 참조)와 균형을 맞추기 위해서 로스쿨워크북과는 달리 판례에 찬성하는 포섭을 하였다. 판례를 비판하는 입장에서는 "행정소송법상 부작위의 개념에 신청권이 규정되어 있지 않음에도 부작위의 요소로 요구하는 것은 타당하지 않다. 신청권의 존부는 원고에게 소송을 제기할 자격이 있는가 하는 문제이므로 원고적격의 문제로 보는 것이 타당하다."고 서술하면 된다.
[2] 판례의 다수의견은 이주대책 대상자가 이주대책대상자 선정신청을 하고 사업시행자가 대상자로 확인·결정하여야만 비로소 구체적인 수분양권이 발생하므로 이주대책대상자 확인·결정하는 것(사안은 주택특별공급 결정)은 처분에 해당한다고 한다.

경우 행정심판위원회가 직접 처분을 할 수 있으며(제50조 1항) 청구인의 신청에 의하여 간접강제결정을 할 수도 있다(제50조의2).

(2) 임시처분

임시처분은 행정심판청구의 계속 중 처분 또는 부작위가 위법·부당하다고 상당히 의심되는 경우 처분 또는 당사자가 받을 우려가 있는 중대한 불이익이나 당사자에게 생길 급박한 위험을 막기 위하여 임시의 지위를 정하는 행정심판법상 가구제 수단이다(제31조). 따라서 집행정지로 목적을 달성할 수 있는 경우에는 허용되지 않으므로 결국 거부처분이나 부작위의 경우에 임시처분이 가능하다.

2. 행정소송법상 구제수단[3])

(1) 의무이행소송 인정 여부

의무이행소송이란, 행정청의 위법한 거부처분이나 부작위에 대하여 처분을 하도록 하는 소송을 의미한다. 현행 행정소송법은 우회적인 구제수단인 거부처분의 취소소송과 부작위위법확인소송만을 인정하고 있는데 무명항고소송으로서 의무이행소송의 인정여부에 대해 견해대립이 있다.

학설은 행정소송법 제4조를 예시적 규정으로 보는 긍정설도 있으나, 현행 행정소송법이 의무이행소송을 받아들이지 않고 우회적인 부작위위법확인소송을 제도화하면서 그 실효성확보를 위한 간접강제제도를 규정한 점에 비추어 긍정설은 입법자의 의사에 반하는 해석이다. 해석론으로는 부정설이 타당하다. 판례도 행정청의 부작위에 대한 의무이행소송은 현행법상 허용되지 않는다고 하여 부정설의 입장이다. 실효적인 권리구제를 위해서 도입이 필요하며 행정소송법개정안은 도입하고 있다.

(2) 부작위위법확인소송

부작위위법확인소송은 행정청의 부작위가 위법하다는 것을 확인하는 소송을 말한다(행정소송법 제4조 3호). 부작위위법확인판결이 확정되면 행정청의 처분의무가 발생하고(동법 제38조 2항, 30조 2항) 처분의무를 이행하지 않으면 간접강제가 가능하다(동법 제34조).

부작위위법확인소송의 심리범위와 관련해서 신청의 실체적 내용이 이유 있는 것인지도 심리하여, 그에 대한 적정한 처리방향에 관한 법률적 판단을 하여야 한다는 실체적 심리설이 있으나 판례[4])는 부작위위법확인소송은 부작위의 위법을 확인함으로써 행정청의 응답을 신속하게 하여 부작위 내지 무응답이라고 하는 소극적인 위법상태를 제거하는 것을 목적으로 하는 것이라고 하여 부작위의 위법 여부만을 심사하는 절차적 심리설의 입장이다. 판례에 의하면 원고는 부작위위법확인판결을 받은 후 행정청이 다시 거부처분을 하여도 기속력에 반하는 것이 아니고 원고로서는 거부처분 취소소송을 다시 제기해야 하므로 권리구제에 한계가 있게 된다.

(3) 집행정지 및 가처분

부작위는 집행정지의 대상이 되지 않으며, 민사집행법 제300조의 가처분을 활용할 수 있는지 견해대립이 있다. 행정소송법 제8조 2항에 근거하여 긍정하는 견해도 있으나, 본안소송으로 의무이행소송이 인정되지 않고, 행정소송법이 집행정지라는 특별규정을 두고 있는 점을 고려할 때 부정하는 것이 타당하다.

---

3) 의무이행소송의 인정여부나 가처분의 인정여부에 대한 학설, 판례는 배점관계상 최대한 줄여서 소개한 것이다. 만약 20점 배점에 의무이행소송의 인정여부만 묻거나 가처분의 인정여부만 묻는 경우에는 절충설도 소개하고 학설, 판례, 검토를 별도 목차로 잡는 등 풍부하게 서술해야 할 것이다.
4) 대판 1990.9.25, 89누4758

판례도 가처분은 민사판결절차에 의하여 보호받을 수 있는 권리에 관한 것이라고 하며 부정한다. 결국 부작위에 대한 보전소송은 현행법상 허용되지 않고 있다. 행정소송법 개정안은 가처분을 도입하고 있다.

IV. 사안의 해결

乙은 특별공급결정을 하지 않고 있는 부작위에 대해 의무이행심판을 청구하고 임시처분을 신청할 수도 있다.[5] 의무이행소송은 제기할 수 없고 부작위위법확인소송을 제기할 수 있으나 집행정지와 가처분은 신청할 수 없다.

유제 [법전협 2022-2]

A도지사는 관내 B시의 일정지역을 친환경 산업단지로 개발하기 위하여 ○○일반산업단지(이하 '산업단지')로 지정하고 이에 관한 ○○일반산업단지관리계획(이하 '관리계획')을 수립·고시하였다. B시의 시장 乙은 A도지사로부터 산업단지의 관리업무를 위임받아 이를 관리하고 있다.

甲은 산업단지 내 부지에서 '코코아제품 제조업' 운영을 내용으로 하는 입주계약을 체결한 후 사업을 개시하였다. 이후 甲은 동일한 부지에 지식산업센터를 설립하여 업종을 '첨단제품 개발 및 공급업'으로 변경하겠다는 내용의 입주계약변경신청을 하면서 이에 관한 사업계획서를 B시에 제출하여 입주변경계약(이하 '이 사건 입주변경계약')을 체결하였다. 그에 따라 첨단제품 제조에 필요한 금속도금업을 주 유치업종으로 하는 지식산업센터의 설립이 승인되었다.

한편, B시 주민 丙 등은 이 사건 입주계약변경이 환경오염을 유발할 우려가 있다고 주장하며 乙에게 여러 차례 민원을 제기하였다.

2. B시 주민 丙은 산업단지로 인한 생활 및 환경상의 피해를 호소하며, 관리계획의 변경을 A도지사에게 요청하였으나, A도지사는 이에 대하여 어떤 조치도 취하고 있지 않다.
1) 관리계획의 법적 성질을 검토하시오. (10점)
2) B시 주민 丙이 A도지사를 상대로 취할 수 있는 행정쟁송상 권리구제수단을 검토하시오. (20점)
※ [참조조문] 생략

해설

1. 설문 2-1)

관리계획은 "1. 관리할 산업단지의 면적에 관한 사항, 2. 입주대상업종 및 입주기업체의 자격에 관한 사항, 3. 산업단지의 용지(산업용지)의 용도별 구역에 관한 사항, 4. 업종별 공장의 배치에 관한 사항"이 포함(산업집적활성화 및 공장설립에 관한 법률」 제33조 제7항)되어 있고, 관리계획에 따른 산업용지에 대해서는 입주기업체의 처분제한(동법 제39조 제1항) 등을 규정하여 고 있어 주민 또는 입주기업체의 권리나 의무에 직접 영향을 미치는 사항이 포함되어 있다. 구속적 행정계획으로서 처분에 해당한다고 할 것이다.

2. 설문 2-2)

부작위에 대해서 행정심판에서는 의무이행심판과 임시처분이, 행정소송에서는 부작위에 대한 부작위위법확인소송이 가능하고 가구제수단은 현행법상으로는 불가하다. 그러나 사안은 계획변경신청권을 인정할 수 없어서 행정심판법 및 행정소송법상의 부작위가 존재한다고 할 수 없다. 따라서 쟁송상 구제수단을 강구할 수 없다.

---

[5] 인용가능성은 낮을 것이다.

사례 141   당사자소송과 가처분   [행시 2023]

A 시는 A 시에 소재한 甲 소유 임야 10,620 ㎡(이하 '이 사건 토지'라 한다)가 포함된 일대의 토지에 대해 「공익사업을 위한 토지 등의 취득 및 보상에 관한 법률」(이하 '토지보상법'이라 한다)상 공익사업인 공원조성사업을 시행하기로 하였다. 공원조성사업의 시행자인 A 시의 시장은 甲과의 협의가 성립되지 아니하자 관할 X 지방토지수용위원회에 수용재결을 신청하였고, X 지방토지수용위원회는 이 사건 토지를 토지보상법에 따라 금 7억원의 보상금으로 수용하는 재결(이하 '수용재결'이라 한다)을 하였다. 그러나 甲은 "이 사건 토지는 공원용지로서 부적합하며, 인접 토지와의 사이에 경계, 위치, 면적, 형상 등을 확정할 수 없어 정당한 보상액의 산정은 물론 수용대상 토지 자체의 특정이 어려워 토지수용 자체가 불가능하므로 수용재결이 위법하다"는 이유로 토지보상법 제83조에 따라 X 지방토지수용위원회를 거쳐 중앙토지수용위원회에 이의를 신청하였다. 이에 중앙토지수용위원회는 이 사건 토지에 대한 수용 자체는 적법하다고 인정하면서 이 사건 토지에 대한 보상금을 금 8억원으로 하는 재결(이하 '이의재결'이라 한다)을 하였다. (각 문항은 상호독립적임) (총 50점)

2) 토지보상금이 적음을 이유로 甲이 보상금의 증액을 청구하는 행정소송을 제기하는 경우, 본안판결 이전에 고려할 수 있는 「행정소송법」상 잠정적인 권리구제수단에 대하여 검토하시오. (10점).

Ⅰ. 문제의 소재

보상금증액청구소송의 법적 성격이 당사자소송인지 문제되고, 당사자소송에서 가구제수단으로 가처분이 인정될 수 있는지 문제된다.

Ⅱ. 보상금증감청구소송의 법적 성격

사업시행자 토지소유자 또는 관계인은 수용재결에 대하여 불복이 있는 때에는 재결서를 받은 날부터 90일 이내에, 이의신청을 거친 때에는 이의신청에 대한 재결서를 받은 날부터 60일 이내에 각각 행정소송을 제기할 수 있다(제85조 1항). 이 경우 제기하려는 행정소송이 보상금의 증감에 관한 소송인 경우에는 원고가 토지소유자 또는 관계인인 경우(증액청구)에는 사업시행자를, 원고가 사업시행자인 경우(감액청구)에는 토지소유자 또는 관계인을 피고로 하여 보상금증감 청구소송을 제기하여야 한다(제85조 2항).
보상금에 관해 분쟁을 수용재결을 다투는 항고소송의 방식으로 보상액을 다시 결정하도록 하여 해결하는 것은 우회적 절차이므로 법률관계의 조속한 확정을 위하여 인정하고 있다.
당사자가 직접 다투는 것은 보상금에 관한 법률관계의 내용으로 형식적으로는 당사자소송이지만 그 전제로서 재결의 효력이 심판의 대상이 되는 것이므로 실질적 관점에서는 항고소송의 성질을 가지고 있다. 형식적 당사자소송은 행정청의 처분이나 재결에 의하여 형성된 법률관계에 관하여 다툼이 있는 경우에, 당해 처분 또는 재결의 효력을 다툼이 없이 직접 그 처분·재결에 의하여 형성된 법률관계에 대하여 그 일방 당사자를 피고로 하여 제기하는 소송을 말하는데 보상금증감청구소송은 이에 해당한다. 판례도 당사자소송의 형식을 취하고 있지만, 토지수용위원회의 재결 중 보상금 산정에 관한 부분에 불복하여 실질적으로는 재결을 다투는 항고소송의 성질을 가지고 있다고 한다. 행정소송규칙은 보상금증감에 관한 소송을 당사자소송의 하나로 열거하고 있다(제19조 1호 나목).

Ⅲ. 당사자소송과 가처분

현행 행정소송법은 가구제제도로서 집행정지만 규정하고 있다(제23조). 당사자소송에서 취소소송에 관한 규정을 준용하고 있지만 집행정지에 관한 규정은 제외되어 있으므로(제44조1항). 집행정지는 항고소송에서만 인정되고 당사자소송에서는 허용되고 있지 않다.

한편 행정소송법은 특별한 규정이 없는 사항에 대하여는 법원조직법과 민사소송법 및 민사집행법의 규정을 준용하고 있다(제8조2항). 따라서 민사집행법 제300조의 가처분을 준용이 문제된다.

가처분이란 금전 이외의 특정한 급부를 목적으로 하는 청구권의 집행보전을 도모하거나 다툼이 있는 권리관계에 관하여 잠정적으로 임시의 지위를 정하는 것을 목적으로 하는 가구제 제도이다.

항고소송에서는 집행정지규정이 민사집행법상 가처분을 배제하는 특별규정으로 보아 가처분이 허용되지 않는 것과 달리 당사자소송에서는 그와 같은 특별규정이 존재하지 않으므로 민사집행법상 가처분이 준용되지 않을 이유가 없다. 당사자소송은 민사소송과 유사한 성질을 가지고 있다는 점을 고려하더라도 인정된다는 것이 일반적 견해이다.

판례도 당사자소송에 대하여는 행정소송법 제23조 제2항의 집행정지에 관한 규정이 준용되지 아니하므로 이를 본안으로 하는 가처분에 대하여는 행정소송법 제8조 제2항에 따라 민사집행법상 가처분에 관한 규정이 준용되어야 한다고 하여 가처분을 인정한다.[1]

Ⅳ. 사안의 해결

甲이 제기한 보상금증액청구소송은 형식적 당사자소송으로서 당사자소송에 해당한다. 甲이 제기할 수 있는 행정소송법상 잠정적인 권리구제수단은 행정소송법 제8조2항을 매개로 준용되는 민사집행법 제300조의 가처분이다. 사안과 같은 보상금결정이 문제되는 경우 가처분의 인용가능성은 높지는 않을 것이다.

---

[1] 대결 2015.8.21. 2015무26

사례 142   행정기관의 내부적 행위   [행시(일행) 2006]

'소방시설 설치유지 및 안전관리에 관한 법률' 제7조에 의하면, 건축허가 등의 권한이 있는 행정기관은 건축허가 등을 함에 있어 미리 그 건축물 등의 공사시공지 또는 소재지를 관할하는 소방본부장 또는 소방서장의 동의를 받도록 되어 있다. 甲은 상가건물을 신축하고자 건축법상 허가권자인 도지사 乙에게 건축허가를 신청하였는데, 관할 소방본부장 丙은 건물신축허가에 대한 동의를 거부하였다. 이 경우 소방본부장 丙의 동의의 법적 성질과 그 동의거부에 대한 甲의 권리구제수단을 설명하시오(30점).

I. 문제의 소재

소방본부장 丙의 동의가 처분에 해당하는지 행정조직 내부행위에 불과한지 문제된다. 동의의 법적 성질은 甲이 동의거부에 대해 직접 취소소송을 제기할 수 있는지 동의거부를 이유로 건축허가거부처분에 대해 취소소송을 제기하여야 하는지 甲의 권리구제수단과 관련된다.

II. 소방본부장 丙의 동의의 법적성질

1. 행정기관 상호간의 관계에서의 동의

동의는 대등한 행정관청간의 상호협력관계의 일환으로서 행정업무가 둘 이상의 행정청의 권한과 관련되어 있고 관계행정청 모두 주된 지위에 있는 경우, 업무처리의 편의를 위하여 보다 업무와 깊은 관계가 있는 행정청이 주무행정청이 되고 다른 행정청은 관계행정청이 된다. 이 경우에 주무행정청은 업무처리에 관한 결정을 함에 있어 주된 지위에 있는 다른 행정청의 동의를 받아야 한다(예: 건축허가는 시장·군수가 권한을 갖지만, 이 때 소방서장의 동의를 얻어야 한다). 동의는 구속력이 있으며 동의를 받아야 함에도 동의 없이 한 처분은 취소사유라는 견해도 있지만 주체의 하자로서 무권한자의 행위로 보아 원칙적으로 무효로 보아야 한다.[1]

2. 동의의 처분성

(1) 취소소송의 대상 - 처분

(2) 동의의 처분성

동의는 종국적 처분결정에 이르는 과정에 있어서의 하나의 중간적 과정을 이루는 것으로서, 행정기관 상호간의 내부적 관계에서 거쳐야 하는 행위이다. 동의 그 자체로는 외부적인 직접적인 법적 효과를 발생하지 않으므로 내부행위에 불과하여 처분이 아니다. 판례도 소방서장이 건축부동의를 하였다고 하여 별개의 건축부동의 처분이 존재하는 것이 아니라고 하여 처분성을 부정한다[2]. 협의의 경우도 행정청의 내부행위로서 협의만으로는 직접 국민의 권리의무에 변동을 가져올 수 없다[3]고 하면서 처분성을 부정한다.

---

[1] 법적구속력이 없는 협의와 법적구속력이 있는 동의와의 차이를 고려하여 이해해야 한다. 동의와 협의 모두 절차하자로 접근하는 교과서도 있으며, 정하중, 박균성 교수님은 구분하여 동의는 주체의 하자로, 협의는 절차의 하자로 파악하고 있다.
[2] 대판 2004.10.15, 2003두6573
[3] 외환은행장이 수입허가의 유효기간 연장을 승인하고자 할 때에는 무역거래법시행규칙 제10조 제3항에 의하여 미리 피고(통상산업부장관)와 더불어 하는 협의는 행정청의 내부 행위로서 이것만으로서는 직접 국민의 권리의무에 변동을 가져오는 것이라고는 할 수 없고, 따라서 이것은 항고소송의 대상이 되는 행정처분이라고는 볼 수 없다(대판 1971.9.14, 71누99).

3. 사안의 경우

소방본부장의 동의는 행정기관 상호간의 내부행위로서 처분에 해당되지 않는다. 소방본부장의 부동의 역시 처분에 해당하지 않는다. 소방본부장의 동의는 구속력이 있으므로 도지사 乙은 소방본부장의 동의 및 부동의의견에 구속되어서 건축허가 여부를 결정해야 한다.

III. 동의거부에 대한 甲의 구제수단

1. 동의거부에 대한 항고쟁송

소방본부장의 동의거부 자체로서는 甲에 대하여 직접적인 법적 효과를 발생하지 않는 내부행위에 불과하여 처분에 해당되지 않으므로 동의거부에 대한 항고소송은 대상적격을 충족하지 못하여 허용되지 않는다.

2. 건축허가거부처분에 대해 행정소송

(1) 의무이행소송 인정 여부

의무이행소송이란 행정청의 위법한 거부처분이나 부작위에 대하여 처분을 하도록 하는 소송을 의미한다. 현행 행정소송법은 우회적인 구제수단인 거부처분의 취소소송과 부작위위법확인소송만을 인정하고 있는데 무명항고소송으로서 의무이행소송의 인정여부에 대해 견해대립이 있다.

학설은 행정소송법 제4조를 예시적 규정으로 보는 긍정설도 있으나, 현행 행정소송법이 의무이행소송을 받아들이지 않고 우회적인 부작위위법확인소송을 제도화하면서 그 실효성확보를 위한 간접강제제도를 규정한 점에 비추어 긍정설은 입법자의 의사에 반하는 해석이다. 해석론으로는 부정설이 타당하다. 판례도 행정청의 부작위에 대한 의무이행소송은 현행법상 허용되지 않는다고 하여 부정설의 입장이다. 실효적인 권리구제를 위해서 도입이 필요하며 행정소송법개정안은 도입하고 있다.

(2) 취소소송

1) 취소소송의 제기

甲은 소방본부장 동의거부를 이유로 도지사 乙이 건축허가 거부처분을 하는 경우 이에 대하여 취소소송을 제기할 수 있다. 건축허가권자인 도지사 乙이 건축허가 거부처분을 하면서 처분사유로 건축불허가 사유뿐만 아니라 소방서장의 건축부동의 사유를 들고 있다고 하여 건축허가 거부처분 외에 별개로 건축부동의처분이 존재하는 것이 아니므로, 건축허가 거부처분을 받은 甲은 건축허가 거부처분에 관한 쟁송에서 건축법상의 건축불허가 사유뿐만 아니라 소방본부장의 부동의 사유에 관하여도 다툴 수 있다. 법원은 소방법령에 적합함에도 불구하고 소방본부장이 동의를 거부한 경우, 동의거부는 위법하고, 위법한 동의거부에 따른 도지사의 건축허가거부도 위법한 것으로 판단할 것이다. 위법성의 정도는 소방본부장의 부동의에 근거하였다는 점을 감안할 때 취소사유에 해당할 것이다.

2) 취소판결의 기속력

3) 사안의 경우

도지사 乙의 건축허가거부처분에 대해 취소판결이 확정되면 기속력이 발생한다. 거부처분이므로 행정청의 재처분의무가 발생한다. 소방본부장은 처분청은 아니지만 관계행정청에 포함되어 취소판결의 기속력이 미친다. 소방본부장은 동의를 하여야 하는 법적기속을 받게 될 것이고, 처분청인 도지사 乙은 건축허가를 해주어야 한다.

3. 건축허가 거부처분에 대한 행정심판

(1) 거부처분에 대한 행정심판의 형태

거부처분은 의무이행심판의 대상이 된다(행정심판법 제5조3호). 거부처분도 처분에 해당하므로 취소심판 및 무효등확인심판의 대상도 된다(동법 제5조1호). 취소사유를 전제할 때 甲은 의무이행심판이나 취소심판을 청구하면 된다.

(2) 재결의 기속력

재결에도 기속력이 있다(동법 제49조1항). 취소심판에서 취소재결이 있는 경우 과거 재처분의무의 인정 여부에 대해 논의가 있었고 재처분의무를 인정하더라도 간접강제가 인정되지 않아 권리구제에 한계가 있었다. 개정 행정심판법은 재처분의무와 간접강제를 도입하여 실효성을 확보하고 있다.

의무이행심판에서는 형성재결인 처분재결이 인정되고 있고 처분명령재결을 행정청이 따르지 않은 경우에 직접처분도 가능하므로(동법 제49조2항, 제50조) 취소심판보다는 의무이행심판이 권리구제에 효과적이다. 개정 행정심판법은 의무이행심판에서도 간접강제를 인정하고 있다.

사안의 경우 건축허가 거부처분을 취소하는 재결 또는 의무이행을 명하는 재결이 있으면 소방본부장은 이에 기속되어 동의를 하여야 한다.

Ⅳ. 사안의 해결

소방본부장의 동의거부는 내부행위로서 처분이 아니다. 甲은 건축허가거부처분에 대한 취소소송을 제기하거나 취소심판 또는 의무이행심판을 제기하면서 소방본부장의 동의거부의 위법성을 다투어야 한다. 인용판결이나 인용재결이 있으면 관계행정청인 소방본부장을 기속하므로 소방본부장은 동의의 의사표시를 해야 하며 도지사 乙은 건축허가를 발령하여야 한다.

사례 143 주민의 의미   [법전협 2024-1]

A군수는 관내 소재 양돈농장의 경쟁력을 강화하고자 「보조금 관리에 관한 법률」 등에 따라 스마트 양돈 설비를 도입하는 축산농가에 보조금을 지급하는 '스마트 양돈 시스템 구축 지원사업'을 시행하였다. 이 사업을 통하여 보조금 대상자로 선정된 축산농가는 스마트 설비 도입을 위한 보조금을 지급받게 되는데, A군수는 설비구축 과정에서의 부실시공을 방지하고, 설치에 소요되는 실제 비용을 산정·반영함으로써 예산을 절감하며, 수혜대상자를 확대하고자 축산농가들이 사전에 A군수가 선정한 우수 시공업체와 시공계약을 체결하여 스마트 설비를 도입하는 경우에만 보조금을 지급하기로 하였다.

A군수는 평가점수 70점 이상을 취득한 업체를 모두 우수 시공업체로 선정하는 내용의 평가기준 등을 포함한 공모 계획을 공고하였고, 이에 따라서 甲회사를 포함하여 15개 업체가 응모하였다. 평가 결과 甲회사를 비롯한 3개 업체는 평가점수가 70점 미만이라는 이유로 선정 제외되었고, B군에 주된 사무소를 두고 있는 乙회사는 최종 선정된 12개 우수 시공업체에 포함되었으며, A군수는 이와 같은 선정결과를 공고하였다.

3. 乙회사는 우수 시공업체로 선정된 이후 A군에 사무소를 설치하고 보조금 대상자로 선정된 축산농가 대부분과 설비시공계약을 체결하였다. A군수는 乙회사가 시설공사를 시행하는 과정에서 급수공사를 신청하자 이를 승인하면서 「A군 수도급수조례」에 따라서 乙회사에게 상수도시설분담금을 부과하였다. 그러나 乙회사는 A군이 아닌 B군에 주된 사무소를 두고 있음을 들어 당해 분담금의 납부의무가 없음을 주장한다. 乙회사의 주장과 관련하여 乙회사에게 「지방자치법」 제155조에 따른 분담금 납부의무가 있는지 여부를 검토하시오. (15점).

Ⅰ. 문제의 소재

A군에 주된 사무소를 두고 있지 아니한 채 축산농가 설비 시설공사를 하고 있는 乙회사가 「A군 수도급수조례」에 따라 상수도시설분담금을 납부할 의무가 있는지 문제된다. 乙회사가 지방자치법 제155조의 분담금 납부의무를 부담하는 주민에 포함되는지 문제된다.

Ⅱ. 지방자치법상 분담금

지방자치법에 의하면 지방자치단체는 그 재산 또는 공시설의 설치로 주민의 일부가 특히 이익을 받으면 이익을 받는 자로부터 그 이익의 범위에서 분담금을 징수할 수 있으며(제155조) 분담금의 징수에 관한 사항은 조례로 정하도록 하고 있다(제156조 제1항).

이에 따라 A군 수도급수조례는 상수도시설분담금을 부과할 수 있는 근거를 두고 있다.

지방자치법 제155조에 따른 분담금은 지방자치단체의 재산, 공공시설의 설치에 드는 비용 중에서 그 재산이나 공공시설을 수익하는 주민이 수익의 범위 안에서 그 비용의 일부를 분담하도록 하는 것으로서 수익자부담금의 성격을 지닌다.[1] 따라서 A군수가 乙회사에게 부과한 상수도시설분담금도 부담금으로서 수익자부담금에 해당한다.

---
1) 대판 2021.4.29. 2016두57359

III. 지방자치법상 주민의 의의와 인정기준

지방자치법은 여러 조항에서 권리·의무의 주체이자 법적 규율의 상대방으로서 '주민'이라는 용어를 사용하고 있다. 그런데 지방자치법에는 '주민'의 개념을 구체적으로 정의하는 규정이 없는 반면, 그 입법 목적, 요건과 효과를 달리하는 다양한 제도들이 포함되어 있는 점을 고려하면, 지방자치법이 단일한 주민 개념을 전제하고 있는 것으로 보기 어렵다. 자연인이든 법인이든 누군가가 지방자치법상 주민에 해당하는지 여부는 개별 제도별로 제도의 목적과 특성, 지방자치법뿐만 아니라 관계 법령에 산재해 있는 관련 규정들의 문언, 내용과 체계 등을 고려하여 개별적으로 판단할 수밖에 없다.

지방자치법 제17조 제3항, 제18조, 제19조, 제21조, 제22조, 제25조에 의한 참여권 등의 경우 지방자치법 자체나 관련 법률에서 일정한 연령 이상 또는 주민등록을 참여자격으로 규정하고 있으므로(공직선거법 제15조, 주민투표법 제5조, 「주민소환에 관한 법률」 제3조 참조) 자연인만을 대상으로 함이 분명하지만 제17조 제2항에서 정한 재산·공공시설 이용권, 균등하게 행정의 혜택을 받을 권리와 제27조에서 규정한 비용분담 의무의 경우 자연인만을 대상으로 한 규정이라고 볼 수 없다.

IV. 사안의 해결

지방자치법 제155조에 의한 분담금 제도의 취지와 균등분 주민세 제도와의 관계 등을 고려하면, 분담금 납부의무자인 '주민'은 균등분 주민세의 납부의무자인 '주민'과 기본적으로 동일하다고 보되, 다만 '지방자치단체의 재산 또는 공공시설의 설치로 주민의 일부가 특히 이익을 받은 경우'로 한정된다는 차이점만 있다고 보아야 한다. 따라서 법인의 경우 해당 지방자치단체의 구역 안에 주된 사무소 또는 본점을 두고 있지 않더라도 '사업소'를 두고 있다면 지방자치법 제155조에 의한 분담금 납부의무자인 '주민'에 해당한다.

지방자치법 제16조가 '주민의 자격'을 '지방자치단체의 구역 안에 주소를 가진 자'로 규정하고 있으나 이는 주로 자연인의 참여권 등을 염두에 두고 만들어진 규정이고, 지방자치법은 주소의 의미에 관하여 별도의 규정을 두고 있지 않다. 민법 제36조가 '법인의 주소'를 '주된 사무소의 소재지'로, 상법 제171조가 '회사의 주소'를 '본점 소재지'로 규정하고 있으나, 이는 민법과 상법의 적용에서 일정한 장소를 법률관계의 기준으로 삼기 위한 필요에서 만들어진 규정이다. 따라서 지방자치법 제155조에 의한 분담금 납부의무와 관련하여 법인의 주소가 주된 사무소나 본점의 소재지로 한정된다고 볼 것은 아니다.

나아가 어떤 법인이 해당 지방자치단체에서 인적·물적 설비를 갖추고 계속적으로 사업을 영위하면서 해당 지방자치단체의 재산 또는 공공시설의 설치로 특히 이익을 받는 경우에는 지방자치법 제155조에 의한 분담금 납부의무자가 될 수 있고, 지방자치법 제155조에 근거하여 분담금 제도를 구체화한 조례에서 정한 분담금 부과 요건을 충족하는 경우에는 부담금 이중부과 등과 같은 특별한 사정이 없는 한 조례 규정에 의하여 분담금을 납부할 의무가 있다고 보아야 한다.[2] 乙회사는 지방자치법 제155조의 분담금 납부의무가 있다.

---

[2] 대판 2021.4.29. 2016두57359

사례 144　주민의 감사청구권, 주민소송제기권
[행시(일행) 2012]

A광역시 B구는 2011년 2월 1일 A광역시 B구 의회 의원의 의정활동비 등 지급에 관한 조례를 개정하여 구의원들에게 전년대비 50만원이 인상된 금원 350만원에 해당하는 월정수당을 지급하도록 하였다. 이에 주민들은 의정활동비의 지급결정 과정에서 의정비심의위원회의 위원이 부적절하게 선정되었으며, 월정수당 인상이 재정자립도, 물가상승률 등을 제대로 감안하지 못하였고, 그 동안 의정활동을 위한 업무추진비 집행이 적정하지 못하였다는 이유로 불만을 제기하고 있다. 특히 월정수당의 지급결정 시에는 지역주민들의 의견수렴절차를 의무적으로 거치도록 규정한 지방자치법 시행령 제34조 제6항에 의해 여론조사가 이루어졌으나, 심의위원회가 잠정적으로 결정한 월정수당액의 지급기준액, 지급기준 등을 누락하고, 설문문안 역시 월정수당 인상을 유도하기 위한 설문으로 구성되는 등 그 결정과정상의 문제점을 지적하고 있다. (총 30점)

1) 주민들은 의정활동비 인상을 위한 의사결정과정에 대해 감사를 청구하고자 한다. 감사청구제도에 대하여 설명하시오. (10점)
2) 주민들은 기 지급된 의정활동비 인상분에 대해 이를 환수하고자 한다. 주민들이 취할 수 있는 방법과 그 인용가능성에 대해 설명하시오. (20점)

* 구 지방자치법 시행령
제33조(의정활동비·여비 및 월정수당의 지급기준 등)
① 법 제33조[1]제2항에 따라 지방의회 의원에게 지급하는 의정활동비·여비 및 월정수당의 지급기준은 다음 각 호의 범위에서 제34조에 따른 의정비심의위원회가 해당 지방자치단체의 재정 능력 등을 고려하여 결정한 금액 이내에서 조례로 정한다.
　1. 의정활동비:별표 4에 따른 금액
　2. 여비:별표 5와 별표 6에 따른 금액
　3. 월정수당:별표 7에 따른 금액
제34조(의정비심의위원회의 구성 등)
⑤ 심의회는 위원 위촉으로 심의회가 구성된 해의 10월 말까지 제33조제1항에 따른 금액을 결정하고, 그 금액을 해당 지방자치단체의 장과 지방의회의 의장에게 지체없이 통보하여야 하며, 그 금액은 다음 해부터 적용한다. 이 경우 결정은 위원장을 포함한 재적위원 3분의 2 이상의 찬성으로 의결한다.
⑥ 심의회는 제5항의 금액을 결정하려는 때에는 그 결정의 적정성과 투명성을 위하여 공청회나 객관적이고 공정한 여론조사기관을 통하여 지역주민의 의견을 수렴할 수 있는 절차를 거쳐야 하며, 그 결과를 반영하여야 한다.

[설문 1] 지방자치법상 감사청구제도

I. 주민감사청구의 의의

지방자치단체와 지방자치단체장의 권한에 속하는 사무의 처리가 <u>법령에 위반</u>되거나 <u>공익을 현저히 해한다고 인정</u>되는 경우에 <u>감독기관에게</u> 감사를 청구할 수 있는 권리이다. 지방자치단체의 잘못된 행정을 통제하기 위하여 주민에게 인정된 권리이다.

---
1) 현행법 제30조.

II. 주민감사 청구요건

지방자치단체의 18세 이상의 주민으로서 다음 각 호의 어느 하나에 해당하는 사람(「공직선거법」 제18조에 따른 선거권이 없는 사람은 제외한다. 이하 이 조에서 "18세 이상의 주민"이라 한다)은 시·도는 300명, 제198조에 따른 인구 50만 이상 대도시는 200명, 그 밖의 시·군 및 자치구는 150명 이내에서 그 지방자치단체의 조례로 정하는 수 이상의 18세 이상의 주민이 연대 서명하여 그 지방자치단체와 그 장의 권한에 속하는 사무의 처리가 법령에 위반되거나 공익을 현저히 해친다고 인정되면 시·도의 경우에는 주무부장관에게, 시·군 및 자치구의 경우에는 시·도지사에게 감사를 청구할 수 있다(지방자치법(이하 법명 생략) 제21조 1항). 다만, ① 수사나 재판에 관여하게 되는 사항, ② 개인의 사생활을 침해할 우려가 있는 사항, ③ 다른 기관에서 감사하였거나 감사 중인 사항(다른 기관에서 감사한 사항이라도 새로운 사항이 발견되거나 중요 사항이 감사에서 누락된 경우와 주민소송의 대상이 되는 경우에는 그러하지 아니함), ④ 동일한 사항에 대하여 주민소송의 유형 중 어느 하나에 해당하는 소송이 진행 중이거나 그 판결이 확정된 사항은 감사청구의 대상에서 제외된다 (제21조 2항). 사무처리가 있었던 날 또는 종료된 날로부터 3년을 경과하면 제기할 수 없다(제21조 3항). 감사청구대상은 기관위임사무를 포함한 모든 사항에 미치나 사무에 대한 일반적인 감사청구를 할 수는 없고, 법령에 위반되거나 공익을 현저히 해치는 개별적·구체적 사무의 처리에 대해 감사청구를 해야 한다.

III. 주민감사 청구의 효과

주무부장관이나 시·도지사는 감사청구를 수리한 날부터 60일 이내에 감사청구된 사항에 대하여 감사를 끝내야 하며, 그 기간에 감사를 끝내기가 어려운 정당한 사유가 있으면 그 기간을 연장할 수 있다(제21조 9항). 또한 감사를 청구한 사항이 다른 기관에서 이미 감사한 사항이거나 감사 중인 사항이면 그 기관에서 실시한 감사결과 또는 감사 중인 사실과 감사가 끝난 후 그 결과를 알리겠다는 사실을 청구인의 대표자와 해당 기관에 지체 없이 알려야 한다(제21조 10항).

주무부장관이나 시·도지사는 주민 감사청구를 처리(각하를 포함한다)할 때 청구인의 대표자에게 반드시 증거 제출 및 의견 진술의 기회를 주어야 한다(제21조 11항), 주무부장관이나 시·도지사는 감사결과에 따라 기간을 정하여 해당 지방자치단체의 장에게 필요한 조치를 요구할 수 있으며 이 경우 그 지방자치단체의 장은 이를 성실히 이행하여야 하고 그 조치결과를 지방의회와 주무부장관 또는 시·도지사에게 보고하여야 한다(제21조 12항).

한편 공금의 지출에 관한 사항, 재산의 취득·관리·처분에 관한 사항, 해당 지방자치단체를 당사자로 하는 매매·임차·도급 계약이나 그 밖의 계약의 체결·이행에 관한 사항 또는 지방세·사용료·수수료·과태료 등 공금의 부과·징수를 게을리 한 사항을 감사청구한 주민은 추후 주민소송을 제기할 수 있는 자격을 인정받게 된다. 주민소송은 감사전치주의를 요구하고 있기 때문이다(제22조 1항).

[설문 2] 주민들이 의정활동비 인상분을 환수할 수 있는 방법과 인용가능성

I. 문제의 소재

주민들이 의정활동비 인상분을 환수할 수 있는 방법으로 주민소송을 고려해 볼 수 있다. 주민소송에 대하여 살펴보고 인용가능성에 대해 검토한다.

II. 주민소송의 제기

1. 주민소송

(1) 의의 및 취지

주민소송은 주민이 지방자치단체의 위법한 재무회계행위를 시정하기 위하여 법원에 제기하는 소송으로 주민의 직접참여에 의한 지방행정의 공정성과 투명성을 확보하고, 주민의 감사청구를 실질화한다는 점에 의의가 있다. 주민소송은 일정한 요건을 갖춘 주민이면 누구나 제기할 수 있는 점에서 민중소송의 하나이며, 주민 개개인의 권익 구제를 위한 주관소송이 아니라 지방행정의 적정성을 보장하고 지방행정을 통제하는 것을 목적으로 하는 객관소송이다.

(2) 제소사유 및 유형

감사청구한 공금의 지출에 관한 사항, 재산의 취득·관리·처분에 관한 사항, 해당 지방자치단체를 당사자로 하는 매매·임차·도급 계약이나 그 밖의 계약의 체결·이행에 관한 사항 또는 지방세·사용료·수수료·과태료 등 공금의 부과·징수를 게을리한 사항이 ① 주무부장관이나 시·도지사가 감사청구를 수리한 날부터 60일 (제21조제9항 단서에 따라 감사기간이 연장된 경우에는 연장기간이 끝난 날을 말한다)이 지나도 감사를 끝내지 아니한 경우, ② 제21조제9항 및 제10항에 따른 감사결과 또는 제21조제12항에 따른 조치요구에 불복하는 경우, ③ 제21조제12항에 따른 주무부장관이나 시·도지사의 조치요구를 지방자치단체의 장이 이행하지 아니한 경우에 감사청구한 사항과 관련이 있는 위법한 행위나 업무를 게을리 한 사실에 대하여 주민소송을 제기할 수 있다.

지방자치법 제22조 제2항은 주민이 제기할 수 있는 소송의 유형을 규정하고 있다. 구체적으로 원고는 이행소송으로 행위의 전부나 일부를 중지할 것을 요구하는 소송(제1호), 확인소송으로 무효확인소송 (제2호) 및 부작위법확인소송(제3호), 형성소송으로 취소 또는 변경을 요구하는 소송(제2호)을 제기할 수 있다. 아울러 피고에게 손해배상청구 및 부당이득반환청구를 할 것을 요구하는 소송(제4호)을 제기할 수 있다.

(3) 소송요건

주민소송을 적법하기 제기하기 위하여 소송요건을 모두 충족시켜야 하는 바, ① 소송의 원고적격은 감사청구전치주의가 적용되어 감사청구를 한 주민에게 주어지고, ② 피고는 해당 지방자치단체의 장이 되어야 하며, ③ 제소기간은 제22조4항에 규정된 사유가 발생한 날부터 90일 이내에 제기해야 하며, ④ 관할 법원은 해당 지방자치단체의 사무소 소재지를 관할하는 행정법원 (제22조 9항)이 된다.

2. 주민소송의 인용가능성

(1) 소송요건의 구비 여부

사안은 지방자치법 제22조 2항 4호의 부당이득반환청구소송이 가능하다. 주민들은 월정수당을 인상한 조례가 하자가 있고 무효인 조례에 근거하여 지급한 월정수당은 부당이득이라고 주장하면서 반환청구를 할 것이다.

<u>감사청구를 한 주민</u>이 원고가 되어서 B구청장을 피고로 하여 제소기간 내에 행정법원에 제기하였다면 주민소송의 제기는 적법하다.

(2) 인용가능성

사안의 의정활동비 인상은 형식적으로는 지방자치법 시행령 제34조 6항의 절차는 거쳤으나, 의원 보수에 대한 별다른 정보를 제공하지 않고 여론조사를 실시했고, 여론조사의 설문 내용도 주민의 의사를 묻는 핵심 문항을 빼고 인상을 전제로 하거나 유도하는 편향적 내용으로 채워졌으므로 주민 의견수렴 절차의 실질적 요건을 충족하지 못한다. 또한 지방자치법 시행령은 월정수당을 지역주민 소득, 물가상승률, 의정활동 실적 등을 종합해 조례로 정하도록 하고 있는데 사안은 이런 고려사항을 충분히 반영했다고 볼 수 없다.

따라서 의정활동비 등 지급에 관한 조례는 위법하며 무효이고 이에 기초하여 지방의원에 지급된 의정활동비 인상분은 부당이득이 되므로 주민들의 부당이득반환청구를 할 것을 요구하는 소송은 인용될 것이다.

인용되면 지방자치단체장은 지방의원에게 부당이득반환금의 지불을 청구하여야 하며(제23조 1항 본문) 지방의원이 기한 내에 지불하지 않으면 지방자치단체는 부당이득반환의 청구를 목적으로 하는 소송을 지방의원을 상대로 제기하여야 한다(제23조2항).

판례 중에는 "심의위원 선정절차가 위 규정에 엄격히 부합하지 아니하더라도 심의회의 구성에 관한 위와 같은 입법 취지를 실질적으로 훼손하였다고 평가할 정도에 이르지 아니하는 한 해당 심의회의 의결이 위법하다거나 이를 기초로 한 의정활동비 등에 관한 조례가 위법하다고 판단할 수 없으며, 결정 과정에서 주민들의 정서나 여론조사 결과에 일부 부합하지 아니한 부분이 있다고 하더라도 법령에서 심의회의 의결을 반영하는 절차를 둔 입법 취지를 달성할 수 없을 정도로 형식적인 절차를 거친 것에 불과하여 실질적으로 절차를 거치지 아니한 것과 다름없다고 볼 정도에 이르지 아니한다면, 심의회가 행한 '의정활동비 등의 상한액' 결정이 위법하다고 볼 수는 없다는 판례(대판 2014.2.27, 2011두7489)도 있으나 사안은 위원회의 구성이 입법 취지를 실질적으로 훼손하였다고 평가할 정도에 이르렀다고 볼 수 있으며, 여론조사의 과정의 하자도 법령에서 심의회의 의결을 반영하는 절차를 둔 입법 취지를 달성할 수 없을 정도로 형식적인 절차를 거친 것에 불과하다고 볼 수 있는 사안으로 보아야 할 것이다.

유제 [법전협 2015-2]

甲은 경기도 안양시 동안구에 소재한 지상 2층, 높이 14m인 건물(이하 '이 사건 건물'이라 한다)의 소유자이다. 건물이 낡고 비좁게 되자 현재의 부지 위에 지상 5층, 높이 22.05m로 건물을 증축하고자 한다. 그런데 이 사건 건물의 부지는 관악산에 소재한 경기도 지정 유형문화재 안양사의 보존을 위해 설정된 역사문화환경보존지역 내에 위치하고 있다. 甲은 위와 같이 증축하기 위해 안양시장에게 '문화재 현상변경 등 허가 신청'을 하였고, 안양시장은 문화재위원회의 심의를 거쳐 '문화재 현상변경 등 허가'(이하 '이 사건 처분'이라 한다)를 하였다. 이 사건 건물 부지는 '안양사에 대한 현상변경 등 허용기준' 4구역에 해당한다.

이 사건 건물 부지에 인접하여 15층 아파트 12개동 650세대로 구성된 A아파트 단지가 있다. A아파트 입주자들은 甲이 기존 건물을 증축할 경우, 층고가 높아져 아파트에서 안양사와 관악산을 바라보는 조망을 일부 가리게 될 것이고 아파트 주변의 교통혼잡이 가중되어 아파트의 쾌적한 주거환경이 침해될 것을 우려하고 있다.

2. A아파트 입주자들이 이 사건 처분에 대하여 주민감사청구를 하려고 하는 경우 그 요건 및 효과를 검토하시오. (15점)

사례 145 조례제정 개폐청구 [변시 2022]

甲은 A군 소재 농지에서 농업경영을 하던 중 양돈업을 시작하고자 한다. A군의 군수 乙은 2021. 5.경 「가축분뇨의 관리 및 이용에 관한 법률」 제8조 제1항 및 「A군 가축사육 제한에 관한 조례」(이하 '이 사건 조례'라 한다) 제3조 제2항에 의거하여 「A군 가축사육 제한구역 지정 고시」(이하 '이 사건 고시'라 한다)를 발령하였다. 이 사건 고시 제4조 제3호에 의하면, "도로(고속국도, 일반국도, 지방도, 군도)나 철도, 농어촌도로 경계선으로부터 가축 사육시설 건축물 외벽까지 직선거리 200m 이내 지역"을 가축사육 제한구역의 하나로 정하고 있다.

축사 예정지로 삼고 있는 甲의 토지는 주거 밀집지역인 농가에서 1km 이상 벗어나 있는데 甲이 짓고자 하는 축사의 외벽은 지방도 경계선으로부터 직선거리 200m 이내에 소재하고 있어 가축사육 제한구역에 편입되게 되었다.

3. 甲을 비롯한 A군의 주민 과반수는 이 사건 조례가 가축사육 제한구역을 지나치게 광범위하게 규정하여 농업경영인의 경제활동을 너무 많이 제약한다는 이유에서 이를 보다 완화하는 내용으로 개정되어야 한다고 생각하고 있다. 甲을 비롯한 A군의 위 주민들이 행사할 수 있는 「지방자치법」상 권리를 모두 검토하시오.
(단, 주민감사청구권과 주민소환권은 논의에서 제외함) (20점)

Ⅰ. 문제의 소재

甲을 비롯한 A군의 위 주민들이 행사할 수 있는 「지방자치법」상 권리는 조례개정청구권과 지방의회에 청원권을 고려해 볼 수 있다.

Ⅱ. 조례의 제정 및 개폐 청구권

1. 조례 제정 및 개폐 청구권

주민은 지방자치단체의 조례를 제정하거나 개정하거나 폐지할 것을 청구할 수 있다. 조례의 제정 및 개폐 청구권은 주민투표권과 마찬가지로 지방행정의 대의민주제를 보완하고 지방주민의 능동적인 참여를 실현시키기 위한 제도로서 1999년 도입되었다.

지방자치법(이하 법명 생략) 제19조는 주민은 지방자치단체의 조례를 제정하거나 개정하거나 폐지할 것을 청구할 수 있다고 규정하면서 청구권자·청구대상·청구요건 및 절차 등에 관한 사항은 따로 법률로 정한다고 규정하고 있으며), 이에 따라 주민조례발안에 관한 법률이 제정되었다.

주민조례발안에 관한 법률에 의하면 지방자치단체의 18세 이상의 주민은 조례로 정하는 청구권자 수 이상의 연서로서 해당 지방자치단체의 의회에 조례를 제정하거나 개정 또는 폐지할 것을 청구(이하 "주민조례청구"라 한다)할 수 있다(제2조).

지방의회의 조례제정권이 미치는 모든 조례규정사항이 조례제정·개폐의 청구대상이 된다. 다만 ① 법령을 위반하는 사항 ② 지방세·사용료·수수료·부담금을 부과·징수 또는 감면하는 사항 ③ 행정기구를 설치하거나 변경하는 사항 ④ 공공시설의 설치를 반대하는 사항은 대상에서 제외된다(제4조).

지방의회 의장은 법률 지방의회의 의장은 다음 각 호의 어느 하나에 해당하는 경우로서 제4조, 제5조 및 제10조 1항(제11조 5항에서 준용하는 경우를 포함한다)에 따른 요건에 적합한 경우에는 주민조례청구를 수리하고, 요건에 적합하지 아니한 경우에는 주민조례청구를 각하하여야 한다. 지방의회의 의장은 「주민조례청구를 수리한 날부터 30일 이내에 지방의회의 의장 명의로 주민청구조례안을 발의하여야 한다(제12조).

지방의회는 주민청구조례안이 수리된 날부터 1년 이내에 주민청구조례안을 의결하여야 하며 필요한 경우에는 본회의 의결로 1년 이내의 범위에서 한 차례만 그 기간을 연장할 수 있다(제13조).

2. 사안의 경우

甲을 비롯한 주민들은 해당 지방자치단체의 조례로 정하는 청구권자 수 이상이 연대 서명하여 해당 지방의회에 조례를 개정할 것을 청구할 수 있다.

III. 청원권

1. 주민의 청원권

주민은 지방의회에 청원할 수 있다. 헌법은 기본권의 하나로 청원권을 보장하고 있으며(제26조) 청원권 행사에 관한 일반법으로 청원법이 있는데 청원법은 "청원에 관하여 다른 법률에 특별한 규정이 없는 한 이 법에 의한다"고 규정하고 있는 바(제2조), 지방자치법은 청원에 대한 특별법이라고 할 수 있다.

지방의회에 청원을 하려는 자는 지방의원의 소개를 받아 청원서를 제출하여야 한다(제85조). 청원사항은 제한이 없으나 재판에 간섭하거나 법령에 위배되는 내용의 청원은 수리하지 아니한다(제86조). 지방의회의 의장은 청원서를 접수하면 소관 위원회나 본회의에 회부하여 심사를 하게 한다(제87조). 지방의회가 채택한 청원으로서 그 지방자치단체의 장이 처리하는 것이 타당하다고 인정되는 청원은 의견서를 첨부하여 지방자치단체의 장에게 이송하며 지방자치단체의 장은 청원을 처리하고 그 처리결과를 지체 없이 지방의회에 보고하여야 한다. 지방의원의 소개를 얻도록 한 것에 대해서 헌법재판소는 공공복리를 위한 필요최소한의 것으로서 합헌이라고 한 바 있다.

2. 사안의 경우

甲을 비롯한 A군의 주민들은 지방의원의 소개를 얻어 지방의회에 청원서를 제출할 수 있다.

IV. 주민투표청구권

1. 주민투표 청구권

<u>지방자치단체의 장은 주민에게 과도한 부담을 주거나 중대한 영향을 미치는 지방자치단체의 주요 결정사항 등에 대하여 주민투표에 부칠 수 있다</u>(자치법 제18조 1항). 한편 주민투표의 대상·발의자·발의요건, 그 밖에 투표절차 등에 관한 사항은 따로 주민투표법이 정하고 있다. 주민투표법에 의하면 <u>지방자치단체의 장은 주민 또는 지방의회의 청구에 의하거나 직권에 의하여 주민투표를 실시할 수 있으며</u>(제9조 1항). <u>주민은 주민투표청구권자 총수의 20분의 1이상 5분의1 이하의 찬성으로 청구할 수 있다</u>(제9조 2항).

2. 사안의 경우

가축사육 제한조례는 주민에게 과도한 부담을 주거나 중대한 영향을 미치는 사항에 해당할 수 있으며 주민투표 제외대상에 해당하지 않으므로 군수에게 조례개정을 위한 주민투표의 실시를 청구할 수 있다.

V. 사안의 해결

甲을 비롯한 주민들은 해당 지방자치단체의 조례로 정하는 청구권자 수 이상이 연대 서명하여 해당 지방의회에 조례를 개정할 것을 청구할 수도 있으며, 지방의원의 소개를 얻어 지방의회에 청원서를 제출할 수도 있다. 또한 일정 수 이상의 서명을 받아서 조례개정을 위한 주민투표 실시를 청구할 수 있다. 청원은 甲등의 주민들이 단독으로도 할 수 있다는 이점이 있다.

사례 146   부작위위법확인소송 · 주민소송   [행시 2016]

甲은 B광역시장의 허가를 받지 아니하고 B광역시에 공장 건물을 증축하여 사용하고 있다. 이에 B광역시장은 甲에 대하여 증축한 부분을 철거하라는 시정명령을 내렸으나 甲은 이를 이행하지 아니하고 있다. 다음 물음에 답하시오.(총 30점)

1) B광역시장은 상당한 기간이 경과하였음에도 甲에 대하여 이행강제금을 부과·징수하지 않고 있다. 이에 대하여 B광역시 주민 乙은 부작위위법확인소송을 통하여, 주민 丙은 적법한 절차를 거쳐 주민소송을 통하여 다투려고 한다. B광역시장이 甲에 대하여 이행강제금을 부과·징수하지 않고 있는 행위는 부작위위법확인소송 및 주민소송의 대상이 되는가? (20점)

[참조조문]
* 건축법
제80조(이행강제금) ① 허가권자는 제79조제1항에 따라 시정명령을 받은 후 시정기간 내에 시정명령을 이행하지 아니한 건축주등에 대하여는 그 시정명령의 이행에 필요한 상당한 이행기한을 정하여 그 기한까지 시정명령을 이행하지 아니하면 다음 각 호의 이행강제금을 부과한다.
    1.~2. (생략)
⑦ 허가권자는 제4항에 따라 이행강제금 부과처분을 받은 자가 이행강제금을 납부기한까지 내지 아니하면 지방세외수입금의 징수 등에 관한 법률 에 따라 징수한다.

* 지방세외수입금의 징수 등에 관한 법률
제2조(정의) 이 법에서 사용하는 용어의 뜻은 다음과 같다.
    1. "지방세외수입금"이란 지방자치단체의 장이 행정목적을 달성하기 위하여 법률에 따라 부과·징수하는 조세 외의 금전으로서 과징금, 이행강제금, 부담금 등 대통령령으로 정하는 것을 말한다.
제8조(독촉) ① 납부의무자가 지방세외수입금을 납부기한까지 완납하지 아니한 경우 에는 지방자치단체의 장은 납부기한이 지난 날부터 50일 이내에 독촉장을 발급하여야 한다.
② 제1항에 따라 독촉장을 발급할 때에는 납부기한을 발급일부터 10일 이내로 한다.
제9조(압류의 요건 등) ① 지방자치단체의 장은 체납자가 제8조에 따라 독촉장을 받고 지정된 기한까지 지방세외수입금과 가산금을 완납하지 아니한 경우에는 체납자의 재산을 압류한다.

I. 문제의 소재

이행강제금을 부과·징수하지 않는 행위가 부작위위법확인소송의 대상이 되는 부작위인지가 특히 신청권과 관련하여 문제되며, 주민소송과 관련하여 사안의 경우가 그 대상으로서 공금의 부과·징수를 게을리한 사항에 해당되는지가 문제된다.

II. 이행강제금의 의의 및 법적 성격

이행강제금은 작위의무, 부작위의무 또는 수인의무를 이행하지 않는 경우에, 그 이행을 강제하기 위한 수단으로서 부과하는 금전적 부담으로 간접적, 심리적 강제를 가하는 것이다. 장래의 의무이행을 확보하기 위하여 과해진다는 점에서 과거의 의무위반에 대한 제재인 행정벌과 구별된다. 건축법상 이행강제금 부과행위에 대해 종전 판례는 과태료 절차를 준용하고 있어 행정소송법상 처분이 아니라고 했으나 현재는 과태료 준용규정이 삭제되어 처분에 해당한다. 판례도 처분이라고 판시하고 있다.

III. 부작위위법확인소송의 대상 여부

1. 부작위위법확인소송

부작위위법확인소송은 행정청의 부작위가 위법하다는 것을 확인하는 소송을 말한다(행정소송법 제4조 3호). 항고쟁송의 대상이 되는 부작위는 행정청이 당사자의 신청에 대하여 상당한 기간내에 일정한 처분을 하여야 할 법률상 의무가 있음에도 불구하고 이를 하지 아니하는 것을 말한다(행정소송법 제2조 1항 2호).

부작위위법확인판결이 확정되면 행정청의 처분의무가 발생하고(동법 제38조 2항, 30조 2항) 처분의무를 이행하지 않으면 간접강제가 가능하다(동법 제34조).

2. 부작위의 성립요건

(1) 당사자의 신청 - 법규상, 조리상 신청권이 존재

당사자의 적법한 신청이 있어야 하는데, 판례는 신청에 대한 부작위가 행정소송법상 부작위로 인정되기 위해서는 거부처분에 있어서와 마찬가지로 법규상 또는 조리상 신청권이 있어야 한다는 입장이다. 판례는 신청권 존부의 판단을 구체적 사건에서 신청인이 누구인가를 고려하지 않고 추상적으로 판단한다. 판례에 대하여 부작위의 개념에 신청권의 개념이 포함되지 않으므로 신청권의 존부는 원고적격의 문제로 보는 견해와, 신청권의 존재 여부는 본안의 문제라는 견해의 비판이 있다. 신청권을 형식상의 단순한 응답요구권의 의미로 이해한다면 부작위의 요소로 보는 대법원의 입장은 타당하다.[1]

(2) 상당한 기간이 경과

상당한 기간은 사회통념상 당해 신청을 처리하는데 소요될 것으로 판단되는 기간을 말하며 일반적·추상적으로 정할 수는 없고, 법령의 취지나 처분의 성질 등을 고려하여 개별적·구체적으로 판단하여야 한다.

(3) 행정청이 일정한 처분을 하여야 할 법률상 의무가 존재

기속행위 뿐만 아니라, 재량행위에서도 하자 없는 재량을 행사하여야 할 법적인 의무로서 처분의무가 인정될 수 있다.

(4) 처분의 부존재

행정청이 아무런 처분을 하지 않아 처분으로 볼 만한 외관이 존재하지 않아야 한다. 무효인 행정행위나 부작위를 거부처분으로 의제하는 경우에는 부작위에 해당하지 않는다.

3. 사안의 경우

이행강제금부과행위는 처분에 해당되나, 주민 乙이 처분에 대한 신청을 하지 않았고, 신청을 전제로 하더라도 사안과 관련하여 일반 국민의 이행강제금부과에 대한 법규상·조리상 신청권을 인정하기 어려우므로 B광역시장이 이행강제금을 부과·징수하지 않고 있는 행위는 부작위위법확인소송의 대상이 아니다.

---

[1] 거부처분이 문제되었던 사례(2008년 사시 기출 사례 등)의 포섭과 균형을 맞추기 위해서 워크북의 검토와 달리 판례에 찬성하는 포섭을 하였다. 판례를 비판하는 입장에서는 "행정소송법상 부작위의 개념에 신청권이 규정되어 있지 않음에도 부작위의 요소로 요구하는 것은 타당하지 않다. 신청권의 존부는 원고에게 소송을 제기할 자격이 있는가 하는 문제이므로 원고적격의 문제로 보는 것이 타당하다."고 서술하면 된다.

Ⅳ. 주민소송의 대상 여부

1. 주민소송
(1) 의 의
(2) 제소사유 및 유형
(3) 소송요건

2. 사안의 경우

설문에서 적법한 절차를 거쳤다고 전제하였으므로 감사청구전치의 요건은 문제가 없다. 이행강제금부과행위가 지방자치법 제22조 1항에서 규정하고 있는 주민소송의 대상이 되는 사유 중 '공금의 부과·징수를 게을리 한 사항'에 해당되는지가 문제된다.

<u>주민소송 제도는 주민으로 하여금 지방자치단체의 위법한 재무회계행위의 방지 또는 시정을 구할 수 있도록 함으로써 지방재무회계에 관한 행정의 적법성을 확보하려는 데 목적이 있으므로 주민소송의 대상이 되는 '재산의 관리·처분에 관한 사항'이나 '공금의 부과·징수를 게을리한 사항'이란 지방자치단체의 소유에 속하는 재산의 가치를 유지·보전 또는 실현함을 직접 목적으로 하는 행위 또는 그와 관련된 공금의 부과·징수를 게을리한 행위를 말하고, 그 밖에 재무회계와 관련이 없는 행위는 그것이 지방자치단체의 재정에 어떤 영향을 미친다고 하더라도, 주민소송의 대상이 되는 '재산의 관리·처분에 관한 사항' 또는 '공금의 부과·징수를 게을리한 사항'에 해당하지 않는다.</u>

<u>이행강제금은 지방자치단체의 재정수입을 구성하는 재원 중 하나로서 '지방세외수입금의 징수 등에 관한 법률'에서 이행강제금의 효율적인 징수 등에 필요한 사항을 특별히 규정하는 등 부과·징수를 재무회계 관점에서도 규율하고 있으므로, 이행강제금의 부과·징수를 게을리한 행위는 주민소송의 대상이 되는 공금의 부과·징수를 게을리한 사항에 해당한다.</u>[2] 따라서 丙은 주민소송으로 지방자치법 제22조 2항 3호의 게을리한 사실의 위법 확인을 요구하는 소송을 제기할 수 있다.

유제 1　　　　　　　　　　　　　　　　　　　　　　　　　　　　　　　　　　　　　[행시 2017]

A시에서 B백화점을 경영하고 있는 甲은 A시의 乙시장에게 A시 소유 지하도에서 B백화점으로 연결하는 연결통로 및 에스컬레이터 설치를 위한 도로점용허가를 신청하였고, 乙시장은 위 시설물을 건설하여 이를 A시에 기부채납할 것을 조건으로 20년간 도로점용을 허가하였다. 甲은 위 시설물을 건설하여 A시에 기부채납하였고, 그 시설물은 일반 공중의 교통에도 일부 이용되었지만 주로 백화점 고객들이 이용하고 있다. 그 후 새로 A시 시장으로 취임한 丙은 A시 관할의 도로점용허가 실태에 대하여 조사를 실시한 결과 甲이 원래 허가받은 것보다 3분의 1 정도 더 넓은 면적의 도로를 점용하고 있을 뿐만 아니라 연결통로의 절반에 해당하는 면적에 B백화점의 매장을 설치하여 이용하고 있음을 확인하고 甲에게 「도로법」제72조에 근거하여 변상금을 부과하였다. 다음 물음에 답하시오. (총 30점)

(2) 한편 주민 丁은 A시 乙시장의 甲에 대한 도로점용허가가 사실상 도로의 영구점용을 허용하는 것이므로 도로점용허가 자체가 위법하다고 주장하면서 A시를 관할하는 도지사에게 감사청구를 하였으나, 그 주장은 받아들여지지 아니하였다. 丁은 「지방자치법」상의 주민소송을 제기할 수 있는가? (15점)

---

[2] 대판 2015.9.10. 2013두10746

해설

주민 丁은 감사청구를 거쳤으므로 감사청구전치요건을 충족한다. 도로 등 공물이나 공공용물을 특정 사인이 배타적으로 사용하도록 하는 도로점용허가가 도로 등의 본래 기능 및 목적과 무관하게 그 사용가치를 실현·활용하기 위한 것으로 평가되는 경우에는 주민소송의 대상이 되는 재산의 관리·처분에 해당한다. 사안의 도로점용허가는 실질적으로 도로 지하 부분의 사용가치를 제3자로 하여금 활용하도록 하는 임대 유사한 행위로서, 지방자치단체의 재산인 도로부지의 재산적 가치에 영향을 미치는 지방자치법 제22조 제1항의 '재산의 관리·처분에 관한 사항'에 해당한다.

유제 2 [변시 2021]

甲은 2010. 6. 실시된 지방선거에서부터 2018. 6. 실시된 지방선거에서까지 세 차례 연속하여 A시의 시장으로 당선되어 2022. 6.까지 12년간 연임하게 되었다. 그런데 甲은 시장 재임 중 지역개발사업 추진과 관련한 직권남용 혐의로 불구속 기소되었다. 甲은 자신의 결백을 주장하며 2022. 6.에 실시될 지방선거에 A시장 후보로 출마하여 지역 유권자로부터 평가를 받으려고 한다. 하지만 지방자치단체장의 계속 재임을 3기로 제한하고 있는 「지방자치법」 제95조 후단(이하 '이 사건 연임제한규정'이라 한다)에 따르면 甲은 지방선거에 출마할 수가 없다. 이에 甲은 이 사건 연임제한규정이 자신의 기본권을 침해한다고 주장하며 2021. 1. 4. 이 사건 연임제한규정에 대해 「헌법재판소법」 제68조 제1항에 의한 헌법소원심판을 청구하였다.

한편, 甲의 후원회 회장은 자신이 운영하는 주유소 확장 공사를 위하여 보도의 상당 부분을 점하는 도로점용허가를 신청하였고, 甲은 이를 허가하였다. A시의 주민 丙은 甲이 도로 본래의 기능과 목적을 침해하는 과도한 범위의 도로점용을 허가하였다고 주장하며, 이 도로점용허가(이하 '이 사건 허가'라 한다)에 대하여 다투고자 한다.

4. 丙은 위 3.의 취소소송(강사 주: 甲의 허가에 대한 취소소송)과는 별도로 주민소송을 제기하고자 한다. 이때 주민소송이 가능한 요건을 검토하고, 주민소송이 가능하다면 어떤 종류의 주민소송을 제기하여야 하는지 검토하시오. (15점)

[참조조문]
* 도로법
제61조 (도로의 점용 허가) ① 공작물·물건, 그 밖의 시설을 신설·개축·변경 또는 제거하거나 그 밖의 사유로 도로(도로구역을 포함한다. 이하 이 장에서 같다)를 점용하려는 자는 도로관리청의 허가를 받아야 한다. 허가받은 기간을 연장하거나 허가받은 사항을 변경(허가받은 사항 외에 도로 구조나 교통안전에 위험이 되는 물건을 새로 설치하는 행위를 포함한다)하려는 때에도 같다.
② 제1항에 따라 허가를 받아 도로를 점용할 수 있는 공작물·물건, 그 밖의 시설의 종류와 허가의 기준 등에 관하여 필요한 사항은 대통령령으로 정한다.
③ 도로관리청은 같은 도로(토지를 점용하는 경우로 한정하며, 입체적 도로구역을 포함한다)에 제1항에 따른 허가를 신청한 자가 둘 이상인 경우에는 일반경쟁에 부치는 방식으로 도로의 점용 허가를 받을 자를 선정할 수 있다.
④ 제3항에 따라 일반경쟁에 부치는 방식으로 도로점용허가를 받을 자를 선정할 수 있는 경우의 기준, 도로의 점용 허가를 받을 자의 선정 절차 등에 관하여 필요한 사항은 대통령령으로 정한다.

해설

도로점용허가는 지방자치법 제22조(제17조) 제1항의 '재산의 관리·처분에 관한 사항'에 해당한다. 주민소송의 유형은 도로점용허가에 대한 무효확인소송 내지는 취소소송이 될 것이다. 丙은 A시가 속한 도의 도지사에게 주민감사청구를 거친 후 지방자치법 제22조 4항에 규정된 사유가 발생한 날부터 90일 이내에 A시를 관할하는 행정법원(행정법원이 설치되어 있지 않으므로 지방법원 본원이 관할)에 제기하면 된다.

사례 147 지방자치단체의 구역결정 [법전협 2015-1]

> 甲은 「공유수면관리 및 매립에 관한 법률」(이하 '공유수면매립법'이라고 한다) 제28조 제1항 제3호에 근거하여 A도지사로부터 매립장소 및 면적을 지정받고 매립목적을 택지조성으로 하는 공유수면 매립면허를 부여받았다. 이후 甲은 당초의 매립목적과 달리 조선(造船)시설용지지역으로 이 사건 매립지를 이용하고자 A도지사에게 공유수면매립목적 변경신청을 하였고, A도지사는 공유수면매립법 제49조 제1항 제3호에 따라 甲의 변경신청을 승인하는 처분(이하 '이 사건 처분'이라 한다)을 하였다.
>
> 4. 이 사건 매립예정지가 A도 내의 B군과 C군에 걸쳐 있고, 매립이 끝난 후 B군과 C군 사이에 매립지가 어느 지방자치단체에 귀속되어야 하는지에 대한 다툼이 있다면, 이를 해결할 수 있는 「지방자치법」상의 방법에 관하여 약술하시오.(15점)

I. 문제의 소재

공유수면매립 공사가 완료된 후 매립지가 어느 지방자치단체에 귀속되는지 다툼이 있을 수 있다. 종래 견해대립이 있었으나 헌법재판소는 공유수면이 매립된 토지에 대한 관할권한은 당연히 공유수면을 관할하는 지방자치단체에 귀속된다는 입장이었다. 그러나 귀속에 관한 다툼이 빈발하자 2009년 개정된 지방자치법은 공유수면매립지의 구역결정에 관한 결정절차를 마련하였는데 이와 관련하여 지방자치법(이하 법명 생략)의 내용을 검토한다.

II. 지방자치법상 구역결정 절차

공유수면 매립면허관청 또는 관련지방자치단체의 장은 준공검사 전에 행정안전부장관에게 해당 지역이 속할 지방자치단체의 결정을 신청하여야 하고(제5조 5항), 행정안전부장관은 지방자치단체중앙분쟁조정위원회의 심의·의결에 따라 매립지가 속할 지방자치단체를 결정하고, 그 결과를 면허관청이나 지적소관청, 관계 지방자치단체의 장 등에게 통보하고 공고하여야 한다(제5조 7항). 이에 대하여 관계 지방자치단체의 장은 행정안전부장관의 결정에 이의가 있으면 그 결과를 통보받은 날부터 15일 이내에 대법원에 소송을 제기할 수 있다(제5조 9항)[1].

III. 사안의 해결

매립면허관청인 A도지사나 관련 지방자치단체장인 B군수 또는 C군수는 행정안전부 장관에게 결정신청을 하고, 행정안전부 장관은 지방자치단체중앙분쟁조정위원회의 심의·의결에 따라 결정한다. 이러한 결정에 이의가 있는 B군수나 C군수는 15일 이내에 대법원에 소송을 제기하면 된다.

---

[1] 한편 대법원은 2009년 지방자치법이 개정되기 전까지 종래 매립지 등 관할 결정의 준칙으로 적용되어 온 지형도상 해상경계선 기준이 가지던 관습법적 효력은 지방자치법의 개정에 의하여 변경 내지 제한되었고 판시하면서, 행정자치부장관은 매립지가 속할 지방자치단체를 정할 때에 상당한 형성의 자유를 가지게 되었지만 관할 결정은 계획재량적 성격을 지니는 점에 비추어 형성의 자유는 무제한의 재량이 허용되는 것이 아니라 여러 가지 공익과 사익 및 관련 지방자치단체의 이익을 종합적으로 고려하여 비교·교량해야 하는 제한이 있으며, 행정자치부장관이 이익형량을 전혀 행하지 않거나 이익형량의 고려 대상에 마땅히 포함시켜야 할 사항을 누락한 경우 또는 이익형량을 하였으나 정당성·객관성이 결여된 경우에는 그 매립지가 속할 지방자치단체 결정은 재량권을 일탈·남용한 것으로서 위법하다고 판시하였다(대판 2013.11.14. 2010추73).

사례 148 조례제정의 한계(1), 조례에 대한 주민의 통제 [사시 2010]

B군에서는 정부의 자유무역협정체결에 대응하여 지역특산물인 녹차산업을 진흥하고 이를 통해 지역 경제를 육성하고자 「녹차산업 육성 및 지원에 관한 조례」를 제정, 공포하였다. 이 조례에는 녹차산업 지원을 위한 기술지도 및 보조금 지급에 관한 내용이 포함되어 있다. 이에 주민 甲은 이 조례에 근거하여 녹차 원료 생산을 위한 보조금을 신청하여 지원받았다. 그러나 주민 乙은 위 보조금 지급행위가 甲과 군수의 인척관계에 기인했을 뿐만 아니라 위 보조금지급제도가 군수의 인기영합 정책에 의한 부당한 재정지출의 원인이 된다고 생각하고 있다.

1. 위 조례의 제정가능성에 대하여 논하시오.(15점)
2. 주민 乙이 취할 수 있는 「지방자치법」에 의한 쟁송수단에 관하여 설명하시오. (15점)

[설문 1] 녹차산업 육성 및 지원에 관한 조례의 제정가능성 (15점)

I. 문제의 소재

조례란 지방자치단체가 법령의 범위 안에서 그 권한에 속하는 사무에 관하여 지방의회의 의결을 거쳐 제정하는 자치법규로서 외부적 효력을 갖는 일반적·추상적 규율을 의미한다. 사안에서는 녹차산업 육성 및 지원에 관하여 조례를 제정하였는데 조례대상이 자치사무인지, 침익적 조례에 해당하여 법률의 위임이 있어야 하는지, 법률우위 및 법률유보 원칙에 반하지는 않는지가 문제된다.

II. 조례제정대상인지 여부

1. 조례제정대상

지방자치법 제28조 전단은 "지방자치단체는 법령의 범위 안에서 그 사무에 관하여 조례를 제정할 수 있다"고 규정하고, 동법 제13조 제1항은 지방자치단체는 자치사무와 지방자치단체에 속하는 사무를 처리한다고 규정하고 있다. 따라서 조례제정의 대상이 되는 사무는 자치사무와 단체위임사무에 한정되며, 기관위임사무는 조례의 제정대상이 아니다. 그러나 개별법령에서 특별히 위임하고 있을 경우에는 기관위임사무에 관하여도 그 위임의 범위 내에서 이른바 위임조례를 제정할 수 있다.

2. 사무의 구별기준

해당 사무가 자치사무인지 위임사무인지 문제되는 경우 판례는 그 구별기준으로 "법령의 규정형식과 취지를 우선 고려하여야 하지만 그 외에도 그 사무의 성질이 전국적으로 통일적인 처리가 요구되는 사무인지 여부나 그에 관한 경비부담과 최종적인 책임귀속의 주체 등도 아울러 고려하여야 한다"고 판시하고 있다.

3. 사안의 경우

사안의 녹차산업 육성 및 지원이라는 사무는 지역특산물에 대한 것으로서 전국적, 통일적 처리가 요구되는 것으로 보기도 어려우며, 지방자치법 제13조 제2항 제3호 나목의 농산물의 생산 및 유통지원사무에 해당하므로 자치사무에 해당한다. 지방자치법 제28조 전단에 따라 조례제정의 대상이 된다.

Ⅲ. 법률유보의 원칙 위반 여부

1. 법률유보 원칙의 의의
헌법 제117조 제1항은 "지방자치단체는 법령의 범위 안에서 자치에 관한 규정을 제정할 수 있다"고 규정하는 한편, 지방자치법 제28조 단서는 주민의 권리제한 또는 의무부과에 관한 사항이나 벌칙을 정할 때에는 법률의 위임을 요구하고 있어 단서조항의 위헌 여부가 문제된다. 학설은 위헌설과 합헌설이 대립하나 헌법 제10조 및 제37조가 정하는 기본권질서 등 국가의 기본질서를 형성하는 국회의 질서기능은 포기될 수 없으므로 주민의 자유, 재산을 침해하는 자치입법은 법률상 근거가 필요하다. 합헌설이 타당하다. 대법원 및 헌법재판소도 합헌설이다. 따라서 조례가 주민의 권리를 제한하거나 의무를 부과하는 경우에는 법률의 위임이 있어야 조례가 적법하게 제정될 수 있다. 다만 지방의회의 민주적 정당성을 고려하여 조례는 법규명령과 같이 법률의 구체적 위임을 요하는 것이 아니라 포괄적 위임형식의 수권도 족하다.

2. 사안의 경우
녹차산업 육성 및 지원에 관한 조례가 주민의 권리제한, 의무부과에 관한 사항에 해당되면 법률의 근거가 필요할 것이다. 사안에서 보조금지원이 경쟁자관계에서 일부 사업자에게만 행해지는 경우 보조금을 지원받지 못한 경쟁자의 기본권을 침해할 여지가 있으므로 법률의 근거가 필요하다고 보아야 하나, 일정 요건에 해당하면 보조금을 지원하는 내용이라면 경쟁자의 권리를 침해할 여지는 없으므로 법률의 근거 없이도 조례 제정이 가능할 것이다.

한편 사안의 경우 경쟁자관계에서 일부 사업자에게만 행해진다는 사정이 보이지는 않으므로 침익적 행정에 해당하는 것은 아니라고 보아 법률유보에는 반하지 않는다고 볼 수 있다.

Ⅳ. 법률우위의 원칙 위반 여부

1. 법률우위 원칙의 의의
헌법 제117조와 지방자치법 제28조에 따르면 지방자치단체는 "법령의 범위 안에서" 조례를 제정할 수 있다고 규정하여 법률우위 원칙을 입법화하고 있다. 법령의 범위 안에서란 법령에 위반되지 않는 범위 내에서를 의미한다.

2. 조례와 법률의 관계
조례가 규율하려는 사항이 이미 법령에 의하여 규율되고 있는 경우 조례가 법률우위의 원칙에 위반한 것으로서 조례제정권의 한계를 벗어난 것은 아닌지 문제되며 학설은 법률선점이론 및 수정법률선점이론 등이 대립한다. 한편 판례는 "국가의 법령이 반드시 그 규정에 의하여 전국에 걸쳐 일률적으로 동일한 내용을 규율하려는 취지가 아니고 각 지방자치단체가 그 지방의 실정에 맞게 별도로 규율하는 것을 용인하는 취지라고 해석되는 때에는 그 조례가 국가의 법령에 위반되는 것은 아니다"고 판시하고 있다.

생각건대 수정법률선점이론의 적용은 조례의 내용이 수익적이거나 수익적이지도 침익적이지도 않은 경우에 가능하며, 이 경우 지방자치단체는 법률이 정한 기준보다 더 강화되거나 약화된 기준을 조례로 정할 수 있을 것이다. 그러나 침익적 내용이라면 지방자치법 제28조 단서를 고려할 때 법률의 명시적 위임 없이 법률이 정한 기준보다 더 강화된 기준을 조례로 정할 수는 없다.

3. 사안의 경우

자유무역협정은 헌법 제6조에 의한 조약으로서 법률과 동일한 효력이 있으며 지방자치법 제28조의 법령에 해당되나, 자유무역협정에서 지역특산물인 녹차산업을 육성하는 문제에 대하여 규정하는 바가 설문상 명확하지 않다.

자유무역협정체결에 대응하여 지역특산물인 녹차산업을 진흥하는 조례의 내용이 자유무역협정의 내용에 배치되는 것이라면 조례는 위법할 것이나, 자유무역협정의 내용이 지방의 실정에 맞는 녹차산업의 육성방안을 용인하는 취지로 해석되는 때에는 조례는 적법하다.

V. 결 론

조례제정의 대상 및 법률유보 원칙은 문제되지 않으나, 자유무역협정의 내용에 따라서 법률우위 원칙 위반 여부가 달라지므로 조례 제정 가능성 여부가 달라진다.

[설문 2] 주민 乙이 취할 수 있는 '지방자치법'에 의한 쟁송수단 (15점)

I. 문제의 소재

주민이 자치사무를 통제할 수 있는 수단에는 주민투표청구, 조례제정개폐청구, 감사청구, 주민소송의 제기, 주민소환투표청구, 청원권의 행사 등이 있으나 쟁송수단으로는 지방자치법 제22조 제1항에 의한 주민소송의 제기 가능성을 검토한다. 동조항은 주민소송의 전제로서 동법 제21조 제1항의 감사청구를 필요적으로 규정하고 있는 바, 이하 주민감사청구를 논하고 주민소송의 제기 가능성을 검토한다.

II. 쟁송수단

1. 주민감사청구

2. 주민소송

　(1) 의 의

　(2) 제소사유 및 유형

　(3) 소송요건

　(4) 사안의 경우

주민 乙이 감사청구를 한 경우라면 군수를 피고로 하여 제소기간 내에 관할 지방법원본원에 ① 보조금지급 중지청구소송(제22조 제2항 제1호), ② 보조금지급결정 취소 또는 무효확인소송(제2호), ③ 지급된 보조금을 부당이득으로 환수할 것을 요구하는 소송(제4호) 등을 제기할 수 있다. 한편 乙이 승소한 경우 제22조 17항에 의한 비용보상 청구가 가능할 것이다.

III. 결 론

주민 乙은 감사청구를 한 이후 주민소송을 제기할 수 있다.

사례 149　조례제정의 한계(2)　[변시 2015]

조례로 정하고자 하는 특정사항에 관하여 이미 법률이 그 사항을 규율하고 있는 경우에, 지방자치단체는 법률이 정한 기준보다 더 강화되거나 더 약화된 기준을 조례로 제정할 수 있는가? (20점)

I. 문제의 소재

헌법 제117조와 지방자치법 제28조에 따르면 지방자치단체는 '법령의 범위 안에서' 조례를 제정할 수 있다. 조례로 규율하려는 사항이 이미 법령에 의하여 규율되고 있는 경우 조례가 법률우위의 원칙에 위반한 것으로서 조례제정권의 한계를 벗어난 것은 아닌지 문제된다. 조례의 자주법적 성질과 조례에 대한 법률 우위원칙의 경계에 있는 문제이다.

II. 학 설

① 어떤 사항에 관하여 법률이 정하고 있으면 조례로서 법률과 다른 내용의 규율을 할 수 없다는 법률선점이론과 ② 법률선점이론에 의하면 조례의 제정범위는 매우 좁아지고 지역 실정에 맞는 조례제정이 불가능해진다는 점을 고려하여, 이미 법률이 존재하더라도 국가의 법률이 지방자치단체의 지역 실정에 맞는 특별한 규율을 행하는 것을 용인하는 취지라고 해석되면 조례가 국가의 법령에 위반되지 않는다고 보는 수정법률선점이론이 대립한다. 이에 의하면 지방자치단체는 법률이 정한 기준보다 더 강화되거나 더 약화된 기준을 조례로 제정할 수 있게 된다.

III. 판 례

판례는 "조례가 규율하는 특정사항에 관하여 그것을 규율하는 국가의 법령이 이미 존재하는 경우에도 조례가 법령과 별도의 목적에 기하여 규율함을 의도하는 것으로서 그 적용에 의하여 법령의 규정이 의도하는 목적과 효과를 전혀 저해하는 바가 없는 때, 또는 양자가 동일한 목적에서 출발한 것이라고 할지라도 국가의 법령이 반드시 그 규정에 의하여 전국에 걸쳐 일률적으로 동일한 내용을 규율하려는 취지가 아니고 각 지방자치단체가 그 지방의 실정에 맞게 별도로 규율하는 것을 용인하는 취지라고 해석되는 때에는 그 조례가 국가의 법령에 위반되는 것은 아니다."라고 하여 수정법률선점이론을 받아들이는 듯 하다. 그러나 "자동차관리법보다 높은 수준의 차고지 확보기준 및 자동차등록기준을 정한 조례안은 상위법령의 제한 범위를 초과하여 무효"라고 판시하여 침익적 조례에 대해서는 적용하지 않고 있는 입장이라고 할 수 있다.

IV. 검토

지방자치의 실효성을 고려하는 수정법률선점이론의 기본적인 취지는 수긍이 가며 일본 최고재판소 판례는 법률보다 엄격한 규제를 조례로서 제정할 수 있는 가능성도 긍정하고 있으나, 우리나라에서는 지방자치법 제28조 단서에서 국민의 권리를 제한하거나 의무를 부과하는 등의 경우에는 법률의 위임이 있을 것을 요구하고 있으므로 수정법률선점이론을 전면적으로 받아들이는 것은 곤란하다.[1]

수정법률선점이론의 적용은 조례의 내용이 수익적이거나 수익적이지도 침익적이지도 않는 경우에만 가능하다고 본다. 판례도 침익적 조례의 경우는 지방자치단체가 지방의 실정에 맞게 별도로 규율하는 조례제정을 인정한 바 없으며, 수익적이거나 수익적이지도 침익적이지도 않은 경우에만 인정하고 있다. 따라서

---

[1] 일본은 우리 지방자치법 22조 단서에 해당하는 규정이 없다고 한다.

조례로 정하고자 하는 특정사항이 침익적인 내용이 아니라면 지방자치단체는 법률이 정한 기준보다 더 강화되거나 약화된 기준을 조례로 정할 수 있다. 그러나 침익적인 내용이라면 <u>법률의 명시적인 위임 없이 법률이 정한 기준보다 더 강화된 기준을 조례로 정할 수는 없다.</u>[2]

유제 [행시 2007]

C도는 지방세수의 적정한 확보와 지방세의 성실납부를 독려하기 위하여 법률과는 별도로, 지방세성실납부기업에 대해서는 지방세의 일부를 경감하고, 지방세불성실납부기업에 대해서는 C도 및 C도 내의 개별기초지방자치단체가 발주하는 일체의 공공사업 입찰에 참여할 수 없도록 하는 것을 내용으로 하는 조례를 제정하였다. 이 조례는 적법한가?(20점)

해설

지방세부과는 자치사무에 해당한다(자치법 13조 2항 1호 '바'목). 지방세 경감조항은 권리를 제한하거나 의무를 부과하는 것이 아니므로 법률의 근거가 없이 조례로 제정할 수 있는 사항이다. 그러나 지방세에 대해 이미 법률이 규정하고 있어 조례로 감면규정을 두는 것이 법률우위원칙에 반하는 것이 아닌지 문제된다. 지방세 경감조항은 수익적 초과조례로서 침익적인 사항은 아니라고 할지라도 조세감면에 관한 사항은 전국적 통일성과 형평성의 원칙이 준수되어야 하기 때문에 조례로 감면할 수 없다.[3]

입찰제한조치는 지방세부과와 관련되는 것이며 해당자치단체의 공공사업에 참여할 수 없도록 하는 것으로 자치사무에 해당한다. 그러나 주민의 권리를 제한하는 것으로 법률의 근거가 필요하다. 별도의 근거가 없으므로 입찰제한조치에 관한 조례 부분은 법률유보원칙에 반하여 위법하다. 또한 성실납세라는 행정목적과 이를 실현하기 위한 수단인 입찰제한조치 사이에 실질적 관련성이 존재하지 않으므로 부당결부금지원칙에 반하여 법률우위원칙에도 반한다.[4]

---

2) 정하중 교수님도 명시적 위임이 없는데도, 법령의 규제기준을 최저기준으로 해석하는 것에 대해서 반대함. 정교수님은 조례의 규율대상에 따라 판단하는데, 규제적이거나 침익적인 조례의 경우 법령의 명시적인 위임을 필요로 하며, 추가조례·초과조례가 불가한 반면, 지방주민의 급부나 수익적 조치에 대하여 규율하는 조례는 추가조례·초과조례가 가능하다고 한다.

3) 지방세법 9조에 의하면 지방세 경감은 행정자치부장관의 허가를 받도록 하고 있으므로 행정자치부장관의 허가여부에 따라 조례의 적법 여부가 판단될 것이다. 그러나 지방세법은 시험장용법전에 소개되어 있지 않으며 설문에서도 참조조문으로 제시되지 않아 지방세법까지 고려하는 답안을 작성하기는 현실적으로 어렵다고 보이며 오히려 일반법리에 따라 답안을 작성하는 것이 보편적일 것으로 생각된다. 이에 따라서 해설을 한 것이다. 참고로 이에 관한 판례를 소개한다.

판례 [1] 지방세법 제9조에서 지방자치단체가 과세면제·불균일과세 또는 일부과세를 하고자 할 경우에 내무부장관의 허가를 받도록 한 취지는, 과세면제 등 제도의 무분별한 남용으로 국민의 조세부담의 불균형 또는 지방자치단체 간의 지방세 과세체계에 혼란을 초래할 우려가 있을 뿐만 아니라 지방세법 본래의 취지에도 맞지 않는 결과가 발생할 수가 있고, 나아가 과세면제 등으로 인한 지방자치단체의 세수입의 손실을 지방교부세법에 의한 지방교부세의 배분에서 그 보충을 꾀하려 할 것이고 이 경우 과세면제 등으로 인한 세수입 손실의 결과는 결국 다른 지방자치단체의 지방교부세 감소라는 결과를 가져올 가능성도 있으므로, 이러한 불합리한 결과를 피하기 위하여 내무부장관이 지방자치단체의 과세면제 등 일정한 사항에 관한 조례제정에 한하여 사전허가제도를 통하여 전국적으로 이를 통제·조정함으로써 건전한 지방세제를 확립하기 위하여 마련한 제도인 것으로 이해되고, 따라서 위 규정이 지방자치단체의 조례제정권의 본질적 내용을 침해하는 규정으로서 지방자치단체의 조례제정권을 규정한 헌법 제117조 제1항, 제118조에 위반되거나 지방자치법 제9조, 제35조 제1항 제1호와 저촉되는 규정이라고 할 수 없다.
[2] 지방자치법 제15조의 규정에 의하면 지방자치단체는 법령의 범위 안에서 그 사무에 관하여 조례를 제정할 수 있는 것이므로, 지방자치단체가 내무부장관의 허가를 얻지 아니하고 지방세 과세면제 등에 관한 조례를 제정한 경우에는 지방자치법 제15조, 지방세법 제9조 위반으로 위법하여 그 효력이 없다(대판 1996.7.12, 96추22).

4) 실질적 관련성이 있는 것으로 포섭하는 것도 무방하다. 관허사업제한과 관련하여 개별 법령들 중에는 관허사업인허가 등의 요건으로 관허사업 신청자의 성실성, 신뢰성 등에 관한 사항이 의미적으로 존재하는 경우도 있고, 다른 한편 대체적으로 특허적 의미를 가지는 관허사업의 승인에 폭넓은 재량이 인정된다는 점에서 헌법상의 납세의무와 관련된 지방세납부를 불성실하게 이행하는 자는 근본적으로 공공기관이 공익목적을 감안하여 발주하는 관허사업에서 요구되는 사업수행상의 성실성을 결여한 자로 인정될 수 있다는 점에서 최소한 목적적 관련성이 존재한다는 시각도 있는데, 마찬가지로 입찰자격제한조치에서도 실질적 관련성을 긍정하는 것으로 서술할 수도 있다.

사례 150 　 조례제정의 한계(3) 　　　　　[행시(재경) 2012]

B市의회는 공공기관의 정보공개에 관한 법률의 정보공개에 관한 규정이 정보공개제도 본래의 취지를 완전히 충족시키지 못한다고 판단하여 주민의 정보공개에 관한 수요에 대응하기 위하여 B市정보공개조례를 제정하였다. B市 정보공개조례와 관련하여 다음 물음에 답하시오. (총 30점)

(1) B市정보공개조례는 지방자치법과 공공기관의 정보공개에 관한 법률에 비추어 적법한가? (10점)
(2) B市정보공개조례가 공공기관의 정보공개에 관한 법률이 규정하고 있는 비공개대상 정보에 대해서도 공개할 것을 규정하는 경우 적법하다고 할 수 있는가? (10점)
(3) B市정보공개조례가 자치사무만이 아니라 기관위임사무와 관련된 행정정보에 대해서도 공개하도록 규정한 경우 제기되는 법적 문제를 설명하시오. (10점)

[설문 1] 정보공개법과 정보공개조례의 관계

I. 문제의 소재

B市정보공개조례의 적법성과 관련하여 지방자치법 제28조의 조례제정 대상인지 여부 및 공공기관의 정보공개에 관한 법률이 존재함에도 불구하고 정보공개조례를 제정할 수 있는지 여부가 조례제정권의 한계로서 문제된다.

II. 지방자치법상 조례제정의 한계

1. 조례제정의 범위(사물적 한계)
2. 법률유보
3. 법률우위

III. 사안의 경우

자치사무와 단체위임사무는 조례제정의 대상(지방자치법 제28조, 제13조)이므로 지방자치단체의 자치사무와 단체위임사무에 대한 정보공개조례는 조례제정의 대상이 된다.

B市정보공개조례는 주민의 권리제한·의무부과·벌칙제정에 관한 사항이 아니므로 지방자치법 제28조 단서가 적용되는 경우가 아니어서 법적근거가 요구되지 않는다.

B市정보공개조례의 내용상 공공기관의 정보공개에 관한 법률에 반하는 사정이 없으면 당해 조례는 적법하다.

정보공개법은 지방자치단체는 그 소관 사무에 관하여 법령의 범위 안에서 정보공개에 관한 조례를 정할 수 있도록 규정(제4조 2항)하였는바 청주시정보공개조례가 정보공개법 제정 전에 제정되었음을 고려하면 동조항은 확인적 규정에 불과하지만 정보공개법에도 명시적인 근거가 있으므로 지방자치단체의 소관 사무에 관한 것이라면 정보공개법에 의해 조례제정도 가능하다.

[설문 2] 정보공개법에 반하는 조례제정의 가능성

I. 문제의 소재

조례로 규율하려는 사항이 이미 법령에 의하여 규율되고 있는 경우에 조례제정이 가능한지가 법률우위의 원칙과 관련하여 문제된다.

II. 법률과 조례와의 관계

III. 사안의 경우

정보공개법이 비공개대상정보를 규정한 취지가 전국에 걸쳐 일률적으로 동일한 내용을 규율하려는 취지가 아닌 경우에는 정보공개조례도 적법하다고 할 수 있으나, 정보공개법상 비공개대상정보는 국가 안전, 국민의 생명·신체, 진행 중인 재판에 관한 사항 등으로서 그 취지가 전국적이고 통일적인 규율을 의도하는 것으로 해석된다. 따라서 B市정보공개조례가 비공개대상정보를 공개대상으로 규정하였다면 당해 조례는 위법하게 된다.

[설문 3] 기관위임사무를 규율한 조례의 법적문제

I. 문제의 소재

B市정보공개조례가 자치사무만이 아니라 기관위임사무와 관련된 행정정보에 대해서도 공개하도록 규정한 것이 조례제정의 한계를 벗어나는지 문제된다. 법령에 의하여 특별히 위임을 받았는지 여부가 법적 문제로 제기된다.

II. 기관위임사무의 의의

기관위임사무란 국가 또는 다른 지방자치단체 등으로부터 당해 지방자치단체의 기관에 위임된 사무를 말한다. 지방자치법 제114조, 제115조는 국가사무의 지방자치단체장에 대한 위임의 법적 근거를, 제117조 2항은 시·도지사의 시·군·구청장에 대한 위임의 근거를 규정하고 있다. 지방자치단체가 수행하는 사무의 주종이 기관위임사무이다.

III. 기관위임사무에 대한 조례제정 가능성

지방자치법 제28조 전단은 "지방자치단체는 법령의 범위 안에서 그 사무에 관하여 조례를 제정할 수 있다"고 규정하고, 동법 제13조 제1항은 "지방자치단체는 그 관할구역의 자치사무와 법령에 의하여 지방자치단체에 속하는 사무를 처리한다"고 규정하고 있다.

그러므로 조례제정의 대상이 되는 사무는 자치사무와 단체위임사무에 한정되며, 기관위임사무는 조례의 제정대상이 아니다. 그러나 개별법령에서 특별히 위임하고 있을 경우에는 기관위임사무에 관하여도 그 위임의 범위 내에서 이른바 위임조례를 제정할 수 있다.

Ⅳ. 사안의 경우

설문에서 기관위임사무에 관해 조례제정권을 위임한 사정이 보이지 않으므로 B市정보공개조례는 조례제정의 범위를 벗어났다. 조례에 하자가 있는 경우 그 효과는 무효에 해당한다. 이에 대한 통제는 구체적 규범통제에 의한다. 조례가 재판의 전제가 되는 경우에 법원은 부수적으로 심사할 수 있을 뿐이고 조례의 무효를 일반적으로 선언할 수는 없다.

만약 공포되기 전에 재의결된 조례안에 대해서 대법원에 제소한 경우에는 기관위임사무에 대해 규율한 일부분에 대해서만 일부무효판결을 할 수 있는지 문제되는데, 판례는 판결의 일부에 대한 효력배제는 결과적으로 전체적인 의결의 내용을 변경하는 것에 다름 아니어서 의결기관인 지방의회의 고유권한을 침해하는 것이며, 지방의회의 당초의 의도와는 다른 내용으로 변질시킬 우려가 있으며, 의결의 일부에 대한 재의요구나 수정재의 요구가 허용되지 않는 점에 비추어 전부의 효력을 부인할 수 밖에 없다고 하여 전부무효설의 입장이다.

한편 기관위임사무라도 현실적으로 지방자치단체장이 수행하고 있는데 기관위임사무라는 이유로 정보공개청구를 지방자치단체장이 아닌 위임기관을 상대로 해야 하는 것은 지방자치단체의 주민의 불편을 초래하는 문제점이 있을 것이므로 기관위임사무라도 정보공개법상의 비공개대상에 해당되지 않는다면 전향적으로 자치단체의 조례로 제정하는 것을 검토할 필요가 있다.

사례 151   조례제정의 한계(4) – 위임의 한계 및 신뢰보호   [법전협 2020-3]

甲과 乙은 A군 관내에 닭을 사육하는 계사(鷄舍)를 신축하려고 한다. 甲과 乙이 설치하고자 하는 계사는 「국토의 계획 및 이용에 관한 법률」 제56조에 따른 개발행위허가 및 「가축분뇨의 관리 및 이용에 관한 법률」 제11조에 따른 가축분뇨배출시설 설치허가의 대상이었다. 이에 甲과 乙은 건축허가 절차에서 개발행위허가 및 가축분뇨배출시설 설치허가도 받기 위하여 2018. 9.경 각각 관할 행정청인 A군수에게 개발행위허가 및 가축분뇨배출시설 설치허가가 의제되는 복합민원 건축허가 신청을 하였다.

A군수는 甲과 乙의 허가신청이 「건축법」상 건축허가 요건을 모두 갖춘 것으로 판단하였다. 다만, 甲의 허가 신청에 대하여는 2018. 12. 10. "계사 예정지가 「A군 가축사육 제한구역 조례」(2017. 9. 13. 조례 제900호) 상 가축사육 제한구역에 해당하지 않으나 설치예정인 계사에서 발생하는 악취 및 소음이 주거밀집지역인 ○○ 마을에 영향을 줄 가능성이 높아 「국토의 계획 및 이용에 관한 법률」에 따른 개발행위허가의 기준을 충족하지 못한다"는 이유로 반려하였다. 한편, 乙의 허가신청에 대하여는 2019. 1. 15. "계사 예정지가 ○○마을로부터 약 700m의 거리에 있어 「A군 가축사육 제한구역 조례」(2018. 12. 20. 조례 제1000호)상 가축사육 제한구역에 해당한다"는 이유로 반려하였다.

그런데, 甲의 계사 예정지는 주거밀집지역인 ○○마을로부터 약 500m, 乙의 계사 예정지는 약 700m 떨어진 곳에 위치하고 있다. 甲과 乙의 건축허가 신청 당시 적용되던 「A군 가축사육 제한구역 조례」(2017. 9. 13. 조례 제900호)는 "주거밀집지역으로부터 400m" 이내에는 계사를 설치하지 못하도록 하는 거리제한 규정을 두고 있었다. 이러한 거리제한에 관한 조례 규정은 2018. 12. 20. 조례 제1000호로 "주거밀집지역으로부터 900m"로 개정되었는데, 개정 조례에서는 개정 조례 시행일 당시 허가를 받은 자에 대하여는 개정 조례가 적용하지 않는다는 경과규정을 두었으나 개정 조례 시행일 이전의 허가 신청인에 대하여는 별다른 경과규정을 두고 있지 않다.

4. 「A군 가축사육 제한구역 조례」(2018. 12. 20. 조례 제1000호)와 관련하여 아래 사항을 검토하시오.
   (1) 위 조례에서 닭에 관한 가축사육 제한구역을 "주거밀집지역으로부터 900m" 이내로 규정한 것이 그 근거법령인 「가축분뇨의 관리 및 이용에 관한 법률」 제8조 제1항 제1호의 위임범위를 벗어난 것인지 여부 (20점)
   (2) 위 조례의 부칙에서 제한거리를 400m에서 900m로 늘리는 개정 조례 시행에서 개정 조례 시행일 이전의 허가 신청인에 대하여 별다른 경과규정을 두지 않은 것이 개정 전 조례(2017. 9. 13. 조례 제900호)에 규정된 제한거리에 대한 허가 신청인 乙의 신뢰를 침해함으로써 신뢰보호원칙을 위배하는지 여부 (20점)

[참조조문] ※ 이하는 위 사례의 해결을 위해 가상으로 적용되는 법령임을 전제함.
* **가축분뇨의 관리 및 이용에 관한 법률**
제1조(목적) 이 법은 가축분뇨를 자원화하거나 적정하게 처리하여 환경오염을 방지함으로써 환경과 조화되는 지속가능한 축산업의 발전 및 국민건강의 향상에 이바지함을 목적으로 한다.
제2조(정의) 이 법에서 사용하는 용어의 뜻은 다음과 같다.
  1. "가축"이란 소·돼지·말·닭, 그 밖에 대통령령으로 정하는 사육동물을 말한다.
  2. "가축분뇨"란 가축이 배설하는 분·요 및 가축사육 과정에서 사용된 물 등이 분·요에 섞인 것을 말한다.
  3. "배출시설"이란 가축의 사육으로 인하여 가축분뇨가 발생하는 시설 및 장소 등으로서 축사·운동장, 그 밖에 환경부령으로 정하는 것을 말한다.

제8조(가축사육의 제한 등) ① 시장·군수·구청장은 지역주민의 생활환경보전 또는 상수원의 수질보전을 위하여 다음 각 호의 어느 하나에 해당하는 지역 중 가축사육의 제한이 필요하다고 인정되는 지역에 대하여는 해당 지방자치단체의 조례로 정하는 바에 따라 일정한 구역을 지정·고시하여 가축의 사육을 제한할 수 있다.
    1. 주거밀집지역으로 생활환경의 보호가 필요한 지역

제11조(배출시설에 대한 설치허가 등) ① 대통령령이 정하는 규모 이상의 배출시설을 설치하고자 하는 자는 대통령령이 정하는 바에 따라 배출시설의 설치계획을 갖추어 시장·군수·구청장의 허가를 받아야 한다.

* A군 가축사육 제한구역 조례」 (2017. 9. 13. 조례 제900호)
제1조(목적) 이 조례는 「가축분뇨의 관리 및 이용에 관한 법률」 제8조에 따라 가축사육을 제한함으로써 환경오염을 예방하고 군민의 생활환경보전과 보건 향상에 기여하고자 필요한 사항을 규정함을 목적으로 한다.
제3조(가축사육의 제한) ① 법 제8조제1항에 따른 가축사육 제한구역은 다음과 같다.
    3. 주거밀집지역으로부터 가축사육 일부 제한구역은 별표 2와 같다.

[별표 2] 가축사육 일부 제한구역(주거밀집지역 설정에 따른 가축종류별 거리제한)(제3조제1항제3호 관련)

가축종류	제한거리
개, 닭, 오리, 메추리	400m

* A군 가축사육 제한구역 조례 (2018. 12. 20. 조례 제1000호)
부칙
제1조(시행일) 이 조례는 공포한 날부터 시행한다.
제2조(경과조치) 이 조례 시행일 당시 종전의 가축분뇨의 관리 및 이용에 관한 법률에 따라 허가 및 신고를 받아 가축을 사육하는 자는 제3조(가축사육의 제한)의 규정을 적용하지 아니한다.

[별표 2] 가축사육 일부 제한구역(주거밀집지역 설정에 따른 가축종류별 거리제한)(제3조제1항제3호 관련)

가축종류	제한거리
개, 닭, 오리, 메추리	900m

※ 우리군 가축종류별 거리제한은 지형적인 특성, 기상여건 등을 고려하여 축산농가의 발전과 악취 및 소음으로 인한 주민피해를 최소화 하고자 위와 같이 설정함.

[설문 4-(1)] 조례에 대한 위임의 한계 (20점)

Ⅰ. 문제의 소재

조례에서 가축사육 제한구역으로 "주거밀집지역으로부터 900m"라고 지정한 것이 지방자치법(이하 "자치법"이라 함) 제28조에 의한 법률의 위임이 없는데도 제정한 것으로 위임의 한계를 벗어난 것인지 문제된다. 자치사무에 대한 포괄적 위임이 가능한지의 문제이다.

Ⅱ. 조례제정의 대상

지방자치단체는 지방자치단체의 사무인 자치사무와 단체위임사무에 관하여 조례를 제정할 수 있다(자치법 제28조, 제13조). 기관위임사무는 대상이 아니다. 그러나 개별법령에서 특별히 위임하고 있을 경우에는 기관위임사무도 그 위임의 범위 내에서 이른바 위임조례를 제정할 수 있다.

III. 조례와 법률유보의 원칙

1. 지방자치법 제28조 단서의 위헌 여부

조례는 법령의 구체적인 위임근거가 없더라도 법령에 위반되지 아니하는 범위 안에서 자치사무에 관하여 정할 수 있지만 주민의 권리제한 또는 의무부과에 관한 사항이나 벌칙을 정할 때에는 법률의 위임이 있어야 한다(자치법 제28조 단서). 헌법은 법령의 범위 안에서 자치에 관한 규정을 제정할 수 있다고 하여 지방자치단체에게 포괄적인 자치권을 부여하고 있으므로 이에 반한다는 위헌설이 있으나 조례도 국가작용이므로 당연히 기본권에 기속되며 기본권 제한에 대하여 법률유보원칙을 선언한 헌법 제37조 제2항의 취지에 부합한다는 합헌설이 타당하다.

2. 위임의 정도

자치조례도 주민의 권리제한 또는 의무위반에 관한 사항을 제정할 때에는 법률의 위임이 필요하다고 하더라도 조례는 민주적 정당성을 지닌 지방의회가 정립하는 것이므로 행정입법에 대한 위임과는 달리 포괄적 위임도 가능하다.[1] 판례도 헌법 제117조 제1항은 지방자치단체에 포괄적인 자치권을 보장하고 있으므로, 자치사무와 관련한 조례에 대한 법률의 위임은 법규명령에 대한 법률의 위임과 같이 구체적으로 범위를 정하여서 할 엄격성이 반드시 요구되지는 않는다고 하면서 법률이 주민의 권리의무에 관한 사항에 관하여 구체적으로 범위를 정하지 않은 채 조례로 정하도록 포괄적으로 위임한 경우에도 지방자치단체는 법령에 위반되지 않는 범위 내에서 각 지역의 실정에 맞게 주민의 권리의무에 관한 사항을 조례로 제정할 수 있다고 한다.[2] 다만 기관위임사무에 관한 위임조례는 위임의 일반원칙에 따라 구체적인 수권이 필요하다.

3. 위임의 한계 준수 여부의 판단 방법

특정 사안과 관련하여 법령에서 조례에 위임을 한 경우 조례가 위임의 한계를 준수하고 있는지 여부를 판단할 때는 당해 법령 규정의 입법 목적과 규정 내용, 규정의 체계, 다른 규정과의 관계 등을 종합적으로 살펴야 하고, 수권 규정에서 사용하고 있는 용어의 의미를 넘어 그 범위를 확장하거나 축소하여 위임 내용을 구체화하는 단계를 벗어나 새로운 입법을 하였는지 등도 아울러 고려하여야 한다.[3]

III. 사안의 해결

닭에 관한 가축사육을 제한하는 것은 지역적 이익에 관한 사무이며 지역의 특성에 따라 다르게 처리되는 것이 타당한 사무로서 자치사무에 해당하므로 조례제정의 대상이 된다.

법률 제8조의 위임조항은 지역주민의 생활환경보전이라는 목적을 위하여 가축사육 제한구역을 지정할 수 있도록 하면서 그 지정 대상을 주거밀집지역으로 한정하되, 그 지정기준으로는 주거밀집지역에 대하여는 '생활환경의 보호가 필요한 지역'이라고 하여 추상적·개방적 개념으로만 규정하고 있는데 가축분뇨법의 입법 목적 등에 비추어 볼 때, 그와 같은 규정 형식을 취한 것은 가축사육 제한구역 지정으로 인한 지역주민의 재산권 제약 등을 고려하여 법률에서 지정기준의 대강과 한계를 설정하되, 구체적인 세부

---

[1] 다만, 조례로 벌칙을 규정하는 경우는 헌법 제12조 제1항의 죄형법정주의 원칙상 포괄적 위임이 아닌 구체적 위임이 필요하며 과태료를 조례로 규율하는 경우는 자치법 제34조에 별도의 근거규정이 있음을 유의.
[2] 대판 2019.10.17. 2018두40744
[3] 대판 2012.10.25. 2010두25077

기준은 각 지방자치단체의 실정 등에 맞게 전문적·기술적 판단과 정책적 고려에 따라 합리적으로 정하도록 한 것이다.

법률 제8조의 위임에 따라 제정된 A군 가축사육 제한구역 조례 제3조 제1항 제1호 [별표 2]는 위임조항의 '지역주민의 생활환경보전'을 위하여 '주거밀집지역으로 생활환경의 보호가 필요한 지역'을 그 의미 내에서 구체화한 것이라고 볼 수 있고, 위임조항에서 정한 가축사육 제한구역 지정의 목적 및 대상에 부합하고 위 조항에서 위임한 한계를 벗어났다고 볼 수 없다.

[설문 4-(2)] 조례개정과 신뢰보호 (20점)

I. 문제의 소재

가축사육 제한거리를 400m에서 900m로 늘리는 조례를 개정 조례의 시행일 이전에 이미 허가신청을 한 乙에게도 별다른 경과규정 없이 적용하는 것이 기존의 제한거리를 신뢰한 乙의 신뢰를 침해함으로써 신뢰보호원칙을 위배하는지 문제된다. 법령개정시 신뢰보호원칙의 적용 여부가 문제된다.

II. 개정조례의 소급입법 해당 여부

1. 소급입법의 허용성

소급입법은 새로운 입법으로 이미 종료된 사실관계 또는 법률관계에 적용케 하는 진정소급입법과 현재 진행 중인 사실관계 또는 법률관계에 적용케 하는 부진정소급입법으로 나눌 수 있는바, 이 중에서 기존의 법에 의하여 이미 형성된 개인의 법적 지위를 사후입법을 통하여 박탈하는 것을 내용으로 하는 진정소급입법은 개인의 신뢰보호와 법적 안정성을 내용으로 하는 법치국가 원리에 의하여 허용되지 아니하는 것이 원칙인 데 반하여, 부진정소급입법은 원칙적으로 허용되지만 소급효를 요구하는 공익상의 사유와 신뢰보호를 요구하는 개인보호의 사유 사이의 교량과정에서 그 범위에 제한이 가하여지는 것이다. 또한, 법률불소급의 원칙은 그 법률의 효력발생 전에 완성된 요건사실에 대하여 당해 법률을 적용할 수 없다는 의미일 뿐, 계속 중인 사실이나 그 이후에 발생한 요건사실에 대한 법률적용까지를 제한하는 것은 아니라고 할 것이다.4) 행정기본법은 진정소급적용 금지원칙을 명문화하고 있다(제14조1항).

2. 사안의 경우

사안은 乙이 2018. 9.경 건축허가 신청을 하였고 당시의 조례에 따르면 거리제한에 위반되지 않았으나 건축허가 신청 후인 2018. 12. 20. 조례가 개정되어 개정 조례에 의하면 거리제한에 위반되게 된 상황이다. 그러나 이미 건축허가가 발령된 이후에 건축을 불가능하게 하는 것이 아니므로 이미 종료된 사실관계 또는 법률관계에 적용하는 것이 아니라 현재 진행중인 사실관계 또는 법률관계에 적용하는 것으로 부진정소급에 해당하므로 이러한 개정조례는 금지되는 소급입법에 해당하지 않는다.

---

4) 대판 2007.10.11. 2005두5390

III. 신뢰보호원칙 위배 여부

1. 신뢰보호원칙의 의의
신뢰보호원칙은 국민이 행정기관의 어떤 결정의 정당성 또는 존속성에 대하여 신뢰한 경우 그 신뢰가 보호가치가 있는 한, 그 신뢰를 보호해주어야 한다는 원칙으로 이론적 근거는 법치국가원리의 구성요소인 법적안정성의 원칙에서 찾는 것이 일반적이며, 실정법적 근거는 행정절차법 제4조2항 및 국세기본법 제18조3항등에 있다. 행정기본법 제12조도 신뢰보호원칙을 명문화하고 있다.

2. 법령개정과 신뢰보호
법령의 개정에서 신뢰보호원칙이 적용되어야 하는 이유는, 어떤 법령이 장래에도 그대로 존속할 것이라는 합리적이고 정당한 신뢰를 바탕으로 국민이 그 법령에 상응하는 구체적 행위로 나아가 일정한 법적 지위나 생활관계를 형성하여 왔음에도 국가가 이를 전혀 보호하지 않는다면 법질서에 대한 국민의 신뢰는 무너지고 현재의 행위에 대한 장래의 법적 효과를 예견할 수 없게 되어 법적 안정성이 크게 저해되기 때문이고, 이러한 신뢰보호는 절대적이거나 어느 생활영역에서나 균일한 것은 아니고 개개의 사안마다 관련된 자유나 권리, 이익 등에 따라 보호의 정도와 방법이 다를 수 있으며, 새로운 법령을 통하여 실현하고자 하는 공익적 목적이 우월한 때에는 이를 고려하여 제한될 수 있으므로, 이 경우 신뢰보호원칙의 위배 여부를 판단하기 위해서는 한편으로는 침해된 이익의 보호가치, 침해의 중한 정도, 신뢰가 손상된 정도, 신뢰침해의 방법 등과 다른 한편으로는 새 법령을 통해 실현하고자 하는 공익적 목적을 종합적으로 비교·형량하여야 한다.[5]

3. 사안의 경우
乙은 종전 조례에 따라 건축허가 신청을 하였고, 종전 조례에 대한 乙의 신뢰는 합리적이고 정당하여 보호가치가 있다. 가축분뇨배출시설이 주거환경에 미치는 영향 때문에 거리제한을 더 엄격하게 하는 것은 정당한 공익으로서 개정 조례의 목적은 정당하다. 그러나 乙이 건축허가 신청을 한 후에 신속하게 처리되지 않고 3개월이 지난 후에 조례가 개정되었고, 乙의 계사 예정지가 ○○마을로부터 700m 떨어진 곳에 있어 기존 조례의 거리제한(400m)에 비추어 상당한 거리를 확보하였고, 새로운 거리제한에 비추어도 200m 차이에 불과할 뿐 아니라 가축분뇨배출시설 허가를 받지 못하면 乙은 닭을 사육할 수 없게 된다는 점에서 공익적 목적이 乙의 피해의 정당화할 정도로 우월하다고 볼 수 없다. 경과규정을 두어서 기존의 신뢰이익을 보호하는 규정을 일체 두지 않은 개정 조례안은 신뢰보호원칙을 위배하였다.[6]

IV. 사안의 해론
A군 가축사육 제한구역 조례의 가축사육 제한구역의 지정에 관한 부분은 부진정소급입법에 해당하고, 乙의 신뢰이익이 개정 조례가 실현하고자 하는 공익보다 크므로 개정 조례는 신뢰보호원칙에 위배된다.

---

5) 대판(전) 2007.10.29. 2005두4649
6) 공익을 더 우선하는 것으로 포섭하는 것도 가능하다.

사례 152　감독기관의 통제　　　　　　　　　　　　　　　　　　　[변시 2018]

A도 교육청 교육감 甲은 교육의 경제적 효율성을 제고하고 인구절벽이라는 시대상황을 정책에 반영하기 위하여, ① 전체 재학생수가 10명 미만인 초등학교의 경우 인근 학교와의 적극적인 통·폐합을 추진하고, ② 전체 재학생수가 3명 미만인 경우에는 해당 학교를 폐지하기 위한 작업을 준비하였다. 또한 A도 의회는 2016. 12. 20. 'A도 학교설치 조례' 제2조의 [별표 1] 란 중 "다동초등학교"란을 삭제하는 내용의 'A도 학교설치조례 개정안'을 의결하였다. 이 조례는 2016. 12. 31. 공포되었고, 이 조례에 대해서는 어떠한 재의요구도 없었다.

4. 교육부장관 戊는 위 학교폐지사무는 조례의 제정대상이 아니라고 주장한다.
　(1) 학교폐지사무의 법적 성격을 검토하시오. (10점)
　(2) 위 조례에 대한 戊의 지방자치법상 쟁송수단을 설명하시오. (10점)

[참조조문]
※ 아래의 법령은 가상의 것임을 전제로 한다.

「지방교육자치에 관한 법률」

제2조(교육·학예사무의 관장) 지방자치단체의 교육·과학·기술·체육 그 밖의 학예(이하 "교육·학예"라 한다)에 관한 사무는 특별시·광역시 및 도(이하 "시·도"라 한다)의 사무로 한다.

제3조(「지방자치법」과의 관계) 지방자치단체의 교육·학예에 관한 사무를 관장하는 기관의 설치와 그 조직 및 운영 등에 관하여 이 법에서 규정한 사항을 제외하고는 그 성질에 반하지 않는 한 「지방자치법」의 관련 규정을 준용한다. 이 경우 "지방자치단체의 장" 또는 "시·도지사"는 "교육감"으로, "지방자치단체의 사무"는 "지방자치단체의 교육·학예에 관한 사무"로, "자치사무"는 "교육·학예에 관한 자치사무"로, "행정안전부장관"·"주무부장관" 및 "중앙행정기관의 장"은 "교육부장관"으로 본다.

제18조(교육감) ① 시·도의 교육·학예에 관한 사무의 집행기관으로 시·도에 교육감을 둔다.
② 교육감은 교육·학예에 관한 소관 사무로 인한 소송이나 재산의 등기 등에 대하여 당해 시·도를 대표한다.

제19조(국가행정사무의 위임) 국가행정사무 중 시·도에 위임하여 시행하는 사무로서 교육·학예에 관한 사무는 교육감에게 위임하여 행한다. 다만, 법령에 다른 규정이 있는 경우에는 그러하지 아니하다.

제20조(관장사무) 교육감은 교육·학예에 관한 다음 각 호의 사항에 관한 사무를 관장한다.
　1. 조례안의 작성 및 제출에 관한 사항
　2. 예산안의 편성 및 제출에 관한 사항
　3. 결산서의 작성 및 제출에 관한 사항
　4. 교육규칙의 제정에 관한 사항
　5. 학교, 그 밖의 교육기관의 설치·이전 및 폐지에 관한 사항
　6. 교육과정의 운영에 관한 사항

「초·중등교육법시행령」

제15조(취학아동명부의 작성 등) ① 읍·면·동의 장은 매년 10월 1일 현재 그 관내에 거주하는 자로서 그 해 1월 1일부터 12월 31일까지 연령이 만 6세에 달하는 자를 조사하여 그 해 10월 31일까지 취학아동명부를 작성하여야 한다. 이 경우 제3항에 따라 만 6세가 되는 날이 속하는 해에 입학연기를 신청하여 취학아동명부에서 제외된 자는 포함하여야 한다.
② 취학아동의 조사 및 명부작성에 관하여 필요한 사항은 교육감이 정한다.

개정된 「A도 학교설치 조례」
제2조 ① A도 내 도립초등학교는 [별표 1]과 같이 설치한다.
[별표 1]의 내용
A도 내 도립초등학교

(개정 전)	(개정 후)
A도 B군	A도 B군
1. 가동 초등학교	1. 가동 초등학교
2. 나동 초등학교	2. 나동 초등학교
3. 다동 초등학교	3. (삭제)

※ 별도의 부칙은 없음

I. 문제의 소재

지방자치단체의 장이 수행하는 사무 중 조례제정의 대상이 되는 사무는 자치사무와 단체위임사무에 국한되며, 기관위임사무는 조례의 제정대상이 아니다(지방자치법 제28조, 제13조). 기관위임사무는 개별법령에서 특별히 위임하고 있을 경우에 한해 그 위임의 범위 내에서 이른바 위임조례를 제정할 수 있다. 사안의 학교폐지사무가 A도의 자치사무인지 위임사무인지를 검토하고 또한 조례안에 대해 주무부장관인 교육부장관 戊가 다툴 수 있는 지방자치법상 쟁송수단이 무엇인지 살펴보겠다.

II. 학교폐지사무의 법적 성격

1. 자치단체장이 수행하는 사무의 구별기준

해당 사무가 자치사무인지 위임사무인지 문제되는 경우 판례는 그 구별기준으로 "법령의 규정형식과 취지를 우선 고려하여야 하지만 그 외에도 그 사무의 성질이 전국적으로 통일적인 처리가 요구되는 사무인지 여부나 그에 관한 경비부담과 최종적인 책임귀속의 주체 등도 아울러 고려하여야 한다"고 판시하고 있다.

2. 사안의 경우

지방교육자치에 관한 법률에 의하면 지방자치단체의 교육·과학·기술·체육 그 밖의 학예(이하 "교육·학예"라 한다)에 관한 사무는 특별시·광역시 및 도(이하 "시·도"라 한다)의 사무에 해당하며(제2조), 시·도의 교육·학예에 관한 사무의 집행기관인 교육감은 학교의 설치·이전·폐지에 관한 사항을 관장하도록 되어 있다(제20조). 또한 학교의 설치 및 폐지는 지역의 교육수요에 따라서 지역실정에 맞게 처리되어야 할 성격의 것으로 전국적으로 통일적인 처리가 요구되는 사무라고 할 수도 없다.

따라서 초등학교의 설치에 관한 사무는 시·도의 자치사무에 해당하므로 "다동초등학교"란을 삭제하는 내용의 'A도 학교설치조례 개정안'은 A도의 자치사무에 관한 것으로서 조례제정의 대상이 된다.

III. 조례안에 대한 戊의 지방자치법상 쟁송수단

1. 지방교육자치에 관한 법률과 지방자치법과의 관계

지방교육자치에 관한 법률에서는 조례안에 대한 교육부장관의 쟁송수단을 별도로 규정하고 있지 않지만, 성질에 반하지 않는 한 지방자치법의 관련 규정을 준용하고 있으므로(제3조), 조례안에 대한 주무부장관의 재의요구 지시, 제소지시 및 직접제소에 관한 <u>지방자치법 제192조의 규정은 사안의 경우에도 적용된다</u>.1)

2. 교육부장관 戊의 재의요구 지시

<u>A도 의회의 의결이 법령에 위반되거나 공익을 현저히 해친다고 판단되면 교육감 甲에 대하여 교육부장관이 재의를 요구하게 할 수 있고</u>, 재의요구를 받은 교육감은 의결사항을 이송받은 날부터 20일 이내에 지방의회에 이유를 붙여 재의를 요구하여야 한다(지방자치법 제192조 1항, 지방교육자치에 관한 법률 제3조). 지방자치법 제120조 1항의 재의요구가 지방자치단체의 집행기관인 단체장이 지방자치단체의 기관으로서 행하는 지방자치단체의 내부적인 자기통제수단이라면, <u>제192조의 재의요구는 단체장이 국가의 하급기관으로서 재의요구를 하는 성격을 띠고 있다</u>.

3. 교육부장관 戊의 제소지시 및 직접제소

A도 의회가 재의요구에도 불구하고 동일한 내용의 <u>재의결을 한 경우</u>, 그것이 법령에 위반된다고 판단되면 교육감 甲은 대법원에 소를 제기할 수 있는데(제192조 4항), <u>교육감이 소를 제기하지 아니하면 교육부장관은 교육감에게 제소를 지시하거나 직접 제소 및 집행정지결정을 신청할 수 있다</u>(제192조 5항), 이 경우 <u>교육감은 제소지시를 받은 날부터 7일 이내에 제소하여야 한다</u>(제192조 6항). <u>7일이 경과하도록 교육감이 제소지시에 따르지 아니한 경우 7일 이내에 직접제소 및 집행정지결정을 신청할 수 있다</u>(제192조 7항). 한편, <u>재의요구지시를 받은 교육감이 재의요구를 하지 아니하는 경우</u>(재의요구지시를 받기 전에 조례안을 공포한 경우를 포함)에도 교육부장관은 대법원에 <u>직접 제소 및 집행정지결정을 신청할 수 있다</u>(제192조 8항). <u>감독청이 제기한 소송의 성격</u>에 대해서는 상이한 법주체의 기관상호간에도 기관소송이 가능하다는 견지에서 <u>기관소송이라는 견해가 있으나</u>, 감독기관이 지방의회를 피고로 제기하는 소송은 국가의 지방의회 의결에 대한 통제수단으로서 감독소송의 성격을 가지므로 <u>지방자치법이 인정하는 특수한 형태의 소송으로</u> 보는 것이 타당하다.

유제 [행시 2023]

기초지방자치단체 A시 의회는 '합의제행정기관'인 A시 시정연구위원회를 설치하기 위하여 'A시 시정연구위원회 설치 및 운영에 관한 조례안'(이하 '이 사건 조례안'이라 한다)을 독자적으로 발의하고, 의결한 후 A시 시장에게 이송하였다. 이 사건 조례안의 주된 내용은 다음과 같다. (총25점)

> (1) 시정연구위원회는 A시 의회 소속 하에 두되 그 직무에 있어서는 독립된 지위를 가진다.
> (2) A시의 위상 강화 방안, 의결기관과 집행기관의 통합형과 대립형에 관한 검토, 주민참여제도의 활성화 방안 수립 등을 그 업무범위로 한다.

1) 이 사건 조례안은 적법한지 검토하시오. (15점)
2) 만약 이 사건 조례안이 법령에 위반됨에도 불구하고 A시 시장이 재의요구를 하지 않고 있다면, 행정안전부장관은 「지방자치법」상 어떤 조치를 강구할 수 있는지 검토하시오. (10점)

---

1) 조례가 공포되어서 시행된 이후에는 지방자치법 제192조8항이 적용되는 경우 이외에는 교육부장관의 쟁송수단은 인정되기 어렵다. 공포 후에는 조례에 대한 구체적 규범통제가 문제될 뿐이다(예외적으로 처분적 조례에 대한 항고소송이 가능)..조례안이 공포되기 이전에는 지방자치법상의 재의요구지시, 제소지시 및 직접제소 등이 가능하다.

해설

1. 설문(1)

지방자치단체가 합의제 행정기관을 설치하는 것은 지방자치단체의 조직에 관한 것으로 지방자치법 제13조2항 1호의 지방자치단체의 사무라고 할 수 있으므로 조례제정의 대상이다.
합의제 행정기관을 설치하는 것은 직접 주민의 권리를 제한하거나 의무부과에 관한 사항이 아니므로 자치법 제28조1항 단서의 법률유보원칙 위반이라고 할 수는 없다.
그러나 자치사무라도 지방자치단체의 장의 고유권한에 관하여는 조례로 침해할 수 없고, 지방자치단체장의 고유권한이 아닌 사항에 대해서도 그 사무집행에 관한 집행권을 본질적으로 침해하는 것은 허용되지 않는다.

판례 지방자치법은 지방자치단체의 의사를 내부적으로 결정하는 최고의결기관으로 지방의회를, 외부에 대하여 지방자치단체의 대표로서 지방자치단체의 의사를 표명하고 그 사무를 통할하는 집행기관으로 단체장을 독립한 기관으로 두고, 의회와 단체장에게 독자적인 권한을 부여하여 상호 견제와 균형을 이루도록 하고 있으므로, 법률에 특별한 규정이 없는 한 조례로써 견제의 범위를 넘어서 상대방의 고유권한을 침해하는 규정을 제정할 수 없다. 지방의회는 조례의 제정 및 개폐, 예산의 심의·확정, 결산의 승인, 기타 지방자치법 제39조(현행 47조)에 규정된 사항에 대한 의결권을 가지는 외에 지방자치법 제41조(현행 49조) 등의 규정에 의하여 지방자치단체사무에 관한 행정사무감사 및 조사권 등을 가지므로, 이처럼 법령에 의하여 주어진 권한의 범위 내에서 집행기관을 견제할 수 있는 것이지 법령에 규정이 없는 새로운 견제장치를 만드는 것은 집행기관의 고유권한을 침해하는 것이 되어 허용할 수 없다.
이 사건 조례안규정에 따르면, 지방의회가 의결로 집행기관 소속 특정 공무원에 대하여 의원의 자료제출 요구에 성실히 이행하지 않았다는 구체적인 징계사유를 들어 징계를 요청할 수 있다는 것인바, 이 같은 징계요청은 집행기관에 정치적·심리적 압박으로 작용하여 견제수단으로서 실질적으로 기능할 수 있다고 보인다. 이 같은 견제장치는 법령에 없는 새로운 것으로서 지방의회가 지방자치단체 장의 소속 직원에 대한 징계권 행사에 미리 적극적으로 개입하는 것을 허용하는 것이므로, 집행기관의 고유권한을 침해하여 위법하다(대판 2011.4.28, 2011추18).

2. 설문(2)

A시 의회가 의결한 조례안에 대하여 A시 시장이 재의요구를 하지 않고 있는 경우 A시의 직근 감독기관인 도지사가 재의요구지시를 하지 않는 경우 행정안전부장관이 직접 재의요구지시를 할 수 있는지 문제된다.
기초자치단체장인 시·군·구청장이 시·군·구의회의 재의결에 대해 재의요구를 하지 않는 경우에 시·도지사가 재의요구 지시를 하지 않는 경우 주무부장관이나 행정안전부장관이 직접 재의요구지시를 할 수 있는지 문제되는데 종전 지방자치법은 규정이 없었다. 아울러 시·군·구청장이 재의결에 대해 제소하지 않은 경우에 시·도지사의 직접제소규정은 있지만 행정안전부장관의 직접제소 규정은 없었다. 이에 따라 대법원은 지방의회의 재의결에 대한 제소 지시 또는 직접 제소 권한은 관련 의결에 관하여 지방자치단체의 장을 상대로 재의요구를 지시할 권한이 있는 기관에만 있다고 해석하면서 시·군·구청장이 시·군·구의회의 재의결에 대해 대법원에 제소하지 않는 경우 주무부장관이 직접제소를 허용하지 않았다.
개정 자치법은 시·군 및 자치구의회의 의결이 법령에 위반된다고 판단됨에도 불구하고 시·도지사가 재의를 요구하게 하지 아니한 경우 주무부장관이 직접 시장·군수 및 자치구의 구청장에게 재의를 요구하게 할 수 있도록 하였고(제192조 2항). 이에 따라 재의결된 사항이 법령에 위반된다고 판단됨에도 불구하고 해당 지방자치단체의 의장이 소를 제기하지 아니하면 주무부장관이 그 지방자치단체의 장에게 제소를 지시하거나 직접 제소 및 집행정지결정을 신청할 수도 있도록 하고 있다(제192조 5항).
A시 시장이 재의요구를 하지 않고 있다면 행정안전부장관은 지방자치법 제192조2항에 근거하여 재의요구지시를 할 수 있고, A시 시장의 재의요구에도 불구하고 재의결된 경우 A시 시장이 대법원에 제소를 하지 않으면 제소지시 및 직접제소도 할 수 있다.

사례 153 조례에 대한 단체장과 감독기관의 통제 [행시(일행) 2008]

A시의 의회는 시민들의 문화예술공간을 확보한다는 명분으로 과도한 예산을 들여 대규모 문화예술회관을 건립하기로 의결하였다. 그러나 이 사업의 실상은 차기 지방선거와 국회의원총선거를 대비한 선심성 사업에 지나지 않는 것이었다. 이에 감독기관인 B는 의회의 의결이 현저히 공익에 반한다는 이유로 A시의 시장으로 하여금 의회에 재의결을 요구하도록 지시하였다. 그러나 A시의 시장은 위와 같은 감독기관의 재의요구지시를 묵살한 채 이 사업을 시행하려고 한다.

1. 감독기관인 B가 이 사업을 제지할 방안에 대해서 검토하시오(15점)
2. 만약 A시의 시장이 B의 지시를 수용하여 재의를 요구하였으나 의회가 동일한 내용으로 재의결한 경우 이 사업을 제지할 방안에 대해서 검토하시오(15점)

[설문 1] 감독기관 B의 사업제지방안

I. 문화예술회관건립이 자치사무 해당 여부

사안의 문화예술회관건립은 주민의 복지증진에 관한 사무로서 지방자치법 제9조 2항 2호 너목의 사회복지시설에 해당되어 자치사무에 해당한다.

II. 감독기관 B가 사업을 제지할 방안

1. 대법원에 직접 제소 및 집행정지 신청(자치법 제192조 8항)

자치법 제192조 8항은 "법령 위반"만 가능하므로 사안의 의결은 '현저히 공익에 반하는 경우'에 해당하는 이상 직접제소 및 집행정지결정의 신청은 부정된다.

2. 시정명령(자치법 제188조)

사안의 경우 지방자치단체장의 명령이나 처분이 문제되는 경우가 아니므로 감독기관의 시정명령 대상이 되지 않는다.

3. 직무이행명령(자치법 제189조)

사안의 문화예술회관건립 사무는 자치사무로서 기관위임사무가 아니므로 직무이행명령대상이 되지 않는다.

4. 자치사무에 대한 감사(자치법 제190조)

자치사무에 대한 감사는 자치법 제190조에 의하면 '법령에 위반하는 경우'에만 할 수 있는바 역시 허용되지 않는다.

[설문 2] 의회의 재의결시 사업제지방안

I. A시 시장의 제소 및 집행정지결정의 신청(자치법 제192조 4항)

자치법 제192조 4항에 따르면 지방자치단체의 장은 조례의 재의결된 사항이 법령에 위반된다고 판단되면 재의결된 날부터 20일 이내에 대법원에 소를 제기할 수 있고 이 경우 필요하다고 인정되면 그 의결의 집행을 정지하게 하는 집행정지결정을 신청할 수 있다. 사안은 '현저히 공익에 반하는 경우'에 해당하므로 제소 및 집행정지결정의 신청이 인정되지 않는다.

II. 감독기관 B의 제소지시 또는 직접제소 및 집행정지결정 신청(자치법 제192조 5항)

감독기관 B의 제소지시 또는 직접제소 및 집행정지결정 신청 역시 "법령에 위반된 경우"에만 인정되므로 사안의 경우 '현저히 공익에 반하는 경우'에 해당하여 인정되지 않는다.

III. 주민의 감사청구 및 주민소송

지방자치법 제21조, 제22조에 의한 주민의 감사청구 및 주민소송이 인정되나 주민의 감사청구나 주민소송은 A시의 시장이 지방회의 의결에 따라 사업을 시행한 경우에 비로소 가능하므로 사안의 경우 A시 시장이 사업을 시행한 경우라 보기 어려우므로 감사청구나 주민소송도 인정되기 어렵다.

유제 1 [행시 2015]

X광역시 Y구의회는 「X광역시 Y구 행정사무감사 및 조사에 관한 조례 중 일부 개정조례안」을 의결하여 Y구청장에게 이송하였다. 위 조례안의 개정 취지는 지방의회가 의결로 집행기관 소속 특정 공무원에 대하여 의원의 자료제출요구에 성실히 이행하지 않았다는 구체적인 징계사유를 들어 징계를 요구할 수 있다는 것이다. 이에 Y구청장은 위 개정조례안이 법령에 없는 새로운 견제장치를 만들어 지방의회가 집행기관의 고유권한을 침해하는 것으로 위법하다고 주장하였다. 위 개정조례안에 대한 Y구청장의 통제방법을 검토하고, Y구청장의 주장이 타당한지를 논하시오.(20점)

해 설

Y구청장은 조례안에 이의가 있는 경우 지방자치법 제32조, 제120조에 의한 재의요구를 할 수 있고, 제120조에 의해 재의결에 대해 대법원에 제소할 수 있다.[1]

지방의회가 의결로 집행기관 소속 특정 공무원에 대하여 의원의 자료제출 요구에 성실히 이행하지 않았다는 구체적 징계사유를 들어 징계를 요구할 수 있다는 내용의 조례안을 정한바 이는 실질적으로 집행기관인 지방자치단체장의 권한에 속하는 집행기관 소속 공무원에 대한 인사권에 의결기관인 지방의회가 대등한 지위에서 사전적, 적극적으로 개입하는 것으로 볼 수 있다. 따라서 권력분립관점에서 지방자치법에 반해, 법률우위원칙에 반해 위법하며 Y구청장의 주장은 타당하다.

---

[1] 본문사례처럼 감독기관의 재의요구지시에 따라서 재의요구를 하는 경우가 아니므로 지방자치법 제192조의 문제가 아님을 주의해야 한다.

유제 2 [행시(일행) 2014]

A市 의회는 공개된 장소뿐만 아니라 주거용 주택의 내부인 비공개장소에도 영상정보처리기기를 설치하려는 자는 영상정보처리기기 설치허가를 받도록 하고, 이를 위반한 경우 50만원 이하의 과태료를 부과하는 것을 내용으로 하는 조례안을 의결하였다. 위 조례안은 적법한가? 만약 A市 시장이 위 조례안을 위법하다고 판단한 경우, A市 시장이 조례안의 위법성을 통제할 수 있는 법적 수단은? (20점)

* 개인정보보호법
제25조 (영상정보처리기기의 설치·운영 제한)
① 누구든지 다음 각 호의 경우를 제외하고는 공개된 장소에 영상정보처리기기를 설치·운영하여서는 아니 된다.
  1. 법령에서 구체적으로 허용하고 있는 경우
  2. 범죄의 예방 및 수사를 위하여 필요한 경우
  3. 시설안전 및 화재 예방을 위하여 필요한 경우
  4. 교통단속을 위하여 필요한 경우
  5. 교통정보의 수집·분석 및 제공을 위하여 필요한 경우
② 누구든지 불특정 다수가 이용하는 목욕실, 화장실, 발한실(發汗室), 탈의실 등 개인의 사생활을 현저히 침해할 우려가 있는 장소의 내부를 볼 수 있도록 영상정보처리기기를 설치·운영하여서는 아니 된다. 다만, 교도소, 정신보건 시설 등 법령에 근거하여 사람을 구금하거나 보호하는 시설로서 대통령령으로 정하는 시설에 대하여는 그러하지 아니하다.

해설

영상처리기기의 설치허가에 대한 사무가 개인정보보호법 등의 법률에서 지방자치단체 또는 지자체장에게 그 권한의 이전이 있는 것으로 보기 어렵고, 그 사무의 성질상 전국적으로 통일적인 처리가 요구되는 점을 감안하더라도 이를 기관위임사무로 해석하기는 어렵다. 조례제정의 대상이 된다.

조례안은 비공개장소에의 영상정보처리기기 설치에 대하여 설치허가를 요구하고, 위반 시 과태료를 부과하는 침익적 성질을 갖는다. 이에 따라 지방자치법 제28조 단서의 적용을 받아 법률상 근거를 필요로 함에도 개인정보보호법 등의 법률에서 법률상 근거를 찾을 수 없으므로 조례안은 법률유보의 원칙에 반하여 위법하다. 조례안은 개인정보보호법이 규율하고 있지 아니한 주택의 내부인 비공개장소에서의 영상정보처리기기 설치에 대해 규율하는 추가조례의 성질을 갖는다. 법률선점이론에 의할 때 조례안은 개인정보보호법에서 규율하고 있는 사항을 다른 내용으로 규율함으로써 개인정보보호법 제25조에 반하여 위법하다. 수정법률선점이론 및 판례의 입장에 의하더라도 해당 조례안이 침익적 성질을 갖는 점, 영상정보처리기기 규율의 성질 상 전국적으로 통일적인 처리가 필요한 점 등을 고려할 때 조례안이 허용된다고 보기 어렵다. 조례안은 법률우위의 원칙에 반하여 위법하다.

위법한 조례안에 대하여 A시 시장은 지방자치법 제32조, 제120조에 의한 재의요구를 할 수 있고, 제120조에 의해 재의결에 대해 대법원에 제소할 수 있다.

유제 3 [사시 2016]

「사설묘지 등의 설치에 관한 법률」은 국가사무인 사설묘지 등의 설치허가를 시·도지사에게 위임하면서, 설치허가를 받기 위해서는 사설묘지 등의 설치예정지역 인근주민 2분의 1 이상의 찬성을 얻도록 규정하고 있다. X도의 도지사 甲은 「X도 사무위임조례」에 따라 사설묘지 등의 설치에 관한 사무의 집행을 관할 Y군의 군수 乙에게 위임하였다. Y군의 군의회는 乙이 사설묘지 등의 설치를 허가하기 위해서는 사설묘지 설치예정지역 인근주민 3분의 2 이상의 찬성을 얻도록 하는 내용의 「Y군 사설묘지 등 설치허가 시 주민동의에 관한 조례안(이하 '이 사건 조례안'이라 한다)」을 의결하였다. 이에 乙은 이 사건 조례안이 위법하다는 이유로 Y군 군의회에 재의를 요구하였으나, Y군 군의회는 원안대로 이를 재의결하였다.

1. 이 사건 조례안은 적법한가? (15점)
2. 재의결된 이 사건 조례안에 대하여 甲과 乙이 취할 수 있는 통제방법은 각각 무엇인가? (10점)

※「사설묘지 등의 설치에 관한 법률」과 「Y군 사설묘지 등 설치허가 시 주민동의에 관한 조례안」은 가상의 것임

해 설

1. 설문 1.

사설묘지 등의 설치허가 사무는 국가사무가 X도지사에게 위임되었고, X도지사가 다시 Y군의 군수 乙에게 재위임한 것으로서 기관위임사무에 해당한다. X도지사는 위임받은 국가사무를 위임기관의 승인을 얻어서 규칙으로 재위임할 수는 있으나(정부조직법 제6조2항, 행정권한의 위임 및 위탁에 관한 규정 제4조), 사안은 X도 조례로 재위임한 것이어서 재위임 자체가 하자가 있을 뿐만 아니라 Y군 조례로 규율할 수 없는 사무를 조례로 규율한 것이다.[2] 기관위임사무는 법령에서 조례로 정할 수 있도록 위임하지 않는 한 조례제정의 대상이 아니다. 설문에서는 위임한 바가 없으므로 조례제정의 대상이 될 수 없다.

법률유보와 관련하여서는 자치법 제28조 단서는 지방자치단체의 사무인 자치사무와 단체위임사무에 대해서 적용되는 것이고 국가사무가 기관위임된 경우에는 법령에서 위임의 근거가 있지 않는 한 조례로 제정할 수 없으므로 사안에서는 자치법 제28조 단서가 직접 적용되지는 않는다.

사설묘지 설치예정지역 인근주민 3분의 2 이상의 찬성을 얻도록 하는 내용의 조례안은 2분의 1 이상의 찬성을 얻도록 규정하고 있는 사설묘지 등의 설치에 관한 법률」에도 반하는 것으로 법률우위원칙에도 반한다.

사안에서의 조례안은 조례제정의 대상이 될 수 없으며 법률우위원칙에도 반하는 바 위법하다.

2. 설문 2.

도지사 甲은 대법원에 직접제소 및 집행정지결정 신청을 할 수 있으며, 군수 乙은 대법원에 제소 및 집행정지결정을 신청함으로써 조례안에 대한 적법성을 유지할 수 있다.

---

[2] 설문은 Y군 조례안의 하자를 묻고 있는데, X도 조례 역시 위임과정에서 하자가 있는 조례이다.

사례 154   자치법 제188조 시정명령과 불복수단   [행시(재경) 2007]

A광역시 B구의 乙구청장은 구립체육관의 수영장이용규칙을 제정하면서 주말과 공휴일 그리고 수용능력을 초과하는 경우에는 B구의 주민이 우선적으로 해당 수영장을 이용할 수 있도록 규정하였다. 또 B구 주민은 해당 수영장을 무료로 이용할 수 있도록 규정하고 B구 이외의 시민은 이용이 가능한 경우에도 B구 乙구청장이 정하는 바에 의하여 실비의 입장료를 내고 해당 수영장을 이용하도록 하였다.

1. 이에 광역시 甲 시장은 B구 乙구청장이 제정한 규칙의 내용이 법령에 위반되는 것으로 판단하여 시정명령을 내렸다. 이와 관련된 법적 쟁점을 검토하시오. (25점)
2. A광역시 C구 주민 丙은 자신도 B구 주민과 동등한 조건으로 해당 수영장을 이용할 수 있도록 권리구제수단을 강구하려고 한다. 이와 관련된 권리구제 제도를 검토하시오. (25점)

[설문 1] 시정명령과 관련된 법적 쟁점 (25점)

I. 문제의 소재

시정명령이 적법한지 여부가 문제되는데 甲시장의 시정명령은 乙구청장이 제정한 규칙에 대한 것인바 시정명령의 대상과 관련하여 수영장이용규칙의 법적성질을 검토하고 자치사무라면 적법성통제에 그치므로 규칙이 위법한 것인지 검토해야 한다. 만약 시정명령이 위법하다면 乙구청장의 불복수단을 간단히 살펴본다.

II. 甲시장의 시정명령의 적법여부

1. 시정명령 및 취소·정지의 의의

지방자치법 제188조는 지방자치단체의 사무에 관한 지방자치단체장의 명령(일반적·추상적 규율로서 규칙)이나 처분이 법령에 위반되거나 현저히 부당하여 공익을 해하는 경우 감독기관은 시정명령을 할 수 있고 불이행시 명령이나 처분을 취소하거나 정지할 수 있도록 하고(제1항), 한편 지방자치단체의 장은 자치사무에 관한 명령이나 처분의 취소 또는 정지에 대하여 이의가 있으면 대법원에 소를 제기할 수 있도록 하고 있다(제2항).

이는 국가 법질서의 통일 및 공익의 보호를 위하여 국가기관에 의한 지방자치단체의 장의 명령이나 처분에 대한 행정적 통제(사후적·교정적 감독수단)를 규정하는 한편, 지방자치단체의 자치행정권을 보장하기 위하여 국가기관의 통제의 한계 및 부당한 통제에 대한 불복을 규정하고 있는 것이다.

2. 시정명령의 대상

기관위임사무도 포함하는 견해가 있으나, 기관위임사무는 자치법 제185조 및 행정권한의 위임 및 위탁에 관한 규정 제6조에 의해 국가기관의 일반적인 지휘감독을 받으므로 명문규정이 없어도 감독기관은 시정명령을 발하고 불이행시 취소·정지할 수 있으며 또한 법문의 '지방자치단체의 사무'는 자치사무와 단체위임사무를 지칭하는 개념이므로 제외된다고 보는 것이 타당하다. 다만 자치사무는 법령에 위반하는 것에 국한한다.

대상은 자치단체장의 명령이나 처분인데, 명령은 일반적·추상적 규율로서 규칙을 의미한다. 자치단체장의 처분과 관련하여 판례는 항고소송의 대상이 되는 처분으로 제한할 필요가 없다고 하면서 서울시장의 공무원채용공고를 시정명령의 대상이 되는 처분으로 인정하고 있다.

설문에서 구립체육관 수영장 이용관련 사무가 자치사무라면 수영장이용규칙이 위법할 때에만 감독청의 시정명령 발령이 적법하다 할 수 있으므로 수영장이용 관련사무의 법적성질이 문제된다.

3. 수영장이용관련사무의 성질

해당 사무가 자치사무인지 위임사무인지 문제되는 경우 판례는 구별기준으로 "법령의 규정형식과 취지를 우선 고려하여야 하지만 그 외에도 그 사무의 성질이 전국적으로 통일적인 처리가 요구되는 사무인지 여부나 그에 관한 경비부담과 최종적인 책임귀속의 주체 등도 아울러 고려하여야 한다"고 한다.

사안의 구립체육관의 이용에 관한 사무는 자치법 제13조 2항 5호 나목에서 예시하고 있고 이러한 체육관 등의 이용에 관한 사무의 성질상 지역적이고 자율적인 규율을 허용하는 것으로 판단되므로 자치사무에 해당한다.

4. 수영장이용규칙의 위법성 여부

(1) 주민의 공공시설이용권

지방자치법은 주민은 법령으로 정하는 바에 따라 소속 지방자치단체의 재산과 공공시설을 이용할 권리를 가진다고 규정하여 주민의 공공시설이용권을 인정하고 있다(제17조2항). 이용권의 대상은 지자체의 재산과 공공시설이며, 이용주체는 주민이다. 따라서 도로와 같이 개방된 공공용물을 제외하고는 공공시설의 수용능력이나 관리목적등에 의해 주민과 비주민과의 합리적 범위 내의 차별은 허용된다. 지방자치단체는 정당한 사유가 없는 한 주민에게 재산 및 공공시설의 이용을 거부하여서는 안 된다.

(2) 사안의 경우

사안의 경우 주말과 공휴일 그리고 수용능력을 초과하는 경우에는 B구의 주민이 우선적으로 해당 수영장을 이용할 수 있도록 규정하고 B구 이외의 시민은 이용이 가능한 경우에도 B구 乙구청장이 정하는 바에 의하여 실비의 입장료를 내고 해당 수영장을 이용하도록 한 것인데 합리적 범위 내의 제한이라고 할 수 있으므로 수영장이용규칙은 적법하다.

5. 소 결

甲시장의 시정명령은 적법한 수영장이용규칙에 대해 발령한 것으로 위법하다.

Ⅲ. 위법한 시정명령에 대한 乙구청장의 불복

지방자치법 제188조 제5항은 자치사무에 관한 명령이나 처분의 취소 또는 정지에 대하여서만 소를 제기할 수 있다고 규정하고, 지방자치법 제188조 제1항에 따라 행한 시정명령에 관하여는 대법원에 소를 제기할 수 있다는 규정을 두고 있지 않다. 따라서 위법한 시정명령에 대해 乙구청장이 대법원에 제소할 수는 없다. 판례도 주무부장관이 지방자치법 제188조 제1항에 따라 시·도에 대하여 행한 시정명령에 관하여는 대법원에 소를 제기할 수 있다는 규정을 두고 있지 않으므로, 시정명령의 취소를 구하는 소송은 허용되지 않는다고 한다.

현행법상으로는 감독청이 기간을 정하여 시정명령을 발하고 그 기간 내에 이를 이행하지 않는 경우 감독청이 지방자치단체장의 명령이나 처분을 취소하거나 정지할 수 있는바 이 취소나 정지에 대해 대법원에 제소할 수 밖에 없다.

[설문 2] 주민 丙의 권리구제수단 (25점)

I. 이용거부처분에 대한 취소소송 및 구체적 규범통제(헌법 제107조 2항)

사안의 수영장이용규칙은 자치법규로서 규칙에 해당하므로 주민 丙은 수영장에 대한 무료입장이 거부당한 경우 그 거부처분에 대하여 항고소송을 제기하면서 그에 부수하여 그 거부처분의 근거인 수영장이용규칙의 위법여부심사청구가능하다. 다만, 수영장이용규칙은 적법하므로 이에 근거한 병에 대한 무료이용거부처분도 적법할 것이다.

II. 수영장이용규칙을 대상으로 한 항고소송

조례는 일반적·추상적 규율로서 행정소송법상 처분이 아니므로 항고소송의 대상이 아니나, 예외적으로 조례가 집행행위의 개입 없이도 그 자체로서 직접 국민의 구체적인 권리의무나 법적 이익에 영향을 미치는 등의 법률상 효과를 발생하는 경우에는 처분적 조례로서 항고소송의 대상이 되는 행정처분에 해당한다. 수영상이용규칙도 마찬가지의 논리로 처분적 규칙에 해당하면 처분에 해당된다. 그러나 수영장이용규칙은 처분적규칙이 아니므로 항고소송의 대상이 되지 않는다.

III. 헌법소원

법규명령이나 조례에 대해 헌법재판소법 제68조 1항에 의한 헌법소원이 가능한지 견해대립이 있다. 학설은 헌법소원의 보충성 및 헌법 제107조2항이 법률에 대한 위헌심사권과 명령·규칙의 위헌·위법심사권을 구분하여 후자는 법원에 부여하고 있음을 근거로 하는 부정설과 , 헌법 제107조2항은 '재판의 전제'가 된 경우에 적용될 뿐이고, 재판의 전제여부에 상관없이 법규명령이 국민의 기본권을 침해한 경우에는 헌법소원이 가능하다는 긍정설이 대립한다.

헌법재판소는 법무사법시행규칙 헌법소원 사건 등에서 법규명령이 직접 국민의 기본권을 침해하는 경우 법규명령에 대한 헌법소원을 인정하고 있다.

乙구청장이 제정한 규칙에 의하여 별도의 처분이 없이도 丙은 수영장이용에 있어서 직접적인 차별대우를 받게 되므로 주민 丙은 헌법소원을 청구할 수도 있다.

IV. 규칙 개정 청구

주민은 지방자치단체장에게 규칙(권리·의무와 직접 관련되는 사항으로 한정한다)의 제정, 개정 또는 폐지와 관련된 의견을 제출할 수 있다(제21조1항). 법령이나 조례를 위반하거나 법령이나 조례에서 위임한 범위를 벗어나는 사항은 의견 제출 대상에서 제외한다(제21조2항). 지방자치단체의 장은 제1항에 따라 제출된 의견에 대하여 의견이 제출된 날부터 30일 이내에 검토 결과를 그 의견을 제출한 주민에게 통보하여야 한다(제21조3항).

주민 丙은 A광역시장에게 광역시 차원에서 동등한 조건의 이용을 규율하는 규칙으로 개정해 달라는 의견을 제출할 수 있다.

사례 155　승진임용처분에 대한 취소권 행사　　[행시(재경) 2010]

K도지사 甲은 공무원의 근무기강 확립차원에서 K도 내의 시장·군수에게 '근무지 이탈자에 대한 징계업무 처리지침'을 시달하여 소속 공무원이 업무시간에 개인업무를 처리하기 위하여 자리를 비우는 일이 없도록 복무관리를 철저히 할 것을 당부하였다. 그런데 K도 Y시의 공무원 A가 근무시간 중에 자리를 비운 것이 사회적 문제가 되자 甲은 Y시 시장 乙에게 A에 대하여 징계의결을 요구할 것을 지시하였다. 그러나 乙은 오히려 근무성적평정이 양호한 것을 이유로 A에 대한 승진임용처분을 행하였는바, 이와 관련하여 다음의 질문에 답하시오. (총 30점)

1) 乙의 승진임용처분에 대한 甲의 취소가능 여부를 논하시오. (20점)
2) 만일 A에 대한 승진임용처분이 甲에 의하여 취소된 경우 乙이 다툴 수 있는 방법에 대해 논하시오. (10점)

[설문 1] 乙의 승진임용처분에 대한 甲의 취소가능성 (20점)

I. 문제의 소재

乙의 승진임용처분에 대해 도지사 甲이 직권취소할 수 있기 위해서는 지방자치법 제188조의 요건이 충족하는지를 검토하여야 한다. 먼저 승진임용처분이 자치사무인지, A를 승진시킨 임용처분이 재량의 일탈 남용에 해당하는지, 해당한다면 지방자치법 제188조 제1항의 법령위반에 해당하는지 문제되며, 요건이 충족되어도 甲이 승진임용처분을 취소한 것은 재량의 일탈·남용이 있는지 문제된다.

II. 지방자치법 제188조의 시정명령 및 취소·정지

1. 의 의

2. 대 상

III. 乙의 승진임용처분의 성질

Y시 공무원 A의 승진임용처분은 지방자치단체의 실정을 고려한 것이고 지방자치법 제13조 제2항 제1호 마목 소속 공무원의 인사에 해당하는 사무이므로 자치단체의 자치사무에 해당한다. 또한 공무원에 대한 승진 여부는 평소 공무원의 근무성적과 공무원으로서의 의무 위반 여부 등을 종합적으로 고려하여 결정한다는 점에서 재량행위에 해당한다. 자치사무이므로 지방자치법 제188조의 시정명령, 취소 정지의 대상이 된다.

IV. 승진임용처분의 재량권의 일탈·남용 여부

1. 문제점

A가 근무시간 내에 근무지를 이탈한 것은 직무상 의무인 성실의무 내지는 직장이탈금지의무를 위반한 경우에 해당하여 징계사유에 해당한다. 승진임용여부는 임용권자의 재량에 속하는 문제라도 징계사유가 있음에도 불구하고 징계의결요구를 하지 아니하고 승진임용을 한 것이 임용권자의 재량권 일탈·남용에 해당하는지 견해가 대립한다.

2. 위법설

징계사유가 있는 경우는 지방공무원임용령 제34조1항1호의 제한규정으로 승진임용이 원천적으로 불가능한 것인데도, 징계절차상 의무를 이행하지 아니한 채 오히려 당해 공무원을 승진시킴으로써 제한규정을 잠탈하는 결과를 초래하였다는 점에서 재량권 일탈·남용이 있다는 견해이다. 대법원 전원합의체 판례의 다수의견의 입장이다.

3. 적법설

승진처분은 일순간의 과오만이 아니라 근속기간이나 경력, 근무성적, 상훈 등을 종합적으로 고려하여 결정하는 것으로, 승진 당시에 공무원에 대한 징계의결요구가 있었던 것이 아니라면 장차 그가 어느 정도의 징계를 받을지 아니면 징계를 받지 않을지 알 수 없는 상황에도 불구하고 다른 어떠한 사정도 고려함이 없이 단지 징계의결요구를 하지 않았다는 이유만으로 승진처분이 재량권 일탈·남용한 것으로 단정할 수 없다는 견해이다. 대법원 전원합의체 판례의 반대의견의 입장이다.

4. 검토 및 사안의 경우

공무원 A의 행위는 임용권자의 징계의결요구 의무가 인정될 정도의 징계사유에 해당함이 명백하므로 시장 乙은 지체 없이 관할 인사위원회에 징계의결의 요구를 하여야 한다. 乙이 징계의결요구 의무를 이행하였더라면 갑의 승진임용이 원천적으로 불가능[1]한 것인데, 시장 乙은 도지사 甲의 징계의결요구의 지시를 무시하고 승진임용한 것이므로 A에 대한 승진임용은 재량권의 일탈, 남용이 있는 위법한 처분에 해당한다.

V. 재량권의 일탈·남용이 제188조의 법령위반에 해당되는지 여부

1. 문제점

승진임용처분은 자치사무로, 지방자치법 제188조는 자치사무는 법령위반이 있는 경우에만 취소 정지가 가능하다고 규정하고 있어 재량의 일탈 남용이 법령위반에 해당하는지 문제된다.

2. 적극설

법령에 위반되는 경우라 함은 명령이나 처분이 현저히 부당하여 공익을 해하는 경우, 즉 합목적성을 현저히 결하는 경우와 대비되는 개념으로, 시·군·구의 장의 사무의 집행이 명시적인 법령의 규정을 구체적으로 위반한 경우뿐만 아니라 그러한 사무의 집행이 재량권을 일탈·남용하여 위법하게 되는 경우를 포함한다는 견해이다. 대법원 판례의 다수의견의 입장이다.

3. 소극설

헌법이 보장하는 지방자치제도의 본질상 지방자치제도의 본질적 내용이 침해되지 않도록 헌법합치적으로 조화롭게 해석하여야 하는 바, 일반적인 '법령위반'에는 '재량권의 일탈·남용'도 포함된다고 보는 것과 달리, 재량권의 일탈·남용이 있는 경우는 포함되지 않는다는 견해이다. 대법원 판례의 반대의견의 입장이다.

---

[1] 지방공무원 임용령 제34조1항은 징계의결요구중인 공무원은 승진임용될 수 없다고 규정하고 있다.

4. 검토 및 사안의 경우

생각건대 지방자치사무도 법률이 허용하는 범위 안에서 인정되며, 위법한 자치사무에 대해서 상급지방자치단체 또는 국가는 직접 지도·감독권을 발휘하여 국법질서를 유지할 책임이 있다는 점을 고려할 때 보통의 법령위반의 개념과 달리 해석할 이유가 없다. 대법원 다수의견이 타당하다. 재량의 일탈·남용이 있는 乙시장의 승진임용처분은 지방자치법 제188조의 법령위반에 해당한다.

Ⅵ. 甲의 취소처분의 재량권 일탈·남용 여부

지방자치법 제188조의 감독처분은 법문언상 재량행위이다. 따라서 자치단체장의 위법한 승진임용처분에 대한 취소권 행사가 재량권의 일탈·남용이 있는지는 별개로 검토되어야 한다.[2]

설문과 같은 사안에서 대법원 판례의 다수의견은 취소권 행사에 재량권의 일탈·남용이 없다고 한다. 그러나 반대의견은 국가 등의 자치사무에 대한 감독권 행사는 지방자치를 보장하는 범위 내에서 최소한도로 이루어지는 것이 헌법합치적인 해석이며 따라서 자치사무수행에 관한 지방자치단체의 결정권을 크게 위축시키거나 무의미하게 하지 않는 방향으로 이루어져야 하며 이를 넘어선 경우 취소권의 행사가 오히려 재량권의 일탈·남용에 해당한다고 한다.[3]

판례의 반대의견은 지방자치법상 감독권행사의 근거규정은 국가적 차원에서 법질서의 통일성과 공익보호라는 목적을 위해 국가 혹은 상급자치단체장에 대해 행정적 통제장치의 수단을 부여한 성격을 간과하고 있다는 점에서 찬성하기 어렵다. 사안의 경우 K도지사가 승진처분을 취소한 것은 재량권의 한계로서 목적위반이나 비례원칙 등을 준수한 것으로 재량권의 일탈·남용이 없으므로 적법하다.

Ⅶ. 소 결

판례의 다수의견에 의하면 乙의 승진임용처분은 재량의 일탈·남용이 있는 위법한 처분으로 지방자치법 제188조의 법령위반에 해당하므로 이에 대한 甲의 취소는 가능하다.

[설문 2] 乙의 불복수단 (10점)

Ⅰ. 문제의 소재

사안에서 甲이 승진임용처분을 취소한 경우 乙의 불복 수단으로는 지방자치법 제 188조 제5항에 의한 제소를 고려할 수 있다. 동조에 의한 소송에 대해 검토한다.

Ⅱ. 지방자치법 제188조 6항에 의한 이의소송

지방자치법 제188조 제6항은 자치권을 보장하기 위해서 지방자치단체의 장은 제 1항에 따른 자치사무에

---

[2] 구청장의 승진임용처분이 재량권의 일탈·남용이 있다는 것과 광역시장의 감독처분에 재량권의 일탈·남용이 있는 것은 별개이다. 감독처분의 재량권의 일탈·남용 여부를 논점에서 누락하기 쉬운데, 즉 법령위반 사유만 있으면(병구청장의 승진임용처분이 재량권의 일탈·남용이 있어서 위법하다면) 을시장의 승진임용취소처분은 적법하다고 바로 결론을 내릴 수가 있지만 이 논점까지 반드시 언급하는 것이 좋다.

[3] 지방자치법188조의 취소, 정지의 조문구조를 보면 "법령위반"이 있는 "자치사무"에 관한 단체장의 권한 행사에 대해서 시정명령을 불이행하는 것이 요건이고, "취소하거나 정지할 수 있다"가 효과로 되어 있다. '자치사무' '법령위반'이라는 요건이 구비되었다고 하더라도 바로 취소, 정지가 적법하다는 것이 아니라 비례의 원칙 등 감독권 행사의 위법성 여부가 독자적으로 판단되어야 한다. 지방자치권의 실효적 보장을 위해서는 엄격한 비례원칙이 적용되어야 한다는 것이다.

대한 명령이나 처분의 취소 또는 정지에 대해 이의가 있으면 그 취소를 통보받은 날로부터 15일 이내에 대법원에 소를 제기할 수 있다고 규정하고 있다. 따라서 乙은 甲의 취소 통보를 받은 날로부터 15일 내에 이의소송을 제기함으로써 불복할 수 있다.

III. 이의소송의 대상

자치사무에 대한 취소·정지에 대해서만 제기할 수 있으며 단체위임사무나 기관위임사무는 제기할 수 없다. 시정명령도 처분성을 가진다고 볼 수도 있지만 제188조의 문언이 취소·정지만을 소의 대상으로 하고 있으며 제소기간을 취소·정지처분을 통보받은 날로부터 기산하고 있는 점에 비추어 시정명령은 이의소송의 대상이 되지 않는다고 보아야 한다. 판례 역시 시정명령에 관해 대법원에 소를 제기할 수 있다는 규정을 두고 있지 않다는 이유를 들어 허용하지 않고 있다.

IV. 이의소송의 성질

행정기관간의 소송이므로 기관소송으로 보는 견해도 있으나, 동일한 행정주체에 속하는 기관간의 소송이 아니며, 국가의 감독처분에 대하여 지방자치단체의 자치권을 보호하기 위해 허용하는 특수한 형태의 항고소송에 해당한다고 보는 것이 타당하다. 지방자치단체장으로 대표되는 지방자치단체는 독립된 법인격주체로서 지방주민의 이익 즉 자치사무와 관련하여 일종의 주관적 지위를 갖는 것이며, 감독청의 취소·정지는 항고소송의 대상이 되는 일종의 행정행위의 성질을 갖는 것으로 볼 수 있기 때문이다.

국가기관과 지방자치단체 사이 또는 상급지방자치단체와 하급지방자치단체 사이의 권한쟁의에 해당하는 것으로 헌법재판소의 권한쟁의심판에 의하여야 한다는 견해도 제시되고 있으나 소송의 대상은 헌법적 사항은 아니므로 현행과 같이 행정소송의 일종으로 규정하는 것이 타당하다.

유제 1 [변시 2024]

甲은 A도 B군에 있는 자기 소유 임야(이하 '이 사건 사업부지'라 한다)에 태양광 발전시설을 설치하기 위하여 B군수에게 「국토의 계획 및 이용에 관한 법률」(이하 '국토계획법'이라 한다)에 따른 개발행위(토지형질변경)허가를 신청하였다. 이 사건 사업부지는 B군을 지나는 고속국도(왕복 2차로 이상의 포장된 도로임)로부터 100m 이내에 입지하고 있다.

국토교통부장관이 정한 「개발행위허가 운영지침」(국토교통부 훈령)은 "허가권자가 국토계획법령 및 이 지침에서 정한 범위 안에서 별도의 지침을 마련하여 개발행위허가제를 운영할 수 있고, 개발행위허가기준을 적용함에 있어 지역 특성을 감안하여 지방도시계획위원회의 자문을 거쳐 높이·거리·배치·범위 등에 관한 구체적인 기준을 정할 수 있다."라고 규정하고 있다. 이에 따라 B군수가 정한 「B군 개발행위허가 운영지침」(B군 예규)에는 태양광 발전시설의 세부허가기준으로 "왕복 2차로 이상의 포장된 도로로부터 100m 이내에 입지하지 아니할 것"을 규정하고 있다.

B군수는 "1. 토지형질변경을 허가할 경우 주변 환경이나 경관과 조화를 이루지 못하기 때문에 개발행위허가기준을 충족하지 못한다(이하 '제1거부사유'라 한다).", "2. 이 사건 사업부지가 왕복 2차로 이상의 포장된 도로로부터 100m 이내에 입지하여 「B군 개발행위허가 운영지침」에 저촉된다(이하 '제2거부사유'라 한다)."라는 이유로 거부처분(이하 '이 사건 거부처분'이라 한다)을 하였다. 이에 甲은 이 사건 거부처분을 다투는 취소소송(이하 '이 사건 소송'이라 한다)을 제기하였다.

4. B군수는 이 사건 소송 중 이 사건 거부처분을 직권취소하고 甲에게 개발행위허가처분을 하였다. 이에 A도지사는 B군수의 개발행위허가처분을 취소하기 위하여 필요한 조치를 하려 한다. A도지사가 취할 수 있는 「지방자치법」상 조치를 검토하고(20점), 그에 대한 B군수의 「지방자치법」상 불복수단을 설명하시오 (10점). (총30점)

해 설

1. A도지사가 취할 수 있는 「지방자치법」상 조치

B군수의 개발행위허가는 지방자치단체의 사무에 관한 것이고, 지방자치단체장의 처분에 해당한다. 따라서 법령위반인 경우에 한해서 시정명령과 취소·정지가 가능하다. 개발행위허가는 재량행위인데 명시적인 법령을 위반한 것이 아니라 하더라도 재량의 일탈 남용이 있는 경우에도 법령위반에 해당하므로 A도지사는 B군수에게 우선 시정명령을 하고 B군수가 시정명령을 따르지 않을 경우 개발행위허가에 대해 직권취소할 수 있다.

2. B군수의 「지방자치법」상 불복수단

A도지사가 개발행위허가에 대해 시정명령을 한 것에 대해서는 B군수가 대법원에 제소할 수 없지만 A도지사가 개발행위허가를 취소한 것에 대해서는 지방자치법 제188조6항에 따라 대법원에 제소할 수 있다.

유제 2 [법전협 2023-1]

서울특별시장이 위 주택건설사업계획을 승인하였으나, 이 승인처분은 「주택법」에 따른 주택건설사업계획 승인요건이 충족되지 않은 위법한 처분이었다. 이 경우 주택건설사업계획 승인사무가 자치사무인지 아니면 기관위임사무인지를 설명하고, 국가가 「지방자치법」상 어떠한 조치를 취할 수 있는지를 논하라. (20점)

해 설

주택사업계획승인사무가 자치사무인지 국가로부터 위임받은 기관위임사무인지 문제되고, 자치사무라면 지방자치법상 자치사무에 대한 통제수단으로 활용할 수 있는 통제수단이 무엇인지 검토한다.

주택법 제15조는 주택건설사업계획승인권자를 지방자치단체장으로 규정하고 있으며, 제5항에서는 사업계획이 쾌적하고 문화적인 주거생활을 하는 데에 적합하도록 수립되어야 하며, 사업계획에는 부대시설 및 복리시설의 설치에 관한 계획 등이 포함되도록 하고 있다. 주택의 공급은 지역개발 및 주민의 복리증진과 관계된 사무로 전국적으로 통일적인 처리가 필요한 사무라고 할 수는 없다. 지방자치법 제13조 2항 4호도 지역개발과 자연환경보전 및 생활환경시설의 설치·관리를 지방자치단체의 사무의 하나로 규정하고 있다. 이러한 점을 고려하면 주택건설사업계획 승인 사무는 서울특별시의 자치사무라고 할 수 있다. 주택법 제15조 1항에서 국토교통부장관도 일정한 경우 승인권자로 규정하고 있기는 하지만 이는 국가나 한국토지주택공사가 사업을 시행하는 경우에 해당되는 것으로서 이 규정 때문에 자치사무의 성질이 달라진다고 할 수는 없다

서울특별시장의 주택사업계획승인 거부처분에 대하여 주무부장관인 국토교통부장관은 시정명령을 하고 이를 불이행한 경우 취소를 할 수 있다. 또한 행정안전부장관은 서울특별시장의 주택사업계획승인거부처분이 법령위반인 경우에 감사를 실시할 수 있다. 다만 서류에 대한 감사에 그치므로 유용한 수단이 되지는 못할 것이다.

사례 156　생활기록부 기재 사무의 성격, 시정명령에 대한 제소　[법전협 2019-2]

　　사립학교법인이 운영하는 A 초등학교에 재학하던 甲이 학교폭력을 행사하였다는 이유로 A 초등학교의 학교폭력대책자치위원회가「학교폭력예방 및 대책에 관한 법률」제17조 제1항 소정의 '전학'(제8호)의 조치를 의결하여 A 초등학교장이 甲에게 전학처분을 하였다.

　　한편, 교육부장관은「학교생활기록 작성 및 관리지침」을 개정하여 각급 학교의 학교생활기록부에 학교폭력 관련 조치사항을 기록하고 졸업 후 5년간 보존하도록 하였다. 그러나 B 교육감은 학교생활기록부 기재 사무가 국가사무가 아닌 자치사무로 판단하고, '이 같은 학교폭력 조치사항의 학교생활기록부 기재가 또 다른 인권침해가 될 수 있으므로 각급 학교에서는 학교생활기록부에 학교폭력 가해사실 기록을 보류하시기 바랍니다.'라는 내용의 공문을 관내 교육지원청과 A 초등학교를 포함하여 각급 학교에 보냈다(이하 '이 사건 보류지시'라 한다). 그러자 교육부장관은 B 교육감에게 이 사건 보류지시를 취소할 것을 내용으로 하는 시정명령을 하였고(이하 '이 사건 시정명령'이라 한다), 그럼에도 불구하고 B 교육감이 시정명령에 응하지 아니하자, 교육부장관은 B 교육감의 이 사건 보류지시를 직권으로 취소하였다.

　　이에 따라 A 초등학교장은 甲에 대한 전학조치사항을 甲의 학교생활기록부에 기재하였다.

4. (1) A 초등학교장의 학교생활기록부 기재 사무가 국가사무인지 자치사무인지를 검토하시오. (20점)
　 (2) B 교육감이 이 사건 시정명령에 대해 대법원에 소를 제기할 수 있는지를 검토하시오. (15점)

[참조조문]
* 초·중등교육법
제25조(학교생활기록)
　① 학교의 장은 학생의 학업성취도와 인성(人性) 등을 종합적으로 관찰·평가하여 학생지도 및 상급학교(「고등교육법」제2조 각 호에 따른 학교를 포함한다)의 학생 선발에 활용할 수 있는 다음 각 호의 자료를 교육부령으로 정하는 기준에 따라 작성·관리하여야 한다.
　　1. 인적사항
　　2. 학적사항
　　3. 출결상황
　　4. 자격증 및 인증 취득상황
　　5. 교과학습 발달상황
　　6. 행동특성 및 종합의견
　　7. 그 밖에 교육목적에 필요한 범위에서 교육부령으로 정하는 사항
　③ 학교의 장은 소속 학교의 학생이 전출하면 제1항에 따른 자료를 그 학생이 전입한 학교의 장에게 넘겨주어야 한다.

[설문 4-(1)] 학교생활기록부 기재 사무의 법적 성격 (20점)

Ⅰ. 문제의 소재

　　초등교육·중등교육에 대해서는 지방교육자치가 실시되어 있는 점을 고려할 때 초등학교장의 학교생활기록부 기재 사무가 자치사무인지 아니면 전국적으로 통일적 처리를 요하는 국가사무인지 문제된다.

II. 국가사무와 자치사무[1]

1. 지방자치단체장이 수행하는 사무의 종류

국가사무는 국가가 사무의 관리주체가 되는 사무를 말하며, 자치사무는 지방자치단체의 존립목적이 되는 사무를 말한다. 지방자치단체장은 자치단체의 고유사무인 자치사무를 수행하기도 하지만, 지방자치단체에게 위임된 단체위임사무와 지방자치단체장에게 위임된 기관위임사무를 처리하기도 한다. 단체위임사무는 법령에 의하여 지방자치단체에 속한 사무를 말하며, 기관위임사무는 국가 또는 다른 지방자치단체 등으로부터 당해 지방자치단체의 기관에 위임된 사무를 말한다. 현재 지방자치단체가 수행하는 위임사무의 주종은 기관위임사무이다.

2. 구별의 필요성

자치사무, 단체위임사무, 기관위임사무의 구분에 따라 국가의 감독, 경비부담, 의회의 관여, 조례제정의 대상 등에 있어 차이가 나므로 구별의 필요성이 있다.

헌법 제117조1항, 제118조2항에 따라 지방자치단체의 자치권은 법률유보하에 있기 때문에, 입법자는 자신의 입법재량에 따라 일정한 사무를 자치사무, 단체위임사무, 기관위임사무로 결정할 수 있다. 이에 따라 어떤 사무가 어떤 유형의 사무에 속하는지는 사무의 성질에 따라 당연히 결정되는 것이 아니라 입법자가 어떻게 결정하는지에 따라 정해진다. 다만 지방자치의 제도적 보장에 따라 자치권의 본질적 내용을 침해하는 것은 입법재량의 한계를 벗어나므로 허용되지 않는다. 지방자치법 제13조 2항은 지방자치단체의 사무를, 제15조는 국가사무를 예시적으로 규정하고 있으나 각 단서에서 법률로 달리 규정할 수 있도록 하고 있으므로 구체적인 경우 어떤 유형의 사무인지 판단하기 어려운 경우가 많다.

3. 사무의 구별기준

일반적인 구별기준으로는 ① 1차적으로 근거법규의 권한규정을 고려하고, ② 권한규정이 불명확한 경우 개별법상의 비용부담, 수입규정, 감독규정 등의 관계규정과 사무의 성질을 종합적으로 고려하며, ③ 마지막으로 자치법 제13조2항과 제15조의 예시규정을 보충적으로 고려하여야 한다.

판례도 "법령상 지방자치단체의 장이 처리하도록 규정하고 있는 사무가 자치사무인지 아니면 기관위임사무인지를 판단함에 있어서는 그에 관한 법령의 규정 형식과 취지를 우선 고려하여야 하지만 그 외에도 그 사무의 성질이 전국적으로 통일적인 처리가 요구되는 사무인지 여부나 그에 관한 경비부담과 최종적인 책임귀속의 주체 등도 아울러 고려하여야 한다"고 한다.

III. 사안의 해결

초·중등교육 제25조는 학교의 장이 학교생활기록부를 작성·관리하도록 하고 있고, 학교생활기록부 작성가 국가사무인지 자치사무인지 명시적인 규정은 없다. 그러나 초·중등교육은 의무교육이라는 점을 고려하고(교육기본법 제8조), 어느 학생이 전출하면 학교장은 학생이 전입한 학교의 장에게 학교생활기록부를 넘겨 주어야 하는데(초·중등교육법 제25조3항) 시·도를 달리 하여 또는 국립학교와 공립·사립 학교를 달리 하여 전출하는 경우에 학교생활기록의 체계적·통일적인 관리가 필요하고, 중학생이 고등학교에 진학하는 경우에도 학교생활기록은 고등학교의 입학전형에 반영되며, 고등학생의 학교생활기록은 교육부장관의 지도·감독을 받는 대학교의 입학전형자료로 활용되므로, 학교의 장이 행하는 학교생활기록의

---

[1] 문제 자체가 사무의 성격을 물었으므로 분량이 많다. 그렇지 않는 경우(예 : 조례제정의 대상)에는 더 간략하게 소개해야 한다.

작성에 관한 사무는 국민 전체의 이익을 위하여 통일적으로 처리되어야 할 성격의 사무에 해당한다. 따라서 공립·사립학교의 장이 행하는 학교생활기록부 작성에 관한 사무는 국가사무가 학교장에게 위임된 것으로 보아야 할 것이다. 뿐만 아니라 공립·사립학교의 장이 행하는 학교생활기록부 작성에 관한 교육감의 지도·감독 사무 역시 국가사무로서 교육감에 위임된 사무라고 할 것이다.[2]

[설문 4-(2)] 시정명령에 대한 제소가능성 (15점)

I. 문제의 소재

교육부장관의 시정명령이 지방자치법 제188조에 의한 것이라고 할 수 있는지, 교육감은 시정명령에 대해 제188조6항에 의해 대법원에 제소할 수 있는지 그 가능성을 검토한다.

II. 지방자치법 제188조의 시정명령 및 취소·정지

1. 의의
2. 시정명령 및 직권취소의 대상
3. 지방자치법 제188조 제6항에 의한 이의소송
   (1) 의의
   (2) 대상
   (3) 성질

III. 사안의 해결

시정명령은 교육감의 보류지시에 관한 것인데, 교육감의 학교장에 대한 학교생활기록부 작성에 대한 지도·감독사무는 앞의 설문에서 검토한 바와 같이 국가사무가 기관위임된 것이므로 지방자치법 제188조의 시정명령의 대상이 되지 않는다. 설령 자치사무로 보더라도 시정명령은 제소의 대상이 되지 않는다. 하지만 이것이 교육부장관이 B교육감에게 시정명령을 하지 못한다는 의미는 아니다. 교육부장관은 지방자치법 제185조 제1항에 의하여 위임된 국가사무에 대해 일반적인 감독권을 가지고 있으므로 이에 의하여 시정명령을 할 수 있다. 다만, 기관위임사무에 대한 시정명령에 대해서 수임기관이 제소할 수 있는 규정을 지방자치법이 두고 있지 않으며, 기관위임사무는 사무의 귀속주체가 변경되는 것이 아니며 수임기관은 위임주체의 하급행정기관으로서의 지위가 있다는 점을 고려하면 수임기관의 제소를 허용하는 것은 행정조직내의 자기소송을 허용하는 결과를 가져오므로 타당하지 않다. 결국, B교육감은 시정명령에 대해 대법원에 제소할 수 없다.

---

[2] 대판 2014.2.27. 2012추183.

사례 157　직무이행명령　　　　　　　　　　　　　　　　　　　　　　[행시 2019]

A광역시 시장은 A광역시의 B구와 C구의 일대를 포함하는 P지역을 국제교류복합지구로 지정하였고, 「토지이용규제 기본법」제8조제2항에 따라 B구의 구청장과 C구의 구청장에게 지구단위계획 결정, 지형도면 고시에 관한 사항 및 고시예정일 등을 통보하였다. B구의 구청장은 통보받은 사항을 같은 조 제3항에 따라 국토이용정보체계에 등재하여 일반 국민이 볼 수 있도록 조치하였다. 그러나 C구의 구청장은 국토이용정보체계 등재를 보류·지연하고 있다. 이 경우 A광역시 시장이 C구 구청장의 등재 보류·지연에 대하여 「지방자치법」상 취할 수 있는 행정적 통제수단을 검토하시오. (20점)

[참조조문] ※ 현행 법령을 사례해결에 적합하도록 수정하였음.
* 토지이용규제 기본법
제8조(지역·지구등의 지정 등) ① 특별시장, 광역시장, 도지사가 지역·지구등을 지정하는 경우에는 지형도면을 작성하여 그 지방자치단체의 공보에 고시하여야 한다.
② 특별시장, 광역시장, 도지사는 제1항에 따라 지형도면등의 고시를 하려면 관계 시장·군수 또는 구청장에게 관련 서류와 고시예정일 등 대통령령으로 정하는 사항을 미리 통보하여야 한다.
③ 제2항에 따라 통보를 받은 시장·군수 또는 구청장은 그 내용을 국토이용정보체계에 등재하여 지역·지구등의 지정 효력이 발생한 날부터 일반 국민이 볼 수 있도록 하여야 한다.
제12조(국토이용정보체계의 구축·운영 및 활용) ① 국토교통부장관, 특별시장, 광역시장, 도지사는 국토의 이용 및 관리 업무를 효율적으로 추진하기 위하여 국토이용정보체계를 구축하여 운영할 수 있다.
② 국토교통부장관, 특별시장, 광역시장, 도지사는 국토이용정보체계를 통하여 지역·지구등의 지정에 관한 사항을 일반 국민에게 제공할 수 있다.
제23조(권한의 위임) 국토교통부장관, 특별시장, 광역시장, 도지사는 제12조제1항의 국토이용정보체계의 구축·운영 및 활용에 관한 권한의 일부를 시장·군수·구청장에게 위임할 수 있다.

I. 문제의 소재

우선 국토이용정보체계 등재행위의 사무의 성격이 기관위임사무인지 문제되며, 기관위임사무에 대한 지방자치법상 행정적 통제수단이 무엇인지 직무이행명령을 중심으로 검토한다.

II. 국토이용 정보체계 등재 사무의 법적 성격

1. 사무의 구별기준

2. 사안의 해결

국토이용정보체계 구축·운영 및 활용에 관한 사무는 토지이용규제 기본법 제12조 1항에 의하면 국토교통부장관 및 시·도지사가 수행하는 것으로 되어 있다. 국토이용정보체계 구축은 전국적으로 통일적인 처리가 필요하므로 국가사무라고 할 수 있다. 비록 시·도지사 구축하는 경우가 있다고 하더라도 국가사무를 위임받아서 처리하는 경우라고 보아야 할 것이다.

C구 구청장의 국토이용정보체계 등재사무는 토지이용규제 기본법 제8조2항에 의하면 구청장의 권한으로 되어 있으나 국토이용정보체계 구축·운영 사무의 성격을 고려하면 역시 국가사무가 구청장에게 위임된 기관위임사무라고 할 수 있다.[1]

Ⅲ. 기관위임사무에 대한 통제수단

1. 기관위임사무에 대한 통제수단 개관

중앙행정기관의 장과 지방자치단체의 장이 사무를 처리할 때 의견을 달리하는 경우 이를 협의·조정하기 위하여 국무총리 소속으로 설치된 행정협의조정위원회에서 협의·조정을 할 수도 있다(지방자치법 제187조). 그리고 지방자치단체장이 위임받아 처리하는 국가사무에 대하여 시·도에서는 주무부장관이, 시·군 및 자치구에서는 1차로 시·도지사의, 2차로 주무부장관이 지도·감독을 할 수 있으므로(제185조) 감독기관은 지도·감독을 통하여 직접 지방자치단체의 장의 사무처리에 대하여 시정명령을 발하고 그 사무처리를 취소 또는 정지할 수 도 있을 것이다. 또한 지방자치단체장이 기관위임사무를 해태하고 있는 경우 직무이행명령을 할 수도 있다(제189조). 부작위에 대한 효과적인 통제수단은 직무이행명령이다.

2. 직무이행명령

직무이행명령이란 지방자치단체의 장이 기관위임사무의 관리와 집행을 명백히 해태하고 있는 경우 그 이행을 명령할 수 있는 감독청의 권한이다(자치법 제189조 1항).

지방자치법은 지방자치단체장이 기관위임사무의 관리 및 집행을 해태하고 있는 때에는 감독기관이 이행명령을 내릴 수 있고, 이에 따르지 않는 경우 대집행하거나 행정·재정상 필요한 조치를 취할 수 있다고 규정하고, 지방자치단체장이 직무이행명령에 이의가 있으면 이행명령서를 접수한 날부터 15일 이내에 대법원에 소를 제기할 수 있다고 규정하고 있다(제189조6항).

직무이행명령 및 이에 대한 이의소송 제도의 취지는 국가위임사무의 관리·집행에서 주무부장관과 해당 지방자치단체의 장 사이의 지위와 권한, 상호 관계 등을 고려하여, 지방자치단체의 장이 해당 국가위임사무에 관한 사실관계의 인식이나 법령의 해석·적용에서 주무부장관과 견해를 달리하여 해당 사무의 관리·집행을 하지 아니할 때, 주무부장관에게는 그 사무집행의 실효성을 확보하기 위하여 지방자치단체의 장에 대한 직무이행명령과 그 불이행에 따른 후속 조치를 할 권한을 부여하는 한편, 해당 지방자치단체의 장에게는 직무이행명령에 대한 이의의 소를 제기할 수 있도록 함으로써, 국가위임사무의 관리·집행에 관한 두 기관 사이의 분쟁을 대법원의 재판을 통하여 합리적으로 해결함으로써 그 사무집행의 적법성과 실효성을 보장하려는 데 있다.

직무이행명령은 지방자치단체장의 부작위에 대한 통제수단이고 기관위임사무(다수설)를 대상으로 하는 점에서 지방자치법 제188조의 시정명령 및 취소·정지가 지방자치단체장의 적극적 행위에 대한 통제수단이고 자치사무와 단체위임사무를 대상으로 하는 것과 구별된다.

Ⅳ. 사안의 해결

C구 구청장이 A광역시장으로부터 통보받은 내용의 국토이용정보체계 등재를 보류·지연하고 있는 것은 기관위임사무에 대해 토지이용규제 기본법 제8조3항의 등재의무를 명백히 게을리 한 것이라고 할 수 있다. A광역시장은 상당한 기간을 정하여 서면으로 직무이행명령을 하고, 이를 이행하지 아니하면 대집행을 할 수 있다. 정보체계 등재를 구청장만이 처리할 수 있게 되어 있다면 성질상 대집행이 곤란한 경우도 있을 것이다.

---

1) 시·도 차원의 국토이용정보체계 구축·운영 및 활용에 관한 사무를 시·도의 사무라고 파악하더라도 사안에서 구청장의 등재 업무는 도지사의 사무가 위임된 것으로서 기관위임에 해당한다.

유제 [법전협 2022-2]

A도지사는 관내 B시의 일정지역을 친환경 산업단지로 개발하기 위하여 ○○일반산업단지(이하 '산업단지')로 지정하고 이에 관한 ○○일반산업단지관리계획(이하 '관리계획')을 수립·고시하였다. B시의 시장 乙은 A도지사로부터 산업단지의 관리업무를 위임받아 이를 관리하고 있다.

甲은 산업단지 내 부지에서 '코코아제품 제조업' 운영을 내용으로 하는 입주계약을 체결한 후 사업을 개시하였다. 이후 甲은 동일한 부지에 지식산업센터를 설립하여 업종을 '첨단제품 개발 및 공급업'으로 변경하겠다는 내용의 입주계약변경신청을 하면서 이에 관한 사업계획서를 B시에 제출하여 입주변경계약(이하 '이 사건 입주변경계약')을 체결하였다. 그에 따라 첨단제품 제조에 필요한 금속도금업을 주 유치업종으로 하는 지식산업센터의 설립이 승인되었다.

한편, B시 주민 丙 등은 이 사건 입주계약변경이 환경오염을 유발할 우려가 있다고 주장하며 乙에게 여러 차례 민원을 제기하였다. 이에 乙은 친환경 산업단지 조성이라는 관리계획의 방향에 위배된다는 이유로 甲과 체결한 이 사건 입주변경계약을 해지하였다.

3. 이 사건 입주변경계약을 해지하였음에도 甲이 본인의 공장 등 시설의 양도 및 처분을 불이행하고 있고 乙이 철거명령 또는 이행강제금 부과 등 어떤 조치도 취하고 있지 않는 경우, A도지사가 乙에게 할 수 있는 「지방자치법」상 관여수단을 검토하시오. (20점)

※ [참조조문] 생략

해설

산업집적활성화 및 공장설립에 관한 법률에 의하면 일반산업단지의 관리권자는 시·도지사로 되어 있고(제30조 1항 2호), 관리기관은 관리권자나 관리권자로부터 관리업무를 위임받은 지방자치단체장으로 되어 있다(제30조 2항 1,2호). 관리권자는 입주계약 해지 후에 공장등을 양도하지 아니한 경우 철거명령(제43조의2)과 이행강제금(제43조의3)을 부과할 수 있는데, 시장 乙의 철거명령과 이행강제금부과 사무는 법령의 규정 형식과 취지상 동법 제30조에 의한 관리권자인 A도지사의 사무가 동법 제31조에 의하여 B시의 시장 乙에게 위임된 기관위임사무라고 보아야 할 것이다.

A도지사는 지방자치법 제185조에 의해서 철거명령과 이행강제금부과 미조치에 대하여 시장 乙에게 일반적인 지도·감독권을 행사할 수 있다. 그리고 제189조 1항에 의하여 시장 乙에게 기간을 정하여 서면으로 철거명령과 이행강제금 부과처분을 할 것을 명령할 수 있다. 시장 乙이 이를 이행하지 않으면 A도지사는 乙시의 비용부담으로 대집행을 할 수 있다. 乙시장이 이행강제금 부과명령을 따르지 않는다면 재정상 필요한 조치로 직접 이행강제금을 부과할 수 있다. 시장 乙은 직무이행명령에 이의가 있으면 이행명령서를 접수한 날부터 15일 이내에 대법원에 소를 제기할 수 있다. 이 경우 집행정지결정을 신청할 수 있다(제189조 6항).

지방자치법 제185조 2항에 의한 일반적인 지도·감독권을 행사할 수도 있지만 직무이행명령을 하는 것이 보다 효과적인 구제수단이 될 것이다.

사례 158 　결격사유 있는 공무원 임명, 퇴직연금청구　[변시 2013]

乙은 1992년 3월부터 20년 넘게 공무원으로 재직하여 오던 중 임용당시 공무원 결격사유가 있었던 사실이 발견되었고, 乙은 이를 이유로 2012년 3월 31일 당연퇴직의 통보를 받게 되었다. (이상 공무원연금법의 내용은 가상의 것임을 전제로 함)
乙에 대한 공무원 임용행위에 관하여,
(1) 만약 乙에 대한 공무원 임용행위가 당연무효가 아니라면, 乙은 퇴직연금 등의 지급을 청구할 수 있는가? (5점)
(2) 만약 乙에 대한 공무원 임용행위가 당연무효라면, 乙은 퇴직연금 등의 지급을 청구할 수 있는가? (15점)

I. 결격사유 있는 공무원 임용의 효과[1]

공무원으로 임명되기 위해서는 소극적으로는 공무원법이 정하는 일정한 결격사유가 없어야 한다. 국가공무원법 제33조는 금치산자 또는 한정치산자, 파산선고를 받고 복권되지 아니한 자, 금고 이상의 실형을 선고받고 그 집행이 종료되거나 집행을 받지 아니하기로 확정된 후 5년이 지나지 아니한 자 등 일정한 경우를 결격사유로 규정하고 있다.

결격사유가 있는 공무원을 임명하는 행위는 하자가 외관상 명백하다고 볼 수 없으므로 취소사유라는 견해도 있으나 결격사유가 있는 공무원을 보호할 필요성이 없고, 공무원법은 결격사유를 당연퇴직사유로 규정(국가공무원법 제69조)하고 있는 점을 고려할 때 무효설이 타당하다. 판례는 국가의 과실에 의하여 임용결격자임을 밝혀내지 못하였다 하더라도 당연무효로 보고 있다.

II. 퇴직연금의 성격

질병, 부상 등 사회적 위험에 대비한 급여라는 점에서 사회보장제도의 성질도 가지며, 각출금의 50%는 공무원이 기여금으로 납부하는 점에서 후불임금적 성격도 있다. 대법원과 헌법재판소도 공무원법상 퇴직급여는 기본적으로 사회보장적 급여로서의 성격을 가지면서 후불임금과 같은 성격도 가진다는 입장이다.

III. 임용행위가 취소사유인 경우 乙의 퇴직연금 지급 청구가능성

취소사유에 불과한 경우 2012년 3월 31일 당연퇴직의 통보는 직권취소에 해당한다고 할 수 있다. 취소사유 있는 행정행위는 공정력이 있으므로 권한 있는 기관에 의해서 취소되기까지는 유효하게 통용된다. 직권취소에 의해서 소급해서 효과가 소멸되므로 乙은 퇴직연금의 지급을 청구할 수 없다고 할 수도 있다. 판례도 임용결격자가 사실상 근무하였더라도 공무원연금법에 의한 퇴직급여를 청구할 수 없고 이와 같은 법리는 임용행위가 당연무효인 경우뿐만 아니라 임용행위의 하자로 임용행위가 취소되어 소급적으로 지위를 상실한 경우에도 마찬가지로 적용된다고 판시한 바 있다.[2]

그러나 20년 이상 근무하는 동안 취소권을 행사하지 않은 점을 고려할 때 乙의 신뢰보호 및 법적 안정성의 관점에서 취소권 행사가 제한되며, 취소를 하더라도 장래를 향해 효과가 소멸된다고 보는 것이 타당하다. 따라서 乙이 퇴직을 감수할 경우에는 20년 넘게 재직한 것을 요건으로 하여 퇴직연금의 지급을 청구할 수 있다.

---

1) 배점이 적어서 공무원임용의 법적성질은 서술하지 않았다. 다음문제를 참고하라.
2) 대판 2017.5.11, 2012다200486

Ⅳ. 임용행위가 무효사유인 경우 乙의 퇴직연금 지급 청구가능성

1. 문제점

임용결격사유가 있는 공무원이 오랜 기간 근무 후 결격사유가 발견되어 퇴직통보를 받은 후 퇴직연금을 청구할 수 있는지 문제된다. 오랜 기간 직무에 종사한 공무원의 보호가 문제되고 있다.

2. 학설

① 퇴직급여는 적법한 근무를 전제로 하는 것이므로 퇴직급여를 청구할 수 없다는 부정설 ② 임명결격사유에도 불구하고 장기간 직무에 종사시킨 후 급여지급을 거부하는 것은 신뢰보호원칙에 반한다든가, 임용행위의 하자가 신뢰보호 및 법적안정성을 이유로 치유되었다는 것을 근거로 지급해야 한다는 긍정설 ③ 공무원법상 퇴직급여는 기본적으로 사회보장적 급여로서의 성격을 가지면서도 후불임금과 같은 성격을 가지고 있는데 연금청구권의 공무원이 납부한 기여금에 해당하는 부분은 후불임금적 성격이 있으므로 1/2은 지급해야 한다는 제한적 긍정설 등이 있다.

3. 판례

판례는 "임용결격자가 공무원으로 임용되어 사실상 근무하여 왔다고 하더라도 적법한 공무원으로서의 신분을 취득하지 못한 자로서는 공무원연금법 소정의 퇴직급여 등을 청구할 수 없으며, 나아가 임용결격사유가 소멸된 후에 계속 근무하여 왔다고 하더라도 그 때부터 무효인 임용행위가 유효로 되어 적법한 공무원의 신분을 회복하고 퇴직 급여 등을 청구할 수 있다고 볼 수는 없다."고 하여 부정설의 입장이다.

4. 검토

생각건대, 결격사유 있는 자의 임명이 무효라는 점으로 인해 근무 중 지급받은 봉급이 부당이득이 된다 하더라도 국가 역시 공무원의 노무를 부당이득으로 취하고 있고 양자는 서로 대등한 가치를 지니고 있기 때문에 서로 반환하지 않아도 된다. 사회보장적 성격을 갖고 있는 부분은 공단이 지급하지 않더라도 후불임금의 성격을 갖고 있는 공무원 본인의 기여금에 해당하는 부분을 지급하는 것이 타당하다. 최근 실무에서는 공단이 공무원의 기여금에 해당하는 부분은 지급하고 있다.

판례 중에는 "임용시부터 퇴직시까지의 근로는 법률상 원인 없이 제공된 부당이득이므로 퇴직급여 중 적어도 근로기준법상 퇴직금에 상당하는 금액은 그가 재직기간 중 제공한 근로에 대한 대가로서 지급되어야 한다."는 판례[3]도 있는데 결국 결격사유 있는 공무원은 퇴직급여 중에서 기여금 부분에 해당하는 부분과 근로기준법상 퇴직금에 상당하는 금액에 대해 부당이득반환청구[4]를 할 수 있다고 보아야 한다.

5. 사안의 경우

乙은 공무원연금법에 의한 퇴직급여를 청구할 수는 없지만 퇴직급여 중에서 기여금 부분에 해당하는 부분과 근로기준법상 퇴직금에 상당하는 금액에 대해서는 부당이득반환청구를 할 수 있다.

---

[3] 대판 2004.7.22, 2004다10350
[4] 설문은 퇴직연금의 지급청구에 대해 물었으므로 근로기준법상 퇴직금에 상당하는 금액의 청구는 공무원연금법상 퇴직연금의 문제는 아니라고 할 수 있다. 그러나 이러한 판례까지 언급하다면 가점을 받을 것이다.

사례 159 결격사유 있는 공무원 임명, 퇴직발령통지, 퇴직연금청구   [사시 2011]

> 국가공무원 A는 20여 년간 성실히 근무해 왔으나, 임용 당시 결격사유인 금고 이상의 형을 받고 그 집행유예 기간이 완료된 날로부터 2년이 경과되지 아니한 것이 나중에 발견되어 임용권자 B로부터 퇴직발령의 통지를 받았다.
>
> 1. A에 대한 임용행위의 법적 효력 및 퇴직발령통지의 법적 성질은? (10점)

Ⅰ. 문제의 소재

임용결격사유가 있는 공무원에 대한 임명행위가 무효인지 문제되며, 무효인 임명에 의해서 근무한 공무원에 대한 퇴직발령통지가 처분에 해당하는지, 단순한 사실행위로서의 통지에 불과한지 문제된다.

Ⅱ. A에 대한 임용행위의 법적 효력

1. 공무원 임명행위의 법적 성격

공무원의 임명은 특정인에게 공무원의 신분을 부여하여 공무원관계를 설정하는 공법행위를 말한다.[1] 임명행위의 법적성격에 관해서는 상대방의 동의를 전제로 한 단독행위라는 견해, 상대방의 동의를 요하는 쌍방적 행정행위라는 견해, 공법적 효과의 발생을 목적으로 양 당사자의 의사의 합치에 의하여 성립한다는 공법상계약설 등이 대립한다.

생각건대, 계약직 공무원의 임명은 공법상 계약이라 할 수 있으나, 일반적인 공무원 임명은 상대방의 동의가 필수적 요건이며 행위의 내용은 행정청이 일방적으로 결정하고 상대방이 이를 포괄적으로 수락하는 것이므로 쌍방적 행정행위(협력을 요하는 행정행위)라고 보는 것이 타당하다.

2. 결격사유 있는 공무원에 대한 임명행위의 법적 효력

공무원으로 임명되기 위해서는 소극적으로는 국가공무원법이 정하는 일정한 결격사유가 없어야 한다(국가공무원법 제33조). 결격사유에 해당하는 자를 공무원으로 임명하는 행위는 무효가 된다. 공무원이 재직 중 이 요건을 결여하게 되면 당연퇴직사유가 된다(국가공무원법 제69조). 이에 대해 하자가 외관상 명백하다고 볼 수 없으므로 취소사유라는 견해도 있다. 판례는 국가의 과실에 의하여 임용결격자임을 밝혀내지 못하였다 하더라도 당연무효로 보고 있다.

생각건대, 결격사유가 있는 공무원을 보호할 필요성이 없고, 공무원법은 결격사유를 당연퇴직사유로 규정하고 있는 점을 고려할 때 무효설이 타당하다.

사안의 경우 국가공무원 A는 임용 당시 결격사유인 금고 이상의 형을 받고 그 집행유예기간이 완료된 날로부터 2년이 경과되지 아니하여 결격사유(제33조4호)가 있었는데 임용된 것이므로 A에 대한 임용은 효력이 없다.

Ⅲ. A에 대한 퇴직발령 통지의 법적 성질

A는 결격사유가 있어 임명행위가 무효인 바, A에 대한 퇴직발령통지는 공무원관계를 소멸시키는 행위가

---

[1] 이에 비하여 임용은 공무원관계를 발생, 변경, 소멸시키는 행위를 총칭하는 행위이다. 임명도 광의로는 임용이라고도 한다.

아니라 A에 대한 임명이 당연무효라는 사실을 당사자에게 알려주는 행위로서 상대방의 권리나 의무에 아무런 영향이 없는 단순한 사실행위로서의 통지에 불과하므로 처분이 아니다.

판례도 국가가 공무원임용결격사유가 있는 자에 대하여 결격사유가 있는 것을 알지 못하고 공무원으로 임용하였다가 사후에 결격사유가 있는 자임을 발견하고 공무원임용행위를 취소함은 당사자에게 원래의 임용행위가 당초부터 당연무효이었음을 통지하여 확인시켜 주는 행위에 지나지 아니하는 것이라고 하여 처분성을 부정하고 있다.

유제 [법전협 2017-2]

경찰청장 甲은 퇴직 후 다른 공직에 임명되어 재직하던 중 「경찰청법」 개정안이 공포되어 발효됨에 따라 동법 제11조 제3항의 결격사유에 해당되어 당연퇴직의 통보를 받았다. 甲은 이 당연퇴직 통보에 대해 항고소송으로 다툴 수 있는가? (20점)

해 설

당연퇴직은 일정한 사유의 발생으로 별도의 행위를 요하지 않고 법률의 규정에 의하여 당연히 공무원관계가 소멸되는 경우를 말한다. 국가공무원법 제69조는 공무원 재직 중 임용결격사유가 생긴 경우와 임기제공무원의 근무기간이 만료된 경우를 당연퇴직사유로 규정하고 있다. 이 밖에도 정년도달, 사망, 국적상실등이 당연퇴직 사유에 해당한다.

당연퇴직통보의 처분성에 대하여 당연퇴직사유에 해당하는지 여부 및 그 시기가 명백한 것은 아니어서 다툼이 있을 수 있고 퇴직발령이 위법부당한 경우에는 공무원은 불이익을 받게 되므로 당연퇴직발령은 확인적행정행위 로서 처분에 해당한다는 견해도 있으나 당연퇴직사유가 있는 경우 법률상 당연퇴직되는 것이지 공무원관계를 소멸시키기 위한 별도의 행정처분을 요하지 아니하며 당연퇴직통보는 퇴직된 사실을 알리는 관념의 통지에 불과하므로 처분이 아니라는 것이 통설이다.

판례도 당연퇴직의 통보는 법률상 당연히 발생하는 퇴직사유를 공적으로 확인하여 알려 주는 사실의 통보에 불과한 것이지 그 통보자체가 징계파면이나 직권면직과 같이 공무원의 신분을 상실시키는 새로운 형성적 행 위는 아니므로 항고소송의 대상이 되는 독립한 행정처분이 될 수는 없다고 한다. 甲은 당연퇴직 통보에 대해 항고소송으로 다툴 수 없다. 甲은 공무원지위확인소송을 당사자소송으로 제기하여 자신이 공무원의 지위에 있음을 다툴 수는 있다.

사례 160 결격사유 있는 시보임용의 효력 [행시 2018]

甲은 2009. 9. 1. 징역 10월에 집행유예 2년을 선고받아 그 형이 확정되었다. 행정청 乙은 甲이 임용결격자임을 밝혀내지 못한 채 2013. 5. 1. 7급 국가공무원 시보로 임용하였고, 그로부터 6개월 후인 2013. 11. 1. 정규 공무원으로 임용하였다. 다음 물음에 답하시오.
1) 위 시보임용처분의 법적 효력에 대해 설명하시오. (10점)
2) 그 후 乙은 시보임용처분 당시 甲에게 공무원임용 결격사유가 있었음을 확인하고는 甲에 대하여 시보임용처분을 취소하고, 그에 따라 정규임용처분도 취소하였다. 甲은 시보임용시에는 임용결격자였지만, 정규임용시에는 임용결격사유가 해소되었다. 乙이 정규임용처분의 취소처분시 甲에게 사전통지를 하지 않거나 의견제출의 기회를 주지 아니하였다면, 위 정규임용처분의 취소처분은 적법한지에 대해 설명하시오. (10점)

[설문 1] 시보임용처분의 법적 효력 (10점)

1. 문제의 소재
결격사유가 있는 甲을 시보로 임용한 처분이 무효사유에 해당하는지 문제된다.

2. 공무원임용행위의 법적 성격

3. 시보임용의 법적 성격
공무원을 신규채용하는 경우에 5급에 상당하는 공무원은 1년, 6급 이하의 공무원은 6개월간 시보로 임용하여야 한다(국가공무원법 제29조 1항) 시보 임용 기간 중에 있는 공무원이 근무성적, 교육훈련성적이 나쁘거나 국가공무원법 또는 국가공무원법에 따른 명령을 위반하여 공무원으로서의 자질이 부족하다고 판단되는 경우에는 면직할 수도 있으므로 시보임용은 일종의 조건부 채용에 해당한다. 가행정행위에 해당한다는 견해도 있다.

4. 임용결격 사유를 간과한 임용의 효력

5. 사안의 해결
甲은 금고 이상의 형을 선고받고 그 집행유예 기간이 끝난 날부터 2년이 지나지 아니한 상태에서 시보로 임용된 것이므로 시보임용당시 국가공무원법 제33조 4호의 결격사유가 있어 甲을 시보로 임용한 행위는 하자가 있으며 무효에 해당하므로 법적효력이 없다.

[설문 2] 정규임용처분 취소처분의 적법성 (10점)

1. 문제의 소재
시보임용당시는 결격사유가 있더라도 정규임용시에는 결격사유가 해소된 경우 시보임용처분취소를 이유로 정규임용처분을 취소할 수 있는지 문제되고, 정규임용취소처분시 불이익처분절차에서 요구되는 사전통지 및 의견제출절차를 생략할 수 있는지 문제된다.

2. 시보임용취소를 원인으로 한 정규임용취소가능성

시보임용처분과 정규임용처분은 별도의 임용행위이므로 요건과 효력은 개별적으로 판단하여야 한다.[1] 시보근무경력은 정규임용의 경력요건에 해당한다. 정규임용 당시에는 결격사유가 해소되었다고 하더라도 시보임용이 무효이면 시보근무경력을 인정할 수 없어 정규임용은 자격(경력)요건이 결여되어 위법하다. 위법성의 정도는 결격사유가 있는 경우와 달리 취소사유에 해당한다고 보아야 할 것이다. 을은 정규임용처분을 취소할 수 있다.

3. 정규임용취소의 절차하자

(1) 불이익처분에 대한 사전통지 및 의견제출(절차법 제21조, 22조3항)

행정절차법은 의무를 과하거나 권익을 제한하는 처분(불이익처분)을 하는 경우에 사전통지를 의무로 규정하면서도(제21조). ① 공공의 안전 또는 복리를 위하여 긴급히 처분을 할 필요가 있는 경우 ② 법령등에서 요구된 자격이 없거나 없어지게 되면 반드시 일정한 처분을 하여야 하는 경우에 그 자격이 없거나 없어지게 된 사실이 법원의 재판 등에 의하여 객관적으로 증명된 경우 ③ 해당 처분의 성질상 의견청취가 현저히 곤란하거나 명백히 불필요하다고 인정될 만한 상당한 이유가 있는 경우에는 사전통지를 생략할 수 있도록 하고 있다(제21조 4항).

한편, 행정절차법은 의견청취절차(넓은 의미의 청문절차)를 청문·공청회·의견제출 절차로 구분하면서, 의무를 과하거나 권익을 제한하는 불이익처분에 대해 청문이나 공청회를 실시하는 경우를 제외하고는 필수적으로 의견제출의 기회를 부여하도록 하면서(제22조 3항) 사전통지의 예외사유(제21조 4항) 및 당사자가 의견진술의 기회를 포기한다는 뜻을 명백히 표시한 경우에는 의견청취를 하지 아니할 수 있도록 규정하고 있다(제22조 4항).

(2) 행정절차법 적용제외대상 여부

행정절차법 제3조2항9호의 "공무원의 인사관계법령에 따른 징계와 그 밖의 처분"등에 해당되는지 문제된다. 그러나 정규임용취소가 성질상 절차를 거치기 곤란한 경우도 아니고, 국가공무원법에서 행정절차법에 준하는 절차를 규정한 경우도 아니므로 이에 해당되지 않는다.

(3) 행정절차법상 사전통지 및 의견제출 대상 여부

정규임용취소는 甲의 권익을 제한하는 처분으로 사전통지 및 의견제출은 필수적이다. 생략할 수 있는 예외사유에 해당하지도 않는다.

4. 사안의 해결

乙은 시보임용이 무효임을 이유로 정규임용을 취소할 수 있으나 정규임용취소처분은 행절절차법상 사전통지를 하지 않고 의견제출기회를 부여하지 아니한 하자가 존재한다. 절차하자의 독자적 위법사유를 긍정하는 것이 통설·판례이므로 정규임용취소처분은 위법하다.

---

[1] 대법원 2005.7.28. 2003두469. 동 판례는 임용결격사유가 있어 시보임용행위를 취소한 것이 정규공무원 임용행위까지 취소한다는 취지가 포함되었다고 볼 수 없으므로 원고는 여전히 당초의 정규공무원 임용에 따른 지방공무원의 지위를 가지고 있다고 판시함.

사례 161   직위해제   [법전협 2020-1]

X도 항만관리사업소 소속 일반직 공무원 甲은 주류를 사업소 내로 반입하여 다른 부서 직원들에게 판매해왔음이 드러났다. 임용권자인 X도 도지사 A는 「지방공무원법」상 성실의 의무, 복종의 의무, 영리 업무 및 겸직 금지 및 「지방공무원 복무규정」 중 근무기강의 확립에 관한 조항을 위반하였음을 이유로 甲에 대하여 「지방공무원법」제65조의3 제1항 제1호에 따라 직위해제처분을 하였다. A는 위 직위해제처분을 하는 과정에서 기관내부 인사위원회 절차를 거쳤지만 「행정절차법」의 사전통지 및 의견청취 규정에 따른 절차는 별도로 거치지 아니하였다.

그 후 A는 「지방공무원법」제65조의3 제3항에 근거하여 甲에게 3개월의 대기 명령을 내렸고, 그 기간이 지나도 능력 또는 근무성적의 향상을 기대하기 어렵다고 인정하여 「지방공무원법」제62조 제1항 제5호, 제2항에 따라 인사위원회의 동의를 받아 직권면직처분을 하였다.

※ 위 항만관리사업소는 「지방자치법」제114조(현행 127조), 동법 시행령 제77조에 근거하여 만들어진 각 광역시·도의 조례(「X도 행정기구 설치 조례」제58조의2)에 따라 설치된 것임. 그리고 위 甲의 임용권자는 A임을 전제함.

1. 甲은 위 직위해제처분이 실체적·절차적 요건을 충족하지 못하여 위법하다고 주장한다. 甲의 주장에 대하여 검토하시오. (30점)
2. 만약 위 직위해제처분에 취소사유가 인정된다고 할 때, 이를 이유로 甲은 직권면직처분에 대한 취소소송에서 직위해제처분의 위법을 주장할 수 있는지를 검토하시오. (위 직위해제처분에는 불가쟁력이 발생한 상태임) (20점)
3. 만약 甲에 대한 직위해제처분이 있고 나서 같은 사유로 인사위원회의 의결을 거쳐 「지방공무원법」제70조의 정직처분이 행해졌다고 할 때, 甲은 직위해제처분에 대한 취소소송을 제기할 협의의 소익이 있는지 검토하시오. (「X도 인사규정」에는 직위해제처분에 따른 효과로 승진과 승급이 제한되도록 규정되어 있음. 다른 소송요건은 충족되어 문제되지 않음) (15점)
4. 만약 인사위원회를 거쳐 甲의 표창, 수상경력 등이 고려되어 「X도 소속공무원 징계양정규칙」에 따라 甲에 대하여 불문경고 조치가 이루어졌다면, 甲은 이 조치에 대하여 취소소송으로 다툴 수 있는가? (「X도 소속공무원 징계양정규칙」에 의하면 소속 공무원이 불문경고를 받는 경우 6개월 이내 승진이 제한되도록 규정되어 있음) (15점)

[참조조문] ※ 가상의 법령임.

* 지방공무원법

제48조(성실의 의무) 모든 공무원은 법규를 준수하며 성실히 그 직무를 수행하여야 한다.
제49조(복종의 의무) 공무원은 직무를 수행할 때 소속 상사의 직무상 명령에 복종하여야 한다. 다만, 이에 대한 의견을 진술할 수 있다.
제56조(영리 업무 및 겸직 금지) ① 공무원은 공무 외에 영리를 목적으로 하는 업무에 종사하지 못하며, 소속 기관의 장의 허가 없이 다른 직무를 겸할 수 없다.
② 제1항에 따른 영리를 목적으로 하는 업무의 한계는 대통령령으로 정한다.
제62조(직권면직) ① 임용권자는 공무원이 다음 각 호의 어느 하나에 해당할 때에는 직권으로 면직시킬 수 있다.
  1. 다음 각 목의 어느 하나에 해당하는 경우로서 직위가 없어지거나 과원이 된 때
    가. 지방자치단체를 폐지하거나 설치하거나 나누거나 합친 경우

나. 직제와 정원이 개정되거나 폐지된 경우
　　　다. 예산이 감소된 경우
　2. 휴직기간이 끝나거나 휴직사유가 소멸된 후에도 직무에 복귀하지 아니하거나 직무를 감당할 수 없을 때
　3. 전직시험에서 3회 이상 불합격한 사람으로서 직무수행 능력이 부족하다고 인정될 때
　4. 병역판정검사·입영 또는 소집 명령을 받고 정당한 이유 없이 이를 기피하거나 군복무를 위하여 휴직 중인 사람이 군복무 중 군무(軍務)를 이탈하였을 때
　5. 제65조의3제3항에 따라 대기명령을 받은 사람이 그 기간 중 능력 또는 근무성적의 향상을 기대하기 어렵다고 인정될 때
　6. 해당 직급·직위에서 직무를 수행하는 데 필요한 자격증의 효력이 없어지거나 면허가 취소되어 담당 직무를 수행할 수 없게 되었을 때
② 임용권자는 제1항에 따라 면직시킬 경우에는 미리 인사위원회의 의견을 들어야 한다. 다만, 제1항제5호에 따라 면직시킬 경우에는 해당 인사위원회의 동의를 받아야 하며, 시·군·구의 5급 이상 공무원은 시·도인사위원회의 동의를 받아야 한다.
③ 임용권자는 제1항제1호에 따라 소속 공무원을 면직시킬 때에는 임용형태, 업무실적, 직무수행능력, 징계처분 사실 등을 고려하여 면직 기준을 정하여야 한다.
④ 제3항의 면직 기준을 정하거나 제1항제1호에 따라 면직 대상자를 결정할 때에는 미리 해당 인사위원회의 의결을 거쳐야 한다.
⑤ 제1항제2호에 따른 직권면직일은 휴직기간이 끝난 날 또는 휴직사유가 소멸한 날로 한다.

제65조의3(직위해제) ① 임용권자는 다음 각 호의 어느 하나에 해당하는 사람에 대하여는 직위를 부여하지 아니할 수 있다.
　1. 직무수행 능력이 부족하거나 근무성적이 극히 나쁜 사람
　2. 파면·해임·강등·정직에 해당하는 징계의결이 요구되고 있는 사람
　3. 형사사건으로 기소된 사람(약식명령이 청구된 사람은 제외한다)
　4. 금품비위, 성범죄 등 대통령령으로 정하는 비위행위로 인하여 감사원 및 검찰·경찰 등 수사기관에서 조사나 수사 중인 자로서 비위의 정도가 중대하고 이로 인하여 정상적인 업무수행을 기대하기 현저히 어려운 자
② 임용권자는 제1항에 따라 직위를 주지 아니한 경우에 그 사유가 소멸되면 지체 없이 직위를 부여하여야 한다.
③ 임용권자는 제1항제1호에 따라 직위를 주지 아니할 때에는 미리 해당 인사위원회의 의견을 들어야 하며, 직위해제된 사람에게는 3개월의 범위에서 대기를 명한다.
④ 임용권자는 제3항에 따라 대기명령을 받은 사람에게 능력 회복이나 근무성적의 향상을 위한 교육훈련 또는 특별한 연구과제의 부여 등 필요한 조치를 하여야 한다.
⑤ 공무원에 대하여 제1항제1호의 직위해제 사유와 같은 항 제2호부터 제4호까지의 직위해제 사유가 경합(競合)할 때에는 같은 항 제2호부터 제4호까지의 직위해제 처분을 하여야 한다.

제70조(징계의 종류) 징계는 파면·해임·강등·정직·감봉 및 견책으로 구분한다.

제71조(징계의 효력) ① 강등은 1계급 아래로 직급을 내리고(연구관 및 지도관은 연구사 및 지도사로 한다) 공무원 신분은 보유하나 3개월간 직무에 종사하지 못하며 그 기간 중 보수는 전액을 감한다. 다만, 제4조제2항에 따라 계급을 구분하지 아니하는 공무원, 임기제공무원 및 「고등교육법」 제14조에 따른 교원과 조교에 대해서는 강등을 적용하지 아니한다.
② 제1항에도 불구하고 교육감 소속의 교육전문직원의 강등은 「교육공무원법」 제2조제10항에 따라 같은 종류의 직무에서 하위의 직위에 임명하고, 공무원의 신분은 보유하게 하나 3개월간 직무에 종사하지 못하게 하며 그 기간 중 보수는 전액을 감한다.

③ 정직은 1개월 이상 3개월 이하의 기간으로 하고, 정직처분을 받은 사람은 그 기간 중 공무원의 신분은 보유하나 직무에 종사하지 못하며 보수는 전액을 삭감한다.
④ 감봉은 1개월 이상 3개월 이하의 기간 보수의 3분의 1을 삭감한다.
⑤ 견책은 전과(前過)에 대하여 훈계하고 뉘우치게 한다.
⑥ 징계처분을 받은 공무원은 그 처분을 받은 날 또는 그 집행이 끝난 날부터 대통령령으로 정하는 기간 동안 승진임용 또는 승급을 할 수 없다. 다만, 징계처분을 받은 후 직무수행의 공적으로 포상 등을 받은 공무원에 대하여는 대통령령으로 정하는 바에 따라 승진임용이나 승급의 제한기간을 단축하거나 면제할 수 있다.
(이하 생략)

제72조(징계 등 절차) ① 징계처분등은 인사위원회의 의결을 거쳐 임용권자가 한다. 다만, 5급 이상 공무원 또는 이와 관련된 하위직공무원의 징계처분등과 소속 기관(시·도와 구·시·군, 구·시·군)을 달리하는 동일사건에 관련된 사람의 징계처분등은 시·도의 인사위원회의 의결로 한다.
(이하 생략)

* **지방공무원 복무규정(대통령령)**
제1조의2(근무기강의 확립) ① 지방공무원(이하 "공무원"이라 한다)은 법령과 직무상 명령을 준수하여 근무기강을 확립하고 질서를 존중하여야 한다.
② 공무원(제8조에 따른 공무원은 제외한다)은 집단·연명(聯名)으로 또는 단체의 명의를 사용하여 국가 또는 지방자치단체의 정책을 반대하거나 국가 또는 지방자치단체의 정책 수립·집행을 방해해서는 아니 된다.

* **행정절차법 시행령**
제2조(적용제외) 법 제3조제2항제9호에서 "대통령령으로 정하는 사항"이라 함은 다음 각 호의 어느 하나에 해당하는 사항을 말한다.
 1. 「병역법」, 「예비군법」, 「민방위기본법」, 「비상대비자원 관리법」에 따른 징집·소집·동원·훈련에 관한 사항
 2. 외국인의 출입국·난민인정·귀화·국적회복에 관한 사항
 3. 공무원 인사관계법령에 의한 징계 기타 처분에 관한 사항
 4. 이해조정을 목적으로 법령에 의한 알선·조정·중재·재정 기타 처분에 관한 사항
 5. 조세관계법령에 의한 조세의 부과·징수에 관한 사항
 6. 「독점규제 및 공정거래에 관한 법률」, 「하도급거래 공정화에 관한 법률」, 「약관의 규제에 관한 법률」에 따라 공정거래위원회의 의결·결정을 거쳐 행하는 사항
 7. 「국가배상법」, 「공익사업을 위한 토지 등의 취득 및 보상에 관한 법률」에 따른 재결·결정에 관한 사항
 8. 학교·연수원등에서 교육·훈련의 목적을 달성하기 위하여 학생·연수생 등을 대상으로 행하는 사항
 9. 사람의 학식·기능에 관한 시험·검정의 결과에 따라 행하는 사항
 10. 「배타적 경제수역에서의 외국인어업 등에 대한 주권적 권리의 행사에 관한 법률」에 따라 행하는 사항
 11. 「특허법」, 「실용신안법」, 「디자인보호법」, 「상표법」에 따른 사정·결정·심결, 그 밖의 처분에 관한 사항

[설문 1] 직위해제 처분의 위법성 (30점)

I. 문제의 소재

甲이 주류를 사업소 내로 반입하여 직원들에게 판매한 것이 직위해제처분의 실체적 요건을 충족하는지 문제되고, 직위해제처분을 하기 전에 행정절차법의 사전통지 및 의견제출절차를 거치지 않은 것이 절차적 요건을 결여한 것은 아닌지 문제된다.

II. 직위해제의 의의 및 법적 근거

직위해제는 공무원에게 일정한 귀책사유가 있는 경우 직위를 계속 보유하고 직무를 수행한다면 공무집행의 공정성과 그에 대한 국민의 신뢰를 저해할 구체적인 위험이 생길 우려가 있으므로 이를 사전에 방지하고자 직위를 부여하지 아니하는 것을 말한다(지방공무원법 제65조의3).

직위해제는 복직이 보장되지 않는다는 점에서 휴직과 구별되며, 공무원으로서 신분을 여전히 보유한다는 점에서는 면직과 구별된다. 징벌적 제재인 징계와도 법적 기초·성질·사유 등을 달리하여 양자간에 일사부재리의 원칙이나 이중처벌금지의 원칙도 적용되지 않는다. 직위해제와 징계 모두 제재 혹은 벌이라는 점에서는 공통되지만 직위해제는 당해 공무원이 장래에 있어서 계속 직무를 담당하게 될 경우 예상되는 업무상의 장애, 공무집행 및 행정의 공정성과 그에 대한 국민의 신뢰저해 등을 예방하기 위하여 일시적인 인사조치로서 당해 공무원에게 직위를 부여하지 아니함으로써 직무에 종사하지 못하도록 하는 잠정적이고 가처분적인 성격을 가진 조치[1] 로서 과거공무원의 비위행위에 대한 공직질서 유지를 목적으로 행하여지는 징벌적 제재로서의 징계와 구별된다.

III. 직위해제 처분의 실체적 요건 충족 여부

1. 처분사유

공무원 甲이 주류를 사업소 내로 반입하여 다른 부서 직원들에게 판매한 것에 대하여 임용권자인 X도 도지사 A는 「지방공무원법」상 성실의 의무, 복종의 의무, 영리 업무 및 겸직 금지 및 「지방공무원 복무규정」중 근무기강의 확립에 관한 조항을 위반하였음을 이유로 甲에 대하여 「지방공무원법」제65조의3 제1항 제1호에 따라 "직무수행 능력이 부족하거나 근무성적이 극히 나쁜 사람"에 해당된다고 하여 직위해제처분을 하였다.

2. 실체적 요건 충족 여부

직위해제는 법문언상 재량행위에 해당한다. 그리고 직위해제의 사유 중 직무수행능력이 부족하거나 근무성적이 극히 불량한 자에 해당되는지 여부를 판단함에 있어서는 판단여지가 인정된다고 할 수 있다. 판례는 판단여지를 재량과 구별하고 있지 않으므로 요건의 인정 여부에 대해서도 판단재량을 인정한다.

사안의 경우 甲이 주류를 사업소 내로 반입하여 다른 부서 직원들에게 판매한 것이 직위해제 사유인 지방공무원법 제65조의3 제1항 1호의 "직무수행 능력이 부족하거나 근무성적이 극히 나쁜 사람"에 해당되는지가 문제된다.

甲의 행위로 인하여 직무수행을 성실히 수행하지 못하거나 근무태도가 불량한 경우 1호 사유에 해당한다고 할 여지도 있겠으나, 직위해제사유는 엄격하게 해석하여야 한다. 판례도 과거 직권면직사유인 "직무수행능력의 현저한 부족으로 근무성적이 극히 불량한 때"의 해석을 정신적, 육체적으로 직무를 적절하게 처리할 수 있는 능력의 현저한 부족으로 근무성적이 극히 불량한 때를 의미하고 징계사유에 해당하는 명령위반, 직무상의 의무위반 또는 직무태만의 행위 등은 이에 해당하지 아니한다고 판시한 바 있다. 직위해제가 징계처분과는 성질을 달리하므로, 甲이 주류를 사업소 내로 반입하여 판매했다는 사정만으로는 甲의 행위가 지방공무원법의 성실의무, 영리 업무 금지의무 등에 위반되어 징계사유에 해당함은 별론으로 하고 직위해제사유에 해당된다고 단정하는 것은 곤란하다. 따라서 甲의 행위에 대해 직위해제 처분을 한 것은 실체적 요건을 결여한 처분으로 위법하다.

---

[1] 대법원 2014.5.16, 2012두26180

Ⅳ. 직위해제처분의 절차적 요건 충족 여부

1. 행정절차법의 사전통지 및 의견제출

직위해제는 의무를 부과하거나 권익을 제한하는 불이익처분인데 행정절차법에 의하면 의무를 부과하거나 권익을 제한하는 처분은 사전통지 및 의견제출 절차를 거쳐야 한다.

사전통지는 행정처분 등을 하기 전에 상대방 또는 이해관계인에게 처분의 내용과 청문의 일시·장소 등을 알리는 행위로서, 앞으로 있을 의견청취절차에서 권리주장, 증거 및 자료제출 등을 미리 준비할 수 있도록 하기 위하여 인정되는 의견진술의 전치절차이다.

의견제출 절차는 행정청이 어떠한 행정작용을 하기에 앞서 당사자 등이 의견을 제시하는 절차로서 청문이나 공청회에 해당하지 아니하는 절차이다(제2조 7호), 행정절차법은 의견청취절차(넓은 의미의 청문절차)를 청문·공청회·의견제출 절차로 구분하면서, 의무를 과하거나 권익을 제한하는 불이익처분에 대해 청문이나 공청회를 실시하는 경우를 제외하고는 필수적으로 의견제출 절차를 거치도록 하고 있다(제22조 3항).

2. 인사관련 처분의 행정절차법 적용제외

행정절차법 제3조 제2항 제9호는 공무원 인사관계 법령에 의한 징계 기타 처분 등 당해 행정작용의 성질상 행정절차를 거치기 곤란하거나 불필요하다고 인정되는 사항과 행정절차에 준하는 절차를 거친 사항으로서 대통령령으로 정하는 사항'을 행정절차법의 적용이 제외되는 경우로 규정하고 있고, 그 위임에 기한 행정절차법 시행령 제2조 3호 역시 '공무원 인사관계 법령에 의한 징계 기타 처분에 관한 사항'을 규정하고 있다.

3. 사안의 경우

직위해제처분이 성질상 처분의 사전통지나 의견청취 등 행정절차를 거치기 곤란하거나 불필요하다고 인정되는 처분에 해당한다고 보기 어렵고, 국가공무원법상 직위해제처분에 관하여 행정절차에 준하는 절차를 거치도록 하는 규정을 두고 있지도 않다는 이유로 사안의 직위해제 처분이 행정절차법 제21조 제1항, 제22조 제3항을 위반한 절차상 하자가 있다고 볼 수도 있다.[2] 그러나 직위해제처분은 잠정적이고 가처분적인 성격을 가진 조치여서 성격상 과거공무원의 비위행위에 대한 공직질서 유지를 목적으로 행하여지는 징벌적 제재로서의 징계 등에서 요구되는 것과 같은 동일한 절차적 보장을 요구할 수는 없다. 국가공무원법(이하 법명 생략) 제75조는 직위해제를 할 때에는 처분권자 또는 처분제청권자는 처분사유를 적은 설명서를 교부하도록 하여 해당 공무원에게 방어의 준비 및 불복의 기회를 보장하고 임용권자의 판단에 신중함과 합리성을 담보하게 하고 있고, 제76조 제1항은 소청을 청구할 수 있도록 하고 있어 사후적으로 소청이나 행정소송을 통하여 충분한 의견진술 및 자료제출의 기회를 보장하고 있다. 그리고 만약 직위해제를 받으면서 대기명령을 받은 자가 제70조에 의하여 직권면직 처분을 받을 경우에는 같은 조 제2항 단서에 의하여 징계위원회의 동의를 받도록 하고 있어 절차적 보장이 강화되어 있다. 그렇다면 직위해제처분은 당해 행정작용의 성질상 행정절차를 거치기 곤란하거나 불필요하다고 인정되는 사항 또는 행정절차에 준하는 절차를 거친 사항에 해당하므로, 처분의 사전통지 및 의견청취 등에 관한 행정절차법의 규정이 별도로 적용되지 아니한다. 사전통지를 결여해도 절차하자가 있다고 할 수 없다.

---

[2] 원심의 입장입니다. 원심의 입장을 따르면서 대법원의 입장을 비판해도 무방하다.

V. 사안의 해결

甲에 대한 직위해제처분은 절차적 요건을 결여하지는 않았으나 직위해제사유를 인정하기 어려우므로 실체적 요건을 결여한 처분으로 위법하다.

[설문 2] 직위해제와 직권면직 사이의 하자의 승계 (20점)

I. 문제의 소재

직위해제처분에 하자가 있는 경우 무효사유가 아닌 한 원칙적으로 제소기간 내에 다투어야 한다. 그러나 제소기간이 도과하여 불가쟁력이 발생하였음에도 직권면직처분에 대한 취소소송에서 직위해제처분의 하자를 주장할 수 있는지가 하자의 승계의 문제로 논의되고 있다.

II. 하자의 승계의 의의 및 논의의 전제

III. 하자의 승계 인정 여부

IV. 사안의 해결

직위해제는 공무원이 직위를 계속 보유하고 있는 것을 전제로 공무원의 보직을 박탈하는 제도로서 공무집행의 공정성과 그에 대한 국민의 신뢰를 보호하기 위한 목적을 가지고 있어, 공무원 관계의 소멸을 목적으로 하는 직권면직처분과는 별개의 법적 효과의 발생을 목적으로 한다. 판례는 직위해제와 직권면직 처분 사이에 하자의 승계를 부정하고 있다.[3]

그러나 직위해제처분을 받고 대기명령을 받은 공무원이 직위해제처분에 대해 제소기간 내에 다툴 것을 기대하기는 어렵다. 직권면직처분을 받았을 때 비로소 다투고자 하는 것이 통상적일 것이다. 제소기간 내에 다투지 않았다고 하여 직권면직처분을 다투면서 직위해제처분의 하자를 주장할 수 없도록 하는 것은 甲에게 수인한도를 넘는 가혹함을 가져오며, 甲에게 예측가능한 것이 아니라고 할 수 있다. 甲은 직권면직처분에 대해 취소소송을 제기하면서 직위해제처분의 하자를 주장할 수 있다고 하는 것이 타당하다.[4]

[설문 3] 직위해제처분에 대한 취소소송의 협의의 소익 (15점)

I. 문제의 소재

甲에 대한 직위해제처분 이후 같은 사유로 정직처분을 한 경우 직위해제처분의 효력은 소멸하는데 이 경우에도 협의의 소의 이익이 있는지 문제된다.

II. 협의의 소의 이익

---

3) 대판 1970.1.27, 68누10
4) 박정훈, 김연태 교수님도 사례집에서 판례와 달리 긍정하는 것으로 검토하고 있다.

III. 사안의 해결

甲을 직위해제한 후 그 직위해제 사유와 동일한 사유로 정직처분을 하였다면 뒤에 이루어진 징계처분에 의하여 직위해제처분은 효력을 상실한다. 직위해제처분이 효력을 상실한다는 것은 직위해제처분이 소급적으로 소멸하여 처음부터 직위해제처분이 없었던 것과 같은 상태로 되는 것이 아니라 사후적으로 그 효력이 소멸한다는 의미이다. 따라서 직위해제처분에 기하여 발생한 효과는 직위해제처분이 실효되더라도 소급하여 소멸하는 것이 아니다. X도 인사규정에서 직위해제처분에 따른 효과로 승진과 승급이 제한되도록 규정되어 있다면 甲은 이러한 불이익을 제거하기 위하여 실효된 직위해제처분에 대한 취소소송을 제기할 협의의 소의 이익을 인정할 수 있다.

X도 인사규정이 법규가 아니라 행정규칙이라 하더라도 행정규칙은 대내적 구속력이 있어 甲에게는 이러한 불이익이 구체적이고 현실적으로 잔존하고 있으므로 협의의 소의 이익을 인정할 수 있다.

[설문 4] 불문경고조치의 처분성 (15점)

I. 문제의 소재

X도 소속공무원 징계양정규칙'에 따라 도지사 A가 甲에게 행한 불문경고 조치가 취소소송의 대상이 되는 처분인지 문제된다. 특히 행정규칙에 의한 행위라 하더라도 처분인지 문제된다.

II. 취소소송의 대상 - 처분등

III. 불문경고의 처분성

공무원관계에서 징계처분은 파면, 해임, 강등, 정직, 감봉, 견책이 있다(국가공무원법 제79조). 공무원의 징계사유에 해당하는 사실이 있더라도 법령에 의한 공식적인 징계절차에 의하지 않고 행정규칙에 근거하여 불문경고조치가 행해지는 경우들이 있다. 불문경고조치는 법률상 징계는 아니지만 사실상 감경된 징계처분으로 기능하고 있다.

불문경고가 인사권자의 단순한 권고 내지 지도행위에 불과한 것인지 신분상의 불이익한 효과를 가져오는 법적인 행위인지 문제되는데 불문경고조치의 법적 성질은 국가나 관련 지방자치단체의 관련규정의 규율 내용에 따라 다를 수 있다.

판례는 권고적 성격에 그치는 단순한 경고는 처분성을 부정하였으나, 표창공적의 사용가능성을 소멸시키거나 일정 기간 표창대상자에서 제외하는 신분상 불이익을 초래하는 불문경고조치는 처분성을 인정한 바 있다.

IV. 사안의 해결

甲에 대한 불문경고 조치는 그 자체가 법적인 행위가 아니라 사실행위이므로 처분이 아니라고 할 수도 있으나 쟁송법상 처분개념설에 의하면 그밖에 이에 준하는 행정작용으로서 처분에 해당한다고 볼 수 있다. 판례는 국민의 권리의무에 직접 영향을 미치는 행위인지 여부로 판단을 하고 있는데 판례의 입장에 비추어 보더라도 甲에 대한 불문경고조치는 'X도 소속공무원 징계양정규칙'에 의하여 6개월 이내의 승진이 제한되는 효과가 있으므로 처분에 해당한다.

불문경고조치가 법령에 근거한 것이 아니라 행정규칙인 'X도소속공무원 징계양정규칙'에 근거한 것이라는 점은 처분성 여부를 판단하는데 장애가 되지 않는다. 판례도 "어떠한 처분의 근거나 법적인 효과가 행정규칙에 규정되어 있다고 하더라도, 그 처분이 행정규칙의 내부적 구속력에 의하여 상대방에게 권리의 설정 또는 의무의 부담을 명하거나 기타 법적인 효과를 발생하게 하는 등으로 그 상대방의 권리 의무에 직접 영향을 미치는 행위라면, 이 경우에도 항고소송의 대상이 되는 행정처분에 해당한다."고 한다. 甲은 불문경고조치에 대하여 취소소송으로 다툴 수 있다.

유제 [행시 2020]

중앙행정기관의 5급 공무원 甲은 무단결근으로 경고처분을 받았다. 乙장관은 위 경고처분에도 불구하고 甲의 근무태도가 개선되지 아니하자, 「국가공무원법」 제73조의3제1항 제2호에 따라 甲에 대하여 2020. 3. 5. 제1차 직위해제처분을 하였다. 이후 甲은 감독 대상 업체들로부터 상품권 등을 수수하고 감독업무를 부실하게 한 혐의로 관할 수사기관에서 수사를 받았다. 乙은 수사기관으로부터 甲에 대한 수사상황을 통보받고, 중앙징계위원회에 뇌물수수 및 직무유기 등의 사유로 甲에 대한 징계 의결을 요구하면서, 그 사실을 甲에게 문서로 통지하였다. 이후 乙은 2020. 5. 19. 「국가공무원법」 제73조의3제1항 제3호의 사유로 甲에게 제2차 직위해제처분을 하였다. 제2차 직위해제기간 중 중앙징계위원회는 같은 사유로 甲에 대한 해임을 의결하였고, 乙은 2020. 6. 24. 甲을 해임하였다. 이에 甲은 해임에 불복하는 소청을 제기하였고, 소청심사위원회는 2020. 8. 11. 甲에 대한 해임을 정직 3월로 변경하였다. 甲은 소청심사위원회의 변경재결서를 2020. 8. 12. 송달받았다. (총25점)

2) 甲이 제1차 직위해제 및 제2차 직위해제 처분의 취소를 구하는 소송을 제기할 경우 각각 소의 이익이 있는지를 검토하시오.(10점)

해 설

乙장관이 공무원 甲을 무단결근과 불량한 근무태도로 국가공무원법 제73조의3 제1항 제2호의 사유(직무수행능력이 부족하거나 근무성적이 극히 나쁜 자)로 제1차 직위해제처분을 한 후, 해임에 해당하는 징계의결이 요구되었다는 제3호의 사유로 제2차 직위해제처분을 하였고, 제2차 직위해제처분 사유와 동일한 사유로 해임처분을 한 상황에서 각각의 직위해제처분이 소의 이익이 있는지 문제된다. 직위해제처분이 실효된 경우에도 회복되는 법률상 이익이 있는지의 문제이다.

제2차 직위해제처분과 동일한 사유로 해임처분이 있으면 직위해제처분은 효력을 상실한다. 해임처분이 확정되면 직위해제처분은 다툴 소의 이익이 없다고 할 수도 있다. 그러나 소청심사를 통하여 해임처분이 정직 3개월로 변경되었으므로 甲은 공무원의 신분을 유지하고 있으며 직위해제처분으로 인한 보수나 승진최저소요연수의 불산입 등 불이익은 잔존하고 있으므로 제2차 직위해제처분에 대한 소의 이익은 인정할 수 있다.

제1차 직위해제처분은 제2차 직위해제처분으로 인하여 효력이 소멸하였으므로 소의 이익이 없는지 문제된다. 판례 중에는 행정청이 공무원에 대하여 새로운 직위해제사유에 기한 직위해제처분을 한 경우 그 이전에 한 직위해제처분은 이를 묵시적으로 철회하였다고 봄이 상당하므로, 그 이전 처분의 취소를 구하는 부분은 존재하지 않는 행정처분을 대상으로 한 것으로서 그 소의 이익이 없어 부적법하다는 판례도 있다.

결국 제2차 직위해제처분이 제1차 직위해제처분을 묵시적으로 철회한 것으로 볼 수 있는지가 관건이다. 제2차 직위해제처분으로 1차 직위해제처분의 효력이 소멸해서 1차 직위해제처분으로 인한 불이익이 해소된다면 1차 직위해제처분에 대한 소의 이익은 없다고 할 수 있다. 그러나 2차 직위해제처분이 있더라도 2020.3.5.부터 2차 직위해제처분일인 2020.5.19. 까지 갑이 입었던 불이익은 그대로 잔존하고 있다면 소의 이익은 있을 것이다. 사안의 경우 1차 직위해제처분으로 인한 불이익이 회복된다는 사정은 보이지 않는 바 甲은 1차 직위해제처분사유가 위법하다는 것을 이유로 다툴 수 있다고 보아야 한다.[5]

---

5) 판례처럼 묵시적 철회로 보고 소의 이익을 부정하는 것으로 포섭해도 무방하고, 강사의 해설처럼 소의 이익을 긍정하는 것으로 답안을 작성할 수도 있을 것이다. 논리적으로 답안을 작성하면 충분할 것이다. 다만 판례를 소개해 주는 것은 필요하다.

사례 162 법령의 개정에 따른 연금지급 거부에 대한 구제 [변시 2024]

국회는 연금 재정의 건전성 확보를 위하여 2019. 10. 4. 「공무원연금법」 일부개정법률안(이하 '개정 법률안'이라 한다)을 의결하였다. 개정 법률안에는 퇴직연금수급자가 선출직 지방공무원에 취임한 경우 그 재직기간 동안 퇴직연금 전부의 지급을 정지하는 규정과 이 법 시행 전에 급여의 사유가 발생한 사람에 대하여도 이를 적용하도록 하는 부칙 조항이 포함되어 있다. 대통령 甲은 개정 법률안이 자신의 정책과 반대된다는 이유로 2019. 10. 15. 국회에 법률안 재의를 요구하였다. 국회는 2019. 10. 30. 재적의원 과반수의 출석과 출석의원 3분의 2의 찬성으로 개정 법률안을 재의결하였다.

「공무원연금법」상 퇴직연금수급자였던 乙과 丙은 2018. 6. 전국동시지방선거에서 각각 지방의회의원으로 당선되어, 2018. 7. 취임하였다. 공무원연금공단은 2020. 1. 20. 乙과 丙에게 개정된 법률에 따라 퇴직연금 지급정지대상자가 되었다는 사실을 통보하여 연금지급 거부의사를 표시하였다.

乙은 2020. 3. 30. 공무원연금공단을 상대로 퇴직연금지급거부에 대하여 취소소송(이하 '이 사건 취소소송'이라 한다)을 관할 법원에 제기하였다.

4. (1) 乙이 제기한 이 사건 취소소송의 대상적격을 검토하시오. (15점)
 (2) 2024. 1. 9. 丙이 지방의회의원 재직기간 중 지급정지된 퇴직연금을 받기 위하여 제기할 수 있는 소송 유형을 검토하시오(단, 헌법재판소에서 2023. 11. 30. 심판대상조문에 대하여 단순위헌결정을 내린 것으로 전제함). (15점)

[참조조문]
※ 유의사항
아래 법령은 가상의 것으로, 이와 다른 내용의 현행 법령이 있다면 제시된 법령이 현행 법령에 우선하는 것으로 할 것

* 공무원연금법
제47조(퇴직연금 또는 조기퇴직연금의 지급정지) ① 퇴직연금 또는 조기퇴직연금의 수급자가 다음 각 호의 어느 하나에 해당하는 경우에는 그 재직기간 중 해당 연금 전부의 지급을 정지한다.
 2. 선거에 의한 선출직 지방공무원에 취임한 경우

부칙
제1조(시행일) 이 법은 2020. 1. 1.부터 시행한다.
제2조(급여지급에 관한 경과조치) ① 이 법 시행 전에 지급사유가 발생한 급여의 지급은 종전의 규정에 따른다. 다만, 제47조의 개정규정은 이 법 시행 전에 급여의 사유가 발생한 사람에 대하여도 적용한다.

[설문 4-(1)] 乙이 제기한 취소소송의 대상적격 (15점)

I. 문제의 소재

乙은 2020.3.30. 공무원연금법 개정에 따른 공무원연금관리공단의 퇴직연금지급거부행위에 대해 취소소송을 제기한 바 공단의 지급거부행위가 취소소송의 대상인 처분에 해당하는지 문제된다.

II. 취소소송의 대상

취소소송의 대상은 처분등이다(행정소송법 제19조) 처분등은 처분과 재결을 말하는데 처분에 대해서 판례는 "항고소송의 대상이 되는 행정처분이라 함은 행정청의 공법상의 행위로서 특정 사항에 대하여 법규에 의한 권리의 설정 또는 의무의 부담을 명하고 기타 법률상의 효과를 발생케 하는 등 국민의 권리의무에 직접적 변동을 초래하는 행위를 가리키는 것으로서 행정권 내부에서의 행위나 사실상의 통지 등과 같이 상대방 또는 기타 관계자들의 법률상 지위에 직접적인 법률적 변동을 일으키지 아니하는 행위는 항고소송의 대상이 될 수 없다."고 판시하고 있다.

특히 사안과 같이 금전급부에 관한 결정이 취소소송의 대상인지 문제된다. 금전급부에 관하여 외관상 처분으로 볼 수 있는 결정이 공법상 금전지급 전에 행해지고 금전지급이 거부되는 경우 문제된 권리의 존부 또는 범위가 행정청의 결정에 의하여 비로소 확정되는 것이라면 그 거부결정은 처분에 해당하고, 법령에 의하여 바로 확정되는 것이라면 거부결정은 처분이 아니다.

III. 사안의 해결

공무원연금법 소정의 급여는 법령의 규정에 의하여 직접 발생하는 것이 아니라 공무원연금관리공단이 지급을 결정함으로서 발생한다.[1] 따라서 공단의 급여에 관한 결정은 확인행위의 성질을 갖는 처분에 해당하므로, 급여결정에 불복이 있는 자는 공단의 급여결정을 대상으로 취소소송을 제기하여야 한다. 그러나 사안은 공단의 인정에 의하여 지급결정된 연금을 지급받아 오던 중 공무원연금법령의 개정으로 지급을 거부하게 된 경우인데 공단이 지급거부의 의사표시를 하였더라도 지급거부결정에 의하여 비로소 연금액의 지급이 정지되는 것이 아니라 공무원연금법의 개정에 따라 당연히 퇴직연금의 지급이 정지되는 것이므로 지급거부결정은 처분이 아니다.

판례는 퇴직 후 취업한 자가 퇴직연금을 지급받고 있다가 법령의 개정으로 취업기관이 퇴직연금 중 일부의 금액에 대한 지급정지기관으로 지정된 경우, 공무원연금관리공단의 지급정지처분 여부에 관계없이 개정법령이 시행된 때로부터 그 법 규정에 의하여 당연히 퇴직연금 중 일부 금액의 지급이 정지되는 것이므로, 공무원연금관리공단이 위와 같은 법령의 개정사실과 퇴직연금 수급자가 퇴직연금 중 일부 금액의 지급정지대상자가 되었다는 사실을 통보한 것은 단지 위와 같이 법령에서 정한 사유의 발생으로 퇴직연금 중 일부 금액의 지급이 정지된다는 점을 알려주는 관념의 통지에 불과하고, 그로 인하여 비로소 지급이 정지되는 것은 아니므로 항고소송의 대상이 되는 행정처분으로 볼 수 없다고 하면서, 공무원연금관리공단이 퇴직연금 중 일부 금액에 대하여 지급거부의 의사표시를 하였다고 하더라도 그 의사표시는 퇴직연금 청구권을 형성·확정하는 행정처분이 아니라 공법상의 법률관계의 한쪽 당사자로서 그 지급의무의 존부 및 범위에 관하여 나름대로의 사실상·법률상 의견을 밝힌 것일 뿐이어서, 이를 행정처분이라고 볼 수는 없다고 하였다.[2] 따라서 공단의 지급거부결정은 취소소송의 대상이 되지 못한다.

---

[1] 대판 1996.12.06, 96누6417
[2] 대판 2004.7.8, 2004두244

[설문 4-(2)] 丙이 퇴직연금을 받기 위해 제기할 수 있는 소송유형 (15점)

I. 문제의 소재

丙이 재직기간 중 지급정지된 퇴직연금을 받기 위하여 제기할 수 있는 소송유형이 항고소송인지 당사자소송인지 문제된다. 공무원연금공단의 퇴직연금지급거부의 처분성과 관련된다.

II. 항고소송과 당사자소송

행정기관의 행위로 권리가 침해된 경우 권리구제를 위한 소송형식으로는 항고소송, 당사자소송, 민사소송이 있다. 항고소송은 행정청의 처분등과 부작위에 대해 제기하는 소송이고(행정소송법 제3조1호), 당사자소송은 행정청의 처분등을 원인으로 하는 법률관계에 관한 소송 그 밖에 공법상의 법률관계에 관한 소송으로서 그 법률관계의 한쪽 당사자를 피고로 하는 소송을 말한다(동법 제3조2호).

행정기관의 결정으로 법률관계가 확인, 형성, 또는 구체화되는 경우 당해 행정기관의 결정·통지는 처분에 해당하므로 원칙상 항고소송으로 다투어야 하지만, 명문으로 형식적 당사자소송으로 다투도록 규정하고 있는 경우(예: 공익사업을 위한 토지등의 취득 및 보상에관한 법률 제85조2항의 보상금증감청구소송)에는 형식적 당사자소송3)으로 다툰다. 처분이 아닌 공법상법률관계에 관한 다툼은 당사자소송의 대상이 된다. 권리의무관계에 관하여 행정기관의 결정이 있더라도 동 결정이 처분이 아닌 경우(예, 판례에 의할 때 과오납한 세금의 환급거부결정)에는 항고소송으로 이를 다툴 수는 없고, 당해 권리의무관계가 공법관계인 경우에는 당사자소송을, 사법관계인 경우에는 민사소송을 제기하여야 한다.

행정소송규칙은 그 존부 또는 범위가 구체적으로 확정된 공법상 법률관계 그 자체에 관한 소송은 당사자소송이라고 하면서 그 예로 공무원의 보수·퇴직금·연금 등 지급청구소송을 열거하고 있다(제19조 2호 마목).

III. 사안의 해결

공단이 지급거부의 의사표시를 하였더라도 지급거부결정에 의하여 비로소 연금액이 축소되는 것이 아니라 공무원연금법의 개정에 따라 당연히 퇴직연금이 축소 확정되는 것이다. 공무원연금관리공단이 퇴직연금 중 일부 금액에 대하여 지급거부의 의사표시를 하였다고 하더라도 그 의사표시는 퇴직연금 청구권을 형성·확정하는 행정처분이 아니라 공법상의 법률관계의 한쪽 당사자로서 그 지급의무의 존부 및 범위에 관하여 나름대로의 사실상·법률상 의견을 밝힌 것일 뿐이어서, 이를 행정처분이라고 볼 수는 없으므로 丙이 항고소송을 제기할 수는 없다.

공무원연금관리공단의 지급결정에 의해 형성된 연금청구권이 공권이므로, 미지급퇴직연금에 대한 지급청구권이 공법상 권리로서 그의 지급을 구하는 소송은 공법상의 법률관계에 관한 소송인 공법상 당사자소송에 해당한다.4) 丙은 공법상 당사자소송으로 지급정지된 퇴직연금지급을 구하는 이행소송을 제기할 수 있다.5)

---

3) 형식적 당사자소송은 형식은 당사자소송의 형태이나, 실질은 처분에 대해 불복하는 실질을 가지고 있다.
4) 대판 2004.7.8, 2004두244
5) 인용될 수 있는지는 별개의 문제이고 소송형식은 당사자소송이다.

사례 163 징계의결 요구, 필요적 전치주의 [행시 2016]

A중앙행정기관 소속 6급 공무원인 甲은 업무수행 중 근무지를 이탈하고 금품을 수수하는 등의 직무의무 위반 행위를 하였다. 다음 물음에 답하시오. (총 20점)

1) A중앙행정기관의 장은 甲의 행위가 국가공무원법 상 징계사유에 해당한다고 판단됨에도 불구하고 징계위원회에 징계 의결을 요구하지 아니할 수 있는가? (10점)
2) 甲의 행위에 대하여 징계위원회가 감봉 1월의 징계를 의결하였고 그에 따라 동일한 내용의 징계처분이 내려졌다. 甲은 그 징계처분에 대하여 취소소송을 제기하고자 한다. 이 경우 반드시 행정심판절차를 거쳐야 하는가? (10점)

[설문 1] 징계의결 요구의 기속 여부

Ⅰ. 문제의 소재

甲의 행위가 국가공무원법상 징계사유에 해당한다고 판단됨에도 불구하고 징계위원회에 징계 의결을 요구하지 아니할 수 있는지, 즉 징계의결요구권자의 징계의결요구에 재량이 존재하는지 여부가 문제된다.

Ⅱ. 징계의 의의

징계란 공무원의 의무위반에 대하여 공무원관계의 질서를 유지하기 위하여 국가 또는 지방자치단체가 사용자로서의 지위에서 과하는 제재를 말한다. 제재로서의 벌이 징계벌이라며, 이 벌을 받아야 할 책임을 징계책임이라 한다. 공무원에 대한 징계는 징계의 원인이 된 비위사실의 내용과 성질, 징계에 의하여 달성하려고 하는 행정목적, 징계 양정의 기준 등 여러 요소를 종합하여 결정해야 하는 재량행위이다.

Ⅲ. 공무원에 대한 징계절차

징계의결요구권자는 공무원이 징계사유에 해당할 때 관할 징계위원회에 반드시 징계의결을 요구하여야 한다(국공법 제78조 제1항·제4항). 징계의결의 요구는 징계사유가 발생한 날로부터 3년을 경과한 때에는 행하지 못한다(금품 및 향응 수수, 공금의 횡령·유용의 경우는 5년)(국공법 제83조의2 제1항). 징계위원회는 법상의 절차에 따라 징계의결을 행하며(국공법 제82조 제1항), 징계권자는 징계의결의 결과에 따라 징계처분을 한다(국공법 제78조 제1항).

Ⅳ. 징계의결 요구의 기속성

국가공무원법 제78조의 규정상 징계의결요구는 기속적이다. 징계 절차로부터 징계의결요구권자의 자의적인 징계운영을 견제하려는 데에 그 취지가 있는 점 등을 고려할 때 징계의결요구권자는 징계사유에 해당할 때 반드시 징계의결을 요구할 의무가 있다.

다만, 공무원법상의 징계사유가 불확정개념으로 규정되어 있는 경우들이 있는데 공무원의 구체적인 행위가 과연 징계사유에 해당하는지 여부를 판단함에 있어서는 판단여지 내지는 요건재량이 존재할 수 있지만(판례는 판단여지를 인정하지 않고 재량으로 파악하고 있다). 징계사유에 해당함이 객관적으로 명백하다고 확인되는 경우에는 반드시 징계의결요구를 하여야 할 것이다. 징계사유에 해당함이 객관적으로 명백한지 및 상당한 이유가 있는지는 징계사유에 해당하는 구체적인 사실관계의 내용과 그에 대한 법적 평가, 증거 자료의 구비 정도, 징계의 필요성이나 적절성, 징계의결요구를 유보하는 데에 합당한 이유가 있었는지 등을 객관적이고 합리적인 방법으로 판단하여야 한다.[1]

징계사유가 있는 경우 징계의결의 요구는 재량이 인정되지 않으며, 징계권자도 징계위원회의 의결에 기속되므로 징계처분에서 재량은 징계위원회의 의결과정에 존재한다. 징계위원회가 징계여부의 결정 및 선택에 있어서 재량을 가진다.

[설문 2] 징계처분에 대한 취소소송 제기시 필요적 전치 여부

I. 문제의 소재

甲에 대한 징계처분이 취소소송의 소송요건으로서 필요적 심판전치(행정소송법 제18조 1항 단서)가 적용되는 사안인지가 문제된다. 이와 관련하여 국가공무원법 제16조 제1항 및 행정소송법 제18조 2,3항의 예외사유 해당여부가 문제된다.

II. 행정심판 전치주의

1. 임의적 전치주의(원칙)

행정심판전치주의는 사인이 법원에의 행정소송 제기 이전에 행정심판을 거치도록 하는 것을 말한다. 전심절차로서 행정심판은 행정청에 자율적 통제기회를 주고, 행정청의 전문지식을 활용할 수 있다는 장점이 있는 반면 행정기관이 심판을 맡는다는 점에서 그 결정의 공정성이 문제될 수 있다. 과거 행정소송법은 필요적 전치주의를 취하고 있었으나, 1998년 임의적 절차로 개정되었다(행정소송법 제18조1항 본문).

2. 필요적 전치주의(예외)

행정소송법은 다른 법률에 당해 처분에 대한 행정심판의 재결을 거치지 아니하면 취소소송을 제기할 수 없다는 규정이 있는 때에는 행정심판을 거쳐야 한다고 하여 예외적으로 필요적 전치를 요구하고 있다(제18조1항 단서). 필요적 전치주의는 명시적 근거를 요하므로 각 개별법률에서 정한 경우에만 인정된다. 현행법상 공무원에 대한 불이익처분에 대한 불복(국가공무원법, 지방공무원법), 과세처분에 대한 불복(국세기본법, 지방세기본법), 도로교통법상의 처분에 대한 불복등을 들 수 있다. 행정소송법은 필요적 전치주의가 적용되는 경우라고 하더라도 다시 재결을 거치지 않아도 되는 경우와 심판을 청구하지 않아도 되는 예외를 규정하고 있다(제18조2항, 3항).

행정심판 전치주의가 적용되는 경우에는 취소소송에서 심판전치가 소송요건이 된다. 무효확인소송에서는 심판전치가 적용되지 않는다. 그러나 무효선언을 구하는 취소소송에서는 취소소송의 제소요건을 갖추어야 하므로 심판전치가 적용된다는 것이 판례의 입장이다.

---

[1] 대판 2013.6.27, 2011도797

III. 사안의 해결

국가공무원법 제16조1항은 징계처분 등에 대한 행정소송은 소청심사위원회의 심사·결정을 거치지 아니하면 제기할 수 없다고 하여 명문으로 필요적 전치주의를 규정하고 있으며 동 규정은 행정소송법 제18조 1항 단서의 "다른 법률"에 해당한다.

사안에서 행정소송법 제18조 2항, 3항의 예외사유에 해당되는 사정도 보이지 않으므로 갑은 취소소송을 제기할 경우 반드시 행정심판절차로서 국가공무원법상 소청심사를 거쳐야 한다.

유제 [법전협 2021-3]

甲은 대통령 선거기간 중 공정한 경제질서를 확립하기 위하여 공정거래위원회를 대통령 직속으로 두겠다고 공약하였다. 2020. 5. 10. 대통령에 취임한 甲은 공약실행을 위하여 「정부조직법」 제2조 제2항 제2호의 '공정거래위원회'를 대통령 직속기구로 바꾸는 것을 골자로 하는 「정부조직법」 개정안을 국무회의에 부의하였다. 국무총리 乙은 「정부조직법」 개정안이 헌법 제86조 등에 위반된다며 강력히 반대하였으나, 개정안은 2021. 5. 25. 국무회의에서 의결되었다. 그러나 甲은 법률안 제출을 앞두고 2021. 5. 30. 신체검사를 받던 중 코마상태에 빠져 회복불가능한 사망단계에 이르렀다는 의학적 판단을 받았다. 이를 대통령 궐위사유로 본 국무총리 乙은 甲의 임기가 4년이나 남았으므로 대통령선거를 실시하여 새로운 대통령을 선출하는 것이 바람직하다는 의견을 제시하였고, 국회에서는 이에 대한 찬반 양론의 대립이 격화되면서 선거 실시 여부 및 일정이 논의되지 못하였다. 한편 乙은 대통령 권한대행으로서 「정부조직법」 개정안이 위헌이라고 판단하여 국회에 제출하지 않았다. 이에 공정거래위원회(위원장 丙)는 乙이 개정안을 제출하지 않은 행위가 공정거래위원회의 권한을 침해한다고 주장하며 권한쟁의심판을 청구하였다.

5. 丙은 권한쟁의심판을 청구하면서 소속 공무원 丁에게 관련 서류를 준비시켰는데, 丁은 이는 자신의 업무가 아니라고 생각하여 丙의 지시를 거부하였다.
   (1) 이에 징계권자인 丙이 丁에 대해 사전통지 없이 곧바로 직위해제 처분을 하자, 丁은 이러한 처분은 행정절차법상 사전통지의무를 위반한 것이라고 주장한다. 丁의 주장은 타당한가? (10점)
   (2) 이후 丙은 丁에 대한 징계절차를 개시하였고, 징계위원회에서 감봉 1월로 의결되었다. 이에 丁은 자신에 대한 징계처분의 취소를 구하는 행정소송을 곧바로 제기하였는데, 이는 적법한가? (10점)

해설

1. 설문 5-(1)

직위해제처분은 불이익처분으로서 행정절차법상 사전통지의 대상이 되는 것처럼 보이나, 판례는 직위해제처분을 잠정적이고 가처분적인 성격을 가진 조치로 보면서 징벌적 제재로서의 징계 등에서 요구되는 것과 같은 동일한 절차적 보장을 요구할 수는 없다고 하면서 행정절차법 제3조 2항 9호의 당해 행정작용의 성질상 행정절차를 거치기 곤란하거나 불필요하다고 인정되는 사항 또는 행정절차에 준하는 절차를 거친 사항에 해당하므로, 처분의 사전통지 및 의견청취 등에 관한 행정절차법의 규정이 별도로 적용되지 않는다고 한다. 판례에 의하면 丁의 주장은 타당하지 않다.

2. 설문 5-(2)

공무원에 대한 징계처분에 대한 취소소송은 필요적 전치주의가 적용된다(국가공무원법 제16조1항). 丁은 자신에 대한 징계처분에 대한 취소소송을 제기하기 위해서는 소청심사위원회의 심사·결정을 거쳐야 한다. 丁이 소청을 청구함이 없이 곧바로 취소소송을 제기한 경우 소제기는 부적법하다.

사례 164 　불문경고의 법적성질과 권리구제수단　　　[행시(일행) 2009]

A郡의 주택담당 지방공무원으로 근무하던 甲은 신규아파트가 1동의 건물로 되어 있기 때문에 동별(棟別) 사용승인이 부적합함에도 불구하고 동별 사용승인을 하였다.

이에 A군의 인사위원회는 이러한 사용승인으로 말미암아 민원이 야기됨은 물론, 건축 승인조건인 도로의 기부채납이 지연되거나 이행되지 않을 우려가 있음을 이유로 지방공무원법 제48조 성실의무 위반을 들어 甲을 징계의결하려고 한다. A郡의 인사위원회는, 'A郡지방공무원징계양정에 관한 규칙' 제2조 제1항 및 [별표 1] '징계양정기준'에 의하여 이 같은 비위사실에 대하여는 견책으로 징계를 하여야 할 것이지만, 동 규칙 제4조 제1항 및 [별표 3] '징계양정감경기준'에 따라 甲에게 표창공적이 있음을 이유로 그 징계를 감경하여 불문으로 하되, 甲에게 경고할 것을 권고하는 의결을 하였고, 이에 따라 A군의 군수는 甲을 '불문경고'에 처하였다. 한편 A郡이 소속한 B道 도지사의 'B道지방공무원인사기록 및 인사사무처리지침'에는 불문경고에 관한 기록은 1년이 경과한 후에 말소되며 또한 불문경고를 받은 자는 각종 표창의 선정대상에서 1년간 제외하도록 규정하고 있다. (총 30점)

1) 불문경고의 법적 성질 및 징계와의 관련성을 검토하시오.(10점)
2) 불문경고에 대한 甲의 행정쟁송상 권리구제 수단을 검토하시오.(20점)

[설문 1] 불문경고의 법적성질 및 징계와 관련성

I. 문제의 소재

불문경고가 징계처분의 일종인지 그 법적 성격이 문제되며 징계처분이 아니라면 징계와의 관련성은 어떠한지 문제된다.

II. 불문경고의 의의

공무원관계에서 징계처분은 파면,해임,강등,정직,감봉,견책이 있다(국가공무원법 제79조). 공무원의 징계사유에 해당하는 사실이 있더라도 공식적인 징계절차에 의하지 않고 징계의 종류 중 가장 경미한 견책처분 대신에 불문경고조치가 취해지는 경우들이 있다. 불문경고조치의 법적 성질은 국가나 관련 지방자치단체의 관련규정의 규율내용에 따라 다를 수 있다.

III. 불문경고의 법적성질

불문경고가 인사권자의 단순한 권고 내지 지도행위에 불과한 것인지 신분상의 불이익한 효과를 가져오는 법적인 행위인지 문제된다.

판례는 서면에 의한 경고에 대해서 "공무원의 신분에 영향을 미치는 국가공무원법상의 징계의 종류에 해당하지 아니하고 근무충실에 관한 권고행위 내지 지도행위로서 그 때문에 공무원으로서 신분에 불이익을 초래하는 법률상의 효과가 발생하는 것도 아니므로 경고가 국가공무원법상의 징계처분이나 행정소송의 대상이 되는 행정처분이라 할 수 없다"고 판시하여 단순한 경고는 처분성을 부정하고 있다. 그러나 사안의 불문경고가 있는 경우는 'B道지방공무원인사기록 및 인사사무처리지침'에 불문경고에 관한 기록은 1년이 경과한 후에 말소되며 또한 불문경고를 받은 자는 각종 표창의 선정대상에서 1년간 제외하도록 규정하고 있어 이러한 경우에도 처분성이 부정되는지 문제된다.

동일한 사안에서 고등법원은 "단지 앞으로 유사한 잘못을 되풀이하지 않도록 업무에 더욱 충실할 것을 권고하거나 지도하는 행위에 불과하고, 그로 인하여 설사 원고의 승진이나 호봉승급 등에 어떠한 영향이 미친다고 하더라도, 이는 원고가 불문경고를 받았다는 사실 그 자체보다는 그 원인이 된 비위사실이 승진이나 호봉승급 등 인사평정상의 참작사유로 고려되는 데서 기인하는 것이다"고 하여 처분성을 부정하였다.

그러나 대법원은 법률상의 징계처분은 아니지만 위 처분을 받지 아니하였다면 차후 다른 징계처분이나 경고를 받게 될 경우 징계감경사유로 사용될 수 있었던 표창공적의 사용가능성을 소멸시키는 효과와 1년 동안 인사기록카드에 등재됨으로써 그 동안은 장관표창이나 도지사표창 대상자에서 제외시키는 효과 등이 있다는 이유로 항고소송의 대상이 되는 행정처분에 해당한다고 판시하였다. 설문의 불문경고도 이러한 효과가 있어 처분에 해당한다.

Ⅳ. 징계와의 관련성

징계의 종류에는 파면 해임 강등 정직 감봉 견책(국가공무원법 제79조)가 있는데, 행정규칙에 의한 불문경고 조치는 법률상 징계는 아니지만 동 처분을 받지 아니하였다면 차후 다른 징계처분이나 경고를 받게 될 경우 징계감경사유로 사용될 수 있었던 표창공적의 사용가능성을 소멸시키는 효과와 1년동안 인사기록 카드에 등재됨으로써 각종 표창의 선정대상에서 1년간 제외효과가 있어(대판 2002.7.26, 2001두3532) 사실상 감경된 징계처분으로 기능하고 있다.

[설문 2] 불문경고에 대한 행정쟁송상 권리구제수단

Ⅰ. 문제의 소재

불문경고에 대해 甲의 행정쟁송상 권리구제수단은 甲에 대한 불이익한 처분에 대한 구제수단을 검토하는 것이다. 소청심사의 청구, 취소소송 등 항고소송의 제기, 가구제, 국가배상청구소송 등을 검토해볼 수 있다.

Ⅱ. 소청심사

국가공무원법 제16조1항은 징계처분, 그 밖에 본인의 의사에 반한 불리한 처분이나 부작위에 관한 행정소송은 소청심사위원회의 심사·결정을 거치지 아니하면 제기할 수 없다고 하여 필요적 전치주의를 규정하고 있다. 甲은 불문경고조치에 대해 취소소송을 제기하기 전에 반드시 소청심사위원회의 심사·결정을 거쳐야 한다.

소청심사위원회는 국가공무원법 제9조에 의해 행정심판의 특례로 마련된 소청심사청구에 대해 소청을 심사하며 소청결정을 행하는 특별행정심판기관에 해당한다. 공무원의 인사와 관련한 처분에 대한 행정심판을 인사에 관한 전문적 판단을 하도록 하여 공무원의 신분을 보다 강하게 보장함과 동시에 공무원 관계의 질서를 확립하기 위한 목적에서 설치되었다. 소청심사위원회의 소청결정은 행정심판의 재결에 해당된다.

III. 취소소송 등 항고소송

소청심사를 청구한 이후 소청결정에 대해서도 불복이 있는 경우 행정소송을 제기할 수 있다. 甲은 취소소송 또는 무효확인소송을 제기할 수 있으나, 의무이행소송은 현행 행정법상 인정되지 않으므로 제기할 수 없다.

취소소송의 대상과 관련하여 원처분중심주의(행정소송법 제19조)가 적용되므로 원칙적으로 불문경고조치가 소송의 대상이 되며 소청결정은 고유한 위법이 있는 경우에 한하여 소송의 대상이 된다.

IV. 가구제수단으로서 집행정지

甲은 취소소송을 제기하면서 집행정지의 적극적 요건을 소명하여 집행정지를 신청할 수도 있다. 집행정지의 적극적 요건과 관련하여 불문경고는 공무원의 명예·지위 등과 관련되어 있으므로 금전으로 회복할 수 없는 손해에 해당한다고 할 수 있다. 소극적 요건으로서 甲에 대한 불문경고의 효력을 정지함으로써 공공복리에 현저히 반한다는 사정도 없고 본안청구의 이유 없음이 명백하지 않다면 집행정지를 인정할 수 있을 것이다. 그러나 실무에서 불문경고조치의 집행정지결정을 기대하기는 어려울 것이다.

V. 국가배상청구소송

국가배상청구권의 법적성질을 공권으로 보면 당사자소송이고, 국가배상청구권을 사권으로 보면 민사소송이다. 판례는 민사소송으로 보지만 다수설은 당사자소송으로 본다. 행정소송법개정안은 당사자소송으로 규정하고 있다. 당사자소송이라면 국가배상청구소송도 행정소송상의 구제수단이 된다.

갑이 불문경고조치로 발생한 정신적 손해에 대한 국가배상청구소송을 당사자소송으로 제기할 수 있다.

VI. 소 결

甲의 권리구제수단으로 甲은 소청심사위원회에 소청심사를 청구하고, 취소소송 또는 무효확인소송을 제기할 수 있으며, 가구제수단으로 집행정지를 신청할 수 있고, 국가배상청구권을 공권으로 볼 때 당사자소송으로 국가배상청구소송을 제기할 수 있다.

사례 165 공물의 소멸, 시효취득, 특별사용, 변상금   [법전협 2013-3]

　부산광역시장 甲은 복합환승센터 개발을 위해 도시철도 1호선 노포역 주변 지역을 유통상업지역으로 지정하였는데, A백화점은 이 지역에 부산 노포점을 건축하기 위하여 수년 전에 상당한 규모의 부지를 확보하여 보유하고 있다.

　부산광역시장 甲은 노포역 주변을 포함한 몇몇 역세권지역을 과밀화방지를 위하여 건폐율제한을 강화하는 구역으로 지정하였고 부산광역시 의회는 이러한 구역의 건폐율을, 그 구역에 적용할 건폐율의 최대한도의 100분의 75 이하로 하는 규정을 도시계획조례에 마련하였다. 더 나아가 부산광역시장 甲은 위 복합환승센터 건설예정지 일대를 지구단위계획구역으로 지정·고시함과 동시에, 동 구역에 대한 지구단위계획을 도시관리계획으로 결정·고시하였는데 동 구역의 건폐율은 45%를 초과할 수 없는 것으로 더욱 강화되었다. 이에 A백화점은 건폐율제한이 과도하여 향후 부산 노포점의 건축 자체를 원점에서 재검토하여야 할 상황이 되었다고 여기고 있다.

2. A백화점의 부산 노포점 예정부지는 B 소유의 밭을 매입한 것인데, A백화점은 매입 이후 2년간 회사차량의 주차장으로 사용해 왔었다. 그런데 아래의 그림이 보여주듯이 B 소유의 밭은 당초「도로법」상의 도로에 인접하였고, 인도에 해당하는 부분은 수년 전부터 그 형태가 거의 멸실되어 밭과 구분이 되지 않았다. B는 국유재산인 인도부분을 매각하기 전 20년 이상 점유하여 왔다.

　최근 부산광역시 금정구청장 乙이 도로의 불법 점·사용을 이유로 A백화점에 변상금부과처분을 하였다. 이 변상금부과처분은 적법한가? (30점)

※ [참고그림]

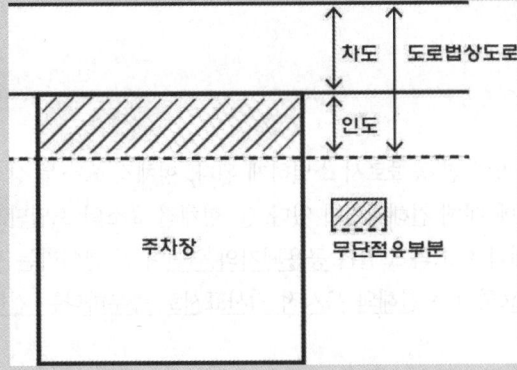

[관련법령]
* 도로법

제38조(도로의 점용) ① 도로의 구역에서 공작물이나 물건, 그 밖의 시설을 신설·개축·변경 또는 제거하거나 그 밖의 목적으로 도로를 점용하려는 자는 관리청의 허가를 받아야 한다.

제94조(변상금의 징수) 제38조에 따른 도로 점용허가를 받지 아니하고 도로를 점용한 자에 대하여는 그 점용기간에 대한 점용료의 100분의 120에 상당하는 금액을 변상금으로 징수할 수 있다.

I. 문제의 소재

도로법상 변상금부과처분은 도로점용허가를 받지 아니하고 도로를 점용한 자에 대하여 부과하는 것이다. 금정구청장 乙의 변상금부과처분이 적법하기 위해서는 A백화점이 사용한 부분이 도로법상 도로에 해당되어야 하고, A백화점의 사용이 특별사용에 해당되는데 도로점용허가를 받지 않은 경우여야 한다. 사안에서는 인도에 해당하는 부분이 공물성을 상실하여 B의 취득시효가 완성되었는지, A백화점이 특별사용을 하고 있어 도로점용허가가 필요한지가 문제된다.

II. 도로의 법적 성질

도로는 강학상 공물에 해당한다. 공물은 행정주체에 의해 직접 공적 목적에 제공된 유체물, 무체물 및 집합물을 말한다. 공물은 목적에 따라 ① 일반 공중의 사용에 제공되는 공공용물, ② 직접 행정주체의 사용에 제공되는 공용물, ③ 공공목적을 위해서 보존이 강제되는 보존공물로 구분되며, 성립과정에 따라 ① 자연상태로 공적 목적에 제공되는 자연공물과 ② 인공을 가하여 공적 목적에 적합하도록 가공한 후 공적 목적에 제공되는 인공공물로 구분되기도 한다. 도로는 일반 공중의 사용에 제공되는 공공용물로서 인공공물에 해당한다.

III. 도로의 공물성 상실 여부

1. 문제점

A백화점의 부산 노포동 예정부지는 B소유 밭을 매입한 것으로 당초 도로법상 도로에 인접한 것인데 수년전부터 형태가 거의 멸실되어 밭과 구분이 되지 않게 된 것이다. 이러한 형태의 멸실로 도로가 공물로서 소멸한 것인지 문제된다.

2. 공물의 소멸

(1) 학 설

공물이 형체적 요소를 상실하고 공용폐지행위가 있으면 공물로서 소멸하게 된다. 형체적 요소를 상실한 경우에 공물의 소멸에 공용폐지행위가 필요한지에 대해 견해대립이 있다. ① 형체적 요소의 소멸만으로 공물로서의 성질을 상실한다는 불요설과 ② 형체적 요소의 소멸은 공용폐지의 원인이 될 뿐이라는 필요설이 대립한다. 필요설도 명시적 의사표시가 필요하다는 견해와 묵시적 의사표시로 충분하다는 견해가 대립한다.

(2) 판 례

판례는 공용폐지의 의사표시를 필요로 한다. 명시적인 경우 뿐만 아니라 묵시적 공용폐지를 인정하고 있으나 극히 예외적인 경우에 한정하며, 공물이 사실상 본래의 용도에 사용되고 있지 않다거나 행정주체가 점유를 상실하였다는 정도의 사정만으로는 부족하고, 주위의 사정을 종합하여 객관적으로 공용폐지 의사의 존재가 추단될 수 있어야 한다고 한다.

(3) 검 토

생각건대, 공공용물은 일반 공중의 이용에 제공되고 있으므로 법률관계를 명확히 할 필요가 있고, 공용폐지는 공용개시행위를 철회하는 의미를 가진다는 점을 고려하면 원칙적으로 명시적 의사표시를 요한다.

다만, 주위의 사정으로 보아 객관적으로 공용폐지의 의사를 추단할 수 있는 때에는 묵시적 의사표시가 있는 것으로 볼 수 있다.

3. 사안의 경우

A백화점의 부산 노포점 예정부지 중 무단점용부분은 본래 인도로써 도로법상 도로이므로 공물에 해당되나 인도로서의 형태가 거의 멸실되어 밭과 구분이 되지 않으므로 형체적 요소는 소멸하였다고 볼 수 있다. 그러나 도로의 용도폐지결정과 같은 명시적인 공용폐지행위가 없음은 물론이고 묵시적 의사표시를 추단할 만한 사정도 보이지 않는다. 따라서 무단점용한 인도 부분은 여전히 공물에 해당한다.

IV. 도로의 시효취득 여부

1. 문제점

공물에도 민법의 시효취득(제245조, 246조)에 관한 규정이 적용되어 시효취득의 대상이 되는지 견해대립이 있다.

2. 학설

학설은 ① 시효취득을 인정하는 것은 공물의 공적 목적에 배치되므로 공용폐지가 없는 한 부정하는 부정설, ② 공물의 평온, 공연한 점유가 계속되고 있음에도 관리자가 방치한 경우에는 묵시적인 공용폐지가 있는 것으로 보아 완전한 시효취득을 인정하는 긍정설, ③ 공물의 융통성이 인정되는 한도에서만 제한적으로 시효취득을 인정하되 시효취득된 후에도 공물로서 공적 목적에 제공하여야 하는 공법상의 제한은 받는다는 제한적 긍정설이 대립한다.

3. 판례

판례는 공물의 소멸에는 공용폐지가 필요하며 묵시적 공용폐지도 가능하다는 입장인데, 공용폐지가 있기 전에는 시효취득을 부정하고 있다. 학설은 대체적으로 부정설로 평가한다.

4. 검토

생각건대, 공물은 공적 목적에 제공된 물건이라는 점을 감안하면 원칙적으로 공용폐지가 없는 한 시효취득을 부정하는 것이 타당하다. 문제는 묵시적 공용폐지를 인정할 것인가인데 사실상 본래의 용도에 사용하고 있지 않은 경우와 같이 단순한 부작위에 불과한 경우 묵시적 공용폐지를 인정하는 것은 부당하지만, 공용폐지 의사를 추단할 수 있는 적극적 사정이 존재하는 경우는 묵시적 공용폐지를 긍정하는 것이 바람직하다.

5. 사안의 경우

A백화점의 무단점용부분은 도로로서 용도폐지결정이 있지 않으므로 여전히 국유재산법상 행정재산에 해당하고 국유재산법, 공유재산법 및 물품관리법 등 실정법은 행정재산의 시효취득을 부정하는 명문 규정을 두고 있다(국유재산법 제7조2항). 따라서 시효취득의 대상이 되지 않는다.

V. 공물의 특허사용

1. 의 의

공물의 사용관계는 공물의 사용에 관하여 공물주체와 사용자와의 사이에 발생하는 법률관계를 말한다. 공물의 사용관계 중에서 공물관리청이 공물관리권에 의해, 특정인에게 일반인에게는 허용되지 않는 특별한 사용권을 설정해 사용하도록 하는 것을 공물의 특허사용이라고 한다.

특허사용의 대상은 공물의 특별사용이다. 특별사용이란 공물의 일반사용과는 별도로 공물의 특정 부분을 특정한 목적을 위하여 사용하는 것으로서 일반사용과 병존가능하다. 판례도 도로의 특별사용은 반드시 독점적·배타적인 것이 아니라 일반사용과 병존이 가능한 경우도 있다고 하였으며, 특별사용의 판단기준에 대하여 특별사용인지 일반사용인지 여부는 도로의 주된 용도와 기능이 무엇인지에 따라 가려져야 한다고 판시한 바 있다.

2. 사안의 경우

A백화점의 무단점용 부분은 도로의 인도부분을 백화점 회사차량의 주차장부지로 사용한 것으로서 도로라는 공물의 특정 부분을 특정 목적을 위해 사용하고 있는 특별사용에 해당한다. 따라서 사안의 경우 도로법 제38조의 도로점용허가를 받고 도로점용료를 납부하고 사용해야 한다.

VI. 변상금 부과처분의 적법성

1. 도로법상 변상금 부과

도로법 제94조는 도로점용허가를 받지 않고 도로를 점용한 자에 대하여는 점용기간에 대하여 점용료의 100분의 120에 상당하는 변상금을 부과하도록 하고 있다. 변상금은 도로법 제38조의 규정에 의한 도로점용허가를 받지 않은 무단점용자에 대하여 징벌적 의미를 갖는 것이므로 비록 도로점용에 대한 명시적인 도로점용허가는 없었다고 하더라도 구체적인 사정에 비추어 그 점유나 사용·수익을 정당화할 수 있는 법적 지위에 있는 자에 대하여는 변상금을 부과할 수 없다고 보아야 한다.

2. 사안의 경우

사안에서는 도로점용허가를 받지 않고 A백화점이 무단점용하고 있는 것이며, 시효취득을 인정할 수도 없는 상황이므로 점유를 정당화할 수 있는 법적 지위에 있지도 않다. 또한 도로법 제94조는 문언상 재량행위[1])로 규정되어 있는데 변상금부과에 있어서 재량의 일탈·남용을 인정할 만한 사정도 보이지 않으므로 A백화점에 대해 무단점용을 이유로 변상금을 부과한 것은 적법하다.

VII. 결 론

A백화점이 무단점용한 부지는 도로로서 강학상 공물에 해당하며, 인도로서의 형체가 소멸했다고 하더라도 도로의 용도폐지결정이 없으므로 공물성을 상실한 것은 아니며 따라서 시효취득의 대상이 될 수 없다. A백화점이 주차장 부지로 사용하는 것은 특별사용에 해당하므로 도로점용허가를 받아야 하나 무단으로 사용하고 있으므로 변상금을 부과한 것은 적법하다.

---

1) 국유재산법상 변상금부과는 기속행위라는 판례가 있으나(대판 2000.1.28, 97누4098) 국유재산법은 문언이 "징수한다"로 되어 있는 반면 도로법은 "징수할 수 있다"로 되어 있어 문언상 재량행위라고 보아야 할 것이다.

유제
[행시(재경) 2012]

甲은 乙로부터 면적 300㎡인 토지에 건축면적 100㎡인 가옥과 담장을 1980.12.31일자로 매수하여 등기한 후 소유하고 있었다. 甲은 그 동안 해당 부동산에 대한 세금을 성실히 납부하였다. 그러나 토지가 소재하고 있는 지방자치단체 A市는 2012.6.1일자로 甲에게 도로를 침범하고 있는 담장을 철거하라는 통지서를 발부하였다. 철거통지서에는 甲이 점유하고 있는 토지의 30㎡는 A市 소유의 도로로 현재 甲은 이를 불법점유하고 있으므로 2012.7.31일까지 위 담장을 철거하라고 기재되어 있었다.

(1) 甲은 아무런 하자 없이 乙로부터 토지와 가옥을 매수하여 소유권이전등기를 마쳐 평온히 소유하여 왔으나, 30여 년이 지난 시점에서 A市는 토지의 일부가 A市소유의 도로인 토지라고 주장하고 있다. 甲은 어떻게 항변할 수 있겠는가? (15점)

해 설

도로는 공공용물로서 인공공물에 해당한다. A市 소유 도로가 형체적 요소를 상실하더라도 명시적인 공용폐지 행위는 없다. 다만 A市가 30년 동안 도로에 대하여 아무런 조치를 취하지 않은 것을 묵시적인 공용폐지로 볼 수 있는지가 문제되나, 이러한 사정만으로 객관적인 공용폐지 의사의 존재를 추단하기 어려우므로 여전히 공물로서 도로에 해당한다. 甲이 30년간 평온, 공연하게 점유하고 있었으므로 甲은 공용폐지가 되었고 시효취득이 가능하다고 항변할 수 있으나, 사안에서 묵시적 공용폐지의 의사를 인정하기 어렵고, 행정재산에 대한 시효취득이 인정되지 않으므로 甲의 항변은 인정되기 어렵다.

사례 166 공물의 성립과 소멸 [행시(재경) 2008]

甲은 자신의 선조 때부터 소유해 오던 가옥을 문화재적 가치가 있다고 판단하여 문화재청에 유형문화재로 지정해 줄 것을 신청하였다. 이 경우 위의 가옥이 지정문화재로 성립되기 위한 요건은 무엇인가? 또한 위의 가옥이 문화재로 지정된 후 화재로 인하여 상당부분이 소실된 경우에도 여전히 지정문화재로서의 성격을 가지는가?(25점)

* 문화재보호법
제2조 (정의) ① 이 법에서 '문화재'란 인위적이거나 자연적으로 형성된 국가적·민족적·세계적 유산으로서 역사적·예술적·학술적·경관적 가치가 큰 다음 각 호의 것을 말한다.
  1. 유형문화재 : 건조물, 전적(典籍), 서적(書跡), 고문서, 회화, 조각, 공예품 등 유형의 문화적 소산으로서 역사적·예술적 또는 학술적 가치가 큰 것과 이에 준하는 고고자료(考古資料)
제5조 (보물 및 국보의 지정) ① 문화재청장은 문화재위원회의 심의를 거쳐 유형문화재 중 중요한 것을 보물로 지정할 수 있다.
  ② 문화재청장은 제1항의 보물에 해당하는 문화재 중 인류문화의 간점에서 볼 때 그 가치가 크고 유례가 드문 것을 문화재위원회의 심의를 거쳐 국보로 지정할 수 있다.
제7조 (사적, 명승, 천연기념물의 지정)
  문화재청장은 문화재위원회의 심의를 거쳐 기념물 중 중요한 것을 사적, 명승 또는 천연기념물로 지정할 수 있다.
제10조 (지정의 고시 및 통지) ① 문화재청장이 제5조부터 제9조까지의 규정에 따라 국가지정 문화재(보호물과 보호구역을 포함한다. 이하 이 조에서 같다)를 지정하거나 중요무형문화재의 보유자 또는 명예보유자를 인정하면 그 취지를 관보(官報)에 고시하고, 지체 없이 해당 문화재의 소유자, 보유자 또는 명예보유자에게 알려야 한다.
  ② 제1항의 경우 그 문화재이하 유자가 없거나 분명하면 아니하면 그 점유자 또는 관리자에게 이를 알려야 한다.
제13조 (지정 또는 인정의 해제) ① 문화재청장은 제5조, 제7조 또는 제8조에 따라 지정된 문화재가 국가지정 문화재로서의 가치를 상실하거나 그 밖에 특별한 사유가 있으면 문화재위원회의 심의를 거쳐 그 지정을 해제할 수 있다.

I. 문제의 소재

가옥이 지정문화재로 지정되는 것은 공물의 성립을 의미한다. 공물의 성립요건이 무엇인지 문제된다. 또한 가옥이 문화재로 지정된 후 화재로 인하여 상당부분이 소실된 경우에도 여전히 지정문화재로서의 성격을 가지는가는 공물이 소멸하기 위한 요건이 무엇인지의 문제이다.

II. 지정문화재의 법적성격

공물은 행정주체에 의해 직접 공적 목적에 제공된 유체물, 무체물 및 집합물을 말한다. 공물은 목적에 따라 ① 일반 공중의 사용에 제공되는 공공용물, ② 직접 행정주체의 사용에 제공되는 공용물, ③ 공공목적을 위해서 보존이 강제되는 보존공물로 구분되며, 성립과정에 따라 ① 자연상태로 공적 목적에 제공되는 자연공물과 ② 인공을 가하여 공적 목적에 적합하도록 가공한 후 공적 목적에 제공되는 인공공물로 구분되기도 한다. 도로는 일반 공중의 사용에 제공되는 공공용물로서 인공공물에 해당한다.

사안의 경우 문화재보호법 제10조에 따라 지정고시된 보존공물로서 인공공물에 해당하고 갑 소유이므로 사유공물에 해당한다.

III. 甲의 가옥이 지정문화재로 성립하기 위한 요건

1. 공물의 성립
공물의 성립이란 특정한 물건이 공물로서의 성질을 취득하는 것을 말한다. 공물의 성립은 형태적 요소와 의사적 요소에 의하여 결정된다. 공물의 성립요건은 공공용물, 공용물, 보존공물에 따라 차이가 있다.

2. 보존공물의 성립요건
보존공물이 성립하기 위해서는 보존공물로 할 만한 일정한 형체적 요소를 갖추는 외에 법령에 의한 직접 또는 법령에 근거한 공용지정이 필요하다. 보존공물은 공공용물이나 공용물과 같이 물건의 사용이 아니라 물건 자체의 보존에 목적이 있으므로 물건에 대한 권리의 본질을 해치지 않는 것이 보통이다. 따라서 일반적으로 물건에 대한 정당한 권원을 취득할 필요는 없다.

사안에서의 가옥은 문화재적 가치를 지닌 채 형체적 요소가 구비되었으므로 문화재보호법 제5조에 의한 문화재청장의 보물 또는 국보의 지정 또는 제7조에 의한 사적으로 지정·고시하면 지정문화재가 되며 공물로서 성립한다.

IV. 문화재로 지정된 甲의 가옥이 화재로 상당부분 소실시 지정문화재로서의 성격을 갖는지 여부

1. 공물의 소멸
공물의 소멸은 공물로서의 성질을 상실하는 것을 말한다. 공물은 일반적으로 형체적 요소의 소멸과 공적 목적에 제공을 폐지시키는 법적 행위인 공용폐지행위에 의하여 소멸된다.

2. 보존공물의 소멸
보존공물은 원칙적으로 행정주체의 지정해제의사표시에 의해 공물의 성질이 상실되나(문화재보호법 13조) 다만 형체적 요소가 소멸되는 경우에 형체적 요소의 소멸만으로 공물로서의 성질이 상실되는지에 대해 견해 대립이 있다.

일설은 형체적 요소가 멸실되는 경우에는 보존공물은 당연히 소멸하며 공물의 지정해제는 단지 이를 확인하는 행위에 불과하다고 하나 형체적 요소의 소멸은 보존공물의 지정해제사유에 불과하다는 견해가 타당하다.

3. 사안의 경우
사안에서 가옥의 화재로 가옥이 전소된 것이 아니라 상당부분 소실된 것인데 이것만으로는 형체적 요소의 소멸로 평가하기 어려울 수도 있다. 설령 형체적 요소가 소멸되었다고 하더라도 문화재청장이 문화재보호법 제13조에 따른 지정해제를 하기 전에는 가옥은 여전히 지정문화재로서의 성격을 가진다.

사례 167　공물의 소멸, 특별사용　[사시 2012]

Y시 소재 20㎡ 토지(이하 '이 사건 토지'라 한다)는 일제강점기의 토지조사사업 당시 토지조사부나 토지대장에 등록되지 않은 채 미등록 상태로 있었다. 그런데 1912. 7. 11. 작성된 Y군(현재 Y시)의 지적원도에는 이 사건 토지의 지목이 도로로 표시되어 있었다. 그러다가 관할 X행정청은 이 사건 토지에 관하여 1976. 12. 31. 처음으로 지번을 부여하고 토지대장을 작성하면서 토지대장에 지목을 도로로, 소유자를 국(國)으로 등록하였으며, 그 후 1995. 10. 20. 대한민국의 명의로 등기를 마쳤다. 한편 A는 이 사건 토지를 1950. 3. 1.부터 사찰부지의 일부로 사실상 점유하여 왔다.

1. A가 이 사건 토지를 사찰부지의 일부로 점유함에 따라 도로의 기능을 사실상 상실한 경우에 도로의 공용폐지를 인정할 수 있는가? (10점)
2. A가 이 사건 토지의 점용허가를 받고 사찰부지의 일부로 사용한 경우에 일반인들도 당해 사찰부지의 일부를 통행할 수 있는가?(10점)

[설문 1] 도로의 공용폐지 인정여부 (10점)

I. 문제의 소재

사안에서 A가 토지를 사찰부지로 점유해 온 바 형체적 요소의 멸실만으로 도로의 공용폐지를 인정할 수 있는지, 의사적 요소로서 공용폐지행위가 요구된다면 사안의 경우 묵시적 공용폐지를 인정할 수 있을 것인지가 문제된다.

II. 토지의 법적 성질

사안의 토지는 지목이 도로에 해당하므로 행정주체가 공적 목적으로 제공한 물건인 공물에 해당된다. 공물 중에서도 일반 공중의 이용제 제공되는 공공용물에 해당하며, 도로는 인공을 가하여 공공용에 제공하는 인공공물에 해당한다.

III. 공물의 소멸

1. 공물의 소멸

공물의 성립이란 특정한 물건이 공물로서의 성질을 취득하는 것을 말하고, 그 소멸은 공물로서의 성질을 상실하는 것을 말한다. 공물의 성립과 소멸은 형체적 요소와 의사적 요소에 의하여 결정된다.

2. 형체적 요소의 멸실로 공물이 소멸하는지 여부

(1) 문제점

인공공물은 공용폐지에 의하여 공물로서의 성질을 상실한다. 그런데 인공공물의 형태가 멸실하여 사회통념상 회복이 불가능하게 된 경우에 별도의 공용폐지행위 없이 공물로서의 성질을 상실하는지, 즉 형체적 요소가 멸실한 경우에도 공용폐지의 의사표시가 필요한지에 대해 견해대립이 있다.

(2) 학 설

(3) 판례

(4) 검토

Ⅳ. 사안의 해결

사안에서 문제된 토지는 사찰부지의 일부로 점유됨에 따라 도로의 기능을 사실상 상실하였다. 공물의 형체적 요소가 소멸한 경우라고 할 수 있다. 그러나 공용폐지의 의사표시가 없는 한 공물이 소멸했다고 할 수는 없다. A가 1950.3.1.부터 사찰부지의 일부로 사실상 점유하여 왔다고 하더라도 공물이 본래의 용도에 사용되고 있지 않다는 점만으로는 묵시적인 공용폐지의 의사를 추단할 수 없다.

더구나 관할 X행정청이 1976.12.31 소유자를 국(國), 지목을 도로로 하여 토지대장을 작성하였고, 1995.10.20 대한민국 명의로 등기하였다는 점에서 공물에 대한 관리도 강화하고 있는 점을 고려할 때 더욱 묵시적 공용폐지의 의사를 추단할 수 없다.

A가 토지를 사실상 점유하여 왔다고 하더라도 도로의 공용폐지를 인정할 수 없으며, A는 공물의 소멸을 이유로 시효취득을 주장할 수 없다.

[설문 2] 일반사용의 사찰부지 통행 가부 (10점)

Ⅰ. 문제의 소재

사안에서 A가 토지에 대해 점용허가를 받은 경우 일반인의 통행 가능성과 관련하여 ① 점용허가의 법적 성질을 논하고 ② 점용허가가 공물의 특별사용에 해당한다면 특별사용과 일반사용의 병존 가능성을 논한다.

Ⅱ. 도로점용허가의 법적성질

토지는 도로에 해당하는데 도로점용허가는 특정인에게 도로의 특정 부분을 점용할 수 있는 권리를 부여하는 설권적 처분으로서 강학상 특허에 해당하므로 이는 공물의 특별사용에 해당하며, 공물이 가지는 공익관련성 및 특허라는 성질을 고려할 때 재량행위로 봄이 타당하다. 이하에서 A에게 점용허가를 발령한 경우 일반인들의 통행 가능성과 관련하여 공물의 특별사용과 일반사용의 병존가능성을 논한다.

Ⅲ. 특별사용과 일반사용의 병존 가부

1. 일반인들의 사찰부지 통행의 성질 - 공물의 일반사용

사안에서 일반인들의 사찰부지 통행은 공물주체의 별도의 행위 없이도 (국유재산법 제7조2항) 자유로이 이용하는 것으로, 공물의 일반사용에 해당한다. 이러한 법적 성질에 대해 반사적 이익이라는 견해가 있으나 공물의 성립과 함께 공물주체는 이를 일반공중의 이용에 제공할 의무를 지고 사용자의 사적 이익 또한 아울러 실현한다는 점에서 공법상 권리설이 다수설이다.

2. 판례의 입장

판례는 공물의 특별사용은 독점적, 배타적 사용을 의미하는 것이 아니고 일반사용과 병존이 가능하며, 특별사용인지 일반사용인지 여부는 그 주된 목적과 특성에 따라 판단한다고 판시한바 있다.

Ⅳ. 사안의 해결

특별사용은 일반사용을 완전하게 배제하는 것이 아니다. 이 사건 도로의 주된 목적과 특성을 고려할 때 사찰부지로 사용되는 것이 주된 용도와 기능이라고 하더라도 일반사용과 병존가능하다. A가 점용허가를 받아 사찰부지로 특별사용하는 경우에도 일반인들은 그 일부를 통행할 수 있다.

유제 [행시 2017]

A시에서 B백화점을 경영하고 있는 甲은 A시의 乙시장에게 A시 소유 지하도에서 B백화점으로 연결하는 연결통로 및 에스컬레이터 설치를 위한 도로점용허가를 신청하였고, 乙시장은 위 시설물을 건설하여 이를 A시에 기부채납할 것을 조건으로 20년간 도로점용을 허가하였다. 甲은 위 시설물을 건설하여 A시에 기부채납하였고, 그 시설물은 일반 공중의 교통에도 일부 이용되었지만 주로 백화점 고객들이 이용하고 있다. 그 후 새로 A시 시장으로 취임한 丙은 A시 관할의 도로점용허가 실태에 대하여 조사를 실시한 결과 甲이 원래 허가받은 것보다 3분의 1 정도 더 넓은 면적의 도로를 점용하고 있을 뿐만 아니라 연결통로의 절반에 해당하는 면적에 B백화점의 매장을 설치하여 이용하고 있음을 확인하고 甲에게 「도로법」제72조에 근거하여 변상금을 부과하였다. 다음 물음에 답하시오. (총 30점)

(1) 甲은 위 시설물이 백화점 고객 외 일반 공중의 교통에도 사용되고 있으므로 처음부터 도로점용허가를 받을 필요가 없었다고 하면서 丙시장의 변상금부과 처분이 위법하다고 주장한다. 甲의 주장은 타당한가? (15점)

해설

백화점 연결통로 및 에스컬레이터 설치 부분에 대한 백화점의 점용이 도로점용허가를 받아야 하는 특별사용에 해당하는지 문제된다. 도로점용허가의 대상이 되는지 여부에 다라서 변상금부과처분의 위법성이 좌우된다.

도로관리청은 도로점용허가를 받지 아니하고 도로를 점용하거나 도로점용허가의 내용을 초과하여 도로를 점용한 자에 대하여 100분의 120에 상당하는 변상금을 징수할 수 있다(도로법 제72조).

甲의 사용이 특별사용에 해당되면 도로점용허가를 받아야 한다. 특별사용은 일반사용과 병존가능하며 특별사용인지 일반사용인지는 도로의 주된 용도와 기능에 따라 판단한다.

甲이 설치한 시설물들의 주된 용도가 백화점 고객의 이용에 제공되고 있다면 甲이 특별사용을 하고 있는 것이다.[1]

더구나 원래 허가받은 것보다 3분의1 정도 더 넓은 면적을 점용하고 있고 연결통로에 매장을 설치한 것도 변상금부과의 대상이 된다. 변상금부과처분은 적법하며 甲의 주장은 타당하지 않다.

---

1) 을지로입구역과 롯데백화점을 연결하는 에스컬레이터 및 지하도계단과 백화점 연결통로 사용에 관한 도로점용료부과처분사건(대판 1992.9.8. 91누12622)을 기초로 출제한 것임 (2016년 2순환 강의에서 특별사용의 예로 소개한 판례).
 - 시설물은 ① 지하도에서 백화점으로 연결하는 연결통로 부분과 ② 에스컬레이터 설치 부분으로 구성되어 있는데 판례는 ②부분은 특별사용에 해당하지 않고, ①부분은 특별사용에 해당한다고 보았음.
 - 그런데 기출문제는 설문을 구분하지 않고 "시설물은 일반 공중의 교통에도 일부 이용되었지만 주로 백화점 고객들이 이용하고 있다"고 제시하고 있으므로 구분하여 서술하지 않고 특별사용에 해당하는 것으로 포섭해도 무방함.
 (판례) 원고들은 종래 일반시민이 이용하던 전철역 출입계단이 위 지하연결통로의 설치와 동시에 원고들 소유의 건물에 출입하는 사람들의 통행로로도 곁들여 이용되면서 위 출입계단부분의 통행의 편의를 증진시키기 위하여 그 출입계단부분에 에스칼레이터를 설치한 것으로서, 위 에스칼레이터는 지하도로의 일반사용을 위한 것이고 또 그와 같이 사용되고 있는 것이고, 원고들의 특별사용을 위한 것이라고 보기 어렵고, 원고들이 에스칼레이터 설치부분의 도로를 점용하였다고 볼 수 없다는 원심의 판단은 정당하고, 거기에 소론과 같은 도로점용에 관한 관계법령의 법리를 오해한 위법이 있다고 할 수 없다.
 원심의 검증결과에 의하면, 을지로입구 전철역과 롯데백화점 신관건물의 지하 1층을 연결하는 지하연결통로는 롯데백화점을 출입하기 위한 통로로서 원고 롯데쇼핑주식회사가 점용한다고 보는 것이 옳다고 할 것이나, 에스칼레이터는 을지로입구 전철역에서 지상의 도로에 출입하게 되어 있는 두개의 기존의 출입계단 사이에 설치되어 위의 출입계단을 보충하는 역할을 하는 것으로서, 을지로입구 전철역에서 롯데백화점에 들어가는 사람들도 이용할 수 있게 되어 있다고 하여 이것만 가지고 이 부분 도로를 원고들이 점용한다고 할 수 없다(대판 1992.9.8, 91누12622).

사례 168 공물사용의 특허, 공물관리권 [사시 2008]

주유소를 경영하는 甲은 도로에서 자신의 주유소로 들어가는 진입로를 확보하기 위하여 도로관리청인 A시의 시장 乙에게 도로점용허가를 신청하였으나 반려되자 이 진입로에 해당하는 도로를 무단으로 사용하였다.

1. 도로점용허가의 법적 성질을 설명하시오. (10점)
2. 위 사례에서 A시가 도로부지의 소유권자가 아닌 경우, 乙이 甲에게 도로법상의 변상금을 부과할 수 있는지의 여부를 설명하시오. (10점)

[참조조문]
* 도로법
제40조 (도로의 점용) ①도로의 구역 안에서 공작물·물건 기타의 시설을 신설·개축·변경 또는 제거하거나 기타의 목적으로 도로를 점용하고자 하는 자는 관리청의 허가를 받아야 한다.
  ②-⑥<생략>
제80조의 2(변상금의 징수) 제40조의 규정에 의한 도록점용허가를 받지 아니하고 도로를 점용한 자에 대하여는 그 점용기간에 대한 점용료의 100분의 120에 상당하는 금액을 변상금으로 징수할 수 있다. 이 경우에 그 징수방법은 도로점용료징수의 예에 의한다.

I. 문제의 소재

자신의 주유소로 들어가는 진입로를 확보하기 위한 도로점용허가의 법적성질이 공물사용의 특허에 해당하는지 검토한 이후, 공물인 도로에 대한 소유권 여부와 변상금 부과여부의 관계를 살펴 A시가 甲에게 도로법상의 변상금을 부과할 수 있는지 확인한다.

II. 도로점용허가의 법적성질 - 설문 1

1. 강학상 특허

도로법 제40조(현행 제61조) 1항에 의한 도로점용허가는 공물인 도로의 자유사용 이외의 사용을 말하며 도로사용금지의 일시적 해제라는 강학상 허가 또는 도로사용의 독점적 사용권의 부여라는 강학상 특허를 포함하는 의미이다. 일반적으로 경찰상 위험의 방지·유무 등이 점용허가 여부의 기준이 되고 점용허가 기간이 비교적 단기인 경우에는 허가사용에 해당하나 적극적인 복리 목적의 실현이 점용허가의 주요기준이고 허가기간이 비교적 장기간인 경우는 특허사용에 해당한다.

甲의 도로점용은 자신의 주유소에 인접한 도로부지를 장기간에 걸쳐 주유소진출을 위한 가·감속차로 용도로 사용하기 위한 것으로, 일반 공중의 교통에 사용되는 도로의 일반사용과는 별도로 도로의 특정 부분을 유형적·고정적으로 특정한 목적을 위하여 사용하는 이른바 특별사용에 해당하는 것이다. 따라서 이러한 도로점용의 허가는 특정인에게 일정한 내용의 공물사용권을 설정하는 설권행위, 즉 강학상 특허에 해당한다.

특히 주유소주인의 인도의 주유소 진출입로 사용관계는 ① 차량 진출입의 사용·편익을 목적으로 인도 상에 유형적 변경을 가하여 장기간 계속 사용할 것으로 하고 있고, ② 일정한 형태로 도로를 고정시켜 일반인의 도로통행에 불편까지 주고 있으며, ③ 도로의 원래의 사용목적에 따라 일반사용과 병존가능하다는 점에서 특별사용인 특허사용으로 볼 수 있다.

2. 재량행위

도로점용허가가 재량행위인지는 관계법규의 규정형식·체제와 문언 그리고 행위의 성질 및 법의 취지, 목적을 합리적으로 해석하여 판단한다. 도로법 제40조 문언만으로는 재량행위성 여부를 판단하기 어려우나 도로점용의 허가는 특정인에게 일정한 내용의 공물사용권을 설정하는 설권행위로서, 공물관리자가 신청인의 적격성, 사용목적 및 공익상의 영향 등을 참작하여 허가를 할 것인지의 여부를 결정하는 재량행위에 해당한다.

III. A시가 소유권자가 아닌 경우 변상금 부과 가능성 – 설문 2

1. 변상금부과처분의 법적성질

변상금부과처분이란 공물관리권에 기하여 행정법상의 의무위반에 대한 제재로서 과하여지는 급부하명을 의미하며, 도로법 제80조의2(현행 제72조)에 따르면 도로점용허가를 받지 아니하고 도로를 점용한 자에 대하여는 점용기간에 대한 점용료의 100분의 120에 상당하는 금액을 변상금으로 징수할 수 있다고 재량권을 부여하고 있는 바, 재량행위에 해당한다.[1]

2. 공물관리권의 법적성질

공물관리는 행정주체가 공물의 목적을 달성하기 위한 일체의 작용이며, 공물관리권이란 공물을 관리할 수 있는 공물주체의 권한을 말한다. 공물관리권의 법적성질에 대하여 공물관리권은 소유권 그 자체의 작용에 불과하다는 소유권설과 공물에 대한 소유권과 독립하여 인정되는 공물에 대한 공법상 물권적 지배권설이 대립한다.

공물에 대해서 사인의 소유권을 인정하면서도 공적목적의 범위 내에서 공법적 규율 하에 놓는 공물의 이원적 구조를 취하고 있는 것이 우리의 법제이므로 물권적 지배권설이 타당하다.

판례도 "도로법의 제반 규정에 비추어 보면, 같은 법 제80조의2의 규정에 의한 변상금 부과권한은 적정한 도로관리를 위하여 도로의 관리청에게 부여된 권한이라 할 것이지 도로부지의 소유권에 기한 권한이라고 할 수 없으므로, 도로의 관리청은 도로부지에 대한 소유권을 취득하였는지 여부와는 관계없이 도로를 무단점용하는 자에 대하여 변상금을 부과할 수 있다"[2]고 하여 물권적 지배권설의 입장을 취하고 있다.

3. 사안의 경우

도로법 제80조의2가 소유권의 취득여부에 대하여 구체적으로 규정하고 있지 않으며, 변상금부과는 도로법에서 규율하고 있는 공물관리권에 의한 것이라는 점에서 A시가 도로부지의 소유권자가 아니라 하더라도 乙은 甲에게 변상금을 부과할 수 있다.

---

[1] 국유재산법 제72조는 변상금의 징수를 기속행위로 규정하고 있다. 판례도 지방재정법에 의한 변상금부과처분을 기속행위로 판시한 바가 있다. 근거법률의 문언에 차이가 있다.
[2] 대판 2005.11.25, 2003두7194

유제   [사시 2016]

甲은 A시 시청 민원실 주차장 부지 일부와 그에 붙어 있는 A시 소유의 유휴 토지 위에 창고건물을 건축하여 사용하고 있다. A시 소속 재산 관리 담당 공무원은 A시 공유재산에 대한 정기 실태조사를 하는 과정에서 甲이 사용하고 있는 주차장 부지 일부 및 유휴 토지(이하 '이 사건 토지'라 한다)에 관하여 대부계약 등 어떠한 甲의 사용권원도 발견하지 못하자 甲이 이 사건 토지를 정당한 권원 없이 점유하고 있다고 판단하여 관리청인 A시 시장 乙에게 이러한 사실을 보고하였다. 이에 乙은 무단점유자인 甲에 대하여 ①「공유재산 및 물품 관리법」제81조 제1항에 따라 변상금을 부과하였고(이하 '변상금 부과 조치'라 한다), ② 같은 법 제83조 제1항에 따라 이 사건 토지 위의 건물을 철거하고 이 사건 토지를 반환할 것을 명령하였다(이하 '건물 철거 및 토지 반환 명령'이라 한다).

1. 乙이 이 사건 토지를 관리하는 행위의 법적 성질을 검토하시오.(10점)

[참조조문]
* 공유재산 및 물품 관리법
제2조(정의) 이 법에서 사용하는 용어의 뜻은 다음과 같다.
　1. "공유재산"이란 지방자치단체의 부담, 기부채납(寄附採納)이나 법령에 따라 지방자치단체 소유로 된 제4조 제1항 각 호의 재산을 말한다.
제5조(공유재산의 구분과 종류) ① 공유재산은 그 용도에 따라 행정재산과 일반재산으로 구분한다.
　② "행정재산"이란 다음 각 호의 재산을 말한다.
　　1. 공용재산
　　　지방자치단체가 직접 사무용·사업용 또는 공무원의 거주용으로 사용하거나 사용하기로 결정한 재산과 사용을 목적으로 건설 중인 재산
　　2. 공공용재산
　　　지방자치단체가 직접 공공용으로 사용하거나 사용하기로 결정한 재산과 사용을 목적으로 건설 중인 재산
　　3. 기업용재산
　　　지방자치단체가 경영하는 기업용 또는 그 기업에 종사하는 직원의 거주용으로 사용하거나 사용하기로 결정한 재산과 사용을 목적으로 건설 중인 재산
　　4. 보존용재산
　　　법령·조례·규칙에 따라 또는 필요에 의하여 지방자치단체가 보존하고 있거나 보존하기로 결정한 재산
　③ "일반재산"이란 행정재산 외의 모든 공유재산을 말한다.

해 설

A시 시청 민원실 주차장 부지는 A시 지방자치단체가 직접 사업용으로 사용하고 있는 재산에 해당되므로 공용재산에 해당하며, 이는 행정주체에 의해 직접 공적 목적에 제공된 물건에 해당하므로 강학상 공물이다. 주차장 부지를 관리하는 행위는 공물관리행위에 해당한다. 공물관리권의 법적성질에 대하여 소유권설이 있으나 물권적 지배권설이 타당하다. 판례의 입장도 물권적 지배권설이다. 현재 물권적 지배권을 행사하는 A시에게 공물관리권이 있다.

유휴토지는 A시의 재산으로 공유재산에는 해당하나 행정재산이 아닌 일반재산에 해당한다. 유휴토지는 직접 공적 목적에 제공되는 물건이 아니며 공법이 아닌 사법의 적용을 받는다. , 강학상 공물에 해당하는 공공용물, 공용물, 보존공물, 기업용공물에 속하지 않으므로 강학상 사물에 해당한다. 유휴토지를 관리하는 행위는 소유권에 기한 물권의 행사에 해당한다.

사례 169　공물의 특허사용 - 도로점용허가　　[변시 2016]

甲은 서울에서 주유소를 운영하는 자로, 기존 주유소 진입도로 외에 주유소 인근 구미대교 남단 도로(이하 '이 사건 본선도로'라 한다.)에 인접한 도로부지(이하 '이 사건 도로'라 한다.)를 주유소 진·출입을 위한 가·감속 차로 용도로 사용하고자 관할구청장 乙에게 도로점용허가를 신청하였다. 이 사건 본선도로는 편도 6차로 도로이고, 주행제한속도는 시속 70km이며, 이 사건 도로는 이 사건 본선도로의 바깥쪽을 포함하는 부분으로 완만한 곡선구간의 중간 부분에 해당한다. 이 사건 본선도로 중 1, 2, 3차로는 구미대교 방향으로 가는 차량이, 4, 5차로는 월드컵대로 방향으로 가는 차량이 이용하도록 되어 있다. 4, 5차로를 이용하던 차량이 이 사건 본선도로 중 6차로 및 이 사건 도로부분을 가·감속차로로 하여 주유소에 진입하였다가 월드컵대로로 진입하는 데 별다른 어려움은 없다.

(이 사안과 장소는 모두 가상이며, 아래 지문은 각각 독립적이다.)

1. 乙이 이 사건 본선도로를 주행하는 차량과의 교통사고 발생위험성 등을 들어 甲의 도로점용허가신청을 거부한 경우, 甲이 乙을 상대로 도로점용허가거부처분 취소소송을 제기한다면, 그 인용가능성에 대해 논하시오. (30점)

[참조조문] ※ 아래 법령은 각 처분당시 적용된 것으로 가상의 것.

* 도로법
제1조(목적) 이 법은 도로망의 계획수립, 도로 노선의 지정, 도로공사의 시행과 도로의 시설 기준, 도로의 관리·보전 및 비용 부담 등에 관한 사항을 규정하여 국민이 안전하고 편리하게 이용할 수 있는 도로의 건설과 공공복리의 향상에 이바지함을 목적으로 한다.
제2조(정의) 이 법에서 사용하는 용어의 뜻은 다음과 같다.
　1. "도로"란 차도, 보도, 자전거도로, 측도, 터널, 교량, 육교 등 대통령령으로 정하는 시설로 구성된 것으로서 제10조에 열거된 것을 말하며, 도로의 부속물을 포함한다.
제40조(도로의 점용) ① 도로의 구역안에서 공작물·물건 기타의 시설을 신설·개축·변경 또는 제거하거나 기타의 목적으로 도로를 점용하고자 하는 자는 관리청의 허가를 받아야 한다.
　② 제1항의 규정에 따라 허가를 받을 수 있는 공작물·물건 그 밖의 시설의 종류와 도로점용허가의 기준 등에 관하여 필요한 사항은 대통령령으로 정한다.

* 도로법 시행령
제24조(점용의 허가신청) ⑤ 법 제40조 제2항의 규정에 의하여 도로의 점용허가(법 제8조의 규정에 의하여 다른 국가사업에 관계되는 점용인 경우에는 협의 또는 승인을 말한다)를 받을 수 있는 공작물·물건 기타의 시설의 종류는 다음 각호와 같다.
　4. 주유소·주차장·여객자동차터미널·화물터미널·자동차수리소·휴게소 기타 이와 유사한 것
　11. 제1호 내지 제10호 외에 관리청이 도로구조의 안전과 교통에 지장이 없다고 인정한 공작물·물건(식물을 포함한다) 및 시설로서 건설교통부령 또는 당해 관리청의 조례로 정한 것

I. 문제의 소재

甲이 제기한 도로점용허가 거부처분 취소소송이 인용되기 위해서는 소송요건이 구비되어야 하고 본안에서 거부처분이 위법해야 한다. 소송요건과 관련하여 甲에게 신청권이 인정되는지 문제되고 본안에서는 도로법에 명시적인 거부사유로 규정되지 않은 사유를 들어서 관할구청장 乙이 甲에게 거부처분을 할 수 있는지 문제된다.

II. 도로점용허가의 법적 성질

1. 강학상 특허

2. 재량행위

III. 취소소송의 소송요건 구비 여부

1. 취소소송의 소송요건

甲이 제기한 취소소송이 적법하려면 ① 도로점용허가거부처분이 처분에 해당되어야 하며(행정소송법(이하 법명 생략) 제19조), ② 甲에게 도로점용허가의 취소를 구할 법률상이익(제12조) 및 권리보호의 필요(협의의 소의 이익)가 있어야 하며, ③ 처분을 한 관할구청장을 피고로(제13조), ④ 처분이 있음을 안 날로부터 90일 이내에(제20조), ⑤ 관할 구청장의 소재지를 관할하는 서울행정법원에 제기하여야 한다(제9조 1항). 사안에서는 甲의 도로점용허가신청에 대한 거부가 거부처분에 해당되며 甲에게 원고적격이 인정되는지 문제된다. 나머지 요건은 특별히 문제되지 않으므로 구비된 것으로 전제한다.

2. 대상적격 - 거부처분

(1) 행정청의 거부행위가 거부처분이 되기 위한 요건

(2) 사안의 경우

甲이 신청한 행위인 도로점용허가는 강학상 특허로서 행정행위에 해당하므로 구체적 사실에 관한 법집행행위로서 공권력의 행사에 해당한다. 도로점용허가 거부행위에 의해서 甲의 도로점용이 확정적으로 금지되므로 신청인의 법률관계에 어떤 변동을 일으킨다고 할 수 있다. 또한 도로법 제40조는 '도로를 점용하고자 하는 자는 관리청의 허가를 받아야 한다.'고 규정하고 있고, 동법 시행령 제24조는 도로의 점용허가 신청에 대해 규율하고 있으므로 법규상 신청권을 인정할 수 있다. 따라서 甲에 대한 도로점용허가거부는 취소소송의 대상이 되는 거부처분에 해당한다.

3. 원고적격

행정소송법 제12조 전단은 원고적격에 대해서 "취소소송은 처분 등의 취소를 구할 법률상의 이익이 있는 자가 제기할 수 있다."고 규정하고 있다. 법률상 이익의 의미에 대해서 견해대립이 있지만 통설은 법률이 개인을 위하여 보호하고 있는 이익을 침해당한 자도 처분을 다툴 수 있다는 법률상보호이익구제설의 입장이다. 판례도 당해 처분의 근거법규 및 관련법규에 의하여 보호되는 개별적·직접적·구체적 이익이 있는 경우에 법률상이익을 인정하고 있다.

판례는 거부처분의 요소로 요구하는 신청권을 원고적격과 구분되는 것으로 보면서도 신청권이 인정되는 사안에서는 별도로 원고적격의 구비여부를 검토하지 않고 원고적격을 인정하고 있다. 응답받을 권리인 형식적 신청권의 문제와 원고적격은 개념상 구분되는 문제이지만 신청권이 인정되나 원고적격이 부정되는 사안은 현실적으로 상정하기 어려울 것이므로 신청인이 거부처분의 상대방이면 원고적격은 인정될 것이다. 사안은 甲에게 도로점용허가와 관련하여 신청권이 인정된 경우이므로 甲에게 원고적격이 인정될 것이다.

Ⅳ. 도로점용허가 거부처분의 위법성

1. 행정행위의 적법요건

행정행위의 위법성을 판단하기 위해서는 행정행위의 적법요건에 대한 검토가 필요하다. 행정행위는 주체, 내용, 절차, 형식면에서 적법요건을 구비해야 되는데 구청장 乙은 도로점용허가권이 있는 행정청이므로 주체에 관한 요건은 충족되었고 사안에서 절차나 형식면에서 특별한 하자는 존재하지 않는다. 문제는 내용에 관한 요건으로 구청장 乙이 도로법에 규정되어 있지 않는 본선도로를 주행하는 차량과의 교통사고 발생위험성이라는 거부사유를 제시할 수 있는가이다. 이는 재량행위에 대한 사법심사와 관련되는 문제이다.

2. 재량행위에 대한 위법성 판단방식

도로점용허가는 재량행위이므로 거부처분 역시 재량행위이다. 재량행위인 경우 행정청의 재량에 기한 공익판단의 여지를 감안하여 법원은 독자의 결론을 도출함이 없이 당해 행위에 재량권의 일탈·남용이 있는지 여부만을 심사하게 되고 재량권의 일탈·남용 여부에 대한 심사는 사실오인, 비례·평등의 원칙 위배, 당해 행위의 목적 위반이나 동기의 부정 유무 등을 그 판단 대상으로 한다.[1][2]

3. 사안의 경우

본선도로를 주행하는 차량과의 교통사고 발생위험성은 도로법에 도로점용허가 거부사유로 규정되어 있지 않다. 그러나 재량행위는 법률요건이 충족되어도 허가 여부에 선택의 자유가 있고, 재량의 남용이 없는 한 법률에 규정된 거부사유 외의 사유를 들어서도 거부할 수 있다. 결국 본선도로를 주행하는 차량과의 교통사고 발생위험성 여부에 따라 도로점용허가 거부처분의 위법여부가 결정될 것이다.

본선도로의 4, 5차로를 이용하던 차량이 본선도로 중 6차로 및 인접한 도로부지를 가·감속차로로 하여 주유소에 진입하였다가 월드컵대로로 진입하는 데 별다른 어려움은 없다고 하더라도 구미대교 방향으로 진행하는 차량이 1, 2, 3차로를 이용하다가 甲의 주유소에서 주유를 하기 위하여 급차선 변경할 가능성 및 그로 인한 교통사고 발생의 위험성 증가를 배제할 수 없다. 더욱이 주유소에서 주유를 마친 차량이 구미대교 방면으로의 본선도로 진입을 시도할 경우 고속으로 달리고 있는 본선도로 주행차량과의 교통사고 발생의 위험성이 존재한다. 따라서 사안의 경우 재량권 행사의 기초가 되는 사실인정에 오류가 없고 비례·평등의 원칙 위배 등 재량권의 범위를 일탈·남용한 위법도 없으므로 乙의 도로점용허가 거부처분은 적법하다.

Ⅳ. 사안의 해결

甲이 제기한 도로점용허가 거부처분취소소송은 소송요건을 구비하였고, 도로점용허가 거부처분은 재량의 일탈·남용이 없으므로 甲의 청구는 기각될 것이다.

---

[1] 대판 2001.2.9, 98두17593
[2] 반면 기속행위에 대한 사법심사는 법규에 대한 원칙적인 기속성으로 인하여 법원이 사실인정과 관련 법규의 해석·적용을 통하여 일정한 결론을 도출한 후 그 결론에 비추어 행정청이 한 판단의 적법 여부를 독자의 입장에서 판정하는 방식에 의하게 된다.

사례 170　행정재산의 목적외 사용관계(1)　　[법전협 2020-2]

甲은 2011년 9월 교내시설에 대한 적법한 사용허가권한을 가진 국립대학교 총장 乙로부터 행정재산인 대학 내 학생문화시설 일부 공간에 대하여 사용기간을 5년(2011년 9월 - 2016년 8월)으로 하는 사용허가를 받은 후 2016년 8월 그 사용기간을 다시 연장(2016년 9월 - 2020년 8월)하는 갱신허가(이하 사용허가와 갱신허가를 합쳐 '이 사건 사용허가'라 한다)를 받아 교직원 및 외부 방문객들이 주로 이용하는 이탈리안 레스토랑을 운영하여 왔다.

이후, 乙은 학생 수가 증가하여 강의시설이 부족하게 되자 위 레스토랑을 강의시설로 사용하기로 결정하고, 2018년 8월 적법한 절차를 거쳐 레스토랑에 대한 사용허가 취소공문을 발송하여 소정의 기간 내에 위 레스토랑이 있는 학생문화시설 부지에서 퇴거하고 이에 부수하여 그 영업 시설을 반출하라는 내용의 통지를 하였다. 甲은 지난 7년여간 레스토랑을 운영하여 왔으며, 이 사건 사용허가 기간이 아직 2년 정도 남아있는 상황에서의 위 통지는 지나치게 가혹한 처분이라고 주장하고 있다.

1. 乙의 이 사건 사용허가의 법적 성질을 검토하시오. (10점)
2. 乙의 이 사건 사용허가 취소처분의 적법성을 검토하시오. (20점)

[참조조문] (아래 법령은 현행 법령과 다를 수 있음)
* 국유재산법

제6조(국유재산의 구분과 종류) ① 국유재산은 그 용도에 따라 행정재산과 일반재산으로 구분한다.
　② 행정재산의 종류는 다음 각 호와 같다.
　　1. 공용재산: 국가가 직접 사무용·사업용 또는 공무원의 주거용(직무 수행을 위하여 필요한 경우로서 대통령령으로 정하는 경우로 한정한다)으로 사용하거나 대통령령으로 정하는 기한까지 사용하기로 결정한 재산
　　2. 공공용재산: 국가가 직접 공공용으로 사용하거나 대통령령으로 정하는 기한까지 사용하기로 결정한 재산
　　3. 기업용재산: 정부기업이 직접 사무용·사업용 또는 그 기업에 종사하는 직원의 주거용(직무 수행을 위하여 필요한 경우로서 대통령령으로 정하는 경우로 한정한다)으로 사용하거나 대통령령으로 정하는 기한까지 사용하기로 결정한 재산
　　4. 보존용재산: 법령이나 그 밖의 필요에 따라 국가가 보존하는 재산
　③ "일반재산"이란 행정재산 외의 모든 국유재산을 말한다.
제30조(사용허가) ① 중앙관서의 장은 다음 각 호의 범위에서만 행정재산의 사용허가를 할 수 있다.
　　1. 공용·공공용·기업용 재산: 그 용도나 목적에 장애가 되지 아니하는 범위
　　2. 보존용재산: 보존목적의 수행에 필요한 범위
제35조(사용허가기간) ① 행정재산의 사용허가기간은 5년 이내로 한다. 다만, 제34조제1항제1호의 경우에는 사용료의 총액이 기부를 받은 재산의 가액에 이르는 기간 이내로 한다.
　② 제1항의 허가기간이 끝난 재산에 대하여 대통령령으로 정하는 경우를 제외하고는 5년을 초과하지 아니하는 범위에서 종전의 사용허가를 갱신할 수 있다. 다만, 수의의 방법으로 사용허가를 할 수 있는 경우가 아니면 1회만 갱신할 수 있다.
제36조(사용허가의 취소와 철회) ① 중앙관서의 장은 행정재산의 사용허가를 받은 자가 다음 각 호의 어느 하나에 해당하면 그 허가를 취소하거나 철회할 수 있다.
　　3. 해당 재산의 보존을 게을리하였거나 그 사용목적을 위배한 경우
　　5. 중앙관서의 장의 승인 없이 사용허가를 받은 재산의 원래 상태를 변경한 경우
　② 중앙관서의 장은 사용허가한 행정재산을 국가나 지방자치단체가 직접 공용이나 공공용으로 사용하기 위하여 필요하게 된 경우에는 그 허가를 철회할 수 있다.

③ 제2항의 경우에 그 철회로 인하여 해당 사용허가를 받은 자에게 손실이 발생하면 그 재산을 사용할 기관은 대통령령으로 정하는 바에 따라 보상한다.

[설문 1] 사용허가의 법적 성질 (10점)

I. 문제의 소재

대학 내 학생문화시설은 국유재산법상 공용재산으로서 행정재산(제6조1항1호)에 해당하는데, 행정재산에 대한 사용허가가 사법상 임대차계약의 실질을 가지는 것인지 공법행위로서 강학상 특허에 해당하는지 문제된다.

II. 행정재산의 목적외 사용허가

행정재산은 본래 공용 또는 공공용에 제공된 것이므로(국유재산법 제6조 제2항) 목적 외 사용은 원칙적으로 인정되지 않지만, 그 목적에 반하지 않는 한도에서 사용허가를 하는 것이 필요한 경우가 있고 국유재산법도 용도나 목적에 장애가 되지 아니하는 범위에서 사용허가를 할 수 있도록 하고 있다(제30조1항).

III. 행정재산의 목적외 사용관계의 법적 성질

1. 학설

① 사법관계설은 사용수익의 내용이 사적 이익을 도모하는 것이며, 관리청과 사인간에 우열관계가 존재한다고 보기 어렵고, 강제징수가 가능하다는 것이 반드시 법관계를 공법관계로 보아야 하는 것은 아니며, 사용허가는 승낙으로, 사용허가의 취소·철회는 계약의 해제·해지로 볼 수 있다는 점을 논거로 한다. ② 공법관계설은 법률관계의 발생 또는 소멸이 행정처분에 의하여 이루어지며, 사용허가에 관한 규정과 사용허가의 취소·철회에 관한 규정을 각각 독립시켜 공법적 규율이 강화되었으며, 사용료의 징수 역시 강제징수에 의한다는 점을 논거로 한다. ③ 이원적 법률관계설은 사용관계의 발생, 소멸, 및 사용료징수관계는 공법관계로 보면서 사용, 수익 관계는 실질에 있어서 사법상 임대차와 같으므로 사법관계로 파악한다.

2. 판례

판례는 "국·공유재산의 관리청이 하는 행정재산의 사용·수익에 대한 허가는 순전히 사경제주체로서 행하는 사법상의 행위가 아니라 관리청이 공권력을 가진 우월적 지위에서 행하는 행정처분으로서 특정인에게 행정재산을 사용할 수 있는 권리를 설정하여 주는 강학상 특허에 해당한다."고 보아 공법관계설이다. 사용·수익을 허가를 받은 자에 대하여 하는 사용료 부과 역시 항고소송의 대상이 되는 행정처분으로 보고 있다.

3. 검토

국유재산법은 행정재산의 목적외 사용·수익을 행정청의 허가에 의해 하도록 하고 있으며(제30조), 사용료 체납시 강제징수할 수 있도록 하고 있고(제73조), 수익자의 귀책사유나 공용 혹은 공공용의 필요에 따라 일방적으로 사용허가를 취소하거나 철회할 수 있도록 하고 있는 점(제36조) 등에 비추어 볼 때 공법관계설이 타당하다. 또한 행정재산의 목적외 사용허가가 순전히 사인의 이익만을 위하여 이루어진다기보다는 나름대로 행정청의 필요를 고려하여 행해진다는 점을 생각해도 순전한 사법상 계약관계라고 파악할 수는 없다. 이원적 법률관계설은 논리적 일관성도 없고, 분쟁해결에 있어 공법관계설과 다른 점도 보이지 않는다.

Ⅳ. 사안의 해결

甲과 乙 사이의 행정재산의 목적외 사용관계는 공법관계에 해당하며, 乙의 학생문화시설 일부 공간에 대한 사용허가는 사법상 임대차계약이 아니라 공법행위로서 강학상 특허에 해당한다.

[설문 2] 사용허가 취소처분의 적법성 (20점)

Ⅰ. 문제의 소재

사용허가 취소가 강학상 철회에 해당하는지 검토한 후, 철회의 적법요건을 검토한다. 철회권 행사의 근거, 사유 및 한계가 문제된다.

Ⅱ. 사용허가 취소의 법적 성격

사용허가 취소가 강학상 직권취소인지 철회인지 문제된다. 행정행위의 직권취소는 일단 유효하게 발령된 행정행위를, 처분청이나 감독청이 그 행위시에 위법 또는 부당한 하자가 있음을 이유로 하여 직권으로 그 효력을 소멸시키는 것을 말한다. 행정행위의 철회는 하자 없이 적법하게 성립된 행정행위의 효력을 그 성립 후에 발생한 사정에 의하여 더 이상 존속시킬 수 없는 경우, 장래에 향하여 그 효력의 전부 또는 일부를 소멸시키는 독립한 행정행위이다.

사안의 사용허가 취소는 강의시설의 부족하다는 후발적 사정을 이유로 한 것인데, 이는 국유재산법 제36조 2항의 국가가 직접 공용으로 사용하기 위한 것에 해당되므로 강학상 철회에 해당한다. 법문언상 철회 여부에 선택의 자유가 인정되므로 재량행위에 해당한다.

Ⅲ. 사용허가 취소의 적법성

1. 철회권자

수익적 행정행위를 철회권자에 대해 감독청이 철회할 수 있는지 견해대립은 있으나 처분청은 당연히 철회권자가 된다. 총장 乙은 처분청으로서 철회할 수 있는 권한이 있다.

2. 철회의 근거

수익적 행정행위의 철회는 침익적이므로 법적 근거가 필요하다는 유력한 견해도 있으나 다수설은 불요설을 취한다. 판례도 별도의 법적 근거가 없다 하더라도 원래의 처분을 그대로 존속시킬 필요가 없게 된 사정 변경이 생겼거나 또는 중대한 공익상의 필요가 발생한 경우에는 가능하다고 한다. 행정기본법도 ① 법률에서 정한 철회 사유에 해당하게 된 경우, ② 법령등의 변경이나 사정변경으로 처분을 더 이상 존속시킬 필요가 없게 된 경우, ③ 중대한 공익을 위하여 필요한 경우에는 처분의 전부 또는 일부를 장래를 향하여 철회할 수 있다고 하여 개별법에 명문의 근거가 없는 경우에도 철회를 인정하고 있다(제19조①).

사안의 경우 국유재산법 제36조에 법적 근거가 있을뿐더러 다수설·판례에 의하면 법적 근거가 없더라도 총장 乙은 사용허가를 취소할 수 있다.

3. 철회의 사유

법적 근거가 필요 없다고 하더라도 철회사유가 무제한으로 인정되는 것은 아니다. 철회사유가 법령에 규정되어 있는 경우는 물론 그 밖에 철회권을 유보한 경우 유보사유의 발생, 부담의 불이행, 사실관계의 변화, 법적 상황의 변화, 중대한 공익상 필요 등을 이유로 철회권을 행사할 수 있다. 행정기본법도 일반적인 철회사유를 규정하고 있다(제19조1항).

사안은 강의시설이 부족하게 되자 레스토랑을 강의시설로 사용하기 위해 사용허가를 취소한 것으로 사용허가 이후에 사정변경이 있는 경우로 철회사유도 존재한다. 국유재산법 제36조2항의 사유에 해당된다.

4. 철회권 행사의 한계

철회사유가 있더라도 비례의 원칙, 신뢰보호의 원칙, 실권의 법리 등에 의해서 철회권 행사는 제한을 받는다. 판례도 수익적 행정처분을 철회하는 경우에는 이미 부여된 그 국민의 기득권을 침해하는 것이 되므로, 비록 철회사유가 있다고 하더라도 철회권의 행사는 기득권의 침해를 정당화 할 만한 중대한 공익상의 필요 또는 제3자의 이익보호의 필요가 있는 때에 한하여 상대방이 받는 불이익과 비교교량하여 결정하여야 하고, 처분으로 인하여 공익상의 필요보다 상대방이 받게 되는 불이익 등이 막대한 경우에는 재량권의 한계를 일탈한 것으로서 그 자체가 위법하다고 한다. 행정기본법도 철회로 인하여 당사자가 입게 될 불이익을 철회로 달성되는 공익과 비교·형량하여야 한다고 규정하고 있다(제19조2항).

사안은 사용허가 취소로 인하여 乙의 기득권을 침해하게 된다. 그러나 국립대학교의 강의시설 부족이라는 문제를 해결하기 위한 중대한 공익상의 필요가 있고, 甲이 입게 되는 불이익은 국유재산법 제36조 3항에 의하여 보상으로 전보할 수 있으므로 공익상의 필요가 甲이 입을 불이익을 정당화할 만큼 강하다고 할 수 있다. 사용허가 취소는 비례의 원칙이나 신뢰보호원칙에 위반되지 않는다.

Ⅳ. 사안의 해결

총장 乙의 사용허가 취소는 적법한 철회권자가 사정변경이라는 철회사유에 기하여 국유재산법에 근거하여 행한 것이며, 사용허가취소로 인하여 입게 되는 甲의 불이익을 능가하는 공익상의 필요가 있으므로 철회권의 행사가 제한되는 경우라도 볼 수도 없으므로 적법하다.

유제 [행시 2020]

甲은 A시가 주민들의 복리를 위하여 설치한 시립체육문화회관 내 2층에서 종합스포츠용품판매점을 운영하고자 「공유재산 및 물품 관리법」 제20조제1항에 따라 사용허가를 신청하였다. 이에 A시의 乙시장은 甲에게 사용허가를 하면서, 스포츠용품 구매고객의 증가로 인해 회관 내 주차공간이 부족해질 것을 우려하여 회관 인근에 소재한 甲의 소유 토지 중 일부에 주차대수 규모가 5대인 주차장의 설치를 내용으로 하는 조건을 붙였다.

1) 乙시장이 甲에게 발급한 시립체육문화회관 사용허가의 법적 성질을 검토하시오. (10점)

해설

시립체육문화회관은 공유재산 및 물품관리법상 행정재산으로 공공용재산에 해당한다. 乙시장은 행정재산에 대하여 목적 또는 용도에 장애가 되지 아니하는 범위에서 사용 또는 수익을 허가할 수 있다. 행정재산의 목적외 사용허가의 법적 성격에 대해 견해대립이 있으나 판례는 강학상 특허로 본다. 乙시장의 시립체육문화회관 사용허가는 공물사용의 특허로서 재량행위에 해당한다.

사례 171 행정재산의 목적외 사용관계(2), 내부위임 [사시 2007]

> 甲은 A시 청사의 지하층 일부에 대한 사용허가를 받아 식당을 운영하고 있다. A시의 시장은 청사의 사용허가에 관한 권한을 B국장에게 내부적으로 위임(위임전결)하였고, 이에 따라 B국장은 자신의 명의로 甲에 대한 청사의 사용허가를 취소하였다. 甲은 이러한 사용허가의 취소가 위법하다고 생각하여 이를 다투려고 한다. 甲은 어떠한 소송유형을 선택하여 이를 다툴 수 있는가? (20점)

I. 문제의 소재

설문의 경우 내부위임을 받은 B국장이 자신의 명의로 사용허가취소처분을 한 경우 해당 취소처분의 유효성을 검토하고 그 위법성의 정도에 기초하여 사용허가취소 불복에 대한 소송유형을 검토한다.

II. 청사 사용관계의 법적성질

1. 행정재산의 목적외 사용관계의 법적 성질

2. 사안의 경우

사안에서 A시 청사는 행정주체가 공적 목적에 제공한 물건으로서 공물로서, 행정주체가 직접 사용하는 공용물에 해당하며, 행정주체가 인공을 가하여 제공하는 인공공물이다. A시 청사의 지하층 일부에 대해 식당 운영을 허가하는 것은 공물 본래의 목적에 저해되지 않는 범위 내에서 목적외사용을 허가하는 것으로 행정재산의 목적외 사용허가에 해당한다.

행정재산의 목적외 사용허가의 법적 성질은 이에 대해 규율하고 있는 국유재산법 규정을 통해 파악하여야 한다. 국유재산법상 행정재산은 공익 실현을 목적으로 하고, 동법 제36조에서 공익적 목적에서 행정주체가 허가를 취소 철회할 수 있다고 규정하고 있어 공권력을 부여하고 있으며, 사용료 등을 강제징수할 수 있다고 규정하고 있어 우월한 지위를 인정하고 있다.

따라서 공법관계설이 타당하며, 특정인에게 행정재산을 이용할 수 있는 새로운 권리를 설정하는 것이므로 강학상 특허에 해당한다. 공물사용의 특허이다.

甲에 대한 청사의 사용허가취소는 <u>원시적 하자를 이유로 하는 경우는 강학상 직권취소</u>에 해당하고, <u>후발적 사정을 이유로 하는 경우는 강학상 철회</u>에 해당한다. 甲은 행정소송으로 사용허가취소에 대해 다투어야 한다.

III. 사용허가취소의 위법성

1. 내부위임의 의의

내부위임은 법률이 위임을 허용하고 있지 않은 경우에도 행정관청의 내부적인 사무처리 편의를 도모하기 위하여 보조기관 또는 하급행정기관에게 내부적으로 의사결정권을 위임하여 수임기관이 위임청의 명의로 권한을 사실상 행사하는 것을 말하는데 권한의 법적 귀속을 변경시키고 수임청의 명의로 권한을 행사하는 위임과 구별된다. 따라서 위임과는 달리 권한의 변동을 가져오는 것이 아니므로 법적근거를 요하지 아니한다. 사안은 내부위임의 일종인 위임전결이 문제되는 경우이다.

2. 내부위임에서 수임기관의 명의로 행한 처분의 하자

(1) 문제점
내부위임에서 수임기관은 위임기관의 명의로 처분을 할 수 있을 뿐이며 자신의 명의로 처분을 할 권한이 없다. 수임기관이 자신의 명의로 처분을 한 경우의 하자가 문제된다.

(2) 학 설
위임청의 명의가 아니라 수임기관의 명의로 처분을 하였다면 하자가 위법하다. 위법성의 정도에 관하여 ① 수임기관은 대외적 처분권이 없으므로 무권한의 행위로 보아 무효라는 무효설, ② 법적 안정성을 도모해야 하고, 권한행사의 형식상의 하자에 불과하고 내부적으로는 권한을 위임받았다는 점에서 취소사유에 불과한 것으로 보는 취소설, ③ 수임기관이 보조기관인 경우는 무효사유로 수임기관이 행정청의 지위를 갖는 기관인 경우에는 취소사유로 보는 예외적 취소설등이 대립한다.

(3) 판 례
판례는 시장으로부터 압류처분권한을 내부위임받은 데 불과한 구청장의 압류처분은 권한 없는 자에 의하여 행하여진 위법무효의 처분이라고 하여 무효설의 입장이다.

(4) 검 토
생각건대, 내부위임은 수임기관이 위임청의 이름이 아니라 자신의 이름으로 처분을 하였다면 무권한의 행위라 할 것이므로 무효설이 타당하다.

(5) 설문의 경우
사안의 경우 B국장에게 위임전결된 경우로서 보조기관인 B국장은 행정청의 지위를 갖지 못하는 경우이므로 예외적 취소설에 의할 때 일반인을 기준으로 했을 때 처분명의의 하자를 판단하는 것이 객관적으로 명백하다고 할 수 있다. B국장 명의로 사용허가취소처분은 한 것은 무효인 하자가 있다. 판례의 입장인 무효설에 의하더라도 무효이다.

IV. 사용허가취소 불복에 대한 소송유형

무효인 사용허가취소처분에 대해 甲은 행정소송법 제 4조 2호의 무효확인소송을 통해 다툴 수 있다. 또한 취소소송의 제소기간을 충족한다면 동조 제1호의 취소소송을 제기할 수도 있으며, 취소청구는 무효선언을 구하는 의미 또한 포함하므로 법원은 무효를 선언하는 의미의 취소판결을 할 수 있다.

사례 172　행정재산 사용허가의 철회와 강제수단　[행시(일행) 2011]

甲은 K 국립도서관[1]의 허가를 받아 지하에서 4년 동안 구내식당을 운영하여 왔다. 그런데 K 국립도서관은 당해 시설을 문서보관실 등의 용도로 직접 사용할 필요가 발생하자, 허가를 취소하고 甲의 구내식당을 반환하여 줄 것을 요구하였다. 이에 대해 甲은 사용기간이 아직 1년이 남아있다고 주장하여 구내식당의 반환을 거부하였다. K 국립도서관의 취소행위가 적법한지 여부와 甲의 구내식당을 반환받기 위한 K 국립도서관의 행정법상 대응수단에 대하여 설명하시오. (25점)

I. 쟁점의 정리

사안의 경우 甲에 대한 K국립도서관의 취소행위의 적법성과 관련하여 1)K국립도서관 허가 및 그 취소의 법적 성질, 2)강학상 철회의 근거 요부 및 제한법리가 문제되며, 甲이 반환의무를 불이행할 경우 K국립도서관의 행정법상 대응수단으로서 대집행, 이행강제금, 직접강제를 논한다.

II. K 국립도서관의 취소행위의 적법성

K국립도서관 내 매점 허가는 그 목적에 반하지 않는 범위 내에서 특정인이 사용할 수 있도록 하는 것으로 행정재산의 목적외사용허가에 해당하며, 판례는 강학상 특허에 해당된다고 한다. K국립도서관의 허가취소는 문서보관실 등의 용도로 사용할 필요가 발생하였다는 후발적 사정으로 인해 허가의 효력을 장래를 향해 소멸시키는 처분인바 강학상 철회에 해당한다.

K국립도서관이 법적 근거 없이 철회권을 행사할 수 있는지 문제된다. 다수설, 판례인 근거불요설에 의할 때 별도의 법적 근거 없이도 K국립도서관은 매점운영허가를 취소할 수 있으며 국유재산법 제36조에 명문의 근거가 존재하므로 법률유보의 문제는 제기되지 않는다. 철회권 행사는 신뢰보호의 원칙, 비례의 원칙 등에 의해 제한된다. 사안의 경우 ① 국유재산법 제36조에 기해 갑은 공익적 사정에 따른 허가취소를 예상할 수 있어 신뢰보호의 필요성이 적고 보호가치 있는 신뢰가 있다고 보더라도 침해되는 갑의 사익보다 문서보관실 등의 용도로 사용할 필요가 있다는 공익적 필요가 더욱 현저한 바 신뢰보호원칙에 반하지 않는다. 또한 ② 갑의 신뢰침해 및 경제적 이익의 침해보다 공익적 필요가 현저하므로 비례원칙에도 반하지 않는다.

III. K 국립도서관의 행정법상 대응수단

K국립도서관의 취소에도 불구하고 甲이 반환을 거부하는 경우 대집행 등 강제집행이 가능한지 문제된다. 퇴거의무 및 명도의무는 일신전속적 의무로서 비대체적 작위의무이기 때문에 대집행의 대상이 되지 못한다. 판례 또한 매점으로부터의 퇴거의무는 비대체적 작위의무로 신체 및 재산에 대한 직접적인 실력행사는 별론으로 하고 대집행의 대상이 되지는 않는다고 한다. 이행강제금과 직접강제는 비대체적 작위의무의 불이행에도 가능한바 별도의 법적 근거가 존재한다면 K국립도서관은 甲에게 의무불이행을 이유로 이행강제금을 부과하거나 직접강제를 실행할 수 있지만 비례원칙에 의해 이행강제금 부과가 가능하다면 직접강제는 불가할 것이다. 국유재산법에는 직접강제나 이행강제금의 근거는 없다. 국유재산법상 변상금부과도 가능하다.

---

[1] 도서관은 영조물이고 행정청이 아니어서 처분을 하는 행정청이 아니다. 도서관장이라고 해야 정확한 설문이다.

사례 173 　협의취득의 법적 성질, 잔여지에 대한 보상·수용청구 　[행시 2015]

A주식회사는 Y도지사에게「산업입지 및 개발에 관한 법률」제11조에 의하여 X시 관내 토지 3,261,281㎡에 대하여 '산업단지지정요청서'를 제출하였고, 해당지역을 관할하는 X시장은 요청서에 대한 사전검토 의견서를 Y도지사에게 제출하였다. 이에 Y도지사는 A주식회사를 사업시행자로 하여 위 토지를 'OO 제2일반지방산업단지'(이하 "산업단지"라고 한다)로 지정·고시한 후, A주식회사의 산업단지개발실시계획을 승인하였다. 그러나 Y도지사는 위 산업단지를 지정하면서, 주민 및 관계 전문가 등의 의견을 청취하지 않았다. 한편, 甲은 X시 관내에 있는 토지소유자로서 甲의 일단의 토지 중 90%가 위 산업단지의 지정·고시에 의해 수용의 대상이 되었다. A주식회사는 甲소유 토지의 취득 등에 대하여 甲과 협의하였으나 협의가 성립되지 아니하였다. 이에 A주식회사는 Y도(道) 지방토지수용위원회에 재결을 신청하였고, 동 위원회는 금 10억원을 보상금액으로 하여 수용재결을 하였다. 다음 물음에 답하시오. (총 50점)

1) 만약 A주식회사가 수용재결을 신청하기 이전에 甲과 합의하여 甲 소유의 토지를 협의취득한 경우, 그 협의취득의 법적 성질은? (10점)

4) 甲은 자신의 위 토지에 숙박시설을 신축하려고 하였으나 수용되고 남은 토지만으로 이를 실행하기 어렵게 되었고, 토지의 가격도 하락하였다. 이 경우 甲의 권리구제수단을 검토하시오. (10점)

* 산업입지 및 개발에 관한 법률
제7조(일반산업단지의 지정) ① 일반산업단지는 시·도지사 또는 대통령으로 정하는 시장이 지정한다.
　<단서생략>
제7조의4(산업단지 지정의 고시 등) ① 국토교통부장관, 시·도지사 또는 시장·군수·구청장은 제6조·제7조·제7조의2 또는 제7조의3에 따라 산업단지를 지정할 때에는 대통령령으로 정하는 사항을 관보 또는 공보에 고시하여야 하며, 산업단지를 지정하는 국토교통부장관 또는 시·도지사(특별자치도지사는 제외한다)는 관계 서류의 사본을 관할 시장·군수 또는 구청장에게 보내야 한다.
제10조(주민 등의 의견청취) ① 산업단지지정권자는 제6조, 제7조, 제7조의2부터 제7조의4까지 및 제8조에 따라 산업단지를 지정하거나 대통령령으로 정하는 중요 사항을 변경하려는 경우에는 이를 공고하여 주민 및 관계 전문가 등의 의견을 들어야 하고, 그 의견이 타당하다고 인정할 때에는 이를 반영하여야 한다.
　<단서 생략>
제11조(민간기업등의 산업단지 지정 요청) ① 국가 또는 지방자치단체 외의 자로서 대통령령으로 정하는 요건에 해당하는 자는 산업단지개발계획을 작성하여 산업단지 지정권자에게 국가산업단지 또는 일반산업단지 및 도시첨단산업단지의 지정을 요청할 수 있다.
② <생략>
③ 제1항에 따른 요청에 의하여 산업단지가 지정된 경우 그 지정을 요청한 자는 제16조에 따라 사업시행자로 지정받을 수 있다.
제22조(토지수용) ① 사업시행자(제16조제1항제6호에 따른 사업시행자는 제외한다. 이하 이 조에서 같다)는 산업단지개발사업에 필요한 토지·건물 또는 토지에 정착한 물건과 이에 관한 소유권 외의 권리, 광업권, 어업권, 물의 사용에 관한 권리(이하 "토지등"이라 한다)를 수용하거나 사용할 수 있다.
② 제1항을 적용할 때 제7조의4제1항에 따른 산업단지의 지정·고시가 있는 때(제6조제5항 각 호 외의 부분 단서 또는 제7조제6항 및 제7조의2제5항에 따라 사업시행자와 수용·사용할 토지등의 세부 목록을 산업단지가 지정된 후에 산업단지개발계획에 포함시키는 경우에는 이의 고시가 있는 때를 말한다) 또는 제19조의2에 따른 농공단지

실시계획의 승인·고시가 있는 때에는 이를 「공익사업을 위한 토지 등의 취득 및 보상에 관한 법률」 제20조 제1항 및 같은 법 제22조에 따른 사업인정 및 사업인정의 고시가 있는 것으로 본다.
③ 국가산업단지의 토지등에 대한 재결(裁決)은 중앙토지수용위원회가 관장하고, 일반산업단지, 도시첨단산업단지 및 농공단지의 토지등에 대한 재결은 지방토지수용위원회가 관장하되, 재결의 신청은 「공익사업을 위한 토지 등의 취득 및 보상에 관한 법률」제23조제1항 및 같은 법 제28조제1항에도 불구하고 산업단지개발계획(농공단지의 경우에는 그 실시계획)에서 정하는 사업기간 내에 할 수 있다.
④ <생략>
⑤ 제1항에 따른 수용 또는 사용에 관하여는 이 법에 특별한 규정이 있는 경우를 제외하고는 「공익사업을 위한 토지 등의 취득 및 보상에 관한 법률」을 준용한다.

[설문 1] 사업인정 후의 협의취득의 법적 성격 (10점)

I. 문제의 소재

산업단지 지정·고시가 있으면 사업인정이 있는 것으로 의제되고(산업입지 및 개발에 관한 법률 제22조2항), 공익사업을 위한 토지등의 취득 및 보상에 관한 법률(이하 '공익사업법'이라 함)을 준용하므로 사안의 A주식회사가 수용재결을 신청하기 이전에 甲과 행한 합의는 사업인정 후의 협의(동법 제26조)에 해당한다. 사업인정 후의 협의의 법적 성질이 사법상계약인지 공법상계약인지 견해대립이 있다. 쟁송수단이 행정소송인지 민사소송인지 달라지게 된다는 점에서 논의의 실익이 있다.

II. 공익사업법상의 협의

1. 의 의

협의에는 사업인정 전의 협의(제16조)와 사업인정 후의 협의(제26조)가 있다. 수용절차로서의 협의는 사업인정 후의 협의를 의미한다. 사업인정 이전에도 사업시행자는 토지소유자등과 성실하게 협의하여야 하나 성실의무일 뿐이고 의무적 절차는 아니다. 반면 사업인정 후의 협의는 의무적인 것으로서 협의를 거치지 않고 재결을 신청하는 것은 위법하다. 다만 사업인정 이전에 협의절차를 거쳤거나 협의가 성립되지 않아 사업인정을 받은 사업은 토지조서 및 물건조서의 내용에 변동이 없을 때 협의절차를 거치지 아니할 수 있다(제26조2항).

사안의 경우 A주식회사는 Y도지사로부터 산업단지 지정을 받았고, 이 경우 산업입지 및 개발에 관한 법률 제11조 3항에 의해 사업시행자로 지정받으며, 이 경우 동법 제 22조 1항에 의해 수용권과 사용권을 가질 수 있고 동조 2호에서 산업단지 지정이 있는 경우 사업인정이 의제되므로 사업인정 이후의 협의취득에 해당한다.

2. 협의의 법적 성질

(1) 학 설

사업시행자가 토지소유자등과 대등한 지위에서 행한 임의적 합의에 불과하다는 사법상 계약설과 협의는 수용권의 주체인 사업시행자가 토지 등의 권리를 취득하기 위해 기득의 수용권을 실행하는 방법에 불과하다는 공법상 계약설이 대립한다.

(2) 판례

판례는 공익사업법에 의한 보상합의는 공공기관이 사경제주체로서 행하는 사법상 계약의 실질을 가지는 것으로서, 당사자 간의 합의로 같은 법 소정의 손실보상의 기준에 의하지 아니한 손실보상금을 정할 수 있으며, 이와 같이 같은 법이 정하는 기준에 따르지 아니하고 손실보상액에 관한 합의를 하였다고 하더라도 그 합의가 착오 등을 이유로 적법하게 취소되지 않는 한 유효하다고 하여 사법상 계약설이다.

(3) 검토

생각건대 공익사업법은 공익사업의 효율적 수행을 목적으로 하며, 협의가 성립되지 않으면 수용재결이라는 강제취득방법으로 이행하게 된다는 점을 고려하면 공법상 계약설이 타당하다.

3. 협의취득의 법적 성질

공익사업법상 수용은 일정한 요건하에 그 소유권을 사업시행자에게 귀속시키는 행정처분으로서 이로 인한 효과는 소유자가 누구인지와 무관하게 사업시행자가 그 소유권을 취득하게 하는 원시취득인 반면에 공익사업법상 '협의취득'의 성격은 공법상 계약이므로 그 이행으로 인한 사업시행자의 소유권 취득도 승계취득이다. 판례는 사법상 매매계약으로 보고 승계취득을 인정한다. 그러나 공익사업법 제29조에 의하여 협의성립의 확인을 받은 경우에는 재결이 있었던 것으로 의제되므로 원시취득에 해당한다.

III. 사안의 경우

A주식회사가 甲과 합의한 협의취득은 공법상 계약에 해당한다. 甲이 이에 다투고자 하는 경우 행정소송 중 당사자소송을 제기해야 할 것이다(판례에 의하면 민사소송).

[설문 4] 잔여지에 대한 권리구제수단 (10점)

I. 문제의 소재

甲이 자신의 토지 중 수용되고 남은 토지만으로는 숙박시설 신축이 불가능하고 토지의 가격이 하락한 경우, 잔여지에 대해 손실보상청구 및 수용청구가 가능한지, 잔여지 수용청구가 가능한 경우 소송형식이 문제된다.
산업단지 및 개발에 관한 법률 제22조 5항은 토지수용에 관하여 특별한 규정이 있는 경우를 제외하고는 공익사업을 위한 토지 등의 취득 및 보상에 관한 법률(이하 "공익사업법"이라 함)을 준용하고 있으므로 공익사업법의 구제수단에 대해 살펴본다.

II. 잔여지의 손실보상 청구

공익사업법 제73조1항은 잔여지의 가격이 감소하거나 그 밖의 손실이 있을 때 손실보상청구권을 규정하고 있다. 잔여지 가격감소로 인한 손실보상을 받기 위해서는 공익사업법 제34조, 제50조 등에 규정된 재결절차를 거친 다음 그 재결에 대하여 불복할 때 비로소 공익사업법 제83조 내지 제85조에 따라 권리구제를 받을 수 있을 뿐이며, 특별한 사정이 없는 한 이러한 재결절차를 거치지 않은 채 곧바로 사업시행자를 상대로 손실보상을 청구하는 것은 허용되지 않는다는 것이 판례의 입장이다.

Ⅲ. 잔여지에 대한 수용청구

공익사업법 제74조는 잔여지를 종래의 목적에 사용하는 것이 현저히 곤란할 때에는 토지소유자는 사업시행자에게 잔여지를 매수청구할 수 있도록 하고 사업인정 후에는 관할 토지수용위원회에 수용을 청구할 수 있도록 규정하고 있다. 사안은 사업인정 후이므로 수용청구가 문제된다.

토지수용위원회가 잔여지수용을 거부할 경우 잔여지수용거부재결에 대하여 취소소송을 제기하여야 하는지 보상금청구소송을 제기해야 하는지, 보상금청구소송을 제기한다면 공익사업법상 보상금증감청구소송을 제기하여야 하는지 일반당사자소송인 보상금청구소송을 제기해야 하는지 견해가 대립하나 판례는 보상금증감에 관한 소송을 제기해야 한다는 입장이다.

판례는 잔여지 수용청구권은 손실보상의 일환으로 토지소유자에게 부여되는 권리로서 그 요건을 구비한 때에는 잔여지를 수용하는 토지수용위원회의 재결이 없더라도 그 청구에 의하여 수용의 효과가 발생하는 형성권적 성질을 가지므로, 잔여지 수용청구를 받아들이지 않은 토지수용위원회의 재결에 대하여 토지소유자가 불복하여 제기하는 소송은 위 법 제85조 제2항에 규정되어 있는 '보상금의 증감에 관한 소송'에 해당하여 사업시행자를 피고로 하여야 한다고 한다.

Ⅳ. 사안의 해결

甲이 숙박시설의 건축을 계획했으나 토지 중 수용되고 남은 토지만으로 숙박시설의 신축이 불가능해지고 단지 토지의 가격이 하락한 것이라면 토지수용위원회에 잔여지의 손실보상청구를 하고 재결에 불복할 때에는 공익사업법 제83조, 제85조의 불복절차를 밟으면 된다.

甲이 숙박시설의 건축 중이었는데 수용된 경우라면 잔여지를 종래 목적에 사용하는 것이 현저히 곤란한 경우에 해당되어 잔여지에 대한 수용청구를 할 수 있을 것이다. 토지수용위원회에 수용청구를 하고 받아들이지 않는 재결을 하는 경우 보상금증감청구소송을 제기하면 된다.

유제 [변시 2025]

A도 B시의 시장 X는 「산업입지 및 개발에 관한 법률」(이하 '산업입지법'이라 한다)에 따라 관내 토지 10만여㎡에 도시첨단산업단지를 개발하기 위하여 A도 도지사 Y에게 산업단지개발계획서를 첨부하여 도시첨단산업단지의 지정을 신청하였다. Y는 관계 법령의 절차에 따라 산업단지의 위치 및 면적, 수용·사용할 토지·건축물의 세부 목록 등이 포함된 산업단지개발계획을 수립하여 위 대상 토지를 도시첨단산업단지로 지정·고시하였다. 산업입지법상 도시첨단산업단지는 「환경영향평가법」상 환경영향평가의 대상이다. (아래 각 설문은 서로 독립적임)

3. 甲은 B시에 소재한 자신 소유 토지의 90%가 수용되어 나머지 토지를 종래의 목적에 사용하는 것이 현저히 곤란하게 되었음을 이유로 「공익사업을 위한 토지 등의 취득 및 보상에 관한 법률」 제74조에 따라 나머지 10%의 토지까지 전부 수용해 줄 것을 청구하고자 한다.
甲의 잔여지 수용청구권의 법적 성질에 대해서 설명하고, 관할 지방토지수용위원회가 甲의 수용청구를 거부하는 재결을 하였을 경우 甲의 소송상 권리구제 방법에 대해서 검토하시오. (15점)

해설

수용청구권의 법적 성질은 형성권이고 甲은 사업시행자인 B시를 상대로 보상금증액청구소송을 제기하여야 한다.

사례 174　환매권, 공익사업의 변환　　　　　　　　　　　　　　　　[사시 2017]

A시는 도로사업 부지를 취득하기 위하여 「공익사업을 위한 토지 등의 취득 및 보상에 관한 법률」(이하 '토지보상법'이라 한다)에 따라 2013. 11. 15. 甲으로부터 토지를 협의취득하여 2013. 11. 22. A시 앞으로 소유권이전등기를 마쳤다. 그 후 A시의 시장은 甲의 토지를 포함한 이 사건 도로사업 부지를 택지개발사업에 이용하기 위해 2016. 4. 25. 도로사업을 토지보상법상 사업인정이 의제되는 택지개발사업으로 변경·고시하였다. 甲은 자신의 토지가 도로사업에 필요 없게 되었다고 판단하여 보상금에 상당하는 금액을 공탁한 후, 2017. 3. 24. A시에게 환매의사표시를 하고 소유권이전등기청구소송을 제기하였다. 이 청구는 인용될 수 있겠는가? (20점)

I. 문제의 소재

우선 공익사업을 위한 토지 등의 취득 및 보상에 관한 법률」(이하 '토지보상법') 제91조1항의 환매권 행사의 요건을 구비했는지 문제된다. 또한 A시가 도로사업을 택지개발사업으로 변경고시한 경우 공익사업의 변환이 인정되어 甲의 환매권이 제한되는지 문제된다.

II. 환매권

1. 의의

환매권이란 공용수용의 목적물이 당해 공익사업에 불필요하게 되었거나 그 공익사업에 현실적으로 공용되지 아니한 경우에 원래의 피수용자가 일정한 요건 하에 다시 매수하여 소유권을 회복할 수 있는 권리를 말한다. 피수용자의 감정의 존중 및 재산권의 존속보호 사상에 근거하고 있다.

환매권의 법적 성질에 대하여 공법에 의하여 야기된 법적상태를 원상으로 회복하는 수단이라는 공권설과, 환매권은 피수용자가 자기의 이익을 위하여 일방적으로 행사함으로써 환매의 효과가 발생한다는 사권설이 대립한다. 판례는 환매권을 행사하면 사법상의 매매의 효력이 생긴다고 하여 사권설의 입장이다. 헌법재판소도 사권설이다.

생각건대, 환매권은 헌법상의 재산권보장조항에서 직접 도출되는 권리이기 때문에 공권설이 타당하다. 환매권에 대한 분쟁은 당사자소송의 대상이 되어야 한다.

2. 환매권의 요건

토지의 협의취득일 또는 수용의 개시일(이하 "취득일"이라 한다)로부터 공익사업의 폐지·변경 그 밖의 사유로 취득한 토지의 전부 또는 일부가 필요 없게 된 경우(토지보상법 제91조1항) 또는 취득일로부터 5년을 경과하여도 취득한 토지의 전부를 사업에 이용하지 아니하였을 때(제91조2항) 취득일 당시의 토지소유자 또는 포괄승계인은 토지에 대하여 받은 보상금에 상당하는 금액을 사업시행자에게 지급하고 환매할 수 있다.

구법은 취득일로부터 10년 이내에 폐지·변경 등으로 필요 없게 된 경우에 환매권을 행사할 수 있도록 규정하였으나 헌법재판소가 환매권 발생기간을 예외 없이 10년으로 규정한 것이 피수용자의 재산권을 과도하게 제한한다는 이유로 헌법불합치결정을 하였고 현행법과 같이 개정되었다.

사업의 폐지·변경으로 취득한 토지의 전부 또는 일부가 필요 없게 된 경우에는 관계 법률에 따라 사업이 폐지·변경된 날 또는 제24조에 따른 사업의 폐지·변경 고시가 있는 날로부터 10년 이내에, 그 밖의 사유로 취득한 토지의 전부 또는 일부가 필요 없게 된 경우 사업완료일로부터 10년 이내에 환매권을 행사하여야 한다(제91조1항). 한편 해당 사업에 이용하지 아니하여 환매권을 행사하는 경우에는 취득일로부터 6년 이내에 행사하여야 한다(제91조2항).

3. 사안의 경우

사안은 토지보상법 제91조 1항이 문제된다. 사안에서 2016.4.25. 택지개발사업으로 변경·고시되었으므로 토지가 도로사업에 필요 없게 된 경우라고 할 수 있으므로 일응 토지보상법 제91조1항의 요건은 충족한다.

III. 공익사업의 변환

1. 의의

토지보상법 제91조 제6항은 '국가·지방자치단체 또는 정부투자기관이 사업인정을 받아 공익사업에 필요한 토지를 협의취득 또는 수용한 후 당해 공익사업이 제4조 1호 내지 5호에 규정된 다른 공익사업으로 변경된 경우 제91조 제1항 및 제2항의 규정에 의한 환매권 행사기간은 관보에 당해 공익사업의 변경을 고시한 날부터 기산한다'라고 규정하고 있는데, 특정 공익사업이 다른 공익사업으로 변환된 경우 환매권 행사기간의 기산일을 변경하는 제도이다. 환매권자에게 토지를 되돌려 주었다가 다른 공익사업을 위하여 다시 협의매수하거나 토지수용하는 번거로운 절차의 반복을 피하기 위하여 도입되었다.

공익사업의 변환에 해당하여 환매권의 행사기간을 공익사업의 변경을 관보에 고시한 날부터 기산하게 되면 이는 환매의 요건을 제한하는 것이 되고 결국 사인의 토지재산권 침해를 야기할 수 있어 위헌의 소지가 있다는 지적이 있으나 헌법재판소는 구 토지수용법상의 공익사업변환제도에 대하여 합헌으로 보았다.

2. 요건

① 사업인정을 받아 공익사업에 필요한 토지를 협의취득 또는 수용한 주체가 국가, 지방자치단체 또는 공공기관의 운영에 관한 법률 제4조에 따른 공공기관 중 대통령령으로 정하는 공공기관인 경우에 한정된다. 민간기업의 주체인 경우에는 허용되지 않는다. 그러나 변경된 사업의 주체가 민간기업인 경우에도 무방하다는 것이 판례이다.[1]

② 사업인정을 받은 공익사업이 토지보상법 제4조1호부터 5호까지에 규정된 다른 공익사업으로 변경된 경우에 한한다. 공익사업 중 공익성의 정도가 더 높은 경우에만 인정된다.

③ 새로운 공익사업에 대해 사업인정을 받거나 사업인정을 받은 것으로 의제되는 경우에 한하여 허용된다.

④ 변경된 사업의 사업시행자가 당해 토지를 소유하고 있어야 한다. 제3자에게 처분된 경우에는 인정되지 않는다.

⑤ 당초 사업시행자와 변경된 공익사업의 사업시행자가 동일한 것은 요건이 아니라는 것이 판례이다.

---

[1] 대판 2015.8.19. 2014다201391. 원심은 대법원과 달리 변경된 새로운 공익사업의 시행자도 국가·지방자치단체 또는 일정한 공공기관인 경우에 한하여 인정하는 것이 타당하다고 하였다.

3. 효과

공익사업의 변환이 인정되면 토지보상법 제91조1항 및 2항에 따른 환매권 행사기간은 관보에 해당 공익사업의 변경을 고시한 날부터 기산한다. 협의취득 또는 수용한 토지가 원래의 공익사업에 필요 없게 된 경우에도 환매권자는 환매권을 행사할 수 없게 된다.

4. 사안의 경우

당초 사업주체는 A시이고 변경되는 사업주체도 A시이다. 공익사업의 변환주체는 지방자치단체인 A시이며, 택지개발사업은 토지보상법 제4조5호의 지방자치단체가 시행하는 택지조성사업에 해당하므로 공익사업의 변환이 허용되는 공익사업에 해당한다.

2016. 4. 25. 도로사업을 토지보상법상 사업인정이 의제되는 택지개발사업으로 변경·고시하였으므로 변경되는 사업의 사업인정도 있다. A시는 당해 토지를 여전히 소유하고 있으므로 공익사업의 변환 요건을 충족한다. 따라서 환매권 행사기간은 공익사업의 변경을 고시한 날로부터 다시 기산된다.

甲은 변경된 택지개발사업이 관계법률에 따라 사업이 폐지·변경된 날 또는 사업의 폐지·변경 고시가 있는 날로부터 10년 이내에, 그 밖의 사유로 취득한 토지의 전부 또는 일부가 필요 없게 된 경우 사업 완료일로부터 10년 이내에 환매권을 행사할 수 있으며, 공익사업의 변환일인 2016.4.25.부터 5년 이내에 사업에 이용하지 아니하였을 때 환매권을 행사할 수 있게 된다. 사안은 이에 해당하지 않으므로 환매권을 행사할 수 없다.

Ⅳ. 사안의 해결

甲이 자신의 토지가 도로사업에 필요 없게 되었다고 판단하여 보상금에 상당하는 금액을 공탁한 후, 2017. 3. 24. A시에게 환매의사표시를 하고 소유권이전등기청구소송을 제기한 경우 甲의 청구는 기각될 것이다.

사례 175 공용환권 - 조합설립인가(1) [행시 2017]

甲등은 노후·불량건축물에 해당하는 공동주택이 밀집한 지역에 거주하고 있는데, 그 지역이 「도시 및 주거환경정비법」에 따라 정비구역으로 지정되어서 재개발사업을 추진하기 위해 재개발조합을 설립하기로 하였다. 그리하여 甲 등은 우선 그 정비구역에 위치한 건축물 및 그 부속토지의 소유자 과반수의 동의를 얻어 조합설립추진위원회를 구성하여 A시장의 승인을 받은 다음, 이 조합설립추진위원회가 상기 소유자 4분의 3 이상의 동의를 받아 A시장으로부터 조합설립인가를 받았다. 그 후 이 재개발조합은 A시장으로부터 재개발사업 시행인가를 받았는데, A시장은 인가조건으로 '지역발전협력기금 10억 원을 기부할 것'을 부가하였다. 다음 물음에 답하시오. (총 45점)

1) 조합설립추진위원회구성 승인의 법적 성질을 검토하시오. (10점)
2) 조합설립인가의 법적 성질을 검토하시오. (15점)

[참조조문](현행 법령을 사례해결에 적합하도록 수정하였음)
* 도시 및 주거환경정비법
제8조(주택재개발사업 등의 시행자) ① 주택재개발사업은 조합이 이를 시행하거나 조합이 조합원 과반수의 동의를 얻어 시장·군수, 주택공사등, 건설업자, 등록사업자 또는 대통령령이 정하는 요건을 갖춘 자와 공동으로 이를 시행할 수 있다.
제13조(조합의 설립 및 추진위원회의 구성) ① 시장·군수, 지정개발자 또는 주택 공사등이 아닌 자가 정비사업을 시행하고자 하는 경우에는 토지등소유자로 구성된 조합을 설립하여야 한다.
② 제1항에 따라 조합을 설립하고자 하는 경우에는 정비구역지정 고시 후 위원장을 포함한 5인 이상의 위원 및 운영규정에 대한 토지등소유자 과반수의 동의를 받아 조합설립을 위한 추진위원회를 구성하여 시장·군수의 승인을 받아야 한다.
제16조(조합의 설립인가 등) ① 주택재개발사업 및 도시환경정비사업의 추진위원회가 조합을 설립하려면 토지등소유자 4분의 3 이상의 동의를 얻어 다음 각 호의 사항을 첨부하여 시장·군수의 인가를 받아야 한다.
  1. 정관
  2. (이하 생략)
제28조(사업시행인가) ① 사업시행자는 정비사업을 시행하고자 하는 경우에는 사업시행계획서에 정관등과 그 밖에 국토교통부령이 정하는 서류를 첨부하여 시장·군수에게 제출하고 사업시행인가를 받아야 한다.

[설문 1] 조합설립추진위원회구성 승인의 법적 성질 (10점)

I. 문제의 소재

도시 및 주거환경정비법 제13조2항에 의하면 주택 재개발조합을 설립하고자 하는 경우 조합설립추진위원회를 구성하여 관할 행정청의 승인을 받아야 한다. 조합설립추진위원회구성 승인의 법적 성질이 강학상 인가인지 특허인지 문제된다.

II. 조합설립추진위원회의 법적 성격

추진위원회는 정비사업전문관리업자의 선정, 조합의 설립인가를 받기 위한 준비업무 등 조합설립의 추진을 위하여 필요한 업무를 수행할 수 있고, 사용경비를 기재한 회계장부 및 관련 서류를 조합설립 인가일로부터 일정 기간 내에 조합에 인계하여야 하며, 추진위원회가 행한 업무와 관련된 권리와 의무는 조합이 포괄승계하게 된다. 조합설립추진위원회는 조합설립을 목적으로 정비구역 내의 토지소유자들에 의해 구성된 비법인사단(법인격 없는 사단)이라고 할 수 있다. 판례도 비법인사단으로 판시하고 있다.

III. 조합설립추진위원회구성 승인의 법적 성격

1. 강학상 인가

강학상 인가는 행정청이 타인이 한 법률행위를 보충하여 그 효력을 완성시켜 주는 행정행위를 말한다. 원래 사인간의 법률관계는 행정청의 관여 없이도 효력이 발생하는 것이 원칙이지만, 사인간의 법률관계가 공익과 중요한 관련이 있는 경우 법률적 효력의 완전한 발생에 행정청이 관여함으로써 공익을 실현하도록 하기 위한 제도이다.

인가에 의해 기본행위인 법률행위의 효과가 발생하며(효력요건), 인가의 대상은 사법행위인 경우가 대부분이나 공법행위를 대상으로 하는 경우도 있다. 인가는 법률행위의 효력을 완성시키는 보충적 행정행위라는 점에서 특정인을 위하여 새로운 권리, 능력, 포괄적 법률관계를 설정하는 행위인 특허와 구별된다. 실정법상으로는 허가나 특허와 같이 허가, 승인, 인가 등으로 혼용되고 있다.

2. 사안의 경우

조합설립추진위원회의 구성을 승인하는 처분은 조합의 설립을 원하는 토지소유자등이 조합의 설립을 위한 주체에 해당하는 비법인 사단인 추진위원회를 구성하고자 하는 경우에 추진위원회 구성행위라는 행위를 보충하여 그 효력을 부여하는 처분으로 강학상 인가에 해당한다.

조합설립추진위원회 구성승인처분은 조합설립이라는 종국적 목적을 달성하기 위한 중간단계의 처분에 해당하지만 법률요건이나 효과가 조합설립인가처분의 그것과는 다른 독립적인 처분이다.[1]

[설문 2] 조합설립인가의 법적 성질 (15점)

I. 문제의 소재

도시 및 주거환경정비법 제16조에 의하면 조합설립추진위원회가 재개발조합을 설립하려면 토지소유자의 4분의 3이상의 동의를 얻어 관할 행정청의 인가를 받아야 한다. 조합설립인가의 법적 성질이 강학상 인가인지 특허인지 문제된다.

II. 재개발조합의 법적 성격

도시 및 주거환경 정비법에 따른 주택재개발정비사업조합은 ① 정비사업구역 내의 토지 등의 소유자와 지상권자가 당연히 조합의 조합원이 되도록 하는 강제가입제도를 취하고 있고(도시정비법 제19조1항), ② 사업시행자는 정비사업구역 안에서 그 사업을 위하여 필요한 토지·건축물 기타의 권리를 수용 또는 사용할 수 있는 등(도시정비법 제38조) 공권력이 부여되고 있다는 점 등에 비추어, 관할 행정청의 감독 아래

---

[1] 추진위원회 구성승인처분을 다투는 소송 계속 중에 조합설립인가처분이 이루어진 경우에는, 추진위원회 구성승인처분에 위법이 존재하여 조합설립인가 신청행위가 무효라는 점 등을 들어 직접 조합설립인가처분을 다툼으로써 정비사업의 진행을 저지하여야 하고, 이와는 별도로 추진위원회 구성승인처분에 대하여 취소 또는 무효확인을 구할 법률상의 이익은 없다(대판 2013.1.31. 2011두11112, 2011두11129).

도시정비법상의 주택재개발사업이라는 공적 사무를 담당하고 있는 특수한 공법인(도시정비법 제18조)이라고 할 수 있다.

재개발조합은 그 목적 범위 내에서 법령이 정하는 바에 따라 일정한 행정작용을 행하는 행정주체의 지위를 갖는다. 행정주체 중에서 공공조합에 해당한다. 공공조합은 특정한 행정목적을 위하여 일정한 자격을 가진 사람들에 의해 구성된 공법상 사단법인이다. 공공조합은 인적결합체라는 점에서 사법상 사단법인과 같으나 그 목적이 공행정을 수행한다는 점에서 구별이 된다. 재개발사업이라는 공행정목적을 직접적으로 달성하기 위해서 행하는 조합의 행위는 원칙상 공법행위에 해당한다.

III. 조합설립인가의 법적 성격

1. 강학상 특허

(1) 학설

재개발조합이나 재건축조합의 설립인가의 법적성격과 관련하여 조합을 설립하려는 사인들의 조합설립행위라는 행위에 효력을 부여하는 강학상 인가설과 정비사업을 시행할 수 있는 권한을 갖는 공법인으로서의 지위를 부여하는 설권행위라는 강학상 특허설이 대립되어 왔다. 이러한 견해의 대립은 조합설립에 필요한 토지소유자등의 동의에 하자가 있는 경우에 조합설립결의의 효력을 다투는 소송형태와 관련하여 중요한 의미가 있다.

(2) 판례

종래에는 조합설립인가처분은 단순히 사인들의 조합설립행위에 대한 보충행위로서의 성질을 가진다고 하여 인가설을 취하였으나 최근에는 단순히 사인들의 조합설립행위에 대한 보충행위로서의 성질을 갖는 것이 아니라 법령상 요건을 갖출 경우 도시 및 주거환경 정비법상 주택재건축사업을 시행할 수 있는 권한을 갖는 행정주체(공법인)로서의 지위를 부여하는 일종의 설권적 처분의 성격을 갖는 것이라고 하여 특허설로 변경되었다.

(3) 검토

생각건대, 인가설을 취할 경우 조합설립을 위한 조합의 행위에 위법이 있는 경우 인가처분 취소소송으로 다툴 수 없고 인가처분을 그대로 둔 채 기본행위에 대해 민사소송으로 다투어야 하는 문제가 있어 권리구제를 복잡하게 하는 문제가 있으며, 재건축조합은 정비구역 내에 배타적인 행정주체의 신분을 갖는 공법인이므로 특허설이 타당하다.

2. 재량행위

기속행위와 재량행위의 구별은 당해 행위의 근거가 된 법규의 체재·형식과 그 문언, 당해 행위가 속하는 행정 분야의 주된 목적과 특성, 당해 행위 자체의 개별적 성질과 유형 등을 모두 고려하여 판단한다. 도시 및 주거환경정비법 제16조의 문언상으로는 "받아야 한다."고만 되어 있어 재량행위인지 기속행위인지 불분명하나 조합설립인가가 특허의 성격을 가지고 있고, 조합설립인가를 신청한 주택재건축조합의 사업내용이 관계 법령의 규정에 위배되거나 사회질서를 해칠 우려가 있음이 명백한 때에는 인가를 거부할 수 있다고 보아야 하므로 재량행위에 해당한다.

사례 176 　공용환권 – 조합설립인가(2)　　　[법전협 2018-2]

　　서울특별시장은 「도시 및 주거환경정비법」(이하 '도시정비법'이라 함)에 따라 서울 종로구 법전동 1번지 및 그 일원을 주택재건축정비구역으로 지정·고시하였다. 위 정비구역 내의 토지 및 건축물을 소유하고 있는 甲과 乙은 재건축을 반대하였지만, 법전마을주택재건축정비사업조합(이하 '이 사건 조합'이라 한다) 설립추진위원회가 구성되어 정비사업전문관리업자인 丙에게 조합설립인가 신청에 관한 업무의 대행을 위탁하였고, 丙은 위 정비구역을 사업구역으로 하여 종로구청장에게 조합설립인가신청을 하였다. 이에 종로구청장은 위 사업구역이 도시정비법 제16조 제2항에서 정한 토지등소유자의 동의요건 등을 갖추었다고 보아 2017년 11월 조합설립인가처분(이하 '이 사건 인가처분'이라 함)을 하였다.

　　이에 甲은, 종로구청장이 이 사건 인가처분시 토지등소유자와 동의자 수를 산정함에 있어 잘못이 있어 그 동의율이 관련법령에서 요구하는 토지등소유자 4분의 3을 넘지 못하였음에도 이를 간과하였다는 이유로, 종로구청장을 피고로 하여 서울행정법원에 이 사건 인가처분에 대한 취소소송을 제기하였다. 그리고 乙은 조합설립결의의 하자를 이유로 이 사건 조합을 피고로 하여 "피고의 설립결의는 무효임을 확인한다."라는 청구취지로 소송을 제기하려고 한다.

1. 甲이 제기한 소송에서 종로구청장은 "이 사건 인가처분은 재건축조합설립행위를 보충하여 그 법률상 효력을 완성하는 보충행위일 뿐이어서 그 기본이 되는 조합설립행위 자체에 하자가 있는 때에는 그에 대한 인가가 있다 하더라도 기본행위인 조합설립행위가 유효한 것으로 될 수 없다. 따라서 기본행위인 조합설립에 하자가 있는 경우 따로 민사쟁송으로써 그 기본행위의 무효확인 등을 구하는 것은 별론으로 하고, 기본행위의 하자를 이유로 바로 그에 대한 이 사건 인가처분의 무효확인을 소구할 법률상 이익이 없다."고 주장한다. 이 주장은 타당한가? (20점)

2. 현행 대법원 판례의 입장을 전제로 할 때 다음에 관하여 검토하시오.
　(1) 乙이 서울중앙지방법원에 조합설립결의 무효확인을 구하는 소송을 제기한 경우 수소법원은 어떤 재판을 하여야 하는가? (15점)
　(2) 乙이 서울행정법원에 조합설립결의 무효확인을 구하는 소송을 제기한 경우 수소법원은 어떠한 조치를 하여야 하는가? (15점)

[참조조항] (※ "---" : 생략된 부분이 있다는 표시임.)
○ 「도시 및 주거환경정비법」(법률 제14113호 ; 2017. 3. 30. 시행)
제2조(정의) 이 법에서 사용하는 용어의 뜻은 다음과 같다.
　　11. "정관등"이라 함은 다음 각목의 것을 말한다.
　　　다. 특별자치시장, 특별자치도지사, 시장, 군수, 자치구의 구청장(이하 "시장·군수"라 한다), 주택공사등 또는 신탁업자가 제30조제8호의 규정에 의하여 작성한 시행규정
제16조(조합의 설립인가 등) ② 주택재건축사업의 추진위원회---가 조합을 설립하고자 하는 때에는 「집합건물의 소유 및 관리에 관한 법률」 제47조 제1항 및 제2항에도 불구하고 주택단지 안의 공동주택의 각 동(복리시설의 경우에는 주택단지 안의 복리시설 전체를 하나의 동으로 본다)별 구분소유자의 3분의 2 이상 및 토지면적의 2분의 1 이상의 토지소유자의 동의(공동주택의 각 동별 구분소유자가 5 이하인 경우는 제외한다)와 주택단지 안의 전체 구분소유자의 4분의 3 이상 및 토지면적의 4분의 3 이상의 토지소유자의 동의를 얻어 제1항 각 호의 사항을 첨부하여 시장·군수의 인가를 받아야 한다. 인가받은 사항을 변경하고자 하는 때에도 또한 같다. (단서 생략)

[설문 1] 조합설립인가처분 취소소송의 소의 이익 (20점)

I. 문제의 소재

조합설립인가의 법적성질이 인가인지 특허인지 문제된다. 종로구청장은 조합설립인가의 법적 성질이 인가임을 전제로 기본행위인 조합설립결의의 하자를 이유로 인가를 다툴 수 없다고 주장하고 있는데 이러한 주장은 조합설립인가가 인가에 해당한다면 타당할 것이다.

II. 조합설립인가의 법적 성격

III. 조합설립결의의 하자를 다투는 소송형태

조합설립인가처분 후에 조합설립결의의 하자를 다투는 소송형태에 대해 견해대립이 있다. 강학상 인가로 볼 경우 설립인가 자체의 하자가 없다면 민사소송을 통하여 조합설립결의의 무효를 다투어야 한다. 종래 판례는 조합설립인가를 강학상 인가로 보는 전제 하에 조합설립인가 후에는 인가에 고유한 위법이 없는 한 조합설립결의의 하자를 이유로 조합설립인가를 다투는 것은 허용하지 않았으므로 조합설립 인가 후에도 민사소송인 조합설립결의무효확인소송의 소의 이익을 긍정하였다.

반면, 특허로 보는 변경된 판례에 의할 경우에는 토지소유자 등의 동의는 조합설립인가처분에 필요한 요건 중 하나가 되어 그 하자를 이유로 조합설립인가처분에 대하여 항고소송을 제기하여야 한다. 이와는 별도로 조합설립결의 부분만을 따로 떼어내어 그 효력 유무를 다투는 확인의 소를 제기하는 것은 원고의 권리 또는 법률상의 지위에 현존하는 불안·위험을 제거하는 데 가장 유효·적절한 수단이라 할 수 없어 특별한 사정이 없는 한 확인의 이익이 없게 된다.

IV. 사안의 해결

甲은 종로구청장의 조합설립인가 후에는 조합설립인가에 대한 취소소송 또는 무효확인소송을 제기하여 조합설립결의의 하자를 다투어야 한다. "조합설립에 하자가 있는 경우 따로 민사쟁송으로써 그 기본행위의 무효확인 등을 구하는 것은 별론으로 하고, 기본행위의 하자를 이유로 바로 그에 대한 이 사건 인가처분의 무효확인을 소구할 법률상 이익이 없다."는 구청장의 주장은 타당하지 않다.

[설문 2-(1)] 서울중앙지방법원에 조합설립결의 무효확인소송을 제기한 경우 (15점)

I. 乙이 제기한 소의 적법성

조합설립결의는 조합설립인가처분이라는 행정처분을 하는 데 필요한 요건 중 하나에 불과한 것이어서, 조립설립인가 후에는 조합설립결의에 하자가 있다면 그 하자를 이유로 직접 항고소송의 방법으로 조합설립인가처분의 취소 또는 무효확인을 구하여야 하고, 이와는 별도로 조합설립결의 부분만을 따로 떼어내어 그 효력 유무를 다투는 확인의 소를 제기하는 것은 특별한 사정이 없는 한 확인의 이익은 인정되지 아니한다. 따라서 乙이 제기한 소송은 부적법하다.

II. 수소법원이 해야 할 재판

1. 조합설립결의 무효확인소송의 소송유형

서울중앙지방법원에 조합설립결의 무효확인소송을 제기했다는 것은 갑이 민사소송으로 제기했다는 것을 의미한다. 을이 소로써 다투고자 하는 대상의 실체는 조합설립의 효력으로서, 종래 판례에 따라서 민사소송의 형식으로 제기했다고 하더라도 그 실질이 조합설립 인가처분의 효력을 다투는 취지라고 못 볼 바 아니고, 소의 상대방이 행정주체로서 지위를 갖는 피고 조합이라는 점까지 고려하면, 갑이 제기한 소는 공법상 법률관계에 관한 것으로서 행정소송의 일종인 당사자소송에 해당하는 것으로 볼 수 있다.

2. 항고소송으로의 소변경 가능성

민사소송과 행정소송간에 소변경이 가능한지 견해대립이 있다. 피고의 변경을 수반하며 관할법원이 다르므로 허용되지 않는다는 견해도 있으나 피고가 행정청에서 국가등으로 변경된다고 하더라도 양당사자는 실질에 있어 동일하며 행정법원은 독립법원이 아니라 전문법원에 불과하므로 허용하는 것이 타당하다. 판례도 민사소송으로 진료비청구를 한 사안에서 수소법원에 행정소송에 관한 관할도 동시에 가지고 있다면 소변경을 허용하고 있다.

사안의 경우 수소법원이 항고소송의 관할권도 동시에 가지고 있다면 수소법원은 원고로 하여금 항고소송으로 소변경을 하도록 하여 심리·판단하여야 하는 것이 원칙이나, 수소법원인 서울중앙지방법원은 행정소송에 관한 관할권을 가지고 있지 않다.

3. 행정소송의 관할법원으로의 이송 가능성

관할을 위반하여 제소한 경우, 수소법원은 행정소송법 제8조 제2항, 민사소송법 제34조 제1항에 근거하여 이송결정을 할 수 있다. 乙이 제기한 소는 행정소송의 관할법원으로 이송된 후 관할법원의 허가를 얻어 조합설립인가처분에 대한 항고소송으로 변경될 수 있으므로 서울행정법원으로 이송함이 마땅하다.

4. 소결

수소법원은 서울행정법원으로 이송결정을 하여야 한다.

[설문 2-(2)] 서울행정법원에 조합설립결의 무효확인을 구하는 소송을 제기한 경우 (15점)

I. 乙이 제기한 소송형식

乙이 제기한 소송은 조합설립결의를 다투는 소송으로 공행정주체인 조합을 상대로 공법상 법률관계에 대해 다투는 소송으로 당사자소송이다.

II. 당사자소송의 적법성

조합설립결의는 조합설립인가처분의 요건에 불과하여, 조립설립인가 후에는 조합설립결의에 하자가 있다면 그 하자를 이유로 직접 항고소송의 방법으로 조합설립인가처분의 취소 또는 무효확인을 구하여야 하고, 이와는 별도로 조합설립결의 부분만을 따로 떼어내어 그 효력 유무를 다투는 확인의 소를 제기하는 것은 특별한 사정이 없는 한 확인의 이익은 인정되지 않는다. 乙이 제기한 소는 부적법하다.

III. 당사자소송과 항고소송간 소의 변경

행정소송법은 당사자소송에서 항고소송으로의 소변경을 명시적으로 인정하고 있다(동법 제42조, 제21조).[1] 청구의 기초에 변경이 없는 한 사실심의 변론종결시까지 가능하다. 취소소송으로 소변경을 할 경우에는 제소기간 등 취소소송의 소송요건이 구비되어야 한다.

IV. 수소법원의 조치

乙로서는 당사자소송에서 취소소송 또는 무효등확인소송으로 소를 변경하고자 할 것이다. 을은 청구의 기초에 변경이 없는 한 사실심의 변론종결시까지 소변경신청을 할 수 있으며 법원은 을의 신청이 있으면 이에 따라 결정으로써 소변경을 허가할 수 있다. 을의 신청이 없는 경우에도 법원은 을이 소변경하도록 석명권을 행사하여야 한다.

---

[1] 당사자소송에서 항고소송으로의 소변경은 행정소송법이 명문으로 인정하고 있는 반면, 당사자소송에서 민사소송으로의 소변경에 대해서는 명문의 규정이 없는데 최근 허용된다는 판례가 명시적으로 나왔다(대판 2023.6.29, 2022두44262).

| 사례 177 | 공용환권 - 조합설립인가(3) | [법전협 2017-1] |

甲, 乙, 丙 등은 A시 B동 지역에 토지를 소유하고 있다. B동 지역 주민들은 도시 및 주거환경정비법령에 따라 조합을 설립하여 주택재건축사업을 추진하기로 하였다. 이후 같은 법령에 따라 적법하게 조합설립추진위원회가 구성되었고, 이 조합설립추진위원회는 「도시 및 주거환경정비법」 제16조에 따라 토지 또는 건축물의 소유자의 동의를 얻어 조합설립을 의결하고 관할 A시장에게 조합설립인가를 신청하였는바, 甲은 재건축에 동의하였으나, 乙은 동의하지 않았다.

위 주택재건축사업이 추진되는 B동 지역 일대는 주택단지가 아닌 지역이 포함되어 있어 주택재건축사업을 추진하려면 「도시 및 주거환경정비법」 제16조 제3항에 따라 주택단지가 아닌 지역 안의 '토지 또는 건축물 소유자의 4분의 3이상'의 동의를 얻어야 하는 바, 위 조합설립추진위원회가 신청한 조합설립인가는 같은 조항에서 요구하는 동의자 수에 미달한 것으로 조합설립결의에 하자가 있는 것이었다. 그럼에도 불구하고, 관할 A시장은 위 동의요건을 '토지 소유자의 4분의 3 이상' 또는 '건축물 소유자의 4분의 3 이상' 중 어느 하나의 요건만 충족하면 되는 것으로 잘못 해석하여, 동의요건을 충족하지 못한 위 조합설립추진위원회의 조합설립인가 신청에 대하여 B동 재건축정비사업조합(이하 'B조합') 설립인가처분을 하였고, 이에 기하여 B조합은 같은 법 제18조에 따른 조합설립등기를 마쳤다.

1. 재건축사업에 동의하지 않는 乙은 위 조합설립인가는 동의요건을 갖추지 못한 것으로 조합설립결의에 하자가 있어 위법하다고 주장한다. 乙이 제기할 수 있는 소송의 유형을 검토하시오. (25점)

I. 문제의 소재

조합설립추진위원회가 동의 요건을 결여한 채 조합설립을 의결하였고, 조합설립결의에 하자가 있음에도 불구하고 조합설립인가가 나온 상황에서 조합설립결의의 하자를 주장할 수 있는 소송유형이 민사소송으로 조합설립결의 무효확인소송을 제기해야 하는지, 항고소송으로 조합설립인가처분 취소소송등을 제기해야 하는지 문제된다. 조합설립인가의 법적 성격과 관련된다.

II. 조합설립인가의 법적 성격

III. 조합설립결의의 하자를 다툴 수 있는 소송유형

1. 조합설립인가처분에 대한 항고소송

조합설립인가처분을 받아 설립등기를 마치기 전에 조합설립추진위원회가 개최한 창립총회에서 이루어진 결의는 주택재건축조합의 결의가 아니라 주민총회 또는 토지 등 소유자 총회의 결의에 불과하며 공법인으로서의 조합의 결의가 아니다. 조합설립결의의 하자에 대해 다투는 소송은 민사소송으로 총회결의 무효확인소송을 제기할 수 있다.

반면에 조합설립인가가 나온 후에는 소송 형식에 대하여 견해대립이 있다. 조합설립인가를 강학상 인가로 볼 경우 설립인가 자체의 하자가 없다면 민사소송을 통하여 조합설립결의의 무효를 다투어야 한다. 종래 판례는 조합설립인가를 강학상 인가로 보고 조합설립인가 후에는 인가에 고유한 위법이 없는 한 조합설립 결의의 하자를 이유로 조합설립인가를 다투는 것은 허용하지 않았으므로 조합설립 인가 후에도 민사소송인 조합설립결의무효확인소송의 소의 이익을 긍정하였다.

반면, 특허로 보는 변경된 판례에 의할 경우에는 토지소유자 등의 동의는 조합설립인가처분에 필요한 요건 중 하나가 되어 그 하자를 이유로 조합설립인가처분에 대하여 항고소송을 제기하여야 한다. 이와는 별도로 조합설립결의 부분만을 따로 떼어내어 그 효력 유무를 다투는 확인의 소를 제기하는 것은 원고의 권리 또는 법률상의 지위에 현존하는 불안·위험을 제거하는 데 가장 유효·적절한 수단이라 할 수 없어 특별한 사정이 없는 한 확인의 이익이 없게 된다.[1]

2. 취소소송

동의요건이 결여된 경우 조합설립인가처분의 하자가 취소사유에 해당하는지 여부에 따라서 취소소송 또는 무효확인소송을 제기할 수 있다.

무효와 취소의 구별기준에 대해 판례와 다수설은 중대명백설의 입장이다. 판례는 "하자있는 행정처분이 당연무효이기 위해서는 그 하자가 법규의 중요한 부분을 위반한 중대한 것으로서 객관적으로 명백한 것이어야 하며 하자가 중대하고 명백한지 여부의 판결은 그 법규의 목적, 의미, 기능 등을 목적론적으로 고찰함과 동시에 구체적 사안 자체의 특수성에 관하여도 합리적으로 고찰함을 요한다."고 판시하고 있다.

사안의 경우 도시정비법 제16조3항의 동의요건을 구비해야 하는데 A시장은 동의요건을 '토지 소유자의 4분의 3 이상' 또는 '건축물 소유자의 4분의 3 이상' 중 어느 하나의 요건만 충족하면 되는 것으로 잘못 해석하여 조합설립인가처분을 하였다. 처분 요건의 의미를 잘못 해석한 경우이므로 주택단지 아닌 지역에 관하여 도시정비법 제16조 제3항이 정한 동의요건 위반이라는 중대한 하자가 있다.

행정청의 잘못된 해석이 하자가 명백한지 문제되는데 판례는 "행정청이 어느 법률관계나 사실관계에 대하여 어느 법률의 규정을 적용하여 행정처분을 한 경우에 그 법률관계나 사실관계에 대하여는 그 법률의 규정을 적용할 수 없다는 법리가 명백히 밝혀져 그 해석에 다툼의 여지가 없음에도 불구하고 행정청이 위 규정을 적용하여 처분을 한 때에는 그 하자가 중대하고 명백하다고 할 것이나, 그 법률관계나 사실관계에 대하여 그 법률의 규정을 적용할 수 없다는 법리가 명백히 밝혀지지 아니하여 그 해석에 다툼의 여지가 있는 때에는 행정관청이 이를 잘못 해석하여 행정처분을 하였더라도 이는 그 처분 요건사실을 오인한 것에 불과하여 그 하자가 명백하다고 할 수 없다. 그리고 행정청이 법령 규정의 문언상 처분 요건의 의미가 분명함에도 합리적인 근거 없이 그 의미를 잘못 해석한 결과, 처분 요건이 충족되지 아니한 상태에서 해당 처분을 한 경우에는 법리가 명백히 밝혀지지 아니하여 그 해석에 다툼의 여지가 있다고 볼 수는 없다."고 판시하고 있다.

사안의 경우 제시된 내용으로는 단언할 수 없으나 '토지 또는 건축물 소유자의 4분의 3이상'의 해석과 관련하여 그 처분 요건의 의미에 대한 해석이 명백한 것이라고 할 수는 없다. 따라서 조합설립인가처분은 취소사유에 해당한다. 乙은 취소소송을 제기하여 취소판결을 받으면 된다.

만약 乙이 무효확인소송을 제기한 경우에는 무효를 구하는 소는 처분이 당연무효가 아니라면 취소를 구하는 취지도 포함되어 있는 것이므로 법원으로서는 취소소송의 소송요건을 구비하였다면 법원이 취소소송으로 소변경을 석명(행정소송규칙 제16조)하여 소변경 후 취소판결을 할 수 있다.

IV. 사안의 해결

동의요건을 갖추지 못한 인가신청에 대한 조합설립인가는 취소사유에 해당하므로 乙은 조합설립인가처분에 대한 취소소송을 제기하여 조합설립결의의 하자를 다툴 수 있다. 무효확인소송을 제기하여도 취소소송의 제소기간 내에 제기한 것이라면 법원은 취소판결을 할 수 있으므로 무효확인소송도 乙이 제기할 수 있는 소송유형에 해당한다.

---

[1] 대판 2009.9.24. 2008다60568

사례 178 관리처분계획에 대한 인가   [행시 2022]

A 주택재건축정비사업조합(이하 'A 조합')은 B 시(市) 소재 아파트의 재건축사업을 시행할 목적으로 관계 법령에 따라 조합설립의 인가 및 등기를 마쳤다. A 조합은 조합총회에서 관리처분계획안을 의결하고, B 시 시장에게 관리처분계획의 인가를 신청하였다. 다음 물음에 답하시오. (총20점)

1) B 시 시장은 위 관리처분계획에 대한 인가를 하였다. 이에 조합원 甲은 위 관리처분계획이 위법하다는 이유로 위 인가처분의 취소를 구하는 소송을 제기하였다. 협의의 소의 이익에 대하여 검토하시오. (10점)

2) B 시 시장의 관리처분계획에 대한 인가 전에 조합원 乙이 위 관리처분계획안에 대한 조합 총회결의의 효력을 다투고자 한다면 어떠한 소송에 의하여야 하는지 검토하시오. (10점)

[참조조문] ※ 현행 법령을 사례해결에 적합하도록 수정하였음
* 도시 및 주거환경정비법
제74조 (관리처분계획의 인가 등) ① 사업시행자는 제72조에 따른 분양신청기간이 종료된 때에는 분양신청의 현황을 기초로 다음 각 호의 사항이 포함된 관리처분계획을 수립하여 시장·군수등의 인가를 받아야 하며, 관리처분계획을 변경·중지 또는 폐지하려는 경우에도 또한 같다.
  1. 분양설계
  2. 분양대상자의 주소 및 성명
  3. 분양대상자별 분양예정인 대지 또는 건축물의 추산액
  4. 분양대상자별 종전의 토지 또는 건축물 명세 및 사업시행계획인가 고시가 있은 날을 기준으로 한 가격
  5. 정비사업비의 추산액 및 그에 따른 조합원 분담규모 및 분담시기
  6. 그 밖에 정비사업과 관련한 권리 등에 관하여 대통령령으로 정하는 사항

[설문 1)] 관리처분계획 인가 처분 취소소송에서 협의의 소의 이익 (10점)

I. 문제의 소재

관리처분계획에 대한 인가의 법적 성질이 강학상 인가인지 문제되고, 기본행위인 관리처분계획의 위법을 이유로 인가처분의 취소를 구하는 소송의 협의의 소익이 인정되는지 문제된다.

II. 관리처분계획 및 관리처분계획인가의 법적 성질

관리처분계획은 재건축조합이 도시 및 주거환경정비법에 따라서 행정주체의 지위에서 수립한 계획으로서 정비사업의 시행 결과 조성되는 대지 또는 건축물의 권리귀속에 관한 사항과 조합원의 비용 분담에 관한 사항 등을 정한 계획이다. 조합원의 재산상 권리·의무 등에 구체적이고 직접적인 영향을 미치게 되므로, 이는 구속적 행정계획으로서 재건축조합이 행하는 독립된 행정처분에 해당한다.

관리처분계획에 대한 인가는 행정주체인 재건축조합이 수립한 구속적 행정계획인 관리처분계획의 효력을 완성시켜 주는 보충적 행정행위인 강학상 인가에 해당한다는 것이 판례이다.

III. 협의의 소의 이익

1. 기본행위와 인가의 관계

인가는 기본행위의 효력을 완성시켜주는 보충적인 행정행위에 불과하다. 기본행위는 적법하나 인가에

하자가 있는 경우 인가가 무효이면 기본행위는 효력이 발생하지 않고, 인가에 취소사유가 있으면 인가를 취소할 때까지는 유인가행위가 된다. 기본행위가 불성립 또는 무효인 경우에는 인가가 있더라도 유효하게 되지 않으며 적법·유효한 기본행위가 사후에 실효되면 인가도 당연히 효력을 상실한다.

2. 협의의 소의 이익

협의의 소의 이익이란 원고의 재판청구에 대하여 본안판결을 구하는 것을 정당화시킬 수 있는 현실적 이익 내지 필요성을 말하며, '소의 객관적 이익' 또는 '권리보호의 필요'라고도 한다. 행정소송법은 협의의 소의 이익에 관한 일반적인 규정은 없으나, 행정소송법 제12조 후문은 처분의 효력이 소멸한 경우의 소의 이익에 대해서 규정하고 있다.

인가와 관련하여 기본행위에 하자가 있는 경우 기본행위를 다투어야 하며 기본행위의 하자를 이유로 인가행위를 다투는 것은 소의 이익이 결여되어 허용되지 않는다는 것이 판례이다. 기본행위가 사법상 법률행위인 경우에는 기본행위를 민사소송으로 다투어야 하며, 기본행위가 공법행위인 경우에는 행정소송의 대상이 될 것이다. 만일 기본행위는 적법·유효하나 인가행위에만 하자가 있는 경우에는 인가의 취소나 무효확인을 구할 수 있다.

Ⅳ. 사안의 해결

총회결의는 관리처분계획이라는 처분에 이르는 절차적 요건인데 관리처분계획의 인가가 있은 후에 기본행위인 관리처분계획의 절차적 요건인 총회결의의 하자를 이유로 관리처분계획 인가를 다투는 것은 소의 이익이 없다. 기본행위인 관리처분계획에 대한 항고소송을 제기하여야 한다.

[설문 2)] 조합총회 결의의 효력을 다투는 소송 형태 (10점)

Ⅰ. 문제의 소재

관리처분계획 인가 전에 조합원 乙이 조합총회결의의 효력을 다투고자 하는 경우 소송의 형태가 문제된다.

Ⅱ. 조합과 조합원의 관계

조합과 조합원의 관계는 조합이 토지의 합리적이고 효율적인 고도이용과 도시기능의 회복이라는 공적 임무를 수행하는데 있어서 분양대상자를 일방적으로 결정하는 공권력을 행사하는 경우 또는 성질상 공법관계로 인정되는 경우에는 공법관계에 속한다. 조합의 조치가 처분에 해당하는 경우 항고소송으로 다툴 수 있고, 조합과 조합원 사이의 공법상 법률관계에 관한 분쟁은 공법상 당사자소송의 대상이 된다. 반면 일반사단법인에서의 법인과 구성원 사이의 관계와 동일한 성질을 가지는 경우에는 민사소송의 대상이 된다.

Ⅲ. 조합총회결의에 대한 소송 형태

관리처분계획안에 대한 조합 총회결의는 관리처분계획이라는 행정처분에 이르는 절차적 요건 중 하나로, 그것이 위법하여 효력이 없다면 관리처분계획은 하자가 있는 것으로 된다.

따라서 행정주체인 재건축조합을 상대로 관리처분계획안에 대한 조합 총회결의의 효력 등을 다투는 소송은 행정처분에 이르는 절차적 요건의 존부나 효력 유무에 관한 소송으로서 그 소송결과에 따라 행정처분의 위법 여부에 직접 영향을 미치는 공법상 법률관계에 관한 것이므로, 이는 행정소송법상의 당사자소송에 해당한다. 행정소송규칙도 처분에 이르는 절차적 요건의 존부나 효력 유무에 관한 소송을 당사자소송의 대상이라고 하면서 조합설립변경, 사업시행계획, 관리처분계획에 대한 총회결의의 효력 등을 다투는 소송을 열거하고 있다(제19조 3호).

그리고 이러한 소송은, 관리처분계획이 인가·고시되기 전이라면 위법한 총회결의에 대해 무효확인 판결을 받아 이를 관할 행정청에 자료로 제출하거나 재건축조합으로 하여금 새로이 적법한 관리처분계획안을 마련하여 다시 총회결의를 거치도록 함으로써 하자 있는 관리처분계획이 인가·고시되어 행정처분으로서 효력이 발생하는 단계에까지 나아가지 못하도록 저지할 수 있고, 또 총회결의에 대한 무효확인판결에도 불구하고 관리처분계획이 인가·고시되는 경우에도 관리처분계획의 효력을 다투는 항고소송에서 총회결의 무효확인소송의 판결과 증거들을 소송자료로 활용함으로써 신속하게 분쟁을 해결할 수 있으므로, 관리처분계획에 대한 인가·고시가 있기 전에는 허용할 필요가 있다.

그러나 나아가 관리처분계획에 대한 관할 행정청의 인가·고시까지 있게 되면 관리처분계획은 행정처분으로서 효력이 발생하게 되므로, 총회결의의 하자를 이유로 하여 행정처분의 효력을 다투는 항고소송의 방법으로 관리처분계획의 취소 또는 무효확인을 구하여야 하고, 그와 별도로 행정처분에 이르는 절차적 요건 중 하나에 불과한 총회결의 부분만을 따로 떼어내어 효력 유무를 다투는 확인의 소를 제기하는 것은 특별한 사정이 없는 한 허용되지 않는다.

Ⅳ. 사안의 해결

A조합과 조합원 乙의 관계는 공법관계에 해당하며 조합총회결의는 관리처분계획의 절차적 요건에 해당하는데, 이에 대해 다투는 것은 행정처분에 이르는 절차적 요건의 존부나 효력 유무에 관한 소송으로서 소송결과에 따라 처분의 위법 여부에 직접 영향을 미치는 공법상 법률관계에 관한 것이다. 乙이 관리처분계획 인가 전에 조합총회결의에 대해 다투고자 한다면 민사소송이 아닌 공법상 당사자소송으로 총회결의무효확인소송을 제기하여야 한다.

유제 [법전협 2023-2]

서울특별시 □□구에 소재한 ○○아파트는 준공 후 40년이 지나 재건축이 필요한 시점에 안전진단이 통과되었고 정비구역이 지정되었다. 그 이후 ○○아파트에 거주하는 주민들은 「도시 및 주거환경정비법」에 따라 조합설립추진위원회를 구성하여 구청장(甲)의 승인을 받았고, 조합설립에 필요한 주민의 동의를 얻어 ○○아파트 주택재건축정비사업조합(이하 '재건축조합'이라고 함) 설립인가를 甲에게 받았다. 설립인가를 받은 재건축조합 A는 사업시행계획서 등을 작성해 사업시행인가를 甲에게 신청하였고, 甲은 사업시행인가를 하였다. A는 사업시행인가를 받기 전에 ○○아파트 부지가 「교육환경 보호에 관한 법률」에 따라 교육환경보호구역으로 설정·고시되어 있기에 교육환경영향평가에 대한 서울특별시 교육감(乙)의 승인을 별도로 받아 두었다(乙의 승인은 인허가의제 대상이 아님). 사업시행인가를 받은 A는 조합원들의 분양신청 현황을 기초로 관리처분계획안을 마련하여 그에 대한 조합 총회결의와 토지등소유자의 공람절차를 거친 후 甲에게 관리처분계획에 대한인가를 신청하였고 아직 인가·고시 전이다.

1. A의 조합원들은 관리처분계획안에 대한 조합원 총회결의의 하자를 다투고자 한다. 제기할 수 있는 소송의 종류에 대해 논하라. (25점)

사례 179 경찰권발동의 근거, 경찰공공의 원칙 [행시 2006]

甲은 이웃집 주민 乙이 심야에 악기 연습을 하거나 친구들을 불러 악기를 연주하는 등 과도한 소음을 발생케 하는 일이 잦아 밤잠을 설치기 일쑤였고, 결국 신경쇠약으로 정신과 치료를 받기에 이르렀다. 甲은 여러차례 인근 경찰관서에 신고하고 단속을 요청하였으나 경찰관서에서는 사생활 및 사주소에 대하여는 개입할 수 없다는 이유로 출동조차 하지 않고 있다. 이에 대하여 甲은 어떠한 권리구제수단을 갖는가? 단 환경분쟁조정법에 의한 권리구제는 논외로 한다. (40점)

I. 문제의 소재

甲의 단속요청에 경찰관서에는 개입을 하지 않고 있다. 개입을 거부하고 있는 것과 관련하여 경찰관서가 개입할 수 있는 법적 근거가 있는지가 개괄적 수권조항의 인정여부와 관련하여 문제되며, 사생활 및 사주소에 개입하는 것이 경찰공공의 원칙에 반하는 것은 아닌지, 경찰권 발동은 재량인데 개입의무를 인정할 수 있는지 등이 문제된다. 갑에게 경찰개입청구권이 인정된다면 어떠한 권리구제수단이 있는지도 검토한다.

II. 경찰권 발동의 근거

1. 경찰권 발동의 근거

경찰관서가 이웃 주민 乙에게 단속을 하는 것은 경찰권을 발동하는 것인데 경찰작용은 권력적이고 침해적인 수단이므로 법률유보원칙에 의하여 법적 근거가 필요하다. 조직법상의 직무규정만으로는 발동할 수 없고 작용법상 권한규정(수권규정)이 있어야 한다. 개별적 수권조항이 제시되어 있지는 않으므로 경찰관직무집행법의 개괄적(일반적) 수권규정에 근거하여 발동할 수 있는지 문제된다.

2. 개괄적 수권조항의 인정여부

1) 문제점

일반조항은 경찰권 발동의 근거가 되는 개별적인 법률규정이 없는 경우에 경찰권발동의 일반적·보충적 근거가 될 수 있도록 일반적 위험방지 및 장해제거를 위한 포괄적 내용을 규정한 조항을 의미하는데, 개괄적 수권조항이 필요한지, 필요하다면 경찰관직무집행법 제2조7호를 개괄적 조항으로 볼 수 있는지 문제된다.

2) 학설

학설은 ① 부정설은 경찰권 발동의 권력적 성질상 수권은 반드시 개별적인 작용법이어야 하며, 일반조항과 같은 방식에 의한 수권은 법치국가원리, 특히 명확성 원칙에 반하기 때문에 허용될 수 없다고 본다. 경직법 제2조 7호는 본질적으로 조직법적 성질, 즉 직무규정에 불과하다는 입장이다. ② 긍정설은 예측할 수 없는 경찰위험에 대비할 필요가 있으므로 입법정비시까지는 개괄조항을 인정하는 긍정설이 타당하며, 긍정설에 의하더라도 경찰권 남용은 불문법원칙에 의한 한계로 통제 가능하다는 입장이다. 경직법 제2조7호를 권한규정으로 파악하여 개괄조항으로 본다. ③ 입법필요설은 개괄조항 자체는 구체적 위험이 발생한 경우에 보충적으로 적용하고 경찰권의 한계이론으로 통제 가능하므로 법치주의 원칙에 반하는 것은 아니어서 필요성은 인정하나, 경직법 제2조7호는 조직법상 직무규정에 불과하므로 입법으로 조항 신설이 필요하다고 본다.

3) 판 례
명시적인 판례는 없고, 공무집행방해죄의 성립이 문제된 경우에 청원경찰이 경찰관직무집행법 제2조에 근거하여 그린벨트 지역 내에서의 허가 없는 주택개축을 단속한 것은 적법한 공무집행에 속한다고 본 판례가 있다. 긍정설의 입장에서는 동판례를 개괄조항으로 인정한 것으로 평가하는 것이 일반적이다.

4) 검토 및 사안의 경우
생각건대, 우리나라는 직무규범, 권한규범이 철저히 구별 되어 있지 않는 반면 예측할 수 없는 경찰위험에 대비할 필요가 있으므로 입법정비시까지는 개괄조항을 인정하는 긍정설이 타당하다. 긍정설에 의하더라도 경찰권 남용은 불문법원칙에 의한 한계로 통제 가능하다고 본다. 경찰관서는 개별법에 근거가 없더라도 경찰관직무집행법 제2조7호에 의하여 단속할 수 있다.

III. 경찰권 발동의 한계 – 경찰공공의 원칙

1. 경찰권발동의 한계

경찰권발동은 경찰편의주의 원칙에 따라 폭넓은 재량이 부여되므로 이를 제한하기 위해 경찰권발동의 한계로서 경찰소극의 원칙, 경찰공공의 원칙, 경찰비례의 원칙, 경찰책임의 원칙, 경찰평등의 원칙 등 경찰법상의 일반원칙으로 발전되어 왔다. 사안은 경찰공공의 원칙이 문제된다.

2. 경찰공공의 원칙

경찰공공의 원칙이란 경찰의 목적이 소극적인 공공의 안녕과 질서유지에 한정됨에 따라 경찰은 사적인 생활영역에는 관여할 수 없고 오로지 공공의 안녕과 질서유지의 범위 내에서만 경찰권을 발동할 수 있다는 경찰법상 일반원칙이다.

사적인 생활영역에는 일반적으로 사생활·사주소·민사상의 법률관계를 들 수 있다. 따라서 경찰공공의 원칙은 경찰권은 공공의 안녕·질서와 직접 관계가 없는 개인의 생활이나 행동에는 간섭하여서는 안 된다는 사생활불가침의 원칙, 경찰은 경찰권은 공공의 안녕·질서와 직접 관계가 없이 개인의 사주소를 침해해서는 안 된다는 사주소불가침의 원칙, 경찰권은 개인간의 민사관계에는 원칙적으로 관여할 수 없다는 민사관계 불간섭의 원칙을 내용으로 한다.

3. 사안의 경우

乙의 행동은 개인의 생활행동이라 하더라도 동시에 사회공공의 질서에 영향을 미치는 경우이거나, 사주소 내라 하더라도 매연, 음향 등 사회공공의 생활에 직접 영향을 미치는 경우에 해당하여 경찰권 발동의 대상이 된다.

IV. 경찰개입청구권의 인정여부

1. 문제점

경찰관 직무집행법에 근거하여 경찰권을 발동할 수 있고, 경찰권의 발동이 경찰공공의 원칙에 반하지 않더라도 경찰권발동은 재량이므로 甲이 단속을 요구할 수 있는지가 문제된다. 경찰개입청구권이 인정될 수 있는지 문제된다.

2. 경찰개입청구권의 의의 및 성립요건

경찰개입청구권이란 경찰기관에게 경찰권 발동의무가 부과되어 있는 경우 그에 대응하여 사인이 경찰기관에게 그 발동을 요구할 수 있는 권리를 의미한다. 경찰행정의 영역에서 행정개입청구권의 문제이다. 경찰개입청구권도 공권의 일종이므로 공권의 성립요건인 강행법규성과 사익보호성이 요구된다.

강행법규성에 있어서 개입의무의 발생여부가 문제되는데 기속행위이거나 재량이 0으로 수축되는 경우 개입의무를 인정한다. 재량이 0으로 수축되는 경우란 일반적으로 ① 사인의 생명·신체·재산 등에 중대하고 급박한 위험이 존재하고, ② 그러한 위험이 행정권의 발동에 의해 제거될 수 있는 것이며, ③ 피해자의 개인적인 노력으로는 권익침해의 방지가 충분하게 이루어질 수 없다고 인정되는 경우를 말한다. 그리고 행정권의 발동을 규율하는 법규가 공익의 보호 뿐 아니라 개인의 이익도 보호하는 것을 목적으로 하고 있어야 한다.

3. 사안의 경우

甲이 신경쇠약으로 정신과치료를 받은 정도라면 사람의 신체에 대한 중대한 위험이 인정된다. 또한 경찰권의 발동으로 소음의 방지가 가능할 것이고 개인의 노력으로는 권익침해의 방지가 어려우므로 재량권이 영으로 수축되는 경우에 해당하므로 경찰관서는 개입의무가 있으며 甲에게는 경찰기관에게 단속등의 개입을 요구할 수 있는 권리가 있다.

V. 甲의 권리구제수단

1. 문제의 소재

갑의 개입요구에 경찰기관이 출동조차 하지 않은 것을 거부로 볼 수도 있고 부작위로 볼 수도 있다. 경찰기관이 거부한 경우와 부작위한 경우를 나누어서 권리구제수단을 검토한다.

2. 거부처분과 부작위의 요소로서 신청권

3. 거부처분에 대한 구제

(1) 취소심판

취소심판은 행정청의 위법 또는 부당한 처분의 취소 또는 변경을 구하는 행정심판을 말하는데(행정심판법 제5조 제1호), 주로 행정청의 적극적 행정작용 즉 침익적 행정행위와 같은 불이익한 처분의 취소를 구하는 경우에 주로 활용된다.

거부처분에 대해서는 의무이행심판이 가능하므로 취소심판은 허용되지 않는다는 견해도 있으나, 거부처분도 행정심판법상 처분에 해당하므로(제2조1호) 거부처분은 취소심판의 대상도 된다는 것이 다수설의 입장이다. 甲은 취소심판을 청구할 수도 있다.

甲의 심판청구을 인용하는 취소재결이 있는 경우 과거 재처분의무의 인정여부에 대해 논의가 있었고 재처분의무를 인정하더라도 간접강제가 인정되지 않아 권리구제에 한계가 있었다. 개정 행정심판법은 재처분의무와 간접강제를 명문으로 규정하여 실효성을 확보하고 있다.

(2) 의무이행심판

의무이행심판은 당사자의 신청에 대한 행정청의 위법 또는 부당한 "거부처분"이나 "부작위"에 대하여 일정한 처분을 하도록 하는 행정심판이므로(제5조 제3호) 거부처분은 의무이행심판의 대상이 된다.

행정심판위원회는 거부처분이 위법 또는 부당하면 신청에 따른 처분재결(형성재결) 또는 처분명령재결(이행재결)을 할 수 있다. 처분명령재결이 있는 경우 행정심판법 제49조 제3항에 의해 재처분의무가 인정되고 불이행시 동법 제50조에 의한 직접처분이 가능하므로 취소심판보다 권리구제에 효과적인 수단이다. 개정 행정심판법은 의무이행심판에서도 간접강제를 인정하고 있다(제50조의2).

(3) 취소소송

거부처분에 대하여 취소소송을 제기할 수 있다. 거부처분 취소판결이 확정되면 판결의 취지에 따라 재처분을 해야 하는 의무가 인정된다(행정소송법 제30조2항). 재처분의무를 불이행한 경우 간접강제를 통해서 판결의 실효성을 확보할 수 있다(동법 제34조).

4. 부작위에 대한 구제

(1) 의무이행심판

거부처분과 마찬가지로 의무이행심판의 대상이 된다.

(2) 부작위위법확인소송

부작위위법확인소송은 행정청의 부작위가 위법하다는 것을 확인하는 소송을 말한다(행정소송법 제4조 3호). 부작위위법확인판결이 확정되면 행정청의 처분의무가 발생하고(동법 제38조 2항, 30조 2항) 처분의무를 이행하지 않으면 간접강제가 가능하다(동법 제34조).

부작위위법확인소송의 심리범위와 관련해서 신청의 실체적 내용이 이유 있는 것인지도 심리하여, 그에 대한 적정한 처리방향에 관한 법률적 판단을 하여야 한다는 실체적 심리설이 있으나 판례[1]는 부작위위법확인소송은 부작위의 위법을 확인함으로써 행정청의 응답을 신속하게 하여 부작위 내지 무응답이라고 하는 소극적인 위법상태를 제거하는 것을 목적으로 하는 것이라고 하여 부작위의 위법 여부만을 심사하는 절차적 심리설의 입장이다. 판례에 의하면 원고는 부작위위법확인판결을 받은 후 행정청이 다시 거부처분을 하여도 기속력에 반하는 것이 아니고 원고로서는 거부처분 취소소송을 다시 제기해야 하므로 권리구제에 한계가 있게 된다.

5. 국가배상청구

甲이 경찰관서가 개입하지 않아서 발생한 손해에 대해 국가배상청구를 할 수 있다. 국가배상청구소송에서 승소하려면 공무원의 위법한 직무활동으로 인한 국가배상책임에 대해 규정하고 있는 국가배상법 제2조의 요건이 구비되어야 한다. 즉, ① 공무원이 ② 직무를 집행하면서 ③ 고의 또는 과실로 ④ 법령을 위반하여 ⑤ 타인에게 손해를 발생케 하고 가해행위와 손해발생 사이에 인과관계가 있어야 한다.

V. 결 론

경찰관서는 개입의무가 발생한 상황이므로 甲의 단속 요청에 응하여 반드시 개입하여야 한다. 경찰관직무집행법 제2조7호에 의해서 경찰권을 발동할 수 있으며 경찰공공의 원칙에 반하는 것이 아니다.

---

[1] 대판 1990.9.25, 89누4758

사례 180 | 경찰공공의 원칙 · 경찰비례의 원칙 [행시 2008]

자신의 차량을 이용하여 외판업을 하는 甲은 호프집 주인이 국도에 진입하기 위하여 사비를 들여서 개설한 사설도로 위에 자신의 차를 주차시켜 놓고 친구들과 함께 술을 마시고 있었다. 그러던 중 다른 손님의 차를 빼기 위하여 甲은 음주상태에서 위 사설도로상에서 약 10m 정도 운전을 하다가 때마침 순찰중인 교통경찰관이 음주측정을 요구하자 이를 거부하였다. 이에 관할 지방경찰청장은 음주측정 거부를 이유로 甲의 운전면허를 취소하였다. 甲은 위 사설도로상에서 경찰관이 음주측정을 할 수 없고, 다른 손님의 차를 빼기 위하여 운전한 경우까지 음주측정을 요구한 것은 과도한 것이며, 더구나 경찰의 운전면허취소는 가족의 생계를 책임지고 있는 자신의 입장에서 너무 가혹하다고 주장한다. (총 30점)

1) 위 사안의 경우 경찰권의 한계에 대해서 설명하시오. (15점)
2) 甲 주장의 타당성을 검토하시오. (15점)

[설문 1] 경찰권의 한계 (15점)

I. 문제의 소재

경찰권발동은 경찰편의주의 원칙에 따라 폭넓은 재량이 부여되므로 이를 제한하기 위해 경찰권발동의 한계로서 경찰소극의 원칙, 경찰공공의 원칙, 경찰비례의 원칙, 경찰책임의 원칙, 경찰평등의 원칙 등 경찰법상의 일반원칙으로 발전되어 왔다. 사안과 관련하여 경찰공공의 원칙과 경찰비례의 원칙 위반이 문제되는데 경찰공공의 원칙과 경찰비례의 원칙에 대해 설명한다.

II. 경찰공공의 원칙

경찰공공의 원칙이란 경찰의 목적이 소극적인 공공의 안녕과 질서유지에 한정됨에 따라 경찰은 사적인 생활영역에는 관여할 수 없고 오로지 공공의 안녕과 질서유지의 범위 내에서만 경찰권을 발동할 수 있다는 경찰법상 일반원칙이다.

사적인 생활영역에는 일반적으로 사생활·사주소·민사상의 법률관계를 들 수 있다. 따라서 경찰공공의 원칙은 ① 경찰권은 공공의 안녕·질서와 직접 관계가 없는 개인의 생활이나 행동에는 간섭하여서는 안 된다는 사생활불가침의 원칙, ② 경찰권은 공공의 안녕·질서와 직접 관계가 없이 개인의 사주소를 침해해서는 안 된다는 사주소불가침의 원칙, ③ 경찰권은 개인간의 민사관계에는 원칙적으로 관여할 수 없다는 민사관계불간섭의 원칙을 내용으로 한다.

III. 경찰비례의 원칙

1. 의 의

경찰비례의 비례의 원칙이란 행정작용에 있어서 행정목적과 행정수단 사이에는 합리적인 비례관계가 있어야 한다는 원칙을 말한다. 비례원칙은 헌법상의 기본권 보장규정, 헌법 제37조 제2항 및 법치국가원칙으로부터 도출되는 법원칙이다. 그러므로 비례의 원칙은 헌법적 효력을 가지기 때문에 비례의 원칙에 반하는 행정권 행사는 위법하고 비례의 원칙에 반하는 법령은 위헌·무효가 된다.

2. 내용

① 적합성의 원칙은 행정은 추구하는 행정목적의 달성에 적합한 수단을 선택하여야 한다는 원칙을 말한다. ② 필요성의 원칙은 적합한 수단이 여러 가지인 경우에 국민의 권리를 최소한으로 침해하는 수단을 선택하여야 한다는 원칙이다. ③ 협의의 비례원칙(상당성의 원칙)은 행정조치를 취함에 따른 불이익이 그것에 의해 달성되는 이익보다 심히 큰 경우에는 그 행정조치를 취해서는 안 된다는 원칙을 말한다. 행정조치로 인하여 달성되는 공익과 사익을 한쪽으로 하고 그로 인하여 침해되는 공익과 사익을 다른 한쪽으로 하여 이익형량을 하여야 한다.

[설문 2] 甲의 주장의 타당성 (15점)

I. 문제의 소재

甲은 자신의 운전면허취소처분에 대하여 사설도로상에서 경찰관이 음주측정을 할 수 없다고 주장한 부분은 경찰공공의 원칙 중 사주소불가침 원칙 위반이라고 주장하는 것이고, 다른 손님의 차를 빼기 위하여 운전한 경우까지 음주측정을 요구한 것은 과도한 것이며 더구나 가족의 생계를 책임지고 있는 자신의 입장에서 너무 가혹하다는 주장은 경찰비례의 원칙에 반한다고 주장하는 것이다.

II. 사주소불가침의 원칙 위반 여부

1. 사주소불가침의 원칙

사주소불가침의 원칙은 경찰권은 공공의 안녕·질서와 직접 관계가 없이 개인의 사주소를 침해해서는 안 된다는 원칙이다. 사주소는 일반사회와 직접적인 접촉이 없는 개인의 거주장소를 의미한다. 불특정다수인이 자유로이 출입할 수 있는 공개된 장소는 사주소에 해당되지 않는다. 사주소 내의 행위라도 외부에서 공공연히 관망할 수 있는 장소에서 신체를 과도하게 노출시키는 행위나 인근에 불편을 주는 과도한 소음의 발생행위와 같이 직접 공공의 안녕과 질서에 위해를 야기시키는 경우에는 경찰권 발동의 대상이 된다.

2. 사안의 경우

호프집 주인이 국도에 진입하기 위하여 사비를 들여서 개설한 사설도로가 사주소에 해당되는지 문제된다. 판례는 도로교통법의 적용대상이 되는 도로는 "현실적으로 불특정 다수의 사람 또는 차량의 통행을 위하여 공개된 장소로서 교통질서유지 등을 목적으로 하는 일반 교통경찰권이 미치는 공공성이 있는 곳을 의미하는 것이므로 특정인들 또는 그들과 관련된 특정한 용건이 있는 자들만이 사용할 수 있고 자주적으로 관리되는 장소는 이에 포함된다고 볼 수 없다"고 한다.1)2) 호프집 주인이 국도에 진입하기

---

1) 대판 1998.3.27, 97누20755
2) [유사판례] 아파트 단지가 상당히 넓은 구역이고, 여러 곳에 경비실이 설치되어 있어 경비원들이 아파트 주민 이외의 차량에 스티커를 발부해 왔으나 외부차량 출입통제용이 아닌 주민들의 주차공간확보 차원에서 이루어진 것일 뿐이며, 현실적으로 불특정 다수의 사람이나 차량의 통행이 허용된다는 이유로 아파트 단지 내의 통행로가 공개된 장소로서 교통질서유지 등을 목적으로 하는 일반교통경찰권이 미치는 공공성이 있는 곳으로 구 도로교통법(1999.1.29. 법률 제5712호로 개정되기 전의 것) 제2조 제1호 소정의 '도로'에 해당한다(대판 2001.7.13, 2000두6909).

위해 사비로 개설한 사설도로는 현실적으로 불특정 다수의 사람을 위하여 공개된 장소에 해당하고 호프집 주인과 그들과 관련된 특정한 용건이 있는 자들만이 사용할 수 있는 도로라고 볼 수 없다. 따라서 음주측정을 할 수 있는 도로교통법상 도로이며 사주소불가침의 원칙이 적용되는 사주소라고 할 수 없다.

III. 비례의 원칙 위반 여부[3]

음주운전을 이유로 운전면허를 취소하는 것은 음주운전을 억제하여 도로교통질서를 유지하고 하는 목적 달성에 부합하므로 비례의 원칙의 내용 중 적합성의 원칙은 충족한다.

그러나 甲은 가족의 생계를 책임지기 위해 자신의 차량을 이용하여 외판업을 하는 자라는 점, 다른 손님의 차를 빼기 위하여 사설도로상에서 약 10m 정도 운전을 하다가 순찰중인 교통경찰관이 음주측정을 요구하자 이를 거부하여 운전면허 취소처분을 당하게 된 점 등에 비추어 운전면허취소 처분은 필요성의 원칙 내지 상당성의 원칙을 위반하였다. 甲에 대한 운전면허취소처분은 비례의 원칙에 반하는 위법한 처분에 해당한다.[4]

IV. 결론

甲의 사주소불가침 원칙과 관련한 주장은 타당하지 않고, 비례의 원칙과 관련한 주장은 타당하다.

---

[3] 음주측정 거부를 이유로 한 운전면허취소가 현행 법률에 의하면 필요적 취소사유로 되어 있어 기속행위이지만, 기출 당시에는 필요적 취소사유가 아니어서 재량이 존재했었다.
[4] 박정훈 교수님 사례집(4판 403면)에 거의 동일한 사례가 있는데, 박교수님은 비례의 원칙 내용 중 필요성의 원칙 위배여부를 검토할 때에 "면허취소처분이 목적달성을 위한 가장 침해가 적은 수단이라고 하기 곤란하지만 취소나 정지 등 제재적 처분의 수단들은 법위반행위의 정도에 따라 차등적으로 부과하는 것이므로 면허취소처분이 반드시 최소침해성의 원칙에 위반하는 위법한 수단이라고 할 수는 없을 것"이라고 하여 필요성의 원칙위반은 아니지만 상당성의 원칙 위반이라고 포섭하고 있다. 반면 이러한 사안에서 필요성의 원칙 위반이라고 포섭하는 교수님들도 많다.

사례 181　경찰책임의 원칙　[행시(일행) 2010]

A 공연기획사는 연휴를 맞이하여 유명 가수 B를 초청하여 음악회를 열고자 계획하였다. 그런데 가수 B는 갑작스런 질병을 이유로 공연장에 나타나지 않았다. 공연장에 갔던 관람객들은 환불조치를 요구하였고, A사가 환불을 약속했음에도 분을 이기지 못해 거리를 점거하고 소동을 피웠으며 인근 상가의 간판을 떼어내어 도로에 바리케이트를 쳤다. 이 경우 경찰상 책임에 대하여 설명하시오. (25점)

I. 쟁점의 정리

사안에서 관람객들이 거리를 점거하고 소동을 피웠으며 인근 상가의 간판으로 도로에 바리케이트를 친 상황은 공공의 안녕과 질서에 대한 위해가 야기되는 상황으로 경찰권 발동이 필요하다. 그러나 경찰권의 발동에도 경찰법상 일반원칙의 한계가 있으며 사안은 경찰책임의 원칙이 문제된다. 특히 경찰상책임과 관련하여 공연기획사 A, 가수 B, 관람객들, 상점 간판 소유자의 행위책임 및 상태책임이 문제되고, 책임이 경합하는 경우 경찰권발동 대상자의 문제를 논한다.

II. 경찰책임의 원칙

1. 경찰책임의 의의 및 주체

경찰책임의 원칙이란 경찰권은 경찰상의 위험의 발생을 방지하거나 장애를 제거할 책임이 있는 자에게 발동되어야 한다는 원칙을 말하는데 경찰권 발동의 상대방이 누구인가에 관한 문제이다.

2. 경찰책임의 유형

(1) 행위책임

1) 의의

행위책임은 사람의 행위를 매개로 하여 경찰위반상태가 발생한 경우에 그에 대하여 지는 책임이다. 이러한 행위책임은 당해 행위가 경찰위반상태를 야기했다는 사실에 기하여 인정되는 것으로 행위자의 고의·과실 유무를 불문한다. 이러한 점에서 경찰법상 행위책임은 민사 및 형사책임 보다 넓은 의미이다.

2) 행위책임의 귀속

행위책임은 행위와 경찰상의 위해사이에 인과관계가 필요하다. 인과관계에 판단기준으로 조건설, 상당인과관계설, 직접원인설 등이 있으나 조건설은 책임의 귀속이 무한히 확대되는 문제가 있고, 상당인과관계설은 경험칙에 비추어 예견할 수 없는 상황에 대한 대처가 곤란하다는 문제가 있으므로 경찰위반상태의 직접적 원인이 되는 행위를 한 자만이 경찰책임을 진다는 직접원인설이 타당하다. 통설의 입장이다.

3) 사안의 경우

가수 B와 관람객은 행위자책임이, A 연예기획사는 지배자(감독자)책임이 문제되나 직접원인설에 의할 때 직접적으로 소동을 피운 관람객만이 행위책임을 진다. 가수 B가 공연장에 나타나지 않은 것은 간접적 원인에 불과하다. A가 직접적으로 위해의 원인을 야기하지는 않았지만 직접원인자의 행위를 의도적으로 야기시킨 자로서 목적적 원인제공자로서 책임을 져야 하는지 문제되나, A에 의해서 의도적으로 야기된 것이 아니라 B가 공연장에 나타나지 않은 것에 원인이 있으므로 해당되지 않는다.

(2) 상태책임

1) 의의 및 책임의 귀속
상태책임은 물건·동물의 소유자, 점유자 또는 사실상 지배권을 행사하는 자가 그 지배 범위 내에 속하는 물건·동물로 인하여 경찰위반상태가 발생한 경우에 지는 책임이다. 이러한 상태책임의 주체는 물건의 소유자뿐만 아니라 사실상 지배권을 행사하는 모든 사람이다. 상태책임의 근거는 사실상의 지배권에 있다. 상태책임의 귀속에서는 어떠한 자가 물건에 대한 사실상의 지배권을 갖는지가 중요한 관점이 된다. 물건의 소유권자는 통상 2차적인 책임을 진다. 원인에 관계없이 물건의 상태로 인한 위해에 대해 책임을 지므로 책임의 범위에 일정한 제한이 필요하며 소유권자 등이 감당하여야 할 위험영역을 넘는 비정형적인 사건에 의하여 당해 물건이 경찰상 위해를 야기하고 있는 경우에는 배제되어야 한다.

2) 사안의 경우
사안의 경우 만약 공연장의 소요상태가 있다면 상태책임은 음악회의 개최자로서 공연장의 질서유지에 책임이 있는 A가 상태책임자가 될 것이나 설문상으로 공연장의 소요상태 부분은 제시된 바가 없다. 거리를 점거하고 소동을 피우고 도로에 바리케이트를 치고 있는 것에 대한 상태책임은 도로를 사실상 점거하고 있는 관람객들에게 있다. 간판의 소유자인 인근 상인들은 간판에 대한 사실상 지배권을 상실하고 있고 비정형적인 사건에 의한 경우이므로 상태책임이 배제된다고 보아야 한다. 소유자는 위해 발생의 원인에 상관없이 2차적으로 상태책임을 진다는 입장도 있다.

3. 복합책임(책임의 경합)

1) 책임의 귀속
경찰상의 위해가 다수인의 행위 또는 다수인이 지배하는 물건의 상태에 기인하거나, 행위책임과 상태책임의 중복에 기인한 경우, 누구에게 경찰책임을 물을 것인가 문제된다. 책임자의 결정은 경찰기관의 의무에 합당한 성실한 재량행사에 의하여 책임자를 결정하면 된다. 그 기준으로서 경찰위반상태의 신속하고 효율적인 제거, 비례의 원칙 등이 고려될 수 있다.

2) 비용부담
경찰기관이 다수의 책임자 중 특정인에게만 경찰권을 발동한 경우 경찰책임의 이행에 필요한 비용을 민법상의 사무관리규정이나 연대채무규정에 기하여 청구할 수 있는지 문제된다.
경찰권발동의 대상이 된 경찰책임자는 자신의 책임을 지는 것이므로 사무관리규정의 유추적용은 불가하고, 연대채무자로서 책임을 지는 것이 아니라 상이한 법적근거를 이유로 책임을 부담하는 것이므로 연대채무의 규정의 유추적용도 불가하다는 부정설이 있으나 경찰권발동의 문제와 다수책임자 사이의 비용부담의 문제는 별개라고 보아 민법상 사무관리나 연대채무규정 유추적용을 인정하는 긍정설이 타당하다. 위해 발생에 기여한 몫에 따라 배분하면 된다.

3) 사안의 경우
경찰기관은 비례의 원칙을 고려하여 의무에 합당한 재량행사를 통해 경찰권 발동의 상대방을 정해야 할 것이다. 사안의 경우 거리에서 바리케이트를 치고 소동을 피우는 것에 대한 책임은 관람객에게 있으므로 다수책임자의 경합이 문제되지는 않는다. 간판의 소유자인 상인들에게 상태책임을 인정하는 입장에 의하면 책임이 경합이 문제가 된다. 위해방지의 관점에서는 간판의 소유자인 상인에게 제거를 명하는 것보다 경찰위험에 시간적으로나 장소적으로 근접해 있는 관람객들에 대하여 경찰권을 발동하는 것이 타당하다. 이 경우 상인은 위해발생에 기여한 바가 없으므로 비용을 분담하지는 않는다.

III. 결 론

A 공연기획사와 가수 B는 행위책임자가 아니다. 도로의 위해에 대한 행위책임과 상태책임은 관람객에게 있다. 간판의 주인인 상인도 사실상지배력을 상실했으므로 상태책임을 지지 않는다. 경찰기관은 관람객에게 경찰권을 발동하면 된다. 상인이 상태책임을 진다는 견해에 의하면 책임의 경합이 문제되나 이 경우에도 관람객에게 경찰권을 발동하는 것이 타당하다.

사례 182 경찰책임의 원칙 - 행정기관의 경찰책임 [행시(일행) 2013]

A시는 문화예술 진흥을 목적으로 지역주민들을 위한 대규모 무료 콘서트행사를 시립 운동장에서 개최하였다. 행사 시작 전 이미 참석인원이 시설수용인원을 과도하게 초과하였음에도 A시에서는 안전요원의 배치 등 적정한 안전조치를 취하지 않은 채 무리하게 행사를 강행하였다. 이에 행사 참석자들의 안전에 대한 위험이 존재한다고 판단한 관할 경찰서장은 A시 시장에 대하여 행사중지명령을 발하고자 한다. A시 시장에 대한 경찰서장의 경찰처분은 적법한가? (20점).

I. 문제의 소재

무료 콘서트 행사의 참석인원이 수용인원을 과도하게 초과하여 참석자들의 안전에 대한 위험이 존재하는바 이는 공공의 안녕에 의하여 보호되는 개인의 신체, 생명 등의 법익 침해의 위험이 존재하여 경찰권 발동의 대상이 된다. 경찰처분의 적법성과 관련하여 다만 경찰권 발동의 근거가 있는지, 경찰책임의 주체와 관련 행정기관에게 경찰권을 발동할 수 있는지, 경찰권 발동의 한계를 일탈하였는지 여부가 경찰처분의 적법성과 관련하여 문제된다.

II. 행사중지명령의 근거

1. 경찰권 발동의 근거

경찰관서가 이웃 주민 乙에게 단속하는 것과 같은 경찰작용은 권력적이고 침해적인 수단이므로 법률유보원칙에 의하여 법적 근거가 필요하다. 조직법상의 직무규정만으로는 발동할 수 없고 작용법상 권한규정(수권규정)이 있어야 한다. 개별적 수권조항이 원칙이다. 개별적 수권조항이 없는 경우 경찰관직무집행법의 개괄적(일반적) 수권규정에 근거하여 발동할 수 있는지 문제된다.

2. 사안의 경우

설문에서 특별경찰행정법상 개별적 수권조항은 보이지 않는다. 다만 사안의 경우 국민의 안전에 대한 위험과 관련되는 경우이므로 경찰관직무집행법 제5조에 근거하여 경찰권 발동이 가능하다고 본다. 동법 제5조 3호는 경찰관은 사람의 생명 또는 신체에 위해를 끼치거나 재산에 중대한 손해를 끼칠 우려가 있는 천재, 사변, 인공구조물의 파손이나 붕괴, 교통사고, 위험물의 폭발, 위험한 동물 등의 출현, 극도의 혼잡, 그 밖의 위험한 사태가 있을 때에는 그 장소에 있는 사람, 사물의 관리자, 그 밖의 관계인에게 위해를 방지하기 위하여 필요하다고 인정되는 조치를 하게 하거나 직접 그 조치를 할 수 있다고 규정하고 있다. 인공구조물의 파손이나 붕괴로 인한 위험한 사태에 해당한다고 할 수 있다. 설령 동조를 근거로 경찰권 발동을 하지 못하더라도 개괄적 수권조항을 인정하는 견해에 의하면 법적근거의 문제는 해결된다.

III. 경찰권 발동의 한계

1. 문제점

경찰권행사는 재량권의 행사로서 이에 일정한 한계가 존재한다. 사안은 경찰소극, 경찰공공, 경찰평등의 원칙에 반한다는 사정은 없으나, A시장에게 경찰권을 발동할 수 있는지 여부와 관련하여 경찰책임의 원칙이 문제되며 또한 경찰비례의 원칙이 문제된다.

2. 경찰책임의 원칙

(1) 경찰책임의 원칙의 의의

(2) 경찰책임의 종류

1) 행위책임과 상태책임

2) 사안의 경우

A시에서 무리하게 행사를 강행하였으므로 행위책임이 있다. 시립운동장에서 위해가 발생할 우려가 있으므로 시립운동장의 소유자인 A시에 상태책임도 있다. 경찰기관은 위해 발생에 책임이 있는 A시에게 경찰권을 발동할 수 있다. A시의 집행기관인 A시장에게 행사중지명령을 발할 것인데 문제는 이들 공법인이나 행정기관이 경찰권 발동의 대상이 될 수 있는지가 문제된다.

(3) 행정기관의 경찰책임

1) 문제점

공공의 안녕과 질서에 대한 위해가 공법인이나 행정기관의 행위 또는 공법인의 물건에 의해 야기될 경우 경찰기관이 위해방지를 위하여 공법인 또는 행정기관에게 경찰권을 발동할 수 있는지가 문제된다.

2) 실질적 경찰책임

공법인이 경찰관계법령에 구속되는가의 문제이다. 실질적 경찰책임은 법률우위의 원칙상 공법인등에게도 인정할 수 있고 다만 공적 임무의 수행을 위하여 면제될 수 있다.

3) 형식적 경찰책임

공법작용과 관련하여 공적 안전이나 질서에 위험을 야기한 공법인등에 대해 경찰권을 발동할 수 있는가의 문제이다. 긍정하게 되면 경찰기관의 다른 행정기관에 대한 우위를 인정하게 되어 조직법상의 기본원칙에 반한다는 부정설이 있으나, 경찰권의 발동으로 달성되는 공익이 공법인의 업무수행으로 인한 공익보다 훨씬 큰 경우에는 공법인에 대해 경찰책임을 인정할 필요가 있으므로 긍정설이 타당하다.

4) 사안의 경우

A시의 시장도 경찰법규를 준수해야 하므로 실질적 경찰책임은 진다. 형식적 경찰책임 긍정설에 의하면 사안은 경찰권 발동으로 달성되는 행사 참여자들의 생명·신체에 대한 안전이라는 공익이 적정한 안전조치를 취하지 않은 A시장의 업무수행으로 인한 공익보다 현저히 크다고 판단되므로 A시장에 대한 경찰권 발동이 가능하다. 다만, 부정설에 의하면 경찰서장은 A시장에게 위해 발생에 대해 통보를 하는 것에 그쳐야 하며 A시장이 자신의 고유한 권한에 근거하여 위해를 제거하여야 할 것이다. 다만 A시장 자신의 수단에 의하여 제거할 수 없는 경우 행정절차법상의 행정응원을 통하여 경찰권을 활용할 수 있을 것이다.

3. 경찰비례의 원칙

(1) 의의 및 내용

(2) 사안의 경우

행사중지명령은 참석인원이 과도하여 안전상의 위험을 방지하기 위해 적합한 수단으로서 적합성의 원칙을 충족한다. 행사참석자들의 안전에 대한 위험을 제거하는데에 안전요원의 배치 같은 수단으로는 위험을 방지할 수 없기 때문에 행사중지 말고는 다른 수단을 상정하기 어려우므로 필요성의 원칙도 충족한다. 사람의 신체나 생명의 보호는 콘서트 행사보다 훨씬 큰 법익에 해당하므로 상당성의 원칙도 충족한다. 행사중지명령은 경찰비례의 원칙에 반하지 않는다.

V. 결 론

관할 경찰서장의 A시장에 대한 행사중지명령은 경찰관직무집행법 제5조에 기한 것으로 경찰상 위해에 책임이 있는 A시의 시장에게 발동했으므로 경찰책임의 원칙에 반하지 않으며 경찰비례의 원칙에 반하지도 않는다. 기타 경찰권 발동의 한계를 일탈하지도 않았으므로 적법하다.

사례 183 환경영향평가의 하자 [사시 2015]

甲은 환경영향평가 대상사업인 X건설사업에 관한 환경영향평가서 초안에 대하여 주민들의 의견을 수렴하고 그 결과를 반영하여 환경영향평가서를 작성한 후 국토교통부장관에게 제출하였다. 국토교통부장관은 환경부장관과의 협의 등 「환경영향평가법」상의 절차를 거쳐 X건설사업에 대한 승인처분을 하였다. 그러나 이후 환경영향평가서의 내용에 오류가 있고 환경부장관의 협의 내용에 따르지 않았다는 사실이 드러났다.
1. 주민 乙은 위와 같은 환경영향평가의 부실을 이유로 국토교통부장관의 사업승인처분은 위법하다고 주장한다. 그 주장의 당부를 검토하시오. (10점)

I. 문제의 소재

설문에서 환경영향평가의 부실은 환경영향평가서의 내용에 오류가 있다는 점과 환경부장관의 협의 내용에 따르지 않고 국토교통부장관이 X건설사업에 대한 승인처분을 하였다는 점에 있다. 환경영향평가서가 부실하게 작성된 실체적 하자가 사업승인에 영향을 줄 수 있는지, 환경부장관의 협의의견에 구속력을 인정할 수 있는지 문제된다.

II. 환경영향평가의 하자와 사업계획승인처분의 관계

환경영향평가란 환경에 영향을 미치는 일정사업의 사업계획을 수립하려고 할 때 그 사업의 시행이 환경에 미치는 영향을 미리 예측 및 평가하여 해로운 환경영향을 피하거나 줄일 수 있는 방안을 강구하는 제도를 의미한다. 따라서 환경영향평가는 사업계획승인처분의 절차적 요건 중 하나에 해당한다고 볼 수 있으므로, 환경영향평가에 실체상 하자가 존재하든 절차적 하자가 존재하든 모두 사업계획승인처분의 절차상 하자로서의 성질을 갖는다.

III. 환경영향평가에 실체적 하자가 있는 경우

환경영향평가의 실체상 하자는 내용상 흠결이 있는 경우로서 환경영향평가서가 부실하게 작성된 경우를 말한다. 판례는 환경영향평가의 내용이 다소 부실하다 하더라도 환경영향평가를 하지 아니한 것과 다를 바 없는 정도가 아니라면 그 부실은 당해 승인처분에 재량권 일탈·남용이 있는지 여부를 판단하는 하나의 요소로 될 뿐 그 부실로 당연히 당해 승인처분이 위법하게 되는 것이 아니라고 하여 부실의 정도에 따라 달리 취급하고 있다. 이는 환경영향평가를 전혀 행하지 않고 사업승인한 경우를 당연무효로 보고, 절차상 하자가 있거나 의견수렴이 부실한 경우 중대한 하자가 존재한다면 사업승인의 독립된 취소사유가 된다는 절차상 하자의 경우와 대비된다.

IV. 환경부장관의 협의의견의 구속력

국토교통부장관은 주된 지위에 있는 주무행정청으로서 결정권을 가지고 환경부장관은 부차적 지위에서 관계행정청으로서 협의권이 있다. 관계기관의 협의의견은 원칙적으로 주무행정청을 구속하지 않는다. 판례도 환경부장관과의 협의를 거친 이상 환경영향평가서의 내용이 환경영향평가제도를 둔 입법 취지를 달성할 수 없을 정도로 심히 부실하다는 등의 특별한 사정이 없는 한 승인권자가 환경부장관의 환경영향평가에 대한 의견에 반하는 처분을 하였다고 하여 위법하다고 할 수는 없다고 한다.

V. 사안의 해결

사안의 경우 甲은 주민들의 의견을 수렴하였고 그 결과를 반영하여 환경영향평가서를 작성하였으며, 국토교통부장관과 환경부장관은 협의를 이미 거친 바, 비록 환경영향평가서의 내용에 오류가 있고 일부 협의 내용에 따르지 않았다 하더라도 그 부실의 정도가 환경영향평가제도를 둔 입법취지를 달성할 수 없을 정도이어서 환경영향평가를 전혀 행하지 아니한 것과 다를 바 없다고 평가할 수는 없을 것이다. 따라서 사안의 실체상 하자만으로는 사업승인처분이 위법하다고 볼 수 없다.

환경부장관의 협의 내용에 따르지 않았다고 하더라도 국토교통부장관의 승인처분은 위법하다고 할 수 없다. 주민 乙의 주장은 타당하지 않다.

사례 184 　조세환급거부에 대한 불복　　　　　　[사시 2014]

　　甲은 A시에서 개인 변호사 사무실을 운영하는 변호사로서 관할 세무서장 乙에게 2010년부터 2012년까지 3년간의 부가가치세 및 종합소득세를 자진신고 납부한 바 있다. 丙은 甲의 변호사 사무실에서 사무장으로 근무하다가 2013년 3월경 사무장 직을 그만두면서 사무실의 형사약정서 복사본과 민사사건 접수부를 가지고 나와 이를 근거로 乙에게 甲의 세금탈루사실을 제보하였다.

　　이에 따라 乙은 2013년 6월 甲에 대하여 세무조사를 하기로 결정하고, 甲에게 조사를 시작하기 10일 전에 조사대상 세목, 조사기간 및 조사 사유, 그 밖에 대통령령으로 정하는 사항을 통지하였다. 그런데 통지를 받은 甲은 장기출장으로 인하여 세무조사를 받기 어렵다는 이유로 乙에게 조사를 연기해 줄 것을 신청하였으나 乙은 이를 거부하였다.

4. 甲은 소득세부과처분에 대하여 취소소송을 제기하였으나 기각판결이 확정되었다. 만약 그 후 甲이 이전 과세처분상의 납부액이 법령상 기준을 초과하였다는 이유로 초과납부한 금액에 대한 국세환급결정을 신청하였지만 乙이 이를 거부하였다면, 이에 대하여 甲이 권리구제를 받을 수 있는 방안은 무엇인가?(15점)

[참조조문]
* 구 국세기본법 [시행 2013.1.1.] [법률 제11604호, 2013.1.1. 일부개정]
제51조(국세환급금의 충당과 환급) ① 세무서장은 납세의무자가 국세·가산금 또는 체납처분비로서 납부한 금액 중 잘못 납부하거나 초과하여 납부한 금액이 있거나 세법에 따라 환급하여야 할 환급세액(세법에 따라 환급세액에서 공제하여야 할 세액이 있을 때에는 공제한 후에 남은 금액을 말한다)이 있을 때에는 즉시 그 잘못 납부한 금액, 초과하여 납부한 금액 또는 환급세액을 국세환급금으로 결정하여야 한다. 이 경우 착오납부·이중납부로 인한 환급청구는 대통령령으로 정하는 바에 따른다.

I. 문제의 소재

소득세부과처분에 대하여 취소소송의 기각판결이 확정되었으므로 처분이 적법하다는 것이 확정된 상황에서, 甲이 乙의 환급거부결정에 대한 취소소송이 가능한지 검토하고, 이와 별도로 과오납금에 대한 환급청구소송 또는 국가배상청구소송을 통해 권리구제가 가능한지 검토한다.

II. 환급거부결정에 대한 쟁송

환급거부결정이 직접 환급청구권을 발생하게 하는 형성적 효과가 있는 것이 아니고 확인적 의미밖에 없다고 하더라도 처분성을 긍정하는 판례의 반대의견이 있으나, 환급결정에 의하여 비로소 환급청구권이 확정되는 것은 아니므로 국세환급금결정이나 환급거부 결정 등은 납세의무자가 갖는 환급청구권의 존부나 범위에 구체적이고 직접적인 영향을 미치는 않으므로 처분성을 부정하는 판례의 다수의견이 타당할 것이다. 따라서 취소심판이나 취소소송과 같은 항고쟁송으로 다툴 수는 없다.

III. 과오납금환급청구소송

1. 공정력과 선결문제

공정력이란 행정행위가 당연무효가 아닌 한 권한 있는 기관에 의해 취소될 때까지는 일응 구속력이 있는 것으로 유효하게 통용되는 힘을 의미한다. 행정행위의 위법 여부가 민사소송 또는 당사자소송에서 선결문제로 되는 경우에 수소법원이 이를 선결문제로서 심리·판단하는 것이 공정력에 반하는지가 문제된다. 공정력과 구성요건적 효력을 구분하는 견해에 의하면 구성요건적 효력과 선결문제의 논의가 된다. 학설이 대립하나 위법성 판단의 국면에서는 선결문제로 판단하는 것이 공정력에 반하지 않는다고 보는 한편 효력 부인 국면에서는 공정력에 반하여 선결문제로 판단하는 것이 불가능하다는 견해가 타당하다.

2. 과오납금환급청구소송의 제기 가능성

설문에서 처분이 적법한 것으로 확정되었으므로 甲이 납부한 소득세는 과오납에 해당하지는 않는다. 甲의 과오납금환급청구소송이 받아들여지기 위해서는 수소법원이 소득세부과처분의 효력을 부인하여야 하는데 이는 공정력 내지는 구성요건적 효력에 반하므로 법원은 인용판결을 내릴 수 없다. 또한 법원이 과오납금환급청구소송에 대해 인용판결을 내리는 것은 소득세부과처분 취소소송의 확정판결의 기판력에도 반하기 때문에 과오납금환급청구소송을 제기할 수 없다.

Ⅳ. 국가배상청구소송

국가배상법 제2조에 따른 책임이 인정되기 위해서는 ① 공무원이 ② 직무를 집행하면서 ③ 고의 또는 과실로 ④ 법령을 위반하여 ⑤ 타인에게 손해를 입힐 것이 요구되는 바, 설문의 경우 국가배상청구소송의 수소법원이 처분의 위법성을 심리하는 것이 공정력에 반하는지가 문제된다. 통설, 판례는 효력 부인 국면에서와 달리 처분의 위법성을 심리하는 것은 공정력에 반하지 않는다는 견해이므로 법원은 소득세부과처분의 위법성을 심리할 수 있다.

그러나 만약 법원이 소득세부과처분의 위법성을 인정하여 국가배상을 명하는 판결을 내리면 이는 기판력에 반하게 되므로 허용될 수 없다. 따라서 국가배상청구소송을 제기할 수 없다.

Ⅴ. 결 론

乙의 환급거부결정에 대해서 직접 항고소송을 제기하는 것은 허용되지 않으며, 과오납금환급청구소송과 국가배상청구소송은 각각 공정력과 기판력에 반하여 허용되지 않으므로 甲은 이에 대해 권리구제를 받기 어렵다.

지은이 **류준세**

[약 력]
서울대학교 정치학과 졸업
서울대학교 행정대학원
서강대학교 법대 대학원 수료
제34회 행정고등고시 합격
전 내무부, 경기도 사무관
현 (주)베리타스에듀 행정법 전임

[주요저서]
행정법 Workbook(학연)
진도별 행시·변시·사시기출 행정법사례연습(학연)
행정법 Capsule(학연)
작은 변사기 행정법(학연)
행정법 쟁점&암기(도서출판 베리타스)
최근5년 행정법판례 OX(학연)
Rainbow 변시 모의해설 공법 선택형(학연)
Rainbow 변시 모의해설 공법 사례형(학연)
Rainbow 변시 기출해설 공법 선택형(학연)
Rainbow 변시 기출해설 공법 사례형(학연)
Rainbow 변시 기출·모의해설 행정법 선택형(진도별)(학연)
Rainbow 핵심OX 행정법(학연)
최종병기 기출OX 행정법각론(학연)
최종병기 기출OX 행정법총론(학연)

진도별 행시·변시·사시기출 행정법사례연습

발 행 일 : 2025년 02월 19일

저　　자 : 류 준 세
발 행 인 : 이 인 규
발 행 처 : 도서출판 (주)학연
주　　소 : 충청북도 진천군 백곡면 명암길 341
출판등록 : 2012.02.06. 제445-2510020120000013호
www.baracademy.co.kr / e-mail:baracademy@naver.com / Fax : 02-6008-1800

저자와 협의하여
인지를 생략함

정가 : 42,000원　　　　　ISBN : 979-11-94323-51-8(94360)

* 파본은 구입하신 서점에서 바꿔드립니다
* 본 서는 저작권법에 의하여 보호를 받는 저작물이므로 무단 전재와 복제를 금합니다.